वाणी
हिन्दी-हिन्दी कोश

सम्पादक
डॉ. भोलानाथ तिवारी
डॉ. शिवनारायण चतुर्वेदी

वाणी प्रकाशन

वाणी प्रकाशन
4695, 21-ए, दरियागंज, नयी दिल्ली 110 002
फ़ोन : +91 11 23273167 फ़ैक्स : +91 11 23275710

शाखाएँ
अशोक राजपथ, पटना 800 004, बिहार
कॉफ़ी हाउस कैम्पस, महात्मा गांधी मार्ग, इलाहाबाद 211 001, उत्तर प्रदेश
महात्मा गांधी अन्तरराष्ट्रीय हिन्दी विश्वविद्यालय, वर्धा 442 001, महाराष्ट्र
सुल्तानिया रोड, मोतिया पार्क, भोपाल 462 001, मध्य प्रदेश

www.vaniprakashan.in
marketing@vaniprakashan.in
sales@vaniprakashan.in

VANI HINDI-HINDI KOSH
Edited by Dr. Bholanath Tiwari & Dr. Shivnarayan Chaturvedi

ISBN : 978-93-88684-67-5
Dictionary

प्रथम संस्करण 2019

मूल्य : ₹ 995

सिटी प्रेस, दिल्ली-110 095 में मुद्रित

वाणी प्रकाशन का लोगो मक़बूल फ़िदा हुसेन की कूची से

अ

अ–देवनागरी वर्णमाला का पहिला अक्षर और पहिला स्वर। इसका उच्चारण स्थान कंठ है। प्रत्येक अक्षर इस वर्ण के बिना नहीं बोले जा सकते।

अंक–संख्या 1 से 9 तक; चिह्न; प्रकाशित अंक; अक्षर, स्थान; देह।

अंकक–निशान लगानेवाला; रबर की मुहर।

अंकगणित–वह विद्या जिसमें संख्याओं के जोड़ने-घटाने, गुणा-हिसाब आदि की विधि बतलाई जाती है; हिसाब।

अंकन–चिह्नित, लिखना, चित्र बनाना इत्यादि का कार्य अथवा अवस्था; मूल्य लगाना।

अँकवाना–अंकित, चिह्नित अथवा मुद्रित करने का कार्य किसी से करवाना।

अँकवार–गोदी लेना; छाती से लगाना; अंक में लेना; गले से लगाना।

अंकविद्या–गणित शास्त्र, जिसमें अंकों द्वारा हिसाब किया जाता है।

अँकित–जिस पर अंक या चिह्न बना हो; जिस पर मोहर लगी हो; स्वीकृत; लिखित।

अंकुर–प्रशाखा; सजीव वनस्पति का मौलिक रूप; उगना।

अंकुरण–अंकुरण निकलने की क्रिया या भाव; नव प्रस्फुटन।

अँकुरना–उत्पन्न होना; पैदा होना; बीज जमना।

अंकुश–एक प्रकार का दुमुँहाँ भाला जिससे हाथी चलाया और वश में रखा जाता है।

अंकुसी–किवाड़ बंद करने का पेंच; साँप मारने का भाला।

अँकोर–रिश्वत; घूस; ऊपर की आमदनी; हलका भोजन।

अँखुआ–बीज से निकला महीन अंकुर।

अँखफोड़वा–एक प्रकार का टिड्डा।

अंग–शरीर; देह; बदन; शरीर का कोई भाग; ओर; आकृति; विभाग; हिस्सा; अंश।

अंगज–पुत्री; बेटी; तनूजा।

अंगड़ाई–आलस्य में जँभाई लेते हुए देह टूटना।

अंगत्राण देह की रक्षा करने जानेवाला कवच।

अंगद–बालि के पुत्र का नाम।

अँगना–घर में (दरवाजे के पास की) खुली जगह।

अंगभंग–अंग की किसी हड्डी का टूटना।

अंगरक्षक–शारीरिक रक्षा करनेवाला; वह सैनिक जो राजाओं या बड़े शासकों के साथ, उनकी शारीरिक रक्षा के लिए रहता है।

अँगरखा–पुरुषों द्वारा धारण करनेवाला घुटने तक का लंबा अचकन।

अँगरी–कवच; रक्षा करनेवाला वस्त्र।

अंगराग–सौन्दर्य प्रसादन; शरीर पर मलने का चंदन का (सुगंधित) उबटन।

अंगलेट–शरीर का गठन; काठी।

अंगवना–स्वीकार करना; अंगीकार करना।

अंगविक्षेप–भाव भंगिमा में किया जानेवाला अंगों का संचालन जिससे सौंदर्य झलकता हो।

अंगहीन–बिना शरीर का।

अंगा–(सं. **अंगक**) अँगरखा।

अंगार–दहकता हुआ पत्थर; अंगारा; लाल रंग; कोयला या काष्ठखंड।

अंगारा–जलता हुआ कोयला; चिंगारी; ज्वलंत विषय।

अंगारी–चबाने के लिए ईख के कटे हुए छोटे छोटे टुकड़े।

अँगिया–स्त्रियों के स्तनों को ढाँपने की छोटी कुरती; चोली; कंचुकी।

अंगी–अँग या शरीर से युक्त; शरीरी; अंगवाला; मुख्य; प्रमुख; प्रधान।

अंगीकार–स्वीकार; ग्रहण; अपना बना लेना।

अंगीठी–आग सुलगाने का पात्र; अग्नि. नकुंड; भट्ठी।

अंगुल–एक नाप जो उँगली की चौड़ाई के बराबर होती है; एक इंच की तीन चौथाई।

अंगुलि–उँगली, हाथी की सूँड का अग्र भाग।

अंगुश्त–उँगली द्वारा लक्षित किया हुआ; मशहुर; विख्यात; लोक प्रसिद्ध; कुख्यात।

अँगूठा–हाथ या पैर की सबसे मोटी उँगली।

अँगूठी–उँगली मे पहनने का गहना।

अंगूर–एक प्रसिद्ध मीठा फल जो लताओं में लगता है; दाख; द्राक्षा।

अँगोछा–तौलिया; अंग पोंछने का वस्त्र; गमछा।

अँगोरा–मच्छर; फनगा।

अँग्रेजी–अँग्रेजीदाँ।

अंघि–(पैर) पाँव, चरण; छन्द का चरण; पेड़ की जड़।

अँचड़–जड़ता; मूर्खता। मूर्ख; बुद्धु।

अँचल–किनारे का प्रदेश; इलाका; पल्ल; साड़ी अथवा शाल का किनारा।

अँचवना–भोजन के बाद कुल्ला करना।

अँजन–छिपकली; दक्षिण पश्चिम दिशा में पाया जानेवाला हाथी; आँखों का अंजन।

अंजनहारी–आँख पर होनेवाली फुंसी; गहेरी; बिलनी।

अंजना[1]–पहाड़ों में मार्च अप्रैल में बोये जानेवाली धान की फसल जो अगस्त सितम्बर में काटी जाती है; सामक के चावल।

अंजना[2]–हनुमानजी की माता का नाम।

अंजनी–इन्द्रजाल; चन्दनयुक्त स्त्रियों की इत्र; आँख की बिलनी; गोहरी; हनुमानजी की माता का नाम।

अंजर पंजर–कंकाल; अस्थिपंजर।

अंजलि–अभिवादन का संकेत; अंजलि भर वस्तु; करसंपुट।

अंजली–हथेलियों को मिलाने से बना हुआ गड्ढा।

अंजाम–परिणाम; निर्णय; निष्कर्ष; समाप्ति; अंत पाना।

अंजीर–गूलर के फल के जैसा फल तथा उसका वृक्ष।

अंजुमन–समाज; मंडली।

अंजूल–आँसू।

अंटा–संगमरमर; घर; सूत अथवा तारों का लच्छा; गेंद या गोला; ऊँची अटारी।

अंटाचित–पीठ के बल या चित्त पड़ा हुआ; बिना उपयोग का होना; नशे में चूर।

अंटी–दो उँगलियों के बीच का स्थान; धोखे से किसी की वस्तु छीनना।

अंड–अंडा; अंडकोष; विश्व; सम्पूर्ण जगत।

अंड बंड–व्यर्थ की वार्ता; गाली गलौच।

अंडवृद्धि–फोता बढ़ने का रोग।

अंडा–सफेद पिंड जिसमें से चिड़ियाँ, साँप आदि के बच्चे निकलते है।

अंडी–एक प्रकार का रेशमी वस्त्र; अरण्डी के तेल का बीज।

अंतः–'अंतर' का समासगतरूप।

अंतःकरण –मनुष्य के अंदर की वह शक्ति।

अंत–आखिर; समाप्ति; मृत्यु; परिणाम; निकट; सबसे खराब; सबसे छोटा।

अंतकाल–मृत्यु का समय; अंतिम साँस; अंतगति।

अंतग–सर्वज्ञाता; वह जो सब का ज्ञान रखता है।

अंतगति–मृत्यु।

अँतड़ी–शरीर के भीतर की आँत।

अंतरंग–अभिन्न, घनिष्ठ, करीबी; भीतरी।

अंतर–फासला; भेद; फर्क।

अंतरा–गीत का दूसरा पद्य अथवा चरण।

अंतरापत–पारी से आनेवाला ज्वर।

अंतरात्मा–आत्मा; अंतःकरण; अंतघय।

अंतराय–कठिनाई; परेशानी; खलल।

अंतरिक्ष–पृथ्वी और दूसरे ग्रहों या नक्षत्रों के बीच का स्थान।

अंतरित–अंदर रखा हुआ; छिपा हुआ।

अंतरिम–दो अलग कालों या समयों के बीच का; मध्यवर्ती।

अंतरीप–पृथ्वी का वह भाग जो दूर तक समुद्र में चला गया हो; टापू।

अंतर्गत–किसी के अंदर समाया या मिला हुआ।

अंतगति–मानसिक मिजाज; हृदय के भाव; उत्सुक इच्छा; जन्मजात अनुभूति।

अंतर–बीच में; भीतर।

अंतर्दृष्टि–सूक्ष्म दृष्टि; परिज्ञान।

अंतर्देशीय पत्र–देश के भीतरी भाग का पत्र।

अंतर्जातीय विवाह–दो विभिन्न जातियों के पात्रों का होनेवाला विवाह।

अंतर्धान–गोपन; गायब; अदृश्य या गायब हो जाना।

अंतर्ध्यान–ध्यान मग्न; ध्यानावस्था।

अंतर्निविष्ट–ध्यान किये हुए; ध्यानस्थ।

अंतर्बोध–अंतर्दृष्टि; अंतर्ज्ञान।

अंतर्भाव–आंतरिक व्यवहार; मिजाज़; निहित; समन्वय; सम्मिलन; विद्या; शान्ति।

अंतर्भूत–निहित; छिपा हुआ।

अंतर्मुख–भीतर की ओर मुखवाला।

अंतर्यामी–मन में निवास करनेवाला या उसके भाव समझनेवाला।

अंतर्राष्ट्रीय–दो राष्ट्रों के मध्य।

अंतर्वती–गर्भवती स्त्री।

अंतर्हित–गुप्त; अदृश्य; दृष्टि से ओझल।

अंतर्सद–शिष्य; चेला; शागिर्द; अंतिम समय।

अंतावरी—अँतड़ी।
अंतिक—करीब; नजदीकी; पास का; समीप्य।
अंतिम—आखिरी; चरम।
अंतःकरण—आत्मज्ञान; भीतरी ज्ञान।
अंतःक्षेत्र—घिराव।
अंतःपुर—राजमहल में रानियों का निवास; पुष्पासन; अंतपुट; जनानख़ाना।
अंत्येष्टि—किसी के मरने पर होनेवाले धार्मिक कृत्य या संस्कार।
अंत्र—आँत।
अंदर—अंदर का भाग; सीमा के अंदर; भीतर।
अंदरूनी—भीतरी, अंदर का।
अंदाज़—अनुमान; अटकल; ढंग; तौर।
अंदाजन—अटकल से; लगभग।
अंदाजा—अनुमान; अटकल।
अंदेशा—सोच विचार; आशंका; भय; संभावना।
अंदोह—व्याकुलता; संकट।
अंधकार—प्रकाश न होना।
अंधकूप—अंधा कुँआ।
अंध खोपड़ी—मूर्ख; अज्ञानी।
अंधड़—धूल भरी आँधी।
अंधतमस—गाढ़ा अँधेरा।
अंधता—अंधापन; मूर्खतापूर्ण कार्य।
अँधला—देखने में असक्षम; अंधा व्यक्ति।
अंधविश्वास—अंधा विश्वास; बिना सोचे समझे किसी रीति रिवाज, विश्वास, बात आदि की नकल।
अंधा—जिसे दिखता न हो; अंधेरा; अंध. कार से पूर्ण; बिना खुला हुआ।
अंधाधुंध—बहुत वेग से; बिना सोचे समझे और बहुत तेजी से।
अंधेर—अँधेरा; दुर्भाग्य; अत्याचार।
अँधेरा—सूर्योदय से पूर्व; उषाकाल।
अँधेरी—तूफान; अस्पष्ट; घोर अँधेरा।
अंध—बहेलिया; चिड़ीमार।
अंबर—वस्त्र; आकाश।
अंबरांत—कपड़े का किनारा; क्षितिज।
अंबल—खट्टा रस; अम्ल।
अंबार—ढेर; संचय; पुंज; कोठार; भंडार समूह।
अंबारी—हाथी पर बैठने का छज्जा।
अंबु—पानी; जल।
अंबोह—समाज; भीड़; सभा।
अंभ—जल; पानी।
अँभोज—कमल।
अंश—शरीर का भाग; अवयव।
अंशक—हिस्सेदार; साझेदार; विभाजक।
अंशांश—भाग का भाग।
अंशी—हिस्सेदार; अंश धारण करने वाला।
अंशु—किरणें; रोशनी की किरण; सूर्य किरण।
अंशुमाली—अंशुपति; प्रभाकर; सूर्य।
अंस—कंधा।
अकड़—ऐंठन; मरोड़।
अकड़ैत—आडम्बरपूर्ण व्यक्ति
अकड़बाई—शरीर की ऐंठन।
अकड़बाज—दम्भी; घमंडी।
अकड़ाव—तनाव; खिंचाव।
अकथ; अकथनीय—न कहने योग्य।
अकथक—शंका; संदेह।
अकथित—जो कहा न गया हो।

अकथ्य–व्यर्थ जो कहे जाने योग्य न हो।

अकनना–सुनना; आहट लेना; कान लगाकर चुपके से सुनना।

अकवक–असंबद्‌ध; बड़बड़; निरर्थक वाक्य।

अकबकाना–भौचक्का रह जाना; चकित होना।

अकर[1]–बिना हाथ का; बिना कर का।

अकर[2]–मुश्किल; बेकार; बिना मूल्य का।

अकरा–बहुमूल्य; श्रेष्ठ।

अकरास–आलस्य।

अकरासू–गर्भवती स्त्री।

अकर्कस–मुलायम।

अकर्तव्य–न करने योग्य।

अकर्मक–व्याकरण में वह क्रिया जिसके साथ कोई कर्म न हो।

अकर्मण्य–अलाभ; बेकार; निकम्मा।

अक़ल–अक्ल।

अकलुष–निष्पाप; निर्दोष; निष्कलंक।

अकल्पनीय–जिसकी कल्पना न की जा सके।

अकल्याण–अशुभ; अमंगल।

अकसर–प्रायः।

अकसरियत–बहुमत; अधिसंख्य।

अकस्मात–सहसा; अचानक।

अकाज–व्यर्थ; बेकार।

अकाट्य–दृढ़; मजबूत; जो काटा न जा सके।

अकादमी–उच्च शैक्षणिक संस्था।

अकाम–निरर्थक; फलहीन; लक्ष्यहीन; व्यर्थ।

अकार–रचना; आकृति।

अकारण–निष्प्रयोजन; कारणहीन।

अकारथ–बेकार।

अकाल–अभाव; किसी वस्तु की कमी।

अकास–आसमान।

अकिंचन–बहुत दरिद्र; बिल्कुल मामूली।

अंकिल–अक्ल।

अक़ीदत–विश्वास; आस्था।

अकीर्ति–अपयश; कुख्याती; लज्जा. जनक।

अकुंठ–चुभनेवाला; जो कुंठित न हो।

अकुताना–उतावला होना; ऊबना।

अकुल–परिवारहीन।

अकुलाहट–थकावट; खलबली; व्याव. ुलता।

अकुलीन–निम्न जन्म का।

अकुशल दुर्भाग्य; अमंगलकारी।

अकूत–बेअंदाज; अपरिमित।

अकृत–असम्पन्न; बिना किया हुआ।

अकृत्रिम–अकाल्पनिक; जो काल्पनिक न हो।

अकेला–केवल; मात्र; एकाकी।

अकेलापन–एकान्तवास; निरालापन; अनूठापन; विलक्षणता; अविवाहित जीवन।

अकेले–पृथक; स्वयं एक।

अक्कड़–भुलक्कड़; भुलनेवाला।

अक्खड़–स्पष्ट वक्ता; निडर; झगड़ालू; अशिष्ट।

अक्खड़पन–निर्दयता; निष्ठुरता।

अक्तूबर–ईसवीं साल का दसवाँ महीना।

अक्रिय–क्रियारहित।

अक्ल–बुद्‌धि; ज्ञानशक्ति; समझ।
अक्लमंद–बुद्‌धिमान; अनुभवगम्य; समझदार।
अक्लमंदी–चतुराई; बुद्‌धिमत्ता; चातुर्य; कौशल।
अक्ष–दो वस्तुओं के बीच की वह कल्पित रेखा जिसके आधार पर वे वस्तुएँ रहती है।
अक्षम–विवश।
अक्षम्य–क्षमा न करने योग्य।
अक्षय–जिसका क्षय न हुआ हो; टिकाऊ; स्थिर; अविनाशी; भौतिक; मज़बूत।
अक्षर–आकाश; नभ; स्थायी; स्थिर।
अक्षरेखा–धुरा संबंधी; भूलोक का अक्षांश।
अक्षि–आँख; चक्षु।
अक्षुण्ण–संपूर्ण; पूरा; बिना टुटा हुआ।
अक्षेम–अभाग्य; हत्भाग्य; दुर्भाग्य।
अक्षोहिणी–चतुरंगिणी सेना का एक विभाग या परिमाण।
अक्स–प्रतिलोम; परछाई; उल्टा।
अक्सीर–गुणकारी।
अखंड–पूर्ण; पूरा; बिना टूटा हुआ।
अखंडनीय–जिसके खंड या टुकड़े न किए जा सकें; अटूट; दृढ़।
अखंडित–समूचा।
अखड़ैत–पहलवान।
अख़बार–समाचार पत्र।
अख़बारी–अखबार की भाषा।
अखरना–बुरा लगना।
अख़रोट–कड़े छिलके का एक पहाड़ी फल।
अखाड़ा–मल्लयुद्‌ध करने का स्थान; सर्कस का घेरा; खेल का प्रांगण; रंगभूमि।
अखिल–समस्त; सारा; सब।
अखीर–समापन; समाप्ति; आखिर।
अखूट–काफी; पूरा; सम्पूर्ण; सारा; अखंड।
अखोर–सुंदर; मोहक।
अखोह–ऊबड़ खाबड़ भूमि।
अख्यान–कहानी।
अग–स्थिर; न चलनेवाला।
अगज–पहाड़ से उत्पादित।
अगटना–इकट्‌ठा होना; एकत्रित करना।
अगण्य–महत्त्वहीन; न गिनने योग्य।
अगत–बुरी अवस्था।
अगति–बुरी गति; अव्यवस्था; दुर्गति।
अगतिक–निराश्रय; असहाय।
अगम–जहाँ पहुँचा ना जा सके।
अगर[1]–एक वृक्ष जिसकी लकड़ी सुगंधित होती है।
अगर[2]–यदि; जो।
अगरचे–यद्‌यपि; हालाँकि; फिर भी।
अगरबत्ती–सुगंधित डंडा अथवा टहनी।
अगरी–लकड़ी अथवा लोहे की गुटक जिससे द्‌वार को जकड़ा जाता है।
अगला–आगे का।
अगवना–आगे बढ़ना; आगे जाकर लाना।
अगवान–अगवानी करनेवाला।
अगस्त–ईसवी सन का आठवाँ महीना।
अगहन–मार्गशीर्ष; कार्तिक के बाद और पूस के पहले का महीना।
अगहनी–मार्गशीर्ष में उत्पन्न होने वाली फसल।

अगाऊ—पहले से दिये गया धन।

अगाड़ी—प्रथम क्रिया; प्रथम आक्रमण।

अगाध—बिना तल का; बहुत गहरा।

अगासी—घर में कमरे के सामने का चबूतरा।

अगाह—अगाध; बहुत गहरा।

अगुआ—नेता; आगे जानेवाला।

अगुआई—अगवानी; मुखियापन।

अगूठा—परिधि; परिरेखा।

अगूढ़—गुणरहित।

अगोचर—अज्ञात; अप्रकट; अस्पष्ट।

अगोट—सहारा; बचाव करनेवाली कोई वस्तु; सीमाबद्ध करना।

अगौरा—गन्ने का ऊपरी पतला भाग।

अग्नि—आग; पावक।

अग्नि कर्म—चिता में आग लगाने का कार्य।

अग्नि कुंड—हवन करने का कुंड; हवनकुंड।

अग्नि कोण—दक्षिण पूर्व का कोना।

अग्निक्रिया—दाह संस्कार; शव का दाह कर्म।

अग्निक्रीड़ा—आतिशबाजी।

अग्निज—पचानेवाला; अग्नि से उत्पन्न।

अग्निदाह—लाश का जलना; आग जलाना।

अग्नि देवता—अग्नि जो देवता माने जाते हैं।

अग्नि परीक्षा—सोना चाँदी को आग में डालकर और तपाकर इनकी विशुद्धता की परीक्षा करना।

अग्निपूजा—अग्नि की पूजा करना।

अग्निप्रस्तर—चकमक पत्थर; आग उत्पन्न करनेवाला पत्थर।

अग्निबाव—मुँहासा नामक रोग; एक फफोले का रोग।

अग्निमुख—ब्राह्मण।

अग्नि संस्कार—शव को अग्नि में जला पवित्र करना; शवदाह।

अग्न्यस्त्र—अग्निबाण; आग्नेयास्त्र।

अग्र—आगे का भाग; चोटी; अग्र भाग।

अग्रणी—नेता।

अग्रता—प्रमुखता, प्रखरता।

अग्रिम—वस्तु लेने से पहले चुकाया जानेवाला (मूल्य); अगाऊ; पेशगी।

अग्राह्य—जिसे ग्रहण न किया हो।

अग्रिम—पहले से भुगतान किया हुआ।

अघ—अधर्म; अपराध; अघकारी।

अघटित—न होनेवाला; अधम; नीच; अयोग्य।

अघन—जो गाढ़ा न हो।

अघनाशक—पापनाशक; शुद्ध निर्मल करने वाला।

अघाई—परितृप्ति; संतोष।

अघी—पातकी; पापी।

अघोष—बिना आवाज का; शोर रहित।

अचंभा—आश्चर्य; अचरज।

अचंभित—चकित; आश्यर्चचकित।

अचक्षु—अंधा।

अचगरी—उपद्रवी; नटखटपन।

अचण्ड—विनम्र; शिष्ट।

अचपल—शांत; स्थिर।

अचरज—आश्चर्य; विस्मय; आश्चर्य-जनक।

अचल–स्थिर; अटल; दृढ़; अडिग; जड़।
अचला–पृथ्वी।
अचव–थोड़ा थोड़ा पानी पीना; कुछ खाने के बाद हाथ तथा मुँह को पानी से धोना।
अचानक–सहसा; अकस्मात्; एकाएक; बिना संभावना के।
अचार–मसालों के साथ तेल में या यों ही कुछ दिन रखकर खट्टा किया हुआ फल या तरकारी आदि।
अचालन–किसी कार्य का चलन।
अचिक्कन–खुरदरा; ऊबड़ खाबड़।
अचिंत–निश्चित।
अचित्–निर्जीव पदार्थ।
अचिर–थोड़े काल तक ठहरनेवाला; शीघ्र।
अचूक–न चूकनेवाला; गलती न करन. `वाला।
अचेत–मूर्छित; बेहोश।
अचेतन–चेतनारहित।
अचेष्ट–ज्ञानशून्य।
अचैतन्य–अविवेकी; बुद्धिहीन।
अच्छा–उत्तम; बढ़िया; दयालु; सहायक।
अच्छाई–भलाई।
अच्छापन–उत्तमता।
अच्छोत–अत्यधिक; बहुतायत।
अच्युत–दृढ़ता; अविनाशी; अक्षय; अजर; अमर; चिरकालिक।
अछक–भूखा; संतुष्ट न होना।
अछन–लंबे समय की अवधि।
अछरा–अप्सरा।
अछूत–न छूने योग्य।
अछूता–बिना छुआ हुआ; नया।
अछेह–निरन्तर; बहुत।
अज–जिसका जन्म न हुआ हो।
अजगर–एक बड़ा साँप; बकरे को निगल जानेवाला स्थूलकाय सर्प।
अजगुत–आश्चर्यजनक; अद्भुत।
अजगैब–अज्ञात स्थान; भविष्य की अवस्था।
अजड़–सजीव।
अजन–जिसका जन्म न होता हो; नित्य।
अजनबी–अज्ञात; विदेशी।
अजब–विचित्र।
अजय–पराजय; हार।
अजया–भाँग; विजया।
अजरायल–अजर; चिरस्थायी।
अजसी–यशहीन; अपकीर्तिकर।
अजस्त्र–न टूटनेवाला; चिरस्थायी।
अजहू–फौरन; तुरन्त; तत्काल; अभी।
अजा–मादा बकरी; बच्चों की देख रेख करने वाली बकरी; माया।
अजात–जिसका जन्म न हुआ हो।
अजान–अज्ञात; सरलता; भोलापन।
अजाय–अनुचित; अयोग्य; अनुपयुक्त।
अजायब–अद्भुत।
अजार–बीमारी।
अजिऔरा–दादी के पिता का घर।
अजिन–हिरण की खाल; मृगछाला।
अजिर–घर के सामने का अंगना।
अज़ीज़–प्यारा; प्रिय; इष्ट।
अजीब–असाधारण; विचित्र; विरल; दुर्लभ।
अज़ीम–बड़ा; विशाल; विस्तीर्ण।

अजीर्ण–जो पचा न हो।

अजेय–न जीतने योग्य।

अज्ञात–जा जाना हुआ न हो; छिपा हुआ; गुप्त।

अज्ञान–अनभिज्ञता; बिना ज्ञान का; मूर्खता; जड़ता।

अज्ञानी–मूर्ख व्यक्ति; जो चालाक न हो।

अज्ञेय–जो समझ में न आ सके।

अटंबर–ढेर; बहुसंख्य।

अटक–संकोच; शंका; रूकावट; व्यवधान।

अटकना–बोलते बोलते रूक जाना।

अटकरना–अनुमान करना।

अटकल–अनुमान; अंदाज।

अटखेली–मौज उड़ाने की क्रिया।

अटट्–मोटा; तगड़ा।

अटना–भर देना; छेकना; घूमना; यात्रा करना।

अटपट–आरामरहित; उलटा सीधा; परेशान।

अटब्बर–झूठा दिखावा; अहंकार; गर्व; कुटुंब।

अटल–दृढ़; न बदलने योग्य; न टलने योग्य।

अटा–ढेर; भवन का आधार; छत।

अटारी–बालकनी; घर के सबसे ऊपर का खंड या इसमें बना हुआ कमरा।

अटाल–बुर्ज; मीनार; मस्जिद की मीनार।

अटाला–पुंज; ढेर; अपार संपत्ति।

अटोक–बिना रोक टोक का।

अटोल–असभ्य; गँवार; अशिष्ट।

अट्टहास–ठहाके की हँसी।

अठंग–आठ वस्तुओं की संधि।

अठकौसल–परिषद; सम्मेलन; सभा।

अठखेली–उछल कूद।

अठपाव–शरारत; हलचल।

अठवाँसा–आठ माह में जन्म लेनेवाला बच्चा।

अठाई–नटखट; शरारती; उपद्रवी।

अठेल–तगड़ा; बलिष्ट।

अठोठ–व्यर्थ का दिखावा; आडम्बर।

अड़ंगा–कुश्ती की एक रीति जो पैरों से होती है; अड़चन; रुकावट; बाधा।

अड़ंगी–स्वेच्छाधारी; हठी; अड़ीयल।

अड़चन–रुकावट; बाधा; विघ्न।

अड़दार–अड़नेवाला; अड़ीयल; अक्खड़; अभिमानी।

अड़ना–रुकना; ठहरना; हठ करना; हठकर के रुकना।

अड़ा–चिड़ियों के बैठने का अड्डा; टिकना; ठहरना।

अड़ान–पड़ाव; शिविर।

अड़ाना–रोकना; ठहराना; अटकाना।

अड़ार–ढेर; पुँज।

अडिग–स्थिर; ठोस; अचंचल; अचल।

अड़ियल–अड़कर चलनेवाला; हठी।

अड़ी–रोक; अवसर।

अडुआ–अड़ियल; हठी; स्वेच्छाधारी।

अड़ोल–स्थिर; अटल।

अड्डा–भेंट या सभा होने का स्थान; पक्षी के बैठने का स्थान; गाड़ियों के ठहरने का स्थान।

अढ़तिया–दलाल।

अढाई–पाँच का आधा भाग।

अणि–पहिये की धुरी की कील।
अणु–अणु कण।
अतक–कठिनाई; कष्ट; अशांति।
अतंद्रिक–चंचल; अतंद्र; चपल; चालाक; व्याकुल।
अतएव–इसलिए; इस कारण।
अतट–प्रवण; प्रपाती; शिखर।
अतर्क–वर्ण व्यवस्था।
अतर्क्य–तर्क से परे।
अतर्पित–असंतुष्ट; अप्रसन्न।
अतल–बिना तल का।
अतलसी–साटन का बना हुआ; साटन जैसा।
अता–देना; फरमाना।
अताई–गायक अथवा नृतक; खुद को सिखाने वाला गायक।
अति–परम; बहुत अधिक।
अधिक–ज्यादा।
अतिकाय–दीर्घकाय।
अतिक्रमण–नियम भंग करना; उल्लंघन।
अतिक्रान्त–लाँघा हुआ; हद से बाहर आया हुआ।
अतिगर्वित–अहंकारी; अड़ियल।
अतिचार–मर्यादा को लाँघने का कार्य।
अतिजीवन–औरों का अंत हो जाने पर भी बना या जीता रहना।
अतिजीवी–लंबे समय तक जीनेवाला।
अतिथि–आगंतुक; मेहमान।
अतिदयालु–बहुत दयालु प्रकृतिवाला।
अतिदरिद्र–बेहद गरीब; जरूरतमन्द।
अतिदीन–बेहद गरीब; अति दु:खी; अति तुच्छ; अति अभागा।
अतिदुखी–अति तिरस्करणीय; अति अभागा।
अतिदूर–बहुत दूर।
अतिदोष–महाअपराध।
अतिधनाढ्य–अत्यन्त धनी।
अतिधृति–एक छन्द विशेष।
अतिपात–बीच से मार्ग बनाना; अतिक्रमण; नियमभंग; अवरोध; प्रतिरोधन।
अतिपातकी–वह जिसने अत्यन्त घृणित अपराध किया हो।
अतिपान–अत्यन्त पीना।
अतिपीड़ा–अत्यन्त दर्द; बहुत यातना।
अतिबार–बारम्बार; लगातार।
अतिबेल–अधिक; अत्यन्त; अत्यधिक रूप से; सीमा रहित।
अतिमुक्त–मुक्ति प्राप्त किया हुआ।
अतिमपुर–बहुत स्वादिष्ट।
अतियोग्य–अत्यन्त अनुरूप।
अतिरंजन–बढ़ा चढ़ाकर कहना।
अतिरंजित–अतिशयोक्ति।
अतिरथी–बड़ा योद्धा।
अतिरिक्त–अलावा; अधिशेष।
अतिरेक–अधिकता; बहुतायत।
अतिरोग–क्षय रोग; राजयक्ष्मा।
अतिलोलुप–सन्तुष्ट न करने योग्य।
अतिवक्ता–बहुत बोलनेवाला।
अतिवाद–झूठी ख्याति; शेखी बघारना; कठोर वचन; आडम्बर।
अतिविषा–बहुत ही विषाक्त।
अतिविस्तृत–अति विस्तार; अत्यधिक फैला हुआ।

अतिवृष्टि–बहुत वर्षा होना।

अतिशीघ्र–तुरन्त; अभी।

अतिशेष–शेष; बचा हुआ।

अतिशयता–बहुतायत; अधिकता; प्रचूरता।

अतिसंचय–बहुत जमाव; बहुत सारा संचय।

अतिसंधान–विश्वासघात; ठगा हुआ; विश्वास को धोखा।

अतिसमीप–अति सन्निकट।

अतिसामान्य–बहुत ही सामान्य; अधिक उपयोग में आनेवाला।

अतिसार–एक उदर रोग जिसमें रूधिर तथा आँव मिला हुआ शौच होता है।

अतिस्फीति–अत्यन्त मुद्रा प्रसार।

अतिहास–जोर की हँसी; ठहाका।

अतिसूक्ष्म–अगोचर।

अतीत–भूतकाल; बीता हुआ समय।

अतीव[1]–बहुत; अत्यन्त; बहुतायत।

अतीव[2]–मूर्ख; बुद्धु।

अतुरा–उतावला; असहनशील; अधीरता।

अतुराई–बहुत जल्दबाजी; चंचलता; चपलता।

अतुल–जिसकी तौल या अंदाज न हो सके; बिना तुला या तराजु के।

अतुल्य–अनुपम; असीम; अनन्य।

अतूथ–विलक्षण; बहुत ऊँचा।

अतृप्त–असंतुष्ट; अशान्त; बेचैन।

अतेजा–अतेज; प्रकाशहीन।

अतोर–न टूटनेवाला; मजबूत।

अत्यंत–चरम; अंतिम; अति; अत्यधिक।

अत्यधिक–अत्यन्त; अधिक।

अत्यर्थ–बहुतायत; अधिक; अत्यन्त।

अत्यल्प–बहुत थोड़ा; अल्प।

अत्याचार–बुरा आचरण; अनुचित व्यवहार; दुराचार; जुल्म।

अत्यानन्द–परमानन्द; अति कामुक।

अत्यावश्यक–अत्यन्त आवश्यक; महत्त्वपूर्ण; अत्यन्त जरूरी।

अत्याज्य–त्याग न करने योग्य।

अत्युक्ति–वर्णन को बढ़ाकर करने की रीति।

अत्युत्तम–सर्वोत्तम; सर्वश्रेष्ठ।

अत्युग्र–अत्यन्त कठिन; बड़ा उग्र या भयंकर।

अत्र–इस स्थान में।

अत्रक–संसार सम्बन्धी; भौमिक; संसारी।

अतृप्त–अति लोलुप।

अतीत–बीता हुआ समय।

अथ–आगे की ओर; के अतिरिक्त।

अथवा–या।

अथाई–पंचायत करने का स्थान।

अथाह–जिसकी थाह न हो; अगाध; बहुत अधिक गहरा।

अथित–अस्थिर; चलायमान।

अथोर–प्रचूर; काफी।

अदंक–आतंक; भय।

अदंड–अदन्डनीय; सजा से विमुक्त।

अदंत–बिना दाँत का।

अदंभ–सरलता; सामान्य; सहज; यथार्थ।

अदग–बिना दाग़ का; साफ; स्वच्छ।

अदत्त–विधिवत् न दिया हुआ।

अदद–संख्या।

अदना–छोटा; साधारण; महत्त्वहीन; प्रभावहीन; निरर्थक।

अदब–शिष्टाचार; सदाचार; बड़ों के प्रति होने वाला आदर।

अदबदाकर–जानबूझकर।

अदम–कमी होना; अभाव होना।

अदम्य–प्रबल; जिसका दमन न हो सके।

अदंभ्र–प्रचुर; अधिक।

अदय–निष्ठुर; दयाहीन; क्रूर।

अदरक–एक पौधा जिसकी तीक्ष्ण और चरपरी जड़ या गाँठ औषध और मसाले के काम में आती है।

अदर्शन–लोप; अगोचर; अनुपस्थिति।

अदर्शनीय–बेड़ोल; भद्दा।

अदल–न्याय।

अदांत–बिना दाँत (पशु)।

अदा–अभिनय; प्रदर्शन; चुकाना; देना।

अदाय–बिना धब्बे का; बिना त्रुटि का।

अदान–अज्ञान; अनभिज्ञ; अनजान; लालच।

अदानी–नीच; लोभी; लालची; निकृष्ट।

अदालत–कानून की कचहरी; न्यायालय।

अदावँ–कठिनाई; शक।

अदावत–वैर; शत्रुता।

अदाह्य–जो जलाया न जा सके।

अदिन–बुरा दिन; दुर्भाग्य।

अदिस्टि–अदृश्य।

अदियमान–जो दिया न जा सके।

अदूरदर्शी–जो दूर तक न सोचे।

अदृश्य–लुप्त; न दिखाई देनेवाला।

अदृष्ट–अनदेखा; गुप्त।

अदेय–न देने योग्य।

अदौरी–उरद की सूखी हुई बड़ी।

अद्भुत–अनोखा; दिव्य; चमत्कार; अचंभा; विचित्र; अलौकिक।

अद्य–आज; अब; इस समय।

अद्यापि–आज तक।

अद्रक–अदरक।

अद्रि–पर्वत; शिला।

अद्रिकी–गोलाकार उभार; मूठ।

अदृश्य–अदृष्टिगोचर; अप्रदर्शन।

अदृष्ट–किस्मत; भाग्य; नियति।

अद्रावत्व–न घुलने योग्य।

अद्रोह–अनुपद्रवी; परिमित; शान्तिप्रिय।

अद्वितीय–अतुल्य; अद्वितीय; अनूठा।

अद्वैत–अनुपम; अद्वितीय; बेजोड़।

अधः–नीचे; तले; नीचे की ओर।

अधपात–दुर्भाग्य; दुर्दशा।

अध–अधमरा।

अधकहा–जो बात बीच में ही कट गई हो।

अधखिला–जो आधा खुला हो (फूल); आधा खुला मुँह।

अधखुला–आधा खुला हुआ।

अधगदरा–आधा पका हुआ।

अधघट–जिसका अर्थ पूर्ण रूप से प्रकट न हो।

अधजल–आधा भरा हुआ।

अधन–बिना धनवाला; निराश्रय; निर्धन; गरीब।

अधपका–आधा पका हुआ।

अधपन्ना–रसीद का आधा फाड़ा हुआ भाग।

अधबना–आधा बना हुआ; अपूर्ण; अधूरा।

अधवा–वस्तु का मध्य भाग।

अधबीच–बीच में स्थित; मध्यस्थित।

अधम–नीच; बहुत बड़ा पापी; दुष्ट या दुराचारी।

अधमरा–मरे के समान; लगभग मरा हुआ।

अधमर्ण–ऋणी।

अधमुआ–आधा मरा हुआ।

अधर[1]–न पकड़े जाने योग्य।

अधर[2]–खाली स्थान; धरती और आकाश के बीच का भाग।

अधरपान–किसी स्त्री के नीचे के होठों का चुंबन।

अधर्म–बुरा काम; पाप; दुराचार; अन्याय; कुकर्म; धर्म के विरुद्ध कार्य।

अधर्मी–दुष्ट; पापी; दुश्चरित्र।

अधस्–अधस्तल।

अंधाधुंध–अधिक।

अधावट–जो खौलाकर आधा तथा खूब गाढ़ा हो जावे।

अधिक–बहुत; अतिरिक्त।

अधिकरण–सहारा; प्रकरण; किसी विशिष्ट विवाद के निर्णय के लिए स्थापित विशेष न्यायालय।

अधिकर्म–प्रबंधन।

अधिकांश–अधिक भाग; ज्यादा हिस्सा; विस्तार रूप में; बहुमत।

अधिकार–कार्य करने की स्वतंत्रता; प्रभुत्व; आधिपत्य; स्वत्व।

अधिकारी–प्रभु; स्वामी; अफसर।

अधिक्रम–आक्रमण।

अधिकृत–जिस पर अधिकार कर लिया गया हो।

अधिकृति–अधिकार देना; कब्जा; स्वत्व।

अधिगत–प्राप्त; जाना हुआ; हाथ लगा।

अधिगम–पहुँच; ज्ञान; न्यायालय का निष्कर्ष।

अधिग्रहण–अधियाचना।

अधित्यका–पर्वत के ऊपर की विस्तृत समतल भूमि या मैदान।

अधिदेव–परमेश्वर।

अधिदेश–न्यायालय का आदेश।

अधिनायक–तानाशाह; मालिक; महाराज।

अधिनियम–कानून।

अधिनियमन–कानून निर्माण का अधिनियम।

अधिनिर्णय–निर्णयादेश।

अधिपति–स्वामी; सम्राट; राजा।

अधिप्रमाणित–सत्य को सप्रमाण सिद्ध करना।

अधिप्रभार–अधिशुल्क लेना।

अधिप्रौढ़–अग्रवर्ती; प्रगतिशील।

अधिभौतिक–पाँच भूतों से संबद्ध।

अधिमत–न्याय; विचार; फैसला।

अधिया–गाँव में आधी पट्टी की हिस्सेदारी; आधा भाग।

अधियाना–आधा होना या करना।

अधियार–सम्पत्ति का आधा हिस्सा।

अधिराज–राजाओं पर भी राज करने वाला; महाराज।

अधिरोपण–ऊपर को चढ़ाना या उठाना।

अधिवक्ता–वकील।

अधिवर्ष–29 दिन का फरवरी का महिना।

अधिवास–निवास; ठहरने का स्थान।

अधिवेशन–न्यायालय आदि की बैठक।

अधिशासी–शासन सम्बन्धी।

अधिशेष–अतिरिक्त भाग।

अधिशोषण–सोखनेवाला।

अधिष्ठाता–सरदार; मुखिया; प्रधान; वह जिसके हाथ में किसी कार्य का भार हो।

अधिष्ठान–रहने का स्थान; सहारा; वासस्थान; निवासस्थान; आधार; शासन।

अधिष्ठित–बसा हुआ; स्थापित।

अधिसंख्य–अधिक संख्या का; फालतु।

अधिसूचना–विज्ञापन; सूचना।

अधीन–अधीकार, शासन, निरीक्षण या वश में रहनेवाला।

अधीनीकरण–अधीन।

अधीनस्थ–अप्रधान; छोटे पद का।

अधीमान्य–अधिक आदर करना।

अधीर–धैर्यहीन; उतावला; चंचल; बेचैन।

अधीश–मालिक; स्वामी; भूपति; राजा।

अधीश्वर–राजा; मालिक; भूपति।

अधूत–चोर; निडर।

अधूरा–जो पूरा न हो; अपूर्ण; आधा; असमाप्त।

अधेड़–ढलती जवानी का; बुढ़ापे और जवानी के बीच का; बड़ी आयु का।

अधैर्य–धैर्य का अभाव; उलझन; असमन्जस; व्यग्रता; व्याकुलता।

अधो–नीचे; तले; नीचे पद में; न्यून।

अधोतर–एक प्रकार का घना वस्त्र।

अधोगम–तुच्छ; अधम।

अधोमार्ग–नीचे का मार्ग; गुदा।

अधोवर्ती–तल का; नीचे का।

अधोवायु–गुदा से निकलनेवाली वायु।

अध्यक्ष–प्रमुख; प्रधान; संचालक (लोक सभा का); सभापति; राजा।

अध्ययन–समझना या पढ़ना; पठन पाठन; पढाई लिखाई।

अध्यवसाय–दृढ़ता पूर्वक तथा निरंतर किसी काम में लगे रहना; घोर परिश्रम; उत्साह।

अध्यात्म–आत्मा और ब्रह्म का विवेचन; आत्मज्ञान; ज्ञानतत्व।

अध्यादेश–विधि; नियम; अनुष्ठान।

अध्यापक–गुरु; शिक्षक।

अध्यापकी–अध्यापक का काम।

अध्यापन–अध्यापन शास्त्र।

अध्यापिका–गुरुआइन।

अध्याप्त–प्राप्त किया हुआ।

अध्याय–ग्रंथ या खंड या विभाग जिसमें किसी विषय या उसके विशेष अंग का विवेचन हो; प्रकरण; पाठ।

अध्यारोपित–धोखे का।

अध्यास–मिथ्या ज्ञान; भ्रम; धोखा।

अध्यासित–बैठाया हुआ।

अध्याहार–तर्क वितर्क; बहस।

अध्यासीन–भूमि पर बैठा हुआ।

अध्येय–पढ़ने योग्य।

अध्रुव–अदृढ़; अनिश्चित; शंकायुक्त।

अनंत–अमर; नित्य; असीम; अपार; बेशुमार; अन्तहीन।

अनंतिम–सामयिक; कुछ काल के लिए।

अनंतर–उपरान्त।

अनंतरित–पूरा; समूचा; सम्पूर्ण।

अनंतराशि–अकूत राशि या परिणाम।

अनंत्य–जिसका अन्त न हो।

अनंता–अमर; अन्तहीन।

अनंद–आनन्द; सुख।

अनंदना–आनन्दित होना।

अनंदी–खुश।

अनंभ–बिना रुकावट।

अनंत-रूप–अनेक रूप का।

अनंतवीर्य–असीमित शक्ति।

अनंश–अंशरहित।

अन–एक उपसर्ग जो तद्भव शब्दों के पहले लगकर अभाव या विपरित भाव सूचित करता है जैसे अनगढ़, अगिनती।

अनकहा–जो कहा न गया हो।

अनक्षर–निरक्षर; अनपढ़।

अनख–शत्रुता; विरोध; ईर्ष्या।

अनखना–क्रोध करना; रुष्ट होना।

अनखाहट–क्रोध; दुख।

अनखी–जो जल्दी रुष्ट हो जाए; क्रोधी।

अनगढ़–बिना गढ़ा हुआ; बेडौल; भद्दा; बेढंगा; उजड्ड; अक्खड़; अनिर्मित।

अनगन–अनगिनत; अगणित।

अनगवना–जान बूझकर देर करना।

अनगौरी–अपरिचित।

अनघ–शुद्ध; पापरहित।

अनघेरी–बुरा समय।

अनघोर–अत्याचार।

अनचाहत–न चाहनेवाला।

अनचीता–जो सोचा न हो।

अनछेड़–जो छुआ न गया हो।

अनजना–जो पैदा न हुआ हो।

अनजला–जो जला न हो।

अनजाई–संकर नस्ल का जानवर।

अनजान–अपरिचित; अज्ञाज।

अनजामा–अन उपजाऊ।

अनझिप–जो टिमटिमाता न हो।

अनट–उपद्रव; अत्याचार।

अनडीठ–बिना देखा हुआ।

अनत–दूसरे किसी स्थान में।

अनति–नम्रता का अभाव; अहंकार।

अदनेखा–बिना देखा हुआ; अदृष्ट।

अनधिकार–अधिकार का अभाव; बेबसी; लाचारी।

अनधीन–जो अधीन न हो।

अनधोया–जो धोया न हो।

अनध्यवसाय–सुस्ती; ढीलापन; शिथिलता।

अनध्याय–छुट्टी का दिन।

अनन्त–जो खत्म न हो; चिरस्थायी; अधिक समय तक बना रहनेवाला।

अनन्य–अमर; असीम; अपार।

अनन्नास–एक फल जो खाने में खट्टा मीठा होता है।

अनमोल–बहुमूल्य; अमूल्य।

अनन्य–दूसरों से संबंध न रखनेवाला; अकेला; एक ही में लीन; एकनिष्ठ।

अनन्यता–तल्लीनता।

अनपच–अजीर्ण; मन्दाग्नि।

अनन्वित–पृथक्।

अनपढ़–जो पढ़ा लिखा न हो; अशिक्षित।

अनपत्य–संतानहीन; निःसंतान।

अनपराध–निर्दोष।

अनपरिचय–अपरिचित।

अनपाय–विघ्न के बिना; विपत्ति रहित।

अनपेक्ष–जिसे किसी की अपेक्षा या आवश्यकता न हो। लापरवाह; स्वावलंबी।

अनपेक्ष्य–किसी की अपेक्षा न करनेवाला।

अनप्रतीती–निष्ठाहीन; आस्थाहीन।

अनबन–झगड़ा; बिगाड़; खटपट।

अनबनाव–कलह; मतभेद।

अनबियाहा–अविवाहित।

अनबिधा–बिना छेद किया हुआ।

अनबूझ–जो समझ में ना आ सके; अज्ञानी।

अनबेधा–बिना छेद किया हुआ।

अनबोल–न बोलनेवाला; मौन; मूक; मूढमति।

अनबोया–न बोया हुआ।

अनब्याहा–अविववाहित।

अनभल–बुरा सौभाग्य।

अनभला–बुरा; खराब।

अनभाया–जो अच्छा न लगे।

अनभिज्ञ–अनजान; अपरिचित; चेतना. हीन।

अनभिलाष–अभिलाषा की अनुपस्थिति।

अनभोरी–गैर परम्परावादी; कपट; छल।

अनभ्यस्त–अकुशल; अनजान।

अनभ्यास–अभ्यास का अभाव।

अनभ्र–मेघरहित।

अनमन–उदास।

अनमना–असावधान; अन्यमनस्क।

अनमापा–बिना मापा हुआ।

अनमारग–कुमार्ग।

अनमिल–बेमेल; बेजोड़; असंबद्‌ध; असंगत।

अनमीलना–आँखें खोलना।

अनमुख–दूसरी दिशा में मुँह फेरना।

अनमेल–मेल न खानेवाला; असंबद्‌ध।

अनमोल–अमूल्य; बहुमूल्य; कीमती; उत्तम।

अनय–अमंगल; विपत्ति; अनीति; अन्याय।

अनयश–बदनामी; कुख्याती।

अनर्थ–बेकार; जिसका अर्थ न हो।

अनर्थी–अत्याचारी; पापी।

अनरना–अनादर करना।

अनरस–शुष्कता; रसहीनता।

अनराता–प्रेम में न पड़ा हुआ; बिना रँगा।

अनरूप–कुरूप; भद्‌दा; अच्छे रूप का अभाव।

अनर्गल–बेकार; लगातार; मुक्त।

अनर्थ–उलटा अर्थ; भारी अन्याय; क्षति; हानि।

अनर्घ–अमूल्य; अनमोल।

अनल–आग।

अनल्प–प्रचुर; काफी; बहुत।

अनलमुख–देवता अथवा ब्राह्मण।

अनलस–फुर्तीला; आलस्यरहित; चैतन्य।

अनलसित–प्रबल; बलवान; पुष्ट।

अनवकाश–अवकाश न होना; अवकाश का अभाव; स्थान की गुंजाइश न होना।

अनवच्छिन–अखंडित; सम्पूर्ण।

अनवट–चाँदी का छल्ला जिसको स्त्रियाँ पैर के अंगूठों में पहनती है।

अनवद्य–निंदारहित।

अनवधि–बिना सीमा का।

अनवरत–निरंतर; सतत्; लगातार।

अनवसर–गलत अवसर; बेमौके; मौका न होना।

अनवस्थ–चलायमान; गलत अवस्था या स्थिति।

अनवाँसी–बिस्वे का 400वाँ भाग।

अनशन–भूख हड़ताल; उपवास।

अनश्वर–नष्ट न होनेवाला; नश्वर का विपरीत।

अनसखरी–केवल घी/तेल में पका भोजन जैसे पूरी, पराठा आदि।

अनसहत–न सहने योग्य।

अनसुना–जो सुना न गया हो।

अनसूय–विद्वेषी न होना।

अनसोच–बिना विचारे।

अनहंकार–बिना घमंड का।

अनहित–बुराई।

अनहोना–जैसा पहले कभी घटित न हुआ हो, जैसे अनहोनी घटना।

अनहोनी–कुछ असंभव।

अनाकार–बिना आकार का।

अनाक्रमण–आक्रमण न करना।

अनाक्रांत–आक्रमण न किया हुआ।

अनाखर–भद्दा; कुरूप।

अनागम–आगम का अभाव।

अनागम्य–दुर्गम; जहाँ पहुँचा न जा सके।

अनाचरण–कुरीति; बुरा आचरण।

अनाचार–नीतिविरुद्ध; कदाचार; बुरा या निंदनीय आचरण; दुराचार; भ्रष्टाचार।

अनाचित–लापरवाह; असावधान।

अनाज–अन्न; धान्य; दाना।

अनाज्ञाकारी–वह जो आज्ञा नहीं मानता।

अनाड़–छिपा हुआ; गुप्त।

अनाड़ी–जो निपुण न हो; नासमझ; नादान; अनजान।

अनात्मक–आत्मा को न जाननेवाला।

अनाथ–जिसका कोई पालन करनेवाला न हो; असहाय; बेसहारा।

अनाथालय–वह स्थान जहाँ अनाथों, दीन दुखियों का पालन हो।

अनादर–निरादर; अपमान; अप्रतिष्ठा; बेइज्जती।

अनादि–जिसका आदि न हो।

अनादृत–जिसका अनादर या अपमान हुआ हो; जिसका आदर या सम्मान न होता हो।

अनाप्त–अप्राप्त; अयोग्य।

अनाम–बिना नाम का; गुमनाम।

अनामय–स्वस्थ; रोगरहित।

अनायास–आसान; सुगम; सहज।

अनायोजित–बिना तैयारी का; तात्क. ालिक।

अनार–एक पेड़ और उसके फल का नाम; एक प्रकार की आतिशबाजी।

अनारी–अनारदाने का रंग।

अनार्थिक–अलाभकारी।

अनार्य–मलेच्छ; हीन; नीच।

अनावश्यक–जिसकी आवश्यकता न हो।

अनावृत्त–जो ढका न हो; खुला; जो घिरा न हो।

अनावृष्टि–वर्षा का अभाव; सूखा।

अनाश्य–जिसका विनाश न हो सके।

अनाश्रमी–निम्न वर्ग का।

अनाश्रय–आश्रय का अभाव; निस्सहाय।

अनासक्त–जो आसक्त न हो।

अनाहक—निरर्थक; निष्फल।

अनाहत—जिस पर आधात न हुआ हो।

अनाहार—भोजन का त्याग; भोजन न करना; बिना भोजन का व्रत।

अनाहूत—बिना बुलाया हुआ।

अनिंदनीय—निर्दोष; बेकसूर।

अनिच्छा—इच्छा की कमी; अरुचि।

अनित्य—जो सदा न रहे; अस्थायी; कभी न नष्ट न होने जानेवाला; सदा रहनेवाला।

अनिद्र—जिसे नींद न आती हो।

अनिन्दित—अनिन्द्य; निर्दोष।

अनिप—सेनापति।

अनिपुण—अयोग्य; अनुपयुक्त।

अनियत—अदृढ़; अनिश्चित।

अनियम—व्यवस्था आदि का अभाव; किसी प्रकार का कायदा न होना।

अनियमित—नियमरहित; बेकायतदा; अनिश्चित।

अनियार—तीखा; नुकीला।

अनियारा—धारदार।

अनिरुद्ध—जिसके आगे कोई रुकावट न हो।

अनिर्णीत—लम्बित।

अनिर्मल—गन्दा; मैला; अशुद्ध।

अनिर्देश्य—जिसका निर्देश न हुआ हो या न किया जा सके।

अनिर्वाच्य—जो निर्वाचन के योग्य न हो; न बोलने योग्य।

अनिल—हवा; वायु।

अनिवारित—बिना रोका या हटाया हुआ।

अनिवार्य—अत्यावश्यक।

अनिवार्यता—अत्यन्त जरूरी।

अनिश—निरन्तर; लगातार।

अनिश्चय—सन्देहयुक्त।

अनिश्चित—अनियत; अनिर्दिष्ट; जो निश्चित न हो; आकस्मिक।

अनिष्ट—अनिष्ट; अपशकुन; घृणित; जो इष्ट न हो।

अनिषिद्ध—निषेध रहित।

अनी—थकावट; कमजोरी।

अनीक—सेना; फौज।

अनीकिनी—छोटी सेना।

अनीठ—बुरा; अनिष्ठ।।

अनीति—नीती, न्याय, औचित्य आदि का न होना; अन्याय; अंधेर।

अनीश—जिसका कोई ईश या स्वामी न हो; असहाय।

अनीश्वरवाद—नास्तिकता।

अनीस—अनाथ; असहाय।

अनु—संस्कृत का एक उपसर्ग जो पीछे, साथ साथ, इधर उधर तथा प्रत्येक के अर्थ में कुछ शब्दों के पहिले लगाया जाता है।

अनुकंपा—सम्वेदना; कृपा।।

अनुकंपित—जिस पर अनुग्रह किया गया हो।

अनुकरण—नकल; देखादेखी किया जाने वाला कार्य।

अनुकरणीय—नकल करने योग्य।

अनुकर्त्ता—अनुकारी; आज्ञा माननेवाला।

अनुकारी—आज्ञाकारी।

अनुकूल—अनुरूप; मुआफिक; आश्रय देनेवाला; लाभदायी; उत्साहवर्धक।

अनुकूलक–रूपांतर।
अनुक्रमणी–नियामक तत्व।
अनुक्रम–क्रमबद्‌धता।
अनुक्रमी–क्रमिक।
अनूकृत–नकल किया हुआ।
अनुकूलन–अनुकूल करने या बनाने की क्रिया या भाव; दूसरे को अपने पक्ष में करना; अपने उपयुक्त बनाना।
अनुक्त–अकथित; अप्रकाशित।
अनुक्रम–क्रम; सिलसिला; लगातार एक के बाद एक होने की क्रिया या भाव।
अनुक्रमणिका–शब्द सूची; विषय सूची।
अनुक्षण–प्रत्येक क्षण; लगातार; निरन्तर।
अनुग;-अनुगत–सेवक; पीछे पीछे जानेवाला।
अनुगूँज–प्रतिध्वनि।
अनुगृहीत–उपकृत; कृतज्ञ; अहसानमंद।
अनुग्रह–दया; कृपा।
अनुग्राहक–सहारा देनेवाला; दयालु।
अनुचर–साथ चलनेवाला; अनुचर; सह. ।चारी; साथी।
अनुचित–जो उचित न हो; नामुनासिब; बुरा; अयुक्त; खराब।
अनुचार–प्रेम; स्थिरता।
अनुच्छेद–अवयव; लेख।
अनुज–छोटा भाई।
अनुजा–छोटी बहन।
अनुजीवी–दूसरे पर आश्रित होकर जीना; आश्रित।
अनुज्ञप्त–अनुमोदन।
अनुज्ञा–आज्ञा; अनुमति।
अनुज्ञप्तिधारी–जिसे अनुमति मिली हो।
अनुज्ञापक–अनुमति देनेवाला।
अनुज्ञेय–आज्ञा पाने या देने योग्य।
अनुताप–अफसोस; पछतावा; रंज।
अनुतापित–दिमाग में ऊथल पुथल।
अनुतारा–उपग्रह।
अनुतोष–मुक्ति।
अनुतोषिक–ऐच्छिक दान।
अनुत्क्रमणीय–अपरिवर्तनीय।
अनुदिन–प्रदान करना।
अनुदेश–शिक्षा।
अनुद्‌योग–उद्‌योग का अभाव।
अनुद्‌वाह–उद्‌यमहीन।
अनुदान–शासन से किसी विशेष कार्य के लिए सहायता के रूप में मिलने वाला धन।
अनुदार–जा उदार न हो; संकीर्ण; कृपण।
अनुधावक–पीछा करनेवाला।
अनुधावन–छानबीन; पीछे चलना या खोजना।
अनुनय–विनय; विनती, खुशामद।
अनुनाद–शान्त; सभ्य।
अनुनासिक–नाक से बोला जानेवाला।
अनुनति–नम्रता।
अनुन्नत–उन्नति न किया हुआ; नीचा।
अनुपकार–भलाई न करना।
अनुपत्ति–बेतुकापन।
अनुपपत्ति–असंगति।
अनुपपन्न–अप्रमाणित।
अनुपम–जिसकी बराबरी का और कोई न हो; बेजोड़।
अनुपमित–अनोखा।
अनपयुक्त–अयोग्य।

अनुपयोगी–बेकाम; व्यर्थ का।
अनुपलभ्य–दिमाग में न भरनेवाला।
अनुपलक्षित–विशेष रूप से न बतलाया हुआ।
अनुपलब्धि–अप्राप्ति।
अनुपस्थित–जो उपस्थित न हो।
अनुपात–गणित की दो राशियों में संबंध दिखलाने की क्रिया; तुलनात्मक स्थिति।
अनुपातन–श्रेणी वर्ग।
अनुपाती–अनुरूप।
अनुपान–आयुर्वेद में औषधि के साथ मिलाकर अथवा बाद में जो वस्तु खाई या पी जाय।
अनुपालन–स्वीकृति।
अनुप्रयोग–कार्य करने की रीति का प्रयोग।
अनुप्रास–एक अलंकार जिसमें किसी वाक्य में एक ही पद अथवा एक ही अक्षर का बारम्बार प्रयोग किया जाता है।
अनुपूरक–शेषपूर्ति।
अनुबंध–कोई काम करने के लिए दो पक्षों में होनेवाला ठहराव या समझौता
अनुबल–वह सेना जो रक्षा के लिये पीछे की ओर रखी जाती है।
अनुभव–वह ज्ञान जो कोई काम या प्रयोग करने से प्राप्त हो।
अनुभाग–खन्डों में विभाजित; खंडित।
अनुभावन–संकेत अथवा अनुमान से किसी विषय को बतलाना।
अनुभूत–जिसे अनुभव या साक्षात् ज्ञान हुआ हो; परीक्षित; तजुरबा किया हुआ; जिसका अनुभव किया जाय।
अनुमतांकन–वर्गीकरण।
अनुमति–आज्ञा; हुकुम; स्वीकृति।
अनुमन्य–स्वीकार्य।
अनुमस्तिष्क–छोटा मस्तिष्क।
अनुमान–अटकल; अंदाज।
अनुमेय–जिसका अनुमान करना हो।
अनुमोदन–समर्थन।
अनुयायी–अनुकरण करनेवाला; अनुचर; सेवक; दास।
अनुरंजन–अनुराग; प्रीति; दिल बहलाव; किसी कन्या या पुरुष का प्रेमाचार करना।
अनुराग–लगाव; प्रीति; प्रेम; अनुरक्ति।
अनुरूप–सदृश; समान; उपयुक्त।
अनुरोध–आग्रह; प्रार्थना।
अनुर्वर–उपजाऊ न होनेवाला भूभाग।
अनुलेप–सुगंधित लेप की वस्तु।
अनुलोम–ऊँचे से नीचे की ओर आने का क्रम; स्वीकार्य; हितकर।
अनुवर्तन–अनुकरण; समान आचरण; पीछे चलना।
अनुवर्ती–अनुयायी; परिणामस्वरूप घटित।
अनुवाद–भाषांतर; एक भाषा में लिखी हुई चीज या कही हुई बात दूसरी भाषा में लिखना।
अनुशासन–आज्ञा; आदेश; हुकुम; उपदेश; शिक्षा; वह विधान जो किसी संस्था या वर्ग के सब सदस्यों को ठीक तरह से कार्य या आचरण करने के लिए बाध्य करे।
अनुषंग–संबंध, लगाव।

अनुष्ठान–फल के निमित्त किसी देवता का आराधन; कार्य का आरंभ; नियमपूर्वक कोई काम करना; धार्मिक उत्सव।

अनुसंधान–जाँच पड़ताल; खोज।

अनुसरण–अनुकरण; पीछा करने का कार्य।

अनुसारिता–अनुसारित होने की अवस्था या गुण।

अनुसूचित–परिगणित सूची में आया; शेड्यूल्ड।

अनुसूया–ईर्ष्या से।

अनूठा–अनोखा; विचित्र; विलक्षण; अद्भुत।

अनूढ़–अविवाहित।

अनूढ़ा–अविवाहित स्त्री।

अनूदित–अनुवाद किया हुआ।

अनूप–अतुल्नीय; अनोखा; जिसकी उपमा न हो; बेजोड़।

अनृत–मिथ्या; असत्य; झूठा।

अनेक–एक से अधिक; कई; बहुत सारे।

अनेकता–अनेक होने की अवस्था या भाव।

अनैक्य–मतभेद; फूट; एकता या एका ना होना; एकमत या संगठन का अभाव।

अनैतिक–जो नीतिसंगत न हो; नीति के विरुद्ध; अनुचित; अनाचारपूर्ण।

अनैसर्गिक–प्रकृति के विरुद्ध।

अनोखा–अनूठा; निराला; विलक्षण; विचित्र।

अनौचित्य–अनुचित होने का भाव; नामुनासिब कार्य।

अनौपचारिक–जो औपचारिक न हो; दिखावटी।

अन्न–अनाज; धान्य।

अन्नदाता–अन्न प्रदान करनेवाला; सहायता करनेवाला।

अन्नमय–अनाज का बना हुआ।

अन्य–कोई दूसरा; और; भिन्न।

अन्यगोत्र–दूसरे कुल से संबंधित।

अन्यचित्तज्ञान–मानसिक संक्रमण।

अन्यजन्म–फिर से जन्म देना।

अन्यतः–किसी दूसरे स्थान में; किसी दूसरे से।

अन्यत्र–किसी और स्थान पर; किसी दूसरी जगह।

अन्यथा–नहीं तो; दूसरी अवस्था में।

अन्यपुरुष–दूसरा पुरुष; व्याकरण के अनुसार प्रथम पुरुष, श्रोता से तीसरा व्यक्ति।

अन्यपूर्वा–पति के मरने पर दूसरे से विवाह करनेवाली स्त्री।

अन्यमनस्क–जिसका जी या ध्यान किसी और तरफ हो; अनमना; उदास; खिन्न।

अन्याय–न्याय का न होना; अनीति; अंधेर; अत्याचार।

अन्यारा–जो अलग न हो।

अन्योक्ति–कोई बात कहने का वह ढंग जिसमें कुछ कहा तो किसी एक के संबंध में जाता है, पर वह बात घटती या ठीक बैठती किसी और पर है।

अन्योन्य–परस्पर; आपसी; पारस्परिक।

अन्योदर–दूसरी माता से उत्पन्न; सौतेला भाई।

अन्वय–कुल; वंश; विश्राम; मेल संबंध; संतान।

अन्वयांतर–भावानुवाद; व्याख्या।

अन्वीक्ष–सूक्ष्मदर्शी।

अन्वीक्षण–छानबीन; खोज; विचार; ढूँढ; खोज; तलाश।

अन्वेषक–खोज करनेवाला; छानबीन करनेवाला।

अन्वेषण–खोज करना; तलाश; अनुसंधान।

अन्वेषी–अन्वेषण करनेवाला; खोजी।

अह्नवाना–स्नान करने के लिए प्रवृत करना।

अह्नाना–स्नान करना।

अप–जल; नीर।

अपंग–अंगहीन; असहाय; अयोग्य।

अपंथी–बिना पथ का; गलत राह पर।

अपक–अपक्व; कच्चा; अधूरा।

अपकर्त्ता–अपकार करने या हानि पहुँचानेवाला; अपकारक; बुरा काम करनेवाला।

अपकर्ष–अनादर; अपमान; ह्रास; मान, महत्त्व आदि में होनेवाली कमी; अवनति।

अपकाजी–स्वार्थी।

अपकार–क्षति; हानि; नुकसान; अहित।

अपकीर्ति–अपयश; बदनामी; 'कीर्ति' का विपरीत भाव।

अपकृत–अपमानित; जिसका निरादर हुआ हो; अपकार का शिकार।

अपकृष्ट–जिसका अपकर्ष हुआ हो; बुरा; हीन।

अपक्व–जो अभी पका न हो; कच्चा; अविकसित।

अपक्रम–अनियत; उलट पलट।

अपक्ष–पक्षहीन; बिना सहायक का।

अपगत–भागा हुआ; भाग जाना।

अपगति–बदनाम करना; अविश्वास करना।

अपघटन–अपघटन।

अपघर्षण–खरोंच।

अपघात–हत्या; वध; विश्वासघात; आत्मघात।

अपच–अजीर्ण; न पचना।

अपचयन–न्यूनता; कमी।

अपचार–बुरा व्यवहार; जुर्म; अपचरण; निंदा; बुराई।

अपचाल–बुरी चाल या व्यवहार; बुरा चलन; खोटे काम।

अपिजय–पराजय।

अपजस–अपयश।

अपजसी–बदनाम; कुख्यात।

अपटु–आलसी; जो कार्यकुशल न हो।

अपठ–निरक्षर; जो पढ़ा न हो; मूर्ख।

अपडंर–भय; शंका; व्याकुलता।

अपड़ाना–सौदे के विषय में झगड़ना।

अपड़ाव–लड़ाई झगड़ा।

अपत–बिना पत्तों का; निर्लज्ज; बेशर्म।

अपताई–निर्लज्जता।

अपतुष्टि–शांति देना।

अपति–विधवा; पतिविहिन।

अपत्य–संतान; औलाद।

अपथ–बुरा या खराब पथ; कुमार्ग; कठिन या विकट रास्ता।

अपद–रेंगनेवाला जीव।

अपदस्थ–पद से हटाया हुआ; पदच्युत।

अपदेखा–घमंडी; अभिमानी; स्वार्थी; मतलबी।

अपद्रव्य–बुरी वस्तु या धन

अपनयन–दूर या अलग करना; हटाना; एक स्थान से दूसरे स्थान पर ले जाना।

अपना–आत्मीय; अपना; निजी।

अपनाना–अपना बनाना; अपना कर लेना; अपने अधिकार, शरण, रक्षा आदि में लेना।

अपनाम–दुर्नाम; बदनामी।

अपनिन्दक–ईश्वर की निन्दा करने वाला।

अपभाषा–अश्लील; असभ्य भाषा।

अपभ्रष्ट–बिगड़ा या गिरा हुआ।

अपमान–अनादर; तिरस्कार; बेइज्जती।

अपमानित–जिसका अपमान हुआ हो; तिरस्कृत किया हुआ।

अपमानी–अपमान करनेवाला।

अपमान्य–अनादर; निरादर।

अपमृत्यु–आकस्मिक मृत्यु; तड़प तड़प कर हुई मृत्यु।

अपयश–बदनामी; अपमान; निरादर; अपकीर्ति।

अपरंच–फिर भी; तो भी।

अपरंपार–अपार; असीम।

अपर–दूसरा; अन्य; पूर्व का; पिछला; अधिक; अतिरिक्त।

अपरती–स्वार्थी।

अपरत्व–पिछलापन।

अपरलोक–दूसरा लोक।

अपरस–एक चर्मरोग; न छुआ हुआ।

अपरा–अध्यात्म या ब्रह्मविद्या के अतिरिक्त अन्य विद्या; पदार्थ विद्या।

अपराजय–न जीते जाने योग्य।

अपराजित–जो पराजित न हो।

अपराध–जुर्म; पाप; दोष; ऐसा कार्य जो विधि या विधान के विरुद्ध हो।

अपराह्न–दिन का शेष भाग।

अपरावर्त–पीछे हटनेवाला।

अपरिग्रह–दान ने लेना।

अपरिचित–अज्ञात; अंजान; जिससे जान पहचान न हो।

अपरिच्छिन–जिसका विभाग न हो सके; अभेद्य; मिला हुआ।

अपरिणामी–जो सदा एक सा रहे; व्यर्थ।

अपरिपक्व–जो पका न हो; कच्चा।

अपरिपूर्ण–असंतुष्ट।

अपरिमित–असंख्य; असीम; जिसकी कोई सीमा न हो।

अपरिवर्ती–जो परिवतर्तित न हुआ हो।

अपरिष्कृत–मैला कुचैला; विशुद्ध।

अपरिहार्य–जिसे टाला न जा सके; न छोड़ने योग्य; अनिवार्य।

अपरीक्षित–जाँच न किया हुआ; जिसका परीक्षण न हुआ हो।

अपरूप–कुरूप; भद्दा।

अपरूपण–कतरने योग्य।

अपरोक्ष–प्रत्यक्ष।

अपर्याप्त–अपूर्ण; असमर्थ।

अपलक–पलक न झपकना।

अपलक्षण–बुरा लक्षण।

अपलोक–अपमान; अप्रतिष्ठित।

अपवचन–बकवास।

अपवर्ग–मोक्ष; मुक्ति; पूर्णता।

अपवर्जन–परित्याग।

अपवर्जित–त्यागा हुआ।

अपवर्तक–गणित में वह संख्या जिसमें अन्य दो या अधिक संख्याओं का भाग देने पर शेष कुछ न रहे।

अपवश–अपने अधीन; बुरी बात।

अपवाद–व्यापक नियम से विरुद्ध नियम।

अपवादात्मक–अपवादभूत।

अपवादित–विरोध किया हुआ।

अपवारण–हटाने का कार्य; रुकावट।

अपवाह–एक स्थान से दूसरे स्थान को ले जानेवाला।

अपवित्र–अशुद्ध; मलिन।

अपव्यय–व्यर्थ किया जानेवाला व्यय; अपरिमित व्यय; फजूलखर्ची।

अपव्ययी–अनियमित खर्च करनेवाला।

अपशकुन–बुरा शकुन; भाग्यहीन लक्षण।

अपशिष्ट–फिजूल।

अपशेष–वर्णसंकर।

अपसंचय–तख्तों का घेरा।

अपसना–गुप्त रूप से भाग जाना।

अपसर्जन–त्याग।

अपसव्य–देह का दहिना भाग; दक्षिण की ओर स्थित।

अपसारिता–दूर किया हुआ।

अपसौन–बुरा लक्षण।

अपस्नान–मृतक स्नान।

अपस्मार–वह रोग जिसमें मनुष्य मूर्च्छित होकर भूमि पर गिर पड़ता है।

अपस्वर–शीघ्र भूल जाना।

अपस्वार्थी–अपना स्वार्थ साधनेवाला।

अपहत–विनाश किया हुआ; मिटा दिया हुआ।

अपहरण–छीनकर या बलपूर्वक ले लेना; किसी व्यक्ति का कहीं से बलपूर्वक उठा ले जाना।

अपहरना–लूटना; छीनना।

अपहर्ता–चोर; लुटेरा; हर लेनेवाला; चुरानेवाला; छीननेवाला।

अपहृत–जिसका अपहरण किया गया हो; चुराया हुआ; लूटा हुआ।

अपह्नव–जानते हुए किसी बात को छिपाना।

अपक्व–कच्चा; अपूर्ण; अव्यस्क।

अपांग–अंगहीन।

अपाक–अजीर्णता।

अपाढ़–जो पढ़ने योग्य न हो।

अपादान–व्याकरण में वह कारक जिसमें विभाग आदि सूचित होता है; इस कारक में पंचम विभक्ति लगती है।

अपान–न पीने योग्य।

अपामार्ग–एक औषधीय पौधा जिसकी गोल पत्ती और उलटे काँटे हाते हैं।

अपाप–पापरहित; पापहीन।

अपाय–चोट; असहाय; नाश।

अपार–सीमारहित; अनंत; असीप; असंख्य।

अपारदर्शक–जो पारदर्शक न हो; जिससे आर पार न दिखाई दे।

अपास–अधिक; अत्यंत; फिजूलखर्ची करने वाला; लुटाऊ; अपव्ययी।

अपार्जित–फेंका हुआ; निकाला हुआ।

अपार्थ–दूषित अर्थवाला; बिना अर्थ का।
अपाल–बिना रक्षक या समर्थक का; बिना आश्रय का।
अपावन–अपवित्र; अशुद्ध।
अपाव–अत्याचार; निवारण; निषेध।
अपाश्रय–बिना आश्रय का; असहाय।
अपास्व–त्यागा हुआ; छोड़ा हुआ।
अपाहिज–काम करने के अयोग्य; अंगहीन।
अपाहण–आकर्षण।
अपितू–बिना पिता का।
अपिधान–आवरण।
अपिनद्ध–बाँधा हुआ; ढँका हुआ।
अपीड़–बिना दर्द के।
अपीन–दुर्बल; पतला; क्षीण।
अपीनस–नाक का सूखापन।
अपील–निवेदन; विचारार्थ प्रार्थना।
अपुंस्त्व–नामर्दी; नपुसंकता।
अपुच्छ–बिना पूँछ का।
अपुण्य–पापी; अधार्मिक; पुण्य का अभाव; पुण्यहीन।
अपुत्र–पुत्रहीन।
अपुरुष–नपुंसक; नामर्द।
अपूजक–पूजा न करनेवाला; अधर्मी।
अपूठ–उलट देना; नष्ट करना।
अपूठना–उजाड़ना; नष्ट कर देना।
अपूत–पुत्रहीन; निस्संतान।
अपूर–भरपूर; पूर्ण; भरा हुआ।
अपरदन–नाश।
अपूर–भरा हुआ।
अपूर्ण–जो पूर्ण न हो; जो उचित समय पर समाप्त न हो; अधूरा; अपर्याप्त।
अपूर्व–अद्‌भुत; अनुपम; अनोखा; विचित्र।
अपेख–अदृश्य; न देखा हुआ।
अपेय–जो पीया ना जाय; पीने के अयोग्य।
अपेल–अस्थिर; अचल।
अपेक्षण–अपेक्षा; आकांशा।
अपेक्षा–आशा; मनोरथ; इच्छा।
अपेख–अदृष्टिगोचर।
अपेय–पीने के अयोग्य।
अपेल–बच्चा; डरपोक; विकलांग; सोलह वर्ष से कम आयु का बच्चा।
अपौरुष–नामर्द; विक्रमशून्य।
अप्रकट–अप्रकाशित; अप्रकटित; गुप्त।
अप्रकाशित–गुप्त; जो प्रकट न हो; छिपा हुआ।
अप्रकृत–जो प्रकृत या स्वाभाविक न हो; बनावटी।
अप्रचण्ड–अतीव्र; अप्रबल।
अप्रचलन–जो प्रचलित न हो।
अप्रतिदेय–वापिस न करनेवाला।
अप्रतिपत्ति–गौरव का न होना।
अप्रतिबंध–मुक्त; स्वच्छंद; बिना प्रतिबंध का।
अप्रतिभ–प्रतिभारहित; सुस्त; मन्द।
अप्रतिम–अनुपम; अनोखा; बेजोड़; अनुपम।
अप्रतिष्ठा–अनादर; अपमान; अपयश; अपकीर्ति।
अप्रतिहत–बिना रुकावट; निर्विघ्न; न रोका हुआ; आशा रखनेवाला।
अप्रतीत–प्रतीक के बिना; दमन न करने योग्य।

अप्रत्यक्ष–छिपा हुआ; अज्ञात; परोक्ष।
अप्रत्यय–शक; शंका; अविश्वास।
अप्रधान–अप्रत्यक्ष; सामान्य।
अप्रभा–चमक की कमी; कालापन।
अप्रभावी–बिना प्रभाव का।
अप्रमाण–बिना प्रमाण का तथा असंभव कथन।
अप्रमेय–अपार; अपरिमित; जो जाना जा न सके; जो नापा जा न सके; जो तर्क से सिद्ध न हो।
अप्रयुक्त–व्यवहार में न लाया हुआ।
अप्रवीण–अनाड़ी; अनुभवहीन।
अप्रशिक्षित–बिना अनुभव का।
अप्रसन्न–असंतुष्ट; दुखी।
अप्रसाद–कृपा का अभाव।
अप्रसिद्ध–छिपा हुआ; जो प्रसिद्ध न हो; अज्ञात।
अप्रस्तुत–जो प्रस्तुत या सामने न हो; अनुपस्थित।
अप्राकृत–अस्वाभाविक; जो प्राकृत न हो; असाधारण; गैरमामूली।
अप्राचीन–नवीन; जो पुराना न हो।
अप्राप्त–जो प्राप्त न हो या न हुआ हो; दुर्लभ।
अप्राप्य–जो प्राप्त न हो सके; अलभ्य।
अप्राविधिक–विसंगत; अप्रासंगिक।
अप्रासंगिक–प्रसंग के विरुद्ध; प्रस्तुत विषय से जिसका कोई संबंध न हो।
अप्रिय–जिसकी चाह न हो; अच्छा न लगने वाला; अरुचिकर।
अप्रेम–नापसंद; वैमनस्य।
अप्रैल–अंग्रेजी वर्ष का चौथा महीना।
अप्रौढ़–डरपोक; गर्वरहित।
अप्सरा–अलौकिक सुंदरता की स्त्री; देवांगना; हूर।
अफरना–खूब पेट भर कर खाना।
अफराना–पेट भरकर खाना या खिलाना।
अफल–निष्फल।
अफ़लातून–शेखीबाज; घमंडी; ढीठ।
अफ़वाह–गप्प; सुनी बात; जनश्रुति।
अफ़सर–प्रशासनिक अधिकारी।
अफ़साना–कहानी; किस्सा।
अफ़सोस–दुख; शोक।
अफेन–जो फूला हुआ न हो।
अब–इस समय; अभी; इस घड़ी।
अबतक–इस समय तक; इस स्थान तक।
अबतर–नाश; विनाश।
अबद्ध–न बँधा हुआ; स्वाधीन।
अबध–हिंसा का अभाव।
अबधूत–अज्ञान; अबोध।
अबध्य–वध न करने योग्य।
अब भी–अभी; वही।
अबर–अबल।
अबरक–एक धातु जिसमें तहें होती हैं; एक प्रकार का चिकना पत्थर।
अबरन–न वर्णन करने योग्य।
अबरू–भौंह।
अबल–कमजोर।
अबला–सींक से बना हुआ बर्तन; स्त्री।
अबल्य–दुर्बलता।
अबसन–नग्न; अनावृत।
अबही–अधिक न हो।
अबा–ढीला नकाब अथवा चादर।
अबाती–वायुरहित।

अबादान—बसा हुआ।

अबाध—अनियंत्रित; बाधा रहित; अपार असीम।

अबाधित—जो बाधक न हो।

अबाध्य—जिसें रोका न जा सके; बेरोक; स्वच्छन्द।

अबान—शस्त्ररहित।

अबाबील—एक प्रकार की चिड़िया।

अबार—देर; विलंब।

अबास—निवास स्थान; घर; वास।

अबिन्दु—बिना बिन्दु का।

अबीज—खराब बीज जो उपज न सका हो।

अबीर—रंगीन बुकनी या अबरक का चूरा जिसे लोग होली के त्यौहार पर इष्ट मित्रों पर डालते हैं।

अबुद्‌धि—ज्ञान का अभाव।

अबेर—देर।

अबोध—अज्ञान; मूर्ख; बुद्‌धु।

अबोधगम्य—बोध्य या तर्क से परे।

अबोल—न बोलनेवाला; गूँगा; मौन; अवाक।

अब्ज—जल में उत्पन्न वस्तु; कमल; शंख; चन्द्रमा।

अब्जा—देवी लक्ष्मी।

अब्द—वर्ष; मेघ; बादल; आकाश।

अब्धि—सागर; चार या सात की संख्या।

अब्बा—पिता।

अभंग—अखंड; अटूट; पूर्ण; न मिटनेवाला।

अभंगुर—न टूटने योग्य; मजबूत; दृढ़।

अभक्त—भक्ति न रखनेवाला; नास्तिक।

अभक्ष्य—न खानेयोग्य।

अभग्न—अखण्ड; अटूट; पूर्ण।

अभद्र—अशिष्ट; जो भला न हो।

अभय—निर्भिक; साहसी; वीर; बेडर; बेखौफ।

अभरन—अलंकार; आभूषण;शृंगार।

अभरम—भ्रम न पैदा करनेवाला; शंका छोड़कर; असंदिग्ध भाव से।

अभल—जो भला न हो।

अभव्य—अपूर्व; अनोखा; अमंगल।

अभाऊ—न भाने योग्य।

अभाग—अभाग्य; दुर्भाग्य।

अभागा—भाग्यहीन।

अभाज्य—भाग्यहीनता।

अभार—कम कष्टकारी; हल्का।

अभाय—बिना पत्नी का; जिसकी स्त्री न हो।

अभाव—कमी; अलंकार में स्थायी भावों से रहित।

अभावर्थक—विचार का अभाव।

अभावनीय—अचिंतनीय; जिसका सोच न किया जाये।

अभावी—भावना न किया हुआ।

अभाव्य—असम्भव; अकरणीय।

अभि—यह उपसर्ग नीचे लिखे अर्थों में प्रयुक्त होता है ओर, भीतर, वास्ते, पर, पास, लिये, से, समीप, अच्छी तरह।

अभिकथन—किसी व्यक्ति की ओर से कहा जानेवाला ऐसा आरोप जो अभी प्रमाणित न हुआ हो।

अभिकरण—वह स्थान जहाँ किसी व्यक्ति या संस्था की ओर से उसका अभिकर्ता रहता और काम करता हो।

अभिकर्ता–वह जो किसी व्यक्ति या संस्था के ओर से उसके प्रतिनिधि के रूप में कुछ काम करने के लिए नियत हो।

अभिकलन–अनुकलन।

अभिक्रम–चढ़ाई; धावा; हमला।

अभिक्षमता–परीक्षण।

अभिगम–पास जाना।

अभिगमन–पास जाना; सहवास; स्त्री प्रसंग।

अभिगामी–स्त्री से संभोग करनेवाला; समीप जानेवाला; पहुँचनेवाला।

अभिग्राहित्र–ग्रहण करने वाला; प्राप्त करने वाला।

अभिघात–प्रहार; आघात।

अभिचार–मंत्र तंत्र द्वारा मारण; किसी को हानि पहुँचाने के लिए जादू टोना करना; काला जादू।

अभिजन–ख्याति; परिवार; वंश; संबंध; परिवार का सबसे वृद्ध व्यक्ति; जन्म स्थान।

अभिजनन–प्रजनन।

अभिजात–कुलीन; अच्छे कुल में उत्पन्न; बुद्धिमान।

अभिजित–सुन्दर; प्यारा; बुद्धिमान; आदरणीय।

अभिज्ञ–जानकार; निपुण; कुशल; बुद्धिमान।

अभिज्ञान–जिसको देखकर पूर्व विषय का स्मरण हो जावे।

अभिदान–योगदान; अभिदान।

अभिधा–नाम, अलंकार में शब्द का सांकेतिक अर्थ बतानेवाली शक्ति।

अभिधान–नाम; संज्ञा; किसी पद का विशेष नाम या संज्ञा; शब्दकोश; वह अर्थ जो शब्द से सीधा निकले।

अभिधारणा–स्वयं माननेवाला; प्रतिज्ञा; कल्पना।

अभिधायक–बतलानेवाला; बोलनेवाला।

अभिधेय–जिसके विषय में संकेत किया गया हो।

अभिनन्दन–आदर; प्रशंसा; सत्कार; सराहना; स्तुति करना।

अभिनय–मन के भावों को प्रकाशित करनेवाली अंगों की चेष्टा।

अभिनव–नवीन; हाल का।

अभिनवन–बदलाव।

अभिनवीकरण–नवीनीकरण

अभिनिर्धारण–अभिज्ञान; समीकरण।

अभिनिविष्ट–गड़ा हुआ।

अभिनिषिद्ध–बहिष्करित।

अभिनीत–जिसका अभिनय हुआ हो; निकट लाया हुआ; सुसज्जित; अलंकृत।

अभिनेता–अभिनय करनेवाला पुरुष; नट।

अभिनेत्री–अभिनय करनेवाली स्त्री।

अभिनेय–नाटक करने योग्य।

अभिन्न–गणित में पूर्णांक; अपृथक्; जो भिन्न न हो।

अभिपुष्ट–प्रमाणित किया हुआ।

अभिपूर्ति–पूरा किया हुआ।

अभिप्राय–आशय; मतलब; उद्देश्य; लक्ष्य; विचार व्यक्त करने का अधि. कार।

अभिप्रेरण–प्रोत्साहन; उत्साहवर्धन।

अभिप्रेत–चाहा हुआ; अभिलषित; वह बात या भाव जिसे प्रकट करने की इच्छा हो।

अभिभावक–संरक्षक; किसी की देखरेख या संरक्षण करनेवाला।

अभिभाषण–वक्तव्य; सभा व न्यायालय में दिया बयान।

अभिभूत–विचलित; धबराया हुआ; हारा हुआ।

अभिमंचन–नाटक का अभिनय।

अभिमंत्रण–मंत्रों द्वारा शुद्धिकरण।

अभिमत–सम्मति; मनोनीति; वांछित; राय के मुताबिक; मनपसन्द; विचार के अनुकूल सहमति का विषय।

अभिमतता–इच्छा; मनोरथ।

अभिमान्य–अहंकार; घमंड।

अभिमान–अहंकार; घमंड; गर्व।

अभिमानी–अहंकारी; घमंडी।

अभिमुख–सामने; सम्मुख।

अभियंता–इंजीनियर; यांत्रिक।

अभियंत्रण–यांत्रिक विज्ञान।

अभियाचना–मांग; जिज्ञासा।

अभियान–विशिष्ट उद्देश्य की प्राप्ति के लिए होनेवाली यात्रा।

अभियुक्त–वह जिसपर कोई अभियोग लगाया गया हो; दोषी।

अभियोग–किसी के किये हुए अपकार के निवारण के लिए न्यायालय में प्रार्थना।

अभिरक्षण–सुरक्षा।

अभिरक्षा–निगरानी; देखरेख।

अभिराधन–शान्त करना।

अभिराम–सुन्दर; प्रिय; मनोहर।

अभिरुचि–प्राकृतिक रुझान; पसंद; मन का आकर्षण।

अभिलषित–इच्छित; चाहा हुआ।

अभिलाष–इच्छा; कामना; चाह।

अभिलाषा–इच्छा; लालच।

अभिलेख–किसी विषय के संबंध में लिखी हुई सब बातों का लिखित संग्रह।

अभिवक्ता–वकील; अधिवक्ता; सभापति।

अभिवन्दन–नमस्कार; स्तुति; प्रशंसा; आदर प्रकट करना।

अभिवचन–वह बात जो न्यायालय में विधिक प्रतिनिधि या अभिवक्ता अपने नियोजक की ओर से कहता है।

अभिवादन–प्रणाम; नमस्कार; वंदना; स्तुति; किसी बड़े के प्रति प्रकट की जानेवाली श्रद्धा।

अभिविन्यास–सुसज्जा।

अभिवृद्धि–बढ़ोत्तरी; अधिकता।

अभिवृत्ति–रवैया; रूख।

अभिव्यंजक–प्रकाशन; सूचक; बोधक करने वाला।

अभिव्यंजना–भाव।

अभिव्यक्त–प्रकट; स्पष्ट; जाहिर।

अभिशंसा–सिफारिश।

अभिशप्त–श्राप दिया हुआ।

अभिशाप–शाप; मिथ्या दोषारोप।

अभिशासन–शासन।।

अभिषंग–पराजय; हार; आक्रोश; मिथ्या आरोप; किसी कार्य या बात में किसी के साथ होना।

अभिषिक्त–विधिपूर्वक नहलाया हुआ।

अभिषेक–जल से सींचना; जल छिड़क कर राजगद्दी पर बैठाना।
अभिसंधि–षड्यंत्र; धोखा; कुचक।।
अभिसमय–समझौता; पारस्परिक संबंधों में अधिकृत समझौता।
अभिसर–साथी; पीछे रहनेवाला।
अभिसार–प्रिय से मिलने के लिए सं. केतस्थल पर जाना।
अभिस्वीकृति–सत्यता स्वीकार करना।
अभी–इसी क्षण; इसी समय; इसी वक्त।
अभीक्ष्य–बारम्बारी।
अभीक–निडर; इच्छुक; क्रूर।
अभिप्सा–आशा; इच्छा।
अभीष्ट–इच्छित।
अभुआना–हाथ पैर पटकना और सिर हिलाना जिससे सिर पर भूत आना समझा जाता है।
अभुक्त–जो न खाया या भोगा गया हो।
अभूत–अभूतपूर्व; विलक्षण; जो हुआ न हो।
अभेद–भेद का अभाव; अभिन्नता; रूपक अलंकार के दो भेद में से एक; एकरूप।
अभेरना–मिलाना; भिड़ना।
अभोग–जिसका भोग न किया गया हो; अछूता।
अभोजन–उपवास।
अभौतिक–पंचभूत से संबंध न रखने वाला।
अभ्यंग–पोतना; लेपना; शरीर से तले लगाना; मलना।
अभ्यंतर–अंतराल; मध्य; बीच।
अभ्यर्थित–प्रार्थना किया हुआ; आगवानी किया हुआ।
अभ्यर्पण–आत्मसमर्पण।
अभ्यस्त–जिसने अभ्यास किया हो; अनुभवी; दक्ष।
अभ्यागत–आगंतुक; अतिथि; पाहुन; मेहमान।
अभ्यागम–उपस्थिति; समीपता; आगमन।
अभ्यागमन–देखभाल; भेंट।
अभ्यापत्ति–विरोध करना।
अभ्यास–दोहराना; किसी काम को बार बार करना; स्वयं को अभ्यस्त करना।
अभ्यासी–अभ्यास करनेवाला।
अभ्युत्थान–बढ़ती; समृद्धि; आरंभ; किसी का आदर करने के लिये उठकर खड़े हो जाना।
अभ्युदय–उन्नति; उत्पत्ति; वृद्धि; बढ़ती; भाग्य खुलना; उगना।
अभ्र–मेघ; बादल; आकाश।
अभ्रांत–भ्रांतिशून्य; भ्रमरहित; स्थिर।
अमंगल–मंगलरहित; अशुभ; अकुशल।
अमचूर–सूखे आम की बुकनी।
अमड़ा–एक वृक्ष जिसमें बेर के बराबर फल लगते हैं जो खट्टे होते हैं तथा उनका आचार बनता है।
अमद–मदिरा न पिये हुए; मद रहित।
अमन–शांति; चैन।
अमनिया–शुद्ध।
अमनुष्य–मनुष्य से भिन्न प्राणी।
अमनोगत–ध्यान में न लाया हुआ।
अमनोज्ञ–चित्त को प्रसन्न न करनेवाला।
अमनोयोग–असावधान व्यक्ति।

अमनोहर–जो सुंदर न हो; जो मनोहर न हो; भद्दा।

अमर–जो कभी न मरे; सदा जीवित रहनेवाला; चिरजीवी; जिसका कभी अंत, नाश या क्षय न हो; जो मृत्यु का विषय न बने।

अमरख व्यग्रता; आकुलता; समस्या; परेशानी।

अमरण–अमरत्व; न मरना।

अमरपद–मुक्ति; मोक्ष; देवत्व।

अमरपुर–देवताओं का नगर; स्वर्ग।

अमरबेल–बिना जड़ तथा पत्ती की एक लता जो वृक्ष पर फैलती है; आकाश बेल।

अमरलोक–देवलोक; स्वर्ग।

अमरस–आम का रस।

अमराई–आम का बगीचा।

अमरालय–स्वर्ग।

अमरावती–देवताओं की नगरी।

अमरी–देवताओं का निवास; देवपत्नी।

अमरू–एक प्रकार का रेशमी वस्त्र।

अमरूद–अमरूद का पेड़ और उसके फल।

अमरेश–इन्द्र; शिव।

अमर्ध–अमूल्य; अनमोल।

अमर्त्य–जो कभी न मरता हो।

अमर्याद–मर्यादा के विरुद्ध; सामाजिक आचार का उल्लंघन करनेवाला; बेकायदा।

अमर्ष–क्रोध।

अमर्षण–रोष; क्रोध; गुस्सा।

अमल–व्यवहार; प्रयोग; स्वच्छ; निर्मल; निर्दोष।

अमलता–स्वच्छा; निर्मलता; पवित्रता।

अमलदारी–शासन; राज्यकाल।

अमलपट्टा–वह अधिकार पत्र जो किसी कारिंदे को कार्य पर नियुक्त करने के समय दिया जाता है।

अमलबेल–एक पेड़ जिसके फल की खटाई तीक्ष्ण होती है तथा यह हाजमा करता है।

अमला–लक्ष्मी; किसी संस्था के अधिकारियों का दल।

अमलाक–अचल भूसम्पत्ति।

अमलिन–निर्मल; स्वच्छ; साफ।

अमली–व्यवहार में लानेवाला।

अमहर–छीले हुए कच्चे आम की सुखाई हुई फाँक।

अमानत–धरोहर; अपनी वस्तु किसी दूसरे के पास कुछ काल के लिए रखना।

अमानता–बुला भेजना।

अमात्य–सचिव।

अमात्र–मात्र रहित; असीम।

अमाना–पूरी तरह से भर जाना।

अमानी–अभिमान रहित।

अमानुष–वह प्राणी जो मनुष्य न हो, बल्कि उससे भिन्न हो।

अमान्य–जो मान, आदर आदि के योग्य न हो।

अमान्यकरण–अयोग्यता।

अमामा–बड़ी पगड़ी।

अमाया–भ्रम का अभाव; छल कपट से शून्य।

अमार–ढेर; पुंज।

अमावट–आम के सुखाए हुए रस की परत या तह।

अमावस्या–कृष्ण पक्ष की अंतिम तिथि जिसमें रात को चन्द्रमा बिल्कुल दिखाई नहीं देता।

अमाह–आँख की पुतली से निकला लाल माँस; नाखून।

अमिट[1]–जो न मिटे; जो नष्ट न हो; स्थायी; हमेशा रहनेवाला।

अमिट[2]–अपरिमित; काफी अधिक; जा नापा न जा सके।

अमितव्ययी–अलाभकारी।

अमिताभ–भगवान बुद्ध।

अमित्र–जिसका कोई मित्र न हो।

अमिय–अमृतबूटी; संजीवनी जड़ी।

अमिया–कच्चा आम।

अमिल–भिन्न; अमिश्रित।

अमिश्र–न मिला हुआ; साधारण।

अमिश्रित–बिना मिलावट का।

अमिष–बिना छल का; निश्चल।

अमीन–धरोहर रखनेवाला; निरिक्षण करनेवाला।

अमीर–सरदार; कुलीन या भद्र व्यक्ति; गौरवपूर्ण।

अमीराना–गौरवपूर्ण।

अमुक–जब किसी व्यक्ति या पदार्थ का नाम नहीं लिया जाता तब उसके स्थान में 'अमुक' शब्द का प्रयोग होता है।

अमुख्य–अप्रधान; अप्रमुख; साधारण।

अमूर्त–आकार रहित; जिसका कोई आकार न हो।

अमूर्ति–निराकार।

अमूल–जिसका आदि कारण न हो; निराधार।

अमूल्य–अनमोल; जिसका मूल्य स्थिर न हो; बहुमूल्य।

अमृत–जो मरा न हो; स्वर्ग का पेय जो देवताओं का भोजन माना जाता है।

अमृत्व–मरण का अभाव।

अमृत्यु–अमर; अस्थिर।

अमृतवान–लाह का रंग किया हुआ मिट्टी का पात्र जो घी, तेल आदि रखने के काम में आता है।

अमृततांबु–चन्द्रमा।

अमेजना–मिला देना; मिलावट होना।

अमेध्य–अपवित्र; अशुद्ध।

अमेय–असीम; बेहद; जो जाना न जा सके।

अमोघ–निष्फल न होनेवाला; अव्यर्थ; अचूक।

अमोल–अमूल्य; बिन मोल का; जिसका मूल्य न लग सके।

अमोला–आम का भूमि से निकाला हुआ नया पौधा।

अमोही–कठोर हृदय।

अमौआ–आम के रस के सदृश रंग।

अम्मा–माता।

अम्मी–माँ।

अम्ल–खटाई; तेजाब।

अम्लजन–प्राणवायु।

अम्लपित्त–एक रोग जिसमें पित्त के दोष से खाया हुआ पदार्थ खट्टा हो जाता है।

अम्लता–खट्टास; खटाई; खट्टापन।

अम्लान–स्वच्छ; निर्मल; साफ; जो म्लान न हो।

अम्हौरी–शुद्ध; निर्मल; स्वच्छ।

अय—लोहा; अग्नि; हथियार।

अयतन—यत्न का अभाव।

अयथा—जो ठीक या सत्य न हो; मिथ्या; झूठा; जो उपयुक्त न हो।

अयन—पथ; रास्ता; सूर्य या चन्द्रमा को दक्षिण और उत्तर की गति या उससे संबंध रखनेवाली प्रवृत्ति; आश्रय स्थान।

अयनान्त—अयनकाल।

अयश—अपमान; अप्रतिष्ठा।

अयशस्कर—अपवादजनक; अयशस्वी।

अयस्—लोहा।

अयस्क—कच्ची धातु।

अयस्कहीन—जो पैदा न कर सके।

अयस्कांत—चुंबक।

अयाचक—न माँगने वाला; संतुष्ट।

अयाच्य—संतुष्ट।

अयान[1]—न चलनेवाला; ज्ञानरहित।

अयान[2]—प्रकृति; स्वभाव।

अयाल—घोड़े के गर्दन के लंबे बाल।

अयि—क्यों! अरे! यह शब्द संबोधन में प्रयुक्त होती है।

अयुत—दस हजार की संख्या।

अयुक्त—अयोग्य; बेठीक; अनुचित; असंयुक्त; अलग; असंबद्ध।

अयोग—योग का अभाव; संकट; जुदाई; मेल न होना।

अयोग्य—जो योग्य न हो; अनुपयुक्त; अपात्र; नालायक; निकम्मा; अनुचित; नामुनासिब।

अयोध्य—जिससे कोई युद्ध न कर सके।

अयौन—योनि से उत्पन्न न होनेवाला; अलैंगिक।

अरकट—चतुराई; निपुणता; दक्षता।

अरक्षित—रक्षा न किया हुआ; नग्न।

अरंभना—शोर मचाना; आरंभ करना; चिल्लाना।

अर—हठ।

अरई—गाड़ी हाँकनेवाले की लोहे की नोंकवाली छोटी छड़ी।

अरक़—किसी पदार्थ का वह रस जो भभके से खींचने से निकले, आसव।

अरक्षित—रक्षा न किया हुआ; अनाश्रय।

अरगजा—पीले रंग का एक सुगंधित द्रव्य जो केसर, चंदन तथा कपूर इत्यादि को मिलाने से बनता है।

अरगट—अलग; बेजोड़।

अरगनी—वस्त्र इत्यादि टाँगने की रस्सी।

अरगला—अवरोधन; अर्गला।

अरगाना—पृथक् करना; चुप रहना।

अरघ—अर्पित जल।

अरघान—गंध; खुशबु।

अरचन—पूजा; अराधना।

अरचना—पूजा करना।

अरज—चौड़ाई; प्रार्थना; याचना; आवेदन।

अरजी—याचिका; अर्जी; प्रार्थनापत्र।

अरणी—बढई के बरमे के समान एक यंत्र जो मथानी की तरह घुमाया जाता है और छेद के नीचे रक्खा हुआ कुश जल उठता है।

अरण्य—वन; जंगल।

अरत—धीमा; मंद; उदासीन; **वासना** आदि न होना।

अरति—रति, प्रवृति, वासना आदि का न होना।

अरथी–शव ले जाने की सीढ़ी के आकार का लकड़ी का ढाँचा।

अरथाना–व्याख्या करना।

अरदब–दुःखदायी स्थिति।

अरदना–पैर से कुचलना; वध करना; लात मारना।

अरदली–अर्दली; अधिकारियों के अधीनस्थ सेवक।

अरदास–किसी देवता से मंगलकामना करते समय दिया गया धन; निवेदनयुक्त उपहार।

अरधंगी–पंगु।

अरध–आधा।

अरन–जंगल।

अरना–जंगली भैसा।

अरनी–हिमालय के पहाड़ों में पाया जानेवाला एक छोटा वृक्ष।

अरपन–समर्पित।

अरब–अरब खरब; सौ करोड़ की संख्या।

अरबी[1]–अरब देश का।

अरबी[2]–अरब देश की भाषा।

अरबोला–साधारण; सीधा।

अरमान–अभिलाषा; आकांशा; कामना; उम्मीद।

अरर–आश्चर्यजनक शब्द।

अरराहट–गरजना; चिल्लाना।

अरवन–कटी फल का पहला हिस्सा (जो ब्राह्मण या भगवान को अर्पित किया जाता है); कच्ची कटनेवाली फसल।

अरविंद–कमल; सारस पक्षी।

अरवी–एक कंद विशेष जिसकी तरकारी बनाकर खाई जाती है।

अरस–अनाड़ी; आलस्य।

अरसठ–राज्य का मासिक लेखा जोखा।

अरसना–शिथिल होना; मंद होना।

अरसा–बीता समय; काल; देर; विलंब।

अरसाना–अलसाना।

अरसीला–आलस्य से भरा हुआ।

अरसीलो–शक्तिहीन (शरीर)।

अरहन–बेसन या आटा जो तरकारी इत्यादि में डाला जाता है।

अरहर–एक द्विदल अन्न जिसकी दाल खाई जाती है।

अराजकता–किसी देश की वह अवस्था जिसमें या तो राज्य या शासन का बिल्कुल अभाव होता है।

अराज़ी–भूमि का कटा हुआ हिस्सा।

अराति–दुश्मन; वैरी।

अराधना–उपासना करना।

अरारूट–एक प्रकार का वृक्ष।

अरि–शत्रु; वैरी; पहिया।

अरित्र–पतवार; मार्गदर्शक।

अरिष्ट–दुख; कष्ट; एक असुर जो बालक कृष्ण द्वारा मारा गया था।

अरियाना–तिरस्कारयुक्त शब्द का प्रयोग करना।

अरिहा–शत्रु का नाश करनेवाला।

अरी–संबोधन शब्द; अरे।

अरीति–असभ्यता; अशिष्टता।

अरुंधती–एक बहुत छोटा तारा जो सप्तर्षि मंडल में है।

अरुचि–रुचि का अभाव; अनिच्छा; इच्छाहीन।

अरुज–बिमारियों से मुक्त; स्वस्थ।

अरुण–सूर्योदय से पूर्व की लालिमा; गहरा लाल रंग।

अरुणाप्रिया–अप्सरा।

अरुणाई–सूर्योदय से समय दिखने वाली लाली।

अरुणित–लाल रँगा हुआ; रक्तवर्ण का।

अरुणोदय–ब्रह्ममुहूर्त; पौ फटने का समय।

अरुणोपल–लाल।

अरुप–कुरूप; भद्दा।

अरूलना–पीड़ित होना।

अरूस–नववधू; दुल्हन।

अरे–ए! ओ! आश्चर्य सूचक अव्यय।

अरेरना–घिसना; मलना।

अरोधना–गला घोटना।

अरोग–आरोग्य; स्वस्थ।

अरोचक–गन्दा; घिनौना।

अरोहना–सवार होना।

अलझाना–व्याकुल करना।

अहरना–पूजा; अराधना।

अर्क–सूर्य; इंद्र; विष्णु।

अर्कज–यम; शनि।

अर्गनी–कपड़े सुखाने की रस्सी।

अर्गल–किवाड़ के पीछे लगाने का डंडा।

अर्गला–अवरोध; अरगल; हाथी को बाँधने के लिये लोहे की जंजीर; रुकावट।

अर्घ–आदरपूर्ण अर्पण; जल (चावल, दही तथा दूध मिला हुआ) जो देवता को अर्पित करते हैं; मूल्य; दाम।

अर्घ्य–अमूल्य; बहुमूल्य; देवता अथवा आगंतुक को दिया जानेवाला आदरपूर्ण उपहार।

अर्चक–पूजा करनेवाला; अर्चन करने वाला।

अर्चा–देवता की मूर्ति; अराधना।

अर्चि–चमक; लपट; रोशनी।

अर्चित–पूजित।

अर्ज़–प्रार्थना; विनती।

अर्जन–उपार्जन; कमाना; इकट्ठा करना; संग्रह।

अर्जित–कमाया हुआ अवकाश।

अर्ज़ी–प्रार्थना; याचना; आवेदन।

अर्जुन–एक बड़ा वृक्ष; नेत्र का रोग।

अर्णव–समुद्र; सूर्य; वायुमंडल।

अर्तला–रक्षक; समर्थक।

अर्थ–अभिप्राय; प्रयोजन; शब्द की शक्ति द्वारा बोधित पदार्थ।

अर्थवाद–प्रशंसनीय वाक्य; चित्त को अन्य विषय की ओर आकर्षित करने हेतु कहा हुआ वाक्य।

अर्थवेद–अर्थशास्त्र; शिल्पशास्त्र; कारीगरी।

अर्थात्–इसका अर्थ यह है कि; मतलब यह कि।

अर्थान्तर–दूसरा अर्थ या आशय।

अर्थाना–समझाना।

अर्थित–प्रार्थना किया हुआ; माँगा हुआ।

अर्थी–माँगनेवाला; इच्छा करनेवाला; याचक।

अर्थी–टिकठी; अरथी।

अर्ध–दो समान टुकड़ों में से एक।

अर्धगोल–वृत्त का आधा भाग।

अर्धचन्द्र–आधा चन्द्रमा; अष्टमी का चन्द्रमा; अर्ध चन्द्रमा।

अर्धचक्र–आधा वृत्त।

अर्धन–समद्विभाग।
अर्धपारदर्शक–स्वच्छ; पारभासी।
अर्धमास–आधा महीना।
अर्धरात्रि–आधी रात।
अर्धांग–शरीर का आधा भाग।
अर्धांगिनी–पत्नी।
अर्धाली–चौपाई का आधा भाग।
अर्धांश–अंश; आधा।
अर्पण–बलिदान; दान; भेंट; त्याग।
अर्पित–भेंट किया हुआ।
अर्भक–बालक; बच्चा; पुत्र।
अर्मान–आशा; मनोरथ; इच्छा; अभिलाषा।
अर्यमा–सूर्य; बारह आदित्यों में एक एक।
अर्वाक–पीछे; इस ओर; समीप।
अर्वाचीन–आधुनिक; हाल का; नवीन; नया।
अर्हता–योग्यता; कुशलता।
अर्ह–पूजनीय; मूल्यवान; विष्णु।
अर्हणा–पूजा; अराधना।
अर्ह्य–पूज्य; आदरणीय।
अलं–पर्याप्त; यथेष्ट।
अलंकरण–सजावट; सज्जा।
अलंकार–आभूषण; गहना; जेवर; सा. हित्य में वर्णन करने की वह रीति जिसमें चमत्कार और रोचकता आती है।
अलंघनीय–जो न लाँघा जा सके; जिसे टाला या छोड़ न सकें।
अलक–मस्तक से लटकते हुए बाल।
अलका–कुबेर की पुरी का नाम; दस वर्ष की कन्या।
अलक़तरा–तारकोल।
अलक्षण–लक्षण का न होना; बुरा या अशुभ लक्षण; वह जिसमें बुरे लक्षण हों; अशकुन।
अलक्षणी–अभागा; हतभाग्य।
अलक्षित–अज्ञात; जो देखा न गया हो।
अलक्ष्य–अदृश्य; जो दिखाई न पड़े।
अलख–जो देख न पड़ता हो; अगोचर; अप्रत्यक्ष।
अलग–पृथक; भिन्न; जुदा।
अलगरजी–लापरवाही।
अलगाव–अलग होने की क्रिया या भाव; पार्थक्य।
अलगोजा–शहनाई; सुषिरवाद्य।
अलफा–एक प्रकार का लंबा चोगा।
अलफाज–शब्द।
अलबत्ता–निःसन्देह; निःशंसय; बेशक; बहुत ठीक।
अलबल–बहुत बलवान; अनुपम; बेजोड़।
अलबेट–ऐंठन; मुड़ाव।
अलबेलापन–सुंदरता।
अलभ्य–अमूल्य; अनमोल; दुर्लभ; जो प्राप्त न हो सके।
अलम–पर्याप्त; यथेष्ट।
अलमस्त–उन्मत्त; मदोन्मत; लापरवाह; बेफिक्र।
अलमास–हीरा; मणि।
अलर्क–पागल कुत्ता।
अललाना–चिल्लाना।
अलवाँती–औरत जिसे बच्चा पैदा किये हुए थोड़े दिन हुए हो।
अलवाई–गाय जिसे बछड़ा पैदा किये हुए एक या दो महीने हुए हो।

अलवान–ऊनी चादर; ऊन की दूकान।

अलवाया–कोमल; सौम्य।

अलविदा–रमज़ान का आख़िरी शुक्रवार।

अलस–आलसी; सुस्त।

अलसाना–शिथिलता महसूस करना; आलस्य अनुभव करना।

अलसानि–सुस्ती; दुर्बलता।

अलसेट–ढिलाई या व्यर्थ की देर; भुलावा; धोखा धड़ी।

अलहड़–अपूर्ण; अधूरा।

अलड़ाना–चिल्लाना।

अलहदा–अलग।

अलाहदी–आलसी; सुस्त।

अलात–जलती हुई लकड़ी।

अलान–हाथी बाँधने का खूँटा या सिक्कड़; बेड़ी।

अलापना–बोलना; वार्तालाप करना; गाने में तान लगाना; गाना।

अलाभ–हानि; नुकसान।

अलाम–बातें बनानेवाला; झूठ बोलनेवाला।

अलामत–चिह्न; संकेत।

अलाय-बलाय–संकट; दुर्भाग्य।

अलायक–नालायक।

अलार–अलाव; आँवाँ।

अलाल–बेकार; निकम्मा; आलसी।

अलाव–सर्दी के दिनों में सामूहिक रूप से तापने के लिए खुले स्थान में जलाई हुई आग।

अलावा–सिवाय; और।

अलिंजर–पानी रखने का मिट्टी का छोटा पात्र।

अलिंद–दरवाजे के सामने का चबूतरा।

अलि–मदिरा; कुत्ता; कौवा; भौरा; बिच्छु; वृश्चिक राशि।

अलिक–माथा; ललाट।

अलिनी–जोर से गुंजन करनेवाली मक्खी।

अली–सहेली; भौरा।

अलीक–मिथ्या; झूठा; अप्रतिष्ठित।

अलीन–पल्ला जड़ने के लिए लगी दरवाजे की चौखट की लकड़ी।

अलील–बीमार; रोगी; अस्वस्थ।

अलुटना–डगमगाना।

अलूला–बुलबुला; तरंग।

अलेख–जिसके विषय में कोई भावना न हो सके; जिसका आंकलन न किया जा सके।

अलोकना–देखना।

अलोना–स्वादीहन; फीका; स्वादरहित।

अलोभ–लोभरहित।

अलोल–अपूर्व; अनोखा; अद्‌भुत; विचित्र।

अलौलिक–जो इस लोक में दिखाई न दे; लोकात्तर; अद्‌भुत; विलक्षण; अनोखा; अपूर्व।

अल्प–थोड़ा; कम; छोटा।

अल्पक–न्यूनतम मात्रा।

अल्पजीवी–कम आयुवाला; अल्पायु।

अल्पज्ञ–थोड़े ज्ञानवाला; मूर्ख; नासमझ; सीधा।

अल्पतर–अल्पतम।

अल्पता–थोड़ा होने की दशा; थोड़ी बुद्‌धि या समझ।

अल्पित–घटा हुआ; संक्षिप्त; अपूर्ण।

अल्पदृष्टि–जिसमें दूर का पदार्थ स्पष्ट नहीं दिखाई पड़ता।

अल्पप्राण–व्याकरण में व्यंजन वर्ण के प्रत्येक वर्ग का पहला, तीसरा तथा पाँचवां अक्षर और य, र, ल, व तथा स्वर।

अल्पबल–निर्बल; अल्पशक्ति; कम शक्ति वाला।

अल्पबुद्धि–समझदारी की कमी; नासमझ; मूर्ख।

अल्पभोजन–अल्पाहार।

अल्पभाषी–कम बोलनेवाला।

अल्पमत–थोड़ी संख्या।

अल्पमात्र–बहुत कम; थोड़ा।

अल्पमूल्य–सस्ता।

अल्पवय–क्षण भर में नष्ट होनेवाला।

अल्पवयस्क–छोटी अवस्था का; थोड़ी या कम उम्रवाला।

अल्पव्यय–कम खर्च करना।

अल्पवेश–वस्त्रहीनावस्था।

अल्पशः–थोड़ा थोड़ा; धीरे धीरे।

अल्पसंख्यक–वह समाज जिसके सदस्यों की संख्या औरों के मुकाबले में कम हो।

अल्पस्थायी–क्षणिक।

अल्पहास–सनकभरी दबी हँसी।

अल्पायु–थोड़ी आयुवाला; अल्पजीवी।

अल्पांश–भोजन की थोड़ी मात्रा।

अल्पार्थक–संकीर्ण।

अल्पावस्था–अल्पव्यस्क अवस्था।

अल्पाहार–हल्का भोजन।

अल्लाह–मुसलमानों के धर्मानुसार परमेश्वर।

अल्हजा–इधर उधर की बातें।

अल्हड़–मनमौजी; बेपरवाह; गँवार; बचकाना; लापरवाह।

अवंती–उज्जैन राज्य का प्राचीन नाम।

अवकलन–जानना; समझना; इकट्ठा करके एक में मिलाना।

अवलित–ध्यान देना; मन्तव्य प्रकट करना।

अवकाश–रिक्त या शून्य स्थान; खाली जगह; खाली समय।

अवकिरण–विस्तार; फैलाव।

अवकीर्ण–छितराया हुआ; बिखरा या छितराया हुआ; नाश/नष्ट किया हुआ

अवकेशी–उजाड़; ऊसर।

अवगत–विदित; ज्ञात; जाना हुआ; मालूम।

अवगारना–समझाना।

अवगाह–कठिन; स्नान; प्रवेश; छानबीन।

अवगाहन–छानबीन; खोज; समझना; घुसना; धँसना।

अवगाहना–घुसकर स्नान करना; डूबना।

अवगुंठन–छिपाना; ढाँपना; छिपाया हुआ।

अवगुण–दोष; ऐब; बुराई; खोटाई।

अवग्रह–बाँध; प्रकृति; रुकावट; बाधा; अड़चन।

अवघट–विकट; दुर्गम; कठिन; मुश्किल।

अवचट–मुश्किल के साथ; आशारहित।

अवक्षय–दाम घटाना।

अवक्षवि–धीमा शब्द।

अवक्षेप–कटु आलोचना।

अवक्षेपण–वेग से नीचे की ओर गिरना।

अवचार–पृथक्; अलग।

अवेचतन–बेहोशी।

अवेच्छद–ढाँकना।

अवच्छिन्न–पृथक् किया हुआ।

अवज्ञा–आज्ञा न माना; अपमान; अनादर।

अवज्ञेय–तिरस्कार करने योग्य।

अवटना–घूमना; फिरना; मथना।

अवडेरा–झगड़ालू।

अवतंस–सिर का आभूषण; त्रिमुकुट; गजरा।

अवतत–विस्तार से फैला हुआ।

अवतमस–प्रदोष समय।

अवतर–प्रकट होना; दृष्टिगोचर होना।

अवतरण–ढाल; उतार; वायुयान का आकाश में धरती पर उतरना।

अवतरना–प्रकट होना; उपजना; उतरना; जन्म लेना।

अवतल–जलोदर।

अवतार–जन्म होना।

अवतारणा–प्रस्तुतिकरण।

अवदशा–संकट; अभाग्य; दुर्भाग्य; दुर्गति।

अवदात–स्वच्छ; श्वेत; निर्मल; दागरहित; सुन्दर।

अवदान्य–पराक्रमी; बलवान; वीर; जिसमें उदारता न हो।

अवद्य–निकृष्ट; बुरा; नीच; अधम; निदंनीय।

अवध–जो वध के योग्य न हो।

अवधान–औधान; मनोयोग; चित्त लगाना।

अवधारण–निरूपण; निश्चय।

अवधारित–निर्धारित।

अवधारना–धारण करना; ग्रहण करना।

अवधार्य–निर्णय करने योग्य।

अवधावन–पीछा करना।

अवधावन–साफ करना।

अवधि–सीमा काल; मियाद।

अवधिमान–समुद्र।

अवधूत–कंपित; हिलाया हुआ।

अवनत–नीचा; झुका हुआ।

अवनति–घटती; गिरा हुआ; पतित; कम।

अवनमन–शक्तिहीनता।

अवनि–भूमि; पृथ्वी।

अवनीश–राजा; महीप।

अवमंदन–उत्साहहीनता।

अवमान–किसी के मान का पूरा ध्यान न रखना, जितना चाहिए उतना मान न करना।

अवमानता–तिरस्कार करना।

अवमृदा–भूमि के नीचे का मिट्टी का अंश।

अवमृदा–असहनशीलता।

अवयव–अंश; टुकड़ा; भाग।

अव्यवहृत–अप्रचलित; व्यवहारातीत।

अव्यवसायिक–शौकिया; अवैतनिक।

अवर–नीच; पीछे रहनेवाला।

अवरत–पृथक्; अलग; स्थिर।

अवराधन–उपासना; भक्ति; पूजा।

अवरुद्ध–रुका हुआ; चारों ओर से घेर का बंद किया हुआ; नाकाबंदी; अवरोध; रुकावट।

अवरोध–चारों ओर से घेरने की क्रिया या भाव; काम या मार्ग में खड़ी की जानेवाली अड़चन; रुकावट; निरोध; काट।

अवर्णनीय–अस्पष्ट; अकथ्य।

अवर्षण–बारिश की कमी; सूखा; बंजरता।

अवलंब–सहारा; आश्रय; रक्षा।

अवलंबन–आश्रय; सहारा; आधार।

अवलक्षण–अभागा; हतभाग्य।

अवली–पंक्ति; समूह; झूंड; श्रेणी। (पक्षियों की)।

अवलीक–अपराध रहित; निर्दोष; पवित्र।

अवलेखना–खुरचना; खोदना; निशान बनाना; नोचना।

अवलेप–उबटन; भूषण; गर्व; घमंड।

अवलेह–वह औषधी जो चाटी जाए।

अवलोकन–अनुसंधान करना; देखभाल करना; जाँच पड़ताल करने के लिए देखना।

अवलोकनि–नेत्र; दृष्टि।

अवलोचना–वस्तु को आँखों के सामने से दूर करना।

अवश–विवश; लाचार; पराधीन; विवश।

अवशिष्ट–बचा हुआ; अवशेष।

अवशेष–बची हुई वस्तु; शेष; बाकी; समाप्त; खाने से छिनने से बचा।

अवशोषक–चूसनेवाला।

अवशोषण–चूसना।

अवश्य–नि:सन्देह; स्वतंत्र रहनेवाला।

अवसन्न–जिसे विषाद हो; उदास; सुस्त।

अवसंरचना–आवश्यक बुनियादी ढाँचा।

अवसर–प्रस्ताव; समय; मौका।

अवसर्पण–नीचे को उतार।

अवसाद–कमजोरी; दीनता; क्षय; नाश; विषाद; थकावट।

अवसान–मरण; मृत्यु; सीमा; परिणाम।

अवस्त्रवण–रिसन।

अवसेचन–सब दिशाओं में सिंचाई; रोगी के शरीर में से रक्त निकालने की क्रिया।

अवसेद–रख रखाव; रुकावट; व्याकुलता; देरी।

अवसेर–उलझन; विलंब।

अवयस्क–नाबालिक।

अवस्तु–अवास्तविक; तुच्छ वस्तु।

अवस्तुता–असत्यता; कल्पित वस्तु।

अवस्था–दशा; हालत; स्थिति; समय; काल; किसी विषय, बात या घटना की कोई विशेष स्थिति।

अवस्थान–ठहरने का स्थान; स्थिति; हालात।

अवस्थित–अवस्थान; ठहराव।

अवहेलना–तिरस्कार; अवज्ञा; बेपरवाही।

अवतर–मध्य भाग का; नीचे का।

अवाक–घबराया हुआ।

अवाची–दक्षिण दिशा।

अवाच्य–न कहने योग्य वचन।

अवांछनीय–अनिष्ट; अनुचित।

अवाज–ध्वनि।

अवाम–साधारण लोग।

अवार–नदी के इस पार का किनारा।

अवारना–रोकना; मना करना।

अवि–सूर्य।

अविकल–समूचा; सम्पूर्ण; अखंड; स्थिर; व्याकुल न रहनेवाला; शांत।

अविकार–विकाररहित; निर्दोष; विकार का अभाव।

अविकृत–जो बिगड़ा न हो।

अविगत–अज्ञात; अज्ञेय।
अविचल–अचल; अडिग; स्थिर।
अविचार–अज्ञान; अविवेक।
अविचारी–विचार करने की कमी।
अविच्छिन्न–निरंतर; लगातार चलनेवाला; अटूट।
अविच्छेद–विच्छेद का अभाव; निरंतर।
अविजित–अजेय।
अविज्ञात–अनजाना; अज्ञात; बिना समझे बूझे।
अविज्ञेय–न जानने योग्य।
अवितत–प्रतिकूल; विरुद्ध।
अविदित–अप्रकट; अज्ञात; रहस्यमयी।
अविवादित–अज्ञात; न जाना हुआ।
अविद्यमान–जो उपस्थित न हो।
अविद्या–ज्ञान का अभाव।
अविधिमान्य–नियम विरुद्ध।
अविनय–विनय का अभाव; उद्दण्डता।
अविनश्वर–नाश न होनेवाला।
अविनाभाव–सहवर्तन; समयोग।
अविनाश–अक्षयता; रक्षा।
अविनीत–अप्रिय; घृणित; नीच।
अविभक्त–अलग दृढ़; मजबूत; एक जैसा।
अविमर्शी–वेगयुक्त; तीव्र।
अविरत–निरंतर होता या चलता रहन. `वाला; लगातार; कार्य में लीन।
अविरल–मिला हुआ।
अविराम–निरंतर; बिना रुके; न रुकना।
अविरुद्ध–बंधनरहित।
अविलंबित–देर न किया हुआ।
अविवाहित–जिसका ब्याह न हुआ हो; कुँआरा।
अविवेक–विवेक का अभाव; अविचार; अज्ञान; नादानी; उचित या अनुचित का विचार करने की शक्ति न होना।
अविशेष–समानान्तर; एक जैसा।
अविश्रान्त–विराम रहित।
अविश्वास–विश्वास का अभाव; बेएतबारी; अनिश्चय; भरोसा न करना; संदेह।
अविष–विषरहित।
अविसन–इच्छाहीन।
अवीर–नपूंसक; कायर; डरपोक; असहाय।
अवीरा–पुत्रहीन विधवा।
अवेक्षक–निरीक्षक।
अवेक्षण–प्रतिकार; प्रतिशोध।
अवेस–उत्तेजना।
अवैतनिक–बिना वेतन का; बिना कुछ लिये काम करनेवाला।
अवैदिक–वेद से संबंध न रखनेवाला।
अवैध–विधि विहीन; सधवापन।
अव्यक्त–जो प्रकट या जाहिर न हो; अप्रत्यक्ष; अगोचर; अज्ञात; अनिर्वचनीय।
अव्ययी–न बदलने वाला; संस्कृत व्याकरण में समास का एक भेद।
अव्यवस्था–नियम का अभाव; स्थिरता रहित।
अव्यवहार–अप्रचार।
अव्यवहित–सटा हुआ; जुड़ा हुआ।
अव्याकुल–शांत; स्थिर; जो घबड़ाया न हो; स्वस्थ।
अव्यापक–व्यापक न होनेवाला।
अव्याहत–हताश न होनेवाला; सच्चा।
अव्युत्पन्न–उज्जड्; अनभिज्ञ; अनुभवहीन।

अव्वल–सर्वश्रेष्ठ; पहला।

अव्वीन–पहला; बहुत पुराना; प्राचीन।

अशंक–भयहीन; निडर; शंकाशून्य।

अशकुन–अमंगलकारी।

अशक्त–शक्तिहीन; निर्बल; कमजोर; असमर्थ।

अशक्य–समर्थ से बाहर; असंभव।

अशन–खाना; व्याप्ति; आहार।

अशनि–बिना आश्रय का; अनाथ; असहाय।

अशरफ़–कुलीन; सीधा; सौम्य।

अशरफ़ी–स्वर्ण मुद्रा।

अशरा–मुहर्रम के महिने के पहले दस दिन।

अशनाया–खाने की इच्छा; भूख।

अशास्त्र–बिना शस्त्र का।

अशिक्षा–शिक्षा का कमी।

अशिक्षित–बिना पढ़ा लिखा; अनपढ़।

अशिव–अशुभ; अमंगल।

अशिष्ट–अविनीत।

अशील–बुरा स्वभाव।

अशुच–अशुद्ध।

अशुद्ध–त्रुटि; गलत; भूल से भरा; दोषयुक्त।

अशुभ–दुर्भावणापूर्ण।

अशेष–समूचा; शेषरहित।

अशोक–राजा अशोक का नाम; एक वृक्ष जिसकी पत्तियाँ आम की पत्तियों की तरह लंबी होती है।

अशोचनीय–अगाध।

अशोभा–कुरूप; भद्दा।

अश्क–आँसू।

अश्मरी–पथरी नामक रोग।

अश्रद्धा–श्रद्धा का अभाव; अविश्वास।

अश्रान्त–न थका हुआ; तरोताजा।

अश्रु–आँसू।

अश्रुपूर्ण–आँसुओं से भरपूर।

अश्रुत–जो सुना न गया हो; अनुभवहीन।

अश्रुति–बहरापन।

अश्लिष्ट–जो जुड़ा न हो; ढीला; जो श्लिष्ट न हो।

अश्लील–लल्जा जनक; भद्दा; नीच।

अश्लेष–एकार्थी।

अश्व–घोड़ा; तुरंग।

अश्वकर्ण–एक प्रकार का शाल का पेड़।

अश्वतर–खच्चर।

अश्वत्थ–पीपल का वृक्ष।

अश्वपाल–घोड़े का रक्षक।

अश्वमेघ–प्राचीन काल का एक प्रकार का प्रधान यज्ञ विशेष।

अश्वरक्षक–घोड़े का रखवाला।

अश्वशाला–अस्तबल; घुड़साल।

अश्वा–घोड़ी।

अश्वारूढ़–घोड़े पर सवार हुआ।

अश्वरोही–घोड़े का सवार।

अश्विनी–सत्ताइस नक्षत्रों के अंतर्गत पहला नक्षत्र।

अष्टक–आठ श्लोकों का स्रोत या काव्य।

अष्टकुल–शंख तथा कुलित; पुराण के अनुसार सर्प का आठ कुल शेष; वासुकि।

अष्टद्रव्य–हवन में प्रयोग होनेवाले आठ द्रव्य।

अष्टपाद–आठ पैरोंवाला कीड़ा; शरभ; मकड़ी।

अष्टपहर–आठों पहर।

अष्टमी–किसी महीने के कृष्ण पक्ष अथवा शुक्ल पक्ष का आठवीं तिथि।

अष्टलोक–आठों लोक।

अष्टि–गुठली; बीजतत्व।

असंक्राम्यता–रोग मुक्ति।

असंख्य–गणना से परे; अनगिनत।

असंगत–जो संगत या संबद्ध न हो।

असंत–दुष्ट; नीच।

असंतित–वंशरहित।

असंतान–संतान रहित।

असंतुष्ट–अतृप्त; संतुष्टि का अभाव; अप्रसन्न; नाराज़; संतोषरहित।

असन्दर्भ–असम्बद्धता।

असंदिग्ध–संदेह से रहित।

असंपूर्ण–अधूरा; आधा।

असंबद्ध–बेमेल; पृथक; अलग; अनमिल; अंडबंड।

असंभार–विशाल।

असंभव–जो संभव न हो; नामुमकिन; जो हो न सके।

असंभावी–संभावना रहित।

असंभ्रम–दिमाग की अनुपस्थिति।

असंभाष्य–विपरीत; उलटा।

असंमत–विरुद्ध।

असंयत–संयम से रहित; उग्र; बेलगाम।

असंयमित–अनुशासनहीनता।

असंयुक्त–जो मिला न हो; अलग।

असंमान–अपमान; अनादर।

असंसारी–निराला; अदभुत।

असंशय–नि:संदेह; शंकारहित।

अस–एक समान; ऐसे; इस प्रकार।

असकत–आलसी; सुस्त; बेकार।

असकृत–अनेक बार; बार बार।

असगन्ध–एक सीधी झाड़ी जिसकी मोटी जड़ औषधियों में प्रयुक्त होती है।

असज्जन–जो सज्जन न हो; दुष्ट; निष्ठुर; बुरा; पापी।

असत्कार–अपमान; अनादर।

असत्ता–अविद्यमानता; असाधुता।

असत्य–जो सत्य या ठीक न हो; मिथ्या; झूठ।

असत्याभास–गप्प।

असदृश–असमान; असमान्तर।

असफल–जो सफल न हुआ हो; नाकामयाब; विफल।

असबग–एक प्रकार की लंबी घास जो रेशम का रंगने के काम में आती है।

असभई–असभ्यता।

असभ्य–अशिष्ट; गँवार।

असमंजस–दुविधा; आगा पीछा; कठिनाई; अनुपयुक्त विषय।

असम–जा सम या तुल्य न हो; अतुल्य; असमतल; विषम; ऊबड़ खाबड़।

असमता–बराबर न होना।

असमर्थ–अयोग्य; सामर्थ्यहीन।

असमशर–कामदेव।

असमान–जो ब्रराबर न हो; विषम।

असमानता–विषमता।

असमाप्ति–अधूरापन।

असमीप–दूर।

असयाना–मूर्ख; अनाड़ी।

असर–प्रभाव; निशान; परिणाम; पदचिह्न।
असरल–उलझन भरा।
असल–सच्चा; खरा; बिना मिलावट का; शुद्ध; खालिस।
असली–सच्चा; खरा; मूल; प्रधान; बिना मिलावट का; शुद्ध।
असवर्ण–एक जैसा न होना; अलग वर्ग या वर्ण का।
असहमति–विरोध।
असहयोग–किसी से किसी काम में सहयोग न करना।
असहाय–जिसको किसी का सहारा न हो।
असहायता–निराश्रयता।
असत्य–झूठा।
असहिष्णु–चिड़चिड़ा; असहनशील।
असही–ईर्ष्यालु।
असांच–जो सच्चा न हो; झूठा।
असाँचा–असच; असत्य।
असा–डंडा।
असाइत–अशुभ घड़ी; अमंगलकारी समय।
असाई–असभ्य।
असाक्ष्य–गवाही का अभाव।
असाढ़–वर्ष का चौथा महीना।
असाध–असाधु; असाध्य।
असाधारण–असामान्य; विशिष्ट; असाधारण; विलक्षण।
असाधु–जो शिष्टसम्मत न हो; जो भला न हो।
असाध्य–जो साधा न जा सके; दुष्कर कठिन; जिसका साधन न हो सके।
असाध्वी–कुलटा; छिनाल स्त्री।
असामयिक–अकालिक; बिना समय का।
असामंजस्य–साधन से बाहर।
असामान्य–जो अपनी सामान्य अवस्था में न हो; असाधारण।
असार–खाली; तुच्छ; थोथा।
असार्वजनिक–निजी।
असालत–ईमानदारी; सच्चाई।
असावधान–जो सचेत न हो; जो सावधान न हो।
असावन्त–डरपोक।
असाहसी–कायर; डरपोक।
असिद्ध–अपूर्ण।
असिपत्र–तलवार का कोष्ठ या वेष्टन।
असींचा–अनसींची भूमि।
असीम–जिसकी सीमा न हो; अपार; अनंत और परम।
असीस–आशीष; आशीर्वाद।
असु[1]–साँस; जीवन; प्राणवायु।
असु[2]–अश्व।
असुखी–दुखी; परेशान।
असुप्त–जागा हुआ।
असुविधा–कठिनाई; अड़चन; तकलीफ।
असुर–राक्षस; दैत्य।
असुरक्षित–अरक्षित।
असुरारि–भगवान; विष्णु।
असूत–विरुद्ध।
असृक–रक्त; खून।
असेवन–उपेक्षा।
असेवा–अवज्ञा करना; उपेक्षा करना।
असेवित–छोड़ा हुआ; भूला हुआ।

असैला–रीति के विरुद्ध काम करने वाला; कुमार्गी; प्रचलित शैली के विरुद्ध होने वाला।

असों–इस वर्ष।

असोच–बेफिक्र; लापरवाह; चिंतारहित;

असोस–जो सूखता न हो।

असौध–दुर्गन्ध।

असज्जित–बिना सामग्री का।

अस्त–छिपा हुआ; डुबा हुआ; जो न दिखाई दे; अदृश्य।

अस्तबल–अश्वशाला।

अस्तब्ध–अस्थिर; दृढ़।

अस्तमन–सूर्यादि ग्रहों के अस्त होने का काल।

अस्तव्यस्त–अव्यवस्थित; बिखरा हुआ।

अस्ति–अस्तित्व; विद्यमानता; वर्तमानता।

अस्तित्व–विद्यमानता।

अस्तीन–आस्तीन।

अस्तु–ऐसी ही हो।

अस्तुति–प्रशंसा; स्तुति; प्रार्थना।

अस्त्र–शत्रु के ऊपर फेंक कर चलाने का हथियार।

अस्थल–स्थल।

अस्त्री–हथियारबंद।

अस्थायी–थोड़े समय तक रहनेवाला; नश्वर; अल्पकालिक।

अस्थि–हड्डी।

अस्थित–अस्थिर।

अस्थिर–चलायमान; चंचल; डाँवाडोल।

अस्थल–दुर्बल।

अस्थैर्य–चपलता; चंचलता।

अस्नेह–स्नेह का अभाव।

अस्निग्ध–जो चिकना न हो; कर्कश; अस्नेह।

अस्पताल–चिकित्सालय।

अस्पृश्य–जिस छूना ठीक न हो; जो स्पर्श करने के योग्य न हो।

अस्पष्ट–जो स्पष्ट न हो।

अस्पृह–इच्छा न रखनेवाला।

अस्फुट–गुप्त; जो स्पष्ट न हो।

अस्मरण–विस्मरण।

अस्मृति–विस्मृति।

अस्त्र–कोना; रक्त; आँसू; केश।

अस्त्रप–राक्षस; घृणित व्यक्ति।

अस्वादित–स्वादरहित; फीका।

अस्वाभाविक–बनावटी; कृत्रिम।

अस्वार्थ–स्वार्थ का अभाव।

अस्वीकार–स्वीकार का अभाव; नामँजूर।

अहं–अभिमान; अहंकार; घमंड।

अहंकार–अभिमान; गर्व; घमंड; 'मैं हूँ' या 'मैं करता हूँ' की भावना।

अह–दुःख इत्यादिसूचक शब्द; दुःख।

अहक–इच्छा; चाह।

अहटाना–जाच-पड़ताल करना; पता लगाना।

अहत–एका; एकता।

अहर्दी–सुस्त।

अहन–दिन।

अहम–जरूरी।

अहमक–मूर्ख मनुष्य; मूढ़मति।

अहमियत–महत्त्व का।

अमहमेव–अहंकार; अभिमान; घमंड।

अहरन–निहाई।

अहरना–लकड़ी का गढ़ना; डौलना।

अहरा–सुलगाये जानेवाले कडों का ढेर।
अहरी–पशुओं के पानी पीने का स्थान।
अहर्निश–दिन रात; सर्वदा।
अहर्ष–नाखुश; दु:ख।
अहलकार–अधिकारी; अफसर।
अहला–जो हल से न जोता जाता हो।
अहल्या–गौतम ऋषि की पत्नी का नाम।
अहह–क्लेश, आश्चर्य, क्लेश, इत्यादि सूचक अव्यय; हाय! अरे!।
अहा–प्रसन्नतासूचक अव्यय।
अहाता–चारदीवारी।
अहिंसा–किसी को न सताना, न मारना या दुख न देना; किसी प्राणी को किसी प्रकार का कष्ट न देना।
अहि–सर्प।
अहित–शत्रु; बैरी; अपकार; हानिकारक।
अहिबेल–नागबेल।
अहिनाह–शेषनाग।
अहिर–देखो 'अहीर'।
अहिलव–अधिकता, बढ़ती।
अहीश–साँपों का राजा; शेषनाग।
अहुटान–स्वयं हटाना।
अहुठ–साढ़े तीन फेरा खाया हुआ।
अहे–अरे! अहो!
अहेड़ी–शिकारी; बहेलिया।
अहेतु–बिना कारण का; बिना हेतु का।
अहेरन–निहाई; सन्दान।
अहरी–आखेट करनेवाला।
अहै–है।
अहो–धिक्कार; हाय।
अहोरात्र–दिन और रात।

आ

आ–हिन्दी वर्णमाला का दूसरा अक्षर जो 'अ' का दीर्घ रूप है।
आँकड़ा–अंक; संख्या; मुड़ी कील।
आँकन–मकई; भारतीय अनाज का दाना।
आँकनी–लिखने की लिए कलम।
आँकर–गहरा; दुरतम; बहुत; अधिक; अत्यधिक महँगा।
आकल–सांड रूपी व्यापारिक चिह्न; ढिबरी।
आँकरी–चीखना; शोरगुल करना; तीर की नोंक।
आंकिकी–सांख्यकी।
आँख–नेत्र; नयन; चक्षु; दृष्टि; नजर।
आँग–अंश; शारीरिक।
आँगन–घर के भीतर का चौक; प्रांगन; चतुर्भुज; चौकोर आंगन।
आँगिक–अंग या शरीर संबंधी।
आँगा–अंगिया।
आँगुल–उँगली का विस्तार।
आँधी–महीन जाली या कपड़े से मढ़ी हुई चलनी।
आँच–आग की लपट; कामुक इच्छा; ताप; दीप्ति।
आँचना–सुलगाना; जलाना।
आँचल–धोती या दुपट्टे का छोर; स्त्रियों की साड़ी का छाती पर रहनेवाला किनारा।
आँचलिक–भूभाग।
आँचू–झरबेरी; काली बेरी; रसभरी।
आँजन–आँखों में लगानेवाला अंजन।
आँजि–पल्ला; किनारी।

आँट[1]–हथेली में तर्जनी और अंगूठे के मध्य का स्थान।

आँट[2]–पर्याप्त होना।

आँटना–भरना।

आँटी–धागों का लच्छा; लंबी घास इत्यादि का छोटा गट्ठा; कुश्ती का एक दाव।

आँठी–गाँठ; बीज; गुठली।

आँड–कोई गोल वस्तु; अंडकोश।

आँडू–अंडकोश युक्त।

आँत–शरीर का भीतरी भाग; अंतड़ी।

आंतरिक–अंदरूनी; भीतरी।

आंद–दलदल; कीचड़।

आंदू–लोहे का कड़ा; बेड़ी।

आंदोलन–हिलाना डुलाना; हलचल; कम्पन।

आंधना–एक दम टूट पड़ना; हमला करना।

आँधी–धूलिपूर्ण प्रचण्ड वायु; तूफान।

आँब–आम।

आँव–भोजन पाचन न होने से उत्पन्न होनेवाला एक प्रकार का उदर रोग।

आँवड़–सीमा; किनारा।

आँवड़ना–उफनना; उमड़ना।

आँवड़ा–गहन; बहुत गहरा।

आँवन–पहिये के मध्य भाग में लगी हुए लोहे की सामी जिसमें धुरे का डंडा घूमता है।

आँवला–एक वृक्ष जिसके गोल फल कसैलापन लिये कुछ खट्टे होते हैं।

आँवले–युगल; जुड़वाँ।

आँवा–गड्डा जिसमें कुम्हार लोग मिट्टी के बरतन पकाते हैं।

आंशिक–अंश से संबंधित; जो अंश रूप में हो, थोड़ा, कुछ या कम।

आँस–पीड़ा; रज्जु; रेशा, रस्सी; दुख।

आँसी–वह मिठाई जो दोस्तों तथा रिश्तेदारों के घर त्यौहार इत्यादि पर भेजी जाती है।

आँसू–अश्रु; नेत्र से निकलनेवाला जल।

आँहड़–मिट्टी का पात्र।

आँहाँ–नकारने का शब्द।

आइंदा–आगे चलकर, भविष्य में।

आई–जिन्दगी का सफर; मौत।

आईन–विधि; कानून; नियम; व्यवस्था।

आईना–शीशा; दर्पण।

आईनी–विधि अथवा कानून संबंधी।

आउज–छोटी डफली।

आउबाउ–निरर्थक बकवास।

आऊस–अप्रैल जून के महीने में बोया जानेवाला धान।

आकंप–कंपन; हिलना।

आक–एक औषधीय पौधा; अर्क; अकवान।

आकबत–मृत्योपरान्त जीवन।

आकबाक–वृथा की बकवास।

आकर–खदान; सुरंग; भंडार; समूह; कोष; खजाना।

आकरी–खान अथवा सुरंग को खोदने का कार्य।

आकई–कानों तक खोलना।

आकर्ष–चुंबक; खिंचाव; आकर्षण; माया।

आकर्षक–जिसमें आकर्षण हो; खींचने वाला।

आकर्षण–खिंचाव; मंत्रमुग्ध।

आकर्षित–खिंचा हुआ; मोहित।

आकलक–गणना करने वाला।

आकलन–समझ में आना; मूल्य आंकना; हिसाब करना; अन्वेशन; जाँच; खोज।

आकला–नाराज।

आकस्मिक–अचानक होनेवाला; आशारहित; संयोगवश हो जानेवाला।

आकांक्षक–अभिलाषा करनेवाला; आकांक्षी।

आकांक्षा–इच्छा; लालसा; आशा; उम्मीद; माँग; महत्त्वाकांक्षा।

आक़ा–स्वामी।

आकार–आकृति; सूरत; बनावट; डील डौल।

आकारण–न्यौता।

आकारित–खाका; आकृति।

आकाश–खुले स्थान में ऊपर की ओर दिखाई देनेवाला खाली स्थान; बहुत ऊँचा स्थान; वायुमंडल।

आकाशकुसुम–अनहोनी बात; असंभव बात।

आकाशगंगा–गगन पथ; तारापुंज; बहुत से तारों का एक विस्तृत समूह जो आकाश में उत्तर दक्षिण तक फैला है।

आकाशधुरी–खगोल का ध्रुव।

आकाशनीम–एक बेल जो नीम के वृक्ष पर फैलती है।

आकाशमंडल–गगन मंडल; आकाश से संबंधित।

आकाशमुखी–शैव संप्रदाय के संन्यासी जो आकाश की ओर मुख करके तप करते हैं।

आकाशवाणी–देववाणी; विचित्र उपदेश; एक प्रकार की प्रसारण प्रणाली।

आकाशी–आकाश से संबंद्ध।

आकाशीय–आकाश से संबंधित।

आकिंचन–दरिद्री; गरीबी।

आकिल–बुद्धिमान; विचारवान; सज्जन।

आकीर्ण–फैला हुआ; कई स्थानों पर बिखेरा हुआ।

आकुंचन–संचय; मरोड़।

आकुंठन–अपमान द्वारा उत्पन्न संयम की भावना; लज्जा।

आकुल–घबड़ाया हुआ; उत्सुक; उद्विग्न; व्याकुल; बेचैन।

आकृति[1]–अभिप्राय; आशय।

आकृति[2]–आकार; लक्षण।

आकृष्ट–आकर्षित; खींचा हुआ।

आक्रिन्दन–चिल्लाहट सहित रूलाई।

आक्रम–चढ़ाई करना; धावा करना।

आक्रमण–चढ़ाई; धावा; हमला।

आक्रमित–जिस पर आक्रमण किया गया हो।

आक्रांत–जिस पर आक्रमण हुआ हो; घिरा हुआ; विवश; आवृत्त; पराजित।

आक्रामक–आक्रमण करनेवाला; जो आक्रमण करे।

आक्रोश–क्रोध; रोष।

आक्षेप–दोष लगाना; अपवाद या इल्जाम लगाना; फेंकना; खींचना; गिराना।

आक्षेपण–फेंकने की कला।

आखता–खस्सी किया हुआ (सांड; घोड़ा)।

आखन–निरन्तर; बिन हस्तक्षेप।

आखना–वर्णन करना; देखना; ताकना; अंकित करना।

आखर–अक्षर।

आख़िर–अंत; पिछला।

आख़िरी–अंतिम; पीछे का; अंत में।

आखु–चूहा; चोर।

आखेट–जंगली पशु पक्षियों को मारना; शिकार।

आख़ोर–कूड़ा करकट; कचरा।

आख्या–नाम; संज्ञा; व्याख्या; कीर्ति; यश; किसी घटना या कार्य का विवरण।

आख्यात–प्रसिद्ध; विख्यात; कहा हुआ।

आख्यान–वर्णन; वृतान्त; बयान; कथा; कहानी; किस्सा।

आख्यानिक–पौराणिक; काल्पनिक।

आगंतुक–वह जो आए; आनेवाला; जो दिन बुलाये आये।

आग–अग्नि; ताप; गरमी; डाह; ईर्ष्या।

आगत–घटित हुआ; आया हुआ; उपस्थित।

आगति–आगमन।

आगम–आने का भाव; आगमन; आमदनी; स्रोत; ज्ञान; अनुमान; पवित्र धर्मग्रंथ; होनहार।

आगमन–कहीं से आकर पहुँचना; अवत. रण; आने की क्रिया या भाव; प्राप्ति।

आगमति–पढ़ा हुआ; समझा हुआ।

आगमसोची–आनेवाले समय के बारे में सोचने वाला; दूरदर्शिता की बातें सोचने वाला।

आगमी–भविष्य बतानेवाला; ज्योतिषी।

आगर[1]–खान; कोष; निधि; चतुर; होशियार; वह गड्ढा जिसमें नमक जमाया जाता है।

आगर[2]–घर; गृह।

आगा–अग्रभाग; अगला हिस्सा; वक्षस्थल; छाती; भविष्य।

आग़ाज़–आरंभ; उद्गम।

आगान–ख़बर; वृत्तांत; प्रसंग।

आगामी–भावी; भविष्य।

आगार–कोठी; भंडार; घर; निवास; कोष।

आगाह–जिसे पहले से किसी बात की सूचना मिल चुकी हो; सूचना।

आगाही–आगाह होने की अवस्था या भाव; पहले से होनेवाली जानकारी।

आगि–आग; अग्नि।

आगू–आगा।

आगुआ–काठी या तलवार का उभरा हुआ अग्र भाग।

आगे–सामने की ओर कुछ दूरी पर; समक्ष; सामने; सम्मुख; पीछे; बाद; पूर्व; पहले; भविष्य में; आगे चलकर।

आगे–आलिंगन।

आग्नेय–अग्नि का; अग्नि संबंधी; जिससे आग निकले।

आग्रह–अनुरोध; हठ; जिद; तत्परता।

आग्रहण–निकालना (खाते से धन)।

आघ–मूल्य।

आघात–धक्का; ठोकर; मार; प्रहार; चोट।

आघूर्ण–गोलाई में घूमता हुआ।

आघ्राण–सूँघना; वास लेना; अघाना; तृप्ति।

आचमन—पूजा कर्म के आरंभ में दाहिने हाथ से थोड़ा सा जल लेकर मंत्र पढ़ते हुए पीना।

आचरण—व्यवहार; बर्ताव; चाल चलन।

आचरना—व्यवहार करना।

आचार—चाल चलन और रहन सहन; रीति व्यवहार।

आचारज—निर्देशक।

आचारजी—निर्देशकत्व।

आचारवान—शुत्र पवित्रता व आचरण से रहने वाला।

आचार्य—विद्यालय का अध्यापक; प्राध्यापक; वेद पढ़ानेवाला; संस्कृत का एक पाठ्यक्रम।

आचार्या—निर्देशिका; आचार्य की पत्नी।

आचार्याणी—गुरु की पत्नी।

आच्छन्न—ढका हुआ; छुपा हुआ।

आच्छादन—ढकना; छाजन; छवाई।

आच्छादित—जिसके ऊपर कोई आच्छादन हो; गुप्त; ढँपा हुआ।

आछत—मौजदूगी में; विद्यमानता; होते हुए; रहते हुए।

आछना—होना; रहना।

आछेप—ऐतराज; विरोध।

आज—वर्तमान दिन में; इन दिनों; आजकल; इस समय; आज अभी।

आजन्म—जन्म से अब तक; जीवन में आज तक।

आज़माइश—परीक्षा; जाँच।

आजमाई—परीक्षा।

आज़माना—आजमाइश करना; परीक्षा लेना।

आज़मूदा—अनुभूत।

आजा—दादा; पितामाह; पिता का पिता।

आज़ाद—स्वाधीन; स्वतंत्र; मुक्त।

आज़ादी—स्वाधीनता; स्वतंत्रता; मुक्ति।

आजानु—जाँघ या घुटने तक।

आजार—अति पीड़ा; कष्ट; बीमारी।

आजिज़—थकित; असहाय; असमंजस; विनम्र; निरीह।

आजी—दादी।

आजीवन—जीवनपर्यंत; जब तक जीवन रहे; जिंदगी भर।

आजीविका—जीविका।

आज्ञप्ति—आज्ञा; आदेश।

आज्ञा—हुकुम; आदेश।

आज्ञान—समझने की क्षमता।

आज्ञापक—आज्ञा देनेवाला; प्रभु; स्वामी।

आज्ञापालन—किसी की दी हुई आज्ञा के अनुसार कोई काम करना; आज्ञाकारिता; आज्ञानुकूलता।

आटना—ढकना; दबाना; जमा होना या करना।

आटा—चून; गेहूँ का चूर्ण; किसी अन्न का चूर्ण।

आटोप—आवरण; आडंबर।

आठ—चार का दूना।

आठवारा—आठ दिन का समय; सप्ताह।

आडंबर—दिखावट; बनावट।

आड़—परदा; रोक; ईंट या पत्थर का टुकड़ा।

आड़न—ढाल।

आड़ना—रोकना; निषेध करना; अटकाना; बाधा देना।

आड़ा–तिरछा।
आड़ी–किसी समुदाय का साथी।
आड़ी–एक जल पक्षी।
आड़ू–एक फल जो गर्मी के मौसम में होता है।
आढ़[1]–एक प्रकार की मछली।
आढ़[2]–आड़; परदा; छुपी हुई हरकत।
आढ़क–आढ़; चार सेर की तौल।
आढ़त–वह धन जो किसी प्रकार बिक्री करने के बदले में मिलता है; किसी व्यापारी का माल बिक्री कराने के बदले मिलनेवाला धन अथवा सामग्री।
आढ़तिया–आढ़तिया।
आणविक–अणुओं से बना हुआ; परमाणु संबंधी।
आतंक–भय; संदेह; उपद्रव; निक्षेप।
आतंकवाद–यह सिद्धान्त की अपना कोई बड़ा या विकट उद्देश्य सिद्ध करने के लिए लोगों को अपनी शक्ति से अत्यंत भयभीत रखना चाहिए।
आतंकी–वह जो लोगों को आतंकित करता हो।
आत–शरीफे का फल।
आत्–दैवात् दुर्भाग्यवशात्।
आतप–सूर्य की गर्मी; उष्णता; गर्मी।
आतपी–सूर्य।
आतपत्र–छाता।
आतश–अग्नि।
आतशदान–अग्निकुंड; भट्ठी।
आतशपरस्त–अग्निपूजक; पारसी।
आतिशबाजी–बारूद, गंधक, शोरे आदि के योग से बने हुए चक्र आदि जिनके जलने पर रंग बिरंगी चिंगारियाँ निकलती हैं।
आतिशी–अग्निमय; अग्निवत्; आग संबंधी।
आतापी–दानव; प्रेत।
आतिथेय–मेजबान।
आतिथ्य–मेजबानी; मेहमानदारी।
आतिशय–अतिशयोक्ति।
आतुर–व्याकुल; व्यग्र; घबराया हुआ; उतावला; अधीर; उद्विग्न; बेचैन; उत्सुक।
आतुरी–व्याकुलता; अधीरता; बेचैनी; उत्सुकता।
आत्म–निजी; अपना।
आत्मक–प्रकृति से संबंध रखनेवाला।
आत्मकल्याण–अपना ही भला।
आत्मकार्य–निजी काम।
आत्मकृत–स्वयं अपने हाथ से किया हुआ।
आत्मग्रही–लोभी; लालची।
आत्मघाती–आत्महत्या करनेवाला।
आत्मज–बेटा; पुत्र; लड़का।
आत्मज्ञान–जीवात्मा और परमात्मा के विषय में जानकारी; ब्रह्म का साक्षात्कार।
आत्मज्ञानी–आत्मज्ञ।
आत्मतुष्टि–स्वयं का संतोष।
आत्मत्याग–दुसरे की भलाई करने के लिए अपना स्वार्थ छोडना।
आत्मानिंदा–स्वकीय तिरस्कार।
आत्मनिर्भर–स्वयं में समर्थ।
आत्मप्रशंसा–स्वयं अपनी प्रशंसा करना।
आत्मबल–उपक्रमशील।

आत्मरक्षा–अपनी रक्षा स्वयं करना; बचाव।

आत्मविक्रय–खुद को बेचना।

आत्मविद्या–ब्रह्मविद्या; योगशास्त्र।

आत्मश्लाघा–अपने गुण का प्रकाशन; अपनी तारीफ स्वयं करना।

आत्मश्लाघी–आत्मसमर्पण; अपनी चित्तवृत्ति को वश में करना; अपने का वश में रखना।

आत्मसमर्पण–अपने आपको किसी के हाथ सौंपना; पूरी तरह किसी के वश में या अधीन हो जाना।

आत्मसम्मान–स्वयं का सम्मान।

आत्मसात्–जिसे पूरी तरह से अपने अंतर्गत कर लिया गया हो।

आत्मसंशयी–संकोची; शंकालु; आत्मसंयमी।

आत्मसंसूचन–स्वयं प्रस्ताव।

आत्महत्या–स्ववध; आत्मघात।

आत्महित–अपने को लाभ देनेवाला।

आत्मा–जीवात्मा; चैतन्य; चित्त; मन; हृदय; भूत।

आत्मानंद–आत्मा के आनंद की प्राप्ति; परमानन्द।

आत्माभिमान–अपनी प्रतिष्ठा का ध्यान।

आत्मसात्करण–पचाना।

आत्मिक–आत्मा से संबंध रखनेवाला।

आत्मिकी–आत्मा का चिंतन।

आत्मीय–आत्मा सम्बन्धी; निज का; अपना।

आत्मीयता–मित्रता; आत्म संबंध।

आत्मोत्सर्ग–दूसरे की भलाई के लिए अपने हिताहित का ध्यान छोड़ना; आत्मबलि।

आत्मोद्धार–अपनी आत्मा को संसार के दुख से छुड़ाना या ब्रह्म में मिलाना; मोक्ष।

आत्मोन्नति–आत्मा की उन्नति; अपनी उन्नति।

आथी–पूँजी; धन।

आदत–स्वभाव; अभ्यास।

आदती–व्यावहारिक।

आदम–पृथ्वी पर सबसे पहले उत्पन्न होनेवाला मनुष्य।

आदमी–पति; व्यस्क; व्यक्ति।

आदर–सम्मान; सत्कार; प्रतिष्ठा; इज्जत; चाहना।

आदरना–सम्मान करना।

आदर्श–वह जिसके रूप और गुण आदि का अनुकरण किया जाए; नमूना।

आदा–अद्रक।

आदान–ग्रहण; पकड़।

आदाता–खाताधारी।

आदि–आरंभ; प्रथम; पहिला; पहिले का; मूल कारण।

आदिक–आदि; इत्यादि।

आदिकारण–मूल कारण; प्रकृति।

आदित्य–देवता; सूर्य; अदिति की संतान।

आदि–प्रथम; पहला।

आदिपुरुष–नारायण; पूर्वपुरुष।

आदिम–आदि काल में उत्पन्न।

आदिशेष–आरम्भिक धन।

आदी–अदरक।

आदृणन–जड़ाव; योजना; सामग्री।

आदृत–सम्मानित; पूजित।

आदेय–स्वीकार्य; मनोरम।

आदेश–आज्ञा; हुकुम।

आदेशक–आदेश देनेवाला; हुकुम चलानेवाला।

आदेशन–निर्देशन।

आदेशी–आदेश देनेवाला; भविष्य बता. नेवाला।

आद्यंत–आदि से अंत तक।

आद्य–आदि से उत्पन्न; पूर्वगामी।

आद्यक्षर–हस्ताक्षर।

आध–दो बराबर भागों में से एक भाग।

आधा–अर्ध; दो बराबर भागों में से एक।

आधार–सहारा; आश्रय; जिस पर कोई दूसरी चीज खड़ी या टिकी रहती हो।

आधारिक–संरचना; आवश्यक बुनियादी ढाँचा।

आधारित–किसी के आधार पर ठहरा हुआ; आश्रित।

आधारी[1]–आधार संबंधी; सहारा लेन. `वाला।।

आधारी[2]–सहारा देने वाला।

आधासीसी–आधे मस्तक की पीड़ा।

आधि[1]–व्याकुल; उत्सुक; मानसिक व्यथा; चिंता।

आधि[2]–बंधक; रेहन; स्थिति; निर्धारित स्थान।

आधिक–आधा।

आधिकारिक–प्रधान; श्रेष्ठ।

आधिक्य–अधिकता; प्राचुर्यता; बहुतायत।

आधिपत्य–प्रभुत्व; स्वामित्व।

आधिभौतिक–व्याघ्र; जीवन सम्बन्धी; भौतिक।

आधी–आकुलता; परेशानी; व्यग्रता; व्याकुलता; निर्धारित स्थान; स्थिति।

आधीन–अधीन।

आधुनिक–वर्तमान समय का; वर्तमानकालिक; नवीन।

आधुनिकता–आधुनिकतावाद।

आधुत–व्याकुल; उत्तेजित।

आधुनीकरण–नवीनीकरण।

आध्यात्मिक–आध्यात्म या आत्मा संबंधी।

आध्यात्मिकता–धार्मिकता।

आधे–मध्य में।

आधेय–दिया जानेवाला; बताया हुआ; सहारा।

आन[1]–मर्यादा; ढंग; अदब; गर्व।

आन[2]–अन्य।

आन[3]–पल में; देखते देखते।

आनन्द–हर्ष; सुख; आनन्द; प्रसन्नता।

आनन्दता–आनन्द की अवस्था।

आनंदित–हर्षयुक्त; आनन्दपूर्वक; हर्षित।

आनन्दी–आनन्द से भरपूर।

आन–प्रतिष्ठा; गौरव; यश।

आनक–नगाड़ा; गरजनेवाला बादल।

आनद्ध–बँधा हुआ।

आनन–मुँह; मुख; चेहरा।

आनना–लाना।

आनयन–उपनयन संस्कार; लाना।

आनरेरी–अवैतनिक।

आनर्त–नृत्यशाला; नाच घर।

आन्तरिक–स्वाभाविक; वास्तविक; यथार्थ।

आन्दोलन–गड़बड़ी; उथल पुथल।

आना–आगमन करना; योग्य; कुछ ज्ञान होना; मन में कोई भाव उत्पन्न होना; पुरानी मुद्रा के एक रुपये का सोलहवाँ भाग।

आनाकानी–सुनी अनसुनी; करने का कार्य; न ध्यान देने का कार्य; टाल मटोल; हीला हवाली; कानाफूसी।

आनाह–पेट फूलना; पुटलिस।

आनुतोषिक–ऐच्छिक दान।

आनुपूर्व–एक के बाद दूसरा; क्रमानुसार।

आनूपूर्वी–क्रमानुसार; एक के बाद दूसरा।

आनुभविक–प्रयोगसिद्ध।

आनुभाविक–संभावित; अनुमान; योग्य।

आनुवंशिक–पुश्तैनी; पैतृक।

आनुवंशिकी–उत्पत्ति विषयक शास्त्र।

आनुश्राविक–वेद विहित।

आन्विक्षिकी–आत्म विद्या।

आप[1]–मैं आप तुम आप; वह; आप; हम आप; वे आप; अपने आप; स्वयं।

आप[2]–जल का समूह।

आपत्–विपत्ति; उपद्रव; संकट; विपदा।

आपत्काल–विपत्ति; दुर्दिन; बुरा समय; कुसमय।

आपत्कालीन–आपत्काल से संबंधित।

आपत्ति–आक्षेप; बाधा।

आपत्य–संतान संबंधी।

आपद–आपदाग्रस्त।

आपदा–दुख; कष्ट का समय।

आपन–अपना।

आपन्न–दुर्भाग्य; आपदग्रस्त; दुखी; संकट में पड़ा हुआ।

आपनिक–मरकत मणि; पन्ना।

आपराधिक–दोषी; पापी।

आपया–नदी; सरिता।

आपरिवर्तन–परिवर्तनीय सुधार।

आपरूप–आश्चर्यजनक; असामान्य; अजनबी।

आपस–पारस्परिक; एक दूसरे का; परस्पर का।

आपसी–आपस का; पारस्परिक।

आपा–अपना अस्तित्व; घमंड।

आपात–धावा; असर; किसी घटना का अचानक हो जाना; गिराव; पतन।

आपाततः–तुरंत; हठात्।

आपनक–शराब का दौर।

आपाती–उतारू।

आपातोपयोगी–आपत्ति में काम आने वाला।

आपाधापी–अपनी अपनी चिंता; अपनी अपनी धुन।

आपीड़–पीड़ा देनेवाला।

आपूरना–भरना।

आपूर्ति–संभरण।

आवेक्षिक–निर्भर होनेवाला।

आप्त–विश्वास योग्य; विश्वसनीय।

आप्तकाम–जिसकी सब कामनाएँ पूरी हुई हो।

आप्ति–लाभ; प्राप्ति।

आप्यायन–वृद्धि; तृप्ति।

आप्यायित–संतुष्ट।

आप्रवास–डूबना।

आप्रवासी–दूसरे देश में रहनेवाला।

आप्लिव–जल में गोता लगाना।

आप्लावन–जलप्रलावन; बाढ़।
आफ़त–दुख; संकट; विपत्ति।
आफ़ताबा–पानी का घड़ा।
आफरीन–वाह वाह!
आफ़ियत–सुख समृद्‌धि।
आबटन–आबंटन।
आब–पानी; चमक; आभा; कांति।
आबकारी–वह स्थान जहाँ शराब बेची जाती है; मादक वस्तुओं के उत्पादन, वितरण, नियंत्रण आदि से संबंध रखने वाला सरकारी विभाग।
आबखोरा–सकरे मुँहवाला बर्तन।
आबजोश–लाल मुनक्का।
आबताब–चमक; भव्यता; वैभव; दीप्ति।
आबदस्त–शौच के बाद पानी लेना; चूतड़ धोना।
आबदाना–खाने पीने का जुगाड़ न होना; जीविका।
आबदार–चमकदार।
आबद्‌ध–बँधा हुआ।
आबनूस–एक लकड़ी जो प्रायः पत्थर जैसी सख्त तथा काली होती है।
आबपाशी–सिंचाई।
आबरू–सम्मान; आदर।
आबाल–फफोला।
आबहवा–वातावरण; किसी स्थान का मौसम।
आबाद–बसा हुआ (गाँव, नगर, घर आदि)।
आबादी–बस्ती; रहने का स्थान; भूमि।
आबी–पानी का; जलीय; जलचर।
आबोदाना–जीविका; खानापान।
आबोहवा–मौसम।
आब्दिक–वार्षिक।
आभरण–अलंकार; आभूषण; गहना।
आभा–शोभा; चमक।
आभार–भार; अपकार; अनुग्रह; जिम्मेदारी।
आभास–झलक; परछाही; प्रतिबिंब; संकेत।
आभासित–उद्‌दीपन।
आभास्वर–चमकदार।
आभीर–गोप; ग्वाला।
आभूषण–अलंकार; सजावट।
आभोग–परिपूर्णता; यत्न; परितृप्ति।
आभोग्य–प्रयोग करने के लिए अयोग्य।
आभ्यंतर–भीतरी; अंदरूनी।
आभ्यंतरिक–भीतरी।
आभ्यासिक–अभ्यास का।
आमंत्रण–निमंत्रण; बुलाना; न्योता।
आमंत्रित–बुलाया हुआ; निमंत्रित; न्योता हुआ।
आम[1]–साधारण; सामान्य।
आम[2]–आम का वृक्ष एवं उसका फल।
आमद–आय; मौका।
आमदनी–आय; आमदनी; धनागमन।
आमदिया–धनाढ्य व्यापारी; जिसकी आमदनी अधिक हो।
आमनिया–साफ किया हुआ अनाज।
आमय–आघात; रोग; चोट।
आमरक्तातिसार–वह रोग जिसमें आँव के साथ लहू गिरता है।
आमरण–जीवन भर।
आमर्दन–आमर्द; जोर से रगड़ना।

आमर्ष–गुस्सा; ईर्ष्या; डाह; बेचैनी।
आमलकी–इमली।
आमातिसार–लहू का शौच।
आमात्य–मंत्री; नायक; अमात्य।
आमादनी–चुस्ती फुर्ती।
आमादा–उतारू; तैयार।
आमालक–पर्वत के समीप की भूमि।
आमिल–ओझ; काम करनेवाला।
आमिषाशी–मांस खानेवाला।
आमीं–आमीन; छोटा कच्चा आम।
आमीन–करनेवाला।
आमुख–प्रस्तावना।
आमूल–मूल पर्यन्त।
आमेजना–गूँदना; मिलाना; संयुक्त करना।
आमेख्ता–सीखा; सिखाया।
आमोद–विलासोत्सव; प्रसन्नता।
आमोदन–प्राय: प्रसन्न रहनेवाला।
आमोदित–प्रसन्न; खुश; आनन्दित।
आम्र–आम।
आम्ल–खटास।
आय–लाभ; धनागम; आमदनी।
आयकर–आय पर लगनेवाला कर।
आयत–ज्यामिति का समकोण; चर्तुभुज; लंबा चौड़ा।
आयतन–मंदिर; क्षेत्रफल; आश्रयस्थल।
आयतन–कोई पदार्थ ग्रहण करने की पात्रता या क्षमता के विचार से किसी पात्र या खाली जगह के अंदर का स्थान या अवकाश।
आयत्त–आधीन।
आयस–लोहे का हथियार।
आयसु–आज्ञा।
आया–धाय; दाई।
आयात–विदेशों से माल मँगाने का व्यापार।
आयातक–आयात करनेवाला।
आयाम–विस्तार; लंबाई; नियमित करने की क्रिया।
आयामन–विस्तार करना।
आयास–कोशिश; परिश्रम।
आयासी–प्रयत्न करनेवाला।
आयीता–तैयार।
आयु–उम्र।
आयुक्त–मंडल का प्रधान शासनिक अधिकारी।
आयुध–हथियार; बख्तर; शस्त्र।
आयुधागार–शस्त्रालय; हथियार घर।
आयुधीय–बागी; क्रांतिकारी।
आयुर्वेद–प्रणीत चिकित्सा शास्त्र।
आयुष्–लम्बी उम्रवाला।
आयोग–नियुक्ति।
आयोगव–बढ़ई।
आयोजक–संगठित करना।
आयोजन–संग्रह का कार्य; प्रबंध।
आयोजित–संपादित; रचा हुआ।
आरंभ–प्रारंभ; श्रीगणेश; शुरू।
आरंभिक–प्रारंभिक; आरंभ का; शुरू का; पहले का।
आरंभी–आरंभ का।
आरंभना–आरंभ करना।
आर[1]–लोहे की पतली कील जो साँटे या पैने में लगी रहती है; अनी; पैनी।
आर[2]–ईख का रस निकालने का करछुला।

आर[3]—महिलाओं को माथे पर पहनने का आभूषण।

आर[4]—दो खेतों के बीच की चारदीवारी।

आरक्त—कुछ लाल रंग का।

आरक्षक—रक्षक; सिपाही; रक्षा करने वाला।

आरक्षण—किसी सीट, कक्षा, स्थान आदि को किसी विशिष्ट व्यक्ति संस्था, जाति आदि के लिए निश्चित करना।

आरक्षित—जिसका आरक्षण हुआ हो।

आरक्षी—रक्षक।

आरजा—बीमारी।

आरजू—आशा; मनोरथ; इच्छा।

आरण्य—जंगल; वन।

आरत—यातना देना।

आरति—पीड़ा; संकट; दुर्गति।

आरती—विवृत; ठहराव; देवता की प्रतिमा के चारों ओर दीपक घुमाना।

आरन—अरण्य; वन।

आरना—हिचकिचाना।

आर-पार—एक किनारे से दूसरे किनारे तक।

आरम्भ—आरंभ करना।

आरभटी—क्रोध आदि उग्र भावों का आवेग।

आरभती—भाषा का शब्दाडम्बरपूर्ण तरीका।

आरस—आलस्य; सुस्ती।

आरसी—दर्पण; शीशा जड़ी अँगूठी जिसे स्त्रियाँ अपने अंगूठे में पहनती हैं।

आरस्य—दुर्बल; निस्तेज।

आरा—लकड़ी चीरने की दाँतेदार लोही की चौड़ी पट्टी।

आराइश—सजावट; अलंकरण।

आराजी—जोता हुआ खेत।

आराति—शत्रु; वैरी; रिपु।

आराध—सम्मान करना; अराधना करना; पूजा करना।

आराधना—उपासना करना; पूजना; प्रसन्न करना।

आराम—आनन्द; विश्राम; सुख; दुख से मुक्ति।

आरास्तगी—अलंकरण; सजावट।

आरास्ता—अलंकृत; सुसज्जित।

आरि—समझदार व्यक्ति; धर्मात्मा।

आरेखण—आलेखन; खाका।

आरुँधना—गला घोटना।

आरूढ़—चढ़ा हुआ; सवार; किसी बात पर जमा हुआ; तत्पर; उतारू; चढ़ने वाला।

आरेख—रेखाचित्र; ख़ाका।

आरो—आवाज; ध्वनि।

आरोगना—दिन के समय भोजन करना।

आरोग्य—रोग से मुक्ति; पुष्ट; स्वस्थ।

आरोधना—रोकना; अवरोध करना।

आरोप—किसी पर अभियोग लगाना; मिथ्या ज्ञान; एक पेड़ को एक जगह से उखाड़कर दूसरी जगह लगाना; स्थापित करना।

आरोह—कूल्हा; हाथी या घोड़े पर की सवारी।

आर्जव—सीधापन; सरलता; सुगमता; व्यवहार की सरलता और शुद्धता।

आर्त—पीड़ित; चोट खाया हुआ; अतिपीड़ा अथवा क्लेश।

आर्तव–उचित समय का; ऋतु में होने वाला पुष्प।

आर्ति–पीड़ा; मनोव्यथा।

आर्थिक–धन संबंधी; रुपए पैसे का; माली।

आर्द्र–भीगा हुआ; नमी।

आर्द्रता–गीलापन; तरी।

आर्द्रा–सत्ताईस नक्षत्रों में छठा नक्षत्र।

आर्य–कुलीन; सभ्य; सज्जन; श्रेष्ठ; वेदोक्त प्राचीन सभ्य जाति।

आर्या–सास; दादी; नानी; देवी पार्वती।

आलंकारिक–साहित्य शास्त्रीय; अलंकारिक; विशिष्ट; लाक्षणिक।

आलंग–मस्ती; कामवेग।

आलंब–आश्रय; आधार; पोषण; शरण; सहारा।

आल–आँसू; गीला।

आलकस–आलस्य।

आलक्षण–हतभाग्य; अभागा।

आलत–आवश्यक सामग्री; काम के औजार।

आलन–दीवार की मिट्टी में मिलाया जानेवाला घास भूसा।

आलम–संसार; दशा; समय; मनुष्य समुदाय।

आलमारी–अलमारी।

आलमी–संसार।

आलय–घर; मकान; निवास स्थान; हवेली।

आलस्य–प्रमाद; निष्कृयता; निंद्रा; जड़ता; मन्दता।

आलसी–सुस्त व्यक्ति।

आला–दीवार में का ताखा; उत्तम; श्रेष्ठ।

आलाइश–गंदी वस्तु; प्रदूषण; बेकार।

आलान–रस्सा।

आलाप–संभाषण; बोलचाल; संगीत में सातों स्वरों का रागसहित उच्चारण; उपदेश।

आलिंगन–गले से लगाना; हृदय की ओर खींचना।

आलि–सहेली; भ्रमरी; पंक्ति; बिच्छु।

आलिम–ज्ञान प्राप्त किया हुआ व्यक्ति।

आली[1]–सहेली; सखी।

आली[2]–महामहिम; आलीशान।

आलू–एक प्रकार की जड़ जो तरकारी बनाकर खायी जाती है।

आलूचा–एक रसदार फल।

आलेख–लिखावट; हाथ की लिखावट।

आलेखक–षड़यंत्रकारी।

आलेख्य–चित्र; तस्वीर।

आलेप–उपलेप; तिला।

आलेपन–लेप करना।

आलोक–प्रकाश; चमक दमक; शोभा; तड़क भड़क; ज्योति; चाँदनी।

आलोचन–आलोचना; समीक्षा; गुण दोष विवेचन।

आलोचना–किसी बात या कार्य के गुण, दोष आदि के संबंध में प्रकट किया जानेवाला विचार; समीक्षा; टीक टिप्पणी।

आलोचित–देखा हुआ; समझा हुआ।

आलोच्य–आलोचना के योग्य; वह विषय जो विचारणीय हो।

आलोड़ना–मंथन करना; विचार करना; जोर से हिलना।

आवंटित–विभिक्त किया हुआ।
आव[1]–आयुष्य।
आव[2]–आना।
आवज–एक प्रकार का ताशे के समान पुराना बाजा।
आवटना–अस्थिरता; नीचे की भूमि को ऊपर उठाने की क्रिया; हलचल; उथल पुथल; अस्थिरता; ऊहापोह।
आवधिक–निश्चित समय के लिए; अवधि का।
आवन–आगमन; आना; पहुँचना।
आवभगत–खातिरदारी।
आवरण–परदा; चाहरदीवारी; रक्षा; ढाल।
आवर्त–घूमा हुआ; चिता; जल का भँवर।
आवर्तक–वर्तकाकार।
आवर्ती–वापस आनेवाला।
आवली[1]–परंपरा; पंक्ति; सन्तति।
आवली[2]–संकट; विनाश; खतरा।
आवश्यक–नियत; जरूरी; अनिवार्य; जरूरत; सारभूत; भवितव्य।
आवश्यकता–प्रयोजन; अपेक्षा; आग्रह।
आवा[1]–वह गड्ढा जिसमें कुम्हार बर्तन पकाते हैं।
आवा[2]–अंगीठी; भट्ठी।
आवागमन–आना जाना; पुर्नजन्म।
आवाज़–शोर; पुकार; ध्वनि।
आवाज़ा–उपहास करना; ताना मारना।
आवाजाही–आना जाना।
आवारगी–आवारापन; भटकना।
आवारजा–लेखाबही।
आवारा–घुमक्कड़; त्यागा हुआ; पथभ्रष्ट; घर से अलग; बिना घर का व्यक्ति।
आवास–रहने का स्थान; निवास स्थान।
आवासन–देशान्तरण।
आवासीय–स्थानीय।
आवास्य–वास करने योग्य।
आवाह–पुकारना; बुलाना।
आवाहन–मंत्र द्वारा देवता को बुलाना; किसी को पुकारने या बुलाने का कार्य।
आविद्ध–भेदा हुआ; छेदा हुआ।
आविर्भाव–प्रकाश; उत्पत्ति।
आविर्भूत–प्रकाशित; प्रकट किया हुआ।
आविल–भ्रष्ट; अशुद्ध।
आविष्कार–खोज; ईजाद।
आविष्ट–ढाँका हुआ; घेरा हुआ।
आवृत्त–वापस आया हुआ।
आवेक्षण–अप्रत्यक्ष सूचना।
आवेग–चित्त की प्रबल वृत्ति, जोश, मन की झोंक; अकस्मात इष्ट या अनिष्ट के प्राप्त होने से मन की विकलता।
आवेजा–झुमका।
आवेदन–किसी काम के लिए की जाने वाली प्रार्थना; निवेदन।
आवेष्ट–घेरा; गुस्सा; उत्तेजना; मृगी का रोग।
आवेश–बीमारी का दौरा; उन्माद; आवेश।
आशंसा–महत्त्वाकांक्षा; आशा; उम्मीद; इच्छा; कामना।
आशंकनीय–शंका किये जाने योग्य।
आशना–परिचित; मुलाकाती।
आशय–अभिप्राय; मतलब; तात्पर्य; मन का भाव; इच्छा; उद्‌देश्य; नीयत।
आशा–उम्मीद; इच्छा; अभिलाषा।

आशोधन–परिवर्तन; हेर फेर; रूपांतरण।
आशिक–इश्क या प्रेम करनेवाला; प्रेमी।
आशिक़ा–प्रेमिका।
आशियाना–प्रतिग्रह।
आशिष–मंगल कामना; आशीर्वाद।
आशी–खानेवाला।
आशीर्वचन–आशीर्वाद।
आशीर्वाद–मंगल कामना सूचक वाक्य।
आशीष–कृपा प्रसाद।
आशु–शीघ्र; वह कवि जो तत्क्षण कविता बनाता हो।
आश्चर्य–विस्मय; अचरज।
आश्रम–ऋषि मुनि का वास स्थान।
आश्रय–अवलंबन; सहारा; विषय; शरण।
आश्रित–शरणागत; सेवक; अधीन।
आश्लेष–हार्दिक संबंध; आलिंगन।
आश्लेषण–मिश्रीकरण।
आश्वस्त–आश्वासनयुक्त।
आश्वस्ति–भरोसा दिया हुआ।
आश्वास–सांत्वना; संतोष; तसल्ली; आराम।
आश्विन–क्वार का महीना; जिस महीने की पूर्णिमा को अश्विनी नक्षत्र पड़ता है।
आषाढ़–आसाढ़।
आसंग–साथ; संग; लगाव; संबंध; मोह।
आस–आसन; मनोरथ; पूर्वानुमान।
आसकत–आलस्य।
आसकती–आलसी।
आसक्त–चाहनेवाला; समर्पित; भक्त।
आसक्ति–गहरा लगाव; लगन; चाह; प्रेम।
आसते–आहिस्ता।
आसत्ति–मेल; निकटता; न्यायमत के अनुसार दो शब्द और उनके अर्थ का संबंध।
आसन–बैठने का ढंग।
आसनी–छोटा आसन।
आसन्न–निकटस्थ; अति सन्निहित; अनन्तरिप।
आसमन्तात–पूरी तरह से; सम्पूर्ण।
आसमान–आकाश।
आसरतू–भरोसा करनेवाला।
आसमुद्र–समुद्र के तट तक।
आसरना–सहारा देना; सहारा लेना।
आसरा–गुड़ या चीनी की ताजी शराब।
आसरैत–आश्रित।
आसवन–बूंद बूंद कर गिरना।
आसवनी–मद्‌यशाला।
आसाइश–आराम देना; विश्राम।
आसान–सरल; सुविधायुक्त।
आसाम–भारत का एक राज्य।
आसामी–आसाम में रहनेवाला।
आसामी[1]–आसाम की भाषा।
आसामी[2]–ग्राहक।
आसार–रोग के लक्षण।
आसावरी–एक प्रकार का रेशमी वस्त्र।
आसिख–आशीष।
आसिन–आशाविन।
आसीन–विराजमान; बैठा हुआ।
आसु–शीघ्रता।
आसुर–पैशाची; असुर संबंधी।
आसुरी–असुर संबंधी; आसुरों का।
आसूदा–सौभाग्यशाली; धन्य।

आसेव–किसी आदमी पर बुरी आत्मा की परछाई पड़ने के कारण होनेवाले अपशगुन।

आसिन–क्वार का महीना।

आसीन–बैठा हुआ; आरूढ़।

आसों–इसी साल।

आस्तिक–ईश्वर और परलोक में विश्वास रखने वाला; धार्मिक।

आस्ति–परिसम्पत्ति।

आस्तीन–पहनने के कपड़े का वह भाग जो बाँह को ढकता है; बाँह।

आस्ते–मन्दता से।

आस्त्र–अस्त्र शस्त्र।

आस्थगन–टालना।

आस्थगित–आदायगी; टाला हुआ भगुतान।

आस्था–श्रद्धा; सहारा; विश्वास; लिहाज।

आस्थान–बैठने की जगह; सभा।

आस्थानी–सभा मंडप।

आस्थित–स्थित।

आसाद–स्थान; जन्म; औहदा; गौरव; स्थिति; नस्ल; निश्चित स्थान।

आसादन–अधिप्राप्ति।

आस्पद–स्थान; पद; प्रतिष्ठा।

आस्य–मुख; चेहरा।

आस्वाद–रस; स्वाद।

आस्वादन–आस्वाद लेना।

आह–शोक; पीड़ा।

आहट–पैरों की खटक; हल्की आवाज।

आहत–चोट खाया हुआ; पीड़ा प्राप्त।

आहन–लोहा।

अ:हनी–लोहे का बना हुआ।

आहर–एक छोटा पोखर; ठंडी सास; बहाना।

आहरण–हरना; किसी वस्तु को एक स्थान से दूसरे स्थान पर ले जाना; छीनना; अपहरण।

आहरन–लोहार या सोनार की निहाई।

आहल–मिट्टी की शुद्धता और स्वच्छता।

आहलाना–प्रसन्न करना या होना।

आहवन–यज्ञ; हवन; बलि; आहूति।

आहाँ–सहायता के लिए चिल्लाना; मुनादी।

आहा–हर्ष या आश्चर्य सूचक शब्द।

आहार–भोजन; खाना; खाने की वस्तु।

आहार्य–बनावटी; भोजन करने योग्य; खाने योग्य।

आहित–रक्खा हुआ; गिरवी; डाला हुआ।

आहिस्ता–धीरे धीरे; शनैः शनैः; मन्दता से।

आहुत–आतिथ्य; सत्कार; बलि; मंत्र पढ़कर यज्ञ की अग्नि में चढ़ाया हुआ निश्चित पदार्थ।

आहुति–मंत्र द्वारा अग्नि में घृतादि फेंकना; यज्ञ के लिए बलिदान।

आह्निक–दैनिक; प्रतिदिन का।

आह्लाद–आनंद; प्रसन्नता; प्रमोद; उत्सव काल।

आह्लादक–प्रसन्न करनेवाला; आनन्द का माहौल बनानेवाला।

आह्व–नाम; संज्ञा; पुकारने का नाम।

आह्लान–निमंत्रण; पुकार; बुलावा; देवता का निमंत्रण; ललकार; इत्तला; सम्मन।

इ इ देवनागरी वर्णमाला का तीसरा स्वर। इसका दीर्घ रूप 'ई' है। इसका उच्चारण तालु से होता है और प्रत्यन संवृत होता है।

इंगित—संकेत; खोज; चेष्टा; अन्वेषण; मुद्रा।

इंगुर—सिंदूर।

इंगुरौटी—सिंदूर रखने की डिबिया।

इंच—एक फुट का बारहवाँ भाग।

इंचना—कसा हुआ; खिंचना, आकर्षित होना; अपने का अलग करना; कसा जाना।

इंचाव—ढकेलना; आरेख; आकर्षण।

इँडुरी; इँडुवा—चक्राकार कपड़े की परत जिसे सिर पर वजन रखने से पहले रखा जाता है।

इंतकाम—प्रतिशोध; बदला।

इंतकाल—विनाश; संहार; मृत्यु।

इंतखाब—चुनाव, निर्वाचन, पंसद।

इंतजाम—प्रबंध, व्यवस्था।

इंतजार—राह देखना; प्रतीक्षा।

इंतहा—अत्यंत हद।

इंतिकाल—मृत्यु; इंतकाल।

इंतिख़ाब—चुनाव; चयन।

इंतिज़ाम—व्यवस्था; इंतजाम; प्रबंध।

इंतिज़ार—इंतजार; प्रतिक्षा।

इंतिहा—अत्यंत।

इंदराज—प्रवेश; दख़ल।

इंदारा—पत्थर का बड़ा कुँआ।

इंदिरा—देवी लक्ष्मी।

इंदीवर—नील कमल।

इंदु—चन्द्रमा; कपूर।

इंदुर—चूहा; मूषक।

इंद्र—देवराज; देवताओं के राजा; एक वैदिक देवता जो पानी बरसाता है; बारिश अथवा वर्षा का राजा, ऐश्वर्यपूर्ण, सम्पन्न; श्रेष्ठ।

इंद्रगोप—बीरबहूटी नाम का एक कीड़ा।

इंद्रजाल—बाजीगरी; धोखा; माया; मंत्र; छल।

इंद्रजित्—राक्षस रावण का पुत्र; इन्द्र को जीतने वाला; मेघनाथ।

इंद्रधनुष—सात रंगों का वह अद्र्धवृत्त जो वर्षाकाल में सूर्य के सामने की दिशा में दिखाई देता है।

इंद्रनील—नीलम।

इंद्रप्रस्थ—नवीन दिल्ली का प्राचीन नाम।

इंद्रलोक—स्वर्ग; इन्द्र का निवासस्थान।

इंद्राणी—इन्द्र की पत्नी का नाम; एक प्रकार की छोटी इलायची; एक औषधीय पौधे का नाम।

इंद्रायन—जंगली कद्दू, एक लता जिसके फल लाल हाते हैं; एक प्रकार का कड़वा सेब।

इंद्रायुध—इंद्रधनुष; इंद्र का वज्र।

इंद्रिय—शारीरिक शक्ति; बाह्य ज्ञानेन्द्रिय; भिन्न भिन्न कर्म करने के अंग।

इंद्रीजुलाब—अधिक मूत्र लानेवाली औषधि।

इंधन—आग जलाने की लकड़ी; भड़काने का पदार्थ।

इंसाफ़—न्याय; धर्म; समदृष्टि।

इ—कृषि।

इक[1]—धार्मिक।

इक[2]—एक।

इकजोर–एक ही समय में होनेवाला, साथ साथ; एक साथ।

इकट्ठा–एकत्र; मिला हुआ; साथ मिल. कर; साथ लेना

इकतर–एकत्रित।

इकतरफ़ा–एकतरफा; एकपक्षीय।

इकता–समानता; एकता।

इकताई–अकेलापन, एकाकीपन।

इकतान–अभिन्न; सुसंगत; तुल्य; सदृश।

इकतारा–सितार की तरह का एक बाजा जिसमें एक ही तार रहता है।

इकत्र–एक साथ; मिलकर।

इकदाम–आगे जाना; परिश्रम; प्रयत्न; कोशिश; प्रयास।

इक़बाल–किसी के अपराध संबंधित बयान देना।

इकराम–मेहनत की मज़दूरी करना; आदर; मान सम्मान।

इकला–अकेला।

इकलाई–वस्तु की किसी पदार्थ की एक तह; एक पाट की चादर; एक प्रकार की कपास।

इकलाई–अकेलापन।

इकलौता–अकेला; वह लड़का जो अपने माँ बाप का एक ही हो।

इकहरा–एक परतवाला।

इकाई–गिनती का पहला अंक; किसी नापजोख के लिए माना गया मानक मान; गिनती या संख्या में एक होने की अवस्था या भाव।

इकी–भाषिकी।

इकौज–केवल एक संतान पैदा करने वाली स्त्री।

इकौना–एक प्रकार का; अमिश्रित; शुद्ध।

इकौसो–एकान्त।

इक्कस–ईर्ष्या; जलन; द्वेष; डाह।

इक्का–अकेला; अनोखा; अकेला लड़ने वाला विजेता; बेजोड़; अनुपम; घोड़ा।

इक्षु–ईख; गन्ना।

इक्ष्वाकु–कडुवा लौकी; एक सूर्यवंशी राजा का नाम।

इखराज–लागत; खर्च।

इखलाकी–नीतिमान; नीति विषयक।

इखलास–मैत्री; दोस्ती, अभिन्नता; घनिष्टता, प्यार।

इख्तियार–अधिकार; पसन्द।

इख्तिलाफ–वैमनस्य; मतभेद।

इखु–तीर; बाण।

इच्छना–इच्छा या लालसा करना।

इच्छा–चाह; लालसा; कामना; अभिलाषा; वह मनोवृत्ति जो किसी बात या वस्तु की प्राप्ति की और ध्यान ले जाती है।

इच्छित–जिसकी इच्छा की जाए; चाह हुआ; वांछित।

इच्छुक–चाहनेवाला; इच्छा करनेवाला।

इजतिराब–व्याकुलता; व्यग्रता; उत्कंठा।

इजमाल–संक्षेपण; संक्षिप्त; सार; संग्रह, मिलाजुला स्वामित्व (सम्पत्ति का)।

इजरा–जारी या प्रचलित करना, सम्पादन करना; कार्य में लाना।

इजराय–सम्पादन; वृत्ति।

इजाफ़ा–अधिक होना; बढ़ाना; बढ़ती; वृद्‌धि; फैलाव।

इज़ार–पायजामा; इज़ारबंद।

इजारा–किसी वस्तु को पट्‌टे पर लेना; प्रभुत्व; एकाधिकार; स्वाधिकार।

इज़्ज़त–मान; सम्मान; महत्व; प्रतिष्ठा; आदर।

इटली–भूमध्य सागर स्थित यूरोपीय देश का नाम।

इठलाना–इतराना; गर्व के साथ चलना; स्पष्ट न बोलना।

इठाई–घनिष्ठता, चाह; प्रीति; मित्रता; चाह।

इडली–भाप से बना चावल का टुकड़ा, दक्षिण भारतीय खाद्‌य पदार्थ।

इड़ा–सरस्वती देवी; हठयोग के अनुसार बाईं ओर की रक्तवाही नाड़ी।

इत–इधर; इस ओर।

इत–परिचित।

इतक–ये अधिक।

इतना; इतने–इस मात्रा का, इस कदर।

इतमाम–पूर्तिकरण, उपलब्धि।

इतमीनान–भरोसा, सुगम, आराम, संतोष; इच्छापूर्ति।

इतर–बाकी; अन्य; साधारण।

इतर (इत्र)–फूलों का सुगंधित सार; पुष्पसार; सुगंध का बक्सा।

इतराजी–विरोध; एतराज; असहमति; प्रतिरोध।

इतराना–घमंड करना; अभिमान दिखाना; शेखी बघारना; इठलाना।

इतरेतर–परस्पर; आपसी।

इतवार–रविवार।

इताअत–उपासना; आज्ञापालन।

इति–समाप्ति; परिणाम; समाप्तिसूचक अव्यय।

इतिहास–प्राचीन प्रसिद्‌ध घटनाओं का काल क्रम के अनुसार वर्णन।

इतेक–इतना।

इतै–इस स्थान पर; इधर।

इतौ–काफी।

इत्तला–सूचना; समाचार; ज्ञाप्ति; जानकारी; खबर।

इत्तहाद–मिलाप; संघ; गठबंधन।

इत्थं–इस तरह से; इस प्रकार।

इत्यादि–इति।

इत्र–फूलों का सुगंधित सार; पुष्पसार।

इत्रीफल–पेट साफ करनेवाली औषधि।

इदमित्थं–समूचा; वास्तविक।

इदानीं–अभी; अब।

इधर–इस ओर; इस तरफ; हाल ही में।

इन[1]–ये; 'इस' का बहु रूप। ये लोग।

इन[2]–लोहारिन।

इनकार–अस्वीकृत; प्रतिषेध करना; मना कर देना।

इनसान–मानव जाति; मनुष्य।

इनसानियत–मानवता; दयालुता; मनुष्यता।

इनसाफ–न्याय।

इनहिसार–घेरना; लपेटना।

इनाम–पुरस्कार; इनाम; पारितोषिक।

इनायत–कृपा; अनुग्रह।

इनारा–कुआँ।

इनेगिने–थोड़े; चुने हुए।

इन्कार–इनकार; अस्वीकार।

इफ़रात–बहुतायत; प्रचुरता; बाहुल्य; आधिक्य; अतिशय; अतिव्यय; काफी अधिक।

इबरत–चेतावनी।

इबरानी–यहूदी का।

इबलीस–अति दुष्ट मनुष्य; शैतान।

इबादत–आराधना; पूजा।

इबारत–बनावट; निर्माण; ढाँचा।

इब्तिदा–शुरूआत।

इब्रानी–प्राचीन यहूदी भाषा।

इभ–हाथी।

इम–इस दिशा में।

इमकान–योग्यता; सामर्थ्य।

इमदाद–मदद; अनुदान; सहायता।

इमरती–उड़द की पीठी की बनी हुई एक प्रकार की मिठाई।

इमला–व्याकरण का वर्ण विचार भाग।

इमली–एक बड़ा वृक्ष तथा उसका फल और पत्तियाँ जो बहुत खट्टी होती हैं।

इमानदार–सच्चा; निष्कपट।

इमामदस्ता–कूटने के लिए बना लोहे का भारी पात्र।

इमामा–पगड़ी।

इमामबाड़ा–वह अहाता जिसमें शिया मुसलमान ताजिया गाड़ते हैं।

इमारत–मकान या भवन; पत्थर, ईंट आदि से बनाया हुआ।

इमारती–इमारत बनने में लगनेवाला सामान; इमारत संबंधी।

इमि–इस तरह से।

इम्तहान–परीक्षा; निरीक्षण।

इम्तिहान–परीक्षा।

इरषा–द्वेष; घृणा; ईर्ष्या; डाह।

इरशाद–आदेश; अनुदेशन।

इरसाल–प्रेषित करना।

इरादतन–जान बूझकर।

इरादा–संकल्प; इच्छा; अभिलाषा; आकांशा।

इर्षना–प्रबल इच्छा।

इलज़ाम–अपराध; कसूर; अभियोग।

इलहाम–दैविक प्रेरणा।

इलाक़ा–रियासत; साथ जोड़नेवाली वस्तु; क्षेत्र, प्रदेश।

इलाज–चिकित्सा; उपचार; औषध।

इलाम–सूचनापत्र; आज्ञा।

इलायची–एक सदाबहार पौधा जिसके फल के बीज में सुगंध होती है।

इलाही–सर्वशक्तिमान।

इल्जाम–दोषानुभूति; तिरस्कार करना।

इल्तमास–आवेदन; याचिका।

इल्तिजा–प्रार्थना; निवेदन।

इल्तिफ़ात–आदर करना।

इल्म–जानकारी; विद्या।

इल्मी–ज्ञान से संबंधित; शैक्षिक; शिक्षा संबंधी।

इल्लत–दोष; झंझट; बखेड़ा; रोग; बुरी आदत; बीमारी; अपराध।

इल्ली–इल्ली।

इव–समान; इस प्रकार; उपमावाचक शब्द।

इशरत–आनन्द; मौज; सुख।

इशारा–संकेत; सुझाव; गुप्त प्रेरणा।

इश्क़–मुहब्बत; चाह; प्रेम; प्रणय; यौन प्रेम।

इश्किया–प्रेम संबंधी।

इश्तहार–विज्ञापन; सूचना।

इश्तयालक–प्रोत्साहन; उत्तेजना।

इषा–नाल।

इषु–तीर।

इष्ट–अभिलाषित; चाहा हुआ; प्रिय; पूजित; आदरणीय; कुलदेवता।

इष्टतम–बहुत प्यारा।

इष्टदेव–आराध्य देवता।

इष्टांश–परिमाण; मात्रा।

इस–इसका; इसको आदि।

इसपात–कड़ा और पक्का लोहा।

इसबगोल–एक प्रकार का बीज जो औषधि के रूप में प्रयोग होता है।

इसराज–एक प्रकार का सितार।

इसराफ़–अधिकता; अतिशय।

इसरार–प्रकटीकरण; भेद प्रकाशन।

इसलाम–मुस्लिम धर्म।

इसलिए–इस कारण से; अतः; फलतः; इस हेतु से।

इसारत–संकेत।

इसुमसीह–यीशु मसीह।

इस्टंट–मददगार; सहयोगी।

इस्तगामा–न्याय की प्रार्थना; फ़रियाद।

इस्तदुआ–प्रार्थना; विनती।

इस्तरी–कपड़े की तह जमाने के लिए दरजी और धोबी का एक उपकरण।

इस्तिंजा–मल इत्यादि त्याग कर अपने गुप्त अंगों को धोना।

इस्तिहकाम–दृढ़ता; स्थिरता।

इस्तरारी–नित्य; सतत्; स्थायी।

इस्तिरी–कपड़े को चिकना और तह जमाने के उपयोग में लाया गया उपकरण।

इस्तिलाह–मुहावरा; वाक्य खंड।

इस्तिस्नाय–निषेधक; बहिष्कार; निष्कासन।

इस्तीफ़ा–त्याग पत्र; परित्याग।

इस्तेदाद–सामर्थ्य; काबलितय; बिसात; योग्यता; सक्षमता; अवसर।

इस्तेमाल–प्रयोग; उपयोग।

इस्त्री–कपड़ो की सिलवटें हटाने का उपकरण।

इस्पात–पक्का लोहा।

इस्पाती–पक्के लोहे का बना हुआ।

इस्म–नाम।

इस्लाम–इस्लाम; मुस्लिम धर्म।

इस्लामी–जो इस्लाम में शामिल हो; जो इस्लाम धर्म का अनुयायी हो।

इह–इस स्थान पर; इस अवस्था में; इस लो में।

इहलौकिक–लौकिक; संसारी; विश्वव्यापी।

इहाँ–यहाँ।

इहि–यह; इस।

ई

ई हिन्दी वर्णमाला का चौथा अक्षर।

ईंगुर–सिंदूर; सिंगरफ; एक लाल खनिज।

ईंघे–यहाँ; इस स्थान पर।

ईचना—खींचना; आकर्षित करना; मोहित करना।

ईंट—साँचे में गीली मिट्टी को दबाकर बनाया हुआ टुकड़ा जिसे जोड़कर दीवार आदि बनाते हैं; ढला हुआ मिट्टी का चौकोर लंबा टुकड़ा जिसे जोड़कर दीवार बनाई जाती है।

ईंटालारी—ईंटों का बिछा हुआ क्रम।

ईडरी—एक चक्राकार कपड़े का टुकड़ा जो सिर पर कुछ रखने से पहले रखा जाता है।

ईडवा—गेंडुरी जिसको सिर पर रखकर बोझ उठाते हैं।

ईडवी—पगड़ी।

ईढ़—समान; तुल्य; समग्र; समानार्थक; एक जैसा; बराबर।

ईंदुर—चूहा; मूषक।

ईंधन—जलाने की लकड़ी।

ई—अधिकारी; सुखी।

ईक्षक—अवलोकनकर्त्ता; देखनेवाला मनुष्य।

ईक्षण—देखने का कार्य; देखना; विवेचन, जाँच।

ईक्षणिक—भविष्यवक्ता; ज्योतिषी।

ईक्षित—देखा हुआ; समझा हुआ।

ईख—गन्ना।

ईखना—देखना; अवलोकन करना।

ईछन—आँख; चक्षु; नयन; नेत्र।

ईछना—इच्छा करना; कामना करना।

ईजा—हानि; क्षति; उत्पीड़न।

ईजाद[1]—आविष्कार; खोज।

ईजाद[2]—विस्तार; बढ़ाव।

ईजादी—आविष्कारिक।

ईठ—मित्र; दोस्त; सखा।

ईठना—इच्छा करना।

ईठि—बर्छी; भाला।

ईडा—प्रशंसा; स्तुति; गुणगान; तारीफ।

ईढ—हठ; प्रतीपता।

ईढी—हठी।

ईतर—इतरानेवाला; ढीठ; शोख

ईति—मौसमी आपदा (जैसे बाढ़; सूखा; बीमारी; प्लेग इत्यादि)।

ईद—मुसलमानों का त्यौहार।

ईदी—ईद के उपलक्ष्य पर बच्चों को दिया जानेवाला पैसा या उपहार।

ईदृश—इस प्रकार; इस तरह।

ईप्सा—इच्छा; अभिलाषा।

इप्सित—चाहा हुआ।

ईबीसीबी—सीसी का शब्द; सीत्कार।

ईमान—धर्म पर विश्वास; भरोसा; दृढ़ विश्वास।

ईमानदारी—सत्यता; खरापन; पवित्रता।

ईमानी—विश्वसनीय; सच्चा; आस्तिक।

ईरखा—डाह; ईर्ष्या; जलन।

ईरित—प्रेषित; कहा हुआ।

ईर्षणा—ईर्ष्या; डाह; जलन।

ईर्षा—दूसरे का लाभ या हित देखकर दुखी होना; जलना; डाह।

ईर्षालु—दुसरों की वृद्धि देखकर जलने वाला; ईर्ष्या करनेवाला।

ईश—स्वामी; मालिक; अधिकारयुक्त।

ईशान—महादेव; प्रभु।

ईशा—प्रभुता; आधिपत्य।

ईशानी—देवी दुर्गा का विशेष नाम।

ईशिता–दैवी शक्ति; सब पर प्रभाव डालनेवाली शक्ति।

ईश्वर–शासक; शिव; प्रभु; मालिक; राजा।

ईश्वरत्व–प्रधानता; सर्वोच्चता; प्रमुखता।

ईष–स्वामी; परमेश्वर; राजा; शिव; प्रभु; मालिक।

ईषत–थोड़ा; कम; कुछ।

ईषद–ईषदहास।

ईषार–थोड़ी मात्रा में; थोड़ा सा।

ईषत्स्पृष्ट–य, र, ल और व; थोड़ा छुआ हुआ।

ईषदुष्ण–थोड़ा गरम; गुनगुना।

ईषद्दर्शन–तिरछी निगाह से देखना; कटाक्ष।

ईषद्धास–मुस्कराहट; मन्दहास।

ईषना–प्रबल इच्छा।

ईस–ईश्वर।

ईसन–परमेश्वर।

ईसर–ईश्वर।

ईसरगोल–एक प्रकार का औषधीय पौधा और उसके बीज।

ईसवी–ईसा से संबंध रखनेवाला; ईसा का।

ईसा–एक प्रसिद्ध धर्म प्रवर्तक जिनका चलाया हुआ धर्म 'ईसाई-धर्म' कहलाता है; ईसा मसीह।

ईसाई–ईसा के चलाए धर्म पर चलनेवाला।

ईसार–नम्रता।

ईस्वी–शताब्दी; सौ वर्ष; ईसवी।

ईहाँ–यहाँ।

ईहा–उर्जा; इच्छा; उद्यम; अभिलाषा; लालच; चाह।

ईहित–प्रयत्न करके प्राप्त किया हुआ; अपेक्षित; चाहा हुआ।

उ

उ–हिन्दी वर्णमाला का पाँचवाँ अक्षर।

उँगनी–लीपना; गाड़ी के पहिये में तेल डालने का काम।

उँगल–उँगली।

उँगली–हथेली के आगे निकले हुए पाँच अवयव जिनसे चीजें पकड़ी या छुई जाती हैं।

उँघाना–झपकी लेना।

उँचन–खाट की मध्य बनावट को कसने की डोरी।

उँचान–ऊँचाई।

उँचाना–ऊँचा करना; उठाना।

उँचास–ऊँचाई।

उँछ–फसल काटे जाने पर गिरे हुए दानों का इकट्ठा करना।

उँजाना–उजाला।

उँजियार–जगमगाना; प्रकाशमान।

उँजियारा–उजियारा; रोशनी।

उँडेलना–उड़ेलना।

उँदुर–चूहा; मूषक।

उँह–अस्वीकार; घृणा या बेपरवाही का सूचक शब्द।

उऋण–जो ऋण दे चुका हो।

उअना–उगना।

उकचना–अलग होना; परतों में विभाजित होना; भाग जाना।

उकटना–काटना; खोदना; उखाड़ना; खुलना; वापस करना; निन्दा करना।

उकटा–बराबर उपकार को याद दिलाने वाला; एहसान जताने वाला।

उकठना–सूखना; सूखा कर कड़ा करना।

उकठा–सूखा हुआ।

उकडूँ–घुटने मोड़कर बैठने की एक मुद्रा।

उकताना–ऊबना; घबड़ाना; उदासीनता; थकना।

उकतारू–उकसानेवाला; खाकानवीस।

उकताहट–विरसता; ऊब।

उकलना–उचड़ना; फूल का खिलना; तह अलग होना।

उकलाना–उलटी करना।

उकलाई–उल्टी; मचली; कै।

उकवत–त्वचा का एक रोग जिसमें फुँसी उग जाती है तथा खुजली होती है।

उकना–जी मचलाना; उलटी करना।

उकवथ–एक प्रकार का चर्म रोग।

उकवाँ–अनुमान से।

उकसना–निकलना; अकुंरित होना; प्रयास करना; उभरना।

उकसाई–प्रेरणा; उत्तेजना।

उकसाना–चढ़ाना; उत्तेजित करना।

उकसोंहाँ–उभरता हुआ।

उकाब–गरूड; बाज।

उकासना–उत्तेजित्त करना, उभाड़ना; ऊपर को फेंकना; खोलना; खोदकर ऊपर फेंकना।

उकसावा–उत्तेजना; भड़कना।

उकुसना–नग्न लेटना; विध्वंस करना; नीचे गिराना।

उकेरक–खोदनेवाला।

उकेलना–तह या परत अलग करना; उधेड़ना; छिलका निकालना।

उकेला–रस्से की ऐंठन।

उक्त–कहा हुआ; पहले कहा हुआ; कथित।

उखड़ना–जड़ से टूट जाना; ऊपर उठना; निर्मूल होना; अलग होना।

उखट–तोड़ना; अलग होना।

उखटना–गिर पड़ना।

उखमज–शरारत; उपद्रव; उष्मज।

उखली–लकड़ी या पत्थर का बर्तन जिसके अंदर अन्न डालकर मूसल की सहायता से कूटकर अन्न की भूसी अलग की जाती है।

उखाड़–उखाड़ने का काम; उन्मूलन।

उखाड़ना–तोड़ना; निकालना; छिन्न-भिन्न करना।

उखाड़ी–गन्ने का खेत।

उखारी–ईख का खेत।

उखाड़ू–उखाड़ना।

उखेलना–कुछ लिखना; चित्र में रंग भरना।

उगटना–अपशब्द कहना, निन्दा करना, गाली देना।

उगना–बीज फूटना; उपजना; निकलना; बाहर आना।

उगलना–पेट में गई हुई वस्तु को मुँह से बाहर निकालना; थूकना; पैसे वापस करना।

उगसाना–उकसाना; उत्तेजित्त करना।

उगसारना–जाहिर करना; वर्णन करना; व्याख्या करना।

उगाना–उत्पन्न करना; उपजाना; प्रदर्शित करना; उठाना; प्रकट करना।

उगार; उगाल–थूक; लार।

उगालदान–पीकदान।

उगाही–रुपया, पैसा वसूल करने का काम, वसूली,. वसूल किया हुआ रुपया पैसा।

उग्र–प्रचंड; उत्कृष्ट; प्रचण्ड; तीव्र; निर्दयी; क्रूर।

उग्रता–उग्रभाव; प्रचंडता; तीव्रता; हिंसा।

उघटना–छिपी बात मुँह से निकालना; दूसरे के अपराध का उल्लेख करके ताना मारना।

उघठा–बार बार अपने द्वारा किये गए उपकार का उल्लेख करना।

उघाड़ा–खोला हुआ; जिसके ऊपर कोई आवरण न हो।

उघेलना–खोलना; नंगा करना।

उचकन–आड़; टेक; सहारा।

उचकना–ऊँचा होने के लिए एड़ी उठाकर खड़े होना, उछलना। झपट्टा मारकर किसी वस्तु का छीनना।

उचक्का–दुश्चरित्र व्यक्ति; चोर; ठग; धूर्त; गिरहकट; लफंगा।

उचटना–अलग होना; टूटना (नींद का); गिरना; पलटना; छूटना; विरक्त होना।

उचड़ना–भागना; दूर होना; एक स्थान से सटी हुई वस्तु का अलग होना।

उचना–ऊपर उठना; ऊँचा होना।

उचाने–ऊपर उठना, उठान।

उचरंग–उड़नेवाला कीड़ा।

उचरना–बोलना; उच्चारण करना; अपनी राय प्रकट करना।

उचलना–छाल उतारना (जैसे खाल); अलग करना।

उचा–ऊँचा करना; खड़ा करना।

उचाट–अलग किया हुआ; हताशा; विरक्ति; उदासीनता; खिन्नता; आराम रहित।

उचाटी–उदासीनता; हटाव।

उचाड़ना–उखाड़ना।

उचाना–ऊपर को उठाना।

उचार–उच्चारण (नाम का); बोलना।

उचारना–कहना; उच्चारण करना; मुँह से शब्द निकालना।

उचावा–स्वप्न में बोलना।

उचित–ठीक; योग्य; मुनासिब, वाजिब।

उचितता–औचित्य।

उचौहाँ–ऊँचा किया हुआ; उन्नत।

उच्च–ऊँचा; उन्नत; श्रेष्ठ।

उच्चत–ऊपर; ऊँचे पर।

उच्चतम–सब से ऊँचा; प्रधान।

उच्चता–उन्नत अवस्था; ऊँचाई।

उच्चर–अपनी राय प्रकट करना।

उच्चावचन–लहराना।

उच्चाट–उचटा हुआ।

उच्चाटन–किसी का चित्त कहीं से हटाना (तंत्र द्वारा); किसी को उसके स्थान से हटाना; उचाड़ना; उखाड़ना।

उच्चायुक्त–उच्चायोग का प्रधान; हाई कमिशनर।

उच्चार–मुँह से शब्द निकलना; बोलना; कथन।

उच्चारण–मुँह से व्यक्त और स्पष्ट ध्वनि निकालना; मुँह से स्वर और व्यजंनयुक्त शब्द निकालना; वर्णों या शब्दों के बोलने का ढंग।

उच्चारित–बोला या कहा हुआ; उच्चरित।

उच्चार्य–उच्चारण करने योग्य।

उच्छन्न–उजड़ा हुआ; नष्ट।

उच्छलना–छलाँग मारना।

उच्छव–उत्सव; पर्व।

उच्छाह–खलबली।

उच्छिन–कटा हुआ; व्यर्थ पड़ा हुआ; फैला हुआ; नष्ट।

उच्छ–वह खाँसी जो गले में कुछ अटकने के कारण आती है।

उच्छू–गला साफ करने के लिए की गयी खाँसी।

उच्छृंखल–अक्खड़; अनुशासनहीन; क्रमहीन; निरंकुश; नियमरहित; स्वेच्छाचारी; ढीठ।

उच्छेद; उच्छेदन–विनाश; उखाड़; बर्बादी; नाश।

उच्छ्वसित–विकसित; खिला हुआ।

उच्छ्वास–ऊपर को खींचा हुआ श्वास।

उछंग–गोद; हृदय।

उछंकना–शराब का नशा उतरने के बाद होश में आना; चौकन्ना होना;

उछटना–वापस लेना या करना।

उछलना–वेग से ऊपर उठना; कूदना; छलाँग मारना; फाँदना।

उछाल–उछलने की क्रिया या भाव; छलाँग; कुदान; चौकड़ी; वमन; कै।

उछालना–ऊपर की ओर फेंकना।

उछाला–अचानक बड़ी उछाल (विशेषत: दामों में)।

उछाह–अभिलाषा; खुशी का अवसर; उत्सव; जोश; उत्साह; उत्सुक।

उछाही–ईर्ष्या; प्रचंड; अति जोशिला; उत्साही, आंनद मनानेवाला।

उछीर–सुअवसर; हितकर समय; कमरा; स्थान; फीता।

उजड्ड–तुच्छ; नितान्त मूर्ख; निरंकुश।

उजरत–पगार।

उजराना–उज्ज्वल करना।

उजलत–जल्दी; शीघ्रता।

उजला–प्रकाशयुक्त; चमकीला।

उजलाई–चमकता; सफाई के लिए दिया गया पारिश्रमिक।

उजागर–प्रकाशित; जाज्वल्यमान; चमकीला; जगमगता हुआ।

उजाड़–उजड़ा हुआ स्थान; नष्ट; निर्जन; जंगल; सुनसान।

उजान–धारा के उद्गम की ओर।

उजाला–प्रकाश; चाँदनी; चमक; प्रकाशवान; दिन।

उजाली–चाँदनी।

उजास–प्रकाश; चमक; उजाला।

उजियार–उज्ज्वल; चमकीला।

उजियाला–उजाला; प्रकाश।

उजीर–मंत्री; वजीर।

उजूबा–चमत्कार; अजूबा।

उजेला–प्रकाश; स्वच्छ; उजला; चाँदनी।

उज्जल–उजला; स्पष्ट; चमकीला।

उज्जगरी–स्पष्ट; प्रत्यक्ष; प्रकट।

उज्जयिनी–मालवा देश की राजधानी।

उज्जैन–मध्य प्रदेश का एक पुराना शहर।

उज्र–आपत्ति; प्रतिरोध; सामना।

उज्ज्वल–दीप्तिमान; स्पष्ट; चमकीला; स्पष्ट; मनोहर; सुन्दर।

उझकना–फँादना; उचककर झाँकना।

उझर[1]–ज्वार; जल प्रवाह।

उझर[2]–उड़ेलना।

उझरना–ऊपर की ओर उठना या उठाना।

उझलना–एक पात्र से दूसरे पात्र में ऊपर से किसी द्रव्य को गिरना।

उझाँकना–चोरी से देखना; झाँकना।

उटंगन–एक प्रकार की घास जिसका साग बनाकर खाया जाता है।

उटंग–ऊँचा ही-रहनेवाला; जो नीच न हो; पहनने में छोटा।

उटक–अनुमान लगाना; अटकल लगाना।

उटकना–अनुमान करना; उछलना।

उटज–पत्तियों की झोपड़ी; किसी संन्यासी का मठ; कुटी।

उठँगन–सहारा; आड़; टेक (ऊपर ऊठाने के लिए)।

उठँगना–तकिया लगाना; आश्रय लेना।

उठंगल–मूर्ख; मंदबुद्धि।

उठना–उठ जाना; आरंभ होना; निकलना।

उठ-बैठ–उठना।

उठल्लू–एक स्थान पर न रहनेवाला; चलायमान।

उठवैया–भार उठाने में सहायता देनेवाला।

उठाईगीरा–बदमाश; धूर्त; चोर; ठग।

उठाऊ–सहज में ले जाने योग्य। अतिव्ययी व्यक्ति।

उठान–उठने की क्रिया या भाव; बढ़ने का ढंग; चढ़ाई; ऊँचाई; वृद्धि।

उठाना–ऊँचा करना; खड़ा करना; हाथ में ग्रहण करना; स्थापित करना; जमाना; समाप्त करना (किसी कार्य को)।

उठा-बैठी–घुटने के बल बैठना और उठना।

उठाव–व्यय; उठान; सहारा; भुगतान।

उठावनी–दाह संस्कार के तीसरे या चौथे दिन मनाया जानेवाला अनुष्ठान।

उठौवा–एक स्थान से दूसरे स्थान पर जाना।

उड्डयन–वायुयान चलाना।

उड़ंत–उड़ना; उड़ा कर फेंकनेवाला।

उड़का–पच्चड़।

उड़द–एक प्रकार की दाल; एक अन्न जिसकी दाल खाई जाती है।

उड़न–उड़ने का कार्य।

उड़नछू–अदृश्य; ओझल; गायब; चम्पत।

उड़नझाई–धोखा; छल; कपट।

उड़ना–आकाश में परों की सहायता से चलना; हवा में ऊपर की ओर उठना; आगे आगे चलना।

उड़सना–समाप्त करना; ठूँसना; तह सिम. टना; समावेश करना; खाँसना; घुसेड़ना।

उड़ाऊ–खाऊ; अपव्ययी; लुटानेवाला।

उड़ान–उड़ने की क्रिया या भाव; छलाँग; कूदान।

उड़ाना–हवा में फैलाना; उड़ने के लिए प्रवृत करना।

उड़ास–निवास स्थान; रहने का स्थान; घर।

उड़ासना–नष्ट करना; विनाश करना; बैठने अथवा सोने में व्यवधान करना; निकाल बाहर फेंकना।

उड़िया–उत्कल देश का निवासी; वहाँ की भाषा।

उड़ीसा–उत्कल देश।

उड़बर–उदुम्बर।

उड–ग्रह; नक्षत्र; पक्षी; जल; नाविक।

उडुप[1]–ग्रहों का राजा; चंद्रमा।

उडुप[2]–एक प्रकार का नृत्य।

उडुपति; उडुराज–चंद्रमा।

उड़ेनी–जुगनु।

उड़ौहाँ–उड़नेवाला।

उड्डयन–वायुयान उड़ाने की विद्या; उड़ान।

उढ़क–उढ़कने से लगनेवाली ठोकर।

उढ़कना–ठोकर लगना।

उढ़रना–अपने पति को छोड़कर पत्नी का चोरी से दूसरे पुरुष के साथ भाग निकलना।

उढ़री–उपपत्नी।

उढ़ाना–ढकना (किसी कपड़े से)।

उढ़ारना–पराई स्त्री को भगा ले जाना।

उढ़ावनी–चादर; पलंग; पोशी।

उढ़ावनि–शाल; दुशाला।

उढ़ीक–सहारा; आश्रय।

उत–उस ओर; वहाँ; उधर।

उतंग–ऊँचा; बड़ा; श्रेष्ठ।

उतंत–उस स्थान पर।

उतन–उस ओर।

उतना–उस मात्रा का; जितना वह है, उसके बराबर।

उतपानना–उत्पन्न होना; जमीन में पैदा होना।

उतरंग–दरवाजे के ऊपरी ढाँचे पर रखी जानेवाली लकड़ी।

उतरन–फटा पुराना वस्त्र; पुराना वस्त्र।

उतरना–ऊँचे स्थान से नीचे को आना; गिरना; नीचे आना; दाम में गिरना; कम होना।

उतरहा–उत्तरी।

उतराई–नदी पार करने का महसूल; ढलान; ऊपर से नीचे आने की क्रिया या भाव।

उतरायल–पुराना; प्रयोग किया हुआ।

उतराहाँ–उत्तर की ओर का।

उतलाना–जल्दी मचाना।

उतायल–शीघ्रता

उतार–मूल्य का कम होना; बाढ़ से विनाश; ऊपर से नीचे जाने का कार्य; कमी।

उतारन–पहना हुआ वस्त्र जो पुराना हो गया हो।

उतारना–ऊपर से नीचे की ओर लाना; चित्र खींचना; लिखना; घटाना।

उतारा–महसूल; नदी पार करने का स्थान।

उतारू–किसी बात या काम के लिए उद्यत; तत्पर; अड़ा हुआ।

उताल–तेज; फुरतीला; उतावला।

उतावला–जल्दबाज; तत्काल; जल्दी करने वाला।

उत्ऋण–ऋण मुक्त।

उत–उधर; वहाँ पर।

उत्कंठा–उत्सुकता; तीव्र अभिलाषा; पश्चाताप करना; किसी बात की प्रबल इच्छा।

उत्कट–तीव्र; मतवाला; जोशीला; उत्सुक; प्रचंड; विकट; बहुत उग्र।

उत्कर्ण–कान खड़े होना।

उत्कर्ष–श्रेष्ठता; प्रशंसा; प्रतिष्ठा; गौरव; ख्याति; अधिकता; समृद्धि; मूल्य, महत्त्व आदि का बढ़ना या चढ़ना।

उत्कर्षक–उन्नति करनेवाला; बढ़नेवाला।

उत्कर्षता–विशिष्टता; श्रेष्ठता।

उत्कल–उड़ीसा प्रदेश।

उत्कलित–खिला हुआ; विकसित; प्रसन्न।

उत्कीर्ण–लगाया हुआ; खोदा हुआ।

उत्कुण–खटमल; जूँ।

उत्कोच–घूस।

उत्कृष्ट–श्रेष्ठ; विशिष्ट; उत्तम।

उत्कृष्टता–श्रेष्ठता।

उत्क्रम–विपरीत भाव।

उत्क्राम–उलट पुलट।

उत्केन्द्र–केन्द्रभ्रष्ट।

उत्खनन–खोदने का कार्य।

उत्खात–खोखली जगह।

उत्तंगक–साष्टांग दंडवत् किये हुए।

उत्तंस–कान का एक आभूषण।

उत्त–आश्चर्य; संदेह; चमत्कार।

उत्तप्त–तपा हुआ; गर्म; उत्तेजित।

उत्तम–बढ़िया; श्रेष्ठ; सबसे बढ़िया।

उत्तमतया–अच्छी तरह से।

उत्तमता–श्रेष्ठता; भलाई; वरिष्ठता।

उत्तमर्ण–पैसे उधार देनेवाला।

उत्तमोत्तम–अच्छा से अच्छा।

उत्तर[1]–प्रश्न के समाधान के लिए कही हुई बात; जवाब; प्रतिकार; बदला।

उत्तर[2]–दक्षिण की उल्टी दिशा।

उत्तरकालीन–उत्तरकाल का; बाद का।

उत्तरता–बाद में होने की स्थिति।

उत्तरण–नदी के पार जाना; पार उतरना।

उत्तरक्रिया–अन्तेष्टि क्रिया।

उत्तरजीवी–किसी का अधिक काल तक जीवित रहना।

उत्तरदाता–जिम्मेदार; जवाबदेह व्यक्ति।

उत्तरदायित्व–जिम्मेदारी; जवाबदेही; उत्तरदायी होने की अवस्था या भाव।

उत्तरदायी–जिम्मेदार; भारवाहक; जिस पर कोई उत्तरदायित्व हो।

उत्तरवर्ती–आनेवाला, आगामी।

उत्तरा–राजा विराट की कन्या जिसका विवाह अर्जुन के पुत्र अभिमन्यु के साथ हुआ था।

उत्तराधिकार–वह अधिकार जिसके अनुसार कोई किसी व्यक्ति के मरने पर उसकी संपत्ति अथवा उसके हटने पर उसका पद या स्थान पाता है।

उत्तर फाल्गुनी–बारहवाँ नक्षत्र।

उत्तराभास–मिथ्या उत्तर।

उत्तरायण–मकर संक्राति से कर्क की संक्रांति के मध्य का समय; वह छन महीने का समय जब सूर्य इस गति से बराबर उत्तर की ओर बढ़ता रहता है।

उत्तरार्ध–उत्तरी भाग; पीछे का आधा भाग; शरीर का ऊपरी भाग।

उत्तराषाढ़ा—इक्कीसवाँ नक्षत्र।

उत्तरी—उत्तर संबंधी।

उत्तल—जिसका आकार उलटे कटोरे की तरह हो।

उत्तान—खुला हुआ; मुँह ऊपर किया हुआ।

उत्ताल—श्रेष्ठ; भारी; विशाल; बड़ा।

उत्ताप—गरमी; तपन; ताप; वेदना; पीड़ा; कष्ट; दुख; गर्मी या कष्ट में वृद्धि।

उत्तीर्ण—पार गया हुआ; परीक्षा में सफल; निकाला हुआ; मुक्त।

उत्तुंग—बहुत ऊँचा; विशिष्ट; उत्कृष्ट।

उत्त—कपड़ो की तह बनानेवाला यंत्र।

उत्तेजक—उभाड़ने, बढ़ाने या उकसाने वाला; प्रेरक; मनोवेगों को तीव्र करने वाला; भड़कानेवाला।

उत्तेजना—प्रेरणा; बढ़ावा; प्रोत्साहन; आवेगों को तीव्र करने की क्रिया।

उत्तेजित—प्रेरित; भड़काया हुआ।

उत्तोलक—उत्तोलन दंड।

उत्तोलन—उठाना; चढ़ाना; तौलना; ऊँचा करना; तानना; ऊपर उठाकर रखना।

उत्तोलित—उठाया हुआ।

उत्किरक—खोदा हुआ।

उत्थवना—आरंभ करना; लगाना।

उत्थान—ऊँचा होने की स्थिति; उन्नति; जागृति।

उत्थापक—उत्तेजक; ऊपर उठानेवाला।

उत्थापन—ऊपर उठाने का कार्य; जागना; सीधा खड़ा होना; ऊपर उठाना।

उत्पत्ति—पहले पहल अस्तित्व में।

उत्पन्न—पाया हुआ; प्राप्त; जन्मा हुआ।

उत्पल—कमल।

उत्पाटन—उजाड़; नाश।

उत्पाटित—उखाड़ा हुआ।

उत्पात—कष्ट पहुँचानेवाली; आकस्मिक घटना; उपद्रव; आफत; अशांति; हलचल; ऊधम; दंगा; शरारत।

उत्पादक—पैदा करनेवाला।

उत्पादकता—उत्पादक।

उत्पादन—उत्पन्न करना; पैदा करना; बनाना; लोगों के व्यवहार के लिए सामान या माल तैयार करना।

उत्पादित—उत्पन्न किया हुआ।

उत्पीड़क—सतानेवाला।

उत्पीड़न—किसी को पीड़ा या कष्ट पहुँचाना; बहुत दुख देना; सताना।

उत्पीड़ित—जिसे पीड़ा या कष्ट पहुँचाया गया हो; सताया हुआ।

उत्प्रवासी—स्वदेश छोड़कर दूसरे देश में बसनेवाला व्यक्ति।

उत्प्रेक्षा—उद्भावना; उपेक्षा; एक अर्थालंकार जिसमें भेदज्ञान होने पर भी उपमेय में उपमान की प्रतीती कल्पित होती है।

उत्प्लवन—उछल कूद; हलकापन।

उत्फाल—कूदनेवाला।

उत्फुल्ल—खोलना (आँखें); खिला हुआ (फूल); प्रसन्न (चेहरा)।

उत्स—स्रोत।

उत्संग—ऊपर का भाग; बीच का भाग; पहाड़ की चाटी; अंक।

उत्सर्ग—त्याग; न्याय; समाप्ति; परित्याग; समर्पण।

उत्सर्गी—त्याग करनेवाला।

उत्सर्जन–त्याग; छोड़ना; दान; किसी कर्मचारी को बिना किसी दोष या लांछन के, यों ही अथवा काम न होने के कारण, उसके पद से हटाया या अलग करना।

उत्सर्वण–चढ़ाव; ऊर्ध्व गमन।

उत्सव–आनंद; त्योहार; पर्व; अनुष्ठान।

उत्सादन–नाश करना।

उत्साह–हर्ष; कल्याण; उमंग; वीर रस का स्थायी भाव।

उत्साहक–सहारा देना; सहायता करना; प्रोत्साहित करना।

उत्साहित–उभारना; बढ़ावा देना।

उत्साही–उत्साह रखनेवाला; ओजस्वी; प्रबल; हौसलेवाला; उत्साहयुक्त।

उत्सुक–उत्कंठित; अत्यंत इच्छुक; चाही हुई बात में देर न सहकर उसकी प्राप्ति में तत्पर होनेवाला।

उत्सुकता–व्याकुलता; व्यग्रता; उत्सुकता।

उथपना–उठाना; निकालना।

उथला–कम गहरा; छिछला।

उथलापन–गड़बड़ करना।

उड्डयन–वायुयान चलाना।

उदक–जल; पानी।

उदकना–भीतर से बाहर निकलना; कूदना; दिखना।

उदग्ग–असभ्य; मगरूर; उदग्र; उग्र।

उदजन–सबसे हलका वायुरूप तत्त्व।

उदघटना–निकलना; प्रकट होना।

उदघाटन–प्रदर्शन करना; शुभारंभ करना।

उदघोषक–घोषण करनेवाला।

उदघोषण–मुनादी।

उदड़-गुदड़–फटा हुआ कपड़ा।

उदथ–सूर्य।

उदधि–समुद्र; बादल; तट; टापू।

उदबंधन–फेंकना; झटकारना।

उदबस–किसी स्थान से हटा देना; भगा देना।

उदमद–उन्मत्त।

उदमदना–पागल होना; उन्मत्त होना।

उदय–ऊपर आना; निकलना; प्रकट होना; किसी नई चीज, बात, शक्ति, आदि का उत्पन्न होकर सामने आना।

उदयी–सफल होना।

उदयास्त–सूर्योदय से सूर्यास्त तक; पूर्व से पश्चिम तक।

उदर–किसी पदार्थ का मध्य या भीतरी भाग; पेट।

उदर्व (रोग)–एक प्रकार का ज्वर जिसमें अंग में स्वतंत्र लाल चकते पड़ जाते हैं।

उदरबी–स्थूलकाय; मोटी या गर्भवती महिला।

उदरीय–उदर संबंधी; पेट का।

उदात्त–दयावान; कृपालु; उदार; श्रेष्ठ; बड़ा; ऊँचे स्वर में उच्चारण किया हुआ।

उदायन–बाग; बगीचा; उद्यान।

उदार–कुलीन; रूढ़ियों में सुधान चाहने वाला तथा प्रगतिशील विचारों का समर्थक; दानशील; दाता; सहिष्णु; ऊँचे विचारोंवाला

उदारता–सज्जनता; उदारता; उदार होने की अवस्था या भाव।

उदावर्त–पेट में होनेवाला एक प्रकार का रोग जिसमें मल मूत्र त्यागने में अति कष्ट होता है।

उदास–जिसका चित्त किसी पदार्थ से दुखी होकर हट गया हो; विरक्त; दुखी; रंजीदा।

उदासी–विरक्त या त्यागी पुरुष; उदास होने की क्रिया या भाव; खिन्नता; दुख।

उदासीन–जिसका चित्त दुखी होकर किसी बात से हट गया हो; विरक्त; जो परस्पर विरोधी पक्षों में से किसी की ओर न हो; निष्पक्ष।

उदाहरण–ऐसा कार्य जो आदर्श रूप हो और जिसे देखकर लोग वैसा ही कार्य करने के लिए उत्साहित हो; दृष्टांत; मिसाल; नमूना।

उदियान–व्याकुल; घबराहट; उद्विग्न।

उदित–उन्नत; उठा हुआ; उत्पन्न; निकला हुआ।

उदीयमान–जिसका उदय हो रहा हो; उठता या उभड़ता हुआ; होनहार।

उदीची–उत्तर दिशा।

उदीच्य–उत्तर दिशा में रहनेवाला; उत्तर दिशा से संबंधित।

उदुम्बर–गूलर का पेड़।

उदूखल–एक लकड़ी की भारी ओखली जिससे चावल का पीसा जाता है।

उदूलहुक्मी–आज्ञा का उल्लंघन करना।

उदोत–प्रभा; प्रकाश; चमकीला।

उदोती–प्रकाश देनेवाला।

उद्गम–उत्पत्ति का स्थान; वह स्थान जहाँ से कोई नदी निकलती हो।

उद्गत–उत्पन्न; निकाला हुआ; उगला हुआ।

उद्गार–उलटी; वमन; थूक; टपकना; चूना; शरीर से निकलना।

उद्गारी–निकालना; फेंकना।

उदत–ऊँचा उठना; दृष्टिगोचर होना।

उद्ग्रहण–कर इकट्ठा करने का कार्य।

उद्ग्रीव–गरदन उठाये हुए।

उद्घाटन–शुभारंभ; किसी बड़े समारंभ, सार्वजनिक उत्सव, सम्मलेन आदि का महत्त्व और गौरव बढ़ाने के लिए बड़े आदमी द्वारा उसके कार्य का आरंभ किया जाना।

उद्घात–आघात देनेवाला; ठोकर।

उदधार–क्षति होने से बचाना।

उद्दंड–जिसे दंड का भय हो; उद्धत; प्रचण्ड; अक्खड़।

उद्दिम–रोजगार; उद्दम।

उद्दीपन–प्रकाश; बढ़ाना; उत्तेजन।

उद्दीप्त–बढ़ा हुआ; प्रज्ज्वलित।

उद्देश–अभिलाषा; इशारा; लक्ष्य।

उद्देशिका–प्ररतावना; भूमिका।

उद्देश्य–लक्ष्य; कहने योग्य; मतलब का।

उद्दोत–कांति; चमक; रोशनी।

उद्धत–दमा; श्वास रोग।

उद्धरण–पढ़े हुए पाठ का दोहराना; उद्धार; छुटकारा।

उद्धरना–उद्दार करना।

उद्धव–हिन्दु त्यौहार की यज्ञ की अग्नि।

उद्धार–मुक्ति; संकट या विपत्ति में पड़े हुए को बचाने के उद्देश्य से उसके पास पहुँचकर उसकी रक्षा करना।

उद्धारना–उबारना; रक्षा करना; मुक्त करना; पहुँचाना।

उदध्वस्त–टूटा फूटा

उद्धधृत–उगला हुआ; ज्यों का त्यों लिखा हुआ।

उद्धबुद्ध–खिला हुआ; फूला हुआ; चैतन्य; उदित।

उद्भट–प्रबल; बड़ा; श्रेष्ठ।

उद्भव–उत्पत्ति; जन्म; किसी पूर्वज के वंश में उत्पन्न होने अथवा किसी मूल के निकलने का तथ्य या भाव।

उद्भावना–मन की उपज; कल्पना; उत्पत्ति; नई संभावना; नई योजना।

उद्भासित–शोभित; सजाया हुआ।

उदभिज–भूमि को खोदकर जन्म लेने वाला।

उदभूत–ऊँचा; उत्पन्न; विवरण।

उदभौति–अद्भुत कार्य।

उद्भ्रान्त–व्याकुल; भ्रांति युक्त।

उदयत–तत्पर; लगा हुआ; काम करने वाला।

उद्यम–प्रयोग; मेहनत; उत्साह; व्यवसाय; प्रयत्न; कोशिश।

उद्यमी–उद्योगी; प्रयत्न करनेवाला; तत्पर।

उद्यान–बगीचा; उपवन।

उद्यापित–पूर्ण किया हुआ।

उद्युक्त–किसी काम में लगना।

उद्योग–प्रयत्न; चेष्टा; परिश्रम; कोशिश; उत्पादन में रत कारखाना या संस्थान।

उद्योगी–उद्योग करनेवाला; परिश्रमी।

उद्योगीकरण–उद्योग।

उद्योत–प्रकाश; उजाला; चमक; आभा।

उद्रेक–वृद्धि; अधिकता; बढ़ती।

उद्वह–पुत्र; सात वायुओं में से एक जो प्रवाह वायु के ऊपर रहती है।

उद्वहन–कंधे पर बोझ ढोना; विवाह; हलवाई का काम।

उद्वासन–रहने के स्थान से हटाना; संस्कार का एक भेद; वध; हत्या।

उद्विग्न–व्याकुल; चिंतित; घबराया हुआ।

उद्विग्नता–घबड़ाहट; निराशा; हताशा।

उद्वेगी–चिंतित; व्याकुल।

उधड़ना–खुलना; उजड़ना।

उधम–अराजकता; अव्यवस्था; ऊथम।

उधर–उस ओर; उस तरफ; दूसरी तरफ।

उधार–ऋण; कर्ज; मँगनी।

उधेड़ना–मिली हुई परतों को अलग अलग करना; सिलाई के टाँकें खोलना; छितराना; बिखराना।

उधेड़बुन–सोच विचार; ऊहापोह; युक्ति बाँधना; तरह तरह की चिंता।

उन–'उस' का बहुवचन।

उनंत–मोड़ना; झुकाना।

उनदा–निंदाता हुआ; उंधता हुआ।

उनमाथना–मंथन करना; विलोड़ करना।

उनमान–परिणाम; नाप तौल; थाह; शक्ति।

उनमुना–मौन; चुपचाप; मूक।

उनमूलना–जड़ से उखाड़ना।

उनरना–कूद फाँद करना; उठना।

उनवना–लटकना; घिर आना; टूटना; झुकना।

उनहानि–एकरूपता; समानता।
उनहार–समान; बराबर; अनुसार।
उनहारि–समानता; एक जैसा।
उनाना–झुकाना; लगाना; मोड़ना; प्रवृत्त करना।
उनींदा–ऊँघता हुआ।
उन्नत–ऊँचा; उठा हुआ; श्रेष्ठ।
उन्नति–वृद्धि; बढ़ती; प्रतिष्ठा; ऊँचाई।
उन्नतोदर–जिसका ऊपरी भाग उभड़ा हुआ हो; चाप या वृत खण्ड का ऊपरी तल।
उन्नयन–उन्नति; विकास अनुमान।
उन्नावी–गहरा लाल।
उन्नायक–उठानेवाला; परिणाम देनेवाला।
उन्निद्र–निंद्रारहित; जागा हुआ।
उनींदा–ऊँघता हुआ; सुस्त; निष्क्रिय।
उन्मत्त–मतवाला; बेसुध; पागल।
उन्मत्तता–आवेश।
उन्माद–पागलपन का रोग; सनक; मस्तिष्क का वह रोग जिसमें बुद्धि का कार्यक्रम बिगड़ जाता है।
उन्मादक–नशा करने वाला; पागल करने वाला।
उन्मादन–कामदेव के पाँच बाणों में से एक; उन्मत्त करने का कार्य।
उन्मादी–उन्मत्त; आवेशी; बावला।
उन्मान–परिणाम; मूल्य।
उन्मानी–अनुमान योग्य।
उन्मीलन–खिलना; विकसित होना।
उन्मीलना–आँख खोलना।
उन्मुक्त–बंधनरहित; खुला हुआ।
उन्मुख–मुख ऊपर किये हुए; उत्सुक।
उन्मूलक–नष्ट करनेवाला; जड़ से उखाड़ने वाला; निर्मूल करनेवाला।
उन्मूखर–कोलाहलपूर्ण।
उन्मुद्र–बिना मुहर का।
उन्मूलन–जड़ से उखड़ना; रद्द करना।
उन्मेष–प्रकाश; आँख का खुलना।
उन्हार–आकृति; प्रकार।
उन्हीं–वे; ये।
उप–सहायक; निकट; के स्थान पर।
उपंग–एक प्रकार का वाद्य।
उपकंठ–निकट; पास।
उपकथा–कहानी के बीच आई दूसरी कहानी।
उपकरण–किसी प्रयोग में आनेवाला औजार या तत्त्व; सामग्री; साधन।
उपकरना–उपकार करना; भलाई करना।
उपकार–भलाई; मदद; लाभ; अनुग्रह।
उपकारी–उपकार करनेवाला; भलाई करनेवाला; लाभ पहुँचानेवाला।
उपकृत–कृतज्ञ; जिसके साथ उपकार किया गया हो।
उपकृति–उपकार।
उपकूल–नदी; समुद्र आदि की भूमि का प्रांत भाग।
उपकेंद्रीय–केन्द्र से हट जानेवाली।
उपक्रम–तैयारी; काई कार्य आरंभ करने के पहले का आयोजन; कार्यारंभ की पहली अवस्था।
उपखंड–प्रतिशाखा।
उपगत–स्वीकृत; प्राप्त; समझा हुआ; उपस्थित; ज्ञात।
उपगति–ज्ञान; प्राप्ति।

उपगम–उपगति।
उपग्रह–वैज्ञानिक स्वचालित यंत्र जो आकाश में चक्कर काटता रहता है; बंधन; कारावास; कैद।
उपग्रन्थ–एक छोटा कार्य।
उपगिरी–छोटी पहाड़ी।
उपगोल–अण्डाकार आकृति।
उपंग–एक प्रकार का वाद्य।
उपघात–रोग; विनाश; नाश; कमजोरी; बीमारी।
उपघातक–पीड़ा देनेवाला।
उपचय–वृद्धि; समूह; उन्नति; अधिकता; संग्रह।
उपचार[1]–चिकित्सा; इलाज; रोगी की सेवा सुश्रूषा।
उपचार[2]–पूजा के उपयोगी द्रव्य का भेद।
उपचारिका–धाय; परिचारिका।
उपचारी–उपचार संबंधी।
उपचित–जोड़ा हुआ; इकट्ठा किया हुआ; बनाया हुआ।
उपछाया–खंड छाया।
उपज–वह वस्तु जो उपज के रूप में प्राप्त हो; पैदावार; उत्पत्ति; नई सूझ।
उपजाऊ–जिसमें अधिक उपज हो; उर्वर।
उपजाऊपन–उत्पादन शील।
उपजात–विस्तार।
उपजीवन–जीविका निर्वाह के लिए किसी और पर आश्रित।
उपजीवी–दूसरों के सहारे जीवन बिता. नेवाला।
उपटन–मलहम; दबाव के कारण बना निशान।
उपटाना–उबटन लगवाना; हटवाना; उखड़वाना।
उपटारना–जगह से हटा देना; उठाना।
उपठना–थका हुआ; श्रान्त।
उपत्यका–पहाड़ के नीचे की भूमि; घाटी।
उपत्वचा–त्वचा की बाहरी झिल्ली।
उपदंश–गरमी या आतशक नामक रोग; फिरंग रोग; सुजाक।
उपदर्शक–पहरेदार; चौकीदार।
उपदल–किसी फूल में लगी कली की बाहरी ढपनी।
उपदान–आर्थिक सहायता।
उपदिशा–दो दिशाओं के बीच की दिशा।
उपदिष्ट–उपदेश प्राप्त किया हुआ; कहा हुआ।
उपदेश–परामर्श; हित की बात; निर्देश; सीख; नसीहत; दीक्षा; शिक्षा।
उपदेश्य–शिक्षा देने योग्य।
उपदेशना–उपदेश देना; सिखाना।
उपद्रव–हलचल; विप्लव; अशांति; उत्पात; ऊधम; दंगा फसाद।
उपद्वीप–बहुत छोटा द्वीप।
उपधरना–स्वीकार करना; मानना।
उपधा–छल; धोखा।
उपधारा–उप खंड।
उपधातु–आठ प्रधान धातुओं के समान अन्य धातु, काँसा, शिलाजीत, इत्यादि; ये उपधातुएँ प्रधान धातुओं के मेल से भी बनती हैं।
उपधान–तकीया; सहारा।
उपनति–लीनता।

उपनदी–अंदर बहने वाली नदी।

उपनना–पैदा होना; उत्पन्न होना।

उपनगर–शहर या नगर के चारों ओर बिखरे बाजार।

उपनगरीय–उप शहरीय।

उपनय–बालक को गुरु के पास ले जाने का कार्य; समीप पहुँचाने या पास करने का कार्य।

उपनाम–उपाधि; नाम; प्यार का नाम।

उपनिदेशक–उप निर्देशक।

उपनिधि–बंधक; धरोहर।

उपनिविष्ट–नई आबादी में आकर बसा हुआ।

उपनिवेशन–नई बस्ती बनाना।

उपनिवेश–बलपूर्वक किसी दूसरे देश के व्यक्तियों के अधीन अन्य देश; बस्ती; आबादी; आधिपत्य।

उपनिषद–किसी के पास बैठना; ब्रह्मविद्या की प्रापित के लिए गुरु के पास बैठना; रहस्य; वेद की शाखाओं के ब्राह्मणों के वे अंतिम भाग जिनमें आत्मा, परमात्मा आदि का निरूपण हो।

उपनीत–पास लाया हुआ; जिसका उपनयन संस्कार हो गया हो।

उपनेता–गुरु या आचार्य; आगे ले जाने वाला।

उपन्यास–रोचक किस्सा; किस्सा; उपकथा; वाक्य का प्रयोग।

उपन्यासकार–उपन्यास लेखक।

उपनेत्र–चश्मा।

उपपन्न–उपयुक्त; संस्कारयुक्त; जाँचा हुआ।

उपपातक–परस्त्रीगमन आदि 50 गौण पाप।

उपबंध–संलग्न; लगा हुआ।

उपबाहु–हाथ का पंजे से कोहनी तक का भाग।

उपभाषा–किसी विशेष स्थान की अपनी भाषा।

उपभोग–किसी पदार्थ के व्यवहार का सुख।

उपभोक्ता–उपभोग करनेवाला।

उपमा–किसी वस्तु, कार्य का गुण को दूसरी वस्तु, कार्य या गुण के समान बतलाना; तुलान; मिलान।

उपमाता–धाय; माता तुल्य स्त्री।

उपमान–बराबरी; वह वस्तु जिससे उपमा दी जाती है; सादृश्य।

उपमित–जिसकी उपमा दी गई हो।

उपमिति–न्याय के अनुसार अनुभव सिद्ध ज्ञान विशेष; उपमालंकार; उपमा करना।

उपमेय–जिसकी उपमा दी जाये।

उपयंत्र–यांत्रिकी औजार।

उपयंना–भाग जाना।

उपयुक्त–योग्य; निर्दिष्ट उचित; मुनासिब; जो नियम, विधि के अनुसार ठीक अधिकारी हो।

उपयुक्तता–योग्यता।

उपयोग–इस्तेमाल; प्रयोग; व्यवहार; योग्यता; काम; भोग।

उपयोगी–उपयुक्त; अनुकूल।

उपरत–जो रत न हो; विरक्त; निकला हुआ; मरा हुआ; हटा हुआ।

उपरत्न–मृत्यु; त्याग; उदासीनता।
उपरना–दुपट्टा; चादर; ऊपरी वस्त्र।
उपरला–बाह्य; ऊपरी; बाहरी।
उपरफट–बिना ठिकाने का; व्यर्थ।
उपरस–उपधातु; गौण रस।
उपरांत–चन्द्रमा संबंध; राहु ग्रस्त।
उपराचढ़ी–प्रतिस्पर्धा; मुकाबला।
उपराला–सहारा; सहायता।
उपराष्ट्रपति–उप राष्ट्रपति।
उपराहना–प्रशंसा करना; चढ़ाना; बढ़ाना।
उपराही–श्रेष्ठ; उत्तम।
उपरा-उपरी–उपराचढ़ी।
उपरि–ऊपरी; ऊपर का।
उपरिभूमि–ऊँची भूमि का।
उपरिशायी–पूरी तरह से ढाँकना।
उपरी-उपरा–मुकाबला; प्रतिस्पर्धा।
उपरैनी–गुलबंद; दुपट्टा।
उपरोध–होते हुए काम को रोकनेवाली बात; बाधा; रुकावट; आच्छादन; ढकना; घेरा डालना।
उपरोधक–रोकनेवाला।
उपरोधी–प्रतिरोधक।
उपरौटा–परिधान का ऊपरी भाग।
उपर्युक्त–ऊपर कहा हुआ।
उपल–पत्थर; मणि; बादल; पाषाण; कीमती पत्थर।
उपलक्षक–दर्शक; अनुमान करनेवाला।
उपलक्षण–अपनी तरह दूसरी वस्तु को बता देनेवाला शब्द; ध्यान।
उपलक्षित–चिन्ह से प्रकाशित।
उपलक्ष्य–अवसर; मौका; संकेत; चिन्ह; बारे में।
उपलब्ध–मिला हुआ; प्राप्त।
उपला–सूखा गोबर जो इंधन की तरह प्रयोग किया जाता है; कंडा; गोहरा।
उपलाना–तैरना।
उपलिप्त–लीपा हुआ; लपेटा हुआ।
उपल्ला–किसी वस्तु का ऊपरी भाग या तह।
उपवन–बगीचा; बाग।
उपवाद–दोष अथवा आरोप लगाना।
उपवास–भोज का अभाव; अनशन; वह व्रत जिसमें भोजन नहीं किया जाता।
उपविष–हल्का विष; बनावटी विष।
उपविष्ट–बैठा हुआ।
उपवेद–वेद से निकली हुई विद्या।
उपवेशन–बैठने का कार्य।
उपवृत्ति–व्यापार; धन्धा।
उपशम–इंद्रियों का निग्रह; छुटकारा; शांति;।
उपशमन–शांत करना या होना।
उपशांत–शांत किया हुआ; संतुष्ट।
उपशिष्य–चेले का चेला।
उपसम्पादक–सहायक संपादक।
उपसंहार–विषयय का समेटना; किसी पुस्तक के अंत का वह अध्याय जिसमें उसका सारांश या परिणाम संक्षेप में बतलाया गया हो; सारांश।
उपस–बुरी महक।
उपसर्ग–व्याकरणोमुक्त वह अव्यय जो शब्द के पहले जोड़ा जाता है और इसके अर्थ में विशेषता लगता है।
उपसागर–खाड़ी; जलडमरूमध्य।
उपसाधन–सहायक; अतिरिक्त।

उपसाना–बासी बनाना; सड़ाना।

उपसेचन–पानी से सिंचाई; आद्र वस्तु।

उपस्कर–उपकरण; यंत्र।

उपस्थ–पुरुष तथा स्त्री चिह्न; नीचे या मध्य का भाग।

उपस्थित–विद्यमान; मौजूद; हाजिर।

उपस्थिति–मौजूदगी; विद्यमानता; हाजिरी।

उपस्वत्व–किसी संपत्ति से प्राप्त होनेवाले आय का अधिकार।

उपहत–नष्ट किया हुआ; आपत्ति में पड़ा हुआ; चोट खाया हुआ।

उपहार–भेंट; व्यक्ति विशेष को दी गई विशेष वस्तु।

उपहास–हँसी; दिल्लगी।

उपही–विदेशी; परदेशी; अंजान व्यक्ति।

उपांग–तिलक; विद्या का गौण भाग; छोटा भाग; अंग का भाग।

उपांत–हाशिया; किसी शहर अथवा नगर का अंत की ओर का भाग; आखिरी हिस्सा; आसपास का भाग या स्थान; किनारा।

उपांत्य–अंत से ठीक पहले का।

उपा–उपजाना।

उपाऊ–रीति; उपाय।

उपाख्यान–पुरानी कथा; पुराना वृत्तांत; किसी कथा के अंतर्गत कोई और कथा।

उपाचार्य–पढ़कर सूचना या विवरण देनेवाला।

उपाट–उखाड़ना (पेड़ को)।

उपाड़–जड़ समेत ऊपर उखाड़ना।

उपाति–उत्पादन।

उपादान–प्राप्ति; वर्णन; अभिप्राय; बोध; छिपा अर्थ।

उपादेयता–लाभदायक मात्रा; उपयोगिता; लाभ।

उपाध–हिंसा; दंगा; फसाद।

उपाधि–विशेष जाति; वंश इत्यादि को बतलाने वाला शब्द; सम्मानसूचक शब्द।

उपाध्याय–ब्राह्मण की एक उपाधि; अध्यापक।

उपानह–जूता।

उपान्त्य–अंत से ठीक पहले का।

उपाना–उत्पन्न करना।

उपापचय–शरीर की वह क्रिया जिसमें भोजन जीवित पदार्थों में बदल जाता है।

उपाय–साधन; युक्ति; तरकीब; वह कार्य का प्रयत्न जिससे अभीष्ट तक पहुँचें।

उपायन–उपहार; भेंट।

उपार्जन–कमाई; लाभ।

उपालंभ–विलंबन; निंदापूर्वक; तिरस्कार।

उपास–उपवास।

उपासक–सेवक; भक्त।

उपासना–पूजा; ईश्वर, देवता या किसी बड़े और पूज्य की की जानेवाली आराधना।

उपासा–अन्न जल न ग्रहण करनेवाला।

उपाहार–अल्प आहार।

उपेन्द्र–विष्णु।

उपेक्षण–अनादर; उदासीनता।

उपेक्षा–अवहेलना; त्याग।

उपेक्षित–अस्वीकृत; अनादर किया हुआ।

उपैना–खुला हुआ।

उपोद्धात–उपक्रम; भूमिका; पुस्तक के आरंभ का कथन।

उफ़–कष्ट या पीड़ा प्रकट करना।

उफड़ना–उबलना; बुदबुदाना।

उफनना–झगड़े के लिए उद्यत होना; जोश आना; उभड़ना।

उफान–गरमी पाकर फेन के साथ ऊपर उठना; उबाल।

उबका–सरकने वाली गाँठ या फंदा (पानी खींचने के किसी पात्र की गर्दन में बाँधा जाता है)।

उबकाई–मचली; वमन का उदगार।

उबटन–शरीर पर मले के लिए सरसों, तिल, हल्दी, कचूर आदि से बना लेप।

उबना–उत्पन्न होना या करना।

उबरना–मुक्ति पाना; छूटना।

उबलना–उबल कर ऊपर उठना।; उफनना; वेग से निकलना; उमड़ना।

उबहन–पानी खींचने का रस्सा।

उबाऊ–थका देनेवाला।

उबाकना–त्यागना; मचली करना।

उबांत–वमन; उल्टी।

उबार–छुटकारा; उद्धार; कष्ट से बचाना।

उबाल–आँच लगने पर फेन के साथ ऊपर को उठना।

उबासी–जंभाई।

उबीधना–फँस जाना; उलझना।

उबेना–नंगे पैर।

उभरना–अहंकारी।

उभय–दोनों; हर दो।

उभयतः–दोनों तरफ; दोनों ओर से।

उभाना–सिर हिलाते हुए हाथ पैर पटकना।

उभरौं–बुदबुदाना।

उभार–उठान; ऊँचाई; फुलाव; उठाव।

उभियाना–ऊपर उठना।

उभिरना–बीच में रुकना।

उमंग–मन में उत्पन्न होनेवाला वह सुखदायक मनोवेग जो कोई प्रिय या अभीष्ट काम करने के लिए होता है; मौज; लहर; उल्लास; उभाड़।

उमंगी–अधिक लालसा।

उमग–उमंग।

उमचना–पैर से कुचलना या दबाना; चकित होना; चौकन्ना होना।

उमदना–उत्तेजित होना; उमगना; मतवाला होना।

उमदाना–उन्मत या मतवाला करना; उत्तेजित होना।

उमर–उम्र; आयु।

उमराव–अमीर व्यक्ति।

उमस–आंतरिक उताप; जो गरमी पानी न बरसने से पड़ती है।

उमह–फुलाना।

उमा–शिव की पत्नी पार्वती; दुर्गा; कीर्ति; कान्ति।

उमाकना–जड़ से उखाड़ना; नष्ट करना।

उमापति–महादेव।

उमाहना–उत्सुक होना; छटपटाना।

उमाहल–उमंग से भरा हुआ; उत्तेजित्त।

उमूमन–बहुधा; प्रायः।

उमेठन–बल; मरोड़।

उमेठना–मरोड़ना।

उमेठवाँ–चक्राकार।

उमेलना–खोलना; प्रकट करना; व्याख्या करना।

उम्दगी–अच्छाई; खूबी।

उम्दा–अच्छा; उत्तम; बढ़िया।

उम्मीद–आशा; अपेक्षा; आकांक्षा।

उम्मीदवार–अपेक्षा करनेवाला; प्रार्थी; आवेदक।

उम्मेद–आशा; मनोरथ।

उम्मेदवार–प्रत्याक्षी; प्रार्थी।

उम्र–आयु; उमर; जीवन का समय।

उर–हृदय; छाती; मन; चित्त।

उरकना–ठहरना; रुकना।

उरग–साँप।

उरगारि–सर्पों का दुश्मन; गरूढ़ (पक्षी)।

उरण–बादल; भेड़ा।

उरद–एक प्रकार की दाल।

उरम–नीचे टाँगना।

उरमना–आश्रित; झूमना; लटकना।

उरमा–लटकाना; टाँगना।

उरला–पिछला; जो आगे को न हो; गुप्त; अस्पष्ट।

उरलाना–आलिंगन करना; छाती से लगाना।

उरस[1]–हृदय; छाती; वक्षस्थल।

उरस[2]–स्वादहीन; फीका; नीरस।

उरसना–ऊपर नीचे करना; चंचल होना।

उरजिस–औरतों की छाती।

उरहन–तिरस्कार करना।

उरहना–शिकायत करना।

उरा–भूमि; जमीन; घरती।

उरारा–विस्तार।

उरु–अधिक मूल्यवान; फैला हुआ।

उरुवा–एक प्रकार का उल्लु जो कर्कश ध्वनि निकालता है।

उरूज–उन्नति; बढ़ती; वृद्धि।

उरे–आगे; आगे; दूर।

उरेह–चित्रकारी।

उरोज–स्तन; वक्षस्थल।

उरोरित–गर्दन से पेट तक की हड्डी।

उर्जा–उर्जा; शक्ति।

उर्दू[1]–फारसी अरबी मिली हुई भाषा जो फारसी लिपि में लिखी जाती है।

उर्दू[2]–छावनी का बाजार।

उर्फ–उपनाम; कल्पित नाम।

उर्मिला–लक्ष्मण जी की पत्नी का नाम।

उर्वर–उपजाऊ; जिससे बहुत सी बातें या चीजें निकलती हों।

उर्वशी–इंद्र के दरबार की एक नर्तकी का नाम; एक परी का नाम।

उर्विजा–मंगल ग्रह।

उर्वी–पृथ्वी; भूमि; चौड़ा।

उलंग–बिना ढका हुआ; नंगा।

उलँग–उलंघना।

उलंघन–उल्लघंन; अस्वीकार्य।

उलचना–उलीचना; बाहर फेंकना; सोखना।

उलछना–इधर उधर फेंकना; बिखराना।

उलझन–अटकाव; गड़बड़ी; कठिनता; चिंता।

उलझना–फँसना; कठिनाई में पड़ना; अटकना; लिपटना; अड़चन में पड़ना।

उलझा–उलझन।

उलझाना–फँसाना; गड़बड़ मचाना; बाँधना; लोभ दिखाना; झगड़वाना; अटकाना; लगाए रखना।

उलझाव–फँसाव; कलह; चिंता; गड़बड़।
उलझेड़ा–कठिनाइयों में डालना।
उलट–परिवर्तन।
उलटपलट–गड़बड़ी; अव्यवस्था।
उलटफेर–अदल बदल; जीवन के उतार चढाव।
उलटना–ऊपर का भाग नीचे या नीचे का भाग पूरी तरह ऊपर होना; औंधा होना; पलटना।
उलटवाँसी–बतलाने योग्य विरोधाभास।
उलटा–विपरीत; ऊपर का नीचे किया हुआ।
उलटान–उलटा; विपरीत।
उलटी–जी मचलाहट; वमन; कै।
उलटे–विरुद्ध क्रम से।
उलथना–ऊपर नीचे होना; उथल पुथल होना; उमड़ना; उछलना।
उलथा–एक प्रकार का नाच जिसमें ताल पर उछला जाता है; करवट बदलना।
उलद–वर्षा की झड़ी।
उलदना–डालना; उड़ेलना।
उलमना–सहारा लेना; लटकना; झुकना।
उलफत–अनुराग; स्नेह; प्यार; मुहब्बत।
उलरना–नीचे ऊपर होना; फाँदना; कूदना।
उललना–ढलना; गिरना पड़ना।
उलसना–चमकना; उल्लसित होना।
उलह–दु:ख के कारण; कपकपाना।
उलहना–किसी की भूल या दोष उसे दूखपूर्वक जताना; शिकायत।
उलार–पीछे की ओर भार से दबा हुआ।
उलारना–ऊपर की ओर पानी फेंकना; उछालना।
उलू–उल्लु।
उलूक–ओखली; उल्लू।
उल्का–आकाश से गिरी हुइ अग्नि; प्रकाश; ज्वाला।
उल्था–अनुवाद; भाषांतर करने की कला।
उल्लंघन–लाँघना; डाँकना; सीमा के बार जाना; अतिक्रमण; विधि तोड़ना।
उल्लसन–रोमांच; हर्षजनक व्यापार।
उल्लास–आनंद; किताब का एक अध्याय; प्रकाश; रोशनी; वृद्धि।
उल्लासन–प्रकट करना; नाच कूद।
उल्लासी–अति प्रसन्न।
उल्लेख–कथन; लेख; वर्णन; लिखना।
उल्लेखन–उच्चारण; खुदाई।
उल्लू–उलूक; यह पक्षी दिन में अंधा रहता है; मूर्ख व्यक्ति।
उल्लूपन–मूर्खता; अज्ञानता।
उल्लेख–वर्णन; बयान; चर्चा; जिक्र।
उवना–निकल आना; उदित होना।
उषसी–प्रकाशमान होने लगना।
उषा–सवेरा; अरुणोदय की लाली।
उष्ट्र–ऊँट।
उष्ण–गर्म; तीव्र; धूप; तीखा; नुकीला।
उष्णक–गर्म मौसम; ताप।
उष्णकटिबंध–पृथ्वी का वह भाग जो कर्क और मकर रेखाओं के बीच में पड़ता है।
उष्णत्व–मन्द उष्णता।
उष्णीष–पगड़ी; मुकुट।
उष्णोत्स–पानी गर्म करने का यंत्र।
उष्म–ग्रीष्मकाल; धूप।

उष्मज–खटमल; गर्मी के मौसम में उत्पन्न होनेवाले कीटाणु तथा कीड़े जैसे जूँ; मच्छर।

उष्मता–गर्मी।

उष्मा–ग्रीष्म; गर्मी; धूप; ताप; गुस्सा; क्रोध।

उस–वह। 'वह' शब्द का रूप जो विभक्ति लगने पर उसे प्राप्त होता हैं।

उसकन–घास, पत्तियाँ जो धातू के पात्र मांजने तथा चमकाने के काम में आते हैं।

उसकाव–उत्तेजना।

उसनना–पकाना; उबालना।

उसना–उबाला हुआ; पका हुआ।

उसमा–ऐंठन।

उसास–साँस; ऊपर को खींचा हुआ श्वास।

उससना–श्वास लेना; आह भरना।

उसरबगेरी–एक प्रकार का पक्षी।

उसाना–फटकार कर दानों तथा भूसी अलग अलग करना।

उसारना–हटाना; टालना; उखाड़ना।

उसालना–हटाना; उखाड़ना; मिटाना।

उसास–ऊपर की ओर खींचा हुआ श्वास; साँस; उसाँस।

उसी–वही।

उसीरा–किसी बिस्तर का ऊपरी भाग; तकिया।

उसीसा–सिरहाना; तकिया।

उसूल–सिद्धांत; नियम।

उसेर[1]–चिन्ता; सावधानी।

उसेर[2]–उत्सुक होना; उत्कण्ठा करना।

उस्तरा–हजामत बनाने का उपकरण; बाल मूँडने का छुरा।

उस्ताद–चतुर शिल्पकार; बदमाश; गुरु; किसी विषय का बड़ा पंडित या ज्ञाता।

उस्त्र–रोशनी की किरण; सांड।

उहदा–श्रेणी; ओहदा।

उहताँ; उहाँ–वहाँ।

उहाँ–वहाँ।

उहि–वह; उस।

ऊ

ऊ संस्कृत तथा हिन्दी वर्णमाला का छठा अक्षर। यह 'उ' का दीर्घ रूप है; इसका उच्चारण स्थान ओष्ठ है।

ऊँगन–झपकी लेना; तन्द्रा लेना; ऊँघन।

ऊँघना–आँखें झिपाना; झपकी लेना।

ऊँच–उच्च; ऊँचा; पद में विशिष्ट।

ऊँचा–श्रेष्ठ; उच्च; उन्नत; उठा हुआ।

ऊँचाई–ऊँची भूमि; चोटी; उच्चता; श्रेष्ठता; गौरव; हद।

ऊँची–ऊँचा; उन्नत; ऊपर उठी हुई भूमि।

ऊँछना–कंघी करना।

ऊँजरी–उँजरी।

ऊँट–ऊँची गर्दनवाला चार पैरों का जानवर जो बोझा लादने और सवारी के काम में आता है।

ऊँडा–वह पात्र जिसमें लोग अपनी धन सम्पदा, गहना इत्यादि भर कर भूमि में गाड़ देते हैं; तहखाना।

ऊँदर–चूहा; मूषक।

ऊँहूँ–नहीं; कभी नहीं; कदापि नहीं (उत्तर में); हल्का इंकार।

ऊअना–उदय होना; उत्पन्न होना या करना।

ऊआबई–व्यर्थ; निरर्थक वार्ता।

ऊई–भय; आनन्द का प्रकाशन (स्त्रियों द्वारा) विस्मय; आश्चर्य; अचरज; पीड़ा।

ऊक–उल्का; टूटता तारा; मशाल; आग; ताप।

ऊख–गन्ना; ईख।

ऊखम–ऊष्म; गर्म।

ऊखल–ओखली जिसमें अन्न की भूसी मूसल से कूटकर अलग की जाती है।

ऊगना–पैदावार करना।

ऊजड़–उजाड़; न बसा हुआ; बस्ती न होना, निर्जन, वीरान।

ऊजरा–स्वच्छ; उजला।

ऊटक–इत्तफाक; संयोग; वृथा का कार्य।

ऊटना–तर्क वितर्क करना; वाद विवाद करना; उत्तेजित होना; उमंग में आना; उत्साहित होना।

ऊड़ा–कमी; घाटा।

ऊड़ी–कम होना; पूर्ण क्षय या विनाश; बरबादी; महँगाई; घाटा।

ऊढ़–ब्याहा हुआ; विवाहित पुरुष; उठाया हुआ।

ऊढ़ना–वाद विवाद करना; ब्याह करना।

ऊढ़ा–एक विवाहित स्त्री।

ऊत–बिना पुत्र का; पुत्रहीन; निपुता; मूर्ख।

ऊतर–बहाना; उत्तर।

ऊतला–चंचल; चपल; वेगवान।

ऊदा–लाली मिला हुआ काले रंग का; बैंगनी।

ऊदेस–लीक; अन्वेषण करना; खोजना।

ऊधम–उत्पाद; अशांति; विप्लव; बखेड़ा; उपद्रव।

ऊन[1]–भेड बकरी की खाल पर पाया जानेवाला कोमल रोयाँ जिससे कंबल और पहनने के गरम कपड़े बुने जाते हैं।

ऊन[2]–छोटा; न्यून; कम; अपूर्ण; तुच्छ।

ऊना–छोटी तलवार।

ऊनी[1]–कम; न्यून; थोड़ा।

ऊनी[2]–ऊन का बना हुआ।

ऊपर–ऊँचे स्थान में; ऊँचाई पर; ऊँची श्रेणी में; उच्च कोटि में।

ऊब–निरन्तर कार्य करने से आनेवाला प्रक्षोभ; अतिघृणा का भाव; अरुचि; आकुलता।

ऊबट–कठिन मार्ग।

ऊभ[1]–चिड़चिड़पन; खड़ा हुआ; ऊँचा; ऊपर उठा या उभरा हुआ।

ऊभ[2]–क्लांति; सुस्सी; दुर्बलता; कष्टकारी ताप।

ऊभना[1]–उठाना।

ऊभना[2]–घबड़ाना; ऊबना; ताप से पीड़ित।

ऊँमक–उठान; तेजी; वेग।

ऊमी–**ऊरु**–जाँघ।

ऊर्ज–कार्तिक का मुख; बलिष्ठ; शक्तिमान।

ऊर्जस्वी–पराक्रमी; शक्तिमान; बलवान।

ऊर्जा–बल; सामर्थ्य।

ऊर्जस्वल–शक्तिमान; बलवान।

ऊर्जस्वित–प्रबल; पुष्ट।

ऊर्ण–ऊन।

ऊर्णनाभ–मकड़ी।

ऊर्ध्व–ऊँचा; छोड़ा हुआ।

ऊर्ध्वगति–मोक्ष; पापों से मुक्ति।

ऊर्ध्वगामी–ऊपर की ओर जानेवाला, मुक्त।

ऊर्ध्वपात–उत्क्षेप।

ऊर्ध्वपुण्ड्र–विष्णु के उपासकों द्वारा चंदन आदि से मस्तक पर लगाया हुआ लंबा तिलक।

ऊर्ध्वप्रवाह–धारा के उद्‌गम की ओर।

ऊर्ध्वबाहु–वह साधु जो सर्वदा अपना एक या दोनों हाथ ऊपर को उठाये रहता है।

ऊर्ध्वरेता–संयमी व्यक्ति; जो आडम्बर. हीन तथा संभोग के प्रति आसक्त न रहा हो; (महादेव; भीष्म; हनुमान); जिसका वीर्य कभी स्खलित न हुआ हो।

ऊर्ध्वलोक–आकाश; स्वर्ग।

ऊर्ध्वश्वास–लंबी साँस।

ऊर्मि–तरंग; लहर।

ऊलना–उछलना; तेजस्वी; तीव्र।

ऊष–खारी मिट्‌टी; प्रात:काल; अरुणोदय; कान का छेद।

ऊषण–सूखा अदरक।

ऊषर–अनुपजाऊ; बंजर।

ऊष्म–उष्म; गरमी।

ऊषा–अरुणोदय; पौ फटने की लाली; सवेरा।

ऊष्मा–गर्मी; ताप; ग्रीष्म काल; गर्म मौसम।

ऊसर–वह भूमि जो नोनी हो; जिसमे रेह अधिक हो और जो खेती के योग्य न हो।

ऊह[1]–विस्मायादिबोधक सूचक शब्द (पीड़ा अथवा आश्चर्य का)।

ऊह[2]–अनुमान; उत्पत्ति; तर्क; आरोप।

ऊहित–तर्क किया हुआ; अनुमान किया हुआ।

ऊहापोह–तर्क विर्तक; किसी विषय पर तरह तरह से सोचना।

ऋ

ऋ–हिन्दी वर्णमाला का सातवाँ अक्षर।

ऋक्–ऋग्वेद; ऋचा।

ऋक्ष–तारा; नक्षत्र मंडल; राशि; भालू।

ऋक्षपति–चाँद; ऋक्षनाथ।

ऋग्वेद–चारों वेदों में से एक, जो पद्‌य में है।

ऋग्वेदी–ऋग्वेद का पढ़ने वाला या जानने वाला।

ऋचा–भजन स्तुति; वेद का सुत्र; वेदमंत्र; स्तुति; पूजा।

ऋजु–सीधा; सरल; सहज; सज्जन।

ऋण–उधार; कर्ज; गणित में क्षय राशि।

ऋणदायी–ऋण देनेवाला।

ऋणी–देनदार; आभारी।

ऋत–व्यवस्था; धर्मनीति; सत्य; सृष्टि संबंधी आज्ञा।

ऋति–कल्याण; भलाई।

ऋतु[1]–प्राकृतिक अवस्थाओं के अनुसार वर्ष के दो दो महीने के छह विभाग।

ऋतु[2]–स्त्रियों का मासिक धर्म।

ऋतुचर्या–ऋतुओं के अनुसार आहार विहार का आचरण।

ऋतुमती–रजस्वला स्त्री; मासिक धर्म।

ऋतुराज–बसंत काल।

ऋतुस्नान रजोदर्शन के चौथे दिन किया जानेवाला स्नान।

ऋत्विक–समर्पित पुजारी; वेद के मंत्रों से यज्ञ में कर्मकाण्ड करनेवाला।

ऋद्ध–समृद्ध; धनी; धन्य।

ऋद्धि–वृद्धि; बढ़ती; समृद्धि।

ऋभु–यज्ञ देवता।

ऋषभ–गायन में सात स्वरों में से दूसरा; बैल।

ऋषि–वेदो मंत्रों का प्रकाश करनेवाला; मंत्रद्रष्टा; शास्त्रप्रणेता; ज्ञान द्वारा संसार पार करनेवाला।

ऋष्टि–शस्त्र; हथियार, खड्ग; भाला।

ऋष्य–सफेद पैरवाला हिरण।

ए

ए–नागरी वर्णमाला का आठवाँ अक्षर।

एँड–घुड़सवार की एँड।

एँडी–रेशम का कीड़ा जो अरण्डी के बीज के पेड़ की पत्तियाँ खाता है; इस कीड़े से प्राप्त रेशम, मूँगा।

एँडुआ–एक चक्राकार कपड़े की गद्दी जिसे सिर पर बोझ रखने से पहले रखा जाता है।

एकंग–अकेला; पृथक्।

एक–एक जैसा; एक समान; बराबर; अकेला; कोई एक।

एकंतरा–एक छोड़कर एक।

एकक–कोई एक वस्तु या समूह जो अपने में पूर्ण हो।

एककाल–एक बार।

एकचक्र–सूर्य का रथ; सर्वोच्च सम्राट।

एकचित–दृढ़; एकमत; एकचित्त; निर्धारित; स्थिर; निश्चित।

एकछत्र–बिना दूसरे मालिक का; जहाँ पूरी आज्ञा का एक ही राजा की होती है।

एकज–अकेला उत्पन्न होनेवाला; निराला; राजा।

एकजद्दी–एक पूर्वज से उत्पन्न, एक ही पूर्वज से संबंधित।

एकजातीय–एक ही जाति से संबंध रखनेवाला।

एकजुट–संगठित।

एकट्ठा–जमा किया हुआ; एकत्रित; संग्रहीत।

एकटक–लगातार निहारना।

एकठा–एक छोटी नाव जिसे छोटे डंडे से खेते हैं।

एकड़–4840 वर्ग गज भूमि।

एकड़ा–आकार; आकृति।

एकडाल–वह छुरा जिसका फल और बेंट एक ही लोहे के टुकड़े से बनी हुई होती है।

एकतः–एक ओर से।

एकत–एक साथ।

एकतरफ़ा–एक पार्श्व का; एक रुखा; जिसमें पक्षपात हुआ हो; एक ओर का।

एकता–अभिन्नता; एकरूपता; बराबरी; समानता; अनुरूपता; मेलजोल।

एकतान–तन्मय; लीन; एकाग्रचित्त।

एकतार–लगातार।

एकतारा–एक तारवाला सितार के समान बाजा।

एकत्र–एक ही स्थान में; एक स्थान पर मिल जुलकर।

एकत्रित–एक स्थान पर इकट्ठा किया हुआ।

एकत्व–एकता; मेल।

एकदंत–श्रीगणेशजी का विशेष नाम।

एकदम–तुरंत; शीघ्र; त्वरित; एक साँस में।

एकदा–एक ही समय; विशेष घटना; एक बार।

एकदिन–क्षणिक; क्षणभंगुर, क्षण भर में नष्ट होनेवाला।

एकदिल–जिनके दिल एक हों।

एकधातुमान–एक ही धातु का उपयोग।

एकनयन–एक आँखवाला।

एकनिष्ठ–एक ही पर निष्ठा श्रद्धा रखनेवाला।

एकमेव–अकेला; पृथक्।

एकपक्ष–एक ही पक्षवाला, साथी।

एकपद–एक पैरवाला।

एकपार्श्विक–एकतरफा।

एकपिण्ड–संघटित।

एकबारगी–एक बार में; एक समय में; अचानक; अकस्मात; बिल्कुल, निपट।

एकबाल–स्वीकृति; मंजूरी; अच्छा सौभाग्य; प्रतिष्ठा; गरिमा; अधिकार; स्वीकार करना।

एकभुक्त–एक दिन में सिर्फ एक बार भोजन करनेवाला।

एकमत–एक रायवाला; समान मत का; घनिष्टता।

एकमात्र–केवल एक; एक ही।

एकमुखी–एक मुखवाला।

एकमुश्त–आकृतिहीन ढेर का योग।

एकमेव–अकेला; केवल।

एकरग–बराबर; चारों ओर से समान; ईमानदार; समदर्शी; खुले दिलवाला।

एकरदन–श्रीगणेश का विशेष नाम।

एकरस–एक ढंग का; समान।

एकरसता–एकस्वरता।

एकरार–सहमति; करार।

एकरूप–एक स्वरूपवाला; समान आकृति का; अखंडित; एक जैसा।

एकरूपता–तुल्यता; बराबरी।

एकल–अकेला; अनुपम; बेजोड़।

एकलिंग–भगवान श्रीशिव का विशेष नाम।

एकलौता–अपने माता पिता का एक पुत्र।

एकवचन–एक व्यक्ति का बोध करने वाला व्याकरण का वचन (व्याकरण)।

एकवाँच–जिस स्त्री को एक ही संतान पैदा हुई हो।

एकवाक्यता–एकता; मैत्री; समझौता; रज़ामंदी।

एकवेणी–वियोगिनी की लट; विधवा।

एकसमान–स्थिर; अचल; दृढ़।

एकसर–अकेला; एक पल्ले या परत का।

एकसाँ–समान; तुल्य; सदृश; एक जैसा।

एकसाथ–समकालीन; एक ही समय में होनेवाला।

एकसुर–समान सुरवाला।

एकस्व–असामान्य अधिकार।

एकहजार–दस सौ।

एकहत्था–एक की हाथ से काम करने वाला।

एकहरा–अकेला; एक तह।

एकांगी–तरफदार; पक्षपाती; एकतरफा; हठी; जिद्दी।

एकांत–गुप्त; छिपा हुआ स्थान; अके. लापन; बिल्कुल सूना।

एकांतता–अकेलापन।

एकांतर–बीच में एक अथवा एक एक को छोड़कर उसके बाद होने या एक एक को छोड़कर उनके परवर्ती से संबंध रखनेवाला।

एकांतवास–निर्जन स्थान में बिना किसी साथी के रहना।

एकांतिक–एकमात्र।

एकांश–एक भाग या हिस्सा।

एका–एकता; मेल जोल; संधि; संसर्ग।

एकाएक–सहसा; अचानक; अकस्मात।

एकांश–एक भाग।

एकाकार–एक ही आकृति का; एक से आकार का।

एकाकी–अकेला; असहाय।

एकाक्ष–एक नेत्रवाला; काना।

एकाक्षरी–एक अक्षरवाला।

एकाक्षर–एक ही अक्षर वाला अं, रं, श्री आदि।

एकाग्र–सचेत; ध्यान केन्द्रित करना; एक ही ओर मन लगाया हुआ।

एकाग्रता–केन्द्रीकरण; मन के एकाग्र होने की दशा, वृत्ति या भाव।

एकांक–एक ईकाई।

एकात्मक–समानरूप का।

एकात्मकता–एकता; समानता; मेल; एक ही आत्मा का भाव।

एकादशी–प्रत्येक चंद्र मास के शुक्ल तथा कृष्ण पक्ष की ग्यारहवीं तिथि जिसे व्रत का दिन माना जाता है।

एकाध–कम; बहुत थोड़े।

एकाधिकार–किसी वस्तु, कार्य या व्यापार पर किसी व्यक्ति, दल या समाज का होनेवाला पूरा पूरा अधिकार।

एकाधिपति–बड़ा राजा; सम्राट; किसी देश या संस्था पर एक व्यक्ति का अधिपत्य।

एकार्थक–जिसका एक ही अर्थ हो; जिसके अर्थ समान हों।

एकान्तवासी–संन्यासी।

एकाह–एक दिन में समाप्त होनेवाला कार्य।

एकाहार–दिन में केवल एक बार भोजन।

एकीकरण–इकट्ठा करना; एकत्रीकरण।

एकीकृत–इकट्ठा किया हुआ।

एकीभूत–मिला हुआ; मिश्रित; जो मिल. कर एक हो गया हो।

एकेन्द्रिय–वह प्राणी जिसकी एक ही इंद्रिय अर्थात् त्वचा मात्र होती है।

एकोदिष्ट–किसी एक मृत व्यक्ति के उद्देश्य से किया जानेवाला श्राद्ध।

एक्का–इक्का (ताश का); अकेला चरता या घूमता हुआ पशु; दुपहिया गाड़ी जिसको एक बैल या घोड़ा खींचता है।

एखनी–रसा; शोरक।

एजेंट–अभिकर्ता।

एड़क–एक प्रकार की आतिशबाजी।

एड़-गज–एक औषधीय पौधा।

एड़ी–पैर के पीछे का उभरा हुआ भाग।

एतकादी–विश्वास करना।

एतद्–यह।

एतबार–विश्वास; आस्था; भरोसा।

एतराज़–विरोध; आपत्ति; असहमति।

एतवार–इतवार।

एता–इतना।

एतादृश–ऐसा।

एतादृशता–सादृश्य; तुल्यता।

एतावत्–इस परिणाम का।

एतिक–इतना।

एन–पूर्णरूपेण।

एमन–एक विशेष प्रकार का राग।

एरंड–अरण्डी के तेल का पौधा।

एराफेर–परस्पर बदलाव।

एलची–दूत; राजदूत।

एला–छोटी इलायची।

एलान–मुनादी; घोषणा।

एलानची–मुनादी करनेवाला।

एलानिया–सार्वजनिक।

एवं–इसी प्रकार से; ऐसे ही।

एव–ऐसे ही; एक निश्चयार्थक शब्द।

एवज़–प्रतिकार; प्रतिफल; पूर्ति; दूसरे की जगह पर कुछ दिनों के लिए काम करनेवाला।

एवड़–भेड़ या बकरी का झुंड।

एवमस्तु–ऐसा ही हो; ऐसे ही, और।

एषणा–इच्छा; कामना।

एषणिका–सोना-चाँदी तौलने का काँटेदार तराजू।

एहतियात–परहेज; बचाव; रक्षा; सर्तकता; चौकसी; चेतावनी।

एहद–प्रतिज्ञा; शपथ।

एहसान–परोपकार; दया; कृपा; कृतज्ञता; दयालु; कृपालु; मित्रवत्।

एहसानात–उपकार; अनुग्रह; स्नेह।

एहसास–अनुभूति; अवगत होने का भाव; बोध।

एहि–यही।

एही–किसी व्यक्ति को बुलाने या संबोधन का शब्द अरे; ओ; हे।

एहो–सम्बोधन का शब्द; अरे; हे; ओ।

ऐ

ऐ–नागरी वर्णमाला का नवाँ अक्षर। इसका उच्चारण स्थान कण्ठ और तालु है।

ऐं–एक आश्चर्यसूचक अवयव।

ऐंच–अभाव; खींचना; दुर्लभता; देर करना; कसाव; टालना।

ऐंचा–तिरछी आँख।

ऐंछना–बालों में कंघी करना; गंदगी दूर करना; साफ करना।

ऐंठ–अहंकार; अभिमान; मरोड़; विरोध; सिकुड़न; शरीर की ऐंठन; स्नायुओं का सिकुड़ना।

ऐंठुआ–ऐंठा हुआ।

ऐंठू–अभिमानी पुरुष।

ऐंठूपन–अक्खड़पन; अभिमान।

ऐंड़–अभिमान; अकड़; पानी का भँवर; तनाव।

ऐंड़ा–ऐंठा हुआ, घुमौवा।

ऐंडाना–अकड़ दिखलाना; अँगड़ाई लेना।

ऐंडालना–ऐंठकर चलना।

ऐंद्रजालिक–जादूगर; मायावी; ओझा।

ऐंद्रिय–इंद्रियों सें संबंध रखनेवाला।

ऐंद्री–इन्द्र की पत्नी; देवी दुर्गा, इलायची।

ऐ–हे; किसी को बुलाना।

ऐकमत्य–किसी विषय में कुछ लोगों के एकमत होने का भाव; मतैक्य।

ऐकाहिक–एक दिन में होनेवाला।

ऐकिक–ऐक्यदर्शक।

ऐक्य–एकरूपता; एकता; मैत्री; बराबरी।

ऐगुन–खराबी; कलंक; दोष; मूर्खता।

ऐच्छिक–इच्छा के अनुसार; इच्छापूर्वक।

ऐज़न–वैसा ही।

ऐतरेय–ऋग्वेद की एक शाखा।

ऐतवार–रविवार।

ऐतिहासिक–इतिहास-संबंधी; इतिहास में वर्णित; इतिहास का ज्ञाता) विद्वान।

ऐन–उपयुक्त; पूरा; ठीक; सटीक; यथार्थ।

ऐनक–आँख में लगाने का चश्मा।

ऐने–इस स्थान पर; यहाँ।

ऐपन–हल्दी के साथ चावल को पीस कर बनाया हुआ लेप जिससे किसी धार्मिक पर्व पर हिन्दु स्त्रियाँ कलश आदि पर थापा लगाती हैं।

ऐब–अवगुण; बुराई; कमी; त्रुटि।

ऐयार–धूर्त; चतुर; चालाक; धोखेबाज व्यक्ति।

ऐयाश–विलासिता का आसक्त; विल. ासी; भोगी; विषयी मनुष्य।

ऐरापति–इन्द्र के हाथी का पौराणिक नाम।

ऐरावत–इन्द्र के हाथी का नाम; गड़ग. ड़ाते बादल।

ऐल–बूढ़ा आदमी; व्याकुलता; घबराहट; उदारता।

ऐलान–घोषणा।

ऐवान–बरामदा; सभा भवन; सदन; ड्योढी।

ऐश–विलास; विषय भोग।

ऐश्वर–शक्तिशाली; शिव-संबंधी।

ऐश्वर्य–ईश्वरता; आधिपत्य; संपत्ति; ठाटबाट।

ऐष्टिक–इष्टि यज्ञ से संबंधित।

ऐषीक–सरकंडो से बना हुआ।

ऐस; ऐसन–एक जैसा।

ऐसा–इस प्रकार; इस तरह से।

ऐसा-तैसा–तुच्छ, निकृष्ट।

ऐसे–उसी प्रकार से; इस प्रकार से।

ऐहिलौकिक–एहिक; इस लोक का।

ऐहिक–इस लोक से संबंध रखनेवाला; सांसारिक।

ऐहैं–दु:ख व्यक्त करना।

ओ

ओ–हिन्दी और संस्कृत वर्ण-माला का दसवाँ अक्षर।

ओ–विस्मय तथा आश्चर्य सूचक शब्द।

ओइंछना–संतुष्ट करना; शांत करना; न्यौछावर करना; बलिदान करना।

ओंगना–गाड़ी के पहिये को सहजता से घूमाने के लिए गाड़ी के पहिये के धुरे में तेल लगाना।

ओंटना–किसी तरल पदार्थ को देर तक उबालना; बिनौला निकालना।

ओंठ–ओष्ठ; होंठ।

ओक[1]–हथेली की पात्र के समान मुद्रा, अंजलि।

ओक[2]–मचली; उल्टी; कै।

ओक[3]–निवासस्थान; शरण लेने का स्थान; रहने का घर; आश्रय।

ओकारांत–ओ।

ओखली–ऊखल।

ओखा–सूखा; कुटिल; दुष्ट; दूषित; कठिन।

ओग–उपहार; शुल्क; कर।

ओगरा–एक प्रकार का माँड; दलिया।

ओगल–मिट्टी में आद्रता।

ओगार–परनाला; मोरी।

ओछा–तुच्छ; अस्थिर; अनर्थक; अल्पमति; दिखावे का; छिछोरा; गंभीरताहीन; नीच; कमीना।

ओज–बल; प्रताप; तेज; चमक; कांति।

ओजना–भार लेना।

ओजना–बाहर उड़ेलना।

ओजस्वी–बलवान; प्रबल; गठीला; श्रेष्ठ; साहसी; प्रभावशाली; शक्तिमान।

ओझ–आँत; उदर; पेट।

ओझड़ी–पसलियाँ।

ओझर–पेट।

ओझल–ओट में; दृष्टि से बाहर।

ओझा–जादूगर; सम्मोहक; जादू टोना करने वाला; चमत्कारी; सयाना।

ओट–अलगानेवाली दीवार; आवरण; आंश्रय; आच्छादन; भीतर ढका हुआ; गोपन; छिपाव।

ओटन–कपास के बिनौले अलग करने का उपकरण।

ओटल–ओट; आवरण।

ओठ–होंठ; ओंठ।

ओठँगना–सहारा लेना; आश्रय लेना; किसी वस्तु के सहारे बैठना या लेटना।

ओड़–बचाव (हवा से); हवा से बचाव के लिए आश्रय।

ओड़चा–खेत सिंचने का काठ का टोकरी के आकार का पात्र।

ओड़न–ढाल।

ओड़ना–फैलाना; वर्णन करना; रोकना; पसारना, फैलाना।

ओड़ा–सींक का बना बड़ा टोकरा; खाँचा; टोकरा; टोटा; कमी।

ओड़ी–छोटी टोकरी।

ओढ़ना–वस्त्र से शरीर को ढाँपना; अपने सिर लेना; अपने ऊपर या जिम्मे लेना।

ओढ़नी–स्त्रियों के ओढने का वस्त्र।

ओढ़ाना–दूसरे के शरीर को वस्त्र से ढाँपना।

ओत[1]–लाभ; बचत; स्वास्थ लाभ (बीमारी से)।

ओत[2]–कपड़े के ताने का सूत; विश्राम।

ओद[1]–गीलापन।

ओद[2]–तरी; ठंडक।

ओदन–पका हुआ चावल।

ओदरना–फटना; ध्वस्त होना; नष्ट होना।

ओदा–गीला; आद्र; नमीवाला।

ओदराना–तोड़ना; नष्ट करना; ध्वस्त करना।

ओध–शामिल होना (युद्ध की तरह); बाँधना।

ओधा–स्थान; स्थिति; पदवी।

ओनचन–खटिया के पायताने में कसने की रस्सी।

ओना–गड्डे, तालाब आदि का पानी निकलने का मार्ग।

ओनाना–सुनना; ध्यान लगाना।

ओनामासी–आरंभ; प्रारम्भ।

ओप–कलई; चमक।

ओपची–कवचधारी योद्धा; अंगरक्षक।

ओपना–चमकना; दीप्तिमान।

ओपनिवारी–चमकने वाली।

ओपनी–तलवार आदि को चमकाने का तरीका।

ओबरा–अधिक; अत्यंत।

ओबरी–अरोचक; बेस्वाद।

ओभी–जंगली जानवरों को पकड़ने के लिए खोदा गया गड्डा।

ओरमा[1]–कपड़े के किनारे पर की एक प्रकार की सिलाई।

ओरमा[2]–नीचे लटकना।

ओराना–अंत होना; खत्म करना।

ओरालना–असम्मति या असंतुष्टि का बयान; अभियोग।

ओरी–आश्रयदाता; रक्षक; संरक्षक।

ओलंबा–शिकायत; ओहलाना।

ओल[1]–बंधक; गिरवी; गोद; आड़; रक्षा; किसी वस्तु या प्राणी का किसी दूसरे के पास जमानत के रूप में तब तक रहना, जब तक कुछ रुपया न मिल या कोई शर्त पूरी न हो।

ओल[2]–संरक्षण प्रदान करना; अपने ऊपर लेना; सहन करना; झेलना।

ओलट–आवरण।

ओलन–लम्बी रेखा।

ओलना–रोकना; झेलना; सहन करना; परदा करना।

ओलमना–स्थगित करना; लटकना।

ओलरना–लेट जाना; आराम करना।

ओला[1]–वर्षा के साथ भूमि पर गिरा हुआ हिम का टुकड़ा।

ओला[2]–छिपी हुई बात; आवरण।

ओलाना–खुली आग में सेंकना।

ओलियाना–घुसाना; तह तक पहुँचाना।

ओलौनी–उदाहरण; व्याख्या; नमूना।

ओल्यो–ब्याज।

ओष्ठ–होठ; अधर।

ओष्ठी–लता; लाल फूलोंवाली बेल जिसकी तुलना होठों से की जाती है।

ओस–रात्रि में आकाश से भूमि पर गिरनेवाला वाष्पीय जल।

ओसर–गर्भ धारण करने योग्य गाय या भैंस।

ओसरा–अवसर; समय।

ओसरी–बारी; अवसर।

ओसाई–ओसाने का काम।

ओसाना–दाँए हुए अनाज को हवा में उड़ाना, जिससे भूसा अलग हो जाए।

ओसार–चौड़ाई; फैलाव; विस्तार।

ओसारा–छप्पर; ओसारा।

ओह–दर्द, आश्चर्य तथा दुःखसूचक अव्यय।

ओहका–उसका।

ओहट–प्रतिबंध; अवरोधन।

ओहर–निकट।

ओहरना–ऊपर से नीचे की ओर आना; घट जाना।

ओहरुवा–परदा; झालर।

ओहदा–स्थान; स्थिति; पदवी।

ओहार–पालकी; गाड़ी इत्यादि के ऊपर आड करने का आवरण।

ओहदेदार–पदाधिकारी।

ओहो–आनन्द तथा विस्मय दिखाने के लिये इस शब्द का प्रयोग किया जाता है।

औ

औ–हिन्दी और संस्कृत वर्ण-माला का ग्यारहवाँ अक्षर।

औंगन–धूरी का तेल।

औंगना–गाड़ी के पहिये की धुरी अथवा घुमने वाले हिस्सों में तेल देना।

औंगा–गूंगा; मौन।

औंगी–गूँगापन; खामोशी; अवाक्।

औंघना–झपकी लेना; अर्धनिन्द्रा अवस्था; ऊँघना।

औंघाई–झपकी।

औंडाई–गहराई।

औंजना–घबड़ाना; व्याकुल होना; ऊबना।

औंठ–उठा हुआ या उभड़ा हुआ किनारा; बारी; बाढ़।

औंठी–अँगूठी।

औंडा–गहरा।

औंधना–उलट जाना; उड़ेलना।

औंधा–मुँह नीचे की ओर होना; पेट के बल लेटा हुआ; पट।

औ–और।

औकल–व्याकुल; बेचैन।

औक़ात–हैसियत; सम्पन्नता; सामर्थ्य; ऐश्वर्य; वक्त; समय; अवसर।

औकान–ओसाने के लिए तैयार कटे हुए अन्न का ढेर।

औकाल–समय से पूर्व होनेवाली।

औगत–बेकार किस्मत; दुर्भाग्य; संकट; विपत्ति; आपदा।

औगी–सजावटी किनारा (जुतों पर); अंकुश; लपेटी हुई रस्सी का चाबुक; अंटा; बैलगाड़ी हाँकने की छड़ी।

औगी–विशाल जानवरों को पकड़ने के लिए किया गया गड्डा।

औगुनी–कलंकित; भ्रष्ट; दुराचारी; पापी।

औघट–पहुँच से बाहर; दुष्कर; दुसाध्य।

औघड़–अटपट; विचित्र; कुरुप; भद्‌दा।
औघर–अटपटा; विलक्षण।
औचक–अचानक; सहसा; अकस्मात।
औचित्य–अनुरूपता; प्रवृत्ति; शुद्‌धता; उचित; सफाई; दोष शुद्‌धिकरण।
औज़ार–वे यंत्र जिनसे लोहार, बढ़ई आदि कारीगर अपना काम करते हैं; उपकरण; हथियार।
औझड़; औझर–लगातार; निरन्तर।
औटन–उबाल; ताप।
औटाना–दूध या कोई पतली चीज आँच पर चढ़ाकर गाढ़ी करना; खौलाना।
औढ़र–जिस ओर मन हो, उसी ओर ढल पड़नेवाला; मनमौजी।
औत्कर्ष्य–श्रेष्ठता; वरिष्ठता।
औद्‌सुक्य–अधीरता; उत्कठ इच्छा; प्रबल इच्छा; अभिलाषा; उत्सुकता; खेद; पछतावा।
औदकना–भय के कारण चौक पड़ना।
औदमिक–रोटी बनानेवाला।
औदरिक–उदर संबंधी; लालची; पेटु; लोभी।
औदस–अपयश।
औदसा–दारुण अवस्था; दुर्भाग्य; विपत्ति।
औदान–धर्मार्थ दिया हुआ।
औदार्य–दयालुता; दयाशीलता; कृपाशीलता।
औदासीन्य–उदासीनता।
औदेस–परदेस।
औद्‌धत्य– अक्खड़पन; असभ्यता; विल. क्षणता; अशिष्टता; गुस्ताख़ी।
औद्‌योगिक–उद्‌योग संबंधी; उद्‌योग से संबंध रखने वाला।
औध–काल अवधि।
औधान–गर्भाशय।
औधिया–ठग; चोर।
औनि–धरती।
औपकाय–मकान; डेरा।
औपचारिक–दिखावटी; बाह्याडम्बरपूर्ण; जो केवल दिखाने भर को किया हो।
औपनिवेशिक–उपनिवेश संबंधी।
औपवासिक–उपवास संबंधी।
औपशमिर्क–शांत होना; संतुष्ट होना।
औपसर्गिक–उपसर्ग संबंधी।
औपस्थिका–वैश्या; चरित्रहीन स्त्री।
औपहारिक–उपहार संबंधी।
औपधिक–उपाधि संबंधी।
औरंग–राज्यपद।
और–दूसरा; अन्य; भिन्न; अलावा।
औरत–स्त्री; महिला; किसी की पत्नी; जोरू; नौकरानी; मजदूरनी।
औरना–अग्रसर होना; नेता होना।
औरस–समान जाति की विवाहिता स्त्री से उत्पन्न पुत्र।
औरसना–क्रुद्‌ध होना; गुस्सा होना।
औरासा–अनोखा; असाधारण; असामान्य।
औरेब–कपट; चतुराई; छलता; गहनता; उलझन; कपड़े की तिरछी काट।
और्णनाभ–मकड़ी।
औल–विपत्ति; संकट।
औलना–जलना।
औलाद–संतान; संतति।
औलिया–सिद्‌ध महात्मा।
औलू–कठिन; अनोखा; विलक्षण; सनकी; अपूर्व; अदभुत।

औवल–सर्वोत्तम; प्रमुख; पहला; प्रथम; प्रतिष्ठित।

औशि–[illegible] संन्देह; अवश्य।

औषध–द[illegible]; औषधि।

औषधि–[illegible]वा; स्वापक; जड़ी बूटी।

औषधालय–औषध बनाने का स्थान; दवाखाना; अस्पताल।

औषधीय–औषधि संबंधी।

औसत–साधारण; मध्यम अवस्था।

औसती–परिमित रूप से।

औसन–उष्णता, गरमी।

औसना–अति उष्ण होना; दुर्गन्धित होना; सड़ना।

औसर–अवसर; मौका।

औसाना–फल आदि भूसे में दबाकर पकाना।

औसुच–अविवेकी; लापरवाह; असावधान।

औसेर–देर करना; चिंता; फिक्र; चिन्ता; सावधानी; व्यग्रता; उत्कंठा; उत्सुकता।

औहत–दुर्दशा; बुरा हाल।

क

क–देवनागरी वर्णमाल के कवर्ग का पहला (व्यंजन) वर्ण का प्रथम अक्षर। इसका उच्चारण स्थान कण्ठ है।

कंक–सफेद चील; माँस खाने वाला पक्षी; सारस; बगुला।

कंकड़–पत्थर का छोटा टुकड़ा; मिट्टी और चूने के योग से बने हुए रोड़ें जिनको जलाकर चूना बनाया जाता है; ध्रुमपान में प्रयुक्त सूखा तम्बाकू।

कंकण–विवाह के समय वर कन्या के हाथ में बाँधा जानेवाला धागा।

कंकतिका–केश कंघा।

कंकरा–संगमरमर; खेलने की गोली।

कंकरीला–पत्थरों से भरा हुआ।

कंकरो–तुम्बी; एक प्रकार की लौकी।

कंकाल–अस्थिपंजर; माँसरहित शरीर।

कंखवारी–बग़ल का फोड़ा।

कंखौरी–काँख में होनेवाला फोड़ा।

कंगन–लोहे का छल्ला (सिखों का हाथ में डालने का); बहुमूल्य धातु का कँगन (स्त्रियों द्‌वारा धारण किया हुआ)।

कंगनी–जुआर।

कंगलटर–दिखावटी भव्यता।

कंगला–दरिद्र; भिक्षुक।

कंगाल–गरीब; तुच्छ; आभागा; दीन; निर्धन।

कंगूरा–पक्षी का तुर्रा; प्रसाद की चोटी; गुंबद; शिखर; मुकुटमणि; आभूषण का कंगूरे के आकार का दाना।

कंघा–बाल सवारने का बड़ा उपकरण; जुलाहों का एक औजार।

कंघेरा–कंघा बनानेवाला।

कंचन–स्वर्ण; सोना।

कंचनी–वेश्या; नृत्यांगना।

कंचली–साँप की केचुली।

कंचेरा–काँच का काम करनेवाला कारीगर।

कंज–केश (सिर के); कमल; ब्रह्मा।

कंजर–एक घूमनेवाली जाति जो रस्सा, धातू के पात्र इत्यादि बनाकर बेचते हैं।

कंजनपन–भद्दापन।

कंजा–एक औषधिक कँटीली झाड़ी।

कंजिया–एक छोटा गन्दा कमरा।

कंजूस–कृपणता; सूमपन; लोभी मनुष्य।

कंट–कँटीला।

कंटक–काँटा; कार्य में निरन्तर होनेवाली बाधा; परेशानी; वह जो परेशान करे। रोमांच।

कंटार–काँटेदार।

कंटिया–मछली फाँसने की लोहे की पतली टेढ़ी अँकुसी; छोटी कील; नुकीली काँटी; बालों में लगाने का अलंकरण।

कंटीला–काँटेदार; जिसमें काँटें हो।

कंटोप–सिर तथा कानों को ढकनेवाली एक प्रकार की टोपी।

कंठ–गला; गले की वे नालियाँ जिनसे भोजन पेट में उतरता है।

कंठला–सोना या चाँदी की एक माला जो बच्चों को शैतान तथा बुरी नज़र से बचाने के लिए पहनाते हैं।

कंठस्थ–कंठगत; जबानी याद; कंठाग्र।

कंठा–गले का एक आभूषण; हँसुली; कुरते के गले का चन्द्राकार कटाव।

कंठाग्र–हृदय से याद करना।

कंठ्य–गले का या गले से संबंधित; गले से उत्पन्न।

कंडरा–छाती में स्थित रक्त की बड़ी नाड़ी।

कंडा–उपला; गोबर का पाथा हुआ सुखा टुकड़ा।

कंडाल–पानी रखने का लोहे, पीतल आदि का बड़ा बर्तन; डोल।

कंडी–छोटी टोकरी; उपलो को रखने का पात्र।

कंडील–कागज़ या अबरख की बनी हुई लालटेन।

कंडु–खाज; दाद।

कंडुआ–फसल को नुकसान पहुँचाने वाली खर पतवार।

कंथा–पैबंद लगा हुआ कपड़ा; गुदड़ी।

कंद–गूदेदार और बिना रेशे की जड़; बादल; जमी हुई चीनी।

कंदर–कंदरा; गुफा; घाटी।

कंदरा–पहाड़ की तलहटी या घाटी।

कंदर्प–प्यार का देवता; कामदेव का विशेष नाम।

कंदल–अपरिपक्व टहनी; युद्ध; समर; संघर्ष।

कंदली–कमल का बीज; केला।

कंदसार–हिरण।

कंदा–शकरकंद; घुइयां; अरुई।

कंदीय–सूजन या गाँठ।

कंदुक–सुपारी; गेंद; गोल तकिया।

कंदैला–गंदा; मैला कुचैला।

कंदोरा–कमर के चारों तरफ बांधनेवाली रस्सी।

कंध–डाल; शाखा; कन्धा।

कंधरा–ग्रीवा; गला।

कंधा–कन्धा; शरीर का वह भाग जो गले और मोढ़े के बीच में होता है।

कंधावर–वर के कन्धे पर रखने का दुपट्टा या चादर।

कंधेला–स्त्रियों के कन्धे पर रहनेवाला वस्त्र का भाग।

कंप–काँपना; हिलना; थर्राना।

कंपू–तंबू; छावनी; अस्थायी निवास स्थान; सेना के रहने का स्थान; शिविर।

कंबल–ऊन का बना ओढ़ना।

कंबोज–एक राग का नाम; एक प्राचीन जनपद।

कंबख़्त–अभागा; भाग्यहीन।

कंबू–चोरी करनेवाला।

कंवल–कमल।

कंवलगट्टा–खाने योग्य कमल के फूल का बीज।

कंस–मिश्र धातु; बरतन; काँसा; कटोरा; प्याला; मँजीरा; श्रीकृष्ण के मामा का नाम।

कंसताल–मजीरा; झाँझ।

कंसरवेटिव–रूढ़िवादी दल का; ऐसे विचार का आदमी।

कंसार–धातु पर की गयी नक्काशी।

कंसुआ–एक कीड़ा जो ईख की खेती में अपरिपक्व कलियों पर आक्रमण करता है।

कई–अनेक; बहुत।

ककड़ी–गर्मी तथा बरसात में भूमि पर फैलने वाली एक लता जिसका लंबा फल खाया जाता है; ककरी।

ककना–खरपतवार जो फसल की उपज में रुकावट डालती है; धातु का कड़ा।

ककहरा–वर्णसमूह, 'क' से 'ह' तक अक्षर।

कका–चाचा।

ककुद–राजस्व का चिह्न; राजचिह्न; बैल के कंधे पर का कूबड़।

ककुभ–एक रागिणी का नाम; अर्जुन वृक्ष; कुटज।

ककोरना–कुरेदना; खुरचना।

कक्कड़–तम्बाकू की सेकी या सूखी पत्ती जिसे लोग छोटी चिलम में रख. कर पीते हैं।

कक्ष–कोठरी; कमरा; लाँग; बाहुमूल; बगल; पाप; जंगल; बगल; काँख; पृथ्वी; कमरपेटी; सेना के दोनों ओर का भाग; सूखी घास; समता; परिधान का निचला भाग; चैंबर; विभाग।

कक्षा–ग्रह के भ्रमण करने का मार्ग; परिधि; घेरा श्रेणी; दर्जा।

कक्षोन्नति–उन्नति।

कखरी–बगल।

कगर–नदी का किनारा; ऊँचा नीचा किनारा; भीत से उभड़ी हुई पत्ती; ओंठ।

कगार–बहुत ढलुआ ढाल; ऊँचा तथा ढलुआ किनारा; कागार; ऊँचा तथा ढलुआ किनारा; छोर; तट।

कच–मेघ; बादल; बाल; केश; सुखा हुआ व्रण; धँसने या चुभने का शब्द; झुंड।

कचक–दबने या कुचल जाने से उत्पन्न चोट।

कचकड़ा–कछुवे का कड़ा आवरण।

कचड़ा–कुड़ा करकट; कचरा; तुच्छ पदार्थ।

कचदिला–जिसे कष्ट सहन करने का साहस न हो; दुर्बल हृदय का; कच्चे दिल का।

कचनार–सुगन्धित फूलों का एक वृक्ष; इसकी कलियों की तरकारी भी बनती है।

कचरना–पैरों से रौंदना; कुचलना।

कचरा–कूड़ा करकट; एक प्रकार की सुगंधित जड़; एक छोटा कच्चा रसदार फल।

कचलोन–कच्चे आटे का बना हुआ पेड़ा।

कचवा–क्रोधित होना।

कचहरी–न्यायालय; राजसभा; कार्यालय; दरबार; गोष्ठी; जमघट।

कचाई–कच्चापन; कच्चा; अनुभव. हीनता।

कचाना–साहस हारना; भयभीत होना; कच्चा पड़ना; पीछे हटना।

कचायँध–कच्चेपन की गंध।

कचालू–एक प्रकार की चाट; सालाद।

कचिया[1]–डरपोक; कायर।

कचिया[2]–हँसूवा।

कचूमर–कुचलकर बनाया हुआ आचार; किसी वस्तु का कुचला हुआ रूप।

कचूर–हल्दी की जाति का एक पौधा जिसकी जड़ दवा के काम आता है।

कचोका–खोंच; भोंक।

कचोट–घबराहट; पीड़ा; क्लेश।

कचोटना–चुभना या पीड़ा देना।

कचोना–धँसाना; चुभाना।

कचौड़ी–ऐसी पूरी जिसमें पीठी आदि भरी हो।

कच्चा–अपक्व; अवयस्क; बिना पका हुआ; बिना रस का।

कच्ची–बिना पका हुआ।

कच्चू–अरुई; बंडा; घुईयाँ।

कच्छ–जल के पास की भूमि; कछार; अनुपदेश; नदी या तालाब के सामने का मैदान; पानी से भरा हुआ स्थान।

कच्छप–कछुआ।

कच्छपी–मादा कच्छप।

कच्छा[1]–बड़ी नाँव जिसके सिर चपटे और चौड़े होते हैं; कई नावों को मिलाकर बना हुआ बेड़ा।

कच्छा[2]–छोटा जाँघिया जो अंदर पहना जाता है।

कछ–बगल में।

कछना–घुटनों तक पहनी हुई धोती।

कछनी–घुटने तक चढ़ाकर पहनने की धोती; वह वस्तु जिससे कोई चीज काछी जाए।

कछवाहा–राजपूतों की एक प्रजाति का नाम।

कछार–नदी या समुद्र के किनारे की नीची भूमि; अनूप प्रदेश।

कछारना–जल में धोना।

कछारी–जलोढ़।

कछुआ–कच्छप।

कछुई–मादा कछुआ।

कछोटा–धोती पहनने का 'कछाना' नाम का प्रकार का ढंग।

कज–कुटिलता; हठ; खराबी; कमी।

कजइ–घोड़े की लगाम में लगा हुआ लोहे का टुकड़ा।

कजरा–काजल; बैल जिसकी आँख गहरी काली हो।

कजराई–श्यामता; कालापन।

कजरारा–कज्जलयुक्त; काला

कजलाना–काला पड़ना; आग को बुझना।

कजली–बरसात के मौसम में गानेवाला एक गीत;–श्यामता; कालिख; काली आँखोंवाली गाय।

कज़ा–भाग्य; मौत; मौत आना; ईश्वरीय या दैवी आदेश।

कजावा–ऊँट की पीठ पर रखने की काठी।

कज़िया–वाद विवाद; कलह।

कजी–कुटिलता; ऐब; दोष; कसर; टेढ़ाई।

कज्जली–झगड़ा करना; स्याही; काजल; एक प्रकार की मछली।

कज्जाक–डाकू; लुटेरा; कज्जाकिस्तान की एक जाति।

कट–कटिदेश; हाथी का गंडस्थल।

कटक–सेना; फौज; समूह; झुंड।

कटकाई–सेना; फौज।

कटघरा–काठ का घर जिसमें जँगला लगा हो; जानवरों के लिए बड़ा पिंजरा; न्यायालय में वह स्थान जहाँ खड़ा होकर वादी, प्रतिवादी, अभियुक्त या साक्षी बयान देता है।

कटड़ा[1]–हाट; बाजार।

कटड़ा[2]–भैस का नर बच्चा।

कटती–बिक्री; माँग; छूट।

कटना–दो टुकड़े होना; अलग होना।

कटनास–नीलकंठ पक्षी।

कटनी–कटाने की कार्य; कटाई का समय; काटने का औजार।

कटर–एक प्रकार की घास।

कटरा–छोटा चौकोर हाट अथवा बाजार; भैस का नर बच्चा।

कटवाँसी–गाँठदार बाँस।

कटसरैया–एक काँटेदार पौधा।

कटहरा–काठ का जँगलेदार घर।

कटहल–एक प्रकार का वृक्ष जिसमें हाथ भर लंबे मोटे फल लगते हैं।

कटहा–दाँत से काटनेवाला।

कटा–वध; वध; हत्या; कटा हुआ।

कटाई–काटने का काम; काटने का समय; अन्न का काटा जाना; काटने के बदले दिया जानेवाला शुल्क।

कटाऊ–काट छाँट किया हुआ।

कटाकट–कटकट का शब्द; लड़ाई।

कटाक्ष–तिरछी चितवन; आक्षेप; बदनामी; तिरछी नज़र।

कटान–काटने का कार्य; कटाव।

कटायक–काटनेवाला।

कटार–एक तरह का छोटा हथियार जिसके दोनों और धार होती है; एक तरह का बन बिलाव।

कटारी–एक प्रकार का छोटा अस्त्र।

कटाव–बनावटी बेल बूटे जो कपड़ा काटकर बनाये जाते हैं; कटने या काटने की क्रिया या भाव; काट छाँट; कतर ब्यौंत।

कटावन–काटना; कतरन; कटाव का काम।

कटास–एक प्रकार की जंगली बिल्ली; कटार; बनबिलाव।

कटाह–उबलता हुआ कढ़ाव; कड़ाही; डेगची; तेल या घी रखने का पात्र; कछुवे की खोपड़ी; कुआँ; झोपड़ी; टीला; नरक।

कटि–कमर; शरीर का मध्य भाग।

कटिबद्ध–दृढ़; स्थिर; तत्पर; उद्यत।

कटिया–कमर पर बाँधने का एक प्रकार का आभूषण; मछली पकड़ने का काँटा।

कटियाना–शरीर भर के रोंए खड़े होना।

कटिसूत्र–कमर का आभूषण; कमरबंद।

कटी–तलवार का लम्बी फाँकवाला आघात।

कटीला[1]–काटनेवाला; तीक्ष्ण; पैना; नोकदार; मोहित करनेवाला।

कटीला[2]–काँटेदार; नुकीला; तीखा।

कटु–कड़ुवा; तीता; कसैला; अप्रिय; तीक्ष्ण; उष्ण; विरस।

कटुता–मर्मबेधी; कड़ुवा; दूसरे के प्रति होनेवाली दुर्भावना।

कटैया–काटनेवाला।

कटौती–काटकर निकाला जानेवाला अंश; कोई रकम देते समय उसमें से कुछ बँधा हक या धर्मार्थ द्रव्य निकाल लेना।

कट्टर–अंधविश्वासी; काट खानेवाला; कटहा; हठी; दूसरे की बात को न माननेवाला।

कट्टा–स्थूल; मोटा; पुष्ट; बलवान।

कट्ठा–भूमि की एक नाप जो पाँच हजार चार अंगुल होती है; धातु गलाने की भट्ठी; अन्न नापने का पात्र।

कठ–एक प्रकार का बाजा। काठ का बना हुआ।

कठघरा–काठ का घेरा; लकड़ी का बड़ा संदूक या बड़ा पात्र।

कठड़ा–लकड़ी का बड़ा सन्दूक।

कठपुतली–लकड़ी की गुड़िया जिसे रस्सी अथवा तार बांधकर नचाते हैं; लकड़ी का खिलौना।

कठबंधन–हाथी को बाँधने के लिए उसके पैर में डालने का अंबुदा; लकड़ी की बेड़ी।

कठमलिया–बनावटी साधू या संत।

कठमस्त–स्थूल; हट्टा कट्टा; व्यभिचारी।

कठरा–काठ का बड़ा संदूक; काठ का पात्र; कठौता; कठघरा; लकड़ी का कठौता।

कठला–बच्चों के पहनने का गले का एक आभूषण जिससे रोग व्याधि इत्यादि दूर रहते हैं।

कठिन–कड़ा; कठोर; दृढ़; निष्ठुर; छिपा हुआ; दु:साध्य; तीक्ष्ण; सु:सह।

कठिनी–खड़िया का टुकड़ा जो लिखने के काम आता है।

कठिया–जाल; फन्दा।

कठियाना–सूखने से लकड़ी के समान सख्त।

कठुवाना–सुखकर कड़ा हो जाना; ठंडक से हाथ पैर ठिठुरना; तरी निकल जाना।

कठुमर–जंगली गूलर का वृक्ष।

कठेठ–दृढ; शक्तिशाली; कठोर; ठोस; सख्त।

कठोर–कड़ा (स्वभाव); निष्ठुर; क्रूर कर्म करनेवाला; बेरहम; तीक्ष्ण; अवरोधी।

कठौता–लकड़ी का बड़ा पीपा; कठवत।

कड़–कुसम का बीज।

कड़वा–कटु; तीखा; कड़ुआ।

कड़ा–सख्त; मजबूत; शक्तिशाली; हाथ या पैर में पहनने का कंगन या चूड़ा; लोहे का कड़ा; एक प्रकार का कबूतर; एक प्रकार का मणिबंध।

कड़ाई–कठोरता; सख़्ताई कड़ापन।

कड़ाका–किसी बड़े तथा कड़े पदार्थ के टूटने का शब्द।

कड़ाबीन–चौड़े मुँह की छोटी बंदूक।

कड़ारा–बहुत ढलुआ; पर्वत की खड़ी दीवार।

कड़ाह–कड़ाही।

कड़ाहट–कठोरता; दृढता।

कड़ाही–छोटा कड़ाहा।

कड़ी–कठिनाई; गाने का एक भाग; जंजीर की लड़ी का एक छल्ला; छोटा छल्ला; अशांति।

कड़ी–सिकड़ी की लड़ी का कोई छल्ला।

कड़ीदार–छल्लेदार।

कड़ुआ–स्वाद में तीखा; कड़ुवा; कटु।

कड़ेर–ठोस; सख्त।

कड़ोड़ा–उच्च पदाधिकारी।

कड्डी–धातु की कील।

कढ़ना–बाहर आना; बढ़ाना; बचाना; खींचना; उदय होना; चढ़ना।

कढ़लाना–हाथ या पैर पकड़कर घसीटना।

कढ़ाई–फुलकारी; निकलाने का काम; फुलकारी करने के बदले में मिला हुआ शुल्क।

कढ़ावनी–वह पात्र जिसमें दूध गर्म होता है।

कढ़ावली–दर्द; पीड़ा।

कढ़ाव–सुई का काम; चिकान का काम; कसीदे का काम; कपड़े पर उभरी हुई नक्काशी।

कढ़ी–एक प्रकार का पकवान जिसे दही से निकली लस्सी में बेसन घोलकर कड़ाही में उबाला तथा गाढ़ा करके बनाया जाता है।

कढ़ैया–निकालनेवाला; बेचनेवाला; कढ़ियार।

कढ़ोरना–खींचना।

कण–रवा; धूल का अत्यंत छोटा टुकड़ा; लेश; किनका।

कणिका–अत्यंत सूक्ष्म वस्तु।

कणिश–नुकीला; काँटा।

कत–कहाँ; जिधर; जहाँ; वहाँ तक।

क़तई–बिल्कुल; एकदम; कदापि; किसी अवस्था में भी; सर्वथा।

कतना–काता जाना।

कतनी–सूत कातने की टेकुरी; तकली जिससे सूत काता जाता है।

कतर–कतर छाँट।

कतरन–कपड़े, कागज इत्यादि का कटा हुआ रद्दी टुकड़ा।

कतरवाँ–कुटिल; टेढ़ा।

कतरवाई–कटाई करवाने के बदले दिया गया शुल्क।

कतरव्योंत–हेर फेर; उलट पलट; काट छाँट।

क़तरा–अंश (पत्थर के); टुकड़ा (मिठाई का); कटा हुआ भाग।

कतराना–कटाना; बचकर निकल जाना।

क़तरा–बूँ।
कतरी–पीतल का एक आभूषण जो कलाई पर पहना जाता है; कोल्हू का पाट जिस पर बैठकर मनुष्य बैल को हाँकता है।
क़तल–हत्या; खून; वध; संहार।
कतला–किसी वस्तु का पतला टुकड़ा।
कतली–चौकोर कटी हुई मिठाई।
कतुहूँ–किस ओर; किस स्थान पर।
कताई–कातने का काम करने के बदले दिया जानेवाला शुल्क।
क़तार–पंक्ति; क्रम।
कतारा–लाल छिलके की माटी; ईख का एक प्रकार जिसका गुद्दा बहुत मीठा होता है।
कति–बहुत से; कितना।
कतिक–कितने; कितना; परिणाम का।
कतिपय–बहुत थोड़ा; निश्चित।
कतीरा–एक प्रकार का झड़नेवाला वृक्ष; एक वृक्ष का गोंद जो औषधि बनाने में प्रयुक्त होता है।
कतोरा–एक गोंद जो औषधि बनाने के काम में आता है।
कत्तर–कपड़े का छोटा टुकड़ा।
कत्तल–पत्थर का छोटा टुकड़ा; खण्ड या टुकड़ा।
कत्ता–बाँस चीरने का एक अस्त्र; एक छोटा भाला या कटार।
कत्ताल–हत्यारा; खूनी।
कत्थई–कत्थई रंग का; खैर के रंग का।
कत्थक–एक प्रकार का दक्षिण भारतीय नृत्य।
कत्था–खैर की लकड़ी को उबालकर निकाला गया सत्त्व जो पान में लगाकर खाया जाता है।
क़त्ल–खून; हत्या।
कथ–रचना करना; व्याख्या करना; वर्णन करना; खोल देना; प्रकट करना।
कथक–पौराणिक कथाओं को सुनाने वाला; कथा वाचक।
कथड़ी–गद्दा; पैबंद लगा हुआ कपड़ा।
कथन–विवरण; कही हुई बात; उक्ति; वर्णन; बयान; वकतव्य; वाक्य।
कथनी–तकरार; कोरी बकवाद; बातचीत; हुज्जत।
कथरी–पुराने चीथड़ों को जोड़कर बनाया हुआ बिछौना।
कथा–कहानी; कथोपकथन; कहानी; समाचार; वृत्तान्त; विज्ञप्ति।
कथाचित–संयोग से।
कथानक–छोटा किस्सा; कहानी; कथा।
कथामुख–कथा ग्रंथ की प्रस्तावना या भूमिका।
कथावस्तु–कथा या उपन्यास का ढाँचा।
कथिक–वर्णन किया हुआ; कहा हुआ।
कथित–कहा हुआ; जो अभी कहा तो गया हो, पर प्रमाणित न किया हो।
कथाद्घात–नाटक की प्रस्तावना; कथा का प्रारंभ।
कथोपकथन–वार्तालाप; बातचीत; विविध वार्ता।
कथ्य–कहने योग्य; कथनीय; कहा जानेवाला।
क़द–आकार; ऊँचाई; शरीर की ऊँचाई।

कदंब–मंडली; समूह; ढेर; राशि; एक प्रकार का सदाबहार का पेड़ जिसके फूल गेंद जैसे होते हैं और जो खाये जाते हैं।

कद[1]–डील, देह की ऊँचाई-लंबाई।

कद[2]–कब।

कद[3]–अपूर्ण; बेकार।

कदधव–बुरा मार्ग।

कदन–विनाश; संहार; बर्बादी।

कदन्नन–बुरा अन्न; बुरा खाना।

क़दम–डग; पग; पाँव; चाल; दोनों पैरो के बीच का फाँसला।

क़दर–मूल्याकंन; कद्र; आदर; प्रतिष्ठा; गुणों को मानना।

कदरमस–मारपीट।

कदरो–मैना के प्रकार की एक भारतीय पक्षी।

कदर्थ–अस्वीकार करना; कूडा करकट।

कदर्थना–बुरा भाग्य; दुर्भाग्य; दुर्गति; विडंबना; दयनीय अवस्था।

कदर्थित–घृणित; दूषित; तुच्छ अवस्था।

कदर्य–कंजूस।

कदली–संभाफल; केला।

कदा–कदाचित; कब।

कदाच–कदाचित।

कदाचार–अधर्मी व्यवहार अथवा आच. रण; बुरा चाल चलन।

कदाचित्–कभी; संयोग से; किसी समय; शायद।

कदापि–कभी कभी; हर्गिज (इसके बाद 'नहीं' या 'न होना' आना आवश्यक होता है, जैसे मैं वहाँ कदापि न जाऊँगा)।

कदी–हठ करनेवाला।

कदीम–पुरातन; प्राचीन।

क़दीमी–प्राचीन काल का; पुरखों का।

कदुपयोग–दुरूपयोग।

कदुष्ण–थोड़ा सा गर्म; गुनगुना

कद्दावर–विशाल; बड़ा।

कद्दी–जिद्दी।

कद्रुज–साँप; भुजंग।

क़द्दू–लौकी।

क़द्र–गुण; कदर।

कन–कण; बहुत छोटा टुकड़ा; अन्न का दाना।

कनई–नई शाखा। कीचड़।

कइउड़–बदनाम।

कनक–गेहूँ; सोना; सुवर्ण।

कनकटा–जिसका कान कटा हो; कान काट लेनेवाला।

कनकना–कड़ा; चिड़चिड़ा; असहनशील।

कनकफल–धतूरे का फल।

कनकी–अंश; भाग; टुकड़ा; खंड; चावल का महीन टुकड़ा।

कनकूत–खेत में खड़ी फसल के दाम का अनुमान।

कनकौवा–कागज की पतंग लड़ाना; एक बड़ी पतंग।

कनखजूरा–शतपाद; गोजर।

कनखी–आँख का संकेत; नजर।

कनखोदनी–कान का मैल निकालने के काम में आनेवाला एक लोहे का पतला उपकरण।

कनगरिया–हाथ की सबसे छोटी उँगली।

कनछेदन–लड़के के कान छेदने के उपलक्ष्य में किया गया अनुष्ठान।

कनटोप–दोनों कानों को ढाँपने की बड़ी टोपी।

कनतूतुर–एक प्रकार का जहरीला विशाल मेंढक।

कनपटी–कान और आँख के मध्य का स्थान।

कनपेड़–कान का रोग; कण्डमाला का रोग।

कनफुसकी–कान में धीरे धीरे बोलना।

कनय–कनक; सोना; गेहूँ।

कनरस–संगीत आदि सुनने का आनंद।

कनवाई–कान का भेंदना।

कनसलाई–एक प्रकार की कनखजूरे की आकृति का छोटा कीड़ा।

कनसाल–चारपाई का टेढ़ा छेद, जिसके कारण चारपाई कुछ टेढ़ी हो जाती है।

कनसार–ताँबे के किसी पत्र पर खोदकर लेख इत्यादि बनानेवाला।

कनसुई–गुप्त रूप से चौकसी; जासूसी।

कनस्तर–टीन का एक बड़ा पात्र।

कनहार–मल्लाह; नाव चलानेवाला।

कनहाई–खड़ी फसल का मूल्यांकन।

कना–कण।

कनावड़ा–कनौड़ा; कृतज्ञ।

कनात–तम्बू की दीवार।

कनिका–कणिका; छोटी उँगली।

कनिको–छोटा खंड; बहुत थोड़ा।

कनिगर–अपनी कीर्ति स्थायी रखनेवाला।

कनियाँ–गोंद।

कनियाना–चकमा देना; आँख बचाकर भाग जाना; साथ छोड़ना।

कनियार–एक प्रकार का पेड़ जो पीले फूल पैदा करता है।

कनियाहट–कायरता; लज्जा।

कनिष्ठ–दीन; आयु या पद में छोटा; अपरिपक्व; निम्न स्तर का।

कनी–छोटा टुकड़ा (हीरा, चावल इत्यादि का)। बालिका; कन्या।

कनीनिका–आँखों की पुतली।

कनीज़–नौकरानी।

कने–निकट; अधिकार में।

कनेठा–काना; एक आँखवाला।

कनेठी–कान उमेठने का दंड।

कनेर–पीले या लाल फूल का एक छोटे आकार का वृक्ष।

कनेरिया–कुछ कालापन लिये हुए लाल रंग का।

कनौड़–लज्जा; संकोच; संशय; अविश्वास।

कनौड़ा–काना; आभारी व्यक्ति; अपमानित; लज्जित; लज्जाशील; कलंकित; निंदित।

कनौती–पशुओं के दोनों कानों का छोर।

कन्ना–चावल का दाना; पतंग की डोरी का वह भाग जो इसके बीच में बँधा होता है; किनारा; छोर।

कन्नी–पंतग का किनारा; मिस्त्री का छोटा औजार; एक परिधान का किनारा।

कन्यका–अविवाहित नवयुवती; कुमारी कन्या; लड़की; पुत्री।

कन्या–पुत्री; अविवाहिता स्त्री; बेटी।

कन्हाई–श्रीकृष्ण भगवान।

कन्हैया–भगवान श्रीकृष्ण का नाम; प्रिय व्यक्ति।

कप–कँपकँपी।

कपट–धोखा; छल; लुच्चापन; फरेब।

कपटना–तोड़ना; काटना; काटकर अलग करना।

कपटी–छली; द्रोही; पापात्मा।

कपड़–'कपड़ा' को छोटा और समास में व्यवहृत रूप।

कपड़ा–वस्त्र; रुई, रेशम, ऊन आदि के तागों से बुना हुआ शरीर का आच्छादन।

कपर्द–शिव का जटाजूट; कौड़ी।

कप्तान–नेता; अधिपति।

कपाट–दरवाजा; द्वार; किवाड़।

कपाल–टूटा हुआ पानी का पात्र; भवितव्यता; भिखारी का भिक्षा लेने का पात्र; माथा; खोपड़ी की हड्डी; माथा।

कपास–रूई का पौधा।

कपिंजर–एक प्रकार की कोयल; चातक; पपीहा।

कपि–बंदर; सूरज; हाथी; भगवान विष्णु का विशेष नाम।

कपिल–भूरा; मटमैला; बादामी।

कपिश–मटमैला रंग; भूरा।

कपीश–भगवान श्री हनुमान का विशेष नाम।

कपीशा–एक प्रकार की शराब; एक नदी का नाम।

कपूत–बुरे आचरणवाला पुत्र; कुपुत्र; नालायक बेटा, कुल कलंक पुत्र।

कपूर–सफेद रंग का सुगंध भरा द्रव्य जो हवा के सम्पर्क में आते ही उड़ने लगता है।

कपूरा–अण्डकोष (भेड़, बकरी आदि का)।

कपोत–कबूतर; चिड़िया; कबूतर का भूरा रंग।

कपोतव्रत–दूसरे के द्वारा किये जा रहे अत्याचारों को अपने ऊपर चुपचाप सहन करनेवाला।

कपोती–कबूतरी।

कपोल–गाल।

कफ–बलगम; शरीर के भीतर का एक अवयव।

कफ़–कमीज की आस्तीन का वह छोर जिसमें बटन लगता है; झाग; बुलबुले।

कफ़चा–मलाई उतारने की करछी या झरनी।

कफ़न–मरे हुए व्यक्ति को ओढ़ाया जानेवाला सफेद रंग का कपड़ा।

कफ़नखसोट–कंजूस; लालची; लोभी; निंदनीय कर्म करनेवाला।

कफ़स–पक्षी का पिंजरा; कैद; सजा; कैदखाने की कोठरी।

कबंध–पेट; उदर; बादल; बिना सिर का धड़; गर्भाशय।

कब–किस समय; जबकि; कभी; जब।

कबक–बटेर; एक प्रकार का तीतर।

कबड्डी–बालकों का एक खेल जिसमें बालक दो दल बनाकर खेलते हैं।

कबर–समाधि; कब्र; मकबरा।

कबरा–लाल, पीले या दूसरे रंग के धब्बे।

कब्रिस्तान–समाधि स्थल; मरघट।

कबा–एक प्रकार का लंबा घाघरा।

कबाड़–निरर्थक पदार्थ; कूड़ा कबाड़; तुच्छ पदार्थ।

कबाड़ा–झंझट; बिगाड़।

कबाड़ी–वह जो कूड़ा कबाड़ इत्यादि खरीदने तथा बेचने का काम करता है।

कबाब–कुटे या बारीक पिसे हुए माँस की गोली या टिकिया जो आग पर लाल सेकी गई हो। भुना हुआ; जला-भुना।

कबार–छोटा व्यवसाय या काम काज; टूटी हुई सज्जा सामग्री।

कबारू–व्यवसाय (नाव चलाने का)

कबाला–अचल संपत्ति का हस्तांतरण या विक्रय लेख।

कबीर–कुलीन; सुप्रतिष्ठित; 15वीं शताब्दी के एक महान संत का नाम।

कबीला–कुल; वंश; जाति; असभ्य जंगली आदमियों का समूह। जोरू; पत्नी।

क़बुली–बलि पशु।

कबूतर–एक पक्षी जो जँगली तथा पालतू दोनों होता है; फाख्ता।

क़बूल–मानना; मंजूर; स्वीकार।

क़ब्ज–मल का अवरोध; स्वामित्व लेना।

क़ब्जा–अधिकार; दखल; कब्जे पर हाथ डालना।

क़ब्र–मुर्दा गाड़ने की जगह; समाधि।

क़ब्रिस्तान–वह स्थान जहाँ मरे हुए व्यक्ति का मिट्टी में दबाया जाता है; जहाँ कब्रें बनी होती है, वह घेरा।

कमंडलु–साधुओं का धातु या तुंबी आदि का बना पात्र।

कमंद–पशुओं को पकड़ने का फंदा। रस्सी की सीढ़ी; फंदेदार रस्सी जि. सके सहारे चोर ऊँचे मकानों पर चढ़ जाते हैं)।

कम–अपूर्ण; अल्प; न्यून; थोड़ा; संक्षिप्त; परिमित।

कमअसल–दो भिन्न जाति की सन्तति।

कमकर–अभाव का कष्ट; कहार की श्रेणी की एक जाति।

कमखव–जरीदार या बूटिदार कपड़ा।

कमचोर–बहानेबाजी करनेवाला; कामचोर।

कमची–एक नाजुक टहनी; पतली लचीली छड़ी; बाँस की पतली डाल जिससे टोकरियाँ बनाते हैं; तीली।

कमज़ोर–दुर्बल; कम ताकतवाला; अशक्त।

कमठ–कछुआ; कच्छप।

कमतर–दो पदार्थो में न्यून।

कमताई–न्यूनता; कमी।

कमना–कम होना; घटना।

कमनीय–कामना या इच्छा करनेवाला; मनोहर; सुंदर।

कमनत–धनुर्धारी।

कमबख़्त–अभागा; विपद्ग्रस्त; दुर्भाग्य।

कमर–पेट और पेडू के बीच का भाग।

कमरख–एक वृक्ष जिसके लंबे लंबे फल खाने में खट्टे होते हैं।

कमरा–कोठरी; शयनगृह।

कमरिया–एक छोटा कंबल; छोटे डीलडौल वाला मजबूत हाथी।

कमल–पानी में होनेवाला सुंदर कमल का पौधा और उसका फूल; पीलिया।

कमला–माता लक्ष्मी; बड़े संतरो का राजा; एक प्रकार की इल्ली; सम्पत्ति; सुंदर स्त्री; गंगा।

कमलापति–भगवान श्री विष्णु।

कमलासन–भगवान श्री ब्रह्मा; बैठने की एक विशेष कला।

कमांडर–आज्ञा देनेवाला अध्यक्ष।

कमसिन–युवा; तरुण।

कमाई–उपार्जित धन; कमाने का काम; धन का अर्जन।

कमाऊ–कमानेवाला; मेहनती।

कमाच–एक प्रकार का रेशमी वस्त्र।

कमान–धनुष; मेहराब; इंद्रधनुष; आज्ञा; हुक्म।

कमानची–चक्कर; घेरा।

कमान–हुक्म; आदेश; फौजी ड्यूटी।

कमाना–उपार्जन करना; कमाई करना; सुधारना; परिश्रम करना।

कमार–लोहार।

कमानिया–धनुष चलानेवाला।

कमानी–कोई लचीली वस्तु।

कमाल–अद्भूत कार्य; पूरापन; आश्चर्य; अचरज; परिपूर्णता।

कमासुत–धन कमानेवाला।

कमी–न्यूनता; अल्पता; हानि; नुकसान; कमजोरी।

कमीज़–कुर्ता।

कमेटी–सभा; पंचायत।

कमेड़ी–फाख्ता।

कमेरा–खेत में काम करनेवाला; नौकर।

कमोदनी–कमोद।

कमोदिनी–कुमुदिनी।

कमोदी–स्वादिष्ट चावल।

कमोरा–चौड़े मुँह का मिट्टी का घड़ा; एक बड़ा चिकनी मिट्टी का मर्तबान।

कमोरी–चौड़े मुँह का छोटा घड़ा।

कय करना–कफ निकालना; थूकना; उल्टी करना।

कयपूती–एक वृक्ष जिसके पत्तों में से सुगन्धित तेल निकलता है।

क़याम–ठहराव; रुकाव।

क़यामत–विपत्ति; संकट; मुसीबत; विनाश।

क़यास–अटकल; अनुमान; विचार; कल्पना।

करंक–एक प्रकार का बीज जो खजूर के छिलके से बना होता है; अस्थिपंजर।

करंग–अस्थिपंजर।

करंजा–भूरी आँखवाला।

करंड–मधुमक्खी का छत्ता; तलवार; बाँस की टोकरी; एक प्रकार का बत्तख।

करंडा–झाबा; टोकरी।

करंतीना–संक्रामक रोगों से ग्रस्त लोगों के लिए दूसरों से मिलने की रुकावट।

कर[1]–हाथ; महसूल।

कर[2]–करने, देने या प्राप्त करानेवाला

करई[1]–जल रखने का टोंटीदार मिट्टी का पात्र।

करई[2]–कोठार; अन्नागार।

करक–कमंडल; नारियल की खोपड़ी; अनार।

करकच–अंश; खंड; समुद्र से निकला हुआ नमक।

करकरा–करारा।

करकसा–लड़ाकू स्त्री; प्रचंड; कोला. हल भरा।

करका–ओला।

करकाना–छानना; तोड़ना।

करख–भड़काना।

करखा–उत्तेजना; कालिख।

करग–गैंडा।

करगस–एक प्रकार का तीर; गिद्ध।

करगह–जुलाहों का करघा; कपड़ा बुनने का यंत्र।

करग्रह–विवाह; शादी।

करग्रहण–शादी करना।

करचंग–एक प्रकार का छोटा डफ।

करछा–एक प्रकार की बड़ी चम्मच; एक चिड़िया।

करछाल–उछाल; छलाँग।

करछी–बड़ी चम्मच।

करछुल–कलछी।

करटी–हाथी।

करण–एक बाजे का बाहरी ढकना; कार्य; साधन; इंद्रिय; एक प्रकार का नाच; गणित की एक क्रिया; दस्तावेज; लिखित प्रमाण; एक रतिबंध।

करतब–कला; हुनर; करामात; कार्य; जादू; चालाकी।

करतरी–जो अनोखे और अद्‌भुत कार्य करता है।

करतार–लेखक; बनानेवाला; विधाता; रचियता; स्वामी; पति।

करताल–एक प्रकार का मँजीरा; दोनों हाथों से ताली बजाने का शब्द।

करतूत–कर्म; करनी; काम; कला; हुनर।

करद–मदद्‌गार; सहायक; आश्रय देने वाला; राजकर देनेवाला।

करदा–मूल्य में वह कमी जो किसी वस्तु में कूड़ा करकट निकालने पर हो।

करधनी–कमर पर पहनने का चाँदी या सोना की आभूषण।

करधर–बादल।

करधार–कर्णधार।

करनफूल–पुष्पाकार; कान का एक गहना।

करनल–सेना में एक पद।

करनवेध–बच्चे के कान छेदने का एक संस्कार।

करना–कार्य निबटाना; काम; कार्य समाप्ति; पहुँचाना।

करनाई–तुरही।

करपर–खोपड़ी।

करपीड़न–विवाह।

करपृष्ठ–हाथ का पिछला भाग।

करबर–चितकबरा; चित्तीदार।

करबरना–अरोचक; व्याकुल; आकुल।

करबस–एक प्रकार का चाबुक; घुड़सवार की काठी में एक पट्टा जिस पर हथियार टांगे जाते हैं।

करबी–चौपायों का खाना।

करभ–जवान ऊँट; हथेली के पीछे का भाग; कमर; हाथी का बच्चा।

करम[1]–मेहरबानी; कृपा; दया; भाग्य।

करम[2]–कर्म; काम; कर्मफल; भाग्य।

करमकल्ला–बंदगोभी।

करमचन्द–भाग्य; किस्मत; नियती।

करमट्ठा–कंजूस; लालची।

करमाली–सूर्य का विशेष नाम।

करमी–काम करनेवाला; मजदूर।

करमुँहा–कड़ाही।

करवट–हाथ या पार्श्व के बल लेटने की स्थिति या मुद्रा; दाहने या बायें बाजू [illegible]; बाजू।

करवत–[illegible]; करपत्र।

करवर–आपत्ति; संकट; आफत।

करवरना–कोलाहल करना; शोर मचाना।

करवा–मिट्टी या धातु का टोंटीदार लोटा।

करवानक–सोन चिड़िया; सारस; गौरेया।

करवार–तलवार; नाव का डँडा।

करवाल–कृपाण; खड्ग; तलवार।

करवाली–एक प्रकार की छोटी तलवार।

करवैया–कार्य करनेवाला; करतब करनेवाला।

करश्मा–चमत्कार; करिश्मा।

करष–खिचांव; ताव; द्वेष; बैर; लड़ने का उत्साह।

करसना–आकर्षित करना।

करसायल–काला हिरण।

करसी–गाय के सूखे हुए गोबर का टुकड़ा जो ईंधन की तरह प्रयोग किया जाता है।

करह–ऊँट।

कराँत–आरा।

कराँती–छोटी आरी। आरी चलाने वाला।

कराइत–एक काली जाति का विषैला साँप।

करात–चार जौ की एक तौल जो सोना चाँदी और रत्न तौलने के काम में आती है।

कराधान–कर निर्धारण।

करामात–अनोखा या अद्‌भुत कार्य जिसमें शक्ति, योग्यता और क्षमता का परिचय मिले।

क़रार–किसी काम या बात के संबंध में कुछ लोगों में होनेवाला निश्चय या निर्णय; ठहराव; धैर्य; तसल्ली; संतोष; आराम; चैन; वादा; प्रतिज्ञा।

करारा–कठोर; कड़ा; उत्तम; टीला; अधिक गहरा या भारी; कर्कश; तीक्ष्ण।

क़रारी–वचनबद्ध।

कराल–भयानाक; ऊँचा नीचा; बड़े दाँतवाला; ऊँचा।

कराली–डरावनी।

क़रावल–सेनामुख; शिकारी; पहरेदार; रक्षक; संतरी।

कराह–वेदनासूचक शब्द।

कराहत–खीज; चिढ़।

कराहना–हाय हाय करना; पीड़ा होने पर मुख से निकलनेवाली ध्वनि।

कराही–कड़ाही।

करी–हाथी।

करिंद–भगवान इन्द्र का हाथी; ऐरावत।

करि–हाथी।

करिखा–मादा हाथी।

करिया–काला।

करिल[1]–कोमल पत्ता।

करिल[2]–डेगची; कड़ाही।

करिवदन–भगवान श्री गणेश जी की उपाधि।

करिवर–उत्तम हाथी।

करिश्मा–चमत्कार; अद्‌भुत काम; करामात; ताबीज़।

करिहाँव–कमर।

क़रीना–ढंग; तरीका; तरतीब; सलीका; मेल।

क़रीब–समीप; निकट; पास में।

करीम–दानशील; उदार; खुले दिलवाला।

करीर–बाँस का अँखुवा या कल्ला।

करील–एक कँटीली झाड़ी और बिना पत्ते का पेड़।

करीश–बड़ा हाथी; हाथियों का राजा।

करीष–कंडा; सूखा गोबर।

करुण–अनुकंपा; दया; करुणा उत्पन्न करनेवाला; एक काव्य रस; करुणायुक्त।

करुणा–दया; तरस; रहम।

करुना–दयालुता।

करुवा–कडुवा।

करूला–चूड़ी।

करेजा–कलेजा; वक्षस्थल।

करेणु–हाथी।

करेम–जल में पैदा होनेवाली एक प्रकार की घास जो शाक बनाकर खाई जाती है।

करेर–कठोर; प्रचण्ड।

करैत–एक काली जाति का बहुत विषैला सर्प।

करैला–करेला।

करोड़–सौ लाख की संख्या।

करोड़ा[1]–अभाव; दरिद्रता; सूखा; विपत्ति; आपदा; कष्ट; पीड़ा।

करोड़ा[2]–कर इकट्ठा करनेवाला; निरीक्षण करने वाला।

करोदना–खुरचना।

करौछा–साँवला; काले रंग जैसा।

करौंदा–एक कटीला पौधा जिसके छोटे खट्टे फल आचार; चटनी इत्यादि बनाने में प्रयुक्त होते है; करौंदा।

करौत–लंबा आरा।

करौता–बड़ी शीशी।

करौल–आखेट हाँकनेवाला।

करौली–कृपाण; नोकदार भोकने की छुरी।

कर्क–दर्पण; आग; केकड़ा; एक राशि के चिह्न का नाम।

कर्कट–केकड़ा; कर्क राशि का चिह्न।

कर्कटी–ककड़ी; साँप; मादा कछुआ; शाल्मली।

कर्कर–कड़ा; कठोर; असमतल।

कर्कोट–बेल का वृक्ष।

कर्चूर–जंगली अदरक; सोना।

कर्ज़–ऋण; उधार।

कर्ज़दार–कर्ज लेनेवाला।

कर्ण–कान; नाव की पतवार; कान; त्रिभुज में समकोण के सामने की रेखा; कौरव पक्ष का एक महारथी; एक प्राचीन जाति।

कर्णकुहर–कान का छेद।

कर्णगोचर–सुनने योग्य।

कर्णधार–नाविक; मल्लाह; वह जिसके संरक्षण में कोई काम होता हो।

कर्णनाद्र–कान में सुनाई देनेवाला।

कर्णमूल–कान में सूजन आने का कान का रोग; कर्णपूर्व ग्रंथि।

कर्णामूल शोध–कण्डमाला का रोग।

कर्णिका–कमल का छत्त; कमल का बीजकोष; कान में पहननेवाला एक आभूषण; मध्य की उँगली।

कर्णिकार–एक पर्वत का नाम; बड़ी आँखों वाला; कनकचंपा; कनैर।

कर्तन–सूत कातने का काम; कतरना; कातना।

कर्तनी–कैंची।

कर्तरी–सुनार की कतरनी; कैंची; छोटी तलवार; टेढ़ी तलवार; कृपाण; कटारी।

कर्त्तव्य–करने योग्य काम; वह काम या बात जिसे करना आवश्यक हो।

कर्ता–रचनेवाला; रचनेवाला; बनानेवाला।

कर्त्तृत्व–कर्ता का भाव; कर्ता का धर्म।

कर्तृन–कैंची से काटना।

कर्द–कीचड़; दलदल।

कर्दम–कीचड़; धर्मविरुद्ध; दल दल; माँस; चूना; मैल; गंदगी; चिकनी मिट्टी।

कर्नता–एक विशेष प्रकार का तथा रंग का घोड़ा।

कर्पट–पुराना कपड़ा; चिथड़ा।

कर्पर–अस्थिपंजर; हथियार; कछुवे की खोपड़ी; कपाल; तसला।

कर्बुर–पानी; सोना; स्वर्ण; पाप।

कर्म–कार्य; क्रिया; व्यवसाय; उद्‌यम; भाग्य; कृति; यज्ञ; आराधना; दाह संस्कार।

कर्मकर–कार्यकर्ता।

कर्मक्षेत्र–कर्मभूमि; कार्य करने का स्थान।

कर्मचारी–कार्य करनेवाला; किसी पद पर काम करना।

कर्मच्युत–कार्यालय से बर्खास्त।

कर्मठ–काम करने में निपुण; कर्मनिष्ठ; पुरुषार्थी।

कर्मण्य–धर्म से जुड़ा हुआ; प्रयत्न करनेवाला; उत्साही; उर्जा से भरपूर।

कर्मनिष्ठा–प्रतिदिन धर्म संस्कार इत्यादि करना।

कर्मभूमि–वह स्थान जहाँ किसी मनुष्य को कार्य करना बदा हो।

कर्मभोग–कर्म का फल; पिछले जन्म का परिणाम।

कर्मयुग–कलियुग।

कर्मवाच्य–जिस क्रिया में कर्म प्रधान होकर मुख्य रूप से कर्त्ता की तरह प्रयोग किया जाता है।

कर्मवान्–कार्य में लीन; कर्मनिष्ठा।

कर्मविपाक–किये गये कार्य का परिणाम।

कर्मशाला–कारखाना।

कर्मशील–यत्न करनेवाला; कर्म।

कर्मशूर–कार्यदक्ष; मेहनती।

कर्मसंन्यास–कर्म त्याग।

कर्मसाक्षी–वह जिसके सामने कार्य किया हो।

कर्मिष्ठ–मेहनती; काम में लगा रहने वाला।

कर्मेन्द्रिय–शरीर की पाँच इंद्रियाँ यथा हाथ, पैर, वाणी, गुदा और उपस्थ।

कर्राना–कठोर होना।

कर्ष–आकर्षण; खिचांव; तनाव।

कर्षक–खींचनेवाला; खेतिहार; जमीन जोतने वाला

कर्षण–बोझ या माल; खींचना; आकर्षण।

कर्षना–शक्ति लगाकर खींचना।

कलंक–दाग; धब्बा; लांछन।
कलंगा–मुर्गे और चिड़ियों आदि के सिर की कलगी।
कलंदर–एक भ्रमण शील मुस्लिम फकीर; बंदर नचानेवाला; एक वर्णसंकर जाति।
कलंब–हरी सब्जी का टहनी; तीर।
क़ल[1]–मधुर (ध्वनि); आराम; चैन; शांति।
कल[2]–आनेवाला या बाद का दिन।
कल[3]–कली
क़लई–सफेदी; राँगे का मुलम्मा जो ताँबे या पीतल के बरतन पर चढ़ाया जाता है; दीवरों पर चूने का लेप; सफेदी।
कलकंठ–हंस; कोयल; कबूतर।
क़लक़–पश्चाताप; मातम; बेचैनी; घबराहट।
कलकना–शोर करना; चिल्लाना।
कलकल–पानी के झरने का शब्द; झगड़ा।
कलकादि–विघ्न; बाधा; उथल पुथल।
कलकी–विष्णु के होनेवाले दसवें अवतार का नाम।
कलकूजिका–मधुर या मीठे स्वर में बोलनेवाली स्त्री।
कलगा–कलगी।
कलगामा–मोर की कलंगी; आत्माभिमानी मनुष्य।
कलग़ी–सिर का एक आभूषण; कलगी; एक प्रकार का गाना; पगड़ी का फुँदन।
कलछा–एक लंबा मुठियावाला चम्मच।
कलझँवा–साँवला।
कलदार–जिसमें कल या पेंच लगा हो।
कालधौत–मधुर बोली; सोना; चाँदी।
कलना–सृष्टि निर्माण।
कलप–खिजाब; माड़ी।
कलफ़–अरारूट या चावल का पतला लेप जो वस्त्र को कड़ा करने के लिए इस पर पोता जाता है।
कलबंद–अगरू का प्रकार।
कलबूत–साँचा; ढाँचा (किसी स्त्री अथवा पुरुष का)।
कलबूद–साँचा।
क़लम–लिखने का उपकरण; लेखनी।
कलमल–खलबली; शोरगुल।
कलमतराश–कलम तराशनेवाला चाकू।
कलमदान–कलम; स्याही; आलपिन इत्यादि रखने का आधार।
कलमलना–बाहरी प्रभाव के कारण शरीर का कपकपाना; कुलबुलाना।
कलमलाना–अस्थिरता; लड़खड़ाना; चंचलता; चुलबुलाहट; कसमसाना।
कलमुँहा–अभागा; धब्बा लगा हुआ; दुर्भाग्य से।
कलल–गर्भाशय में वीर्य और रज के मिश्रण का वह बुलबुला जो बढ़कर गर्भ का रूप धारण करता है।
कलविक–चटक पक्षी; गौरेया; तरबूज।
कलश–घरों के शिखर पर का कँगुरा; सिरा; आठ सेर की तौल; गगरा; घड़ा; चोटी; पानी रखने का घड़ा।
कलसी–छोटी गगरी।
कलहंस–श्रेष्ठ राजा; एक वृतांत; परमात्मा; जलकुक्कुट; राजहंस; ब्रह्मा; ब्राह्मण; एक प्रकार का राग।

कलह–विवाद; झगड़ा; झिड़की; छल; लड़ाई।

कलहटी–कलाबाजी; नट संबंधी।

कलही–कलहयुक्त; झगड़ालू।

कलाँ–विस्तृत।

कला–चंद्रमा या उसके प्रकाश का सौलहवाँ भाग; किसी वस्तु का छोटा अंश; कारीगरी।

कलाई–हथेली का ऊपरी जोड़; एक प्रकार का व्यायाम; हाथ के कण्ठ में बाँधने का कलावा; सीकड़।

कलाकंद–एक प्रकार की स्वादिष्ट मीठी बरफी।

कलाकार–किसी कला का जाननेवाला; नाटक का पात्र।

कलाकौशल–कारीगरी; किसी कला की निपुणता; शिल्प।

कलादा–हाथी के मस्तक पर महावत के बैठने का स्थान।

कलाधार–चन्द्रमा; भगवान श्री शिव का नाम; वह जो किसी कला में निपुण हो।

कलनिधि–चन्द्रमा।

कलाप–विलाप; मातम; दु:ख।

कलाबत्तु–रेशम पर लपेटा हुआ सोने या चाँदी का तार; इसके बेल बूटे साड़ियों पर बनाये जाते हैं।

कलाबाज़–नट करनेवाला।

कलाबाज़ी–उछलने कूदने की विद्या।

कलाम–साहित्यिक रचना; एक पूरा वाक्य; वाणी; वचन।

कलाल–मद्य बनानेवाला; कलवार।

कलावती–एक कलाकार; नट; गायक; संगीतकार इत्यादि।

कलावा–विवाहादि के मंगल अवसर पर लाल या पीला रंग का सूत का डोरा जो कलाई पर बाँधा जाता है।

कलावान–कला जाननेवाला; नट; चन्द्रमा।

कलिकाल–कलयुग।

कलित–प्रवीणता से बनाया हुआ।

क़लिया–माँस का शोरबा।

कलियाना–कली निकलना; अंकुरित होना।

पक्षियों के नये पर या पंख निकलना।

कलियारी–एक पौधा जिसकी जड़ विषैली होती है।

कलिंहारी–झगड़ालू; लड़ाका।

कलिंदा–तरबूज।

कली–बिना खिला हुआ फूल; पक्षी का नया पर।

कलीट–काला कलूटा।

कलीराम–एक प्रकार का हार अथवा गजरा जो शादी के समारोह के दौरान पहनते हैं।

कलील–कम; अल्प।

कलीसा–गिरजाघर।

कलुष–मलिनता; गंदगी; अशुद्धता; मैलापन; क्रोध; निन्दित; पापी।

कलुषित–मलिन; पापी; बुरे विचारों से भरा।

कलूटा–बहुत काला; बहुत काले रंग का।

कलेउ–विवाह के समय दुल्हन के पिता द्वारा वरपक्ष का भोजन; कलेवा।

कलेजा–हृदय; दिल; प्राणियों का वह अवयव जो छाती में बाईं ओर होता है और जिससे शरीर में रक्त चलता है।

कलेजी–भेड़; बकरे के कलेजे का माँस।

कलेवर–शरीर; देह; चोला।

कलेवा–नाश्ता।

कलेस–विपत्ति; संकट; मुसीबत।

कलैया–नीचे सिर और ऊपर पैर करके ऊलट जाने की क्रिया।

कलोर–केलि; आमोद प्रमोद; क्रीड़ा।

कलौंजी–काला जीरा; भूनी हुई मसालेदार साबुत तरकारी।

कलौंस–कालापन लिये हुए; कलंक।

कल्ल–धोखा; चूर्ण; पेस्ट रूप औषधी; धूर्तता।

कल्प–विधान; विधि; रीति; प्रलय; कल्पवृक्ष।

कल्पक–नाई; हज्जाम; रचियता।

कल्पना–अटकल; अनुमान; रचना; बनावट; मन की वह शक्ति जो अनुमान तत्पर हो; कल्पना की रचना।

क़ल्ब–अंदरूनी हिस्सा; मूल सार; हृदय।

कल्पष–मैलापन; गंदगी; अशुद्धता; पापी; दोषी; गंदा; मवाद; मलिनता; एक नरक विशेष; पीप।

कल्पाष–काला; श्वेत और श्याम; चितकबरा।

कल्य–प्रातःकाल; सवेरा; मधु; सुरा; शराब।

कल्याण–शुभ; भलाई; मंगल।

कल्लर–ऊसर भूमि; बंजर भूमि।

कल्ला–ऊपर का जबड़ा; गाल बजाना।

कल्लोल–आनन्द; हर्ष; बड़ी लहर; खुशी; तरंग; मौज मस्ती।

कल्हरना–भूनना; तलना।

कल्हारना–तेल में भूनना; दुःख में कराहना; पीड़ा का शब्द करना; चिल्लाना।

कवक–कुकुरमुत्ता।

कवच–आवरण; छिलका; मंत्र द्वारा शरीर के भिन्न अंगो की रक्षा।

कवची–कवच पहना हुआ।

कवर–ग्रास; निवाला; कौर; ढपना; पुटक; छोटा खण्ड; बालों का जूड़ा।

कवरी–बालों का जूड़ा।

कवर्ग–पांच स्वर-क, ख, ग, घ और ङ।

कवलित–मुँह में लेना; निगलना।

क़वायद–सिपाहियों की युद्ध नियमों के अभ्यास की क्रिया।

कवि–कविता, गान आदि का रचयिता।

कविका–लगाम; केवड़े का फूल।

कविता–काव्य; छंद।

कविताई–कविता; कवित्व।

कवित्त–कविता; दंडक के अंतर्गत चार पदों का काव्य जिसके प्रत्येक चरण में इकतीस अक्षर होते हैं।

कविराज–बंगलादेशीय वैद्य की उपाधि; श्रेष्ठ कवि।

कविलास–कैलास; स्वर्ग।

कवेला–छोटा कौवा।

कव्य–जो अन्न अपने पूर्वजों के निमित्त दिया जाता है।

क़व्वाल–एक (मुस्लिम) संगीतज्ञ जो धार्मिक गीत गाता है।

कश–चाबुक; कोड़ा; तम्बाकू का धूँवा मुँह के द्‌वारा अन्दर खींचना।

कशमकश–हिचक; संदेह; कलह; खींचतान; संघर्ष।

कशिश–आकर्षण; मोहनी।

कशीदगी–खिंचाव; कसाव।

कशीदा–सूई धागे की सहायता से कपड़े पर बनाया हुआ बेल बूटा।

कश्चित्–कोई; एक न एक।

कश्ती–नाव; नौका।

कश्शाफ़–स्पष्ट; साफ।

कष–प्रमाण मानक; परीक्षा; सिद्‌धान्त; सोने का परख ज्ञात करना।

कष्ट–पीड़ा; व्यथा; क्लेश; दु:ख; संकट; आपत्ति।

कष्टमय–तकलीफों से भरा हुआ; थकाऊ।

कष्टसाध्य–कष्ट से आरोग्य होनेवाला; कठिनाई से होनेवाला।

कष्टी–दुख उठानेवाली स्त्री।

कस[1]–अवरोध; रोक; शक्ति; परीक्षा; जाँच; कसौटी; निचोड़।

कस[2]–कुदाली; छोटा फावड़ा।

कसक–पीड़ा जो आघात पड़ने पर हलकी से उठती है; पुराना बैर; सहानुभूति; पुरानी शत्रुता का बदला लेना।

कसकुट–एक मिश्र धातु जो ताँबा और जस्ता बराबर भागों में मिलाकर बनती है; काँसा।

कसन–वेदना; पीड़ा; बंधन; कसने की रस्सी; कसने की विधि।

कसना–बाँधते समय रस्सी इत्यादि को कसकर खींचना।

कसनी–रस्सी; चोली; बेठन; कसौटी; परीक्षा; जाँच; परख; कसैलापन; काढ़ा।

कसब–परिश्रम; उद्‌योग; वेश्यावृत्ति।

कसबल–साहस; पराक्रम; हिम्मत।

क़सबा–एक छोटा शहर।

क़सबाती–कस्बे में रहनेवाला।

क़सबी–वेश्या; रंडी।

क़सम–शपथ; सौगंध।

कसर–कमी; न्यूनता; घाटा; द्‌वेष; वैर।

कसरत–स्वस्थ रहने के लिए शारीरिक कार्य; व्यायाम; अधिकता; ज्यादती।

कसरती–परिश्रमी; व्यायाम करनेवाला।

क़साइन–कसाई की पत्नी।

क़साई–बूचड़; वधिक।

कसाना[1]–कसने का कार्य किसी से करवाना।

कसाना[2]–प्रमाणित करवाना।

कसार–घी में भूना चीनी मिला आटा।

कसाला–कष्ट; क्लेश; तकलीफ़।

कसाव–आकर्षण; कसैलापन; खिंचाव।

कसावर–झाँझ; मँजीरा।

क़सीदा–कपड़े पर सूई डोरे से बेल बूटे बनाने का काम; वह उर्दू कविता की सराहना का एक प्रकार।

कसीर–भरपूर; प्रचुर; अधिक;

कसीस–कौसीस; लोहे का एक प्रकार का मुरचा।

क़सूर–अपराध; गलती; त्रूटि।

कसेरा–ठठेरा; काँसे, फूल इत्यादि के पात्र बनाने तथा बेचनेवाला बनिया।

कसेरु–एक प्रकार के मोथे की गँठीली जड़ जो खाने में मीठी होती है।

कसैला–अरेचक; कड़ुवा; तीखा;
कसोरा–कटोरा; चिकनी मिट्टी का कटोरा।
कसौदी–आचार।
कसौ–कैसा।
कसौटी–एक प्रकार का काला पत्थर जिस पर सोना रगड़कर उसके रंग से उसकी परीक्षा की जाती है; जाँच; परीक्षण।
कस्तूर–कस्तूरी मृग।
कस्तुरिया–कस्तुरी के रंग का।
कस्तूरी–मृगनाभि से निकलनेवाला एक सुगंधित द्रव्य।
क़स्द–आश्य; इच्छा; अभिलाषा।
क़स्बा–कस्बा।
कस्सा–एक प्रकार की शराब।
क़स्साब–पशु वधशाला।
कहं–कहाँ।
क़हक़ह–हँसनेवाले की घनघनाहट।
क़हक़हा–खिलखिला कर हँसना; प्रचंड हँसी।
कहना–बोलना; समझना; सिखाना; बताना।
क़हर–विपत्ति; संकट; मुसीबत; विनाश।
कहरवा–एक विशेष प्रकार का गीत; एक प्रकार का नाच या गाना जो ताल पर होता है।
कहल–अशांति; आलस्य; सुस्ती; दुर्बलता; मन्दता।
कहवाँ–कहाँ; किस स्थान पर।
कहाँ–किस जगह; किसी स्थान पर।
क़हाक़ा–हँसनेवाले की घनघनाहट।
कहाना–कहलाना।
कहानी–कथा; किस्सा; किसी घटना का विवरण।
कहार–एक जाति जो पानी भरने और डोली या पालकी ढोने का काम करती है।
कहालत–मन्दता; सुस्ती।
कहावत–कथित विषय; कही हुई बात; लोकोक्ति; मसल; उक्ति; गाथा।
कहासुनी–जबानी लड़ाई; वाद विवाद; कहा सुनी; तकरार।
कहिया–कब; किस समय।
कहीं–किसी अनिश्चित या अनजाने स्थान में।
कहुं–कोई विशेष व्यक्ति।
कहुं–कहीं पर।
कांइया–धूर्त; चालबाज।
कांकड़ी–छोटा पत्थर।
कांक्षा–इच्छा; कामना; आकांशा।
कांक्षी–चाहनेवाला।
काँख–बगल।
काँखना–कराहना; पीड़ा की अवस्था में दुःखसूचक उच्चारण करना।
काँगड़ी–एक प्रकार की मिट्टी की छोटी अँगीठी।
काँगनी–ज्वार।
काँच–शीशा; धोती का छोर जो कमर के पीछे खोंसा जाता है; गुदेंद्रिय के अंदर का भाग।
काँचन–सोना; प्रभा।
काँचा–अपरिपक्व।
कांची–करघनी।

काँजी–चावल का पानी; पिसी हुई राई आदि घोलकर बनाया हुआ एक प्रकार का खट्टा रस।

काँट–कढ़ी; रसा।

काँटा–किसी पौधे या वृक्ष का कड़ा तथा नुकीला अंकुर; मछली पकड़ने का यंत्र; कंटीली चीज।

काँठा–तोते के गले पर लाल तथा नीला रंग का घेरा; गला; किनारा।

कांड–अंश; एक जोड़ से दूसरे तक; गन्ने का अंश; विभाग; डंठल; ढेर; बाण; क्रीड़ा; लाठी; शाखा; पेड़ का तना; गुच्छा।

काँड–कुचलना; ठुकराना।

काँडली–कुलफा का शाक।

काँडी–लकड़ी का लट्ठा; बाँस; हल का जुआ।

कांत–प्रिय; मनोरम; पति।

कांता–सुंदर स्त्री; प्रिया; पत्नी।

कांतार–जंगल; निर्जन स्थान।

कांति–मुख सौंदर्य; चमक; सौन्दर्य।

काँदना–विलाप करना।

काँदा–एक पौधा जिसमा गुल्म प्याज के जैसा होता है।

काँदो–कीचड़; दलदल।

काँधना–कंधे पर रखना; उठाना; जिम्मेदारी उठाना; अपनाना; सहारा देना।

काँधर–गर्दन।

काँधर–कंधा।

काँप–कान में पहनने का एक आभूषण; एक पतली लचकदार लकड़ी; हाँथी अथवा सूअर का दाँत।

काँवर–बाँस का डंडा जिसके दोनों तरफ पर छीके लटकाकर पदार्थों को ले जाते हैं।

काँवरा–व्याकुल; सन्भ्रान्त।

काँवरू–उत्तेजित।

काँसा–काँस्य; एक प्रकार का भींख माँगने का खप्पर।

कांस्य–काँसा।

काई–एक प्रकार की वनस्पति; किट्टी की तरह जमा हुआ मैल।

काऊ–कभी भी।

काक–कौवा; कोई।

काकड़ा–ठोस चमड़ा; एक लम्बी और ठोस डोरी।

काकतालीय–आकस्मिक; अचानक।

काकदन्त–कोई असंभव बात; चमत्कार।

काकपक्ष–बालों के पट्टे जो पुराने जमाने में दोनों और कानों के ऊपर रखे जाते थे।

काकरी–कंकड़ी; छोटा पत्थर।

काकली–पतली, धीमी मधुर ध्वनि।

काकलोद–आशा; लगाव; स्नेह।

काका–चाचा।

काकिणी–बीस कौड़ीयों के बराबर मूल्य का एक सिक्का; कौड़ी का आवरण।

काकु–शोक, भय इत्यादि से स्वरूप बदलना; दीनता का वाक्य; ताना।

काकुल–जुल्फ; कनपटी पर लटकते हुए लंबे बाल।

काकोली–एक औषधीय पौधा।

काख–बगल।

काग–कौआ; बोतल में लगाने का डट्टा।

कागज़–महीन पत्र जिसपर अक्षर लिखे या छापे जाते हैं; लिखा हुआ प्रामाणिक लेख; लेख्य।

कागज़ात–कानूनी दस्तावेज; लिखित दस्तावेज।

कागज़ी–कागज का बना हुआ; लिखित कारवाई।

कागर–पंख।

कागरी–तुच्छ।

कागारोल–कोलाहल; शोरगुल; बलवा।

काच–आँखों का एक रोग; काला नमक; खारी मिट्टी; शीशा।

काचक–शीशा; खार।

काची–दुध दही रखने का मिट्टी का पात्र।

काछ–धोती।

काछनी–वह धोती जो ऊपर चढ़ाकर पहनी जाती है।

काछा–जांघ का ऊपरी भाग; कमर में खोंसा हुआ परिधान का हिस्सा।

काछी–सब्जी बोने तथा बेचने वाला कृषक; कछुआ।

काछे–पास; निकट।

काज–धन्धा; कार्य; काम; बटन लगाने का छेद।

काजर–कज्जली।

काजल–आँखों में लगाने की धुएँ की कालिख।

काजी[1]–व्यस्त; कार्यरत।

काजी[2]–मौलवी।

काट[1]–काटने की क्रिया या भाव; काटने का ढंग; कटाव; तराश।

काट[2]–तीक्ष्ण; छोर।

काटना–खंड करना; अलग करना; अलग अलग करना।

काठ–लकड़ी; बर्छी या तलवार की म्यान।

काठड़ा–काठ की बनी हुई बड़ी परात।

काठिन्य–कठिनाई; कड़ापन।

काठी–ढाँचा; डील डौल; अंग्रेजी ढंग की जीन।

काड्–एक प्रकार की मोटी चर्बीवाली मछली।

काड़ी–रहठा।

काढन–फुलकारी; कसीवा।

काढा–औषधियों को पानी में उबालकर बनाया हुआ रस; क्वाथ।

कात–भेड़ के बाल काटन की कैंची।

कातर–कतरी; काल्हूकी; भयभीत; विवश; डाँवाडोल; चंचल।

कातिब–दस्तावेज लिखनेवाला; लेखक।

क़ातिल–कत्ल करनेवाला; हत्यारा।

काती–कैंची; चाकू; छोटी तलवार; कृपाण; खड्ग।

कात्यायन–कच्चायन; एक प्राचीन ऋषि का नाम।

कादंबरी–शराब; चाँद।

काद–कीचड़; दलदल।

कादर–व्याकुल; उद्‌धिग्न; लज्जित; अधीर।

कादिरी–एक प्रकार की चोली।

कान–वह इंद्रिय जिससे शब्द सुनाई पड़ता है; कान में पहनने का एक गहना; नाव की पतवार; किसी वस्तु का ऐसा निकला हुआ कोना जो भद्दा जान पड़े।

कानन–पेड़ो का झुंड; लकड़ी; जंगल; घर।

काना[1]–एक आँखवाला।

काना[2]–टेढ़ा; तिरछा।

कानाकानी–कानाफूसी; कर्णपरंपरा।

कानि–लिहाज़; मर्यादा; शिक्षा; सीख।

कानी–छोटी उँगली।

कानी–एक आँखवाली स्त्री।

कानीन–अविवाहित कन्या का पुत्र।

क़ानून–विधि; नियम; राजनियम।

क़ानूनियत–न्याय्यता।

क़ानूनदाँ–न्यायनिपुण; वकील।

क़ानूनिया–कानून जाननेवाला।

कान्त–पति; शौहर।

कान्ता–पत्नी; भार्या; अति प्रिय।

कान्ति–चमकना; प्रभा; चमक दमक; शोभा; दीप्ति।

कान्यकुब्ज–कन्नौज देश का ब्राह्मण।

कान्हड़ा–राग का नाम।

कापना–काँपना; थरथराना।

कापिल–सांख्य दर्शन जाननेवाला; कपिल संबंधी।

कापी–विवरण पुस्तिका; नकल; प्रति।

कापुरुष–डरपोक आदमी; कायर।

क़ाफ़िया–तुक।

काफर–भाग जाना; गायब होना।

काफरी–कपूर के रंग के सदृश।

काफूर–लुप्त हो जाना; कपूर।

काब–एक बड़ी तस्तरी।

काबर–चितकबरा।

काबा–अरब के मक्के शहर का एक चौकोर स्थान जहाँ मुसलमान जन करने जाते हैं।

क़ाबिल–चतुर; योग्य; विद्वान; लायक; गुण सम्पन्न।

कबिस–एक रंग जिसके द्वारा मिट्टी के बर्तन को रंगकर पकाये जाते है।

काबीना–मंत्रिमंडल।

काबुक–कबूतरों का दरबा।

काबुली–काबुल कर पैदाइश या काबुल से संबंध रखनेवाला।

काबुली–काबुल की भाषा।

क़ाबू–वश; नियंत्रण; अधिकार।

काम–इच्छा; तृष्णा; कार्य; काम; रचना; प्रयोजन।

कामकला–मैथुन; संभोग; रीति; कामदेव की पत्नी; रती का विशेष नाम।

कामकाजी–व्यवसायी; कार्य में व्यस्त; उद्योगी।

कामकेली–कामक्रीड़ा; रीति; प्रणयी।

कामगार–कार्यकर्ता; कामदार।

कामचोर–काम से जी चुरानेवाला; सुस्त; आलसी; काम से दूर दूर रहनेवाला।

कामज–वासना की अभिलाषा से उत्पन्न।

क़ामत–शरीर की ऊँचाई; डीलडौल।

कामदहन–भगवान श्री शिव का विशेष नाम जिन्होंने कामदेव को भस्म किया था।

कामदा–कामधेनु; एक गाय जो सभी इच्छाएँ पूरी करती है।

कामदार–कर्त्ता; प्रबंधक; संचालक।

कामधाम–वृत्ति; व्यवसाय; व्यापार।

कामना–इच्छा; चाह; मनोरथ।

कामप्रवृत्ति–कामुक प्रवृति।

कामभावना–काम भावना।

कामयाब–सफल प्रयत्न।

कामयाबी–किसी मन की इच्छा सफलता में बदलना।

कामरी–कम्बल; लोई।

कामल; कामला–कमल रोग जिसमें संपूर्ण शरीर पीला पड़ जाता है; पांडु रोग।

कामवती–मैथुन की अभिलाषा करने वाली स्त्री।

कामवान्–संभोग की इच्छा रखनेवाला व्यक्ति।

कामाक्षी–श्री दुर्गा देवी का एक रूप; एक तंत्रोक देवी का नाम।

कामातुर–कामुक; कामपीड़ित; काम के वेग से व्याकुल।

कामर्त–काम पीड़ित।

कामायनी–किताब; उपन्यास।

कामिनी–कामायुक्त स्त्री; सुंदर स्त्री; प्यारी और आकर्षक स्त्री।

कामिल–गुणी; कुशल; गुणसम्पन्न; सम्पूर्ण; अनुभवी।

कामी–काँसे या अन्य धातु की ढली हुई छड़; कार्य करने के लिए पदार्थ।

कामुक–कामोत्तेजकता; कामुक पुरुष; लम्पट; व्यसनी।

कामुकी–व्यभिचारिणी स्त्री।

कामेश्वरी–कामाख्या की पाँच मूर्तियों में एक।

कामोद–एक प्रकार का राग जो रात को गाया जाता है।

काम्य–चाहने योग्य; जिसकी चाहत हो; कमनीय; सुंदर।

काम्येष्टि–एक यज्ञ जो कामनी की सिद्‌धि करने के लिए किया जाता है।

काम्यदान–इच्छित उपहार।

काय–शरीर; देह; काया।

क़ायदा–कानून; विधान; क्रम; व्यवहार; नियम; रीति; ढंग।

क़ायम–खड़ा हुआ; विद्‌यमान; स्थापित करना; स्थिर।

कायर–बुज़दिल; डरपोक।

क़ायल–माननेवाला; स्वीकार करनेवाला।

काया–देह; शरीर; तन।

कारधमी–कीमियागर।

कार[1]–कार्य; निश्चय; काम; क्रिया; कारामद।

कार[2]–साहित्यकार; काश्तकार।

कारक–वह हेतु जो कार्य का उत्पादक हो।

कारकुन–इंतजाम करने वाला; प्रबंधकर्ता; कारिंदा।

कारखाना–बड़ी उद्‌योग संस्था; वह स्थान जहाँ व्यापार के लिए कोई वस्तु अधिक मात्रा या मान में बनती हो।

कारगर–जो अपना कार्य संतोष जनक करता है; असर या प्रभाव करनेवाला।

कारचोब–कढ़ाई करनेवाला; कढ़ाई करने का खाका।

कारज–कार्य।

कारटा–कौवा।

कारण–उद्‌देश्य; प्रमाण; हेतु; मूल जड़; साधन।

कारतूस–पीतल आदि की एक नली जिसमें बारूद तथा छर्रा भरा जाता है।

कारनिस–छज्जा।
कारनी–प्रेरक; उत्तेजक; ईश्वर; कारण के रूप में होने या प्रेरणा करनेवाला।
कारपरदाज–किसी की ओर से उसका कोई काम करनेवाला; कारिंदा; प्रबंधकर्ता।
कारबार–व्यापार; धन्धा।
कारवाँ–काफ़िला; सार्थ।
कारसाज–खोजी; बिगड़ा हुआ काम बनाने वाला।
कारस्तानी–छल; ठगी; धोखाधड़ी; चालबाजी; चालाकी।
कारिका–परी; अभिनेत्री; विशिष्ट कविता; काम।
कारिख–कालापन; काजल।
कारिन्दा–काम करनेवाला; कारिंदा; कारक।
कारी–करनेवाला; बनानेवाला।
कारीगर–दस्तकार।
कारीगरी–शिल्प कौशल।
कारु–शिल्पकार।
कारुणिक–दयालु; कृपालु; दयावान।
कारुण्य–करुणा; दयालुता।
कारूरा–एक काँच की संकेरे मुँह की बोतल जिसमें किसी मरीज के पेशाब को जाँच पड़ताल के लिए रखा जाता है।
कारोबार–व्यवसाय; व्यापार।
कार्कश्य–रुखापन; कठोरता।
कार्त्तिक–आश्विन और अगहन के बीच का महीना।
कार्पण्य–कंजूसी।
कार्पास–रूई का पौधा। कपास का बना हुआ।
कार्मिक–बनाया हुआ।
कार्मुक–धनुष के आकार का एक शस्त्र।
कार्यकुशलता–कारीगरी।
कार्यकाल–कार्य करने का समय।
कार्यकेन्द्र–ध्यान लगाने का केन्द्र।
कार्यक्रम–कार्यसूचि; कार्या वलि; योजना; पैमाना; नियमित रूप से किया जानेवाला कार्य।
कार्यक्षेत्र–अवसर; मौका।
कार्यगृह–कार्य करने का स्थान।
कार्यतत्पर–कार्य में नियुक्त।
कार्यदिवस–कार्य के दिन।
कार्यसूची–कार्यक्रम।
कार्याधिकारी–जिम्मेदार अधिकारी; किसी विशिष्ट कार्य में लगा हुआ।
कार्यान्वयन–निर्वाह।
कार्यार्थ–छुट्टी–कार्य से अवकाश।
कार्यार्थी–इच्छित; कार्य की सिद्धि चाहनेवाला।
कार्यालय–दफ्तर; कार्य का स्थान।
कालंगड़ा–एक प्रकार का गाना।
कार्षापण–एक प्राचीन समय का भारतीय सिक्का।
काल–समय; अवसर; अवधि।
कालकूट–एक प्रकार का जहरीला भयंकर विष।
कालकेतु–एक राक्षस का नाम।
कालकोठरी–बंदीग्रह की एक अंधेरी कोठरी जिसमें एकांतिक कारावासवाले बंदी कैद किये जाते हैं।

कालक्षेप–समय नष्ट करना; टालना; स्थगित करना।

कालगडेत–एक प्रकार का काली चित्तियोंवाला विषैला सर्प।

कालचक्र–समय का उलटफेर; समय की पहिया।

कालज्ञ–ज्योतिषी; जिसे आनेवाले समय का ज्ञान हो।

कालज्ञान–ज्योतिष शास्त्र।

कालतुष्टि–यह संतोष की समय सभी कार्य पूरे करेगा।

कालधर्म–मृत्यु; समय का प्रभाव; समयानुसार व्यवहार; विनाश।

कालनिशा–दीवाली की रात; काली अंधेरी रात; भयंकर रात।

कालपाश–समय का बंधन; फाँसी; मौत का फंदा।

कालपुरुष–मृत्यु का देवता; ईश्वर का विराट रूप।

कालपूर्व–समय से पूर्व होनेवाली।

कालभैरव–शिव के अनेक गणों में एक मुख्य गण।

कालमान–समय प्रणाली।

कालमापी–ठीक ठीक समय अभिलेख करने वाली घड़ी।

कालयापन–समय बिताना।

कालवाचक–समय बतलानेवाला।

कालस–कालापन।

कालसर्प–एक प्रकार का मारक कोबरा सर्प।

कालसार–काला हिरण; काली तुलसी।

काला–काजल या कोयले के रंग का; स्याह।

कालाक्षरी–बहुत पढ़ा लिखा; बहुत विद्वान।

कालाग्नि–प्रलय काल की अग्नि।

कालाचोर–चतुर और चालाक चोर; बुरा आदमी; रहस्यमयी आदमी।

कालातिल–काला तिल।

कालातीत–जो अपना कीमती समय बिता चुका हो।

कालानाग–बहुत बुरा व्यक्ति; कुटिल मनुष्य; एक विषैला काला साँप।

कालापहाड़–अत्यंत भयानक और भारी वस्तु।

कालापानी–मद्य; स्पिरिटयुक्त तरल; अंडमान और निकोबार टापू जहाँ आजीवन कैद के बंदी भेजे जाते थे।

कालावधि–नियत समय।

कालि–समय।

कालिक–समय संबंधी।

कालिक–कालिख।

कालिकाल–कदाचित; किसी समय।

कालिख–वह काला अंश जो धुँए के जमने से बन जाता हैं।

कालिब–काया; साँचा।

कालिया–कालापन; कलंक।

काली[1]–काला रंग या धब्बा; माता दुर्गा का विशेष नाम।

काली[2]–यमुना नदी में रहनेवाला नाग जिसे कालिया नाग कहते हैं; वह नाग श्रीकृष्ण द्वारा मारा गया था।

कालीन–गलीचा।

कालुष्य—मैल; कालापन; मैल।

कालेश्वर—भगवान श्रीशिव का विशेष नाम।

कालोचित—योग्य; उचित।

कालौंच—कालापन।

कालौंध—धूम्रपान से उत्पन्न कालापन।

काल्पनिक—कल्पित; दिखौवा; असत्य; जो असल में न हो।

कावर—काँवर।

कावा—घोड़े का चक्कर; वृत।

काव्य—कविता; रसयुक्त वाक्य; मीठी बोली; ललित साहित्य।

काव्यत्व—कवित्व योग्यता।

काश—एक प्रकार की घास; खाँसी का रोग; काँस।

काशीफल—एक प्रकार का फल।

काषाय—गेरूआ रंग।

काष्ठ—काठ; लकड़ी; जलाने की लकड़ी।

काष्ठकार—बढ़ई; लकड़ी का काम करनेवाला।

काष्ठा—अवधि; सीमा; चरम; उत्कर्ष।

काष्ठीय—लकड़ी का।

कास—खाँसी; कफ।

कासा—प्याला; कटोरा; दरियाई नारियल का वह बरतन जो फकीर भीख माँगने के लिए रखते हैं।

कासार—झील; तालाब।

क़ासिद—पत्रवाहक।

काह—क्या।

काहल—सुस्त; आलसी।

काहिल—आलसी; कामचोर; सुस्त।

काहाँ—कहाँ।

काही—हरा काला; घास के रंग का।

काहे—किसलिये; क्यों।

किंकर—नौकर; दास।

किंरता—नौकरी।

किंकर्तव्यविमूढ़—कर्तव्य निश्चय करने में असमर्थ।

किंगरी—छोटी सारंगी के आकार का एक बाजा।

किंगी—एक प्रकार की छोटी सारंगी।

किंचन—थोड़ी मात्रा।

किंतु—लेकिन; परंतु।

किंदील—मोमबत्ती; दीप वृक्ष।

किंदन्ती—जनप्रवाद; जनश्रुति।

किंशुक—पलास का वृक्ष; ढाक।

कि—कैसे; किस प्रकार; तत्क्षण; एक योजक शब्द।

किछ—कुछ।

किड़—कीड़ा।

किण्व—कार्बनिक पदार्थों में सूक्ष्म जीवों द्वारा उत्पन्न किया गया रसायन।

कित—कहाँ; किस ओर; कितना; दिशा में।

कितक—कितनी संख्या में; कितना।

कितना—किस मात्रा, परिणाम या संख्या का।

कितब बेईमान; जुआरी; पागल मनुष्य; पापी मानव।

क़िता—खंड; अंश; टुकड़ा।

किताब—पुस्तक; ग्रंथ।

किति—यश; कीर्ति; ख्याति; प्रसिद्धि।

कितीक—कितने।

कितेक—कितने।

कित्त–कहाँ।
किदार–एक गानेवाले राग का नाम।
किधर–कहाँ; किस ओर।
किन–रगड़ का चिह्न; घाव।
किनका–अनाज का टुकड़ा।
किनवानी–झड़ी; फुहार।
किनार–किनारा।
किनारदार–जिस वस्त्र में किनारा लगा हो।
किनारा–नदी का तट; तीर; छोर; परिधि; हाशिया।
किनारी–सुनहला या रूपहला गोटा।
किन्तु–परन्तु; फिर।
किफ़ायत–मितव्यय; कमखर्ची; बचत।
किम्–क्या; कैसे; क्यों।
किमरिख–एक चिकना सफेद कपड़ा।
किमाम–गाढ़ा किया हुआ रस।
किमाश–किस प्रकार से; कैसे।
किस्मत–चातुरी; कौशल।
कियात्–कितना।
किया–कार्य करना।
किरंटा–छोटे दर्जे का क्रिश्चिन।
किरकिटी–धूल; किरकिरी; आँख में गिरे धूलकण।
किरका–कंकड़; छोटा कंकड़।
किरकिरी–अपमान; धूल या तिनके का छोटा टुकड़ा आँख में गिरना और दर्द करना।
किरकिल–गिरगिट।
किरकी–एक प्रकार का आभूषण।
किरच–थोड़ी सी मात्रा; अत्यंत सूक्ष्म मात्रा; एक प्रकार की पतली तलवार; काँच की किरच।
किरचा–टुकड़ों में काटना।
किरण–प्रकाश; सूर्य की रोशनी।
किरणन–चमक; आभा।
किरतनिया–समर्पित गानों का गायक।
किरदार–चरित्र; नाटक का पात्र।
किरन–झालर; ज्योति; प्रकाश की रेखा।
किरम–कीड़ा; कृमि।
किरमाल–तलवार; कृपाण।
किरमिच–एक प्रकार का महीन टाट या मोटा बिना बीना हुआ कपड़ा; किरमिजी रंग छोड़नेवाला एक सूखा कीड़ा।
किरवान–कृपाण; खड्ग; तलवार।
किराँची–अनाज, भूसा इत्यादि लादने की दो पहियों की गाड़ी।
किरात–रत्न इत्यादि तौलने का एक परिण ाम जो 3.17 ग्राम के बराबर होता है।
किराना–हल्दी, मिर्च आदि मसाले जो पंसारियों के यहाँ बिकते हैं।
किराया–भाड़ा; माल गुजारी।
किरासन–मिट्टी का तेल।
किरिच–नोकदार टुकड़ा।
किरिया–कर्त्तव्य; शपथ; कसम; सौगंध।
किरिस्तान–एक प्रकार का धर्म।
किरीट–ताज; शीशफूल; एक प्रकार का सिर का आभूषण।
किरोना–खुरचना।
किरौना–कृमि; कीड़ा।
क़िल–वास्तव में; सचमुच; संभवत:; अर्थात्।
किलकना–हर्षध्वनि करना; किलकार मारना।
किलकार–हर्षध्वनि; किलकारी।

किलना–नियंत्रित होना; वश में लाया जाना; गति में रुकावट होना; कीला जाना।

किलनी–एक छोटा चिह्न; एक प्रकार का कीड़ा जो पशुओं से चिपक कर उनका खून चूसता है।

किलबिलाना–धीरे धीरे रेंगना; इधर उधर डोलना।

किलवारी–पतवार; छोटा डाँडा।

किलसना–विलाप करना; क्लेश्युक्त होना; दर्द महसूस करना।

किलसाना–विलाप करवाना।

किलहँटा–सिरोही पक्षी।

किला–दुर्ग; वह लंबी चौड़ी इमारत जिसके भीतर सैनिक रहते हैं।

किलिक–सरकंडा का टुकड़ा।

किल्कारी–बन्दर द्वारा दाँतों को किटकिटाने की आवाज; आनन्द या हर्ष में चिल्लाना।

किल्लत–कमी; तंगी; न्यूनता; दुर्लभता; दुष्काल।

किल्ली–मेख; खूँटा; अंकुर।

किल्विष–पाप; अपराध; रोग; कमी; हीनता।

किवाँच–एक प्रकार का पौधा।

किवाड़–कपाट; द्वार का पल्ला।

किशमिश–सुखाया हुआ छोटा अंगूर जिसमें बीज नहीं होते; मुनक्का।

किशलय–कोपल; टहनी; शाखा; कोमल नया पत्ता।

किशोर–तरुण अवस्था; पुत्र; लड़का; शिशु; ग्यारह से पन्द्रह वर्ष की आयु का बालक; सूर्य।

किश्त–ऋणभाग; शतरंज के खेल में बादशाह को शह मिलना।

किश्ती–नाव; किश्ती; डोंगी।

किस–'कौन' का वह रूप जो विभक्ति लगने पर उसे प्राप्त होता है।

किसबी–कारीगर।

किसमत–किस्मत; भाग्य; तकदीर; भाग्य की परीक्षा।

किसमी–मजदूर; श्रमिक।

किसलय–नये पत्तों का उगना।

किसान–कृषक; श्रेत्र जीवी; खेतिहर।

क़िस्म–प्रकार; भेद; तरह।

क़िस्मत–भाग्य; तकदीर।

क़िस्सा–कथा; आख्यान; कहानी; वृत्तान्त।

कीक–चीत्कार; चीख।

कीकट–घोड़ा; मगध देश का प्राचीन नाम; एक अनार्य जाति।

कीकना–शब्द करना; किकियाना; कर्कश ध्वनि के साथ चीखना।

कीकर–बबूल का वृक्ष; एक प्रकार का वृक्ष जो सूखे प्रदेश में पाया जाता है।

कीच–कीचड़; मैला; गंदगी।

कीचक–एक प्रकार का बाँस जिसके छिद्र में होकर वायु निकलने पर एक प्रकार की ध्वनि करती है; राजा विराट का साला।

कीचड़–मैला; गंदगी; पानी से सनी मिट्टी; पंक; कर्दम; आँख का मैल।

कीट–रेंगने या उड़नेवाला छोटा प्राणी।

कीटज्ञ–कृमि अध्ययन शास्त्री।

कीड़ा–उड़ने या रेंगनेवाला कीट; साँप; मकोड़ा; खटमल; इल्ली।

कीड़ी–चींटी; अति छोटा कीड़ी।

कीन–किया।

किनना–क्रय करना; खरीदना; मोल लेना।

कीना–गहरी शत्रुता; द्वेष; मनमुटाव।

कीप–छोटे मुँहवाले पात्र में तरल पदार्थ भरने की छुच्छी; चोंगी।

क़ीमत–मूल्य; योग्यता; गुण; दाम।

क़ीमती–मूल्यवान; बहुमूल्य; अधिक कीमत का।

क़ीमा–छोटे छोटे महीन टुकड़ों में कटा माँस।

कीमिया–सोना चाँदी बनाने का रहस्मय विज्ञान; रसायन विद्या।

कीमुख्त–अनमोल; बहुमूल्य; उत्कृष्ट; अधिक मूल्य का।

कीर–पीछा करनेवाला; तोता; माँस।

कीर्तन–संगीत और भजन।

कीर्ति–पुण्य; ख्याति; यश; चमक; दीप्ति।

कीला–कील; मेख; बड़ी कील; चौड़े माथे की छोटी कील।

कीलाल–पानी; रक्त; अमृत; पशु; मधु।

कीली–किसी चक्र के बीच में लगी हुई खुँटी जिस पर चक्र घूमता है; कील; किल्ली।

कीश–बंदर।

कीसा–जेशकीश; गर्भ की थैली; बन्दर।

कुँआरा–अविवाहित।

कुँई–कुमदिनी; कोई; कई।

कुँकुम–एक प्रकार का लाल चूर्ण जो हिन्दुओं में पूजा करते समय प्रयोग किया जाता है; केसर।

कुचन–टेढ़ा होना; सिकुड़ना; बाल का घुँघरुदार होना।

कुँजड़ा–हरी सब्जियों का व्यापारी; एक जाति जो फल और तरकारी बेचती है।

कुँजर–हाथी।

कुंजबिहारी–भगवान श्री कृष्ण का विशेष नाम।

कुंजी–ताली; चाबी; व्याख्या की पुस्तक; अर्थ बोधक पुस्तक।

कुंठ–मूर्ख; अकर्मण्य; मुड़ा या सिकुड़ा हुआ; भोथरा; भोंदू; मुँहफट।

कुंठा–चिढ़; मूर्खता; निराशा।

कुंठित–कुंद; भोंथरा; मद्धिम; मंद; विफलताओं से निराश।

कुंडड़ा–सूखी घास; ढेर; पुंज।

कुंडरा–मिट्टी का एक बड़े मुँह का पात्र जो तेल रखने के काम में आता है; कुंडा।

कुंडली–गोलाई में लिपटी हुई रस्सी या तार; मोर; एक चितकबरा हिरण; जन्म. पत्री; साँप का वृत्ताकार में सिमटना।

कुंडा–एक चौड़े मुँह का मिट्टी का बना हुआ गहरा पात्र जिसमें जल इत्यादि रखा जाता है; द्वार पर लगाने का कोढ़ा।

कुंडी–कुलावा; पत्थर या लकड़ी का छोटा पात्र; किवाड़ की जँजीर या कड़ी; लंगर का बड़ा लच्छा।

कुंत–एक अन्न; जूँ; भाला।

कुंती–यदुवंशीय शूरराज की कन्या और पांडुराज की पत्नी; वासुदेव की बहन; एक तरह ही मधुमक्खी।

कुंथना–निर्दयता से पीटना।

कुंद–कमल; जई का पौधा।

कुंदन–खालिस और दमकता हुआ सोना।

कुंदरू–एक प्रकार की बेल जिसमें परवल के फूल के समान फल लगते हैं।

कुंदा–लकड़ी की एक चक्करदार छेद की बंदूक जिसे नौसिखुआ सैनिक प्रशिक्षण के दौरान प्रयोग करते हैं; लकड़ी को मोटा टुकड़ा

कुंदेरना–छीलना; खुरचना; खरीदना।

कुंदेरा–खराद पर काम करनेवाला।

कुंबी–खेती करनेवालों का एक विशेष समुदाय का नाम।

कुंभ–हाथी के मस्तक का मध्य भाग; ग्यारहवाँ राशि; सौलह सेर की तोल; मिट्टी का कलस।

कुम्भनी–जल से भरी नाली या खाई।

कुम्भार–कुम्हार।

कुँभिका–एक मिट्टी का पात्र; कुमुदिनी; एक प्रकार का आँखों का रोग; शूकरशाला।

कुँभिला–अपूर्ण गर्भ की संतान; कुँभलाना।

कुँभीर–घड़ियाल।

कुँवर–लड़का; जवान; अविवाहित जवान; बेटा; राजकुमार।

कुँनकुँह–केशर।

कुँहड़ा–कुम्हड़ा।

कुँअर–राजा का पुत्र; राजकुमार।

कुअँरैटा–तरुण बच्चा।

कुआँ–गढ़ा; कूप।

कुआँरा–अविवाहित; जिसका ब्याह न हुआ हो।

कुआर–हिंदी महिना; आश्विन मास; क्वार।

कुइयाँ–छोटा कूप।

कुकटी–एक प्रकार की कपास जिसकी रूई कुछ लाली लिये हुए सफेद होती है।

कुकड़ी–खुखड़ी; चर्खी में कातकर उतारा हुआ कच्चे सूत का लपेटा हुआ लच्छा।

कुकरी–जंगली मुर्गी।

कुकरोंदा–एक प्रकार का पौधा जिसकी पत्तियाँ औषधीय होती है।

कुकर्म–बुरा काम; दुराचार; दुराचरण।

कुकर्मी–बुरा काम करनेवाला। दुरात्मा; दुष्कर्मी।

कुकुर–कुत्ता; एक प्रकार की सूखी खांसी।

कुकुरमुत्ता–मश्लूम की एक जाति; लकड़ियों पर बरसात में उगनेवाला छत्रक पौधा।

कुकुही–बनमुर्गी; जंगली मुर्गी।

कुक्कुट–मुर्गा।

कुक्कुटी–मुर्गी।

कुक्कुर–कुत्ता।

कुक्ष–पेट; कोख; गर्भाशय।

कुक्षि–गर्भाशय; कन्दरा; कोख।

कुखेत–शैतानी स्थान; बुरी अवस्था; बुरा स्थान।

कुख्यात–मान का नाश; बदनाम।

कुगति–बुरी अवस्था; घृणास्पद हालत।

कुगहनि–अनुचित आग्रह; बुरी हठ।

कुघात–छल; कपट; अशुभ अवसर; बेमौका; बुरी तरह से किया हुआ घात; कपटपूर्वक की गई चोट।

कुच–स्तन; स्त्री की छाती; वक्षस्थल।

कुचंदन–लाल चंदन; बक्कम।

कुचकुचवा–उल्लु।

कुचना–सिकुड़ना।

कुचक्र–कपट प्रबंध; कुमंत्रणा; षड्यंत्र।

कुचर–दुष्प्रचारक; नीच कर्म करनेवाला; दुष्प्रचार करने में सहायक।

कुचलाई–दुराचार; गलत प्रबंध।

कुचाल–दुष्टता; बुरा अभ्यास।

कुचील–मैला वस्त्र पहिननेवाला।

कुचेल–मैला वस्त्र पहने हुए।

कुचेष्ट–गंदी आदतवाला।

कुचेष्टा–चेहरे का बुरा प्रभाव; बुरी चाल; हानि पहुँचाने का यत्न।

कुचैला–गंदा; मैला; मलिन वस्त्रवाला।

कुछ–तनिक; थोड़ा सा।

कुछेक–कुछ; थोड़ी संख्या में

कुजत्र–काले जादू का बुरा असर; टोटका; टोना।

कुजोग–बुरी टोली; बुरा अवसर।

कुट–दुर्ग; कोट; बहुत थोड़ा; कूटा हुआ टुकड़ा।

कुटका–छोटा टुकड़ा; महीन अंश।

कुटकी–एक वनमक्खी जो कुत्तों इत्यादि को कष्ट देती है; एक प्रकार का औषधीय पौधा जिसकी ग्रंथिमय जड़ दवा में प्रयुक्त होता है।

कुटनहारी–धान कूटनेवाली स्त्री।

कुटन–दलाल; नीच काम में सहायता देनेवाला।

कुटना–कूटा जाना; मारा जाना; दो आदमियों से झगड़ा करानेवाला।

कटनाई–नीच; श्रुद्र।

कुटनी–स्त्रियों को बहकार कुकर्म करवानेवाली स्त्री।

कुटम्मस–मारना; पीटना।

कुटिया–छोटा घर या झोपड़ी।

कुटिल–दुष्ट; कुटिल; टेढ़ा; घूमा हुआ।

कुटिलता–तिरछापन।

कुटी–घास फूस की बनी हुई झोपड़ी।

कुटीचर–छली; कपटी।

कुटीर–छोटा घर।

कुटुम्ब–कुल; परिवार; भाई बंधु; बाल बच्चे।

कुटुर–खाते समय चपर चपर का शब्द निकालना।

कुटेक–बुरी हठ।

कुटेव–बुरी आदत; बुरा आचरण।

कुट्टनी–कुटनी।

कुट्टी–छोटे बच्चों में आपस में संबंध विच्छेद करने का एक संकेत; चारे को छोटे छाटे टुकड़ों में काटने की क्रिया।

कुठला–अन्न रखने का मिट्टी का एक बड़ा पात्र।

कुठाँव–बुरी अवस्था; कुत्सित स्थान; शरीर के अति आवश्यक स्थानों पर मारना।

कुठार–कुल्हाड़ी; फावड़ा; बसूला।

कुठाली–सुनार की चाँदी तथा सोना गलाने की घरिया।

कुठियार–अन्नागार।
कुठियारी–अन्नागार का रक्षक।
कुठौर–अनुचित अवसर; बुरा स्थान; बेमौका।
कुड़क–वज मुर्गी जिसने अंडे देना बंद कर दिया हो।
कुड़मा–परिवार; कुटुम्ब; रिश्तेदारी।
कुड़माई–सगाई; विवाह के लिए वचन देना।
कुड़व–एक पुरानी तौल जो प्रस्थ का चुतर्थांश होती थी।
कुड़ी–चूल्हे की जगह; झोपड़ी।
कुडुक–तार अथवा रस्सी।
कुडुक–एक मुर्गी जो अंडे नहीं देती; खाली; बेकार।
कुडौल–बेढंगा; भद्दा; भोंडा; बुरा तरीका।
कुढंग–बुरा आचरण; कुचाल; बुरी रीति; कुढंगा।
कुढंगा–जो काम करने का ढंग न जानता हो; बेशऊर; उजड्ड; बेढंगा; भद्दा।
कुढ़क–पीड़ा देना।
कुढ़न–कूढ़ने का भाव; चिढ़; बुरा मानना; चिढ़ना।
कुढ़ना–दुखी होना; मन ही मन क्रोधित करना।
कुढ़ब–बुरा होना; बुरा आचरण; कठिन; अच्छे लक्षण न होना।
कुढ़ाना–ऐसा काम करना जिससे कोई कुढ़े; दुखी करना; क्रोध दिखलाना; चिढ़ाना।
कुणप–लाश; शव; मृतदेह; भाला।
कुणपाशी–शव भक्षक पशु या पक्षी।
कुतका–भारी गदा; डंडा; गदका।
कुतना–आँका जाना।
कुतप–दोपहर का समय; दिनमान का आठवाँ मुहूर्त; सूर्य; अतिथि।
कुतरन–दाँतों की सहायता से छोटे छोटे टुकड़े में काटना।
कुतर्क–तर्क विरुद्ध; निंदनीय तर्क।
कुतिया–कुतिया।
कुतुब–ध्रुव तारा।
कुतुबनुमा–नाविक का दिक्सूचक।
कुतूहल–किसी वस्तु को देखने या सुनने की बड़ी लालसा; कौतुक; उत्सुक; जिज्ञासु; क्रीड़ा।
कुत्त–जिधर; जहाँ।
कुत्ता–भेड़िए, गीदड़ आदि की जाति का एक प्रसिद्ध पशु; कूकुर; गरारी; बंदूक का घोड़ा।
कुत्सा–आक्षेप; लांछन; गर्हणा; निंदा।
कुत्सित–नीच; निंदित।
कुथरा–गंदगी; अशुद्धता।
कुथुआ–बच्चों का एक प्रकार का आँखों का रोग।
कुदकना–कूदना।
कुदरत–प्रकृति; ईश्वर; ईश्वरीय शक्ति।
कुदरा–कुदाली।
कुदर्शन–कुरूप; भद्दा।
कुदलना–उछलना; कूदते हुए चलना।
कुदशा–भयानक अवस्था।
कुदाँव–बुरी अवस्था; विश्वासघात; धोखा; कपट; मक्कारी; घात; शरीर का अति आवश्यक हिस्सा।

कुदान—एक छलांग में तय की गयी दूरी; कूदने का तरीका; कूदने की दूरी।
कुदाम—खोटा पैसा या रुपया।
कुदाय—अनुपयुक्त तरीका; प्रताड़ना।
कुदाल—भूमि खोदने का अस्त्र; फावड़ा।
कुदृष्टि—बुरी दृष्टि; कामुकता भरी निगाह।
कुदेव—ब्राह्मण; दानव।
कुद्रव—कोद्रव अन्न; मंडवा; कोदों।
कुद्दल—लकड़ी जो पत्थर जैसी सख्त और भारी होती है।
कुद्दुस—शुद्ध; पवित्र।
कुधर—पर्वत; पहाड़।
कुधातु—लोहा।
कुनकुना—थोड़ा गरम; गुनगुना।
कुनबा—कुटुम्ब; घराना; इकट्ठा करना।
कुनमुनाना—ठुनकना; आपत्ति करना।
कुनवा—खरादिया; कुनेरा।
कुनह—वैर भाव; बुरा फंदा डालनेवाला।
कुनाई—लकड़ी का बुरादा।
कुनाम—बदनामी; अपमान।
कुनैन—सिनकोना वृक्ष की छाल से तैयार की गयी औषध जो मलेरिया के उपचार के काम में आती है।
कुप—भूसे आदि की राशि; घास।
कुपंथ—प्रतिबंधित आचरण; कुपथ।
कुपढ़—अशिक्षित; अनपढ़।
कुपथ—बुरा आचरण; बुरा मार्ग।
कुपथ्य—स्वास्थ बिगाड़नेवाला आहार विहार; गलत राह से संबंधित।
कुपना—क्रोध करना; गुस्सा होना।
कुपाठ—बुरी राय।
कुपात्र—अयोग्य या अनाधिकारी, अयोग्य मनुष्य।
कुपार—समुद्र।
कुपित—अप्रसन्न; विकृत; क्रुद्ध; गुस्सा।
कुपुत्र—माता पिता की आज्ञा न मानने वाला पुत्र।
कुप्पा—घी या तेल रखने का चमड़े का एक पात्र।
कुफ्ल—ताला।
कुब—कूबड़।
कुबन्ड—कमान; विकलांग।
कुबजा—कुबड़ी महिला।
कुबड़ा—मूड़ी हुई पीठवाला।
कुमार—जवान अविवाहित आदमी; पाँच वर्ष का बालक; राजा का बेटा।
कुमारतंत्र—भारतीय चिकित्सा संबंधी पद्धति जो बच्चों की बीमारियों से संबंधित है।
कुमारपन—कुआँरापन।
कुमारी—अविवाहित कन्या; एक अविवाहित कन्या को संबोधित करने का शब्द; बारह वर्ष की कन्या।
कुमार्ग—बुरा मार्ग; बुरी राह; बुरा चलन।
कुमुख—भद्दा; डरावना; घृणित; कुरूप; बाह्य रूप।
कुमुद—कमल; चाँदी; कपूर।
कमेरु—दक्षिणी ध्रुव।
कुम्मत—बहुत दक्ष; चालाक।
कुम्हडौरी—एक खाद्य पदार्थ जिसमें कोहड़े के महीन टुकड़े मिला दिये जाते हैं।
कुम्हलाई—बुद्धि या शौर्य खोना; झुलसायी।

कुम्हार–मिट्टी की सहायता से पात्र बनानेवाला।
कुम्हारन–कुम्हार की पत्नी।
कुम्हारी[1]–एक महिला जिसका संबंध कुम्हारों के समुदाय से है।
कुम्हारी[2]–एक प्रकार का ततैया जो चिकनी मिट्टी से अपना घोसला बनाता है।
कुरंग–एक ताँबे के रंग का हिरन।
कुरंगति–मादा हिरण।
कुरंटक–एक औषधीय पौधा।
कुरंड–अखरोट का वृक्ष।
कुरकुट–छोटा टुकड़ा; महीन अंश।
कुरकुटा–कटी हुआ रवा।
कुरकुर–किसी करारी वस्तु के टूटने से उत्पन्न होनेवाले शब्द।
कुरकुरा–खरा और करारा।
कुरकुरी–शरीर की कोमल पतली हड्डी।
कुरता–बिना कॉलर का कुरता; कमीज की तरह का पहनावा।
कुरती–छोटा कुरता; जनाना कमीज़।
कुरबान–निछावर; बलिदान।
कुरबानी–बलिदान; त्याग।
कुरर–क्रौंचपक्षी।
कुरवक–लाल कटसरैया।
कुरवना–कोई वस्तु को अधिक मात्रा में इकट्ठा करना; राशि लगाना।
कुरसी–कुर्सी; ऊँचा स्थान।
कुरा–एक गाँठ जो पुराने घाव में पड़ी हो।
कुराई–काठ की बेड़ी।
कुरान–मुसलमानों की एक पवित्र धर्मग्रंथ।
कुराय–दुराचारा; दुराचरण।
कुराह–बुरा और गलत मार्ग।
कुराही–भ्रष्ट व्यक्ति; बुरे और गलत मार्ग पर चलनेवाला।
कुरी–वंश; ढेर।
कुरीति–बुरी लत; कुप्रथा; बुरा व्यवहार।
कुरु–एक चंद्रवशी दिल्ली का राजा जिसके वंशज कौरव कहलाये।
कुरुख–क्रुद्ध; कुपित; क्रोधित।
कुरुचि–विरुचि; विमुखता।
कुरुन–झावाँ।
कुरुल–माथे पर बिखरी हुई जुल्फ; घुंघराले।
कुरुवक्र–गहरे लाल रंग का फूल।
कुरुप–भद्दा; भयानक; बुरी शक्ल का; वीभत्स; भयंकर; डरावना; बदसूरत; बेडौल; बेढंगा।
कुरेदना–खुरचना; खोदना; नोचना।
कुरोचना–खुरचना।
कुरौना–ढेर करना।
कुर्क–जब्त करना; ऋण चुकती में साम्रगी रोकना।
कुर्की–जुर्माने आदि की वसूली के लिए जायदाद या माल का जब्त किया जाना।
कुर्बान–बलिदान; त्याग।
कुलंग–एक पक्षी।
कुर्सी–कुरसी।
कुल–समस्त; पुरा; सब; सारा।
कुलंग–सारस।
कुलकुना–आनंद से हँसना; बोलना।

कुलकान–वंश की इज्जत और मर्यादा।
कुलकुला–धीरे धीरे बोलना; प्रसन्न होना; आँत कुलबुलाना; भूख लगना।
कुलक्षण–अशुभ सूचना अथवा घटना; बुरा लक्षण।
कुलचा–खमीर की रोटी।
कुलच्छन–बुरी आदतें; गंदी लत।
कुलच्छनी–बुरे लक्षण और आदतोंवाली स्त्री।
कुलट–व्यभिचारी; बुरी प्रकृतिवाला व्यक्ति।
कुलटा–व्यभिचारिणी स्त्री।
कुलदेव–वंश के आराध्य देवता।
कुलदेवी–वंश परंपरा की देवी।
कुलद्रोही–वह जो परिवार की मान मर्यादा; प्रतिष्ठा को बदनाम करता है।
कुलना–दर्द महूसस करना; दुखना; टीसना।
कुलपति–वह अध्यापक जो विद्यार्थियों का भरण पोषण करता हुआ उन्हें शिक्षा दे; वंश का स्वामी; किसी विश्व-विद्यालय का उप-प्रधान सर्वोच्च अधिकारी।
फुलफ़त–व्यग्रता; उत्कंठा; मनोव्यथा; रंज।
कुलफ़ी–बर्फ की मलाई; एक प्रकार की नली जैसा साँचा जिसमें मलाई, दूध आदि भरकर बर्फ जमाते हैं।
कुलबोरन–परिवार को बदनाम करन. वाला; वंश को डुबानेवाला।
कुलवधू–एक अच्छे घर की धर्मपरायण स्त्री।
कुलवंत–अच्छे कुल तथा परिवारवाला; कुलीन।
कुलवान–सुशील; अच्छे कुल का।
कुलह–टोपी; ढक्कन।
कुलही–बच्चों का कनटोप।
कुलांगार–कुल का गौरव; मर्यादा नष्ट करने वाला।
कुलाँच–छलांग; उछाल; अंतर।
कुलाचार्य–परिवार का एक अध्यापक; कुलगुरु।
कुलाधिपति–विश्वविद्यालय प्रमुख।
कुलानुशासक–अभिकर्ता (विश्व-विद्यालयों में)
कुलाबा–लोहे की घंटी; किवाड़ को चौखटे से जकड़ने का काँटा; मछली पकड़ने का काँटा।
कुलाल–कुम्हार; कुम्भकार।
कुलाह–टोपी।
कुलिंग–एक प्रकार की चिड़िया; चटक पक्षी; गौरैया।
कुलिक–सज्जन व्यक्ति; परिवार का मुखिया; शिल्पकार; कारीगर।
कुली–बोझ उठानेवाला व्यक्ति; मज़दूर।
कुलुफ़–ताला।
कुलेल–खेल; क्रीड़ा।
कुल्माष–एक प्रकार का धान; उड़द।
कुल्या–नहर; जल मार्ग।
कुल्ला–मुख में पानी भरकर तथा चारों ओर घुमाकर बाहर फेंकने की क्रिया।
कुल्हड़–पुरवा; एक प्रकार का छोटा मिट्टी का बर्तन।
कुल्हा–जंघा।

कुल्हड़ा–कुल्हाड़ी; कुठार।
कुँवारा–अविवाहित पुरुष; ब्रह्मचारी।
कुँवारी–अविवाहित स्त्री।
कुँवाच्य–जो कहने योग्य न हो; गंदा; बुरा।
कुविचार–बुरा विचार।
कुवेर–धन का राजा; भगवान श्री महादेव का मित्र।
कुवैद्य–नीम हकीम; कूट चिकित्सक; कुत्सित वैद्य।
कुवेला–बुरा वक्त; अनुपयुक्त समय; कठोर काल।
कुव्वत–ताकत; शक्ति।
कुशल–चतुर; होशियार; प्रवीण; निपुण; दक्ष।
कुशा–रस्सी; लगाम।
कुशाग्र–कुश की नोक के समान तीक्ष्ण और पतला।
कुशादा–फैला हुआ; लंबा चौड़ा; खुला हुआ।
कुशासन–बुरा राज्य।
कुशील–असभ्य।
कुश्ती–दो पहलवानों का मल्लयुद्ध।
कुष्ठ–कुष्ठ रोग।
कुष्ठी–कुष्ठ रोग से ग्रसित।
कुसंकट–दुर्भाग्य; संकट; दुर्घटना।
कुसंग–कुत्सिग संग।
कुसंगति–किसी व्यक्ति के संग बुरा; अयोग्य संसर्ग।
कुसंस्कार–बुरी लत; बुरा आचरण; बुरा संस्कार।
कुसमय–बुरा समय; संकट का समय।
कुसलई–निपुणता।
कुसली–आम की गुठली।
कुसाइत–हतभाग्य; बुरा क्षण; कुसमय।
कुसीद–ब्याज के लिए रुपया उधार देने का काम।
कुसंभ–कुसुम का फूल।
कुसुम–पुष्प; फूल।
कुसुमित–परिपक्व; फूला हुआ।
कुसुमी–कुसम के फूल के रंग का।
कुसूत–बुरा प्रबंध; दुष्ट अथवा पापी पुत्र।
कुस्वप्न–बुरा स्वप्न; भयानक सपना।
कुस्वभाव–बुरा अथवा दुष्ट व्यवहार।
कुहप–राक्षस।
कुहर–खोखली जगह; दरार; छिद्र; गड्डा।
कुहरा–भाप; कोहरा; जल का अत्यंत सूक्ष्म कण जो ठंडक पाकर वायु में भाव सा जम जाता है और धीरे धीरे भूमि पर उतरता है।
कुहराम–शोरगुल; कोलाहल; उपद्रव।
कुहाना–कुपित होना; रूठना।
कुहासा–धुंध; कुहरा।
कुही–छोटा घोड़ा; एक प्रकार की शिकारी चिड़िया; घोड़े की एक नस्ल।
कुहु–कोयल या मोर की बोलने की ध्वनि; अमावस्या की रात जब चन्द्रमा बिल्कुल नहीं दिखाई पड़ता।
कुहेलिका–कुहरा।
कूखना–पीड़ित अवस्था में करुणाजनक शब्द निकालना।
कूँचा–छोटी झाड़ू।
कूँची–सफेदी करने की एक प्रकार की झाड़ू।
कूँज–क्रौंच पक्षी।

कूँडी–एक छोटी मिट्टी की द्रोणिका; एक छोटी पत्थर की कटोरी।

कूँथना–पीड़ा से कराहना।

कूँई–कुमुदनी।

कूकड़ी–कुतिया।

कूँकना–चहचहाना; घड़ी या बाजे से चाबी भरना।

कूकर–कुत्ता।

कूच–कहीं से यात्रा आरंभ करना; प्रस्थान; रवानगी।

कूची–चित्र बनाने की लेखनी; छोटी झाड़ू।

कूज–ध्वनि।

कूजन–चिड़ियों की बोली।

कूट–नकली; बनावटी; रहस्य युक्त; गुप्त; गूढ़।

कूटता–छल; कड़ाई; झूठापन।

कूटनीति–धोखे की चाल; कपट नीति; राजनैतिक कौशल।

कूटरचना–जालसाजी; कूट रचना।

कूटस्थ–छिपा हुआ; गुप्त; अटल; दृढ़; अविनाशी। श्रेष्ठ।

कूटी–व्यंग्य; उपहासपूर्ण लेख।

कूड़ा–मैल; व्यर्थ वस्तु; घास फूस।

कूढ़–मूर्ख; अज्ञान।

कूत–किसी वस्तु का भार; कीमत का अनुमान।

कूद–कूदने की क्रिया; लाँघना।

कूदना–उछलना।

कून–जहाज पर प्रयुक्त मोटी रस्सी या इस्पात का तार; जहाज का अगला भाग जिसमें रस्सा बाँधने के लिए छेद होते हैं।

कूप–कुआँ; छेद; गड्डा; तेल का कुआँ।

कूबड़–पीठ का उभड़ा हुआ।

कूम्हल–रात में सेंघ लगाकर चोरी करना; चोर द्वारा घर की दीवार में किया गया छेद।

कूर–निर्दयी; निष्ठुर; क्रूर।

कूरा–ढेर; भाग; अंश; हिस्सा।

कूर्म–कछुआ।

कूल–नदी आदि का किनारा; तलाब; सेना का पिछला भाग।

कूला[1]–नितम्ब; कूल्हा।

कूला[2]–नाली; कृत्रिम जलप्रवाह।

कूल्हा–पेड़ू के दोनों ओर उभरी हुई हड्डी।

कूवत–शक्ति; बल; पराक्रम।

कूह–हाथी की चिंघाड़; चीख।

कूहड़–असमतल; असमान।

कृकर–शरीर की वह वायु जो छींक लाती है।

कृच्छ–दर्द देनेवाला।

कृछ–संकट; कष्टमय; कठिनाई; दर्द; मूत्रकृच्छ रोग।

कृत–किया हुआ; बनाया हुआ; तैयार किया हुआ।

कृती–कृतकार्य; भाग्यवान; शिक्षित; कुशल।

कृते–प्रत्येक के वास्ते।

कृत्तिका–तीसरा नक्षत्र; भोजपत्र।

कृत्य–वह जो कुछ किया जाए; कार्य; काम; वह कार्य जो किसी पर रहनेवाले अधिकारी के कर्त्तव्य के अंतर्गत हो।

कृत्रिम–बनावटी; इंसान के द्वारा बनाया हुआ; नकली वस्तु; काल्पनिक; अस्वाभाविक; खोटा।

कृपण–कंजूस; सूम; दीन; नीच; लोभी; लालची।

कृपया–अनुग्रय; दया; मेहरबानी; अनग्रह।

कृपा–दया; अनुग्रह।

कृपाण–खड्ग; तलवार; कटार।

कृपाणी–छोटी तलवार; कृपाण; कटारी।

कृपालु–दयालु; कृपायुक्त; कृपा करने वाला।

कृमि–कीड़ा; कीट।

कृमिरोग–पेट में कीड़े होने के कारण उत्पन्न रोग।

कृमिहर–कीड़ो को मारनेवाला; कृमिघ्न।

कृश–अंकिचन; दुबला; पतला; धीमा; थोड़ा।

कृशता–दुबलापन; कमी।

कृशार–एक प्रकार का मटर, चावल तथा तिल की खिचड़ी।

कृशान–अग्नि; आग; अनल।

कृशित–शीण; दुबला पतला।

कृशोदरी–पतली कमरवाली स्त्री।

कृषक–किसान; खेतिहर।

कृषि–जमीन जोतना; खेती करना।

कृष्ट–जोता हुआ।

कृष्ण–काला; श्याम।

कृष्णजटा–भारतीय जटामांसी।

कृष्णमर–धुंधले रंग का एक प्रकार का चंदन।

कुष्णफल–धनिया।

कृष्णसार–एक प्रकार का काला हिरण।

कृष्णा–दक्षिण भारत में एक नदी का नाम; राधा की सखी का नाम।

कृष्य–जोतने योग्य भूमि; जोतने बोने योग्य भूमि।

केंकड़ा–केंकड़ा।

केंचुआ–वर्षा ऋतु का एक प्रकार का कीड़ा जो मिट्टी में रहता है।

केंचुली–साँप की खाल का आवरण।

केन्द्र–मध्यवर्ती स्थान; वृत का मध्यबिन्दु।

केंद्रित–मध्य में स्थित।

केउ–कोई।

केका–मोर की ध्वनि।

केकिनी–मोरनी; मादा मोर।

केत–घर; निवासस्थान; वास; बस्ती; ध्वज; पताका।

केतन–निमंत्रण; बुलावा; घर; जगह; पताका; परिचायक; चिह्न।

केतली–डेगची; टोंटी और दस्तेदार बरतन जिसमें पानी गरम करते हैं।

केता–कितना।

केतु–मान्यता या स्वीकृति का चिह्न; शोभा; चमक; पताका; पुच्छल तारा।

केतो–कितना ही।

केदार–भगवान श्री महादेव का विशेष नाम (केदारनाथ); थाला।

केबिस–लाल चिकनी मिट्टी।

केमरा–आलोकचित्र लेने का उपकरण।

केयूर–भुजा में पहनने का एक प्रकार का आभुषण; अंगद।

केराना–किरयाने का व्यापारी; किरयाने के बेचने की सामग्री जैसे हल्दी, मिर्च, धनिया आदि मसाला।

केराव–एक प्रकार की छोटी मटर।
केरी–आम का छोटा कच्चा फल।
केला–एक प्रकार का प्रसिद्ध पेड़ और उसका फल।
केलि–कामुक क्रीड़ा; स्त्री प्रसंग; मैथुन।
केवका–प्रसुता को दिया जानेवाला एक प्रकार का मसाला।
केवट–नाविक; मल्लाह; खेवट।
केवल–एकमात्र; अकेला; शुद्ध; पवित्र; स्वच्छ; श्रेष्ठ।
केवा–कमल की तरह का एक प्रकार का फूल; केवड़ा; छल।
केवाड़–किवाड़; दरवाजा।
केश–किरण; भगवान श्री विष्णु का विशेष नाम; सूर्य तथा अग्नि की किरण; सिर का बाल।
केशव–सुंदर बालोंवाला; भगवान श्रीकृष्ण का विशेष नाम।
केशांत–सिर के बालों का मुंडन करने का उत्सव।
केशिनी–बड़े बड़े और सुंदर बालोंवाली स्त्री; सुन्दरी; अप्सरा।
केशी–रोवेंदार; एक असुर का नाम जिसको भगवान श्री कृष्ण ने मारा था।
केस–गहने रखने का बक्सा; मामला; मुकद्दमा; दुर्घटना।
केसरी–सिंह; एक घोड़ा।
केहरी–शेर; सिंह।
केहा–मोर।
केहूँ–किस प्रकार।
केहू–कोई।
केचा–भैंगा; बड़ी कैंची।
क़ैंची–कैंची।
कै[1]–कितने।
कै[2]–मचली; उल्टी।
कैकप–दानव; दैत्य।
कैतब–जुआ; छल; धोखा; दुष्ट; एक नीली बहुमूल्य पत्थर (लहसुनिया)।
कैतून–जरी और रेशम की बटी हुई एक प्रकार की डोरी जिसे कपड़े के हाशिये पर लगाते हैं।
कैद–कारावास; बंधन; सजा।
कैकद–कागज रखने का कागज का बंद।
कैदखाना–बन्दी गृह; कारागार।
कैदतनहा–एकान्त बंदीकरण।
क़ैदी–कैदखाने में कैद की सजा भोग. नेवाला; बंदी; बँधुआ।
कैन–बाँस की टहनी।
कैफ़–मतवाला।
कैफ़ियत–अवस्था; परिस्थिति; व्यवहार; विशिष्ट लक्षण या गुण।
कैबा–कितनी बार।
कैरव–कमल; कुमुद।
कैरा–बादामी अथवा भूरा रंग; भूरा रंग; भूरी आँखोंवाला।
कैरु–खंड; टुकड़ा; अंश।
कैलाश–एक पर्वत का नाम।
कैवर्त–मल्लाह; नाविक; नाव चलाने. वाला; मछली पकड़ने वाला।
कैवल्य–'केवल' का भाव; शुद्धता।
कैसर–सम्राट; राजा; बादशाह; शहंशाह।
कैसा–किस प्रकार का; किस ढंग का; किस गुण या रूप का।
कोंई–कमल; कुईं।

कोंच–भोंक; बेधन।

कोंढा–कुंडल; पीतल या लोहे का छल्ला।

कोंत–बरछी; तीर की नोक।

कोंपर–पेड़ से गिरा हुआ पका हुआ आम।

कोंपल–वृक्ष की कोमल पत्ती।

कोंहड़ौरी–पेठे को मिलाकर उड़द की बनी हुई बड़ी।

कोई–अज्ञात व्यक्ति; विशेष; अनजानी वस्तु।

कोउ–कोई; कुछ लोग।

कोक[1]–एक प्रकार का लाल कमल का फूल; चकवा पक्षी।

कोक[2]–काम पर एक लिखा एक लेख।

कोकटी–लाल रंग लिये हुए एक प्रकार की कपास।

कोकदेव–मैथुन अथवा संभोग विज्ञान का किसी विशेष रीति में उल्लेख करनेवाला।

कोकनद–लाल कमल।

कोकना–एक प्रकार का रंगने का द्रव्य; छोटा; सूक्ष्म।

कोकाह–एक सफेद घोड़ा।

कोकिल–बेर का फल; अबाबील चिड़िया; काठ कोयला; एक छंद।

कोख–गर्भाशय; पेट; कुक्षि।

कोखा–कीड़ों और जल जंतुओं का उदर।

कोगा–एक कुत्ते जैसा दिखनेवाला शिकारी जीव।

कोच–चार पहियोंवाला सवारी डिब्बा; गद्देदार बढ़िया पलंग, बेंच या कुरसी।

कोचवान–वह जो बग्गी हाँकता है; गाड़ीवान।

कोट–एक पहनावा; दुर्ग; गढ़।

कोटपीस–ताश का एक प्रकार का खेल।

कोटर–एक मानव निर्मित जंगल जो किसी किले की रक्षा करने के लिए किले के चारों तरफ बनाया जाता है; पेड़ का खोखला भाग।

कोटला–छोटा किला।

कोटा–अंश; भाग; हिस्सा।

कोटि–उन्नयन; क्रम; तलवार की धार।

कोटिक–करोड़ों; अनगिनत।

कोटिशः–बहुत; अधिक मात्रा में। अनेक प्रकार से।

कोठ–चर्म रोग जिसमें बड़े गोल चिह्न हो जाते हैं।

कोठरी–कुटी; कक्ष; एक छोटा कमरा; रेल का डिब्बा; बंद स्थान।

कोठा–मकान में छत के ऊपर का कमरा; चकला; उदर; पेट।

कोठार–अन्नागार; अन्न भंडार; भंडारघर।

कोठी–हवेली; पक्का बड़ा घर; पक्का और काफी ऊँचा; बँगला; मकान जिसमें रुपयों का लेन देन या कोई कारोबार होता हो।

कोड़ंड–घुमाव।

कोड़ा–चाबुक; चेतावनी; उत्तेजक या चुभनशील वार्ता।

कोड़ाई–कोड़ने का कार्य करने के बदले दिये जानेवाला शुल्क।

कोड़ाना–गोड़ना; खोदना।

कोड़ी–बीस का समूह; बीसी।

कौड़ी–बीस अवयव का समूह।

कोढ़–कुष्ठ का रोग।

कोढ़ना–सताना; पीड़ा देना; क्लेश देना।

कोढ़िन–कुष्ट की महिला रोगी।

कोढ़ी–वह जो कुष्ठ के रोग से ग्रसित हो।

कोण–कोना; दो सीधी रेखाओं के परस्पर मिलने का स्थान।

कोतवाल–किसी नगर का थानेदार; प्रतिनिधि अधीक्षक।

कोताह–थोड़ा; अल्प।

कोथमीर–धनिया।

कोथला–पेट; उदर; एक प्रकार का बड़ा थैला।

कोदंड–धनुष; राशि माला का नवाँ निशान; भौंह।

कोद–कोना; दिशा।

कोना–कोण; गोश; खूँट; शांत स्थान।

कोप–क्रोध; गुस्सा।

कोपन–कुपित होना; क्रोधी।

कोपल–पेड़ी की नव कोमल पत्तियाँ।

कोपभवन–वह बंद स्थान जहाँ व्यक्ति गुस्से होने पर रहता है।

कोपि–कोई भी।

कोफ्त–दुःख; रंज; सदमा; पीड़ा; क्लेश।

कोफ्ता–कटे हुए माँस का कबाब।

कोब–छोटा हथोड़ा।

कोबी–गोभी; एक प्रकार की तरकारी।

कोबर–पेड़ पर लगा हुआ पका आम।

कोमलास्थि–कड़ी लचीली हड्डी।

कोयल–कोकिल; काले रंग की सुंदर बोलने वाली एक प्रकार की चिड़िया; अपराजित लता।

कोयला–कोयले के रूप का एक खनिज पदार्थ जो पत्थर का कोयला कहलाता है।

कोरी–जुलाहा।

कोरो–बाँस की लम्बी कड़ी; खम्बा या धूनी।

कोलतार–एक प्रकार का पदार्थ जो सड़क का निर्माण में उपयोग होता है।

कोला–एक छोटा मैदान अथवा निवास जो दो या तीन तरफ से पानी से घिरा होता है।

कोला–गीदड़।

कोल्हू–तेल या ईख पेरने का यंत्र; दबाने या रस निकालने का यंत्र।

कोविद–पढ़ा लिखा; विद्वान; ज्ञानी; पंडित।

कोश–संचित धन; खजाना; थैली।

कोशकार–शब्दकोश बनानेवाला; तलवार की मियान; रेशम का कीड़ा।

कोशागार–खजाना; धनागार; तोपखाना।

कोशिका–जीवित पौधों या प्राणियों की सूक्ष्मतम इकाई।

कोशिश–प्रयत्न; चेष्टा; श्रम; उद्योग।

कोष–कोश; संचय।

कोषाध्यक्ष–खजांची; संस्थागत कोष को सम्भालकर रखनेवाला।

कोष्ठ–घर का भीतरी भाग; कोठ; पेट का भीतरी भाग; शरीर का भीतर का अमाशय।

कोष्ठबद्ध–मल की रुकावट; कब्जियत।

कोष्ठका–कोठरी।

कोष्ठी–जन्म कुंडली; जन्म पत्रिका।

कोस–दूरी नापने का माप (लगभग दो मील)।

कोसना–निंदा करना; अभिशाप देना; गाली देना; तिरस्कार करना।

कोसा[1]–एक प्रकार का बड़ा मिट्टी का बर्तन; एक प्रकार का मोटा रेशम।

कोसा[2]–शाप देना।

कोसाकोटी–गाली देकर कोसना अथवा शाप देना।

कोफ्त–पीड़ा; शोक; खेद; पश्चाताप।

कोहँडौरी–बड़िया।

कोह[1]–क्रोध।

कोह[2]–पर्वत; पहाड़।

कोह[3]–पात्र में रखना; डाली।

कोहड़ा–कद्दू।

कोहनी–बाँह के बीच का वह जोड़ जहाँ से हाथ और कलाई मुड़कर ऊपर उठती है।

कोहराम–तेज आवाज; कुहराम।

कोहा–क्रुद्ध होना; कुपित होना।

कोहान–क्रुद्ध होना; रुष्ट होना।

कोहार–चक्के की कला; कुम्हार का व्यवसाय।

कोहिस्तान–पहाड़ी प्रदेश का रहनेवाला।

कौंचा–मलाई उतारने की करछी; कमची।

कौंदना–कौंधना।

कौटिल्य–कुटिलता; क्रूरता; चालाकी; चतुराई।

कौटुंबिक–कुटुंब संबंधी; कुनबेवाला।

कौंडा–गर्मी पाने के लिए खुले स्थान में जलायी गयी आग।

कौड़िया–कौड़ी के रंग का; कौड़ी के आकार का।

कौड़िल्ला–मछली खानेवाली एक प्रकार की चिड़िया।

कौड़ी–एक प्रकार का कीड़ा जो अस्थिकोश में रहता है; एक प्राचीन सबसे कम मूल्य के सिक्के का रूप।

कौणय–राक्षस; पापी।

कौणप–भूत; राक्षस; पिशाच।

कौतिक–चमत्कार।

कौतुक–किसी घटना के कारण उत्पन्न अचंभा; उत्सुकता; आश्चर्य; कुतूहल।

कौतूहल–कुतुहल; आश्चर्य; किसी नये या अपरिज्ञात विषय के सुनने, जानने का आग्रह।

कौन–प्रश्नवाचक सर्वनाम जिसके द्वारा अभिप्रेत व्यक्ति या वस्तु पूछी जाती है।

कौपीन–काछा; संन्यासी इत्यादि के पहिनने की लँगोटी।

क़ौम–नस्ल; जाति; वंश; राष्ट्र।

कौमार्य–कुँवारपन; कौमार।

क़ौमियत–राष्ट्रीयता; जातीयता।

कौर–निवाला।

कौरना–थोड़ा या हल्का भूनना; तलना या भूनना।

कौरी–गोद; एक मिष्ठान।

कौलंज–पसलियों के निचले हिस्से का दर्द।

कौल–वायदा; वचन।

कौंली–हृदय से लगाना; आलिंगन करना।

कौशल–दक्षता; कुशलता; कारीगरी; भलाई; निपुणता।

कौशेय–रेशमी।

कौस्तुभ–कृष्ण का हृदयभूषण मणि का नाम।

कौसीस–हरा गंधक का तेजाब।

क्या–कैसा; कितना; प्रश्नवाचक शब्द।

क्यारी–कियारी; बाग या खेत की मेंड बनाकर सिंचाई करना।

क्यों–किस कारण; किसलिये।

क्योंकर–किस प्रकार से।

क्योंकि–इसलिये कि।

क्रंदन–लड़ाई में ललकार; रूलाई।

क्रकच–आरा।

क्रम[1]–एक के बाद एक; क्रमबद्ध।

क्रम[2]–अनुक्रम; सिलसिला।

क्रमशः–क्रम क्रम से; यथाक्रम।

क्रमण–उतार चढ़ाव; एक स्थान या स्थिति से दूसरे में जाना।

क्रमागत–परम्पराप्राप्त; क्रम से प्राप्त।

क्रमावली–सविस्तार वर्णन; कार्यक्रम।

क्रमिक–क्रमागत; क्रमवर्ती।

क्रमुक–सुपारी; एक प्राचीन जनपद का नाम।

क्रमेलक–ऊँट।

क्रय–खरीदने का काम; मोल लेना; खरीदना।

क्रयी–क्रेता; खरीददार।

क्रव्य–माँस।

क्रांत–बीता हुआ; ढका हुआ; बढ़ा हुआ; विजय प्राप्त किया हुआ।

क्रांति–गति; चाल; वह बहुत भारी परिवर्तन जिससे किसी स्थिति का स्वरूप बिल्कुल बदलकर और का और हा जाए।

क्रिमिजा–लाख।

क्रियमाण–प्रस्तुत किया जानेवाला; होता हुआ; किसी कार्य का वर्तमान व्यांपार।

क्रिया–काम करने की विधि; कार्य; कृति; काम; कर्तव्य।

क्रियाचतुर–अपना काम पूरा करने में निपुण नायक; तत्पर।

क्रियान्वयन–अमल में लाना; पुरा करना।

क्रियानिष्ठ–कर्मनिष्ठ; नियमानुसार रोज धार्मिक कर्तव्य पूरा करनेवाला।

क्रियायोग–देवताओं का पूजन।

क्रियाविशेषण–क्रिया का विशेषण संबंधी।

क्रिस्तान–ईसाई धर्म का अनुयायी होना।

क्रीड़ा–खेल कूद।

क्रीड़ित–खेलनेवाला; जुआ खेलनेवाला जुआरी; खिलाड़ी।

क्रीत–मोल लिया हुआ। खरीदा हुआ दास।

क्रीतक–माता से मोल लिया हुआ पुत्र।

क्रुद्ध–कुपित; गुस्सा।

क्रूर–निर्दय; दूसरे से द्रोह करनेवाला; कड़ा; कठिन; निर्दयी; अत्याचारी; निष्ठुर।

क्रूरता–दुष्टता; निष्ठुरता; भयंकरता; निर्दयता।

क्रूरात्मा–निर्दय प्रकृतिवाला मानव।

क्रेता–ग्राहक।

क्रोड़–दोनों बाहु के बीच का भाग; वक्षस्थल।

क्रोध–बद्मिजाजी; आवेश; कोप; आवेग; सनक।

क्रोधन–गुस्सेवर; गुस्सा होना।

क्रोधित–उत्तेजित; क्रुद्ध; कुपित।

क्रोधी–स्वभाव से अधिक क्रोध करने वाला; गुस्सावर।

क्लर्की–क्लर्क का काम अथवा पद।

क्लांत–थका हुआ; शक्तिहीन; शिथिल; मन्द; मुरझाया हुआ।

क्लांति–शिथिलता; मन्दता; थकावट।

क्लास–दर्जा; श्रेणी।

क्लिष्ट–क्लेशयुक्त; दुख से पीड़ित; सताया गया; कष्टों का मारा।

क्लीम–दायाँ फेफड़ा।

क्लीव–नपुंसक; नामर्द।

क्लेद–गीलापन; तरी; नमी; आद्रता।

क्लेश–दुख; पीड़ा; कष्ट; विपत्ति; वेदना; विपद।

क्लेव्य–इन्द्रिय लोलुप; नपुंसकता।

क्वचित्–कभी; शायद ही कोई।

क्वणित–ध्वनित; वीणा की तरह गूंजता हुआ।

क्वथनाँक–तापक्रम की विशेष सीमा जहाँ पर कोई द्रव्य उबलने लगता है।

क्वाँरा–अविवाहित; जिसका विवाह न हुआ हो; एकाकी।

क्वार–चन्द्र मास का सातवाँ महीना; आश्विन मास।

क्वारछल–अविवाहित अवस्था।

क्षण–काल या समय का सबसे छोटा मान; पल का चौथाई भाग।

क्षणभंगुर–शीघ्र या क्षण भर में नष्ट हो जानेवाला; नाशवान।

क्षणिक–क्षणभर ठहरनेवाला।

क्षति–क्षय; नाश; नुकसान।

क्षमता–सामर्थ्य; शक्ति; योग्यता।

क्षमा–माफी; सहिष्णुता।

क्षय–नाश; अंत; समाप्ति।

क्षालन–धुलाई; सफाई।

क्षितिज–वह स्थान जहाँ आकाश और पृथ्वी दोनों मिले हुए जान पड़ते हैं।

क्षीण–दुबला पतला; सूक्ष्म; क्षयशील; घटा हुआ।

क्षीर–दूध।

क्षुद्र–अधम; नीच; छोटा; दरिद्र; मामूली; नाचीज।

क्षुधा–भूख; लालसा।

क्षुप–झाड़ी।

क्षुब्ध–जिसे क्षोभ हुआ हो; व्याकुल; परेशान।

क्षुर–उस्तरा; पशुओं के पाँव का खुर।

क्षेत्र–खेत; भूमि; भूखंड; प्रदेश; स्थान; रेखाओं या सीमा आदि से घिरा हुआ स्थान।

क्षेप–फेंकना; किश्त।

क्षेम–कुशल मंगल।

क्षौर–हजामत।

ख

ख–व्यंजन वर्ण का दूसरा अक्षर।

खँखड़–सूखा हुआ; अक्खड़; ठोस; उजड्ड।

खँखार–खखार; गला साफ करने की आवाज।

खँखारना–गला साफ करना; कफ़ थूकना।

खँग–गैंडा; तलवार।

खँगड़–कोई सूखी या कड़ी वस्तु।

खँगना–घटना; कम होना।

खँचना–निशान बनाना; चिह्न लगाना।

खँचाना–शीघ्रता से लिखना; चिह्न लगाना।

खँचिया–रहठे की बनी हुई डलिया।

खँची–अवनति; कम पड़ना।

खँज–अपंग; विकलांग; लंगड़ा; खंजन।

खँजड़ी–डफली; एक छोटी खंजरी।

खँजन–एक प्रकार की काली और सफेद पेटवाली चिड़िया।

खँजर–कटार; भाला।

खँड–हिस्सा; अंश; भाग; परिच्छेद; टुकड़ा।

खंडन–अस्वीकार; इंकार; बाधक होना; मुकराना।

खंडनीय–खंडन करने योग्य।

खंडपूरी–एक प्रकार की मेवा और शक्कर से भरी हुई पूरी।

खंडवरा–मिठाई; पकवान।

खँडला–किसी वस्तु का टुकड़ा; खंड।

खँडहर–ढूह; गिरे हुए मकान का अवशेष।

खंडा–खंड भाग; टूटा चावल।

खंडित–भागों में पृथक्; टूटा हुआ; भग्न; खंड किया हुआ; बीच में रोका हुआ; जो पूरा न हो।

खंतरा–कोना; छोटा गड्डा; किनारा; दीवार की दरार।

खंता–कुदाल; फावड़ा; भूमि खोदने का फरसा।

खंदक–गहरा गड्ढा; खाई; आश्रय।

खंधक–खाई; मोरी; नाली; आश्रय।

खँधार–डेरा; शिविर; छावनी; भारी वज़न; अधिराज; मुखिया; पड़ाव; छावनी।

खंभ; खंभा–खंम्भा; स्तम्भ।

खंभार–व्याकुलता; चिंता; शोक।

खई–लड़ाई; झगड़ा; नाश; बरबादी।

खक्खा–जोर की हँसी।

खखार–कफ; गाढ़ा थूक जो खखारने से मुँह से बाहर निकलता है।

खखेटना–आघात पहुँचाना; दबाना।

खग–पक्षी; ग्रह; आकाश में विचरण करनेवाला तारा; भगवान; सूर्य; चन्द्रमा; वायु।

खगना–चिकोटी काटना; बेधना; दिमाग या चित्त में बैठना; धँसना; चुभना; लिप्त होना।

खगपति–एक बड़ा गरूड़; सूर्य।

खगहा–गैंडा।

खगोल–आकाशमंडल।

खचड़ा–जमघट; भीड़; समूह।

खचन–जोड़ने बांधने या अंकित करने की क्रिया।

खचरा–कपटी; चालाकी; चालबाजी; दुष्ट; दोगला।

खच्चर–घोड़ी और गधे के संयोग से उत्पन्न पशु जो बोझा उठवाने के काम में आता है।

खज–खाने योग्य; भक्षणीय।

खजहजा–खाने योग्य मेवा या फल।

खजानची–रोकड़िया; खजाने का अधिका ।

खज़ाना–र या, कोश, सोना चाँदी रखने का स्था ।

खजूरा–चोटी बाँधने की स्त्रियों की डोरी।

खजूर–ताड़ की जाति का एक वृक्ष जिसके फल छुहारे के आकार के होते हैं।

खटबुना–चारपाई बनानेवाला।

खटमल–एक चिपटा कीड़ा जो खाट इत्यादि में पैदा हो जाता है।

खटराग–झंझट; असमंजस; व्यर्थ की वस्तुएँ; व्यग्रता।

खटला–परिवार; आश्रम; बोरिया बिस्तर।

खटाई–तुर्शी; खट्टी चीज।

खटाक–ऊपर से पत्थर, मिट्टी गिरने की आवाज़।

खटाना–खट्टा पड़ना।

खटिया–चारपाई; छोटी खाट।

खटोला–बच्चों का पलंग; बच्चे का पालना।

खट्टा–अम्ल; जिसमें खटाई हो।

खट्टू–परिश्रमी; मेहनती; कमानेवाला।

खटत्–मजदूर; श्रमजीवी। लज्जित।

खटवा–चारपाई; खाट।

खड्ग–तलवार।

खडंजा–ईटों की खड़ी जोड़ाई जो भूमि पर की जाती है।

खड़क–खोह; वितल; खटक।

खड़–घास, उबर खाबड़ (भूमि अथवा पथ)।

खडंक–तीव्र पीड़ा; खटकाने की आवाज।

खड़कना–संदेह।

खड़का–खटका; असमंजस।

खड़गी–गैंडा।

तलवार संभाले हुए।

खड़तल–असभ्य; अख्खड़; लड़ाका; झगड़ालू।

खड़ल–ओखली।

खड़हर–वीरान; गिरा मकान।

खड़ा–सीधा खड़ा हुआ; स्थिर; टिका हुआ।

खड़ाऊ–काठ के तले का बना खुला जूता; लकड़ी की बनी चट्टी।

खड़ाका–तोड़ते समय निकली ध्वनि; खड़काने का शब्द।

खड़िया–एक प्रकार की सफेद चिकनी मिट्टी।

खडुवा–एक प्रकार का महिलाओं का धातु का कँगन।

खडग्–तलवार; कृपाण; तलवार की शक्ल का एक प्राचीन अस्त्र।

खड्ड–दो पहाड़ियों की बीच स्थित मैदान; गड्ढा; दरार।

खड्डा–बहुत गहरा गड्ढा; खोखली जगह।

ख़त–संक्षिप्त लेख; लेख; तहरीर; पत्र।

ख़तखोट–शरीर पर लगी चोट पर जमी पपड़ी।

ख़तना–सुन्नत; मुसलमानी करने की रस्म।

ख़तम–समाप्ति; अन्त।

ख़तरनाक–भयंकर; खतरों से भरा हुआ।

ख़तरा–डर; भय; आशंका; खटका।

ख़ता–गलती; दोष; गलती; अपराध; चूक (तीर का)।

खतिका–हल की लकीर।

खत्तरी–खत्री समप्रदाय।

खत्ता–गर्त; अन्न रखने का गड्ढा; अन्नागार; अन्नभंडार; कोठार।

ख़त्म–समाप्त; निःशेष।

खदान–वह स्थान जहाँ पत्थर निकलाने के लिए खुदाई होती है; खान; किसी वस्तु का खोदकर निकालने के लिये बना हुआ गड्डा।

खदानकार–खुदाई करनेवाला।

खदिर–कत्था; खैर का वृक्ष।

खदेड़–अनुसरण; पीछा।

खदेड़ना–पीछा करना; अनुसरण करना; शिकार करना; दूर करना।

खद्योत–जुगनू; आकाश में एक प्रकार की रोशनी।

खनता–कुदाल; भूमि खोदने का उपकरण; बेलचा; फावड़ा।

खनना–खोदना।

खनिज–धातु; खान से निकला हुआ पदार्थ।

खनित्र–खोदने का यंत्र; बेलचा।

खनी–एक बिल जहाँ अनाज जमा किया जाता है।

खपच्ची–बाँस या लकड़ी की पतली तीली; लकड़ी का टुकड़ा।

खपड़ा–भिखमंगों का भीख माँगने का पात्र; मिट्टी का गढ़ा और पकाया हुआ टुकड़ा जो मकान की छत्त बनाने के काम में आता है; मगरमच्छ का ढाँचा।

खपड़ी–कपाल; खोपड़ी; एक प्रकार का मिट्टी का छोटा पात्र।

खपत; खपती–उपभोग; व्यय; समाई; विक्रय।

खपना–व्यय होना; चलना।

खपरिया–भूरे रंग का एक खनिज पदार्थ।

खपरैल–पटिया की छत।

खपाच–लकड़ी या बाँस का टुकड़ा।

खपाट–चीरी हुई लकड़ी का लम्बा टुकड़ा; धौंकनी के भीतर के छोटे डंडे।

खपाना–उपयोग करना; व्यय करना; खत्म करना; बरबाद करना; नष्ट करना; तंग करना।

खपाव–व्यय; खपत; क्षय; उपभोग।

खपुर–सुपारी; लहसुन।

खपुष्प–आकाशकुसुम; असंभव बात; हवाई किला; कुछ असाध्य।

खप्पर–भीख मांगने का पात्र; तसले जैसा मिट्टी का पात्र।

खफ़गी–क्रोध; रोष; गुस्सा; नाराजगी।

ख़फ़ा–क्रुद्ध; नाराज; गुस्सा; अप्रसन्न।

ख़बर–वृत्तान्त; समाचार; विवरण; लोकवार्ता; जनप्रवाद।

ख़बरदार–सतर्क; जागरूक; हाशियार; सजग।

ख़बीस–बुरा; नापाक; दुष्ट; क्रूर।

ख़ब्त–आवेश; मनोग्रस्ति; धुन; सनक।

खब्बा–बाँया; बायें हाथ से काम करनेवाला।

खभरना–मिश्रित करना; मिलाना।

खभार–परेशानी; घबराहट; अवरोध।

ख़म–मोड़ा हुआ; टेढ़ा हुआ; ऐंठा हुआ; वक्र।

खमदम–पराक्रम; साहस; वीरता।
खमध्य–देशान्तर रेखा।
खमस–आद्रता।
ख़मसा–संगीत में एक ताल।
ख़माची–कमाँची।
ख़मियाज़ा–दंड; सजा; सीधा करना।
ख़मी–कुटिलतापूर्ण।
ख़मीर–आटा को गूँथना और माँडना; व्यवहार के आंतरिक गुण।
ख़म्माच–एक प्रकार का गीत।
ख़याल–मन की वृत्ति या प्रवृत्ति; स्मृति; याद।
ख़याली–कल्पित; काल्पनिक; भ्रांतिजनक।
ख़र[1]–कौआ; गधा; खच्चर; घास; फूस।
खर[2]–रूक्ष; कठोर।
खर[3]–घास पात।
ख़रक–कमाँची का बना हुआ दरवाजा; बाँस; पशुओं को बंद करने का बाड़ा।
खरकना–चुपके से भाग जाना; दबाने से होनेवाला दर्द महसूस करना; दुखना।
खरका–दाँत खोदने का तिनका; फूस।
खरकौकी–फूस खाना; अग्नि।
खरखरा–असमलत; जो चिकना न हो।
खरखशा–विवाद; झगड़ा; लड़ाई।
खरगोश–शशक; खरहा।
ख़रच–व्यय; खर्च।
खरचा–कपड़े खाना आदि का खर्चा चलाने के लिए मिलनेवाला धन; व्यय।
खरछरा–खुरदुरा; असमतल।
खरता–बहुत नुकीला।
खरदुक–एक प्रकार का पुराना फटा हुआ कपड़ा।
खरधार–एक पैनी अथवा तीखी धारवाला हथियार।
खरपा–किनारे की फाँक।
खरब–सौ अरब की संख्या।
खरभर–खलबली; कोलाहल; हलचल; उत्तेजना।
खरमस्ती–अपकार; अनष्टि।
खरमिटाव–जलपान; सवेरे का नाश्ता।
खरल–ओखली।
खरसा–एक प्रकार का मसालेदार भोजन।
खरसान–तलवार आदि को पैना करने का एक प्रकार का सान।
खरसैला–खुजली रोगवाला; पपड़ीदार।
खरहरा–एक दाँतेदार कंघी जिससे घोड़े के रोयें साफ किये जाते हैं।
खरहा–खरगोश; शशक; खरहा।
खरही–सूखी घास।
खरा–तीखा; विशुद्ध; सच्चा; स्पष्ट कहनेवाला।
खराद–धातु आदि की सतह चिकनी करने का एक यंत्र।
खरापन–अच्छाई; सच्चाई; सत्यता।
ख़राब–बुरा; विकृत; दूषित।
ख़राबी–विकृत होना; बिगाड़; दूषित होना।
ख़रामाँ–अकड़कर चलना।
ख़रायँध–मूत्र या क्षार के समान दुर्गंध।
खराश–गले में रूक्षता; त्वचा का छिल जाना।
खराहंद–दुर्गन्धित सुगंध; मूत्र की गंध।
खरिका–चूर्ण की हुई कस्तूरी।
खरिया–पतली रस्सी का बना हुआ जाल; झोली।

खरिहान–खलिहान।
खरीता–थैली के आकार की वस्तु; बटुआ; सरकारी आदेश को भेजने या लाने का बड़ा लिफाफा।
ख़रीद–क्रय; मोल।
ख़रीफ–शरद ऋतु में बोये जानेवाली फसल जैसे-धान, मकई, बाजरा इत्यादि।
खरोंच–छिलने या रगड़ने से बननेवाला चिह्न।
खरौंटा–शरीर पर खरोंचने से बना निशान।
खराहा–लवणीय; थोड़ा नमकीन।
खर्च–व्यय; आवश्यक कार्यों में लगने वाला पैसा।
ख़र्चना–इस्तेमाल में लाना; खर्च करना।
खजूर–खजूर का पेड़ और उसके फल; बिच्छु; चाँदी।
खर्पर–मिट्टी की मसाला ढाने की कड़ाही; कोयले की अँगीठी पर पकाने की डेगची; भीख माँगने का पात्र; कपाल; खोपड़ी।
खर्बूजा–एक ककड़ी जाति का फल।
खर्व–अंगहीन।
खर्रट–शक्तिपूर्वक; प्रबल।
खर्राटा–नींद के समय नाक में से निकलने वाला शब्द।
खलंगा–स्वागत कक्ष।
खल–दुष्ट; पापी; क्रूर; खोटा; बेहया।
खलड़ी–त्वचा; चमड़ा।
खलता–द्वेष; ईर्ष्या; दुर्जनता; दुष्टता।
खलना–चुभना; बुरा लगना; मुड़ना; झुकना।
खलबली–उपद्रव; व्याकुलता; घबराहट।
ख़लल–विघ्न; अड़चन; बाधा; रोकना।
खलसा–एक प्रकार की मछली।
खला–खाली करना; अंतराआत्मा की आवाज।
खलार–गहरा; नीचा।
ख़लास–समाप्त करना; छुटकारा; मुक्ति; निवृत्ति।
ख़लासी–प्रतिहारी।
ख़लासी–नाविक; गाड़ी के इंजन में अग्नि भट्टे में आग झोंकनेवाला श्रमिक।
खलाल–दाँत खोदनी।
खलित–चलायमान; चंचल; नीचे आना; अस्थिर।
खलियान–खरिहान; ढेर; अन्नागार।
ख़लिश–पीड़ा; चुभन।
खलीज–खाड़ी; खाई; गर्त।
खलीफा–उत्तराधिकारी; बूढ़ा दरजी, नाई, बावर्ची आदि।
खलु–निषेध; निश्चय।
खलोक्ति–अपशब्द कहना; गाली।
ख़ल्क–संसार का निर्माण; मानव।
खल्लड़–दवाइयों को पीसने की एक ओखली; एक प्रकार का बड़ा चमड़े का थैला।
खल्ला–पूराना जूता।
खल्व–सिर का गंजापन।
खवैया–भोजन करनेवाला।
खशख़श–पोस्ता; खसखस।
ख़स–एक प्रकार की सुंगधित जड़ की सूखी घास।

खसकंत–चुपचाप भाग जाना; गुपचुप निकल जाना।

खसना–भाग जाना; गिरना; खिसकना।

ख़सम–मालिक; स्वामी; पति।

ख़सरा–एक प्रकार का दाद के समान त्वचा रोग; एक तरह की खुजली; पटवारी द्वार तैयार क्षेत्रफल आदि के विवरण का लेखा या बही।

खसलत–आदत; स्वभाव; गुण।

खसाना–नीचे फेंकना; खिसकना।

खसिया–नपुंसक; खस्सी।

ख़सीस–लालची; कंजूस; क्षुद्रहृदय।

खसोट–उखाड़ने या नोचने की क्रिया; उचकने या छीनने की क्रिया।

ख़स्ता–टुटा हुआ; घायल; खिन्न; क्लांत; करारा।

खस्फटिक–स्फटिक।

खस्सी–नपूंसक पशु (बकरा); हिजड़ा।

खहर–गणित में वह संख्या जिसका भाजक शून्य हो।

खाँखर–पोला; छिद्रयुक्त; जाल के आकार का; बहुत पतली बनावटवाला।

खाँग–नुकीला काँटा; काँटा; गैंडे का सींग; दाँत (सूअर का)।

खाँगना–घटना; कम करना।

खाँगी–कमी; न्यूनता; हीनता; अपूर्णता।

खाँचना–खींचना; चिह्न बनाना; रेखा खींचना; अंकित करना।

खाँचा–बड़ा टोकरा; चीनी के बर्तन रखने की टोकरी।

खाँड–कच्ची शक्कर; गुड़; राब।

खाँडना–तोड़ना; चबाना; कष्ट देना।

खाँडा–मुड़े फल की छोटी चौड़ी तलवार; दुधारी तलवार।

खाँप–फाँक।

खाँवा–किसी मैदान के चारों तरफ मिट्टी की ऊँची मेढ़; एक चौड़ी खाई।

खाँसी–काश रोग।

खाई–बाँध; नाली; दुर्ग आदि की रक्षा के लिये उसके चारों ओर खोदा हुआ गड्ढा।

खाऊ–अधिक खानेवाला; भुक्खड़; पेटू।

ख़ाक–भस्म; तुच्छ वस्तु।

खाकसार–तुच्छ; नाचीज; दीन; विनीत।

ख़ाका–कच्चा नक्शा; रेखा चित्र; ढाँचा; स्थूल योजना।

खाखर[1]–खड़खड़ाहट।

खाखर[2]–एक प्रकार के पक्षी का नाम।

खाग–गैंडे का सींग।

खागना–बेधना; चुभाना।

खाज–त्वचा में खुजली होने का रोग; खुजली; चर्म रोग।

खाजा–समोसे या कचोड़ी की पापड़ी की तरह की एक मिठाई।

खाजी–भोजन का पदार्थ; खाद्य पदार्थ।

खाट–शय्या; बिछावन; चारपाई।

खाड़–गड्ढा; मोरी; नाली।

खाड़ी–तीन ओर से भूमि से घिरा हुआ समुद्र का भाग; दर्रा; कंदरा।

खातमा–समापन; अंत; इति।

खाता–किसी व्यक्ति, कार्य, विभाग आदि के लेन देन या आय व्यय का अलग लेखा; हिसाब किताब की बही।

ख़ातिर–आदर; सम्मान; प्रतिष्ठा; लिहाज; ख्याल।

खाती–बढ़ई; नक्काशी करनेवाला।

ख़ातून–भद्र; कुलीन महिला (मुस्लिम समाज की स्त्री)

ख़ात्मा–समाप्ती; हिसाब किताब की समाप्ति।

खाद–वह वस्तु जो खेत में उपज की बढ़ोत्तरी के लिए डाली जाती है।

खादक–खानेवाला; उपयोग करनेवाला।

खादन–आहार लेना; भोजन करना; भक्षण करना।

खादिम–खिदमत करनेवाला; सहायक; नौकर; सेवक।

खादी–एक प्रकार का मोटा हाथ से बना हुआ कपड़ा।

खादुक–हिंसक; हत्यारा; क्रूर; बुराई करनेवाला; जिसकी प्रवृत्ति सदा मारकाट करने ही हो।

खाद्य–खाने योग्य; खाद्य पदार्थ; भोजन का पदार्थ।

खाद्यान्न–वे अन्न जो खाने के काम में आते हैं जैसे गेहूँ, चना, चावल, मूँग आदि।

खाधु–कोई भी भोज्य पदार्थ।

खान–सुरंग; खाई; खनन; जिस स्थान को खोदकर पत्थर, धातू इत्यादि निकाली जाती है।

ख़ानदान–कुल; वंश; परिवार।

खानवाँ–गड्डा खोदना (खेत के चारों तरफ)।

ख़ानसामाँ–परिचारक; कारिन्दा; मुसलमानों आदि के बड़े घरानों का बावरर्ची।

खाना–भोजन करना; मुँह में डालना; हड़पना; कुतरना; चबाना।

ख़ाना–घर; मकान; स्थान; जगह; किसी चीज के रखने का घर; सारिणी।

खानि–सुरंग; खान।

खाप–डंठल; डंडी; खोली।

खाब–ख्वाब; स्वप्न; सपना।

खाबड़–असमतल।

खाम–खम्बा; टाँका; लिफाफा।

खामना–गीली मिट्टी से किसी पात्र का मुँह बंद करना; लिफाफे को बंद करना।

ख़ामी–कमी; दोष; त्रूटि; चूक; कचाई।

ख़ामोश–कम बोलनेवाला; चुप; धैर्यवान।

ख़ार–ईर्ष्या; द्वेष; काँटा; फाँस।

खारा–नमकीन; कडुवा; नमक।

खारिक–खजूर का वृक्ष या फल।

ख़ारिज–बहिष्कृत; अवरोध; बाहर किया या निकाला हुआ; जिसकी सुनवाई करने से इंकार किया गया हो, या जो ठीक न माना गया हो।

ख़ारिश–खुजली; खुजली की बीमारी; रूक्षत (गले में)।

खारी–एक प्रकार का नमक।

खाल[1]–कृत्रिम जलधारा; परिखा; जलमार्ग; खाई खोदकर किलाबंदी करना।

खाल[2]–त्वचा; चमड़ा।

खालसा–गुरु नानक द्वारा चलाया हुआ एक सिक्ख समुदाय।

खाला–नीचा।

ख़ाला–नीचा; अधम; माँ की बहिन; मौसी; एक आसान कार्य।

खालिक़—सृष्टिकर्ता; बनानेवाला।
ख़ालिस—सच्चा; पवित्र; शुद्ध; बेमेल।
ख़ाली—जिसके पास कोई काम न हो; रिक्त; जो भरा न हो; अपूर्ण।
ख़ाविंद—मालिक; पति; स्वामी।
ख़ास—विशेष; मुख्य; प्रधान; विलक्षण; विशिष्ट; अपना; निजी; पवित्र; श्रेष्ठ।
खासकर—प्रधानत:; विशेषत:; खास तौर से।
खासगी—निजी; अपना।
ख़ासा—उत्तम; अच्छा; पूरा; इधर।
खासियत—विशेषता; अनुठापन; दोष; गुण।
ख़ाहिश—इच्छा; कामना।
खिंच—धक्का।
खिंचाव—आकर्षण; कसा हुआ; खिंचे जाने का भाव।
खिंडना—विस्तृत करना; फैलना।
खिचड़वार—मकर संक्रांति।
खिचाव—खिंचाव।
खिज़ाब—सफेद और पके बालों का अस्थायी रूप से काला करने का पदार्थ।
खिज़ाँ—शरद ऋतु; पतझड़ का मौसम।
खिजाना—कष्ट देना; चिढ़ाना; तंग करना; चिढ़ाना।
खिड़की—झरोखा; दरीचा; जहाज आदि में हवा और रोशनी आने के लिए बनाया हुआ छोटा दरवाजा।
ख़िताब—उपाधि; मुखातिब होना।
खित्ता—जनपद; भूखंड; प्रदेश।
ख़िदमत—काम; सम्मान; पद।
खिन्न—उदासीन; दुखी; अप्रसन्न; चिंतित।
खिपना—लीन होना; खपना।
खियाना—भोजन खिलाना।
खिराज—कर; शुल्क; मालगुजारी।
खिरिसा—खीस से बना पकवान।
खिलअत—राजा को प्रतिष्ठा के लबादे से सजाया हुआ; जोड़ा; पोशाक।
खिलकत—मानव जाति; सृष्टि की रचना।
खिलकौरी—खेल कूद।
खिलना—प्रफुल्ल होना; फूलना; विकसित होना; बीच में फटना; अच्छा लगना।
खिलवाड़—खेल; क्रीड़ा; मन बहलाव; दिल्लगी; तुच्छ अथवा बहुत ही साधारण रूप से किया हुआ काम।
खिलाड़ी—चंचल; विनोदी; उपद्रवी; खिलवाड़ी; क्रीड़ा करनेवाला।
खिलाफ़—प्रतिरोध; विरुद्ध; प्रतिकूल; उल्टा; विपरीत।
खिलौना—खेलने की चीज़; मनोरंजन का साधन; क्रीड़ा द्रव्य।
खिल्ली—ऐसी हँसी की बात जिससे किसी को नीचा देखना पड़े; दिल्लगी।
खिसकना—चुपके से चल देना।
खिसाना—लज्जित होना; शर्मिंदा होना।
खिसकू—गुपचुप निकलनेवाला।
खिसारा—हानि; नुकसान; नाश।
खिसी—लज्जा; शर्म।
खिसौंहाँ—चिड़चिड़ा; लज्जित से सदृश।
खींच—धक्का; माँग; किसी स्वर का खींचाव।
खींचना—घसीटना; निकालना; चलना; रोकना; बाहर निकालना (अस्त्र इत्यादि)।

खीजना–दुखी होकर क्रोध करना; झुँझलाना।
खीन–कमजोर।
खीर–चावल, दूध और चीनी को एक साथ उबालकर तैयार किया हुआ खाद्य पदार्थ।
खीरा–ककड़ी जाति का एक फल।
खीरी–जानवरों का थन।
खील–भुना हुआ धान।
खीली–परिहास; हँसी।
खीवन–मस्ती; पागलपन।
खीस–बच्चा जनने के बाद का गाय का दूध; खीस।
खीसा–थैला; जेब।
खुंदलना–कुचलना; ठुकराना; पैरों से काम करना।
खुंबी–कुकरमुत्ता।
खुंभी[1]–बरसात में भूमि में उगनेवाली अरबी की तरह की छतरी।
खुंभी[2]–सोने का काँटा; कान में पहनने का एक गहना।
खुक्ख–खाली हाथ; जो धनहीन हो गया हो; गरीब।–
खुखरी–गोरखे का चाकू।
खुजली–खाज; वह स्थिति जिसमें खुजलाने को जी चाहे; एक रोग जिसमें शरीर बहुत खुजलाता है; किसी अंग में खाज़ उठना।
खुटक–खटका; चिंता; धारणा; बिचार।
खुटका–खटका; डर; भय; खुटक।
खुट चाल–खराब चाल चलन; दुष्टता; पाजीपन।
खुटपन–दोष; खोटापन; बुराई।
खुटाना–अंत की ओर लाना; समाप्त होना।
खुटिला–कान का एक प्रकार का आभूषण।
खुट्टी–एक प्रकार की करारी मिठाई।
खुतबा–वह धार्मिक व्याख्यान जो जुमे या ईद की नमाज के बाद इमाम बाड़े पर खड़ा होकर देता है; प्रपठन; प्रशंसा करना।
खुत्थी–धन; सम्पत्ति; जायदाद; रुपया रखने की बड़ी गहरी थैली जो कमर पर टांगी जाती है।
खुद–स्वयं।
खुदकाश्त–भूमिधर की निजी जोत की जमीन।
खुदकुशी–आत्महत्या।
खुदगरजी–अहंमन्यता; स्वार्थपरता।
खुदना–खोदा जाना।
खुदनी–कुरेदनी।
खुदमुख्तार–जिस पर किसी का दाब या नियंत्रण न हो; जो किसी पर आश्रित न हो; मुक्त।
खुदरा–विक्रय का वह प्रकार जिसमें थोड़ी थोड़ी करके या एक एक करके चीजें बेची जाती हैं; छोटी और साधारण वस्तु।
खुदा–ईश्वर; मालिक।
खुदी–आपा; अहंकार; गर्व; अंहता; अहंभाव।
खुद्दी–कण; अन्न के छोट कण।
खुनकी–सर्दी; ठंड।

खुनखुना–बच्चों का खिलौना; झुनझुना।
खुनस–विरोधपूर्ण भावना या इच्छा; क्रोध।
खुनसी–गुस्सावर।
खुफिया–गुप्त।
खुबना–घुसाना।
खुभना–बेधन करना।
खुम–घड़ा; मद्‌य का मटका।
खुमान–लम्बी उम्रवाला।
खुमार–मदोन्मत्तता; रात भर जागने या नशा करने पर आनेवाला आलस्य; नशा।
खुरंड–खुले घाव पर पड़ी सूखी पपड़ी।
खुर–सींग वाले चौपायों के पैर की कड़ी टाप।
खुरक–उत्सुकता; सोच विचार।
खुरचन–एक प्रकार की मिठाई; खुरचकर निकाली हुई वस्तु।
खुरचाल–बुरा आचरण; दुराचार।
खुरजी–बड़ा थैला; घोड़े, बैल आदि की पीठ पर सामग्रियाँ लादने का थैला।
खुरट–बैल, गाय, सांड आदि की बीमारी।
खुरतार–टाप की चोट।
खुरदरा–असमतल; खुरदुरा।
खुरपा–घास छीलने की बड़ी खुरपी।
खुरमा–खजूर; एक प्रकार की मैदे की मिठाई।
खुरराँटा–सोते समय नाक से निकली आवाज़।
खुरहा–पशुओं में होनेवाली मुँह और पैरों की बीमारी।
खुराक–भोजन; खाना; आहार; एक आदमी का एक समय का भोजन।
खुराफ़ात–झगड़ा; अपशब्द भरी भाषा; बेहुदगी करना; शरारत।
खुरिया–छोटा प्याला; कटोरी।
खुरेंच–नोंचना।
खुर्रम–प्रसन्न; खुशी।
खुर्रा–खुरदुरा; असमतल; दानेदार; विषम।
खुर्राट–चतुर; चालाक; अनुभवी; कारीगर; बूढ़ा; वृद्‌ध।
खुरुचना–खुरचना; छीलना; मिटाना।
खुर्शंद–संतुष्ट; प्रसन्न।
खुलना–उदघाटित होना; रोक हटना; बंद न रहना।
खुलकर–बिना किसी रुकावट के; खुलेआम; अगोपनीय।
खुलवाई–किसी को कुछ खोलने में प्रवृत्त करना।
खुला–जो ढका न हो; जाहिर; जो तंग, घिरा हुआ न हो; जो बँधा या बंद न हो; बिना रुकावट का; स्पष्ट; प्रकट।
खुलासा–सारांक्ष; निचोड़; सार; संक्षेप।
खुश–प्रफुल्ल; अच्छा; भला; प्रसन्न; सुखी; आनंदित।
खुशखबरी–प्रसन्न करनेवाला या शुभ समाचार; अच्छी खबर।
खुशबु–सुगंध; महक।
खुशामद–झूठी प्रशंसा; खुश करनेवाली बात; चापलूसी।
खुशी–प्रसन्नता; आनन्द।
खुश्क–रुखा; सूख; शुष्क; जिसमें रसिकता न हो; नीरसता।
खुसटिया–उल्लु।
खुसफेली–आराम; सुख।

खुसाल–आनंदित; प्रफुल्ल; प्रसन्न।

खुसिया–अंडकोष।

खुसूसन–विशेषतः।

खँख्वार–क्रूर; हिंसक; निष्ठुर।

खूँखार–क्रूर; दयाहीन; उग्र; निर्दयी।

खूँट–छोर; हिस्सा; रोक टोक।

खूँट–कान का मैल।

खूँटा–भूमि का गड़ा हुआ लकड़ी या बाँस का टुकड़ा।

खूँटना–पूछताछ करना; रोक टोक करना; कम होना; छेड़ना।

खूँद–थोड़े से स्थान में किसी घोड़े द्वारा इधर उधर पैर पटकना या चलना।

खूझा–फल के भीतर का रेशेदार भाग।

खूटना–रुकना; कम होना; खुल जाना।

खूड़–मार्ग; खाँचा।

खूद–मैल; बचत; तलछट।

ख़ून–रक्त; रुधिर; कत्ल; हत्या।

ख़ूब–सुंदर; मनोरम; अच्छा; उत्कृष्ट।

ख़ूबसूरत–मनोहर; रमणीय; सुंदर।

ख़ूबानी–एक प्रसिद्ध मेवा; जरदालू।

ख़ूबी–विशिष्ट लक्षण; भलाई; अच्छाई।

खूसट–जराजीर्ण; शुष्कहृदय; अरसिक; गँवार; बेकार; उल्लु।

खेचर–चिड़िया; सूर्य आदि ग्रह; देवता; राक्षस; आकाशचारी।

खटक–रक्षा करनेवाला भाग; ढाल।

खेटक[1]–ग्राम; गाँव।

खेटक[2]–शिकार करना; आखेट।

खेड़ा–एक छोटा ग्राम।

खेढ़ी–नाल; खेड़ी; एक तरह का इस्पात।

खेत–अनाज पैदा करने के लिए जोतने बोने की जमीन; पशुओं आदि के उत्पन्न होने का प्रदेश; भूमि; युद्धभूमि; जोतने बोने की भूमि; तलवार का फल।

खेतिया–कृषक; खेतिहर; किसान।

खेतिहर–कृषक; किसान; मजदूर।

खेद–किसी उचित, आवश्यक या प्रिय बात के न होने पर मन में होनेवाला दुख; अप्रसन्नता; थकावट; शिथिलता।

खेदित–खेदयुक्त; खिन्न; दुःखित; शिथिल।

खेना–पार लगाना; निर्वाह करना; समय बिताना; नाव चलाने के लिए डाँड मारना।

खेप–किसी वस्तु की मात्रा जो एक समय में उठायी जाती है; समुद्रयात्रा; किश्त।

खेम–कुशलता।

खेमटा–एक प्रकार का गीत।

खेमा–शामियाना; मंडप; तंबू।

खेरना–बहाना; भगाना।

खेरा–छोटा गाँव; उपग्राम।

खेल–खेल कूद; आमोद प्रमोद; मनबहलाव या व्यायाम के लिए या केवल चित्त के उल्लास के लिए किया जानेवाला काम।

खेलवाड़ी–विनादी; बहुत खेलकूद करनेवाला।

खेलौना–खिलौना।

खेवक–नाव खेनेवाला; नाविक।

खेवट–घुमक्कड; भ्रमण करनेवाला; नाविक; नाव खेनेवाला; किसी ग्राम के पटवारी का एक कागज़ जिसमें ग्राम के हर जमींदार की भूमि का हिसाब किताब लिखा रहता था।

खेवैया–नाव खेकर पार ले जानेवाला व्यक्ति; नाविक।

खेस–मोटे सूत की बड़ी चद्दर।

खेसारि–एक प्रकार की दाल।

खेह–गर्द; धूल।

खै–गर्द; धूल; राख।

खैनी–खाने का तम्बाकू या सुरती का पत्ता जो मलकर चूने के साथ खाया जाता है।

ख़ैर–कुशल; भलाई; क्षेम।

ख़ैरात–पुण्यकर्म; दान।

खोंच–खरोंच; कांटे आदि में फँसकर वस्त्र का फट जाना।

खोंचड़–दुर्जन; बेईमान; धूर्त; बदमाश।

खोंचना–विदीर्ण करना; फाड़ डालना।

खोंचा–शिकारी का चिड़िया पकड़ने का एक प्रकार का लम्बा बाँस।

खोंटा–नकली वस्तु; कृत्रिम।

खोंढा–जिसके सामने के दाँत टूटे हो; विकलांग; जिसके अंग अपूर्ण हो।

खोंता–चिड़िया का रहने का स्थान; घोंसला।

खोंपा–भूसा रखने का स्थान।

खोंसना–प्रहार करना; छीनना; अटकाना।

खो–गुफा; कंदरा।

खोई–गन्ने का रस निकलने के बाद बचे टुकड़े।

खोखला–खाली; जिसके भीतर कुछ न हो; पोला।

खोखा–लड़का; बालक।

खोखी–लड़की; बालिका।

खोज–जाँच; तलाश; अन्वेषण; खोजने की क्रिया।

खोजना–पता लगाना; ढूँढना; अन्वेषण; पूछना।

खोजा–एक आदरणीय प्राणी; सरदार; मुखिया; सेवक; नौकर।

खोजी–पूछताछ; अनुसंधान; अनुसंधान करने वाला।

खोट–दोष; कसूर; खता; बुराई; खोटा; बुरा।

खोटा–नकली; बनावटी; बुरा; अनुचित।

खोड़–भाग्यहीन घटना; भगवान का गुस्सा या शाप; दैवी प्रकोप।

खोड़र–पेड़ में खोखला।

खोडौ–दोषयुक्त; खोटा।

खोद–अनुसंधान; छानबीन; खोदने की क्रिया।

खोदना–कुरेदना; खुरचना।

खोदरा–फून्सी का दाग।

खोनचा–मिठाई आदि बेचनेवाले की परात या थाल।

खोना–अपने पास की वस्तु असावधानी से निकल जाने देना; गँवाना; नष्ट करना।

खोपड़ी–कपाल; सिर।

खोपरा–खोपड़ी; सिर; नारियल का गोला।

खोम–समुदाय; समूह।

खोय–आदत; प्रकृति; स्वभाव।

खोर–चौपायों पशुओं का खिलाने की नाँद; सँकरी सड़क; स्नान; निकम्मा।

खोरना—नहाना।

खोरा—लँगड़ा; पानी पीने का गिलास; कटोरा।

खोरी—सँकरी गली; दोष; ऐब; बुराई।

खारिया—कटोरिया; प्याली।

खोल[1]—आवरण; गिलाफ़; कपड़े की मोटी चादर।

खोल[2]—खोल; म्यान।

खोलना—आवरण हटाना; मुक्त करना; अवरोध हटाना; उद्घाटन करना; आरंभ करना।

खोली—छोटा कमरा।

खोह—गुफा; कंदरा; दो पहाड़ों के बीच का संकुचित मार्ग।

ख़ौफ़—डर; भय; आतंक; खटका; खतरा।

खौंरा—पशुओं (भेड़ों में) की एक प्रकार की खुजली, जिसमें उनके बाल झड़ जाते हैं।

खौलन—उबालने का कार्य।

खौलना—उबलना; गरम होकर चुरना; औटाना; व्याकुल होना।

ख्यात—कथित; विख्यात; प्रसिद्ध; मशहूर; वर्णित।

ख्याति—प्रसिद्धि; शौहरत; नाम; प्रशंसा; ज्ञापन।

ख्याल—खेल; दिल्लगी; मन की कल्पना।

ख्याली—काल्पनिक; फर्जी; वाल्यित।

ख्रिष्टान—ईसाई।

ग

ग—व्यंजन वर्ण का तीसरा अक्षर।

गंगा—गंगा का पवित्र पानी; भारतवर्ष की एक प्रधान और पवित्र नदी जिसका भगीरथ के तप से स्वर्ग से पृथ्वी पर आया माना गया है।

गंगेरन—एक औषधी संबंधी पौधा।

गंगाल—पानी रखने का धातु का एक बड़ा पात्र; बड़ा जलपात्र; कंडाल।

गंज[1]—गोदाम; खाजाना; बीज की मंडी; ढेर; पुंज।

गंज[2]—गंजापन; सिर के बाल उड़ने का रोग।

गंजन—पीड़ा; कष्ट; विनाश; तिरस्कार; अनादर; नाश; तिरस्कार युक्त भाषा।

गंजिया—किसी दस्तकार अथवा शिल्पकार का थैला; हँसिया; घास काटनेवाले का घास रखने का जालीदार थैला।

गंजी[1]—ढेर; राशि।

गंजी[2]—कमीज के नीचे पहनने की ऊनी बनियान।

गँजेड़ी—गाँजा पीने का आदी।

गँठ—पाकेटमार।

गँठिया—एक प्रकार का रोग; गठिया रोग।

गँठीला—जटिल; मजबूत; तगड़ा; माँसल।

गंड—गाल; कनपटी।

गंडक—गले में पहना हुआ ताबीज।

गंडा—गाँठ; मंत्र पढ़कर बाहु में बाँधे जानेवाला सूत; चार कौड़ी का समूह; तोते इत्यादि पक्षी का रंगबिरंगा कंठा।

गँडासा—एक औजार जिससे चारा काटते हैं।

गँडेरी–ईख के छोटे छोटे टुकड़े।

गंतव्य–जाने योग्य। नियत स्थान।

गंद–दुर्गंध; सड़ाँध; गालियाँ बकना।

गंदगी–मलीनता; भ्रष्टता; दुर्गन्ध।

गंदना–प्याज लहसुन की जाति का मसाला।

गंदा–मैला; मलिन; अशुद्ध; घिनौना; बुरा; गलीज से भरा।

गंदुम–गेहूँ।

गंध–सुगंध; महक; वास।

गंधक–एक जलनेवाला पीला पदार्थ या खनिज।

गँधाना–दुर्गन्ध निकलना।

गंधार–गांधारी का देश।

गंधी–इत्र आदि सुगंधित द्रव्य बेचने अथवा बनानेवाला; गंधकी।

गंभीर–शांत; धीर; बहुत कम बोलता हो; जटिल।

गँव–ढंग; उपाय; तरीका; अवसर; इच्छा; इरादा।

गँवई–गाँव या ग्राम संबंधी; गाँव का; देहाती।

गँवर–देहाती और ग्रामीण व्यक्तियों का समूह।

गँवाऊ–अपव्ययी; उड़ाऊ; मुक्तहस्त।

गँवानेवाला; फ़िज़ूलखर्च।

गँवार–देहाती; ग्रामीण; अशिक्षित व्यक्ति; भद्दा।

अनपढ़; अनाड़ी; गाँव का रहनेवाला।

गँस–शत्रुता; द्वेष; बैर; चुभनेवाली बात; ताना; निन्दापूर्वक वचन।

गँसना–अच्छी तरह कसना; किसी पात्र को किनारे तक भरना; जकड़ना; बुनाई करना।

गंसीला–तीर के तरह नोकदार; चुभने वाला; गंसा हुआ।

गगन–आकाश; नभ; शून्य; अंतरिक्ष।

गगरा–पानी भरने का बड़ा पात्र; कलश; घड़ा।

गगरी–पानी भरकर रखने का पात्र।

गच्चा–अपमान बर्दाश्त करना।

गछना–चलाना; गतिमान करना।

गज[1]–हाथी; आठ की संख्या; राक्षस।

गज[2]–छत्तीस इंच का गज; लंबाई की एक माप जो तीन फुट के बराबर होती है; एक प्रकर का तीर।

गजगाह–लटकनों की एक कतार जो हाथी की गर्दन पर टंगी होती हैं; हाथी की झूल।

गजदंत–दीवार में लगाई हुई खूँटी; हाथी का दाँत।

गजदान–हाथी की मैथुन की सामयिक उत्तेजना; हाथी का मद।

गजपति–हाथी का स्वामी; महावत।

गजपाटल–काजल; कारखी।

ग़ज़ब–कोप; गुस्सा; चमत्कार; विलक्षण बात।

ग़जबाँक–हाथी का अँकुश।

ग़जर–घंटियों के लगातार बजने की ध्वनि।

प्रात:काल का घंटा।

गजरा–फूलों की बड़ी माला; एक प्रकार का रेशमी वस्त्र; कँगन।

ग़ज़ल–फारसी या उर्दू में प्रेम विषयक काव्य या गीत; प्रेम संबंधी विषय।

गजवान–महावत; हाथीवान।

गजा–नगाड़ा बजाने का डंडा।

गजाजन–भगवान श्रीगणेश जी का विशेष नाम।

गजाना–उबालना; मिलाना।

गजाल–एक प्रकार की मछली।

गज़ी–हाथ का बना हुआ मोटा कपड़ा; मादा हाथी।

गजेन्द्र–भगवान श्रीइन्द्र के हाथी का नाम; एक बड़ा हाथी।

गज्जर–दलदल से भरा मैदान।

गज़्झा–संचय; संग्रह; खजाना; निधि; गर्मी; उष्मा; गाढ़ा झाग।

गट–किसी तरल पदार्थ का सेवन करते समय उत्पन्न शब्द।

गटगट–करीबी दोस्ती; स्त्री-पुरुष संभोग; मेल; घनिष्ठता; उलटा पलटा।

ग़टरगूँ–क्रीड़ा करते समय कबुतर की आवाज।

गट्ठा–कलाई; हथेली और पोहचे के बीच का जोड़; गुमची (घोड़े की)।

गट्ठर–एक बड़ी गठरी; सामान की गठरी; एक बड़ा पार्सल।

गठड़ी–गठरी; पोटली।

गठन–रचना; बनावट; शरीर का कसाव।

गठना–जोड़ना; एक साथ मिलाना; पास पास आना; जुड़ना; सटना।

गठरी–पोटली; पुलिन्दा; बण्डल; संचित धन।

गठवाना–जुड़वाना; सिलवाना।

गठाना–जुड़वाना।

गठित–मजबूती से गठा हुआ।

गठिया–एक प्रकार का वात रोग जिसमें घुटने में सूजन और पीड़ा होती है।

गठिवन–औसत आकार का एक प्रकार का पेड़।

गठीला–गठा हुआ; गाँठदार; माँसल (व्यक्ति)।

गठौंद–थैली अथवा पोटली में बाँधा हुआ धन; जमा करनेवाला धन।

गड़ंग–अभिमान; अहंकार; गर्व; घमंड; डींग।

गड़–घेरा; ओट; टीला; खाई; निशान।

गड़ना–धँसना; बैठना; चुभना; डूबना; गड़ना; संताप अथवा क्रोध का कारण बनना।

गड़प्पा–धोखा खाने का स्थान; खाई; भारी गड्डा; दलदल।

गड़बड़–अव्यवस्था; अस्त व्यस्त; संभ्रांति; अशांति।

गड़रिया–एक जाति जो भेड़ पालती और उनके बाल के कंबल आदि बनाती है।

गड़हा–गहरी भूमि; गड्ढा।

गड़ही–छोटा गड्ढा।

गड़ा–ढेर; राशि; समूह।

गड़ायत–धंसनेवाला।

गड़ारा–छकड़े की लीक।

गड़ारी–वृत लकीर; फिरकी; सीमा; घिरनी; गरारी।

गड़ासा–गँड़ासा; एक प्रकार का हथियार; कसाई की माँस काटने की छुरी।

गड्डुई–पानी पीने का छोटा गडुवा।

गड़ोलना–बच्चों को घुमाने की छोटी गाड़ी।

गड़ौंना–एक प्रकार की पान की पत्ती; एक प्रकार का मीठा पान।

गड्ड–गुच्छा; पोटली; संग्रह।

गड्ढा–भूमि में गहरा स्थान; खाई।

गढ़ंत–बनावटी; कल्पित; मनगढ़ंत।

गढ़–अड्डा; केन्द्र; दुर्ग; आदमियों और घोड़ों से लैस फौज की टुकड़ी।

गढ़ई–छोटा तलाब, गड्ढा।

गढ़त–रचना; बनावट।

गढ़न–आकृति; बनावट; गठन; गढ़ने की क्रिया।

गढ़ाई–गढ़ने का काम; बनाना।

गण–समूह; झुंड; गिरोह; चापलूसी करनेवाला अनुचर; अनुयायी का दल।

गणतंत्र–शासन करने की वह पद्धति जिसमें जनता के प्रतिनिधियों के द्वारा शासन किया जाता है।

गणद्रव्य–सर्वसाधारण की संपत्ति।

गणन–गिनती; गणना।

गणना–संख्या; गिनती।

गणनायक–भगवान श्री गणेश जी का विशेष नाम; गणनाथ।

गणनीय–गिनने योग्य; प्रसिद्ध।

गणपति–भगवान श्री गणेश तथा महादेव।

गणिका–नृत्य करनेवाली लड़की; वेश्या।

गणित–अंक विद्या; गणन।

गणित्र–गणना करनेवाला यंत्र।

गणेश–शिव तथा पार्वती नंदन जिसका सिर हाथी का है।

गण्यता–अच्छी साख।

गत–पहुँचा हुआ; पिछला; मृत्यु; भूतकाल।

गतांक–पिछला; बुरा।

गति–एक स्थान से दूसरे स्थान पर जाने की क्रिया; चाल; गमन; परिणाम; मुक्ति; प्रमाण; ज्ञान; स्थान; पहुँच; वेष; मृत्यु के उपरांत जीवात्मा को प्राप्त होनेवाली अवस्था।

गतिया–बच्चे को ढँकने के लिए एक प्रकार का वस्त्र का टुकड़ा।

गतिक–गतिशील; सक्रिय।

गतिज–गति से उत्पन्न।

गतिरोध–गति अवरूद्ध होने की स्थिति।

गतिशीलता–गति में होने की अवस्था या भाव।

गत्ता–कागज की कई परतों को सटाकर बनी हुई दफ्ती।

गथ–पूँजी; जमा; समुदाय।

गद–मेघों के गरजने की ध्वनि; मोटापन।

गदका–लकड़ी की डंडी।

गदगोल–परेशानी; उपद्रव।

गदबदा–मुलायम; कोमल।

गदबदाना–प्रसन्न होना या करना।

गदना–बोलना; कहना; वर्णन करना।

ग़दर–विद्रोह; बगावत; विप्लव।

गदराना–फल आदि का पकने पर होना; जवानी के समय अंगों का भरना।

गदला–मैला; गंदा; मलिन; अशुद्ध; मिट्टी या कीचड़ मिला हुआ।

गदहपन–मूर्खता; अज्ञानता।

गदहा–गधा।

गदहूल–कमल।

गदा–एक प्राचीन अस्त्र जिसमें लोहे के डंडे के छोर पर एक बड़ा लट्टु लगा होता था।

गदाई–तुच्छ; निकम्मा; रद्दी।

गदाधर–गदा धारण करनेवाला; भगवान श्री विष्णु का विशेष नाम।

गदेल–शिशु।

गदेला–गद्दा; रूई आदि से भरा हुआ बहुत मोटा बिछौना।

गदोरी–हाथ की हथेली।

गद्द–आनन्दित होना; प्रसन्न होना।

गद्दा–रूई आदि से भरा हुआ मोटा बिछौना।

गद्दी–छोटा गद्दा; सिंहासन; राज्यपद; हाथ की हथेली।

गनना–गिनती करना।

गनहेल–एक प्रकार की जई।

गनाना–गिनने का काम दूसरे से कराना।

ग़नी–धनी; मालदार; धनी व्यक्ति।

ग़नीम–डाकू; दुश्मन; लुटेरा।

ग़नीमत–मुफ्त का माल; विकट अवस्था में भी होनेवाली संतोष का बात।

गन्ना–ईख; ऊख।

गप–असत्य बात; बकवाद; झूठा समाचार; मन को प्रसन्न करनेवाली बात; अचानक कुछ सटकने से निकलनेवाली ध्वनि।

गपकना–जल्दी से खाना; निगल लेना।

गपना–गप मारना; बड़बड़ करना।

गपोड़ा–भारी गप।

गप्प–इधर उधर की बात।

गप्फा–बड़ा ग्रास; लाभ; बड़ा कौर।

ग़फ़लत–असावधानी; बेखबरी; भूल; गलती।

गबदा–मोटा; स्थूल।

ग़बन–दूसरे के सौंपे हुए धन को हड़प लेने का अपराध।

गबरू–नौजवान; दुल्हा; वर; पति।

गबरून–एक प्रकार का मोटा चारखाना।

गब्बर–घमंडी; अहंकारी; हठी; अड़ियल; धनी; बहुमुल्य; कीमती।

गब्भा–गद्दा; पोशक।

गभस्ति–किरण; सूर्य; हाथ; भुजा; अग्नि की पत्नी का नाम 'स्वाहा'।

गम[1]–प्रवेश; पहुँच।

ग़म[2]–दुख; शोक।

गमक–वास; महँक; गूँजने की सी आवाज।

गमछा–अँगोछा; तौलिया; रूमाल।

गमन–जाने की क्रिया; प्रस्थान; यात्रा; संभोग।

गमना–चले जाना; दु:खी होना; चिन्ता करना; ध्यान देना।

गमनीय–पास जाने योग्य; अभ्यास करने योग्य; प्राप्त करने योग्य।

गमला–मिट्टी का बाल्टी के आकार का आधार जिसमें छोटे छोटे फूलदार पौधे लगाये जाते हैं।

ग़मज़–पलक मारने का कार्य।

गमाना–गँवाना; खोना।

गमार–मूर्ख; अज्ञान; संस्कारहीन।

ग़मी–दुख का समय; मृत्यु शोक; मातम।

गम्मत–मजेदार बात; घटना जो हँसी उत्पन्न करे।

गम्य–गमने करने योग्य; जाने योग्य; सुलभ; सुगम।

गयंद–विशाल हाथी।

गय–नभ; दौलत; प्राण; पुत्र; घर; हाथी।

गयशिर–आसमान; नभ; अंतरिक्ष।

गया[1]–नष्ट किया हुआ; गया बीता; मूल्यहीन।

गया[2]–बिहार का एक तीर्थस्थान जहाँ गंगा नदी की धारा बहती है तथा जहाँ हिन्दू पिंडदान करते हैं।

गयाल–वह व्यक्ति जो बिना उत्तराधिकारी के ही मर गया।

गर–एक प्रकार की बीमारी; विष; गला।

गरंड–भूमि पर कीचड़ की चारहदीवारी; अनाज पीसने की चक्की के चारों ओर बनाई गई मेढ़।

गरई–एक प्रकार की मछली।

ग़रक़–डुबा हुआ; निमग्न; विनाश।

गरकट–हत्यारा; खूनी।

गरकाव–निमग्न; पानी में डूबा हुआ।

गरगरा–घिरनी; चरखी।

गरज[1]–बादल अथवा सिंह इत्यादि की आवाज; मेघ की गर्जन।

ग़रज़[2]–जरूरत; वस्तु; मतलब; चाह; व्यवसाय; जरूरत; प्रयोजन।

गरट्ट–समूह।

गरदन–गला; ग्रीवा; गुद्दी।

गरदनी–गिरेबान; घोड़े की गरदन पर बांधने का कपड़ा।

गरना–निचुड़ना।

गरनाल–एक पुरानी चौड़े व्यास की बंदूक।

गरम–उष्ण; जलता हुआ; जिसे छूने में उष्णता या ताप का अनुभव हो।

गरमी–गरम होने का भाव।

गरल–जहर; विष।

गरा–गला।

गराज–आवश्यकता; जरूरत।

गराड़ी–घिरनी; चरखी।

गरामी–पूज्य; सम्मानित; आदरणीय।

गराना–गराने का काम दूसरे से कराना।

गरारा–कुल्ला; स्त्रियों का ढीली मोहरी का पायजामा।

गराव–चारा भूसा का ढेर; पुलिन्दा; छोटी कुल्हाड़ी; गँडासा।

गरिमा–प्रतिभा; गौरव; महिमा; घमंड; अहंकार; भार।

गरिया–विशिष्टता; अंहकार; महानता; गर्व; मान।

गरियार–अड़ियल; हठी; दुर्दान्त।

गरियारी–प्रतीपता; हठ।

गरिष्ठ–बहुत भारी; प्रतिष्ठित; सबसे आदरणीय।

गरी–नारियल के फल के भीतर का गूदा; कड़े छिलके का खाने योग्य पदार्थ।

ग़रीब–निर्धन; धनहीन; परवर; मुफलिस; दरिद्र; बेचारा।

ग़रीबी–दीनता; निर्धनता; मुफलिसी; दीनता।

गरीयस–अधिक भारी; महान; प्रधान; प्रतिष्ठित; गौरवपूर्ण।

गरूड़–एक प्रकार का बड़ा पक्षी; विष्णु के वाहन जो पक्षिराज कहलाते हैं; एक प्रकार की सेना की व्यूह रचना।

गरू–भारी; वजनदार।

गरूर–गर्व; अभिमान।

गरेर–घेरा डालना।

गरोह–समूह; झूंड; जत्था; दल।

गर्ग–साँड; बैल।

गर्ज–गड़गड़ाहट।

गर्जन–जोर का शब्द; भीषण ध्वनि; गरजना।

गर्त्त–दरार; गड्डा; भूमि का छिद्र; खाई।

गर्द–धूल; राख।

गर्दभ–गधा।

गर्दा–धूल।

गर्दिश–घुमाव; चक्कर; विपत्ति; आफत।

गर्भ–गर्भाशय; पेट के अंदर की कोठरी; भ्रूण; कोख; पुत्र।

गर्भपात–गर्भ का अपरिपक्व अवस्था में गिर जाना; गर्भ गिरना।

गर्भवती–वह स्त्री जिसने गर्भ धारण किया हो अथवा जिसके पेट में बच्चा हो।

गर्भबीज–अंडे।

गर्भस्व–बच्चा जो गर्भाशय मे स्थित हो।

गर्भस्त्राव–गर्भपात; चार महीने तक का गर्भ गिरना।

गर्भधान–गर्भधारण; गर्भाधान; हिन्दुओं का एक उत्सव जिसमें सोलह संस्कारों में से पहिला संस्कार जो गर्भ आने पर किया जाता है।

गर्भाशय–स्त्री के पेट की वह थैली जिसमें भ्रूण रहता है।

गर्म–उष्ण; गरम।

गर्रा–कीचड़; गारा।

गर्व–अहंकार; अभिमान; घमंड; आत्मश्लाघा।

गर्हण–दोष लगाना; निंदा करना।

गल–गला; कंठ।

गलगंज–बलवा; दंगा; कोलाहल; हल्ला।

गलगला–गीला; तर; मुलायम।

गलग्रह–सहज से न हटनेवाली विपत्ति।

गलछट–कपड़े का एक टुकड़ा जो झटकारने के काम आता है।

गलझप–हाथी के गले में पहिनने की लोहे की झूल या सिकड़ी।

ग़लत–मिथ्या; असत्य; नादुरस्त; जो ठीक न हो; अशुद्ध ठहराना।

गलतंस–ऐसे आदमी की संपत्ति जो उत्तराधिकारी न छोड़ गया हो।

ग़लतान–लोटना; लुढ़कता हुआ।

ग़लती–चूक; अशुद्धि; भूल।

गलन–पतन; गल कर गिरना।

गलना–घुलना; पिघलना; मुलायम होना; ठोस वस्तु का तरल होना; शरीर का दुर्बल होना।

गलफट–बहुभाषी; वाचाल।

गलफड़ा–गालों के दोनों जबड़ों के बीच का माँस।

गलफला–जिसका गाल या गला फूला हो।

गलमुंदरी–फुले हुए गाल दबाने से निकली ध्वनि; गाल बजाना; व्यर्थ की अर्थहीन बातें करना।

गलमुद्रा–हार; कंठी।

गलाँवन–बागडोर; फाँसी की रस्सी।

गला–सिर को धड़ से जोड़नेवाला अंग; कंठ; गरदन; स्वर; गर्दन के आकार या स्थिति जैसा।

गलाई–गलना।

गलाऊ–किसी द्रव्य में घुलने या घुलाने योग्य।

ग़लाज़त–अशिष्ठ; गंदगी; अशुद्धता।

गलाना–पिघलाना; गलाने की क्रिया; गलाने के योग्य।

गलाव–घोल (किसी ठोस या द्रव्य का)।

गलित–पिघला हुआ।

गलियारा–सँकरा; छोटी गली।

गली–एक सँकरा मार्ग जो घरों की दो पंक्तियों के बीच में रहता है।

गलीचा–सूत या ऊन के धागे से बुना हुआ बिछावन।

गलीज–गंदा; मैला; मलिन। गाढ़ा; विष्ठा।

गल्प–गप्प; डींग; छोटी कहानी।

गल्ला–झूंड; अन्न; वह संदूक जिसमें दुकान की रोज की बिक्री के रुपये रहते हैं; गोलक।

गवन–वधू का अपने पति के घर पहली बार जाने की रस्म; प्रस्थान; चलना; जाना; गौना।

गवनाना–प्रस्थान करना।

गवय–सफेद पैरोंवाला हिरण।

गवाक्ष–रोशनदान; झरोखा; छोटी खिड़की।

गवार–सहने योग्य; स्वीकार्य; पचाने योग्य।

गवाह–न्यायालय में मुकदमे का साक्षी; जिसने किसी घटना को अपनी आँखों से देखा या सुना हो; साक्षी।

गवेजा–वार्तालाप; इधर उधर की बात।

गवेरुक–लाल मिट्टी; गेरु।

गवेल–देहाती; गँवार।

गवेषना–छानबीन; खोज; अन्वेषण; किसी विषय का अच्छी तरह अनुशीलन करके उसके संबंध में नई बातों का पता लगाना।

गवैया–गानेवाला; गायक।

ग़श–मूर्छा; बेहाशी।

गश्त–पुलिस कर्मचारियों का पहरे के लिए रात में घूमना; फिरना; भ्रमण; चक्कर।

गसीला–संधि; जकड़ा हुआ; गठा हुआ।

गह–किसी शस्त्र का मूठ; पकड़।

गहक–उत्साह; जोश; उत्तेजना।

गहकी–ग्राहक।

गहगहे–हर्ष उत्साह के साथ; धूमधाम से।

गहन–घना; अभेद्य; दुर्गम।

गहन–जंगल; दुर्गम स्थान; गहरा; घना; ग्रहण; गुफा।

गहना–आभूषण; अलंकार; बंधक।

गहनि–पकड़; हठ।

गहबर–कठिन; दुर्गम; व्याकुल; उत्तेजित्त; परेशान।

गहर–स्थगित करना; देर करना। दुर्गम; गहन; गहरा।

गहरा–जिसकी थाह बहुत नीचे हो; गंभीर; निम्नतल; अधिक; दृढ़; कठिन; प्रचंड।

गहराई–'गहरा' होने का भाव; गहरापन।

गहराना–गहरा होना या करना।

गहरु–टालना; देर।

गहल–अँगूर का गुच्छा।

गहाई–बैलों द्वारा अनाज के दानों के पुलिंदो को पैरों से कुचलवाना जिससे दानें अलग हो सके; पकड़ने का काम; पकड़।

गहाना–पकड़ाना।

गहुआ–छोटे आकार की सँड़सी।

गहूरी–शंका उपाजना।

गहेला–हठी; घमंडी; अहंकारी; पागल; मूर्ख।

गहैंया–पकड़नेवाला; ग्रहण करनेवाला।

गह्वर–गहरा; घना; विषम स्थान; गुफा; गुप्त।

गाँज–राशि; ढेर।

गाँजना–राशि या ढेर लगाना।

गाँजर–एक प्रकार की घास।

गाँजा–एक पौधा जिसकी कली तम्बाकू की तरह चिलम पर पीते हैं; यह बहुत उन्मादक होता है।

गाँठ–रस्सी, धागे आदि का फंदा; गुत्थी; गिरह; ग्रंथि।

गाँथना–गूँथना; बटना; मिलाना।

गाँव–ग्राम; छोटी बस्ती।

गाँस–प्रतिरोध; वैर; ईर्ष्या; हृदय की गुप्त बात; कठिनाई।

गाँसना–गाँठना; कसना; भरना; चुभाना; ठूसना।

गाँसा–दो उँगलियों के मध्य संधि।

गाँसी–शत्रुता; विरोध।

गागर–पानी ठंडा रखने का मिट्टी का पात्र।

गाच–महीन जालीदार कपड़ा जिस पर रेशम के बेल बूटे कढ़े होते हैं।

गाछ–छोटा वृक्ष; झाड़ी।

गाज[1]–झाग; मल; बुलबुला।

गाज[2]–बिजली गिरने का शब्द; वज्र; गरज; आफत आना; नाश होना।

गाज[3]–काँच का कड़ा या चूड़ी।

ग़ाजी–विजेता; शूरवीर; मुसलमानों में वह वीर पुरुष जो धर्म के लिए युद्ध करे या प्राण दे।

गाटा–भूमि का वह टुकड़ा जो पूरी ईकाई के रूप में माना जाता है।

गाड़[1]–भेड़।

गाड़[2]–गड्ढा जिसमें अन्न रखा जाता है।

गाड़ना–दबाना; धँसाना; छिपाना; पृथ्वी में गड्ढा खोदकर उसमें कोई वस्तु रखकर मिट्टी से ढाँपना।

गाड़र–मादा भेड़।

गाड़ा–बड़ी बैलगाड़ी; छकड़ा।

गाड़ी–सवारी; गाड़ी; रेलगाड़ी; बस; मनुष्यों आदि को एक स्थान से दूसरे स्थान पर पहुँचानेवाला यंत्र।

गाढ़–संकट; घना; गहरा; गाढ़ा; घनिष्ठ; गहन; कठिन; अधिक दृढ़।

गाढ़ा–जो अधिक पतला न हो; गहरा; घनिष्ठ; मोटा।

गाढ़े–कसकर; अच्छी तरह; जोर से।

गात–शरीर का अंग।

गात्र–शरीर; देह; काया।

गाथ–प्रशंसा का गान।

गायक–गानेवाला; गवैया।

गाथा–प्रशंसा गीत; अवैदिक स्तोत्र।

गादड़—कायर; डरपोक; सियार।
गादा—खेत का अधपका या कच्चा अन्न।
गादुर—चमगादड़।
गाध—पानी की गहराई; स्थिति; स्थान; नदी का तल; नदी का बहाव; लालचीपन।
गान—गीत; संगीत।
गाना—स्तुति करना; विस्तार सहित वर्णन करना; गान। लय ताल के साथ शब्दों का उच्चारण करना।
गाबदू—मूर्ख।
गाभ—पशुओं का गर्भ।
गाभा—केले आदि के डंठल के अंदर का कोमल भाग; नया निकला हुआ नरम पत्ता।
गाभिन—पशु जिसके पेट में बच्चा हो; सगर्भ।
गामी—चलनेवाला; जानेवाला; यात्रा करनेवाला।
जानेवाला।
गायक—गानेवाला; गवैया।
ग़ायब—अदृश्य; गायब; गुम; लुप्त; छिपा हुआ।
गायिका—गानेवाली स्त्री।
ग़ार—गूँथा हुआ कीचड़; गारा।
ग़ारत—नष्ट; तबाह; बरबाद।
गारथ—पहरा; पहरेदार; चौकीदार।
गारना—निचोड़ना; निकालना; कष्ट देना।
गारा—गूंथा हुआ कीचड़; ईंटों को जोड़ने के लिए मिट्टी और चूने आदि में पानी मिलाकर बनाया गया लेप।
गार्ड—रक्षक।
गारो—अहंकार; गर्व; अभिमान।
गार्हस्थ्य—गृहस्थ के पाँच प्रधान कर्तव्य।
गाल—कपोल; मुख का मध्य; मजाक; प्रलाप; कौर; ग्रास।
गालमूल—गपशप; अर्थहीन वार्ता; व्यर्थ की बकवाद।
गालमसूरी—एक प्रकार का भारतीय स्वादिष्ट पकवान।
गालब—एक प्रकार का औषधिय पौधा।
गाला—धुनी हुई नरम रूई का गोला; पूनी; अत्यधिक सफेद वस्तु।
ग़ालना—वार्तालाप करना; बात करना; बोलना।
ग़ाली—निंदा या कंलक की बात; दुर्वचन।
ग़ालीचा—छोटा कालीन।
गालू—शेखीबाज; बकवादी; वाचाल; बहुभाषी।
गावकुशी—गाय की हत्या; गोवध।
गावघप—कपटी; छली; धूर्त; दूसरे का माल जमा हजम करनेवाला।
गावतंकिया—बड़ा तकिया; गोल तकिया।
गावदी—मूर्ख; नासमझ; बेवकूफ।
गावना—गाना।
गासिया—जीनपोश।
गाह—अवसर; मौका; स्थान।
गाह[1]—मगर; पकड़; घात।
गाह[2]—कहानी; गाथा।
गाहकताई—समालोचना; कद्रदानी; प्रतिष्ठा।
गाहन—गोता लगाने की क्रिया; नदी के पानी में स्नान करना।
गाहना—पीटना; डुबकी लगाकर थाह लेना; पौधे से अन्न अलग करना; व्याकुल करना।

गाहे–पूर्वकाल में।

गिंजाई–एक प्रकार का बरसाती कनखजूरा; गौंजने की क्रिया।

गिंदर–एक प्रकार का कीड़ा जो अनाज की फसल को नष्ट कर देता है।

गिउ–गला; गरदन।

गिचपिच–एक में एक मिला हुआ; अस्पष्ट।

गिजगिजा–कोमल और रसीला; गीला।

गिज़ा–आहार; भोजन; खाद्य पदार्थ; खाने योग्य; खाद्य पदार्थ की पूर्ति करना।

गिट्टा–टखने का अंत; समूह; पिण्ड; सूजन। ठिगना आदमी।

गिद्ध–एक तीक्ष्ण दृष्टिवाला बड़ा पक्षी जो जानवरों का माँस खाता है।

गिनती–गिनने की क्रिया; गणन करना; लेन-देन का हिसाब।

गिमटी–बेल बूटा का बना हुआ एक प्रकार का मजबूत कपड़ा।

गियाह–एक प्रकार का घोड़ा।

गिरई–मछली।

गिरगिट–छिपकली के आकार का एक लंबा जंतु जो अपना रंग बदलता रहता है।

गिरदा–गोल तकिया; गोल वस्तु।

गिरना–एकाएक ऊपर से नीचे को आना; नीचे को उतरना; मूल्य कम होना; प्रतिष्ठा या शक्ति कम होना।

गिरफ्त–पकड़; दोष; भूल पकड़ना; शक्ति।

गिरफ़्तार–फँसा हुआ; बँधा हुआ; बंदी।

गिरमिट–बड़ा बरमा।

गिरवी–रेहन।

गिरस्ती–गृहस्थी।

गिरह–बंधन; गुत्थी; गाँठ; उलझन।

गिरहकट–जेबकतरा; पाकिटमार।

गिरहबाज–वह कबूतर जो उड़ते उड़ते कलया मारता है।

गिरही–गृह; घर; मकान; निवास स्थान।

गिराँ–बहुमूल्य; महँगा; भारी; ऊँची कीमत का; अप्रिय।

गिरा–वाणी; वचन; बोलने की शक्ति; सरस्वती देवी का विशिष्ट नाम।

गिराना–पतन करना; भूमि पर डाल देना; प्रतिष्ठा कम करना; शक्ति कम करना।

गिरापति–भगवान श्री ब्रह्मा का विशेष नाम।

गिरासना–कष्ट देना; ग्रासना।

गिरि–पहाड़; पर्वत; गिरिजा।

गिरिनंदिनी–पार्वती; दुर्गा।

गिरिराज–हिमालय; बड़ा पहाड़।

गिरो–गिरवी रखना; बंधक बनाना।

गिरोह–संघ; समुदाय; जनसमूह।

गिर्द–इई गिर्द; आस पास; चारों तरफ।

गिर्दावार–निरिक्षण करनेवाला पुलिस अधिकारी; घूमनेवाला; दौरा करनेवाला।

गिलगिला–आद्र; नम; जलीय।

गिलगिली–एक प्रकार की घोड़े की जाति।

गिलट–एक सफेद चमकीली और कम मूल्य की धातु।

गिलटी–एक रोग जिसमें गाँठे फूल जाती है।

गिलना–निगलना।

गिलम–मोटी गद्दी; एक मोटी और चिकनी ऊनी कालीन।

गिलमिल–एक प्रकार का वस्त्र।

गिला–विलाप; मातम; शिकायत।

गिलाफ–लिहाफ; तकीये का आवरण; म्यान।

गिलावा–सिलमिट; गारा; कीचड़।

गिलास–पानी पीने का शीशे या धातु का बना हुआ वृत्ताकार पात्र।

गिलौरी–पान का बीड़ा।

गींजना–कपड़ो पर दबाने और सिकुड़ने के निशान बनाना; नाजुक चीजों को मसलकर खराब कर देना; पीसकर भुर्ता बनाना।

गी–वाणी; बोलने की शक्ति; यश; गौरव।

गीत–वह वाक्य, पंद या छंद जो गाया जाता है; गाना।

गुंजन–प्रतिध्वनि।

गुजनिकेतन–भिनभिनाती मक्खी।

गुजरना–भनभनाना; भौरों का गूँजना; गरजना।

गुंजान–घना; गहन; सघन।

गुंजाइश–सामर्थ्य; स्थान; अटने या समाने की जगह; अवकाश।

गुंजायमान–गूँजता हुआ।

गुंजार–प्रतिध्वनि।

गुंजिया–स्त्रियों के कान में पहनने का आभूषण।

गुँझिया–आटा से बनी एक प्रकार की मिष्ठान जिसके अंदर स्वादिष्ट पदार्थ भरा होता है।

गुंठा–एक प्रकार का घोड़ा। नाटापन; छोटे कद का।

गुंठित–छिपाया हुआ।

गुंडई–दुष्टता; गुंडापन; धूर्तता; कपटता; दुर्रात्मापन।

गुंडा–कुमार्गी; पापी; दुष्ट; धूर्त; दुर्रात्मा; कपटी।

गुंथना–जल मिलाकर आटा का सनना; बालों का जूड़ा बनाना।

गुनाई–किसी वस्तु को गूँथने का कार्य।

गुंफ–गुच्छा; जाल में फँसना।

गुंफन–गूँथना; सजाना।

गुंफा–कंदरा; गुफा।

गुंफित–गूँथा हुआ।

गुंबद–गोल, ऊँची और उभरी हुई छत।

गुंबा–चोट लगने से मस्तक पर आने वाली सूजन।

गुंभी–अंकुर; कोंपल; अँखुआ।

गुइयाँ–महिला मित्र; खेल का साथी।

गुग्गल–एक तरह का कांटेदार वृक्ष जिसका सुगंधित गोद जलाकर दवाओं में प्रयुक्त होता है।

गुच्छ–बँधे हुए फूलों या पत्तों का समुदाय; गुच्छा।

गुच्छा–एक लगे या बँधे हुए पत्तों, फलों या फूलों का समूह; एक में लगी या बँधी हुई छोटा वस्तुओं का समूह।

गुज़र–रास्ता; गुजारा; पहुँच; निर्वाह।

गुज़रना–निकल जाना; पार करना; अंत करना; खत्म करना; मरना।

गुजरात–भारतवर्ष का एक पश्चिमी राज्य।

गुजराती–गुजरात का।

गुजरान–निर्वाह; जीविका।

गुजरी–एक प्रकार का आभूषण जो कलाई पर बाँधा जाता है; कंगन।

गुज़श्ता–भूतकाल; अतीत; बीता हुआ समय।

गुज़ार–पूरा करनेवाला; अदा करनेवाला।

गुज़ारा–जीविका; निर्वाह; वह वृत्ति जो जीवन निर्वाह के लिए मिलती हो; नाव पर चढ़कर पार उतरना।

गुज़ारिश–प्रार्थना; अर्ज; निवेदन।

गुज्झा–गुप्त; छुपा हुआ। बाँस की कील।

गुझरौट–वस्त्र की सिकुड़न; स्त्रियों की नाभि के पास का भाग।

गुट–दल; समूह।

गुटकना–निगल जाना।

गुटका–छोटे आकार की पुस्तक; एक छोटी गेंद या गोल पदार्थ; एक प्रकार की जादु भरी गेंद जिसे मुँह में रखने से व्यक्ति गायब हो जाता है।

गट्ट–दल; जत्था; समूह।

गुट्ठल–जिसमें बड़ी गुठली के आकार की जड़ या बीज हो; मूर्ख; बुद्धु।

गुठला–रसौली; एक बड़ा समूह।

गुठली–फलों की बीच में पाया जानेवाला कड़ा बीज।

गुड़ंबा–गुड़ में पकाया हुआ आम का गूदा।

गुड़–राब; खांड।

गुडरू–एक विशेष प्रकार का पक्षी।

गुड़ाई–खुरचना।

गुड़ाकू–गुड़ मिला तंबाकू जो धूमपान करने के प्रयोग में आता है।

गुड़िया–पुतली; कपड़े की बनी हुई लड़कियों के खेलने की पुतली।

गुड्डी–कागज की पतंग; गुड़िया।

गुढ़ा–किसी वस्तु के पार।

गुण–अच्छाई; त्याग; गर्म; प्रभाव; बड़ाई; कला; शील; भलाई।

गुणक–वह अंक जिससे कोई भी अंक गुणा किया जा सके।

गुणगौरी–सुहागन; पतिव्रता।

गुणज्ञ–गुणों को समझनेवाला; गुणता।

गुणन–गणित में एक संख्या को दूसरी संख्या से गुणा करना; गिनना।

गुणनफल–दो अंकों की गुणा करने से प्राप्त संख्या।

गुणना–स्तुति करना; तर्क करना; गुणा करना।

गुणवंत–गुणवान।

गुत्थमगुत्था–उलझाव; फँसाव; गुँथ जाने का भाव; लड़ाई; हाथाबाँही।

गुत्थी–उलझन भरी अवस्था; समस्या; उलझन; कई वस्तुओं को एक में गूँथने की गाँठ; कठिन प्रश्न।

गुद–गुदा।

गुदगुदा–कोमल; माँसयुक्त; माँसल।

गुदड़िया–पैबंद लगा हुआ या फटा हुआ कपड़ा।

गुदड़ी–पैबंद लगा हुआ गद्दा; फटे पुराने वस्त्रों का बना हुआ ओढ़ना या बिछौना।

गुदा–मलद्वार।

गुदाज़–नरम; कोमल; गुदगुदा।

गुदाम–गोदाम।

गुदार–पुष्ट; माँसल; गूदेदार।

गुद्दा–मस्तक का पिछला भाग; गरदन; हथेली का माँस।

गुनगुन–भिनभिनाना; बुदबुदाना।

गुनहगार–गुनहगार; पापी; अपराधी; दोषी।

गुनही–गुनहगार; अपराधी; दोषी।

गुना–एक प्रत्यय की तरह का एक शब्द जो किसी संख्या के अंत में लगगर उसका उतनी ही बार और होना सूचित करता है।

गुनाह–पाप; अपराध।

गुनिया–बढ़ई का एक नापने का समकोणीय यंत्र।

गुप–रहस्य; छिपा हुआ; अँधेरा; अँधा।

गुप्त–गूढ़; छिपा हुआ; कठिनता से जानने योग्य।

गुप्ता–बिना विवाह करे दूसरे पुरुष के साथ रहने तथा मैथुन करनेवाली स्त्री; रखैल।

गुप्ती–एक प्रकार का हथियार जो लकड़ी के खोल के भीतर रहता है।

गुप्फा–हार; गजरा; गुच्छा।

गुफा–विश्राम करने की जगह; खोह; गुफा; सुरंग; कंदरा।

गुफ्तगू–बातचीत; वार्तालाप।

गुबरैला–एक प्रकार का काले रंग का कीड़ा जो गोबर में से उत्पन्न होता है।

गुबार–मन में जमा हुआ क्रोध, द्वेष आदि की भावना।

गुभना–चुभना; खुभना।

गुभी–ढकेलना; उगना।

गुम–छिपा हुआ; खोया हुआ; गायब।

गुमका–अनाज के दाने का छिल्के से अलग होना।

गुमची–एक प्रकार की भारतीय जंगली मुलेठी।

गुमटा–सूजन।

गुमड़ा–चोट; खरोंच; सूजन।

गुमना–खो जाना; छुप जाना।

गुमनाम–अप्रसिद्ध; अज्ञात।

गुमराह–भ्रष्ट होना; बुरे मार्ग पर कदम रखना।

गुमान–संदेह; घंमड; अहंकार; गर्व।

गुमानी–गँवाना; खोना।

गुम्मज–गुम्बद; बुर्जी; कलश; दार गृह।

गुर–युक्ति; मूल मंत्र; चाल।

गुरगा–नौकर; सेवक; चेला; जासूस; भेदिया।

गुरगाबी–एक प्रकार का मुंडा जूता।

गुरथी–सिकुड़न; तह करना।

गुरदा–शरीर के अंदर का एक अंग जिसका काम आहार से पेशाब को अलग करना और खून से बेकार नत्रजनीय द्रव्य निकालकर उसे साफ करना है।

गुरमुख–गुरु से मंत्र की दीक्षा या शिक्षा लिया हुआ।

गुरबना–खोदना; गड्ढा करना।

गुरसी–गोराई; मुखराग।

गुराब–तोप लादने की गाड़ी।

गुरिद–कछ; भारी गदा।

गुरु–विद्या या कला सिखानेवाला; उस्ताद; किसी मंत्र का उपदेष्टा; पूज्य; बड़ा; विद्या या कला सिखलानेवाला अध्यापक।

गुरुआनी–गुरु पत्नी।

गुरुआई–चालाकी; धूर्तता; बेइमानी; गुरु की क्रिया।

गुरुकुल–गुरु का वह स्थान जहाँ पर विद्यार्थी गुरु के साथ रहते हैं तथा वही शिक्षा भी ग्रहण करते हैं।

गुरुच–औषधि निर्माण में प्रयोग होनेवाली बेल।

गुरुजन–आदरणीय मनुष्य; बुजुर्ग।

गुरुता–विशिष्टता; श्रेष्ठता।

गुरुदक्षिणा–गुरु को संतुष्ट करने के लिए चेला द्वारा दिया जानेवाली भेंट।

गुरुवार–बृहस्पतिवार; वीरवार।

गुरेट–ईख का खौलता हुआ रस चलाने का बेलन।

गुर्गा–भेदिया; नौकर।

गुर्ज–सोंटा; लाठी; भारी गदा।

गुर्दा–गुरदा; पराक्रम।

गुर्राना–गुर्रानेवाला; चिल्लाना; क्रोधसूचक आवाज में बोलना; चीखना।

गुर्री–भूनी जौ का बाल।

गुर्विणी–गर्भवती।

गुल–जला हुआ तंबाकू; शीतला रोग; गुलाब का फूल।

गुलकंद–मिस्री या चीनी में पागी हुई गुलाब की कोमल और ताजी पँखुड़ियाँ।

गुलचा–हथेली से गालों पर धीरे से प्रेमपूर्वक आघात।

गुलचाँदनी–एक प्रकार का सफेद फूल जो रात का खिलता है।

गुलछर्रा–दंगाखोर; उत्सव; रंगरेलियाँ; गुलछर्रे; मौज; ऐश; स्वच्छंदता तथा अनुचित रीति से किया जानेवाला भोग विलास।

गुलजार–बाग; हरा भरा।

गुलझटी–गुत्थी; शिकन; सिकुड़न।

गुलड़ी–एक छोटा गोलाकार; गाय के गोबर का टुकड़ा।

गुलदस्ता–सुंदर फूलों और पत्तियों का बना गुच्छा।

गुलदाउदी–सुंदर गुच्छेदार फूलोंवाला एक प्रकार का पौधा।

गुलदान–गुलदस्ता; गुलदस्ता रखने का पात्र।

गुलदार–एक तरह का सिलाई का काम; एक प्रकार का सफेद कबूतर। फूलदार।

गुलदुपहरिया–एक प्रकार का पौधा जिसमें लाल रंग के घंटी के आकार के पौधे लगते हैं।

गुलनार–अनार का फूल।

गुलबदन–एक प्रकार का रेशमी वस्त्र।

गुलबन्द–दुपट्टा; गले का कपड़ा; रूमाल; कढ़ाई की हुई बेल बूटी; एक प्रकार का गले का आभूषण।

गुलबहार–गुलबहार का फूलवाला पौधा।

गुलमेख–चौड़े माथे की छोटी कील; पाल बाँधने का रस्सा।

गुललाला–एक प्रकार का पौधा।

गुलशन–आनन्द करने का स्थान; फूलों का बगीचा।

गुलशब्बो–फूला हुआ गुलाब।

गुलहरी–गूलर के पेड़ का फल।

गुलाई–गोलाई।

गुलाब–एक लाल, पीले, सफेद तथा अन्य रंग का सुंदर फूल जिसके पौधे कँटीले होते हैं।

गुलाबी–गुलाब जैसा; हल्का; नर्म।

गुलाम–दास; नौकर; खरीदा हुआ नौकर; पराधीन।

गुलामी–दासता; पराधीनता; चाकरी।

गुलाल–एक प्रकार का लाल बुकनी जो होली के अवसर पर एक दूसरे पर ऊपर फेकने तथा लगाने के काम आता है।

गुलिस्तां–पुष्पवाटिका; उद्यान।

गुलू–गुलू बंद।

गुलेल–दो ताँतों की कमान जिससे मिट्टी की गोली फेंकी जाती है; पक्षेपक।

गुलौरा–मुलायम।

गुल्फ–एड़ी के ऊपर की गाँठ; टखना।

गुल्म–सेना का एक विभाग; एक प्रकार की झाड़ी; पौधों का गुच्छा; त्वचा का विस्तार होना।

गुल्लक–प्रतिदिन की आमदनी रखने की थैली या संदूक; गोलक; दीवार में आला जो पैसे रखने के काम आता है।

गुल्ली–छत्ते में शहद रखने का स्थान; फल की गुठली; लड़कों का डंडे से खेलने का काठ का छोटा टुकड़ा।

गुसैयाँ–स्वामी; गोसाई।

गुसल–सारे शरीर को पानी से धोना।

गुसैल–क्रोधी; गुस्सैल।

गुस्ताख–असभ्य; कठोर; अशिष्ट; उद्दंड।

गुस्ताख़ी–असभ्यता; उद्दंडता; अशिष्टता।

गुस्सा–क्रोध; कोप।

गुस्सैल–जिसे जल्दी गुस्सा आये।

गुह–कार्तिकेय घोड़ा; गुफा; हृदय; भगवान श्री विष्णु का विशेष नाम।

गुह–गू; मैला; मल।

गुहना–गूँथना; लपेटना।

गुहराना–पुकारना; चिल्लाना।

गुहाँजनी–आँख की पलक पर होनेवाली फोड़िया।

गुहा–माँद; गुफा; गुप्त या गूढ़ स्थान; छिपने की जगह।

गुहार–विनम्र प्रार्थना; दोहाई।

गुहारना–सहायता के लिए पुकारना।

गुहिका–खोखली जगह।

गुहेरा–एक प्रकार की जहरीली छिपकली।

गुह्य–गोपनीय; छिपा हुआ; गुप्त; कठिनता से समझ में आनेवाला।

गूँगा–मूक; जो बोल न सके; जो मौन साधे हो।

गूँच–प्रतिध्वनि।

गूँच–एक प्रकार की मछली।

गूँज–प्रतिध्वनि; टकराकर लौटनेवाली आवाज; भौंरों के गूँजने का शब्द।

गूँजना–प्रतिध्वनि से व्याप्त होना या भरना; भौंरों की मधुर ध्वनि।

गूँथना–दो पदार्थों को आपस में मिलाना।

गूँधना–आटे में पानी डालकर उसे हाथों से मसलना; चोटी करना।

गू–मल; गूह।

गूगेर–दूध बेचनेवाला; गायों को चारागाह में ले जानेवाला।

गूँझा–गुप्त; छिपा हुआ।

गूढ़–गूढार्थ; गुप्त; अस्पष्ट; दूरस्थ; कठिन; गहन; जटिल; छिपा हुआ; समझने में कठिन।

गूढ़ा–नाव की लंबाई के हिसाब से डेढ़ दो हाथ की दूरी पर लगाई गई लकड़ी।

गूढ़ाक्षर–प्राचीन इजीप्शियन भाषा की चित्र- लिपि।

गूदड़–चिथड़ा; फटा पुराना वस्त्र।

गूदा–मींगी; मगज़; गरी; किसी फल के छिलके के नीचे का सार भाग; हड्डी के भीतर का गुद्दा।

गूथना–मांडना।

गून–नाव खींचने की रस्सी; एक घास।

गूल–सिँचाई करने की नाली।

गूलर–बरगद और पीपल की जाति का एक विशाल वृक्ष।

गूलू–एक झड़नेवाला विशाल पेड़ जिससे सफेद गोंद निकलती है।

गहड़िया–गोबर की खाद का समूह।

गृध्र–गिद्ध; एक पर्वत का नाम।

गृह–घर; कुटुंब; वंश; मकान; निवास।

गृहिणी–गृहस्वामिनी; पत्नी।

गृहदहन–गृहदाह; आगजनी।

गृहस्थ–गृहस्थाश्रम में रहनेवाला व्यक्ति; घर बार या बाल बच्चोंवाला।

गृहिणी–पत्नी; गृहणी।

गेंठी–खाने योग्य कंद।

गेंड–ईख के ऊपर का पत्ता; सीमा; मर्यादा।

गेंडुरी–कुंडली; घड़ा रखने का मेंड़रा।

गेंद–कपड़े, रबड़ आदि का बना हुआ खेलने का गोला।

गेंदवा–सिराहना; तकिया।

गेंदा–गेंदा का पेड़ तथा इसका फूल।

गेंदुआ–गोल तकिया।

गेंदुक–गेंद।

गेड़ी–एक प्रकार का लड़कों का खेल।

गेदा–चिड़िया का छोटा बच्चा जिसके पर न निकले हो।

गेरना–घेरना; उँडेलना।

गेय–गाने के लिए उपयुक्त।

गेरुई–गेरुआ।

गेरू–खान से निकलनेवाली एक प्रकार की लाल मिट्टी; गिरमाटी; गैरिक।

गेसू–स्त्रियों का लट।

गेह–घर; ग्रह; महान।

गेहनी–पत्नी; गृहस्वामिनी; गृहिणी।

गेही–गृहस्थ; घर सम्भालनेवाला।

गेहूँअन–एक गेहूँ के रंग का विषैला सर्प।

गेहूँ–एक प्रसिद्ध अनाज जिसके आटे की रोटी बनती है।

गैंता–कुदाली।

गैन–मार्ग।

ग़ैब–भविष्य।

गैबी–गुप्त; छिपा हुआ; अदृश्य।

गैयर–हाथी।

गैया–गाय।

ग़ैर–बेगाना; पराया।

ग़ैरत–लज्जा; हया; आन; शर्म।

गैरिक–सोना; गेरु; गेरुआ रंग का।

गैल–पथ; राह; मार्ग; रास्ता।

गैलड़–सौतेला पुत्र; स्त्री के पहिला पति का पुत्र जिसे लेकर वह दूसरे पति के पास रहती है।

गैलहू–यात्रा करनेवाला।

गोइड़–ग्राम के करीब का मैदान; गाँव की सीमा।

गोंचड़ी–चिह्न (जानवर पर)।

गोंठ–कमर पर धोती की लपेट; गोष्ठ।

गोंठा–गाय का सूखा गोबर।

गोंडरा–परिधि; घेरा; रोला।

गोंडा–एक छोटा ग्राम; बाड़ा; चारों तरफ दिवारों से घिरा हुआ स्थान जहाँ पशु रहते हैं।

गोंद–वृक्षों से निकलने वाला लसदार स्राव; निर्यास।

गोंदनी–सरकंडा।

गोइंठा–उपला; कंडा।

गोई–बोलना।

गोकर्ण–एक प्रकार का हिरण; खच्चर।

गोकि–यद्यपि; हालाँकि।

गोकुल–गोशाला; गोसमूह।

गोकोस–वह दूरी जहाँ तक गाय के रंभाने की आवाज सुनाई पड़े।

गोखा–रोशनदान; झरोखा; ताक।

गोग्रास–गाय को खिलाने के लिए निक. ाला गया भोजन का अंश।

गोचना–रोकना; पकड़ना; छेंकना।

गोज–गुदा से गुजरनेवाली वायु; वायुपूर्ण।

गोजई–जौ मिला हुआ गेहूँ।

गोजर–कनखजूरा।

गोजी–लाठी; डंडा।

गोझनवट–अंचल; स्त्रियों की साड़ी का किनारा; स्त्रियों की साड़ी का वह भाग जो सिर और पीठ पर रहता है।

गोझा–एक कंटिली घास जो बरसात के मौसम के दौरान उगती है; एक प्रकार का मिष्ठान (गुझिया)।

गोट–कपड़े के किनारे पर शोभा के लिए लगाईजाने वाली पट्टी; किनारी।

गोठ–मंडली; गोशाला; श्राद्ध; सैर सपाटा; सैर।

गोड़–पैर; पाँव।

गोड़इत–चौकीदार; संतरी; रक्षक; गाँव में पहरा देनेवाला पहरेदार।

गोड़ना–खोदना; खुरचना।

गोड़ा–पलंग, कुर्सी आदि का पाया।

गोड़ाई–गोड़ने का काम कराने के बदले में दिया जानेवाला शुल्क।

गोड़ापाई–एक स्थान पर बारंबार आना जाना।

गोड़ारी–जूता; पलंग का वह सिरा जहाँ पैर रहता है।

गोढ़ना–रगड़ना; खुरचना; खोंदना; खाली करना।

गोढर–हेंगा की सहायता से खेती की घास निकलना।

गोणी–पशु की बोझ की टोकरी; बोरा; मोटा वस्त्र; टाट।

गोत–गोत्र; मूर्च्छा; बेहाशी।

ग़ोता–पानी में डुबकी मारना।

ग़ोताख़ोर–डुबकी लगानेवाला।

गोती–एक ही परिवार से संबंधित।

गोत्र–हिन्दू कुल या वंश की वह विशिष्ट संज्ञा जो किसी मूल पुरुष या गुरु के नाम पर होती है; भाई बंद।

गोदंती–एक प्रक़ार का रत्न या मणि।

गोद–जाँघों के ऊपर का वह भाग जिसपर बच्चों आदि को दोनो हाथों से घेरकर बैठाते हैं।

गोदना–गुदाई का कार्य करना; गड़ाना; चुभाना; ताना मारना।

गोदनी–गोदने के कार्य में आनेवाला यंत्र; गोदाइ की सुई।

गोदाम–व्यापार का माल रखने का एक स्थान।

गोदी–जहाज से माल चढ़ाने और उतारने का स्थान।

गोधा–एक चमड़े का बना हुआ सुरक्षा कवच जिसे तीरंदाज बायें हाथ में पहनता है; एक प्रकार की छिपकली; गोह नामक जंतु।

गोधूलि–संध्या का समय।

गोनस–एक प्रकार का आभूषण; एक प्रकार का साँप।

गोना–गुप्त रखना; छिपाना।

गोनी–बोरा; टाट का थैला।

गोपन–छिपाना; संरक्षण; भर्त्सना; निंदा; लुकाना; रक्षा।

गोपनीय–गुप्त; विश्वस्त।

गोपाल–भगवान श्री कृष्ण का विशेष नाम; गोरक्षक; ग्वाला।

गोपिका–चरवाहे की पत्नी।

गोपुच्छ–एक प्रकार का गले में पहनने का हार; गाय की पूँछ।

गोपुर–स्वर्ग; किसी नगर या गढ़ का फाटक।

गोप्य–रक्षा करने योग्य; गोपनीय; छिपाने योग्य।

गोफा–नया निकाला हुआ पत्ता; नई कोपल; कल्ला।

गोबर–गौ का मल या विष्टा। मूर्ख।

गोबरैला–गोबर में निवास करनेवाला एक प्रकार का कीड़ा।

गोभल–हरी चाय का नाम।

गोभी–बंदगोभी; फूलगोभी;

गोमक्खी–डांस।

गोमुत्र–गौ का मूत्र।

गोमद; गोमेदक–एक प्रकार का मणि जो कुछ ललाई लिये पीला होता है।

गोयंदा–भेदिया; जासूस।

गोया–मानो; जैसे।

गोर–कब्र।

गोरखइमली–दक्षिण भारत में होनेवाला एक बहुत बड़ा वृक्ष।

गोरखधंधा–उलझने या झगड़ा का व्यापार; चीन की पहेली।

गोरखनाथ–एक प्रसिद्ध प्राचीन हठयोगी अवधूत जिन्होंने अपना एक प्रसिद्ध संप्रदाय चलाया था।

गोरखर–गधे की जाति का एक पशु; जंगली गधा।

गोरखा–नेपाल का निवासी।

गोरज–गौ के खुरों से उड़ी हुई धूल।

गोरा–जिसकी त्वचा का रंग सफेद हो; जिसका रंग साफ हो; आकर्षक।

गोरी–सुंदर गौर वर्ण की स्त्री।

गोरू–सींगवाला पशु; ढोर।

गोलंदाज–गोला चलानेवाला; बंदूकधारी; तोपची।

गोलंबर–गोलाई; बगीचे में बना हुआ गोल चबूतरा; गुंबद।

गोल–वृ[illegible]कार पदार्थ; आकाश मंडल; गेंद के [illegible]ाकार का।

गोलक–[illegible]तिदिन के आय का धन रखने की थैली।

गोलची–खेल में सीमा स्थान का रक्षक।

गोलामिर्च–गोल मिर्च।

गोलयंत्र–ग्रह; नक्षत्र आदि की गति जानने का यंत्र विशेष।

गोलयोग–गड़बड़ी; व्याकुलता; अस्तव्यस्तता।

गोलाई–गोलापन; गोल आकार।

गोलाध्यय–आकाश संबंधी विज्ञान।

गोलाधारी–बमबाजी; गोलाबारी।

गोलार–गोल; गोलकार; गोल पदार्थ।

गोलार्ध–अर्धगोलक; पृथ्वी का आधा भाग जो उसके एक ध्रुव से दूसरे ध्रुव तक बीचोंबीच रेखा खींचने से बनता है।

गोव–छिपाना।

गोवा–गोबर; खाद।

गोवन्द–जनसमूह।

गोशा–कोना; कोण; एकांत स्थान; दिशा।

गोशाला–गौर रखने का स्थान।

गोश्त–माँस; गूदा; माँस से बना हुआ रसा।

गोष्ठ–गौशाला।

गोष्ठी–वार्तालाप; मंडली; बातचीत; मित्रों की सभा।

गोष्पद–कम मात्रा; गाय का खुर।

गोसाई–गोस्वामी; ईश्वर; साधु।

गोस्वामी–मुनि; संत।

गोह–एक प्रकार की विशाल छिपकली जो आकार में नेवले के बराबर होती है।

गोहत्या–गाय की हत्या।

गोहन–संग साथ; साथी; संग रहनेवाला।

गोहरा[1]–उपला; कंडा।

गोहरा[2]–पुकारना; बुलाना।

गोहरौर–गोबर से बने उपलों को सजाकर लगाया हुआ ढेर।

गोहानी–खाद लगी जमीन; किसी ग्राम के समीप की भूमि।

गोहार–सहायता के लिए चिल्लाना; शोरगुल; खतरे की घंटी; कोलाहल।

गोहुवन–एक प्रकार का विशाल साँप जिसकी चमड़ी का रंग गंदुमी होता है।

गोहूँ–गेहूँ।

गोहूना–एक प्रकार का बड़ा साँप।

गोही–छिपाव; एकान्त; गुप्त वार्ता।

गोंछी–छेद; खाली जगह; पानी से भरी भूमि।

गौंडी–रागिनी; गुड़ से बनी हुई मदिरा।

गौ–गाय; गऊ।

गौगा–शोरगुल; हल्ला।

गौचरी–ग्राम के समीप गाय चराने का स्थान।

गौदुमा–शंक्वाकार।

गौनहाई–दुल्हन को घर लाना।

गौनहारिन–गाने का पेशा करनेवाली स्त्री।

गौना–हिन्दुओं में विवाह होने के पश्चात् वधु का पहली बार ससुराल जाते समय होनेवाली रस्म।

गौर–ध्यान; मनन; चिंतन; पुनर्विचार; गहरा विचार।

गौरव–महत्व; प्रतिष्ठा; गौरव; गरिमा; भारीपन; गुरुता; बड़प्पन; आदर; सम्मान।

गौरांग–भगवान श्री विष्णु तथा कृष्ण; चैतन्यदेव।

गौरा–गोरे रंग की स्त्री; पार्वती; हल्दी।

गौरिया–श्यामा चिड़िया; मिट्टी का बना हुआ छोटा हुक्का।

गौरैया–एक छोटी चिड़िया।

गौल्मिक–वह अधिकारी जो तीस सैनिकों को नियंत्रित रखता है।

गौहर–छिपा हुआ बल या गुण; स्वत्व; मोती।

गौहारी–अमीर; सम्पन्न; खाद लगी जमीन।

ग्रंथ–पुस्तक; किताब; ग्रंथन; अनुष्टुप छंद में रचित श्लोक।

ग्रंथचुंबन–किसी ग्रंथ का सामान्य रूप से किया गया अध्ययन।

ग्रंथचोर–किसी के विचार, आविष्कार, लेख इत्यादि का प्रयोग अपना कहकर करना।

ग्रंथ पढ़ना–पढ़नेवाला।

ग्रंथालय–पुस्तकालय; पुस्तकसंग्रह।

ग्रंथि–गिल्टी; संकर; बंधन; छल।

ग्रंथिल–गाँठदार; गँठीला।

ग्रस–कुटिलता; छलछिद्र।

ग्रसन–निगलना; भक्षण; पकड़; ग्रास।

ग्रसना–परेशान करना; छेड़ना; यातना; उत्पीड़न; बुरे तरीके से कसकर पकड़ना।

ग्रसनी–जल इत्यादि के जाने की नलिका।

ग्रसिका–हलक; भोजन नलिका; आहार नली।

ग्रस्त–पकड़ा हुआ; पीड़ित।

ग्रह–सूर्य की परिक्रमा करनेवाला तारा; नव की संख्या।

ग्रहण–सूर्य और चन्द्रमा का अंधकारमय होना; कब्जे में लेना; पकड़ में लेना।

ग्राम–समूह; ढेर; गाँव।

ग्राम्य–ग्राम संबंधी; प्राकृत; अश्लील शब्द या वाक्य।

ग्रास–कौर; निवाला; आहार; ग्रहण।

ग्रासक–जो कुछ गुप्त रखता है; पकड़ने या निगलनेवाला।

ग्राह–घड़ियाल; मगरमच्छ।

ग्राहक–खरीददार; ग्रहण मोल लेनेवाला; करने वाला।

ग्राहित्र–लेनेवाला।

ग्राही–स्वीकार करनेवाला; पकड़नेवाला।

ग्राह्य–स्वीकार करने योग्य; मानने योग्य।

ग्रीखम–ग्रीष्मकाल।

ग्रीव–गला; गरदन।

ग्रीवा–गला; कंधा; गरदन।

ग्रीष्म–गरमी की ऋतु; गरमी; गरमी का मौसम।

ग्रैव–गरदन संबंधी।

ग्लानि–मन की शक्तिहीनता; मन्दता; कमजोरी; थकावट।

ग्वारफली–एक प्रकार की हरी सब्जी।

ग्वाल–दूधवाला।

ग्वालन–दूधवाले की पत्नी।

ग्वाला–दूध बेचनेवाला; चरवाहा; ग्वाला समुदाय से संबंध रखनेवाला।

ग्वालिन–चरवाह की पत्नी; एक प्रकार का बरसाती कीड़ा।

ग्वैठना–ऐंठना; मरोड़ना; रूप बिगाड़ना।

ग्वैडों–निकट; पास; करीब; समीप।

घ

घ–व्यंजन वर्ण का चौथा अक्षर।

घँगोल–सफेद कमल।

घँघोरना–पानी आदि को गंदा करना; घँघोलना।

घंट–घड़ा; अंतिम संस्कार की क्रिया के संबंध में जो मिट्टी का घड़ा पीपल के वृक्ष से बाँधा जाता है।

घंटा–घंटी; घंटियों की लगातार बजने की ध्वनि; घड़ी; साठ मिनट का समय; एक अवधि अथवा कार्यकाल।

घंटिका–छोटी घंटी; घुँघरू; छोटी घंटिया जो आभूषण के साथ जुड़ी होती है।

घंटों–कई घंटें के लिए।

घई–भँवर; सहारा; घोड़े की जीन या काठी; नाव का रस्सा।

घघरवेल–एक प्रकार की लता।

घघरा–स्त्रियों का ढीला वस्त्र; बड़े घे. रेवाला एक प्रकार का पहनावा; लहँगा।

घट–पानी का बर्तन; बड़ा जलपात्र।

घटन–पूरा करना; घटित होना; बनाना; योजना।

घटना[1]–अकस्मात किसी बात का होना; सहसा।

घटना[2]–कम होना; पर्याप्त न होना; उपस्थित होना; कटौती।

घटनीय–संभव; घटित होने योग्य; प्रत्याशित।

घटबढ़–अंतर; भेद; घटना बढ़ाना।

घटवाना–घटाने का कार्य कराना।

घटवार–नाविक; मल्लाह; घाट का मालिक।

घटा–उमड़ते हुए मेघों का समूह; झुंड; घटना।

घटाई–घटने या घटाने की क्रिया; निम्नीकरण।

घटाना–संख्या आदि निकालकर अलग करना; क्षीण करना; कम करना।

घटाव–कमी; न्यूनता; अवनति; कम करना; घटाव; कटौती।

घटिका–पानी का पात्र; छोटा घड़ा जिसमें दिन की घड़ियाँ मालूम की जाती थी।

घटित–जो घटना के रूप में हुआ हो; निर्मित; रचित।

घटिया–तुच्छ; गौण; नीच; खराब; तुच्छ।

घटौती–कटौती करना; कमी करना।

घट्टा–घाटा; नियमभंग; अंतर; खाली जगह; चोट; जख़्म।

घड़त–बनाना।

घड़नई–उल्टे मटकों को रख कर नदी पर बनाया गया एक बेड़ा जिस पर चढ़कर छोटी नदी पार करते हैं।

घड़ना–गढ़ना; ढलाई करना; रचना करना।

घड़ा–मिट्टी का गगरा; जल पात्र; मिट्टी का बर्तन।

घड़िया—सुनार का सोना या चाँदी गलाने का पात्र।

घड़ियाल—मगरमच्छ; गंगा में पाये जाने वाला हिंसक जलजंतु।

घड़ी—समय बताने का यंत्र; 24 मिनट का समय; क्षण; पल।

घड़ोला—एक छोटा मिट्टी का पात्र।

घड़ौची—एक तिपाई जिस पर जल से भरा घड़ा रखा जाता है।

घत—बेईमान; ठग; फरेबी; ढोंगी; जान बूझकर गलत रास्ते पर ले जाना।

घन—लोहा पीटने का बड़ा हथौड़ा; मेघ; समूह; घंटा; ताल देने का बाजा; ठोस।

घनकोण—ठोस कोण।

घनगरज—एक प्रकार की तोप; बादलों के गरजने का शब्द।

घनता—मोटाई; गाढ़ापन।

घनघनाना—घन घन की आवाज देना; झंकारना।

घनघोर—बादलों की गर्जन; भीष्ण ध्वनि; भयंकर; भयानक; गाढ़ा; गहरा।

घनता—घनापन; ठोसपन; कठोरता; दृढता।

घनत्व—लंबाई, चौड़ाई और ऊँचाई का गुणनफल; सघनता।

घनफल—आयतन; किसी ठोस की त्रिघातीय अंतर्वस्तुएँ।

घनमूल—गणित में किसी घन (राशि) का मूल अंक, जैसे 64 का घनमूल 4 होगा।

घनश्याम—काले बादल।

घनसार—घनरस; कपूर।

घना—मोटा; अस्पष्ट; गुंजान; जिसके अवयव पास पास सटे हो; गाढ़ा; निकट का; सघन।

घनाक्षरी—अक्षरों का पास पास लिखना।

घनापन—ठोसपन।

घनिष्ठ—घना; निकट या समीप का; बहुत घना; बहुत गाढा।

घनीभूत—कठोर; ठोस बना हुआ; गाढ़ा।

घने—बहुत; अनेक।

घनेरा—अधिक; बहुत; कई; अत्यधिक।

घनेश—एक प्रकार का पक्षी।

घपची—दोनों हाथों से कसकर पकड़ना; शिकंजे में कसना; थामना।

घपला—गड़बड़; गोलमाल; अव्यवस्था से कार्य करने के गलत ढंग से उत्पन्न गड़बड़।

घमंड—अंहकार; मान; गर्व; मद; अभिमान; दंभ; वृथा अभिमान।

घमका—आघात करने की आवाज।

घमर—ढोल या नगाड़े की ध्वनि।

घमरौला—भीड़; व्याकुलता; उपद्रव; गड़बड़।

घमस—धूप की गरमी; मंद उष्णता; उत्ताप; मौसम में ताप।

घमसान—घोर युद्ध; भिड़न्त; घमासान।

घमाका—घूँसे या किसी भारी आघात से उत्पन्न शब्द; बहुत जोर की ध्वनि।

घमाना—सूर्य मे सेंकना; सूर्य की गर्मी से अपने का गर्म करना।

घमोई—एक प्रकार का पीले फूलोंवाला कांटेदार पौधा।

घमोरी–पसीना आने से त्वचा पर उत्पन्न छोटी छोटी फुंसियाँ।

घर–दीवार से घिरा हुआ; छाया हुआ स्थान; स्वदेश; वतन; कुल; घराना।

घरघर–प्रत्येक घर में।

घरजाया–एक दास जो घर में पैदा हुआ हो।

घरदासी–गृहणी; स्वामिनी; पत्नी।

घरद्वार–गृहस्थी; रहने का स्थान; घर।

घरबसा–पति; उपपति।

घरबार–परिवार; गृहस्थी; रहने का स्थान; ठौर ठिकाना; गृहस्थी की उत्कंठाएँ।

घरवाल–गृहस्थ संबंधी सामान।

घरवाला–पति; घर का मुखिया अथवा मालिक; परिवार का सदस्य।

घरसा–रगड़; घिसाव।

घरहाई–परिवार में खलबली अथवा अशांति उत्पन्न करवानेवाली स्त्री।

घराऊ–निजी; घर का।

घराती–विवाह में कन्या पक्ष के मनुष्य।

घराना–परिवार; वंश; कुल; कुटुम्ब।

घरिया–सुनार की कुठाली; घड़िया; एक छोटा पात्र।

घरीक–क्षण भर के लिए; थोड़ी देर तक।

घरेलू–गृहस्थ संबंधी; पालतू; निजी; घर पर तैयार किया हुआ।

घरैया–गृहस्थ संबंधी; पालतू; निजी; घनिष्ठ; अन्तरंग।

घरौंधा–खिलौने का घर।

घर्म–सूर्याताप; पसीना; ग्रीष्मकाल; पतीली।

घर्राटा–खर्राटा।

घर्षण–रगड़; घिस्सा; माँजना; घिसाव।

घलना–गिरना; फेंकना; गोली आदि का छूटना; मारपीट।

घलुआ–वह अधिक वस्तु जो ग्राहक को उचित तौल के अतिरिक्त दी जाये।

घवरि–फलों का गुच्छा।

घसकना–गिरना; फिसलना; खिसकना; चुराना।

घसकाना–स्थान से हटाना; हिलाना।

घसखुदा–घास काटनेवाला; मूर्ख व्यक्ति; बेकार अथवा आलसी व्यक्ति।

घसिटना–घसीटा जाना; धक्का दिया जाना।

घसीट–जमीन पर घसीटना; जल्दी से लिखा हुआ लेख।

घसेरा–घास काटनेवाला।

घहनाना–घंटे आदि का टन टन करना; टन टन की आवाज।

घहराना–चिल्लाने की लगातार आवाज; बादलों की गरजना; कोलाहल मचाना।

घहरानि–घरहाने का भाव; गंभीर शब्द; गरज।

घहरारा–गंभीर शब्द; घहराने की आवाज।

घाँ–दो उँगली के मध्य स्थान।

घाँघर–एक प्रकार का स्त्रियों का परिधान जो कमर पर बाँधा जाता है; घाघरा।

घाँटी–एक प्रकार का गाना जो चैत्र के महीने में गाया जाता है।

घाँह–दिशा; ओर।

घाइ–आघात; घाव।

घाई[1]–ओर; तरफ; दो वस्तुओं के बीच की जगह; ओर।

घाई[2]–दो उँगलियों के बीच का स्थान अथवा कोण।

घाग–घाघ; चालाक व्यक्ति।

घाघ–अनुभवी; चतुर; चालाक; अति चतुर मनुष्य; काइयाँ।

घाघरा–टखने तक लम्बाईवाला अंचल; विशाल; विस्तृत; स्त्रियों का लहंगा।

घाघस–एक प्रकार की मुर्गी।

घाट–नदी आदि का वह स्थान जहाँ लोग नहाते धाते या नाव पर चढ़ते हैं; रीति; तलवार की धार।

घाटा–हानि; क्षय; टोटा; कमी; नुकसान; न्यूनता।

घाटी–पर्वतों के बीच की भूमि; दर्रा; ढाल।

घात–धक्का; प्रहार; चोट; वध; बुराई; गणित में गुणनफल; ताक; धक्का; खरोंच।

घातक–हत्यारा; हानिकर; कत्ल करन. वाला; घात करनेवाला।

घातन–वध करनेवाला; जान से मारना।

घाता–वह चीज जो ग्राहक को तौल या गिनती से ऊपर दी जाय।

घाती–हत्यारा; खूनी; विश्वासघाती; हानि कारक; घातक; मारनेवाला।

घातुक–निष्ठुर; हानिकार; हत्यारा; हिंसक।

घानी–समुदाय; जत्था; ढेर; चक्की से एक बारी में तैयार होनेवाला माल।

घाबरा–व्याकुल; उद्विग्न; भ्रमित।

घाम–आतप; सूर्य की तपन और रोशनी; कठिनाई; विपत्ति; पसीना।

घामड़–धूप की गर्मी से पीड़ित; मूर्ख; आलसी।

घाय–घाव; चोट; जख्म।

घायल–चोटिल; जिसके चोट लगी हो; क्षतयुक्त; आहत; व्यथित।

घालक–हत्यारा; नाश करनेवाला।

घाव–चोट; जख्म; खरोंच; फोड़ा।

घावरिया–आरोग्य करनेवाला; जर्राह; घावों का चिकित्सक।

घास–भूमि पर उगनेवाला छोटा तुण।

घासलेट–मिट्टी का तेल; तुच्छ वस्तु।

घासलेटी–गंदा; अश्लील; रद्दी; निकृष्ट।

घिन–नफरत; विरुचि; द्वेष; विमुखता; चिढ़; घृणा; तिरस्कार।

घिरका–दो खंबो की सहायता से बना घेरा जो बच्चों के खेलने के काम में आता है।

घिरना–चारों ओर से घिर जाना; पर्याप्त मात्रा में; अंबार लगाया हुआ।

घिरनी–रस्सी बटने की चरखी; घिरनी; चक्कर; फेरा; कबूतरों का अचानक गिरना।

घिराई–घेरने की क्रिया।

घिरायँद–मूत्र की दुर्गंध।

घिसकना–सरकना; खसकना; फिसलना।

घिसन–रगड़; घिसन; क्षति; हानि।

घिसना–रगड़ना; किसी कड़ी वस्तु को किसी कड़ी वस्तु से इस तरह रगड़ना कि उसका कुछ अंश घिस जाय।

घिसाव–रगड़; अपघर्षण; घिसाई।

घिस्सा–रगड़ा; धक्का; जमीन पर घसीटना; पैर से धकेलना; कुश्ती का एक दाव।

घी–तपाया हुआ मक्खन।

घीया–लौका; कद्दू; तुम्बी।

घुँघनी–पानी में भिगोकर कोमल तथा पकायी और भूनी हुई दाल।

घुंघुना–बच्चों का बड़बड़ाना।

घुँटाना–मुंडन करवाना; बाल मुँडवाना।

घुंडी–एक प्रकार का कपड़े का बटन; गोलकार गांठ; गोलकार उभार।

घुग्घु–उल्लु।

घुघुआना–बिल्ली की तरह गुर्राना; उल्लु की तरह बोलना।

घुटकना–छल से दूसरों का धन अपनाना; घूँट घूँट करके पीना; निगल जाना।

घुटन–साँस रुकने जैसी स्थिति; श्वास का अवरोध।

घुटना[1]–चमकाना; रगड़ना।

घुटना[2]–टांग और जाँघ की बीच की गाँठ।

घुटन्ना–घुटने तक का पायजामा।

घुट्टी–छोटे बच्चों को पाचन के लिये पिलायी जानेवाली दवा।

घुड़कना–धमकाना; धौंस देना; डपटकर बोलना; डाँटना।

घुड़की–धुड़काने की क्रिया या भाव; धमकी भरी डाँट; धुड़काना।

घुड़कीबाज–कलहकारी पुरुष।

घुन–छोटा कीड़ा जो अन्न अथवा लकड़ी इत्यादि में लगता है।

घुनना–घुन द्वारा लकड़ी को खाया जाना।

घुन्ना–अंदर ही अंदर वैर भाव; अपने चित्त के भावों को मन में ही रखनेवाला।

घुप–गहरा; घोर; अस्पष्ट; गूढ़।

घुप्प–घना; घोर; गहरा काला अंधेरा।

घुमंतू–निरंतर घूमनेवाला; घुमक्कड़; आराम न करनेवाला।

घुमटा–सिर घुमना; चक्कर आना।

घुमड़–बरसनेवाली बादलों का संचय।

घुमड़ना–घना हो जाना; इकट्ठा होना; मेघों का छा जाना।

घुमड़ी–परिक्रमा; घूमना; चकराना; सिर का चक्कर खाना; भँवर।

घुमान–जोर का चक्कर; घुमाना।

घुमाना–फिराना; चक्कर देना; सैर करना; टहलना।

घुमाव–मुड़ाव; मार्ग का मोड़; वक्रता।

घुरघुरा–झींगुर।

घुरना–घुरघुर शब्द करना।

घुर्मित–विचरता या चक्कर खाता हुआ।

घुलन–एक सार होनेवाला; घुलनशील।

घुलना–किसी भी तरल पदार्थ में गल या घुल कर परस्पर मिल जाना; द्रवित होना; गलना।

घुलावट–घुलाने की क्रिया।

घुसड़ना–घुसना; तह तक पहुँचना।

घुसपैठ–अनाधिकार प्रवेश।

घूंगर–घूंघराले बाल।

घूँगरू–एक प्रकार की छोटी घंटियों का गुच्छा जो स्त्रियाँ नृत्य करते समय पैरों में पहनती है।

घूँघट–वस्त्र का वह भाग जो स्त्रियों का मुख ढाँप लेता है।

घूँघनी–मसालों के साथ गेहूँ, चना अथवा मटर को भिगोना अथवा पकाना।

घूँघर–बालों में पड़ा हुआ छल्ला।

घूँट–थोड़ा थोड़ा करके पीना।

घूँटना–जल्दी से निगलना; पीना।

घूँटी–छोटे बच्चों की पाचन क्रिया को सुधारने के लिए नित्य दी जानेवाली औषधि।

घूँस–रिश्वत।

घूँसा–मुक्का; प्रहार करने के लिए बँधी हुई मुट्ठी।

घूगस–ऊँचा बुर्ज।

घूघस–मुख्य दीवार या किले से बाहर का भाग; दुर्ग की रक्षा करने के लिए बना हुआ उभरा भाग।

घूघू–मूर्ख मानव।

घूम–मोड़ने अथवा घुमाने का कार्य।

घूर[1]–कूड़े का ढेर।

घूर[2]–एकटक देखना।

घूरा–गोबर का ढेर; अस्थायी चूल्हा।

घूर्ण–चक्कर खाना।

घूस[1]–एक तरह का चूहा।

घूस[2]–रिश्वत।

घृणा–नफरत; घिन्न; विमुखता।

घृणित–तिरस्कार योग्य; अप्रिय; घृणा का पात्र; अति दुष्ट; जघन्य; घृणा करने योग्य।

घृताची–श्रुवा; स्पष्ट किया हुआ मक्खन।

घेंटा–सुअर का छोटा बच्चा।

घेंघरा–अपरिपक्व फली।

घेंघा–गले की सूजन; घेंघा रोग; गलगंड।

घेतला–चप्पल; खड़ाऊँ।

घेर–फैलाव; घेरा; परिधि।

घेरना–अवरोध करना; चारों तरफ से घेरना।

घेरनी–गुमावदार पहिये की मुठिया।

घेरवा–गिरवी जमीन।

घेरा–परिधि; विस्तार; घिरा हुआ स्थान; फैलाव; चारों ओर की सीमा।

घेराव–घिराव; लपेटना।

घेवर–एक प्रकार की स्वादिष्ट मिठाई।

घैया–ताजे बिना मथे हुए दूध के ऊपर से उतारा हुआ मक्खन इकट्ठा करने का कार्य।

घोंघा–शंख के आकार का एक प्रकार का कीड़ा जो जलाशयों में पाया जाता है।

घोंपना–भोंकना; घुसेड़ना; गड़ाना; घाँसना; गाँथना; बुरी तरह से सिलाई करना।

घोंसला–घास फूस से बना पक्षी का रहने का स्थान।

घोखना–पाठ को याद करने के लिए उसको बार बार दोहराना; दिल लगाकर याद करना।

घोघा–एक प्रकार का कीड़ा जो फल को नष्ट कर देता है; घोंघा।

घोट–घोड़ा।

घोटाला–घपला; गड़बड़ी; उपद्रव; घपला।

घोड़दौड़–घोड़ों की दौड़; घोड़ा दौड़ाने का स्थान।

घोड़सवार–घोड़े की सवारी करनेवाला; रखवाली करनेवाला।

घोड़साल–घोड़ा बाँधने का स्थान; घुड़साल।

घोड़ा–अश्व; बंदूक में गोली चलाने का खटका; शतरंज का एक मोहरा।

घोड़ानस–एड़ी के पीछे से ऊपर की ओर जाती एक बड़ी और मोटी नस।

घोड़िया–छोटा घोड़ा; दीवार में लगी खूँटी।

घोड़ी–मादा घोड़ा।

घोपा–बारीश तथा सर्दी से बचने के लिए सिर से कम्बल लपेटने का तरीका।

घोर[1]–भयंकर; भयानक; विकराल; डरावना; घना; कठिन; दुर्गम; गहरा; गाढ़ा; बुरा; अत्यंत; बहुत बड़ा दारुण।

घोर[2]–गड़गड़ाहट का शब्द निकालना।

घोरता–भयानकता; तीक्ष्णता; प्रचंडता; अत्यन्ता; तीव्रता।

घोरिला–फुर्तिला या तेज घोड़ा।

घोरी–गंदा; मलिनतापूर्ण; सड़ा हुआ।

घोल–घोलकर बनाया हुआ पदार्थ।

घोलना–किसी द्रव पदार्थ में कोई वस्तु मिलाकर हिलाना या मिलाना।

घोष–ध्वनि; घोषणा।

घोषक–मुनादी या घोषणा करनेवाला।

घोषणा–ऊँचे स्वर में सूचना; मुनादी; डुग्गी; ध्वनि; आवाज।

घोसिन–गड़रिया की पत्नी।

घोसी–मुसलमान दूधवाला।

घौद–एक डंठल में एक साथ फलनेवाले बहुत से फलों का गुच्छा जैसे केलों का घौद।

घौरी–गुच्छा; झुंड; समूह।

घ्न–नष्ट करनेवाला; मारना; खत्म करना।

घ्राण–नाक; गंधता; सुगंधता; खुशबुदार।

घ्राणेन्द्रिय–नाक।

ङ

ङ–देवनागरी वर्णमाला में कण्ठ ओर नासिका से उच्चारित होने वाला कवर्ग का अंतिम तथा पाँचवा व्यजंन। इस वर्ण से कोई भी शब्द प्रारम्भ नहीं होता, यथाख्रगन्ध, सुगन्ध, गौरव, महत्त्व।

च

च–व्यंजन वर्णमाला का छठा अक्षर। इसका उच्चारण स्थान तालु है।

च–चाँद; कछुआ; अधर्मी व्यक्ति; चोर।

चंक्र–पूर्ण; पूरा; समस्त; सम्पूर्ण; समूचा।

चक्रमण–इधर उधर भटकते फिरना; बारम्बार घूमना; टहलना।

चंग–एक तरह का बाजा; पतंग; गुड्डी।

चंगना–खींचना; कसना; धक्का देना; तंग करना; चिढ़ाना।

चंगा–भला; शुद्ध; स्वस्थ; आरोग्य; निरोग; भला; सुंदर; निर्मल।

चंगुल–पकड़ना; थामना; पंजा; पकड़; पशुओं या पक्षियों का पंजा; अँगुलियों की पकड़।

चंगोल–एक घास।

चंचनाना–निकालना; फड़काना; स्पन्दन; कर्कश ध्वनि निकालना।

चंचरी–एक प्रकार का गीत जो होली के त्यौहार पर गाया जाता है; पानी में बना भँवर।

चंचरीक–भँवरा।

चंचल–तीव्र; फुर्तिला; चपल; अस्थिर; सत्वर; गतियुक्त; एक जगह या एक स्थिति में न रहनेवाला; चपल; नटखट; चुलबुला; क्षणिक; शोख; कामुक; उद्विग्न।

चंचा–चिड़ियों को डराने का पुतला।

चंचु–पक्षियों की चोंच। एक प्रकार की तरकारी।

चंट–धूर्त; स्याना; चतुर।

चंडांशु–सूर्य का विशेष नाम।

चंडा–माता दुर्गा का विशेष नाम; उग्र, आवेशपूर्ण अथवा कामुक स्त्री।

चंडाई–शीघ्रता; उतावली; सन्ताप; पीड़ा; हिंसा; कोलाहल।

चंडालिन–हिंसक तथा प्रबल प्रवृत्तिवाली स्त्री।

चंडालिनी–एक दुष्ट स्त्री; एक पापी स्त्री; चंडाल की पत्नी।

चंडावल–वीर सैनिक; पहरेदार; चौकीदार; सेना के पीछे का भाग।

चंडाह–एक प्रकार का मोटा वस्त्र।

चंडू–एक मादक पदार्थ जो तम्बाकु की तरह पीया जाता है; एकदम झूठा बयान।

चंडूल–भारद्वाज पक्षी; सहानुभूति की भावना रखनेवाला एक मूर्ख मनुष्य।

चंद–थोड़ा; अल्प; कम; कुछ; अमुक।

चंदन–एक सुगंधित लकड़ी का प्रसिद्ध पेड़; माथे पर पहननेवाला एक प्रकार का आभूषण।

चंदनौता–एक प्रकार का लहँगा जो स्त्रियों द्वारा कमर पर बाँध कर पहना जाता है।

चंदराना–जान बूझकर अनजान बनना; कपट करना।

चँदला–गंजा।

चँदवर–बिना रोम का; गंजे सिर का।

चँदवा–एक छोटा छत्र; चंद्रिका; सिंहासन या गद्दी के ऊपर लगाया हुआ छोटा मंडप।

चंदा–चन्द्रमा; सहायतार्थ अनेक लोगों से थोड़ा थोड़ा लेकर इकट्ठा किया हुआ धन।

चंदावती–एक प्रकार का गीत (रागिनी)।

चँदिया–सिर का मुकुट अथवा ताज।

चँदिर–चन्द्रमा।

चंदेरी–चन्द्रमा; हाथी; गज; एक प्रकार का कीमती सूती वस्त्र।

चंदेल–क्षत्रियों की एक प्रजाति; चंदेला।

चंद्र–चन्द्रमा; जल; सोना; हीरा; कपूर।

चंद्रक–चन्द्रमा; नाखून; कपूर; गोलाकार वस्तु।

चंद्रकला–चन्द्रमा की सोलह कला; माथे पर पहनने का एक प्रकार का आभूषण।

चंद्रकान्त–एक प्रकार का रत्न।

चन्द्रा–ज्ञानी; विद्वान; चाँदनी; चँदवा।

चंद्रिका–चाँदनी; मोर के पंख पर बना हुआ गोल चिह्न; माथे पर पहनने का आभूषण; एक देवी।

चन्द्रोदय–चंद्रमा का उदय; एक प्रकार की आयुर्वेदिक औषधि का नाम; चँदवा।

चम्पई–चंपा के रंग का; गाढ़ा पीला रंग।

चँप–छिपना; रेंगना; दबाना; नीचे छिपना।

चंपई–चंपा के फूल के रंग का; पीला; सुनहरा; संतरी।

चंपक–चंपा के फूलों की माला; एक प्रकार का हार।

चंपत–अन्तर्धान; गायब; लुप्त; गुप्त।

चंपा–एक पीला सुगन्धित फूल।

चँपी–किसी के सिर या अन्य भाग को दबाना अथवा मालिश करना।

चंबल–क्षय; अवनति; असफलता; एक प्रकार का उपकरण जिससे सिंचाई के लिए बाड़ से पानी उठाया जाता है।

चँबेली–चमेली का पेड़ तथा फूल।

चँवर–जंगली बैल की पूँछ के बालों से तैयार की गयी कलँगी जो राजाओं या देव मूर्तियों के ऊपर मक्खियाँ उड़ाने के लिए डुलाया जाता है; चँवर डोलाने वाला नौकर; झाँडू; कूचा।

चंसुर–एक प्रकार का औषधीय पौधा।

चउतरा–चबूतरा; मचान।

चक–अधिकता; बहुतायत।

चकई[1]–घिरनी के आकार का एक खिलौना।

चकई[2]–मादा चकवा पक्षी।

चकचौंध–चकाचौंध प्रभाव; तड़क भड़क।

चकचौंहना–आशा भरी दृष्टि से किसी को निहारना।

चकता–घाव का चिह्न; धब्बा; चकना।

चकती–कपड़े, चमड़े अथवा धातु का गोल या चौकार टुकड़ा; धातु की चद्दर; फटे हुए कपड़े अथवा चमड़े पर लगाया हुआ छोटा टुकड़ा; आकृतिहीन ढेर।

चकफेरी–चक्राकार जगह में घूमना; परिक्रमा।

चकबंदी–खेतों का बड़े टुकड़ों या चकों में बँटवारा।

चकराना–चक्कर देना; चकित होना; अचंभित होना; आश्चर्य चकित होना; व्यग्र होना; घबड़ाना।

चकरानी–दासी; नौकरानी।

चकलई–विस्तार; चौड़ाई।

चकला–जिला; रंडियों के रहने का स्थान या मौहल्ला; बेलने का पाटा; चौका।

चकलाना–चौड़ा करना; फैलाना।

चकवाना–चकित होना।

चकवी–मादा चकवा पक्षी।

चकसेनी–एक प्रकार का औषधीय पौधा।

चकहा–पहिया।

चकाचक–विपुल; समृद्ध; बहुत; प्रचुर; भरपूर; भिगोया हुआ; तर बतर; चमकदार (दृश्य; तस्वीर)।

चकाचौंध–तीव्र प्रकाश द्वारा आँखों का झपकना; तिलमिलाहट।

चकाना–चकित होना; हैरान होना; आश्चर्च होना; अचंभित होना।

चकुला–पक्षी का छोटा बच्चा।

चकृत–चकित।

चकेठ–चाक घुमाने का डंडा।

चकोटना–उँगलियों द्वारा नोंचना; चुकटी काटना; बकोटना।

चक्कर–गोलाई; वक्र रेखा; चक्राकार यात्रा; चक्र; घेरा; मंडलाकार; हैरानी; जटिलता; सिर घूमना; मूर्छा।

चक्कस–पक्षियों का बैठने का अड्डा।

चक्का–पहिया; गोलाकार वस्तु; बड़ा कतरा।

चक्की–दाल या गेहूँ पीसने का यंत्र; घुटने की गोल हड्डी।

चक्रगासा–सेनानायक।

चक्रचर–कुम्हार; तेली।

चक्रदण्ड–एक प्रकार का भारतीय शारीरिक व्यायाम।

चक्रदष्ट्र–सूअर; शूकर।

चक्रधारी–भगवान श्री विष्णु का विशेष नाम।

चक्रपाणि–भगवान श्री विष्णु का विशेष नाम।

चक्रपाद–परिवहन; राजकीय रथ।

चक्रपाल–चकलेदार; सूबेदार; वह अधिकारी जो भू स्वामियों से कर वसूल करता है।

चक्रपूजा–एक विशेष प्रकार की पूजा जो तांत्रिकों द्वारा सम्पन्न की जाती है।

चक्रफल–एक अस्त्र जिसमें गोल फल लगा हुआ होता है।

चक्रबंधु–सूर्य; सूरज।

चक्रबान्धव–सूर्य का विशेष नाम।

चक्रमंडल–तागे की रील; एक वृत्त में किया जानेवाला नृत्य।

चक्रमुख–सूअर; शूकर।

चक्रवर्ती–सम्राट; राजाधिराज; एक सर्वव्यापी राजा।

चक्रवात–बवंडर; चक्करदार आँधी।

चक्रवृद्धि–ब्याज को मूल धन में जोड़कर उस पर कर लगाना।

चक्रांत–कपट प्रबंध; षड़यंत्र।

चक्रांश–राशि चक्र का 360वां अंश।

चक्राकार–गोलाकार; मंडलाकार।

चक्राट–ठग; नट; बाजीगर; मदारी; सपेरा।

चक्रावल–घोड़ों के पैर का एक रोग।

चक्रीय–वर्तुलाकार; गोलाकार; मंडलाकार।

चक्षु–आँख; नयन; झगड़ा; विरोध; वैमनस्य; आंतरिक मतभेद।

चक्षुष्य–आँखों के लिए हितकर; सुन्दर; आँख या दृष्टि संबंधी।

चख़–कोलाहल; झगड़ा।

चखना–स्वाद लेना; रसास्वादन करना।

चखाचखी–झगड़ा; आंतरिक भेद; विरोध; वैर; खटपट।

चखाहा–गडरिया।

चखिया–झगड़ालू; झकझक करनेवाला।

चखु–आँख।

चखौती–सुस्वादुता; स्वादिष्ट और चटपटा भोजन।

चगड़–धूर्त; ठग; चालाक।

चचर–भूमि के बंजर हो जाने पर उसे जोतना।

चचा–पिता का भाई।

चचींडा–एक प्रकार की लता जिसके फलों की तरकाई खाई जाती है।

चचेरा–पितृतुल्य चाचा से अवरोहण होनेवाला।

चचोड़ना–दाँतो से दबाकर चूसना।

चट–तुरन्त; झटपट; उसी समय; शीघ्र; जल्दी।

चटक–चटक मटक; चमक; चतुरता; दक्षता से।

चटकना–चट् शब्द करके टूटना; चटकाकर तोड़ना; हल्की चोट से टूटना; धूप से लकड़ी आदि में दरार पड़ना।

चटकनी–सिटकनी; किवाड़ बंद करने की कुंडी।

चटकवाई–शीघ्रता; जल्दी।

चटकाली–पक्षियों की पंक्ति।

चटकी–चौड़े मुँहवाली एक मिट्टी का पात्र।

चटकीला–शोभायमान; उज्ज्वल; चमकीला; स्पष्ट; दिखावटी; दिखौवा; बनावटी; तीखा; चरपरा; कर्कश।

चटखनी–सिटकरनी।

चटखारा–चटकारा; तालु से जीभ लगने पर चटाक की आवाज।

चटना–स्वाद लेना; भुक्कख।

चटनी–मीठी चटनी; चाटने की वस्तु; भोजन का स्वाद बढ़ानेवाली खाद्य वस्तु।

चटपट–झटपट; तुरंत; शीघ्र; जल्दी।

चटपटा–सुस्वादु; स्वादिष्ट; तीक्ष्ण स्वाद का; चरपरा।

चटपटी–शीघ्रता; व्यग्रता; उतावलापन; बेचैनी; घबराहट।

चटवाना–किसी को चाटने के लिए प्रवृत्त करना; चटाना।

चटसार–बच्चों की पाठशाला।

चटाना–किसी को चाटने के लिए प्रवृत्त करना; तलवार; छूरी आदि पर सान देना; रिश्वत देना।

चटापटी–शीघ्रता; जल्दबाजी; उतावलापन।

चटावन–एक प्रकार का उत्सव जिसमें बच्चे को प्रथम बार अन्न चटाया जाता है।

चटिक–शीघ्रता से; तुरन्त; उसी क्षण।

चटियल–बंजर भूमि।

चटिया–स्वादिष्ट भोजन का लोलुप।

चटुल–चंचल; कम्पमान।

चटोर–भोजन का लोभ।

चटोरा–भुक्खड़; स्वादिष्ट वस्तुएँ खाने का लालची; लोभी; लोलुप।

चड्ढा–मूर्ख; गँवार; मसखरा।

चड़-बड़–निरर्थक; बकवास।

चड़ाक–चटकाकर तोड़ना।

चड्डा–जाँघ का ऊपरी भाग।

चड्डी–अंदर पहनने का वस्त्र (जाँघिया)।

चड्ढी–पहाड़ पर चढ़ना; पीठ की सवारी; एक प्रकार का लड़कों का खेल।

चढ़त–देवता को चढ़ाई हुई वस्तु।

चढ़ता–बढ़ता हुआ।

चढ़न–चढ़ने की क्रिया।

चढ़ना–ऊपर उठना; बहुत ऊँचे चढ़ना; रखना।

चढ़ाई–उदय; उठान; चढ़ाव।

चढ़ाउतरी–बार बार चढ़ना उतरना।

चढ़ाऊ–चढ़ने योग्य।

चढ़ाना–चढ़ना; ऊपर जाने में मदद करना; किसी को ऊपर चढ़ाना।

चढ़ाव–खड़ा होना; ऊपर उठना; उत्थान; आरोहण; चढ़ाई; ज्वार।

चढ़ैत–ऊपर चढ़नेवाला; ऊपर चढ़नेवाला सिपाही; घुड़सवार।

चढ़ैया–चढ़नेवाला; उठानेवाला; घुड़सवार।

चढ़ौवा–उठी हुई ऐठीवाला जूता।

चण्डकर–प्रचंड किरणें। सूर्य।

चण्डता–उग्रता; क्रूरता; भयंकरता; व्यग्रता।

चतुरंग–घोड़ों से सुसज्जित सेना; राजकीय रथ या पैदल सेना; शतरंज का खेल; हाथी।

चतुर–तेज; फुर्तिला; निपुण; कार्यदक्ष; चतुर; कुशाग्र बुद्धि; दक्ष; कुशल; धूर्त; चालाक।

चतुरता–निपुणता; चालाकी।

चतुराई–फुर्तिलापन; चालाकी; होशियारी; चतुरता; निपुणता।

चतुरस्त्र–चारों तरफ।

चतुरानन–भगवान श्री ब्रह्मा।

चतुर्गण–चार गुना; चार विशिष्ट लक्षण; चार तह।

चतुर्थ–चौथा।

चतुर्वर्गीय–वर्गात्मक।

चुतर्दशी–महीने के किसी पक्ष की चौदहवी तिथि।

चतुर्दिक–चतुर्थभाग।

चतुर्भुज–चार भुजाओंवाला; सामान्तर रेखाओं वाला।

चतुर्भुजा–एक देवी।

चतुर्भुजी–चार भुजाओंवाली; माता दुर्गा का एक विशेष नाम।

चतुर्मास–बरसात के चार महिने।

चतुर्मुख–चार मुखोंवाला। भगवान श्री ब्रह्मा का विशेष नाम। चारों ओर।

चतुर्वर्ग–मनुष्य की चार प्रवृत्ति; कामी आनन्द या पापों से मुक्ति; अर्थ; धर्म; सदाचार।

चतुर्वेद–चार वेद (यजुर, साम, ऋग अथा अर्थव)।

चतुष्कोण–चार कोणोंवाला।

चतुष्टय–चार पदार्थों का समुदाय।

चतुष्तय–चार तह या चार भागवाला।

चतुष्पथ–वह स्थान जहाँ चार राहें आकर परस्पर मिलती ह; चौराहा।

चतुष्पद–चार पैरोंवाला।

चतुष्पदा–चार पंक्तियोंवाला छंद।

चत्वर–चौरास्ता; जहाँ चार राहें मिलती है; चतुष्पथ।

चनक–चना।

चनचनाना–कड़ाके का शब्द; चीरना।

चनसुर–एक प्रकार की सरसो।

चना–एक प्रकार का खाद्य।

चनाका–कर्कश शब्द।

चनार–चिनार का वृक्ष।

चनी–चने की एक छोटी किस्म।

चनेठ–एक प्रकार की घास।

चन्दन–गन्धसार; सन्दल।

चपकन–चिपका हुआ परिधान।

चकपना–किसी से चिपकना।

चककुलिश–कठिनाई; कठिन परिस्थिति।

चपटा–समतल; सपाट; बराबर।

चपटाना–चिमटाना।

चपड़ना–हटाना; दूर भगाना।

चपड़ा–एक प्रकार का लाल रंग का कीड़ा; चमड़ा; चपड़ा।

चपड़ासी–चपरासी; आज्ञाकारी।

चपत–तमाचा; धक्का; हानि।

चपना–दबाना; भींचना; कुचलना; लज्जित होना; सिर नीचा होना; चौपट होना।

चपरगट्टू–दुर्भाग्य; अभागा; उलझा हुआ; विपद्ग्रस्त।

चपरना–आपस में मिलाना; चुपड़ना।
चपरासी–आज्ञाकारी; प्यादा; सिपाही।
चपरि–जल्दी से; शीघ्रता से; तुरन्त।
चपलता–चंचलता; उतावलापन; अस्थिरता; तेजी; जल्दबाजी।
चपलाना–हिलना; चलना। उकसाना।
चपली–घर में पहनने का ढीला जूता या चप्पल।
चपाती–फुलका; पतली रोटी।
चपेट–तमाचा; थप्पड़; मुक्का; हमला; आघात।
चपेटना–धक्का देना; दबाना; अलग करना।
चप्पा–चौथा हिस्सा; विस्तार; फैलाव; थोड़ा स्थान; हथेली की चौड़ाई।
चप्पी–हाथ पैर दबाने की सेवा।
चप्पू–पतवार का काम देनेवाला एक प्रकार का डाँड।
चफाल–दलदल से घिरा एक मैदान का टुकड़ा।
चबक–पीड़ा; टीस।
चबकना–कठोर पीड़ा महसूस करना।
चबकी–रेशम का फीता जो स्त्रियों के बालों को बाँधने के काम आता है।
चबना–चबा के खाने की चीज।
चबाना–चबाने की क्रिया; दाँतो से कुचलना; दाँतों से कूचना।
चबारा–घर का सबसे ऊपर का कमरा।
चबूतरा–चौरस ऊँचा स्थान; ईंटों तथा मिट्टी आदि से बैठने के लिए बनाया गया थोड़ा ऊँचा स्थान।
चबोड़–कुचला हुआ।
चभक–डँसनेवाला; चुभानेवाला।
चभना–कुचला अथवा रौंदा हुआ; चबाया हुआ।
चभोरना–डुबाना; भिगोना; गीला कर देना; पानी में डिबोना।
चमक–जगमगाना; कौंधना; चमचमाना; प्रकाश की किरण; आकस्मिक उत्तेजना आना।
चमकारा–प्रकाश; चका-चौंध करने वाली रोशनी।
चमकारी–चमक; प्रकाश।
चमकीला–दीप्तिमान; भड़कीला; चमकदार।
चमकौवल–रगड़कर चमकने की क्रिया; कनखी मारने का कार्य; हावभाव या चोचले दिखलाना।
चमक्की–हावभाव या चोचले बाजी करनेवाली स्त्री; कर्कशा या झगड़ालू स्त्री; कामुक या व्याभिचारी स्त्री।
चमगीदड़–चमगादड़; पिशाच।
चमचा–एक बड़ी चम्मच; कर्छी; अत्यधिक प्रशंसा करनेवाला।
चमची–छोटा चम्मच; जीब दबाने का यंत्र।
चमजुई–वह जो निरंतर किसी के साथ रहती है; एक प्रकार का पिस्सु।
चमटा–छोटे मुँह की पकड़ने वाली सँडसी।
चमड़ा–त्वचा; खाल; प्राणी शरीर का नैसर्गिक आवरण।
चमड़ी–त्वचा; खाल; चमड़ा।
चमत्कार–आश्चर्य; विस्मयकारी; विचित्रता; अद्भुत।

चमत्कारी–आश्चर्य उत्पन्न करनेवाला; अद्‍भुत; विलक्षण।

चमन–हरा भरा मैदान; क्यारी; फूलवारी; फूलों का बगीचा।

चमरावत–चमड़े का कार्य करनेवाले की मजदूरी।

चमरी–सुरागाय।

चमला–भीख माँगने का पात्र।

चमस–लकड़ी का, चम्मच के आकार का एक यज्ञपात्र।

चमाइन–दाई; प्रसव करवाने वाली।

चमार–जूते बनाने वाला; चमड़े का कार्य करनेवाला; मोची; जूते मरम्मत करने वाला; सड़क का कूड़ा हटानेवाला।

चमू–सिपाहियों का एक समूह; सेना का एक भाग।

चमेलिया–चमेली के फूल का रंग।

चमेली–एक लता जिसमें खुशबुदार सफेद फूल खिलते हैं।

चमोकन–शरीर की जूँ।

चमोटी–चाबुक; पतली छड़ी।

चमौवा–कम मूल्य का चमड़े का जूता।

चम्मच–करछी।

चय–ढेर; बड़ी संख्या; पुंज; झुंड; भीड़; समूह; संग्रह; मिट्टी का टीला; किला; दुर्ग; सीमा की दीवार; घर की बुनियाद; ऊँची समतल भूमि।

चयन–संचय; संग्रह; इकट्ठा करना।

चयापचय–शरीर में की वह क्रिया जिससे भोजन जीवित पदार्थों में बदल जाता है।

चर–संदेश ले जानेवाला एक गुप्तचर; भेदिया; कपड़े फटने की आवाज।

चरक–श्वेत कुष्ठ; चरकी।

चरकटा–चारा काटने वाला।

चरका–हल्का घाव; जख्म; खरोंच; घाटा; धोखा; छल।

चरख–घूमनेवाला पहिया; चाक; चरखी; घिरनी; खराद।

चरचना–शरीर में चंदन पोतना।

चरट–बार बार पूँछ हिलानेवाला छोटा पक्षी; खंजन पक्षी।

चरणामृत–चरणों का अमृत; देवताओं को अर्पण करने के लिए दूध, दही, चीनी तथा घी का मिश्रण; वह जल जिससे किसी ब्राह्मण अथवा मूर्ति के चरण धोये जाते हैं।

चरनी–घोड़े या मवेशियों का चारा।

चरन्नी–पच्चीस पैसे का सिक्का।

चरपत–चोर; ठग; धीरे से मारना; थप्पड़; प्रहार।

चरबाँक–प्रशंसनीय; मृदुभाषी; चिकना; चतुर; फिसलनदान; पीतल संबंधी; निर्लज्ज।

चरबा–खाका; वह चिकना कपड़ा या कागज जिसे ऊपर रखकर नक्शे या चित्र का अक्स उतारते हैं; कृत्रिम।

चरबी–त्वचा के नीचे रहनेवाला सफेद या हल्के पीले रंग का चिकना पदार्थ; वसा।

चरम–अंतिम; शिखर; नोंक।

चरमपंथी–उग्रपंथी।

चरवाई–चरवाहे द्‍वारा पशुओं को चराने के बदले उसे मिलनेवाला शुल्क।

चरवान–चराने का काम दूसरे से कराना।

चरवाहा–गाय, भैंस इत्यादि को चराने का काम करनेवाला।

चरस–गाँजे के पेड़ पर उगे फूल से निकला हुआ गोंद जिसको लोग नशे के लिए गाँजे की तरह पीते हैं; बैल या भैंस की खाल का बना हुआ बड़ा डोल जिससे खेत सींचने के लिये कुएँ से पानी खींचा जाता है; वन मयूर; भूमि की एक नाप जो 2100 हाथ की होती है।

चरुअ–चौड़े मुँह का मिट्टी का पात्र।

चरुखला–चरखा।

चरुपात्र–वह पात्र जिसमें बलि दिये जानेवाले पशु के लिए भोजन पकाया जाता है।

चरेरा–रुखा; कड़ा; खुरदुरा।

चरोखर–घास लगा हुआ मैदान; चौपायों के चरने का स्थान।

चरोतर–जीवन भर की किरायेदारी; किसी को जीवन भर के लिए दी गई भूमि।

चर्खा–चरखा।

चर्चन–अफवाह उड़ानेवाला; गप्प हाँकने वाला।

चर्चरी–वसंत ऋतु में गाये जानेवाला गीत; उत्सव; हाथों की ताली।

चर्चा–वृत्तान्त; अफवाह; बातचीत; बोलना; गप्प; मलहम से शरीर को लीपना।

चर्चित–जिसकी चारों तरफ बात की जाती हो; लेपित।

चर्पट–खुली हुई हथेली; थप्पड़।

चर्पटी–एक प्रकार का पतली रोटी।

चर्पर–कटु; चरपरा।

चर्भटी–एक प्रकार की ककड़ी।

चर्भटा–वृत्तान्त उंपिस्थत करना; बातचीत; एक प्रकार का गीत।

चर्म–चमड़ा; खाल; रक्षा करनेवाला भाग; संरक्षक।

चर्मकार–जूते बनाने वाला; मोची; चमड़ा कमाने वाला।

चर्मकील–बवासीर का रोग।

चर्मचक्षु–साधारण अथवा सामान्य दृष्टि।

चर्मचटका–चमगादड़।

चर्मचित्रक–कोढ़ का रोग।

चर्मज–रक्त; रोम; बाल।

चर्मण्वती–कदली वृक्ष; एक नदी।

चर्मतरंग–चमड़े पर दिखनेवाली झुर्रियाँ।

चर्मदंड–चमड़े का चाबुक; चर्मपट।

चर्मदूषिका–चमड़े का पट्टा; दाद का रोग।

चर्मदेहा–मशकबीन; एक प्रकार का बाजा।

चर्मपादुका–चमड़े के जूते।

चर्मपीडिका–एक प्रकार का शीतला रोग।

चर्मपुट–चमड़े का एक बड़ा पीपा।

चर्मप्रभेदिका–चमड़ा काटने की छेनी।

चर्मबंध–चमड़े की बनी हुई रस्सी; तस्मा।

चर्मपय–चर्माभ; चर्मिल।

चर्ममुण्डा–माता दुर्गा का विशेष नाम।

चर्मार–मोची; चमार।

चर्मी–चमड़े का बना हुआ।
चर्य–करने योग्य; कर्तव्य।
चर्या–आचरण; कार्य; व्यवसाय; व्यवहार; कामकाज; जो किया जावे।
चर्राना–लगातार दर्द होना; कड़ी पीड़ा अनुभव करना; फटना।
चर्री–ताने के रीति की बात; व्यंग्यपूर्ण बात।
चर्वण–दाँतों से चबाया हुआ; भुना हुआ अन्न; चबाना।
चर्वित–पहले से कही हुई बात या काम को दोहराना।
चल–चलायमान; गतिशील; चलनशील; चंचल; अस्थिर; परिवर्तनशील।
चलचलाव–चलने की तैयारी; प्रस्थान; मृत्यु; रवानगी।
चलाचल–चंचल; अस्थिर।
चलचूक–धोखा; छल; ठगी; चालाकी।
चलंता–सप्रमाण; चलता।
चलता–गतिशील या चलायमान होने का भाव; अस्थिरता।
चलती–असर; अधिकार; जोर।
चलतू–चालू; प्रचलित; व्याप्त।
चलन–गति; चाल; व्यवहार; रीति; भ्रमण।
चलना–प्रस्थान करना; बहना; टिकना; ठहरना; प्रचलित होना; प्रयुक्त होना।
चलनी–झरनी; घँघरी।
चलपत्र–पीपल का पेड़।
चलविचल–अव्यवस्थित; विक्षिप्त; व्यतिक्रम करना।
चलवैया–चलने के लिए बाध्य करना; चलनेवाला; काफी अधिक चलनेवाला।
चला–भूमि; बिजली; प्रकाश; माता लक्ष्मी का विशेष नाम।
चलाऊ–बहुत दिनों तक टिकनेवाला; टिकाऊ; पर्याप्त; काम चलाऊ।
चलाक–चतुर; चालाक; चपल; चंचल; पटु; दक्ष।
चलाका–बिजली; प्रकाश।
चलाचल–चंचल; अस्थिर; चल और अचल।
चलान–अभियोग।
चलाना–गतिमान करना; उत्तेजित करना; जाने के लिए बाध्य करना; बल द्वारा आगे बढ़ना; आगे को बढ़ाना; गति देना।
चलायमान–चंचल; चलनेवाला; विचलित।
चलाव–यात्रा; प्रस्थान; रवानगी; स्वभाव; व्यवहार।
चलावा–रीति; चाल; आचार; व्यवहार।
चलित–चलायमान; अस्थिर; काँपता हुआ; चंचल; चपल।
चलैया–चलने वाला; दूसरा विवाह; रीति; व्यवहार।
चलौना–चरखा चलाने का डंडा; दूध चलाने का करछा।
चवर्ग–तालव्य च, छ, ज, झ और ञ
चवा–एक प्रकार की हवा जो चारों दिशाओं में बहती है।
चवाई–मान का नाश करनेवाला; मिथ्यारोपण करनेवाला; झूठी बात कहने वाला; निंदक।
चवाव–गप्प; निंदा की चर्चा; बदनाम करना।

चव्य–मिर्च का पौधा; एक प्रकार की औषधी।

चश्म–दृष्टि की इंद्रिय; आँख; नेत्र।

चश्मा–ऐनक; झरना; फ़ौव्वारा।

चष–नेत्र; आँख; नयन।

चषक–मदिरा पीने का पात्र।

चषचोल–आँख की पलक।

चषति–कपड़े का किनारा।

चस–फाड़ना; बाँटना।

चसक–हल्की पीड़ा; दुखन।

चसना–दो पदार्थों को परस्पर सटाना; जलाना।

चस्का–लत; भोगने की इच्छा होना; अभिरुचि; स्वाद; रस; प्रचंड इच्छा।

चस्पाँ–चिपकना; सटना; जुड़ना।

चह–नदी के कच्चे घाट पर बल्ले की बनाई हुई मचान जिस पर से मनुष्य नाव में चढ़ते है; ऊँची समतल भूमि।

चहक–पक्षियों का मधुर स्वर; पक्षियों का चहचहाना या गाना।

चहचहा–पक्षियों का गान; चहचहाना; आनन्द; विनोद।

चहचहिया–चहचहाना।

चहना–चाहना; पसंद करना; देखना।

चहबच्चा–नाबदान; पानी और मैले का निकास; जलाशय; जलकुंड।

चहर–उत्सव; आनन्द; चहल पहल; कोलाहल।

चहल[1]–आनन्द का उत्सव; धूमधाम।

चहल[2]–उपजाऊ भूमि; पानी से सनी हुई चिकनी मिट्टी; उपजाऊ चिकनी मिट्टी।

चहला–कीचड़; लिसलिसी मिट्टी; दलदल।

चहली–गीली मिट्टी; कीचड़।

चहारुम–चौथा हिस्सा।

चहूँ–चारों ओर; चार।

चहूँटना–मिलना; सटना।

चहेटना–झिड़कना; दबाना; निचोड़ना।

चहेता–प्यारा; जिससे प्रेम हो।

चहेल–उत्सव; आनन्द; उत्सव का अवसर; विनोद।

चहोड़–फेंकना; सुरक्षित रखने के लिए एक स्थान से दूसरे स्थान पर ले जाना।

चहोरना–देखभाल करना; पौधे को एक स्थान से उखाड़कर दूसरी जगह बैठाना।

चाई–गिरहकट; ठग; चोर; उचक्का।

चाँक[1]–लकड़ी की मुहर; अन्न राशि के चारों ओर खींचा हुआ घेरा।

चाँक[2]–चिह्न बनाना।

चाँकना–सीमा रेखा अंकित करना; खलिहान में अनाज के ढेर पर चिह्न लगाना।

चाँगला–मज़बूत; आरोग्य; चतुर।

चाँचर–एक प्रकार का गीत जो चावल के खेत में काम करते हुए गाते हैं; चरवाहे द्वारा गाया जानेवाला गीत।

चाँचु–पक्षी की चोंच।

चाँटा–तमाचा; थप्पड़; चींटी।

चाँटी–व्यापारी से बलपूर्वक कर वसूल करना।

चाँड–बलवान; प्रबल; उद्धत; बड़ी लालसा; दबाव; तृप्त।

चाँडना–विनाश करना; खोदना; उजाड़ना; बरबाद करना।

चांडाल–दुष्ट; दुरात्मा; क्रूर; अंत्यज वर्ग में सबसे नीचे मानी माने जानेवाली जाति।

चाँडिल–शक्तिशाली; बलशाली; हठी; अधिक; अत्यंत; अशिष्ट; असंगत।

चाँद–चंद्रमा; दूज के चन्द्रमा के आकार का गहना; मस्तक के बीच का भाग।

चाँदतारा–एक प्रकार की महीन मलमल जिस पर रंगबिरंगी रेशम के सितारे गढ़े होते हैं; एक प्रकार की पतंग।

चाँदना–चाँदनी; उजाला।

चाँदनी–चन्द्रमा का प्रकाश; कालीन के ऊपर बिछनेवाली सफेद चद्दर; चन्द्रातप।

चाँदा–वह निर्धारित स्थान जहाँ से भूमि की नाप की जाती है।

चाँदी–एक श्वेत, नरम और चमकीली धातु; रजतमय।

चाँदीला–गंजा मनुष्य।

चाँद्र–चंद्र संबंधी।

चांद्रमास–चन्द्रमा की गति के अनुसार होनेवाला माह या महीना।

चाँप–वृत्तांश; कमान; पैरों की आवाज।

चाँपना–दबाना; भींचना।

चाँवल–चावल; धान।

चाइयाँ–मायावी; छली।

चाई[1]–एक प्रकार का चर्म रोग; रुसी।

चाई[2]–चालाक; मायावी; निम्न सामाजिक स्थिति से संबंध रखनेवाला समुदाय।

चाक–पहिया; चरखी; कुम्हार का पहिया; घिरनी; कील पर घूमनेवाला चक्राकार पत्थर।

चाकना–पहचानने के लिए वस्तु पर चिह्न लगाना; सीमाबद्ध करने के लिये चारों ओर रेखा खींचना।

चाकर–दास; नौकर; सेवक।

चाकरी–हाजिरी; नौकरी; सेवा।

चाकू–छोटी छुरी।

चाक्षुष–जिसका ज्ञान देखने से हो; न्याय में ऐसा प्रमाण जिसका बोध आँखों से देखने से हो; चक्षु संबंधी; स्वयंभु मनु के पुत्र का नाम।

चाख–आँख; चाष।

चाखना–स्वाद लेना; चखना।

चाचर–आडम्बर; कोलाहल; आमोद प्रमोद; रंगरेलियाँ; अशांति; उपद्रव; बलवा; होली में गाने का गीत।

चाचा–पिता का छोटा भाई।

चाची–चाचा की स्त्री।

चांचल्य–फुर्ति; चंचलता।

चाट–रूझान; भूख लगानेवाला पदार्थ; चाटना; स्वाद; जायका; चसका; लत।

चाटी–घड़ा; मक्खन बनाने का यंत्र; मिट्टी का बर्तन; घड़ा।

चाटु–बातचीत; अनुकूल वार्ता; मीठी बात; प्रिय वार्ता; झूठी प्रशंसा या चापलूसी करने वाला।

चाटू–भक्षक; लोभी।

चांड–इच्छा; कामना; तीव्र अभिलाषा; चाह।

चाड़ी–पीठे पीछे निन्दा; मिथ्यारोपण।

चाढ़ा–आसक्त; प्यारा; चाहनेवाला।

चातक–एक प्रकार का कोकिला पक्षी जो सिर्फ वर्षा की बूंदों को पीता है।

चातुर–चतुर; चालाक।

चातुरिक–सारथी।

चातुरी–चतुराई; धूर्तता; प्रवीणता।

चातुर्मासिक–चार महीनों में एक बार होनेवाला।

चातुर्य–दक्षता; निपुणता; चतुराई; चातुरी।

चादर–शय्यावस्त्र; पलंग पोश; लबादा; पलंग की झालर; आवरण।

चानक–अकस्मात; अचानक।

चान्द्र–चन्द्रमा से संबंधित।

चन्द्रक–सूखा अदरक।

चान्द्री–चाँदनी; चन्द्रमा की पत्नी।

चाप[1]–घनुष; कमान पर तीर चढ़ाना।

चाप[2]–कदम; पद; पैरों की आवाज; दबाव; दबाना।

चापजरीब–खेत की नपाई का एक तरीका।

चापट–भूसी; छिलका।

चापड़–बराबर; चौपट; उजाड़; चोकर; जो दबकर चिपटा हो गया हो।

चापदंड–वह डंडा जिसकी सहायता से कोई भी वस्तु आगे धकेली जाती है।

चापना–दाबना; गले लगाना।

चापलूस–झूठी प्रंशसा करनेवाला; खुशामद या चाटुकारी करनेवाला।

चापल्य–कार्य में फुर्तिलापन; चंचलता; चपलता; परिवर्तनशीलता; अस्थिरता।

चापी–भगवान श्री महादेव का विशेष नाम; तीरंदाज; धनुर्धारी।

चापू–कोमल रोवेंवाली एक पहाड़ी बकरी।

चाफन्द–मछली पकड़ने का एक तरह का जाल।

चाब–चबाने के दाँत; चव्य एक पौधा जिसकी जड़ डाल औषधि में प्रयुक्त होती है।

चाबना–दाँतों से कूचना या चबाना; भोजन खाना; चबाना।

चाबी–ताली; कुंजी; फन्नी; यंत्र के किसी भाग को दृढ़ करने का पेंच।

चाबुक–कोड़ा; सोंटा; हंटर; पीटना; उत्तेजक वार्तालाप; शिकारी।

चाम–खाल; चर्म; चमड़ी; चमड़ा; त्वचा।

चामर–चँवर।

चाय–एक पौधा जिसकी पत्तियों को उबाल कर इसमें चीनी और दूध मिलाकर पीया जाता है।

चायक–चाहनेवाला; प्रेमी।

चार–तीन और एक की संख्या; अनेक; कई; थोड़ा बहुत।

चारक–जासूस; भेदिया; गुप्तचर।

चारखाना–एक प्रकार का कपड़ा जिसमें बाने और ताने के रंगीन डोरों से चौखूँटे खाने बने होते हैं।

चारजामा–कपड़े की जीन जिसमे काठ नहीं लगा होता।

चारदा–चार गुणा होना।

चारदीवारी–चहारदीवारी; घर के सामने का आँगन।

चारपाई–खटिया।

चारबाग–चतुर्भुज के आकार का बगीचा।

चारवा–चौपाया; पशु।

चारा–भूसा; पशुओं के खाने की खासपात; किसी जंगली हिंसक पशु के शिकार के लिए बँधा हुआ पशु।

चारित–जो चलाया गया हो; चलाया हुआ।

चरित्र–चाल चलन; स्वभाव; शील।

चारी–चलनेवाला; आचरण या व्यवहार करने वाला।

चारु–आनन्ददायक; प्यारा; सुंदर; मनोहर; रुचिकर; स्वीकार्य; भगवान श्रीकृष्ण के पुत्र का नाम जो रुक्मिणी से उत्पन्न हुआ था।

चारुफला–अँगूर की लता।

चारुहासी–सुन्दरता के साथ हँसनेवाली।

चाल–चलने की क्रिया या तरीका; गति; चलने का ढंग; गमन; वेग; युक्ति; तरकीब; छल; धूर्तता; रीति रिवाज; प्रथा; बरताव; व्यवहार; तरह; खराबी।

चालक–वाहन चलानेवाला; संचालक; गाड़ी हाँकनेवाला; कपटी; छली; धूर्त।

चालचलन–आचरण; व्यवहार; चरित्र; शील।

चालढाल–आचरण; व्यवहार; रहन सहन का ढंग; आदत; चलने का ढंग।

चालन–गति; हिलाना; हलचल मचाना; चोकर; चलनी से झारने के बाद बचनेवाला पदार्थ।

चालनीय–चलाये या हिलाये जाने योग्य।

चालबाज–धूर्त; कपटी; चालाक; चालबाज; छली; मक्कार; चतुर।

चाला–रवानगी; प्रस्थान करने का शुभ मुहूर्त; गति।

चालाक–फुर्तिला; तीव्र; निपुण; दक्ष; चतुर; कुटिल; धूर्त।

चालान–अभियोग।

चाली–चतुर; चालबाज; छली; कपटी; धूर्त; उपद्रवी; नटखट।

चालीसा–चालीस दिनों का समय; चालीस वस्तुओं का समूह; चालीस पद्यों का काव्य।

चालू–जो इस समय चल रहा हो; जारि हो; कार्य कुशल हो।

चाल्ह–एक प्रकार की मछली; चेल्हवा नामक मछली।

चाव–इच्छा; अभिलाषा; लालसा; अनुराग; प्रेम; चाह; दुलार; प्यार; उमंग; उत्साह; आनन्द; लाड़ प्यार; नखरा।

चावल–धान; धान के भीतर से निकला हुआ अन्न; रत्ती के आठवें भाग के बराबर का परिणाम।

चाशनी–चीनी, मिस्री या गुड़ का अग्नि पर पकाकर गाढ़ा हुआ रस जिसमें डुबाकर मिठाइयाँ बनती है; चसका।

चाष–नीलकंठ पक्षी; नेत्र; आँख।

चास–खेती; जोतना।

चासा–किसान; खेतिहर; हलवाहा।

चाह–इच्छा; आकांशा; मनोरथ; अभिलाषा; लालसा; उत्सुकता; आवश्यकता; प्रीति; प्रेम; आदर; मर्म; गुप्त भेद।

चाहक–दातव्य; देय।

चाहत–इच्छा; आकांक्षा।

चाहना–अभिलाषा करना; इच्छा करना; माँगना; प्यार करना; प्रेम करना; पाने की इच्छा करना; निहारना; ताकना; खोजना; ढूँढना; आवश्यकता; चाह।

चाहिए–उचित है; आवश्यकता है।

चाहे–यह; वह; या; या तो; जी चाहे; मरजी में आये।

चिंतक–चिंता या चिंतन करने वाला; मनन करने वाला।

चिंतन–सोचने या ध्यान करने की क्रिया; मनन; सोचना विचारना; ध्यान।

चिंता–फ्रिक; व्यग्रता; उत्कंठा; विचार; ध्यान; दुविधा; अनुचिंतन; गौर; स्मरण; शंका; आशंका; अशांति; बड़ी उत्तेजना; चौकसी; परवाह।

चिंतायमान–चिंतन में डूबना।

चिंतित–उद्विग्न; व्याकुल; उत्सुक; पूर्व धारणा; सोच में पड़ा हुआ।

चिंत्य–चिंतन करने योग्य।

चिंदी–खंड; टुकड़ा; भाग; अंश।

चिपान्जी–अफ्रीका के जंगलों में पाये जानेवाला एक प्रकार का बड़ा डीलडौल वाला वनमानुष।

चिउंडा–समतल किया हुआ चावल।

चिक–बाँस आदि की पतली तीलियों का बना परदा; आवरण; कसाई जो भेड़ों और बकरियों को बेचने के लिए काटता है।

चिकन–उभड़े हुए कशीदेवाला महीन सूती वस्त्र; चिकन काढ़ने का काम।

चिकना–जो खुरदुरा न हो; जिस पर से पैर फिसल जावे।

चिकनिया–छैला; बाँका; बनाठना; रंगीला।

चिकरना–चीखना; चिघाड़ना; चिल्लाना।

चिकवा–माँस बेचनेवाला; कसाई।

चिकार–चीख; चीत्कार; चिंघाड़; चीखना।

चिकारा–हिरण जाति का एक जंगली पशु।

चिंकारा–सारंगी की तरह का एक प्रकार का बाजा।

चिंकारी–डँसनेवाला एक प्रकार के मच्छर की तरह का कीड़ा।

चिकित्सक–डाक्टर; वैद्य; हकीम; औषधियों की सहायता से चिकित्सा करनेवाला।

चिकित्सा–रोग दूर करने तथा शरीर को निरोग करने की विधि; वैद्य का व्यवसाय या कार्य।

चिकित्सित–निरोगी किया हुआ; चिकित्सा किया हुआ।

चिकिल–कीचड़; पंक; दलदल।

चिकीर्षा–कुछ करने की इच्छा।

चिकुर–सिर के बाल; केश; पर्वत; रेंगनेवाले जन्तु।

चिकोता–चकत्ता; ददोरा।

चिक्कट–तेल आदि की या गर्द की जमी हुई मैल; मैला कुचैला; तेलीय।

चिक्कणी–चिकनी सुपारी।

चिक्कस–जौ का आटा।

चिखर–चने का छिलका या भूसी।

चिखुर–गिलहरी।

चिखुरन–घास जो खेत में गिराकर निकाली जाती है।

चिखुरी–मादा गिलहरी।

चिखौनी–स्वाद लेने की क्रिया; स्वाद लेने की वस्तु।

चिचड़ा–एक प्रकार का औषधीय पौधा जिसकी जड़ तथा पत्तियाँ औषधों

में प्रयुक्त होती है; एक कीड़ा जो चौपायों के शरीर से चिपटकर उनका लहु चूसता है।

चिचिंड़ी–एक प्रकार की जूँ जो पशुओं के तन से चिपटकर उनका लहु पीती है।

चिचाना–जोर से खंखारना।

चिचियाना–जोर से चिल्लाना; चिल्लाना; चीखना।

चिजारा–राजमिस्त्री; राजगीर।

चिट–खंड; कतरन; टुकड़ा; कागज़ का छोटा टुकड़ा।

चिट्ठी–पत्र; खत; पुरजा; कागज़ की वह टुकड़ी जिसमें कहीं भेजने के लिये समाचार इत्यादि लिखा हो; छोटा कागज का टुकड़ा जिस पर कुछ लिखा हो; आज्ञा पत्र।

चिड़–चिढ़; जलने की आवाज।

चिड़चिड़ा–जल्दी चिढ़नेवाला; तुनक मिजाज़ी; थोड़ी सी बात पर अप्रसन्न होनेवाला; चिचड़ा; अपामार्ग; एक भूरे रंग का छोटा पक्षी।

चिड़ना–चिढ़ना।

चिड़वा–हरे धान को कूटकर चपटा किया हुआ दाना।

चिड़ा–गौरैया पक्षी; चटक।

चिड़िया–पक्षी; आकाश में उड़नेवाला जीव; पक्षी; पखेरू; ताश में चिड़ी के पत्ते; अमीर व्यक्ति; सुन्दर स्त्री; तराजू की डंडी में लगा हुआ लोहे का टुकड़ा।

चिड़ियाखाना–पक्षीशाला; पशु वाटिका।

चिड़िहार–व्याघ; बहेलिया।

चिढ़–चिढ़ने की अवस्था या भाव; वह वस्तु, बात या शब्द जिससे कोई चिढ़े।

चिढ़ना–कुढ़ना; झल्लाना; बुरा मानना; विरक्त होना; द्वेष करना; अप्रसन्न होना।

चित[1]–सहज ज्ञान; चेतना; चित्तवृत्ति; संस्कृत का अनिश्चयसूचक शब्द; चुनकर इकट्ठा किया हुआ।

चित[2]–चित्त; चितवन; दृष्टि।

लापरवाह; उदासीन; पीठ के बल पड़ा हुआ।

चितकबरा–चिह्नित; चितला; एक रंग की सतह पर दूसरे रंग का घब्बा।

चित्कार–अकस्मात चीखना; चीतकार।

चितचोर–चित्त को चुरानेवाला; मन को लुभाने वाला; प्यारा; मनोहर; प्रिय।

चितभंग–ध्यान न लगना; बुद्धि नाश; मन का ठिकाने पर न रहना; उदासी; मतिभ्रम।

चितरोख–एक तरह का पक्षी।

चितवन–चमकना; जगमगाना; देखने का ढंग; दृष्टि; क्षणिक दृष्टिपात; कटाक्ष।

चिता–श्मशान; मरघट; लकड़ी का ढेर जिस पर शव जलाया जाता है।

चिताखा–चेतावनी देना; चेताना।

चिताना–सचेत करना; सावधान करना; स्मरण कराना; याद दिलाना; सलाह देना; चित्त को किसी ओर आकर्षित करना; जलाना; आग सुलगाना।

चितेरा–चित्र बनानेवाला; चित्रकार।

चित्त–अंतरिंद्रिय; अंतःकरण; ब्रह्म; अग्नि।

चित्तभूमि–योग के तत्त्वज्ञान के अनुसार बुद्धि के पाँच भाव।

चित्तविक्षेप–मन की अस्थिरता या चंचलता।

चित्तविभ्रम–उन्मत्ता; पागलपन; भ्रम; भ्रान्ति; मन की अव्यवस्था।

चित्ती–छोटा धब्बा या चिह्न; रोटी में जल जाने का दाग; बुँदकी; मादा लाल पक्षी; अजगर की जाति का एक प्रकार का मोटा साँप; कुम्हार के चाक का गड्ढा जिसमें डंडा डालकर घुमाया जाता है।

चित्र–किसी चीज की प्रतिमूर्ति; तस्वीर; आलेख्य; तिलक; शब्दचित्र; आकाश।

चित्रक–रंगसाज; शिल्पकार; कारीगर; एक प्रकार का आभुषण; माथे पर विशेष प्रकार का चिह्न।

चित्रकला–चित्रकारी करने की कला।

चित्रकार–चित्र बनानेवाला।

चित्रगुप्त–मृत्यु का देवता; यम का देवदूत।

चित्रण–अनुरेखण; रेखा चित्र बनाने की कला; किसी कहानी के पात्रों की रूपरेखा तैयार करना।

चित्रपट–तख्ता; गत्ता अथवा कपड़ा जिस पर जीवित व्यक्ति की तस्वीर या रेखाचित्र बनाया जाता है।

चित्रमद–किसी स्त्री अथवा पुरुष का रेखाचित्र देखकर प्यार मे डूब जाना अथवा प्यार करने लगना।

चित्रांग–चिह्नित; रंग बिरंगे रंगो से बनाया हुआ।

चित्रिणी–कामशास्त्र में माने हुए स्त्रियों के पद्मिनी आदि चार भेदों में से एक (यह बनाव, सिंगार तथा कला की शौकीन होती है)।

चिथड़ा–फटा हुआ कपड़ा; गूदड़; फटा पुराना कपड़ा।

चिद–चित्त का समामगत रूप।

चिनक–जलनयुक्त पीड़ा; चुनचुनाहट।

चिनगारी–जलती हुई अग्नि का छोटा कण; अग्निकण।

चिनना–चुनने के लिए प्रवृत्त करना; भीत उठाना।

चिनार–एक प्रकार का लंबा तथा सुंदर वृक्ष।

चिनिया–सफेद; चीन देश का निवासी; चीनी के रंग का; वह घोड़ा जिसके शरीर पर लाल तथा सफेद धब्बे हों तथा जिसके चारों पैर सफेद हों।

चिन्मय–ज्ञानमय; परालौकिक; धार्मिक; शुद्ध; पवित्र।

चिन्हवाना; चिन्हाना–पहचान कराना; किसी व्यक्ति से भुगतान कराना; पहचाना जाना।

चिन्हार–परिचय; जान पहचान; परिचित।

चिन्हारी–पहचानना।

चिपक–सटाना; सटे रहने की प्रवृत्ति; लगाव।

चिपकना–चिमटना; लिपटना; दो पदार्थों का परस्पर जुटना या सटना।

चिपकू–चिपकनेवाला।

चिपटना–चिमटना; सटना; चिपकना।

चिपड़ी;–चिपरी–गोबर को पाथकर सुखाये हुए टुकड़ें; गोहरी; उपला; छोटा पतला कंडा।

चिप्पड़—पैबंद; अंश; खंड।

चिमटना—आलिंगन करना; गले लगाना; सटना; कस कर पकड़ना; निरंतर पीछा करना; पीछा न छोड़ना; पीछे पड़ना।

चिमटा—दबाकर पकड़ने या उठानेवाला फैले मुँह का एक औजार।

चिमटी—जर्राही; छोटा चिमटा; सुनारों का तार इत्यादि मोड़ने का उपकरण; चुटकी।

चिमड़ा—लचीला; मुलायम; चमड़े के समान; कोमल; नमनीय।

चियाँ—इमली का बीज।

चिरंजीव—चिरंजीवी; अनेक वर्षों तक जीवित रहनेवाला; आर्शीवाद का शब्द।

चिर—बहुत दिनों तक रहनेवाला; दीर्घायु।

चिरई—चिड़िया; पक्षी।

चिरकना—मल मूत्र का कई बार थोड़ी थोड़ी मात्रा में निकलना।

चिरकाल—दीर्घकाल; लंबा समय।

चिरकीन—गंदा; मैला।

चिरकुट—अंश; खंड; टुकड़ा; फटा पुराना कपड़ा।

चिरंजीवी—अमर; अजर; स्थिर; चिरकालिक; अविनाशी; दीर्घजीवी; बहुत दिनों तक जीनेवाला।

चिरना—कटना; फटना; एक सीध या लकीर मे कटना; लकीर की तरह फटना।

चिरवाई—लकड़ी काटने या चीरने के बदले मिलनेवाला पारिश्रमिक।

चिराँद—जलते हुए चमड़े से निकलने वाली गंध; माँस।

चिरस्थायी—स्थायी; निरन्तर; लगातार; लंबे समय तक बने रहनेवाला।

चिरस्मरणीय—लंबे समय तक स्मरण करने योग्य; पूजनीय; पूज्य;. अराध्य।

चिराई—चीरने की क्रिया; लकड़ी चीरने अथवा काटने के बदले मिलनेवाला पारिश्रमिक।

चिराग़—दीया; दीपक; लैंप।

चिरातन—प्राचीन; पुराना; पुरातन।

चिराँयध—बाल अथवा चमड़े के जलने से उत्पन्न होनेवाली गंध।

चिरायता—एक प्रकार का कडुआ पौधा जो औषधी बनाने के काम में आता है।

चिराव—पतली पट्टी काटना; फाड़ना; ईंधन के लिये लकड़ी को चीरना; चीरने का भाव या क्रिया।

चिलम—मिट्टी या धातु का कटोरीनुमा नलीदार पात्र जिसे तंबाकू तथा आग से भरकर हुक्के पर रखकर तंबाकू का सेवन किया जाता है।

चिलमन—बाँस की तिलियों का बना हुआ पदार्थ; चिक।

चिलवाई—कीचड़ से भरा हुआ दलदली स्थान।

चिल्लड़—जूँ के समान एक प्रकार का सफेद कीड़ा।

चिल्लपों—कोलाहल; शोरगुल; पुकार; दुहाई।

चिल्लर—एक प्रकार की जूँ।

चिल्ला—पगड़ी के किनारों पर लगा हुआ सोने का धागा; चालीस दिनों का समय; एक प्रकार का जंगली वृक्ष; धनुष की डोरी; कमान की ताँत; दाल, आटे तथा घी से बने खाने के पदार्थ।

चिल्लाना–जोर से बोलना; चीखना; हल्ला मचाना; शोर करना; चिल्लाकर कहना।

चिल्ली–एक प्रकार का छोटा कीड़ा; वज्र; बिजली।

चिल्हवाँस–पक्षी को पकड़ने के लिए बिछाया हुआ जाल।

चिवाना–वह जगह जहाँ दाह संस्कार किया जाता है।

चिहुँकना–स्तंभित होना; चौकना।

चिहूँटना–शरीर के अति आवश्यक हिस्सों को चुभाना; चिकोटी काटना।

चिह्न–निशान; छाप; लकीर; पद आदि की सूचक वस्तु।

चिह्नित–जिस पर निशान हो; अंकित; निशान बनाना; छाप छोड़ना।

चिहुँक–शरीर की ऐंठन।

चीं;–चींचीं–पक्षियों के बच्चों का धीमा शब्द; धीमे से शब्द बोलना।

चींगा–चिड़िया का बच्चा।

चींचपड़–किसी के विरोध में कुछ करना या कहना।

चींटा–चींटी की तरह का एक प्रकार का बड़े आकार का कीड़ा।

चींटी–एक छोटा कीड़ा जो मीठे की गंध पाकर उसके पास पहुँच जाता है; च्यूँटी।

चींथना–फाड़ना; चीरना; टुकड़े करना।

चींदी–चमड़े अथवा अन्य पदार्थ को धोनेवाला।

चींकट–तेल का मैल; चिकट; वसा।

चीकना–गर्जना या चीखना; जोर लगाकर कर चीखना।

चीख–चिल्लाने की आवाज।

चीखर; चीखल–कीचड़; लिसलिसी मिट्टी।

चीखुर–गिलहरी।

चीज़–वस्तु; पदार्थ; सामग्री; समान; द्रव्य।

चीड़–एक प्रकार का पहाड़ी वृक्ष जिसमें से बिरोजा निकलता है।

चीत–चित्रा नक्षत्र।

चीतना–ध्यान लगाना; सोचना; विचार करना; याद करना; चित्रित करना; चेत करना।

चीतल–एक प्रकार का श्वेत बिंदियोंवाला हिरण; एक मछली का नाम; एक प्रकार का धब्बेदार अजगर जैसा साँप।

चीता–एक प्रकार का माँसाहारी जानवर जिसके शरीर पर धब्बे या चित्तियाँ होती हैं; विचार; ध्यान; उपाय; सोचा विचारा हुआ; विवेक; इच्छा; एक प्रकार का औषधीय पौधा।

चीत्कार–चिल्लाहट; चिंघाड़।

चीथड़ा–फटा पुराना आवरण।

चीथना–कुचलना; रौंदना; टुकड़ों में चीरना अथवा फाड़ना।

चीदा–चुना हुआ; बढ़िया।

चीन[1]–एक देश का नाम; एशिया महाद्वीप के दक्षिण पूर्व का एक प्रसिद्ध देश।

चीन[2]–एक प्रकार का छोटा कारखाना।

चीनक–चीनी कपूर।

चीनना–पहचानना।

चीना–एक प्रकार का चावल; चीन देश का निवासी।

चीनी–शक्कर; ईख अथवा खजूर आदि के रस से बना हुआ सफेद दानेदार चूर्ण।

चीपड़–आँख से निकलनेवाला स्त्राव।

चीमटा–सँडसी।

चीमड़–लचीला।

चीला–आटा तथा दाल को पीस तथा तल कर तैयार किया हुआ व्यंजन।

चीलू–एक प्रकार का पहाड़ी मेवा; खूबानी।

चीवर–भिक्षुकों या संन्यासियों का फटा पुराना वस्त्र; पहनावा।

चीवरी–चीवरधारी; बौद्ध या जैन संन्यासी; भिक्षु; भिखमंगा।

चीस–घाव में होनेवाला दर्द; लगातार दर्द होना।

चुँगना–चुगना।

चुंगल–मनुष्य का बटोरा हुआ; पंजे में फँसना; किसी के वश में आना।

चुंगी–चंगुल भर चीज; एक नगर से दूसरे नगर के भीतर आनेवाली सामग्रियों पर लगनेवाला कर।

चुंघाना–चुसा कर पिलाना।

चुंडा–छोटा कुआँ।

चुड़ित–चोटीवाला।

चुंधा–छोटी आँखोंवाला; कुछ कुछ अंधा।

चुंबक–एक प्रकार का पत्थर जो लोहे की बनी वस्तुओं को अपनी ओर खींचता है।

चुंबन–चूमने की क्रिया; बोसा; स्पर्श करना।

चुंबा–चूमना।

चुंबित–प्यारा; छुआ हुआ; चूमा हुआ।

चुंबी–प्रेमी; चुंबन करनेवाला।

चुआई–बूँद बूँद करके टपकने या रिसाव करने का कार्य।

चुआन–रिसाव करना; टपकाना; तलाब; नहर; जलाशय; खाई; गड्ढा।

चुआना–वितरित करना; पूर्ण करना; ऋण चुकाना; भुगतान करना।

चुकंदर–एक प्राकर की गाँठवाली सब्जी; शलजम की तरह की एक तरकारी।

चकटा–चुटकी; भीख।

चुकटी–चिकोटी।

चुकाई–राजीनामा; चुकौती; चुकता होने का भाव।

चुकाना–वितरित करना; पूर्ण करना; समाधान करना; रुपया चुकाना; निबटाना।

चुक्कड़–पानी पीने का छोटा मिट्टी का पात्र।

चुक्क–एक प्रकार का फलों के रस से तैयार किया हुआ सिरका; खट्टापन।

चुगद–मूर्ख; जड़बुद्धि; मंदबुद्धि व्यक्ति; उल्लु की तरह की एक छोटी चिड़िया।

चुग़ना–पक्षी का चोंच से दाना उठाकर खाना; छाँट कर निकाला हुआ पशु।

चुग़ल–सूचना देनेवाला; चुगलखोर; निंदा।

चुगलखोरी–चुगली; शिकायत।

चुगली–शिकायत करना; चुगली लगाना।

चुगाई–चुगने की क्रिया।

चुगाना–चिड़ियों को दाना खिलाना।

चुचाना–बूँद बूँद करके टपकाना; निचुड़ना; चूना।

चुचुकना–सूखकर सिकुड़ जाना।

चुटक–चाबुक; कोड़ा; चुटकी।

चुटकना–चुटकी से तोड़ना; कोड़े या चाबुक से मारना; साँप का काटना।

चुटकला–एक व्यंग्यपूर्ण टिप्पणी; विनोदपूर्ण बातचीत; गुप्त औषध।

चुटकी–उँगलियों से चटकाकर तोड़ना; बंदूक का घोड़ा; अँगूठे और बीच की उँगली के मिलने की स्थिति।

चुटपुट–लघुत्तर; अल्पव्यस्क।

चुटपुटिया–बच्चों के द्वारा की जाने वाली आतिशबाजी।

चुटला–बालों का जूड़ा।

चुटिया–सिर के बीचों बीच रखी जाने वाली बालों की लट; शिखा।

चुटीला–घायल; खरोंचा; हानिकर; व्यथित; सबसे उत्तम।

चुटैल–जिसको चोट लगी हो; घायल।

चुड़–स्त्रियों की बाह्य जनेन्द्रिय।

चुड़िहारा–चूड़ी बनाने और बेचनेवाला।

चुड़ैल–भोंडी स्त्री; भूतनी; पिशाचनी; क्रूर स्वभाव की स्त्री; कुरुपा; डायन।

चुनट; चुनन–सिलवट; कपड़े या कागज पर की सिकुड़न।

चुनना–छाँटना; छोटी छोटी चीजों को एक एक करके इकट्ठा करना; बीनना।

चुनवाँ–इकट्ठा किया हुआ; चुना हुआ; बढ़िया।

चुनाँचे–उस समय में; क्योंकि।

चुनाई–चुनने की क्रिया; चुनने का शुल्क; भीत की जोड़ाई।

चुनाव–निर्वाचन; चुनने या बीनने का काम; किसी का पद या कार्यविशेष के लिए पंसद किया जाना।

चुनावट–झालर; सिकुड़न का चिह्न; मोड़; तह; कपड़े की सलवट।

चुनिंदा–निर्धारित किया हुआ; चुना हुआ; बढ़िया; श्रेष्ठ।

चुनौटिया–इकट्ठा करना; कपड़े की तह।

चुनौटी–पान पर लगाने या सुरती में मिलाने का चूना रखने का छोटा पात्र।

चुनौती–उत्तेजना; युद्ध अथवा शास्त्रार्थ के लिए आह्वान; ललकार; प्रेरणा।

चुन्नी–मानिक आदि रत्न का टुकड़ा; अन्न का चूरा; चमकती हुई वस्तु का टुकड़ा; स्त्रियों की ओढ़नी।

चुप–मूक; मौन; आवाक; जो बोलता न हो; खामोश।

चुपका; चपकी–शांति; मौन; खामोशी।

चुपके–शांति पूर्वक; चुपचाप; मौन रहकर; गुप्त रीति से।

चुपचाप–शांति; चुप; स्थिरता।

चुपड़ना–तेल लगाना; पोतना; लेप करना; मक्खन आदि पोतना; दोष छिपाना; चापलुसी करना।

चुपड़वाँ–चिकना।

चुपाना–न बोलना।

चुप्पा–कम बोलना; शांत रहना; विश्राम।

चुबलाना–किसी वस्तु का स्वाद लेने के लिए उसे मुख में रखकर जीभ से इधर उधर डुलाना और उस वस्तु को सटकना नहीं।

चुभकना–गोता खाना।

चुभन–चुभने का आभास; दर्द।

चुभना–गड़ना; धँसना।

चुम्मा–चुंबन।

चुम्बन–चुमने की क्रिया।

चुर–शेर; बाघ आदि की माँद।

चुरकुट; चुरचुस–चूर्णित; चकनाचूर।

चुरचुरा–चटखनेवाला; करारा; टुकड़े टुकड़े होने लायक; थोड़े से दबाव में चूर चूर करके टूटनेवाला।

चुरचुरी–तलछट; अवसाद।

चुरना–उबालना या पकाना; सीझना; गुप्त मंत्रणा होना।

चुरमुर–कुरकुरी वस्तु के टूटने का शब्द।

चुरवाना–किसी से चोरी करवाना।

चुरस–कपड़े आदि की शिकन।

चुराना–दूसरे की वस्तु को उस व्यक्ति की जानकारी या अनुमति के बिना ले लेना; छिपाना।

चुरी–चूड़ी; कलाई में पहनने का आभूषण।

चुरु–चुल्लू; खाली हथेली।

चुरुट–सिगार; सिगरेट।

चुल–खुजली; तीव्र इच्छा।

चुलबुल–चंचलता; चपलता; चुलबुलापन; बेचैनी; उत्साह; आनन्द।

चुलबुला–अस्थिर; चपल; चंचल; सक्रिय; तीव्र; नटखट।

चुलाना–टपकाना; स्राव करना; चुआना।

चुलाव–वह पुलाव जिसमें माँस न हो।

चुल्ली–चूल्हा; चिता।

चुल्लू–आधी अंजली; हाथ की हथेली का गड्डा भर पानी।

चुवाना–टपकाना; छेद में से रिसना।

चुसकी–ओंठों से किसी वस्तु को चूसने की क्रिया; घूँट।

चुस्ती–फुर्तिलापन; चंचलता; चपलता; कसावट; तंग; कसा हुआ; मजबुती; दृढ़ता।

चुहचुही–गहरे काले रंग की एक बहुत छोटी चिड़िया।

चुहटना–कुचलना; खरोंचना; रौंदना।

चुहल–मजाक; ठिठोली; हँसी ठट्ठा; विनोद; शरारत।

चुहलिया–हास्यजनक; ठिठोलिया।

चुहिया–एक छोटा चूहा।

चुहुँटना–आलिंगन करना; चिमटना।

चूँ–बहुत हल्की ध्वनि अथवा आवाज; हवा के बहने से निकलनेवाली आवाज; कब्जे लगे दरवाजे को खोलते तथा बंद करते समय निकलनेवाली ध्वनि; छोटी चिड़िया का बोलने का शब्द।

चूँकि–क्योंकि।

चूँट–कतरना; ऐंठना; तोड़ना।

चूँदर–एक विशेष प्रकार का कपड़ा।

चूक–गलती; भूल; अपराध; कपट; छल; धोखा; दोष।

चूकना–असफल हो जाना; निराश होना; गलती करना; गहरी भूल करना; लक्ष्य पर न लगना; खोना।

चूका[1]–एक प्रकार का खट्टा शाक।

चूका[2]–पाँच लीटर का मिट्टी का बना हुआ दूध भरने का पात्र।

चूख–चूसना।

चूचुक; चूंची–स्तन का अग्र भाग; स्त्री की छाती।

चूजा–मुर्गी का बच्चा।

चूड़ा–बालों की चोटी; शिखा; चूड़ा संस्कार।

चूड़ाकरण; चूड़ाकर्म–हिन्दू धर्म में मुंडन संस्कार; बालक का पहली बार सिर मुंडाने का संस्कार।

चूड़ामणि–एक प्रकार का सिर पर पहनने का आभूषण।

चूड़िया–एक प्रकार का धारीदार वस्त्र।

चूड़ी–हाथ में पहनने का काँच आदि का गहना; ग्रामोफोन का रेकार्ड; कोई वृत्ताकार पदार्थ।

चूड़ीदार–तंग और लम्बा पाजामा जिसे पहनने पर चूड़ियों जैसी सिलवटें पड़ जाती हैं; जिसमें चूड़ी जैसी लकीरें या घेरे पड़े हों।

चूत–योनी; भग; स्त्रियों की बाह्य जनेन्द्रिय। वेश्या; रंडी।

चूतड़–नितंब।

चूतिया–मूर्ख; बुद्धु; बुद्धिहीन।

चूतियापन–पागलपन; मूर्खता।

चून–आटा।

चूना[1]–पत्थर तथा कंकड़ आदि को फूँककर बनाया हुआ तीक्ष्ण भस्म।

चूना[2]–टपकना; बूँद बूँद करके नीचे गिरना; स्राव।

चूनादानी–पान पर लगनेवाले चूने को रखने का पात्र; चूना रखने की डिबिया।

चूनी–अन्न का कण या छोटा टुकड़ा; मणिक रत्न का छोटा टुकड़ा।

चूनेदार–चूने से युक्त।

चूमन–चूमने की क्रिया।

चूमना–चुंबन करना; होठों से शरीर के किसी अंग को दबाना या स्पर्श करना; लाड़ प्यार से स्पर्श करना; अभिवादन करना।

चूमा–चुम्मा।

चूर–चूरा; चूर्ण; धूल।

चूरन–पचानेवाला चूर्ण।

चूरना–टुकड़े टुकड़े करना; चूर करना; तोड़ना।

चूरमा–रोटी या पूरी का चूरा करके घी में भूनकर चीनी मिलाकर बनाये जानेवाला पकवान।

चूरा–आरे से निकला हुआ लकड़ी का बुरादा; किसी वस्तु का चूर्ण रूप; धूल।

चूर्ण–महीन पीसा हुआ पदार्थ; एक प्रकार का पचानेवाला पदार्थ।

चूर्णन–महीन बुकनी किया हुआ।

चूहड़ा–भंगी; परितयक्त।

चूहा–मूषक; मूसा; बाहु में पहनने का एक प्रकार का आभूषण।

चूहाड़ी–मेहतर; झाड़ू देनेवाला।

चूहिया–छोटा मूषक।

चेंगड़ा–छोटा बच्चा; बालक।

चेंच–एक प्रकार की बरसात में उगने वाली तरकारी।

चेंचें–निरर्थक बात चीत; बकबक; चिड़ियों के बोलने का शब्द।

चेंचला–पंखहीन पक्षी; चेंचुआ।

चेंडा–युवा; छोटा; अल्प।

चेंपें–बकवाद; चीं चपड़।

चेकितान–भगवान श्री शिव का विशेष नाम।

चेचक—शीतला रोग।

चेट—सेवक; नौकर; दास; पति; नायक; नाचने गानेवाला व्यक्ति।

चेटक—चिंतन; फ्रिक; व्याग्रता।

चेटकी—दास; नौकर; भेदिया; अचरज; इंद्रजाल; चमत्कार; जादूगरी।

चेटी—नौकरानी; दासी; महिला नौकर।

चेत—होश; सावधानी; ज्ञान; चेतना; बोध; स्मरण; चौकसी।

चेतना—जगाना; सोचना; मनोवृत्ति; बुद्धि; स्मरण; सावधान करना।

चेता—चेत; होश; याद।

चेतावनी—खतरे से पूर्व सूचना; सावधान होने की सूचना।

चेतिका—अंतिम संस्कार करने के लिए लगाया गया लकड़ी का ढेर।

चेना—सावाँ की तरह का एक प्रकार का अन्न; ज्वार या बाजरा आदि।

चेरा—नौकर; दास; चेला; विद्यार्थी; सेवक।

चेराई—नौकरी; गुलामी; चाकरी; सेवा।

चेष्टा—कोशिश; प्रयत्न; हरकत; प्रयास; परिश्रम; कामना; शरीर की वह स्थिति जिसमें चित्त का भाव प्रगट होता है; जोश प्रवृत्ति; उत्तेजना।

चेस्टर—एक प्रकार के वस्त्र व ऊपर पहनने का लबादा।

चेहरा—मुखमंडल; किसी वस्तु का अगला भाग; मुखौटा; मुखाकृति; शक्ल; मुख।

चैत—हिन्दी वर्ष का पहला महीना; फाल्गुन के बाद का महीना।

चैतन्य—आत्मा; परमात्मा; प्रकृति; ज्ञान; सचेत; सावधानी।

चैत्य—घर; मंदिर; देवालय; वह स्थान जहाँ यज्ञ सम्पूर्ण होते हैं; किसी व्यक्ति का स्मारक जो वास्तव में अन्यत्र कहीं दफनाया गया हो; बुद्ध की मूर्ति; अंतिम संस्कार करने के लिए लगाया गया लकड़ी का ढेर।

चैन—आराम; आनन्द; सुख; विश्राम; धैर्य; शांति; स्थिरता।

चैल—वस्त्र; कपड़ा।

चैला;—चैली—कुल्हाड़ी से चीरे हुए लकड़ी के टुकड़े जो जलाने के काम में आते हैं; चाँदी; टुकड़े।

चोंक—चुम्बन करने से गाल पर पड़ा हुआ दाँत का चिह्न।

चोंकली—खरोंच; नुकीला।

चोंकर—भूसी; चोकर।

चोंच—पक्षी के मुख का नुकीला अगला भाग; नोकदार भाग।

चोंडा—सिंचाई हेतु खोदा हुआ कच्चा छोटा कुआँ।

चोंथ—गाय अथवा भैंस आदि का उतना गोबर जितना वह एक बार में करे।

चोंथना—खरोंचना; ऐंठना; नोचना।

चोंधर—बहुत छोटी आँखोंवाला; कुछ कुछ अंधा; मंदबुद्धि; मूर्ख।

चोआ—अनेक गंधद्रव्यों को मिलाकर तैयार किया जानेवाला एक प्रकार का सुगंधित द्रव्य।

चोइयाँ—पपड़ी; परत।

चोई–मसूर का छिलका; भिगोकर मलने से दाल का निकलनेवाला छिलका।

चोकंदर–चुकंदर; सलाद की वनस्पति।

चोकर–जौ, गेहूँ आदि का छिलका जो आटे को छानने से छलनी में रह जाता है।

चोख–तेजी; फुर्ती।

चोज–दूसरों को हँसानेवाली वार्ता; चमत्कारपूर्ण उक्ति।

चोजी–चालाक; चतुर।

चोटीपोटी–झूठी बात; बनावटी बात।

चोट्टा–तस्कर; चोर।

चोड़–उत्तरीय वस्त्र; चोली; अंगिया।

चोदक–उकसानेवाला; कुकर्म कराने के लिए उकसानेवाला।

चोदना–स्त्री के साथ संभोग करना; मैथुन करना।

चोदू–निरंतर संभोग की इच्छा रखने वाला; कामुक।

चोप–उत्सुकता; उत्साही; चाव रखने वाला; इच्छा करनेवाला।

चोबा–लोहे का खूँटा।

चोर–छिपकर परायी वस्तु का हरण करनेवाला; ठग; लुटेरा; तस्कर।

चोरकट–चोर; ठग; उचक्का।

चोरदर्वाजा–मकान के पिछवाड़े में स्थित छोटा गुप्त दरवाजा।

चोरपुष्प–एक प्रकार की औषधीय घास।

चोरबाजार–एक स्थान जहाँ नाज़ायज़ तरीके से चोरी का माल बेचा या खरीदा जाये।

चोरमहल–अपनी रखैलों को रखने के लिए राजाओं या रईसों द्वारा बनवाया गया महल।

चोरमिहीचनी–छुपने और खोजने का खेल; आँख मिचौली।

चोरी–चुराने की क्रिया; किसी व्यक्ति की वस्तु उसकी बिना आज्ञा अथवा जानकारी के गायब कर देना; ठगी; धोखेबाजी।

चोल-चोलना–अंगिया; चोली; सिर का कवच।

चोलना–कम मात्रा में कुछ खाना।

चोला–देह; शरीर; बच्चों को पहली बार वस्त्र पहनाने की रीति; साधुओं अथवा संन्यासियों का ढीला लंबा कुर्ता।

चोसा–लकड़ी रदने का रंदा।

चोसना–लकड़ी रेतना; सींग।

चोहला–एक प्रकार की लकड़ी की बड़ी बाधा।

चौंक–चौंकने का भाव।

चौंकना–सोते में एकाएक जाग उठना; हैरान होना; झिझकना; हिचकना।

चौंगा–फुसलाना; खुशामद करना; बहकाना।

चौंडू–जड़ बुद्धि; मुर्ख।

चौंथना–झपटना; छीनना; चीरना।

चौंथ–तेज प्रकाश से आँख चौधियाना; तिलमिलाहट।

चौंराना–झाड़ू देना; बुहारना; चँवर की सहायता से मक्खी उड़ाना।

चौंषरौं–चार गुणा; चुहा।

चौ–चार।

चौआना–चकित होना।

चौक–चौकोर भूमि; घर के बीच का चौखूटा स्थान जिसके ऊपर छाजन न हो; मांगलिक अवसर पर अबीर, आटे इत्यादि से बनाया हुआ चित्रित स्थान जहाँ देवता का स्थापन तथा पूजन होता है।

चौकड़ा–चार वस्तुओं का समूह; चार चीजों का गठबंधन; उपजी की बँटाई जिसमें स्वामी को चौथा भाग मिलता है।

चौकड़ी–चार मनुष्यों अथवा वस्तुओं का गुट अथवा संगठन; निश्चित क्षेत्र के भीतर की भूमि; छलांग; कुदान (हिरण की चारों पैरों की सहायता से लगाई गई कूद)।

चौकन्ना–सतर्क; जागरूक; चतुर; होशियार; सावधान; सजग।

चौकस–चौकन्ना; सावधान; सचेत; व्यवस्थित।

चौकसी–निगरानी; सावधानी।

चौका–पत्थर की चौकोर सिल; रोटी बेलने का चकला; चार समान रूप की वस्तुओं का समूह।

चौकी–लकड़ी या पत्थर का चार पाया. वाला आसन; चौकोर आसन; कुर्सी; पुलिस का छोटा थाना; जादू टोना।

चौकीदार–पहरा देनेवाला; पहरेदार; संतरी।

चौकीदारी–पहरा देने का काम; वह धन जो चौकीदार को पहरा देने के बदले दिया जाता है।

चौकोना–चतुष्कोण।

चौकोर–चौखूँटा।

चौखट–लकड़ी अथवा लोहे से बना हुआ ढाँचा जिसमें किवाड़ के पल्ले लगे होते हैं।

चौखा–वह स्थान जहाँ चार गाँवों की सीमाएँ मिलती हैं।

चौगिर्द–चारों ओर; चारों दिशाओं में।

चौगुना–किसी वस्तु का चार गुणा; चौगुणी संख्या।

चौघड़ी–मसाला रखने का चार खानों का पात्र; बड़ी इलायची।

चौघोड़ी–चार पहियों का वाहन जिसे घोड़ों की सहायता से खींचा जाता है; रथ।

चौबन्द–दुष्प्रचार की बातें; बदनामी की बातें।

चौड़ा–फैला हुआ; विशाल; यथेष्ट; विस्तृत; लंबाई से भिन्न दिशा में विस्तृत।

चौड़ाई–चौड़ापन; लंबाई से भिन्न दिशा का फैलाव।

चौथ–चौथाई; महीने के प्रत्येक पक्ष का चौथा दिन; मराठों द्वारा उत्तर भारत के शासकों को दिया जानेवाला कर।

चौथपन–मनुष्य के जीवन की चौथी अवस्था (जो 75 वर्ष बीत जाने के बाद शुरु हुई मानी जाती है); बुढ़ापा।

चौथा–जो क्रम मे तीन के बाद चार के स्थान पर हो; दाहकर्म करनेवाले या मृत व्यक्ति की विधवा को रुपये कपड़े आदि दिये जाने की रीति।

चौथी–चौथा दिन; विवाह के पश्चात् चौथे दिन होनेवाली एक रीति जिसमें वर तथा कन्या के हाथ कँगन खोले जाते हैं।

चौदस–हिन्दू धर्म के महीने के अनुसार किसी पक्ष की चौदहवीं तिथि।

चौदाँत–दो हाथियों की लड़ाई।

चौधरी–किसी गाँव का मुखिया अथवा सरदार; किसी समुदाय या समाज का मुखिया; मान या प्रतिष्ठा की पदवी।

चौपट–नाश; विध्वंस; नष्ट भ्रष्ट; ध्वस्त; उजाड़; चारों ओर से खुला हुआ।

चौपड़–एक प्रकार का खेल; मंदिर का बरामदा।

चौपत–कपड़े की तह।

चौपतिया–एक प्रकार का साग।

चौपथ–चहाँ चार राहें आकर मिलती है; चौराहा।

चौपाई–एक प्रकार का छंद जिसके प्रत्येक चरण में सोलह मात्राएँ होती है; चारपाई।

चौपाड़ा–ग्रामीणों का आराम करने का स्थान।

चौपाया–चार पैरोंवाला पशु।

चौपाल–गाँवों में चारों तरफ से खुला तथा ढका एक स्थान जहाँ सभा अथवा मंडली इकट्ठी की जाती है।

चौपैया–वह जिसकी चार टांगे होती हैं।

चौबन्दी–एक प्रकार का तंग अंदर पहनने का वस्त्र; चौली; अंगिया।

चौबगला–चार दिशावाला; चारों तरफ।

चौबर–दबंग; पुष्ट; साहसी।

चौबाई–चक्रवात; चारों और से बहने वाली वायु।

चौबारा–घर के ऊपरी हिस्से में बनी हुई एक कोठरी जिसमें चारों ओर खिड़कियाँ होती हैं।

चौबे–ब्राह्मणों की एक उपजाति।

चौमसिया–वर्षा मौसम के चार महीनों में दिखनेवाला।

चौमासा–वर्षा के मौसम के चार महिने जो आसाढ से शुरू होते हैं; वर्षा ऋतु में गाया जानेवाला गीत।

चौमुख–चारों ओर; चारों तरफ; चारों दिशाओं में।

चौमुहानी–वह स्थान जहाँ चार रास्ते आकर मिलते हैं; चौराहा; चौरास्ता।

चौरंग–तलवार चलाने का व्यायाम; एक प्रहार में किसी पशु की चारों टाँग काटना।

चौरस–समतल; जो ऊँचा नीचा न हो; वर्गात्मक; चौकोर।

चौरसाई–समतल होने की अवस्था।

चौरा–चबूतरा; चौपाल।

चौराहा–चौमुहानी; चार राहों के मिलने का स्थान।

चौसरी–गले में पहनने का स्त्रियों का आभूषण जिसे गर्दन से कसकर पीछे बांधा जाता है।

चौहड़–जबड़े की अस्थि।

चौहद्दी–एक खेत अथवा स्थान की चाहरदिवारी; चारों ओर की सीमा।

चौहरा–चार परतों या तहों का।

चौहैं–चारों ओर।

च्युत–स्राव होता हुआ; गिरता हुआ; झड़ा हुआ; क्षरित; चुआ।

च्यूँटा–एक प्रकार का बड़ी काली चींटी; चींटा।

च्यूँटी–चींटी।

छ

छ–व्यंजन वर्णमाला का सातवाँ अक्षर तथा चवर्ग का दूसरा व्यंजन।

छंकाना–शोध करने का कार्य किसी से करवाना, छानना।

छंग–छाती; हृदय; गोद।

छंगा–जिसके एक पंजे में छः उँगलियाँ हो।

छँगुली–छोटी उँगली; छठी उँगली।

छंछनाना–शोर करना; कोलाहल मचाना।

छँछीरी–दूध से तैयार मिठाई।

छँटना–दूर करना; कटकर अलग होना; छितराना; चुन कर अलग कर लिया जाना; दुर्बल होना।

छँटनी–काँट छाँट; छाँटने की क्रिया; हटाने का काम।

छँटाव–अलग करना; चयन करना; छँटनी।

छँडना–कै या वमन करना।

छंडाना–दूसरे के हाथ से बलपूर्वक ले जाना; छीनना; हड़पना।

छंद[1]–चौतुर्य; कौशल; युक्ति; छल; वर्ण, मात्रा आदि की गिनती के विचार से होनेवाली वाक्य रचना; पद्य।

छंद[2]–एक प्रकार का स्त्रियों का कलाई में पहनने का आभूषण।

छँदना–पैरों में रस्सी लगाकर बाँधा जाना; पशुओं को भागने से रोकने के लिये टाँग बाँधना।

छंलछंद (छंछद)–धोखा; चतुराई; बेईमानी; कपट; छल।

छंदोभंग–छंदशास्त्र अथवा छंदविद्या के अनुसार पद्य वर्णन में अथवा कविता बनाने में की गयी गलती; छंद में वर्ण, मात्रा आदि के नियम का पूर्ण पालन न होना।

छंदोबद्ध–पद्य रूप में रचित; श्लोकबद्ध।

छँहा–सूर्य की आड़ की जगह में आराम करना।

छई–क्षयरोग।

छई–युवा पीढ़ी; बच्चे।

छः–छह।

छकड़ा–बैलगाड़ी; बोझ लादने की दुपहिया गाड़ी।

छकड़ी–छः जनों का समूह।

छकना–उन्मत्त होना; संतुष्ट अथवा आनन्दित होना; परेशान होना; अचंभित या चकित होना; ठगे जाना।

छकाछक–संतुष्ट; नशे में चूर; परिपूर्ण; भरा हुआ; तृप्त।

छकुर–कृषिफल की बँटाई जिसमें भूस्वामी छठाँ भाग पाता है।

छक्कड़–थप्पड़; मुक्का।

छक्का–छः वस्तुओं का समूह; वह ताश जिसमें छः बूटियाँ हों; धोखा; छल।

छगड़ा–बकरा।

छगन–छोटे बच्चों के लिए प्यार का शब्द; प्यारा बालक।

छगरा–बकरा।

छगरी–छोटी बकरी।

छछिया–मलाई उतारने की करछी; छाछ नापने या रखने का बरतन।

छछुंदर–चूहे की जाति का जंतू जिसका थूथन अधिक नुकीला होता है; एक प्रकार का अंग्निक्रीड़ा।

छछूंदरी–चूहे जैसा जीव।

छजना–सजना; अच्छा लगना; शोभा देना।

छज्जा–छाजन या छत का भीत से बाहर निकला हुआ भाग; धूप से बचने के लिए टोपी का आगे निकला हुआ भाग; बोझा ढ़ोनेवाली गाड़ी का आधार।

छटंकी–एक छटांक का भार जो लगभग 50 ग्राम के बराबर होता है; बहुत छोटी वस्तु।

छटकना–हाथ से सरक जाना; काबू से निकल जाना; सरकना।

छटपटाना–संघर्ष करना; व्याकुल होना; बेचैनी से ऊपर नीचे होना; तड़फड़ाना; घबराना; बेचैन होना; तड़पना।

छटाँक–एक सेर का सोलहवाँ भाग।

छटा–यश; गौरव; कीर्ति; कांति; प्रतिभा; चमक; दीप्ति; भव्यता; प्रभा; चमक दमक; रोशनी; उज्ज्वलता; सुन्दरता; मनोहरता; सौंदर्य।

छठ–पक्ष की छठी तिथि।

छठा–गिनती में छह के स्थान पर पड़नेवाला।

छठी (छुट्ठी)–बच्चे के जन्म से छठे दिन होनेवाला कृत्य, पूजन अथवा उत्सव।

छड़[1]–शहतीर; डंडा; डंठल; धातु या लकड़ी का लंबा और पतला टुकड़ा या गज; अन्न के पौधे की खूँटी; मछली पकड़ने का डंडा।

छड़[2]–एक प्रकार की सुगन्धित घास।

छड़ना–अन्न को दबाकर अथवा पीटकर उसका छिल्का अलग करना; छाँटना; छोड़ना।

छड़ा–अलग; अकेला; तन्हा। अविवाहित व्यक्ति; एक प्रकार का आभुषण जो कई हिस्सों में बँटा होता है; मोतियों की लड़ी अथवा गुच्छा; चाँदी की पायल।

छड़िया–द्वारपाल; दरबान; छड़ीबरदार।

छड़ी–बेंत; डंडा; लकड़ी आदि का बना हुआ पतला छोटा डंडा।

छड़ीला–तम्बाकू तैयार करने में इस्तेमाल किया गया मसाला; एक प्रकार की सुगंधित काई।

छत–चूना; कंकड़ आदि डालकर बनाई हुई घर की छाजन; घाव।

छतना–पेड़ की छाल अथवा पत्ते तोड़कर बनायी गयी छतरी।

छतनार–कुकुरमुत्ता अथवा छाते की तरह का; समतल; सपाट; बराबर; जिसकी शाखाएँ छितरी या फैली हुई हों।

छतरी–बारीश अथवा धूप से बचने का आवरण; आलंकरित मंडप; कबूतरों के बैठने का टट्टर जो बाँस पर बँधा होता है; समाधि का मंडप।

छतारा–गिटार; एक प्रकार का वाद्य।

छतिवन–सप्तमणि नामक एक प्रकार का औषधीय पौधा।

छत्तीसा–एक बुरी स्त्री जो सती बनने का आडंबर करती है।

छत्तर–छाता।

छत्ता–कमल का बीजकोष; पटाव जिसके नीचे मनुष्यों के चलने का मार्ग हो; छाता।

छत्र–छाता; एक प्रकार का स्त्रियों का छोटा छाता; छाँह; रक्षा; सुरक्षण; कुकुरमुत्ता।

छत्रक–कुकुरमुत्ता।

छंद–आवरण; ढपना; छाल; पंख।

छद्म–छल; कपट; छिपाव; चाल; धोखा; पाखंड; बहाना; वेश।

छद्मी–धोखायुक्त; कपटपूर्ण; छद्मवेशी।

छद्मवेश–बदला हुआ वेश।

छन–पल; क्षण।

छनक–झनझनाहट; छनकार।

छनछवि–बिजली।

छपकली–छिपकली।

छपद–भौरा; भ्रमर।

छपन–छिपा हुआ; गुप्त; अप्रकाश। 7 नाश; संहार; विनाश।

छपना–छपने का काम होना; अंकित होना; छापा जाना; मुद्रित होना; चमकाना; टीका लगाना।

छपरी–छोटी झोपड़ी।

छपाई–छपाई का कार्य; छापने की मजदूरी; छापने का काम या ढंग।

छपैया–वह जो छपाई का कार्य करता है।

छप्पर–लकड़ी तथा फूस आदि की बनाई हुई छत; झोपड़ी; एक छोटा बिल; छोटी पत्थर की पटिया।

छबड़ा–टहनी अथवा सरकंडों की बनी हुई टोकरी; फेरी करके माल बेचनेवाले का बक्सा।

छबरखती–शरीर के गठन की सुंदरता।

छबि–शोभा; सुंदरता; आलोकचित्र; जीवित व्यक्ति का चित्र अथवा तस्वीर।

छबीला–शालीन; सुघड़; सजीला; सुंदर छबि वाला।

छम–माफ करना; क्षमा करना।

छम–छम–घुंघुरू अथवा पायल आदि की बार बार होनेवाली आवाज; जोर से बारिश पड़ने से निकलनेवाली ध्वनि।

छमा–क्षमा।

छमाछम–निरंतर टन टन के शब्द की आवाज के साथ।

छमुख–षडानन; कार्तिकेय; छः मुँहवाला।

छयना–नाश होना; विनाश होना; क्षय होना।

छरना–रिसना; स्राव होना; चूना; टपकना; रसना।

छल–धोखा; कपट; छल; धूर्तता; अपने असली रूप को छिपाना; चालाकी।

छलक; छलकन–पानी आदि का पात्र में से छलकना; छलकने का भाव या क्रिया; उदगार; स्फुरण।

छलछंद–कपटता; धूर्तता; छल कपट।

छलछिद्र–धोखा; चालाकी; चाल; छल कपट; बहकावा; धूर्तता।

छलन–छलना; ठगना; छलने का कार्य; बेईमानी।

छलना–धोखा देना; बेईमानी करना।

छलनी–आटा छानने का उपकरण; चलनी; छोटे छेदों से भरा होना।

छलहाई–कपटी; छली; धाखेबाज; चालबाज; चालाक; चतुर।

छलाँग–कूदाल; उछाल; फलाँग; चौकड़ी।

छलाई–छल; धूर्तता; कपट; चालाकी।

छलावा–दिव्यदर्शन; पिशाच; प्रेत; भूत प्रेत की छाया जो पल में अदृश्य हो जाय; दलदल के किनारे दिखाई पड़ने वाला प्रकाश।

छलिया–छल करनेवाला; धोखेबाज; कपटी।

छली–छल करनेवाला; धोखेबाज; कपटी; झूठा; जिस पर विश्वास न किया जाये।

छल्ला–अँगुली में पहिनने की सादी अँगूठी; मुँदरी; कड़ा; कुण्डली; कोई मंडलाकार वस्तु।

छल्लू–भोला; बालक सदृश।

छल्लेदार–जिसमें मंडलाकार चिह्न हो; जिसमें छल्ले लगे हों।

छवना–छोकरा; बच्चा; सूअर का बच्चा।

छवा–बछड़ा; जानवर का बच्चा; छौना; एडी।

छवाई–छप्पर बनाने का कार्य अथवा छप्पर बनाने के बदले मिलनेवाला धन; छानने का कार्य।

छवि[1]–सुंदरता; प्रकाश की किरण; शोभा; चमक; सौन्दर्य; प्रभा; कांति।

छवि[2]–बरछी; भाला।

छविकार–प्रतिकृति; चित्र।

छहरना–फैलना; बिखरना; छिटकना।

छहियाँ–छाया; छाँह।

छाँगना–पेड़ की डाल अथवा टहनी कलम करना; छाँटना।

छाँगुर–वह जिसके पंजे में छः अँगुलियाँ हों।

छाँट–छाँटने की क्रिया या ढंग; काटना; कतरन; अलग की हुई बेकार चीजें; वमन; कै।

छाँटना–काटना; चुनना; छाँटकर निकाल देना; संक्षिप्त करना; विलग करना।

छाँडना–परित्याग करना; छोड़ना; रिहा करना; वमन करना।

छाँद–पशुओं के पैर बाँधने की छोटी रस्सी; गाय का दूध निकालते समय बछड़े को गाय के पैर से बाँधने की रस्सी।

छांदना–कसना; जकड़ना; रस्सी से बाँधना; पशुओं के पैर बाँधना।

छांदिक–लय के अनुसार।

छाँव–छाँव; सूर्य से आड़ की जगह।

छाँवड़ा–छोटा बालक; छोकरा; छौना; पशु का छोटा बच्चा।

छाँह–छाया; परछाई; प्रतिबिंब; आश्रय स्थल; भूत प्रेत का प्रभाव; जिस स्थान पर धूप या चाँदनी न पड़ती हो।

छाई–खाद; राख।

छाक[1]–एक समय में किये जानेवाले भोजन की पर्याप्त मात्रा; मजदूरों का दोपहर का भोजन; छने हुए आटे से तैयार पकवान; मादकता; अवसर।

छाक[2]–नशा।

छाग–बकरा।

छागल–बकरा; बकरे की खाल अथवा उसकी खाल से बनी हुई वस्तु; एक प्रकार का स्त्रियों का चाँदी से बना हुआ पैरों में पहनने का आभूषण।

छाछ–मक्खन निकाली हुई दही; मट्ठा; मलाई निकाला हुआ दूध।

छाजन—छप्पर; आवरण; एक प्रकार का कोढ़; वस्त्र; कपड़ा।

छाजना—सुशोभित होना; सुंदर अथवा आर्कषक दिखना; अच्छा लगना; भला लगना।

छाड़ना—छोड़ देना; छोड़ना।

छात—स्त्रियों का छोटा छाता; कटा हुआ; आश्रय।

छाता—छतरी; स्त्रियों का छोटा छाता।

छाती—वक्षस्थल; कलेजा; हृदय; मन; स्तन; दृढ़ता; साहस।

छात्र—विद्यार्थी; शिष्य।

छात्रा—स्त्री छात्र।

छात्राध्यापक—छात्र अथवा छात्रा की अध्यापक।

छादन—छिपाना; पर्दा; छिपाव; ढकने का काम; जिससे छाया की जाये।

छाबड़ी—फेरी करके माल बेचनेवाली की परात।

छाया—छाँव; अक्स; साया।

छायी—राख।

छार—राख; धूल।
नुकीला; तीखा।

छार—समूह; ढेर; पिंड; मिट्टी का ढोंका।

छारी—किसी कीमती धातु का छोटा ढेर।

छारू—फून्सी; फफोला; जीब की फूंसी।

छाल—वृक्षों के ऊपर का आवरण; बल्कल; बोकला; एक प्रकार की मिठाई।

छालटी—पेड़ी की छाल से बना हुआ वस्त्र; सन या पटुवे का बना हुआ कपड़ा।

छालना—छलनी में रखकर छानना; झँझरा करना; साफ करना।

छाला—झलका; मुँहासा; फूंसी; फफोला; छाल या चमड़े के ऊपर की झिल्ली का उभर आना।

छलिया; छाली—कटी हुई सुपारी; सुपारी का फल; काँसे का प्याला जिसमें घी या तेल भरकर छायादान किया जाता है।

छावनी—पड़ाव; छप्पर; छान; शिविर; सेना के ठहरने का स्थान।

छावा—छोटा सुअर; पशु का बच्चा।

छिंउकी—एक प्रंकार की छोटी चींटी; एक प्रकार का छोटा काटनेवाला कीड़ा; मच्छर; रस्से का एक प्रकार का फंदा।

छिंकाना—घेरा जाना; रुकना; छेका जाना।

छिंछ—फुहारा; बूदों में बिखरा पानी; धार; छींटा।

छिंडाना—जबरदस्ती ले लेना; छीन लेना; कब्जे में लेना; अचानक।

छि—छी; घृणा; तिरस्कार अथवा अरुचि सूचक शब्द।

छिगुनी; छिगुली—हाथ की सबसे छोटी उँगली; कनष्ठिका।

छिछकारना—धोना; छिड़कना।

छिछड़ा—छीछड़ा।

छिछला—कम गहरा; उथला।

छिटवा—बाँस की लकड़ियों की बनी हुई टोकरी; झाबा।

छिड़कना—पानी के छीटें फेंकना; भिगोकर पानी बिखेरना; भुरकना; न्योछावर करना।

छिड़ना—आरंभ करना; शुरू करना; प्रस्थान करना; लड़ाई शुरू करना।

छितनी–टूटी हुई टोकरी; बाँस की छिछली टोकरी।

छितरना–तितर बितर होना; फैलाना।

छितराना–टुकड़े टुकड़े करना; बिखेरना; छाँट लेना; तितर बितर करना; फैलाना; विस्तृत करना; प्रशाखा बनाना; इधर उधर फेंकना; अलग होना; दूर दूर करना; सटी हुई वस्तुओं को अलग अलग करना।

छिदना–छेदा जाना; भिदना; छिद्रयुक्त; सूराखदार होना; घायल होना।

छिद्र–छेद; सुराख; गड्डा; दोष; त्रूटि।

छिन–क्षण; पल।

छिनक–एक क्षण; दम भर; क्षण भर।

छिनकना–नाक का मल साँस बाहर निकालते हुए निकालना; भड़क कर भगाना।

छिनछवि–बिजली; विद्युत।

छिनना–छीना जाना; कूटा जाना; हत होना।

छिनरा–बुरे चरित्र का व्यक्ति; परस्त्रीगामी; लम्पट पुरुष।

छिनाल–व्यभिचारिणी; कुलटा; पर पुरुष गामिनी; चरित्रहीन स्त्री।

छिपकली–गोह की जाति का एक जन्तु जो घरों में रहता है; भित्तिका; एक प्रकार का कान में पहनने का आभूषण।

छिपटी–टुकड़ा; कतरन; किरच।

छिपना–गुप्त होना; गूढ़ होना; छुप जाना; अनुपस्थित होना; ओट में होना; दिखाई न पड़ना; अदृश्य होना; गुप्त रहना या होना।

छिपाव–रहस्य; एकान्तता; गुप्तता; छुपाव; गोपन; छिपाने की क्रिया या भाव।

छिया–मैला; गंदा; घृणित; मल के समान घृणित समझाना।

छिरकरना–छिड़कना; बिखेरना।

छिरेटा–एक प्रकार की छोटी औषधीय बेल; एक प्रकार की लता जिसका रस जल में डालने से वह जम जाता है।

छिलका–फल अथवा कंद आदि के ऊपर का छिलका या आवरण; फलों की त्वचा या झिल्ली; बोकला; बकला।

छिलना–छिलके या चमड़े का कटकर अलग होना; खरोंचा जाना; उधेड़ना; त्वचा के ऊपर खरोंच सा होना।

छिलौरी–फफोला; शरीर पर का छोटा छाला।

छिल्लड़–छिलका।

छींक–वेग के साथ नाक और मुँह से एकाएक निकलनेवाली वायु का झोंका।

छींकना–नाक और मुँह से शब्द करते हुए वायु का झटके से निकलना।

छींका–जाल; झूला; पशुओं के मुँह पर लगानेवाली जाली; एक लटकी हुई टोकरी जिसमें खाद्य पदार्थ रखा होता है।

छींट–जल का छोटा कण; जल बिंदू; एक प्रकार की रंग बिरंगी बूटियोंवाला वस्त्र; दरेस।

छींटना–बिखेरना; छितराना।

छींटा–बौछार; हल्की वर्षा; किसी द्रव पदार्थ को उछालने से उत्पन्न महीन बूँद; जलकरण; मादक पदार्थ आदि की एक मात्रा; गुप्त रूप से किया हुआ ताना।

छींबी–फली।
छी–घृणा सूचक शब्द।
छीति–कमी; घाटा; हानि; नाश।
छीदा–बहुत से छेदों वाला; पतला; विरल; चौड़ाई तक फैला हुआ।
छीनना–काटकर अलग करना; बलपूर्वक किसी की वस्तु ले लेना; छेनी से पत्थर काटना; चक्की आदि को खुरदुरा करना।
छीना-झपटी–एक दूसरे के हाथ से छीन लेने की कोशिश।
छीप–शरीर पर के छोटे चिह्न; छाप; मछली फँसाने की बँसी।
छीपी–छींट छापनेवाला।
छीर–कपड़े का वह किनारा जहाँ उसकी लंबाई समाप्त होती है; छोर; कपड़े की बनावट में कोर कसर।
छीलन–कतरन; खुरचन; छीलन।
छुँगली–छोटी उँगली।
छुई-मुई–एक छोटा कँटीला पौधा; लजालू।
छुगनु–छोटी घंटियाँ जो आभूषण के साथ लगी होती है; घुँघरू।
छुचकारना–सम्मान देना; आदर देना।
छुच्छ–खोखला; खाली।
छुच्छी–पतली, छोटी नली; नाक में पहिनने की एक पतली नली जिसका एक छोर कटोरी के आकार का होता है।
छुछमछली–अंडे से फुटा हुआ मेंढक का बच्चा जिसका आकार लगभग मछली जैसा होता है।
छुट्टी–छुटकारा या अनुपस्थिति; मुक्ति; छुटकारा; कार्यालय के बंद रहने का दिन।
छुड़ाई–छोड़ाई; छोड़ना; आजाद करना; मुक्ति; विदा करना; किसी को जबरन कैद से आजाद कर लेना; निष्कृति धन।
छुडौती–बंधन से मुक्त करने के लिये दिया जानेवाला धन।
छुत्–भूख; क्षुधा।
छुतहा–मैला; मलिन; स्पर्श से फैलने वाला; छूतवाला; जिसे छूत लगी हो।
छुतिहर–वह पात्र जो अशौच या छूत से अशुद्ध हो गया हो।
छुतिहा–दुष्प्रचार; अछूत; न छूने योग्य; पापी; दुष्ट; कलंकित; दूषित; अस्पृश्य; जिसमें छूत लगे हों।
छुद्राबलि–छोटी घंटियाँ।
छुधा–भूख; क्षुधा।
छुभित–व्यग्र; क्षुभित; घबड़ाया हुआ; चंचल चित्त।
छुरदार–किसी यंत्र, उस्तरा या छुरे की धार।
छुरा–नाई का उस्तरा; बेंट लगा हुआ आक्रमण करने का एक धारदार अस्त्र।
छुरित–बिजली की चमक; एक प्रकार का लास्य नामक नृत्य; कटा हुआ; खंचित।
छुरी–छोटा छुरा; चाकू; नश्तर।
छुलकना–थोडा थोड़ा करके पेशाब करना।
छुहना–छुआ जाना; रंगा जाना; चूने से पोतना; छूना।
छुहारा–एक प्रकार का खजूर; पिंड खजूर का पेड़।

छुँछा–खोखला; खाली; रिक्त; शून्य; पोला; नि:सत्व; नि:सार; नीच; अधम; घृणित; गरीब।

छू–झाड़ फूँक; मंत्र पढ़कर फूँकने की आवाज; मंत्र पढ़कर मुख से हवा फेंकने का शब्द।

छूना–स्पर्श करना; लीपना पोतना; स्पर्श का अनुभव करना; उंगलियों से किसी को स्पर्श करना।

छूहना–सफेदी करना; लीपना; पोतना।

छूही–गाय के गोबर का ढेर; व्यर्थ चीज।

छेंक–सम्पत्ति जब्त करना; उपयोगी वस्तुओं की अपेक्षा करना।

छेंकन–अवरोध; सर्वस्व अपहरण; घेरना; रोकना; जगह लेना; मिटाना।

छेक[1]–आघात; घाव; छेंक।

छेक[2]–शिष्ट; चतुर।

छेकला–छेद; छिद्र।

छेटा–बाधा; अवरोध; रुकावट।

छेड़–छेड़ने की क्रिया या भाव; हँसी दिल्लगी या कुढ़ाने का कार्य; चिढ़ाने वाली बात; आपस का झगड़ा।

छेड़खानी–उत्तेजित्त करने की क्रिया; कटु आलोचना; कष्ट देना; सताना; उत्तेजित्त करना।

छेड़ना–छूना; स्पर्श करना; व्यवस्था करना; समाधान करना; बाजे को बजाने के लिये स्पर्श करना; प्रेरित करना; उत्तेजित्त करना; भड़काना; प्रेरित करना; लड़ाई अथवा युद्ध आरम्भ करना।

छेद–छिद्र; काटने या छेदने का काम; खंड; टुकड़ा।

छेदक–छेद या काटने का औजार; नष्ट करनेवाला; विभाजक; छेद।

छेना–पनीर; दही।

छेनी–पत्थर, धातु आदि काटने का अस्त्र; रुखानी।

छेमकरी–अच्छे शकुन का।

छेर–बकरा।

छेरना–अपच के कारण बार बार शौच होना।

छेरी–बकरी; अजा।

छेव–घाव; चोट; वार; चिह्न; अनिष्ट; छल; चालाकी; कपट व्यवहार।

छेवना–काटना; चिह्नित करना; चीरा लगाना; घाव लगाना; छिन्न करना; ऊपर डालना।

छेवा–शब्दों के बीच का स्थान; विराम चिह्न; छीलने या काटने का काम; घाव।

छेह–खंड; भाग; अंश; टुकड़ा; नाश; बरबादी; विनाश।

छैना–दुर्बल बना देना; कलह करना; क्षय होना; नष्ट होना; कम होना; क्षीण होना।

छैया–बच्चों के लिये प्यार का शब्द।

छैल–छैला; बाँका; बना ठना हुआ सुन्दर मनुष्य; तड़क भड़क की पोशाक पहननेवाला।

छोकड़ा; छोकरा–लड़का; कुमार; रईस का (नौकर); बालक।

छोकड़ी; छोकरी–लड़की; कुमारी।

छोटा–तुच्छ; ओछा; अल्पवयस्क; निम्न स्तर का; घृणा के योग्य; जो महत्त्व का न हो; जिसमें गंभीरता तथा शिष्टता का अभाव हो।

छोड़ना–पकड़ से अलग करना; चिपकी हुई वस्तु को पृथक् करना; छूट देना; अपराध क्षमा करना।

छोनि–भूमि; धरती।

छोभ–आकुलता; व्यग्रता; उलझन; चित्त की खलबली; क्षोभ।

छोम–कोमल; मुलायम; चिकना।

छोर[1]–सीमा; नोक; सिरा; कोना; किनारा।

छोर[2]–आजाद करना; छोड़ना; अलग रखना; छीनना।

छोराना–दासता अथवा गुलामी से मुक्त करना; ढीला करना; खोलना; छीनना; झपटना; अधिकार छीन लेना।

छोराछोरी–लड़का तथा लड़की; किसी से कोई वस्तु छीनने का कार्य; छीना झपटी।

छोल–छिल जाने का चिह्न; घाव; खरोंच; आवरण।

छोलदारी–एक प्रकार का छोटा नुकीला तंबु या खेमा।

छोलना–काटना; छिलना; खरोंचना; खुरचना; दिखाना।

छोह–स्नेह; प्रेम; ममता; मोह; प्यार; दया; कृपा।

छोहना–प्रेम दिखलाना; दया या प्रेम करना; क्षुब्ध होना।

छोहरा–कुमार; लड़का; छोकरा।

छोहरी–कुमारी; लड़की; छोकरी।

छोहा–प्यार अथवा अनुराग महसूस करना।

छोहाना–आलिंगन करना; दया दिखलाना; प्रेम दिखलाना; अनुग्रह करना; स्ने. हयुक्त होना।

छोही–प्रेमी; स्नेही; अनुरागी।

छौंक–छौंकने का कार्य; तड़का।

छौना–पशु का बच्चा जैसे-मृगछौना।

छौर–देखो 'क्षौर'।

छौरदारी–एक प्रकार का छोटा तम्बू।

ज

ज–व्यंजन वर्णमाला का आठवाँ तथा चवर्ग का तीसरा अक्षर। इसका उच्चारण तालु से होता है।

ज–भगवान विष्णु; विष; तेल; पिता; मृत्युंजय; पिशाच।

जंग[1]–धातु को हवा या पानी में रखने पर जमनेवाला मल।

जंग[2]–समर; संघर्ष; युद्ध; लड़ाई; संग्राम।

जंगम–चलनेवाला; चलायमान; चलनशील।

जंगरा–उर्द इत्यादि के डंठल जो दाना निकाल लेने पर बच जाते हैं; मटर का सूखा हुआ डंठल।

जंगरैत–मेहन्ती; श्रम साध्य; परिश्रमी; कर्मठ; जाँगरवाला; अध्यवसायी।

जंगल–वन; अरण्य; अकेला; छोटे वृक्षों या झाड़ियों से पूर्ण देश; उजाड़ स्थान; बंजर।

जंगला–खिड़की आदि में लगी हुई छड़ों की पंक्ति; छज्जे या जंगले में लगी हुई सुन्दर सलाखें।

जंगली–जंगल में होने वाला; जंगल संबंधी; जंगल के जानवर; असभ्य; अशिष्ट।

ज़ंगाना–जंग लगाना।

ज़ंगार–ताँबे का कसाव; ताँबे का मुरचा; तुतिया।

जंगारी–नीले रंग का।

जंगाली–एक प्रकार का नीले रंग का रेशमी चमकीला वस्त्र।

जंगी–युद्ध से संबंधित।

जंघा–पिंडली; उरू; कूल्हा; पुट्ठा।

जंघार–किसी व्यक्ति की जांघ पर उभरने वाला फोड़ा।

जँचना–जाँचा जाना; प्रकाशित होना; अच्छा मालूम होना; उचित जान पड़ना या प्रतीत होना; पसंद आना।

जँचा–जिसकी जाँच हो चुकी हो।

जँचवैया–परीक्षा करनेवाला; मूल्यांकन करने वाला; निरीक्षक।

जंजल–पुराना और जर्जर; टूटा फूटा; निरर्थक।

जंजाल–उलझन; आकुलता; उथल पुथल; कठिनाई; झँझट; फँसाव; झमेला।

जंजाली–झगड़ालू; उपद्रवी; फसादी।

ज़ंजीर–लड़ी; बेड़ी; साँकल; शृंखला।

जंड–एक प्रकार की हिन्दु रीति जिसमें दूल्हे के पिता तथा उनके रिश्तेदारों का विवाहोत्सव के अंत में स्वागत किया जाता है।

जंत–रस्सी; तस्मा; बाँधने की रस्सी (लकड़ी अथवा बाँस के लिए)।

जंतर–उपकरण; औजार; तावीज़; यंत्र; गले में पहनने का मंतर।

जंतरी–सुनार का तार महीन करने का यंत्र; पंचांग; तिथि पत्र।

जँतसार–घर का वह स्थान जहाँ पिसाई की जाती है।

जँतसारी–वह गीत जो स्त्रियाँ अन्न इत्यादि चक्की में पीसते समय गाती हैं।

जंता–तार खींचने का औजार; यंत्र; साधक; पक्के लोहे की छेद की हुई पटरी जिसमें से तार खींचकर महीन किया जाता है।

जंतु–जीव जंतु; प्राणी; पशु।

जंतुघ्न–कीटनाशक औषध; पशुओं अथवा कीड़ों को मारनेवाला।

जंत्र–यंत्र; जादुई वर्गाकार वस्तु; साधन; ताबीज।

जंत्री–पंचाग; एक प्रकार का वाद्य; बीन।

जंबूरक–एक प्रकार की छोटी तोप जो ऊँट पर लादी जा सकती थी; तोप का चर्ख़।

जंबूरची–तोपची; तोपों का संचालन करनेवाला सैनिक।

जंभ–जबड़ा।

जंभाई–जम्हाई; उबासी।

जंभारि–बिजली; अग्नि; भगवान श्री विष्णु; वज्र; इंद्र।

जई–जव की जाति का एक अन्न; जव का छोटा अंकुर।

जईफ–अशक्त; बूढ़ा; दुर्बल।

जईफ़ी–बुढ़ापा; अशक्तता; दुर्बलता।

जकन्द–उछाल; छलाँग।

ज़क–पराजय; अपमान; हानि; क्षति; हठ; जिद; धुन।

जकड़–जकड़ने का काम; बाँधना।

जकना–चकित होना; भौचक्का होना; व्याकुल होकर बड़ बड़ करना।

ज़कात–दान अथवा खैरात में दी जाने वाली सम्पत्ति; लगान; कर; आयत कर।

जकुट–कुत्ता।

जक्की–एक प्रकार की मीठा गानेवाली चिड़िया; एक प्रकार की बुलबुल।

जक्षण–भोजन।

जखम–घाव; आघात।

जखीरा–भंडार; खजाना; समूह; जमाव।

जखेंडा–खखीरा; समूह; भीड़।

ज़ख़्म–चोट; घाव।

जग–संसार; ब्रह्माण्ड; दुनिया; जगत; प्रकृति; धर्म के लिये किया गया बलिदान अथवा यज्ञ।

जगच्च्क्षु–सूर्यनारायण।

ज़गज़गा–जगमगाहट; चमचमाहट; दीप्तिमान; चमकीला।

जगजोनि–सृष्टि के रचनाकार श्री ब्रह्मा; पृथ्वी।

जगड़बाल–व्यर्थ का सजाना अथवा अलंकृत करना; दम्भी; व्यर्थ का आडंबर।

जगत–कुँए की मुंडेर पर चारों तरफ बना हुआ ऊँचा चबूतरा।

जगतसेठ–बहुत बड़ा धनवान व्यक्ति; धनाढ्य व्यक्ति।

जगतसाक्षी–सूर्य।

जगन्मय–परमेश्वर; विष्णु।

जगरा–ताड़ वृक्ष के रस से तैयार गुड़ अथवा खाँड।

जगह–स्थान; स्थल; कमरा; मौका; अवसर; खाली स्थान; गुंजाइश।

जगा-जोत–जगमगाहट; चमकीलापन; दीप्ति; भव्यता।

जगाना–सोते से उठाना; खड़ा करना; ऊपर उठाना; बुलाना; दस्तक देना; अग्नि को भड़काना; सुलगाना; उत्तेजित करना; होश दिलाना; सहायतार्थ बुलाना; जागने के लिए किसी को प्रेरित करना।

जग्मि–वायु; हवा।

जघन–कमर के नीचे का भाग; नितंब।

जघन्य–अधम; नीच; पापी।

जंगम–एक स्थान से दूसरे स्थान पर जाना; पैदल सेना; विषैले कीड़े का विष; रेंगनेंवाले।

जंगल–वन; अरण्य।

जङ्घा–चूतड़; नितम्ब; जांघ।

जङ्गल–राजदूत; दूत; भेदिया।

जचना–परीक्षा होना; जाँचा जाना; अनुमान द्वारा हल करना; कसना; जँचना।

जच्चा–वह स्त्री जिसे हाल में ही बच्चा पैदा हुआ हो।

जच्छ–उपदेवता; यक्ष; गन्धर्व।

जज–जिले का प्रधान न्यायाधीश।

जजबात–अनुभूति; चित्तवृत्ति; इच्छा; अभिलाषा।

जजमान–मेजबान।

जजी–जज का पद अथवा कार्य; जज की कचहरी।

जजीरा–टापू; द्वीप।

जज़्ब–दुरुपयोग; खिचाव; खोखना।

जज़्बा–भावना; जोश; अनुभव।

जज़्बात–अनुभूति; मनोभाव; भावना।

जटना–छीनना; छलना; धोखा देना; जकड़ना; धोखा देकर कुछ लूट लेना।

जटल–बेतुकी बात; प्रलाप; बकवाद; झूठमूठ की बात।

जटा–लट के रूप में गुथे हुए सिर के बाल; वृक्षों की जड़ के पतले सूत; उलझे हुए रेशे।

जटिल–उलझा हुआ; गहन; जटाओं से युक्त; जटावाला; अत्यंत कठिन; जिसमें हेर फेर या पेच हों जिससे वह आसानी से समझ में न आए; क्रूर।

जठर–मनुष्यों का पेट; जरायु।

जठराग्नि–पेट के भीतर अन्न को पचाने की अग्नि या गर्मी।

जठेरा–ज्येष्ठ; बड़ा; जेठा।

जड़[1]–अचेतना; सुन्न; अविवेकी; बुद्धिहीन; अस्थिर; जिसमें चेतना न हो; भारी; वजनी; मूर्ख; मंदबुद्धि; जड़ प्रकृति का; अनजान; मूक; गूँगा।

जड़[2]–वृक्षों आदि का जमीन के अंदर रहनेवाला वह भाग जिसके द्वारा उन्हें जल और आहार मिलता है; किसी वस्तु का आधार।

जड़न–आभूषणों को जड़ने की क्रिया।

जड़ना–जोड़ना; जमाना; किसी पदार्थ से ठोंकना; जड़ा हुआ; पच्चीकारी करना।

जड़बुद्धि–महामूर्ख; जड़मति; मंदबुद्धि; मूर्ख; मूढ़।

जड़भरत–बुद्धिहीन तथा मूर्ख व्यक्ति।

जड़वाई–आभूषण जड़ने के बदले मिलनेवाला शुल्क; गहने जड़वाने का कार्य करवाना।

जड़वी–धान का छोटा पौधा।

जड़ावर–जाड़े में पहिनने के वस्त्र; गर्म कपड़े।

जड़ित–पच्चीकारी किया हुआ; जड़ा हुआ।

जड़िया–सुनार; आभूषणों में गढ़नेवाला।

जड़ी–जड़ जो औषधी के रूप में प्रयोग की जाती है।

जड़ुल–शरीर पर पड़ा हुआ चिह्न या चित्ती।

जड़ैया–शीत ज्वर; शीत से आरंभ होने वाला ज्वर।

जतन–यत्न; कोशिश; प्रयास।

जदीद–नया; हाल का; नवीन; आधुनिक।

जद्द–शक्तिशाली; वीर; सहासी; प्रबल; ज्यादा; अधिक।

जद्दी–पैतृक; पुरखों का; बाप दादा का।

जन–लोक; लोग; समूह; प्रजा; दास।

जनक–पिता; बाप; जन्म देनेवाला; पुरखा।

ज़नखदाँ–ठोड़ी।

ज़नखा–नपुंसक; नामर्द; इन्द्रियलोलुप।

जनचक्षु–सूर्य।

जनचर्चा–लोकप्रवाद; अफवाह।

जनता–जन; सर्वसाधारण लोग; जनसमूह।

जनदेव–राजा।

जनन–प्रजनन; विस्तार; जन्म; उत्पत्ति स्थान; प्रकट होना; कुल।

जननी–माता; उत्पन्न करनेवाली।

जननेंद्रिय–जनन संबंधी शरीर का अंग; बाह्य जननेन्द्रियाँ।

जनपद–निवास स्थान; देश; राज्य; प्रजा।

जनप्रवाद–अफवाह; जनश्रुति; लोकनिंदा।

जनप्रिय–सब का प्यारा; लोकप्रिय।

जनमघूँटी–एक प्रकार की औषधि (घूट्टी) जो बच्चों को जन्मकाल से तीन वर्ष तक पिलाई जाती है।

जनम–जन्म; जिन्दगी।

जनमना–अस्तित्व में आना; पैदा होना; जन्म लेना।

जनयिता–पुरखा; पिता; बाप।

जनयित्री–जन्म देनेवाली माता; जननी।

जनरल–साधारण; सामान्य।

जनरव–कोलाहल; लोकनिंदा; दुर्नाम; अफवाह; शोर।

जनवरी–ईसवी साल के पहले महिने का नाम।

जनवास–सभा; लोगों के ठहर कर आराम करने का स्थान; समाज।

जनाचार–मृत शरीर; मुर्दे को ले जाने वाली गाड़ी; अरथी; संदूक जिसमें शव को रखकर दफनाया जाता है।

जनाज़ा–अरथी; लाश।

जनानखाना–रनिवास; अंत:पुर; घर का वह भाग जिसमें स्त्रियाँ रहती हैं।

ज़नाना–उत्पन्न करना; मालूम करना; जन्म देना; सहायता करना; सूचना देना; सहयोग करना या देना।

ज़नानी–स्त्री जाति का; ज़नाना; स्त्री से सम्बन्धित।

जनाब–सम्मान सूचक संबोधन।

जनार्दन–भगवान श्री विष्णु का विशेष नाम।

जनाव–गहन अध्ययन के परिणामस्वरूप; सूचना।

जनि–स्त्री; माता; जननी; पत्नी; भार्या; नहीं; जन्मभूमि; मत।

जनून–दिमागी अशांति; उन्माद।

जनूब–दक्षिण दिशा।

जनेऊ–पवित्र तथा अलौकिक धागा जिसे एक ब्राह्मण ग्रहण करता है; वह धार्मिक संस्कार जिसमें यह अलौकिक धागा ग्रहण किया जाता है; यज्ञोपवीत संस्कार।

जनेत–विवाह के समय दूल्हे का अनुसरण करनेवाली टोली अथवा समूह; बारात।

जनेता–पिता; बाप।

जनेवा–पशुओं को खिलानेवाली सख़्त घास जो बंजर भूमि को खेती योग्य बनाती है; एक प्रकार की खुशबुदार घास जो खरीफ की फसल के साथ बोयी जाती है।

जनेश–सम्राट; राजा; नरेश; भूपति।

जनेष्टा–हल्दी।

जनैया–जाननेवाला; जानकार।

जनोक्ति–लोकोक्ति; कहावत।

जन्तु–पशु; जीवधारी; शंख में रहनेवाला कृमि।

जन्तुका–लाह।

जन्तुघ्न–कीट भोजी।

जंतुफल–गूलर वृक्ष का फल।

जन्नत–स्वर्ग; बैकुंठ।

जन्म–गर्भ से निकलकर जीवन धारण करना; उत्पत्ति; पैदाइश; जीवन; आविर्भाव, उदभाव।

जन्मक्षेत्र–वह स्थान जहाँ कोई जन्म लेता है; जन्म स्थान।

जन्मज्येष्ठ–जो पहले उत्पन्न हुआ हो।

जन्मपत्र–जन्मपत्री; जन्म कुंडली; जीवन चरित्र।

जन्मभूमि–जन्म स्थान; वह स्थान या देश जहाँ किसी का जन्म हुआ हो; निवास स्थान।

जन्मविधवा–वह स्त्री जिसका पति शादी के तुरन्त बाद ही मर गया हो।

जन्मशय्या–वह चारपाई जिस पर शिशु का जन्म हुआ हो।

जन्मस्थान–वह स्थान जहाँ किसी का जन्म हुआ हो; जन्मभूमि।

जन्मान्ध–पैदाइशी अंधा; जन्म से अंधा।

जन्माष्टमी–भाद्रपद कृष्ण अष्टमी जो भगवान श्री कृष्ण का जन्मदिन और पर्व है।

जन्मी–जीवित मनुष्य या जानवर; प्राणी।

जन्यु–अग्नि; जीवन; ब्रह्मा।

जप–मंत्र आदि का बारंबार निःशब्द उच्चारण; प्रार्थना का अव्यक्त उच्चारण; पूजा; अर्चना।

जपजी–सिक्खों का एक धार्मिक पवित्र ग्रंथ।

जपनी–मंत्र जपने की माला; मनकों की माला।

जपरायण–जप करने में आसक्त।

जफ़ा–खुरदुरापन; रुखापन; अत्याचार; क्रूरता; जुल्म।

ज़फ़ीर–सीटी की आवाज।

ज़फ़ील–सीटी; सीटी की आवाज।

जब–यदा; जिस समय; जिस वक्त।

जबड़ा–गाल के भीतर का भाग।

ज़बर–अधिक बलवान या मजबूत; प्रबल; पुष्ट; साहसी।

ज़बरजद्द–एक प्रकार की मणि; पुखराज।

ज़बरदस्त–मजबूत; प्रबल; साहसी; बलवान।

ज़बरदस्ती–अन्याय; जोर; निर्दयता; कठोरता।

जबरन्–बल प्रयोग करके; जबरदस्ती से।

जबरा–शक्तिमान बलवान। घोड़े के आकार का एक प्रकार का पशु जिसके शरीर पर काली लंबी धारियाँ होती है।

ज़ब्त–नियंत्रण; प्रतिबंध; रोकथाम; किसी अपराध में राज्य के द्वारा हरण किया हुआ।

जभन–संभोग; सयुग्मन; मैथुन।

जमकात; जमकातर–जलावर्त; भँवर। यमराज का छुरा।

जमकूड़ा–बारिश से बचने के लिए कंधो पर डाली हुई एक प्रकार की चटाई।

जमघट–समूह; जनसमूह; भीड़; मंडली; झुण्ड; मनुष्यों की भीड़भाड़।

ज़मज़म–काबा के पास का एक प्रसिद्ध कुआँ।

जमडाढ़–एक प्रकार का कटारी की तरह का अस्त्र।

जमदग्नि–एक वैदिक ऋषि का नाम जो सप्तर्षियों में गिने गये तथा ये परशुराम के पिता माने जाते हैं।

जमना–जम जाना; किसी तरल पदार्थ का गाढ़ा होना; एकत्र होना; अधिक चोट पड़ना; कोई काम करने में हाथ बैठना; किसी काम का अच्छी तरह चलने योग्य होना।

जमनिका–नाटक के आरम्भ में कही गयी कविता।

जबवट–एक प्रकार का लकड़ी का बना हुआ गोल चक्कर जो कुएँ की पेंदी में रखकर इस पर ईंटों की जोड़ाई की जाती है।

जमनौत–जमानत करनेवाले को उसके बदले में दी जानेवाली रकम।

जमहूर–बिरादरी; समुदाय; मंडली; एक देश या राज्य के लोग।

जमहाई–जँभाई।

जमा–संचय; पूँजी; धन; हिसाब किताब का वह मद या भाग जिसमें आमदनी लिखी जाती है; समूह; जमात।

जमाई–दमाद; पुत्री का पति।

जमाखर्च–आमदनी और खर्च; बहि खाते का हिसाब किताब।

जमाजत्था–संपत्ति और धन।

जमात–वर्ग या श्रेणी; समुदाय।

जमादार–भंगियों के समूह का सरदार या मुखिया।

ज़मानत–जिम्मेदारी; गारंटी; कचहरी में उपस्थित होने आदि के विषय में कानूनी जिम्मेदारी।

ज़माना–समय; काल; अरसा; युग; अवधि; बहुत समय; संसार।

जमाबंदी–एक प्रकार का कागज या दस्तावेज़ जिस पर प्रत्येक किरायेदार के जमाखाते का हिसाब रखा जाता है; गाँव; ग्राम।

जमामार–वह जो अनुचित रूप से किसी दूसरे का धन दबा लेता है।

जमैयत–समुदाय; जमीयत।

जमोग–आपसी सहमति से स्वीकार करने की क्रिया।

जमोट–कुएँ की जोड़ाई के समय सब से नीचे का घेरा, जो काठ, ईट आदि का बना होता है।

जम्बाल–पंक; कीचड़; दलदल; एक प्रकार की सुगंधित घास।

जम्बालिनी–नदी; एक प्रकार का छोटे आकार का कमल का पुष्प।

जम्बी–एक प्रकार का पोदीना; एक प्रकार की तुलसी का वृक्ष।

जम्ब–जम्बद्वीप।

जम्बुक–सियार; गीदड़; एक प्रकार का वृक्ष।

जम्बुल–एक प्रकार का कान का रोग।

जम्बुका–किशमिश।

जम्बूरची–तोप चलानेवाला।

जम्बूरा–कुंडा; छोटा सँडसी।

जम्भक–जँभाई लेनेवाला।

जम्भन–सहवास; संभोग; जंभाई लेना।

जयंत–विजयमान; विजयी।

जयंती–किसी के जन्म दिन अथवा वर्ष गाँठ आदि पर होनेवाला समारोह या उत्सव; पताका; ध्वज।

जय–जीत; विजय; वश में करना; लाभ; सुविधा; युद्ध, विवाद आदि में विपक्षियों का पराभव।

जयकोलाहल–जयध्वनि; विजय रथ।

जयखाता–व्यापारियों की आय व्यय का हिसाब किताब रखने की किताब अथवा बही।

जयजयवन्ती–विजय प्राप्त करने पर गाये जानीवाली एक प्रकार की रागिनी।

जयद–विजयी; विजयमान।

जयदुर्गा–माता दुर्गा का नाम।

जयध्वज–विजय ध्वज।

जयपत्र–एक प्रकार का दस्तावेज़ जिस पर किसी विवाद के निर्णय के बाद न्यायिक मन्तव्य लिखा जाता है।

जयमाला–एक प्रकार की माला जिसे कन्या स्वयंवर के समय अपने द्वारा चुने गये पति के गले में डालती है; विजय प्राप्त करने पर विजयी को पहिनाने की माला।

जययज्ञ–अश्वमेघ यज्ञ।

जयवाहिनी–इन्द्र की पत्नी का नाम (शची); इन्द्राणी।

जयश्री–विजयलक्ष्मी; एक प्रकार की रागिनी।

जयस्तम्भ–विजयस्तंभ; विजय को याद रखने के लिय बनाया गया स्मारक चिह्न।

जयस्मारक–विजय स्मारक।

जया–जीतनेवाला; दुर्गा; पार्वती; त्रयोदशी।

जयाञ्जन–सुरमा; काजल।

ज़र–चाँदी; सोना; धन; दौलत।

जर[1]–ज्वर; बुखार।

जर[2] जड़।

जर[3]–जालाना; आग लगाना; ज्वर से पीड़ित होना।

जरई–जई।

जरकटी–एक प्रकार का शिकारी पक्षी।

जरकस; जरसकी–किताब में सिला हुआ फीता; ज़रकश।

जरखे़ज–उपजाऊ।

जरजर–जराग्रस्त; कुचला हुआ; जीर्ण।

जरठ–कठोर; कर्कश; पुराना; जीर्ण; गला हुआ; क्रूर।

जरतार–सोने अथवा चाँदी का तार।

जरत्–पुराना; प्राचीन; बुढ़ापा; वृद्ध।

जरती–वृद्ध महिला; बूढ़ी स्त्री।

ज़रद–पीला।

जरदा–एक प्रकार का चबाने का तम्बाकू; केसर देकर पकाये हुए मीठे चावल; पीला घोड़ा।

जरदालू–खूबानी।

ज़रदी–अंडे का पीला भाग; पीलापन।

जरदुश्त–प्राचीन पारसी धर्म के प्रवर्तक और जेंद अवेस्ता के रचयिता।

जरदोज़ी–सूईयों द्वारा किया हुआ कार्य; चिकन का कार्य।

जरना–ज्वरांश या थोड़े बुखार से युक्त।

जरनि–जलने की अनुभूति; दर्द; कसक; वेदना।

ज़रब–प्रहार; चोट; मार; आघात।

ज़रबफ्त–फुलकारी किया हुआ रेशम।

ज़रब–हानि; क्षति; चोट; नाश; घाटा; बर्बादी; विनाश; नुकसान; कमी।

ज़रर–नुकसान; हानि।

जरल–एक प्रकार की सुंदर हरी झाड़ी।

जरांकुश–एक प्रकार की सुगंधित घास जो औषधि बनाने के काम में आती है।

जरा[1]–अस्थिरता; वृद्धावस्था; जराक्षीणता; बुढ़ापा।

जरा[2]–सुलगाना; जलाना।

ज़रा–थोड़ा; अल्प; कम मात्रा।

ज़राभीरु–कामदेव।

ज़राफ़त–हँसी मजाक।

जरायु–गर्भाशय; गर्भ की बाहरी झिल्ली जिसमें बच्चा बँधा हुआ पैदा होता है; केंचुली।

जरायुज–वह प्राणी जो खेड़ी में लिपटा हुआ गर्भ में पैदा होता है।

जराह–शल्य चिकित्सक।

ज़रिया–माध्यम; मेल; साधन; हेतु; प्रभाव।

ज़रूर–आवश्यक; अवश्य; जरूरी; अनिवार्य; निःसंदेह।

ज़रूरी–आवश्यक; जो जरूर होने को हो।

जर्कबर्क–भड़कीला; भड़कदार; चमक-दमक वाला।

जरेला–एक प्रकार का चावल (जड़हन)।

जर्जर–गला हुआ; प्राचीन।

ज़हर–विष; घातक; स्वाद मे अतिकूट; अति अप्रिय।

जहरबाद–एक प्रकार का जहरीला और कष्ट साध्य फोड़ा।

जहाज़–जलपोत; जलयान; समुद्र में चलने वाली बड़ी नाव।

जहान–दुनिया; संसार; लोक।

जहालत–अपूर्ण अथवा अधूरा ज्ञान; अनभिज्ञता; निरक्षरता; अनपढ़; असभ्य; अशिष्ट।

जहीं–जिस स्थान पर; जहाँ।

जहीन–कुशाग्र बुद्धि; चतुराई; समझदारी।

जांग–घोड़े की एक जाति; जाँघ।

जाँगड़–भाट; बन्दी; राजाओं का यश गानेवाला।

जाँगर–शरीर का बल अथवा ताकत; पौरुष; देह; हाथ पैर।

जाँगलू–जंगली; गँवारू; असभ्य।

जाँघ–उरू; जंघा; घुटने और कमर के बीच का अंग।

जाँघिया–पजामे की तरह का घुटने तक नीचा एक प्रकार का पहिनावा; काछा।

जाँच–परीक्षा; परीणाम परख; निरीक्षण; जाँचने की क्रिया; परख; खोज; तहकीकात; छानबीन।

जाँचक–याचक; भीखमंगा।

जाँचना–निरीक्षण करना; पड़ताल करना; परीक्षा करना; प्रश्न करना; पूछताछ करना; मूल्यांकन करना; सत्य की जाँच करना; अन्वेषण करना; अनुसंधान करना; सूक्ष्म परीक्षा करना।

जाँत; जाँता–आटा पीसने की चक्की।

जाँब–जामुन।

जाँबर–प्रस्थान; जाना।

जा[1]–माता; देवरानी।

जा[2]–उचित; वाजिब।

जाई–पुत्री; बेटी; जाया।

जाकड़–बचाना; दुकानदार से इस शर्त पर लिया गया माल कि नापसन्द हो तो वापस होगा।

जाग–जागने का भाव।

जागता–सुस्पष्ट करना; दिखावा। प्रकट; जागता हुआ।

जागतीजोत–किसी देवी या देवता का प्रत्यक्ष चमत्कार; दीपका।

जागना–सोकर उठना; निन्द्रा त्यागना; उदित होना; चमक उठना; जलना; प्रसिद्ध होना।

जागरण–निंद्रा का अभाव; जगा हुआ होना; जागना; किसी पर्व के उपलक्ष्य में रात भारत जागते रहना।

जागरित--जागरण; जाग्रत; नींद का न आना; साँख्य और वेदान्त मत से वह अवस्था जिसमें मनुष्य को इन्द्रियों द्वारा सब प्रकार के व्यवहार और कार्यों का अनुभव होता है।

जागरूक–सचेत; सावधान; चौकन्ना; सतर्क।

जागी–बन्दी; भाट।

जागीर–वह जमीन जो सरकार या राजा अपने किसी राज कर्मचारी को उसकी महत्त्वपूर्ण सेवाओं के बदले उसको पुरस्कार स्वरूप देता है।

जागृति–सचेतता; जागने की अवस्था; जागरण।

जाचक–भिक्षुक; भिखारी; याचक।

जाचना–प्रार्थना करना; विनय करना; याचना; भीख माँगना।

जाजरा–टूटा फूटा; जीण; जर्जर।

जाज़िब–कर्षण; आकर्षित।

जाजिम–दरी के ऊपर बिछाने की छपी चादर; कालीन।

जाट–भारत की एक प्रसिद्ध हिन्दू जाति या उसके लोग।

जाटलि–पलाश की जाति का एक वृक्ष।

जातबल–शक्तिमान; बलशाली; प्रबल; बलवान; पुष्ट।

जातवेदस्–अग्नि; सूर्य; परमेश्वर।

जारतवेश्म–जिस घर में बालक का जन्म हो; सूतिका गृह; सौरी।

जातश्रम–परिश्रम के कारण थका हुआ; थका हुआ; विश्रान्त।

जातस्नेह–जो ग्रेमासक्त हो।

जाता–लड़की; कन्या; बेटी; पुत्री।

जातपस्य–जिसके यहाँ पुत्र अथवा पुत्री का जन्म हुआ हो।

जाताश्रु–जिसकी आँखों से आँसू टपकता हो।

जाति–वंश; गोत्र; कुल; जन्म; लिंग; एक प्रकार का छन्द; मालती; चमेली; चूल्हा; सप्तम स्वर; व्याकरण में किसी शब्द का प्रतिपाद्य अथ; आकृति आदि की समानता से किया हुआ विभाग; निवास स्थान आदि के विचार में मनुष्य समाज का विभाग।

ज़ाती–निजी; व्यक्तिगत।

जातुक–हिंगु; हींग।

जातुधान–दानव; असुर; राक्षस।

जातसपति–श्रीकृष्ण का विशेष नाम।

जादुई–जादूकृत।

जादू–वशीकरण; मोहनी; टोना; जंतर मंतर; इंद्रजालिक; नजरबंदी; टोना; टोटका; दूसरे को मोहित करने की शक्ति; मोहनी।

जादूगर–जादू करनेवाला; एंद्रजालिक।

जान[1]–ज्ञान; जानकारी; जीवन; प्राण; प्राणवायु; शक्ति; अति प्यारी वस्तु; संकट के बाद कुछ फुरसत मिलना।

जान[2]–जानकारी; समझ; ख्याल; जानने का भाव; जानकारी; विज्ञता; अभिज्ञता; परिचय।

जानकारी–परिचय; विज्ञता; अनभिज्ञता; निपुणता।

जानदार–जिसमें जान हो; सजीव; प्राणी।

जानकी–राजा जनक की पुत्री; रामचन्द्र की पत्नी।

जानना–जानकार होना; ज्ञाता होना; ज्ञान पड़ना; ज्ञान प्राप्त करना; अभिज्ञ होना; सूचना पाना; परिचित होना; अनुमान करना; पता पाना; मालूम करना।

जानपद–देश; लोक; जनपद सम्बन्धी; देशस्र; जन।

जानमनि–ज्ञानियों में श्रेष्ठ; बड़ा ज्ञानी पुरुष।

जानराय–अत्यन्त ज्ञानी पुरुष; जानकार।

जानवर–पशु; जंतु; मुख; जड़वत्।

जाना–प्रस्थान करना; रवाना होना; दूर होना; विदा होना; आश्रय लेना; मरम्मत करना।

जानि–प्रियतम; प्रिय; भार्या; पत्नी।

जानिब–तरफ; दिशा।

जानी–प्रिय; इष्ट; प्यारा; प्रियतम; जीवित करना; दुश्मन; दोस्त।

जानु–अनुमान; अटकल।

जानू–जाँघ।

जाने–कौन; जाने अनजाने।

जाप–मंत्र की विधिपूर्वक आवृत्ति; मंत्र का जप करना; जपने की माला या गोमुखी।

जापा–प्रसव; सौरी; प्रसूतिगृह।

जापान–जापान देश।

जाफ–शक्तिहीन; मुरझाया; मूर्छित होना; थकावट; आलस्य; थकान।

जाफत–उत्सव भोज; ज़ियाफल।

ज़ाफरान–केसर।

जाफ़री–खप्पचियों आदि का बना टट्टर; परदा या आड़।

जाफा–अधिक होना; बढ़ाना।

जाबिर–निरंकुश; शासन संबंधी; अति कष्ट देनेवाला; अन्यायी।

जाबी–पशु के मुँह पर लगाने की जाली; छोटा जाबा।

ज़ाब्ता–विधि; कानून।

जाम[1]–तीन घंटे या साढ़े सात घड़ी का काल; जामुन; प्याला; कटोरा।

जाम[2]–उत्पन्न करना; पैदा करना; उगाना।

जामगी–तोप अथवा बंदूक का चलाने का पलीता।

जामदानी–कपड़े रखने का संदूक।

जामन–दूध को जमाने के लिये प्रयुक्त होनेवाला थोड़ा सा दही।

जायद–ज्यादा; अधिक।

जायदाद–चल अचल संपत्ति; धन; मृतक अथवा दिवालिये की सम्पत्ति; साधन; भू संपत्ति; जगह जमीन।

जायफल–एक सुगंधित गोल फल जो सुपारी के आकार का होता है; जातीफल।

जायल–नष्ट; लुप्त; क्षय।

जाया–पत्नी; भार्या।

ज़ाया–समाप्त होना; व्यर्थ करना।

ज़ार–स्त्री का प्रेमी; परस्त्रीगामी; पराई स्त्री से प्रेम करनेवाला पुरुष।

जारक–व्यय करनेवाला; पाचक; पाचन बढ़ाने वाला।

जारज–जारज संतान; गैर कानूनी संतान; कुजन्मा; हरामी।

जारण–धातु इत्यादि का भस्म बनाना; गलाना; जलाना।

जारिणी–चरित्रहीन स्त्री; परपुरुषगामी।

जारी–बहता हुआ; चलता हुआ।

जारु–नाल।

जालंधर–जलोदर।

जालंधरी विद्या–इन्द्रजाल; जादूगरी।

जालंध–झाकने का छिद्र; झरोखे की जाली।

जाल–जाली; फंदा; पशु पक्षी या मछली पकड़ने के लिये तार, सूत आदि का दूर दूर पर बुना हुआ पट; गवाक्ष; झरोखा; समूह; किसी को फँसाने की युक्ति; दम्भ; घमंड; अहंकार; इन्द्रजाल; कदम्ब वृक्ष; लोहे के तार की बनी हुई जाली; एक प्रकार की तोप; मकड़ी का जाल।

जाला–मकड़ी का बना हुआ जाल; मोतियाबिन्द आँख की बीमारी।

जालिका–जाल; समूह।

ज़ालिम–निर्दयी; अन्यायी; क्रूर; निष्ठुर; जालिम; उत्पीड़क।

जालिया–जालसाज; धोखा देनेवाला।

जाली[1]–जालीदार; पत्थर; धातु आदि के पट्टे पर बने हुए छोटे छोटे छिद्र; एक प्रकार का कसीदे का काम; महीन छेदवाला वस्त्र; कच्चे आम की गुठली के ऊपर के रेशे।

जाली[2]–नकली; खोटा; अवैध; बनावटी; जाली (दस्तावेज, लेख आदि); नकली।

जासूस–भेदिया; गुप्तचर; पता लगाने वाला; छिपकर अपराधों का भेद लेने वाला पुलिस कर्मचारी; खुफिया पुलिस।

जाहि–जिसको।

ज़ाहिद–संयम रखनेवाला; धर्मात्मा व्यक्ति; एकांतवासी; उत्साही।

ज़ाहिर–बाह्य रूप; प्रकट; व्यक्त; खुला हुआ।

जाहिल–स्पष्ट; प्रत्यक्ष; प्रकट; खुलेआम; दिखावटी; मिथ्या।

ज़ाहिल–मूर्ख; अज्ञानी; गँवार; जड़।

जिंदगी–जीवन के दिन; जीवन आयु; जीवन काल।

जिंदा–सजीव; जीता हुआ; जीवित।

जिंस–किस्म; प्रकार; भेद; वर्ग; व्यापारी; माल असबाब; फसल; उपज; उत्पादन; व्यापार की चीजें; रोजगार का माल; गल्ला; असबाब।

जिउकिया–जीविका कमानेवाला व्यवसायी; रोजगारी।

ज़िक्र–चर्चा।

जिगजिगिया–मिथ्या प्रशंसा करनेवाला।
जिगजिगी–बहलाना; बहकाना।
जिगर–यकृत; कलेजा; सार; साहस; पौधे का सार।
जिगरी–घनिष्ट; अंतरंग; जिगर का; दिली; हार्दिक।
जिगिन–एक प्रकार का पहाड़ों पर उगने वाला विशाल वृक्ष।
जिगीषा–विजय प्राप्त करने की इच्छा; विशिष्टता; श्रेष्ठता; प्रधानता।
ज़िच–विवशता; शतरंज के खेल में वह स्थिति जब एक पक्ष के खिलाड़ी को कोई मोहरा चलने की जगह नहीं मिलती; गतिरोध।
जिजिया–बहन; भागिनी।
जिजी–पालन पोषण करनेवाली माँ; बच्चे को दूध पिलानेवाली धाय।
जिजीविषा–जीने की इच्छा।
जिज्ञासा–जानने की इच्छा; प्रश्न; ज्ञान प्राप्त करने की कामना; ज्ञान की चाह।
जिज्ञासु–उत्सुक; जानने की इच्छा रखने वाला; कुतूहली।
जिठानी–पति के बड़े भाई की पत्नी; जेठानी।
जित्–विजय प्राप्त करनेवाला; जीतनेवाला।
जितना–जिस मात्रा का; जिस कदर; जिस परिणाम का।
जितनेमि–क्रोधरहित।
जितात्मा–जितेन्द्रिय।
जिताष्टमी–आश्विन कृष्णा अष्टमी का व्रत जिसे हिन्दुओं की पुत्रवती स्त्रियाँ रखती हैं।
जितेन्द्रिय–जिसने अपनी इंद्रियो को वश में कर लिया हो।
जित्वर–विजयी; विजयमान।
ज़िद–हठ; अड़; दुराग्रह; वैर; शत्रुता।
जिद्द–हठ।
ज़िद्दी–अड़ियल; स्वेच्छाधारी; हठी; दूराग्रही; जिद करनेवाला।
जिधर–जहाँ; जिस ओर।
जिन–विष्णु; सूर्य; बुद्ध।
जिनिस–उपयोगी वस्तु।
जिन्न–भूत; प्रेत; हठी आदमी।
ज़िबह–मारना; संहार करना।
जिमाना–भोजन कराना; खाना खिलाना; पोषण करना।
जिमि–जैसे; ज्यों; जिस प्रकार से।
ज़िम्मा–विश्वास; कर्त्तव्य; नौकरी; देखभाल करना; उत्तरदायित्व; सुपुर्दगी; देखरेख।
ज़िम्मेवार–जिम्मेदार।
जियरा–घटना; क्षय; नुकसान; कमी; विनाश।
ज़ियाफ़त–भोज; मेजबानी।
ज़ियारत–तीर्थयात्रा।
जिरगा–संघ; समुदाय; संग्रह; मंडली; जमात।
जिरह–साक्षी से वकील दुवारा की जाने वाली पूछताछ; बहस।
जिला–दमक; पालिश।
ज़िला–प्रशासनिक सुविधा के लिए प्रांत के विभाजित खंड; प्रदेश।
जिलाना–जीवित करना; प्राणदान करना; मरने न देना; पालना पोसना।

जिल्द–पुस्तक का आवरण; पुस्तक का अलग अलग प्रकाशित भाग या खंड; पुस्तक की एक प्रति; खाल; त्वचा; ऊपर का चमड़ा।

ज़िल्लत–अपमानित होना; अपमान; तिरस्कार; दुर्गति।

जिस–'जो' का वह रूप जो उसे विभक्तियुक्त होने से प्राप्त होता है।

जिस्ता–एक दस्ता (चौबिस तख्ता)

जिस्म–शरीर; बदन।

ज़िहन–दिमाग; मस्तिष्क; बुद्धि।

जिहाद–मुसलमानों का अन्य धर्मावलंबियों के विरुद्ध युद्ध या लड़ाई; धर्म की रक्षा के लिए किया जानेवाला युद्ध; कंठस्थ वर्ण।

जिहानक–संसार का नाश; प्रलय।

जिहालत–मूर्खता; निरक्षरता।

जिहासा–त्याग करने की इच्छा।

जिह्म–कपटी; कुटिल; दुष्ट; अप्रसन्न।

जह्वल–चटोरा; लालची; भोजन लोलुप।

जिह्वा–जीभ; जबान।

जिह्वालौल्य–लालच; लोलुप।

जिह्वाविद्–एक प्रकार की मक्खी।

जी[1]–जीव; जान; जीवन; मस्तिष्क; निश्चय; आदर का शब्द।

जी[2]–बड़ों के प्रति स्वीकृति।

जीउ–जीव।

जीजा–बड़ी बहिन का पति; बहनोई।

जीट–डींग मारना।

जीत–जय; विजय; लाभ; ऐसे कार्यों में सफलता जिसमें अन्य प्रतियोगी या विपक्षी हों।

जीतव–जीवन भर के लिये।

जीता–जिंदा; जीवित; ताल या माप में कुछ अधिक; प्रत्यक्ष शक्ति।

जीमना–भोजन करना।

जीयति–जीवन।

जीयदान–जीवनदान; प्राणदान।

जीर–केशर; जीरे का बीज; खड्ग; तलवार।

ज़ीरक–जीरा; सौफ के आकार का एक पदार्थ।

जीरा–सौंफ के आकार का एक पदार्थ; जीरा।

जीर्ण–पुराना; प्राचीन; मुर्झाया हुआ; दुर्बल; गला हुआ; सुखा; घिसा पिटा; जरायुक्त; फटा पुराना; बहुत दिनों का; पेट में पचा हुआ; ज्वर (ज्वर बारह दिनों से अधिक रहने पर जीर्ण ज्वर कहलाता है)।

जील–तेज संगीत का स्वर; तिगुना; धीमी आवाज।

जीव–प्राण; जीवन; लिंगदेह; तत्त्व; जीवधारी; जानवर; जीवात्मा; आत्मा।

जीवट–शूर; साहस; हिम्मत; जिगरा; बहादुरी।

जीवड़ा–जीवन; आत्मा।

जीवत्–जीवन।

जीवदान–जीवनदान; अपने वश में आये शत्रु को प्राणदान देना; प्राण रक्षा।

जीवधारी–प्राणी; चेतना।

जीवन–अस्तित्व; प्राणी; जीविका; वृत्ति; प्राणधारण; पानी; परमेश्वर; गंगा; पुत्र; जन्म और मरण के बीच का काल; जीवित रखनेवाली वस्तु; परम प्रिय व्यक्ति; फूल का केसर।

जीवन चरित्र–जीवन का वृत्तान्त; जीवनी।

जीवनमृत–मरणासन्न।

जीवन–धन–प्राणप्रिय; प्यारा; प्राणधार; जीवन का सर्वस्व।

जीवन बूटी–संजीवनी नामक पौधा जिसके विषय में यह प्रसिद्ध है कि वह मरे हुए व्यक्ति को भी जीवित कर देता है।

जीवयोनि–जीवधारियों की योनि।

जीव रसायन–धातु तथा जीव संबंधी कार्यरीति का रसायन विज्ञान।

जीवलोक–पृथ्वी; संसार।

जीववृत्ति–पशु पालने का व्यवसाय।

जीवशून्य–निःसत्त्व; मृतक; मृत।

जीवसंक्रमण–जीव का एक शरीर से दूसरे शरीर में गमन।

जीवसुता–वह स्त्री जिसका पुत्र जीवित हो।

जीवस्थान–शरीर के महत्त्वपूर्ण हिस्से; हृदय।

जीवहत्या (हिंसा)–प्राणियों का वध; किसी जीव को मारना; जीववध।

जीवविद्या–जीव जंतु।

जीवाणु–सूक्ष्मजीव।

जीवात्मा–देहस्थ आत्मा; चैतन्य स्वरूप एक पदार्थ; जीव।

जीवाश्म–पृथ्वी में से खोदकर निकाला हुआ; अश्मीभूत।

जीविका–रोजी; जीवन का उपाय; भरण पोषण का साधन।

जीवेश–परमात्मा; ईश्वर; भगवान।

जुग–आवेग; उत्तेजना; वृद्धदारक या विधारा नामक वृक्ष।

जुंबिश–हरकत; हिलना; गति।

जुआ[1]–वह लकड़ी का ढाँचा जो बैल के कंधे पर रखा जाता है; जाँते की मुठिया।

जुआ[2]–बाजी लगाकर हार जीत का खेल।

जुआचोर–वो जुआरी जो दाँव जीतकर भाग जाता है; धोखा देनेवाला।

जुआर–जुन्हरी; ज्वार।

जुआरा–एक जोड़ी बैल से एक दिन में जोती जानेवाली जमीन।

जुआरी–जुआ खेलनेवाला।

जुगत–युक्ति; उपाय; व्यवहार में कुशलता; चतुराई; विनोदपूर्ण युक्ति।

जुगनी; जुगनू–जुगनू; एक प्रकार का बरसाती कीड़ा जिसका पिछला भाग चिंगारी की तरह रह रहकर चमकता है; दिल के आकार का एक प्रकार का हार।

जुगवना; जुगाना–संचित करना; इकट्ठा करना; एकत्र करना; संचय करना; संभालकर रखना; सुरक्षित करना।

जुगाड़–की कार्य सिद्धि का उपाय या प्रयत्न।

जुगादरी–प्राचीन; बहुत पुराना; जीर्ण।

जुगाल–जुगाली करना।

जुगाली–पशुओं द्वारा निगले हुए चारे को गले से थोड़ा थोड़ा निकालकर दाँत से चबाने की क्रिया।

जुगुप्सा–खीज; नाराजगी; बुराई; घृणा; निन्दा।

जुज–अंश; भाग; टुकड़ा; हिस्सा।

जुजबी–बहुत थोड़ा; दुर्लभ; विरल; आँशिक।

जुज्झ–युद्ध।

जुझाऊ–उग्र; झगड़ालू; योद्धा; युद्ध संबंधी।

जुझार–लड़नेवाला; लड़ाका; वीर।

जुट–जत्था; समुदाय; टोली; जोड़ा; युग्म।

जुटली–कढ़े हुए केश।

जुटवाँ–जुडवाँ; उत्पन्न करना।

जुट्टी–घास; पुआल आदि का मुट्ठा; एक प्रकार की वस्तुओं का ढेर जो नीचे ऊपर रखी हो।

जुड़ना–सटना; चिपकाना; लगे रहना; एकत्र होना; इकट्ठा होना; किसी कार्य में सम्मिलित होना; मिलना; सहमत होना; एक साथ जुड़ना; मैथुन करना।

जुडपित्ती–एक प्रकार का रोग जिसमें शरीर पर चकते पड़ जाते है और इनमें खुजली होती है।

जुड़वाँ–एक ही साथ उत्पन्न दो बच्चे; यमल; युग्म।

जुतना–लगना; जुटना; हल से भूमि को जोता जाना; घोड़े आदि का हल; गाड़ी आदि में रस्सी से बाँधना; परिश्रम करना।

जुताई–हल द्वारा जमीन को जोतने का कार्य; जमीन को जोतने के बदले मिलनेवाला पारिश्रमिक।

जुताऊ–कृषि योग्य।

जुतियाना–जूतों से मारना; अपमानित करना; जलील करना; निरादर करना; तिरस्कार करना।

जुत्थ–युवा।

जुदा–भिन्न; अलग; पृथक्; अलग अलग; निराला।

जुदाई–अलग होने का भाव; पृथकता; बिलगाव; वियोग।

जुनून–उन्माद; पागलपन।

जुन्हरी–ज्वार।

जुन्हाई; जुन्हैया–चाँदनी।

जुमला–एक वाक्य का वह भाग जिसमें कर्त्ता और क्रिया भी हो और अर्थ पूरा निकलता हो; वाक्य; जोड़।

जुमा–एकत्रीकरण का दिन; शुक्रवार।

जुमेरात–गुरुवार।

जुमिल–एक प्रकार का घोड़ा।

जुरअत–बहादुरी; साहस।

जुरझुरी–हल्का ज्वर; हरारत; ज्वर की कँपकँपी; ज्वरांश।

जुरमाना–अर्थदंड; जुर्माना।

जुर्म–दोष; चूक; गलती; अपराध।

जुर्रत–साहस; बहादुरी; निडर।

जुर्रा–नर बाज।

जुर्राब–मोज़ा।

जुल–कपट; छल; धोखाधड़ी; झाँसा; चकमा।

जुलाई–ईसवीं मास का सातवाँ महीना।

जुलाब–दस्त लानेवाली दवा; रेचक औषध; विरेचन।

जुलूस–बहुत से लोगों का किसी समारोह या उत्सव के सिलसिले में गाने बजाने आदि के साथ साथ चलना; शोभा यात्रा; जुलूस।

जुल्फ–सिर के लम्बे बाल; केस; पट्टा।

जुल्म–दुष्टता; अन्याय; निर्दयता; अन्याय पूर्ण कार्य; जबरन वसूली; अत्याचार।

जुल्मत–अँधियारा; अँधेरा।

जुवाँ–जूँ।

जुवारा–तंतु वाद्य।

जुस्तजू–खोजबीन करना; जाँच; तलाश।

जुहाना–संयोजन करना; जुटाना; संचित करना; संवारना।

जुहार–अभिवादन; प्रणाम; नमस्कार अथवा नमन करने का एक प्रकार का औपचारिक तरीका।

जुही–एक प्रकार का सुगंधित पौधा जिसमें फूल लगते हैं।

जूँ–मैल और पसीने से सिर के बालों में पैदा हो जानेवाला एक नन्हा कीड़ा।

जूआ–जुआ; चक्की पर लगी हुई वह लकड़ी जिसको पकड़कर चक्की चलाई जाती है; हार जीत का खेल।

जूज–बच्चों को डराने के लिए उपयोग में लाये जानावाला शब्द; हौआ।

जूझ–संघर्ष; लड़ाई; युद्ध; झगड़ा।

जूझना–लड़ाना; लड़ाई से मर जाना; रणक्षेत्र में प्राण त्यागना।

जूट–जटा की गाँठ; पटसन।

जूठन–खाने का अवशेष; वह पदार्थ जिसका व्यवहार किसी ने दो एक बार कर लिया हो; खाकर छोड़ा हुआ भोजन; उच्छिष्ट भोजन।

जूठा–किसी के खाने से बचा हुआ।

जूड़–ठंडा; शीतल; कम तापमान का।

जूड़ा–चोटी; पगड़ी के पीछे का भाग; घास आदि को लपेटकर बनाई हुई वस्तु जिस पर पानी का घड़ा रखा जाता है।

जूड़ी–शीत ज्वर; जाड़ा देकर आनेवाला ज्वर।

जूता–पैर में पहिनने का समान।

जूताखोर–जो जूते खाया करे; पदर से नीचे किया हुआ; तिरस्कृत; निर्लज्ज; बेहया।

जूती–जनाना जूता।

जून[1]–पुराना; प्राचीन। समय; काल; एक निश्चित समय; दो समय का खाना।

जून[2]–अंग्रेजी वर्ष का छठा महीना।

जूना (जूइना)–लच्छेदार घास जिससे बर्तन इत्यादि को साफ करते हैं।

जूप–जुआ।

जूमना–इकट्ठा होना; एकत्र होना; साथ साथ; जुटना।

जूरना–इकट्ठा करना; आक्रमण करना।

जूरा–जूड़ा; बच्चे या स्त्री के लहराते बाल केश।

जेंवनार–ज्योनार; जेवनार।

जेठ–वैशाख और आषाढ़ के बीच का चंद्रमास; ज्येष्ठ; पति का बड़ा भाई।

जेठा–ज्येष्ठ; आयुष्य में बड़ा; बहुत पुराना; सबसे उत्तम; प्रमुख; श्रेष्ठ; बड़ा।

जेठानी–पति के बड़े भाई की स्त्री।

जेठीमधु–मुलेठी।

जेठौत; जेठौता–पति के बड़े भाई का पुत्र।

जेब–पाकिट; कमीज अथवा कोट आदि में चीजें रखने के लिए लगाई गई थैली।

जेबी–समीपवर्ती; छोटा; जो जेब मे रखा जा सके; जिसका आकार नियमित या साधारण से बहुत छोटा हो।

जेर–वह झिल्ली जिसमे गर्भ का बालक रहता और पुष्ट होता है; आँवल।

जेरपाई–जनाना जूती।

जेरबार–परेशान किया हुआ; बोझ के नीचे दबा हुआ।

जेरी–चरवाहे की लाठी जिससे वह कँटीली झाड़ियाँ काटता है।

जेल–कारागार; जेल; कैदखाना; बंदीगृह।

जेलर–जेल की देखभाल करनेवाला एक अफसर।

जेली–घास फूस जमा करने का एक साधन या औजार।

जेवड़ा–रस्सी।

ज़ेवर–रत्न; अलंकार; शृंगार; गहना; आभूषण; शोभारूप वस्तु।

जेवरात–जेवर का बहुरूप; गहने।

जेवरी–डोरी; रस्सी।

जेष्ठ–जेठ महीना।

जेहड़–स्त्री के सिर पर पानी से भरे हुए अनेक घड़े जो एक के ऊपर एक रखे जाते हैं।

ज़ेहन–अपूर्व बुद्धि; ज्ञान शक्ति; स्मृति; याद्दाश्त; दिमाग़।

जेहर–स्त्रियों के पैरों में पहनने का एक आभूषण; पायजेब।

जेहाद–धार्मिक युद्ध; दूसरे सम्प्रदाय के खिलाफ युद्ध।

जैजैवन्ती–प्रात: काल में गाये जानेवाली एक रागिनी।

जैत–एक प्रकार के वाद्य का नाम; एक राग।

जैतवार–जीतनेवाला; विजेता।

जैतून–एक सदाबहार वृक्ष जिसके फल और उससे निकला हुआ तेल दवा बनाने के काम में आते हैं।

जैत्र–विजयी; जीतनेवाला।

जैन–जैन धर्म का अनुयायी; भारतवर्ष का एक प्रसिद्ध धार्मिक सम्प्रदाय जिसमें अहिंसा परम धर्म माना जाता है।

जैफर–जायफल।

ज़ैल–नीचे का या पिछला भाग। निम्नांकित।

जैव–जीव या जीवन सम्बंधी।

जैविकी–जीव विज्ञान।

जैयद–बोझिल; भारी; वजनी; बहुत समृद्ध अथवा दौलतमंद।

जैलदार–अनेक गाँवों का अधीक्षक अथवा निरिक्षक; वह कर्मचारी जिसके जिम्मे कई गाँवों की तहसील आदि हो।

जैसा–समान; बराबर; सदृश। जिस प्रकार का; जिस तरह का।

जों–ज्यों।

जोंक–एक प्रकार का कीड़ा।

जोंकी–दोहरी नोक का काँटा जो दो पटरों को जोड़ने के काम में आता है।

जोंधरी–बाजरा।

जोंधया–चाँदनी।

जो–अगर; यदि; एक सम्बंधवाचक सर्वनाम जो दो उपवाक्यों को जोड़ता है।

जोइ–पत्नी; भार्या; स्त्री।

जोइसी–ज्योतिषी; भविष्य के बारे में बतानेवाला।

जोख–तौल; जोखने की क्रिया।

जोखना–जाँचना; तौलना।

जोखाई–किसी व्यक्ति को तोलने का कार्य करने पर मिलनेवाला पारिश्रमिक।

जोखिम–साहसिक कार्य; भय; खतरा; संकट; विपत्ति की आशंका।

जोगड़ा–नास्तिक; ढोंगी; पाखंडी।

जोगसाधन–योग साधना।

जोगानल–चमत्कार द्वारा उत्पन्न की गयी अग्नि; योग से उत्पन्न अग्नि।

जोगिन–जोगी की स्त्री।

जोगिया–रंग का नाम।

जोगीड़ा–वसंत ऋतु में गाया जानेवाला एक प्रकार का गाना।

जोटा–जोड़ा।

जोटी–जुडवाँ; बराबर का साथी; जोड़ी।

जोड़–जोड़ने की क्रिया; बंधन; युग्म; गणित में कई संख्याओं का योग; मेल; समानता; जोड़ा; छल; कपट; वह स्थान जहाँ दो टुकड़े जुड़े हों।

जोड़ती–अनेक संख्याओं का योग।

जोरु–पत्नी; घरवाली; भार्या।

जोलाहल–अग्नि; ज्वाला।

जोली–सहायक मित्र; सहयोगी; जोड़ी; बराबरी।

जोवना–निरिक्षण करना; ढूँढना।

जोलाहा–जुलाहा।

जोश–उमंग; उत्तेजना; उत्साह; उबाल; आवेग; खून का जोश।

जोशन–कवच; भुजाओं मे पहनने का सोने अथवा चाँदी का गहना।

जोशीला–उत्साही; जिसमे खूब जोश हो; ओजपूर्ण; आवेगपूर्ण।

जोष; जोषिता–ज्योतिषी की पत्नी।

जोह–खोज; प्रतीक्षा; कृपादृष्टि; आशा।

जोहड़–तलैय्या; झील; तालाब।

जोहना–रास्ता देखना; प्रतीक्षा करना।

जोहार–नमस्कार; प्रणाम; अभिवादन।

जौंकना–दुर्व्यवहार करना; क्रोध में चिल्ला कर बोलना।

जौ–गेहूँ की तरह का एक पौधा जिसके दानों का आटा बनता है।

जौख–सेना; झुंड; पक्षी समूह।

जौंची–गेहूँ या जौ की उपज में होनेवाला एक रोग।

जौड़ा–एक ऊँचा मचान जिस पर बैठ कर फसल की निगरानी की जाती है।

जौंरा–भौंरा–तृप्ति; खुशी।

जौनार–ज्वार की फसल प्राप्त करने के बाद ईख की बुआई करने के लिए तैयार खेत।

जौर–गलत कार्य; हिंसा।

जौलानी–तीव्रता; जागरूकता; सतर्कता; फुर्ती।

जौहर–मणि; रत्न; गुण; सत्त्व; सार; दुर्ग में राजपूत स्त्रियों के जलने के लिये बनाई हुई चिता; आत्मदाह।

जौहरी–रत्न को खरीदने और बेचने के कार्य करनेवाला; गुण दोष पहचानने वाला; रत्नों की परख करनेवाला; पारखी।

ज्ञात–जाना हुआ।

ज्ञातव्य–जो जाना जा सके; जानने योग्य।

ज्ञान–जानकारी; बोध।

ज्ञानी–जिसे ज्ञान हो; ज्ञानवान; ब्रह्मज्ञानी।

ज्ञापक–सूचक; जतानेवाला।

ज्ञापन–जताने या बताने का कार्य या भाव।

ज्ञेय–जानने योग्य; जो जाना जा सके; ज्ञातव्य; ज्ञान योग्य।

ज़्यादती–प्राजुर्यता; बहुतायत; जुल्म; अत्याचार।

ज़्यादा–अधिक।

ज्येष्ठ[1]–बड़ा; वरिष्ठ; उत्तम; प्रमुख; श्रेष्ठ।

ज्येष्ठ[2]–जेठ का महीना; मई जून।

ज्योति[1]–उजाला; प्रकाश; चमक; रोशनी।

ज्योति[2]–नक्षत्र विद्या; ज्योतिष विद्या।

ज्योतिष–वह शास्त्र या विद्या जिसमें आकाश में स्थित नक्षत्र, ग्रह आदि की गति, परिक्रमा, दूरी आदि का निश्चय किया जाता है।

ज्योतिषि–ज्योतिष विद्या का ज्ञान रखने वाला व्यक्ति।

ज्योतिष्क–तारा, ग्रह, नक्षत्र आदि का समूह; एक प्रकार का औषधि बनाने के उपयोग में लाये जानेवाला पौधा।

ज्योतिष्टोम–एक प्रकार का यज्ञ जिसे सम्पूर्ण करने के लिए सोलह ब्राह्मणों की आवश्यकता पड़ती है।

ज्योतिष्मती–रात्रि; रात।

ज्योतिष्मान्–चमकदार; चमकीला; प्रकाशयुक्त; आलोकयुक्त।

ज्योत्सना–चाँदनी; चाँदनी रात।

ज्योनार–बहुत से लोगों का साथ बैठकर होनेवाला भोजन; पका हुआ भोजन; रसोई।

ज्योरी–बटी हुई रस्सी।

ज्योहत; ज्योहर–आत्महत्या।

ज्वर–ताप; बुखार।

ज्वरांकुश–एक प्रकार की औषधी जो बुखार दूर करती है; एक प्रकार की सुगंधित घास।

ज्वरित–ज्वरयुक्त; ज्वर से पीड़ित।

ज्वलंत–चमक; प्रकाशमान; स्पष्ट; चमकता हुआ।

ज्वल–प्रकाश; चमक; ज्वाला।

ज्वलनशील–जल्दी जलनेवाला।

ज्वार[1]–बाढ़; पानी; ऊँची लहरें।

ज्वार[2]–एक प्रकार की फसल जिसके दाने मोटे अन्न में गिने जाते हैं।

ज्वाला–रोशनी; ताप; दाह; आग की लपट; अग्निशिखा।

ज्वालाहलदी–एक प्रकार की हल्दी जो वस्त्र आदि रँगने के काम में आती है।

ज्वालेश्वर–एक प्राचीन तीर्थ विशेष।

झ

झ–व्यंजन वर्णमाला का नौवां अक्षर, जो चवर्ग का चौथा अक्षर है।

झं–एक प्रकार की ध्वनि।

झंकना–विलाप करना; रोना; झींकना।

झंकार–गूँजन; प्रतिध्वनि (सीतार नामक वाद्य जैसी); चहचहाहट (क्रिकेट खेल की); तीखी ध्वनि (मोर जैसी)।

झंकृत–बजता हुआ; गूँजित।

झँख–विलाप करना; झींखना।

झँखना–रूलाई करना; विलाप करना; शोक करना; थर्राना।

झंखाड़–एक प्रकार का घना काँटेदार पौधा; काँटेदार पौधों का समूह; बिना पत्तियों का वृक्ष।

झँगरा–बाँस की बनी गोल टोकरी।

झँगा–बच्चों की ढीली पोशाक; झगा।

झँगुला–ढीला कुर्ता; झगा।

झंझकार–झनझनाहट।

झंझट–समस्या; कठिनाई; झमेला; तकरार; पीड़ा।

झंझटी–झगड़ालू

झंझर–पानी रखने का मिट्टी का बर्तन; झज्झर।

झँझरी–पानी रखने का छोटा कलश अथवा घड़ा।

झंझा–चक्रवात; वर्षा सहित तीव्र आँधी; पानी के साथ आँधी।

झँझार–आग की लपट।

झंझावात–तेज वायु।

झँझिया–छोटी झाँझ।

झँझोड़ना–किसी वस्तु को तोड़ने या नष्ट करने की इच्छा से हिलाना।

झंडा–ध्वज; पताका; फरहरा।

झँडूला–जिसका मुंडन न हुआ हो; गर्भ के बाल; सघन वृक्ष।

झंप–उछाल; छलाँग; कूदना; घोड़े के गले का गहना।

झँपना–बंद होना।

झँपरी–वह कपड़ा जिससे पालकी ढाँपी जाती है।

झँपान–एक प्रकार की खटोली जो पहाड़ पर सवारी के काम में आती है।

झँपोला–टोकरा।

झँवकार–काला; झाँवले रंग का।

झँवा–घिसने का साधन।

झँसना–सिर या तलवे में तेल की मालिश करना; युक्ति से अथवा धोखा देकर कोई वस्तु छीनना।

झई–झाईं।

झउवा–छोटा टोकरा; खाँचा; मसाला ढोने की कड़ाही।

झक[1]–आवेश; धुन; चित्त की तरंग; सनक।

झक[2]–चमकीला; उज्ज्वल; साफ; स्वच्छ; झकाझक।

झक[3]–निरन्तर वृथा की बकवास करना; बड़बड़ाना।

झकझेलना–धक्का देना; झकझोरना; झटका देना।

झकझोर–किसी वस्तु को पकड़कर जबरदस्त झटका देना।

झकड़ी–दूध रखने का मिट्टी का बर्तन।

झकना–बड़बड़ाना; बकबक करना; क्रोध में व्यर्थ की बातें करना।

झगड़ा–वाद विवाद; मतभेद; कलह; बलवा; टंटा; तकरार; बखेड़ा।

झगर–एक प्रकार का पक्षी।

झगला–छोटे बच्चों के पहिनने का ढीला वस्त्र।

झगा–विशेषकर छोटे बच्चों के पहनने का ढीला कुरता; अँगरखा।

झंकार–मक्खियों की भनभनाहट; गुंजन।

झज्झर–पानी की सुराही।

झझक–झिझकने की क्रिया या भाव; झुँझलाहट।

झझकना–हिचकिचाना; झिझकना।

झझका–अकस्मात किसी को चौकाना; भय।

झझरी–छिद्रपूर्ण; लकड़ी या धातु की जाली।

झझलका–ऊषाकाल; प्रातःकाल।

झञ्झन–झनकार।

झञ्झर–पानी संचय करने का एक प्रकार का मिट्टी का बर्तन।

झञ्झा–तेज हवा का झोंका; वर्षा के साथ हवा का प्रबल झोंका।

झञ्झी–शंख जिसका ऊपरी आवरण गल या टूट चुका हो।

झझक–हिचक; झिझक; चमक; सनक; झँझलाहट; रहरहकर होनेवाली सनक या आनेवाली दुर्गन्ध।

झट–तुरंत।

झटक–उछाल; झटके से फेंकना।

झटकना–झटका अथवा धक्का देना; हिलाना; ऐंठना; हलचल मचाना। झटकारना।

झटका–धक्का; हिलाना; मोड़ना; ढकेलना; झटकने की क्रिया; किसी पशु का वध इस प्रकार करना कि खड्ग के एक ही आघात से वह मर जावे।

झटकारना–उछालना; झटकाना; हलचल मचाना; चीज को इस तरह हिलाना की वह खुल जाय और उस पर पड़ी हुई धूल आदि झड़ जाय।

झटपट–शीघ्रता से; बहुत जल्दी; तुरन्त; अति शीघ्र।

झटास–तीव्र आँधी पानी।

झटिति–शीघ्र; जल्दी; झटपट; तुरन्त।

झड़–झड बेर।

झड़ना–बूँद अथवा छोटे कणों आदि के रूप में गिरना; टूट कर गिरना; स्खलित होना।

झड़प–लड़ाई; मुटभेड़; क्रोधपूर्ण कहासुनी।

झड़ाक–तत्काल; तुरंत।

झड़ाझड़–लगातार; निरन्तर; झड़ी के रूप में; अविराम।

झड़ाना–भूत प्रेत की झाड़ फूँक करवाना।

झड़ी–बौछार; लगातार वर्षा; महीन महीन बूँदों की वर्षा; प्रश्नों तथा शिकायतों की बौछार।

झन–धातु की वस्तुओं का आपस में टकराने से उत्पन्न शब्द।

झनकार–झनझन शब्द, झनझनाहट; झींगूरों आदि के बोलने से होनेवाली ध्वनि।

झन्नाहट–तीक्ष्ण; उत्तेजनात्मक; झनझनाहट।

झप–तुरंत; शीघ्रता से; झटपट।

झपक–कुछ क्षण के लिए पलक गिरना।

झपकी–हल्की थोड़ी देर की नींद; हल्की नींद; आँख झपकने की क्रिया।

झपकौहा–निद्रा से भरा हुआ; मस्त; नशे में चूर।

झपट–वेग से निकलना; झपट पड़ना; पशु तथा पक्षी का शिकार पर एकाएक टूट पड़ना।

झपट्टा–धावा; झपटने का भाव; एकाएक टूट पड़ना; अकस्मात आक्रमण; वेग से झपटना।

झपना–पलकों का बंद होना।

झपसना–वृक्ष या लता की शाखाओं का सघन रूप से फैलना।

झपाक–चुस्ती; फूर्ती; तपाक से।

झपास–मूसलाधार वृष्टि।

झपेट–हमला; झपट्टा।

झप्पड़–चाटा; थप्पड़।

झबझबी–कान में पहिनने का एक प्रकार का आभूषण।

झबरा–जिसके बाल सब और बिखरे हुए तथा लंबे हो।

झमना–झुकना; दबना; नम्र होना।

झमाका–भारी बौछार; पानी बरसने अथवा आभूषणों के बजने का शब्द।

झमूरा–सुन्दर और मनमोहक बालक।

झमेला–कठिनाइयों में डला हुआ; बखेड़ा; झंझट।

झम्प–कुदान; चक्कर; घोड़े के गले में पहनने वाला एक प्रकार का आभूषण; बंदर।

झरखना–चेतावनी देना; हल्की फटकार लगाना।

झरना–सोता; लगातार बहनेवाली पानी की छोटी धारा; अनाज छानने की बड़ी छलनी।

झरप–धक्का; आघात; झड़प; तेजी; टेक; परदा।

झरबेर–जंगली बेर।

झरहरा–छिद्रपूर्ण; सुराखदार; जालीदार।

झरा–पानी से भरे हुए खेत में उत्पन्न होनेवाला एक प्रकार का धान।

झराझर–निरन्तर; लगातार; तेजी से; बिना किसी विभक्ति के।

झरित–घुलना; भंग होना।

झरुआ–एक प्रकार की घास।

झरोखा–निकास; भीत में बनी हुई जालीदार छोटी खिड़की या मोखा।

झर्झर–छोटा ढोल; मँजीरा; लोहे की कर्छी।

झर्झरा–वेश्या; रंडी; चरित्रहीन स्त्री।

झर्झरावती–गंगा नदी।

झर्झरिका–तारादेवी।

झर्झरी–मँजीरा; झाँझ नामक बाजा।

झर्झरीक–चित्र; देह; शरीर।

झर्रा–बया पक्षी।

झल–गर्मी; चमक; दीप्ति; तीखापन; उग्र भावना; काम वासना; उन्माद; उत्कट इच्छा; क्रोध; रोष।

झलि–एक तरह की सुपारी।

झल्ल–सनक; पागलपन; एक वर्णसंकर जाति।

झल्लक–काँसे आदि धातु का बना हुआ करताल; झाँझ।

झल्ला[1]–बड़ी टोकरी; बौछार।

झल्ला[2]–गुस्सैल।

झल्लाना–बहुत बिगड़ जाना; झुँझलाना; खिजलाना; चिढ़ाना।

झल्लिका–अँगोछा; शरीर पोछने का कपड़ा; उबटन लगाने पर निकलनेवाली झिल्ली या मैल; चमक।

झब/झष–मछली; मगर; ताप; गरमी; जंगल; राशि का बारहवाँ चिह्न; कामदेव का विशेष नाम।

झषनिकेतन–जलाशय; समुद्र।

झषराज–मत्स्यराज।

झषांक–प्यार का देवता; कामदेव।

झषाशन–एक प्रकार की मछली।

झहरना–शिथिल होना; ढीला होना। झिड़कना।

झाँक–झाँकने की क्रिया या भाव।

झाँकना–आड़ से देखना; चोरी से देखना; इधर उधर देखना।

झाँकी–क्षणिक दृष्टि; झलक; प्रर्दशनी; कुछ दूर से होनेवाला अर्पूण दर्शन; खिड़की।

झाँख–एक प्रकार का बड़ा जंगली हिरन।

झाँखना–झीखना; कुढ़ाना।

झाँगला–एक प्रकार का ढीला ढाला लबादा।

झाँगा–एक प्रकार का बच्चों का ढीला वस्त्र।

झाँझ–मँजीरा; भीषण रोष; उन्माद; गुस्सा; क्रोध; दुष्टता; अड़ियलपन; पाजीपन; सुखा हुआ तालाब।

झाँझड़ी; झाँझन–एक प्रकार का पैर में पहिनने का घुँघरूदार गहना; पायल।

झाँझर–छिन्न भिन्न; पुराना; जर्जर।

झाँट–उपस्थ के बाल; पुरुष या स्त्री के मुत्रेंद्रिय पर के बाल; अति क्षुद्र पदार्थ।

झाँप–किसी आधान को ढकने की वस्तु; बाँस का टोकरा।

झाँपना–आवरण डालना; ढकना; आड़ करना।

झाँवना–झाँवे से रगड़ कर हाथ और पैर साफ करना।

झाँवर–दलदली भूमि; नीची भूमि जहाँ पानी रुकता है।

झाँवली–पलक मारना; तिरछी नजर से देखना; आँख की कनखी झलक।

झाग–जल आदि का फेन।

झाझर–सूखा; झाँझ; झाँझरी।

झाड़–छोटा वृक्ष जिसकी डालियाँ जड़ के पास से निकलकर चारों ओर फैली होती है; डाट; फटकार।

झाड़दार–काँटेदार।

झाड़न–झाड़ने से निकली हुई चीज़।

झाड़ना–बुहारना; धूल इत्यादि साफ करना; फटकारना; वेग से झपटना; डींग मारना; बल से किसी का धन ले लेना; झारना।

झाड़फूँक–मंत्र पढ़कर भूत प्रेत दूर करने की क्रिया।

झाड़ा–तलाशी; मल त्याग करने की अवस्था; गुह; मल।

झाड़ी–छोटा झाड़; अनेक पेड़ो का समूह; ढका हुआ।

झाड़ू–सीकों, बुहारी, कूँची, तीलियों आदि का पूला जिससे धूल, गर्द आदि की सफाई करते हैं।

झापड़–तमाचा; जोर का थप्पड़; चाटा।

झापा–सँकरे मुँहवाला।

झाबर; झाबा–दल दल से भरी जमीन; टोकरी।

झाम–झब्बा; गुच्छा; मिट्टी खोदकर निकालने वाला एक प्रकार का यंत्र।

झामक–झाँवा; जली जुई ईंट।

झामर–एक प्रकार का पैर का गहना।

झामी–कपटी; धोखेबाज; छली।

झार–जलन; डाह; ज्वाला; झाल।

झारना–बालों को संवारने और मैल निकालने के लिए कंघी करना; अलग करना।

झारा[1]–झरना।

झारा[2]–जलन; ताप; ज्वाला।

झारी–एक प्रकार की टोटी लगी हुई लुटिया अथवा जलपात्र।

झालर–किसी वस्तु के छोर पर लटकता हुआ किनारा जो शोभा के लिये लगाया जाता है।

झालरी[1]–माला; हार।

झालरी[2]–झाँझ; मँजीरा।

झाला–मकड़ी का जाल या जाला; राजपूतों का एक भेद।

झालि–वर्षा की झड़ी।

झिंगवा–एक प्रकार की छोटी मछली; झींगा मछली।

झिंगा–झींगा।

झिंझिना–एक प्रकार का मिट्टी का बर्तन जिसमें आर पार छेद किये जाते हैं जिससे उसमें रोशनी रखी जा सके; दीपक; झाँझी।

झिंझोटी–एक प्रकार का गाना।

झिक–देखना; दृष्टिपात करना।

झिझक–हिचक; भड़क; लज्जाजनक संकोच; कायरता।

झिडगक–ककड़ी; खीरा।

झिडिगनी–एक प्रकार का विशाल जंगल में उगनेवाला पेड़।

झिड़क–धक्का; झटका; डाँटना; फटकार; डाँट फटकार।

झिड़कना–डाँटना; फटकारना; तिरस्कार अथवा अवज्ञापूर्वक बिगड़कर कोई बात कहना; झटकना; किसी वस्तु को दूर फेंक देना।

झिड़की–डाँट फटकार।

झिड़झिड़ाहट–कलह; युद्ध; दंगा; लड़ाई; झगड़ा

झिल्लड़–पतला और झँझरा।

झिल्ली[1]–खाल; किसी पदार्थ का भीतरी आवरण; चर्म पत्र; प्यूपा।

झिल्ली[2]–झींगुर।

झींकना–झींखना।

झींका–अन्न का वह परिमाप जो पीसने के लिये चक्की में डाला जाता है।

झींखना–मातम करना; पीड़ा होना।

झींगट–मल्लाह।

झींगर–झींगुर।

झींगा–एक प्रकार की छोटी मछली; दस पैर का समुद्री केंकड़ा; एक प्रकार का अनाज का दाना।

झींगुर–एक प्रकार का छोटा कीड़ा जो मिट्टी की दीवारों में रहता है तथा बरसात में झन झन शब्द करता है।

झींसी–छोटी छोटी बूँदों के रूप में बरसना; नन्हीं नन्हीं बूंदों में होनेवाली वर्षा।

झीना–बहुत पतला या महीन; छोटे छोटे छिद्रों से पूर्ण; जालीदार।

झीमना–झूमना।

झील–बहुत बड़ा तालाब।

झीलर–छोटी झील या ताल।

झीवर–नाविक; मल्लाह; धीवर; मछुला।

झुंगी–झुग्गी।

झुँझलाना–कुढ़ना; खीझना; बिगड़ना; चिढ़ना; खिजलाना।

झुंड–पक्षियों अथवा पशुओं का समूह; दल; दस्ता।

झुकना–किसी पदार्थ के ऊपरी भाग का नीचे को लटकना; प्रवृत्त होना; नम्र होना; झुककर सलाम करना।

झुकमुक–घोर अँधियारा।

झुकराना–झोंका खाना।

झुका–झंडा आधा झुका होना।

झुकाना–किसी पदार्थ के एक या दोनों सिरों को किसी ओर नवाना; नम्र करना; निहुराना।

झुकार–हवा का झोंका या झकोरा।

झुकाव–झुकने की स्थिति; झुकने की क्रिया।

झुंगिया–झुँगी।

झुटपुटा–सवेरे या शाम का समय जब थोड़ा अंधकार और कुछ प्रकाश हो।

झुटुंग–जटाधारी; जटावाला।

झुट्ठल–मजाक में।

झुठकाना–झूठी बात द्वारा दूसरे को धोखा देना; झुठलाना।

झुठलाना–झूठा ठहराना; झूठ कहकर धोखा देना।

झुण्ट–सूजन; स्तम्भ; बाहर निकला हुआ; प्रक्षेपी।

झुन–एक प्रकार की छोटी चिड़िया।

झुनक–नुपुर का शब्द।

झुनकार–महीन; जालीदार; पतला।

झुनझुना–छोटे लड़कों का झुनझुन शब्द करने वाला खिलौना।

झुनझुनी–सनसनाहट।

झुबझुबी–एक प्रकार का स्त्रियों का कानों में पहनने का आभूषण।

झुमका–एक प्रकार का कान में पहनने का छोटी गोल कटोरी के आकार का गहना।

झुमकी–झुमका।

झुमरा–लोहार का बड़ा हथौड़ा।

झुमरि–एक प्रकार का गीत।

झुमाऊ–जो झूमता हो।

झुमाना–झूमने के लिए किसी को प्रवृत्त करना।

झुरझुरी–जूड़ी बूखार की कंपकंपी।

झुरना–दुख या चिंता में क्षीण होना।

झुरमुट–एक में एक गुँथे हुए पौधे; घनी झाड़ी; मंडली; भीड़; झुंड; सिर पर लपेटा हुआ एक कपड़ा।

झुरबन–किसी पदार्थ के सूखने से कम होनेवाला अंश।

झुर्री–सिकुड़न; तह; शिकन।

झुलना–अनेक मोतियों से लगा हुआ एक प्रकार का नाक में पहनने का आभूषण।

झुलमुला–झिलमिला; प्रकाश की क्षीण रेखा।

झुलवा–पालना।

झुलसन–झुलसने की क्रिया; तेज गर्मी जो शरीर का झुलसा दे।

झुलाना–किसी को हिलाने में प्रवृत करना; किसी को हिंडोले में बैठाकर हिलाना; असमंजस में रखना।

झूट–झूठ।

झूँटा–झूला।

झूठ–असत्य; जो यथार्थ न हो; मिथ्या।

झूठन–खाने पीने के समान में बची हुई सामग्री; जूठन।

झूठमूठ–असत्य रूप से; योंही; बेकार।

झूठा–असत्य बोलनेवाला; कपटी; दम्भी; छली; भ्रांतिजनक; दोषपूर्ण।

झूना–एक प्रकार का मलमल।

झूपा–समुदाय; समूह; ढेर।

झूम–झूमने की क्रिया या भाव; ऊँघ।

झूमक; झूमका–होली के त्यौहार पर गानेवाला एक प्रकार का गीत; कान में पहनने का आभूषण।

झूमड़; झामड़–नखरेबाजी; प्रपंच; बखेड़ा।

झूमना–किसी वस्तु का इधर उधर हिलना या झोंक खाना; लहराना।

झूमर–सिर में पहनने का एक प्रकार का आभूषण जो सोने से निर्मित किया होता है तथा जिसमें घुँघरू या झब्बे लटके रहते है; होली अथवा किसी विवाहोत्सब के समय गाये जानेवाला एक प्रकार का गीत।

झूर–सूखा; खाली; निर्थरक; व्यर्थ। जलन; दुख; परेशानी।

झूरना–पीसना; बुकनी।

झूरा–सूखा; अकाल।

झूल–देह; वह कपड़ा जो पहनने में ढीला तथा देखने में भद्दा जान पड़े; एक प्रकार का व्यायाम।

झूलना–किसी आधार के सहारे लटककर बार बार इधर उधर हिलना।

झूलरि–झूलनेवाली रस्सी।

झूला–झोंका; लहराना; हिंडोला; झूलने वाली रस्सी; एक प्रकार का स्त्रियों के पहनने का ढीला कुर्ता; जहाज के कमरे की झूलन।

झूली–वह चादर जिससे हवा करके अनाज ओसाया जाता है।

झेंपना–लज्जित होना; शर्मिंदा होना।

झेरना–आरंभ करना; प्रवृत्त करना; झेलना; सहना।

झेरा–अशांति; उपद्रव; बखेड़ा; झंझट।

झेल–हल्का धक्का; विलंब; देर; रुकावट; विघ्न; वह कार्य जो तैरने में पानी में हाथ पैर चलाकर की जाती है।

झेलना–बर्दाश्त करना; सहन करना; ऊपर लेना।

झोंक–प्रवृत्ति; झुकाव; बोझ; भार; वेग; कार्य की गति।

झोंकना–फेंकना; बेदर्दी से धक्का देना; निर्दयता से पैसा व्यय करना; आग में फेंकना; किसी को आपत्ति में डालना; अधिक कार्यभार किसी पर डालना; नीच कार्य करना।

झोंकवा–भट्टी या भाड़ में इंधन झोंकने वाला।

झोंका–झटका; तेज हवा का झोंका; पानी का हिलोरा।

झोंकी–उत्तरदायित्व; नुकसान का भय; बोझ।

झोंझ–घोंसला (पक्षियों का); शरण लेने का स्थान; खोंता; ढेक।

झोंकल–नाराजगी; रोष; गुस्सा।

झोंटा; झोंटी–एक बार में हाथ में आनेवाली घास का गुच्छा; बड़े बड़े बालों का समूह; जटा; झूलने के लिए दिया गया धक्का।

झोंपड़ा–कुटी; कच्ची मिट्टी की भीत बनाकर घास फूस से छाया हुआ घर; मँड़ई।

झोंपड़ी–घास, फूस आदि का वह छोटा घर, जो गाँवों या जंगलों में कच्ची मिट्टी की छोटी दीवारें उठाकर बनाते हैं; कुटी।

झोल–कढ़ी; कपड़े के किसी अंश का ढीला या नाप में बड़ा होने के कारण झूलना; तरकारी आदि का गाढ़ा रस; एक प्रकार की पतली लेई; माँड; आँचल; परदा।

झोला[1]–कपड़े, टाट आदि की बड़ी झोली; थैला; साधुओं का ढीला कुरता; चोला।

झोला[2]–एक प्रकार का प्रदूषण जो फसलों के लिए हानिकारक होता है।

झोली–झोला; फसल का एक प्रकार का रोग; चारों कोनों को बाँधकर कंधे आदि से लटकाया हुआ कपड़ा जो झोले या थैले का काम दे।

झौंझट–झंझट; झगड़ा।

झौंद–पेट; उदर।

झौंर–गुच्छा; कुंज; झुरमुट; समूह; कुंज।

झौंरना–गूँजना; झपटकर पकड़ना।

झौ–गर्मी; ऊष्णिमा।

झौड़–झगड़ा; मुठभेड़; उपद्रव; कलह।

झौर–झगड़ा; हुज्जत; तकरार; डाँट; भगदड़।

झौरना–छोप लेना, दबा लेना।

झौरे–संग; साथ; समीप।

झौवा–रहठे से बनी हुई दौरी।

झौहाना–गुस्से में आना; पल में गुस्सा आना; जोर से आवाज करना।

ञ

ञ देवनागरी वर्णमाला का दसवाँ व्यंजन, जो चवर्ग का पाँचवा वर्ण है। इसका उच्चारण स्थान तालु और नासिका है।

ट

ट संस्कृत और हिन्दी वर्णमाला का ग्यारहवाँ व्यंजन, जो टवर्ग का पहला अक्षर है। इसका उच्चारण स्थान मूर्धा है।

टंक–चार माशे के बराबर तौल; एक पुरातन मुद्रा; सिक्का; रत्ती का मोती; गँडासा; पत्थर पर गढ़ने का उपकरण या औजार; नक्काशी करनेवाली की छेनी।

टंकक–टंकण करनेवाला; चाँदी का सिक्का।

टंकण–टाईप करना; टँकण यंत्र।

टँकना–टाँका जाना; सिला जाना; जड़ा जाना; साथ जोड़ना।

टंकशाला–रुपया बनाने का कारखाना; टकसाल।

टंका–ताँबे की एक पुरानी मुद्रा; चाँदी की एक पुरानी तौल।

टंकार–धनुष की झंकार; टन टन की आवाज़; कर्कश चीख; कीर्ति; यश; अपयश; आर्श्च, अचंभा।

टँकित्र–हाथ से छापने का यंत्र।

टंकी–पानी या तेल रखने का एक प्रकार का बड़ा कुंड; एक प्रकार का गीत।

टंकोर–धनुष की झन्कार; हल्का झटका।

टंकोरी–सोना चाँदी का का भार ज्ञात करने का एक छोटा तराजू; काँटा।

टँगड़ी–घुटने से लेकर एड़ी तक का भाग; टाँग।

टँगना–लटकना; फाँसी पर चढ़ना या लटकाया जाना।

टँगरी–टँगड़ी।

टैगारी–दांतरी; छोटा फावड़ा; काटने का औजार।

टंगाव–रुकावट; लटकाना।

टंच–लालची; कंजूस; क्रूर; कठोर हृदय; निष्ठुर; तैयार।

टंटा–व्यर्थ का झंझट; उपद्रव; उत्पात; झगड़ा।

टैच–सीवन।

टटघंट–शंख, घंटा इत्यादि बजाकर पूजा पाठ करने का मिथ्या आडंबर; झूठा प्रपंच।

टंटा–बिना मतलब का झगड़ा; अशांति; दिक्कत; कलह; बलवा।

टंडल–वह व्यक्ति जिसे मज़दूरों के कार्य का निरीक्षण करने के लिए रखा जाता है; मजदूरों का जमादार; सहायक मित्र।

टँडिया–बाँह में पहनने का एक प्रकार का आभूषण।

टँडुलिया–काँटेदार बन चौराई।

टँसरी–एक प्रकार का तंतु वाद्य।

टक–टक टक देखना; स्थिर दृष्टि से देखना; एक ही ओर देर तक लगी हुई दृष्टि; बाँधना।

टकटक–घड़ी की टिक टिक की आवाज।

टकटका–स्थिर दृष्टि; टकटकी।

टकटकी–स्थिर दृष्टि से देखना; निर्निमेष दृष्टि; बाँधना।

टकटोहन–अँधेरे में उँगलियों से छूकर पता लगाना।

टकना[1]–तकना।

टकना[2]–टखना।

टकबीड़ा–विवाह के उत्सव पर किसानों द्वारा अपने मालिक को दिया गया उपहार; विवाहोपहार।

टकराना–जोर से भिड़ना; टक्करें खाना; टक्कर देना।

टकसाल–टंकशाला; रुपया बनाने का कारखाना; मुद्रा ढालने का कारखाना।

टकहाई–वेश्याओं में निकृष्ट; छिनाल; चरित्रहीन स्त्री।

टकही–हिसाब रखनेवाले का पारिश्रमिक।

टका–एक रुपया; पुराना तांबे का दो पैसे का सिक्का।

टकासी–प्रति माह दो पैसे प्रति रुपये का ब्याज।

टकातोप–जहाज पर लगी हुई तोप।

टकाना–टँकाना।

टकार–ट; अक्षर स्वरूप।

टटरी[1]–बाड़ा; चहारदीवारी; टट्टी।
टटरी[2]–मुकुट।
टटवानी–घोड़ी।
टटाना–सूखकर कड़ा हो जाना; भूख से व्याकुल हो जाना।
टटिया–टट्टी।
टटीरी–टिटिहरी।
टटुआ–टट्टू।
टटुई–छोटे कद की घोड़ी; मादा टट्टू।
टटोना–टटोलना।
टटोल–टटोलने की क्रिया या भाव।
टटोलना–उँगलियों से छूकर किसी वस्तु को मालूम करना; जाँच करना; आजमाना; परखना; किसी के मन के भावों का पता लगाने का प्रयास करना।
टटोवा–चरखी।
टट्टनी–छिपकली।
टट्र–बाँस की फट्टियों आदि का बना हुआ ढाँचा या पल्ला जो आड़ के लिये कहीं पर लगाया जाता है।
टट्टी–चहारदीवारी; आड़; जंगला; पायखाना।
टट्टर–तुरही बजने का शब्द।
टट्टू–छोटे कद का घोड़ा।
हठी; अड़ियल।
टठिया–चपटी धातु; थाली।
टड़िया–बाँह में पहिनने का स्त्रियों का एक प्रकार का आभूषण।
टन्–लगभग 29 मन तथा 1045 किलोग्राम का एक अँगरेजी परिमाण।
टनक–टन टन की ध्वनि।
टनमना–स्वस्थ; चंगा; जो सुस्त न हो।
टना–टन्ना; भग; योनि; योनि के बीच की उभड़ी हुई माँस की ग्रंथि।
टनाका–घंटा बजने का शब्द।
टनेल्–सुरंग; बोगदा।
टनाटन–लगातार घंटा बजने की आवाज।
टप–आवरण; बूँद, फल इत्यादि के गिरने का शब्द; टमटम आदि गाड़ियों में लगा हुआ चमड़े या कपड़े का ओहार; लटकानेवाले लैम्प के ऊपर की छतरी।
टमाटर–एक प्रकार का लाल तथा हरे रंग का खट्टा मीठा फल अथवा उसका पौधा।
टर–चीख; कर्कश शब्द; मेढ़की की बोली।
टर्रटर्र–मेंढक की आवाज।
टर्रा–हठी; वश में न आनेवाला; ऐंठकर बातें करनेवाला; धृष्टता से बोलनेवाला; कटुवादी; घमंड से बातें करनेवाला।
टर्राना–उद्दंडता और घमंड के साथ उत्तर देना; कठोर वचन बोलना।
टर्रू–मेंढ़क की तरह टर्रानेवाला बच्चों का खिलौना।
टलन–घबड़ाहट; मानसिक दुख; विह्वलता।
टलना–निश्चित समय से और आगे का समय स्थिर होना; स्थगित होना।
टलहा–खोटा सिक्का।
टल्ली–एक प्रकार का विशिष्ट बाँस।
टवर्ग–ट, ठ, ड, ढ और ण।
टवाई–व्यर्थ की घुमाई।
टस–टसकने का शब्द; कपड़े आदि के फटने का शब्द।

टसक–रह रहकर होनेवाली पीड़ा; टीस; चसक; पीड़ा।

टसन–झगड़ा; विवाद; भिड़न्त।

टसना–दो हिस्से होना।

टसर–एक प्रकार का कड़ा तथा मोटा रेशम।

टसुआ–आँसू; अश्रु।

टहना–वृक्ष की शाखा; डाल।

टहनी–वृक्ष की पतली डाली; डाली; शाखा।

टही–प्रयोजन सिद्ध करने की युक्ति; दाँव पेंच; मतलब साधने का ढंग।

टहोका–हल्का धक्का; प्रभाव।

टाँक–चार माशे का एक तोल; कलम का बिंदु; लिखने का ढंग अथवा रीति; समीपता; सन्निकट; समीप जाना।

टाँकन–टाँका लगाना।

टाँट–खोपड़ी; कपाल।

टाट–सन या पटुए की डोरियों का बना हुआ मोटा कपड़ा।

टाड़–भुजा पर पहनने का एक आभूषण।

टाड़ा–घी का पात्र।

टान–तनाव; खिंचाव।

टाप–घोड़े के पैर का सबसे निचला भाग; खुर; वह शब्द जो चलते समय घोड़े के पैर से होता है।

टापरा–छप्पर का मकान अथवा झोपड़ी।

टापा–उछलना; छलांग; कूदना; टप्पा।

टापू–एक भूमिखंड जिसके चारों तरफ पानी भरा होता है; नदी में का किनारा।

टाबर–लड़का; बालक; छोकरा; परिवार; कुल।

टामक–डुगडुगी।

टाल–ढेर; अंबार; समुदाय; कुश्ती का एक दांव; बात को उलटने का कार्य; जलानेवाली लकड़ी की दुकान; भूसा; दलाल।

टालना–किसी वस्तु को उसके स्थान से हटाना; बहाना बनाना; वाक्छल करना।

टाला–आधा; अर्ध।

टाली–गाय बैल की गरदन में बाँधने की घंटी; तीन वर्ष से कम उम्र की जवान बछिया।

टाहली–सेवक; नौकर; टहलुआ।

टिंड–एक प्रकार की लता जिसके फलों की तरकारी बनती है; एक प्रकार की शाक।

टिंडा–एक प्रकार की लता जिसके फलों की सब्जी बनती है; एक प्रकार की छोटी ककड़ी।

टिकट–एक प्रकार का सरकारी ढप्पा लगा हुआ कागज; रेलगाड़ी आदि से यात्रा करने तथा सिनेमा आदि देखने के लिये पैसा देकर कागज़ या दफ्ती का अंकित टुकड़ा।

टिकटिक[1]–घोड़ा हाँकते समय मुख से किया जानेवाला शब्द।

टिकटिक[2]–घड़ी के चलने से उत्पन्न शब्द।

टिकठी–तिपाही; बाँस से तैयार की गई एक रचना; अर्थी या मुर्दा ढोने की गाड़ी; एक प्रकार की त्रिभुजाकार संरचना जिस पर व्यक्ति को बाँध कर पीटा जाता है।

टिकड़ा–गोल अथवा चिपटी हुई वस्तु; आँच पर सेंकी हुई मोटी रोटी।

टिकना–ठहरना; वास के लिए स्थान; डेरा डालना; अस्थाई डेरा; कुछ काल के लिए कहीं पर ठहरना; तलछट के रूप में नीचे बैठना; किसी के लिए किसी समय लाभदायक होना।

टिपारी–टोकरी या डलिया।

टिपोर–अपनी बढ़ाई करना; डींग मारना।

टिपुर–अभिमान; गर्व; घमंड; पाखंड; आडम्बर।

टिप्पणी–व्याख्या; समीक्षा; पुस्तक के किनारे पर लिखी हुई टीका।

टिप्पी–उँगली के छोर की सहायता से बनाया गया निशान।

टिब्बा–उठा हुआ स्थान; टीला।

टिमाक–बनाव; ठसक; शृंगार।

टिरफिस–प्रतिवाद; विरोध; प्रतिपता; हठ।

टिर्राना–बुड़बुड़ाना; टर्राना।

टिलवा–लकड़ी का एक प्रकार का टेढ़ा मेढ़ा गँठीला टुकड़ा; नाटा व्यक्ति।

टिल्ल–ढकेलन; धक्का।

टिसुआ–आँसू; अश्रु।

टिहुकना–हिलना; काँपना; ठिठकना; जौंकना।

टीक–गले में पहनने का एक प्रकार का गहना।

टीकना–टीका या तिलक लगाना; दीवार आदि पर उँगलियों का चिह्न बनाना।

टीका–व्याख्या; टिप्पणी; विशिष्ट चिह्न; समीक्षा; पृष्ठ के नीचे की टिप्पणी; शीतला का टीका लगाना; वह चिह्न जो रोली, केसर या गीले चन्दन आदि से मस्तक, बाहु आदि अंगों पर शोभा के लिए अथवा पूजा पाठ आदि अनुष्ठानों में लगाया जाता है।

टीन–कलई की हुई लोहे की चद्दर; पानी पीने का छोटा गिलास।

टीपन–जन्मपत्री; राष्ट्रीयता; गाँठ।

टीपना–अंकित करना; गंजीफे का खेल जीतना; ऊँचे स्वर में गाना; टीप लगाना; प्रहार करना; धीरे धीरे ठोंकना; चौंपना।

टीबा–भीटा; टीला।

टीला–पृथ्वी के तल से ऊँचा भाग; मिट्टी या बालू का ऊँचा ढेर; छोटी पहाड़ी।

टीस–रह रहकर होनेवाली जोर की पीड़ा; कसक।

टुँगना–कोमल पत्तियाँ आदि दाँत से कुतरकर खाना; कुतरना।

टुंच–नीच; शुद्र; तुच्छ।

टुंटा; टुंडा–अंग विच्छेद किया हुआ; किसी वस्तु का काटने पर बचा हुआ भाग।

टुंड–किसी वस्तु (पेड़, शाखा) का काटने पर बचा हुआ भाग; बिना पत्तियों का पेड़ अथवा शाखा; अंग इत्यादि कटा होना।

टुंडी–नाभि; ढोढी; कटा हुआ हाथ; बिना हाथ की बाहु।

टुइयाँ–छोटी जाति का सुग्गा। बहुत नाटा या छोटा।

टुक–तुच्छ; महत्त्वहीन; तनिक; थोड़ा।

टुकड़गदा–भिखारी; घर घर रोटी माँगने वाला।

गरीब; तुच्छ; बेकार।

टुकड़तोड़–दूसरे के भरोसे जीनेवाला।

टुकड़ा–किसी वस्तु का हिस्सा; काटा हुआ अंश; खंड भाग; हिस्सा; ग्रास।

टुकड़ी; टुकरी–छोटा टुकड़ा; जूँ; मंडली; समुदाय; दल; झुंड; सेना का एक भाग; कपड़े का टुकड़ा।

टुघलाना–मुख में रखकर धीरे धीरे कुचलना; बार बार चबाना; पागुर करना।

टुच्चा–तुच्छ; नीच; ओछा; कमीना।

टुटका–जादुई सम्मोहन; रक्षा के लिए पहना हुआ यंत्र।

टुटपूँजिया–बहुत थोड़ी पूँजी, विद्या, धन आदि वाला।

टुंडी–नाभि; छोटा अंश।

टुनकार–घंटियों की लगातार बजने की ध्वनि।

टुनगा–टहनी का आगे का भाग; छोटी शाखा।

टुपकना–चुगली करना; धीरे से काटना या डंक मारना।

टुर्रा–एक छोटा अंश; कण (रेत का); माँस या रोटी को छोटा पतला अंश।

टुसियाना–कली खिलना।

टूँ–गुदा से वायु निकलने का शब्द।

टूँकना; टूँगना–छोटे टुकड़ों में करके खाना; कुतरना।

टूँड–एक प्रकार के डँसनेवाले कीड़े के मुख के आगे निकलती हुई दो पतली नलियाँ जिनको चुभाकर वे रक्त चूसते हैं।

टूँडी–नाभि।

टूक; टूकर–अति अल्प भाग; टुकड़ा; खंड; अंश।

टूठना–संतुष्ट होना; तृप्त होना; तसल्ली होना।

टूठनि–तुष्टि; तसल्ली; सन्तोष।

टूम–गहना; आभूषण; अलंकार; जेवर; ताना।

टूमना–ताना मारना; धक्का देना।

टें–चींख (तोते की)।

टेंगना; टेंगरा–एक प्रकार की मछली।

टेंट–कमर पर लपेटी हुई धोती की मुर्री; कपास का डोंडा।

टेंटा–एक प्रकार का पक्षी।

टेंटुआ–साँस लेने की वह नली जिससे गले से फेफड़ों तक हवा आती है; गला।

टेउकी–किसी वस्तु को लुढ़कने या गिरने से बचाने के लिये लगाई हुई वस्तु; चाँड़।

टेक–सहारा; अवरोध; रुकावट; आदत; आधार।

टेकर–टीला; भीटा; छोटी पहाड़ी।

टेकरा–टीला भाटा; छोटी पहाड़ी।

टेकला–धुन; रट; हठ।

टेकानी–वह लोहे की कील जो गाड़ी के पहिए को धुरे में रोकने के लिए बनाई जाती है।

टेकी–विश्वास योग्य; विश्वसनीय; अपनी प्रतिज्ञा पर दृढ रहनेवाला मनुष्य।

टेकुआ–सूआ; कते हुए सूत को लपेटने का चरखे का तकला; वह लकड़ी जिस पर कोई वस्तु अड़ाई जाती है।

टेम–दीपक की ज्योति; लौ।

टेमन–एक प्रकार का सर्प।

टेर[1]–गाने में ऊँचा स्वर; तान; टीप; दूर से पुकारने का शब्द; पुकार; हाँक।

टेर[2]–बिताया हुआ।

टेरना–ऊँचे स्वर में गाना गाना; समाप्त करना; पूरा करना; बिताना; निबाहना।

टेरनि–पुकार।

टेरा–पेड़ का धड़; वृक्षस्तम्भ।

टेला–विवाहोत्सव; विवाह के रीति रिवाज।

टेव–अभ्यास; बान।

टेवकी–नाव का सबसे ऊपर का छोटा पाल।

टेवा–जन्म कुंडली; जन्म पत्री; लग्न पत्रिका; वह लग्नपत्र जिसमें विवाह का दिन, घड़ी और पल आदि लिखा होता है।

टेवैया–हथियार चोखा करनेवाला; धार लगाने वाला।

टेसू–पलाश का फूल और उसकी महक; लड़कों का एक प्रकार का खेल जिसमें वे विजयदशमी के दिन गाते हुए द्वार द्वार घूमते हैं।

टेहला–कारज; टेला; अनुष्ठान; समारोह।

टैयां–एक प्रकार की छोटी चिपटी कौड़ी।

टोंक–टोक।

टोंका–कोना; छोर; किनारा।

टोंचना–चुभाना; गड़ाना।

टोंटा; टोंटी–पानी आदि गिराने के लिए पात्र में लगी हुई नली; पशुओं का थूथन।

टोइयाँ–एक प्रकार का छोटा सुग्गा जिसका ठोर पीला तथा कंठ बैगनी रंग का होता है।

टोई–सरकंडे का जोड़; पारी।

टोंगा–घोड़ा तांगा; इक्का; टाँगा।

टोंगू–एक प्रकार का छोटा सुग्गा।

टोंट–पक्षी की चोंच।

टोक–रोक; बाधा; व्यवधान; प्रश्न करके बातचीत में बाधा डालना; कुदृष्टि।

टोकरा–झाबा; डला।

टोकरी–छोटा डला; झाँपी।

टोका–एक प्रकार का कीड़ा जो उर्द की उपज को हानि पहुँचाता है।

टोकारा–सलाह देना; याद दिलाना।

टोकसी–नारियल की आधी खोपड़ी।

टोटका–तंत्र मंत्र; वह काली हाँडी जो उपज में कुदृष्टि न लगने के लिए टाँग दी जाती है; बुरी नजर के बचने के लिए पहना हुआ यंत्र।

टोटकेहाई–जादू टोना करनेवाली स्त्री।

टोटा–नुकसान; हानि; अंश; बाँस का खंड; बचा खुचा कपड़ा अभाव; कमी।

टोड़ा–गले का हार;. रुपये रखने की थैली; झोला; कलाई का आभूषण; घुँघरुओंवाली पायजेब।

टोड़ा–दीवार में गड़ी हुई खूंटी जो आगे की ओर लटकी हुई छाजन को सहारा देने के लिए लगाई ज़ाती है।

टोनहा–एक प्रकार की रागिनी।

टोना–तंत्र मंत्र का प्रयोग; जादू टोना; एक प्रकार का गीत जो विवाह के अवसर पर गाया जाता है; एक प्रकार की आखेटी चिड़िया।

टोप–सिर पर पहनने का एक प्रकार का बड़ा पहनावा; वह लोहे की टोपी जिसे सिर की रक्षा करने के लिए धारण किया जाता है; दरजी की अँगुली में पहनने की धातु की टोपी।

टोपी–स्त्रियों या पुरुषों के सिर ढापने की पोशाक; टोप; पगड़ी; मुकुट; वह थैली जो शिकारी जानवर के मुँह पर चढ़ाई रहती है।

टोर–कुल्हाड़ी; फरसा; कटारी।

टोरना–टुकड़ों में तोड़ना; टुकड़े करना; तोड़ना; अलगाना; आँख टोरना।

टोली–बस्ती का छोटा भाग; समूह; झुंड; मंडली; जत्था।

टोवना–अंधेरे में टटोलना; हाथ से स्पर्श करना।

टोवा–नदी की गहराई जाँचनेवाला नाविक।

टोह– अन्वेषण; खोज; ढूँढ; देखभाल।

टोहना–छूना; खोजना; पता लगाना।

टोंटी–नल; लोहे की मुंदरी; बंदूक का घोड़ा।

टोहना–सुराग लगाना; टटोलना; खोजना।

टोहाटाई–अन्वेषण; छानबीन।

टोहिया–भेदिया, जासूस।

टौरना–अन्वेषण; खोजबीन करना; पता लगाना; कसौटी पर कसना।

टौरिया–छोटी पहाड़ी; टीला।

ठ

ठ–संस्कृत और हिन्दी वर्णमाला का बारहवाँ व्यंजन, जो टवर्ग का दूसरा अक्षर है।

ठंठ–वह वृक्ष की शाखा जिसकी पत्तियाँ कटकर या सूखकर गिर गई हो; सूखा; परिवारशून्य।

ठंठार–खाली; रिक्त।

ठंठी–वह गाय अथवा भैंस जिसका बच्चा मर जाने पर भी वह दूध देती है।

ठंठपाल–दरिद्र; गरीब; निर्धन; धनहीन।

ठंड–शीत; शान्त।

ठंडई–एक प्रकार का द्रव्य जिसके पीने से शरीर में ठंडक पहुँचती है; ठँडाई।

ठंडक–जाड़ा; तृप्ति; संतोष; प्रसन्नता; रोग से शांति।

ठंडा–शीतल; जिसमें उष्णता न हो; उत्साहीन; जिसे शीघ्र क्रोध न आता हो; उदासीन; गंभीर।

ठंडाई–शरीर की गरमी को ठंडक पहुँचाने वाली दवा; पीसी हुई भांग

ठकुराइन–ठाकुर की स्त्री; स्वामिनी; गृहिणी; क्षत्रिय की पत्नी; हज्जाम की पत्नी।

ठकुराई–आधिपत्य; स्वामित्व; प्रभुत्त्व; उच्चता; महत्त्व; श्रेष्ठता; ठाकुर या जमींदार का कार्यालय अथवा अधिकार।

ठकोरी–साधुओं की कमर टेकने की विशिष्ट प्रकार की लकड़ी।

ठक्कर–टक्कर; दो वस्तुओं का परस्पर आपस में आघात।

ठग–छल; डाकू; लुटेरा; धोखा देकर किसी का धन हरनेवाला; वंचक;

लुटेरों तथा खूनी अपराधियों के गुप्त दल का सदस्य।

ठगई–डाका; बेईमानी; धूर्तता; छल; ठगों का कार्य।

ठगोरी–मोहित करने की शक्ति; जादू; टोना; छल; भुलावा; वंचकता।

ठट–भीड़; झुंड; जमावड़ा; समूह; पंक्ति; सजावट; बनावट।

ठटकीला–भड़कीला; अलंकृत।

ठटनि–रचना; बनाव; तैयारी; सजावट; आडंबर; सजधज।

ठटोली–ठठोली; अमोद-प्रमोद।

ठट्ट–समुदाय; समूह; झुंड।

ठट्ठा–चुहलबाजी; किरकिरी; अट्टहास; खिलवाड़; परिहास; छोटी सी बात; आसान विषय।

ठठकना–सुकड़ना; ठिठकना; स्थिर हो जाना; सहसा रुकना या ठहर जाना।

ठठना–डटना; अडिग होना; अचल होना; दृढ़ होना; गड़ जाना।

ठठरी–कंकाल मात्र रह जाना; ढाँचा; सेतुबंध; झोपड़ी का छप्पर डालना।

ठठाना–अनियत्रिंत होना; ठोंकना; जोर से पीटना।

ठठेर–महानता; उच्चता।

ठठेरा–ताँबे, पीतल आदि के पात्र बनाने वाला; चोली।

ठठोल; ठठोलिया–विदूषक; मजाकिया; अधिक परिहास करनेवाला; मसखरा।

ठड्डा–एक प्रकार का ढाँचा; पंतग के बीच की खड़ी सींक या तीली; रीढ़ की हड्डी।

ठढ़ा–सीधा स्थित; खड़ा।

ठढ़िया–काठ की ऊँची ओखली जिसमें खड़ा होकर धान कूटा जाता है।

ठनक–खनकने की ध्वनि (चाँदी के सिक्के की)।

ठनकना–ठनठन शब्द होना; तबला, ढोल आदि बजाना।

ठनगन–दृढ़ता से बार बार उपहार के लिए आग्रह करना; अड़; जिद; हठ।

ठनठनगोपाल–निर्धन या दरिद्र व्यक्ति; गरीब; मूल्यहीन वस्तु।

ठनना–दृढ़ संकल्प से किसी कार्य को आरम्भ करना; पक्का होना; शुरू करना; आरम्भ करना; उठना; दिखाई देना।

ठपका–झटकना या मारना; ठोकर; टक्कर; आघात; धक्का।

ठपना–दिमाग में जमाना; किसी वस्तु को स्थापित करना।

ठप–बंद; रुक; समाप्त।

ठप्प–जो पूरी तरह से बंद हो गया हो।

ठप्पा–साँचा; छापा; बेलबूटा आदि खुदा हुआ धातु या लकड़ी का टुकड़ा जिसमें रंग पोतकर कपड़े आदि पर छापा जाता है।

ठमक–चलते चलते रुक जाने का भाव; विलम्बकारी; रूकावट; ठहराव; लचक की चाल।

ठयना–समर्थन के साथ शुरू करना; तैयार करना; स्थापित करना; दृढ़ निश्चय से आरम्भ करना।

ठरन–अधिक जाड़ा।

ठरमरुआ–ठंड से अधमरा।

ठरिया–एक प्रकार का साधारण हुक्का जिसकी नली सीधी होती है।

ठर्रा–एक मोटा सूत; अधपकी ईंट; एक प्रकार की सस्ती तीव्र मदिरा।

ठलुआ–जिसे कोई काम न हो। एक बेकार अथवा आलसी व्यक्ति।

ठवनी–बैठने अथवा खड़े होने का ढंग; शरीर की स्थिति; आसन; मुद्रा।

ठवर–जगह; स्थान; ठौर।

ठस–मोटा; तगड़ा; मजबूत; कड़ा; ठोस; भीतर से भरा हुआ; घना; भारी; आलसी; कृपण; कंजूस।

ठहर–जगह; ठोर; स्थान; भोजन बनाने का स्थान; चौका; चूल्हे या चौके की लिपाई पोताई।

ठहरना–रुकना; ठहरना; आराम करना; प्रतीक्षा करना; खड़े होना; रहना; निवास करना।

ठहराना–चलने से रोकना; बंद करना।

ठहराऊ–दृढ़; पुष्ट; अधिक काल तक रहने वाला; निश्चय कराने वाला; ठहरने वाला; टिकाऊ।

ठहराव–स्थिरता; दृढ़ विचार निश्चय।

ठहरो–रूको!

ठहाका–अट्टाहस; ठहाका; जोर की हँसी; कहकहा।

ठांहिया–स्थान; ठाँव।

ठाँ–निवास; ठाँय; ठाँव।

ठाउँ–ठिकाना; स्थान; निवास; समीप; पास; निकट।

ठाठँ–शुष्क; रसहीन; नीरस; दूध न देनेवाली गाय।

ठांठा–स्वस्थ; पुष्ट; योग्य।

ठाँय–बंदूक छूटने का शब्द; स्थान; ठिकाना; ठौर; समीप; पास; कलह; झगड़ा; विवाद।

ठाँव–स्थान; निवास स्थान; जगह।

ठाँस–खाँसी।

ठाँसना–मुँह तक भरना; भकोसना; दबा दबाकर भरना; कसकर ठूँसना; कस कर भरना।

ठा–निर्धारित करना; ठानना; निश्चय करना।

ठाऊं–स्थान; ठाँव; जगह।

ठाकुर–देवता; देवता की मूर्ति; परमेश्वर; पूज्य व्यक्ति; स्वामी; मालिक; सरदार; जमींदार।

ठाकुराइन–ठाकुर की पत्नी।

ठाट[1]–भव्यता; वैभव; ठाठ।

ठाट[2]–लकड़ी या बाँस की फटिट्यों का बना हुआ टट्टर या परदा; शैली; आडंबर; धूमधाम; रचना।

ठाटबाट–शोभा; भव्यता; वैभव; तड़क भड़क; आडम्बर; दिखावा; सजधज; सजावट; श्रृंगार।

ठाटर–बाँस के दवारा बनाया गया एक प्रकार का ढाँचा; कबूतर के बैठने की छतरी।

ठाटी–समूह; समाज; झुंड; भीड़।

ठाड़ा–सीधा खड़ा होने की स्थिति।

ठाठ–भव्यता; वैभव; ठाट।

ठाठा–सांड का कूबड़।

ठाढ़ा–खड़ा; सीधा; समूचा; उत्पन्न; ठहरने का स्थान; ठहराना; टिकाना।

ठादर–[illegible]; झगड़ा; हल्की लड़ाई।

ठान–कि[illegible] कार्य का आरंभ; छिड़ा हुआ कार्य; [illegible]नुष्ठान।

ठानना–निश्चित करना; पक्का करना; तत्परता सहित किसी कार्य को आरंभ करना।

ठाना–निश्चित करना; स्थापित करना; ठानना; दृढ़ता के साथ किसी कार्य को प्रारम्भ करना।

ठाम–निवास स्थान; जगह; गाँव; संस्थापन।

ठायँ–नियत स्थान; ठाँव।

ठार–ठौर।

ठार–अधिक शीत; पाला; हिम; गहरा जाड़ा।

ठाल–अवकाश; छुट्टी।

ठाला–आय अथवा आमदनी की चाहत; बेरोजगारी।

ठाली–बेकाम; बेकार; ठाला; निठल्ला।

ठावँ–स्थान।

ठासा–धातु की चादर को मोड़ने का उपकरण।

ठाहर–स्थान; जगह; रहने का स्थान; ठिकाना।

ठिंगना–छोटे डील डौल का; कम ऊँचा; नाटा।

ठिक–धातु का टुकड़ा।

ठिकठौना–समायोजन; व्यवस्था; प्रबंध।

ठिकड़ा–ठीकरा।

ठिकना–ठहरना।

ठिकरा–गोबर का चोथ; मिट्टी के बर्तन का टुकड़ा।

ठिकरी–स्फटिक; ठीकरी।

ठिया–ठहरने का स्थान; बढई का कारखाना।

ठिर–गहरी ठंड; कड़ाके की सर्दी।

ठिलना–तेजी से घुसना; ठेला जाना।

ठिलिया–मिट्टी का छोटा घड़ा; मटकी।

ठिलुआ–बेकार; निकम्मा; अयोग्य; कुपात्र।

ठिल्ला–एक बड़ा मिट्टी का बर्तन; घड़ा।

ठिल्ली–एक छोटा मिट्टी का बर्तन; छोटी गगरी।

ठिव्व–स्थान।

ठिहारी–पड़ाव; स्थिर; प्रतिज्ञा; वचन; निश्चय; पक्की।

ठीक–विशुद्ध; यथोचित; योग्य; सटीक; सही; उचित; संगत; यथार्थ; प्रासंगिक; ठीक; वास्तविक; अखंड; पूर्ण; तर्कसंगत; यथाक्रम; उचित; सच्चा; उपयुक्त; उचित।

ठीकठाक–उचित प्रबंध; बंदोबस्त।

ठीकरा–पुराना बरतन; भीख माँगने का पात्र; बेकार; तुच्छ; व्यर्थ।

ठीकरी–तुच्छ पदार्थ; निकम्मी।

ठीका–किसी व्यक्ति को किसी निर्धारित समय में कोई कार्य पूरा करने के लिए उत्तरदायी बनाना।

ठीवन–थूक; खखार।

ठीह–घोड़े की हिनहिनाहट।

ठुठ–बिना डाल पात का सूखा पेड़ या उसका तना; बीच में छोड़ा हुआ कार्य।

ठुकना—घुसाना; पीटना; डुबाना; मारना; मार खाना; आघात सहना।

ठुकराना—पैर से मारकर पिटवाना; अस्वीकार करना; इन्कार करना।

ठूंग—पक्षी की चोंच; चोंच मारने की कला।

ठूंठ—सूखा हुआ पेड़; अँगूर का ताजा रस।

ठूँसना—बल के साथ कसकर भरना; लोभता के साथ खाना।

ठेंगा—छोटा डंडा; अँगूठा; अपनी बात से मुकरना।

ठेंठी—दृढ़ निश्चय; कान का मैल; काग; रोकनेवाला डट्टा।

ठेंपी—डाट; काग; रोकनेवाला डट्टा।

ठेक—सहारा।

ठेका—आराम या रुकने का स्थान; अड्डा; सहारा; हटाना; प्रहार।

ठेकाई—कपड़े अथवा दरेस के किनारे की छपाई।

ठेकेदार—संविदाकार; ठीकेदार।

ठेगना—रोकना; शेष निकालना; सहारा लेना; मना करना।

ठेघा—सहारा; स्तंभ।

ठेठ—शुद्ध; खरा; वास्तविक; अकृत्रिम; निरा; मुहावरेदार भाषण।

ठेगी—डाट; रोकनेवाला डट्टा।

ठेला—धक्का; छोटी गाड़ी जिसका पहिया सहज से हटाया जा सकता है; भीड़ भाड़।

ठेली—छोटी हाथ गाड़ी।

ठेस—हल्की चोट; धक्का; टक्कर।

ठेसरा—उपहास; ताना मारना।

ठेही—गन्ने को छोटे छोटे टुकड़े में काटा हुआ; गंडेरी।

ठेहुना—घुटना; ठेवना।

ठैकर—एक प्रकार का नींबू की तरह का खट्टा फल।

ठैन—निवास स्थान; जगह।

ठोंग—चोंच; मुट्टी बनाकर किया गया प्रहार।

ठोंठ—लम्बी चोंच।

ठोंठी—चने का बीज; फली।

ठोंसा—धातू के बर्तन बनाने का साँचा; ठस्सा।

ठोकना—घन से पीटना; गढ़ना; पूरी जोर से आगे सरकना।

ठोकर—धक्का; पैर से धक्का या आघात; जूते का अगला हिस्सा।

ठोकवा—गुड़ आदि की बनी हुई मोटी रोटी।

ठोका—कलाई में पहनने का एक प्रकार का आभूषण; कंगना।

ठोट—मंदबुद्धि; निर्बुद्धि; मूर्ख।

ठोठ—मूर्ख; अरोचक।

ठोठरा—खाली; रिक्त; खोखला।

ठोड़ी—ठुड्डी।

ठोप—पानी की बूँद; रिसना।

ठोर—एक प्रकार का मिष्ठान; चोंच।

ठोला—छोटा पतीला।

ठोस—तत्त्वपूर्ण; सघन; पुष्ट; जो पोला न हो; दृढ़।

ठोहना—खोजना; पता लगाना।

ठोहर—दुर्लभता; अकाल।

ठौनी—स्थान; प्रदेश; जगह।

ठौर—ठिकाना; निवास स्थान; मौका; अवसर।

ड

ड—संस्कृत और हिन्दी वर्णमाला का तेरहवाँ व्यंजन; जो टवर्ग का तीसरा अक्षर है।

डंक—कटा अथवा घाव का निशान; दंश; कलम की नोंक।

डंकना—भारी शोर के साथ चीखना; गरजना।

डंका—एक प्रकार का नगाड़ा; खुल्लम खुल्ला सबके सामने कहना; सबको सुनाकर कहना

डँकिनी—राक्षसी; डायन; डाकिनी।

डँगज्वर—डेंगू ज्वर।

डँगवारा—एक प्रकार की सहायता जो किसान लोग जोआई बोआई में परस्पर लेते देते है।

डंटैया—छेड़ छाड़ करनेवाला; सतानेवाला।

डंठल—छोटो पौधों की शाखा या पेड़ी।

डंठा—डंठल।

डँठी—डंठल।

डंड—लाठी; डंडा; बाँह; बाजू।

डँडवत—लंबा पड़ा हुआ; दंडवत।

डँडवारा—चहारदीवारी; खेत की मेड़।

डंडवी—दंड या कर देनेवाला।

डंडा—लाठी; सोटा; मोटी छड़ी; तराजू का लट्ठा।

डंडाल—डंका; नगाड़ा।

डँडिया—एक प्रकार की साड़ी जिसे होली के त्यौहार पर स्त्रियाँ धारण करती हैं।

डंडी—छोटी, सीधी और पतली लकड़ी; तराजू का डंडा; धुरा; पौधे की शाखा जिस पर फूल खिलते हैं।

डंडीर—सीधी रेखा या लकीर।

डंडोरना—उलट पुलट कर खोजना।

डंबर—आडंबर; दिखावा; भड़कीलापन; कृत्रिम सौन्दर्य; चोंचलेबाजी; ढकोसला।

डँवरुआ—वातरोग; गठिया।

डँस—डाँस।

डँसना—डंक।

डक—एक प्रकार का मज़बूत मोटा कपड़ा।

डकई—कदली की एक किस्म।

डकरना—डकार लेना; खाकर तृप्त होना।

डकार—गरजना; दहाड़; उदगार।

डकैत—डाकू; लुटेरा।

डकैती—लूट; दलबंद डाकूओं द्वारा लूट।

डग—लम्बे लम्बे कदम भरना।

डगडगाना—काँपना; हलचल मचाना; कमजोरी या उत्तेजना से कंपित होना; अस्थिर होना; लड़खड़ाना।

डगर—पथ; रास्ता; मार्ग।

डगरा—मार्ग; रास्ता; छबड़ा।

डगा—एक प्रकार की लकड़ी जिससे नगाड़ा बजाया जाता है।

डट—चिह्न; संकेत।

डटना—स्थिर रहना; सीधे खड़े रहना; अड़ना।

डट्ठा—रोकनेवाला डट्टा; डाट।

डड्ढार—बड़ी दाढ़ीवाला; मजबूत दिल वाला; बहादुर; हिम्मतवाला।

डढ़–जलाना।

डढन–एक प्रकार की मछली।

डढ़ना–झुलसना; जलना।

डढ़ही–एक प्रकार की मछली।

डढ़ियल–दाढ़ीवाला।

डड्ढना–जलाना।

डपट–फटकार; डाँट; झिड़की।

डपोरशंख–वह जो बड़ी बड़ी बातें करता है परन्तु करता कुछ नहीं; डींग मारनेवाला।

डप्पू–विशाल; विस्तृत; दीर्घकाय जीव।

डफ–डफला; लवनी गायकों द्वारा उपयोग में लायी जानेवाली खँजड़ी।

डफली–छोटा डफ; खँजड़ी।

डफार–जोर से चिल्लाना; चिंघाड़।

डफाली–डफली बजानेवाला; नगाड़िया।

डफोरना–चुनौती देना; ललकारना।

डब–थैला; जेब।

डबकना–टपकना; टीसना; दर्द करना।

डबका–भय; डर।

डबकौंह–अश्रुपूर्ण।

डबकौहाँ–आसूँओं से परिपूर्ण; उत्तेजित; उद्विग्न; व्याकुल।

डबडबाना–आँखों में आँसू भर आना।

डबरी[1]–पानी का ताल; नाली; छोटा गड्ढा।

डबरी[2]–एक प्रकार का मिट्टी का पानी भरने का छोटा पात्र; कुल्लहड़।

डबी–डब्बी।

डब्बा–रेलगाड़ी की एक कोठरी जिसमें सोने तथा बैठने की सुविधा होती है; टिन का बक्सा; ढँकना लगा हुआ बक्सा।

डभकना–पानी में डूबना; आँखों में आँसू भर आना।

डरिया–छोटी शाखा; डाली; डलिया।

डरीला–शाखायुक्त।

डरेया–डरावना; भयानक; खौफनाक।

डरेस–एक प्रकार का कपड़ा; दरेस।

डरैला–डरानेवाला; डरावना।

डल–टुकड़ा; अंश; खंड।

डलई–डलिया।

डलना–डाला जाना।

डला–खंड; टुकड़ा; अंश; सींक की बनी हुई टोकरी अथवा डलिया।

डलिया–छोटा टोकरा; बाँस की टोकरी; बाँस का बना हुआ एक प्रकार का पात्र जो डाले से छोटा होता है।

डली–छोटा टुकड़ा; समूह; थोड़ा; सुपारी।

डल्लक–बाँस आदि का बना हुआ पात्र; बेंत।

डस–तराजू के पलड़ो की रस्सी; कपड़े के किनारे के धागे जो बुने हुए नहीं होते है।

डसना–डंक मारना; साँप, बिच्छु आदि जहरीले जंतुओं का दाँत से काटना।

डहक–सिसकना; चिल्लाना; दहाड़ना; आँसू गिराना।

डहका–धोखा देना।

डहडहा–ताजा; हरा भरा; खिला हुआ; आन्नदित; हर्षित; लहलाता हुआ।

डहना[1]–पक्षी के पंख।

डहना[2]–ईर्ष्या करना; चिढ़ना; जलना; द्वेष; घृणा।

डहर–पथ; मार्ग; रास्ता; पगडंडी; आकाश गंगा; असंख्य तारों की चमकती हुई पंक्ति।

डहरना–भ्रमण करना; चलना; घूमना।
डहरा[1]–दलदली भूमि।
डहरा[2]–किसी की ओर निहारना।
डहार–तंग करनेवाला; कष्ट देनेवाला।
डाँक–छलाँग भरना अथवा कूदना।
डाँकना–फाँदना; पैर फैलाकर बैठना; लंबे कदम भर कर पार करना; उबकाई आना; कय करना; उल्टी करना।
डाँकिनी–डाकिनी।
डाँकू–डाकू; लूटेरा।
डाँग–पहाड़ की चोटी; उच्च भूमि; कटी हुई जमीन।
डाँगर–चौपाया; एक नीच जाति।
डाँवरी–बेटी; कन्या।
डाँवरू–बाघ का बच्चा।
डाँवाडोल–अस्थिर; लहराता हुआ; घूमता हुआ; विचलित; चंचल; हिलता हुआ।
डाँस–बड़ा मच्छर; कुकुरौंछी।
डा–मुखड़ा।
डाइन–भौंडी स्त्री; जादुगरनी; कुरूप स्त्री; जादू करनेवाली।
डाक–डाक में डाली गई चिट्ठी; वह स्थान जहाँ गाड़ी के घोड़े बदले जाते है; नीलामी में बोले जानीवाली घोषणा।
डाकखाना–डाक घर।
डाकगाड़ी–वह रेलगाड़ी जो डाक ले जाती है।
डाकघर–डाकखाना; डाक की मोहर।
डाकटरी–चिकित्सा संबंधी शिक्षा; डॉक्टर का कार्य अथवा व्यवसाय।
डाकना[1]–वमन करना; उल्टी आने को होना; पेट से निकलना; लंबे कदम भर कर पार करना।
डाकना[2]–लाँघना; कूँदना; फाँदना।
डाक-बंगला–अफसरों या परदेशियों के टिकने का सरकारी मकान।
डाकर–सूखे हुए तालाब की मिट्टी जो धूप से फट जाती है।
डाका–लूट; छापा; माल लूटने के लिए लुटेरों द्वारा किया गया धावा।
डाकिन;–डाकिनी–औरत जो डाका डालती है; पिशाचनी; चुड़ैल; डायन।
डाकिया–वह व्यक्ति जो डाक ढोता है; पोस्टमैन।
डाकू–डाका डालनेवाला; लुटेरा; डकैत।
डाकोर–विष्णु भगवान।
डाख–ढाक का पेड़।
डाग–ढोल आदि बजाने की लकड़ी।
डागा–वह डंडी जिससे नगाड़ा बजाया जाता है।
डाची–एक जवान ऊँटनी जिसने एक बछड़ा पैदा किया हो; पहलौटी ऊँटनी।
डाट–टेक; डट्टा; मेहराब के बीच का पत्थर या ईंट।
डाबा–डब्बा।
डाभ–कुश जैसी एक घास; डाब; कच्चा नारियल।
डाभक–ताजा पानी जो तुरन्त कुँए से निकाला गया हो।
डाभर–आंदोलन; दिखावा; आडम्बर; प्रदर्शन।
डामर–साल पेड़ की राल।

डामर–डाबर।

डायन–राक्षसी; कुरूप स्त्री; डाइन।

डायरी–एक व्यक्तिगत पुस्तक।

डार–शाखा; टहनी; डलिया; टोकरी; फूल आदि रखने की डलिया।

डाल–शाखा; टहनी।

डालना–उड़ेलना; रखना; मिलाना; फैलाना; घुसाना।

डाली–फूल, फल या खानेपीने की वस्तुएँ सजाकर भेंट में भेजी जानेवाली सौगात।

डाबरा–बेटा; पुत्र।

डाबरी–बेटी।

डास–फैलाना; बिस्तर लगाना।

डासन–बिछावन; बिस्तर।

डासना–फैलाना; बिछाना।

डासनी–पलंग; चारपाई।

डाह–ईर्ष्या; जलन; डाह; द्वेष; घृणा; दुरभावना; बैर; वैमनस्य।

डाहना–मानसिक दुख; छेड़ना; चिढ़ाना; तंग करना; यातना; उत्पीड़न; घबड़ाना; जलाना।

डाही–ईर्ष्यालू; पापात्मा; कष्ट देनेवाला; जलानेवाला; मन में वैमनस्य रखनेवाला।

डाहुक–विद्वेषी; दुख देनेवाला; एक प्रकार का पक्षी (नीलकंठ)।

डिंगर–मोटा व्यक्ति; दुर्जन; बदमाश; धूर्त; दुरात्मा; नीच; दुष्ट व्यक्ति; दास; पालतु गाय अथवा भैंस आदि के गले में बाँधी जानेवाली लकड़ी।

डिंगल–राजपूताना के चारणों या भाटों की काव्यभाषा।

डिंब–हल्की लड़ाई; झगड़ा; अंडा; गोल वस्तु; गर्भाशय; मुत्राश्य; प्लीहा; एक प्रकार की मछली।

डिंभ[1]–शिशु।

डिंभ[2]–अभिमान; दंभ।

डिभक–शावक; छोटा बच्चा।

डिभिया–अभिमानी; पाखंडी; दंभी।

डिगना–हिलाना; पग; ठोकर खाना; गिरना; हटना; वचनभंग करना; एक स्थान से दूसरे स्थान पर स्थानांतरित करना।

डिगाना स्थिर स्थान से हटाना; हिलाना।

डिगिस–मेज।

डिठार; डिठियार–सामान्य आँखवाला।

डिठियारो–आँखोंवाला।

डिढ़िया–अत्यधिक लालची।

डिबिया–ढक्कनदार छोटा डिब्बा।

डिब्बा–डब्बा।

डिब्बी–एक छोटे आकार का डब्बा।

डिंभकना–मोह लेना; मोहित करना।

डिमाई–18 22 इंच की कागज की नाप।

डिम्ब–डर; गर्भ; भ्रूण; अशांति; उपद्रव; अर्भक; प्लीहा।

डिम्बक–बालक।

डिम्बज–अंडे से पैदा होनेवाला।

डिम्बाहब–वह युद्ध जिसमें प्रदेश का राजा हिस्सा नहीं लेता।

डिम्भ–बच्चा; मूर्ख; अल्पमति।

डिल–ऊन की लच्छी।

डिल्ला–बैल के कंधे पर का उठा हुआ कूबड़।

डियट–छोटा दीपक।

डिंगिया–डींगमार; अपनी बढ़ाई करनेवाला।

डींग–शेखी।

डुंग–ढेर; टीला; डूह; छोटा पहाड़।

डुक–घूँसा; मुक्का।

डुकड़ी–दो घोड़ों की बग्गी।

डुकरिया–बुढ़िया।

डुकियाना–घूँसा अथवा मुक्का मारना।

डुक्कर–सुअर।

डुण्डुभ–पानी का साँप।

डुपटना–कपड़े को दोहरा करना।

डुबकी–दाल से बना हुआ एक प्रकार का व्यंजन (बड़ी); डुबकी लगाना; पानी में डूबने की क्रिया।

डुबान–गहराई; गहरा स्थान; डुबकी लगाना।

डुबाना–गोता देना; मग्न करना; पानी में डुबोना; नष्ट करना; विनाश करना; विध्वंस करना।

डुबाव–डुबने भर की जल की गहराई।

डुब्बी–डुबकी।

डुभा–भोजन करने के लिए एक प्रकार का बड़ा और छोटा बर्तन।

डुरी–डोरी।

डुलना–आकर्षक चाल।

डुलाना–हिलाना; हलचल मचाना; दूर करना; घुमाना; किसी वस्तु को गति देना; हरकत में लाना।

डूँगर–ऊँची जमीन; ढूह; टीला।

डूँगरी–छोटी पहाड़ी।

डूँडा–एक सींगवाला बैला अथवा जिसका एक सींग टूट गया हो।

डूगर–टीला।

डूबना–गोता लगाना; पानी में मग्न होना।

डूमर–गूलर का पेड़।

डेंगा–छोटी नौका।

डेंडहा–एक प्रकार का पानी का साँप।

डेढ़–एक पूरा और आधा।

डेकारना–डकारना; गरजना।

डेग–देगची; देग़।

डेगची–पकाने का एक प्रकार का बर्तन।

डेरा–निवास स्थान; टिकाव; अल्पकालिक निवास।

डेल–आकृतिहीन ढेर; खंड; टुकड़ा; रबी की फसल के लिए जोतकर छोड़ी हुई भूमि।

डेला–आँख का कोया; डेल; ढेला।

डेली–बाँस की बनी हुई एक प्रकार की डलिया।

डोंडहा–एक प्रकार का पानी में रहने का साँप।

डोंडा–एक प्रकार की बंदूक के लिए कारतूस की पेटी; बड़ी इलायची।

डोंडी–एक छोटी फली; टोंटी।

डोई–कटोरे में बेंट जड़ी हुई करछी जिससे हलवाई लोग घी, चाशनी आदि कड़ाहे से निकालते हैं।

डोकरा–अशक्त बुड्ढा आदमी।

डोकरी–बुड्ढी स्त्री।

डोकिया; डोकी–एक प्रकार का काठ का छोटा बर्तन।

डोडो–बत्तख के आकार का एक पक्षी जो अब दूर्लभ जाति है।

डोनी–छोटी नाव।

डोब; डोबा–डुबकी; गोता; जलाश्य।

डोम–हिन्दू धर्म की एक अनुसूचित जाति; शमशान में मृतकों के लिए आग देने का काम करनेवाली एक जाति।

डोमकौआ–एक प्रकार का बड़ा कौआ जिसका रंग बहुत काला होता है।

डोमड़ा–झाड़ू देनेवाला; डोम।

डोमनी–डोम जाति की स्त्री।

डोर–सूत; रस्सा।

डोरा–पतला बटा हुआ धागा; सूत; तागा; लकीर; तलवार की काटने की धार; आँख की लाल नसें।

डोरी–रस्सी; बंधन; पाश; जाल में फँसना।

डोरे–संगत या साथ देना; साथ साथ।

डोलची–एक प्रकार की छोटी बाल्टी; छोटा डोल।

डोलडाल–चलना फिरना; पखाना जाना।

डोला–स्त्रियों की एक सवारी जिसे कहार ढोते है; पालकी।

डोलना–हिलाना; चलायमान करना; हिलान।

डोली–मुर्दा ले जानेवाली गाड़ी; अरथी।

डोसा–पिसे हुए चावल या उड़द की दाल से बननेवाला एक दक्षिण भारतीय पकवान।

डोहरा–चम्मच।

डोड़सा–फूँसी; मस्सा; मुँहासे।

डौंडी–ढोल बजाकर सरकारी मुनादी करना; घोषणा करना; विजय घोषणा।

डौआ–लकड़ी अथवा काठ का बना हुआ एक प्रकार का बड़ा चम्मच।

डौल–प्रकार; रूप; आकार; ढंग; रीति; ढाँचा; बाह्य आकार; किसी वस्तु या व्यक्ति का बाहरी आकार।

डौलडाल–चालाकी; उपाय।

डौलना–छवी में उतारना; किसी प्रकार का रूप देना; दुरूस्त करना।

डौला–कलाई।

डौलियाना–ढंग पर लाना।

ड्योढ़ा–एक पूरा और आधा।

ड्योढ़ी–घर का प्रमुख द्वार; डेवढ़ी; ओसारा; फाटक; चौखट; दहलीज़।

ड्योढ़ीदार–चौकीदार; प्रतिहारी; द्वारपाल।

ढ

ढ–संस्कृत और हिन्दी वर्णमाला का चौदहवाँ व्यंजन; जो टवर्ग का चौथा अक्षर है।

ढ–बड़ा ढोल; कोलाहल; कुत्ता।

ढँकना–ढाँपना; ढकना।

ढंग–विधि; ढंग; रीति; शैली; तरीका; तर्ज; चलना; प्रणाली; पद्धति; तौर तरीका।

ढंगलाना–फिसलना; लुढ़कना।

ढंगी–कुशल; चतुर; चालाक; तीक्ष्णबुद्धि।

ढंढार–अत्यंत जीर्ण।

ढंढोई–गर्म गन्ने के रस से निकला मैल; राब।

ढँढोर–आग की ऊँची लपट।

ढंढोरची–मुनादी करनेवाला; ढँढोरा पीटनेवाला।

ढँढोरा–घोषणा करने का ढोल; मुनादी।

ढकना–ढाँकना; छिपाना।

ढकनी–कसोरा; ढाँकने की चीज।

ढका–धक्का; प्रहार; एक प्रकार का बड़ा ढोल।

ढकिल–गुस्से से भर कर किया हुआ आक्रमण; भयंकर आक्रमण।

ढकेलना–ठेलकर गिराना; धक्का देकर आगे बढ़ाना; ढकेलना।

ढकोसना–बड़े बड़े घूँटो में पीना; भोजन निगलना।

ढकोसला–पाखंड; झूठा दिखावा।

ढक्कन–ढाँकने की वस्तु; ढकना।

ढक्का–बड़ा ढोल।

ढंकण–कीचड़।

ढचर–प्रपंच; आडंबर; पाखंड; दिखावा।

ढटींगड़–मोटा ताजा आदमी।

ढढ्ढा–बहुत बड़ा।

ढड्ढी–बातूनी बुढ़ी स्त्री।

ढप्पू–बहुत बड़ा; विस्तृत; विशाल; व्यापक।

ढब–आदत; तौर; तरीका; तरह; बनावट।

ढबकी–चीनी बनाने के कारखाने में मशीन से साथ बांधी हुई रस्सी; डोरी।

ढबरी–डूबनेवाली जमीन।

ढबीला–शालीन; सुंदर; मनोहर; चालाक।

ढब्बूस–बड़ौल; भारी; मोटा।

ढबूस–माँसल; मोटा; स्थूलकाय।

ढरकना–नीचे की ओर जाना; तरल पदार्थ की तरह बहना; गिरकर बहना।

ढरका–चौपायों को दवा पिलाने की लिए बाँस की पतली नली।

ढरकाना–पानी आदि को पात्र से गिराना।

ढरकी–बाने का सूत फेंकने का जुलाहे का एक साधन; छोटा ढरका।

ढरहरना–सरकना; झुकना।

ढरहरी–एक प्रकार का पकवान; पकौड़ी।

ढर्रा–आदत; तौर तरीका; मार्ग; शैली; ढंग; उपाय।

ढलक–झूलना; फिसलन।

ढाढ़ी–एक प्रकार की नीच जाति।

ढाना–ध्वस्त करना; गिरना; मकान आदि को नेस्तनाबूद करना।

ढापना–ढाँपना।

ढाबर–मटमैले तथा गंदले पानी का तालाब।

ढार–'ढालुआँ' होने का भाव; ढाल; उतार; पथ; मार्ग; ढाँचा; रचना; बनावट।

ढारना–विनाश करना; गिरना; भ्रष्ट करना; नष्ट करना।

ढारस–सांत्वना; आश्वासन; साहस; हिम्मत।

ढाबा–एक स्थान जहाँ से रोटी तथा खाने पीने का सामान खरीदा जा सके।

ढामक–ढोल, नगाड़ा इत्यादि का शब्द।

ढाल[1]–ढाल; रक्षा करनेवाला भाग।

ढाल[2]–आदत; उतार; ढालुँवा भूमि; ढंग; तरीका।

ढालना–पानी को कोई तरल पदार्थ नीचे गिरना; उड़ेलना; शराब/मदिरा पीना; रचना करना; साँचा बनाना; आकार देना; तिरस्कार करना।

ढालवाँ; ढाल–जो बराबर नीचा होता गया हो; जिसमें ढाल हो; ढालू (स्थान); जो साँचे में ढालकर बनाया गया हो।

ढाली–जिसके पास ढाल हो।

ढास–लुटेरा; डाकू।

ढासना–सहारा; टेक।

ढाह–कटी हुई जमीन।

ढाहना–विध्वंस करना; विनाश करना; नष्ट करना; ध्वस्त करना।

ढाहा–बहुत ढलुआ; नदी की तरह ढलान।

ढिंढोर–पूरी तरह तलाशना।

ढिंढोरना–खोजना।

ढिंढोरा–ढोल बजाकर सरकारी मुनादी करना।

ढिकलना–धक्का देना।

ढिग–समीप; निकट; पास; किनारा।

ढिंगाड़–ढेर; समूह।

ढिठाई–निर्लज्जता; घृष्टता; दु:शीलता।

ढिबरी–लोहे का चूड़ीदार डाट जो पुर्जे आदि से कसा जाता है।

ढिमका–कोई व्यक्ति।

ढिलाई–मन्दता; आलस्य; शिथिलता।

ढिल्लड़–आलसी; लापरवाह; ढिलाई करने वाला।

ढिसर–ढहना; असफल होना।

ढींगर–तगड़ा मनुष्य; अधिक लंबा चौड़ा व्यक्ति; पति या उपपति।

ढींढा–मटका पेट; गर्भ; फूला हुआ।

ढीट–चिह्न; लकीर; रेखा।

ढीठ–असभ्य; उद्दंत; बेअदब; निडर; भयरहित; अड़ियल; हठी।

ढीम–बड़ी पत्थर की पटिया; मिट्टी का ढोंका।

ढील–विश्राम; शिथिल; आलस्य; सुस्त; देर करना; लापरवाही; मन्दता।

ढीलना–आराम करना; ढीला करना; बंधन मुक्त करना।

ढीला–जिसमें तनाव न हो; शिथिल; पतला; मन्द; सुस्त।

ढीह–ढूह; ऊँचा टीला।

ढुंढ–ठग; चोर; लुटेरा; उचक्का।

ढुंढपाणि–गणेश की उपाधि।

ढुंढा–एक राक्षसी का नाम जो हिरण्यकश्यप की बहिन थी।

ढुंढिराज–श्री गणेश का विशेष नाम।

ढुकना–प्रवेश करना; घुसना; बेधन करना; अचानक आक्रमण करना; नजरों से किसी चीज को छुपाना।

ढुकली–पानी भरकर उठाने का उपकरण; ढेकली।

ढुड़–कूल्हा; पुट्ठा; कुश्ती के दौरान उठाकर दे मारना।

ढुरकना–फिसलना; डगमगाना; लुढ़कना; फिसलकर गिर पड़ना।

ढुरना–डगमगाना; काँपना; लहराना; फिसलना; किसी कार्य में मग्न होना; लुढ़कना; खुश होना; चमकना।

ढुरहुरी–रास्ता; पथ; पगडंडी; फिसलने की क्रिया।

ढुलकना–गिरना; फिसलना; लुढ़कना।

ढुलाना–ढालना; लुढ़काना; गिराना; फिसलाना।

ढुलाई–माल भाड़ा।

ढूँढ–पता लगाना; खोज।

ढूँढना–खोजना; पता लगाना; अन्वेषण करना।

ढूह; ढूहा टीला।

ढेंक–सदा पानी के पास रहनेवाली एक प्रकार की चिड़िया।

ढेंकली–सीसा जैसा दिखनेवाला एक प्रकार का उपकरण जिसे पानी निकालने के काम में लाया जाता है; चावल को पीसने का उपकरण।

ढेंकी–धान कूटने का उपकरण।

ढूँढार–ढूँढ।

ढेंपुनी–बीज का नुकीला कोना; चूंची।

ढूक–दबकना; चोरी से देखना; ताँका झाँकी।

ढूह–टीला; तंग घाटियों के बीच।

ढेंका–तेल के बीजों को पीसने के उपयोग में लाये जानेवाला उपकरण; मूसल।

ढेंखर–काँटो की एक गठरी जिसे एक साथ बांध कर पट्टे की तरह उपयोग किया जाता है।

ढेंगा–एक प्रकार का भारी लकड़ी का टुकड़ा।

ढेंडस–एक प्रकार का पौधा जिसे ओकरा कहते है; भिंडी।

ढेंढ–एक और आधा; ढेढ।

ढेंढी–ढेर।

ढेंपी–समूह।

ढेंरा–तिरछी नजरों से देखना; टेरा।

ढेड–मूर्ख; मंदबुद्धि।

ढेड़–ढेर; समूह।

ढेढ–कौआ; निम्न सामाजिक स्थिति रखनेवाले एक समुदाय का नाम जिसके सदस्य चर्मकार के साथ कार्य करते हैं।

ढेढा–फली अथवा बीज।

ढेन–गाय; धेनु।

ढेपा–मिट्टी का ढेर।

ढेबरी–ढिबरी।

ढेर–समूह; पुंज; अधिकता।

ढेरी–छोटा ढेर।

ढेरों–काफी।

ढेलवाँस–ढेला फेंकने का रस्सी का बना हुआ फंदा।

ढेला–पत्थर अथवा ईंट इत्यादि का टुकड़ा; खंड; अंश; आँखो की गोली; एक प्रकार का धान।

ढैया–ढाई सेर तौलने का बटखरा।

ढोंकना–पीना।

ढोंका–पत्थर आदि का छोटा टुकड़ा; पिंड; रोड़ी।

ढोंग–चाल; धोखा; पाखंड; चालाकी।

ढोंगी–पाखंडी; धोखेबाज; चालबाज; ढोंग करनेवाला।

ढोंडी[1]–चावल के बीच उगनेवाली एक प्रकार की घास जो छोटे पौधों को खराब कर देती है; खरपतवार।

ढोंडी[2]–लड़की; ढोटी।

ढोंढ–बीज; पोस्ते; कपास।

ढोंढा–फली।

ढोक–जल्दी से निगलना; ढोंक।

ढोकना–जल्दी से बहुत सारा निगलना; गटागट खाना।

ढोका–नमक के समूह के समान एक छोटा टुकड़ा; पत्थर या और किसी चीज का बड़ा अगढ़ टुकड़ा।

ढोना–सिर या पीठ प बोझ लादरक ले जाना; भार ले चलना; उठा ले जाना; सिर अथवा कंधे पर भार उठाना; निर्वाह करना; प्रतिपादन करना।

ढोबरा–छिद्र; दरार।

ढोरना–लुढ़काना; ढरकाना; ढालना; डुलाना (चँवर आदि); जमीन पर लोटना या लुढकना; किसी का अनुयायी बनकर उसके सथ या पीछे चलना।

ढोरा–सड़े हुए फलों में पाया जानेवाला कीड़ा।

ढोरी–धुन; लगन; ढरकने की क्रिया या भाव।

ढोल–हाथ से बजाने का एक बाजा जो दोनों ओर चमड़े से मढ़ा होता है; कान का परदा।

ढोलक–छोटा ढोल।

ढोलकी–छोटी ढोलक।

ढोलन–दोस्त; मित्र; सखा; प्यार करने वाला; ढोलना।

ढोलना–ढोलक के आकार का गले में पहनने का हार।

ढोलनी–बच्चों को झुलाने का छोटा पालना।

ढोला–सड़ी हुई वस्तुओं में पाये जाने वाला एक प्रकार का कीड़ा; सीमा सूचित करने का चिह्न; शरीर; देह; मिट्‌टी का ढेला।

ढोलाई–ढोने का कार्य।

ढोलिया–जो ढोल बजाता है।

ढोली–दो सौ पान के पत्तों की गड्‌डी; हँसी; परिहास।

ढोव–मंगल अवसर पर राजा अथवा सरदार आदि को भेंट के रूप में दिया जानेवाला पदार्थ।

ढौंचा–साढ़े चार; वह पहाड़ा जिसमें प्रत्येक गिनती की साढ़े चार गुनी संख्या दोहराई जाती है।

ढौंसना–आनंद अथवा विनोद में अभिनंदन करना।

ढौरी–किसी कार्य को बार बार करना; रट; धुन; लगन; ढब; ढंग; तरीका।

ण

ण–देवनागरी वर्णमाला का पंद्रहवाँ व्यंजन, जिसका उच्चारण स्थान मूर्धा है। कविता में यह 'णगण' का सूचक चिह्न या संक्षिप्त रूप माना जाता है।

ण–शिव का एक नाम; आभूषण; निर्णय; नाम; ज्ञान; दान; पानी का घर; गुणरहित; गुणशून्य।

णकार–'ण' स्वरूप वर्ण।

णगण–दो मात्राओं का एक गण।

त—संस्कृत और हिन्दी वर्णमाला का सोलहवाँ व्यंजन; जो तवर्ग का पहिला अक्षर है।

तंग—सँकरा; कसा हुआ; अति पीड़ा अथवा क्लेश; कम; थोड़ा।

तंगदिल—लालची; कृपण; छोटे दिलवाला।

तंगहाल—धन की आवश्यकता में; तंग।

तंगी—न्यूनता; कमी।

तंज़ेब—एक प्रकार का मलमल।

तंडुल—चावल; धान।

तंतु—रेशा; सूत्र; डोर; रेखा; कोशिकाओं की रचना।

तंतुवाद्य—तंतु या तारवाला वाद्य।

तंत्र—पद्धति रीति; मशीन का कार्य।

तंत्राशास्त्र—सम्मोहन; वशीभूत अथवा झाड़फूँक का रहस्यपूर्ण विज्ञान।

तंत्रवाय—जुलाहा।

तंत्रिका—नाड़ी; नस।

तंत्री—तारवाला वाद्य बजानेवाला।

तंदुरुस्त—अच्छी सेहतवाला; स्वस्थ; ओजस्वी; मजबूत; तगड़ा; पुष्ट; वीर।

तंदुरुस्ती—पुष्टता; स्वस्थता।

तंदूर—रोटी पकाने की मिट्टी की एक प्रकार की बड़ी भट्ठी।

तंदूरी—तंदूर में पकाया हुआ।

तंदेही—बचाया हुआ; सुरक्षित रखा हुआ।

तंद्रा—निन्द्रा; तंद्रावस्था; निन्द्रालुता।

तंद्रालस—शिथिलता; दुर्बलता; आलस्य।

तंद्रालु—सोया हुआ; निद्राजनक; निद्रालु।

तंबा—एक प्रकार का ढीला पतलून अथवा पायजामा।

तंबाकू—एक प्रकार का नशा करने का पदार्थ।

तंबीह—सलाह; अनुदेशन; चेतावनी; निन्दा।

तंबू—खेमा; शिविर।

तंबूरा—एक प्रकार का भारतीय वाद्य।

तँबोली—पान के पत्ते का क्रय करनेवाला।

तक—जब तक।

तकलीफ़—कष्ट; पीड़ा; मुश्किल; विपत्ति; कमी; अकाल; अभाव।

तकल्लुफ़—औपचारिक कार्य करने की रीति; यथाविधि आचार।

तक़सीम—विभाजन; विभेद।

तक़ाज़ा—बहुत दृढ़ प्रार्थना; माँग; अभियाचना; चाहना।

तक़ावी—खेतिहर को पेशगी देना।

तकिया—टेक; शिरोधान; सहारा; भिक्षुक का निवास; आश्रय।

तगड़ा—पुष्ट; शक्तिशाली; बलवान; प्रबल; दबंग; दृढ़।

तग़मा—पदक; तगमा।

तगार—जलाशय का पानी जिससे ईंटों को गीला किया जाता है तथा गारा इत्यादि बनाई जाती है।

तजना—परित्याग करना; छोड़ना।

तजर्बा—अनुभव; अभिज्ञता।

तजर्बेकार—अनुभवी; कार्यकुशल; निपुण।

तजवीज़—नक्शा; प्रस्ताव।

तट—तीर; किनारा; नदी अथवा ताल का एक छोर; समुद्र के निकट की पृथ्वी।

तटबंध—बाँध; पुश्ता; तट पर बनाया गया एक बांध जिससे पानी की गति को नियंत्रित किया जाता है।

तटरक्षक–समुद्रतट का रक्षक।

तटवर्ती–समुद्र किनारे पर स्थित; तीरस्थ।

तटस्थ–समुद्र किनारे पर स्थित; निर्दलीय।

तड़कना–दरार डालना।

तड़क-भड़क–आडम्बर; प्रदर्शन; दिख. ावा; विशदीकरण।

तड़का–प्रकाशवान होने लगना; पौ फटना; खाना स्वादिष्ट बनाना (मसाला इत्यादि द्वारा)।

तड़के–प्रात:काल; सूर्योदय से पहले का समय।

तड़तड़ाता–भयंकर आवाज करना।

तड़तड़ाना–भयंकर आवाज के साथ तोड़ना।

तड़प–अति पीड़ा देनेवाला दर्द; दु:ख; चिन्ता; तत्काल प्रतिक्रिया; जगमगाता वैभव; पीड़ा से शरीर ऐंठना।

तड़पाना–अति पीड़ा देना; ऐसा कोई कार्य या क्रिया जिससे कोई तड़पे।

तड़बंदी–दलों का निर्माण।

तड़ाक–चटकाकर तोड़ना; भयंकर ध्वनि; फौरन; तत्काल; लगातार।

तड़ाक-फड़ाक–एक दम; तत्काल; तुरन्त।

तत्त्व–घटक; अव्यव; सार; सत्त्व; सारांश; भाज्य; सत्यता; वास्तविकता।

तत्त्वज्ञान–यथार्थ का ज्ञान; अध्यात्म विद्या का ज्ञान; ज्ञान की खोज।

तत्त्वज्ञानी–अध्यात्म विज्ञान का ज्ञान रखनेवाला; ज्ञान की खोज करनेवाला।

तत्त्वत:–सारपूर्णता।

तत्त्व-मीमांसा–अध्यात्म विद्या।

तत्त्ववेत्ता–आत्मतत्त्वज्ञान; दार्शनिक।

तत्त्वहीन–पोला; खोखला; असार; असत्य।

तत्त्वान्वेषी–सत्य की खोज करनेवाला; वह जो सत्य का पता लगाता है।

तत्त्वावधान–कृपा का साया; आश्रय।

तत्पर–तैयार तथा तत्पर।

तत्पश्चात; ततपश्चात्–बाद में; फिर; उसके बाद; तदन्तर।

तत्पुरुष–परमेश्वर; देव; भगवान; संस्कृत तथा हिन्दी में एक प्रकार का संयोजन।

तत्र–वहाँ; उस स्थान में।

तत्रभवान–महाराज।

तत्संबंधी–अभिरूचि।

तत्सम–मंत्र

तथा–और; एंव; इत्यादि; ऐसा।

तथाकथित–जैसा कहा वैसा।

तथागत–भगवान बुद्ध।

तथापि–अब तक; अभी तक; शांत; मौन।

तथास्तु–ऐसा ही हो; एवमस्तु; 'भवतु' कहना।

तथैव–उसी प्रकार से।

तथोक्त–पहले कहा हुआ; उपरोक्त निर्देशित।

तथ्य–वास्तविकता; सच्चाई; आँकड़ें; सार; असलियत; सत्त्व।

तथ्यक–वास्तविक; सच्चाई।

तदनंतर–उसके बाद; तत्पश्चात; तदनन्तर।

तदनुकूल–अत: इसलिए।

तदनुरूप–सदृश; समान; सदृश (आकार; रूप में)।

तदनुसार–यथापि; यद्यपि; शांत; मौन।

तदबीर–युक्ति; उपाय; जुगत; साधन; विधि; योजना।

तदर्थ–उसके लिए; किसी विशेष काम के लिए बना हुआ, जैसे तदर्थ समिति।

तदर्थी–मूल्य में समान अथवा एक जैसा।

तदा–उस समय तक।

तदाकार–समान; एक सा।

तदुपरांत–बाद में; तदन्तर; तत्पश्चात।

तद्देशीय–स्वदेशीय; स्वदेशोत्पन्न।

तद्धित–व्याकरण का अप्रत्यक्ष यौगिक।

तद्भव्–जहाँ से उत्पन्न।

तद्यपि–तथापि।

तद्रूप–सदृश; समान; तुल्य; अनुरूप; अभिन्न।

तद्रूपता–सदृशता; अनुरूपता; समानता।

तद्वत्–समान; तुल्य; सदृश।

तन–देह; काया; शरीर।

तनख़ाह–मजदूरी; वेतन; कोई कार्य करने के पश्चात मिलनेवाला धन।

तनना–खींचना।

तनय–पुत्र; बेटा।

तनया–पुत्री; बेटी।

तनसुख–एक प्रकार का सुन्दर तथा महीन मलमल।

तनहा–पृथक; अकेला; बिना किसी के साथ; केवल; एकान्त; असहाय।

तनहाई–एकान्तवास; निर्जनता; अकेलापन।

तना–पेड़ का धड़।

तनातनी–तनाव; खिंचाव; कसाव।

तनाव–खिंचाव का गुण; खिंचा हुआ; तना हुआ।

तनावग्रस्त–चिन्तित; कसा हुआ।

तनावपूर्ण–कसा हुआ।

तनिक–अल्प; थोड़ा; तुच्छ; कृश।

तनी–पोशाक इत्यादि टाँगने की सुतली।

तपित–गर्म; उष्ण।

तपिश–तपन।

तपेदिक–क्षय रोग।

तपोधन–संयमी जीवधारी; महान योगी।

तपोनिधि–महान साधु।

तपोनिष्ठ–तपस्या में लीन।

तपोबल–तपस्या से प्राप्त शक्ति।

तपोभूमि–तपस्वी द्वारा शुद्ध की गई भूमि।

तपोमय–तपस्या।

तपोमूर्ति–महान तपस्वी।

तपोवन–तपस्वी द्वारा शुद्ध किया गया वन।

तप्त–भीष्ण रोष के साथ तमतमाना।

तफ़तीश–जाँच पड़ताल।

तफ़रीह–मनोविनोद; दिलबहलाव; विनोद; आनन्द; मन बहलाना।

तफ़सील–सविस्तार; विवरण।

तब–उस समय; अत:; इस कारण से।

तबक–परत; तह; पतली धातु की चद्दर; चौड़ी उथली थैली; बुरी आत्माओं से सुरक्षा के लिए एक प्रकार का अंधविश्वासी प्रयास।

तबक़गर–धातु की पत्तियाँ बनानेवाला।

तबक़ा–धरती का बड़ा हिस्सा; परत; व्यक्ति विशेष का दर्जा।

तबदील–परिवर्तित; बदला हुआ।

तबर–कुठार; कुल्हाड़ी।

तबल–बड़ा ढोल अथवा नगाड़ा।

तबलची–झाँझ; खँजरी बजानेवाला; तबला बजानेवाला।

तबला–दो छोटे ढोल।

तबादला–स्थानोन्तरण।

तबाह–विनाश; क्षय; बर्बादी; नाश।

तबाही–सर्वनाश; विध्वंस।

तबीयत–मनोदशा; मिजाज; अवस्था; स्थिति।

तबीयतदार–क्रीड़ा करनेवाला; बड़े दिलवाला।

तमिलनाडु–दक्षिण भारत के एक राज्य का नाम (इस राज्य का पुराना नाम मद्रास था)

तमिस्रा–गहन अंधेरा; रात्रि।

तमीचर–दानव; भूत; प्रेत; राक्षस।

तमीज़–आचरण; रीति; सदाचार; शिष्टाचार; ढंग; बाह्य आचरण।

तमोगुण–प्रकृति के तीन अंतिम लक्षण जिससे अंधकार तथा अज्ञानता संबंधित हैं।

तमोली–पान की पत्तियाँ बेचनेवाला।

तय्यार–तैयार।

तरंग–लहर; ऊर्मिका; संगीत में स्वर का उतार चढ़ाव; भावना।

तरंगित–तरंगों से भरपूर।

तरंगी–आवेगी; संवेगी; मनमौजी।

तर–गीलापन; रसीला; रसदार; रसपूर्ण; सरम।

तरक–परित्याग की क्रिया।

तरकस–तूणीर।

तरकसबंद–तरकस से सुसज्जित।

तरकारी–शाक; सब्जी।

तरकीब–कौशल; युक्ति; उपाय; जुगत; उपाय; दाँव; निपुणता; चतुराई।

तरक्की–अधिक होना; बढ़ना; विस्तार; फैलाना; वृद्धि; फायदा; लाभ; प्रगति; उन्नति; विकास।

तरख़ान–बढ़ई; लकड़ी का काम करने वाला कारीगर।

तरजना–चेतावनी देना; सावधान करना।

तरजीह–अधिक प्रतिष्ठा; अधिक आदर।

तरजुमा–भाषान्तर करने की कला; अनुवाद।

तरजुमान–अनुवाद करनेवाला।

तरण–मुक्ति; उद्धार; छुटकारा।

तरणि–सूर्य।

तरणिजा–यमुना नदी।

तरणी–नाव; नौका।

तरतराता–तड़तड़ाता।

तरतीब–प्रबंध; योजना; वर्ग व्यवस्था।

तरतीबवार–उचित व्यवस्था के साथ।

तरद्दुद–झंझट; दंगा; सिर की पीड़ा; दुष्करता; कठिनाई; झगड़ा।

तरनतारन–पापों से मुक्ति; संसारी बंधनों से मुक्ति; सर्वशक्तिमान।

तरना–पार करना; पापों से मुक्ति प्राप्त करना; तर जाना।

तरनी–नाव; नौका।

तरन्नुम–उच्चारण में स्वर का आवश्यकतानुसार परिवर्तन।

तरपट–एक ओर झुका हुआ।

तरपर–एक दूसरे के ऊपर।
तरफ़–दिशा; किनारा।
तरफ़दार–पक्षपाती।
तरबतर–गीला हुआ; भीगा हुआ।
तरबूज़–गर्मीयों में मिलनेवाला एक प्रकार का फल।
तरबूज़ई–तरबूज़ के रंग का।
तरमीम–परिवर्तनीय सुधार; संशोधन; सुधार; रूपान्तरण।
तरल–द्रव; जलीय; जलमय।
तरलता–द्रव्यता; जलीयता।
तरवन–कानों में पहनने का एक आभूषण।
तरवर–वृक्ष; पेड़।
तरस–दया; कृपा; करूणा।
तरसाना–सताना; परेशान करना।
तरह–किस्म; प्रकार; स्वरूप; रीति; विधि; पद्धति।
तरहदार–मनोहर; स्वच्छ; शालीन; सुन्दर; आधुनिक।
तरहदारी–शालीन; आधुनिकता; सुन्दरता।
तराई–घाटी; दर्रा; गीली; दलदली भूमि; बाँगर; चारागाह।
तराजू–वस्तुओं को तोलने का एक प्रकार का उपकरण; समतोलन।
तराना–एक प्रकार का मधुर गीत।
तराबोर–जलीय; भीगा हुआ।
तरावट–आद्रता; नमी; गीलापन; स्वच्छता।
तराशना–कतरना; छीलना।
तरी–आनन्द से भरपूर ठंडक; ठंडापन; नदी तट के पास की भूमि; नौका।
तरीक़ा–रीति; विधि; ढंग; युक्ति; उपाय; जुगत; साधन।
तरु–पेड़; वृक्ष।
तरुण–युवा; कुमार; यौवनप्राप्त पुरूष।
तरुणता–यौवन संबंधित।
तरुणी–युवा स्त्री।
तरुरोपण–वृक्षारोपण।
तरेंदा–मनुष्य को पानी में तैरते रहने में सहायता करने का उपकरण।
तरे–नीचे की ओर।
तरेड़–दरार।
तरेरना–क्रोध में घूरना; तिरछी दृष्टि से देखना।
तरेरा–लगातार बड़े वेग की वृष्टि।
तरैला–गोद लिया पुत्र।
तरोई–भारतीय हरी सब्जी।
तरोताजा–पुनः ताजगी प्राप्त करना।
तरौंछ–तलछट; अवसाद।
तरौंटा–पीसने का नीचे का पत्थर।
तरौना–कानों का एक आभूषण।
तर्क–बहस; विवाद।
तर्क-कुतर्क–अच्छा अथवा बुरा विवाद।
तर्कणा–वाद विवाद; बहस।
तर्कणावाद–बुद्धिवाद; हेतुवाद।
तर्क-वितर्क–वाद विवाद।
तर्कशास्त्र–तर्क से संबंधित विज्ञान।
तर्कसंगत–उचित; यथार्थ।
तर्कसिद्ध–विचार कर सिद्ध किया हुआ।
तर्कहीन–तर्कसिद्ध; असंगत।
तर्कित–तर्क किया हुआ।
तर्क्य–विवाद योग्य।

तर्ज़–रीति; विधि; ढंग; राग; स्वर।
तर्जन–डाँटता; झिड़कता; धमकी; चेतावनी।
तर्जना–डाँटना; धमकाना।
तर्जनी–अँगूठे के पास की अँगुली।
तर्जित–निषेध; वृथक; बेकार।
तर्जुमा–अनुवाद।
तर्पण–अर्पित जल।
तर्पित–प्रस्तावित।
तल–धरातल; शय्या; बिछावन; चश्मे या दूरबीन का शीशा।
तलक–कब तक।
तलख़–कडुआ; तीखा।
तलघर–घर का सबसे नीचे का हिस्सा; हवाई हमले से बचने के लिए पृथ्वी के अंदर सुरक्षित स्थान।
तलघरा–तहखाना।
तलछट–तलछट; अवसाद।
तलटीप–पृष्ठ के नीचे का टीका या टिप्पणी।
तलना–भूनना; तलना।
तलपट–आय व्यय का चिट्ठा।
तलफ़ी–विनाश; बर्बादी; नाश; ध्वंस; हानि; घाटा; नुकसान; अतिक्रमण।
तलफ़्फ़ुज–उच्चारण की रीति।
तलब–खोजना; जाँचना; आवश्यकता; माँग; बुलाना; वेतन; तनख्वाह।
तलबाना–इत्तला अथवा बुलावा देने के बदले में लिया जानेवाला शुल्क; समय से राजस्व न भरने की स्थिति में दिया जानेवाला अर्थदंड।
तलबी–इत्तला; बुलावा; न्यायालय इत्यादि में पेश होने का आदेश।
तलवा–पाँव के नीचे का हिस्सा; जूते अथवा मोज़े के नीचे का हिस्सा।
तलवार–कृपाण; खड्ग; प्राचीन समय में युद्ध में प्रयोग किये जानेवाला एक प्रकार का हथियार।
तलवारिया–तलवार चलाने में निपुण व्यक्ति।
तलवारी–तलवार के सदृश।
तलहटी–दर्रा; घाटी।
तला–अधोभाग; जूते के नीचे का भाग।
तलाई–छोटा पोखर; किसी वस्तु को तलना अथवा किसी वस्तु को तलने के बदले दिया गया पारिश्रमिक।
तलाक़–कानूनी विवाह-विच्छेद।
तलाक़शुदा–जिसे तलाक मिल गया हो।
तलातल–हिन्दी पौराणिक कथा के अनुसार एक निचला प्रदेश।
तलाश–खोज; अन्वेषण; जाँच; अनुसंधान।
तलाशना–खोजना; अनुसंधान करना।
तलाशी–एक खोज।
तली–जल (अधोभाग); हथेली; जूते का निचला भाग।
तले–नीचे की ओर; नीचे पद में।
तलैया–छोटा तलाब।
तलौंछ–अवसाद; तलछट।
तल्ला–मकान का खंड।
तल्लीन–व्यस्त।
तवक़्क़ो–आशा; आशंका; आकांशा।
तवज्जेह–ध्यान।
तवर्ग–त, थ, द, ध, तथा न।
तवा–गोल धातु की तश्तरी जो भोजन बनाने के कार्य में प्रयोग होती है; स्वरधर यंत्र की चकती।

तवाज़ा–मेहमान नवाजी।

तवायफ़–वेश्या; चरित्रहीन स्त्री; छिनाल।

तवारीख़–इतिहास।

तवालत–दीर्घीकरण; बढ़ाना; कठिनाइयाँ।

तवी–छोटी तश्तरी।

तश्तरी–रिकाबी; प्लेट।

तसक़ीन–आश्वासन; धीरज; ढांढस; संतोष; इच्छापूर्ति।

तसदीक़–साक्ष्यांकन; प्रमाणीकरण।

तसबीह–गुलाब के फूलों की एक प्रकार की माला।

तसमा–फीता।

तसला–बड़ा उथला एक प्रकार का लोहे का बर्तन।

तहलका–उत्तेजना; उपद्रव; उत्पात।

तहस–नहस–ध्वस्त; नेस्तनाबूद; उजाड़।

तहसील–जिले की एक प्रशासकीय विभाग अथवा खंड जहाँ कर इत्यादि जमा किया जाता है।

तहसीलदार–जिसे कर इत्यादि इकट्ठा करने और जिले के फैसले करने का अधिकार प्राप्त होता है।

तहसीलदारी–तहसीलदार का पद अथवा कार्यालय।

तहसीलना–कर इकट्ठा करना।

तहाँ–उस स्थान पर; केवल वहाँ।

तहाना–तह बनाना; ढाँकना; लपेटना।

तहाशा–देख रेख; भय; डर; शंका।

तही–तह; परत।

ताँगा–घोड़ा गाड़ी; एक प्रकार का वाहन जिसे घोड़े खींचा करते हैं।

तांडव-नृत्य–हिंसक नृत्य (शिव द्वारा)

ताँत–नली; उदर; अँतड़ी; आँत; संगीतमय वाद्य का तार।

ताँता–जंजीर; शृंखला; वंश; उत्तराधिकार।

तांत्रिक–तंत्रविद्या के सदृश; वह व्यक्ति जो तंत्र विद्या का ज्ञाता हो।

ताँबई–ताँबें के रंग का।

ताँबा–एक प्रकार की धातु।

ताँबिया–ताँबें की बड़ी और छिछली नली।

तांबूल–पान के पत्ते।

ता–तत्सम सुंदरता; मादकता।

ताई–हल्का ज्वर; ठंड से चढ़नेवाला ज्वर; पिता के बड़े भाई की पत्नी।

ताईद–प्रमाणीकरण; पोषण; सहारा।

ताऊ–पिता का बड़ा भाई।

ताऊन–प्लेग नामक महामारी।

ताक–ताकने की क्रिया या भाव; किसी पदार्थ का सावधानी से निरिक्षण।

ताक़–आला; ताखा।

ताक-झाँक–इधर उधर देखने का कार्य।

ताक़त–शक्ति; बल; सामर्थ्य; योग्यता।

ताक़तवर–शक्तिशाली; बलशाली; योग्य।

ताकना–झाँका।

ताकि–जिससे।

ताकीद–आज्ञा; चौकसी।

ताखा–आला; ताखा।

तागड़ी–कमर पर लिपटी हुई जँजीर।

तागना–टाँका लगाना।

तागा–धागा; डोरी; सूत्र।

ताज–मुकुट; एक प्रकार का शिरोभूषण।

ताज़गी–स्वस्थता; पुष्टता।

ताज़ा–हाल में बनाया हुआ; नया नवीन; चावल; ठंडा।

ज़ापन–नयापन; ताजगीपन।

ताज़ीरात-ए-हिंद–भारतीय दंडात्मक संहिता।

ताज़ीरी–दंड देने से संबंधित।

ताड़–ताड़ का वृक्ष; निन्दा।

ताड़न–बहाना; डाँटना; गुणा; झिड़की।

ताड़ना–निन्दा करना; झिड़की देना।

ताड़पत्र–ताड़ के वृक्ष की पत्ती।

ताड़ी–एक प्रकार का मद्य।

तात–पिता; आदरणीय व्यक्ति; धनिष्ठ संबंध के लिए लाड़ प्यार का शब्द।

ताताथेई–नृत्य में चरणों का समय का निर्धारण; नृत्य।

तातार–मध्य ऐशिया का एक राष्ट्र जिसका नाम तातार है।

तातारी–तातार राष्ट्र के सदृश।

तातील–छुट्टी का दिन; अवकाश।

तात्कालिक–तुरन्त; तत्क्षण; तात्कालिक; क्षणिक।

तात्त्विक–वास्तविक; सारपूर्ण; भौतिक तत्त्वों से संबंधित वस्तु।

तात्पर्य–आशय; अर्थ; अभिप्राय; उद्देश्य।

तादात्म्य–समतुल्य; एकरूपता।

तादाद–संख्या; गिनना; मात्रा।

तादृश–तुल्य; समान; सदृश; अनुरूप।

तापित–उष्णता; पीड़ित; कष्टकार।

तापीय–उष्णता का।

तापोपचार–ताप द्वारा किया हुआ उपचार।

ताफ़्ता–एक प्रकार का मलमल जिसका रंग बिरंगा ताना बाना होता है।

ताब–गर्मी; उष्णता; चमक दमक; ताकत; बल; सहनशक्ति।

ताबड़-तोड़–जल्दबाजी का सिलसिला।

ताबूत–बक्स जिसमें शव रखा जाता है।

ताबेदार–जी हुजूरी करनेवाला; दासोचित।

तामचीनी–मीनाकारी।

तामझाम–साज सामान; प्रदर्शन; आडम्बर।

तामड़ा–ताँबे के रंग का।

तामस–अंधकारपूर्ण।

तामीर–निर्माण; संरचना; इमारत।

तामील–कार्य सम्पादन की चतुराई; सेवा।

ताम्र–ताँबा।

ताम्रपट्ट–ताँबे से निर्मित तश्तरी।

ताम्रयुग–ताँबा युग।

ताम्रवर्ण–ताँबे के रंग के सदृश।

ताय़फा–नतृकों का समुदाय। वेश्या।

तार–डोरी; लड़ी; शृंखला; तार द्वारा समाचार; जंजीर; क्रम।

तारक–मुक्ति दिलानेवाला; रक्षक; उद्धारक।

तारकश–वह जो तारों को खींचता है।

तारकोल–एक प्रकार का चिपचिपा पदार्थ जो सड़क के निर्माण में प्रयोग होता है।

तारघर–तार संप्रेषण का दफ्तर।

तारजाली–तार माप यंत्र।

तारण–पार करना; मुश्किल दूर करना; मुक्त करने का कार्य; सांसारिक चिन्ताओं से मुक्ति; आपदा आदि से सुरक्षा।

तारतम्य–सिलसिला; अनुक्रम; निरन्तरता; कोटि; वर्ग; स्तर।

तारना–सहायता करना; सांसारिक चिन्ताओं से स्वतंत्र कराना; पुर्नजन्म से विमुक्त कराना।

तारपत्र-तारपीन–गंधबिरोजा।

ताल-मेल–संसजन; समन्वयन; अनुरूपता; सहमति।

तालव्य–तालव्य; तालु।

ताला–एक प्रकार का ताला।

तालाब–जलाश्य; पोखर।

तालिका–सूची; सूची पत्र।

तालिबान–जेहाद का सैनिक।

ताली–चाबी; दोनों हथेलियों को आपस में मारकर किसी की प्रशंसा करना; स्तुति।

तालीम–शिक्षा; तहजीब; पढ़ाई लिखाई।

ताल्लुक़–बन्धुता; रिश्तेदारी; संयोजन।

ताल्लुक़ा–किसी विशेष उद्‌देश्य के लिए भूमि का एक टुकड़ा।

ताल्लुक़ेदार–भूमि का मालिक।

ताव–ताप; उष्मा; अत्यधिक क्रोध; कागज का टुकड़ा।

तावान–सज़ा; जुर्माना; मुआवजा; क्षतिपूर्ति।

तावीज़–जंतर।

ताश–एक प्रकार का खेल जिसमें 52 प्रकार के पत्ते होते हैं।

ताशा–नगाड़ा; भेरी।

तासीर–असर; परिणाम; विशेषता (औषधि इत्यादि)

तास्सुब–धर्मोन्माद; धर्मान्धता।

ताहम–सूची; सूची पत्र।

तिकड़म–दाँव पेंच; युक्ति; धोखाधड़ी; कौशल।

तिकड़मी–चालबाज; कपटी; धूर्त।

तिकड़ा–तीन व्यक्तियों का समूह।

तिकोना–त्रिभुजाकार; त्रिकोणीय।

तिक्त–कडुवा; तीखा; कटु; कटुआ।

तिगुना–तीन भागों का; तिहरा।

तिजरा–पारी से आनेवाला या सविराम या आँतरिया (ज्वर)।

तिजारत–व्यापार; व्यवसाय; कारोबार।

तिजोरी–अलमारी; लकड़ी या धातू से निर्मित बक्सा।

तितर-बितर–इधर उधर फैला हुआ; उल्टा पुल्टा।

तितली–तितली; मोहक लड़की; चालाक लड़की।

तितलौकी–तीक्ष्ण; कडुआ; लौकी।

तितिक्षा–सहनशीलता; धैर्य।

तिथि–दिनांक; तारीख।

तिथि-पत्र–पंचांग; जंत्री।

तिन–वो; वे। तिनका; तृण; भूसा।

तिनका–तृण; भूसा

तिन्नी–एक प्रकार का महीन अथवा पतला चावल।

तिपाई–तीन पैरवाला।

तिबारा–तीसरी बार। तीर दरवाजोंवाला कमरा।

तिब्बत–भारत के एक राज्य का नाम।

तिब्बती–तिब्बत से सदृश।

तिमंज़िला–तीन मंजिला।

तिमाही–तीन महीने में एक बार होनेवाला।

तिमिंगिल–विशाल ह्वेल मछली।

तिमिर–अंधेरा।

तिमिरमय–अंधकार से पूर्ण।

तिमिरारि–सूर्य।

तिमुहानी–जहाँ तीन राहें परस्पर मिलती हैं।

तिय–स्त्री; औरत; भार्या; पत्नी।

तिरंगा–तीन रंगवाला।

तिरछा–झुकाव; अलंब।

तिरपट–झुकाव; धुमाव।

तिरपटा–तिरछी आँखोंवाला।

तिरपाल–किरमिच; चंदोवा।

तिरस्कार–तिरस्कार; घृणा; अपमान।

तिरस्कृत–अपमानित; तिरस्कृत; उपेक्षित।

तिराहा–तीन रास्तों के मिलने का स्थान।

तिरोधान–छिपाव; लुप्त; नष्ट; गोपन।

तिरौंदा–तैरना; बहना।

तिर्यक–तिरछा।

तिल–एक प्रकार का खाद्‍य पदार्थ।

तिलक–मस्तक पर लगा हुआ एक प्रकार का अलंकारिक चिह्न।

तिलकना–सरकना; (चिकनी मिट्‍टी) सूखने पर टूटना।

तिलकुट–तिल तथा खाँड से तैयार एक प्रकार की मिठाई।

तिलचट्‍टा–एक प्रकार का कीट।

तिलचावली–तिल और चावल का मिश्रण।

तिलमिलाना–उन्माद के साथ उत्तेजित होना; दर्द या पीड़ा से बेचैन; व्यामोहित होना।

तिलहन–एक प्रकार का बीज।

तिलांजलि–छोड़ना; त्यागना।

तिलिस्म–जादुई वशीकरण; माया; जादू टोने पर आधारित बनावट; रहस्यमय चिह्न।

तिलिस्मी–जादुई; रहस्यमयी।

तिलौंछ–भोजन पकानेवाला दुर्गन्धित तेल।

तिलौटी–तिल तथा उर्द की दाल से तैयार एक प्रकार का व्यंजन।

तिल्ला–सोने अथवा चाँदी का धागा; उसी प्रकार का बना हुआ किनारा।

तिल्ली–प्लीहा।

तिस–यह; वह।

तिसरैत–तीसरा व्यक्ति (किसी झगड़े में सम्मिलित दो व्यक्तियों से अलग); किसी रियासत इत्यादि के तीसरे हिस्से का मालिक।

तीक्ष्ण–कडुवा; तीखा; उत्तेजक; तीव्र; कर्कश; कड़ा; प्रखर; उत्कट।

तीक्ष्णता–तीक्ष्ण होना।

तीखा–तेज धारवाला; तीक्ष्ण; प्रखर; जिसका स्वाद बहुत चरपरा हो; तीव्र; तेज; नुकीला।

तीखापन–तीखा होना।

तीज–चन्द्रमास के मध्यम का प्रत्येक तीसरा दिन।

तीतर–एक प्रकार का पक्षी।

तीता–तीखा; कटु; कडुआ।

तीन–गिनती की तीसरी संख्या।

तीमारदार–नौकर; अनुचर; दास।

तीमारदारी–नौकर द्वारा की जानेवाली सेवा।

तीय–औरत; स्त्री।
तीरंदाज–धनुर्धारी।
तीरंदाजी–धनुर्विद्या।
तीर–बाण।
तीरस्थ–किनारे पर स्थित।
तीर्थंकर–जैन धर्म के उल्लेखित 24 निर्देशकों का शीर्षक।
तीर्थ–तीर्थ स्थान का पवित्र जगह।
तीर्थयात्रा–तीर्थो की यात्रा करना।
तीर्थयात्री–तार्थ स्थानों की यात्रा करने वाला।
तीर्थराज–अहमदाबाद स्थित प्रयागराज; धार्मिक तीर्थस्थानों में सबसे बड़ा स्थान।
तीली–पहिए की तीली; काढ़ने की सूई; माचिस की तीली।
तीव्र–दारूण; भयानक; तेज; तीखा; नुकीला; फुर्तीला; द्रुतगामी; दक्ष; चुस्त; सक्रिय।
तीव्रता–तीखापन; नुकीलापन; फुर्तीलपन; तेजी।
तीसी–तोप का पलीता लगाने का डण्डा।
तुंग–ऊँचा; उच्च; बड़ा।
तुंगता–ऊँचाई; उच्चता।
तंकपनउ–थूथन; हार्थी की सूँड।
तुंद–पेट; उदर।
तुंबा–लौकी; कद्दू।
तुक–काफ़िया; तुकांत।
तुकबंद–पद्यकार; कविता लिखने वाला।
तुकबंदी–कविता करने की क्रिया।
तुक्का–एक तरफ से कुंद तीर; अव्यवस्थित अनुमान अथवा अटकल।
तुच्छ–महत्त्वहीन; प्रभावहीन; घटिया; नीच; नगण्य।
तुच्छता–अर्थहीनता।
तुझ–तू ।
तुझे–तुम्हें।
तुड़वाई–तोड़ने का कार्य करवाना अथवा तोड़ने के कार्य करने के बदले में मिलनेवाला पारिश्रमिक।
तुड़वाना–तुड़वाई के कार्य का कारक होना।
तुतलाना–रूक रूक कर बोलना।
तुनक–तुरन्त नाराज होने की अवस्था।
तुनकना–नाराज होना; दुर्व्यहार को महत्त्वहीन समझना।
तुनक-मिज़ाज–तुरन्त नाराज होना; चिड़चिड़ा।
तुम-तुमुल–आवेशपूर्ण; उपद्रवी।
तुम्हारा–आपका।
तुम्हीं–दूसरा कोई नहीं; केवल तुम।
तुरंग–घोड़ा; अश्व।
तुरंत–फौरन; तुरन्त; शीघ्र; तत्काल।
तुरंता–एक प्रकार का भारतीय नशीला पदार्थ।
तुरंती–जरूरी; आवश्यक।
तुरक–तुर्क।
तुरकी–एक देश का नाम; उस देश की भाषा।
तुरपन–एक प्रकार की हाथ की सिलाई।
तुरबत–समाधि; मकबरा।
तुरही–सूर्यनाद; बिगुल।
तुरीय–चौथी (दशा)।
तुरुप–ताश के खेल में एक प्रकार का पत्ता।

तुर्क–तुर्किन ।

तुर्किन–तुर्क देश की स्त्री।

तुर्की–तुर्क देश का।

तुर्रा–शिखा; कलंगी; घुँघराले बालों का ताला; पगड़ी पर पहननेवाला एक प्रकार का आभूषण; विशेषता; विशिष्ट असंगति।

तुलना–उपमा; बराबरी; समानता; समरूपता।

तुलनात्मक–बराबरी में सम्मिलित।

तुलनीय–किसी के साथ तुलना करने योग्य।

तुलवाई–तुलवाने की क्रिया अथवा तुलवाने का कार्य करने के बदले में मिलनेवाला पारिश्रमिक।

तुलसी–तुलसी का पौधा।

तुला–पैमाना; तराजू; तुला राशि; राशि चक्र का सातवाँ चिह्न।

तूती–एक छोटी गानेवाली चिड़िया; एक प्रकार की छोटी संगीतमय वाद्य।

तूफ़ान–प्रचंड वायु; भयंकर; झंझावत; बवंडर।

तूफ़ानी–भंयकर तूफानों से भरा हुआ; तेज; पचंड।

तूमड़ी–सपेरे के पास मिलनेवाला खोखले कद्दू का बना हुआ एक प्रकार का संगीतमय वाद्य।

तूमतड़ाक–नखरेबाजी; नखरा; भड़कीलापन; दिखावा; बनावट; नमूना।

तूमना–कंघी करना (कपास); कपास को अलग अलग कर कतरन में बदलना; अँगुलियों से रगड़ना; किसी रहस्य का भेद खोलना।

तूमार–अति विस्तार; जटिलता; आडम्बर।

तूर–बड़ा ढोल।

तूर्य–डलफी; खंजरी।

तूल–बढ़ाव; विस्तार।

तूलना–वाहन के पहियों में तेल डालना।

तूलिका–चित्रकार का बुरुश।

तूली–चित्रकार का बुरुश।

तूस–भूसी; एक प्रकार की ऊन; इसी प्रकार की ऊन से बना हुआ चादर अथवा कंबल।

तृण–घास की फलक; तिनका; तृण।

तृणमय–घास अथवा तिनको से बना हुआ।

तृणवत्–घास जैसा; महत्त्वहीन; निरर्थक; साधारण।

तृतीय–तीसरा।

तृतीयांश–एक तिहाई हिस्सा।

तृतीया–चन्द्रमास का प्रत्येक तीसरा दिन।

तृतीयाश्रम–अवकाशग्रहण का जीवन।

तृप्त–संतुष्ट; संतोष।

तृप्ति–संतोषप्रद।

तृषा–तृष्णा; प्यास; पिपासा।

तृषातुर–अत्यधिक प्यासा।

तृषालु–प्यासा।

तृष्णा–प्यास; लालच; लोभ।

तेंदुआ–एक प्रकार का माँसाहारी पशु।

तेग़–तलवार; खड्ग।

तेज–प्रभा; यश; प्रताप; दीप्ति; चमक; प्रभा; कांति; चमकना; ओज; उमंग।

तेज़–तीखा; चोखा; कठोर; छेदना; भोंकना; प्रबल; तेज; हिंसात्मक; उग्र; उत्तेजक; प्रफुल्ल।

तेज़-तर्रार–तीखा तथा जल्द नाराज होनेवाला।

तेजपात–एक प्रकार की पत्ती।

तेजवंत–गौरवपूर्ण; पौरूषेय; बलवान; प्रबल; शानदार।

तेजस्विता–ख्याति; चमक; यश; प्रभा; भव्यता।

तेजस्वी–शानदार; गौरवपूर्ण; आनन्दकर; उत्तम; चमकदार।

तेज़ाब–एक प्रकार का पदार्थ।

तेज़ी–चतुरता; फुर्तीलापन; स्फूर्तिवान; तीव्रता; मँहगाई।

तेजोमय–शानदार; गौरवपूर्ण; प्रकाशमान।

तेरस–चन्द्रमास का प्रत्येक तेरहवाँ दिन।

तेरहीं–मृत्यु के बाद तेरहवाँ दिन; इस दिन मनाये जानेवाला धार्मिक विधि विधान।

तेरा–मध्यम पुरुष एक वचन सर्वनाम 'तू' का संबंधकारक रूप।

तेल–एक प्रकार का तरल पदार्थ।

तेलकूप–तेल का कुँआ।

तेलहा–तेल से संबंधित।

तेलिन–तेल के व्यापारी की पत्नी।

तेलियर–एक प्रकार का पक्षी जिसका शरीर काले रंग का होता है तथा उस पर सफेद रंग के धब्बे होते हैं।

तेलिया–तेल से लिबड़ा हुआ; तेल से संबंधित; हल्का गाढ़ा तेल के रंग का।

तेली–तेल का व्यापारी।

तेलुगु–दक्षिण भारत में स्थित आंध्रप्रदेश राज्य की भाषा।

तेवर–भ्रू; भौंह चढ़ाना।

तेहरा–जिसकी तीन तहें हो; तिहरा करना।

तेहवार–त्यौहार; पर्व; उत्सव।

तेहा–क्रोध; कोप; रोष; अहंकार; मान; प्रचंडता; वृथाभिमान।

तैलचित्र–तेलीय चित्रकला।

तैलपोत–तेल ले जाने की गाड़ी।

तैलरंग–तेलीय रंग।

तैश–गुस्सा; क्रोध।

तैसा–समान; तुल्य; सदृश; समान प्रकृति का।

तैसे–एक प्रकार से।

तोंद–मोटा पेट।

तो–उस जगह से; उस समय से; तब।

तोड़–तोड़ने की क्रिया या भाव; नदी आदि के जल का तेज बहाव; विषहर; आकस्मिक मिलन।

तोड़-जोड़–योजना; युक्ति।

तोड़ना–टूटना (पत्थर, शीशा आदि)।

तोड़-फोड़–इमारत; मशीन इत्यादि को तोड़ना; चुपके से बिगाड़ना।

तोड़-मरोड़–प्रतिकूलता; विरूपण; विकृति।

तोड़ा–कमी; अभाव; एक प्रकार का कड़ा; एक हजार रूपये रखे हुए एक थैला।

तोतला–अस्पष्ट बोलनेवाला।

तोता–एक प्रकार का पक्षी जो सामान्यतः हरे रंग का होता है।

तोती–मादा तोता।

तोतेचश्म-तोतेचश्मी तोप–एक प्रकार की बंदूक।

तोपख़ाना–आग्नेयास्त्र।
तोपची–तोप इत्यादि चलानेवाला सैनिक।
तोपना–ठकना (बर्तन, तश्तरी इत्यादि); ढकना (गड्ढा आदि); गाड़ना।
तोबा–किसी कार्य को पुनः न करने की प्रतिज्ञा करना।
तोय–जल; नीर; पानी।
तोरण–गजरा; मेहराब।
त्याग–छोड़ा हुआ; अलग करना; बलिदान; समर्पण।
त्याग-पत्र–अपने पद को छोड़ने का पत्र।
त्यागी–जिसने त्याग किया हो।
त्याज्य–अस्वीकार करना; देने के लिए तैयार।
त्यों–इस तरह।
त्योरस–पिछला साल; अगला साल।
त्योरी–व्यग्र दिखाई पड़ना।
त्योहार–पर्व; उत्सव।
त्योहारी–त्यौहार पर दी जानेवाली बख्शीश।
त्रय–तीसरा; सभी तीन; तीन की संख्या।
त्रयी–तिहरा।
त्रयोदश–१३।
त्रयोदशी–चन्द्रमास के मध्यम का प्रत्येक तेरहवां दिन।
त्रस्त–भयभीत; आतंकित; उत्पीड़ित।
त्राण–आश्रय; शरण।
त्राता–आश्रयदाता; संरक्षक; उद्धारक; रक्षक।
त्रास–डर; भय; आतंक; खौफ़।
त्रासकारक–भय अथवा आतंक का कारण।
त्रासदिक–दुखांतक प्रसंग।
त्रासदी–एक भयानक घटना जिस कारण उदासी हो; दुखांतक प्रसंग।
त्रासदीय–किसी दुःख भरी घटना से संबंधित।
त्रासिक–त्रासदायक।
त्राहिमाम–रक्षा के लिए की गई गुहार।
त्रिक–तीन।
त्रिकाल–तीनों काल (भूतकाल, वर्तमान काल तथा भविष्य काल); तीनों काल (प्रातःकाल, मध्यकाल तथा सन्ध्या काल)।
त्रिकालज्ञ–त्रिकाल दर्शी भगवान; जिन्हें तीनों काल की घटनाओं का बोध हो।
त्रिकालदर्शी–युग पुरुष; सिद्ध पुरुष; आत्म साक्षात्कारी।
त्रिकोण–तीन कोणोंवाली आकृति।
त्रिकोणमिति–गणित में एक प्रकार का अध्ययन जिसका संबंध तीन कोणों से होता है।
त्रिगुण–मानवीय व्यवहार के तीन लक्षणों के सिद्धान्त (सत्, रज, तम)।
त्रिगुणित–तीन गुणा।
त्रिदंड–संन्यासियों के सम्मान चिह्न का एक वर्ग।
त्रिदंडी–एकांतवासी।
त्रिदोष–शरीर के तीन स्थिति (वात, पित्त तथा कफ़)।
त्रिनेत्र–तीन आँखोंवाला; भगवान शिव।
त्रिपक्षीय–त्रिदलीय।
त्रिपथगा–गंगा नदी।
त्रिपाठी–जिसे तीनों वेदों का ज्ञान हो; ब्राह्मणों की एक उपजाति।

त्रिपिटक–बुद्ध लोगों की एक धार्मिक पुस्तक।
त्रिपुंड–मस्तक पर बना हुआ तीन क्षैतिज लकीरों का चिह्न।
त्रिपुरारि–भगवान शिव का विशेष नाम।
त्रिभुज–तीन भुजाओंवाली आकृति।
त्रिभुवन–तीन दुनिया।
त्रिया–स्त्री; औरत।
त्रिलोक–तीन दुनिया।
त्रिलोकीनाथ–भगवान; परमेश्वर; तीनों लोक के स्वामी।
त्रिविम–तीन विमिय।
त्रिवेदी–वह जिसने चार में से तीन वेदों का ज्ञान प्राप्त कर रखा हो; ब्राह्मणों की एक उपजाति।
त्रिशताब्दी–तीन शताब्दी से संबंधित।
त्रिशूल–भगवान शिव का त्रिशूल; हिमालय का उच्च।
त्रिस्तरीय–तीन सतहवाला।
त्रुटि–त्रुटि; खराबी; दोष; अपूर्णता; हीनता; दोष; चूक।
त्रुटिपूर्ण–दोषपूर्ण; अपूर्ण; अधूरा; दोषयुक्त।
त्रुटिहीन–निर्दोष; निष्पाप; पातातीत।
त्रैकाल्य–मनुष्य के जीवन की तीनों अवस्था– बाल्यवस्था, युवावस्था तथा वृद्धावस्था।
त्रैमासिक–तीसरे महीने में होनेवाला।
त्रैवार्षिक–हर तीसरे वर्ष में होनेवाला।
त्वचा–मनुष्य शरीर का बाहरी आवरण; खाल।
त्वचारोपण–त्वचारोपण।
त्वदीय–तुम्हारा; तेरा।
त्वरण–गति बढ़ाना; तेज होना।
त्वरा–फुर्तीलापन; सक्रीय; कुशल।
त्वरित–तेज गति; द्रुतगामी।

थ

थ–संस्कृत और हिन्दी वर्ण-माला का सत्रहवाँ व्यंजन; जो तवर्ग का दूसरा अक्षर है।
थ–सुरक्षा; अमंगल; भय; पर्वत शिखर।
थंब–स्तंभ; खम्भा; आधार; सहारा।
थकन–थकना।
थकना–थका माँदा; परिश्रान्त।
थकान–थकावट; आलस्य।
थकाना–थकने का कार्य करना; अशक्त या कमजोर कर देना।
थका-माँदा–थका अथवा कमजोर।
थकावट–आलस्य; कमजोरी।
थक्का–गुमड़ा; स्कंद।
थन–चुचुक; चौपायों का स्तन।
थनेली–चुचुक की सूजन।
थनैत–ग्राम का मुखिया; जमींदार के लिए धन इकट्ठा करनेवाला व्यक्ति; वह मनुष्य जो भूस्वामी की ओर से कृषकों से कर उगाहता है।
थपक–थपथपाहट; हथेली से थपथपाना।
थपकी–धीरे से मारना।
थपथपाना–हथेली से धीरे से मारना।
थपेड़ा–मुक्के का प्रहार।

थपोड़ी–ताली बजाना।

थप्पड़–तमाचा; हथेली से किया हुआ आघात।

थमना–रूकना; ठहरना।

थमाना–किसी के सुपुर्द करना।

थर–स्तर; परत; माँद।

थरथर–स्फूरण; कँपकँपी।

थरथराना–काँपना; थर्राहट; भय से कँपकँपाना।

थरथराहट–काँपने का कार्य।

थल–ठिकाना; आवास; जमीन; पृथ्वी।

थलकना–बाहरी आवरण का शिथिल होना।

थलचर–भूमि पर विचरनेवाला पशु।

थल-थल–थुलथुल।

थलथलाना–थुलथुल होना।

थल सेना–स्थल सेना।

थलीय–भूमि के सदृश।

थवई–राजगीर; राजमिस्त्री।

थाँग–जहाँ चोर छिपे होते हैं।

था–भूतकाल; बीता हुआ काल।

थाई–स्थायी; बहुत दिनों तक बना रहनेवाला।

थाक–पुंज; ढेर।

थाती–विरासती; किसी वस्तु का उत्त. रदायित्व लेना।

थान–स्थान; आवास; घर; बाड़ा (पशु); कपड़े की पूरी लम्बाई।

थाना–चौकी।

थानी–गृहस्थ।

थानेदार–किसी थाने का अधिकारी।

थाप–खुले हाथ से हल्का प्रहार; ताली।

थापना–संस्कार करना (पूजा, सम्मान आदि के विचार से); हथेली की छाप छोड़ना; स्थापित करना; बैठाना; हाथ से पीटकर या साँचे से भरकर किसी गीली वस्तु का कुछ बनाना।

थापा–हाथ की कलाई की छाप; ईंट का साँचा; पूजा अर्चना करने के लिए मिलनेवाला चन्दा।

थामना–थामना; सहारा देना; रोकना; पकड़ना; गिरफ्तार करना; जिम्मेदारी लेना; प्रतिरोध करना।

थाल–धातु की बनी बड़ी तश्तरी।

थाली–एक प्रकार की धातु की थाल।

थाह–गहराई।

थिगली–कपड़े के छेद पर सिली हुई पैबंद।

थिर–मौन; शांत; स्थिर; जमा हुआ।

थिरक–खिसकनेवाला नृत्य।

थिरकना–धीरे धीरे नृत्य करना; सरकना।

थिरता–शांतता; स्थिरता।

थी–था

थुक्का-फ़जीहत–कटुभाषी कलह; निन्दा तथा बदनामी।

थुड़ी–तिरस्कारपूर्ण असम्मति।

थुथकार–सार्वजनिक बदनामी; दुष्प्रभाव; झूठा अभियोग।

थुथना–नाक या आगे का उभड़ा हुआ भाग।

थुलथुल–मोटा; माँसल; स्थूलकाय।

थूक–लार; राल।

थूकना–थूक फेंकना।

थूथन–जानवर की नाक का उभरा हुआ भाग।

थूनी--आश्रय; सहारा।

थूहर–एक प्रकार के पौधे की प्रजाति।

थैला–बोरा; लबादा।

थैली–छोटी थैली।

थोक–थोक व्यापार; ढेर; अम्बार।

थोक-विक्रेता–थोक का व्यापार करने वाला।

थोड़ा–लघु; अल्प; तुच्छ।

थोथा–खाली; मूल्यहीन; अवास्तविक।

थोपना–दीवार पर मसाला लगाना; लेपना; अपना उत्तरदायित्व किसी और पर लादना; थोपना।

थोबड़ा–थूथन; किसी व्यक्ति की नाक।

द

द–संस्कृत और हिन्दी वर्ण-माला का अट्ठारहवाँ व्यंजन, जो तवर्ग का तीसरा अक्षर है।

दंग–विस्मित; आश्चर्य।

दंगई–दंगाखोर; फसादी।

दंगल–कुश्ती प्रतियोगिता।

दंगली–दंगल से संबंधित।

दंगा–उपद्रव; हंगामा; अशांति; खलबली; बलवा।

दंगाई–दंगा करनेवाले।

दंगाग्रस्त–दंगे से प्रभावित।

दंगेबाज–दंगाखोर; गैरकानूनी कार्य करनेवाले।

दंगेबाजी–दंगे में लिप्त; गैरकानूनी गति. विधियाँ; शांति में खलल।

दंड–डंडा; छड़ी; सोटा; जुर्माना; दंड; सजा; एक प्रकार का भारतीय व्यायाम।

दंडधर–दंडनायक; राजा; शासन करने वाला; यम; मृत्यु का देवता।

दंडनीय–दंड देने योग्य; दंडयोग्य।

दंडपाणि–कानून तथा नियम की रक्षा करने वाला; यम; मृत्यु का देवता।

दंडवत–साष्टांग।

दंड-विज्ञान–बन्दीगृहों के प्रबन्ध का अध्ययन।

दंड-संहिता–वह ग्रंथ या विधान जिसमें अपराधों के लिए दंडों का विवेचन या विधान होता है।

दंडात्मक–दंड के सदृश; दंड देने से संबंधित।

दंडाधिकारी–मैजिस्ट्रैट; न्याय का पालन करवाने वाला; जनपदाधीश।

दंडित–जिसे किसी जुर्म करने के कारण सजा मिली हो।

दंडी–वह जो हमेशा अपने पास डंडा अथवा छड़ी रखता हो; साधु जो अपने पास छड़ इत्यादि रखता है; द्वारपाल; प्रतिहारी; राजा।

दंड्य–दंडनीय।

दंत–दाँत।

दंतकथा–किवदंती; पारम्परिक कथा; जनश्रुति।

दंतकार–दाँत बनाने तथा लगानेवाला डॉक्टर।

दंतकारी–दाँत के डॉक्टर का कार्य।

दँतखोदनी–दाँत खोदने की एक प्रकार की डंडी।

दंत चिकित्सक–दाँतों का डॉक्टर।
दंत चिकित्सा–दाँत के डॉक्टर का कार्य।
दंतछद–दाँतों का निशान।
दंत पीड़ा–दाँत का दर्द।
दंत विज्ञान–दंत शास्त्र।
दंत विहीन–जिसे दाँत न हो।
दंतावली–कृत्रिम दाँतों की पंक्ति।
दंती–हाथी; अश्व।
दंतुला–विशाल दाँतोंवाला।
दंत्य–दाँत का।
दंपति–पति तथा पत्नी।
दंपती–पति तथा पत्नी।
दंभ–अभिमान; अहंकार; घमंड।
दंभी–घमंडी; अहंकारी; अभिमानी।
दँवरी–कटी हुई पैदावार को बैलों द्‌वारा कुचलवाना जिससे दाने को भूसी से अलग किया जा सके।
दंश–डंक; वह घाव जो दाँत काटने या लगने से हुआ हो।
दंशन–डंक मारना।
दई–नियति; अदष्ट।
दक़ियानूस–सुधार विरोधी; परिवर्तन का विरोधी।
दक़ियानूसी–पुराने समय के विचार, दस्तूर इत्यादी; रूढ़िवादी; बहुत ही पुराने और संकीर्ण विचारोंवाला।
दक्खिन–दक्षिण दिशा।
दक्खिनी–दक्षिण दिशा का।
दक्ष–कुशल; निपुण; दक्ष; चुस्त; चतुर; गुणकारी; विशेषज्ञ; प्रवीण।
दक्षता–दक्षता; निपुणता; कुशलता; चुस्ती; चतुरता; प्रवीणता।
दक्षिण–दक्षिण दिशा; दायाँ।
दक्षिण-पंथ–दक्षिणी भुजा।
दक्षिणा–अध्यापक, पादरी को दिया जानेवाला पारिश्रमिक।
दक्षिणायन–अयनकाल शीतऋतु।
दक्षिणावृर्त–बाईं से दाईं ओर जाते हुए।
दक्षिणी–दक्षिण दिशा का।
दख़लंदाज़–दूसरे के कार्य में हस्तक्षेप।
दख़लंदाज़ी–दूसरे के कार्य में हस्तक्षेप करना अथवा बाधा पहुँचाना।
दख़ल–अधिकार; कब्जा; हस्तक्षेप; बाधा।
दख़लकार–हस्तक्षेप करनेवाला।
दगड़–नगाड़ा।
दग़ा–बेईमानी; कपट; छल; धोखा।
दग़ीला–धब्बा; दाग (फल इत्यादि पर); चिह्न; कलंक।
दत्तकीय–गोद लेने योग्य; गोद लेने के सदृश।
दत्तचित्त–एकाग्रचित्त; पूर्ण रूप से सचेत (कार्य के प्रति)।
ददिया-ससुर–ससुर के पिता; पत्नी अथवा पति के दादा।
ददिया-सास–ससुर की माता; पत्नी अथवा पति की दादी।
ददिहाल–दादा का परिवार अथवा उनका निवासस्थान।
ददोड़ा, ददोरा–सूजन।
दद्रु–दाद।
दधि–दही।
दन–उच्च घोषणा; बंदूक अथवा तोप दागने पर निकलनेवाली ध्वनि।

दनदनाना–अचानक और लगातार ध्वनि उत्पन्न करना शुरू करना; आनन्द मनाना।

दनादन–लगातार आनेवाली ध्वनि; सिलसिलेवार; निरन्तरता।

दनुज–प्रेत; दानव; भूत; राक्षस।

दपटना–डपटना।

दफ़न–दाह संस्कार।

दफ़नाना–मृत शरीर को कब्र में दबाना; किसी बात को पूर्णतय: भूल जाना।

दफ़ा–समय; काल; खंड; भाग।

दफ़्तर–कार्यालय।

दफ़्तरशाही–नौकरशाही।

दफ़्तरी–किताबों का जिल्दसाज़।

दफ़्ती–गत्ता।

दबंग–बहादुर; निर्भय; साहसी; वीर; मजबूत दिलवाला।

दबंगपन–बहादुरी; निर्भयता; वीरता।

दबकना–दुबकना।

दबदबा–सादर भय; जबरदस्त; प्रभाव; प्रतिष्ठा।

दबना–किसी पत्थर के नीचे आना; भीड़ के नीचे आना; उच्च अधिकारी के नीचे कार्य करना।

दबवाना–दबाना।

दबाऊ–आगे की तरफ वजन होना।

दबाना–नीचे की ओर जोर लगाना; कुचलना।

दबाव–बल; प्रभाव; अवपीड़न।

दबैल–प्रभाव/नियंत्रण/अधीनता के तहत।

दबोचना–अचानक जब्त करना; छुपाना।

दब्बू–नम्र; विनीत।

दब्बूपन–नम्रता।

दम–जीवित रहना; साँस लेना; तुरन्त; उसी समय; पल; क्षण।

दमक–जगमगाहट; देदीप्यमान; प्रज्जवलित होना।

दमकना–जगमगाना; चमकना; प्रकाशित होना।

दमकल–पानी का पम्प; आग बुझाने का दमकल; सहन शक्ति; आग बुझाने में दक्ष जनों की टोली।

दमकला–भट्ठी; चूल्हा (जिसमें कोयला प्रयुक्त किया जाता है)।

दमख़म–ताकत; बल; शक्ति; कुशलता; प्रवीणता; सहनशक्ति; तीक्ष्णता (तलवार की धार की)।

दमचूल्हा–दमकल।

दमड़ी–अल्प मात्रा; एक पैसे का आठवाँ हिस्सा (प्राचीन भारतीय नोट)।

दमदमा–कोयला संग्रह करने का स्थान।

दमदार–मज़बूत; बलवान; स्थिर; शक्तिशाली; दृढ़; पूर्णत: सक्षम।

दम-दिलासा–समर्थन; सहायता; दिलासा; तसल्ली; आश्वासन।

दमन–अत्याचार; विरोध।

दमनकारी–अत्याचारी; विरोधी।

दमनचक्र–दमन करने का पहिया।

दमनशील–अत्याचारी; नियंत्रण करने वाला।

दमनात्मक–निर्दयी; अत्याचारी।

दमनीय–दमन योग्य।

दम-पट्टी–गलत उम्मीद।

दम-बुत्ता–धौंस देनेवाला; रौबीला।

दमसाज–साथी; वफादार दोस्त।

दमा–एक प्रकार की बीमारी जिसमें साँस लेने में तकलीफ होती है; श्वास रोग।

दमाद–बेटी का पति।

दमादम–तीव्र तथा सिलसिलेवार।

दमामा–नगाड़ा; भेरी।

दमित–कुचलना; दबाना; अधिक दबाव।

दम्य–दमनीय।

दयनीय–दीन; तुच्छ; करुण; अभागा; तुच्छ; बदनसीब।

दया–करूणा; तरस।

दया–दृष्टि–दयालुता की भाव भंगिमा।

दयानत–सत्यता; ईमानदारी; खरापन।

दयानतदार–सच्चा; निष्कपट; सत्यवादी।

दयानतदारी–दानी; ईमानदारी।

दयानिधान–नेक व्यक्ति; भगवान।

दरजेवार–कोटी / वर्ग / श्रेणी के अनुसार।

दरद–दर्द; पीड़ा।

दरदरा–अपरिष्कृत।

दरदीला–कृपालु; दयालु; दयावान; हृदयग्राही; करुणात्मक; भावात्मक।

दरना–असभ्यता से पीसना अथवा रगड़ना; नष्ट / विनाश / बरबाद / तबाह करना।

दरबा–कपोतखाना; उपकक्ष; विभाग।

दरबान–द्वारपाल; दरबान; पहरेदार।

दरबानी–पहरेदारी; दरबानी।

दरबार–राजा का प्रांगन; राजसी प्रांगन।

दरबारदारी–चापलूसी; चाटुक्ति।

दरियाफ़्त–पूछताछ तथा खोज करना; पूछना; जाँचना; जाँच पड़ताल करना।

दरी–कालीन; गलीचा।

दरीबा–थोक बाजार।

दरेसी–कपड़े पहनना; आखिरी सुधार (मैदान, इमारत आदि) की तैयारी।

दरोग़ा–दरोग़ा।

दर्ज–समाविष्ट; लिखना; रजिस्टर, किताब आदि में लिखना।

दर्जा–वर्ग; श्रेणी; कोटि; भेद; स्तर।

दर्जी–कपड़े सीलनेवाला।

दर्द–पीड़ा; वेदना; करुणा; सहानुभूति।

दर्दनाक–करुणामय; दयनीय; दुखःकारी।

दर्दमंद–दयायुक्त; कृपालु।

दर्प–गर्व; उद्दण्डता।

दर्पण–आईना; देखने का काँच।

दर्रा–रास्ता (पहाड़ का); मोटा चूर्ण (दाल का)।

दर्शक–प्रेक्षक; देखनेवाला; तमाशबीन।

दर्शक कक्ष–अभ्यागत सभामण्डप।

दर्शकगण–पेक्षकगण; जनसमुदाय।

दर्शक दीर्घा–प्रेक्षक गलियारा।

दर्शन–दृश्य; दृष्टि; तत्त्वज्ञान।

दर्शनीय–मनोहर; सुन्दर; देखने योग्य; अद्भुत; अनोखा।

दर्शनी हुंडी–दर्शन पर लगाया गया शुल्क।

दर्शी–देखनेवाला।

दल–मंडली; झुण्ड; जत्था; समूह; पत्ती; मोटाई।

दलक–कंपन; थरथराहट।

दलकना–काँपना।

दलगत–दल के अनुसार।

दलदल–कच्छ भूमि; घँसाव।

दलदला–दलदली भूमि।
दलदार–स्थूल; मोटा; पुष्ट; माँसल।
दलन–कुचलन।
दलना–मोटा पीसना।
दलबंदी–दल बनाना।
दलबदल–कर्त्तव्यच्युति।
दलबदलू–दल बदलनेवाला।
दलबादल–बादलों का एकीकरण; साथियों अथवा अनुसरण करनेवालों का दल।
दलवाना–दलवाने का कार्य किसी अन्य से करवाना।
दवात–रोशनाई रखने का पात्र।
दवा-दारू–औषधीय चिकित्सा।
दवामी–स्थिर; स्थायी; टिकाऊ।
दशक–दस वर्ष का समय।
दशन–दाँत।
दशनच्छद–होठ।
दशभुज–दस भुजावाला।
दशम–दसवाँ।
दशमलव–दशमिक।
दशमलवकरण–दशमिक प्रणाली।
दशमांश–किसी वस्तु का दसवाँ हिस्सा।
दशमिक–दशमलव।
दशमी–चन्द्रमास के प्रत्येक पक्ष की दसवीं तिथि।
दशहरा–ज्येष्ठ मास के चन्द्रमास के पक्ष का दसवाँ दिन; एक हिन्दुओं का त्यौहार जो बुराई पर सच्चाई की विजय का प्रतीक है।
दशा–अवस्था; रीति; स्थिति।
दशानुकूलन–विदेश की जलवायु का अभ्यास होना।
दशाब्द–दशाब्दी।
दशाब्दी–दस वर्ष का समय।
दशावतार–हिन्दु पौराणिक कथा के अनुसार भगवान विष्णु के दस अवतार।
दशाह–दस दिनों का समय; मृत्यु के बाद दसवाँ दिन।
दशी–दस वर्ष की अवधि।
दसनंबरी–अपराधी; दोषी।
दस्तंदाज़–जो विघ्न डाले अथवा विरोध करे।
दस्तंदाज़ी–दखलनदाजी; बीच का विरोध।
दस्त–हाथ; एक प्रकार का रोग जिसमें बार बार शौच आता है।
दस्तक–हाथ का हल्का प्रहार; तकादे के लिए भेजा गया पत्र; पीटना (खटखटाना); पुल पार करने के लिए जहाँ पर कर लिया जाता है।
दस्तकार–शिल्पकार; कारीगर।
दस्तकारी–हाथ से किया हुआ काम; दस्तकारी; कारीगरी।
दस्तख़त–स्वनाम लेखन।
दस्तख़ती–दस्तख़त किया हुआ; दस्तख़त के सदृश।
दस्तरख़ान–भोजन का कपड़ा।
दस्ता–मुठिया; झुंड; भीड़; एक दस्ता (चौबिस तख्ता कागज)।
दस्ताना–हाथ का मोजा; हस्तत्राण।
दस्तावर–पेट साफ करनेवाली (औषधी); रेचक।
दस्तावेज़–पत्र या प्रमाण; लेख प्रमाण।
दस्तावेज़ी–प्रमाणविषयक।

दस्ती–हाथ से संबंधित; किसी व्यक्ति के द्वारा भेजा हुआ; छोटा दस्ता; हाथ में आनेवाला प्रकाश स्तंभ; छोटा कलम रखने का पात्र।

दस्तूर–आचार; रीति; सम्प्रदाय।

दस्तूरी–प्रचलित लौकिक छूट; अधिक लाभ।

दस्यु–चोर; डाकू; लुटेरा; तस्कर।

दस्युता–चोरी; लूट; तस्करी।

दस्युवृत्ति–जीवन निर्वाह के लिए चोरी करना।

दहक–प्रभा; चमक।

दहकना–चमकना; लाल दहकती अग्नि की ज्वाला में जलना।

दहकाना–चमकाना; हलचल मचाना।

दहन–ज्वलन; तीव्र; तीक्ष्ण।

दहनशील–ज्वलनशील; उत्तेजक।

दहनशीलता–ज्वलनशीलता; उत्तेजकता।

दहना–जलाना।

दहल–भय; डर।

दहलना–भयभीत होना; डरना।

दहला–ताश का वह पत्ता जिस पर दस बूटियाँ हों।

दहलाना–भयभीत करना।

दहलीज़–देहली; प्रवेश मार्ग।

दहशत–त्रास; डर; शंका; भय।

दहशतगर्द–त्रास करके राज्य करनेवाला।

दहशतगर्दी–त्रास द्वारा शासन; भय फैलाने का कार्य।

दहाई–दस गुणा करना; लिखे अक्षरों में दसवाँ स्थान; दस वस्तुओं का समूह।

दहाड़–शेर की गर्जना की ध्वनि।

दहाड़ना–गर्जना; जोर से चीख चीख कर रोना।

दहाना–नदी का बड़ा मुहाना; पानी से भरे थैले का मुँह; घोड़े की लगाम को दहाने की जंजीर; बहाना; परनाला।

दही–जमाया हुआ दूध।

दहेज–स्त्री धन; लड़की के विवाह के समय उसे दिया जानेवाला धन अथवा सामान।

दाख़िल–प्रवेश; सम्मिलित।

दाख़िल-ख़ारिज–परिवर्तन; मालिक का नाम बदलना।

दाख़िल-दफ़्तर–सूचनाओं से भरा हुआ।

दाख़िला–प्रवेश; स्वीकृति; दाखिल होने का शुल्क।

दाग–दाह क्रिया।

दाग़–कलंक; अस्पष्ट; कोई भी वस्तु जिससे कीर्ति का नाश हो।

दाग़दार–कलंकित; अस्पष्टता।

दाग़ना–बन्दूक से गोली चलाना; कलंकित करना।

दाग़बेल–बाहरी रूपरेखा (किसी मकान के आधार की)

दाग़ी–दाग लगानेवाला; जिसने दाग लगाया हो।

दाड़िम–अनार का वृक्ष।

दाढ़–चर्वणक (दाँत)।

दाढ़ी–आदमी के चेहरे पर उगनेवाले बाल।

दाढ़ीजार–शाप (अपशब्द; जो स्त्री किसी पुरूष के लिए प्रयोग करती है)।

दाढ़ीवाला–जिसकी दाढ़ी हो।

दातन–दातुन।

दातव्य–नियत; धर्मार्थ।

दाता–दान देनेवाला।

दातार–दानी; बड़ा दान देनेवाला।

दातुन; दातौन–रेशेदार टहनी जिससे दाँत साफ किये जाते हैं।

दाद–एक प्रकार की त्वचा पर होनेवाली बीमारी; प्रशंसा; तारीफ; स्तूति।

दादरा–भारतीय संगीत का एक प्रकार।

दादा–जनकीय पिता; बड़ा भाई; किसी दल का सरदार; बदमाशों के गिरोह का प्रमुख।

दादागीरी–बदमाशी; अगुआई।

दादी–दादा जनकीय माता; पिता की माँ।

दादुर–मेढ़क।

दान–उपहार; धर्मार्थ में दिया गया धन; भिक्षा।

दानपात्र–उपहार का दस्तावेज।

दानपात्र–चढ़ावे का बक्सा; जिस पात्र में दान इकट्ठा किया जाता है।

दान-पेटी–दान इकट्ठा करने का पात्र।

दानव–प्रेत; दानव; राक्षस।

दानवी–प्रेतग्रस्त व्यक्ति।

दानवीर–उदारचित्त; उदार; दानी।

दानशील–दीनवत्सल; कल्याणकारी; दयाशील।

दानशीलता–दयाशीलता।

दाना–कण; बीज; गुटका; फुन्सी।

दाना चीनी–स्फटिक चीनी।

दाना पानी–भोजन; जीविका; जीवन वृत्ति।

दानी–कल्याणकारी; उदारचित्त।

दानेदार–कणिकामय।

दाप–श्रेष्ठता; गर्व, अभिमान आदि का अधिक दिखावा।

दाब–प्रभाव; पत्र दाब; भार; प्रभाव।

दाबना–दबाव डालना; प्रभाव में रखना; गाड़ना।

दाम–एक दमड़ी का तीसरा अंश; मूल्य; भाव; कीमत; धन; हार; माला; विशाल संख्या।

दामन–किसी परिधान का किनारा।

दामाद–जमाता; पुत्री का पति।

दामादी–दामाद के सदृश; दामाद से संबंधित; दामाद जैसा। दामाद होने का भाव।

दामिनी–बिजली; विद्युत।

दामी–बहुमूल्य; महँगा; मूल्यवान; अनमोल।

दामोदर–भगवान श्रीकृष्ण का विशेष नाम।

दाय–दातव्य; दानपुण्य। दान; पूर्वजों से प्राप्त धन; दहेज; शादी के अवसर पर मिलनेवाला उपहार।

दायभाग–बँटवारा होने पर पैतृक सम्पत्ति में से मिलनेवाला हिस्सा अथवा भाग।

दायभागी–उत्तराधिकारी; वारिस।

दायर–लम्बी यात्रा; भ्रमण; प्रवाही; बहनेवाला।

दायाँ–सीधा।

दायागत–पैतृक; पुरखों का।

दायाधिकार–उत्तराधिकार; विरासत में मिली वस्तु।

दायाधिकारी–उत्तराधिकारी।

दायित्व–बाध्यता; कर्त्तव्य; भार।
दायित्वबोध–उत्तरदायित्व की समझ।
दायिनी–सुखदायिनी
दायी–दाता; दान देनेवाला।
दार–दान मे मिली सम्पति को दर्शानेवाला।
दारचीनी–सिन्दूर।
दारण–शल्य क्रिया; चीर फाड़ के उपकरण।
दारा–पत्नी; भार्या।
दारिद्र्य–दीनता; निर्धनता; गरीबी।
दारु–देवदार का वृक्ष।
दारुण–मार्मिक; आत्यंतिक; भयानक; डरावना; भयंकर।
दारुणता–मार्मिकता; भयानकता।
दारुहलदी–एक प्रकार की हल्दी।
दारू–दवा; औषधि; मद्य; शराब; सुरा; मादक पेय; मदिरा; बारूद।
दारोग़ा–पुलिस निरीक्षक; पर्यवेक्षक।
दारोमदार–भरोसा; आश्रय।
दार्शनिक–तत्त्वज्ञान संबंधी।
दाल–एक प्रकार का पकाकर खाने का पदार्थ।
दालचीनी–दारचीनी।
दाल–दलिया–रूखा सूखा भोजन; गरीब लोगों का भोजन।
दालमोठ–तली हुई दालों से बना हुआ एक प्रकार का खाद्य पदार्थ।
दाल-रोटी–जीवनवृत्ति; पोषकता; भोजन।
दालान–ढकी हुई अंदरूनी छत।
दाव–जंगल; लकड़ी; दाँव।
दावत–भोज; विशिष्ट भोजन।
दावतनामा–निमंत्रण पत्र।
दावनी–मस्तक पर पहनने का आभूषण।
दावा–स्वत्व अधिकार जताना; अभियोग।
दावाग्नि–जंगल का अग्निकांड।
दावेदार–जिसने स्वत्व अधिकार जताया हो।
दावेदारी–दावे की घोषणा।
दास–चाकर; गुलाम; कृषिदास; नौकर।
दासता–दासत्व; गुलामी।
दासत्व–दासता।
दासप्रथा–दासता की प्रथा।
दासभाव–पराधीनता; गुलामी; दासता; नौकरी।
दासानुभाव–विनम्र गुलाम।
दासी–लड़की दास; गुलाम लड़की।
दास्ताँ; दास्तान–कहानी; गाथा; वृतांत; कथा; वर्णन।
दास्य–दासत्व; गुलाम।
दाह–ज्वलंत; दाहक; मानसिक पीड़ा।
दाहक–तीक्ष्ण; उत्तेजनात्मक।
दाहकर्म–अंतिम संस्कार।
दाहक्रिया–जलाने का कार्य।
दाहन–जलता हुआ।
दाहना–जलाना; यातना देना।
दाह-संस्कार–अंतिम संस्कार।
दाहिना–सीधा।
दाहिने–सीधी तरफ।
दाह्य–ज्वलनशील; दाहक।
दिउली–छोटी मिट्टी का प्याला; चिकन के काम में प्रयोग किये जानेवाला छोटा प्याला; जख्म पर जमी हुई पपड़ी।
दिक–दिशा।
दिक़्–सताया हुआ; व्याकुल।

दिक़्क़त–बाधा; रुकावट; कठिनाई; विपत्ति का स्रोत अथवा साधन।

दिक़्क़त-तलब–कठिन; कष्टप्रद।

दिक्सूचक–एक प्रकार का यंत्र जिससे दिशाओं का ज्ञान किया जाता है।

दिखना–दृष्टिगोचर होना; दृश्य में होना; दिखाई देना; प्रत्यक्ष।

दिखलाई–दिखाने का कृत्य; दिखाई के कार्य के बदले मिलनेवाला पारिश्रमिक।

दिगंश–आकाशीय वृत्त का मध्य आकाश से क्षितिज तक का भाग।

दिगंशीय–दिगंश के सदृश।

दिग्गज–काल्पनिक आठवाँ हाथी जिसने पृथ्वी को सहारा दिया हुआ है।

दिग्दर्शक–संचालक; निर्देशक।

दिग्दर्शन–दिशा निर्देशन।

दिग्भ्रम–दिशा संबंधी भ्रम; प्रतिष्ठा का ह्रास।

दिग्मंडल–एकजुट दिशाएँ।

दिग्विंदु–चारों दिशा (उत्तर; दक्षिण; पूर्व तथा पश्चिम)।

दिग्विजय–समस्त संसार का विजयी।

दिग्विजयी–समस्त संसार पर विजय प्राप्त करनेवाला।

दिग्व्याप्त–सब जगह व्याप्त।

दिन–सूर्योदय से सूर्यास्त तक का समय।

दिनकर–सूर्य।

दिनचर्या–नित्यचर्या।

दिन-ब-दिन–दिन पर दिन।

दिनमणि–सूर्य; भास्कर।

दिनमान–दिन की अवधि (सूर्योदय से सूर्यास्त तक)।

दिनराज–सूर्य।

दिन–रात–दिन तथा रात।

दिनांक–तिथि; काल; तारीख।

दिनांकित–तिथित।

दिनांध–दिन का अंधा।

दिनातीत–जिसके दिन निकल गये हों।

दिनीं–पूराना; जीर्ण; जो बहुत दिनों से रखा हो।

दिनेश–सूर्य।

दिनौंधी–दिन की अंधता।

दिमाग़–बुद्धि; मस्तिष्क; मगज़।

दिमाग़-चट–बहुत बोलने वाला; परेशान करने वाला।

दिमाग़दार–बुद्धिमान; ज्ञानी; बहुत चतुर; प्रतिभा सम्पन्न; अभिमानी; अहंकारी; गर्वीला; घमंडी।

दिमाग़ी–मानसिक बौद्धिक।

दिया–देना। मिट्टी का दीपक; दीया।

दिल–कलेजा; हृदय; चित्त।

दिलकश–लुभानेवाला; मोहित करने वाला; चित्त को आकर्षिक करनेवाला।

दिलचस्प–रुचिकर; दिलचस्प; विनोदी।

दिलचस्पी–रुचि।

दिलजमई–पक्का यकीन; दृढ़ विश्वास।

दिलजला–पीड़ित; सताया हुआ; उत्पीड़ित।

दिलजोई–धीरज; ढाढ़स; सान्त्वना; तसल्ली; दिलासा।

दिलदार–प्रिय; स्नेही; उदारचित्त; उदार हृदय; दानशील।

दिलदारी–उदारता; दानशीलता; उदार चित्तता।

दिलपसंद–हृदय को सुहानेवाला; आकर्षक; मनोहर; आनन्दपूर्ण।
दिलफेंक–आकर्षण की तरफ तुरन्त वशीभूत होनेवाला; अंधाधुन्ध प्रेम करनेवाला।
दिवाला–निर्धनता।
दिवालिया–कर्ज चुकाने में असमर्थ।
दिवाली–हिन्दुओं का एक त्यौहार जिस दिन लोग अपने घरों में रोशनी करते हैं।
दिवास्वप्न–दिन का स्वप्न; मनोविलास।
दिव्य–आलौकिक; पवित्र; आकर्षक; अपूर्व; दैवी; नैसर्गिक; मनमोहक; आकृष्ट।
दिव्यदृष्टि–एक प्रकार की आलौकिक शक्ति जिसमें भूतकाल का आभास होता है; दैवी दृष्टि।
दिव्यपरीक्षा–कठिन परीक्षा।
दिव्यपुरुष–सुन्दर पुरुष।
दिव्यमूर्ति–पवित्र; आकृति।
दिशा–ओर।
दिशा–निर्देश–दिशा निर्देशन।
दिशाभ्रम–दिशा से भटक।
दिशाशूल–किसी विशेष दिशा में यात्रा आरम्भ करने का अशुभ समय।
दिशाहीन–कार्य करने का तरीका न होना।
दिसंबर–आखिरी महीने का नाम।
दिसंबरी–दिसंबर के सदृश।
दिसावर–जहाँ से माल के लिए आदेश दिया जाता है।
दिसावरी–दिसावर।
दिहाड़ी–दिन; एक मज़दूर का एक दिन में कार्य करने का समय; एक दिन कार्य करने के बदले मिलनेवाला पारिश्रमिक।
दीक्षक–विद्यालय का अध्यापक।
दीक्षण–दीक्षा।
दीक्षणीय–संस्कार किया हुआ।
दीक्षांत–विद्यालय संबंधी सत्र की समाप्ति।
दीक्षा–विधिपूर्वक भूमिका धार्मिक विश्वास अथवा पंथ की।
दीक्षित–पवित्रता। ब्राह्मणों की एक उप जाति।
दीखना–दिखाई देना।
दीठ–आँख; चक्षु।
दीदा–आँख।
दीदार–दर्शन।
दीदी–बड़ी बहन।
दीपावली–रोशनी की शृंखला; हिन्दुओं का रोशनी का त्यौहार।
दीपोत्सव–प्रकाश का पर्व; दीपावली।
दीप्त–प्रकाशवान।
दीप्ति–तेजोमय; चमकना; प्रभा; चमक; प्रकाश।
दीमक–सफेद चींटी; एक प्रकार का कीड़ा जो लकड़ी का गला देता है।
दीयट–दीवट।
दीया–दीपक; चिराग; लैम्प।
दीयासलाई–माचिस की तिल्ली।
दीर्घ–लम्बा स्थिर किया हुआ।
दीर्घकाय–बड़ा; ऊँचा; भारी भरकम; विशाल।
दीर्घकालिक–दीर्घकालीन; लंबे समय तक।
दीर्घजीवी–अधिक समय तक जीवित रहनेवाला।
दीर्घवृत्त–अण्डवृत्त (गणित)।

दीर्घसूत्रता–विलम्बिता; स्थगनकारी।
दीर्घसूत्री–विलम्बी; आलसी; जड़वत।
दीर्घा–बरामदा; चित्रशाला।
दीर्घायु–लम्बी उम्र।
दीर्घीकरण–बढ़ाना।
दीवट–दीपक का आधार।
दीवान–राजसी सभा; राज्य का मंत्री; प्रधानमंत्री; किसी कवि का संग्रह किया हुआ कार्य।
दीवान-ए-खास–मंत्रिमंडल की मंत्रणा का स्थल; गुप्त श्रोता का सभा भवन।
दीवान-ख़ाना–बैठने का कमरा; बैठक।
दीवाना–अत्यंत उत्सुक; पागल; विक्षिप्त।
दीवानापन–पागलपन।
दीवानी–दीवाना।) फौजदारी नहीं।
दीवार–भीत; ईटों को एक के ऊपर एक रखकर बनायी गयी आवरण।
दीवाली–हिन्दुओं का रोशनी का त्यौहार।
दुंदुभि–नगाड़ा।
दुंबा–एक प्रकार का मेढ़ा।
दु:ख; दुख–संताप; शोक; व्यथा; क्लेश; खेद; चिन्ता; पछतावा।
दु:खद; दुखद–अभागा; कष्टप्रद; दुखी; उदास; पीड़ित।
दु:खदाता; दुखदाता–दु:ख देनेवाला; पीड़ित करनेवाला।
दु:ख-भरा–उदास; कष्टप्रद।
दु:खभोग–पीड़ा; दु:ख।
दु:खमय–पीड़ा / शोक / दु:ख से पूर्ण।
दु:ख-सुख–आनन्द तथा करूणा; कभी खुशी कभी गम।
दु:खांत–त्रासिक; दुखदायी; त्रासिक अंत।
दु:खांतिका–दुखांतक प्रसंग।
दु:खित–पीड़ित; दु:खी।
दु:खी; दुखी–विषादपूर्ण; उदास; खिन्न।
दु:स्वप्न–भयानक सपना।
दुअन्नी–दो आने का सिक्का (प्राचीन मुद्रा)।
दुआ–मंगलकामना; शुभकामना; ईश्वराजुग्रह।
दुआबा–दो नदियों के बीच का प्रदेश; गंगा तथा यमुना नदी के बीच की भूमि।
दुकड़हा–सस्ता (वस्तु); नीच (व्यक्ति); अधम; मक्कार।
दुकड़ा–जोड़ा; युगल; एक पैसे का एक चौथाई भाग।
दुकड़ी–जोड़ा; युगल; दो घोड़ों द्वारा माल ढोया जाना; दो रूपये; दो ताश के पत्ते।
दुकान–एक स्थान जहाँ से वस्तुएँ खरीदी तथा बेची जाती हैं।
दुकानदार–किसी दुकान का संचालन करने वाला।
दुकानदारी–दुकान पर किये जानेवाला खरीद फरोख्त का कार्य।
दुकाल–कमी; अल्पता; अभाव; न्यूनता; दुर्लभता।
दुकूल–उत्तम वस्त्र।
दुकेला–साथी होना।
दुक्कड़–एक प्रकार का ड्रम; दो नावों का जोड़ा जो एक साथ बँधी हुई हैं।
दुख–दु:ख।
दुखड़ा–पीड़ा से भरी कहानी।
दुखता–दु:खदायी; दर्दनाक; पीड़ायुक्त।

दुखना–दर्द होना।
दुखाना–पीड़ा देना; कष्ट देना।
दुखित–चिन्तित; पीड़ित; विषादपूर्ण।
दुखिया–जो कष्टों से घिरा हो; उदासी से पीड़ित।
दुगना–दूना; द्विगुण; दुहरा।
दुगाना–दो व्यक्तियों के मिलकर गाने का गीत।
दुग्ध–दुध।
दुग्धमापक–दूध की शुद्धता का परिणाम नापने का यंत्र।
दुग्धशर्करा–चीनी दूध का मिश्रण।
दुचित्ता–अस्थिर मनवाला; अस्थायी।
दुचित्ती–मन की अस्थिरता।
दुटूक–संक्षिप्त उत्तर।
दुढालू–दो ढोलवाला।
दुत–दुतकार–निन्दा; भर्त्सना; झिड़की।
दुतकारना–निन्दा करना; झिड़की देना; भर्त्सना करना।
दुतरफ़ा–दो तरफा; द्विपक्षीय।
दुतल्ला–दो मंजिला।
दुद्धी–एक प्रकार की घास।
दुधमुँहा–माँ का दुध पीता हुआ।
दुधहँड़ी–दूध रखने का विशाल पात्र।
दुधार–दूध देनेवाला।
दुधारू–दुधार।
दुधिया–दूध जैसा या दूध संबंधी; दूध की अधिक मात्रा।
दूधैल–दूध की पर्याप्त पैदावार के साथ।
दुनाली–दो नलियोंवाला।
दुनिया–संसार; सृष्टि; जगत; विश्व।
दुनियादार–सांसारिक; समाज संबंधी।
दुनियादारी–सांसारिक स्वभाव; सामाजिक स्वभाव।
दुनियासाज़–चुतर; चालाक।
दुपट्टा–लपेटने का लिलन का कपड़ा।
दुपल्ला–दो तहवाला; जिसकी दो तह हों।
दुपहर–दोपहर; मध्यकाल; मध्यान्ह।
दुफ़सला–दो फसलों की पैदावार करना; दो अर्थ होना; अनेकार्थी।
दुबकना–भयभीत होना।
दुबला–पतला; क्षीण; कमजोर।
दुबलाना–पतला दुबला होना।
दुबलापन–पतलापन।
दुबारा–एक बार फिर; दूसरी बार; फिर से; एक बार और।
दुभाषिया–जिसे दो भाषाओं का ज्ञान हो; द्विभाषी।
दुमंजिला–जिसकी दो मंजिल हों।
दुम–पूँछ; किसी वस्तु का पिछला भाग।
दुमदार–जिसकी दुम हो।
दुमुँहाँ–जिसके दो मुँह हो।
दुरंगा–दो रंग का; चालाक; चतुर; छलता; कपटता।
दुर; दुर–दूर करने का भाव।
दुरदुराना–दूर भगाना।
दुरभिसंधि–साजिश; कपट समझौता।
दुरमुट; दुरमुस–पैदल मार्ग को दबाने का एक प्रकार का औजार।
दुरवस्था–दुर्दशा; दुर्गति; बुरी अवस्था।
दुराग्रह–स्वेच्छाचार।
दुराग्रही–स्वेच्छचारी।
दुराचार–बुरा अथवा अनैतिक व्यवहार।
दुराचारी–बुरा; दुष्ट; पापी।

दुरात्मा–नीच; दुष्ट; पापी; बुरा।

दुराना–दूर करना; छुपाना।

दुराराध्य–संतुष्ट न होनेवाला; तुनकमिजाज।

दुरारोह–जिस पर विश्वास करना कठिन हो।

दुराव–छिपने की जगह; छिपाव।

दुराश्य–ईर्ष्या; घृणा; बुरा उद्देश्य; गलत धारणा।

दुराशा–गलत उम्मीद; जो वस्तु प्राप्त करना अथवा पकड़ना नामुमकिन हो।

दुरुख़ा–दो धारवाला; दो रूखवाला।

दुरुत्साहक–कुकृत्य करने में सहायक।

दुरुत्साहन–बुरे कार्य में मदद।

दुरुपयोग–अशुद्ध प्रयोग।

दुरुस्त–उचित; सीधा; सही; उचित अवस्था में।

दुरूह–समझने में मुश्किल; अप्रत्यक्ष।

दुर्गंध–बदबूदार महक; बदबू।

दुर्ग–किला; गढ़ी।

दुर्गत–पीड़ित; सताया हुआ; अभागा; दुखद।

दुर्गति–भयावह हालत; दुर्दशा; महाविपत्ति; घोर कष्ट।

दुर्गपाल–किले का प्रमुख अधिकारी।

दुर्गम–दुस्तर; अयथार्थ; दुबोध; मुश्किल; अभेद्य।

दुर्गा–दुर्गा माता; वीरता की देवी।

दुर्गा-पूजा–हिन्दुओं द्वारा मनाया जाने वाला नौ दिनों का एक पवित्र त्यौहार जिसमें दुर्गा देवी की पूजा की जाती है।

दुर्गुण–दोषी लक्षणिक; अवगुण; बुराई।

दुर्गुणी–बुरा; अवगुणी।

दुर्घटना–आपत्ति; घटना।

दुर्घनाग्रस्त–विपत्ति; दुखांतक प्रसंग।

दुर्घटना-स्थल–वह स्थान जहाँ दुर्घटना हुई हो।

दुर्जन–दुष्ट; नीच; दुरात्मा; बदमाश; धूर्त; धोखेबाज; अयोग्य।

दुर्जनता–बदमाशी; दुष्टता; नीचता; धोखबाजी; अयोग्यता।

दुर्जेय–अभेद्य; अजेय; विकट; भयानक; भयंकर।

दुर्दमनीय–न जीते जाने योग्य; अकाट्य।

दुर्दम्य–अजेय।

दुर्दशा–दुर्भाग्य; विपत्ति; बुरी अवस्था।

दुर्दांत–जिसे जीता न जा सके; अभेद्य।

दुर्दिन–बुरे दिन; मुश्किल समय; बादलों से भरा दिन।

दुर्दैव–अभाग्य; आपदा; विपत्ति।

दुर्बल–कमजोर; क्षीण; कृश; निर्बल।

दुर्बलता–कमजोरी; निर्बलता; क्षीणता।

दुर्बुद्धि–मूर्ख; बुद्धु; बुरे दिमागवाला; पापी; कुमार्गी; भ्रष्ट।

दुर्बोध–अबोधगम्य; अबोध्य; गूढ़; छिपा हुआ; अस्पष्ट।

दुर्भाग्य–अभाग्य; बेकार किस्मतवाला।

दुर्भाव–बैर; शत्रुता।

दुर्भावना–शत्रुता से पूर्ण अनुभूति।

दुर्भावपूर्ण–बुरा चाहनेवाला; ईर्ष्यालु।

दुर्भिक्ष–अभाव; अकाल; कमी; अल्पता; न्यूनता।

दुर्भीति-दुर्भेद्य–घुसाने अथवा भेदने में कठिन; अजेय; अभेद्य।

दुर्मति–मूर्ख; बुद्धु; बुरे दिमागवाला; पापी; कुमार्गी; भ्रष्ट।

दुर्मर–दकियानूस; पुरानखंडी।

दुर्मुख–भद्दा; बदसूरत; भयानक; डरावना।

घोड़ा; भेदिया; गुप्तचर; घर जिसका मुँह उत्तर दिशा की तरफ हो (अपशगुन समझा जाता है)।

दुलार–स्नेह; चिंता।

दुलारना–स्नेह करना; चिंता करना।

दुलारा–व्यक्ति या वस्तु जो बहुत प्रिय हो; इष्ट।

दुविधा–मुश्किल।

दुशवार–दुष्कर; दुसाध्य; कठिन; मुश्किल।

दुशवारी–दुष्करता; कठिनता।

दुशाला–शाल।

दुश्चक्र–दुराचारी वृत्त।

दुश्चरित्र–बुरे व्यवहारवाला।

दुश्मन–बैरी; विरोधी; रिपु; शत्रु।

दुश्मनी–अति घृणा; शत्रुता।

दुष्कर–कार्य करने में कठिन; दुसाध्य; कठिन।

दुष्कर्म–दुराचार; कुकृत्य; अधर्म; अन्याय।

दुष्कीर्ति–दुष्टता; बदनामी; कुख्याति; अपकीर्ति।

दुष्कृत्य–बुरा कार्य; गलत।

दुष्ट–बुरा; नीच; मक्कार; बेईमान; दुराचारी।

दुष्टात्मा–द्रोही; पापात्मा; पापी। बुरा व्यक्ति।

दुष्प्रकृति–जल्दी संयम छोड़नेवाला; बुरे व्यवहार वाला; नीच; पापी; बुरा।

दुष्प्रभाव–बुरा प्रभाव अथवा असर।

दुष्प्रयोग–दुरुपयोग; अशुद्ध प्रयोग।

दुष्प्रवृत्ति–बुरी प्रवृत्ति; नीच मानसिकता; नीच व्यूह।

दुष्प्राप्य–विरला; न्यून; दुर्लभ।

दुष्प्राप्यता–न्यूनता; दुर्लभता।

दुसराना–एक ही बात को बार बार दोहराना।

दुसूती–दो तहवाली चादर।

दुस्तर–कठिन; दुष्कर; जिसे लांघा न जा सके; दुर्गम; अलंघनीय।

दुहत्थड़–दोनों हाथों से।

दुहत्था–दो हत्थोंवाला।

दुहत्थी–दोनों हाथों को मिलाकर किया कार्य।

दुहना–दूध निकालना; दबाकर बाहर निकालना।

दुहराना–आवृत्ति करना; दुबारा पढ़ना।

दुहाई–प्रार्थना; आह्वान; दूध निकालने का कार्य; दूध निकालने के बदले मिलनेवाला पारिश्रमिक।

दुहाजू–जिसने दूसरी शादी की हो (पहली पत्नी के मरने के पश्चात)।

दुहाना–दुध निकलवाना।

दुहाव–दूध देने का समय; दूध निकालने के बदले मिलनेवाला पारिश्रमिक।

दुहिता–पुत्री; बेटी।

दुहेला–कठिन; मुश्किल; असाध्य; दुःखदायी; पीड़ाहारी।

दुआ–दूसरा।

दूगुन–दुगुना; दूना।

दूज–चन्द्रमास के प्रत्येक पक्ष की दूसरी तिथि।

दूत–राजप्रतिनिधि; संदेश ले जानेवाला।

दूतकर्म–राजप्रतिनिधि का कर्त्तव्य।

दूतावास–दूत का मुख्यालय।

दूती–संदेश ले जानेवाली स्त्री; कुटनी।

दूध–दुग्ध; कुछ निश्चित पौधों तथा पेड़ों से निकलनेवाला सफेद पदार्थ।

दूध पिलाई–दूसरे के बच्चे को दूध पिलाने वाली धाय; दूध पिलाने की बोतल।

दूध–पूत–एश्वर्य; धन; संतान; वंश।

दूध–भाई–अनेक बच्चे जो एक ही स्त्री का दूध पीते हैं।

दुधवाला–दूध बेचनेवाला; दूध का व्यापारी।

दूधिया–दूध का बना हुआ; जिससे दूध निकले।

दून–दूना करने का कार्य।

दूना–दुहरा; द्विगुण; दो तह।

दूब–एक प्रकार की घास।

दूबदू–आमने सामने; सीधा विवाद।

दूबर–थोड़ी शक्ति; कमजोर; निर्बल; मंद।

दूभर–मुश्किल; असाध्य।

दूरंदेश–मेधावी; तेज बुद्धि का; कुशाग्र।

दूर–दूरस्थ।

दूरगामी–जो दूर तक जा सके; लंबे समय तक।

दूरत्व–फासला; दूरी।

दूरदर्शिता–दूरदर्शी होने का गुण।

दूरबीन–दोनों आखों से देखने योग्य; दूर की वस्तुओं को देखने का एक उपकरण।

दूरभाष–वह यंत्र जिससे; प्राय: बिजली की सहायता से दूर के शब्द या दूर की वाणी ज्यों-की-त्यों सुनाई दे।

दूरमुद्रक–एक यंत्र जिसकी सहायता से दूर के समाचार, संदेश आदि अन्यत्र रखी हुई मशीन पर अपने आप छपते चले जाते हैं।

दूरलेख–तार द्वारा समाचार।

दूरलेखी–तार संबंधी।

दूरवर्ती–दूर का; दूरस्थ; दूरवर्ती।

दूरवीक्षक–वह यंत्र जिससे दूर की वस्तु बहुत पास और बड़ी दिखाई पड़ती है।

दूरसंचार–तार आदि की सहायता से दूर तक समाचार, संदेश आदि पहुँचाने का कार्य या व्यवस्था।

दूरस्थ–दूर का।

दूरस्थित–दूर स्थित।

दूरागत–दूर से आया हुआ।

दूरी–फासला; रिश्तों में मित्र भाव की कमी।

दूरीकरण–दूर करने का कार्य।

दूर्वा–सौम्य हरी घास।

दूल्हा–दुलहा।

दूषण–दोष; त्रुटि; कलंक; दूषित; अपवित्रता; मालिन्य; प्रदूषण।

दूषित–दोषी; त्रूटिपूर्ण; दोषपूर्ण; अपवित्र; मलिन; कलंक।

दूसरा–द्वितीय; अतिरिक्त; अन्य; भिन्न।

दूहना–दूध निकालना (गाय इत्यादि का)

दृगंबु–आँसू; अश्रु।

दृग–आँख; चक्षु; दृष्टि; ज्योति; देखने की शक्ति।

दृढ़–स्थिर; ठोस; अडिग; अटल; दृढ़; सतत्; कठोर; हठी।

दृढ़ता–मजबूती; स्थिरता; कठोरता; न मुड़ने योग्य।

दृढांग–वीर; साहसी; मोटा; हट्टा-कट्टा; माँसल।

देखना–अवलोकन करना; पता लगाना; ढूँढना।

देखने का कार्य।

देखना-भालना–चतुराई से देखना; निरीक्षण करना।

देखना-समझना–छानबीन करना; खोज करना।

देख-भाल–फिक्र; चिंता; निरीक्षण।

देख-रेख–नेतृत्व; निर्देशन।

देखा-देखी–अंधी नकल।

देखो–दृष्टिपात करना।

देग़–पतीली; उबलता हुआ कढ़ाव; डेगची।

देग़चा–भोजन बनाने का पात्र।

देग़ची–छोटी कड़ाव।

देदीप्यमान–उज्जवल; चमकदार; वैभवशाली; भव्य; शानदार।

देन–देने का कार्य; उपहार; उत्तरदायित्व।

देनदार–त्रृणि।

देनदारी–आभार; उत्तरदायित्व।

देन-लेन–बैंक का व्यापार; देने और लेने का व्यवसाय।

देनहारा–जिसने दिया।

देना-पावना–पूँजी तथा ऋण।

देना-लेना–पूँजी तथा ऋण; संबंध।

देय–दातव्य।

देयता–जवाबदेही।

देयादेय–जो देना हो।

देर–विलम्ब; समय; काल; अवधि।

देर-सबेर–शीघ्र अथवा विलम्ब।

देरी–टालना; मंदता।

देव–परमात्मा; प्रभु; ईश्वर; देवता; दानव।

देवकथा–पौराणिक कथा।

देवकन्या–अप्सरा; सुन्दर स्त्री।

देवकीनन्दन–देवकी के पुत्र; भगवान श्रीकृष्ण।

देवगण–सब देवताओं का मंदिर; परमात्मा के सहायक।

देवगृह–देवताओं का निवास; मंदिर।

देवता–ईश्वर।

देवतुल्य–देवता जैसा।

देवत्व–दिव्य पुरुष; देवता।

देवदार–एक प्रकार का वृक्ष।

देवदासी–नतृकी; वेश्या; छिनाल; मंदिरों में रहनेवाली नर्तकी।

देवदूत–देवताओं का दूत।

देवनागरी–नागरी वर्णमाला का वास्तविक नाम; भारतवर्ष की वह प्रधान लिपि जिसमें संस्कृत हिन्दी, मराठी आदि भाषाएँ लिखी जाती हैं।

देवबाला–अत्यधिक सुन्दर किशोरी; अप्सरा।

देवभाषा–देवताओं की भाषा; संस्कृत।

देवयान–दैवी वाहन।

देवयोनि–अपूर्व जीवन।

देवर–पति का छोटा भाई।

देवराज–देवताओं के स्वामी; भगवान इन्द्र।

देवरानी–देवर की पत्नी।

देवलोक–देवताओं का घर; स्वर्ग; बैकुंठ।

देववाणी–भविष्यवाणी; देवताओं की वाणि; संस्कृत।

देवाद्यान–नैसर्गिक उद्यान।

देवोपासना–देवताओं की स्तुति।

देश–क्षेत्र; प्रदेश; राष्ट्र; जगह।

देशज–देशी; स्थानिक; मूल निवासी; देशवासी।

देश-दर्शन–देश में घूम फिरकर देखना।

देशद्रोह–राजद्रोह के लिए भड़कानेवाले कार्य।

देशद्रोही–देश के साथ गद्दारी करने वाला।

देशधर्म–किसी देश का धर्म; जनता का सम्प्रदाय जो देश में प्रचलित है।

देश-निकाला–देश से बाहर निकालना; देशत्याग।

देशप्रेम–जन्मभूमि के प्रति प्रेम त कल्याण की भावना; स्वदेश भक्ति।

देशप्रेमी–स्वदेश भक्तिपूर्ण। देश से प्रेम करने वाला।

देशभक्त–स्वदेशानुरागी।

देशभक्ति–देश के प्रति प्रेम तथा त्याग की भावना।

देशभाषा–किसी देश या प्रांत में बोले जानेवाली भाषा।

देशवासी–किसी देश का निवासी; देश का साथी अथवा सदस्य।

देश-विदेश–देशी तथा परदेसी भूमि; अन्य देश।

देश विभाजन–देश का बँटवारा।

देशांतर–भूमध्य रेखा से पूर्व या पश्चिम की दूरी; परदेश।

देशाचर–किसी देश अथवा प्रदेश की परम्परा / देशवासी तथा प्रथा इत्यादि।

देशाटन–देशभ्रमण; देश का विचरण।

देशिक–किसी देश से संबंधित; अंदरूनी।

देशी–मूल निवासी; स्थानिक।

देस–देख; क्षेत्र।

देसावर–परदेश; वह स्थान जहाँ से माल भेजा जाता है।

देसावरी–देसावर।

देसी–मूल निवासी; स्थानिक।

देह–शरीर; काया; तन; भौतिक तत्त्व; निकाय।

देहकर्मी–काम श्रमिक।

देहत्याग–भौतिक अस्तित्व की समाप्ति; मृत्यु।

देहधर्म–शरीर की भौतिक क्रिया।

देहधारी–देह का स्वामी; दैहिक।

देहली–दहलीज़; दरवाजे की चौखट में की नीचे वाली लकड़ी जिसे लाँघ कर घर में घुसते निकलते हैं।

देह-व्यापार–धन के बदले अपना शरीर सौंपना; वेश्यावृत्ति।

देहांत–किसी व्यक्ति की मृत्यु; निधन; देहांत; अंत; मरण।

देहात–गाँव; ग्राम।

देहाती–गाँव का; गाँव संबंधी।

देहात्म–शरीर तथा आत्मा।

देहात्मवाद–भौतिकवाद; पदार्थवाद।
देहात्मवादी–सांसारिक; पदार्थवादी।
देहावसान–मौत; मृत्यु।
दैत्य–दानव; राक्षस; प्रेत।
दैत्याकार–प्रेत जैसा; विशाल; बड़ा।
दैनिक–प्रतिदिन; रोज़ होनेवाला। रोज़ छपनेवाला समाचार-पत्र।
दैनिकी–दिनचर्या लेख या विवरण।
दैन्य–दीता; निर्धनता; कंगाली; काव्य के संचारी भावों में से वह भाव जिसमें दुख आदि से विनित भाव आ जाता है।
दैया–नियति; भाग्य; तकदीर।
दैव–देवता। भाग्य; तकदीर।
दैवकृत–दैवी; ईश्वरीय।
दैवगति–भाग्य के अनुसार कार्य होना; ईश्वरीय कृपा।
दैवज्ञ–भविष्यवक्ता; ज्योतिषी।
दैवयोग–संयोग; आकस्मिक घटना।
देवात्–अकस्मात; विधिश्वात।
दैवी–देवताओं से संबंधित; जो कुछ देवता के विषय में किया जाय।
दैहिक–भौतिक; भौतिक शरीर।
दैहिकी–भौतिक शरीर क्रिया विज्ञान।
दो–2; दो का अंक; तीन से एक कम; एक और एक।
दोअन्नी–दो आने का सिक्का (प्राचीन मुद्रा)।
दोग़ला–दो भिन्न जाति के नर मादा के संसर्ग से उत्पन्न जन्तु; अवैध; मिश्रित; जारज; विजन्मा।
दोग़लापन–दोगला।
दोचित्ता–अनिश्चित विचारोंवाला; अलग अलग दिमागवाला।
दोज़ख–नरकलोक।
दोज़खी–नरग संबंधी।
दोटूक–साफ साफ तथा निश्चित; सीधा; बिना शर्त; सुस्पष्ट।
दोतरफ़ा–दुतरफ़ा।
दो-दिला–दो दिमागवाला; बँटें हुए दिमाग का।
दोनाली–दो नालीवाला।
दोना–पत्तियों का बना हुआ प्याला अथवा कटोरा।
दोनों–उभय; एक और भी।
दोनो–दो वस्तु अथवा व्यक्ति आदि।
दोपट्टा–दुपट्टा।
दोपहर–दुपहर।
दोबारा–दूसरी बार; एक बार फिर।
दोमट–चिकनी उपजाऊ मिट्टी।
दोमुँहा–दो मुँहवाला; दो तरह की बातें बोलने वाला; धोखेबाज; मक्कार।
दोयम–दूसरे दर्जे का; दूसरा (क्रम, कोट तथा वर्ग में)।
दोरंगा–दोहरा व्यापार।
दोरसा–दो प्रकार के स्वादवाला।
दोरुख़ा–दो तरफ रुख़वाला।
दोलक–झूलनेवाली वस्तु या व्यक्ति।
दोलन–कंपन।
दोलायमान–इधर उधर हिलता हुआ; झूलता हुआ; लहराता हुआ।
दो-शब्द–किसी व्यक्ति अथवा वस्तु के विषय में कहे गये कुछ शब्द।
दोष–क्षति; कलंक; त्रुटि; कमी; अशुद्धि; आरोप; अपराध।

दोषमुक्त–निर्दोष; बेकसूर; निश्चल; जिसने अपराध नहीं किया हो।

दोषयुक्त–त्रुटिपूर्ण; दोषपूर्ण; दोषी।

दोषारोप–आरोप; प्रभार।

दोषारोपण–अभियोजन; आरोप; दोष लगाना।

दोषी–जिसने दोष किया हो।

दोसाला–दो दो साल में होनेवाला।

दोसूती–दुसूती।

दोस्त–मित्र; सहायक; साथी; बन्धु; घनिष्ठ; साथी।

दौड़ादौड़ी–जल्दबाजी तथा भाग दौड़।

दौड़ाना–किसी का भगाना; संदेश ले जानेवाली यात्रा।

दौर–समय का घटना चक्र; किस्मत का चक्र; जीवन चक्र; घटना स्थल; अवस्था; शराब में चलनेवाले दौर।

दौरा–भ्रमण; यात्रा; एक बड़ी टोकरी; सत्र।

दौरान–अवधि; मियाद; काल।

दौरी–छोटी टोकरी।

दौर्बल्य–दुर्बलता; कमजोरी; निर्बलता।

दौलत–धन; सम्पदा; ऐश्वर्य; समृद्धि; संपत्ति।

दौलतख़ाना–मकान; घर; निवास स्थान।

दौलतमंद–समृद्ध; धनी; धनवान।

दौहित्र–बेटी का पुत्र।

द्युति–रोशनी; प्रकाश; चमक; प्रभा; दीप्ति; लाली; कांति; वैभव; शोभा; ख्याति।

द्युतिमान–दीप्तिमान; चमकदार; चमकीला।

द्युत–जुए का खेल।

द्यूतक्रीड़ा–जुए का खेल खेलना।

द्यूतवृत्ति–जुए का अभ्यस्त।

द्योतक–सूचित करनेवाला; उदाह. रणयत:; निदर्शी; व्याख्या किया हुआ।

द्योतन–संकेत; निर्देश; स्पष्टीकरण; उदाहरण।

द्योतित–प्रकाशित; निर्देशित; संकेतिक।

द्रव–तरल पदार्थ; द्रव पदार्थ।

द्रवण–गला हुआ।

द्रवणशील–पिघलने की प्रवृत्तिवाला; पिघलने योग्य।

द्रवणीय–पिघला हुआ।

द्रवता–तरलता; सद्रवता।

द्रविड़–दक्षिण भारत का एक क्षेत्र; द्रविड़ क्षेत्र का रहनेवाला।

द्रवित–गला अथवा पिघला हुआ।

द्रव्य–तत्त्व; विषयवस्तु; धन।

द्रव्यमय–द्रव्ययुक्त; वास्तविक।

द्रव्यमान–ढेर; बहुसंख्या।

द्रष्टव्य–मुश्किल से दिखनेवाला।

द्रष्टा–प्रत्यक्षदर्शी; अनुभवी।

द्राक्ष-शर्करा–शर्करा।

द्राक्षा–फल; शर्करा; अंगूर।

द्रावक–पिघला हुआ।

द्राविड़–द्रविड से सदृश।

द्राविड़ी–द्रविड़।

द्रुत–तीव्र; तत्पर; फुर्तीला; तेज; द्रुतगामी।

द्रुतगति–तेज गति।

द्रुतगामी–द्रुत गतिवाला।

द्रुम–पेड़; वृक्ष।

द्रोण–हिन्दु पौराणिक कथाओं के अनुसार कौरवों तथा पांडवों के आचार्य का नाम।

द्रोणी–छिछली कटोरी।

द्रोह–विद्रोह; बगावत; विरोध; द्‌वेष; ईर्ष्या; घृणा।

द्रोही–विद्रोही; बैरी।

द्‌वंदव–कुश्ती; लड़ाई; संघर्ष; शोरगुल; कोलाहल; विवाद।

द्‌वंदव्‌वी–लड़ाका; विवादी; उपद्रवी; कष्टप्रद।

द्‌वय–दो।

द्‌वादश–बारह; 12.

द्‌वादशी–चन्द्र मास के प्रत्येक पक्ष की बारहवीं तिथि।

द्‌वापर–हिन्दु पुराण का तीसरा संवत।

द्‌वार–दरवाजा; प्रवेश; मार्ग; फाटक; कपाट।

द्‌वारचार–विद्रोह; बगावत; विरोध; द्‌वेष; ईर्ष्या; घृणा।

द्‌वारपाल–प्रतिहारी; पहरेदार; सन्तरी; पहरूआ।

द्‌िव–दो।

द्‌विगु–दो गायों का मालिक।

द्‌विगुण–दुगुना; दो तहवाला।

द्‌विज–दो बार जन्म लेनेवाला। अंडे से जन्म लेनेवाला; पक्षी; ब्राह्मण; क्षत्रिय या वैश्य जाति से संबंधित।

द्‌वितंत्र–द्‌वैधशासन।

द्‌वितीय–दूसरा; अन्य।

द्‌वितीयक–दूना; दोहरा; दूसरा।

द्‌वितीया–चन्द्रमास के प्रत्येक पक्ष की दूसरी तिथि।

द्‌वित्व–किसी अक्षर में व्यंजन का दोहराना; पुनरक्ति; बारम्बार।

द्‌विदृष्टि–दोहरी दृष्टि।

द्‌विधा–दो प्रकार से; दो हिस्सों में।

द्‌विधार्थकता–अस्पष्टता; संदिग्धता।

द्‌विपक्षी–द्‌विपक्षीय।

द्‌विपक्षीय–द्‌विभागी; दो छोर का; द्‌विदलीय।

द्‌विपद–दो पैरोंवाला जैसे मनुष्य; मिश्रित शब्द; (बीजगणित) द्‌विनाम पद्‌धति।

द्‌विपदी–दो पदवाला।

द्‌विभाजन–दो बराबर हिस्सों में विभाजन करना; समद्‌विभाजन।

द्‌विभाषी–दो भाषाओं का प्रयोग कर बोला हुआ या लिखा हुआ।

द्‌विरागमन–विवाह के पश्चात दूल्हन का दूसरी बार दूल्हे के घर आना।

द्‌विरुक्त–दो बार कहा हुआ शब्द; दोहराना।

द्‌विलिंगी–उभयलिंगी; स्त्री या पुरुष दोनों के लक्षणों से युक्त प्राणी।

द्‌विवार्षिक–दो दो साल में होनेवाला।

द्‌विविध–दो प्रकार का।

द्‌विविम–दो विमीय।

द्‌विविवाह–एक पत्नी या पत्नी के रहते दूसरा विवाह।

द्‌वेष–ईर्ष्या; चिढ़; डाह; घृणा; तीखा व्यवहार।

द्‌वेषपूर्ण–द्रोह से भरा हुआ।

द्‌वेषवश–घृणा से कारण।

द्‌वेषी–घृणा से भरा हुआ; विरोधी।

द्‌वैत–दोहरापन; द्‌वैध अवस्था।

द्‌वैध–दो वस्तुओं के बीच का भेद; दुगुना लेन देन।

द्वैध-शासन–द्वैधशासन; द्विवतंत्र; मिली जुली सरकार।

द्वैवार्षिक–दो दो साल में होनेवाला।

ध

ध–तवर्ग हिन्दी तथा संस्कृत वर्णमाला का उन्नीसवाँ व्यंजन तथा तवर्ग का चौथा अक्षर; इसका उच्चारण स्थान दंतमूल है।

धंधा–व्यापार; व्यवसाय; वृत्ति; रोजगार।

धँसना–घुसेड़ना; तह तक पहुँचना।

धँसान–भूमि का धँसना; निमज्जन (किसी प्रतिमा का)।

धँसाना–धुसेड़ना।

धँसाव–धँसान।

धक–धड़कन।

धकापेल–ढकेलना।

धकेलना–धक्का देना (नीचे को); झटका देना।

धक्कमधक्का–दूसरों को धक्का देकर आगे बढ़ जाना।

धक्का–धकेलना; हटाना; ढकेलना; आघात; टक्कर।

धक्काड़–अत्यधिक उपजाऊ।

धगड़ा–उपपति।

धगड़ी–उपपत्नी।

धचका–झटका; धक्का।

धज–बाहरी दिखावट; रंग ढंग।

धज्जी–चिथड़ा; छोटे टुकड़े।

धड़–सिर से पृथक मनुष्य के शरीर का भाग।

धड़क–डर (किसी रंगमंच का); लज्जा।

धड़कन–स्पंदन; दिल की धड़कन की आवाज।

धड़कना–स्पंदन होना।

धड़का–दिल का धड़कना; भय; चिड़ियों को डराने का पुतला।

धड़धड़–किसी वस्तु के धम्म से गिरने की आवाज।

धड़धड़ाना–धमाके की आवाज के साथ कोई कार्य करना; अचानक कोई कार्य करना।

धड़ल्ला–धमाके की आवाज।

धड़ा–किसी भार के बराबर का भार; तौलने का पदार्थ।

धड़ाका–धड़ाके का शब्द करना; जोर की आवाज; विस्फोट।

धड़ाधड़–तीव्रता से भरा सिलसिला।

धड़ी–पाँच सेर का वजन; लगभग 4 किलो; होठों की सुन्दरता के लिए लगाया गया किसी पदार्थ का चिह्न।

धड़ेबन्दी–किसी झाँकी अथवा प्रदर्शन के लिए सेना के समूह को अलंकृत करना।

धत;–धत्–दूर करने का भाव।

धता–दूर करना।

धतूरा–एक प्रकार की नशे की सामग्री।

धधक–लपट; ज्वाला; प्रदीप्ति।

धनंजय–अर्जुन का नाम (महाभारत)।

धन–मुद्रा; रुपया पैसा; दौलत; सम्पत्ति; जायदाद।

धनकुबेर–धनाढ्य व्यक्ति।
धनचिह्न–जमा का चिह्न।
धन-जन–जीवन तथा सम्पत्ति।
धन-तेरस–कार्तिक माह के चन्द्रमास की प्रत्येक पक्ष की तेरहवीं तिथि जो धन की देवी लक्ष्मी को समर्पित होती है।
धन-दौलत–सम्पत्ति; जायदाद; रुपया पैसा।
धनधान्य–धन तथा समृद्धि; खुशहाली; प्रचूरता।
धन-पक्ष–धन पक्ष।
धनपति–धन का देवता।
धन-पिशाच–अत्यधिक कृपण; अतिलोभी।
धनमद–धन दौलत का नशा अथवा घमंड।
धनराशि–इकट्ठा किया हुआ धन।
धनलोलुप–अतिलोभी; लालची; लोभी।
धनलोलुपता–धन की अत्यधिक अभिलाषा; धन का लालच।
धनवंत–धनी; दौलतमंद; समृद्ध; धनयुक्त; धनवाला।
धनवान;–धनवान्–समृद् व्यक्ति; धन की अधिकता।
धन–विधेयक–धन का विधेयक।
धन–संपत्ति–धन तथा सम्पन्नता।
धनहीन–दरिद्र; कंगाल; दीन; जिसके पास धन की कमी हो।
धनाढ्य–धनवाला; धनवान; सम्पन्न व्यक्ति।
धनात्मक–जमा।
धनादेश–डाक द्वारा धन भेजने का चालान।
धनिक–धनवान; धनाढ्य; अधिक धनवाला।
धनिकतंत्र–धनिक वर्ग।
धनिया–एक प्रकार का बीज।
धनी–जिसके पास धन की अधिकता हो; धनाढ्य।
धनी-मानी–सौभाग्यशाली; धनी तथा आदरणीय।
धनु–राशि चक्र का नौंवा चिह्न।
धनुर्धारी–धनुर्विद्या में निपुण; धनुष धारण करनेवाला।
धनुर्वात–धनुस्तंभ।
धनुर्विद्या–धनुष चलाने की क्रिया।
धनुष–तीर चलाने का साधन।
धनुष-टंकार–धनुष की डोरी की टंकार।
धनेश–कुबेर; धन का स्वामी; विष्णु; पालनहार।
धन्ना सेठ–जिसके पास अत्यधिक धन हो; धनाढ्य; धनिक।
धन्य–प्रशंसा या बड़ाई के योग्य; भाग्यशाली; परमानन्द पूर्ण।
धन्यवाद–आभार का प्रदर्शन।
धन्यवाद प्रकाशन–कृतज्ञता का भाव।
धन्वंतरि–आर्युवेद की खोज करने अथवा निर्माण करनेवाला; हिन्दू देवताओं का पौराणिक चिकित्सक।
धन्वा–धनुष बाण।
धमकना–तीव्रता से दर्द होना।
धमकाना–धमकी देते हुए डराना; डपटना; चेतावनी देना।
धमकी–डाँट डपट।
धमधमाना–धमाके का शब्द करना; बार बार थपथपाने से ध्वनि पैदा करना।

धमन—हवा भरना या निकालना; धौंकनी।
धर—पकड़ना; सहारा देना।
धरण—प्रकाश की किरण।
धरणि—धरती।
धरणी—धरती; भूमि।
धरणीधर—शेषनाग; पौराणिक कथाओं के अनुसार साँपों का राजा जिसने पूरी पृथ्वी को अपने हजारों फनों पर टिका रखा है।
धरता—पकड़नेवाला; थामने वाला।
धरती—पृथ्वी; धरती; भूमि।
धरना—टिकाना।
धरनी—किरण।
धर पकड़ा—रोकना; बन्दी करना; गिरफ़्तार करना।
धरमी—धार्मिक स्वभाव का; धर्म से संबंधित।
धरहरा—धरहरा।
धरा—पृथ्वी; धरती।
धराऊ—पुराना; जिसे काफी समय से रखा हो; खास अवसरों पर उपयोग करने के लिए संजोये रखना।
धरातल—ऊपरी सतह; तल; पृथ्वी।
धरातलीय—बाहरी; ऊपरी।
धराधिप—राजा; बादशाह।
धारधीश—सम्राट; राज करनेवाला।
धराना—टकराना (किसी वस्तु का किसी वस्तु से)
धराशायी—चपटा गिरना; भूमि पर ढहना।
धरित्री—धरती।
धरेला—रखा हुआ व्यक्ति।
धरेली—रखैल; स्त्री का भरण पोषण; रखी हुई स्त्री।
धरोहर—किसी वस्तु का उत्तरदायित्व किसी को देना।
धर्म—कर्त्तव्य; फर्ज; सहज व्यवहार।
धर्मवीर—धार्मिक सिद्धान्तों का अनुसरण करने के लिए हमेशा तैयार रहनेवाला; वह जिसे धर्मपालन के प्रति इतना अदम्य उत्साह हो कि किसी भी स्थिति में अपने धर्म से न डिगे।
धर्मव्रती—धार्मिक सिद्धान्तों का अनुसरण करनेवाला।
धर्मार्थ—दानशील।
धर्मिष्ठ—सदाचारी; धर्मपरायण; पुण्यात्मा।
धर्मी—धार्मिक स्वभाव अथवा प्रकृतिवाला; जिसमें धर्म हो; जिसमें गुण हो।
धर्मोन्माद—देवताओं अथवा धर्म का विराधी।
धर्मोपदेश—प्रवचन; उपदेश; धार्मिक वार्तालाप; धर्म की शिक्षा।
धवल—सफेद; साफ; स्पष्ट; स्वच्छ; चमकदार; सुन्दर; गोरा; उज्जवल; एक प्रकार का रोग।
धवलता—सफेदी; स्वच्छता; स्पष्टता; चमकता; सुन्दरता; गोरापन।
धवला—सफेद गाय।
धवलित—सफेद किया हुआ; चमकाया हुआ।
धसक—पेंदी में बैठाना; शान्त करने की क्रिया; न्यूनता; भय के मारे हृदय का डूबना; सूखी खाँसी।
धसकना—लुप्त होना; नीचे दबना; उदासी महसूस करना; भय से डूबना (हृदय); ईर्ष्या; डाह।

धसका–एक प्रकार की फेफड़ों की बीमारी; सूखी खाँसी; श्वसनी रोग।

धसना–गड़ना अथवा नष्ट होना।

धाँधली–कपटी कृत्य; उपद्रवी; उधमी; नटखट; पाजी; दगाबाज; धूर्त; स्वेच्छाचारी कृत्य।

धाँधलीबाज–जिसने कपट किया हो।

धाँय-धाँय–लगातार गोलीबारी करने से निकलने वाली ध्वनि।

धाँस–तम्बाकू, मिर्च आदि की तीव्र गन्ध जिससें खाँसी आने लगती है; उत्तेजित करनेवाली महक।

धाँसना–पशुओं के समान खाँसना।

धाक–प्रभाव; प्रबलता; रौबदार; असर।

धाकड़–कुख्यात; देह का मजबूत।

धागा–डोरा; तागा; बटा हुआ सूत।

धाड़–डाकुओं का धावा; झुंड; जत्था; दहाड़।

धातविक–धातु संबंधी।

धाता–समर्थक; सहायक; संरक्षक; संभालनेवाला।

धातु–सोना, चाँदी आदि अपार दर्शक खनिज पदार्थ; शब्द का वह मूलरूप जिसमे क्रिया बनती है।

धातुकर्म–धातुशोधन का कार्य।

धातुकर्मी–धातुशोधन करने वाला।

धातुपिंड–धातु का गुमड़ा (ईंट जैसा); ढाँचे में साँचना (विशेषत: सोना तथा चाँदी)।

धातुमल–अयस्क से धातु अलग करने की क्रिया में बचा हुआ पदार्थ।

धातुयुग–धातु काल।

धातु-विज्ञान–धातु शोधन की क्रिया।

धातृका–रोगियों को देखने में डाक्टर की सहायक; दाई।

धात्री–दूसरे के बच्चे को दूध पिलाने वाली धाय।

धात्री-विद्या–प्रसूति विज्ञान; प्रसव कला।

धात्वर्थ–मूल अर्थ (संस्कृत क्रिया का)।

धात्विक–धातु का बना हुआ। धातु शोधन करने वाला।

धान–छिलके के अन्दर का चावल।

धाना–भागना; दौड़ना।

धानी–हल्का हरा रंग। आधार; एक निश्चित स्थान रखना।

धान्य–कण; बीज।

धान्यागार–अन्नागार; अन्नभंडार; कोठार।

धाप–लम्बाई चौड़ाई नापने का अमानक नाप जो लगभग 1 या 2 मील माना जाता है; लंबा चौड़ा मैदान।

धाम–घर; रहने का स्थान; निवासस्थान; देवता का स्थान।

धायँ-धायँ–धाँय धाँय।

धाय–दूसरे के बच्चे को दूध पिलाने. वाली औरत।

धार–धारदार हथियार का किनारा; कर्कश; तीक्ष्णता; प्रवाही; बहना।

धारक–पकड़नेवाला; भुगतान करनेवाला।

धारण–लकड़ी का सहारा; कपड़े शरीर पर पहनना; प्रतिधारण।

धारणा–अभिप्राय; आश्य; कल्पना; विश्वास।

धारदार–तेजधार।

धारना–पहनना; धारण करना; इस्तेमाल करना।

धारा–प्रवाह; बहाव; नदी; दरिया; लेख पद।

धाराप्रवाह–वाकपटु।

धारावाहिक–अनुक्रमिक।

धारित–जो हो चुका हो।

धारी–पकड़नेवाला।

धारोष्ण–थन से निकला हुआ; शुद्ध; गुनगुना।

धार्मिक–धर्म का अनुयायी।

धार्य–जो हो सकता है; जो हो जाना चाहिए।

धार्यत्व–सहारा देने का कार्य।

धावक–दौड़नेवाला।

धावन–दौड़।

धावा–आक्रमण; चढ़ाई; हमला।

धिक; धिक्–तिरस्कार अथवा अपमान का खंड; तिरस्कार।

धिक्कार–डाँट; झिड़क; फटकार; भर्त्सना; तिरस्कार; नफ़रत।

धिक्कारना–तिरस्कार करना; डाँटना; झिड़कना; फटकारना।

धिग्दंड–झिड़की; निन्दा; फटकार; चेतावनी।

धींगाधींगी–उद्धापूर्ण अनुचित लेन देन।

धी–कौशल; बुद्धि; ज्ञान; पाण्डित्य; पुत्री।

धीमर–मछली पकड़नेवाला; मत्स्यजीवी; मछुआ।

धीमा–चाल में धीमा; विलम्ब करनेवाला; अस्पष्ट; निम्न स्तर; मृदु; सौम्य।

धीमान; धीमान्–सयाना; विवेकी।

धीमे–धीमी गति में; धीरे से; सौम्यता से; बातचीत का धीमा लहजा।

धीर–सहनशील; धैर्यवान; दृढ़; अचल; अटल; अडिग।

धीरज–सहनशक्ति; धैर्य; धीरता।

धीरे-धीरे–अति मंद गति से।

धीवर–मछुआ; मत्स्यजीवी।

धीवरी–मछुए की स्त्री।

धुँआ–धुआँ।

धुंध–कुहरा; तुषार; कुहासा।

धुँधलका–झिलमिला; धुँधलापन।

धुआँ–धुआँ।

धुआँकश–चिमनी।

धुआँधार–धुएँ की धारा; तेज तथा प्रचंड।

धुआँसा–धुँऐ से भरा हुआ।

धुकधुकी–भय; विक्ष्वलता; घबराहट।

धुकर-पुकर–दिल का धक धक करना।

धुत्त–मतवाला।

धुन–रूझान प्रवृत्ति; सनक; उन्माद; झक।

धुनकना–कातना (कपास)।

धुनकी–काता हुआ।

धुनना–कातना; पछताना अथवा विलाप करना।

धुनवाना–कातने का काम करवाना।

धुनाई–धुनने का कार्य; धुनने के कार्य बदले मिलनेवाला पारिश्रमिक।

धुनिया–ऊन कातनेवाला।

धुनी–सनकीपन।

धुपाना–धूप में (किसी वस्तु को) रख कर सुखाना।

धुप्पल–चाल; दाँव; धोखा देनेवाला।

धुप्पलबाज–धोखेबाज; अक्खड़।
धुप्पलबाजी–धांधलेबाजी।
धुरंधर–उत्कृष्ट; अपने कार्य में निपुण; सर्वप्रधान; सर्वोत्तम।
धुर–चरम; परम।
धुरा-धुरी–केन्द्र।
धुरीण–मुख्य; अग्रगण्य।
धुर्रा–कण; रत्ती; ज़र्रा।
धुलना–धुलाई करना; साफ करना।
धुलवाई–किसी वस्तु को धुलवाने का कार्य अथवा इस कार्य के बदले मिलनेवाला पारिश्रमिक।
धुलवाना–धुलवाई करवाना।
धुलाई–धोने का कार्य अथवा इस कार्य के बदले मिलनेवाला पारिश्रमिक; मार; पिटाई।
धुलाना–सफाई करवाना।
धुवाँरा–चिमनी।
धुवाँस–उर्दी का बना आहार।
धुस्स–टीला; बाँध; पुश्ता; सेतु का बाँध।
धूतू–घंटा; सीटी।
धू-धू–जलने की क्रिया या भाव।
धूनी–सुगन्धित धूप का धुआँ; साधु के द्वारा लगायी गयी अग्नि।
धूप–सूर्य की आँच; सूर्य; सुगंधित धूप का धुआँ।
धूप-घड़ी–एक प्रकार की घड़ी जिसमें धूप की स्थिति से समय का निर्धारण किया जाता है।
धूप चश्मा–धूप में पहननेवाला चश्मा।
धूप-छाँह–एक प्रकार का कपड़ा जिसका ताना बाना इन्द्रधनुषी रंग का होता है।
धूपदान–धूप जलाने का पात्र।
धूपदानी–धूप जलाने का छोटा पात्र।
धूपन–सुगन्धिकरण; खुशबु करना।
धूपबत्ती–धूप की बत्ती।
धूप स्नान–नंगे बदन धूप खाना।
धूम–धुआँ; वाष्प।
धूमकेतु–पूँछवाला तारा।
धूम-धड़ाका–हल्ला गुल्ला; कोलाहल; हंगामा।
धूमधाम–दिखावा तथा प्रर्दशन।
धूमिल–धुआँ करना; अस्पष्ट; धुँधलापन; निस्तेज।
धूम्र–धुम्र; धुआँ।
धूम्रपान–तम्बाकू पीना इत्यादि।
धूर्जटी–भगवान शिव।
धूर्त–बेईमान; कपटी; चालाक; निपुण; चतुर।
धूर्तता–चालाकी; निपुणता; चतुराई।
धोखाधड़ी–कपटता; चालबाजी; मक्कारी।
धोखेबाज़–विश्वासघाती; कपटी; छली; धूर्त; बेईमान।
धोखेबाज़ी–बेईमानी; कपटता; छलता।
धोती–कमर पर बाँधने का कपड़ा।
धोना–सफाई करना; गीली करना; किसी वस्तु को पानी देना; नहाना; स्नान करना।
धोब–धोने के लिये दिये जानेवाले वस्त्र; धुलाई का कार्य।
धोबिन–धोबी की स्त्री।
धोबी–धोब का कार्य करनेवाला।
धोरी–सामान्य नियंत्रक; मुखिया; प्रतिष्ठित व्यक्ति; बधिया किया हुआ बैल।

धीरे–पास में; निकटम।

धौंकना–धौंकनी से पीटना; दंड देना।

धौंकनी–भाथी।

धौंस–धमकी।

धौंसा–भेरी; बड़ा नगाड़ा।

धौरा–साफ; स्वच्छ; स्पष्ट।

धौरी–सफेद गाय; एक प्रकार का सफेद पक्षी।

धौल–थप्पड़; तमाचा; धक्का।

धौल धप्पा–धूँसों तथा मुक्कों का अदान प्रदान।

ध्यान–मनोयोग; संकेन्द्रण; चित्त की एकाग्रता; चिन्तन; मनन; गौर।

ध्यान-भंग–परिवर्तन।

ध्यानमग्न–चिंतन में डूबा हुआ।

ध्याना–चिन्तन करना; ध्यान करना; विचार करना।

ध्यानावस्थित–मनन में खोया हुआ।

ध्येय–उद्देश्य; अभिलाष; लक्ष्य।

ध्रुपद–भारतीय शास्त्रीय संगीत की एक अवस्था।

ध्रुव–एक तारे का नाम।

ध्रुवतारा–उत्तर दिशा में स्थित एक तारा।

ध्रुवीकरण–ध्रुवण।

ध्रुवीय–पृथ्वी के ध्रुव के समीप।

ध्वंस–नाश; बरबादी; ध्वंस; नाश; विनाश।

ध्वंसक–विनाश करनेवाला।

ध्वंसन–नाश; बरबादी; तोड़ फोड़।

ध्वनि–कोलाहल; सांकेतिक अर्थ।

ध्वनित–शब्द किया हुआ।

ध्वनि तरंग–ध्वनि से निकलने वाली लहरें।

ध्वनि विज्ञान–उच्चारण एवं वर्तनी संबंधी विज्ञान।

ध्वनि सह–जहाँ से ध्वनि बाहर न जा सके।

ध्वन्यात्मक–ध्वनि से संबंधित।

ध्वस्त–उजड़ा हुआ; बरबाद; विध्वंस।

ध्वस्तीकरण–नाश; बरबादी; ध्वंस।

ध्वानिक–ध्वनि संबंधी।

ध्वानिकी–ध्वनि विज्ञान।

न

न–तवर्ग हिन्दी तथा संस्कृत वर्णमाला का बीसवाँ वर्ण तथा तवर्ग का पाँचवा अक्षर।

नंग–अघड़ापन; शरीर के गुप्त अंग।

नंगटा–नग्न।

नंगा–बिना ढका हुआ; वस्त्रहीन; बिना वस्त्र का; विवस्त्र; नग्न; वस्त्रहीन; निर्लज्ज; बेहया।

नंगा झोली–सम्पूर्ण तलाशी (किसी व्यक्ति की)।

नंगा-नाच–बेशर्म कृत्य अथवा व्यवहार।

नंगापन–नग्नता; निर्लज्जता।

नंगा बूचा–दरिद्र; निर्धन; गरीब।

नंगा भूखा–गरीब तथा निराहार।

नंगा लुच्चा–नंगा तथा भूखा; निर्धन तथा पापी।

नंद–भगवान श्रीकृष्ण के पिता का नाम।

नंदकिशोर–भगवान श्रीकृष्ण।

नंदकुमार–नंदकिशोर; नंद के पुत्र।

नंदनंदन—भगवान श्रीकृष्ण का विशेष नाम।
नंदन—पुत्र; देवताओं के राजा इन्द्र के काल्पनिक उद्यान का नाम।
नंदनकानन—भगवान इन्द्र के उद्यान का नाम।
नंदनवन—इंद्र भगवान का निवास।
नंदरानी—नंदराज की पत्नी का नाम; भगवान श्रीकृष्ण की माता का नाम।
नंदलाल—भगवान श्रीकृष्ण।
नंदित—प्रसन्न; आनन्द; सुखी।
नंदिनी—पुत्री; दुर्गा देवी का विशेष नाम।
नंदिमुख—भगवान श्रीशिव का विशेष नाम।
नंदी—भगवान श्रीशिव की सवारी जो एक बैल था; बरगद का पेड़।
नंदीगण—भगवान श्रीशिव के द्वारपाल का नाम।
नंदीश्वर—भगवान श्रीशिव।
नंदोई—पति की बहन का पति।
नई नवेली—रूपवती स्त्री; सुन्दरी।
नक—नाक।
नकचढ़ा—जो तनिक दोष सहन न कर सके; तुनकमिज़ाज; मुश्किल से प्रसन्न होनेवाला; चिड़चिड़ा; आला दिमाग।
नकटा—कटी नाकवाला।
नकटी—नकटा। जिसकी नाक कटी हो।
नक़द—धन; मुद्रा; रोकड़।
नकद नारायण—तैयार धन।
नक़दी—नकद।
नक़दी चिट्ठा—धन के लेन देन के हिसाब की किताब; रोकड़ बही।
नक़दी पुर्ज़ा—रोकड़ स्मारक।
नक़दी रसीद—धन की रसीद।
नक़ब—रात में घर में सेंघ मारी, डाका।
नक़ल—अनुकरण; स्वांग; प्रतिलिपि; बिल्कुल एक सी।
नक़लची—छल से नक़ल करनेवाला। नक़ल करनेवाला।
नक़ल नवीस—नक़ल उतारनेवाला।
नक़ली—कृत्रिम; बनावटी; जाली; जालसाज।
नक़्शा—मानचित्र; चार्ट; खाका; ढाँचा।
नक़्शानवीस—चित्र या नक़्शा बनाने वाला।
नक़्शी—जिस पर कसीदाकरी का कार्य हो चुका हो।
नक़्शेबाज—चोंचले करना।
नक़्शेबाज़ी—चोंचलेबाजी।
नकसीर—नाक का खून।
नक़ाब—मुखौटा; मुखावरण; घूँघट; परदा; छद्मवेश।
नक़ाबपोश—जिसने नक़ाब पहन रखा हो।
नकार—न 'न' अक्षर अथवा उसकी ध्वनि; इन्कार; प्रतिषेध।
नकारना—इन्कार करना; प्रतिषेध करना; मना करना; बैंक द्वारा चेक पास न करना; अस्वीकार करना।
नकारांत—न।
नकारात्मक—अस्वीकारात्मक; इंकार का संकेत करना।
नकारात्मकता—खंडन; अस्वीकार।
नक़ाशना—नक्काशी करना।

नकियाना–नासिका से बोलने का लहजा।

नकुल–नेवला; महाभारत की कथा में पांडु के चौथे पुत्र का नाम।

नकेल–नाक में पहने का छल्ला; लगाम।

नक्का–सूई की आँख।

नक़्कारखाना–नागाड़े को रखने का स्थान।

नक़्कारची–ढोलकिया।

नक़्कारा–बड़ा नगाड़ा।

नक़्काल–नक़ल करनेवाला।

नक़्काली–अनुकरण।

नक़्काश–नक़्काशी करने वाला।

नक़्काशी–लकड़ी या हाथी दाँत पर दस्तकारी या चित्र कुरेदने का कार्य।

नक़्काशीदार–जिस पर नक़्काशी की गयी हो।

नक्की–जुए के खेल से संबंधित; नासिका से बोलने का लहजा।

नक्कीपुर–नक्कीमूठ।

नक्कीमूठ–बच्चों द्वारा खेला जानेवाला एक प्रकार का जुए का खेल।

नक्कू–लम्बी नाकवाला; रूढ़िवाद को मानने वाला।

नक्र–मगरमच्छ; घड़ियाल।

नक़्श–छपा हुआ। नक़्काशी किये हुए चिह्न तथा रूपरेखा; मुहर; मुँह की आकृति।

नक्षत्र–नक्षत्रमंडल; ग्रह।

नग–मणि; रत्न; बहुमूल्य पदार्थ; रत्नजड़ित आभुषण; पर्वत।

नगण्य–थोड़ा सा; तुच्छ।

नगद–रोकड़ा।

नगद नारायण–नकद रूपया।

नगदी–नकद रूप में।

नगपति–हिमालय।

नगर–शहर; नगर में रहनेवाले सभी लोग।

नगर-नारी–वेश्या; छिनाल।

नगर निगम–नगरपालिका संस्थान।

नगर निवासी–किसी देश का निवासी।

नगर पालिका–नगर में वह पालिका जो नगर में कार्य करती है।

नगरप्रमुख–महापौर; नगरपति; निगमाध्यक्ष।

नगर महापालिका–महानगर पालिका।

नगरवासी–किसी नगर में रहनेवाला व्यक्ति।

नगरी–शहर; नगर; कस्बा।

नगरीकरण–नगर संबंधी।

नगरीय–शहर अथवा नगर से सदृश; शहरीय।

नगाड़ा–बड़ा ढोल।

नगीना–रत्नजड़ित आभुषण; बहुमूल्य पदार्थ।

नगीनासाज़–रत्नों को स्थापित करने वाला।

नगेंद्र–हिमालय।

नग्न–नंगा; बिना वस्त्र का; निवस्त्र।

नग्नता–नंगापन।

नग्न नृत्य–नंगा नृत्य।

नग्नवाद–नंगावृत्त।

नग्नवादी–वस्त्रहीन।

नचना–नतृक।

नचनी–नतृकी।

नचाना–किसी को नृत्य कराना; सताना; परेशान करना।

नज़दीक–पास; समीप; निकट।

नज़दीकी–निकटतर।

नज़र–देखने की शक्ति अथवा काबलियत; आँखों की रोशनी; दृष्टि; फ्रिक; चिन्ता; भेंट; उपहार।

नज़रबंद–छुपाकर रखना। नज़रबंद करना।

नज़रबंदी–नज़रबंद करने का कार्य।

नज़रबाग़–भोग विलास का उद्यान (किसी महल के परिसर में स्थित)।

नज़रसानी–पुनर्विचार; पुनः ध्यान देना।

नज़रा–एक विशेष निर्यणकर्ता।

नज़राना–भेंट; उपहार।

नज़रिया–दृष्टिकोण।

नज़ला–जुकाम; नज़ला।

नज़ाकत–मुक्ति; मोचन; छुटकारा।

नजात–मुक्ति; मोचन; छुटकारा।

नज़ारा–प्रदर्शनी; दृश्य; अवलोकन।

नज़ीर–उदाहरण; नमूना; पूर्व दृष्टान्त।

नजूम–नक्षत्र विद्या; ज्योतिष विद्या।

नजूमी–ज्योतिषी; खगोल विद्या का विद्यार्थी।

नज़ूल–सरकार से संबंधित भूमि।

नज़्म–कविता; पद्य; छंद।

नट–नृतक; रज्जुनर्तक; कलाबाज़; अभिनेता; संयोजक; रंगमंच का संचालक।

नटई–गला; कंठ।

नटखट–शरारती; उपद्रव; शैतानी।

नटखटपन–शरारत; दुष्टता; उपद्रव।

नटखटी–नटखटपन; उपद्रवी।

नटना–किसी वादे से मुकरना; मना करना; 'नहीं' कहकर मना करना।

नटनागर–भगवान श्रीकृष्ण।

नटनी–अदाकारा।

नटराज–भगवान शिव तथा श्रीकृष्ण।

नटवर–भगवान श्रीकृष्ण।

नटसाल–शरीर में बचा हुआ तीर का हिस्सा; वेदना; पीड़ा; दुख।

नटी–अदाकारा; रंगमंच के निर्देशक की पत्नी।

नत–झुका हुआ; मोड़ा हुआ।

नतमस्तक–सिर झुकाना (सम्मान में)।

नति–झुकाव; रूचि।

नन्हाँ–नन्हा; छोटा।

नन्हा–बहुत छोटा।

नपना–नापा जाना।

नपाई–नापने का कार्य अथवा नापने के कार्य करने के बदले में मिलनेवाला पारिश्रमिक।

नपा-तुला–नपा हुआ; आंतरक तक सुनिश्चित।

नपुंसक–नामर्द; बधिया; डरपोक व्यक्ति।

नपुंसकता–बधियापन; नामर्दी; कायरता।

नपुंसकत्व–नपुंसकता।

नफ़रत–घृणा; नापसंद; द्वैष; बैर।

नफ़री–किसी मज़दूर के द्वारा किया गया एक दिन का कार्य; एक दिन कार्य करने के बदले में मिलनेवाला पारिश्रमिक।

नफ़ा–किसी व्यवसाय में धन कमाना; लाभ; मुनाफा; किसी से लाभ कमाना; फायदा।

नफ़ासत–शिष्टता; विनय; ठीक व्यवहार; कोमलता।

नफ़ासतपसंद–शिष्टता पसंद करनेवाला।

नफ़ीरी–शहनाई वाद्य।

नफ़ीस–श्रेष्ठ; उत्तम; स्वच्छ; शुद्ध; दयालु; सलज्ज; रमणीय।

नबी–भविष्यवक्ता; पैगम्बर।

नब्ज़–नाड़ी।

नभ–आसमान; गगन; आकाश।

नभचर–आकाश में विचरण करनेवाला; पक्षी।

नभोवाणी–आकाश वाणी।

नम–गीला; तर; आद्र।

नमक–लवण; भोजन को नमकीन करने वाली सामग्री।

नमकख़्वार–दूसरे पर निर्भर; आश्रित; अधिकृत।

नमकदान–नमक रखने का पात्र।

नमकहराम–अहसान फरामोश; कृतघ्न।

नमकहरामी–अकृतज्ञता; कृतघ्नता।

नमकहलाल–विश्वासपात्र; वफ़ादार; विश्वासी; सही।

नमकहलाली–वफ़ादारी; निष्ठा; स्वामिभक्ति।

नमकीन–नमक के स्वाद का; चटपटा; सुन्दर; शानदार; सुन्दर; मनोहर।

नमदा–एक प्रकार का ऊनी आवरण; कम्बल।

नमन–झुकना; अभिवादन।

नमना–झुकना; सम्मान प्रदर्शन।

नमनीय–जो झुकने को तैयार हो; लचकदार; आदर के योग्य; आसानी से झुकनेवाला; आदरणीय।

नमस्कार–आदर अथवा अभिवादन में प्रयुक्त शब्द।

नमस्ते–अभिवान में प्रयुक्त शब्द।

नमस्य–सम्मानीय; आदर के योग्य।

नमाज़–पूजा (मुस्लिम)।

नमाज़गाह–जहाँ नमाज़ अदा की जाये; मस्जिद।

नमाज़ी–नमाज नमाज़ अदा करनेवाला।

नमित–झुका हुआ; मुड़ा हुआ।

नमी–गीलापन; आद्रता; तरी।

नमीदार–भीगा हुआ; गीला।

नमूना–प्रतिरूप; उदाहरण।

नम्य–झुकने योग्य; मुलायम; लचीला।

नम्यता–लचीलापन।

नम्र–शान्त तथा विनम्र; विनीत।

नम्रता–विनय; दीनता।

नम्रतापूर्वक–दीनता; नम्र स्वभाव के साथ।

नय–कूटनीति।

नयन–नेत्र; चक्षु; आँख।

नयनगोचर–दृष्टिगोचर; प्रत्यक्ष।

नयनाभिराम–आकर्षक; मनोहर; मोहक; आँखों को भानेवाला।

नरमा–एक प्रकार की कपास। कान का निचला भाग।

नरमी–भोलापन; मृदुलता; सज्जनता; सौम्यता; साधारणता।

नरमेध–मानव की बलि।

नरवध–मानव हत्या।

नरसिंहा–एक प्रकार का ताँबें का भोंपू।

नरसों–अगले दिन से दो दिन बाद आने वाला दिन; बीते हुए दिन से दो दिन पहले का दिन।

नरहत्या–वध; हत्या; खून।

नरहरि–नरसिंह; आधा शेर तथा आधा आदमी के रूप में भगवान श्रीविष्णु का चौथा अवतार।

नरिया–एक प्रकार की मिट्टी की टाइल (पटिया)।

नरेंद्र–राजा; बादशाह; सम्राट; शासक; सरदार।

नरेन्द्रमंडल–राजा का कक्ष।

नरेतर–कोई जो मानव से भिन्न हो; पशु; पशु प्रकृत्ति का मनुष्य।

नरेली–छोटा नारियल; नारियल का बाहरी आवरण; नारियल का बना हुआ हुक्का।

नरेश–राजा; सम्राट; बादशाह।

नरोत्तम–मनुष्य की तुलना में प्रभावशाली व्यक्ति।

नर्तक–नाचनेवाला पुरुष।

नर्तकी–नाचनेवाली स्त्री।

नर्तन–नाचना; नाचने की क्रिया।

नर्तित–नाच चुका।

नर्स–धाय; रोगी को देखने में डॉक्टर की सहायता करनेवाली स्त्री।

नल–टोंटी; पाइप।

नलका–हाथ से चलानेवाला नल।

नलकूप–नलीवाला कुआँ।

नलिका–पतली नाली; तूणीर।

नलिकाकार–नलिकीय।

नलिन–कमल; कुमुदिनी।

नलिनी–कमल; नदी; बायीं नासिका छिद्र।

नली–टोंटी; बन्दूक की नली।

नवंबर–ग्यारहवाँ महीने का नाम।

नव–नवीन; नया; 9।

नवखंड–हिन्दु धार्मिक मान्यता के अनुसार विश्व का नौवाँ हिस्सा।

नवग्रह–हिन्दु पौरणिक कथाओं के अनुसार नौ ग्रह।

नवजागरण–पुनर्जागरण।

नवजात–अभी अभी जन्मा।

नवधा–नौ प्रकार का।

नवनीत–मक्खन; माखन।

नवम–नौवाँ।

नवमल्लिका–श्वेत पीले फूलोंवाली झाड़ी।

नवयुवक–अल्पव्यस्क; नौजवान व्यक्ति।

नवयुवती–युवा स्त्री।

नवयौवन–किशोरावस्था; यौवनकाल।

नवयौवना–युवावस्था में स्त्री।

नवरंग–नया; नवीन; नयी रूपरेखा।

नवरत्नी–नौ रत्नों से जड़ित एक प्रकार का आभूषण।

नवल–नया; नवीन।

नवलता–नयापन; नवीन घटना।

नववधू–नवविवाहित स्त्री।

नवविवाहित–जिसकी नयी नयी शादी हुई हो।

नवशिक्षु–अनुभवहीन व्यक्ति; नौसिखुया।

नवसाक्षर–नया पढ़ा लिखा।

नवागत–नया आनेवाला।

नवान्न–पैदावार का नवीन दाना।

नवाब़–निम्न कोटि का लार्ड; मुगल सम्राटों द्वारा नियुक्त किये गये प्रान्तीय प्रशासक या शासक।

नवाब़ज़ादा–नवाब़ का बेटा; नवयुवा राजा; विलासपूर्वक रहनेवाला व्यक्ति।

नवाब़ज़ादी–नवाब़ की पुत्री।
नवाब़ी–नवाब़ का कार्यालय, अवस्था, सम्पत्ति इत्यादि; नवाब़ का पद, काम, जीवन आदि।
नवासा–नाती; पुत्री का पुत्र।
नवासी–89। पुत्री की पुत्री।
नवासीवाँ-नवाह्न–नौ दिन का समय।
नवीकरण–पुराने को बदलकर नया करना जैसे लाईसेंस, राशनकार्ड इत्यादि।
नवीकृत–जिसका नवीकरण हो चुका हो।
नवीन–नया; अपूर्व; नूतन।
नशा–भाँग, अफ़ीम, शराब आदि मादक द्रव्य का सेवन करने के पश्चात होने वाली अनुभूति।
नश्तर–छुरे जैसा तेज छोटा चाकू।
नश्वर–नस्ल; जाति; कुल; वंश।
नश्वरता–बरबादी; सत्यानाश; विध्वंस।
नष्ट–विनाश; बरबादी; ध्वस्त; उजाड़।
नष्टप्राय–जो लगभग नष्ट हो चुका हो।
नष्ट-भ्रष्ट–पूरी तरह से तहस नहस।
नस–स्नायु; तंतु; नाड़ी; तंत्रिका; शरीर के भीतर के तन्तुओं का वह लच्छा जो पेशियों के छोर पर रहता है।
नसबंदी–एक प्रकार की छोटी शल्य क्रिया जिसमें स्खलन के समय शुक्राणु के आगमन पर प्रतिबंध लगाया जाता है।
नसल–नस्ल; जाति; कुल; वंश।
नसवार–सुंघनेवाला पिसा हुआ तम्बाकू।
नसीब–किस्मत; भाग्य; दैव।
नसीबवर–सौभाग्यपूर्ण; मंगलमय; भाग्यवान।
नसीबा–नसीब।
नसीबोंजला–बेकार किस्मतवाला।
नसीम–मृदुल हवा अथवा समीर।
नसीहत–सलाह; उपदेश; सीख; शिक्षा।
नसूड़िया–जिसके दर्शन मात्र से हानि या दोष हो; मनहूस; अशुभ।
नसैनी–सीढ़ी।
नस्य–सुँघनी; बैल को हाँकने के लिए उसकी नाक में डाली गयी रस्सी।
नहछू–नाखून काटने का अनुष्ठान।
नहर–कृत्रिम जलमार्ग।
नहरनी–एक प्रकार का भारतीय नाखून काटने का यंत्र
नहरी–नहर के सदृश।
नहरीकरण–नहर बनाने का कार्य।
नहरुआ–दक्षिण अमेरिका में पाया जाने वाला चूहे की तरह कुतरनेवाला जन्तु।
नहला–ताश का वह पत्ता जिसमें नौ बूटियाँ रहती हैं।
नहलाई–नहाने का कार्य अथवा इस कार्य को करने के बदले मिलनेवाला पारिश्रमिक; नहाने के कार्य के लिए रखी हुइ धाय।
नहलाना–स्नान करवाना (किसी को)।
नहान–नहाने की क्रिया; स्नान का पर्व।
नहाना–सम्पूर्ण शरीर को पानी से धोना; स्नान करना।
नहाना-धोना–स्नान तथा सफाई का कार्य।
नहिक–निषेधक; विषम।
नहीं–असहमति का चिह्न; अन्यथा।
नहूसत–अशुभ लक्षण; उदासीनता।

नाँद–चौड़े मुँह का मिट्टी का बड़ा पात्र जिसमें पशुओं को खाने के लिए चारा दिया जाता है।

नाँवाँ–नामा।

ना–नहीं; अस्वीकृति।

नाइतिफ़ाक़ी–मन मुटाव; विरोध; झगड़ा।

नाइन–नाई की पत्नी; हिन्दी धर्म में पाई जानेवाली एक जाति।

नाईं–जैसे।

नाई–हज्जाम; बाल काटने अथवा दाढ़ी काटनेवाला।

नाक–नासिका; स्वर्ग; अंतरिक्ष; आकाश; प्रतिष्ठा; गौरव।

नाक़दारी–मूल्यांकन की कमी; उचित सम्मान की चाह; अपमान।

नाक-नक़शा–चेहरे के नैन नक्श।

नाकवाला–प्रतिष्ठित; गौरवपूर्ण (व्यक्ति)।

नाका–प्रवेश द्वार; सड़क या गली इत्यादि का आरम्भ स्थान; सूई की आँख; घड़ियाल।

नाक़ाफी–पूरा न होना; कम; अपर्याप्त।

नाक़ाबिल–जो करने योग्य न हो; अयोग्य।

नाकाम–असफलता।

नाग–सर्प; साँप; हाथी।

नागकन्या–नाग जाति की अति सुन्दर कन्या।

नागपाश–वरूण का अस्त्र।

नागफनी–कंटीली झाड़ी; केकटस का पौधा।

नागफेन–साँप की लार; अफीम।

नागर–नगरौथा; नगर का; नगरवासी; नगर संबंधी; शहरी।

नागराक्षर–नागरी वर्णमाला का अक्षर।

नागराज–साँप की एक प्रजाति।

नागरिक–शहरी; नगरीय

नागरिकता–नागरिक होने का भाव।

नागरिक-शास्त्र–नागरिक अधिकारों और कर्त्तव्यों की विद्या।

नागा–शैव सम्प्रदाय के वे साधु जो वस्त्र धारण नहीं करते।

नाग़ा–अन्तर; गैरहाज़िर; बीच।

नागालैंड–उत्तर पूर्व भारत में स्थित भारत के एक राज्य का नाम।

नागिन–मादा सर्प; घोड़े आदि की पीठ पर की एक लोमशक्ति जो अशुभ मानी जाती है।

नागेन्द्र–बड़ा साँप; शेषनाग; बड़ा हाथी; ऐरावत।

नागेश–साँपों का राजा।

नागेश्वर–नागेश।

नाच–नाचने की क्रिया या भाव; अंगों की वह गति जो चित्त की उमंग से उत्पन्न होती है।

नाच गाना–नृत्य तथा गीत गाना।

नाच घर–नृत्य गृह।

नाचना–चित्त की उमंग से उछलना कूदना तथा अंगों की तरह तरह की मुद्राएँ।

नाचनेवाली–नर्तकी।

नाच-रंग–नृत्य करना तथा आनन्द मनाना।

नाचीज़–व्यर्थ; बेकार; तुच्छ।

नाज–अनाज; अन्न; भोजन।

नाज़–नखरा; चोंचला; हाव भाव विलास चेष्टा; गर्व; घमण्ड।

नाज़बरदार–किसी दूसरे की धुन पर नाचने वाला।

नाजायज़–अनुचित; अवैध; गैरकानूनी; जो उचित न हो।

नाज़िर–प्रमुख प्रतिलिपिक; कचहरी का एक कर्मचारी।

नाज़ी–क्रूर; निष्ठुर; रूक्ष; मार्मिक।

नाज़ुक–कोमल; सुकुमार; महीन; बारीक; सुगाही; भेद्य।

नाज़ुकमिज़ाज–तुनकमिज़ाज; उत्तेजनीय; अति संदवेदनशील।

नाटक–नर्तक; नट; नाट्य द्वारा अभिनय करनेवाला; रंगशाला में नटों के हाव भाव, वेश, वचन इत्यादि।

नाटकबाज़ी–तीव संवेगात्मक व्यवहार; नाटकीय।

नाटकीयता–दर्शाना।

नाटना–अपनी प्रतिज्ञा पर दृढ़ न रहना; अस्वीकार करना; नकारना।

नाटा–ठिगना; छोटे कदा का।

नाटिका–छोटा नाटक।

नाट्य–नाटक।

नाट्यकला–नाटक संबंधी; नाट्य करने की कला।

नाट्यकार–अभिनेता; नाटक लिखने वाला।

नाट्यशाला–रंगशाला; रंगमंच।

नाट्यशास्त्र–नाटक विज्ञान।

नाट्यशास्त्री–नाटक सिखाने वाला व्यक्ति; नाट्य कला में निपुण।

नाड़ा–नाभि से जुड़ा डोरा।

नाड़ी–नस; तंतू; तंत्रिका।

नाड़ी-व्रण–हड्डी का छिद्र।

नातक़ा–वाणी का सामर्थ।

नाता–रिश्ता; संबंध।

नाता–गोता–परिवार की रिश्तेदारी।

नाती–बेटी का बेटा।

नाते; के–वास्ते; लिए; संबंध से।

नातेदार–रिश्तेदार; बन्धु; सगोत्र; संबंधी।

नातेदारी–रिश्तेदारी; बंधुता।

नात्सी–नाजी

नात्सीवाद–नाजीवाद।

नाथ–प्रभु; स्वामी; मालिक; नाक में डाली हुई रस्सी।

नान–तंदूर में पकायी जानेवाली एक प्रकार की मोटी खमीरी रोटी।

नानखताई–एक प्रकार की सौंधी मीठी टिकिया।

नानबाई–रोटियाँ पकाकर बेचनेवाला।

नाना–माता का पिता; मातामह।

नानी–माता की माता।

ना नुकर–अस्वी कारात्मक उत्तर।

नाप–किसी मापदंड के अनुसार किसी वस्तु की लंबाई, चौड़ाई, गहराई इत्यादि।

नाप जोख–मूल्य आंकलन।

नाप तौल–किसी चीज को नापने या तौलने की क्रिया या भाव।

नापना–मापना; किसी वस्तु की **लंबाई**, चौड़ाई, ऊँचाई या गहराई आदि का हिसाब लगाना।

नापसंद–जो पसंद न हो।

नापसंदगी–नापसंद होने की अवस्था या भाव; असम्मति।

नापाक–अपवित्र; मैला; कुचैला; गंदा; मलिन।

नापास–अनुत्तीर्ण; मंजूर न किया हुआ।

नापित–नाई

नाफ़–नाभि; मध्य भाग।

नाफ़ा–कस्तूरी की थैली जो कस्तूरी मृगों की नाभि में होती है।

नाबदान–मल, मूत्र आदि गंदे पानी की नाली।

नाबालिग़–अवयस्क; जो अभी पूरा जवान न हुआ हो।

नाबालिग़ी–नाबालिग़ होने की अवस्था या भाव; अल्पवयस्कता।

नाभि–नाफ़; चक्रमध्य।

नाभिक–समष्टि या घन पदार्थ का केन्द्र।

नामंजूर–जिसे मंजूर न किया जाये; अस्वीकृत।

नामंजूरी–अस्वीकृति; प्रतिषेध।

नामराशि–एक ही नाम के व्यक्ति या वस्तु।

नामर्द–नपुंसक; इन्द्रियलोलुप।

नामर्दी–नामर्द होने की अवस्था या भाव; नपुंसकता; कायरता; भीरुता।

नामलिखाई–भरती।

नामलेवा–उत्तराधिकारी; वारिस।

नामवर–प्रसिद्ध; नामी; मशहूर; विख्यात।

नामवरी–प्रसिद्धि; मशहूरी।

नामविहीन–बिना नाम का।

नामांकन–नियोजन; नियुक्ति।

नामांकित–नामजद; जिसका किसी काम या पद के लिए नाम लिखा गया हो।

नामांतर–उपनाम; उर्फ; एक ही वस्तु या व्यक्ति का दूसरा नाम।

नामांतरण–नाम परिवर्तन।

नामा–धन; रुपया; पत्र।

नामाक़ूल–अवांछनीय अथवा अयोग्य (व्यक्ति)।

नामावली–नामों की सूची।

नामिका–सूचि (नामों की)।

नामी–प्रसिद्ध; मशहूर; विख्यात।

नामुआफ़िक–अयोग्य; विषम; प्रतिकूल।

नामुनासिब–अयोग्य; गलत; अनुचित।

नामुंमकिन–असंभव।

नामुराद–जिसकी अभिलाषा पूर्ण न हुई हो; भाग्यहीन; अभागा।

नामोनिशान–निशान; चिह्न।

नाम्ना–के नाम का।

नायक–सरदार; अगुआ; श्रेष्ठ पुरुष।

नायन–नाई की पत्नी; हिन्दुओं में नाई जाति के पुरुष की पत्नी।

नायब–सहायक; मुनीम।

नायबी–नायब का कार्यालय, सामाजिक स्थित इत्यादि।

नायाब–जल्दी से न मिलनेवाला; श्रेष्ठ; उत्तम लक्षण का।

नायिका–अदाकारा (किसी कहानी, उपन्यास आदि की); किशोरी; सुन्दरी।

नायिका भेद–भारतीय साहित्य में नायिकाओं का वर्गीकरण।

नारंगी–संतरे का पेड़ अथवा फल।

नारकी–नारकीय।

नारकीय–नरक संबंधी; नरक में जाने योग्य; नरक में रहनेवाला।

नारा–सामूहिक जय घोष; नाड़ा; हल के जुए में बाँधने का रस्सा।

नाराज़–अप्रसन्न; गुस्सा; क्रोध।

नाराज़गी–अप्रसन्नता; कुद्ध।

नारायण–भगवान विष्णु।

नारियल–खजूर की जाति का एक वृक्ष।

नारी–औरत; स्त्री।

नारी जगत–औरतों का संसार; औरतों से संबंधित।

नारी धर्म–औरत का कर्त्तव्य, फर्ज़ इत्यादि।

नारू–जूँ; सिर में रहनेवाला कीड़ा।

नारेबाज़–जय घोष करनेवाला; वह जो नारे लगाता हो।

नारेबाज़ी–नारे लगाने का काम; किसी के विरोध में नारे लगाना।

नाल–वृंत; नालीकार डंठल; बंदूक की नली; जुलाहे की तकली; घोड़े की ऐड़ी में लगी टाप; पत्थर का वह भारी कुंडलाकार टुकड़ा जो कसरत करनेवाले उठाते हैं; वह रुपया जो जुए के अड्डे का मालिक जीतनेवाले से अपने अंश के रूप में लेता है।

नाल कटाई–नवजात शिशु की नाल काटने का कार्य; इस काम के बदले मिलनेवाला शुल्क।

नालबंद–जूते की एड़ी या घोड़े के पैरों में नाल जड़नेवाला।

नालबंदी–जूते की एड़ी या घोड़े के पैरों में नाल जड़ने का कार्य; नाल जड़ने का कार्य।

नाला–बड़ी मोरी; परनाला; गंदे जल के बहने का मार्ग या प्रणाली।

नाशपाती–एक प्रसिद्ध फल।

नाशवाद–नकारवाद।

नास-पीटा–पूर्ण रूप से बेकार।

नासमझ–नादान; अनजान; अबोध; समझ की कमी; मूर्ख।

नासा–नाक; नाक का छेद।

नासाज़–ढंग से अलग।

नासिका–नाक।

नासिक्य–नाक के सदृश; नाक संबंधी।

नासूर–घाव, फोड़े आदि का गहरा छेद जिसमें से बराबर मवाद बहता रहता है।

नास्तिक–जो ईश्वर का अस्तित्व नहीं मानता।

नास्तिकता–वह अवस्था या सिद्धान्त जिसमें मनुष्य ईश्वर, मत मतांतर, लोक परलोक आदि का अस्तित्व नहीं मानता।

नास्तिवाद–नास्तिकता का सिद्धान्त।

नास्य–नाक से संबंधित; नाक से सदृश।

नाह–नाथ।

नाहक़–व्यर्थ में; उद्देश्यहीन।

नाहर–शेर; बाघ; शेरदिल व्यक्ति।

निंदक–चुगलखोर; मिथ्या आरोप लगाने वाला; निन्दा करनेवाला व्यक्ति।

निंदना–निन्दा करना; दोषी ठहराना।

निंदनीय–निन्दा करने योग्य; दोषी ठहराने योग्य।

निंदा–मिथ्यारोपण; चुगली; बदनामी; नाराज़गी।

निंदा प्रस्ताव–चुगली प्रस्ताव।

निंदा स्तुति–चुगली तथा प्रशंसा।

निंद्य–घृणा के योग्य।

निः–अस्वीकारता निर्दिष्ट करना।

निःशंक–निडर; निर्भय; साहसी।

निःशब्द–शब्दरहित।

निःशुल्क–बिना शुल्क के; मुफ्त।

निःश्वास–मृत्यु; साँस बाहर आना।

निःसंकोच–बेधड़क।

निःसंदेह–बिना संदेह के; असंग्धिता से; सचमुच।

निःस्पंद–गतिहीन; स्थिर; अचल; अडिग।

निःस्पृह–निर्लोभ।

निःस्वार्थ–जो अपना मतलब न निकालता हो।

नि–एक उपसर्ग जो अधोभाव, समूह, आदेश, नित्यता आदि का बोधक है।

निअराना–समीप आना।

निआमत–नियामत।

निकट–समीप; पास का; करीब।

निकट; के–पास के।

निकटतम–पास का; करीब का; सबसे समीप।

निकटता–समीपता।

निकटवर्ती–पास में स्थित; हाथ के करीब; संलग्न; समीपस्थ।

निकटस्थ–निकटतम; संलग्न।

निकम्मा–आलसी; निष्क्रिय; बेकार; जो कोई कार्य न करता हो।

निकर–आधी पतलून।

निकल–एक धातु का नाम।

निकष–कसौटी; मानदण्ड।

निकाय–शरीर; देह; काया; व्यवस्था; ढाँचा।

निकालना–बाहर निकालना या खींचना; छापना; प्रकाशित करना।

निकाला–निर्वासन।

निकृष्ट–तुच्छ; नीच; बेकार; निष्कृष्ट।

निकृष्टता–निकृष्ट नीचता।

निकेतन–रहने का स्थान; घर; मकान; आवास।

निकोटना–नाखूनों से नोंचना।

निक्का–छोटा; महीन; ठिगना; अल्पव्यस्क; बारीक।

निक्षिप्त–छोड़ा हुआ; रखा हुआ।

निक्षिप्त उपवाक्य–निक्षेप वाक्य।

निक्षेप–फेंकने की क्रिया या भाव; भेजना; धरोहर रखी हुई वस्तु; भेजा हुआ माल।

निक्षेपण–माल भेजने अथवा फेंकने की क्रिया।

निखट्टू–जो कुछ नहीं करता; बेरोजगार; आलसी अथवा बेकार आदमी।

निगरानी–निरीक्षण; चौकसी; रखवाली; देखरेख।

निगलना–खा जाना; गटक जाना; सटक जाना।

निगाली–हुक्के की नली जिसको मुँह में रखकर धुआँ खींचा जाता है।

निगाह–दृष्टि; नजर; चौकसी; पहरेदारी।

निगुरा–जिसने गुरु से शिक्षा न ली हो।

निगूढ़–छिपा हुआ; अति गुप्त।

निगूढ़ार्थ–जिसका अर्थ छिपा हुआ हो।

निगोड़ा–दुष्ट; नीच; अधम; निलज्र्ज; आलसी; बेकार।

निग्रह–रोक; अवरोध; वश में रहना।

निघरा–बेघर।

निचय–समूह; संचय; भंडार।

निचला–नीचे का।

निचाई–नीचा होने का भाव; गहराई; कमीनापन।

निचान–नीचापन।

निचुड़ना–रस भरी किसी वस्तु को दबाने से उसमें से रस निकलकर गिर जाना।

निचोड़–निष्कर्ष; सारांश; शरीर का निचला भाग।

निचोड़ना–रस से भरी वस्तु को दबाकर इसमें से रस या पानी निकालने की क्रिया।

निचौहाँ–नीचे की ओर झुका हुआ।

निछत्र–छत्रहीन; जिसके सिर पर छत न हो।

निछल–चालाकी अथवा बेईमानी से दूर; निश्चल।

निछावर–उत्सर्ग; उतारा; नेग; बलिदान।

निज–जो पराया न हो।

निजवाचक–कर्ता संबंधी।

निज़ाम–निजाम (हैदराबाद के शासकों की पदवी); व्यवस्था; इंतजाम; नियम; आदेश।

निजी–अपना; व्यक्तिगत; आत्मीय; गुप्त।

निजीकरण–आत्मीयता।

निजीकृत–गुप्त रूप से।

निठल्ला–बिना काम धाम का; निठाला; बेकार; व्यवसाय रहित।

निठल्लापन–आलस्य; बेकारी; बेरा. जगारी।

निठुर–क्रूर; निर्दयी; निष्ठुर।

निठुरता–निर्दयता; निष्ठुरता; क्रूरता।

निडर–भयहीन; साहसी; निर्भीक; वीर।

निडरपन–निडरता; साहसीपन।

निढाल–अशक्त; शिथिल।

नितंब–चूतड़; शरीर का निचला भाग।

निदर्शन–प्रदर्शन; उदाहरण।

निदर्शित–सोदाहरणता।

निदान–निदान आदि कारण; रोग का कारण; रोग का निर्णय।

निदानगृह–निदानशाला; वह स्थान जहाँ रोगों का निदान किया जाता है।

निदानज्ञ–रोग निदान करनेवाला।

निदानशाला–रोग निदान करने का स्थान।

निदान शास्त्र–रोग निदान से संबंधित विज्ञान।

निदेश–दिशा; निर्देश; आदेश।

निदेशक–निर्देश करनेवाला।

निदेशक मंडल–निर्देशकों की सभा।

निदेशन–दिशा निर्देश; आज्ञा।

निदेशात्मक–दिशा देने योग्य।

निदेशालय–जो निदेश दे।

निदेशिका–किसी नगर, प्रदेश आदि की प्रमुख नागरिकों, व्यापारियों, संस्थाओं आदि के नाम पता की पुस्तिका।

निदेशित–निर्देशित किया हुआ।

निद्रा–नींद; झपकी।

निद्रालस–निद्रालु।

निद्रालु–सोनेवाला।

निद्रित–सोया हुआ।

निधड़क–भयहीन; बेखट; बिना संकोच के।

निधन–अंत; समाप्ति; मरण; नाश।

निधान–संचय; संग्रह।
निधि–भण्डार; खजाना; किसी वस्तु का आश्रयस्थान।
निनाद–तेज आवाज गुनगुनाने की ध्वनि।
निनादित–आवाज से भरपूर; ध्वनित।
निनावाँ–एक प्रकार की मुँह की बीमारी जिसमें जीब और मसूढ़े पर लाल दाने निकल आते हैं।
निपट–बिल्कुल; एकदम; खाली।
निपटना–खत्म होना; किसी कार्य से मुक्त होना; खाता निपटाना; खाली करना।
निपटान–परित्याग।
निपटाना–खत्म करना; चुकाना।
निपटारा–फैंसला; बंदोबस्त।
निपत्र–बिना पत्तियों का।
निपात–गिराव; पतन; नाश; मृत्यु।
निपुण–विद्वान; कुशल; प्रवीण; दक्ष; चतुर; काम करने में दक्ष।
निपुणता–कुशलता; प्रवीणता; दक्षता; चतुराई; कार्य करने की दक्षता।
निपूता–अपुत्र; जिसके संतान न हो।
निपूती–स्त्री जिसके बच्चे न हो।
निपोरना–दाँत दिखाना।
निबंध–रचना या लेख; प्रस्ताव; लेख पुस्तक; संग्रह ग्रंथ।
निबंधक–लेखा पत्र का रक्षक; पंजीयक।
निबंधन–आपस में बंधन; पंजीकरण।
निब–नोक।
निबटना–निपटना।
निबटाना–निपटाना।
निबद्ध–बँधा हुआ; जुड़ा हुआ; रुका हुआ।
निबल–निर्बल।
निबाह–निर्वाह; गुजारे का ढंग।
निबाहना–निर्वाह करना।
निबिड़–निविड़।
निबेड़ना–छुटकारा पाना; स्थिर करना।
निबेड़ा–छुटकारा; त्राण; बचाव; समाधान।
निभना–किसी के साथ सुखी तथा मित्रभाव रखना।
निभाना–जिम्मेदारी; उत्तरदायित्व; कर्त्तव्य, वचन आदि का निर्वाह करना।
निभाव–निभाने का कार्य करना।
निमंत्रण–आमंत्रण; न्यौता; बुलावा।
निमंत्रण-पत्र–किसी कार्य उत्सव आदि में सम्मिलित होने के लिए भेजा गया पत्र।
निमंत्रित–जिसको न्यौता दिया गया हो।
निमकी–नीबू का आचार।
निम्नलिखित–निम्नांकित; नीचे लिखा हुआ; अधोलिखित।
निम्नांकित–निम्नलिखित; अधोलिखित।
नियंतव्य–जिसे अपने वश में किया जा सके।
नियंता–नियमित करनेवाला; नियमनकर्ता।
नियंत्रक–नियंत्रण करनेवाला।
नियंत्रण–काबू या वश में रखना; प्रतिरोध; रूकावट; बन्धेज।
नियंत्रण रेखा–नियंत्रण की रेखा।
नियंत्रित–संयमित; नियंत्रण में रखा हुआ।
नियत–निर्धारित; नियमित; नियुक्त; तैनाती; निर्देशनीय।
नियतन–आबंटन; बाँट; किसी के लिए भूमि का कोई हिस्सा निर्धारित करना।

नियति–भाग्य; तकदीर; किस्मत।

नियमित–नियामानुसार; नियमों से बँधा हुआ।

नियमितता–व्यवस्था; नियम; क्रम विधि।

नियमी–नियमों का पालन करनेवाला।

नियाज़–अनुग्रह; अपकार।

नियामक–नियम या व्यवस्था करने वाला अधिकारी।

नियामत–ईश्वरनुग्रह; आर्शीवाद; वरदान; उदारता; कृपादृष्टि; परोपकारिता।

नियुक्त–काम पर लगाया हुआ।

नियुक्ति–मिलने का नियुक्त समय; रोजगार।

नियोक्ता–स्वामी; मालिक।

नियोजक–स्वामी; मालिक; मिलने का समय नियुक्त करने का प्रभाव रखने वाला व्यक्ति; कल्पना करनेवाला।

नियोजन–नियुक्त करने का कार्य; कार्य प्रणाली।

नियोजनालय–नियुक्ति का कार्यालय।

नियोजित–नियुक्त किया गया; सुनिश्चित किया हुआ।

नियोज्य–जो नियुक्त किये जाने योग्य हो।

निर्–लगातार चलनेवाला।

निरंक–खाली; भाव शून्य; बिना पहचान का।

निरंकुश–बिना प्रतिबंध का; अप्रतिबद्ध।

निरंकुशता–निरपेक्षतावाद; स्वेच्छाचारी शासन।

निरंकुश शासन–मनमानी करनेवाला शासन; निरंकुशता।

निरंजन–बिना दाग का; अंजनरहित; निर्दोश।

निरंतर–लगातार होनेवाला कार्य; सतत्।

निरंतरता–निरन्तर होने की अवस्था।

निरक्षर–अनपढ़; अशिक्षित।

निरक्षर भट्टाचार्य–सम्पूर्णतया अनपढ़ व्यक्ति।

निरखना–देखना; ताकना; छानबीन करना।

निरगुनी–निर्गुण।

निरत–नियुक्त; तत्पर।

निरन्न–भूखा; लालायित; बिना खाद्यान का।

निरपराध–निर्दोष; निरपराध; बेकसूर; शुद्धता।

निरपवाद–अपवाद अथवा विरोध से रहित।

निरेपक्ष–तटस्थ; पृथक; अलग; उदासीन; पक्षपात रहित।

निरपेक्षवाद–निरंकुशता।

निरपेक्षित–उदासीनता।

निरबंसी–बिना संतान का; संतानहीन।

निरभिमान–विनम्र; साधारण।

निरभिलाष–अभिलाषा रहित।

निरभ्र–मेघशून्य; बिना बादल का।

निरर्थक–अर्थशून्य; जिसका अर्थ न हो; निष्फल।

निरर्थकता–अर्थशून्यता; निष्फलता।

निरवकाश–जिसे अवकाश न हो; बिना विश्राम का।

निरवच्छिन्न–लगातार; निरन्तर; सतत्; स्वच्छ; साफ।

निरवधि–अविरत; अंतहीन; निरन्तर।

निरसन–निराकार; रद्द; निरस्त।

निरस्त–जिसे रद्द कर दिया हो।

निरालंब–निरवलंब।

निराला–विचित्र; अद्भुत; अपूर्व; विलक्षण।

सुनसान स्थान।

निरावरण–आवरण रहित; खुला हुआ।

निरावृत–खुला हुआ।

निराश–हताश; आशाहीन; त्रसित; उदास।

निराशा–हताशा; पराजय; आशा खो देना।

निराशाजनक–आशा के अनुरूप कार्य न होना।

निराशापूर्ण–हताश; निरूत्साह।

निराशावाद–दुःखवाद।

निराशवादी–निराशावाद संबंधी।

निराशोन्माद–निराशा; हताशा।

निराश्रय–बिना आसरे अथवा आश्रय का; अशरण।

निरीक्षक–देखरेख करनेवाला; देखने वाला।

निरीक्षण–मुआयना; अवलोकन; प्रेक्षण।

निरीक्षण गृह–जिस स्थान पर निरीक्षण की जाती है।

निरीक्षणाधीन–निरीक्षण में।

निरीक्षित–जिसका निरीक्षण हो चुका हो।

निरीक्ष्य–निरीक्षण के योग्य।

निरीश्वरवाद–यह सिद्धान्त की ईश्वर नहीं है।

निरीश्वरवादी–नास्तिकता।

निरीह–चेष्टाशून्य; अहानिकर।

निरीहता–निर्दोषिता; अज्ञानता; सरलता।

निरुक्त–निर्वचन।

निरुक्ति–उत्पत्ति; शुरूआत।

निरुत्तर–जिसके पास उत्तर न हो।

निरुत्साह–बिना उत्साह का।

निरुत्साहित–जिसकी हिम्मत टूट चुकी हो; जिसका उत्साह भंग हो चुका हो।

निरुद्देश्य–उद्देशरहित; लक्ष्यहीन; निरर्थकता।

निरुद्ध–बँधा हुआ; रुका हुआ।

निरुद्यम–चुपचाप बैठनेवाला; जो उद्यम न करे; आलसी; सुस्त।

निरुपम–अनुपम; बेजोड़; अद्वितीय; अद्भुत।

निरुपाधि–बिना उपाधि का; सभी उपाधियों से परे; बिना शर्त का।

निरुपाय–उपायहीन; जो कुछ उपाय न कर सके।

निरूढ़–अविवाहित (पुरुष); कुवाँरा; प्रसिद्ध; विख्यात।

निरूपक–किसी विषय का निरूपण करनेवाला।

निरूपण–स्पष्टीकरण; प्रस्तुतीकरण।

निरूपित–किसी विषय का निरूपण करनेवाला।

निरोग–बिना रोग; नीरोग।

निरोध–रुकावट; अवरोध; प्रतिबंध; नाश; परिवार नियोजन का एक साधन।

निर्ख़–दर; भाव।

निर्गंध–गंधरहित; बिना गंध होने की अवस्था या भाव।

निर्गत–निकाला हुआ।
निर्गम–निकास; निर्गमन; बाहर जाना।
निर्गुण–जो सत्त्व, रज, तम तीनों गुणों से परे हो; बिना गुणवाला; साधारण।
निर्जन–विरान; सुनसान; एकाकी।
निर्जनता–विरानता।
निर्जर–ज्यादा उम्रवाला; उम्रदराज।
निर्जल–सूखा; जल के संसर्ग से रहित।
निर्जल व्रत–बिना पायी पीये बगैर रखा गया व्रत।
निर्जलीकरण–जलरहित होना।
निर्जीव–प्राणहीन; मृतक; बेजान; उत्साहीन।
निर्झर–झरना; सोता।
निर्झरिणी–छोटा सोता।
निर्झरी–निर्झरिणी।
निर्णय–फैसला; निपटारा; न्याय; परिण ाम।
निर्णयात्मक–निर्णय के सदृश।
निर्णायक–न्याय करनेवाला।
निर्णायक–मत–निश्चायक मत।
निर्णीत–निर्णय किया हुआ।
निर्धन–दरिद्र; कंगाल; धन रहित; अभागा।
निर्धनता–कंगाली; दरिद्रता; अभागापन।
निर्धारक–कर निर्धारण करनेवाला।
निर्धारण–कर लगाने का कार्य; निश्चय।
निर्धारित–जिसका निर्धारण किया गया हो; जमाया हुआ।
निर्भय–भयरहित; निडर; पराक्रमी; सा. हसी; शूरवीर; निर्भय।
निर्भर–आश्रित; अधिकृत।
निर्भरता–जो किसी पर आश्रित हो।
निर्भीक–निडर; भयरहित; बहादुर; स्पष्टवादी; साहसी।
निर्भीकता–निडरता; बहादुरी; स्पष्टवादीता।
निर्मल–मलहीन; स्वच्छ; पवित्र; बिना दाग का; शुद्ध; साफ।
निर्माण–बनाने का कार्य; रचना; बनावट; भवन; उत्पादन; पैदावार; उत्पत्ति।
निर्माण कार्य–रचना करने का कार्य।
निर्माणशाला–कारखाना; जहाँ किसी वस्तु का निर्माण होता है।
निर्माता–निर्माण करनेवाला; बनानेवाला; शिल्पकार; कारीगर; रचियता; प्रस्तुतकर्ता।
निर्मित–बना हुआ; रचा हुआ; बनाया हुआ।
निर्मुक्त–जो मुक्त हो गया हो; जो छूट गया हो।
निर्मूल–बिना जड़ का; जड़ से उखाड़ा हुआ; जड़रहित; निराधार।
निर्मेय–प्रश्न (गणित)।
निर्मोही–निर्दयी; निष्ठुर; कठोर हृदयवाला; क्रूर।
निर्यात–देश से बाहर कोई वस्तु भेजना।
निर्यातक–निर्यात करनेवाला।
निर्यास–वृक्षों में से निकलनेवाला रस अथवा गोंद।
निर्लज्ज–बदतमीज; लज्जाहीन।
निर्लज्जता–लज्जाहीनता; बदतमीज़ी।
निर्लज्जापूर्ण–बेशर्म; ढीठ; अशिष्ट।
निर्लज्जापूर्वक–बेशर्मी से; अशिष्टता से।

निर्लिप्त–जो किसी विषय में आसक्त न हो।

निर्लिप्तता–उपेक्षा का गुण।

निर्लोभ–लोभरहित।

निर्वंश–जिसके वंश में कोई संतान न हो।

निर्वचन–किसी पद या वाक्य की ऐसी व्याख्या जिसमें व्युत्पत्ति आदि का पूरा वर्णन हो।

निर्वचनीय–व्युत्पति किया हुआ।

निर्वसन–नंगा; विवस्त्र; नग्न; अनावृत।

निर्वहन–निर्वाह करना।

निर्वाचक–निर्वाचन करनेवाला।

निर्वाचन–चुनाव; चयन; किसी सामाजिक कार्य के लिए अनेक व्यक्तियों में से एक या अधिक को प्रतिनिधि चुन लेना।

निर्वाचित–वोट द्वारा चुना गया।

निर्वाच्य–न करने योग्य; चुना जा सकनेवाला।

निर्वाण–शान्ति; मुक्ति; समाप्ति; निवत्ति।

निर्वाणी–निर्वाण।

निर्वात–हवा की कमी। वायुरहित।

निर्वापण–समाप्ति।

निर्वासन–मारण; वध; (नगर, देश, गाँव आदि से) दण्ड रूप में अपराधी का बाहर निकाला जाना।

निर्वासित–नगर या देश से निकाला हुआ।

निर्वाह–जीविकोपार्जन; पोषण; भरण पोषण; निर्वहण।

निर्विकल्प–भेद से रहित; निश्चित; स्थिर; बिना विकल्प का।

निर्विकार–जिसमें किसी प्रकार का विकार या परिवर्तन न हो; स्थिर; अचल; तटस्थ; भावशून्य।

निर्विघ्न–जिसमें कोई विघ्न न हो; अशांति रहित।

निर्विरोध–जिसके विरोध में कोई न हो।

निर्विवाद–कलहशून्य; बिना झगड़े का; अचल; गतिहीन।

निर्वेद–वैराग्य; दुःख; खेद; अपमान।

निर्व्याधि–व्याधिमुक्त; स्वस्थ; चंगा।

निर्हस्तक्षेप–बिना व्यवधान/रुकावट के

निलंबन–किसी पद से मुक्त करना।

निलंबित–किसी पद से हटाया हुआ।

निलय–गृह; घर; मकान; निवास; आश्रयस्थान।

निवर्तन–रोकना; पीछे हटाना या लौटाना; समाप्ति; निरस्त करना।

निवारक–अवरोधक; प्रतिबंधक।

निवारण–निवृत्ति; छुटकारा; बचाने अथवा हटाने या दूर करने की क्रिया।

निवार्य–टालने योग्य।

निवाला–ग्रास; कौर।

निवास–रहने का स्थान; आश्रय; गृह; घर; निवास।

निवास्य–निवास करने योग्य।

निविड़–गहरा; घना; अविरल; गाढ़ा।

निविड़ता–गहराई; अविरलता।

निविदा–आवश्यक रकम लेकर वांछित वस्तएँ जुटा देना।

निविष्ट–घुसा हुआ; स्थापित।

निविष्टि–प्रविष्टि।

निवृत्त–मुक्ति (किसी कार्य के बाद) छुटकारा; निवृत्तिपूर्वक कर्म।

निवृत्ति–अवकाश ग्रहरण; संयम; परहेज।

निशा–रात।

निशाकर–चाँद।

निशाचर–रात में धूमनेवाला; प्रेत; राक्षस; सियार।

निशात–आनन्द; सुख; खुशी।

निशान–चिह्न; धब्बा; निशान; प्रभाव; दाग।

निशानची–निशानेबाज; लक्ष्यभेदी।

निशाना–लक्ष्य बनाना; वह जिसको दृष्टि में रखकर अस्त्र चलाया जाय।

निशानी–यादगार का प्रतीक; किसी की याद करानेवाला; यादगार के लिए रखी हुई भेंट।

निशानेबाज़–निशानची; लक्ष्यभेदी।

निशानेबाज़ी–निशाने लगाने का कार्य।

निशास्ता–गेहूँ का मूल तत्त्व।

निशि–रात्रि।

निशिदिन–रात और दिन; सदैव; लगभग; हमेशा रहनेवाला।

निश्चय–इरादा; संकल्प; निर्णय; दृढ़ता; ऐसी धारण जिसमें किसी प्रकार का संदेह न हो।

निश्चायक–निर्णायक; निश्चित; निश्चय करने वाला।

निश्चित–जिसके बारे में निश्चिय किया जा चुका हो; चिंतामुक्त।

निश्चितता–चिन्तामुक्त; विचारमुक्त अवस्था।

निश्चित–संदेह रहित; निर्णीत; निर्धारित; तय किया हुआ; स्थिर।

निश्चिति–दृढ़ता; निश्चितता; सम्पूर्ण; विश्वास।

निश्चेतक–चेतना शून्य करनेवाला।

निश्चेष्ट–स्थिर; निश्चल; अडिग; अचेत; चेष्टाहीन; असहाय।

निश्चेष्टा–निष्क्रियता; अचेतना।

निश्छल–सच्चा; निष्कपट; ईमानदार।

निश्वास–मुख द्वारा वायु निर्गमन।

निश्शंक–निडर; निर्भय; वायु निर्गमन।

निषंग–तूणीर; मुँह से फूँककर बजाने का एक प्राचीन बाजा।

निषाद–एक अनार्य जाति जो भारतवर्ष में आर्यों से पहले रहती थी; भारतीय संगीत का सातवाँ सुर।

निषिद्ध–प्रतिबंधित; वर्जित किया हुआ; निषेध किया हुआ।

निषेध–बाधा; रुकावट; निवर्तन।

निषेधाज्ञा–हर्जाना दिलाने के लिए न्यायालय का आदेश।

निषेधात्मक–निषेधार्थक; अस्वीकारात्मक।

निषेधाधिकार–अस्वीकार करने का अधिकार।

निष्कपट–ईमानदार; जो किसी प्रकार का छल न जानता हो; कपट से दूर।

निष्कपटता–चातुर्य; कौशल; अस्वीकार करने का अधिकार।

निष्कपटी–निष्कपट।

निष्कर्ष–सारांश; निर्णय; तत्त्व; निचोड़ निकालने की क्रिया।

निष्कलंक–बेदाग; विशुद्ध; पवित्र; निर्दोष; पवित्र; बिना कलंक का।

निष्कलुष—बिना दोष का; साफ; स्वच्छ; निर्मल।

निष्काम—कामना रहित; जो बिना किसी प्रकार की कामना या इच्छा से किया जाय।

निष्काम भाव—इच्छा या कामना न होने का मनोभाव; इच्छारहित।

निष्कारण—कारणरहित; बिना कारण; वृथा; व्यर्थ।

निष्कासन—बाहर निकालना; निर्वासन।

निष्कासित—निर्वासित; बहिष्कृत।

निष्क्रमण—परित्याग; बाहर जाने का मार्ग।

निष्क्रय—मुक्ति; उद्धार।

निष्क्रांत—जिसका निष्क्रमण हो चुका हो।

निष्क्रिय—क्रिया रहित; व्यापारशून्य; जो कोई कार्य न करता हो।

निष्क्रियता—निष्क्रिय होना; कार्य हीनता; निर्व्यापार; निश्चलता।

निष्ठ—विश्वसनीय; सच्चा; अनुरागी; जिसमें किसी के प्रति श्रद्धा या भक्ति हो।

निष्ठा—वफादारी; स्वामिभक्ति; राजनिष्ठा; अनुरक्ति; आस्था।

निष्ठावान; निष्ठावान्—वफादार; निश्वासपात्र; सच्चा।

निष्ठुर—हृदयहीन; क्रूर; कठिन; कड़ा; कठोर।

निष्ठुरता—कठोरता; निर्दयता; क्रूरता।

निष्णात—निपुण; चतुर; कुशल; प्रवीण; श्रेष्ठ।

निष्पंद—स्पंदनहीनता; गतिहीन; जिसमें किसी प्रकार का कम्पन न हो।

निष्पक्ष—पक्षपात रहित; जो किसी का पक्ष न लेता हो।

निष्पक्षता—तरफदारी न करनेवाला।

निष्पत्ति—समाप्ति; पूर्ण; कार्य सम्पादन।

निष्पन्न—जो समाप्त या पूरा हो चुका हो।

निष्पादक—वह जो वही करता है जो उसे करने के लिए कहा जाता है; कार्यकारी।

निष्पादन—कार्य सम्पादन की चतुराई।

निष्पादित—निष्पन्न; पूर्ण।

निष्पाद्य—पूरा किया हुआ।

निष्पाप—दोषरहित; निर्दोष; निरपराध।

निष्प्रभ—साधारण; सामान्य; मन्द; नीरस; तेजहीन।

निष्प्रभाव—अप्रभावी; निष्फल; बेकार; निष्क्रिय।

निष्प्रयोजन—प्रयोजनरहित; निरर्थक; लक्ष्यहीन।

निष्प्राण—श्वासरहित; मृत; फलशून्य; फल ने देनेवाला; अप्रभावी।

निष्फल—फलशून्य; फल ने देनेवाला।

निसत—बिना सार का; असत्य; मिथ्या; झूठ।

निसर्ग—प्रकृति; स्वभाव।

निसर्गज—स्वाभाविक; सहज; अंतर्गत।

निसर्गतः—स्वाभाविक रूप में।

निसार—निछावर।

निस्तत्त्व—तत्त्वहीन; सारहीन; निराधार; मूल्यहीन।

निस्तब्ध—निश्चल; मौन; शांत; स्थिर; खामोश; चुप।

निस्तब्धता—स्थिरता।

निस्तार–पार जाना; निस्तरण; उद्धार; पार होने का भाव।

निस्तारक–दुर्बलता; मुक्त करनेवाला; बचाने वाला।

निस्तारण–मुक्ति; छुटकारा; पार करना।

निस्तारना–पार करना; मुक्त करना।

निस्तीर्ण–मुक्ति; रक्षित; स्वतंत्र।

निस्तेज–जीवनरहित; विवर्ण; निर्जीव; नीरस; मन्द।

निस्पंद–जिसमें कंप न हो; गतिहीन; स्थिर; दृढ़।

निस्पृह–सभी इच्छाओं से मुक्त।

निस्बत–तुलना; बराबरी; मिलान।

निस्संकोच–संकोचरहित; जिसमें संकोच या लज्जा न हो।

निहानी–पत्रों पर जमी हुई मोम की सतह को खरोंचने का औजार; शैली; फैशन।

निहारना–एकाग्रचित्त होकर देखना; ध्यान देकर देखना।

निहाल–सब प्रकार से संतुष्ट तथा तृप्त; प्रसन्न।

निहित–रखा हुआ; स्थापित।

निहितार्थ–आशय; मतलब।

निहोरना–अराधना करना; प्रार्थना करना।

निहोरा–उपकार; प्रार्थना; निवेदन; अनुग्रह; सहारा।

नींद–निंद्रा; झपकी; सोने का भाव।

नींबू–नीबू।

नींव–बुनियाद; आधार; मूल।

नीक–नीका।

नीका–सुन्दर; स्वच्छ; भलाई।

नीग्रो–मनुष्य की एक जाति।

नीच–लोभी; कृपण; अधम; नीच; निम्न; अशिष्ट; कमीना; घटिया।

नीचता–कृपणता; नीचता; अशिष्टता; घटियापन; ओछापन।

नीचा–छोटा; निम्न; मध्यम; धीमा; झुका हुआ।

नीचाई–निम्नता; गहराई; रसातल; निम्न स्तर।

नीचे–निम्नता की ओर; अधीन; तले में।

नीड़–पक्षियों के रहने का आश्रय; घोंसला।

नीति–आचार पद्धति; युक्ति; उपाय; व्यवहार का ढंग।

नीतिकुशल–चतुर; निपुण।

नीतिज्ञ–वह जो लोगों को बताता है कि कैसे सदाचारी व्यवहार करना चाहिए; राजकार्य में कुशल व्यक्ति।

नीति-निर्धारण–नीति का निर्धारण करना; नीति निर्माण करना।

नीतिभ्रष्ट–जिसका नैतिक पतन हो चुका हो; विभ्रमित।

नीतिशास्त्र–आचार नीति।

नीबू–गर्म देशों में होनेवाला एक छोटे आकार का काँटेदार वृक्ष जिसका फल खट्टा रसदार होता है।

नीबू निचोड़–बहुत लोभी व्यक्ति; निष्ठुरता से लोगों से पैसे निकालनेवाला; सूदखोर।

नीम–एक वृक्ष जिसका हर हिस्सा कड़ुआ होता है; हल्का (रंग); कोमल; दयालु।

नीम हकीम–मामूली दवाओं का जानकार चिकित्सक।

नीयत–इरादा; आशय; संकल्प; इच्छा।

नीर–जल; नीर; पानी; रस।

नीरज–पानी में पैदा होनेवाला। कमल का पौधा।

नीरद–मेघ; बादल।

नीरव–मौन; शांत; चुपचाप; खामोश।

नीरवता–खामोशी; शांति।

नीरस–रसहीन; सूखा; बेस्वाद; उबाने वाला।

नीरसता–अरूचि; थकावट

नीरांजन–आरती।

नीरांजनी–आरती का दीप।

नीरा–खजूर का रस।

नीरोग–स्वस्थ; सही सलामत; पुष्ट।

नील–नीला रंग का; आसमान के रंग का; दस अरब।

नीलकंठ–एक पक्षी जिसका कण्ठ नीले रंग का होता है; भगवान शिव।

नीलकमल–नीले रंग का एक फूल (कमल)।

नीलगाय–एक प्रकार का पशु जो गाय के सदृश होता है।

नीलम–नीलमणि; इंद्रनील।

नीलनमणि–नीलम।

नीलांबुज–नीले रंग का कमल।

नीला–आसमान का रंग।

नीलाक्ष–नीली आँखवाला।

नीला थोथा–ताँबे का क्षार; तूतिया।

नुक़सान–क्षति; हानि; घाटा।

नुक़सानी–जो हानि हो चुकी हो।

नुक़सान माल–घटिया सामान।

नुकीला–धारदार नोकवाला।

नुक्कड़–कोना; विशेषत: किसी गली का एक कोना।

नुक़्स–दोष; खामी; त्रुटि।

नुचना–नोचा जाना; उखड़ना।

नुनखरा–नमकीन; नमक के स्वाद का।

नुमाइश–प्रदर्शनी; दिखावा; दर्शाना।

नुमाइशी–दिखाने योग्य; दिखावटी।

नुस्ख़ा–औषध या डॉक्टर का नुस्खा; दवाई की सूची।

नूतन–नवीन; नया; आधुनिक; अर्वाचीन।

नूतनता–नवीनता; आधुनिकता; नयापन।

नून–नमक।

नूपुर–घुँघरू; स्त्रियों का पैर में पहिनने का एक गहना।

नूर–ज्योति; कांति; प्रकाश; चमक।

नृ–नर; मनुष्य; मानव जाति।

नृत्य–नाच।

नृत्यकला–नाचने का हुनर।

नृत्यशाला–नाच घर।

नृप–राजा; बादशाह; सम्राट।

नृशंस–अति पापी; अति दुष्ट; दयाहीन; क्रूर; निर्दय।

नृशंसता–निर्दयता; दयाहीनता; क्रूरता।

नृसिंह–सर्वश्रेष्ठ अथवा सर्वोत्तम व्यक्ति; भगवान विष्णु का चौथा अवतार; शेर जैसा व्यक्ति।

ने–सकर्मक भूतकालिक क्रिया के कर्त्ता का कारक चिह्न जो उसके आगे लगाया जाता है। राम ने गोकुल को मारा।

नेक–अच्छा; भला; उम्दा।

नेकचलन–अच्छे चरित्रवाला।

नेकनाम–माना हुआ; जाना पहचाना; प्रसिद्‌ध; विख्यात।

नेकनामी–उचित प्रसिद्‌धी।

नेकनीयत–अच्छी नीयतवाला।

नेकनीयती–अच्छी नीति।

नेकी–भलाई; उपकार; अच्छा काम।

नेकी बदी–अच्छा बुरा।

नेग–पुरस्कार अथवा तोहफा जो विवाह आदि शुभ अवसरों पर एक दूसरे को दिया जाता है।

नेज़ा–भाला।

नेज़ाबदार–भाला रखनेवाला।

नेता–नायक; प्रमुख; सरदार।

नेतागिरी–नेता होने का भाव।

नेति–जिसका अंत न हो।

नेतृत्व–नायकता करना; अग्रणी पुरूष।

नेतृत्वविहीन–नेता का अभाव; बिना सरदार का।

नेतृत्व-शक्ति–नेता बनने का सामर्थ्य।

नेतृवर्ग–नेतृत्व करनेवालों का समूह।

नेत्र–आँख; चक्षु; नयन।

नेत्र-जल–आँसू।

नेत्रविज्ञान–आँखों से संबंधित विज्ञान।

नेत्री–महिला नेता।

नेनुआ–एक प्रकार की भारतीय हरी सब्जी का नाम।

नेपथ्य–रंगशालाा का वेश भूषा बदलने का कक्ष।

नेपाल–नेपाल; भारत के उत्तर में स्थित एक हिन्दु स्वतंत्र देश।

नेपाली–नेपाल संबंधी; नेपाल का रहनेवाला।

नेम–नियम।

नेम-धर्म–धार्मिक आचरण अथवा व्यवहार।

नेमी–धर्म की दृष्टि से पाठ, पूजा, व्रत, उपवास आदि नियमों का पालन करनेवाला।

नेवला–एक प्रकार का बिल में रहनेवाला जानवर।

नेस्त–जो न हो; जिसका अस्तित्व न हो।

नेस्ती–आलसी; अभागा; अशुभ लक्षण का।

नैचा–एक हुक्के में बँधी हुई नालियाँ।

नैज–अपना; खुद का।

नैतिक–नीति संबंधी; नीति का।

नैतिकता–चारित्रिक दृढ़ता का स्तर।

नैत्रिक–आँख या दृष्टि संबंधी।

नैदानिक–शय्याग्रस्त रोगी संबंधी।

नैन–आँख; चक्षु।

नैपुण्य–निपुण; निपुणता; चतुराई।

नैमित्तिक–सामयिक; आकस्मिक; प्रसांगिक।

नोट–कागज का संक्षेप रूपया; अंत में लिखा हुआ।

नोट-बुक–लेख लिखने की पुस्तक।

नोटिस–सूचना।

नोन–नमक।

नोना–नमकीन; नमक के स्वाद का। सज्जीदार; पौधों की एक बीमारी।

नौ–नौ की संख्या।

नौकर–घर के घरेलू कार्य करनेवाला; सेवक; चाकर।

नौकर-चाकर–नौकरों के परिजन।

नौकरशाह–कर्मचारी शासन पद्धति का अनुयायी।

नौकरशाही–नौकरों द्वारा चलाया जाने वाला।

नौकराना–नौकर को दिया गया छोटा उपहार।

नौकरानी–महिला नौकर।

नौकरी–काम; पेशा; सेवा; दासवृत्ति।

नौकरी पेशा–तनख्वाह की प्राप्ति के लिए किया गया कार्य।

नौका–नाव; नौका।

नौका विहार–नाव चलाने का कार्य।

नौ खंडा–नौ मंजिल का।

नौचा–तरुण अवस्था; युवावस्था; जवान व्यक्ति।

नौचालन–नौकायन।

नौची–जवान स्त्री; नर्तकी।

नौजवान–युवावस्था; चढ़ती जवानीवाला।

नौजवानी–युवावस्था; जवानी की प्रथम अवस्था।

नौटंकी–ग्राम में होनेवाला नाटक।

नौनिहाल–होनहार (बालक)।

नौबत–स्थिति; गत; दुर्दशा; हालत; एक छोटा ढोल।

नौबहार–बसन्त ऋतु।

नौबेड़ा–जहाज़ों का बेड़ा; नौका; समुदाय।

नौरंगा–बच्चों का घर।

नौरत्न–नौ रत्न का संग्रह; नौ रत्नों से सुसज्जित हार; एक प्रकार की मीठी चटनी।

नौलखा–नौ लाख रूपये की कीमत; बहुत कीमती; बेशकीमती।

नौ विज्ञान नौशा–दुल्हा; वर।

नौशी–दुलहिन; नववधु।

नौसादर–एक तीक्ष्ण भालदार क्षार या नमक।

नौसिखुआ–जो किसी विद्या या कला को सीखकर पटु न हुआ हो।

नौ-सेना–जल सेना; समुद्री लड़ाई; लड़नेवाली सेना।

न्यायकर्ता–न्याय करनेवाला।

न्यायज्ञ–कानून में प्रवीण।

न्यायतंत्र–न्यायधीशों का समुदाय।

न्यायपरायण–निष्पक्ष; अपक्षपाती; न्यायमुक्त।

न्यायपालिका–न्यायधीशों का समूह।

न्यायपीठ–न्याय की कुर्सी।

न्यायपूर्ण–न्याय पक्ष का समर्थन।

न्यायमूर्ति–अतिश्रेष्ठ न्यायाधीश।

न्यायवादी–प्रतिनिधि।

न्यायवान–निष्पक्ष; अपक्षपाती।

न्यायशास्त्र–धर्मशास्त्र।

न्यायांग–न्यायधीशों का समुदाय।

न्यायाधिकरण–न्यायालय; धर्मसभा।

न्यायाधीश–न्याय करनेवाला।

न्यायालय–न्याय का घर।

न्यायासन–न्यायाधीश की कुर्सी।

न्यायिक–अदालती।

न्यायी–न्याय करनेवाला; न्याय के पथ पर चलनेवाला।

न्यायोचित–जो न्यायत: ठीक या उचित हो।

न्यारा–अपूर्व; आद्वितीय; अनोखा; अनूठा; विलक्षण; अद्भुत; विचित्र; कुछ अलग।

न्यास–धरोहर; निक्षेप; स्थापन; रखना; अर्पण; जमा; धन लगाने का कार्य।

न्यासधारी–धरोहर रखनेवाला।

न्यासभंग–न्याय का नियमभंग।

न्यून–कम; हीन; थोड़ा।

न्यूनतम–कम से कम।

न्यूनता–हीनता; कमी; नीचता।

न्यूनाधिक–ज्यादा या कम।

न्योतना–निमंत्रण देना।

न्योता–दावत, उत्सव आदि में सम्मिलित होने के लिए निमंत्रण।

प

प–पवर्ग हिन्दी तथा संस्कृत वर्णमाला का इक्कीसवाँ व्यंजन तथा पवर्ग का पहला अक्षर।

पंक–दलदल; मिट्टी; कीचड़; लिसलिसी।

पंकज–कीचड़ में पैदा होनेवाला।

पंकिल–कीचड़ से भरपूर; दलदली।

पंक्चर–छोटा छेद; पंचर।

पंक्ति–लाईन; श्रेणी; कतार; क्रम।

पंक्तिबद्ध–एक श्रेणी में रखना।

पंख–पर; डैना; पंखे की एक भुजा।

पंखड़ी–फूल की पत्ती; घास की पत्ती।

पंखा–वह वस्तु जिससे हवा की जाती है।

पंखी–उड़नेवाला कीड़ा; छोटा पंखा।

पंगत–सामूहिक भोजन करने के लिए कतार में बैठना।

पंगु–लँगड़ा मनुष्य; अशक्त; दुर्बल; भग्न।

पंगुता–लँगड़ापन।

पँच–पाँच।

पंच–पाँच की संख्या या अंक।

पंचक–पाँच का समूह; वह जिसके पाँच अवयव हों।

पँचखना–पाँच मंजिला।

पँचगुना–पाँच गुना।

पंचजन्य–भगवान श्रीकृष्ण के प्रसिद्ध शंख का नाम।

पंचतत्त्व–पाँच तत्त्वों का समुदाय जो पृथ्वी, जल, तेज, वायु और आकाश हैं; पंचभूत।

पंचत्व–मृत्यु; मरण; नाश।

पंचनामा–लिखित पारितोषिक; पाँच (प्रधान) व्यक्तियों के द्वारा दिया गया निर्णय।

पंचनिर्णय–पंचों द्वारा दिया गया फैसला; पारितोषिक।

पंचभुज–पाँच भुजावाला।

पंचभूत–पाँच मौलिक तत्त्व–धरती, जल, वायु, अग्नि तथा आकाश।

पंचम–पाँचवाँ।

पंचमांगी–पाँचवाँ स्तंभी।

पंचमाक्षर–ङ, ञ, ण, न, म। नागरी वर्णमाला में किसी भी व्यंजन समूह का पाँचवाँ अक्षर।

पंचमी–चन्द्रमास के प्रत्येक पक्ष की पाँचवीं तिथि।

पंचमुखी–पाँच मुखोंवाला।

पँचमेल–पाँच प्रकार का।

पँचरंगा—पाँच रंगों का।

पंचरत्न—पाँच बहुमूल्य रत्नों से जड़ित।

पँचलड़ा—पाँच लड़ियोंवाला।

पंचवटी—दंडक वन की कुटी जहाँ भगवान राम को मिले 14 वर्ष के वनवास के समय रहे थे।

पंचशील—पाँच बुद्धत्व संतों का समूह।

पँचहरा—पाँच तहोंवाला; पाँच बार लपेटा हुआ।

पंचांग—हिन्दुजंत्री; पत्रा; पाँच का समाहार।

पंचाग्नि—अन्वाहार्य, गार्हपत्य, आवहनीय, आवसथ्य तथा सभ्य नाम की पाँच अग्नियाँ; एक प्रकार की तपस्या जिसमें चारों ओर आग सुलगाकर दिन में धूप में बैठा जाता है।

पंचाट—पंचों द्वारा दिया गया निर्णय।

पंचानन—सिंह; शिव; अति गंभीर विद्यार्थी।

पंचामृत—एक पवित्र पेय जो दुध, चीनी, घी तथा मधु मिलाकर बनाया जाता है।

पंचायत—पंचों की मंडली या सभा।

पंचायती—लोक संबंधी; सार्वलौकिक।

पंछा—घाव आदि से निकला पानी।

पंछी—खग; चिड़िया।

पंज—पाँच।

पंजक—पूरे हाथ की छाप।

पंजर—कंकाल; ढाँचा; पिंजरा।

पंजा—पाँच का समूह; हाथ अथवा उसकी छाप; पँजा; पक्षियों का नख।

पंजाबी—पंजाब से संबंधित।

पंजिका—छोटा रजिस्टर।

पंजी—बही।

पंजीकरण—बही में दर्ज करने का कार्य।

पंजीकृत—बही में दर्ज किया हुआ।

पंडित—ब्राह्मण; पढ़ा लिखा; ज्ञानी; प्रकाण्ड विद्वान।

पंथ—मार्ग; रास्ता; धर्म; सम्प्रदाय; विद्यालय; धार्मिक विश्वास या उपासना की विधि।

पंथी—यात्री; धर्म के पथ पर चलनेवाला।

पँवाड़ा—कल्पित; आख्यान; वीरगाथा।

पँसरहट्टा—किराना की दुकान।

पंसारी—किराने का व्यापारी।

पँसेरी—पाँच सेर की तौल अथवा उसका बाट।

पकड़—ग्रहण; थाम; धर; मजबूत; नियंत्रण।

पकड़ना—थामना; ग्रहण करना; धरना; रोक रखना।

पकड़वाना—पकड़ना।

पकना—परिपक्व; तैयार; खाना बनना।

पकवान—भारतीय घी या तेल में तली हुए भोज्य वस्तु।

पकाई—पकाने की क्रिया अथवा इस कार्य के बदले मिलनेवाला पारिश्रमिक।

पकाना—भोजन तैयार करना; गरमी से गलना।

पकौड़ा—घी, तेल या मक्खन में पका हुआ सब्जी का अंश।

पकौड़ी—पकौड़ा।

पक्का—पका हुआ; सम्पन्न; मज़बूत; तैयार; निपुण; निश्चित।

पक्व—पका हुआ; परिपक्व।

पक्वता—पक्का होने का भाव; पक्वास्थ।

पक्ष–पर; तीर; पँद्रह दिनों का काल; छवि; और; तरफ; बगल; सहायक।

पक्षधर–सपक्षी; साथी; सँभालनेवाला।

पक्षपात–तरफदारी; किसी के अनुकूल प्रवृत्ति।

पक्षपाती–उचित अनुचित का विचार न करके किसी के अनुकूल प्रवृत्त होना।

पक्ष विपक्ष–दो दल; विवाद के दो दल।

पक्षांतर–दुसरा पक्ष; दूसरी तरफ।

पक्षांतरण–पक्ष बदलना; दल बदलना।

पक्षाघात–लकवा।

पक्षी–चिड़िया; खग।

पक्षीय–किसी दल से संबंधित; पक्ष से संबंधित।

पक्षीराज–चील; गरूड़।

पक्षी विज्ञान–पक्षी संबंधी विद्या।

पख–पंख; अर्धमास। विघ्न; रूकावट; रोक; अवरोध।

पखवाड़ा–दो हफ्तों का समय; अर्धमास।

पखारना–स्वच्छ रखवाना।

पखावज–मृदंग से छोटा एक प्रकार का वाद्य।

पखेरू–पक्षी।

पख़्तून–वह व्यक्ति जिसकी मातृभाषा पाख़्तो है।

पग–पैर; डग; कदम।

पगडंडी–मैदान या जंगल का वह पतला मार्ग जो मनुष्यों के निरन्तर चलने से बन जाता है।

पगड़ी–साफा; मुरेठा; काला धन जो किसी भूमि पर अधिकार के लिए दिया जाता है।

पगना–मग्न होना; लिप्त होना; प्रेम में डूबना।

पगला–पागल।

पगली–पागल स्त्री।

पगहा–रस्सी अथवा कड़ी जिससे पशु को खूँटे से बाँधा जाता है; बंधनसूत्र।

पगार–मेड़; सीमा; घेरा; दीवार; कीचड़ अथवा गारा; पैदल चलकर पार करने योग्य नदी; पारिश्रमिक।

पगुराना–जुगाली करना; हड़प जाना; पचा जाना।

पगोड़ा–बुद्ध मंदिर।

पच–पाँच।

पचकना–पिचकना।

पचड़ा–बखेड़ा; झंझट।

पचना–पचाया जाना; समाप्त होना।

पचाना–हजम करना।

पचाव–पचाने की क्रिया या भाव।

पच्चर–लकड़ी या पत्थर का टुकड़ा; वस्तु जो उन्नति प्रदान करे।

पच्चीकारी–पच्ची करने का भाव या क्रिया।

पच्चीस–पचीस।

पछड़ना–लड़ाई या मल्लयुद्ध में हार।

पछताना–पश्चाताप करना।

पछतावा–किये गये कार्य पर दुख महसूस करना; खेद; पश्चाताप; शोक; मनोव्यथा।

पछना–बलिदान देना।

पछवाँ–पश्चिमी; पश्चिम से आनेवाला।

पछाँहीं–पश्चिम से संबंधित।

पछाड़–गश खाकर गिरना।

पछुआ–पछवाँ।

पछोड़ना–पछोरना; अलग करना।

पछोरना–पछोड़ना।

पटंबर–रेशमी वस्त्र।

पट–वस्त्र; कपड़ा; आवरण; परदा; आड़; फाटक; द्वार; थपथपाहट का शब्द करते हुए शोर।

पटक–फेंकना; नीचे गिरना।

पटकना–जोर से नीचे गिराना।

पटकनी–पटकने की क्रिया या भाव।

पटका–कमर में बाँधने का दुपट्टा; पचका।

पटकान–पटकनी; नीचे गिरना।

पटतर–समानता; बराबरी; समता।

पटना–ढकना; भरना; फेंकना; धक्का देना; कार्य अथवा व्यापार की समाप्ति; समतोलन।

पट परिवर्तन–आवरण का बदलाव।

पटरा–छोटी लकड़ी का पल्ला; लकड़ी की सीढ़ी का डंडा; तख्ता।

पटवारीगीरी–भूमि पर अधिकार का नियम; पटवारी का कार्य अथवा उसका कार्यालय।

पटसन–जूट; पाट।

पटा–एक भारतीय हथियार (लकड़ी या लोहे का); छोटी लकड़ी का आसन।

पटाई–पाटना; भराव का कार्य अथवा उस कार्य को करने के बदले मिलने वाला पारिश्रमिक।

पटाक–किसी छोटी वस्तु के गिरने आदि का शब्द।

पटाका–पटाखा; तमाचा।

पटाक्षेप–गिरने का दृश्य।

पटाख़ा–पटाका।

पटाना–पटाने का कार्य करना; ऋण चुकाना; लेन देन बराबर करना।

पटापट–लगातार पट पट की ध्वनि के साथ।

पटाव–पटाना; पाटने की क्रिया; पाटी हुइ जगह।

पटिया–काठ की तख़्ती; लिखने की पटरी।

पटीलना–किसी को किसी कार्य के लिए राजी करना; बेईमानी करना; पूर्ण करना।

पटु–दक्ष; कुशल; चतुर।

पटुआ–पटसन।

पटुता–दक्षता; चतुराई; कुशलता।

पटेबाज़–पटाने में माहिर।

पटेरा–सरकंडे की जाति का एक पौधा जो जल में पैदा होता है।

पटेल–गाँव का मुखिया।

पटेला–वह नाव जिसका निचला भाग पटा हुआ होता है।

पटैत–पटेबाज़।

पटैला–सरकंडे की जाति का एक पौधा जो जल में होता है।

पटोला–एक प्रकार का रेश्मी वस्त्र।

पट्ट–लकड़ी का तख़्ता।

पट्ट महिषी–रानी सहचारी।

पट्टरानी–रानी सहचारी।

पट्टशिष्य–प्रिय शिष्य।

पट्टा–चमड़े की पेटी जो पशु के गले के चारों तरफ बाँधी जाती है।

पट्टाधारी–ठेकेदार; वह व्यक्ति जिसका किसी सम्पत्ति में अंश हो।

पट्टी–लकड़ी का तख़्ता (जिसे बच्चे लिखने के उपयोग में लाते हैं); घाव पर बाँधने का आवरण; अनुदेशन; बहकाव; पेटी (भूमि की)।

पट्टू–एक प्रकार का मोटा ऊनी वस्त्र।

पट्ठा–बाहुबल; हट्टा कट्टा; युवक।

पठन–पढ़ना; अध्ययन।

पठनीय–सस्वर पाठ; पढ़ने योग्य।

पठनीयता–पढ़ने की योग्यता।

पठान–अफगानिस्तान या पाखुनिस्तान का निवासी; मुसलमानों की एक प्रसिद्ध जाति।

पठाना–भेजना।

पठानी–पठान की स्त्री; अफगानिस्तान या पाखुस्तिान की स्त्री निवासी।

पठार–दूर तक फैली ऊँची चौरस भूमि।

पठित–पढ़ा हुआ।

पठिया–पट्ठा।

पड़ता–लागत की दर।

पड़दादा–परदादा।

पड़ना–गिरना।

पड़ताना–नाना का पिता।

पड़पड़ाना–पड़ पड़ शब्द होना या करना।

पड़पोता–परपोता।

पड़वा–भैंस का छोटा बच्चा।

पड़ाव–वह स्थान जहाँ यात्री ठहरते है; विश्राम स्थल; विराम स्थल।

पड़िया–भैंस का मादा बच्चा।

पड़ोस–पास का क्षेत्र; समीप्य; करीबी; किसी घर के नजदीक घर।

पड़ोसी–समीप में रहनेवाला।

पढ़त–पढ़ना।

पढ़ना–अध्ययन करना; रटना; बाँचना; वर्णन करना।

पढ़ना-लिखना–पढ़ना तथा लिखना; अध्यापन करना; अध्ययन करना।

पढ़वाना–पढ़ाई का कार्य किसी और से करवाना।

पढ़वैया–पढ़नेवाला।

पढ़ाई–पठन; अध्ययन; अध्यापन।

पढ़ाना–सिखाना; शिक्षा देना; शिक्षित बनाना।

पतंग–कीट; कीड़ा।

पतंगा–कीट; कीड़ा।

पत–प्रतिष्ठा; गौरव; यश; सम्मान; कीर्ति; गरिमा।

पतझड़–शिशिर ऋतु।

पतन–गिरना; बरबादी; संहार; नाश।

पतनशील–गिरने की तरफ झुकाव।

पत-पानी–प्रतिष्ठा; गौरव।

पतला–हल्का; बारीक; शक्तिहीन; झीना; हीन।

पतला-दुबला–हल्का तथा बारीक; कमजोर; दुर्बल।

पतलापन–पतला होने का भाव।

पतलून–पैंट; पायजामा।

पतवार–कर्ण।

पता–जानकारी; खोज; रहस्य; खबर।

पताका–ध्वज; झंडा।

पति–स्वामी; शासक; आदमी।

पतित–गिरा हुआ; गया हुआ; बहुत नीच।

पतितपावन–नीचे गिरे हुए को उठानेवाला।

पतिता–गिरी हुई; नीच स्त्री।

पति-पत्नी–पति तथा पत्नी।

पतियाना–विश्वास करना; ठीक मानना।

पतियारा–विश्वास; एतबार।

पतिव्रता–अपने पति के प्रति अनन्य अनुराग रखनेवाली तथा पति की सेवा करनेवाली स्त्री।

पतीला–ताँबे की गागर।

पतीली–पतीला। धारक बर्तन; देगची।

पतुरिया–वेश्या; नर्तकी; सहज व्यवहार वाली स्त्री।

पतोखा–पत्ते का बना हुआ पात्र या दोना।

पतोहू–बहु; बेटे की पत्नी।

पत्तन–नगर; शहर।

पत्तर–धातु का चादर।

पत्तल–पत्तों को सींकों से जोड़कर बनाया हुआ पात्र जो थाली के काम में लाया जाता है।

पत्ता–पत्तर; ताश की एक बूटी।

पत्ती–छोटा पत्ता; हिस्सा।

पत्तीदार–हिस्सेदार।

पत्थर–शिला; पथरी।

पत्नी–जोरू; भार्या।

पत्नीव्रत–पत्नी के प्रति वफादार व्यक्ति।

पत्र–पत्ता; लिखित संदेश; कागज।

पत्रक–पत्ते का टुकड़ा; एक टिप्पणी या लिखा हुआ कागज; ताश का पत्ता।

पत्रकार–समाचार पत्र का सम्पादक।

पत्रपुष्प–पत्तियाँ तथा फूल।

पत्रपेटी–वह पेटी जिसमें पत्र डाले जाते हैं।

पत्रा–पंचांग।

पत्राचार–पत्र व्यवहार।

पत्रावली–पत्र, कागज इत्यादि का संग्रह।

पत्रिक–चिट्ठी।

पत्रिका–नियत अवधि पर निकलनेवाला; साप्ताहिक अथवा मासिक पुस्तक।

पत्रिकावली–कागज पर लिखने का पैड।

पत्री–जन्म कुंडली।

पथ–रास्ता; मार्ग।

पथकर–राह पर लगनेवाला एक प्रकार का कर।

पथगामी–पैदल चलनेवाला।

पथना–पाथना।

पथप्रदर्शक–राह दिखानेवाला; मार्गदर्शक।

पथप्रदर्शन–मार्गदर्शन।

पथभ्रष्ट–सीधी राह से भटका हुआ।

पथरना–पत्थर पर रगड़कर पैना करना।

पथराना–सूखकर पत्थर की तरह कड़ा हो जाना।

पथराव–पत्थरों; ढेलों आदि की वर्षा।

पथरी–मूत्राशय का पत्थर; पत्थर की एक प्रकार प्याली।

पथरीला–पत्थरों से युक्त।

पथिक–राही; यात्री; पथिकाश्रय।

पथेरा–ईंट पाथनेवाला कुम्हार।

पथ्य–स्वास्थ्यकर आहार; निश्चित नियम या निर्देशित आहार।

पद–कार्य करने का स्थान; कार्यालय; ओहदा; वाक्य खंड में प्रयुक्त होनेवाला अक्षर; पग; चरण; विषय; भाषा का खंड।

पदक–तमगा।

पदकधारी–पदक प्राप्त व्यक्ति।

पदक्रम–अक्षर क्रम।

पदचाप–पैर की आवाज।

पदचारी–पैदल चलनेवाला।

पदचिह्न–पैर के निशान; अधिकार चिह्न; अनुसरण करना।

पदच्युत–पद से नीचा किया हुआ।

पदच्युति–निम्नीकरण; पदावनति।

पदतल–पैर का तलवा।

पदत्याग–काम के स्थान से त्याग; परित्याग; आत्मत्याग।

पदत्राण–जूता; खड़ाऊँ।

पददलित–निराश; उदास; हताश; मायूस।

पदधारी–पदासीन।

पदनाम–ओहदा; किसी अधिकारी के पद का सूचक नाम।

पदनामित–नामित किया हुआ।

पदपूरण–रिक्त स्थान में भरना।

पदबंध–वाक्य खंड।

पदवी–उपाधि; चलन; पद्धति; श्रेणी।

पदवीधारी–जिसे पद मिला हो।

पद-व्याख्या–पदभंजन।

पदस्थ–पदासीन।

पदाघात–पैर से मारना; ठोकर।

पदाति–पैदल चलनेवाला सैनिक; पैदल सेना का सिपाही।

पदावनति–पद घटाना; ऊँचे पद से हटाकर नीचे पद पर कर दिया जाना।

पदावली–पद विन्यास; शब्द चयन।

पदासीन–पद धारण किया हुआ।

पदाहत–ठोकर लगा हुआ।

पदिक–पैदल सेना का सिपाही।

पदी–पैरवाला।

पदेन–पद की हैसियत से।

पदोड़ा–कायर; डरपोक।

पदोदक–पादोदक।

पदोन्नत–ऊँचे पद पर नियुक्त करना।

पदोन्नति–पद में तरक्की; उन्नति।

पद्धति–कार्य करने का ढंग; अभ्यास; प्रथा; सुव्यवस्थित; व्यवस्था अथवा प्रबंध।

पद्म–कमल।

पद्मनाभ–भगवान विष्णु का विशेष नाम।

पद्मभूषण–एक पदवी।

पद्मविभूषण–एक पदवी।

पद्मा–धन की देवी; लक्ष्मी।

पद्माकर–कमल का सरोवर।

पद्मासन–एक योगासन।

पद्मिनी–छोटा कमल; सुन्दर युवती; रूपवती स्त्री।

पद्य–पाद; कविता का एक छन्द।

पद्यकार–कविता करनेवाला।

पद्यमय–बनी हुई कविता।

पद्यात्मक–कविता के रूप में।

पद्यीकरण–कविता करने की कला; कविता करने की क्रिया।

पधारना–आ पहुँचना।

पन–पान पनडिब्बा। पानी पनघट।

पनघट–वह घाट जहाँ लोग पानी भरते हैं; पानी भरने का घाट।

पनचक्की–पानी की शक्ति से चलाई जानेवाली चक्की।

पनडुब्बा–पानी में गोता लगानेवाला।

पनडुब्बी–पानी के भीतर भीतर चलने वाला एक प्रकार का जहाज़।

पनपना–उगना; विकसित होना; उपजाना; फलना फूलना।

पनबाड़ी–पान उद्यान।

पनबिजली–पानी से उत्पन्न बिजली।

पनभरा–पानी वाहक।

पनवाड़ी–पान बेचनेवाला।

पनसारी–पंसारी।

पनसाल–वह स्थान जहाँ सर्वसाधारण तथा यात्रियों को पानी पिलाया जाता है।

परसाला–पाँच वर्ष का; प्रत्येक पाँच वर्ष में होनेवाला।

पनही–जूता अथवा जूती।

पना–आम इमली आदि से बनाया हुआ एक प्रकार का शरबत; कपड़े की चौड़ाई।

पनाला–परनाला।

पनाह–आश्रय; शरण लेने का स्थान।

पनियाँ–पानी के सदृश; पानी से भरा; पानी में रहना; जल में उत्पन्न होनेवाला

पनिहार–औरत पानी वाहक।

पनीर–फाड़े हुए दुध का थक्का।

पनीरी–पनीर से बना हुआ।

पन्ना–मरकत मणि; पेज (किताब का); इकतहे कागज़ का एक आकार।

पन्नी–धातु का पन्ना; टीन का महीन पत्तर; सोनहला या रूपहला कागज।

पपड़ियाना–किसी वस्तु की परत का सूखकर सिकुड़ जाना।

पपड़ी–किसी वस्तु के ऊपर की परत जो सूखकर कड़ी हो गई हो; कुछ खाद्यान की पतली टिकिया।

पपड़ीला–पपड़ीदार; परतदार।

पपीता–एक प्रकार का फल जो पकाकर खाया जाता है।

पय–दूध।

पयस–दूग्ध।

पयस्विनी–दुधारू गाय; दूसरे के बच्चे को दूध पिलानेवाली धाय।

पयोधर–मेघ; बादल।

पयोधि–समुद्र; सागर।

परंतु–तो भी; और भी; लेकिन; किन्तु।

परंपरा–रूढ़ि; परम्परागत कथा।

पर–दूसरा; भिन्न; अन्य; अतिरिक्त; और; ऊपर; बाद में।

परई–मिट्टी का पात्र जो दिये से कुछ बड़ा होता है।

परक–बुद्धि।

परक-परकटा–जिसके पंख कटे हों।

परकोटा–चारदीवारी; गढ़ की रक्षा के लिए इसके चारों ओर बनाई हुई भीत।

परख–परीक्षण; आकलन; गुण दोष का सम्यक् ज्ञात करने की काबलियत।

परगमन–व्यभिचार।

परगाछा–परजीवी पौधा।

परगामिनी–व्याभिचारीणी।

परचना–धनिष्टता प्राप्त करना।

परचा–कागज़ का टुकड़ा; पुर्जा; प्रश्न पत्र; समाचार पत्र; विज्ञप्ति।

परचाना–चसका लगाना; पालतू बनाना।

परची–कागज का टुकड़ा; लॉटरी का पर्चा।

परचून–आटा; चीनी आदि भोजन की सामग्री।

परचूनिया–पंसारी; किराने का व्यापारी।

परचूनी–परचूनिया।

परछत्ती–छप्पर; छत।

परछाँवाँ–परछाईं।

परछाईं–प्रतिच्छाया; छायाकृति; प्रतिबिम्ब; प्रकाश के अवरोध के कारण पड़ने वाली किसी वस्तु की छाया।

परजन्म–पुनर्जन्म।

परजवट–भूमि किराये पर देने की व्यवस्था।

परजाता–एक प्रकार का मझोले आकार का वृक्ष जिसके सुगंधित फूल गुच्छों में लगते हैं।

परजीवी–दूसरों से अपना भरण पोषण उत्पन्न करनेवाला पराश्रयी।

परजौटी–परजौट।

परतंत्र–पराधीन; जो स्वतंत्र न हो; आश्रित।

परतंत्रता–पराधीनता।

परत–तह; किसी तल के ऊपर की मोटाई का फैलाव; अलग अलग भाग जो मोड़ने से नीचे ऊपर हों।

परतना–वापिस आना।

परतल–बोझा लादने की काठी।

परतला–कपड़े, चमड़े आदि की चौड़ी पट्टी जो कन्धे पर से छाती और पीठ पर होती हुए तिरछी लटकाई जाती है।

परती–बिना जोती हुई भूमि।

परदा–आवरण; पर्दा; घूँघट।

परदादा–दादा का पिता।

परदानशीन–परदा करनेवाली स्त्री; घर पर रहनेवाली।

परदापोश–वह जो दूसरे के अवगुणों का छुपाव करे।

परदा-प्रथा–परदा। घूँघट की प्रथा।

परदेदार–आवरण करनेवाला; छुपा हुआ।

परदेदारी–घूँघट की प्रथा।

परदेश–विदेशी देश।

परदेशी–विदेश से संबंध रखनेवाला; विदेशी।

परनाना–नाना के पिता।

परनानी–नानी की माता।

परनाला–मोरी; गटर।

परपीड़न–दूसरों को कष्ट।

परपुरुष–पति के अलावा अन्य पुरुष।

परपोता–पोते का पुत्र।

परबाल–आँख को कष्ट देनेवाले बरौनी के अनावश्यक बाल।

परब्रह्म–सर्वोच्च; परमात्मा।

परम–निश्चित; परम; अंतिम; जो सबसे ऊँचा या उत्कृष्ट हो।

परमाणु–अणु।

परमात्मा–परब्रह्म; ईश्वर।

परमादेश–न्यायालय का आदेश।

परमाधिकार–विशेषाधिकार।

परमानंद–स्वर्गीय सुख।

परमार्थ–यथार्थ तत्त्व; मोक्ष; सार वस्तु।

परमार्थवाद–सार वस्तु का तत्त्वज्ञान।

परराष्ट्र–विदेश; परदेश।

परला–दूसरी ओर का; उधर का।

परलोक–परलोक; लोकान्तर; दूसरा लोक; स्वर्ग; वह लोक जिसमें मृत्यु को प्राप्त कर मनुष्य जाता है।

परवाना–लिखित आज्ञापत्र; हुक्मनामा; फरमान; आदेश पत्र; समर्पित प्रेमी।

परवाह–फ्रिक; चिन्ता; जतन।

परशु—पारस पत्थर; स्पर्शमणि।

परसना—भोजन परोसना।

परसर्ग—ने, को, से, में).

परसर्गीय परसों—आनेवाले कल से एक दिन आगे; बीते हुए कल से एक दिन पहले।

परस्त्री—अपनी पत्नी से अतिरिक्त अन्य स्त्री।

परस्त्रीगमन—व्यभिचार।

परस्त्रीगामी—व्यभिचारी; व्यभिचार करनेवाला।

परस्पर—आपस में।

परस्पर विरोधी—आपस में विवाद।

परस्परता—परस्पारिकता।

परहित—परोपकारिता; दया; उपकार; धर्मदान।

परहेज़—संयम; परिहार्यता।

परहेज़गार—वह जो स्वयं को हानिकारक वस्तुओं से दूर रखता है।

पराँठा—घी लगाकर तवे पर सेकी जाने. वाली एक प्रकार की भारतीय चपाती।

पराँदा—चोटी। कसने का फीता।

परा—दूर, आगे इत्यादि को दर्शानेवाला।

पराकाष्ठा—चरम सीमा; हद; शिरोबिन्दु।

पराक्रम—शक्ति; बल; सामर्थ्य; पुरुषार्थ।

पराक्रमी—बलवान; वीर; पुरुषार्थी।

पराग—वह रज जो फूलों के बीच में केशरों पर जमी रहती है।

पराग-केसर—पुष्पों में पंकेसर।

परागण—सेचन।

पराङ्मुख—किसी ओर तरफ देखना; विमुख; प्रतिकूल; विरुद्ध; विवृत्त; ध्यान न देनेवाला।

पराजय—हार; शिकस्त; परास्त; खदेड़।

पराजयवाद—हार का भाव।

पराजयवादी—हारनेवाला।

पराजित—हारा हुआ; जिसकी पराजय हो गयी हो।

पराजेय—हराने योग्य।

परात—धातु की थैली के आकार का बड़ा पात्र।

पराधीन—जो दूसरे के अधीन हो।

पराधीनता—पराधीन होने का दशा अथवा भाव।

परान्न—दूसरों से प्राप्त अन्न।

पराभव—पराजय; हारा हुआ; नष्ट; तिरस्कृत।

पराभूत—हारा हुआ; पराजित।

परामनोविज्ञान—विज्ञान की एक विशेष शाखा।

परामर्श—विचार; मशविरा; सलाह।

परायण—प्रवृत्त; तत्पर; लगा हुआ।

परायणता—परायण।

पराया—अन्य का; दूसरे का; जो अपना न हो।

परार्थ—दूसरे के निमित्त का; जिसका उद्देश्य स्वार्थप्रधान न हो।

परार्थवाद—परहितवाद।

परार्थवादी—परहितकारी।

परार्थी—दूसरों का हित करनेवाला व्यक्ति।

परि—एक संस्कृत उपसर्ग जो शब्दों के पहले लगकर उनमें ये अर्थ बढ़ाता है; बिल्कुल; लगभग; सघन; पूर्ण रूप से; सम्पूर्णता।

परिकथा—वृत्तान्त; कथा; गाथा।

परिकर–किसी की कमर नापना।

परिकर्म–बनावट।

परिकलन–हिसाब।

परिकल्पना–उपधारणा; प्रकल्पना; अनुमान (गणित)।

परिकल्पित–स्थिर किया हुआ; ठहराया हुआ; मन में सोचकर बनाया हुआ।

परिक्रमण–चारों ओर घूमना या चक्कर देना; परिक्रमा।

परिक्रमा–चारों ओर घूमना; चक्कर देना; किसी तीर्थ स्थान या देवमंदिर के चारों ओर घूमने के लिए बना हुआ मार्ग।

परिखा–खाई।

परिगणक–गणना का यंत्र।

परिगणन–गणना; गिनती।

परिगणित–जिसका परिगणन किया गया हो; गिना हुआ।

परिचय–जानना; पहचान; मुलाकात; किताब का शुरुआती हिस्सा; एक पुस्तक जो किसी के विषय में जरूरी तथ्य देती है।

परिचय-पत्र–परिचय करानेवाला पत्र; पहचान पत्र।

परिचर–रोगी की सेवा सुश्रुआ करने वाला; अनुचर।

परिचर्चा–वार्तालाप।

परिचर्या–सेवा; सुश्रुआ; रोगी की सेवा।

परिचायक–जान पहचान करानेवाला।

परिचार–परिचर्या; सेवा टहल करना।

परिचारक–रोगी की सेवा टहल से संबंधित।

परिचारिका–रोगी की सेवा करनेवाली; दासी; सेविका।

परिचालक–संचालक; गति देने वाला; चलाने वाला; हिलानेवाला।

परिचालन–गति देना; हिलाना डुलाना; कार्यक्रम चलाना; चलने के लिए प्रेरित करना।

परिचालित–परिचालन किया हुआ; चलाया हुआ।

परिचित–जिसका परिचय हो; जिससे पहचान हो।

परिच्छन्न–चारों तरफ से ढ़का हुआ।

परिच्छादन–ढ़कने का कार्य।

परिच्छादित–ढ़का हुआ।

परिच्छेद–पुस्तक का स्कन्ध; विभाजन।

परिजन–भृत्यवर्ग; सगे संबंधी।

परिणत–रूप बदला हुआ; रूपांतरित; प्रौढ; पुष्ट।

परिणति–अवनति; परिपाक; रूपांतर; प्रौढ़ता।

परिणय–विवाह; ब्याह।

परिणाम–नतीजा; फल; निष्कर्ष।

परिणामस्वरूप–नतीजे के कारण।

परिणामी–परिणामस्वरूप।

परिणीत–विवाहित; जिसका विवाह हो चुका हो।

परिणीता–विवाहित स्त्री।

परितः–चारों ओर से; पूर्ण रूप से।

परितप्त–तपा हुआ; अत्यन्त गर्म; क्लेश अनुभव करता हुआ; गरम।

परिताप–अत्यंत गर्मी; मानसिक क्लेश।

परितुष्ट–अच्छी तरह संतुष्ट; प्रसन्न।

परितुष्टि–संतुष्ट होने का भाव।

परितोष–संतोष; तृप्ति; प्रसन्नता।

परित्यक्त–पूरी तरह छोड़ा हुआ; त्यागा हुआ; हटाया हुआ; अस्वीकृत।

परित्यक्ता–त्यागी हुई स्त्री।

परित्यजन–छोड़ा जाना।

परित्याग–संबंध विच्छेद; अस्वीकार; त्यागने का भाव।

परित्याज्य–परित्याग करने योग्य।

परित्राण–खतरों तथा दुश्मनों से बचाव का कार्य; उद्धार मोचन; छुटकारा; बचाव।

परित्राता–बचानेवालाा; रक्षा करनेवाला।

परिदृश्य–स्वरूप; दृश्य; अवलोकन।

परिधान–पहिनने का वस्त्र; पोषाक; वेषभूषा; लबादा; कपड़ा।

परिधि–रेखागणित में वह रेखा जो वृत्त को बनाती है; घेरा; परिसीमा; परिमाप।

परिनिष्ठित–उत्तम; पूर्णतया निपुण।

परिपक्व–पका हुआ; पूर्ण विकसित।

परिपुष्ट–पूर्ण रूप से पुष्ट; जिसका पालन पोषण भली भाँति हुआ हो।

परिपूरक–संपूरक।

परिपूर्ण–भरपूर; भरा हुआ; लबालब भरा; अखण्ड; पूर्ण।

परिपूर्णता–भरपूरता; सम्पूर्णता।

परिपृच्छा–अंवेषण; खोज; जाँच; कौतुहल।

परिपोषण–भरण पोषण का कार्य।

परिप्रेक्ष्य–दृष्टिकोण; स्वरूप।

परिप्लावित–जलमग्न।

परिप्लुत–परिप्लावित।

परिभाषा–स्पष्ट या संशयरहित कथन; किसी शब्द का इस प्रकार अर्थ करना जिससे उसके अर्थ की विशेषता और व्याप्ति पूर्णरूप से निश्चित हो जाय; तकनीकि भाषा।

परिभाषित–जिसकी परिभाषा की गई हो; अच्छी तरह से व्याख्यान।

परिभाष्य–परिभाषित करने के योग्य।

परिभोग–उपभोग; सेवन।

परिभ्रमण–चक्कर खाना; इधर उधर घूमना।

परिमंडल–वर्तुलाकार; चन्द्रमा के चारों ओर की प्रभा; परिधि; घेरा।

परिमल–उत्तम गंध; सुगंध; मधुर गंध।

परिमा–परिधि; घेरा।

परिमाण–आकार; विस्तार; गणना

परिमाणवाचक–परिणाम संबंधी।

परिमाप–परिधि।

परिमार्जन–पूर्ण रूप से शुद्ध; शुद्धता।

परिमार्जित–धोया हुआ; माँजा हुआ; परिमार्जन किया हुआ।

परिमित–अल्प; थोड़ा; यथार्थ; परिणाम का।

परिमिति–सीमा; रोक; परिधि।

परियार साल–पिछले साल से पहलेवाला साल।

परियोजना–योजना; व्यवस्था; उपाय।

परिरंभण–आलिंगन; छाती से लगना; गले लगना।

परिरक्षण–सुरक्षा; अभिरक्षा; निगरानी।

परिरक्षित–सब प्रकार से रक्षित तथा सुरक्षित।

परिरूप–नक्शा; रूपरेखा; ख़ाका।

परिरेखा–परिसर; घेरा; परिधि।

परिवर्तन–दो वस्तुओं का परस्पर अदल बदल; हेर फेर; वह जो किसी वस्तु के बदले में लिया या दिया जाय।

परिवर्तनशील–निरन्तर बदलनेवाला।

परिवर्तनीय–बदलने योग्य; परिवर्तन के योग्य।

परिवर्तित–जिसका आकार या रूप बदल गया हो; बदला हुआ; जो बदले में मिला हो।

परिवर्ती–परिवर्तनशील; बार बार बदलने वाला; बार बार घूमनेवाला; बदलता रहनेवाला।

परिवर्धन–वृद्धि; विस्तार; फैलाव; विकास; उन्नति।

परिवर्धनीय–विकास योग्य।

परिवर्धित–जिसका विस्तार अथवा विकास हो चुका हो।

परिवहन–कोई वस्तु, सामान आदि एक स्थान से दूसरे स्थान तक उठाकर या ढोकर ले जाना; पहुँचाना; वाहन; सवारी।

परिवहनीय–परिवहन करने योग्य।

परिवाद–निन्दा; चुगली।

परिवादी–निन्दा करनेवाला; चुगली करनेवाला।

परिवार–कुटुम्ब; परिजन; समूह।

परिवार नियोजन–परिवार नियंत्रित करने की योजना; जन्मदर पर नियंत्रण।

परिवारवाला–कुटुम्ब में रहनेवाला।

परिवेश–आसपास की वस्तु; पास पड़ोस का वातावरण।

परिवेष्टन–घेराबंदी; लपेटना; ढाँपना।

परिव्यय–किसी वस्तु के उत्पादन, निर्माणादि में लगनेवाला रुपया या खर्च; लागत।

परिसंवाद–किसी विषय पर विचारार्थ सभा।

परिसज्जा–आखिरी सुधार; अंतिम रूप देना।

परिसमापन–पूरा करना; समाप्त करना।

परिसमाप्त–श्रम; क्लांति; प्रयास; उद्यम; व्यायाम।

परिसमाप्ति–पूर्ण समाप्ति।

परिसीमन–स्थान, क्षेत्र, प्रदेश आदि की सीमा स्थिर करना; सीमा निर्धारण करना।

परिसीमा–सीमा; प्रान्त; हद; सीमा निर्धारण रेखा।

परिसीमित–मर्यादित; सीमांकित।

परिस्तान–परियों का रहने का सुन्दर स्थान।

परिस्थिति–किसी घटना, कार्य आदि के आसपास या चारों ओर की वास्तविक या तर्कसंगत स्थिति या अवस्था; दशा; अवस्था; स्थिति।

परिस्थितिगत–परिस्थिति वश।

परिहार–त्याग; टालना; शमन; प्रायश्चित।

परिहार्य–जिसका परिहार किया जा सके।

परिहास–विनोद; क्रीड़ा; खेल; हँसी; दिल्लगी; ठट्ठा।

परिहास-प्रिय–जिंदादिल; उल्लासपूर्ण।

परिहासात्मक–आनन्दित; हास्य से भरपूर।

परी–अप्सरा; सुन्दर स्त्री; स्वप्न सुन्दरी।

परीक्षक–जाँचनेवाला।

परीक्षण–परीक्षा करने या लेने की क्रिया।
परीक्षा–इम्तहान; निरीक्षण; परख।
परिक्षार्थी–परीक्षा देनेवाला।
परीक्षित–जिसकी परीक्षा की गई हो।
परीक्ष्य–परीक्षा करने योग्य; जिसकी परीक्षा ली जाय।
परीलोक–परियों का निवास।
परुष–कठोर; कड़ा; कटु; दृढ़।
परुषता–कठोरता; रूक्षता।
परुषत्व–कठोरता।
परे–दूर; उस ओर; उधर; बाद।
परे; से–पीछे से।
परेई–फाख़्ता।
परेड–सैनिक कवायद।
परेता–सूत लपेटने के काम में आनेवाला एक प्रकार का जुलाहों का एक आला।
परेश–सबका स्वामी; ईश्वर; विष्णु; ब्रह्मा।
परेशान–सताया हुआ; हैरान; उलझा हुआ; उद्विग्न; व्याकुल।
परेशानी–व्याकुलता; झंझट; तकलीफ़; उलझन; उद्विग्नता।
परोक्ष–अप्रत्यक्ष; अनुपस्थिति; अदृष्टिगोचर।
परोपकार–दूसरे के हित का काम।
परोपकारिता–परिहितेच्छा; कृपा।
परोपकारी–हितैषी; शुभचिंतक; उदार।
परोपजीवी–दूसरों पर आश्रित रहकर जीवित रहनेवाला।
परोपदेश–सलाह; मशविरा; परामर्श; नसीहत।
परोसना–खाने के लिये किसी के समक्ष तरह तरह के पकवान रखना।
परोसा–एक मनुष्य के खाने भर का भोजन जो थाली या पत्तल पर रखकर कहीं भेजा या किसी को दिया जाता है।
पर्चा–प्रश्न पत्र; चौपन्ना।
पर्ची–कागज का छोटा टुकड़ा; औषध या डॉक्टर का नुस्खा।
पर्ण–पेड़ का पत्ता।
पर्णकुटी–पत्तों की बनी छाजनवाली कुटिया।
पर्दा–परदा।
पर्यंक–पलंग; शैय्या; बिस्तर।
पर्यटक–भ्रमण करनेवाला; देशविदेश में घूमने फिरनेवाला।
पर्यटन–चारों ओर घूमना फिरना।
पर्यटन स्थल–वह स्थान जहाँ घूमने फिरने के उद्देश्य से लोग जाते हों।
पर्यवलोचन–पूरे काम को आदि से अंत तक सरसरी तौर पर समझने, देखने या जाँचने की क्रिया या भाव।
पर्यवसान–अंत; समाप्ति; समापन।
पर्यवेक्षक–निरीक्षक; किसी कार्य की निगरानी करनेवाला।
पर्वत–पहाड़।
पर्वतपृष्ठ–पहाड़ की चोटी।
पर्वतमाला–पर्वत श्रृंखला।
पर्वतवासी–पहाड़ी निवास; पहाड़ी नस्ल का।
पर्वत विज्ञान–प्राकृतिक भूगोल विद्या का वह भाग जिसमें पर्वतों का वर्णन होता है।
पर्वतारोहण–पर्वतों पर चढ़ाई।
पर्वतारोही–पर्वत पर चढ़नेवाला।

पर्वतीय–पहाड़ों से पूर्ण।

पलंग–शैय्या; बिस्तर।

पलंग तोड़–आलसी; कामचोर (व्यक्ति)।

पलंगपोश–बिस्तर पर बिछेनवाला आवरण।

पलंगिया–छोटा बिस्तर।

पल–क्षण; उसी समय।

पलक–आँखों को ढकनेवाला चमड़े का वह परदा जिसके गिरने और उठने से आँख क्रम से बंद और खुलती है।

पलटन–समूह; समुदाय; पैदल सैनिकों वह विभाग जिसमें 200 सैनिक हों।

पलटना–उलटा हो जाना; बदलना; लौटाना; फेरना।

पलटा–मुड़ना; वापस आना; दुबारा गिरना; एक प्रकार की भारतीय रोटी।

पलड़ा–तराजू का पल्ला।

पलथी–बैठने का एक प्रकार।

पलना–पालना।

पलस्तर–दीवार आदि पर गारे अथवा सीमेंट का लेप।

पलायक–फरार; भगोड़ा; तिरना; भागने वाला।

पलायन–दूसरी जगह चले जाना।

पलायनवाद–भागने का कार्य।

पलायित–भागा हुआ।

पलाश–एक प्रकार का वृक्ष।

पलास–पलाश; एक प्रकार का औजार।

पली–तरल पदार्थ को नापने की कर्छी।

पलीता–जलानेवाला; बाती।

पलीद–अशुद्ध; अपवित्र; नापाक; खोटा।

पलेट–कपड़े की तह या चुनट।

पलेथन–आटे की गोल रोटी को आकार देने में प्रयोग किया जानेवाला सूखा आटा।

पल्लव–अंकुर निकलना; वेग से चलना।

पल्लवग्राही–किसी विषय का थोड़ा ज्ञान रखनेवाला।

पल्लवित–नये अंकुरों से भरपूर; विकसित; फलता फूलता।

पल्ला–कपड़े को छोर; दूरी; दुपलिया टोपा का आधा हिस्सा।; दरवाजे का एक हिस्सा।

पल्लू–सिर ढकनें में प्रयोग होनेवाला स्त्रियों के वस्त्र का किनारा।

पल्लेदार–अन्न ढोनेवाला कुली।

पल्लेदारी–अन्न तौलने का कार्य।

पवन–हवा; वायु; समीर; वात।

पवन चक्की–हवा के प्रभाव से चलने वाली चक्की।

पवन पुत्र–श्रीहनुमान।

पवन भट्ठी–हवाई भट्ठी।

पवर्ग–नागरी वर्णमाला के 'प' वर्ग के पाँच वर्ण : प, फ, ब, भ तथा म।

पवाड़ा–परेशानी; कष्ट; पीड़ा; खलबली; गड़बड़।

पवित्र–शुद्ध; निर्मल; आलौकिक; स्वच्छ।

पवित्रता–पवित्र होने का भाव।

पवित्रात्मा–धार्मिक व्यक्ति; धर्मात्मा; श्रद्धावान।

पवित्रीकरण–पवित्र अथवा शुद्ध करने का कार्य।

पवित्रीकृत–धार्मिक कार्य के लिए उत्सर्ग कर देना।

पशम–बहुत बढ़िया तथा कोमल ऊन जिसके दुशाले आदि बनते हैं।

पशमीना–एक प्रकार का उम्दा ऊनी कपड़ा; कश्मीर में बननेवाला एक प्रकार का बहुत मुलायम ऊन का कपड़ा।

पशु–जानवर; प्राणी; जीव; निर्दयी व्यक्ति; जंगली।

पशुचर–घास; चारा; चारागाह।

पशुचोर–पशुओं की चोरी करनेवाला।

पशु जगत–पशुओं का संसार।

पशुता–पशु का भाव; निर्दयता; क्रूरता; निष्ठुरता।

पशुत्व–पशुता।

पशुधन–पशुओं की भरमार।

पशुपति–पशुओं का भगवान; परमेश्वर; भगवान श्रीशिव।

पश्चात्ताप–खेद; प्रायश्चित; संताप; किए हुए अनुचित या बुरे काम से मन में होनेवाला खेद या ग्लानि; पछतावा।

पश्चार्ध–बचा हुआ हिस्सा।

पश्चिम–एक दिशा का नाम।

पश्चिमी–पश्चिम का।

पश्चिमोत्तर–पश्चिम और उत्तर के बीच का कोण।

पश्तो–प्राचीन आर्य भाषाओं में से एक अफगानी भाषा।

पश्यतोहर–स्वर्णकार; सुनार।

पसंद–अनुराग; चुनाव; चयन।

पसंदगी–पसंद।

पस–मवाद; फोड़े में भरा हुआ पीव।

पसरना–फैलना; बढ़ना; पूरी लम्बाई में फैलना।

पसली–नस।

पसार–पसरना विस्तार; फैलाव; अहाता; प्रांगण।

पसारना–फैलाना; प्रांगण।

पसिंजर–यात्री; यात्रियों की रेलगाड़ी।

पहचान–परिचय; जान पहिचान; परिचिति।

पहचानना–जानना।

पहनना–पहनने का ढंग; शरीर पर धारण करना।

पहनवाना–पहनाने का कार्य किसी दूसरे से कराना।

पहनाना–किसी के शरीर पर वस्त्र ढ़ापना।

पहनावा–पोशाक; लबादा; परिधान; वेष भूषा।

पहर–दिन का 1/8वाँ हिस्सा; तीन घंटे का समय।

पहरा–चौकसी; पहरेदारी; गश्त।

पहरेदार–संतरी; रक्षक; चौकीदार।

पहरेदारी–चौकीदार का कार्य।

पहल–पक्ष; पहलू।

पहल कदमी–प्रारम्भिक कदम।

पहलवान–कुश्ती लड़नेवाला; मज़बूत और कसरती आदमी।

पहलवानी–कुश्ती लड़ने का काम या पेशा।

पहला–आरंभ का; शुरू का।

पहलू–पक्ष; भाव; दिशा; किसी पदार्थ का बायाँ भाग।

पहले–आरंभ में; शुरू में।

पहले; के पहलेवाला–भूतपूर्व; पिछला।

पहले; से–इससे पहले।

पहलौटा–पहलौठा।

पहलौटी–प्रथम प्रसव।

पहाड़–पर्वत; गिरि; अत्यंत कठिन कार्य; किसी वस्तु का भारी ढेर।

पहाड़ा–किसी अंक के एक से लेकर दस तक के गुणनफलों की क्रमागत सूची।

पहाड़ी–छोटा पहाड़; पहाड़ के सदृश।

पहिया–चक्र; चक्का।

पहिला–पहला।

पहिले–पहले।

पहुँच–प्रवेश; पकड़; आगमन।

पहुँचना–घुसना; व्याप्त होना; समाना; मिलना; तुल्य होना।

पहुँचा–कलाई के ऊपर और कुहनी के नीचे का भाग।

पहुँचाना–किसी को विशेष स्थिति में ले जाना; घुसाना; तुल्य बनाना; प्रविष्ट करना; पहुँचने की क्रिया या भाव।

पहुँची–हाथ की कलाई पर पहिनने का एक आभूषण।

पहेली–समस्या; कठिन प्रश्न; कूट प्रश्न; उलझन; गूढ़ प्रश्न।

पांचजन्य–भगवान विष्णु का शंख।

पाँचवाँ–जो क्रम में पाँच के स्थान पर हो।

पाँचा–भूसा बटोरने का काम करने का एक बेंटदार आला जिसमें पाँच दाँते होते हैं।

पांचाल–भारत के उत्तर पश्चिम में स्थित एक राष्ट्र का प्राचीन नाम।

पांचाली–पांचाल द्रोपदी; पांडवों की पत्नी का नाम; पांचाल राष्ट्र की स्त्री।

पांडव–महाभारत में पांडू के पाँच पुत्र।

पांडित्य–अध्ययन से प्राप्त ज्ञान; विद्वता; बुद्धिमानी।

पाँव–पैर; कदम।

पाँवड़ा–लोई; कम्बल।

पाँवड़ी–चप्पल; जूते; सीढ़ी; दहलीज़।

पाँसा–पासा।

पाइट–बाँस आदि का बना हुआ वह ढाँचा जिस पर खड़े होकर राजगीर दीवार बनाते या पलस्तर करते हैं; मचान बनाने का सामान।

पाई–भारतीय सबसे कम मूल्य का सिक्का; रुपये का 1/192वाँ भाग; लम्बरूप आघात; पूर्णविराम।

पाक–शुद्ध; पवित्र; धार्मिक।

पाकदामन–पवित्र आचरणवाली (स्त्री)।

पाकशाला–रसोईघर।

पाकशास्त्र–भोजन पकाने का सिद्धान्त अथवा कला।

पाक साफ–शुद्ध तथा साफ; सच्चा (व्यक्ति)।

पाकिस्तान–भारत का पड़ोसी देश।

पाकेटमार–गिरहकट।

पाक्षिक–दो हफ्तों में होनेवाला; पखवाड़ा।

पाखंड–ढकोसला; ढोंग; कपट; छल।

पाखंडपूर्ण–छल तथा कपटता से परिपूर्ण।

पाखंडी–ढोंगी; धूर्त; कपटी।

पाख़ाना–शौच; कूप; ट्टटी; संडास; शौचघर; मल मूत्र आदि पदार्थ।

पाग—चाशनी में पकाई हुई औषध।
पागना—चाशनी में उबालना या लपेटना।
पागल—मूर्ख; बावला; नासमझ; उन्नमत्त; विक्षिप्त; हतबुद्धि।
पागलख़ाना—वह स्थान जहाँ पागलों को रखकर उनकी चिकित्सा की जाती है।
पागलपन—मूर्खता; बावलापन; नासमझी।
पागुर—जुगाली।
पाचक—पकाने या पचानेवाला।
पाचन—हाजमा।
पाचनीय—पचाने योग्य।
पाछ—चीरा; रस निकालने के लिये वृक्ष की डाल या तने पर बनाया हुआ चीरा।
पाछना—चीरना; छेदना।
पाजामा—भारतीय पतलून; पायजामा।
पाजी—दुष्ट; नीच; अधम; पापी; धूर्त; कपटी।
दुरात्मा; दुष्ट मनुष्य; बदमाश।
पाजीपन—कपटता; नीचता; दुष्टता; धूर्तता।
पाज़ेब—टखने में पहनने का आभूषण; पायजेब।
पाट—पटसन का पौधा; चौड़ाई (नदी की); सिंहासन; तख़्ता।
पाटन—कच्ची या पक्की छत।
पाटना—छत्त डालना; ढाँकना।
पाटमहिषी—पट्टमहिषी।
पाटल—गुलाब का फूल।
पाआ—लकड़ी का तख़्ता।
पाटी—चारपाई की लम्बी कड़ी।
पाटीगणित—अंक गणित।
पाठ—अध्याय; पढ़ाई; खंड; मूलग्रंथ; भाषान्तर।
पाठक—पढ़नेवाला; कथावाचक; कथा बाँचने वाला; ब्राह्मणों की एक उपजाति।
पाठकीय—वाचक।
पाठचर्या—पाठ्यक्रम।
पाठदोष—पाठ संबंधी विकार।
पाठभेद—रूपान्तर में अंतर।
पाठमान—पाठ्यक्रम।
पाठशाला—विद्यालय।
पाठशालीय—पाठशाला संबंधी।
पाठांतर—भिन्न प्रकार का पाठ।
पाठा—स्वस्थ; सही सलामत; तगड़ा; पुष्ट; हट्टा कट्टा।
पाठ्य—आसानी से पढ़ने योग्य; पढ़ने के लिए उपयुक्त।
पाठ्यक्रम—पाठ्य पुस्तकों की सूची।
पाड़—साड़ी अथवा धोती का किनारा; मचान बनाने का सामान अथवा लम्बाई; कुँए के मुहाने पर बना हुआ ढाँचा।
पाड़ा—मुहल्ला; टोला; खेत की सीमा रेखा; जवान नर भैंस।
पाड़ी—जवान मादा भैंस।
पाढ़ा—सफेद चित्तियुक्त हिरण।
पाणि—खुर; हाथ।
पाणिनि—भारत का प्रसिद्ध व्याकरण जानने वाला।
पाणिनीय—पाणिनी संबंधी।
पात—गिरना; नीचे आना; ढहना; ढेर; पत्ती।
पातक—अध; पाप; दुष्कृत।
पातकी—पाप करनेवाला; कुकर्मी; अपराधी; पापी।
पातगोभी—कमरकल्ला।

पातर–सूक्ष्म तथा पतला।

पाताल–विवर; गुफा; बिल; गड्डा; पुराणानुसार पृथ्वीतल के नीचे का सातवाँ लोक।

पाताल–लोक–निचला संसार।

पातिव्रत–पातिव्रत्य।

पातिव्रत्य–प्रति के प्रति स्त्री की पतिव्रता होने का धर्म।

पाती–पत्ता; पत्र; मान; प्रतिष्ठा।

पात्र–गुणों से सम्पन्न व्यक्ति।

पात्रता–पात्र। योग्यता; उपयुक्तता।

पात्र सूची--किसी नाटक के चरित्रों की सूची।

पात्री–पात्र।

पाथना–ठोंक पीटकर; सुडौल बनाना; गढ़ना; बढ़ाना; पीटना; ठोंकना; मारना।

पाथेय–वह धन जो यात्री मार्ग व्यय के लिये ले जाता है। राहखर्च।

पाद–चरण; पैर; पाँव; श्लोक का चौथा भाग; अंतड़ी से आनेवाली हवा।

पाद टिप्पणी–पृष्ठ के नीचे की टीका या टिप्पणी।

पादना–वायु को गुदा मार्ग से निकालना; गोज करना।

पादप–पेड़; वृक्ष।

पादपूरण–कविता के रिक्त स्थान की पूर्ति करने की क्रिया।

पादपूर्ति–पादपूरण।

पाद प्रक्षालन–पैरों की धुलाई।

पाद प्रहार–लात मारना।

पादरी–धर्म प्रचारक।

पादशाह–बादशाह; राजा; सम्राट।

पादशाही–राजा के सदृश अथवा संबंधित।

पादाक्रांत–पाँव से कुचला हुआ।

पादाघात–लात मारना।

पादुका–जूता; चप्पल।

पादोदक–वह जल जिससे किसी का पैर धोया गया हो।

पाधा–आचार्य; उपाध्याय; पंडित।

पान–पीना; घूँट घूँट करके गले के नीचे उतारना; पान का पत्ता।

पानगोष्ठी–शराबियों की मंडली।

पानदान–वह डिब्बा जिसमें पान; खैर; सुपारी; चुना आदि रखा जाता है।

पाना–प्राप्त करना; उत्पन्न करना; पास पहुँचना; खोजना; जानना।

पानी–जल; नीर; यश; सार; सत्व।

पानीदार–चमकदार; जीवटवाला; आबदार; माननीय; प्रतिष्ठित; आत्माभिमानी; साहसी।

पानीदेवा–तप्रण या पिण्डदान देनेवाला; अपने वंश या कुल का व्यक्ति; जलदाता; पुत्र; बेटा।

पायजामा–पाजामा।

पायताबा–अंदरूनी पेंदी।

पायदान–पैर साफ करनेवाला सामान।

पायदार–टिकाऊ; स्थायी सहारा।

पायदारी–टिकाऊपन।

पायल–पैर में पहनने का गहना।

पायस–खीर।

पाया–कुर्सी तथा चारपाई आदि के तल में खड़े बल लगा हुआ डंडा; स्तम्भ; आधार; सहारा।

पायी–पीनेवाला।

पारंगत–समर्थ; पूरा जानकार; कुशल; निपुण।

पारंपरिक–परम्परा पर आधारित।

पारंपरीण–परम्परागत।

पार–नदी का किनारा; छोर।

पारखी–गुण; ग्राहक; विशेषज्ञ; परखने वाला।

पारचा–टुकड़ा; धज्जी; कपड़ा; एक प्रकार का रेशमी कपड़ा।

पारण–पार करनेवाला; गुजरनेवाला।

पारण-पत्र–पार पत्र।

पारतंत्र्य–पराधीनता; परतंत्रता।

पारद–पारा।

पारदर्शक–जिसके भीतर से होकर प्रकाश की किरणें जा सकें; स्पष्ट; प्रत्यक्ष; स्पष्टवादी।

पारदर्शकता–प्रत्यक्षता; स्पष्टता।

पारदर्शी–जिसके आर पार दिखाई दे।

पारना–डालना; गिराना; रखना; पहिना; मिलाना; बुरी स्थिति होना; साँचे आदि में डालकर तैयार करना।

पारपत्र–समुद्र पार जाने का वह अनुज्ञा पत्र जिसमें यात्रियों की संरक्षाका भी अभिवचन सन्निविष्ट रहता है।

पारभासक–पारभासी।

पारभासकता–अद्र्ध पारदर्शिता।

पारमाण्विक–परमाणु संबंधी।

पारमार्थिक–परमार्थ संबंधी; वास्तविक।

पारलौकिक–परलोक संबंधी; परलोक में शुभ फल देनेवाला।

पारस–स्पर्शमणि; एक कल्पित पत्थर जिसके विषय में लोगों में ऐसी प्रसिद्धि है कि इसके स्पर्श या छूने से लोहा स्वर्ण बन जाता है।

पारसल–पोटली; गट्ठर।

पारसा–पवित्र; शुद्ध; धार्मिक।

पारसाई–पवित्रता; धार्मिकता।

पार-साल–पिछला वर्ष।

पारसी–पारस देश संबंधी; पारस देश का; पारस देश का रहनेवाला मनुष्य।

पारस्परिक–परस्पर का; आपस का।

पारस्परिकता–पारस्परिक आदान प्रदान; घनिष्ट परिचय।

पारा–चाँदी की तरह श्वेत चमकती हुई एक तरल धातु जिसका द्रव रूपी गरमी सर्दी से नहीं बदलता।

पारायण–सम्पूर्णता; समाप्ति; नियमित समय में किसी धर्म ग्रंथ का आदि से अन्त तक पाठ करना।

पारावार–सीमा; हद; पार; किनारा; महासागर।

पारिजात–पाँच देववृक्षों में से एक वृक्ष।

पारिणामिक–परिणामस्वरूप; परिणामी।

पारित–जो किसी संस्था; विधानसभा आदि से विधिपूर्वक स्वीकृत हो चुका हो।

पार्थ–अर्जुन।

पार्थक्य–अर्जुन; पृथक होने का भाव; अलगाव; संबंधविच्छेद; भेदभाव।

पार्थिव–मिट्टी का; स्थलज।

पालिका–पालन पोषण करनेवाली स्त्री।

पालित–जिसका निर्वाह किया गया हो।

पालिश–चमकाना।

पालिसी–नीति; कूटनीति; बीमा पद्धति।

पाली–बारी; अवसर; क्रिकेट में किसी ओर का एक बारी का खेल; एक इंडो आर्यन भाषा जिसमें अधितर बुद्ध के धार्मिक ग्रंथ लिखे गये हैं।

पाव–एक सेर का चौथाई भाग; चतुर्थ भाग; चौथाई अंश; छटाँक का परिमाण।

पावक–आग; अग्नि।

पावती–रसीद प्राप्ति सूचना।

पावती सहित–प्राप्ति सूचना सहित।

पावदान–तारों, रेशों आदि का बना वह खंड, जिस पर पैर पोछे जाते हैं; पायदान; पाँव साफ करने का साधन।

पावन–धार्मिक; शुद्ध; पवित्र; आलौकिक।

पावनता–दातव्य।

पावनेदार–ऋणदाता।

पावर–सामर्थ्य; योग्यता; ऊर्जा।

पावरोटी–रोटी का ग्रास।

पावस–वर्षाकाल; बरसात।

पावा–कुर्सी अथवा पालने का पाँव।

पाश–पशु पक्षियों को फँसाने का फंदा; जाल रस्सी; डोरी; फन्दा; जाल।

पाशव–पाशविक।

पाशविक–पशुओं से संबंधित; पशुवत; निर्दयी।

पाशविकता–निर्दयता; क्रूरता; जंगलीपन।

पाशा–तुर्क देश के मुस्लिम सरदारों की उपाधि।

पाश्चात्य–पश्चिम को दर्शानेवाला; पश्चिमी।

पाश्चात्यीकरण–पाश्चात्य रंग में रंगा हुआ।

पाषंड–पाखंड।

पाषाण–शिला; पत्थर।

पाषाण काल–पत्थरों का काल।

पाषाण प्रतिमा–पत्थर से निर्मित मूर्ति।

पाषाण हृदय–पत्थर के समान हृदयवाला; निर्दयी; कठोर; निष्ठुर।

पासंग–तराजू के दोनों पालों के मध्य वजन का अंतर; इस अंतर को हटाने के लिए एक पाल पर रखा गया भार।

पास–करीब; निकट; समीप।

पास; के–निकट के; करीब के।

पासबान–चौकीदार; पहरेदार; संतरी।

पासबानी–पहरेदारी; चौकीदारी।

पासा–हाथी दाँत या हड्डी का बना हुआ छः पहलोंवाला छोटा टुकड़ा जिस पर बिंदियाँ बनी होती हैं।

पाहन–पाषाण; पत्थर।

पाहुना–अतिथि; दामाद।

पाहुनी–स्त्री अतिथि; समारोह।

पाहू–अतिथि; मेहमान।

पिंगल–छन्दशास्त्र।

पिंगल शास्त्र–छन्द विद्या।

पिंजना–पींजना।

पिंजर–कंकाल; अस्थिपंजर।

पिंजरा–जाल; बाँस अथवा लोहे इत्यादि की तीलियों का बना हुआ एक प्रकार का झावा जिसमें पालतू पक्षी या पशु रखे जाते हैं।

पिंजरापोल–गोशाला; पशुशाला; वह स्थान जहाँ पालतू चौपाये रखे जाते हैं।

पिंड–देह; शरीर; काया; गुमड़ा; गोला; पृथ्वी का गोलाकार मॉडल।

पिंडज–वह जन्तु जो पिंड अर्थात् शावक के रूप में उत्पन्न हो; सजीव बच्चा देनेवाली।

पिंडदान–पितरों की आत्माओं को चावल की आहूति।

पिंडली–टाँग का पीछे की ओर का माँसल भाग।

पिंडा–पिंड।

पिंडाकार–वृत्ताकार; गोला।

पिंडिका–छोटी काया।

पिंडी–छोटा गोल गुमड़ा; धागे का गोल अण्टा।

पिघलना–द्रवीभूत होना; किसी गाढ़े पदार्थ का गरमी से गलकर पानी के समान हो जाना; पसीजना।

पिचकना–पेंदी में बैठना; उभरे हुए तल को नीचे की ओर दबाना।

पिचकारी–एक भारतीय नल जैसा यंत्र जिससे कोई तरल पदार्थ खींचकर वेग से फेंका जाता है।

पिचपिचा–चिपचिपा; लसलसा; पिलपिला; जलमय।

पिछड़ना–श्रेणी में आगे या बराबर न रहना; पीछे रह जाना।

पिछड़ा–पीछे; उल्टा; विकासशील।

पिछलग्गु–हाँ जी करनेवाला; गुलाम; अनुचर; सेवक; परिचर।

पिछला–पीछे की ओर का; अंत की ओर का; गत; बीता हुआ; पुराना; भूतकाल का; बाद का।

पिछवाड़ा–घर के पीछे का स्थान या भाग।

पिछाड़ी–पिछला भाग।

पिटंत–पीटने की क्रिया।

पिटक–टोकरी।

पिटना–आघात सहना; मार खाना; ठोंका जाना; आघात पाकर बजना।

पिटपिटाना–लाचार होकर रह जाना; असंतोष से बकना।

पिटवाना–किसी की पिटाई लगवाना।

पिटाई–मारना; मारने का कार्य करवाने के लिए दिया गया पारिश्रमिक।

पिटारा–सींक की बनी टोकरी जिसके ऊपर लकड़ी या धातु का आवरण रहता है।

पिटारी–छोटी टोकरी।

पिट्ठु–आँख मूँद अनुसरण करनेवाला; अनुचर; टहलुआ; गुलाम; दास; पराधीन मनुष्य।

पिट्ठूपन–अनुचर करने का भाव।

पिड़कना–नफरत अथवा नाराज़गी जाहिर करना।

पिड़की–छोटा फोड़ा।

पितर–पूर्व पुरुष; मरे हुए पुरखे जिनके नाम पर श्राद्ध और तप्रण किया जाता है।

पितराई–पितरायँध।

पितरायँध–पीतल के सम्पर्क के कारण तीखापन।

पितलाना–पीतल के सम्पर्क मे आने के कारण तीखा होना।

पितृपक्ष—आश्विन अश्विन मास का चन्द्रमास का अंधेरा पखवारा जब पितरों को आहुति दी जाती है।

पितृभक्त—पिता की तरफ समर्पित।

पितृलोक—पितरों की आत्माओं की दुनिया।

पितृहत्या—पिता की हत्या।

पित्त—शरीर के भीतर यकृत में बननेवाला एक तरल पदार्थ जो खाये हुए अन्न को पचाने में सहायता देता है।

पित्तज—पित्त के कारण होनेवाला।

पित्ता—पित्ताश्य; जिगर में वह थैली जिसमें पित्त रहता है।

पित्ताश्य—पित्त की थैली जो यकृत के नीचे की ओर होती है।

पित्ती—गरमी के दिनों में पसीना मरने से शरीर में निकलनेवाले महीन दाने; एक रोग जो पित्त की अधिकता अथवा रुधिर में अधिक गर्मी आ जाने से उत्पन्न होता है।

पित्तेमार—नीरस तथा कठिन श्रम; नीरस तथा मेहनती।

पित्र्य—पिता से संबंधित।

पिद्दी—बया की जाति की छोटी सुन्दर चिड़िया; फुदकी; अति तुच्छ प्राणी।

पिन—कागज़ आदि नत्थी करने के काम की लोहे, पीतल आदि की बारीक कील; आलपिन।

पिनक—अफ़ीम के नशे में आगे की ओर झुक पड़ने की क्रिया।

पिनकना—घबराना; अफ़ीम की खुराक लेने के कारण सुस्त अवस्था।

पिनकी—घबराहट; अफ़ीमची।

पिनपिनहाँ—पिनपिन करनेवाला अथवा निरन्तर रोनेवाला बच्चा।

पिनपिनाना—धीमे धीमे स्वर में रुक रुककर बच्चों का रोना।

पिनाक—भगवान श्रीशिव का धनुष जिसको श्रीरामचन्द्र ने जनकपुर में तोड़ा था।

पिनाकी—पिनाक। भगवान श्रीशिव; पिनाक में लगा तार।

पिन्नी—आटे या अन्य प्रकार के अन्न के चूर्ण में गुड़ या चीनी मिलाकर बनाई हुई मिठाई।

पिन्हाना—पहनाना।

पिपरमेंट—पुदीने की जाति का एक विदेशी पौधा जो प्राय: दवा के काम आता है।

पिपासा—तृष्णा; प्यास; लोभ; लालच; अधिक प्यास की व्याधि।

पिपासु—तृषित; प्यासा; उत्कट इच्छा रखनेवाला; लालची।

पिय—प्रेमी; प्यार करनेवाला; पति; स्वामी।

पियक्कड़—मतवाला; अधिक पीनेवाला।

पिया—प्रेमी; पति; स्वामी।

पिलाना—पीने का काम कराना; पीने को देना; भीतर करना; किसी छेद में डाल देना।

पिल्ला—कुत्ते का छोटा बच्चा।

पिशुन—चुगलखोर; मिथ्यारोपी।

पिशुनता—चुगलखोरी; मिथ्यारोपण।

पिष्ट—पीसा हुआ; चूर्ण किया हुआ।

पिष्टपेषण–पिसी हुई वस्तु को बार बार पीसना; बार बार किसी कार्य को दोहराना; दोहराव।

पिसनहारा–पिसाई करनेवाला।

पिसनहारी–पिसनहारा।

पिसना–पीसकर तैयार होना; पीसा जाना; चूर्ण किया जाना; अत्यधिक कार्य करना।

पिसवाना–पिसाई का कार्य किसी और से करवाना।

पिसाई–पीसने की क्रिया या भाव; पीसने का शुल्क या मजदूरी।

पिसान–आटा।

पिसाना–पिसवाना।

पिस्तई–पिस्ते के रंग का; हल्का हरा रंग।

पिस्ता–एक छोटा पेड़ जिसका फल अच्छे मेवों में गिना जाता है।

पिस्तौल–छोटी बंदूक; तमंचा।

पिस्सू–उड़नेवाला एक छोटा कीड़ा जो मच्छरों की तरह काटता और रक्त चूसता है।

पिहकना–मोर; कोयल; पपीहे आदि पक्षियों का बोलना।

पींग–पेंग।

पींजना–रूई धुनना।

पी–कोयल का सुरीला संगीत स्वर।

पीक–थूक; लार।

पीकदान–वह पात्र जिसमें थूका जाता है।

पीच–मॉड; प्रायः चावल की।

पीछा–पिछला भाग; पीछे पीछे चलकर किसी के साथ लगे रहना।

पीछे–आगे की विरुद्ध दिशा में या पीछे की ओर; कुछ दूर पर; अंत में; पीठ की ओर; निमित्त या कारण से; किसी की अनुपस्थिति का भाव।

पीछे; के–बाद में; बाद का।

पीटना–प्रहार करना; मारना; चोट मारना; आघात करना।

पीठ–पृष्ठ भाग; पिछला भाग। न्यायपीठ; कुर्सी।

पीठ-पीछे–किसी के पीछे।

पीठिका–चित्र के पीछे का दृश्य।

पीठी–एक छोटा कीड़ा जो मच्छरों की तरह काटता और रक्त चूसता है।

पीड़क–दुःखदायी। अत्याचारी; निर्दयी।

पीड़न–अत्याचार; दुराचार।

पीड़ा–वेदना; व्यथा; शारीरिक तथा मानसिक क्लेश; दुख।

पीड़ानाशक–पीड़ा हटानेवाली; पीड़ाहारी।

पीड़ाशामक–पीड़ा दूर करने वाला।

पीड़ाहारी–पीड़ा नाशक।

पीड़ित–दुखी; व्यथित; संतप्त; उत्पीड़ित; रोगी; क्लेशयुक्त।

पीढ़ा–लकड़ी की छोटी चौकी जैसा आसन जिस पर हिन्दू लोग भोजन करते समय बैठते हैं।

पीढ़ी–किसी वंश या कुल में किसी विशिष्ट पूर्वज से आरंभ करके उसके पूर्व या पश्चात् के पुरुषों का गणनाक्रम; समुदाय आदि किसी विशेष व्यक्ति अथवा प्राणी की सन्तति समुदाय; छोटी चौकी।

पीत–पीला रंग; पांडु (बीमारी के कारण)।

पीतता–पीलापन।

पीतत्व–पीलापन।

पीतल–जस्ते और ताँबे के संयोग से बनी हुई एक उपधातु।

पीतांबर–विष्णु; कृष्ण; पीला कपड़ा; रेशमी धोती जिसको पहिनकर लोग पूजा पाठ करते हैं।

पीतांबरधारी–पीला वस्त्र धारण करने वाला।

पीताश्म–पुखराज।

पीन–मोटा; माँसल; स्थूलकाय; हट्टा कट्टा; स्थूल शरीर का।

पीनक–अफ़ीम के नशे में बैठे बैठे ऊँघना; पिनकना।

पीनता–स्थूलता; मोटाई।

पीनस–नाक का एक रोग; फीनस; पालकी।

पीना–जल या जल के समान अन्य वस्तु का घूँट घूँट करके गले के नीचे उतारना; घूँटना; मद्य पीना; सोखना; चूसना; धूम्रपान करना।

पीना पिलाना–संसर्ग में पीने में रत होना।

पीप–पीब; घाव या फोड़े में भरा सफेद मवाद।

पीपल–बरगद की जाति का एक प्रसिद्ध वृक्ष जिसको हिन्दू लोग बहुत पवित्र मानते है तथा इससे औषधि भी बनती है।

पीपा–ढोल के आकार का लोहे का काठ का बड़ा पात्र जो तेल आदि रखने के काम में लाया जाता है।

पीब–पीप।

पीयूष–अमृत; सुधा।

पीर–बूढ़ा आदमी; बुजुर्ग। मुसलमानों के धर्मगुरु। पीड़ा।

पीरी–बुढ़ापा।

पीला–एक प्रकार का हल्दीया सोने के सदृश रंग।

पीलापन–पीला होने का भाव।

पीलिया–कामला रोग जिसमें मनुष्य का सम्पूर्ण शरीर और आँख पीली पड़ जाती है।

पीली चिट्ठी–अच्छे शगुन की पत्री।

पीली मिट्टी–एक प्रकार की मिट्टी।

पीलू–भारतीय शास्त्रीय संगीत का एक कर्णप्रिय संगीत।

पीसना–रगड़कर बुकनी बनाना; किसी वस्तु का जल के योग से रगड़कर महीन करना।

पीहर–विवाहित स्त्रियों के माता पिता का घर; मायका।

पुंकेसर–नर केसर।

पुंगव–सर्वश्रेष्ठ; सर्वोत्तम; प्रतिभा सम्पन्न।

पुंगीफल–पान का पत्ता।

पुंज–समूह; ढेर; अंबार।

पुंजातीय–पुल्लिंग।

पुंजित–ढेर लगा हुआ; अंबार लगा हुआ; इकट्ठा किया हुआ।

पुंजीभूत–इकट्ठा किया हुआ।

पुंडरीक–कमल (सफेद)।

पुंलिंग–पुरुष का चिह्न; शिशन; मर्दाना।

पुंश्चली–व्यभिचारिणी; असती; कुलटा; छिनाल।

पुंसत्व–पौरुष।

पुआ–चाशनी में पागी हुई आटे की घी में तली हुई पूरी या टिकिया।

पुआल–चावल के पौधे का सुखा हुआ तना; तृण।

पुकार–बुलाना।

पुकारना–किसी का नाम लेकर बुलाने की क्रिया या भाव।

पुखराज–पीले रंग का एक रत्न।

पुख़्ता–सख़्त; तगड़ा; मज़बूत; टिकाऊ; ईंटों से बना हुआ।

पुगना–पुरा करना; खत्म करना।

पुगाना–पूरा करवाना।

पुचकार–चुमकर; वह चूमने का सा शब्द जिसे किसी के प्रति लाड़ प्रकट करने के लिए ओठों से उत्पन्न करते हैं।

पुचकारी–पुचकार।

पुचारना–पोतना; साफ करना।

पुचारा–किसी वस्तु पर गीला कपड़ा फेरने की क्रिया।

पुच्छ–पूँछ; पिछाड़ी; किसी वस्तु का पिछला भाग।

पुच्छल–पूँछवाला; जिसकी पूँछ हो।

पुच्छलतारा–पूँछवाला तारा।

पुछना–साफ करना; सूखाना; पोंछा जाना।

पुटाश–सज्जीदार।

पुटी–कटोरा; छोटा दोना।

पुटीन–किवाड़ों तथा खिड़कियों आदि में शीशे जड़ने और लकड़ी की चीज़ों के छेद आदि भरने के लिए तीसी के तेल और खड़िया मिट्टी से तैयार किया जानेवाला एक प्रकार का मसाला।

पुट्ठा–चूतड़ के ऊपर का माँसल भाग।

पुड़ा–पुड़िया।

पुड़िया–छोटे कागज का बंडल।

पुण्य–अच्छे कार्य का पवित्र पुरस्कार; पवित्रता; श्रेष्ठता।

पुण्यकर्म–धार्मिक कार्य।

पुण्यकाल–मंगल समय।

पुण्यक्षेत्र–धार्मिक स्थान।

पुण्यतिथि–बरसी।

पुण्यफल–अच्छे कार्य करने के बदले मिलने वाला फल।

पुण्यस्मृति–किसी धार्मिक व्यक्ति की पुण्य स्मृति।

पुण्यात्मा–धर्मात्मा।

पुण्यार्थ–धर्मार्थ; अनुकंपारत।

पुतला–लकड़ी, धातु, कपड़े आदि की बनी हुई पुरुष की प्रतिमा जो विशेषकर खिलौने के काम आती है।

पुतली–गुड़िया; आँख के बीच का काल भाग।

पुतली-घर–बुनाई कारखाना।

पुताई–सफेदी का कार्य; इस कार्य के बदले मिलनेवाला पारिश्रमिक।

पुत्र–लड़का; बेटा।

पुत्रत्व–पुत्र का धर्म अथवा कर्त्तव्य।

पुत्र-पौत्र–बेटे और पोते।

पुत्रप्रसू–पुत्र पैदा करनेवाली स्त्री।

पुत्रलाभ–पुत्र की उत्पत्ति।

पुत्रवत; पुत्रवत्–पुत्र के समान।

पुत्रवती–पुत्र का वरदान।

पुत्रवधू–पुत्र की पत्नी।

पुत्री–बेटी; कन्या; लड़की।

पुत्रीय–पुत्र के सदृश अथवा उससे संबंधित।

पुत्रेष्टि यज्ञ–यज्ञ पुत्र प्राप्ति के लिए किया गया यज्ञ अथवा हवन।

पुदीना–एक प्रसिद्ध छोटा पौधा जिसकी पत्तियाँ अच्छी गंधवाली होती हैं और चटनी पीसकर खायी जाती है।

पुनः–दुबारा; फिर से।

पुनना–भला बुरा कहना; गाली गलौच करना।

पुनरपि–फिर से; दुबारा; बार बार; बारम्बार।

पुनरवलोकन–दोहराव।

पुनरागत–दोबारा आया हुआ।

पुनरागमन–फिर से आना; लौटना।

पुनराधन–सामंजस्य; संतोष।

पुनरावर्ती–फिर से आनेवाला।

पुनरावलोकन–दोहराव; फिर से देखना।

पुरनावृति–दुहराव; फिर से याद करना।

पुरनीक्षण–दुहराना।

पुनरीक्षित–संशोधन या सुधार की दृष्टि से जो फिर से देख लिया गया हो।

पुनरुक्त–फिर से कहा हुआ।

पुनरुक्ति–कहे हुए वचन को दोहरना।

पुनरुत्तर–प्रतिवादी का उत्तर।

पुनरुत्थान–कला और साहित्य का पुनर्जन्म या नये रूप से होनेवाली उन्नति।

पुनश्चर्या–नवीन पाठ्यक्रम।

पुनि–दुबारा; फिर से।

पुनीत–धार्मिक; पवित्र; शुद्ध।

पुनीतता–धार्मिकता; पवित्रता; शुद्धता।

पुरंदर–भगवान इन्द्र; देवताओं का राजा।

पुर–नगर; शहर।

पुरखा–पूर्वज; बड़ा बूढ़ा।

पुरजन–शहर का निवासी।

पुरज़ा–कागज का टुकड़ा; औषध या डॉक्टर का नुस्खा; मशीन का हिस्सा।

पुरज़ी–छोटी कागज की पर्ची।

पुरना–पूरा किया हुआ; काता हुआ।

पुरनारी–वैश्या।

पुरनिया–बूढ़ा व्यक्ति।

पुरबिया–पूर्व से संबंधित। पूर्व का निवासी।

पुरवइया–पुरवाई।

पुरवट–खेत सींचने के लिये कुएँ से पानी खींचने का चमड़े का बड़ा डोल।

पुरवा–छोटा गाँव; छोटा मिट्टी का बर्तन।

पुरवाई–पूर्व की ओर बहनेवाली वायु।

पुरवासी–नगर में रहनेवाला।

पुरवैया–पुरवाई।

पुरश्चरण–कुछ धार्मिक कृत्यों का निरीक्षण करना; धार्मिक यथार्थ के लिए त्याग।

पुरसा–ऊँचाई या गहराई की एक माप।

पुरस्कार–इनाम; प्रतिफल; उपहार।

पुरस्कृत–जिसे पुरस्कार दिया गया हो।

पुरा–छोटा गाँव।

पुराकाल–प्राचीन समय।

पुराकालीन–पुराना; प्राचीन।

पुराण–पुरातन; प्राचीन।

पुराण कथा–पौराणिक गाथा।

पुरातत्त्व–प्राचीन वस्तुओं की विद्या।

पुरातत्त्वज्ञ–प्राचीन वस्तुओं की खोज करनेवाला।

पुरातन–प्राचीन; बहुत पुराना; प्राचीन समय से संबंधित।

पुरातनपंथी–परिवर्तन का विरोधी।

पुराना–पुराना; भूषाचार; दक्ष; अनुभवी; पहन कर छोड़ा हुआ; जीर्ण; दीर्घकालिक।

पुरी–शहर; नगर।

पुरीष–विष्ठा; मल।

पुरोहित–हिन्दु पुजारी; उपासक।

पुर्तगाल–एक राष्ट्र का नाम।

पुल–सेतु।

पुलक–खुशी अथवा डर का कँपन।

पुलकना–कँपित होना।

पुलकावली–हर्षोन्माद के कारण बालों का सिरे से खड़े होना।

पुलकित–हर्षातिरेक के कारण काँपना।

पुलपुला–पिलपिला।

पुलाव–चावल पकाकर बना हुआ एक प्रकार का व्यंजन।

पुलिंदा–लपेटे हुए कागज़ का बंडल।

पुलिन–तट; किनारा (नदी का)।

पुलिया–छोटा पुल।

पुली–गरारी; चरखी।

पुश्त–पीठ; पिछला हिस्सा; पीढ़ी।

पुश्ता–किसी दीवार की मजबूती के लिए उससे सटाकर बनवाया जानेवाला मिट्टी, पत्थर आदि का धुस्स।

पुश्ताबंदी–पुश्ता द्वारा बंद।

पुश्तैनी–वंशानुगत; पैतृक।

पुष्कर–पोखरा; तलाब; कमल; अजमेर में स्थित एक प्रवित्र तालाब जहाँ भगवान ब्रह्मा का एकमात्र मंदिर 'स्थित है।

पुष्करिणी–छोटा पोखर; सरोवर।

पुष्ट–पालन पोषण किया हुआ; बलवान पुष्ट।

पुष्टई–बलवीर्य को पुष्ट करनेवाली औषधि।

पुष्टता–ताकत; बल; प्रमाणीकरण।

पुष्टि–प्रमाणीकरण; दृढ़ता; पुष्ट होने का भाव।

पुष्टिकर–पौष्टिक।

पुष्टिकरण–पुष्टि करने का कार्य।

पुष्प–फूल; पादप; कुसुम।

पुष्पक–छोटा फूल; विमान।

पुष्पदंड–फुल का तना।

पुष्पधन्वा–कामदेव; सुन्दर बालक।

पुष्परज–पुष्पों में पुंकेसर।

पुष्पवर्षा–फूलों की वर्षा।

पुष्पवाटिका–फूलों का उद्यान।

पुष्पवृष्टि–पुष्पवर्षा।

पुष्पशैया–फूलों का बिस्तर।

पुष्पांजलि–पुष्प चढ़ाकर दी गयी श्रद्धांजली।

पुष्पायुध–कामदेव; सुन्दर बालक।

पुष्पिका–पुस्तक या ग्रंथ के अंत में उसके बारे में संक्षिप्त जानकारी।

पुष्पित–फूलों से सुसज्जित।

पुष्पोद्यान–फूलों का उद्यान।

पुस पुस्त–पुस्तक; किताब।

पुस्तक–पुस्तक; किताब।

पुस्तक विक्रेता–पुस्तक बेचनेवाला।

पुस्तिका–छोटे आकार की पुस्तक।

पूँछ–किसी वस्तु के पीछे का भाग।

पूँजी–धन; भण्डार।

पूँजीपति–जिसके पास अत्यधिक पूँजी हो।

पूँजीवाद–पूँजी संबंधित।

पूँजीवादी–व्यवसाय में पूँजी लगानेवाला।

पूआ–पावरोटी जैसा एक मिष्ठान।

पूगना–पूरा होना।

पूछ–जाँच पड़ताल; सम्मान; आदर।

पूछगीछ–पूछताछ।

पूछताछ–जाँच पड़ताल; प्रश्न।

पूछना–किसी बात को जानने के लिये प्रश्न करना; पता लगाना; आदर करना।

पूछा-ताछी–पूछ ताछ।

पूजक–पूजा करनेवाला; उपासक।

पूजन–पूजने की क्रिया; अर्चन; सत्कार; भक्ति।

पूजनविधि–पूजा का प्रकार; पूजा की विधि।

पूजना–पत्र, पुष्प, गंध, फल, जल आदि समर्पित करके ईश्वर या किसी विशिष्ट देवता का ध्यान।

पूजनीय–आदरणीय; धार्मिक रीति से पवित्र किया हुआ।

पूजा–पत्र, पुष्प, गंध आदि से समप्रण के साथ ईश्वर या विशिष्ट देवता का ध्यान।

पूजित–जिसकी पूजा की गयी हो।

पूजोपचार–पूजा के लिये आवश्यक पूर्व तैयारी।

पूजोपहार–ईश्वर को दी गयी भेंट।

पूज्य–पूजा के योग्य; सत्कार के योग्य।

पूज्यपाद–आदरणीय।

पूज्यमान; पूज्यमान्–आदरणीय; सम्मानीय।

पूज्यवर–आदर के योग्य; प्रतिष्ठित।

पूड़ी–पूरी।

पूत–पवित्र; सच्चा; रक्त को विषैला करनेवाला पदार्थ; दूषित।

पूति–दुर्गन्धयुक्त; अपवित्रता।

पूतिक–जो अपवित्र हो।

पूनी–ऊन का गोला।

पूय–मवाद; पीब।

पूर–किसी पकवान के भीतर भरा जानेवाला मसाला; पर्याप्ति; किस्त।

पूरक–प्रशंसनीय; परिशिष्ट।

पूरण–परिपूर्ण करने की क्रिया।

पूरणीय–पूर्ण करने या सुधारने योग्य।

पूरना–किनारे तक भरना।

पूरब–पूर्व दिशा।

पूरबीय–पूर्वी।

पूरा–पूर्ण; अखंड; सम्पूर्ण; समग्र; सर्वस्व; समूचा; नितांत; सकल; निरा।

पूरित–भरा हुआ।

पूरी–एक प्रकार का भारतीय खाद्य पदार्थ जो आटे को साधारण रोटी की तरह बेलकर घी में छान लिया जाता है।

पूर्ण–सम्पूर्ण; अखंड; समूचा; पूरा।

पूर्णकाम–इच्छापूर्ति।

पूर्णकालिक–समूचा समय।

पूर्णचन्द्र–पूर्ण चाँद।

पूर्णतः–पूर्णरूप से; सर्वथा; सम्पूर्ण।

पूर्णतया–पूर्णतः।

पूर्णता–सम्पूर्ण; समाप्ति।

पूर्णमासी–पूर्णिमा।

पूर्णयोग–जोड़।

पूर्णविराम–(।)

पूर्णांक–अधिकतम अंक; सम्पूर्ण अंक; पूर्ण संख्या।

पूर्णायु–परिपक्व उम्र।

पूर्णावतार–पूर्ण अवतार।

पूर्णाहुति–किसी यज्ञ अथवा योजना का अंतिम सुधार; अग्निकांड।

पूर्णिमा–पूर्ण चन्द्र।

पूर्णेंदु–पूर्ण चन्द्र।

पूर्ति–संभरण; परिपूर्णता; पूर्तिकरण।

पूर्व–पहले का; पिछला; बीता हुआ।

पूर्वकथित–पहले कहा हुआ; उपरोक्त।

पूर्वकल्पना–पूर्वधारणा।

पूर्वकल्पित–पूर्व कल्पना किया हुआ।

पूर्वकालिक–बीते हुए समय से संबंधित।

पूर्वकालीन–बीते हुए समय का।

पूर्वकृत–पहले से किया हुआ।

पूर्वगत–जो पूर्व में हो चुका है; पूर्वकालिक।

पूर्वगामी–पूर्व में जानेवाला।

पूला–मूँज आदि का बँधा हुआ गट्ठा।

पूली–पूला। छोटा पूला।

पूस–हिन्दी पंचाग का दसवाँ महीना।

पृथक्–अलग; जुदा; भिन्न।

पृथक्करण–अलग करने का कार्य; अलगाव।

पृथक्ता–विलग्नता; पार्थक्य।

पृथक्तावाद–अलग होने का भाव।

पृथक्तावादी–अलगाव वादी।

पृथग्वासन–उदासीनता।

पृथु–विस्तीर्ण; चौड़ा; विशाल; महान।

पृथ्वी–सौरमंडल का वह प्रसिद्ध ग्रह जिस पर मृत्युलोक की स्थिति है।

पृष्ट–पूछा हुआ; सींचा हुआ।

पृष्ठ–पन्ना; पीछा; पीठ; बाहरी आवरण।

पृष्ठपोषक–सहारा देनेवाला; कृपा करनेवाला।

पृष्ठभाग–पिछला भाग।

पृष्ठभूमि–चित्र के पीछे का दृश्य।

पृष्ठांकन–पृष्ठलेखन; पृष्ठ पर अंकित करना।

पृष्ठांकित–पृष्ठ पर अंकित किया हुआ।

पृष्ठास्थि–रीढ़; मेरूदंड।

पेंग–झूलने के समय झूले या हिंडोले का आगे पीछे जाना।

पेंडुकी–फाख़्ता।

पेंदा–तला; आधार।

पेंशन–वह मासिक या वार्षिक वृत्ति जो किसी व्यक्ति या उसके उत्तराधिकारियों को उसकी पूर्व सेवाओं के पुरस्कार के रूप में नियोक्ता या स्वामी की ओर से मिलती है।

पेंस–अंग्रेजी सिक्का।

पेउस–प्रसव के तुरन्त बाद के दिनों में गाय द्वारा दिया गया दूध।

पेखना–देखना।

पेच–पेंच; लपेट; चक्कर; उलझन; समस्या।

पेचक–रस्सी का फंदा।

पेचकस–एक प्रकार का औजार।

पेचदार–मुड़ा; तुड़ा; जटिल; चालबाज।

पेचवान–एक प्रकार का हुक्का।

पेचिश–मल में आँव गिरने का उदर रोग।

पेचीदगी–जटिलता; गहनता; दूरूहता।

पेचीदा–जटिल; गहन; दुरूह।

पेचीदापन–गहनता; जटिलता; समस्या।
पेचीला–पेचीदा।
पेचीलापन–पेचीदापन।
पेट–उदर; पचौनी और जाँघ के बीच का स्थान।
पेटा–किसी वस्तु का मुख्य भाग; बीच का भरा जानेवाला हिस्सा; किसी खाते का विवरण; विस्तृत व्याख्या।
पेटिका–पेटी।
पेटी–छोटा संदूक; कमरबंद; करधनी; धातु से बना बक्सा।
पेटीकोट–लहँगा; घाघरा।
पेटू–खाने का लालची; भोज प्रेमी व्यक्ति; भुक्खड़; लोलुप।
पेटूपन–भुक्खड़ता; लोलुपता।
पेठा–एक प्रकार की लौकी तथा इससे तैयार मिष्ठान।
पेड़–वृक्ष।
पेड़ा–आटे की लोई।
पेडू–वस्ति प्रदेश; गर्भाशय।
पेनी–अंग्रेजी सिक्का।
पेमेंट–भुगतान; अदायगी।
पेय–पीने की वस्तु। पीना; पेय पदार्थ।
पेरना–किसी घूमनेवाले पदार्थ या यंत्र के द्वारा किसी वस्तु (गन्ना, तेल के बीज इत्यादि) पर ऐसा दबाव पहुँचाना कि उसका रस निचुड़ जाय; कस के दबाना; यंत्रणा देना; शोषण करना; तंग करना; सताना।
पेराई–पेरना का कार्य अथवा इस कार्य के बदले मिलनेवाला पारिश्रमिक।
पेलना–घुसाने के लिए कठिन परिश्रम।
पेवस–पेउस।
पेश–प्रस्तुत; आगे करना; सामने रखना।
पेशकार–वाचक; न्यायालय का लेखाकार।
पेशकारी–पेशकार। पेशकार का काम या पद।
पेशगी–किसी वस्तु के मूल्य या किसी कार्य के पारिश्रमिक का वह अंश जो करनेवाले को उसके पूरा होने के पहले ही दे दिया जाता है।
पेशतर; से–पहले।
पेशबंद–चमड़े की पेटी।
पेशबंदी–पूर्व व्यवस्थित; पूर्वज्ञान।
पेशराज–राजगीर; राजमिस्त्री।
पेश्वाई–स्वागत।
पेशा–व्यवसाय; व्यापार; रोज़गार; आजीविका।
पेशानी–मस्तक; ललाट।
पेशाब–मूत्र; मूत।
पेशाबख़ाना–मूत्र विसर्जन करने का स्थान।
पेशाब-घर–मूत्र विसर्जन करने का स्थान।
पेशी–सुनवाई (मुकदमे की); प्रस्तुति; माँसपेशी।
पेशेवर–व्यवसायिक।
पेषण–महीन करना; पीसना; चक्की में पीसना।
पेस्ट–लेई; लेप।
पैंजनी–पैर में पहनने का एक गहना जो चलने पर झन झन शब्द करता है।
पैंट–पतलून।

पैंठ—बाजार; हाट; दुकान।
पैंतरा—युक्ति; कुशलता; उपाय; सामरिक चाल।
पैंतरेबाज—चाल चलनेवाला।
पैंतरेबाजी—चालबाजी; व्यूहरचना।
पैंया—पैर।
पै—बाद; ऊपर; अभी तक; परन्तु; यकीनन।
पैकिंग—बाँधना; बंडल बनाना।
पैकेट—छोटी गठरी या बंडल।
पैग़ंबर—सिद्ध; दैवी दूत।
पैग़ंबरी—पैग़ंबर होने का भाव।
पैग़ाम—संदेश; समाचार।
पैजामा—पाजामा।
पैजार—जूता; चप्पल।
पैठ—प्रवेश; पहुँचना; परिज्ञान।
पैठना—घुसाना; डुबाना।
पैड—कागज़ का लिखने का बंडल।
पैड़ी—सीढ़ी; झीना।
पैताना—खटिया का निचला हिस्सा।
पैतृक—पितृ संबंधी; जनकता।
पैतृक संपत्ति—पिता से संबंधित संपत्ति।
पैत्तिक—पैत्रिक।
पैदल—चहलकदमी; पाँव पाँव चलना; पैदल चलनेवाला; पैदल सवार सिपाही।
पैदा—जन्मा; निर्माण; बढ़ाना; उपजाना; उपार्जित।
पैदाइश—उत्पत्ति।
पैदाइशी—जन्मजात; सहज; कुदरती।
पैदावार—उत्पन्न; उपज; उत्पादन।
पैना—नुकीला; धारदार।
पैबंद—फाहा; चप्पा।
पैमाइश—नाप; सर्वेक्षण।
पैमाना—मापनी; वह साधन जिससे कोई वस्तु मापी जाय।
पैयाँ—पैर पैर पर।
पैर—पैयाँ; चरण।
पैरना—तैरना।
पैरवी—मुकदमे की देखरेख।
पैरवीकार—अनुसरण करनेवाला; दूसरे के लिए पैरवी करनेवाला।
पैरोल—कैद की अवधि से पूर्व कैदी की रिहाई।
पैशाच—दुष्ट; क्रूर; बहुत बुरा।
पैशाचिक—राक्षसी; शैतान जैसा।
पैशाचिकता—दुष्टता; निर्दयता; क्रूरता।
पैशाची—पिशाच ग्रस्त; भूतविष्ट।
पैशून्य—चुगली करना; मिथ्यारोपण।
पैसा—धातु का वह सिक्का जो प्राचीन समय में आने के चौथे और रुपये के चौसठवें भाग के बराबर होता था पर वर्तमान समय में रुपये का शतांश होता है; धन।
पों—एक प्रकार की बड़ी तुरही; तुरही फूकनें पर निकलनेवाली ध्वनि।
पोंकना—दस्त से पीड़ित होना।
पोंगा—मंदबुद्धि; मूर्ख; बुद्धु; नासमझ।
पोंगापंथी—पागलपन; मूर्खता; जड़ता।
पोंछन—किसी वस्तु को पोंछकर निकाला हुआ अंश; साफ करने का कपड़ा।
पोंछना—रगड़कर स्वच्छ करना। साफ करने का कपड़ा।
पोआ—साँप का छोटा बच्चा।
पोखरा—तालाब; सरोवर; जलाश्य।

पोखरी–छोटा तालाब या पानी का गड्ढा।
पोगंड–पाँच से दस वर्ष की अवस्था का बालक।
पोच–कमजोर; कायर; डरपोक।
पोचपन–नीचता; कमीनापन; कमजोरी; कायरता।
पोट–पोटली
पोटली–गठरी।
पोटा–क्षमता; सक्षमता।
पोटाश–सज्जी।
पोत–जहाज़; जानवर का बच्चा।
पोतघाट–स्तंभ।
पोतड़ा–महीन छोटा तौलिया।
पोतध्वंस–जहाज़ का टूटकर नष्ट होना।
पोतध्वंसक–जलयान तोड़नेवाली मिसाइल।
पोतध्वज–पताका।
पोतना–लेपना; छापना; सफेदी करना।
पोतभार–नौभार माल।
पोता–बेटे का पुत्र; अण्डकोष।
पोताई–पुताई का कार्य; उसकी गुणवत्ता आदि तथा इस कार्य करने के बदले मिलनेवाला पारिश्रमिक।
पोती–बेटे की बेटी।
पोथा–कागज़ो की गड्डी।
पोथी–किताब; विशेष से से धार्मिक पुस्तक।
पोदीना–पुदीना।
पोप–ईसाइयों के रोमन कैथोलिक सम्प्रदाय का प्रधान धर्माचार्य।
पोपला–सिकुड़ा हुआ।
पोर–उँगली की गाँठ; ग्रंथि; दो जोड़ के बीच का ग्रंथ।
पोल–शून्यता; खोखलापन; कमजोरी; रहस्य।
पोला–जो भीतर से भरा न हो; खोखला।
पोशाक–वर्दी; लिबास; पहनावा।
पोशाकी–वर्दी के बदले दिया गया भत्ता।
पोशादगी–छिपाव; गोपनियता; एकान्तता; रहस्य।
पोशीदा–गुप्त; छिपा हुआ।
पोषक–पौष्टिक; पुष्टिकर।
पोषण–पुष्टि; पालन संबंधी; पोसने की क्रिया; पालन; बढ़ाने की क्रिया।
पोषनीय–प्रतिपादित।
पोषित–निर्माण; सहारा।
पोष्य–पालने योग्य; पोसने योग्य।
पोस–पोसने की क्रिया या भाव।
पोसना–आहार आदि देकर बड़ा करना।
पोस्ट–डाक।
पोस्टर–बड़ा विज्ञापन पत्र।
पोस्त–पोस्ता का फूल जिससे अफ़ीम अलग की जाती है।
पोस्ती–पोस्त। सुस्तीला व्यक्ति।
पोस्तीन–बालोंवाले जानवर की खाल; इस खाल का बना हुआ परिधान; जिल्दसाजी में प्रयुक्त अंदरूनी जिल्द।
पौंचा–साढ़े पाँच का पहाड़ा।
पौंडा–एक प्रकार का ईख का पौधा जिसका छिल्का कड़ा होता है।
पौ–सूर्योदय; किरण; चौपड़ खेल का इक्का।
पौआ–एक सेर का चौथाई।
पौगंड–5 से 16 वर्ष के बीच की आयु।
पौढ़ना–आराम या शिथिल होना।

पौत्र–पुत्र का बेटा।

पौत्री–पुत्र की पुत्री।

पौद–छोटा पौधा; एक स्थान से उखाड़कर दूसरे स्थान पर लगाने लायक छोटा पौधा।

पौधा–छोटा पेड़।

पौन–तीन चौथाई।

पौना–तीन चौथाई; पौने का पहाड़ा; बड़े हत्थेवाली चम्मच।

पौनी–पौना।

पौर–शहर से संबंधित।

पौरा–आगमन।

पौराणिक–प्राचीन काल का।

पौरी–ड्योढी।

पौरुष–पुरुषत्व; मर्दानगी; वीरता।

पौरुषेय–पुरुष सें संबंधित; पुरुष द्वार निर्मित।

पौरोहित्य–वह स्थान जहाँ पर राहगीरों इत्यादि को मुफ्त जल पिलाया जाता है।

पौर्वात्य–पूर्वी; पूर्व से संबंधित।

पौला–एक प्रकार का खड़ाऊँ।

पौष–हिन्दी पांचांग का दसवाँ महीना।

पौष्टिक–पोषक; पुष्टिकर।

पौष्टिकता–पोषकता।

पौसरा–प्याऊ।

पौहारी–दूध पर जीवित रहनेवाला।

प्याऊ–वह स्थान जहाँ पर राहगीरों इत्यादि **को मुफ्त** जल पिलाया जाता है।

प्याज़–उत्कट गंधवाला एक प्रसिद्ध मूल **जो तरकारी** के काम आता है।

प्याज़ी–प्याज से संबंधित; प्याज का रंग।

प्यादा–पैदल सिपाही; दूत; शतरंज का **एक मोहरा**।

प्यार–प्रेम; स्नेह; चाह; लगाव।

प्यारा–प्रिय; इष्ट; आकर्षक; मनोहर; मन मोहक।

प्याला–पीने का पात्र।

प्याली–छोटा कप।

प्यास–जल पीने की प्रवृत्ति या इच्छा; तृषा; तृष्णा; पिपासा; अभिलाषा।

प्यासा–जिसको प्यास लगी हो।

प्र–एक उपसर्ग जो शब्दों के पहले लगकर आरंभ होता है।

प्रकंप–कँपकँपी; कँपनयुक्त।

प्रकंपन–कँपकँपी; सिरहन।

प्रकंपित–काँपता हुआ।

प्रकट–स्पष्ट; साफ; स्वच्छ; सुस्पष्ट; प्रकट; जाहिर।

प्रकटन–स्पष्टता; स्वच्छता; प्रकटता।

प्रकटित–प्रकट।

प्रकटीकरण–प्रकट करने की क्रिया।

प्रकरण–वार्ता का विषय; पुस्तक का स्कन्ध; विषय।

प्रकर्ष–गौरव; ख्याति; योग्यता; विशिष्टता; समृद्धी।

प्रकल्पना–उपधारणा; प्रकल्पना; अनुमान।

प्रकल्पित–प्रकल्पित; अनुमानित।

प्रकांड–गहन; गम्भीर; प्रमुख।

प्रकार–तरीका; दिशा; विधि; प्रणाली।

प्रकार्य–सामाजिक सम्मेलन। रोशनी की तरफ लाना।

प्रकार्यात्मक–कार्य संबंधी।

प्रकाश–आभा; धूप; ज्योती।

प्रकाशक–रोशनी की दिशा में लाना। प्रकाशक।

प्रकाशकीय–प्रकाश का वर्णन।

प्रकाशन–प्रकाशित करने का कार्य; प्रकाशित पुस्तक।

प्रकाशनीय–प्रकाशन की उत्तमता।

प्रक्षेपण–निक्षेपण; फेंकना।

प्रक्षेपास्त्र–जो तोप छोड़ी जाती है।

प्रखंड–हिस्सा; अंश; खंड; बँटवारा; विभाजन; भाग; अवयव; टुकड़ा।

प्रखर–क्रुद्ध; उग्र; भयानक; तेज; तीक्ष्ण; तीखा; तीव्र।

प्रखरता–तीव्रता; तीक्ष्णता; उग्रता; भयानकता।

प्रख्यात–उत्कृष्ट; प्रसिद्ध; नामी; मशहूर।

प्रख्यापन–लागू करना; घोषणा।

प्रख्यापित–घोषणा करना।

प्रगट–प्रकट।

प्रगति–उन्नति; प्रगतिशील; विकासशील।

प्रगतिरोधी–प्रगति का विरोधी।

प्रगतिवादी–प्रगति करनेवाला।

प्रगतिशील–प्रगतिवादी।

प्रगतिशीलता–प्रगति; विकास; उन्नति।

प्रगल्भ–ढीठ; बेशरम; अहिचक; स्पष्टवादी; धमण्डी; निडर।

प्रगल्भता–प्रगल्भ।

प्रगाढ़–बहुत गाढ़ा तथा गहरा; गहन; घना; ठोस; कठोर; दृढ़।

प्रगाढ़ता–प्रगाढ़।

प्रगीत–गायन रूप की कविता; गायन; गीत।

प्रचंड–भयंकर; भयानक; हिंसात्मक; उग्र; क्रूर।

प्रचंडता–प्रचंड।

प्रचल–परिचालित; तैरता हुआ।

प्रचलन–चलन; रिवाज; व्यवहार।

प्रचलित–सक्रिय; व्यापक; चालू।

प्रचार–किसी मत या सिद्धान्त का प्रचार या प्रसार।

प्रचारक–किसी सिद्धान्त का प्रचार प्रसार करनेवाला।

प्रचारित–जिसका प्रचार हो चुका हो।

प्रचालक–शुरू करनेवाला; मशीन चालक।

प्रचालन–गति; व्यय।

प्रचुर–अनेक; बहुत।

प्रचुरता–अधिकता; प्रचूर होने का भाव।

प्रच्छन्न–छुपा हुआ; अप्रकट; गुप्त; अस्पष्ट; अप्रत्यक्ष।

प्रच्छन्नता–अप्रकटता; गुप्तता; गोपन।

प्रच्छाया–छाया।

प्रजनन–प्रसव; उत्पत्ति।

प्रजा–नागरिक; वे लोग जिनके ऊपर किसी राजा, अधिनायक, शासन प्रणाली इत्यादि का शासन होता है।

प्रजातंत्र–लोकतंत्र; प्रजा सत्तात्मक राज्य।

प्रजातांत्रिक–लोकतंत्र से संबंधित।

प्रजापति–अधीनस्थों का रखवाला; राजा।

प्रजापालक–अधीन लोगों का रखवाला; राजा।

प्रजापालन–रखवाली।

प्रज्ञ–विद्वान; बुद्धिमान; प्रकृष्ट; जानकार।

प्रज्ञता–बुद्धिमानी; चतुराई; पाण्डित्य।

प्रज्ञा–बुद्धिसम्पन्न व्यक्ति।

प्रज्ञाचक्षु—जिसकी भौतिक दृष्टि न हो परन्तु ज्ञान के चक्षु खुले हों।

प्रज्ञान—संज्ञान; पूर्ण ज्ञान; जानकार; आभ्यासिक ज्ञान; बुद्धिवाद।

प्रज्ञेय—विचार के योग्य।

प्रज्वलन—जलाना; दाहक; धधक।

प्रज्वलित—जलाया हुआ।

प्रण—प्रतिज्ञा; इरादा; निश्चय; अवधारणा।

प्रणत—झुका हुआ; नीचे नमन करना।

प्रणति—अभिवादन; अराधना।

प्रणम्य—आदर का अधिकार।

प्रणय—प्रेम; अनुराग; स्नेह; चाह।

प्रणयन—उत्पत्ति; कृति; रचना (साहित्य संबंधी पुस्तक का); लेखन।

प्रणयिनी—प्रिय; प्यारा; इष्ट।

प्रणयी—प्यार करनेवाला; स्वामी।

प्रणव—ओंकार।

प्रणाम—झुककर आदर करना; झुकना।

प्रणाली—पद्धति; रीति; नाली; पानी बहने का कृत्रिम नाला; ढंग; व्यवहार; आचरण।

प्रणिधान—धार्मिक; चिंतन; चित्त की एकाग्रता।

प्रणीत—बनाया हुआ; लिखा हुआ; तैयार किया हुआ।

प्रति—प्रतिलिपि; नकल।

प्रति; के—एक उपसर्ग जो शब्दों के आरंभ में-विपरीत, प्रत्येक, दुबारा, ऊपर, समीप, विरोध, स्वभाव आदि अर्थों का बोध करने के लिये जोड़ा जाता है।

प्रतिकार—बदला; प्रतिकार; प्रतिशोध।

प्रतिकारी—प्रतिशोध लेनेवाला।

प्रतिकूल—विपरीत; विरुद्ध; विकृत; खिलाफ।

प्रतिकूलता—प्रतिकूल आचरण; प्रतिरोध।

प्रतिकृति—प्रतिबिंब; छाया; नकल।

प्रतिक्रम—उल्टा क्रम।

प्रतिक्रमात्; प्रतिक्रमात—दूसरी ओर से; उल्टा।

प्रतिक्रियक—प्रतिक्रियाशील।

प्रतिक्रिया—प्रतिक्रिया; किसी घटना का प्रभाव; बदला।

प्रतिक्रियात्मक—प्रतिक्रियाशील; प्रतिक्रिया होना।

प्रतिक्रियावाद—प्रतिक्रिया या बदले का भाव।

प्रतिक्षण—हर क्षण होनेवाला; बारम्बार।

प्रतिक्षिप्त—फेंका हुआ; झिड़का हुआ।

प्रतिक्षेप—विरोध; पीछे हटना; प्रतिधात करना।

प्रतिक्षेपण—किसी वस्तु से टकराकर फिर से वापिस लौटना।

प्रतिगामी—पश्चगामी।

प्रतिगृहीत—ग्रहण किया हुआ; स्वीकार किया हुआ।

प्रतिग्रहण—स्वीकृति; रजामंदी।

प्रतिग्राहक—स्वीकार करनेवाला।

प्रतिग्राह्य—स्वीकार्य।

प्रतिघात—आघात के बदले किया गया आघात।

प्रतिघाती—विरोध करनेवाला; बदला लेनेवाला।

प्रतिच्छाया—परछाई; चित्र; छवि; झाँकी।

प्रतिच्छेद—कटाव; छेदन।

प्रतिज्ञा–गंभीर वचन; शपथ; दृढ़ निश्चय।

प्रतिज्ञापत्र–लिखित अनुबंध; करारनामा।

प्रतिज्ञापालन–दिये गये वचन का पालन।

प्रतिदत्त–बदले में दिया हुआ।

प्रतिदान–किसी ली हुई वस्तु के बदले में दूसरी वस्तु देना।

प्रतिदिन–प्रत्येक दिन।

प्रतिद्ंवद्व–बराबरी के योद्धाओं की लड़ाई।

प्रतिद्ंवद्विता–विरोध; प्रतिस्पर्धा।

प्रतिद्ंवद्वी–प्रतिस्पर्धी; प्रतियोगी; प्रतिपक्षी।

प्रतिध्वनि–प्रतिशब्द; किसी शब्द का वह प्रतिरूप जो उसके किसी बाधक पदार्थ से टकराने पर उत्पन्न होता है और मूल शब्द के उपरांत सुनाई देता है।

प्रतिबिंब–परछाई; छवि; छाया।

प्रतिबिंबिता–जिसका प्रतिबिम्ब पड़ा हो।

प्रतिबोध–जागरण; जागना; होश; ज्ञान।

प्रतिबोधक–जगानेवाला; ज्ञान देनेवाला।

प्रतिभा–योग्यता; बुद्धि; ज्ञान।

प्रतिभावान–गुणी; बुद्धिमान।

प्रतिभाशाली–बुद्धिमान।

प्रतिभू–जमानत करनेवाला (व्यक्ति)।

प्रतिभूति–रक्षा; बचाव।

प्रतिमा–मूर्तिप्रतीक; नमूना; आकृति।

प्रतिमान–नमूना; बनावट; स्वरूप; पैटर्न।

प्रतिमा पूजक–मूर्ति की पूजा करनेवाला।

प्रतिमा पूजा–मूर्ति की पूजा।

प्रतिमा भंजक–मूर्तियाँ तोड़नेवाला।

प्रतिमा भंजन–मूर्ति भंजन।

प्रतिमूर्ति–प्रतिरूप; नकल; प्रतिमा।

प्रतियोगिता–स्पर्धा; प्रतिद्ंवद्विता।

प्रतियोगी–प्रतिद्वन्द्वी; प्रतिस्पर्धी; प्रतिपक्षी।

प्रतिरक्षा–बचाव; सुरक्षा।

प्रतिरक्षात्मक–सुरक्षित।

प्रतिरुद्ध–रुकावट; बाधक; अवरोध।

प्रतिरूप–प्रतिमूर्ति; छवि; नमूना।

प्रतिरूपी–प्रतिनिधि; प्रारूपी।

प्रतिरोध–विरोध; रुकावट; अवरोध।

प्रतिरोधक–रोकने या बाधा डालनेवाला।

प्रतिरोधन–रोकने की क्रिया या भाव।

प्रतिरोधी–प्रतिरोधक; आक्रमण।

प्रतिलिपि–किसी लेख का अनुकरण; नकल।

प्रतिलिपिक–नकल उतारनेवाला।

प्रतिलेखन प्रतिलोम–विपरीत प्रतिकूल; उलटा; जो सीधा न गया हो।

प्रतिलोमतः–विपरीत रूप से; उल्टा; विलोम।

प्रतिवर्तन–परिवर्तन; बदलाव।

प्रतिवर्तित–उल्टा; विपरीत।

प्रतिवर्ष–प्रत्येक वर्ष; वार्षिक।

प्रतिवाद–खंडन; विरोध; रक्षा करना।

प्रतिवादक–खंडन अथवा रक्षा करने वाला।

प्रतिवादी–प्रतिवाद या खण्डन करने वाला; वह जो किसी बात में तर्क करे।

प्रतिवेदन–किसी घटना, कार्य, योजना आदि के संबंध में छानबीन, पूछताछ आदि करने के बाद तैयार किया गया विवरण जो किसी अधिकारी या सभा आदि के सामने प्रस्तुत करने को हो।

प्रतिस्पर्धात्मक–बराबरी या स्पर्धा करने के कार्य से संबंधित।

प्रतिस्पर्धी–विरोधी; प्रतिद्वंद्वी; प्रतियोगी; बराबरी करनेवाला।

प्रतिहत–चोट खाया हुआ।

प्रतिहस्ताक्षर–हस्ताक्षर किए हुए पत्र पर दुबारा हस्ताक्षर।

प्रतिहार–प्रतिहारी।

प्रतिहारी–खिदमतगार; द्वारपाल।

प्रतिहिंसक–प्रतिशोध लेनेवाला।

प्रत्यंग–शरीर के छोटे अंग।

प्रत्यंचा–धनुष की डोरी।

प्रत्यक्ष–स्पष्ट; प्रत्यक्ष; दृष्टिगोचर; प्रकट; जानना; दृष्टिगत।

प्रत्यक्षतः–सरसरी तौर पर।

प्रत्यक्षतया–प्रत्यक्षतः।

प्रत्यक्षवाद–वस्तुनिष्ठवाद।

प्रत्यक्षीकरण–प्रत्यक्ष; प्रकट।

प्रत्यय–ज्ञान; बुद्धि; शपथ; सौगन्ध; विश्वास; प्रणाम रूप निश्चय; व्याकरण में वह अक्षर या शब्द जो मूल शब्द के अंत में लगकर विशिष्ट अर्थ उत्पन्न करता है।

प्रत्यय-पत्र–प्रमाण पत्र।

प्रत्यप्रण–दान में पाये हुए धन आदि को फिर से दान करना।

प्रत्याक्रमण–पलट कर वार करना।

प्रत्यागत–लौटा हुआ।

प्रत्यागमन–वापसी।

प्रत्याघात–उल्टा वार।

प्रत्याभिदेश–विपरीत निर्देश।

प्रत्याभियोग–आरोप; विपरीत; दोषारोपण।

प्रत्याभूति–आश्वासन; जमानत।

प्रत्यारोप–दोषारोपण के बदले दोषारोपण।

प्रत्याशा–पूर्वज्ञान; पूर्वाशा।

प्रत्याशित–अपेक्षित।

प्रत्याशी–उम्मीदवार; प्रार्थी।

प्रत्याहार–इन्द्रियों पर नियंत्रण; सिद्धान्त (संस्कृत व्याकरण का)।

प्रत्याहूत–वापिस बुलाया हुआ।

प्रत्याह्वान–वापस बुलाना।

प्रत्युत–तथापि; परन्तु; लेकिन; इसके विरुद्ध; अन्यथा; इसके विपरीत।

प्रत्युत्तर–प्रतिवादी का उत्तर; हाज़िरजवाबी।

प्रत्युत्पन्न–दुबारा उत्पन्न होनेवाला; उद्यत।

प्रत्युदाहरण–उदाहरण पर उदाहरण।

प्रत्युपकार–उपकार के बदले किया जानेवाला उपकार।

प्रत्यूष–तड़का; भोर; उषा काल।

प्रत्येक–हर एक।

प्रथम–पहला; प्रधान; प्रमुख; सबसे उत्तम।

प्रथमतः–सर्वप्रथम; सबसे पहले।

प्रथमता–प्रथम प्राथमिकता।

प्रथमा–व्याकरण में कर्ताकारक।

प्रथा–रीति; चलन; चाल; नियम।

प्रथागत–प्रचलित; रिवाजी।

प्रद–सुखप्रद।

प्रदक्षिणा–देवमूर्ति को दाहिनी ओर करके भक्तिपूर्वक उसके चारों ओर घूमना; परिक्रमा करना।

प्रदत्त–अर्पित; दिया हुआ।

प्रदर–स्त्रियों का एक प्रकार का (प्रदर) रोग।

प्रदर्शक–दिखानेवाला।

प्रर्दशन–नुमाइश; निरुपण।

प्रदर्शन कक्ष–कमरा जिसमें वस्तुएँ देखने के लिए रखी जाती हैं।

प्रदोष व्रत–चन्द्रमास के प्रत्येक पखवाड़े के तेरहवें दिन भगवान श्रीशिव के लिए रखा जाने वाला व्रत।

प्रद्युम्न–कामदेव; प्यार का देवता।

प्रधान–अध्यक्ष; मुखिया; सार्वभौम।

प्रधानतया–मुख्य रूप से; मुख्यत:; प्रधान रूप से।

प्रधानता–सर्वोपरिता; श्रेष्ठता।

प्रधानाचार्य–मुख्याध्यापक।

प्रधानाध्यापक–मुख्य अध्यापक।

प्रपंच–संसारी जंजाल; भवजाल; विस्तार; फैलाव; जंजाल; चालाकी; विस्तृत विधिक्रम।

प्रपंची–धोखेबाज; मक्कार; कपटी; छली।

प्रपठन–सुनाया हुआ खंड।

प्रपत्र–ग्रंथाकार।

प्रपन्न–शरणागत; शरण आया हुआ।

प्रपात–पहाड़ या चट्टान का खड़ा किनारा; पानी का झरना; किनारा; जल की धारा जो ऊँचे स्थान से गिरती हो।

प्रपितामह–पिता के दादा।

प्रपुत्र–पुत्र का पुत्र।

प्रपौत्र–पुत्र का पोता।

प्रफुल्ल–कुसुमित; खिला हुआ; प्रफुल्ल; आनन्दित।

प्रफुल्लित–प्रसन्न; खुश।

प्रबंध–व्यवस्था; बंदोबस्त; युक्ति; शोधलेख।

प्रबंधक–प्रबंधक; संचालक; व्यवस्थ. ापक; अधिशासी।

प्रबल–बलवान; शूरवीर; शक्तिमान; पुष्ट; विशालकाय; शक्तिपूर्वक अथवा प्रभावशाली; दृढ़; पक्का।

प्रबुद्ध–पंडित; ज्ञानी; जागा हुआ; सचेत।

प्रबोध–यथार्थ; ज्ञान; जागरण; जगाना; विकास; खिलना; नींद से उठना; आश्वासन; ज्ञान देना।

प्रबोधक–चेतानेवाला; जगानेवाला; ढ़ाढस देनेवाला।

प्रबोधन–ज्ञान देना; यथार्थ ज्ञान; जगाना; नींद से उठना; विकास।

प्रभंजन–तोड़ने का कार्य; विनाश; बर्बादी; नाश; ध्वंस; तूफान; बवंडर; आँधी।

प्रभव–उत्पत्ति; निर्माण; उद्गम।

प्रभविष्णु–प्रभावशाली।

प्रभा–दीप्ति; चमक; प्रकाश; तेज।

प्रभाकर–सूर्य; भास्कर।

प्रभाग–भाग का विशाल।

प्रभात–भोर; प्रात:काल।

प्रभात फेरी–प्रात:कालीन परिक्रमा।

प्रभाती–प्रात:काल में गाने का एक प्रकार का गीत।

प्रभावित–जिस पर प्रभाव पड़ा है।

प्रभावी–असर डालनेवाला; प्रभावी।

प्रभावोत्पादक–प्रभावी; असरदार।

प्रभु–भगवान; स्वामी; नायक; प्रधान।
प्रभुता–प्रभुत्व; कीर्ति; ख्याति; प्रधानता।
प्रभुत्व–प्रभुता।
प्रभूत–प्रचूर; अधिक; भरपूर; पर्याप्त।
प्रभृति–इत्यादि।
प्रभेद–भेद; अन्तर; विभिन्नता।
प्रभेदी–विशेष।
प्रमंडल–विभाजन; बँटवारा।
प्रमंडलाधिकारी–प्रभार अधिकारी।
प्रमंडलीय–विभाजन संबंधी।
प्रमत्तत्ता–प्रमत्त।
प्रमा–यथार्थ ज्ञान; वह ज्ञान जिसमें किसी प्रकार का भ्रम न हो; शुद्ध बोध।
प्रमाण–सबूत; साक्ष्य; गवाही; जाँच; साक्ष्य।
प्रमाणक–हिसाब की लिखित रसीद; प्रमाण पत्र।
प्रमाणकर्ता–प्रमाणित करनेवाला।
प्रमाणन–प्रमाणित करने का कार्य।
प्रमाणपत्र–वह पत्र जिसकी सहायता से किसी सत्य का प्रमाण दिया जाता है।
प्रमाणित–प्रमाण द्वारा प्रमेय के ज्ञान को प्राप्त करनेवाला।
प्रमाणीकरण–किसी बात की सत्यता प्रमाणित करना।
प्रमाणीकृत–प्रमाणित सत्य।
प्रमाद–मदोन्मत्त (विशेष रूप से सामर्थ्य, सम्पत्ति तथा धन के कारण); असावधानी; लापरवाही।
प्रमादी–धमंडी; सामर्थ्य तथा धन के कारण मद; लापरवाह; असावधान।
प्रमाप–मात्रा; भार।
प्रमुख–मुख्य; प्रधान; उत्कृष्ट; श्रेष्ठ। सभापति।
प्रमुखता–प्रधानता; मुख्यतः।
प्रमुदित–तुष्ट; तृप्त।
प्रमेय–सिद्धान्त।
प्रमेह–मधुमेह।
प्रमोद–हर्ष; आनन्द; सुख।
प्रयत्न–प्रयास; कोशिश; चेष्टा; कयास।
प्रयत्नवान–प्रयत्न करनेवाला।
प्रयत्नशील–लगातार कोशिश करनेवाला।
प्रयाण–गमन; यात्रा; जाना; चढ़ाई; आरम्भ; प्रस्थान।
प्रयोज्य–उपयोगी।
प्ररूप–प्रकार; विधि; अवस्था।
प्ररोह–चढ़ाव; विकास।
प्ररोहण–चढ़ाव; उत्पत्ति; उगना।
प्रलंब–लम्ब रूप में लटका हुआ; खड़े बल मे; लेना; दीर्घ।
प्रलयंकर–प्रलय करनेवाला; संकाटाकीर्ण; विनाशकारी; दुर्भायकारी।
प्रलय–प्रलयकारी; संसार के नाना रूपों का प्रकृति में लीन होकर मिट जाना; सारा अस्तित्व मिट जाना; सैलाब।
प्रलयकारी–प्रलयंकर।
प्रलाप–निरर्थक बात; व्यर्थ की बकवाद; पागलों की तरह कही हुई व्यथ। की बातें।
प्रलापी–अंडबंड बकनेवाला; बकवास करने वाला।
प्रलेप–मरहम; आराम पहुँचानेवाली कोई वस्तु।
प्रलोभन–लालच; लोभ।

प्रवंचक—ठग; धूर्त; बेईमान।

प्रवंचन—बेईमानी; धूर्तता।

प्रवंचना—प्रवंचन।

प्रवक्ता—उपदेश देनेवाला; उपदेशक; अच्छी तरह समझाकर कहने वाला।

प्रवचन—उपदेश; संवाद; सम्भाषण।

प्रवण—ढलवाँ; टेढ़ा; वक्र; खड़ा।

प्रवणता—टेढ़ापन; वक्रता।

प्रवर—उच्च; श्रेष्ठ; ज्येष्ठ।

प्रवर्तक—संस्थापक; प्रायोजक; निर्माण करने वाला; बनानेवाला।

प्रवर्तन—कार्य आरम्भ करना; प्रवृत्त करना; बदलाव; ठानना।

प्रवर्तित—चलाया हुआ; आरम्भ किया या ठाना हुआ।

प्रवर्धन—विस्तृत; फैलाव; विस्तारक।

प्रवर्धित—विस्तार किया हुआ।

प्रवसन—एक स्थान से दूसरे स्थान का भ्रमण; देशान्तरगमन।

प्रवाचक—उपदेशक की भाँति बोलने वाला।

प्रवात—मन्द वायु; हवा का झोंका।

प्रवाद—आपस की बातचीत; जनसमाज में प्रसिद्ध बाट; अपवाद; जनरव; जनश्रुति।

प्रवाल—मूँगा।

प्रवास—स्वदेशत्याग; अपना घर या देश त्याग दूसरे देश में निवास करना।

प्रवासी—परेदेसी; परदेस में रहनेवाला। उत्प्रवासी।

प्रवाह—बहाव; बिना रूकावट धारा; बहता हुआ; झकाव।

प्रवाहक—अच्छी तरह से बहा ले जाने वाला।

प्रवीण—निपुण; शिक्षित; कुशल; चतुर; अच्छा गाने बजानेवाला।

प्रवीणता—निपुणता; कौशलता।

प्रवीर—वीर; बहादुर; सर्वोत्तम।

प्रवृत्त—नियुक्त; रत; लीन; किसी काम में लगा हुआ।

प्रवृत्ति—झुकाव; लगाव; रूझान; प्रवाह; किसी ओर लगाव।

प्रवेश—दाखिला; प्रविष्टि; पहुँच।

प्रवेशद्वार—दहलीज; डेवढ़ी; प्रवेशमार्ग; द्वार।

प्रवेशपत्र—प्रवेश स्वीकृति पत्र।

प्रवेश शुल्क—दाखिला शुल्क।

प्रवेशिका—प्रथम वाचक; प्रारम्भिक पुस्तक।

प्रवेशी—प्रवेश करनेवाला।

प्रवेश्य—धुसने योग्य।

प्रवेश्यता—दाखिला।

प्रव्रजन—देशान्तरगमन; प्रवास।

प्रव्राजक—घूमकर भिक्षा गाँगनेवाला।

प्रशंसक—प्रशंसा या स्तुति करनेवाला; प्रशंसक; अनुरागी।

प्रशंसनीय—प्रशंसा के योग्य; सराहनीय; सराहने योग्य।

प्रशंसा—स्तुति; तारिफ।

प्रशांत—स्थिर; शांत; निश्चल।

प्रशांति—शांति; विश्राम; शमन।

प्रशाखा—शाखा में से निकली हुई शाखा; टहनी।

प्रशासक—प्रशासना अधिकारी।

प्रशासन—राज्य के शासन की कार्यकारिणी व्यवस्था।

प्रशासनिक्र—प्रशासन संबंधी।

प्रशासित—प्रशासन के अंतर्गत; शिक्षित; संयमित।

प्रशिक्षक—अभ्यास करनेवाला।

प्रशिक्षण—किसी व्यवसाय, कला, शिल पादिकी या कुश्ती, दौड़ आदि की व्यवहारिक रूप में लगातार कुछ समय तक दी जानेवाली शिक्षा।

प्रशिक्षणार्थी—जो प्रशिक्षण प्राप्त कर रहा हो।

प्रशिक्षित—जिसने किसी व्यवसाय, कला आदि की क्रियात्मक शिक्षा पायी हो।

प्रश्न—वह बात जो कुछ जानने या जाँचने के लिए कही जाए और जिसका कुछ उत्तर हो; सवाल; पूछने की बात।

प्रश्नकर्ता—प्रश्न पूछनेवाला; पूछताछ करनेवाला।

प्रश्नचिह्न—प्रश्न का चिह्न (?)।

प्रश्नपत्र—वह पत्र, जिसपर परीक्षा में विद्यार्थियों के लिए किए जानेवाले प्रश्न लिखे होते हैं।

प्रश्नवाचक—प्रश्न रूप में।

प्रश्नात्मक—प्रश्न रूप में।

प्रश्नावली—पाठ्य पुस्तकों में छात्रों के अभ्यास के लिए एकत्र दिये गये प्रश्न।

प्रश्नोत्तर—प्रश्न तथा उत्तर।

प्रश्नोत्तरी—जाँच हेतु किये गये प्रश्न।

प्रश्रय—समर्थन; सहारा।

प्रश्रयदाता—सहारा देनेवाला।

प्रसंग—संदर्भ; विषय।

प्रसंविदा—उपयोगिता।

प्रसन्न—खुश; आनन्दित; हर्षित; उल्लसित।

प्रसरणशील—विस्तार करने या होने में समर्थ।

प्रसरित—विस्तृत; फैला हुआ।

प्रसव—प्रसवोत्तर; बच्चा जनने की क्रिया; प्रसूति; जन्म; उत्पत्ति।

प्रसाद—गुरुजन आदि के खाने के बाद बची हुई वस्तु जो काम में लाई जाय; कृपा; अनुग्रह; स्वच्छता।

प्रसादन—संतोष; परितोषण।

प्रसादी—देवताओं को चढ़ाया हुआ पदार्थ।

प्रसाधन—श्रृंगार; अलंकार; वेश।

प्रसार—विस्तार; फैलाव; इधर उधर जाना; निर्गम; निकास; संचार।

प्रसारण—संचरण; फैलाना; विस्तृत करना; बिखेरना।

प्रसारित—फैलाया हुआ; बिखेरा हुआ।

प्रसिद्ध—ख्यात; नामी; मशहूर।

प्रसिद्धि—ख्याति; मशहूरी; सम्मान; कीर्ति।

प्रसुप्त—निष्क्रिय; सोया हुआ; सुस्त पड़ा हुआ।

प्रसुप्तावस्था—तंद्रावस्था; प्रसुप्ति।

प्रसुप्ति—तंद्रावस्था; सोने की अवस्था।

प्रसुत—सजाता; उत्पन्न; जन्म।

पसूता—स्त्री जिसने हाल ही में बच्चा जना हो।

प्रसूति—प्रसव का दर्द; संतति; मातृत्व।

प्रसून—पुष्प; फूल।

प्रसोपा प्रस्तर—शिला; पत्थर; मणि।

प्रस्ताव–अवसर; प्रकरण; छिड़ी हुई बात; चर्चा; सभा के समाने उपस्थित की हुई बात या विषय; परिचय भूमिका।

प्रस्तुतीकरण–प्रस्तुत करने का कार्य; किसी को प्रस्तुत करने का तरीका।

प्रस्तोता–प्रस्तुत करनेवाला; वाचक; पंजीयक।

प्रस्थान–किसी स्थान से दूसरे स्थान को जाना या चलना; गमन; यात्रा; रवानगी।

प्रस्थाना–मार्ग; गमन; पहनने का वस्त्र आदि जिसको यात्रा का मुहूर्त न मिलने पर लोग यात्रा की दिशा में किसी के घर रख आते हैं।

प्रस्थापक–नियुक्त करनेवाला।

प्रस्थापन–प्रस्तुतीकरण; प्रतिष्ठान; स्थापना।

प्रस्थापना–प्रस्थापन।

प्रस्थापित–जो प्रस्तुत अथवा स्थापित किया जा चुका हो।

प्रस्फूट–खिला हुआ; सुस्पष्ट; व्यक्त।

प्रस्फूटन–फूटना; सुस्पष्टता।

प्रस्फुटित–फूटा या खिला हुआ।

प्रस्वेद–पसीना; स्वेद जल।

प्रस्वेदन–पसीना निकलना।

प्रहर–जो प्रस्तुत अथवा स्थापित किया जा चुका हो।

प्रहेलिका–पहेली; समस्या; कूट प्रश्न; कठिन प्रश्न; उलझन।

प्रांगण–आँगन; मकान के सामने की खुली जगह।

प्रांजल–सरल; सीधा; सच्चा।

प्रांजलता–सरलता; सीधापन; सच्चाई।

प्रांत–क्षेत्र; सूबा; इलाका; राज्य क्षेत्र; प्रदेश; राज्य; मंडल।

प्रांतीय–क्षेत्रीय; प्रदेशीय।

प्राकट्य–दिखावट; प्रकाशित।

प्राकार–मेड़; सीमा; तलवारबाजी।

प्राकाश्य–दिखावट; प्रकाश बिन्दु।

प्राकृत–स्वाभाविक; सहज; जन्मजात।

प्राकृतिक–साधारण; स्वभाविक; सरल रूप; प्रकृति से उत्पन्न।

प्राक्कथन–प्रस्तावना; भूमिका।

प्राक्कलन–संभावित व्यय या लागत का पहले से अनुमान लगाना या लगाया जाना।

प्राक्कल्पना–कल्पना; मानी हुई बात; अंदाज; अनुमान।

प्राक्कल्पित–कल्पित; अनुमानित।

प्रागल्भ्य–प्रगल्भ; विलक्षणता।

प्राची–पूरब; पूर्वी गोलाद्र्ध।

प्राचीन–बहुत पुराना।

प्राचीनता–प्राचीन समय; प्राचीन होने का भाव।

प्राचीर–चारदीवारी; मेड़; दीवार।

प्राचुर्य–प्रचुर; बहुलता; प्रचुरता।

प्राच्य–पूर्वी; पूरब का निवासी; पूरबी।

प्राज्ञ–विद्वान; चतुर; चालाक; समझदार।

प्राज्ञी–विदुषी; विद्वान की पत्नी।

प्राण–शरीर के भीतर की जीवनधारा रूपी वायु; जीवन; जिन्दगी; शारीरिक बल।

प्राणघात–हत्या; वध।

प्राणघातक–प्राणलेवा।

प्राणदंड–मौत की सजा।

प्राणदाता–रक्षक; प्राणों की रक्षा करने वाला।

प्राणदान–किसी के जीवन का त्याग; किसी के प्राण बचाना।

प्राणनाथ–पति; स्वामी; प्रेमी।

प्राणपण–अंतर्रात्मा से।

प्राणप्यारा–प्रिय; बहुत प्यारा; प्राण के समान प्रिय।

प्राणप्रतिष्ठा–देवत्वारोपण।

प्राणप्रिय–प्राणप्यारा।

प्राणवत्ता–आजेस्वता; तेजस्वता।

प्राणवान–जिंदादिल; जीवंत; ओजस्वी।

प्राणांत–मृत्यु; निधन; देहांत; मरण; अंत जीवन का।

प्राणांतक–घातक; प्राणलेवा।

प्राणधार–प्राणों से अधिक प्रिय।

प्राणयाम–प्राण वायु की गति का वि. च्छेदक व्यापार।

प्राणि–जीव जन्तु।

प्राणी–मनुष्य; जीव जन्तु।

प्राणेश–किसी के जीवन का स्वामी; पति; प्रेमी।

प्राणेश्वर–प्राणेश।

प्राणोत्सर्ग–किसी के जीवन का त्याग; आत्म बलिदान।

प्रातः–सवेरा; तड़का।

प्रातःकर्म–प्रातःकालीन कर्त्तव्य।

प्रातःकाल–दिन का प्रारंभिक समय।

प्रातःस्नान–सुबह का स्नान।

प्रातःस्मरणीय–प्रातःकालीन स्मृति।

प्रात–सुबह; प्रातः।

प्रातिभ–अंतर्ज्ञान से प्राप्त।

प्राथमिक–प्रथम; प्रारम्भिक; प्रधान; पूर्ववर्ती।

प्राथमिकता–प्रधानता; प्रमुखता; वरीयता।

प्रादर्शनिक–प्रदर्शनात्मक; प्राथमिक होने का भाव।

प्रादुर्भाव–उद्गम; उत्पत्ति; प्रकट; विकास; जन्म।

प्रादुर्भूत–निकाला हुआ; पैदा हुआ; प्रकटित।

प्रादेश–प्रदेश; स्थान।

प्रादेशात्मक–आदेशानुसार कार्य करनेवाला।

प्रादेशिक–प्रांतीय; प्रदेशीय; क्षेत्रीय।

प्राधान्य–प्रधान प्रधान होने का भाव; प्रधानता; प्रमुखता।

प्राधिकार–वह जिसे अधिकार प्राप्त हो।

प्राधिकारी–प्रभाववाला व्यक्ति।

प्राधिकृत–जिसके अधिकार में हो।

प्राध्यापक–वह अध्यापक जो अपने विषय का अच्छा विद्वान हो।

प्राध्यापन–पढ़ाने का कार्य; पढ़ाना।

प्रापक–प्राप्त करनेवाला।

प्राप्त–अर्जित; हासिल; उपार्जित।

प्राप्तव्य–यथाविधि; कार्यान्वित होने योग्य; मिलने योग्य।

प्राप्तिका–रसीद प्राप्ति सूचना; प्राप्त धन।

प्राप्त्याशा–अभिग्रहण की आशा।

प्राप्य–दातव्य; प्राप्त करने योग्य; उपार्जित करने योग्य।

प्राप्यक–माल की कीमत का पर्चा।

प्राबल्य–प्रबल प्रधानता; प्रमुखता; सामर्थ्य; तीव्रता।

प्रामाणिक–विश्वसनीय; विश्वस्त; असली; यथार्थ।

प्रायः–अक्सर; बहुधा; बारम्बार; सामान्य रूप से; सामान्यतः।

प्रायद्वीप–स्थल का वह भाग जो तीन ओर पानी से घिरा हो।

प्रायशः–अधिकतर; सामान्य रूप से।

प्रायश्चित–ग्लानि; पश्चात्ताप।

प्रायिक–संभावित।

प्रायिकता–संभाविता; संभावना।

प्रायोगिक–अस्थायी; प्रयोगात्मक।

प्रायोजना–योजना; युक्ति।

प्रारंभ–आरम्भ; शुरुआत; उत्पत्ति; प्रथम प्रयत्न।

प्रारंभिक–शुरूआती; प्राथमिक; पहला चरण।

प्रारब्ध–भाग्य; तकदीर; किस्मत।

प्रारूप–रूपरेखा; ढाँचा; आकार।

प्रार्थना–उपासना; पूजा; निवेदन; अर्जी; याचना; आवेदन।

प्रार्थना-पत्र–जिस पत्र में किसी प्रकार की प्रार्थना की गयी हो।

प्रार्थित–याचित; माँगा हुआ; सविनय प्रार्थना।

प्रार्थी–निवेदक; अनुयायी। प्रार्थना करने वाला; आवेदक; याचक।

प्रालेख–रूपरेखा; ढाँचा; आकार।

प्रालेखक–रूपरेखा तैयार करनेवाला।

प्राविधान–पूर्ण करार; शर्त; अनुबंध।

प्राविधिक–तकनीक।

प्राविधिकता–तकनीकि; प्रौद्योगिक।

प्रासंगिक–प्रसंग संबंधी; विचारणीय विषय।

प्रासाद–देवताओं या राजाओं का घर।

प्रिंट–छपा हुआ रूप।

प्रिंटिंग–छपाई।

प्रिय–इष्ट; प्यारा; सुन्दर।

प्रियजन–प्यारेजन।

प्रियतमा–प्रिय स्त्री।

प्रियतर–सबसे प्रिय।

प्रियता–बहुत लोगों का प्रिय।

प्रिया–प्यारा; प्राण से प्रिय।

प्रियाप्रिय–सुहावना तथा असुहावना।

प्रीतम–प्रेमी; प्रियतम।

प्रीति–चाह; स्नेह; प्रेम; अनुराग; लगाव।

प्रीतिगोष्ठी–चाय की दावत।

प्रीतिभोज–दावत; भोज।

प्रेक्षक–देखनेवाला; जाँचनेवाला।

प्रेक्षण–देखने का कार्य।

प्रेक्षणीय–देखने योग्य।

प्रेक्षागृह–सभागृह; सभागार।

प्रेक्षित–देखा हुआ।

प्रेत–आत्मा (मरे हुए की) भूत; मृत मनुष्य; पिशाच।

प्रेतत्व–प्रेत होने का भाव।

प्रेतनी–भूतनी; पिशाचनी।

प्रेतबाधा–भूत द्वारा अशांति अथवा खलबली।

प्रेतलीला–प्रेत द्वारा रची लीला।

प्रेतविद्या–प्रेम संबंधी विद्या।

प्रेतसिद्धी–टोना टोटका।

प्रेतात्मक–प्रेत से संबंधित।

प्रेतात्मा–मृत की आत्मा।

प्रेतोन्माद–एक प्रकार का उन्माद जिसको लोग प्रेतबाधा से उत्पन्न मानते हैं।

प्रेम–प्यार; स्नेह; अनुराग; चाह; लगाव; झुकाव।

प्रेमपत्र–प्रेम से भरा पत्र।

प्रेमपात्र—प्यारा।

प्रेमपीड़ित—प्यार से महरूम।

प्रेमपूर्वक—प्यार के साथ।

प्रेमभाव—प्यार के भाव।

प्रेमलीला—प्रणय।

प्रेम विवाह, प्रेमविहीन—स्नेहरहित।

प्रेमविह्वल—प्रेम के आवेग के कारण व्याकुल।

प्रेम-व्यापार—प्रेमालाप।

प्रेमातुर—प्रेम पीड़ित।

प्रेमालाप—प्यार भरी बातें।

प्रेमालिंगन—प्यार का आलिंगन।

प्रेमाश्रु—प्रेम के आँसू।

प्रेमिका—प्यारी।

प्रेमी—आशिक; चाहनेवाला।

प्रेय—प्यारा; इष्ट

प्रेयसी—प्रेमिका; बहुत प्रिय।

प्रेरक—प्रेरणा करनेवाला।

प्रेरण—प्रेरणा।

प्रेरणा—प्रोत्साहन; आग्रह; पहल।

प्रेरणादायक—जिससे प्रेरणा मिलती है।

प्रेरणा शक्ति—रचनात्मक कार्य के लिए उत्प्रेरणा।

प्रेरित—उत्तेजित; प्रोत्साहित; उद्यत।

प्रेषक—भेजनेवाला।

प्रेषण—भेजना; भेजा हुआ धन; संचरण।

प्रेषणीय—प्रेरणा करने योग्य।

प्रेषित—प्रेषक; संचारी।

प्रेष्य—जिसे भेजा जा सकता है।

प्रेस—मुद्रणालय।

प्रोक्त—घोषित; प्रकाशित; कहा हुआ; छापा हुआ।

प्रोग्राम—कार्यक्रम; योजना।

प्रोत्साहन—उत्साह बढ़ाना; उत्साह बढ़ाने के लिए कही गयी बात।

प्रोन्नत—जिसकी उन्नति की गयी हो।

प्रोफ़ेसर—प्राध्यापक।

प्रौढ़—परिपक्व; पूर्ण विकसित।

प्रौढ़ता—परिपक्वता; व्यस्कता।

प्रौढ़त्व—प्रौढ़ता।

प्रौढ़ा—व्यस्क स्त्री।

प्लवन—तैरता हुआ।

प्लांट—कारखाना; संयंत्र।

प्लवन—उछलना; कूदना; तैरना; स्नान करना।

प्लावन—तैरना; बाढ़; जल आदि उमड़ कर बहना।

प्लावित—जल में डुबा हुआ; जल आदि से व्याप्त।

प्लास्टर—दीवार पर लगानेवाली सीमेंट तथा रेत का मसाला।

प्लीहा—पेटी की तिल्ली।

प्लुत—स्वर का एक भेद जो दीर्घ से भी बड़ा और तीन मात्रा का होता है।

प्लेग—महामारी; कोई भयानक संक्रामक रोग।

फ

फ—हिन्दी वर्णमाला का बाईसवाँ व्यंजन तथा पवर्ग का दूसरा अक्षर।

फंका—भक्षणीय चूर्ण की मात्रा जो एक बार में हथेली में आती है।

फंड–संचित धन।

फंदा–जाल; पाश; फाँस।

फँसना–जाल; फँदे में फँसना।

फँसाना–बँधन में डालना।

फँसाव–फँसने का भाव।

फक–अचानक।

फ़क–श्वेत; साफ; निर्मल; फीका।

फ़क़त–अकेला; साधारण।

फ़क़ीर–मुस्लिम अथवा सिक्ख भिक्षुक।

फ़क़ीराना–फ़क़ीर से संबंधित।

फ़क़ीरी–दीनता भिखारीपन; भिक्षावृत्ति।

फक्कड़–बदमस्त व्यक्ति; उद्दंड।

फक्कड़पन–फक्कड़ होने का भाव।

फक्कड़बाज़ी–उद्दंडता।

फ़ख़्र–गर्व।

फगुआ–होली का त्यौहार।

फगुनाहट–फागुन में चलनेवाली तीव्र वायु; पतझड़ का मौसम।

फ़जल–अनुग्रह; दया।

फ़जीता–अपमान; बेइज्जती।

फ़ज़ीहत–अपमान अथवा बेइज्जती महसूस करना।

फ़ज़ूल–निरर्थक; व्यर्थ; निष्फल; अनावश्यक।

फ़ज़ूलखर्च–अतिव्यय; लुटाऊ; मुक्तहस्त।

फ़ज़ूलखर्ची–अतिव्ययी; अनावश्यक खर्चा करने की आदत।

फ़ज़्ल–फ़ज़ल।

फट–धमाका; जल्दी तथा तुरन्त।

फटकन–अन्न की भूसी जिससे फटक. कर निकाला जाय।

फटकना–पहुँचना।

फटकार–झिड़की; दुत्कार; डाँट।

फटकारना–किसी को लज्जित करने या उसका तिरस्कार करने के लिए क्रोधपूर्वक कड़वी बातें कहना; कपड़े को धोने के लिए पीटना।

फटन–चीर; दरार; खोंच; फटा।

फटना–अलग होना; किसी वस्तु का बीच का भाग कटकर अलग हो जाना।

फटफटाना–फट फट शब्द करना; पर फड़फड़ाना।

फटफटिया–मोटरसाईकिल।

फटा–चिथड़ा।

फटीचर–मलिन कपड़े पहना हुआ (व्यक्ति); तुच्छ व्यक्ति।

फटेहाल–दुखी अथवा तुच्छ अवस्था में।

फण–साँप का सिर।

फणधर–विषैला साँप।

फणींद्र–शेषनाग।

फ़तवा–किसी कर्म के उचित या अनुचित होने के संबंध में (मुस्लिम) शास्त्र के अनुसार दी गयी व्यवस्था।

फ़तह–विजय; जीत; सफलता; कामयाबी।

फतिंगा–कीट; उड़नेवाला कीड़ा; छोटा मच्छर।

फतुही–ऊनी कोट।

फन–फण।

फ़न–गुण; कला; हुनर; खुबी; विशेषता; निपुणता।

फ़रमाइश–आज्ञा; आज्ञा रूप में कुछ माँगना; कोई चीज बेचने की आज्ञा; शाही आदेश।

फ़रमान–राजा की घोषणा; राजकीय आज्ञा।
फ़रार–अपराध करके भागनेवाला मनुष्य।
फ़रियाद–दुहाई; जुल्म की शिकायत।
फ़रिश्ता–देवदूत।
फ़रीक़–पक्ष।
फ़रेब–छल; धोखा; ठगी।
फ़रेबी–धोखेबाज़; ठग; बेईमान।
फ़रोख़्त–बिक्री करना।
फ़र्क़–भेद; अंतर।
फ़र्ज़–कर्त्तव्य; धर्म।
फ़र्ज़ी–नाम मात्र का; बनावटी; जाली; कृत्रिम। रानी (शतरंज में)
फ़र्म–साझें का व्यवसाय; व्यापार।
फ़र्माइश–(खास) निवेदन अथवा प्रार्थना।
फ़र्माइशी–निवेदन पर; आदेश पर तैयार।
फ़र्मान–राजाज्ञा; आदेश।
फर्राटा–बिना रुकावट की बोलचाल।
फ़र्श–तल; तह।
फ़र्शी–लंबी नलीवाला हुक्का।
फल–पेड़ों पर उगनेवाला भोज्य पदार्थ; परिणाम; नतीजा; प्रभाव।
फलक–चादर; तख्ता; गणक।
फ़लक–गगन; आकाश; नभ; आसमान।
फलतः–अतः; इसलिए; इस कारण से।
फलद–फलदायक; फलदार।
फलदायक–फलद।
फलदायी–फलदायक।
फलदार–फल से संबंधित।
फलस्वरूप–तदनुसार; इस हेतु से।
फलहीन–उजाड़।
फ़लाँ–कोई आदिष्ट; अमुक।
फलाँग–उछाल।
छलाँगना–कूदना; छलाँग मारना।
फ़लाना–कोई आदिष्ट; अमुक।
फ़सल–उपज; पैदावार।
फ़सली–ऋतुकालिक।
फ़साद–हंगामा; झगड़ा; बवाल।
फ़सादी–लड़ाका; विवादी; फसाद करनेवाला।
फ़हम–आम; फइम; समझदारी।
फहरना–हवा में उड़ना।
फहराना–हवा में उड़ने के लिए किसी वस्तु को छोड़ देना।
फाँक–खरबूजा; आम; संतरा आदि का अंश।
फाँकना–चूरा; दाने या बुकनी के रूप की किसी वस्तु को दूर से मुँह में डालना।
फाँद–उछाल; छलाँग; फन्दा; जाल।
फाँदना–उछलना; छलाँग मारना; कूदना; लाँघना।
फाँस–काँटा; शूल; किरच; जाल; फन्दा; पाश।
फाँसना–फँसाना; फँदे में कसना।
फाँसा–पशुओं को पकड़ने का फन्दा; जाल।
फाँसी–मृत्युदंड जो गले में फंदा डालकर दिया जाता है।
फ़ाक़ा–भुखमरी; उपवास।
फ़ाक़ेमस्त–गरीबी तथा भुखमरी में सुखी रहनेवाला।
फ़ाख़्तई–फाख्ता के रंग का।

फ़ाख़्ता–जंगली कबूतर।

फाग–होली का त्यौहार; इस त्यौहार के दौरान गाया जानेवाला गीत।

फागुन–विक्रम संवत् का बारहवाँ मास जो माघ के बाद आता है; फाल्गुन।

फागुनी–फागुन। फागुन के महीने से संबंधित।

फ़ाज़िल–आवश्यकता से अधिक; फालतू; अतिरिक्त; शेष भाग; पंडित के समान।

फाटक–मुख्य द्वार; प्रवेश।

फाटका–सट्टेबाजी।

फाटकेबाज़–सट्टेबाज।

फाड़न–कागज़ या कपड़े को फाड़कर निकाला हुआ भाग; दही से मलाई निकालने के बाद बचा अवशेष।

फाड़ना–चीरना; टुकड़े करना; शिगाफ करना।

फ़ानूस–कंदील झाड़।

फ़ायदा–लाभ; नफा; हित; इस्तेमाल; उपयोगिता।

फ़ायदेमंद–लाभदायक; लाभकारी; उपयोगी; हितकर।

फ़ारम–रूप विधान; कृषिक्षेत्र।

फ़ारमूला–नुस्खा; सूत्र; विधि।

फ़ारसी–एक भाषा।

फ़ारसीदाँ–पारसी भाषा को भलीभाँति जानने वाला।

फ़ारिग–कार्य से निवृत्त।

फाल–कदम; डग।

फ़ालतू–निरर्थक; बेकार; फालतू; अनावश्यक; फिजूल।

फालसई–फालसे के रंग का।

फ़ालसा–ग्रीष्म ऋतु में पैदा होनेवाला एक छोटा फल।

फालिज–पक्षाघात रोग।

फाल्गुन–हिन्दु पांचाग का अंतिम माह।

फावड़ा–चौड़े फल की कुदाल; फरसा।

फावड़ी–छोटा फावड़ा।

फ़ाश–प्रकट; खुला हुआ।

फ़ासफ़ेट–स्फुट अम्ल से बना हुआ क्षार।

फ़ासला–दूरी; अंतर।

फाहा–रोएँदार ऊन का टुकड़ा (सामान्यत: सुगंध अथवा दवाई में डुबा हुआ); फोड़े आदि को साफ करने का रुई का टुकड़ा।

फ़िक्र–व्यग्रता; चिन्ता; परेशानी।

फिटकरी–ऐलुमिनियम की ऑक्साइड।

फ़िटन–चार पहियोंवाली फिटन गाड़ी।

फ़िटर–यंत्रों के अवयवों को यथास्थान बैठाने वाला व्यक्ति।

फ़ितना–धूर्त; चालाक; चालबाज।

फ़ितरत–मिज़ाज़; व्यवहार; उपद्रवी; चालबाज़ मिज़ाज़; कपटता।

फ़ितरती–धूर्त; चालबाज़; उपद्रवी।

फ़ितूर–खराबी; त्रुटि; दोष।

फ़िदवी–नौकर; किसी को दी गई विनम्रता की पदवी।

फ़िदा–मोहित; आसक्त; मंत्रमुग्ध; आकृष्ट; आकर्षण; सम्मोहित; समर्पित।

फिर–पश्चात; एक बार और; के आगे।

फिरवाना–फेरने या फिराने का काम दूसरे से कराना।

फिराऊ–जो वापिस हो सके; वापसी।

फ़िराक़–उद्देश्य; खोज; टोह।
फिराना–इधर उधर चलाना; चक्कर देना; वापिस करना; बदलना।
फिरोजी–एक बैंगनी-नीला रंग।
फ़िरौती–अपहृत व्यक्ति की रिहाई के एवज में माँगा गया धन; रक्षा शुल्क; छुड़ाई।
फ़िलहाल–तत्काल; अभी; इस समय।
फ़िल्म–चलचित्र; सिनेमा की रील; सिनेमा की चलती फिरती तस्वीरें।
फ़िल्माना–चलचित्र बनाना।
फ़िल्मी–चलचित्र की दुनिया से संबंधित।
फिस–कुछ नहीं; शून्य; सिफ़र।
फिसड्डी–आलसी; सुस्त; जो हर काम में पीछे रह जाये।
फिसलन–फिसलने की क्रिया।
फिसलना–सरकना।
फ़िहरिस्त–सूची; फर्द।
फ़ी–प्रत्येक; हर एक।
फीका–नि:स्वाद; नीरस; बिना स्वाद का; अस्पष्ट।
फ़ीता–कपड़े की पतली पट्टी; जूता बाँधने का तस्मा; रिबन।
फ़ीरोज़ी–एक रंग।
फ़ील–हाथी; शतरंज का एक मुहरा।
फ़ीलख़ाना–हाथियों का अस्तबल।
फीलपाँव–एक प्रकार का पैर का रोग जिसमें पैर पर सूजन आ जाती है।
फ़ीस–शुल्क; शिक्षा शुल्क।
फुंकना–जलाना; भस्म होना। फूँक मारने की नली।
फुँकवाना–फुँकना।
फुंकार–फुफकारने की ध्वनि।
फुँदना–किताब में सिला हुआ फीता।
फुंसी–छोटा फोड़ा।
फुट–अकेला; अलग; जिसका किसी से संबंध नहीं हो।
फुट–12 इंच का नाप।
फुटकर–अल्पविक्रय; मिश्रित ढंग का।
फुटनोट–अंत में लिखा हुआ।
फुटपाथ–पगडंडी।
फुटबाल–पैर से खेलने की गेंद।
फुटमत–विचार में अंतर (परिवार में)।
फुटा–एक फुट नापने की पट्टी।
फुड़िया–छोटी फुंसी।
फुदकना–कूदना; उछलना।
फुनगी–शिखर; चोटी; टोपी पर लगने का फीता; अँकुर।
फुप्फुस–फेफड़ा।
फुफकार–साँप के मुँह से हवा निकलने की आवाज़।
फुफेरा–फूफा फूफी/बुआ फूफा के नाते का।
फुर–पक्षी का फर फड़फड़ाने का शब्द।
फुरती–तेजी; चुस्ती; जल्दी।
फुरतीला–तेज; चुस्त; फुरती से काम करनेवाला।
फुरतीलापन–चंचलता; उद्यता।
फुरसत–अवकाश; खाली समय।
फुर्ती–तेजी; चंचलता; उद्यता; शीघ्रता।
फुर्सत–खाली समय; अवकाश; अल्प समय; विश्राम।
फुहार–महीन बूंदों की झड़ी।
फुहारा–फौवारा; सोता।

फूँक–होठों को मिलाकर मुख के मध्य भाग से जोर के साथ निकली हुई हवा; दम; साँस।

फूट–फूटने की क्रिया; बिगाड़; बैर। एक प्रकार की शाक।

फूल–पौधों का जननेंद्रियरूप या फलोत्पादक अंग जो सुन्दरता और सुकुमारता का प्रतीक बन गया है; पुष्प; एक सफेद धातु।

फूहड़–मैला कुचैला; भद्दा; गंदा; बेतुका; निर्बुद्धी; मूर्ख; बुरी आदत का।

फेंकना–छोड़ना; किसी चीज को हाथ से ऐसी हरकत देना कि कुछ दूर जा गिरे।

फेंट–धोती धोती का एक हिस्सा जो कमर पर लपेटा होता है। हिलाना; घुमाना।

फेनी–घी में छानी हुई सूत के लच्छे के आकार की मिठाई।

फेफड़ा–छाती के नीचे स्थित थैली के आकार का अवयव जिससे रीढ़वाले अधिकांश प्राणी साँस लेते हैं।

फेर–चक्करदार मार्ग; चक्राकार मार्ग; घुमाव; जटिलता; पेचीदगी; मिथ्या धारणा; मिथ्याबोध; संदिग्धता; गलत हिसाब।

फेरना–घुमाना; पलटना; बदलना।

फेर-बदल–हेर फेर; मिलाना।

फेरा–चक्कर; वृत्ताकार परिक्रमा; पवित्र अग्नि का एक चक्कर (विवाह संबंधी रिवाज)।

फेरी–चक्कर; घूम फिर कर सौदा बेचनेवाला।

फ़ेल–असफल; नाकाम; परीक्षा में फेल।

फ़ेहरिस्त–सूची; तालिका।

फैलाना–व्याप्त होना; प्रसारण; फैलाना (प्रकाश); प्रचलित (भूषाचार); व्याप्त होना (अफवाह); बढ़ाना (हाथ); परिपूर्ण होना।

फैलाव–वृद्धि; विस्तार; बढ़ाव।

फ़ैसला–न्याय; निश्चय।

फोक–उत्पत्ति के बाद बचनेवाला शेष।

फोकट–बिना किसी तात्पर्य अथवा मतलब के; बिना परिश्रम अथवा पारिश्रमिक के।

फोकटी–बिना लागत का।

फ़ोटो–अक्स से उतरा हुआ चित्र।

फोड़ना–किसी वस्तु के टुकड़ टुकड़े करना।

फोड़ा–पीप से भरा घाव; मवाद भरा फोड़ा; अलसर।

फ़ोता–अंडकोष।

फ़ोन–दूरभाष; टेलीफोन।

फ़ौज–सैन्य; समूह; सेना; सैनिक दल।

फ़ौजदारी–अपराध संबंधी; दंड विधान।

फ़ौरन–अभी; तुरन्त; झटपट।

फ़ौलाद–पक्का लोहा।

फ़ौलादी–स्टील का बना हुआ; प्रबल; मज़बूत।

फौवारा–सोता; कत्रिम पानी का झरना।

ब

ब–पवर्ग हिन्दी तथा संस्कृत वर्णमाला का तेईसवाँ व्यंजन तथा पवर्ग का तीसरा वर्ण

बंक–टेढ़ा; तिरछा; झुका हुआ। बैंक।

बंकिम–झुका हुआ; टेढ़ा।

बंकिमा–वक्रता; घुमाव; झुकाव।

बँगला–बंगाल से संबंधित।

बंगाल–बंगाल (भारत का एक प्रदेश)।

बंगाली–बंगाल का या बंगाल से संबंधित। बंगाल का निवासी।

बंजर–ऊसर; खेती के अयोग्य जमीन।

बंजारा–घूमनेवाला।

बँटना–अलग अलग होना; बँटवारा।

बँटवारा–बाँट; वितरण; वर्गीकरण; पृथक्करण।

बँटाई–वितरण; फसल की उपज में हिस्सेदारी।

बँटाधार–बिगाड़; विनाशक असर।

बंडल–गट्‌ठर; बंडल।

बंडा–बिना पूँछ का। एक प्रकार की शाक।

बंडी–जैकेट।

बंद–रोक; समाप्ति; विराम; ठहराव; अवरोध; कैद।

बंद गली–अंधी गली; जो गली अंत में बंद हो।

बंदगी–वंदना; अराधना; नमस्कार; प्रणाम।

बंद गोभी–पातगोभी।

बंदनवार–वंदनमाला; तोरण; फूलों, पत्तियों आदि की झालर जो मंगल अवसरों पर दरवाजे, मंडप आदि पर बाँधी जाती है।

बंदर–कपि; वानर।

बंदर घुड़की–डींग मारकर धौंस या धोखा देना।

बंदर बाँट–असमान अथवा गलत वितरण।

बंदर भभकी–बंदर घुड़की।

बंदरवाला–बंदर का खेल दिखानेवाला।

बँदरिया; बंदरी–मादा बंदर।

बंदा–मनुष्य जाति; मनुष्य; मानव।

बंदापरवर–मनुष्य जाति का रक्षक।

बंदिश–मर्यादा; पूर्वविचार संबंधी सीमा; सुरीला नमूना।

बंदी[1]–कैदी; बँधुआ; अपराधी; अभियुक्त।

बंदी[2]–बंद करना; बंद करने का कार्य; छुट्‌टी का दिन।

बंदीख़ाना–कैदखाना; जेल।

बंदूक़–प्रसिद्‌ध आग्नेयास्त्र जिसमें लकड़ी के कुंदे में लोहे की लंबी नली लगी होती है और उसमें गोली भरकर बारूद की सहायता से दागी जाती है।

बंदोबस्त–प्रबंध; क्रम में स्थापन; (भूमि) जाँच तथा व्यवस्था।

बंध–बंधन; बाँध।

बंधक–रेहन; प्रतिभू (जमानत) के रूप में शत्रु को प्रदत्त व्यक्ति।

बंधन–अवरोध; दासत्व; संबंध; निरोध; रोक; संधि (शरीर की)।

बंधनकारी–बाध्य करनेवाला।

बँधना–बाँधा जाना; कसा जकड़ा; लपेटा जाना।

बंधु–भाई; भ्राता।

बंपुलिस–सार्वजनिक मल त्याग करने का स्थान।
बंब–बम बम की उत्साहवर्धक नाद; विस्फोटक।
बंबा–पानी बहने का नल।
बंबूकाट–दोपहिया वाहन (टाँगें जैसा)।
बँसवाड़ा–बाँस का बाज़ार; बाँस का जंगल।
बंसी–बाँसुरी; मछली पकड़ने का फंदा।
बंसीधर–बाँसुरी बजानेवाला; भगवान श्रीकृष्ण।
बंसीवाला–बंसीधर।
बँहगी–बहँगी।
बक–सारस; बगुला।
बक-झक–बड़ बड़।
बकरा–नर बकरा।
बक़रीद–एक प्रकार का मुख्य मुस्लिम त्यौहार।
बकवाद–व्यर्थ वार्तालाप; बकचक वाचाल।
बकवास–बकवाद।
बकस–सन्दूक; बक्सा।
बकसुआ–लोहे या पीतल का छल्ला।
बकायदा–सिद्धान्त के अनुसार।
बक़ाया–बचा हुआ; बाकी; अवशिष्ट; शेष राशि; बिना चुकाया हुआ ऋण।
बकोटना–चिकोटी काटना।
बकोटा–नोचने से बने खरोंच के निशान।
बक़ौल–स्थिति के अनुसार।
बक्कल–खाल; छिल्का; छाल; ऊपरी आवरण।
बक़्क़ाल–तरकारी बेचनेवाला।
बक्की–बहुत बोलनेवाला; बकवादी।
बक्खर–एक तृण।
बक्स–सन्दूक; बक्सा।
बखान–वर्णन; बढ़ाई; गुण; कथन।
बखानना–विस्तार में वर्णन करना; कहना; लम्बी स्तुति करना।
बखार–खलिहान; खेत।
बख़िया–एक प्रकार की महीन पुष्ट सिलाई।
बख़ुद–अपने आप।
बख़ूबी–सुन्दरता; पूर्णतः।
बखेड़ा–उलझन; समस्या; घालमेल।
बखेड़िया–झगड़ा शुरू करनेवाला; लड़ाका आदमी; दंगाखोर; फसादी।
बख़्तर–हथियारबंद।
बख़्शना–माफ़/ छूट/छुटकारा कर देना।
बख़्शवाना–किसी को छुटकारा दिलवाना।
बख़्शीश–बख़्शीश (कुछ कार्य करने पर दिया जानेवाला उपहार अथवा धन)।
बगछुट–बड़े वेग से।
बग़ल–काँख; तरफ; पक्ष।
बग़लगीर–साथ में बैठना; आलिंगन में।
बग़लबंदी–एक मिरजई जिसमें बगल में बंद बाँधे जाते हैं।
बगला–सारस; बगुला।
बगला-भगत–कपटी; छली।
बगला-भगती–मिथ्या चरित्र; पाखंड।
बग़ली–बग़ल से संबंधित; एक ओर का।
बग़ावत–विद्रोह; क्रांति।
बगिया–छोटा उद्यान।
बगीचा–छोटा उद्यान; फलोद्यान।

बगुला—बगला।

बगूला—बवंडर; तूफान।

बग़ैर; के—बिना।

बग्घी—पालकी के आकार की चौपहिया घोड़ा गाड़ी।

बघ—बाघ

बघनखा—बाघ का पंजा; एक प्रकार का शस्त्र जिसमे बाघ के नख के समान काँटे रहते हैं।

बघमाला—शेर की खाल।

बघार—भोजन तैयार करने की प्रणाली में तड़का नामक कार्य।

बघारना—हींग, जीरा, प्याज आदि को घी में कड़कड़ाकर दाल, तरकारी में डालना; लम्बी बातें करना।

बचकाना—बच्चों जैसा; बालक के समान।

बचकानापन—बचपना; छिछोरापन।

बचत—लाभ; शेष; बचाव; वह अंश जो व्यय होने के बाद बचा रहे।

बचत योजना—एक योजना जिसमें पैसा लगाने पर बचत होती है।

बचन—वचन।

बचना—बचाव करना; उपयोग न करना; सुरक्षित रहना; टालना; दूर रखना।

बचपन—बाल्यावस्था; लड़कपन; बचकानापन।

बचपना—बचपन।

बचा खुचा—शेष बाकी।

बचाना—रक्षा करना; सुरक्षित करना; बचाव करना; परिहार करना।

बचाव—खतरे से बचाना; सुरक्षा; रक्षा; संरक्षण।

बचाव कार्य—खतरे से बचाने का कार्य।

बच्चा—बालक (सामान्यतः पुल्लिंग); शिशु; छोटा लड़का; पिल्ला।

बच्चाकश—संतान उत्पत्ति के लिए तुच्छ (स्त्री)।

बच्ची—स्त्रीलिंग बच्चा; छोटी लड़की।

बच्चेदानी—स्त्री का प्रजनन अंग; अण्डाश्य।

बच्छा—बछड़ा।

बछचमड़ा—गाय का चमड़ा।

बछड़ा—गाय का बच्चा (नर)।

बछिया—(मादा) गाय का बच्चा।

बछेड़ा—बछड़ा; गाय का बच्चा।

बजकना—बजबजाना।

बजट—आय व्यय का सम्भावित अनुमान।

बजड़ा—बाजरा।

बजना—करतल आदि के आघात या हवा के वेग से शब्द उत्पन्न होना।

बजबजाना—गैस तथा बुलबुले बनाना।

बजरंग—भगवान श्रीहनुमान।

बजरबट्टू—बुरी नज़र से बचानेवाला बीज

बजरा—दोमंजिला नाव; बाजरा।

बजरिया—छोटा बाज़ार।

बजरी—कंकड़ के छोटे छोटे टुकड़े।

बजवाई—किसी वाद्य को बजाने पर मिलनेवाला पारिश्रमिक।

बजवाना—बजाना।

बजवैया—वाद्य बजानेवाला।

बजा—उचित; सही; बराबर।

बज़ाज़—कपड़े बेचनेवाला; वस्त्र वणिक।

बजाना—बाजे आदि पर आघात करके अथवा हवा के वेग से उसमें शब्द

उत्पन्न होना; ठोंकना; घंटी से शब्द उत्पन्न करना।
बजाय; के–के सिवाय।
बझना–बाँधना; फँसाना।
बझाऊ–बाँधा हुआ।
बझाना–बाँधना।
बट–वट; पेड़।
बटखरा–तौलने का मान; बाट।
बटन–स्विच।
बटमार–राहजनों का ठगनेवाला।
बटमारी–राहजनों को ठगने का कार्य।
बटलोई–भोजन पकाने का गोल बर्तन।
बटवारा–विभाजन; बँटवारा; पृथक्करण; अलगाव।
बटा–विभक्त (गणित)।
बटाई–उपज की भागीदारी।
बटाऊ–मुसाफिर; यात्री; पथिक।
बटाटा–आलू।
बटालियन–पैदल सैनिकों की टुकड़ी।
बटिया–पत्थर या मिट्टी की छोटी तथा चिकनी ढेरी; छोटी मूसली; पैदल पथ।
बटी–गोली; टिकिया; बड़ी।
बटुआ–पैसों का थैला; स्त्रीयों का छोटा थैला।
बटुरना–समेटना; ढेर लगाना।
बटेर–तीतर या लवा की जाति की एक छोटी चिड़िया।
बटेरबाज़–बटेर का पालन पोषण करने वाला।
बटेरबाज़ी–बटेर पालनेवाला (मुख्यतः बटेर की लड़ाई करवाने के लिए)।
बटेरिन–मादा बटेर।
बटेरी–मादा बटेर; कन्या पक्ष की तरफ से दिये गये उपहार।
बटोरन–सफाई; झाड़न।
बटोही–पथिक; यात्री; पदयात्री।
बट्टा–पत्थर का एक खंड; पत्थर का मूसल; वह रकम जो किसी वस्तु के बदलने या बेचने पर उसके मूल्य में से काट ली जाय; दलाली।
बट्टी–टिकिया।
बड़–बड़ा; बरगद का वृक्ष।
बड़बड़–मूर्खतापूर्ण वार्तालाप।
बड़बोल–शेखीमारी।
बड़बोला–शेखीमारी।
बड़भागी–भाग्यवान।
बड़वानल–समुद्र के पानी में अग्नि का मास।
बड़हार–विवाह के बाद कन्या पक्ष की ओर से होनेवाली बरातियों की ज्योनार।
बड़ा–विस्तृत; विशाल; विपुल; प्रधान; महान; मुख्य; श्रेष्ठ; ज्येष्ठ; बहुत अधिक।
बड़ाई–महत्ता; प्रशंसा; तारीफ।
बड़ी–उड़द, मूँग आदि की पीठी की बनाई हुई छोटी छोटी टिकिया।
बढ़ई–काठ को गढ़कर अनेक प्रकार की सामग्रियाँ बनानेवाला कारीगर।
बढ़ती–वृद्धि; बढ़त; तरक्की; बचत।
बढ़ना–वृद्धि को प्राप्त करना; उन्नति करना; अग्रसर होना; भाव में वृद्धि होना।
बढ़नी–झाड़ू; बुहारी।

बढ़ाना–विस्तार करना; फैलाना; ऊँचा करना; ऊपर उठाना; विस्तृत करना; लम्बा करना; वृद्धि करना; बड़ा करना।

बढ़ाव–बढ़ाना।

बढ़ावा–प्रवर्तक; प्रोत्साहन।

बढ़िया–अच्छा; उत्तम; श्रेष्ठ गुणवत्ता का; उत्तम; शोभायमान।

बढ़ौती–बढ़ती आयु; बुढौती।

बणिक–वणिक।

बतकही–वार्तालाप; बातचीत।

बतक्कड़–बोलने का शौकीन; बहुत बोलने वाला; वाचाल; बड़ा बकवादी।

बतरस–वार्तालाप का आनन्द।

बतलाना–बतलाने योग्य; निर्देश करना; दिखाना; जताना; समझाना।

बताना–बतलाना; प्रकट करना; कहना; दरसाना।

बतासा–गोलाकार चीनी की मीठी टिकिया।

बतियाना–बातचीत करना।

बतौर–द्वारा; मारफ़त।

बत्ती–पलीता; मोमबत्ती; रोशनी।

बत्तीदान–मोमबत्ती की छड़ी।

बत्तीस–32. ३२.

बथुआ–एक भारतीय छोटा पौधा जिसका भाग बनाकर खाया जाता है।

बदइंतजामी–कुप्रबंध।

बदक़िस्मत–अभागा; बुरी किस्मतवाला।

बदक़िस्मती–अभाग्य।

बदचलन–व्यसनी; दुश्चरित्र; दुराचारी; भ्रष्ट।

बदलचनी–दुश्चरित्रा; भ्रष्टता।

बदज़बान–बुरा बोलनेवाला।

बदज़ात–दुष्ट; नीच; अधम; बुरा।

बदतमीज़–असभ्य; जिसे तमीज/ सलीका न हो; गँवार।

बदतर–बहुत अधिक बुरी अवस्था।

बद्दुआ–अभिशाप; शाप।

बदन–शरीर; काया; देह; तन।

बदनसीब–भाग्यहीन; अभागा; हतभाग्य।

बदनसीबी–दुर्भाग्य; अभाग्य; दुर्गति।

बदना–दाँव लगाना; शर्त लगाना।

बदनाम–लोग जिसकी निन्दा करते हैं।

बदनामी–लोकनिन्दा; अपकीर्ति।

बदनीयत–बुरा चाहनेवाला; जिसके दिल में बुराई हो; बुरी नीयतवाला।

बदनीयती–इरादे का खोटा होना; बेईमान।

बदपरहेज़–आदतों पर असंयम (मुख्य रूप से भोजन में)।

बदबू–बुरी गंध; दुर्गन्ध।

बदबूदार–जिसमें से बद्बू आती है।

बदमाश–दुश्चरित्र (व्यक्ति); नीच; दुष्ट; दुर्जन; गुण्डा; लफंगा; आवारगर्द।

बदमाशी–मक्कारी; धूर्तता; दुष्टता।

बदमिज़ाज–बुरे/तीखे स्वभाववाला।

बदमिज़ाजी–स्वभाव का तीखा होना।

बदरंग–फीके रंगवाला; मलिन; बेतुका रंग का; भिन्न रंग के (ताश के पत्ते)।

बदल–परिवर्तन।

बदलवाना–बदलना।

बदला–प्रतिशोध; प्रतिकार।

बदलाव–परिवर्तन; प्रतिस्थापन।

बदले; के–चीज़ के बदले में चीज़।

बदलौअत–आदान प्रदान; फेरबदल; तब्दीली।

बदशक्ल–अप्रिय दिखनेवाला; भद्दा; फूहड़; बद्सूरत।

बदसुलूकी–दुर्व्यवहार; दुराचार; बद्तमीज़ी।

बदसूरत–भद्दा; बद्सूरत; फूहड़।

बदस्तूर–यथापूर्व; पहले की तरह।

बदहवास–व्याकुल; हैरान; भ्रमित; परेशान; संशयात्मक; उलझा हुआ।

बदहवासी–व्याकुल/ भ्रमित/ परेशान/ हैरान होने की स्थिति या भाव।

बदा–नियति; निश्चितता।

बदा बदी–प्रतिद्वंद्विता; प्रतिस्पर्धा।

बदी–कृष्ण पक्ष; अंधेरा पखवाड़ा; पाप; बुराई।

बदौलत की–अनुग्रह अथवा उपकार से।

बद्ध–बाँधा हुआ; बँधा हुआ; फँसा हुआ।

बद्धकोष्ठ–मल के अवरोध से ग्रसित।

बद्धपरिकर–ऊपरी नाप।

बद्धमूल–गहरी जड़।

बधाई–अभिनन्दन; मुबारकबाद; शुभकामनाएँ।

बधावा–बधाई; मंगल अवसरों पर संबंधियों तथा मित्रों के यहाँ से आने वाला उपहार।

बधिक–वध करने वाला; मारनेवाला।

बधिया–वह पशु जिसके अण्डकोश कुचलकर या निकालकर षंड या नपुंसक कर दिया गया है।

बधिर–बहरा; जिसे सुनने की शक्ति न हो।

बधिरता–बहरापन।

बन–जंगल; अरण्य; बाग; बगीचा।

बन कटाई–लकड़ी काट कर जंगल की सफाई।

बनखंड–वनखंड।

बनचर–वन्य; पशु; जंगल में रहनेवाला; जंगली मनुष्य।

बनजारा–खानाबदोश; चलवासी।

बनत–रचना; बनावट।

बनदेवी–जंगल की देवी।

बनना–रचित; तैयार होना; रचा जाना; अस्तित्व में आना; सुधार होना; मरम्मत होना।

बनफ़्शा–एक पौधा (जड़ीबूटी) जो औषधी बनाने के काम आता है।

बनमानुष–एक प्रकार का बंदर जो बहुत बड़ा होता है।

बनवाई–बनवाना; बनवाने का कार्य अथवा इसका पारिश्रमिक।

बनवाना–बनाना।

बनवास–जंगल में निवास स्थान।

बनवासी–जंगल का निवासी।

बनस्पति–वनस्पति।

बना बनाया–पहले से तैयार किया हुआ।

बनाम–विपरीत।

बनाव–रचना; बनावट।

बनावट–मनुष्य की बाहरी आकृति; कृत्ति; ढाँचा; आकार; रचना; आडंबर।

बनावटी–कृत्रिम; दिखावटी; दिखौवा।

बनिया–वैश्य समाज से संबंध रखने वाला; व्यापार करनेवाला; वैश्य; आटा दाल आदि बेचनेवाला।

बनियाइन–अन्दर पहिनने का वस्त्र; बनिये की स्त्री।

बनिस्बत–की अपेक्षा; मुकाबले में।

बनैला–जंगली; जंगल से संबंधित अथवा जंगल में रहनेवाला।

बन्ना–दुल्हा।

बन्नी–दुल्हन।

बपौती–पैतृक धन; विरासत।

बफारा–औषधीय तना।

बबर–शेर; सिंह।

बबुआ–खिलौना (लड़के की आकृति का); छोटा लड़का।

बबूल–एक प्रसिद्ध कँटिला वृक्ष जो मझोले कद का होता है।

बबूला–बुलबुला; तूफान।

बया–एक प्रकार की चिड़िया।

बयान–वर्णन; विवरण; हिसाब लगाना; व्याख्या; निरूपण।

बयाना–वह धन जो किसी काम के लिये बात पक्की हो जाने पर अग्रिम दिया जाता है।

बरई–पान के पत्ते बेचनेवाला।

बरकत–कृपा; अनग्रह; उपकार; समृद्धता; प्रचुरता।

बरकरार–यथापूर्व; पूरे का पूरा।

बरख़ास्त–पद या सेवा से हटाया हुआ।

बरख़िलाफ–इसके विपरित।

बरगद–बरगद का पेड़।

बरछा–भाला; फेंककर मारने का एक अस्त्र।

बरछी–खंजर; छुरा; कटार।

बरज़ोर–प्रबल; निग्रहकारी; अत्याचा. रपूर्वक या अनुचित रीति से बल का प्रयोग करनेवाला; अत्याचारी।

बरज़ोरी–निर्दयता; उत्पीड़न।

बरतन–पात्र; भाँडा।

बरतन चौका–रसोई अथवा रसोई के सामानों को साफ करने का कार्य।

बरतना–इस्तेमाल करना; प्रयोग करना; अभ्यास करना; निवारण करना।

बरताव–व्यवहार; आचरण; किसी के प्रति आचरण का ढंग।

बरदाश्त–सहन करना।

बरबस–जबरदस्ती; अनिच्छापूर्वक; इच्छानुरूप।

बरबाद–नाश; पतन; नष्ट; ध्वस्त; उजाड़।

बरबादी–विध्वंस; विनाश; नष्ट होना।

बरमा–लकड़ी आदि में छेद करने का एक औजार; बर्मा का प्राचीन नाम; एशिया का एक राष्ट्र।

बरमी–म्यांमार की भाषा; छोटी कील।

बरस–वर्ष; साल; 365 दिनों अथवा 12 महीनों का समूह।

बरसगाँठ–जन्मदिन।

बरसना–वर्षा होना; वृष्टि होना; झड़ी लगना।

बरसात–वर्षा; वृष्टि; वर्षाकाल; वर्षाऋतु।

बरसाती–वर्षा संबंधी; बरसात का।

बरसाना–वृष्टि या वर्षा करना; वर्षा की तरह निरन्तर ऊपर से गिराना।

बरसी–वह श्राद्ध जो किसी मृतक के उद्देश्य से उसके मरने की तिथि से ठीक एक वर्ष बाद किया जाता है।

बरात–विवाह की शोभायात्रा; विवाह की टोली; वर पक्ष के लोग जो विवाह के समय वर के साथ कन्या के धर जाते हैं।

बरात घर–वह स्थान जहाँ बारात में आये लोगों का ठहराया जाता है।

बराती–वर के साथ कन्या के घर बारात में जानेवाला मनुष्य।

बराबर–एक उम्र अथवा आकार के; समान; तुल्य; सदृश; समतल; हमवार।

बराबर; के–समतुल्य।

बराबरी–समानता; सदृशता; तुल्यता; प्रतिस्पर्धा।

बरामद–जब्त किया हुआ; कब्ज़े में लिया हुआ; वसूल किया हुआ।

बरामदगी–बरामद करने का कार्य; वस्तु जिसे बरामद किया गया है।

बरामदा–मकान के सामने खंभों पर टिका हुआ ओसारा।

बरास्ता–मार्ग; रास्ता।

बरी–दोषमुक्त; निरपराधी; मुक्त।

बर्ताव–व्यवहार; आचरण; चालढाल।

बर्थ–बैठने का स्थान; आसन।

बर्दाश्त–सहनशक्ति; सहनशीलता।

बर्फ़–तुषार; हिम।

बर्फ़ी–एक प्रकार की आयताकार आकार की मिठाई।

बर्बर–अशिष्ट; रूखा; भयानक; क्रूर।

बर्बरता–निर्दयता; क्रूरता।

बर्बरतापूर्ण–अशिष्ट; असभ्य।

बर्र–ततैया।

बर्राना–व्यर्थ बकबक करना; स्वप्न या बीमारी में बोलना।

बल–ताकत; शक्ति; दम; योग्यता; सामर्थ्य; पराक्रम; प्रभाव; दाब; जोर; संगठित निकाय; दिशा; घुमाव।

बलवर्धन–शक्ति देनेवाला; स्वास्थ्य में वृद्धि करनेवाला।

बलवा–दंगा; उपद्रव।

बलवाई–दंगाखोर।

बलवान–शक्तिमान; शूरवीर; प्रबल; साहसी; पुष्ट।

बल वैभव–पराक्रम तथा विशालता।

बलशाली–बलवान शक्तिमान; प्रबल।

बलहीन–शक्तिहीन; असहाय; कमजोर; अशक्त; दुर्बल।

बला–हानि; संकट; आपत्ति; तंगहाली; कष्ट; पीड़ा; वेदना; विपदा; विपत्ति; बुरी आत्मा; भूत प्रेत।

बलाघात–जोर; दबाव।

बलात्–बल से; बलपूर्वक।

बलात्कार–किसी की इच्छा के विरुद्ध बलपूर्वक कोई काम करना।

बलाबल–ताकत तथा कमज़ोरी।

बलि–चढ़ाया हुआ अथवा समर्पित की हुई वस्तु।

बलिदान–किसी देवता के उद्देश्य से नैवेद्य आदि पूजा की सामग्री चढ़ाना।

बलिष्ठ–अधिक बलवान; वीर; शक्तिमान।

बलिहारी–श्रद्धा, भक्ति, प्रेम आदि के कारण अपने का निछावर।

बली–शक्तिमान; बलवान।

बलीवर्द–वृषभ; बैल।

बलुआ–रेतीला।

बलूत–ठंडे देशों में होनेवाला एक पेड़ जिसे यूरोपवाले पवित्र मानते हैं।

बलूती–ओक की लकड़ी या पत्तों का बना हुआ।

बल्कि–लेकिन; दरसअल।

बल्ब–विद्युत की सहायता से प्रकाश देनेवाला उपकरण।

बल्लम–बरछा; भाला; सोंटा।

बल्ला–(क्रिकेट) लकड़ी का लंबा लट्ठा।

बल्ली–लम्बी लकड़ी की डंडी

बवंडर–चक्रवात; भंयकर झंझावत; तूफान।

बवासीर–एक रोग जिसमें गुदा में मस्से पैदा हो जाते हैं।

बशर्ते–इस दशा में

बसंत–वसंत ऋतु।

बसंती–वसंत ऋतु से संबंधित; पीला रंग।

बसंदर–अग्नि; आग।

बस–काफी; पर्याप्त; यथेष्ट; सिर्फ।

बसना–निवास करना; रहना; टिकना; जमना; फैल जाना।

बसर–जीविका; जीविकोपार्जन; गुजार; निर्वाह।

बसाना–लोगों को रहने की जगह देना।

बसूला–बढ़ई का लकड़ी छीलने और गढ़ने का औजार।

बसूली–मेमार का बसूले के आकार का छोटा औजार।

बसेरा–आश्रय; रक्षा स्थान; निवास स्थान।

बस्ता–स्कूल का थैला; वस्त्र रखने का चमड़े का थैला।

बस्ती–निवास स्थान; वासित प्रदेश; उपनगर; जनसमुदाय।

बहँगी–तराजू के आकार का एक ढाँचा जिसके दोनों ओर के छीकों पर बोझ ढ़ोया जाता है।

बहक–सीधे रास्ते से भटका हुआ; अप्रसांगिक वार्तालाप।

बहकना–भटकना; बेसिर पैर की बातें करना।

बहकाना–फुसलाना; भटकाना; पथभ्रष्ट करना; मोहित करना; प्रलोभन देना; गलत दिशा में भेजना।

बहकावा–प्रलोभव।

बहन–बहिन; भगिनी।

बहना–बह चलना; उमड़ना; पानी की धारा पड़कर जाना।

बहनापा–बहन जैसा संबंध।

बहनेली–ग्रहण की हुई बहन।

बहनोई–बहन का पति।

बहरा–ऊँचा बधिर; सुननेवाला।

बहरापन–बधिरता।

बहरी–बाज की प्रजाति का एक बड़ा पक्षी।

बहरूपिया–अनेक रूपरंग का।

बहलना–दु:ख की बात सुनकर मन को दूसरी ओर फेरना; भुलावा देना।

बहलाना–विनोद करना; मनोरंजन करना।

बहलाव–बहलाना।

बहलावा–मनोविनोद; बहकाव।

बहस–वाद विवाद; तर्क विर्तक।

बहस मुबाहिसा–विस्तारित वाद विवाद।

बहाऊ–अपव्यय करनेवाला।

बहादुर–वीर; सहासी; पराक्रमी; खतरों से खेलनेवाला; बेधड़क; दुस्साहसी।

बहादुरी–साहसिकता; वीरता; पराक्रम।

बहाना[1]–किसी कार्य को न करने का कारण बताने का भाव।

बहाना[2]–पानी आदि को नीचली सतह की ओर छोड़ना।

बहानेबाज़–बहाने बनाने अथवा देनेवाला।

बहार–सर्दी या गर्मी के बीच की ऋतु; वसन्त ऋतु; आनन्द का मौसम; आकर्षण।

बहाल–फिर से धारण करना।

बहाली–फिर से स्थापित करना; मरम्मत करना (पुरानी स्थिति में); स्थापना।

बहाव–प्रवाह।

बहिरंग–बाहरी; भौतिक।

बहिर्गत–ऊपरी; सतही; बाहरी।

बहिर्गमन–बाहर निकालना; किसी सभा इत्यादि से विरोध करते हुए बाहर जाना।

बहिर्जगत–बाहरी संसार अथवा जगत।

बहिर्मुखी–केवल बाहर की ओर देखने वाला व्यक्ति।

बहिर्रेखा–बाहरी रूप रेखा।

बहिश्त–स्वर्ग; देवलोक।

बहिश्ती–स्वर्ग से संबंधित।

बहिष्कार–भाग न लेना; प्रतिरोध; निषेध।

बहिष्कृत–प्रतिरोधित।

बही–हिसाब किताब लिखने की पुरानी तरह की पुस्तक।

बही खाता–हिसाब किताब लिखने की पुस्तक।

बहु–अनेक; एक से अधिक।

बह आयामी–अनेक मापवाला।

बहुजातीय–अनेक राष्ट्र या जाति से संबंधित।

बहुज्ञ–बहुदर्शी; बहुत विषयों को जानने वाला।

बहुज्ञता–बहुज्ञ; बहुज्ञ होने का भाव; बहुदर्शीता।

बहुत–प्रचुर; काफी; बहुल; भरपूर; विपुल; अधिक; बहु; कई। अति; अत्यन्त।

बहुतायत–प्रचुरता से; बहुलता से; अधिकता; ज्यादती; बहुत सारा।

बहुतेरा–अधिक; बहुत सा; बहुत।

बहुत्व–प्रचुरता; बहुलता; बहुसंख्या; बाहुल्य।

बहुधा–सामान्यत:; साधारणतया; व्यापक रूप से; कई प्रकार से।

बहुपक्षीय–अनेक पक्ष से संबंधित।

बहुपठित–पढ़ा लिखा।

बहुपतिका–एक से अधिक पतिवाली स्त्री।

बहुमूल्य–उत्कृष्ट; महँगा; ऊँची कीमत का; अनमोल।

बहुरंगा–अनेक रंगों का; रंग बिरंगा।

बहुरना–वापस आना; लौटना; फिर हाथ आना।

बहुराष्ट्रीय–अनेक राष्ट्रों से संबंधित।

बहुरूप–अनेक रूपोंवाला।

बहुरूपिया–अनेक रूप धारण करने वाला; दूसरे का भेष बदलने में निपुण; दूसरे का भेष बनानेवाला।

बहुल–विशाल; बहुत।

बहुलता–अधिकता; प्रचुरता; विशालता।

बहुलवाद–एक से अधिक होना; अने. कत्व।

बहुलवादी–अनेकत्व का।

बहुवचन–वह रूप जिससे अनेकता का बोध होता है।

बहुविवाह–अनेक पत्नियों अथवा अनेक पतियों से विवाह करने की प्रथा।

बहुश्रुत–जिसने अनेक विद्वानों से भिन्न भिन्न शास्त्रों की बातें सुनी हों।

बहुसंख्यक–अगिनित; असंख्य।

बहुस्तरीय–अनेक स्तरवाला।

बहू–वधु; पुत्रवधु; छोटे भाई अथवा बेटे की पत्नी।

बहेड़ा–एक जंगली पेड़ और उसका फल जो दवा बनाने के तथ चमड़ा सिझाने के काम आता है।

बहेलिया–शिकारी।

बाँक–बाँह में पहिनने का एक आभूषण।

बाँकपन–तिरछापन; छबीलापन; शौ. कीनी।

बाँका–दम्भी; छैला।

बाँकापन–छैलापन।

बाँग–मुर्गे की आवाज; प्रार्थना आवाज़ (मस्ज़िद के प्रमुख के द्वारा)।

बाँगडू–असभ्य; संस्कारहीन; मूर्ख।

बाँचना–उच्च स्वर में पढ़ना।

बाँझ–जिसे बच्चें पैदा न हो (स्त्री)।

बाँझपन–बाँझ होने का भाव।

बाँट–विभाजन; अलगाव; पृथक्करण।

बाँटना–वितरण करना; वर्गीकरण करना; विभाजन करना; हिस्सेदारी करना।

बांड–बंधन; संबंध; संघ।

बाँदी–दासी; लौंडी।

बाँध–मिट्टी; ईंट या पत्थर का बना हुआ पुस्ता जो जलाशय के किनारे पानी एकत्र करने के लिये बनाया जाता है।

बाँसुरी–पतले पोले बाँस की बनी एक नली जो मुँह से फूंककर बजायी जाती है।

बाँह–बाहु; भुजा; हाथ का कंधे से हथेली तक का भाग।

बाइसिकिल–पैरों से चलाई जानेवाली दो पहियों की गाड़ी।

बाई–महिला; प्रलाप।

बाईजी–वेश्या।

बाएँ–उल्टी तरफ।

बाएँ; के–बाएँ ओर।

बाक़ी– बचा हुआ।

बाग–लगाम; रास।

बाग़–जमीन का वह खंड जिसमें फल फूल के पौधे कतार में लगाये जाते हैं।

बाग़बान–बाग की देखरेख करनेवाला; माली।

बाग़ी–विद्रोही; बग़ावत करनेवाला; राजद्रोही।

बाग़ीचा–छोटा बाग़।

बाघंबर–चीते की खाल।

बाघ–चीता।

बाछ–होठ का सिरा।

बाछा–बछड़ा।

बाज़–एक प्रसिद्ध शिकारी चिड़िया।

बाजरा–ज्वार; बाजरा आदि।

बाजा–संगीतमय उपकरण।

बाजा-गाजा–धूम धाम; बैंड बाजा।
बाज़ार–हाट; मंडी; वह स्थान जहाँ साधारण आवश्यकता की वस्तुएँ या कोई खास चीज बेची खरीदी जाय।
बाज़ारीकरण–क्रय विक्रय का कार्य।
बाज़ारू–घटिया तथा नीच।
बाज़ी–शर्त; जुआ; दाँव।
बाज़ीगरी–बाजीगर का कार्य।
बाज़ू–बाँह; भुजा; पक्ष।
बाज़ूबंद–बाज़ू में पहनने का एक आभूषणू।
बाट–मार्ग; रास्ता; पथ; पत्थर आदि का वह टुकड़ा जो तौलने के काम में आता है।
बाटी–उपलों की आग या अंगारों पर सेंकी हुई छोटी तथा मोटी रोटी।
बाड़–झाड़दार बाड़ा।
बाड़ा–छोटा बाग़; घर; घेर।
बाढ़–वृद्धि; विकास; उपज; सैलाब।
बाण–तीर।
बाण विद्या–धनुर्विद्या।
बात–वार्तालाप; मामला; विषयस्थिति।
बात-चीत–वार्ता; दो या अधिक व्यक्तियों का आपस में बातें करना।
बाती–डोरी; वर्तिका; बत्ती।
बातूनी–वाचाल; अधिक बात करनेवाला।
बातूनीपन–बकवादी।
बाद–अति वाचलता; कटौती; घटाना।
बाद; के–पीछे; बाद में
बादबान–मस्तूल; पाल।
बादल–मेघ; घटा।
बादवाला–आगमी; अगला।
बादशाह–राजा; सम्राट; राज्य करनेवाला।
बादशाहत–शासन; राज्य; शासन विधि; साम्राज्य।
बादाम–एक प्रसिद्ध मेवा जिसकी गिरी खाई जाती है।
बाना–वस्त्र की रचना; पहिनावा; भेष।
बाप–पिता; बापू।
बाप दादा–पूर्वज; पुरखा; पितर।
बापू–पिता; बाप।
बाबा–दादा; बूढ़ा आदमी; पूर्वज।
बाबा-आदम–प्राचीन; आदिम; पुराना।
बाबुल–पिता; बाप; बापू।
बाबू–शिक्षित व्यक्ति; लेखाकार।
बायकाट–बहिष्कार।
बायन–भेंट; उपहार।
बायबी–अजनबी।
बायाँ–उल्टा; प्रतिकूल।
बायें–विपरीत; बाईं ओर होना।
बारंबार–बार बार; लगातार; निरन्तर।
बार–वक्त; समय; काल।
बारजा–बरामदा।
बारदाना–भोजन; आहार; खाने का पदार्थ; नाना विषय संग्रह।
बार-बार–बारम्बार; अनेक बार; लगातार।
बारहदरी–(ऊपरी मंजिल पर स्थित) एक निर्माण जिसमें 12 प्रवेशद्वार हों।
बारहमासी–पूरे वर्ष खिला रहनेवाला पौधा; सदाबहार पौधा।
बारहवाँ–बारह की संख्या को दर्शाने वाला।
बारहसिंगा–हिरन।
बारात–बरात।

बारिश–वर्षा; वृष्टि।

बारी–पारी; अवसर; वृक्ष वाटिका; छोटा बगीचा।

बारीक–पतला; महीन; अति सूक्ष्म।

बारीकी–पतलापन; महीनता।

बारूद–आतिशबाजी तथा तोप बंदूक चलाने के काम में आनेवाला एक महीन चूर्ण।

बाल–केश; शिशु; छोटा बच्चा; अन्न का बाल; गेंद।

बालक–लड़का; बच्चों की तरह व्यवहार करनेवाला।

बालकपन–लड़कपन।

बालकमानी–स्प्रिंग (घड़ी में की)।

बालकाल–बाल्यवास्था; बाल अवस्था।

बालक्रीड़ा–बालकों का खेल।

बालगोपाल–बच्चें।

बालचर–लड़कों की स्काउट।

बालचरित–बाल्यावस्था की जीवन गाथा; बचपन में हुई घटनाओं का विवरण।

बालटी–डोल।

बालटू–ढिबरी।

बालडांस–बैले नृत्य; नियोजित नृत्य कार्यक्रम।

बालतोड़–बाल का जड़ से उखड़ने के कारण उपजी फुन्सी।

बालना–प्रज्जवलित करना जलाना।

बालपन–संतान; संतति।

बालवृद्धि–बच्चों जैसी समझ; नासमझ।

बाल ब्रह्मचारी–जीवन पर्यन्त अविवाहित व्यक्ति।

बालभाव–बच्चों की तरह पवित्रता।

बालम–प्रियतम; स्नेहपात्र; प्रिय प्रेमी।

बालमति–बचपन।

बालरवि–उदयकाल का उगता सूर्य।

बालवध–शिशु वध; बाल हत्या।

बाल विधवा–बाल्यकाल से विधवा।

बाल विवाह–बाल्यकाल में विवाह।

बाल सफ़ा–बाल हटाना।

बाल सभा–बच्चों की मंडली।

बाल साहित्य–बाल्यावस्था से संबंधित साहित्य।

बालसुलभ–बच्चों जैसा।

बालसूर्य–उदयकाल का सूर्य।

बालहठ–बालक के समान हठ।

बाला–यौवनप्राप्त लड़की।

बालाई–मलाई।

बालानशीन–प्रतिष्ठित।

बालापन–बाल्यावस्था; लड़कपन; शैशव।

बालावस्था–लड़कपन की अवस्था; बचपन।

बालिका–बेटी; लड़की।

बालिग़–व्यस्क; स्याना।

बालिश्त–अँगूठे के सिरे से छिगुनी के छोर तक की लंबाई; बित्ता।

बालिश्य–एक प्रकार का उन्माद।

बाली–युवा; तरुण।

बालुका–मिट्टी; रेत।

बालुकामय–बालू से भरा हुआ; बालू के समान।

बालू–रेत; मिट्टी।

बालू कण–मिट्टी का खंड; गर्द।

बालूशाही–एक प्रकार की मिठाई।

बालेंदु–दूज का चाँद; रोशनीवाले पखवारे की दूसरी रात का चाँद।

बालोचित–बालक के समान।

बाल्टी–डोल; पात्र।

बाल्य–बालक से संबंधित।

बालयकाल–बाल्यावस्था; लड़कपन।

बाशिंदा–निवासी।

बास–निवास। गंध।

बासन–बरतन; भांडा; पात्र।

बासा–निवास; डेरा; रहने का स्थान।

बासी–देर का अथवा एक दिन पहले का बना हुआ।

बाहर–बाहरी भाग।

बारह; के–बाहरी भाग।

बाहरवाला–परदेसी।

बाहरी–ऊपरी; सतही; बाह्य; भौतिक; बाह्य रूपरेखा।

बाहु–भुजा; बाँह।

बाहुबल–हाथों की शक्ति।

बाहुबली–पुष्ट देह रखनेवाला।

बाहुमूल–काँख।

बाहुयुद्ध–मल्ल युद्ध।

बाहुल्य–जोश; प्रचुरता; बहुतायत।

बाह्य–बाहरी; ऊपरी।

बाह्यतः–बाहर से।

बाह्यांचल–सरहद; सीमांत।

बाह्याचार–दिखावटी आचरण।

बिंदी–एक छोटा गोल निशान; बिन्दु; शून्य; माथे पर सिन्दुर का निशान।

बिंदु–एक छोटा गोल निशान; शून्य।

बिंदु चित्रण–बिन्दु रीति से तैयार चित्र।

बिंधना–छेदा जाना; फँसना।

बिंब–किसी गोल भाग का ऊपरी भाग; छाया।

बिंब योजना–काल्पनिक वर्णन।

बिंब विधान–काल्पनिक वर्णन।

बिआना–जनना; पैदा करना (जानवरों द्वारा)।

बिकना–बेचा जाना।

बिकल–व्याकुल; बेचैन।

बिकलता–व्याकुलता; बेचैनी।

बिकवाना–किसी से बिक्री करवाना।

बिकसना–खिलना; फूलना।

बिकाऊ–बिकने के लिए।

बिक्री–बेचे जाने की क्रिया।

बिक्री बट्टा–विक्रय अथवा लेन देन।

बिखरना–चीजों का बेतरतीबी से इधर उधर फैलाना।

बिखराव–बिखेरने का कार्य।

बिखेरना–इधर उधर फैलाना।

बिगड़ना–क्रुद्ध होना; खराब होना; बेकार होना।

बिगड़ा–बदतर होना; बेकार; लाड़ प्यार से बिगड़ जाना।

बिगड़ी–गंभीर तथा मुश्किल अवस्था।

बिगड़ैल–थोड़ी बात पर क्रुद्ध होनेवाला।

बिगाड़–दरार; कटाव; कलह; फूट; वैमनस्य।

बिगाड़ना–बेकार करना; नुकसान करना; हानि पहुँचाना; नष्ट करना; पतन करना।

बिगाड़ू–बिगाड़नेवाला।

बिगुल–एक प्रकार की तुरही।

बिचकना–ढील पड़ना।

बिचकाना–तिरस्कार करना; उपहास करना।

बिचला–बीच का; मध्यम।

बिचवई–बीच बचाव करनेवाला।

बिचौलिया–व्यापारादि में बेचनेवाले तथा ग्राहक के बीच में पड़नेवाले लोग।

बिचौली–बिचौलिया।

बिच्छी–मादा बिच्छु।

बिच्छू–एक छोटा कीड़ा जिसकी पूँछ में डंक और विष होता है।

बिछड़ना–दूर होना।

बिछना–बिछाया जाना।

बिछलन–फिसलन।

बिछलना–फिसलना।

बिछाना–चादर आदि पूरे विस्तार से फैलाना।

बिछावन–बिछौना।

बिछिया–पैर की अँगुलियों में पहनने का एक प्रकार का छल्ला।

बिछुआ–पैर में पहनने का एक प्रकार का गहना।

बिछुड़ना–साथ रहनेवाले दो व्यक्तियों का अलग होना।

बिछोहा–वियोग; विरह।

बिछोह–कष्टप्रद; विछोह; प्रियजन से बिछड़ने का वियोग।

बिछौना–वह कपड़ा जिसे चारपाई आदि पर बिछाकर सोया जाय; बिस्तर; दिनचर्या।

बिजूखा–चिड़ियों का डराने का पुतला।

बिजैला–बीज भरा हुआ।

बिज्जु–जंगली बिल्ली की जाति का एक जानवर।

बिटिया–बेटी; पुत्री।

बिठलाना–बैठाना।

बिठाना–बैठाना।

बिड़ाल–नर बिल्ली; बिल्ला।

बिताना–व्यय करना (समय)।

बित्ता–बित्ते से नापना।

बिथरना–फैलाना; छितरना।

बिदकना–भड़कना; चौंकना।

बिदा–विदाई; प्रस्थान।

बिदाई–विदा होने का भाव या क्रिया; प्रस्थान; रवानगी।

बिदेश–विदेश।

बिदेसिया–अन्यदेशीय; विदेशी; विदेश में निवास करनेवाला।

बिदेसी–विदेशी।

बिध–अनुरूपता।

बिधना–तकदीर; किस्मत; भाग्य; नियति।

बिन–बिना।

बिनती–विनती।

बिनन–वस्त्र की बुनाई।

बिनना–बीनना; चुनना।

बिनवाना–बिनने का कार्य करवाना।

बिना–अलावा; सिवाय।

बिनाई–बिनने या चुनने की क्रिया या शुल्क।

बिनावट–बनावट; रचना।

बिनौला–कपास का बीज।

बिपता–दु:ख; क्लेश; विपत्ति।

बिफरना–विद्रोही होना; भड़कना; नाराज़ होना।

बियाबान–जंगल; उजाड़ जगह।

बिरता–शक्ति; आधार।

बिरला–विरल; अपूर्व; अनोखा; अतुल्य।

बिरवा–पौधा।

बिरह–विरह; वियोग।

बिरहा–वियोग का एक लोक संगीत; विरहा।

बिरही–वियोग के दु:ख से पीड़ित।

बिराजना–बैठना।

बिरादर–भाई; भ्राता।

बिरादराना–भाई सदृश; भाईचारा।

बिरादरी–जाति; कुल।

बिराना–जो अपना न हो।

बिल–जानवरों की माँद; बेचे हुए माल या किये हुए काम के पावने का पुरजा।

बिलकुल–बिल्कुल; सम्पूर्ण।

बिलखना–रोना; दु:खी होना।

बिलग–अलग; पृथक।

बिलगाना–अलग होना।

बिलगाव–वियोग; विरह; अलगाव।

बिलटना–बिगड़ना; उलटा करना; परिवर्तन करना।

बिलटी–रेल से भेजे जानेवाले माल की रसीद जिसे दिखाने पर भेजा हुआ माल मिलता है।

बिलना–बेला जाना।

बिलनी–आँख की पलक पर होनेवाली फुँसी।

बिलपना–विलाप करना; रोना; दुख प्रकट करना।

बिलबिलाना–दुख पीड़ा आदि से विकल; विह्वल होना।

बिलसना–सुन्दर दिखना; मिलकर प्रसन्न होना।

बिला–बिना कुछ दिखाये।

बिलाई–बिल्ली।

बिलाना–आँखों से ओझल होना।

बिलार/बिलाव–बिल्ला।

बिलैया–नर बिल्ली; बिजली की चमक।

बिलोकना–देखना।

बिलोना–मथना (दुध, दही इत्यादि)।

बिलौटा–बिल्ली के बच्चे।

बिल्कुल–पूर्ण रूप से; पूरी तरह से; सर्वथा।

बिल्ला–नर बिल्ली; चिह्न।

बिवाई–पाँव के तलवे का फटना।

बिस–जहर; विष।

बिसखोपड़ा–गिरगिट।

बिसमिल्ला–आरम्भ; उद्‌गम; शुरुआत।

बिसरना–भूल जाना।

बिसहा–बीस नाखुनोंवाला कुत्ता (जो सामान्यत: पागल माना जाता है)।

बिसात–क्षमता; योग्यता; शतरंज आदि खेल खेलने का कपड़ा।

बिसातख़ाना–सामान्य व्यापारी माल; बिसाती का माल।

बिसातबाना–बिसातख़ाना।

बिसाती–वस्त्र बेचनेवाला।

बिसायँध–दुर्गन्ध; बदबू।

बिसारना–भूलना।

बिसूरना–सिसकना/विलाप करना।

बिस्कुट–आटे; आरारोट आदि की विशेष रीति से बनी मीठी या नमकीन टिकिया।

बिस्तर–बिछौना।

बिस्तरबंद–बिस्तरा आदि बाँधने का किरमिच का बस्ता।

बिस्वा–बीघा। एक बीघे का बीसवाँ भाग।

बिहान–दिनमुख; अरुणोदय।

बिहिश्त–बैकुण्ठ; स्वर्ग।

बिही–श्रीफल; शरीफा; छोटा अमरूद।

बींधना–छेंदना/भेदना।

बी–बीवी; पत्नी।

बीघा–खेत का क्षेत्रफल या वर्गमान जो बीस बिस्वे का होता है।

बीच–किसी पदार्थ का मध्य भाग; केन्द्र।

बीछी–मादा बिच्छु।

बीज–अँकुर; शुक्र; किसी वस्तु के उद्गम का कारक।

बीजक–वह सूची जिसमें माल का ब्योरा, मूल्य आदि लिखा हो।

बीजमंत्र–भिन्न भिन्न देवताओं के उद्देश्य से निर्दिष्ट मूल मंत्र।

बीजारोपण–बोना (बीज)।

बीजी–बिज्जु; गुठली; गिरी।

बीजू–बीज से उत्पन्न।

बीट–पक्षियों का मल।

बीड़ा–पानी की गिलौरी; किसी कार्य को करने का जिम्मा लेना।

बीड़ी–सिगार के सदृश भारतीय तम्बाकू भरा पत्तियों का गोलक।

बीतना–बढ़ना; समय का व्यतीत होना; समय का घटना।

बीन–साँप पकड़नेवाले की बाँसूरी; एक भारतीय तारवाला वाद्य।

बीनना–इकट्ठा करना/चुनना/छाँटना।

बीनाई–दृष्टि।

बीबी–स्त्री; बड़ी बहन; पत्नी।

बीभत्स–भयंकर; विकट; डरावना; घृणित; घृणा करने योग्य; विकराल।

बीम–शहतीर।

बीमा–मृत्यु; दुर्घटना आदि की हानि पूर्ति के निमित्त विशिष्ट संस्था द्वारा नियम धन की जिम्मदारी या धन पाने का अधिकार।

बीमाकर्ता–बीमा करनेवाला।

बीमाकृत–जिसका बीमा हो चुका हो।

बीमार–रोगग्रस्त; अस्वस्थ; रोगी।

बीमारी–रोग; व्याधि; अस्वस्थता।

बीया–बीज।

बीर–बहादुर; सहासी; निर्भीक। भाई; भ्राता; शूरवीर।

बीरन–भाई; भ्राता।

बीर बहूटी–इन्द्रगोप; गहने लाल रंग का एक छोटा; सुन्दर तथा कोमल बरसाती कीड़ा।

बीवी–पत्नी; भार्या; सहधर्मिणी।

बीसी–बीस वस्तुओं का समूह।

बीहड़–उबड़ खाबड़; ऊँचा नीचा; संकटमय; करने में कठिन; दुष्कर; कठिन।

बुँदकी–बिन्दु; गोल छोटी बिन्दी।

बुंदा–कान का आभूषण।

बुक्का–अभ्रक का चूर्ण।

बुख़ार–ज्वर; ताप; संताप।

बुच्चा दाढ़ी–तीखी नोकदार दाढ़ी।

बुज़दिल–डरपोक; कायर।

बुजुर्ग–बूढ़ा (आदमी); आदरणीय।

बुजुर्गी–अधिक आयु; वरिष्ठता; उच्चता; बड़ापन।

बुझना–रोशनी अथवा जलना बंद होना; ठंडा करना; प्यास पूरी होना।
बुझाना–प्यास मिटाना; इच्छा, प्यास, क्रोध आदि का शमन करना; हल करना।
बुझौवल–पहेली; समस्या; उलझन।
बुड़बुड़ाना–बड़बड़ाना।
बुड़भस–वृद्धावस्था के कारण दिमागी कमज़ोरी; बुढ़ापे के कारण कमज़ोरी।
बुड्ढा–बूढ़ा; वृद्ध व्यक्ति।
बुढ़ाना–बुड्ढा होना।
बुढ़ापा–ढलती उम्र; वृद्धावस्था।
बुढ़िया–बुढ़ी स्त्री।
बुत–निरूत्साह तथा गतिहीन। प्रतिमा; चिह्न; मूर्ति।
बुतख़ाना–मूर्ति के साथ मंदिर।
बुतपरस्त–मूर्तिपूजक।
बुतपरस्ती–मूर्तिपूजा।
बुतशिकन–मूर्तिया तोड़नेवाला।
बुताना–बुझाना।
बुताम–बटन; स्विच।
बुत्ता–चकमा; छल।
बुदबुदाना–बड़बड़ाना; उबाल; फुसफुसाना; जोश।
बुदबुदाहट–अस्फुट वाणी।
बुद्ध–ज्ञानी; पंडित; विद्धवान। भगवान बुद्ध; बौद्ध धर्म के प्रसिद् प्रवर्तक।
बुद्धत्व–बुद्ध। बुद्ध का धर्म।
बुद्धि–अक्ल; समझदारी; चतुराई; समझ; ज्ञान।
बुद्धिमान; बुद्धिमान्–समझदार; सयाना।
बुद्धिहीन–मूर्ख; पागल।
बुद्धू–अनाड़ी; अल्पबुद्धि; मंदबुद्धि व्यक्ति।
बुध–सप्ताह का चौथा दिन (बुधवार); सूर्य के सबसे करीब ग्रह का नाम।
बुधजन–पंडित के समान लोग; समझदार; ज्ञानी।
बुधवार–सप्ताह का चौथा दिन।
बुनकर–जुलाहा।
बुनना–धागे से कपड़ा बनाना; तानों के सूतों से बाने का सूत निकालना।
बुनावट–बुनाई का ढंग; बुनाई।
बुनियाद–नींव; आधार; मूल; जड़।
बुनियादी–आधारभूत; मूलभूत।
बुनियादी ढाँचा–आधार देने का स्वरूप।
बुभुक्षा–क्षुधा; भूख।
बुभुक्षित–भूखा।
बुर–स्त्री का जननांगीय अंग; योनि; भग।
बुरकना–पिसी हुई वस्तु को दूसरी वस्तु पर हाथ से धीरे धीरे छिड़कना।
बुरक़ा–परदा; घूँघट; लंबा पहनावा जिससे बाहर निकलने से पहले मुसलमान स्त्रियाँ अपना स्मस्त शरीर ढक लेती हैं।
बुरक़ापोश–घूँघट से ढका हुआ।
बुरकी–टोटके में या मंत्रादि पढ़ते समय प्रयुक्त धूल या राख।
बुरबक–जराकालीन; जीर्ण।
बुरा–दुष्ट; कष्टकारक; हानिकारक; दोषी; नुकसानदेय; पापी; दुश्चरित्र; अत्याचारी।
बुराई–खराबी; त्रुटि; अवगुण; दोष; कमी; पाप; दोष; अप्रतिष्ठा; अपयश।

बुरादा–लकड़ी आदि काटने पर निकल. नेवाला चूर्ण।

बुरा-भला–हानि लाभ।

बुरुश–रँगने या सफाई करने के लिए खास तरह की बनी हुई कूँची।

बुर्ज–दुर्ग की रक्षा के लिए बना हुआ उभड़ा भाग।

बुर्जी–बुर्ज।

बुर्जुआ–दुकानदार; व्यापारी।

बुर्द–अतिरिक्त आय; स्पर्धा; शतरंज के खेल में बादशाह के अतिरिक्त सभी मोहरे पिट जाना।

बुर्दाफ़रोश–बंधुआ व्यापारी।

बुर्राक़–चमकदार; स्वच्छ।

बुलंद–ऊँचा; उन्नत; श्रेष्ठ; उच्च।

बुलंदी–ऊँचाई; उत्कर्ष।

बुलडाग–एक बड़ी नस्ल का कुत्ता।

बुलबुल–एक छोटी चिड़िया जिसकी बोली बहुत मधुर होती है।

बुलबुला–पानी का हवा भरा आवरण; क्षणिक वस्तु; दिखावटी योजना।

बुलवाना–बुलाने का कार्य किसी और से करवाना; किसी को बोलने के लिए उकसाना।

बुलाक़–एक लंबोतरा या सुराहीदार मोती जिसको स्त्रियाँ नथ में या दोनों नथनों के बीच के परदे में पहनती हैं।

बुलाना–पुकारना; आमंत्रित करना; आयोजन करना।

बुलावा–पुकार; निमंत्रण।

बुलाहट–बुलावा।

बुलेटिन–संक्षिप्त सरकारी समाचार पत्र।

बुसना–बासी खाने में दुर्गन्ध पैदा होना या उसका सड़ना।

बुहारना–झाड़ू देना।

बुहारी–झाड़ू।

बूँद–पानी की बहुत कम मात्रा।

बूँदा-बाँदी–हल्की वर्षा।

बूँदी–बूँद के आकार की छोटी मिठाई; कपड़े पर कढ़े हुए छोटे छोटे गोल नमूने।

बू–गंध; दुर्गन्ध।

बूआ–पिता की बहिन; बुआ।

बूकना–चूर्ण करना; किसी पदार्थ को पीसकर महीन चूर्ण करना।

बूचड़–कसाई।

बूचड़ख़ाना–कसाई घर।

बूचा–अपंग; लंगड़ा; विकलांग।

बूझ–भविष्य जानने की योग्यता या वास्तविकता बतानेवाला; बुद्‌धि; ज्ञान।

बूझना–सही अंदाजा लगाना; किसी पहेली का हल पूछना।

बूट–जूता।

बूटा–पौधा; रूपरेखा (कपड़े पर)।

बूटी–वनौषधि; रूपरेखा; ताश के पत्ते में की चित्ती।

बूटेदार–कढ़ा या छपा हुआ कपड़ा।

बूढ़ा–बुड्ढ़ा; वृद्‌ध; पुराना; बूढ़ा आदमी।

बूढ़ी–वृद्‌ध स्त्री।

बूता–योग्यता; समर्थ; किसी कार्य को करने या थामने का बल।

बू बास–बद्‌बू; विशेषता।

बूरा–अशुद्‌ध चीनी।

बृहत्–विशाल; बलिष्ट; महान।

बृहत्तर–विशालता।

बृहद्–विशाल; बृहत्।

बृहस्पति–सौर जगत का एक ग्रह; सप्ताह का पाँचवा दिन; वीरवार।

बेंच–चौकी।

बेंट–मूठ; दस्ता; (चाकू इत्यादि का)।

बेंत–सज़ा देने की छड़ी।

बे–बिना; सिवाय।

बेईमान–कपटी; भ्रष्टाचारी; छली; धूर्त।

बेईमानी–बेकार; अप्रभावी; बेरोज़गार; निकम्मा; व्यर्थ।

बेउसूल–जिसका कोई सिद्धान्त न हो।

बेएतबार–जिस पर भरोसा न हो; कपटी; धूर्त।

बेएब–निर्दोष; जिसका कोई दोष न हो।

बेऔलाद–निस्संतान; संतानरहित।

बेक़द्र–जिसकी कोई पूछ न हो।

बेक़द्री–आदरमान का भाव; बेइज़्ज़ती।

बेक़रार–विकल; बेचैन; व्याकुल।

बेक़रारी–बेचैनी; बेकली; व्याकुलता।

बेकस–असहाय; निस्सहाय।

बेकसी–निस्सहायता।

बेक़सूर–निरपराध; निर्दोष।

बेकहा–जो किसी का कहना अथवा सलाह न मानता हो।

बेक़ाबू–जिसका बस न चले; विवश; लाचार।

बेकाम–बेकार; अप्रभावी; बेरोज़गार; निकम्मा; व्यर्थ।

बेकायदगी–अनुचित्तता; नियमविरुद्धता।

बेक़ायदा–अव्यवस्थित; अनुचित; नैतिक रूप से गलत; नियमरहित; ग़ैरकानूनी; नियम विरुद्ध।

बेक़ायदे–अनियमितता से; गलत ढंग से; अकुलीन।

बेकार–जो किसी काम का न हो; आशाहीन; व्यर्थ; निरर्थक; निकम्मा; बेरोज़गार।

बेकारी–बेरोज़गारी।

बेखटक–बिना संकोच या असमंजस के।

बेखटके–बिना झटके या पकड़ के; बिना झिझक के।

बेख़बर–विस्मरणशील; अचेत; असावधान; असावधाान; लापरवाह।

बेख़बरी–बेसुधी; भूलने की आदत; असावधानी; लापरवाही।

बेख़ुदी–निस्वार्थता।

बेख़ौफ–डररहित; भयरहित। निडर; निर्भिक।

बेग–थैला।

बेग़म–रानी; अमीर घराने की स्त्री।

बेग़मी–रानी के सदृश।

बेगाना–गैर; पराया; अनजान; अजनबी।

बेगार–बिना मज़दूरी दिए जबरदस्ती लिया जानेवाला काम; वह काम जो मन लगाकर न किया जाए।

बेगारी–जब्रन मज़दूरी; बेगार मज़दूर का कार्य।

बेगुनाह–निरपराध; बेकसूर।

बेग़ैरत–निर्लज्ज; बेशरम; ढीठ।

बेघर–बिना घर या आवास का।

बेचना–विक्रय करना।

बेचान–अनुमोदन; सार्वजनिक नीलामी।

बेचारा–असहाय; विवश; अभागा; हीन।
बेचैन–उदासीन; अशांत; असंतुष्ट; अस्थित; व्याकुल।
बेचैनी–उदासीनता; अशांतता; असंतुष्टता; अस्थिरता; व्याकुलता।
बेज़बान–बोलने में असमर्थ; गूँगा; चुप; मौन; मूक; निःशब्द; ऐच्छिक रूप से चुप।
बेजा–अनुचित; अन्यायी; न्यायहीन।
बेजान–निष्प्राण; मृत; मुर्दा।
बेज़ाब्ता–जो नियमानुकूल न हो; बेकायदा।
बेज़ार–परेशान; अशांत; थका हुआ।
बेजोड़–अनुपम; अद्‌वितीय; अनोखा; सबसे अच्छा।
बेटा–पुत्र; बेटा।
बेटिकट–बिना प्रवेश पत्र अथवा बिना टिकट।
बेटी–पुत्री।
बेठन–वह कपड़ा जिसमें पुस्तकें, बहियाँ, थान, पार्सल आदि बाँधे जाते हैं; बस्ता; आवरण।
बेठिकाने–जो अपने उचित स्थान पर न हो।
बेड़ा–नदी पार करने के लिए लट्ठों आदि से बनाया हुआ ढाँचा; तिरना।
बेड़ी–छोटी नाव; बँधन; जँजीर; कड़ी।
बेडे–समतल।
बेडौल–असंगत; विषम; बेमेल; भद्‌दा; फूहड़।
बेढंगा–भद्‌दा; विचित्र; खुरदुरा।
बेढब–विकृत; विरूप; विलक्षण; आलौकिक; पुराने प्रकार का।
बेतकल्लुफ़–बिना औपचारिकता के; बिना संकोच के।
बेतरतीब–बिना व्यवस्था के; बिना प्रणाली के।
बेतरह–बेढब; बिना सीमा के।
बेतहाशा–बहुत तेजी से; लापरवाह; वहशीपन।
बेताब–बेचैन; व्याकुल।
बेताबी–बेचैनी; व्याकुलता।
बेतार–बिना तार का तार।
बेताल–सुर से बाहर। बैताल।
बेतुका–बिना तुक का; असंगत; विचित्र; बेमेल; विसंगत।
बेतुकापन–असंगति; निराधारता; असंबद्‌धता।
बेदख़ल–निष्कासित; जिसके अधिकार छीन लिये हों।
बेदख़ली–बेदख़ल करने का कार्य।
बेदम–निर्जीव; जिसकी साँस रूकी हो।
बेदर्द–निर्दयी; निष्ठुर; कठोर; रूक्ष; दयाहीन; क्रूर; बेरहम।
बेदर्दी–निर्दयता; बेरहमी; क्रूरता; दया हीनता।
बेदाग़–जिसमें कोई दाग़ न लगा हो।
बेदाना–बिना दानों का।
बेदिल–हृदयहीन; निर्दय; कठोर।
बेदिली–निर्दयी; क्रूरता।
बेध–छेद; छिद्र।
बेधड़क–बिना झटके या संदेह; निडरता; निर्भयता; बिना डरे हुए।
बेधना–किसी छिद्र के अंदर प्रवेश करना।
बेनज़ीर–बिना पूर्व दृष्टान्त।

बेनागा़–बिना गैरहाज़िरी; लगातार।
बेनाम–नाम रहित।
बेनामी–दूसरे के नाम में।
बेपनाह–बिना आश्रय/सहारा का।
बेपर–बिना पंख का।
बेपरदगी–बेपरदा।
बेपरदा–बिना पर्दे का; नग्नता।
बेपरवाह–उदासीन; लापरवाह; जिसे किसी बात की फिक्र न हो।
बेपरवाही–लापरवाही; उदासीनता।
बेपेंदा–निराधार; बिना तल का।
बेफ़ायदा–जिससे कोई लाभ न हो; बिना फल का; बेकार।
बेफ़िकरा–जिसे फिक्र न हो; निश्चिन्त।
बेफ़िकरी–निश्चिन्तता।
बेफ़िक्र–लापरवाह; बेपरवा; चिंतारहित।
बेबस–विवश; लाचार।
बेबसी–विवशता; दमन।
बेबाक–हिसाब किताब चुकता।
बेबुनियाद–बिना जड़ का; बिना आधार का; निराधार; निर्मूल।
बेभाव–अपार; अनियंत्रण।
बेमज़ा–निःस्वाद; अमनोरंजनकारी; अरोचक; बेस्वाद।
बेमतलब–निराधार; अर्थहीन।
बेमन–बिना मन लगाये; बिना रूचि से।
बेमानी–अर्थहीन; बिना मतलब का।
बेमिसाल–अद्वितीय; अद्भुत; अनोखा।
बेमुरव्वत–किसी की संवेदनाओं की परवाह न करनेवाला; बेलिहाज़।
बेलदार–हाथ से काम करनेवाला मज़दूर; खुदाई करनेवाला।
बेलदारी–बेलदार का कार्य।
बेलन–गोलपिन; रोटी/पूरी आदि बेलने का उपकरण।
बेलना–सपाट करना (गूँथा हुआ आटा इत्यादि)।
बेल बूटा–फुलकारी; चिकन का कार्य।
बेला–एक छोटा पौधा जिसमें सफेद सुगंधित फूल लगते है; समय; काल; लहर; समुद्री तट; एक तारवाले वाद्य का प्रकार।
बेलाग–स्पष्टवादी; निष्कपट; निष्पक्षवादी; विमुक्त; स्पष्ट; प्रकट।
बेलिहाज़–आदर तथा लिहाज़ की भावना न होना; निर्लज्ज; बेशरम।
बेली–जिसके पास कोई धरोहर रखी गई हो; दोस्त; मित्र; साथी।
बेलौस–सच्चा तथा निस्वार्थ।
बेवकूफ़–मूर्ख; बुद्धु; निर्बुद्धि; जड़मति।
बेवकूफ़ी–मूर्खता; नासमझी।
बेवक़्त–असामयिक; कुसमय में।
बेवजह–बिना किसी उद्देश्य का।
बेव़फा–निष्ठाहीन; अविश्वासी; आस्थाहीन; जिसका विश्वास न किया जा सके।
बेव़फाई–निष्ठाहीनता; अविश्वास।
बेवा–विधवा।
बेवाई–हाथ या पैर की बेवाय।
बेशऊर–अशिष्ट; अकुशल; मूर्ख।
बेशऊरी–अशिष्टता; अकुशलता; मूर्खता।
बेशक–निस्संदेह; सचमुच; अवश्य; निश्चित रूप से; अवश्यमेव; बिना शक के।

बेशक़ीमत–अनमोल; बहुमूल्य; महँगा; माननीय।

बेशक़ीमती–बेशक़ीमत।

बेशर्म–निर्लज्ज।

बेशर्मी–निर्लज्जता।

बेशुमार–अनगिनत; असंख्य; बेहिसाब; प्रचुरता; बहुतायत।

बेहद–अधिक; अत्यंत।

बेहन–अन्न आदि का बीज; धान आदि के रोपने के लिए छोटे पौधे।

बेहया–निर्लज्ज; बेशरम।

बेहायाई–निर्लज्जता।

बेहाथ–नियंत्रण से बाहर।

बेहाल–पीड़ित; सताया हुआ; व्यथित।

बेहिसाब–गिनती से बाहर। अनगिनत।

बेहुनर–अयोग्य; अप्रशिक्षित।

बेहूदगी–अश्लीलता; फूहड़पन।

बेहूदा–अश्लील; अभद्र; अशिष्ट; फूहड़।

बेहूदापन–अश्लीलता; फूहड़पन; बेतुकापन।

बेहोश–अचेत; अशक्त; मूर्छित।

बेहोशी–मूर्छा; अचेत अवस्था

बैंक–रुपया जमा कराने का स्थान।

बैंकर–बैंक में लेन देन का कार्य करने वाला।

बैंगन–एक पौधा जिसके फलों की तरकारी बनती है।

बैंगनी–बैंगन की तरह नीले रंग का। चने के आटे तथा बैंगन की सब्जी।

बैंड–अंग्रेजी बाजों या उनके बजानेवालों का समूह।

बैकुंठ–स्वर्ग।

बैज–चिह्न।

बैट–बल्ला (क्रिकेट का)।

बैटरी–लोहे आदि का छोटा मुँह बंद पात्र जिसमें रासायनिक प्रक्रिया द्वारा बिजली पैदा करके रोशनी आदि की जाती है।

बैठक–बहुत से लोगों का किसी खास काम के लिए इकट्ठा बैठना; भारतीय व्यायाम; आसन।

बैकठबाज़–संयुक्त करनेवाला / मिलनसार; गपबाजी की आदतवाला; धूर्त (व्यक्ति); ठग।

बैठका–चौपाल जहाँ पर लोग बैठकर बातचीत करते हैं।

बैठकी–बैठक।

बैठकी–हड़ताल–एक स्थान पर बैठकर की गयी हड़ताल।

बैठना–विराजना; जमना; स्थित होना; इस तरह स्थित होना कि चूतड़ जमीन या किसी आसन पर टिका रहे और कमर से ऊपर का धड़ उसके बल सीधा रहे; प्रकट होना।

बैठाना–किसी को बैठने में प्रवृत्त करना; जमाना (टूटी हड्डी इत्यादि)।

बैठे ठाले–बैठे बैठाए।

बैठे बैठाए–अचानक; अकस्मात; बिना कुछ किए; बिना चेतावनी।

बैताल–बुरी आत्मा; प्रेत; भूत; पिशाच; बेताल।

बैनामा–वह पत्र जिसमें किसी वस्तु विशेषत: मकान या जमीन आदि के बेचने और उससे संबंध रखनेवाली शर्तों आदि का उल्लेख होता है; विक्रय पत्र।

बैरंग–विफल; जिसका महसूल भेजने वाले ने चुकाया हो।

बैर–शत्रुता; शत्रुभाव; बुराई।

बैरक–सिपाहियों के रहने का स्थान।

बैरा–सेवक; चाकर।

बैराग–वैराग्य; सांसारिक संबंधों से उदासीनता; वैराग्य।

बैरागी–एकान्वासी; संन्यासी।

बैरी–शत्रु; वैरी।

बैल–वृष।

बैसाख–हिन्दु पांचांग का दूसरा माह।

बैसाखनन्दन–गधा।

बैसाखी–बैसाख। लँगड़े मनुष्य के सहारे की लकड़ी; बैसाख के महीने में आनेवाला त्यौहार।

बोआई–बोने की क्रिया; बुआई करने के बदले मिलनेवाला पारिश्रमिक।

बोआना–बोना।

बोका–मूर्ख; बुद्धु।

बोगदा–पृथ्वी तल के नीचे का मार्ग।

बोझ–भार।

बोझा–बोझ; भार।

बोझिल–थकानेवाला; भारी; वज़नदार।

बोटी–माँस का छोटा टुकड़ा।

बोड़ा–एक प्रकार की भारतीय सेम।

बोतल–लंबी गरदनवाला काँच का एक प्रसिद्ध पात्र।

बोदा–मूर्ख; बुद्धु; डरपोक; कायर।

बोदापन–मूर्खता; कायरता।

बोध–ज्ञान; चेतना; प्रबोधन।

बोधक–बोध करानेवाला; ज्ञान प्रदान कराने वाला; अर्थ बतानेवाला।

बोधगम्य–सुबोध; समझ में आने योग्य।

बोनसाई–एक ठिगना वृक्ष।

बोना–खेत में उपजाने के लिए बीज छिड़कना या बिखेरना; बीज जमाना अथवा फैलाना।

बोरना–डुबाना; मिलावट करना।

बोरसी–अँगीठी।

बोरा–थैला; झोला।

बोराबंदी–अनाज से भरा थैला।

बोरिया–छोटी बोरी; चटाई; आसन।

बोरी–छोटी थैली।

बोर्जुआ–मध्यम वर्ग से संबंधित। साहूकार; महाजन।

बोर्ड–तख्ता; पटरा।

बोल–वाणी; उच्चारण।

बोल-चाल–बातचीत; वार्तालाप।

बोलता सिनेमा–बोलती चलती तस्वीर।

बोलती–बोलने का सामर्थ।

बोलना–मुख से शब्द निकालना; वार्तालाप करना।

बोलबाला–शासन करना।

बोली–प्रान्तीय भाषा; नीलामी की घोषणा; निन्दापूर्ण आपेक्ष।

बोहनी–किसी दिन की पहली बिक्री।

बोहनी-बट्टा–दिन का पहला लेन देन।

बौखलाना–तेज; आवेश तथा गुस्से में बोलना।

बौखलाहट–बौखलाना।

बौछार–वृष्टि; झड़ी; वर्षा की झड़ी।

बौड़म–पागल; मूर्ख; बुद्धु; सनकी।

बौड़मता–मूर्खता।

बौद्ध–भगवान बुद्ध से संबंधित।

बौद्धिक–मानसिक बुद्धी संबंधी।
बौना–ठिगना।
बौर–फूल।
बौरा–पागल; मूर्ख; अज्ञान।
बौराना–पागल हो जाना।
ब्याज–सूद।
ब्याजख़ोर–सूदखोर।
ब्याजख़ोरी–सूदखोरी।
ब्याज मुक्त–सूद से मुक्त।
ब्यान–प्रसव (पशुओं का)।
ब्याना–पशुओं का बच्चा 'प्रसव' करना; गर्भ से निकालना।
ब्यालू–दिन का प्रधान भोजन।
ब्याह–विवाह; पाणिग्रहण।
ब्याहता–जिसका ब्याह हो चुका हो (स्त्री)।
ब्याहना–किसी का किसी के साथ विवाह संबंध कर देना; ब्याह देना।
ब्योंत–युक्ति; उपाय; प्रबंध।
ब्योंतना–कपड़े को नापकर काटना छाँटना।
ब्योरा–विवरण; विस्तार।
ब्योरेवार–विस्तृत रूप में वर्णन किया हुआ।
ब्योहार–व्यवहार।
ब्रज–मथुरा में स्थित एक स्थान जहाँ भगवान श्रीकृष्ण ने अपना बाल्यकाल व्यतीत किया था।
ब्रह्मचर्य–कुँवारापन; अविवाहित जीवन।
ब्रह्मचारी–संयमपूर्वक रहकर ब्रह्मचर्य का पालन करनेवाला।
ब्रह्मज्ञान–ब्रह्म सत्ता का ज्ञान; ब्रह्मविषयक ज्ञान।
ब्रह्मतेज–दैवी तथा पवित्र कांति।
ब्रह्मभोज–एक साथ भोजन कराना (ब्राह्मण अथवा संतों को)।
ब्रह्मरेखा–किस्मत की रेखा (मस्तक पर)।
ब्रह्मर्षि–ब्राह्मण ऋषि।
ब्रह्मलेख–किस्मत की रेखा (जो अमिट है)।
ब्रह्मांड–सम्पूर्ण जगत; संसार।
ब्रह्मांड विद्या–संसार से संबंधित शास्त्र।
ब्रह्मांडीय–ब्रह्मांड संबंधी।
ब्रह्मा–भगवान ब्रह्मा; विधाता/प्रजापति।
ब्राह्म–ब्रह्म संबंधी।
ब्राह्मण–हिन्दुओं के चार वर्णों में पहला और सबसे श्रेष्ठ वर्ण जिसक मुख्य काम पठन पाठन, यज्ञ, ज्ञानोपदेश आदि है।

भ

भ–पवर्ग हिन्दी वर्णमाला का चौबीसवाँ व्यंजन तथा पवर्ग का चौथा वर्ण।
भंग–खंड; विघटन; ध्वंस; नाश; सेना का भंगीकरण; टूटन; अस्थि टूटना। भाँग; नशा करनेवाली बूटी।
भंगड़–भाँग। बहुत भाँग पीनेवाला।
भंगड़ा–पंजाब का क्षेत्रीय नृत्य।
भँगड़ी–भाँग।
भंगिमा–हाव भाव; स्थिति; ढंग; रीति।
भंगी–मैला; कूड़ा करकट इत्यादि सफाई करनेवाली एक जाति; जमादार।

भंगुर–सहज से टूटने योग्य; दुर्बल; मुलायम।

भंगेड़ी–भाँग। भाँग पीने का आदी; नियमित रूप से भाँग का सेवन करनेवाला।

भंग्य–टूटने योग्य।

भंजक–तोड़ने/नाश करनेवाला।

भंजन–तोड़; ध्वस्त; नाश; उजाड़; क्षय।

भँजना–तोड़ना; विभक्त करना; तय करना; छोटे सिक्कों में बदलना; विभाजित करना; टूकड़े टुकड़े करना।

भंजना–टूटना; विभक्त होना।

भँजाई–भाँजने की क्रिया या उजरत।

भँजाना–तोड़वाना; बड़ी मुद्रा के बदले छोटी मुद्राएँ लेना या देना।

भंटा–बैंगन।

भँड़साल–बर्तनों की कोठी।

भंडा–मिट्टी का पात्र; रहस्य; भेद।

भंडाफोड़–(किसी के रहस्य का) प्रकाशकरण; भेद प्रकटन।

भंडार–कोठी; ढेर; इकट्ठा; गोदाम।

भंडार-घर–कोठी।

भंडारा–सभी के लिए खुला भोज; सामुदायिक भोज।

भंडारी–छोटी कोठरी; कोठरी का अध्यक्ष; रसोइया; भण्डाराध्यक्ष।

भँडैती–मसखरापन।।

भँभीरी–एक प्रकार का बरसाती फतिंगा; जुलाहा।

भँवर–जलावृत; जल के बहाव में वह स्थान जहाँ पानी की धारा एक केन्द्र पर चक्कर खाती हुई घूमती है।

भँवरा–भौंरा।

भइया–भैया।

भई–भाई का लघु रूप जो संबोधन के ढंग पर प्रयुक्त होता है।

भक–आग के एकाएक जलने या धुआँ निकलने से उत्पन्न शब्द।

भक-भक–रेलगाड़ी के इंजन की लगातार आवाज़।

भकभकाना–भक भक शब्द करके जलना या रह रहकर चमकना।

भकुआ–फूहड़; बेवकूफ; मसख़रा।

भकुआना–टटोलना।

भकुरना–दुख देना; चिढ़ाना; भौंह टेढ़ी करके अप्रसन्नता व्यक्त करना।

भकोसना–लोलुपता से खाना; भक्षण करना; उपभोग करना; ठूसना; जल्दी जल्दी खाना।

भकोसू–बड़े बड़े ग्रास खानेवाला; झपट्टा मारनेवाला (टुकड़ों पर)।

भक्त–श्रद्धावान।

भक्तराज–भक्त में शिरोमणि।

भक्तवत्सल–भक्तों के प्रति स्नेह।

भक्त शिरोमणि–भक्तराज; भक्तों के मध्य अमूल्य रत्न।

भक्ति–उपासना; अनुरक्ति; निष्ठा।

भक्तिमार्ग–सेवा अथवा उपासना की राह।

भक्षक–खानेवाला; खादक।

भक्षण–खाना।

भक्षणीय–खाने योग्य।

भक्षना–खाना; ग्रहण करना; निगलना।

भक्षित–खाया हुआ; निगला हुआ।

भक्षी–खानेवाला।

भक्ष्य–खाने योग्य।

भक्ष्याभक्ष्य–खाद्य; भोज्य।

भगंदर–गुदा में नासूर होने का रोग।

भग–स्त्रियों की बाह्य जनेन्द्रिय।

भगत–भक्त; संत।

भगतिन–स्त्री भक्त; स्त्री उपासक।

भगदड़–किसी उपद्रव अथवा डर से त्रस्त होकर बहुत से लोगों अथवा जानवरों का एकाएक भागना; खलबली।

भगल–भगर; जादू; छल; कपट; हस्त कौशल।

भगवत्–भगवान; परमेश्वर।

भगवती–देवी; गौरी; सरस्वती; दुर्गा।

भगवा–गेहुआ रंग; केसरिया रंग।

भगवाकरण–केसरिया रंग में रंगा हुआ।

भगवान–परमेश्वर; भगवत्।

भगाना–किसी को भागने की लिए प्रवृत्त करना; दूर करना; परे हटाना।

भगिनी–बहन; सहोदरा।

भगीरथ–अयोध्या के एक प्रसिद्ध सूर्यवंशी राजा जिन्होंने उत्कट तपस्या कर गंगा को पृथ्वी पर लाए थे।

भगीरथ–प्रयत्न–अत्यंत कठिन प्रयास अथवा साहसी प्रयत्न।

भगीरथ सुता–गंगा नदी।

भगोड़ा–फरार; घूमनेवाला; बुझदिल; कमज़ोर; भागनेवाला।

भग्गू–डरकर भागनेवाला; डरपोक।

भग्न–टूटा हुआ; रोका हुआ।

भग्नावशेष–टूटा फूटा अंश; मलबा; अवशेष।

भचक–लँगड़ाहट।

भचकना–लँगड़ाना।

भजन–स्तुति; कीर्तन; बार बार किसी देवता या पूज्य का नाम लेना; उपासना; पूजा।

भजन पूजन–पूजा करना तथा भजन का पाठ करना।

भजन भाव–उपासना अथवा भक्ति का भाव।

भजना–भाव भंगिमा के साथ लगातार भगवान का नाम जपना।

भजनानंदी–जो दिन रात भजन करने में मस्त रहता है।

भजनावली–भजन स्तुति की पुस्तक।

भजनीक–भजन गानेवाला।

भजनीय–वह जिसका नाम जपा जा सकता है; सेवा करने योग्य।

भजनोपदेशक–भजनों के माध्यम से उपदेश देनेवाला।

भट–युद्ध करने या लड़नेवाला यौद्धा; सैनिक।

भटई–भाट का कार्य; चापलूसी; झूठी तारीफ़।

भटक–भटकना।

भटकना–भ्रम में पड़ना; इधर उधर व्यर्थ घूमना।

भटकाना–भ्रम में डालना; धोखा देना; किसी को भटकने के लिए प्रवृत्त करना।

भटकाव–अपने मार्ग से भटकने का भाव।

भटियारख़ाना–सराय के रखवाले का निवास स्थान; शोरगुल तथा कोलाहल का केन्द्र; अश्लील लोगों के मिलने का स्थान।

भटियारा–सराय का चौकीदार (निम्न समुदाय का)।

भटियारिन–भटियारे की पत्नी; सराय की चौकीदारनी।

भट्ट–ब्राह्मणों के मध्य एक उपजाति।

भट्ठा–बड़ी भट्ठी; ईंट अथवा खपड़े आदि पकाने का पजावा।

भट्ठी–बड़ा चूल्हा; अग्निकुंड; शराब बनाने का स्थान; मदिरा की दुकान।

भठियारा–सराय का प्रबंध करने वाला।

भड़क–चमक धमक; शानदार दिखावा; गरमाई।

भड़कदार–चमक दमकवाला।

भड़कना–प्रज्जवलित होना; गुस्सा होना; क्रोधित होना।

भड़काऊ–उकसानेवाला।

भड़काना–प्रज्जवलित करना; उत्तेजित करना।

भड़कीला–भड़कदार; प्रर्दशनात्मक; आकर्षक रूप से; दिखावटी; दिखाऊ।

भड़कीलापन–उत्तेजना लानेवाला; दिखावा; दिखावट।

भड़भड़–लगातार गिरने की ध्वनि; आवेशपूर्ण ध्वनि।

भड़भड़ाना–भयानक आवाज का कारण।

भड़भड़िया–डींग मारनेवाला; किसी रहस्य को याद न रखनेवाला।

भड़भूँजा–हिन्दुओं की एक छोटी जाति जो भाड़ में अन्न भूनने का काम करती है।

भड़साईं–भड़भूँजे का भाड़।

भड़ास–दबी संवेदना।

भड़ुआ–नतृकी का साथी; वेश्याओं का दलाल।

भणित–कहा हुआ; कथित।

भतार–पति; भर्ता।

भतीजा–भाई का पुत्र।

भतीजी–भाई की बेटी।

भत्ता–किसी कर्मचारी को वेतन के उपरांत दिया जानेवाला यात्रा व्यय आदि।

भदंत–आराधनीय; पूजनीय।

भदई–भादो।

भद्द–उपहास; खिल्ली; अपमान।

भद्दा–बेडौल; फूहड़; अश्लील; अशिष्ट; मलिन; गंदा।

भद्दापन–फूहड़पन; अश्लीलता; मलिनता।

भद्र–दयालु; सभ्य; मिलनसार।

भद्रजन–उदार मनुष्य; सज्जन; महानुभाव।

भद्रता–कुलीनता; शालीनता; उदारता; सज्जनता; मनुष्यता।

भद्रपुरुष–सज्जन; उदार पुरुष।

भद्रा–फलित ज्योतिष के अनुसार एक अशुभ योग।

भद्रापद–अच्छा बुरा।

भद्रे–सज्जन स्त्री।

भनक–भन भन की अवाज; धीमा शब्द।

भनभनाहट–गुँजार।

भब्भड़–अव्यवस्थित समूह; बलवा; उपद्रव।

भभक–लौ (लैम्प, लालटेन इत्यादि की); बदबूदार गंध; दुर्गन्ध।

भभकना–आग भड़कना; बलपूर्वक बाहर निकालना।

भभका–दुर्गंध; बदबू; लौ (लैम्प, लालटेन इत्यादि का)।

भभकी–धौंस; धमकी; धुड़की।
भभूका–लाल गर्म। घृणा या क्रोध का तीव्र उद्‌गार।
भभूत–पवित्र राख़।
भयंकर–दारुण; डरावना; विकराल; त्रासदायक; संकटपूर्ण।
भयंकरता–डरावना; क्रूरता; विकरालता।
भय–डर; खटका; त्रास; दहशत।
भयत्रस्त–डरा हुआ; भयभीत।
भयप्रद–डरानेवाला।
भयभीत–भयत्रस्त; डरा हुआ।
भयाकुल–आतंकित; संत्रस्त; भयग्रस्त; डर से घबराया हुआ।
भयाक्रांत–आतंकित; डरा हुआ।
भयातुर–भयभीत; डरा हुआ; त्रासित।
भयादोहन–रक्षा के लिए डाकुओं को दिया गया उपहार।
भयानक–भयंकर; डरावना; दारुण; त्रासदायक; खतरनाक; अनिष्टकारी।
भयानकता–विकरालता; भयंकरता।
भयावना–आतंकित करनेवाला; डराने वाला।
भयावह–दुराचारी; भयप्रद; व्याकुल करनेवाला।
भर–पूर्ण रूप से; पूरा; सर्वथा; बिल्कुल; कुल; अतिशय; एकमात्र; केवल; अकेला।
भरण–पालन पोषण।
भरण-पोषण–देखभाल; सहारा।
भरत–पूर्ण भार/बल; राम के छोटे भाई का नाम।
भरत-वाक्य–पुस्तक का परिशिष्ट भाग।
भरता–बैंगन; आलू आदि को भूनकर बनाया जानेवाला एक प्रकार का सालन; पति; भर्ता।
भरतार–स्वामी; पति; खसम; मालिक।
भरती–प्रवेश; दाख़िला; नियुक्ति।
भरना–पूर्ण करना; खाली जगह को पूरा करने के लिए उसमें कोई चीज डालना।
भरपाई–पूरी अदायगी।
भरपूर–पूर्ण रूप से भरा हुआ; प्रचुर; विपुल।
भरभराना–जोर की आवाज़ के साथ गिरना।
भरम–भ्रम; भ्रान्ति; संशय; सन्देह; धाक (बाज़ार में)।
भरमना–भ्रमण करना; संदेह करना; उलझना।
भरम-भाव–धाक (बाज़ार में)।
भरमाना–किसी व्यक्ति के बारे में गलत धारणा बनाना; गलत निर्देश देना; बहकाना; झाँसा देना; उलझाना; व्याकुल करना।
भरमार–प्रचुर; भरपूर; विपुल; अधिक; अत्यंत।
भरवाई–भरवाने की क्रिया या भाव; भरवाने का वेतन।
भरवाना–भरने का काम दूसरे से कराना।
भरसक–अपनी पूरी शक्ति से।
भरसाईं–भाड़।
भरा–पूर्ण; भारण; माँसल।
भराई–भरने की क्रिया या भाव तथा इस कार्य के बदले मिलनेवाला पारिश्रमिक।
भराव–भरने का क्रिया या भाव; भराकर तैयार किया हुआ अंश; भरत।

भरी–सोना चाँदी इत्यादि तोलने का एक भारतीय मापक जो लगभग 11 ग्राम के बराबर होता है।

भरू–भरनेवाला।

भरोसा–विश्वास; श्रद्धा; आशा; उम्मीद; आस्था; निष्ठा।

भर्ता–संभालनेवाला; पति; स्वामी; भगवान; मालिक।

भर्त्सना–फटकार; झिड़की; तिरस्कार; धिक्कार; डाँट; निन्दा।

भर्राटा–खड़खड़ की ध्वनि।

भर्राना–भर्र भर्र शब्द करना; भरभराना।

भलमनसाहत–उदारता; भलाई; सज्जनता; दया; परोपकारिता।

भला–उत्तम; दयालु; सज्जन; दयावान; उदार; भानेवाला। उचित; ठीक। ठीक; अच्छा।

भलाई–उदारता; कल्याण; लाभ पहुँचाना।

भलाई-बुराई–अच्छा बुरा।

भला-चंगा–मज़बूत तथा उत्साहपूर्ण; हट्टा कट्टा; प्रबल।

भला-बुरा–अच्छा तथा बुरा। धिक्कारना; झिड़कना; गाली गलौच।

भलामानस–अच्छा व्यक्ति; दयावान; सज्जन।

भली-भाँति–पूर्णत:।

भले–दयालु; अच्छा।

भव–अस्तित्व; विद्यमानता; सृष्टि; ब्रह्माण्ड।

भवकूप–जीवन का कुँआ।

भवजाल–जिन्दगी का जाल।

भवदीय–आपका; आपका आभारी।

भवन–मकान; महल; निवास स्थान; घर; प्रासाद।

भवन-निर्माण–निर्माण की कला तथा विज्ञान।

भवसागर–संसार रूपी सागर।

भवानी–दुर्गा; शक्ति की देवी।

भवितव्य–भाग्य; तकदीर; किस्मत।

भवितव्यता–भाग्य; नियति; तकदीर।

भविष्य–आगामी; भावी; आनेवाला समय।

भविष्य कथन–भविष्यवाणी; भविष्य ज्ञान।

भविष्य काल–व्याकरण में आनेवाला काल।

भविष्य ज्ञान–आनेवाले समय का ज्ञान; पूर्वाभास; दूरदृष्टि।

भविष्यदर्शी भविष्यद्रष्टा।

भविष्यद्रष्टा–भविष्यदर्शी।

भविष्य निधि–आनेवाले समय में निर्वाह के लिए जमा पूँजी।

भविष्य वक्ता–ज्योतिषी; भविष्य बताने वाला।

भविष्यवाणी–पूर्वकथन; भविष्यकथन; भविष्य की बात जो पहले ही कही गई हो।

भविष्यवादी–भविष्यवक्ता; ज्योतिषी।

भव्य–शानदार; वैभवशाली; विशाल; श्रेष्ठ; आलीशान; अद्भुत।

भव्यता–वैभवता; ऐश्वर्य; विशालता; उच्चता।

भसींड़–कमल का तना।

भस्म–राख; जला हुआ कोयला।

भस्मवत्–धूसर।

भस्मसात्–राख में बदलना।

भस्मावशेष–राख के रूप में अवशेष।

भस्मी–राख।

भस्मीकरण–जलाकर राख करना।

भस्सी–चूना; कोयला आदि की राख।

भहराना–भड़ भड़ाकर नीचे गिरना।

भाँग–सन की जाति का एक पौधा जिसकी पत्तियाँ मादक होती हैं।

भाँज–कई तहों में मोड़ने की क्रिया या भाव।

भाँजना–मोड़ना; घुमाना; चमकाना (तलवार इत्यादि)।

भाँजा–बहन का बेटा।

भाँजी–काम में बाधा डालने की बात; बहन की बेटी।

भांड–बर्तन; पात्र।

भाँड–विदूषक; मसखरा; हँसोड़; ठिठालिया।

भाँडा–बरतन; पात्र; रहस्य।

भांडार–भंडार; इकट्ठा; गोदाम।

भाँति–तरह; प्रकार।

भाँपना–अनुमान लगाना; ताड़ना; देखना; सूक्ष्म दृष्टि से देखना।

भाँय-भाँय–निर्जन स्थान में हवा के बहने से निकलनेवाली ध्वनि।

भाँवर–विवाह संबंधी अग्नि की परिक्रमा।

भाई–भ्राता; भैया; सहोदर।

भाईचारा–भाईपन; बन्धुता; लोगों के बीच सामाजिक व्यवहार।

भाई-दूज–भैया दूज।

भाई-बंद–भ्राता; भाईपन; सहोदर; कुल कुटुम्ब के लोग।

भाई-बंधु–सगे संबंधी; नजदीकी रिश्तेदार; भाई बंधु।

भाई-भतीजावाद–रिश्तेदार या दोस्त का पक्ष लेना; स्वजन पक्षपात।

भाई-भतीजे–संबंधी; रिश्तेदार।

भाखा–भाषा।

भाग–हिस्सा; अंश; खंड; अवयव; भाग्य; बाँट; हिस्सा।

भाग-दौड़–भागमभाग; धक्कामुक्की।

भागना–दौड़ना; दौड़कर दूर हो जाना।

भागनेय–भागिनेय।

भागफल–गणित में वह संख्या जो भाज्य को भाजक से भाग देने पर प्राप्त हो।

भाग-रेखा–बटा।

भागिनेय–बहन का पुत्र।

भागीदार–साझीदार; हिस्सेदार।

भागीदारी–सहभागिता; साझेदारी; हिस्सेदारी; शामिल।

भागीरथी–गंगा नदी।

भाग्य–तकदीर; किस्मत; नियति; सौभाग्य।

भाग्यलक्ष्मी–धन तथा किस्मत की देवी।

भाग्यवादी–भाग्यवाद संबंधी।

भाग्यवान–सौभाग्यपूर्ण; खुशकिस्मत।

भाग्यविधाता–किस्मत पर नियंत्रण करनेवाला।

भाग्यहीन–अभागा; दुर्भाग्यपूर्ण; हत्भाग्य।

भाग्याधीन–भाग्य पर निर्भर रहनेवाला।

भाग्योदय–भाग्य का अवतरण।

भाजक–विभाग करनेवाला; भाग करने वाला; विभाजक; वह संख्या जिससे किसी राशि को भाग दें।

भाजन–पात्र; बरतन; आधार; भाग देने का कार्य (गणित में)।

भाजी–तरकारी; सब्जी।

भाज्य–भाग करने योग्य।

भाट–चारण।

भाटा–समुद्र के पानी का चढ़ाव व उतार।

भाड़–भड़भूँजों की भट्ठी जिसमें वे अन्न भूनते हैं।

भाड़ा–किराया; शुल्क; मज़दूरी।

भात–उबला हुआ चावल।

भाथा–तरकश; बड़ी भाथी।

भाथी–चमड़े की बनी हुई धौंकनी जिसमें हवा देकर भट्ठी की आग सुलगाई जाती है।

भादों–सावन के बाद और कुआर के पहिले के महीने का नाम; भाद्रपद।

भाद्रपद–हिन्दी पांचांग के एक माह का नाम।

भान–ज्ञान; आभास।

भानजा–बहन का बेटा।

भानजी–बहन की बेटी।

भानमती–जादूगरनी; मायावनी।

भाना–अच्छा लगना।

भानु–सूर्य; भास्कर।

भानुसुता–यमुना नदी।

भाप–वाष्प; पानी के सूक्ष्म कण जो उसके खौलने पर ऊपर उठते हुए दिखाई पड़ते है।

भाभी–बड़े भाई की पत्नी।

भामिनी–सुन्दर स्त्री; झगड़ालू स्त्री।

भार–बोझ; वजन; उत्तरदायित्व; जिम्मेदारी।

भारत–पाकिस्तान और बांग्लादेश से रहित भारतवर्ष।

भारतवर्ष–आर्यावत; हिन्दुस्तान।

भारतवर्षीय–भारतीय; भारत का।

भारतवासी–भारत में निवास करनेवाला; भारतीय।

भारती–सरस्वती; भारत माता।

भारतीय–भारतवासी; भारत का; भारत संबंधी।

भारतीयकरण–भारत देश से संबंधित।

भारतीयता–भारतीय बनाना।

भारमुक्त–हटा हुआ बोझ; हल्का।

भाराक्रांत–वजन से दबा हुआ; बंधक (सम्पत्ति); प्रतिबंधित (सम्पत्ति)।

भारी–वजनी; अधिक वजन का; विशाल; विपुल; महान; अधिक दबाववाला; बहुत भारी।

भारीपन–वजनी; भारी होने का भाव।

भारी-भरकम–अत्यधिक वजनवाला; विस्तीर्ण तथा वजनदार।

भार्या–पत्नी।

भाल–ललाट; मस्तक।

भालना–ध्यानपूर्वक या अच्छी तरह देखना।

भाला–बरछा; बल्लम।

भालू–एक स्तनपायी; भयंकर वन्य चौपाया जिसके शरीर पर लंबे लंबे बाल होते हैं।

भाव–अस्तित्व; विचार; तात्पर्य; मनोवृत्ति; विचार; मन का विकार; किसी वस्तु का मूल्य।

भावचित्र–चित्राक्षर।

भावज–भाई की पत्नी; भाभी।
भावना–मनोवृत्ति; दिमागी अवस्था; विचार; कल्पना।
भावनात्मक–कल्पनाशील; संवेगात्मक।
भावनामय–भाव से परिपूर्ण।
भावप्रधान–मुख्य रूप से संवेगात्मक; भावना प्रधान।
भावप्रवण–संवेगात्मक; भावपूर्ण।
भावप्रवणता–संवेगात्मक/भावपूर्ण मिज़ाज़।
भावभंगी–संकेत; हावभाव अथवा स्थिति।
भाव-भीनी–भाव से तर बतर; उत्साहपूर्ण।
भाववाचक–व्याकरण में वह संज्ञा जिससे किसी पदार्थ का भाव व्यक्त होता है।
भावविभोर–भावुकता के कारण व्याकुल; भाव से तर।
भावव्यंजक–अर्थपूर्ण; द्योतक; भावसूचक।
भावव्यंजन–भाव का व्यक्त होना।
भावशून्य–भाव रहित; भाव की कमी; बिना भाव।
भावशून्यता–भावशून्य न होने का भाव।
भावहरण–किसी के भाव का प्रयोग अपना कहकर करना।
भावहीन–भावशून्य।
भावातिरेक–भाव की प्रचुरता।
भावात्मक–आवेगात्मक; संवेगात्मक; निश्चित।
भावानुवाद–स्वतंत्र अनुवाद।
भावार्थ–मतलब; तात्पर्य; अभिप्राय।
भावावेश–उमंग (भाव की)।
भावी–आनेवाला; होनेवाला; भविष्य से संबंधित।
भावुक–भावपूर्ण; आवेगपूर्ण।
भावुकता–भावपूर्णता; भाववाचक प्रयोग; विचार मगनता।
भावोत्कर्ष–भाव की बुलंदी।
भावोत्तेजक–भावात्मक/ उत्तेजित।
भावोन्मत्तत्ता–भावुक होने का भाव; भावुकता के कारण प्रचंडता।
भाषण–व्याख्यान; कथन; वस्तृता।
भाषण-स्वातंत्र्य–भाषण देने की स्वतंत्रता।
भाषांतर–अनुवाद।
भाषांतरकार–अनुवाद करनेवाला।
भाषांतरण–अनुवाद करने का कार्य।
भाषा–बोली।
भाषाई–भाषा संबंधी।
भाषाबद्ध–भाषा का रूप देना।
भाषायी–भाषाई।
भाषावार–भाषाई।
भाषा विज्ञान–भाषा विषयक।
भाषा विज्ञानी–भाषा का ज्ञानी।
भाषाविद्–भाषाविज्ञानी।
भाषिक–भाषा संबंधी।
भाषित–कहा हुआ; बोला हुआ; कथित।
भाषी–कहनेवाला; बोलनेवाला।
भाषीय–भाषा संबंधी।
भाष्य–व्याख्या; व्याख्यात्मक लेख; विवरण।
भाष्यकार–व्याख्या करनेवाला; अधिवक्ता; टीकाकार।
भास–चमक; कांति; प्रभा।
भासना–जगमगाना; चमकना; दृष्टिगोचर होना; प्रतीत होना; दिखाई पड़ना।

भासमान–प्रकट होना।
भासित–दिखाई पड़नेवाला; चमकीला।
भास्कर–सूर्य।
भास्वर–दीप्तिमान; प्रकाशमान।
भिंडी–एक पौधे की फली जिसकी तरकारी बनती है।
भिक्षा–भीख।
भिक्षाटन–भिक्षा के लिए विचरना।
भिक्षापात्र–भिखारी का कटोरा।
भिक्षावृत्ति–भिक्षा माँगने का कार्य।
भिक्षु–भिखारी; याचक।
भिक्षुक–भिखारी; भिक्षु; भीख माँगनेवाला।
भिक्षुणी–भिक्षुक की स्त्री।
भिखमंगा–भिखारी; भिक्षु; याचक।
भिखमंगी–निर्धनता; दरिद्रता।
भिखारिणी–भिखारिन।
भिखारिन–भिखारिणी।
भिखारी–भिखमंगा; भिक्षुक।
भिखारीपन–भिखारी होने का भाव।
भिगोना–गीला करना; तर करना; किसी पदार्थ को पानी से तर करना।
भिजवाना–भेजने या भिगाने का काम दूसरे से करवाना।
भिड़ंत–मुठभेड़; टक्कर; आमने सामने भिड़ना; दौर।
भिड़–ततैया; बर्रे।
भिड़ना–टक्कर खाना; मुठभेड़ करना।
भिड़ाना–मुटभेड़ करवाना; आपस में लड़ाई अथवा झगड़ा करवाना; मतभेद पैदा करवाना।
भितल्ला–दोहरे कपड़े की भीतरी पल्ला।
भित्ति–दीवार; भीत।
भित्तिचित्र–पलस्तर सूखने से पहले दीवारों पर चित्र खींचने की एक विधि।
भिदुर–नाजुक; टूटने योग्य।
भिनकना–गुनगुनाना।
भिनभिन–मक्खीं आदि के परों की आवाज़।
भिनभिनाना–भिनभिन शब्द करना।
भिनभिनाहट–भिनभिनाने की ध्वनि।
भिन्न–अलग; पृथक; विशिष्ट; असमान; जुदा।
खंड (गणित)।
भिन्नता–फर्क; अंतर।
भिन्नात्मक–भिन्न होने का भाव।
भिन्नाना–नाराज़ हो जाना; रूष्ट हो जाना।
भिलावाँ–एक जंगली वृक्ष जिसके फल औषध में प्रयुक्त होते हैं।
भिश्ती–मशाक में पानी ढोनेवाला; सक्का।
भींचना–कसकर आलिंगन करना; कसकर बंद करना।
भींजना–भीगना।
भी–साथ ही; अवश्य; इसी प्रकार; दबाव दर्शानेवाला।
भीख–भिक्षा; याचना।
भीगना–पानी में तर होना; पानी में लबालब होना।
भीटा–ढेर; छोटी पहाड़ी; टीला।
भीड़–समूह; गण; झुण्ड; जनसमूह; जमघट; जमाव।
भीड़ तंत्र–समूह का सिद्धान्त।
भीड़ भड़क्का–सघन भीड़।

भीड़ भाड़–सघन भीड़; झुण्ड; बहुसंख्या।
भीड़शाही–भीड़ तंत्र।
भीत–डरा हुआ; भयग्रस्त; दीवार।
भीतर–अंदर।
भीतर; के–अंदर का भाग।
भीतरी–आंतरिक; अंदरूनी; अन्दर का; छिपा हुआ।
भीति–भय; डर।
भीना–साधारण तथा रमणीय।
भीनी–मीठी।
भीम–विशाल; बड़े आकार का; भीषण; बड़ा। महाभारत कथा में पांडवों में दूसरा भाई।
भीमकाय–आकार तथा बल में बहुत विशाल; दैत्याकार।
भीरु–भयंकर; भयानक; कायर; डरपोक।
भीरुता–कायरता; लज्जा।
भील–मध्य भारत कें जंगलों में पाई जानेवाली एक जंगली जाति।
भीषण–भयानक; भयंकर; दारुण; वीभत्स; विकराल; डरावना।
भीषणता–भयानकता; भयंकरता।
भीषिका–दहशत; आतंक।
भीष्म–भयानक; भयंकर; दारुण।
भुकड़ी–ढाँचा; साँचा।
भुक्खड़–पेटू; खाऊ।
भुक्तभोगी–जिसे भुगतने का अनुभव प्राप्त हो।
भुखमरा–भूखों मरना; भूख के कारण मरना।
भुखमरी–भूखों मरने की स्थिति।
भुगतना–भोगना; सहना; अनुभव करना; निबटना; चुकाना। (परिणाम

भुगतान–अदायगी; चुकाया।
भुगताना–अदा करना।
भुच्च–मूर्ख; जड़मति।
भुच्चड़–मूर्ख।
भुजंग–साँप; सर्प।
भुज–भुजा; बाँह; रेखागणित में किसी आकृति की भुजा।
भुजपाश–दोनों हाथों की वह मुद्रा जिससे किसी को गले लगाते हैं।
भुजबंध–बाजूबन्द।
भुजबल–बाहुबल; भौतिक बल; साहस।
भुजा–हाथ; बाँह।
भुजाली–एक तरह की टेढ़ी छुरी।
भुजिया–उबाले हुए धान का चावल। बिना रस की भुनी हुई तरकारी।
भुट्ठा–जुआर या बाजरे की बाल; मक्के की हरी बाल।
भुतनी–भूतनी।
भुतहा–प्रेत से ग्रसित।
भुथरा–भोथरा।
भुनगा–उड़नेवाला एक छोटा कीड़ा; फतिंगा।
भुनना–सिकना; आग की गरमी से पकना; छोटे सिक्कों में तबदील होना।
भुनभुनाना–असंतोष व्यक्त करना; मन ही मन कुढ़कर बहुत धीरे धीरे कुछ कहना।
भुनवाई–भूनने का कार्य अथवा भूनने की उजरत।
भुनवाना–भूनने का कार्य किसी से करवाना।
भुनाना–भूनने का कार्य करवाना; चैक इत्यादि का भुगतान करवाना; नोट को रुपयों या किसी बड़े सिक्के को छोटे सिक्कों में बदलना।

भुन्नासी–एक प्रकार का बड़ा ताला।

भुरकस–किसी वस्तु का रूप जो उसे खूब कुचलने या कूटने से प्राप्त होता है; गूदा; मज्जा; लुगदी।

भुरता–भरता।

भुरभुरा–सरलता से चूर चूर होनेवाला; कुरकुरा।

भुरभुरापन–कुरकुरापन।

भुलक्कड़–विस्मरणशील स्वभाववाला।

भुलक्कड़पन–भूलने की आदत; असावधानी।

भुलवाना–भूलने के लिए प्रेरित करना; भ्रम में डालना; बहकाना।

भुलाना–विस्मृत करना।

भुलावा–छल; दिखावा; मरीचिका।

भुवन–संसार; दुनिया; जगत।

भुवनेश्वर–संसार का स्वामी; भगवान।

भुस–भूसा; चोकर।

भुसौरा–भूसा रखने का स्थान।

भूँकना–भौंकना।

भूँजना–किसी वस्तु को आग में डालकर अथवा कड़ाही आदि में सूखा पकाना; तलना।

भूँजा–भूना हुआ अन्न।

भू–भूमि; धरती; जमीन।

भू अभिलेख–भूमि संबंधी लिखित दस्तावेज़।

भूकंप–भूचाल; प्राकृतिक कारणों से पृथ्वी के भीतरी भाग में कुछ उथल पुथल होने से ऊपरी भाग का सहसा/अचानक हिलना।

भुकंप पीड़ित–भूचाल से पीड़ित।

भूखंड–विस्तृत क्षेत्रफल; भू भाग; भूमि का अंश; भूमि का टुकड़ा।

भूख–क्षुधा; खाने की इच्छा।

भूख हड़ताल–अनशन; भूखा रहकर किसी बात का विरोध।

भूखा–क्षुधित; जिसको भोजन की प्रबल इच्छा हो।

भूगर्भ–पृथ्वी की भीतरी भाग।

भूगोल–वह शास्त्र जिसके द्‌वारा पृथ्वी के ऊपरी भाग के स्वरूप का ज्ञान प्राप्त किया जाता है।

भूचाल–भूकंप।

भूटान–भारत के उत्तर पूर्व में स्थित एक देश का नाम।

भूटानी–भूटान का निवासी।

भूडोल–भूकंप।

भूत–अतीत; बीता हुआ; पिशाच।

भूतकाल–बीता हुआ समय।

भूतकालिक–भूत से संबंधित।

भूतकृदंत–भूतकालिक।

भूतनी–स्त्री प्रेत।

भूतपूर्व–पुराना; पूर्वकालिक; प्राचीन।

भूत प्रेत–बुरी आत्माए।

भूत बाधा–भूत प्रेत का प्रभाव।

भूतल–भूमि की सतह; संसार; जगत।

भूदान–उपहारस्वरूप भूमि।

भूदान यज्ञ–धार्मिक कृत्य के अंतर्गत भूदान।

भूदानी–जिसने भूमि दान की हो।

भूदेव–ब्राह्मण।

भूधर–पर्वत; पहाड़।

भूनना–आग पर रखकर पकाना।

भूप–राजा; बादशाह।
भूभल–गर्म राख।
भूभाग–इलाका; राज्यक्षेत्र।
भूमंडल–पृथ्वी का गोलाकार स्वरूप।
भूमध्य रेखा–भूगोल में पृथ्वी तल का ठीक मध्य सूचित करनेवाली वह कल्पित रेखा जो दोनों ध्रुवों से बराबर दूरी पर पड़ती है।
भूमध्य सागर–यूरोप तथा अफ्रीका के बीच में स्थित समुद्र।
भूमि–जमीन; पृथ्वी; धरती।
भूमिका–परिचय; प्रस्तावना; मुखबंध; पार्ट; हिस्सा; अवयव।
भूमिगत–भूमि के अंदर; गुप्त कार्य।
भूमिधर–किसान जो अपनी भूमि का अधिकारी होता है।
भूमिसात–जो गिरकर भूमि के साथ मिल गया हो।
भूरा–मिट्टी के रंग का।
भूराजस्व–भूमि संबंधी राजस्व।
भूरापन–भूरे रंग लिये हुए अथवा भूरे रंग का भाव।
भूरि–प्रचुर; बहुत।
भूरेल–भूमिगत रेल; भूमि के नीचे का आने जाने का मार्ग।
भूल–गलती; त्रुटि; दोष; गलत कदम।
भूल-चूक–गलती तथा भूल।
भूलना–भूल जाना; याद न रहना; गलती करना।
भूल-भुलैया–भँवरजाल; जंजाल; चक्रव्यूह।
भूल सुधार–गलती का संशोधन; भूल का सुधार।
भूला-बिसरा–काफी समय से स्मरण शक्ति से बाहर निकाला हुआ।
भूला-भटका–रास्ता भूला हुआ।
भूलोक–भूमि; जमीन; राष्ट्र; संसारी।
भूविज्ञान–भौमिकी; भूगर्भ शास्त्र।
भूशय्या–बिस्तर की तरह प्रयोग की गयी भूमि।
भूशायी–जिसका बिस्तर भूमि है; भूमि पर लेटा हुआ।
भूषण–आभूषण; अलंकार; गहना; सज़ावट; अलंकरण; सज्जा।
भूषणीय–अलंकरण के योग्य।
भूषित–सुशोभित; अलंकृत; सुसज्जित।
भूसंपति–रियासत।
भूसा–सूखी घास।
भूसी–सूखी घास।
भूस्खलन–भूमि का सरकना।
भूस्वामी–जमींदार; भूमि का स्वामी।
भृंग–भौंरा।
भृकुटी–भ्रू; भौंह।
भृत–नौकर; दास।
भृति–सेवा; नौकरी; वेतन।
भेंगा–जिसकी आँख की पुतली टेढ़ी हो।
भेंट–उपहार; नजराना; मुलाकात।
भेंटना–मिलना; अंगीकार करना।
भेंटवार्ता–मुलाकात।
भेंटस्वरूप–उपहारस्वरूप।
भेजना–भगा देना; प्रेषित करना।
भेजवाना–भेजने का कार्य करना।
भेजा–मस्तिष्क; मगज़; बुद्धि; दिमाग़।
भेड़–मेष; मेढ़ा।

भेड़-चाल–बिना सोचे विचार अनुसरण करने की प्रवृत्ति।

भेड़ना–बंद करना।

भेड़ा–नर भेड़।

भेड़िया–भेड़िया; वृक।

भेड़ी–मादा भेड़।

भेद–गुप्त बात; रहस्य; भिन्नता; फर्क।

भेदक–भेदन करनेवाला; विभाजन करने वाला; फर्क करनेवाला।

भेदन–भेदने का कार्य; प्रतिच्छेदन।

भेदना–बेधन करना।

भेदबुद्धि–भदेने की योग्यता; भेद करने की क्षमता।

भेदभाव–व्यवहार में अंतर; फर्क।

भेदित–छेदा हुआ।

भेदिया–दूसरो के राज़ जाननेवाला; जासूस।

भेदी–भेदनेवाला; भेदीया; भेद लेनेवाला।

भेद्य–छेदने योग्य; भेद करने योग्य।

भेरी–जोर से बजनेवाली सीटी; ड्रम।

भेला–गुमड़।

भेली–गुड़ आदि की बट्टी या पिंडी।

भेष–भेस; वेश।

भेषज–औषधि।

भेस–लिबास; पोशाक; परिधान; पहनावा; वेश।

भैंस–महिषी।

भैंसा–नर भैंस।

भैंया–भाई; भ्राता।

भैया दूज–कार्तिक हिन्दुओं का एक त्यौहार जिस दिन भाई अपनी बहिन की रक्षा की प्रतिज्ञा लेते हैं तथा बहनें अपने भाई की लम्बी उम्र की प्रार्थना करती हैं।

भैरव–भारतीय संगीत का एक राग; भगवान शिव।

भैरवी–प्रात:काल गाया जानेवाला राग।

भैषजिकी–औषध विज्ञान।

भोंकना–घुसाना; चुभाना; बेधना।

भोंडा–घुसाना; चुभोना; बेधना।

भोंडापन–भद्दापन; फूहड़ता।

भोंदू–बुद्धु व्यक्ति; मूर्ख।

भोंदूपन–मूर्खता।

भोंपू–तुरही की तरह का मुँह से फूँककर बजाने का वाद्य।

भोंभों–कुत्ते के भोंकने की आवाज।

भोक्ता–उपभोग करनेवाला; भोगनेवाला।

भोग–खुशी; आनन्द; व्यथा; दर्द; चढ़ावा; सुविधा देनेवाली वस्तु।

भोगकाल–अवधि।

भोगना–भुगतना; सहन करना; मजे़ करना।

भोगबंधक–अधिकार के साथ बंधक।

भोगलिप्सा–मैथुन; इन्द्रिय आनन्द।

भोगवाना–भोगना; भोगने में दूसरे को प्रवृत करना।

भोगविलास–मौज; ऐश।

भोगाधिकार–अधिकार में रखने का न्याय; सुख का अधिकार।

भोगी–भोगनेवाला; वह जो भोगाता है।

भोग्य–भोग्य योग्य।

भोज–बहुत से लोगों का एक साथ मिलकर भोजन करना; खाने की वस्तु।

भोजन–अन्न; आहार।

भोजन कक्ष–वह कक्ष जहाँ भोजन ग्रहण किया जाता है।

भोजन नलिका–आहार नली; ग्रसिका।

भोजनभट्ट–अत्यधिक खानेवाला; भोजन प्रेमी व्यक्ति; पेटू; भुक्खड़; खाऊ।

भोजनयान–भोजन कक्ष रूपी रेल का डिब्बा।

भोजन वस्त्र–खाना तथा वस्त्र।

भोजनालय–होटल; रेस्तराँ; जहाँ एक साथ भोजन किया जाय।

भोजपुरी–हिन्दी की उपभाषा जो पूर्वी उत्तरप्रदेश तथा पश्चिमी बिहार में बोली जाती है।

भोजी–भोजन करनेवाला।

भोज्य–भोजन करने योग्य; खाने योग्य।

भोट–भूटान देश।

भोटिया–भूटान का रहनेवाला या भूटान से संबंधित।

भोथरा–कुंद; मन्द; जिसकी धार तेज न हो।

भोथरापन–मन्दता; कुंदता।

भोर–प्रातःकाल; सुबह; तड़का।

भोला–सरल तथा सच्चा।

भोलापन–सरलता तथा सच्चाई।

भोला भाला–सहज विश्वासी; सीधा साधा; बहुत साधारण; निष्कपट।

भोलेनाथ–भगवान शिव।

भौं–भौंह।

भौंकना–कुत्ते का बोलना।

भौंरा–काले रंग का उड़नेवाला एक कीड़ा।

भौंरी–मादा भौंरा।

भौंह–भौं।

भौगोलिक–भूगोल संबंधी।

भौगोलिकी–भूगोल संबंधी।

भौचक–भौचक्का।

भौचक्का–आश्चर्यचकित; हक्का बक्का; घबराया हुआ।

भौजाई–बड़े भाई की पत्नी।

भौजी–भाभी।

भौतिक–सारयुक्त; प्राकृतिक; वस्तुगत; संसारी।

भौतिकवाद–पदार्थवाद; जड़वाद।

भौतिकवादिता–पदार्थवादी प्रवृत्ति।

भौतिकवादी–सांसारिक; पदार्थवादी।

भौतिकी–भौतिक संबंधी।

भौमिक–भूगर्भ शास्त्र से संबंधित; सांसारिक; मिट्टी का; थलचर; भूलोक का रहनेवाला।

भौमिकी–भूगर्भशास्त्र।

भ्रंश–नीचे गिरना; नाश; विध्वंस; तोड़ फोड़; तोड़ना।

भ्रकुटि–भृकुटी; भौं।

भ्रम–मरीचिका; माया; भ्रान्ति; गलतफहमी; मिथ्याबोध; मिथ्याधारणा।

भ्रमजनक–भ्रांतिजनक।

भ्रमजाल–भ्रम का जाल; सांसारिक संबंध।

भ्रमण–यात्रा; पर्यटन; सैर सपाटा।

भ्रमणकारी–यात्रा करनेवाला; यात्री; मुसाफिर; घुमक्कड़।

भ्रमणशील–भ्रमणकारी।

भ्रममूलक–भ्रांतिजनक; गलत धारणा।

भ्रमर–भौंरा।

भ्रमरी–मादा भौंरा।

भ्रमात्मक–भ्रांतिजनक।

भ्रमित–भ्रम में फँसा हुआ; शंकित; संशयात्मक।

भ्रमोत्पादक–गलत दिशा में घुमता हुआ; भ्रांतिजनक।

भ्रमोत्पादकता–भ्रांतिजनकता।

भ्रष्ट–कलंकित; दूषित; कलुषित; दुर्वत्त।

भ्रष्टता–दुशचारिता; दुराचरण।

भ्रष्टाचार–नीतिपथ से गिरा हुआ और समाज में बहुत बुरा माना जानेवाला आचरण या व्यवहार।

भ्रष्टाचारी–कलुषित; शील भ्रष्ट।

भ्रांत–भटका हुआ; भूला हुआ।

भ्रांति–भ्रम; धोखा; संदेह; शक।

भ्रांतिकर–कपटपूर्ण; भ्रामक; धोखायुक्त।

भ्रांतिजनक–भ्रामक; कपटपूर्ण।

भ्रांतिमूलक–भ्रमित करनेवाला; भ्रामक।

भ्राता–भाई।

भ्रातृ–भ्राता।

भ्रातृभाव–भ्रातृत्व की भावना; भाईपन; भाई होने का भाव; बंधुत्व।

भ्रातृ–स्नेह–भाई तुल्य लगाव।

भ्रात–हत्या–भाई की हत्या।

भ्रात्रीय–भाई के समान।

भ्रामक–भ्रमिक; भ्रांतिजनक।

भ्रू–भौं; भौं की मनमोहक क्रिया।

भ्रूण–गर्भस्थ शिशु; स्त्री का गर्भ; बालक की गर्भ में रहने की अवस्था; विशेषत: गर्भाधान से प्राय: चार मास तक की अवस्था।

भ्रूणहत्या–गर्भ में भ्रूण या बाल को मार डालना।

भ्रूभंगिमा–भौं की हलचल विशेष रूप से आकर्षित करनेवाली।

म

म–पवर्ग हिन्दी वर्णमाला का पच्चीसवाँ व्यंजन तथा पवर्ग का पाँचवाँ तथा अंतिम वर्ण।

मँगता–भिक्षुक; माँगनेवाला; भिखारी; याचक।

मँगनी–सगाई; उधार ली हुई वस्तु।

मंगल–अच्छे शकुन का। सोमवार के बाद का वार; चौथा ग्रह; आनन्द तथा सुख।

मंगलकारक–अच्छे शकुन का।

मंगलकारी–अच्छे शकुन का।

मंगलगान–मंगल पर्व पर गाया जानेवाला गीत।

मंगलगीत–मंगलगान।

मंगलग्रह–ग्रह का नाम।

मंगलघट–मंगल अवसरों पर पूजा के लिए अथवा अकारण ही रखा जानेवाला पानी का घड़ा।

मंगलध्वनि–मंगलकारी ध्वनि।

मंगलपाठ–मंगलाचरण।

मंगलप्रद–मांगलिक; मंगलकारी।

मंगलभाषण–किसी अप्रिय अथवा अशुभ बात को प्रिय या शुभ रूप में कहने का प्रकार।

मंगलभाषित—अप्रिय बात को भी प्रिय ढंग से कहनेवाला।

मंगलमय—मंगलकारी।

मंगलवार—सोमवार के बाद का वार।

मंगलसूत्र—भाग्यवान धागा (एक विशेष प्रकार की माला जो विवाहित स्त्रियाँ पहनती हैं)।

मंगला—पार्वती का नाम।

मंगलाचरण—वह पद्य जो शुभ कार्य के आरंभ से पहले मंगल की कामना से पढ़ा जाता है।

मंगलाचार—मांगलिक प्रस्तावना।

मंगलामुखी—वेश्या; रंडी।

मंगली—(ज्योतिष शास्त्र के अनुसार) (कोई व्यक्ति) जिसका मंगलग्रह बुरा असर डाल रहा हो; जिसकी जन्मकुंडली के चौथे, आठवें या बारहवें स्थान में मंगल ग्रह हो (अशुभ)।

मंगलोत्सव—उत्सव काल; आनन्द का दिन।

मँगवाना—माँगने का काम दूसरे से कराना।

मँगाना—माँगने का काम दूसरे से कराना; किसी से कोई चीज लाकर देने के लिए कहना।

मँगेतर—जिसके साथ किसी की मँगनी हुई हो।

मंगोल—मध्य एशिया में बसनेवाली एक जाति।

मंच—नाट्यशाला; मचान; किसी इमारत के चारों ओर का लगातार चबूतरा; ऊँची समतल भूमि; फड़; हाट।

मंचन—मंच पर नाटक प्रस्तुत करने का ढंग।

मंच-संकोच—मंच पर अभिनय करने की हिचक।

मंचीय—मंच का या मंच से संबंधित।

मंजन—दाँत साफ करने का चूर्ण।

मँजना—माँजा जाना।

मंजरी—जमना; उगना; निकलना।

मँजवाना—माँजने का कार्य किसी से करवाना।

मँजाई—माँजने की क्रिया; इस कार्य के लिए मिलनेवाला पारिश्रमिक।

मँजा-मँजाया—पूर्ण रूप से माँजा हुआ।

मंजिल—मकान का खंड; नियत स्थान; लक्ष्य; इष्ट प्रदेश।

मंजीर—नुपुर; घुँघरू।

मँजीरा—संगीत में ताल देने के काम आनेवाला दो कटोरियाँ जिन्हें टकराने से शब्द होता है।

मंजु—सुन्दर; मनोहर।

मंजुल—सुन्दर; मनोहर।

मंजुलता—सुन्दरता; मनोहरता।

मंज़ूर—सिद्ध; स्वीकार किया हुआ; स्वीकृत; अनुमोदित।

मंज़ूरी—स्वीकार; अनुमोदन; स्वीकृति।

मंजूषा—पिटारी; छोटा डिब्बा या पिटारा।

मँझधार—नदी या उसके प्रवाह का मध्य भाग।

मंझा—खाट; पालना।

मंड—कलफ; माड़ी।

मंडन—शृंगार करना; सजाना; प्रमाण देकर कोई बात सिद्ध करना; समर्थन।

मंडना—सजाना; युक्ति से सिद्ध करना।

मंडनात्मक—समर्थन देनेवाला; प्रमाणित करने वाला।

मंडनीय—प्रमाणित करने योग्य; समर्थन देने योग्य।

मंडप—मंच; किसी उत्सव या मंगल कार्य के लिए बाँस, कपड़े आदि से छाकर बनाया हुआ स्थान।

मँडराना—मँडलाना; हवा में घूमना।

मंडल—जिला; समूह; मठ; आश्रम।

मंडलाकार—वर्तुलाकार; चक्राकार; गोलाकार।

मंडलाधिकारी—मंडल का अधिकारी।

मंडलायुक्त—किसी कार्य के सम्पादन के लिए नियुक्त किया हुआ अफ़सर।

मंडली—दल; टोली; जनसमूह; सभा परिषद; क्लब।

मंडलीय—मंडल से संबंधित।

मंडलेश्वर—मठ अथवा आश्रम का प्रमुख।

मँडवा—शामियाना; मंडप।

मंडित—सुसज्जित; अलंकृत; सुशोभित; संपुष्ट।

मंडी—बाजार; हाट; थोक बिक्री का स्थान।

मँडुआ—मंडप; खेमा; चलनशील रंगशाला।

मंडूक—मेंढ़क।

मंतर—मंत्र।

मंतव्य—उद्देश्य; इच्छा।

मंत्र—वेद का वह भाग जिसमें मंत्रों का संग्रह है; धार्मिक पद्य; जादू टोना; संस्कार किया हुआ सिद्धान्त।

मंत्रकार—मंत्र का रचनाकार।

मंत्रज्ञ—मंत्र का निपुण अथवा ज्ञानी।

मंत्रण—परामर्श देना।

मंत्रणा—परामर्श; सलाह; विचार विमर्श।

मंत्रणाकार—परामर्श दाता; सलाहकार; परामर्शी।

मंत्रणा—परिषद परामर्शी मंत्रणा।

मंत्रद्रष्टा—भविष्यद्रष्टा; भविष्य वक्ता।

मंत्रपाठ—मंत्रों का प्रपठन।

मंत्रबल—मंत्रों की शक्ति।

मंत्रमुग्ध—मोहित; वशीभूत।

मंत्रशक्ति—मंत्रबल।

मंत्रसिद्धि—मंत्रों के उच्चारण द्वारा सफलता प्राप्त करना।

मंत्रालय—मंत्री का कार्यालय या विभाग।

मंत्रित—मंत्रों द्वारा पवित्र।

मंत्रित्व—मंत्री का कार्य या पद।

मंत्रि-परिषद—राज्य के किसी मंत्री तथा उसके विभाग का कार्यालय।

मंत्रिमंडल—वह परिषद जिसमें राज्यों के भी बारह या बीस मुख्यमंत्री शामिल हों।

मंत्री—सचिव; परामर्श या सलाह देने वाला; किसी संस्था का या सरकारी विभाग का वह अधिकारी जो नियमित रूप से उसके सब काम चलाता हो।

मंथन—विलोड़न; चिंतन।

मंथर—धीमा; आलसी; सुस्त; मंद।

मंद—धीमा; सुस्त; अस्पष्ट; नीरस; दुर्बल; निम्न।

मंदता—आलस्य; अस्पष्टता; नीरसता।

मंदबुद्धि—मूर्ख; निर्बुद्धि; क्षीण बुद्धि; अल्पमति; कमबुद्धि।

मंदभाग्य–अभागा; भाग्यहीन।

मंदमति–जिसकी बुद्धि मंद हो; मूर्ख।

मंदा–धीमा; ढीला ढाला; मन्द; कम मूल्य का; सस्ता।

मंदाकिनी–स्वर्ण गंगा की स्वर्ग में बहने वाली धारा; आकाशगंगा।

मंदाग्नि–अजीर्ण; अन्न न पचाने का रोग; बदहजमी; अपच।

मंदित–देर करना।

मंदिर–देवालय; देवी देवता का स्थापन स्थान; अराधना स्थल; धार्मिक सदन; ग्रह।

मंदी–किसी पदार्थ के मूल्य में अचानक कमी; पीछे हटना; न्यूनता।

मंद्र–गहरा; गहन; अथाह; अगाध।

मंशा–इच्छा; अभिलाषा; उद्देश्य; अभिप्राय; आशय; मतलब; चाह।

मंसबदार–पदाधिकारी; अफ़सर; ओहदेदार।

मंसूख़–रद्द करना; वापस ले लेना।

मंसूख़ी–खंडन; निरस्तीकरण।

मई–अंग्रेजी वर्ष का पाँचवाँ महीना।

मकई–ज्वार नामक अन्न।

मकड़जाल–मकड़ी का जाल; जाला।

मकड़ा–बड़ी मकड़ी; नर मकड़ी।

मकड़ी–एक कीड़ा जो अपने पेट से एक तरह का लूआब निकालकर जाला बुनता है और उसमें फँस जानेवाली मक्खियों आदि को खा जाता है।

मकतब–पाठशाला; लिखने पढ़ने का स्थान।

मक़बरा–वह इमारत जिसमें किसी की कब्र हो; मजार।

मकरंद–सुगंध; खुशबु।

मकर–मगर या घड़ियाल नामक जलजंतु; राशि चक्र की दसवीं राशि।

मक़सद–उद्देश्य; अभिप्राय; प्रयोजन; आकांशा; आशय; इच्छा; चाह।

मकान–रहने का घर; गृह।

मालिक–घर का स्वामी।

मकुर–शीशा; दर्पण।

मकोड़ा–बड़ा चींटा।

मकोय–एक छोटा पौधा जिसमें छोटे गोल तथा खट्टे फल लगते हैं।

मक्का–मकई; भुट्टा।

मक्कार–धूर्त; कपटी; छली; धोखेबाज़; चालाक।

मक्कारी–धूर्तता; धोखेबाज़ी; चालाकी।

मक्की–मकई; भुट्ठा।

मक्खन–दूध या दही की चिकनाई।

मक्खी–एक उड़नेवाला कीड़ा जो प्रायः सब जगह पाया जाता है; मक्षिका।

मक्खीचूस–अत्यधिक कंजूस (व्यक्ति)।

मक्खीमार–मक्खी फड़ फड़ानेवाला पदार्थ; बेकार समय बितानेवाला।

मक्षिका–मक्खी।

मख–यज्ञ।

मखनिया–मक्खन निकाला हुआ। मक्खन बेचनेवाला।

मख़मल–एक मोटा नरत तथा रोयेंदार रेशमी कपड़ा।

मखाना–भुना हुआ कमल का बीज।

मख़ौल–मज़ाक; उपहास; हँसी; ठट्ठा।

मख़ौलिया–मज़ाक उड़ानेवाला; मसख़रा; भाँड; विदूषक; ठिठोलिया; हँसी ठट्ठा करनेवाला।

मग–मार्ग; जल का पात्र।

मग़ज–दिमाग़; मस्तिष्क; बीजतत्व; अँकुर।

मग़जपच्ची–कुछ सोचने या करने के लिए बहुत दिमाग़ लड़ाना; सिर खपाना।

मग़ज़ी–रजाई आदि पर लगाई जानेवाली गोट; मिर्जई।

मगद–एक प्रकार की मिठाई।

मगदल–उड़द की दाल से तैयार लड्डू।

मगध–दक्षिणी बिहार का प्राचीन नाम।

मगन–मग्न; तल्लीन; अपनी धुन में कार्यरत।

मगर–लेकिन; परन्तु; किन्तु; किसी प्रकार। मकर; घड़ियाल।

मगरमच्छ–मकर; घड़ियाल।

मग़रिब–पश्चिम; सूरज डूबने की जगह या दिशा।

मग़रिबी–पश्चिमी।

मग़रूर–धमंडी; अहंकारी; अभिमानी; सहन न करनेवाला।

मग़रूरी–घमंड; गर्व; अभिमान; अहंकार।

मगही–मगध राष्ट्र से संबंधित; एक प्रकार की पान की पत्ती।

मग़ज़–मगज।

मग्न–तन्मय; लीन डुबा हुआ।

मग्रिब–पश्चिमी।

मघवा–इन्द्र; उल्लु।

मघा–भारतीय ज्योतिष के अनुसार सत्ताइ.ेस नक्षत्रों में से दसवाँ नक्षत्र।

मचना–धूमधाम से शुरू होना; घटित होना।

मचलन–मचलना।

मचलना–किसी वस्तु के लिए बालकों की तरह हठ करना; अड़ना; हठी।

मचला–मचलना।

मचलापन–बच्चों के तरह की हठ; हठी।

मचली–मतली।

मचान–खेत आदि की रक्षा करने के लिए अथवा शिकार करने लिए चार खंबों पर बाँस के फट्टे आदि लगाकर बनाया गया आसन; ऊँची बैठक।

मचाना–बनाना; रचना करना; साधक होना।

मचिया–छोटी चौकी जो बैठने के काम में आती है।

मच्छ–बड़ी मछली।

मच्छड़–मच्छर।

मच्छर–शरद और वसन्त ऋतु में पैदा होनेवाला एक उड़नेवाला कीड़ा जो खून पीता है तथा कई रोगों (मलेरिया) के फैलने का कारण होता है।

मच्छरदानी–मच्छरों से बचानेवाली जाली।

मछली–मीन; एक प्रसिद्ध जलजंतु जिसकी अनेक छोटी बड़ी जातियाँ होती हैं।

मछलीदार–मछली के प्रारूप से सुसज्जित।

मछलीमार–मछली पकड़नेवाला; मछुआ।

मछुआ/मछुआरा–मछली पकड़ने वाला।

मज़दूर–मज़दूरी पर काम करनेवाला; बनिहार; श्रमिकवर्ग।

मज़दूर-संघ–श्रमिक संगठन; श्रमिकों के अधिकारों के लिए संघर्ष करनेवाला एक संघ।

मज़दूरी–बोझ ढोने आदि का काम करने से प्राप्त पारिश्रमिक।

मजनूँ–अरेबियन कहाँनियों में लैला से प्यार करनेवाला; आशिक; किसी पर मरनेवाला; बहुत दुबला पतला व्यक्ति।
मज़बूत–पुष्ट; दृढ़; पक्का; टिकाऊ; बलयुक्त।
मज़बूती–सबलता; टिकाऊपन; दृढ़ता।
मजबूर–विवश; लाचार।
मजबूरन–लाचारी से मज़बूर होकर।
मजबूरी–लाचारी; विवशता।
मजमा–लोगों के जमा होने की जगह; भीड़।
मज़मून–लेखादि का विषय; किसी लेख में सन्निहित भाव।
मज़म्मत–निन्दा; झिड़कन; धुड़की; भर्त्सना; डाँट फटकार।
मजलिस–सभा; परिषद; जलसा।
मजलिसी–सभा संबंधी।
मज़हब–धर्म; सम्प्रदाय।
मज़हबी–धर्मविशेष से संबंध रखनेवाला; धार्मिक।
मज़ा–सुख; आनन्द; लुत्फ; तमाशा।
मज़ाक–हँसी; दिल्लगी; ठगी; धोखा देना।
मज़ाकन–हँसी मज़ाक में।
मज़ाक़िया–विनोदी; हँसोड़; मसख़रा।
मज़ार–दरगाह; कब्र।
मज़ाल–सामर्थ्य; शक्ति; मक़दूर।
मजिस्ट्रेट–फौजदारी मुकद्दमे सुनने और शासन प्रबंध का काम करनेवाला अफसर।
मजिस्ट्रेटी–मजिस्ट्रेट का पद।
मजीठ–एक लता जिसकी जड़ों को उबालकर लाल रंग निकाला जाता है।
मजीठी–मजीठ; मजीठ के रंग का; लाल रंग।
मज़ीद–और अधिक।
मज़ेदार–रमणीय; आनन्दायक; मधुर; रस से भरपूर।
मज्जन–नहाना; गोता लगाना; डूबना।
मज्जा–हड्डी की नली के भीतर भरा स्नेहरूप पदार्थ।
मझधार–बीच धारा।
मझला–बीच का; दरमियानी।
मझोला–न बहुत बड़ा न छोटा।
मटक–मटकने की क्रिया या भाव; गति; अकड़ की चाल।
मटकना–नाज़ नखरे की अदा में चलना; मटक मटककर चलना।
मटका–बड़े मुँह का मिट्टी का पात्र।
मटकाना–किसी विशेष अंग से मटकाने की क्रिया करना; मचकना।
मटकी–छोटा मटका।
मटकौअल–चोचलेबाजी का हाव भाव दिखाने का कार्य।
मटक्का–मटकाने का कार्य।
मटमैला–मिट्टी के रंग का; धुँधला।
मटमैलापन–मटमैला।
मटर–एक द्विदल अन्न जिसकी दाल और रोटियाँ भी खाई जाती हैं।
मटरगश्त–टहलना; आवारा फिरना; घुमक्कड़; परिभ्रमण।
मटरगश्ती–बिना मतलब इधर उधर घूमना।
मटियामेट–पूरी तरह ध्वस्त; मिट्टी में मिल जाने से मिट जानेवाला।

मटीला–धूलिपूर्ण; धूल के रंग का।
मट्ठर–सुस्त तथा धीमा।
मट्ठा–मठा; छाछ।
मट्ठी–मठरी।
मठ–हिन्दु साधुओं के रहने का मकान; आश्रम।
मठधारी–मठाधीश।
मठा–मट्ठा।
मठाधीश–मठ का प्रमुख/महंत।
मुड़ई–अस्थायी मकान; झोपड़ी।
मड़ैया–अस्थायी मकान; कुटी।
मढ़ना–चारों ओर लगाना या लपेटना; प्रयुक्त करना।
मढ़वाई–मढ़ने का कार्य अथवा इस कार्य के बदले मिलनेवाला पारिश्रमिक।
मढ़वाना–मढ़ने का कार्य किसी से करवाना।
मढ़ाई–मढ़ने की क्रिया या मज़दूरी।
मढ़ी–छोटा घर; छोटा सा मठ; समाधि।
मणि–बहुमूल्य रत्न।
मणिमाला–मणि का हार।
मत–आशय; अभिप्राय; विचार; विश्वास; नज़रिया; राय; सिद्‌धान्त; पंथ; धर्म।
मतगणना–मतों की गिनती।
मतदाता–मत देने का अधिकारी; मत देनेवाला; लोकतंत्र में रहनेवाला नागरिक जिसे मत देने का अधिकार होता है।
मतदान–मत देने की क्रिया या भाव।
मतदान केन्द्र–वह स्थान जहाँ मतदान किया जाता है।
मतदान कोष्ठ–वह स्थान जो मतदान को रखा जाता है।
मतदान पेटिका–वह पेटी जिसमें निर्वाचक या मतदाता अपना मतपत्र छोड़ता या डालता है।
मतपत्र–गुप्त रूप से मतदान करने के लिए एक छपी हुई पर्ची; बैलट पेपर।
मत परिवर्तन–धर्म परिवर्तन।
मतभेद–मतों का अलगाव; आपस में मत न मिलना।
मत-मतांतर–भिन्न प्रकार का मत।
मतलब–तात्पर्य; आशय; अर्थ; स्वार्थ; उद्‌देश्य।
मतलबी–स्वार्थी।
मतली–मिचली।
मतवाला–नशे में चूर; मस्त; हर्ष से उन्मत्त; पागल।
मतवालापन–मतवाला।
मत-संग्रह–किसी विशेष विषय पर जनता का संग्रह किया हुआ मत।
मत-स्वातंत्र्य–अपना मत रखने की स्वतंत्रता।
मतांतर–अलग अलग मत/विचार।
मतांतरण–विचारों की भिन्नता।
मतांध–धर्मोन्मत; हठधर्गी।
मतांधता–धर्मोन्माद; धार्मिक हठ।
मताग्रह–स्वमताभिमान।
माताग्रही–स्वमताभिमानी।
माताधिकार–निर्वाचन में मत देने का अधिकार।
मताधिकारी–जिसे मत देने का अधिकार प्राप्त हो।
मतानुयायी–मतावलंबी। किसी धार्मिक संप्रदाय या किसी व्यक्ति के मत को माननेवाला।

मतावलंबी–किसी मत अथवा संप्रदाय का अनुसरण करनेवाला।

मतारी–माता; माँ।

मति–बुद्धि; मत; राय; समझ।

मतिभ्रंश–मनोविकार; पागलपन; बुद्धि में विकार।

मतिभ्रम–बुद्धि में विकार जिस कारण मनुष्य कुछ का कुछ समझने या कोई निराधार बात मानने लगता है।

मतिभ्रष्ट–समझदारी खोना; मूर्खता; बेवकूफी।

मतिमंद–मूर्ख; पागल; मंदबुद्धि।

मतिमान–बुद्धिमान।

मतिहीन–मूर्ख; बुद्धु।

मतैक्य–ऐकमत्य; कुछ लोगों का विचार या मत एक होना।

मत्त–मतवाला; नशेबाज़; जिसने मद्य का सेवन कर रखा हो।

मत्ता–मतवालापन।

मत्था–माथा।

मत्सर–डाह; ईर्ष्या; जलन।

मत्स्य–मछली।

मत्स्य उद्योग–धीमर कर्म।

मत्स्यजीवी–मछुआ।

मत्स्यपालन–मछली पालने का कार्य।

मत्स्यविज्ञान–मछलियों से संबंधित विज्ञान।

मथन–मथने की क्रिया या भाव; बिलोना।

मथना–बिलोना; मथानी या लकड़ी आदि से तरल पदार्थ तेजी से चलाना।

मथानी–दही मथने के लिए काठ का बना हुआ एक प्रकार का डंडा।

मथित–मथा हुआ; मिश्रित।

मद–नशा; घमंड; अहंकार; पागलपन।

मदक–अफीम के सत से बननेवाला एक मादक पदार्थ।

मदकची–वह जो मदक पीता है।

मदकाल–वह समय जब जीव जन्तु यौनक्रिया में रत रहते हैं।

मदद–सहायता; योगदान।

मददगार–सहायक।

मदन–कामदेव; प्रेम।

मदनोत्सव–(चैत्र) चैत्र के माह में मनाया जानेवाला एक प्राचीन उत्सव जो प्यार के देवता (कामदेव) को समर्पित होता है।

मदमत्त–मतवाला; अधिक पीया हुआ।

मदरासी–मद्रास से संबंधित; (मद्रास दक्षिण भारत में स्थित एक राज्य जिसका नया नाम चैन्नई है)।

मदहोश–अत्यधिक पीये हुए।

मदहोशी–अत्यधिक मद्य का सेवन करने से आनेवाली मूर्छा।

मदांध–मदोन्मत्त; जिसने मद्यका अत्यधिक सेवन कर रखा हो; जो मद के कारण अंधा हो रहा हो।

मदांधता–मदांध।

मदार–हाथी; आक का पौधा।

मदारी–कलन्दर; बाज़ीगर; वह जो जानवरों का तमाशा दिखाता है।

मदिर–नशा लानेवाला; नशीला; मादम।

मदिरा–शराब; मद्य; नशा करने का तरल पदार्थ।

मदिरालय–सार्वजनिक मदिरापान का स्थान।

मदोन्मत्त–जो मद्य के नशे में उन्मत्त हो रहा हो; घमंडी; अहंकारी; जो अधिक बल के कारण घमंडी हो।

मदोन्मत्तता–नशे की उन्मत्तता; अहंकारिता।

मद्दा–निम्नता। किसी पदार्थ के मूल्य में एकाएक कमी।

मद्धिम–मध्यम; कम अच्छा; धीमा।

मद्धे–बाबत; विषय में; संबंध में लेखे या हिसाब में।

मद्य–शराब; मदिरा।

मद्यत्याग–नशे से परहेज़।

मद्य निर्माणी–शराब बनाने का स्थान।

मद्य निषेध–शराब बनाने; बेचने तथा पीने पर लगी रोक।

मद्यप–शराबी; मद्य पीनेवाला।

मद्यपान–शराब पीने का कृत्य।

मद्यपायी–शराब का सेवन किये हुए।

मद्यसेवन–शराब पीना।

मद्योन्माद–शराब के उन्माद में।

मधु–मकरंद; शराब।

मधुऋतु–वसंत ऋतु।

मधुकर–भ्रमर; भौंरा; शहद उत्पन्न करनेवाला।

मधुकरी–अलग अलग घरों से इकट्ठी की हुई वह भिक्षा जिसमें केवल पका हुआ भोजन लिया जाता है।

मधुप–मधुकर।

मधुबाला–शराब परोसनेवाली स्त्री।

मधुमक्खी–शहद इकट्ठा करनेवाली मक्खी।

मधुमय–स्वादिष्ट; रमणीय।

मधुमास–वह महीनें जो बहार का संदेश लाते हैं (चैत तथा वैसाख के महीने)।

मधुमेह–बढ़ा हुआ प्रमेह रोग जिसमें मूत्र अधिक और गाढ़ा होता है।

मधुयामिनी–सुहागरात; नवविवाहित जोड़े की पहली रात।

मधुर–मीठा; सुंदर; कोमल; सुनने में प्यारा।

मधुरता–सुन्दरता; मनोहरता; कोमलता।

मधुरिमा–मधुरता; मिठास; सुन्दरता; सौंदर्य।

मधुवाटिका–मधुमक्खियों को पालने का स्थान।

मधुशाला–मद्य पीने का सार्वजनिक स्थान।

मधुसूदन–भगवान विष्णु।

मध्य–बीच का भाग; बीचवाला; केन्द्र।

मध्यकाल–मध्ययुग; मध्य या बीच का समय।

मध्यक्रम–बीच का क्रम।

मध्यपूर्व–यूरोपवालों की दृष्टि से एशिया का दक्षिण पश्चिम भाग।

मध्यपूर्वी–मध्यपूर्व क्षेत्र से संबंधित।

मध्यम–मध्य का; बीच का।

मध्यम पुरुष–व्याकरण में वह पुरुष जिससे बात की जाए।

मध्यमा–बीच की उँगली।

मध्यमान–औसत; मध्यक।

मध्यमार्ग–बीच का रास्ता।

मध्यमार्गी–मध्य मार्ग पर चलनेवाला।

मध्ययुग–प्राचीन युग और आधुनिक युग के बीच का समय; छठी से पन्द्रहवीं शताब्दी तक का समय।

मध्ययुगीन–मध्य युग का।

मध्यरात्रि–आधी रात।

मध्यवर्ग–समाज का वह बीचवाला वर्ग जिसके लोग न तो बहुत अधिक धनी और न बहुत दरिद्र होते हैं।

मध्यवर्गीय–मध्यवर्ग से संबंधित।

मध्यवर्ती–जो किसी वस्तु के मध्य या बीच में हो; दो पक्षों में संबंध स्थापित करनेवाला।

मध्यस्थ–वह जो बीच में पड़कर किसी प्रकार का विवाद या विरोध दूर करता हो; आपस में मेल या समझौता कराने वाला।

मध्यस्थता–मध्यस्थ होने की दशा या भाव; मध्यस्थ का काम या पद।

मध्यांतर–समय का बीच का व्यवधान / अवकाश।

मध्यावकाश–कार्य, पढ़ाई, खेल इत्यादि में बीच में थोड़े समय के लिए होने वाला अवकाश।

मध्याह्न–दिन का मध्य; ठीक दोपहर।

मन:स्थिति–मनोदशा; मन की स्थिति।

मन–चालीस सेर की एक तौल जो लगभग 37 किलो के बराबर है; विचार; इरादा; हृदय; दिमाग।

मनका–माला का दाना।

मनगढ़ंत–काल्पनिक; कपोलकल्पित।

मनचला–रसिक।

मनचाहा–चाहा हुआ; इच्छित; यथेष्ट।

मनचीता–मनचाहा; इच्छित।

मनन–भावना; चिंतन; सोचना।

मननशील–जो बराबर मनन या चिंतन करता रहता हो।

मनपंसद–किसी का प्रिय।

मनबहलाव–मनो विनोद; आनन्द; मनोरंजन; विनोद; व्याकुलता।

मनभाया–सुहावना; रूचिकर; जो मन को लुभाता है।

मनमाना–स्वैच्छिक; अपने मन का किया हुआ; स्वेच्छाचारी।

मनमानी–स्वेच्छाचारी कृत्य; अपने मन के अनुसार किया हुआ।

मन-मुटाव–विच्छिन्नता; मन में होनेवाला वैमनस्य या विराग।

मनमोदक–मन में सोची हुई सुखद पर असंभव बात; मन के लड्डू।

मनमोहन–मन को मोहनेवाला; लुभावना; बहुत प्यारा; भगवान श्रीकृष्ण।

मनमौजी–स्वेच्छाचारी; तरंगी; मौजी।

मनमौजीपन–स्वेच्छापन।

मनवांछित–मनोवांछित।

मनवाना–मनाना।

मनशा–मंशा; इच्छा; चाह।

मनश्चिकित्सा–मन से संबंधित चिकित्सा।

मनसबदार–मंसबदार; ओहदेदार; वह जो किसी मनसब पर हो।

मनसा–मन से; इच्छा या विचार से।

मनसाराम–स्वयं को संबोधित करने का एक रूप।

मनसिज–कामदेव।

मनसूख़–विखंडन करना; निरस्त करना।

मनसूख़ी–विखंडन; निरस्तता।

मनसूबा–इरादा; विचार।

मनस्तत्त्व–ब्रह्म संबंधी अवयव।

मनस्ताप—पश्चाताप; मन में होनेवाला कष्ट; पछतावा।

मनस्तोष—मन में होनेवाला संतोष।

मनस्वी—लक्ष्य प्राप्त करने के लिए दृढ़निश्चयी; स्वाभिमानी।

मनहर—मनोहर; मनहरण।

मनहरण—मनोहर; अत्यधिक आकर्षित; अद्भुत; मन को हरणेवाला।

मनहूस—अशुभ लक्षण का; अभागा; बदकिस्मत; अशुभ; खिन्न; घृणित। अपशकुन।

मनहूसी—अपशकुनी; बद्शकुनी; उदासी।

मना—निषिद्ध; वर्जित।

मनाई—निषिद्धता।

मनाना—सहमत करना; राजी करना; फुसलाना; राजी करना; निबाहना।

मनाही—मना करने की क्रिया या भाव; रोक।

मनिया—एक प्रकार की काँच की माला का दाना।

मनिहार—चुड़िहारा।

मनिहारिन—चूड़ी बेचनेवाली स्त्री।

मनीआर्डर—पैसे मँगाने की व्यवस्था।

मनीबैग—पैसों से भरा थैला।

मनीषा—बुद्धी; अक्ल; चतुराई।

मनीषी—गंभीरता से सोचनेवाला; बुद्धिमान व्यक्ति; पंडित; ज्ञानी; अकलमंद।

मनु—ब्रह्मा के चौदह पुत्र जो मनुष्यों के मूल पुरुष माने जाते हैं।

मनुज—मनुष्य; आदमी; मनु के सन्तति।

मनुजाद—वह जो मनुष्यों को अथवा उनका माँस खाता हो।

मनुष्य—मानव; आदमी।

मनुष्य जाति मानव जाति।

मनुष्यता—मनुष्य का भाव; मानवता; शिष्टता।

मनुष्य निर्मित—मानव द्वारा बनाया हुआ।

मनुष्यभक्षी—नरभक्षी।

मनुष्योचित—मनुष्य के लिए उचित।

मनुहार—खुशामद; विनय; मनावन।

मनोकामना—मन की इच्छा; अभिलाषा।

मनोगत—धारणा; भावना; योजना।

मनोगति—मन की प्रवृत्ति।

मनोग्रंथि—अचेतन मन की वह स्थिति जिसके अनुरूप वह कार्य करने में प्रवृत्त होता है।

मनोदशा—मन की दशा।

मनोनयन—मनोनीत करना।

मनोनिग्रह—मन को रोकना या वश में रखना।

मनोनियोग—किसी काम में अच्छी तरह मन लगाना।

मनोनीत—मन के अनुकूल; पंसद किया या चुना हुआ।

मनोबल—मन की शक्ति; साहस।

मनोभाव—मन से उत्पन्न होनेवाला भाव।

मनोभावना—इच्छा; आकंक्षा।

मनोमय—मानसिक।

मनोमालिन्य—दुर्भाव; शत्रुता; विरह; विराग।

मनोयोग—मन की एकाग्रता।

मनोरंजक—दिल बहलाव; मन को बहलाने या प्रसन्न रखनेवाला।

मनोरंजकता—मनोरंजक।

मनोरंजन–मनोविनोद; दिल बहलाव; मन को प्रसन्न करनेवाली बात या काम।

मनोरथ–मन की इच्छा या अभिलाषा।

मनोरम–मनोहर; आकर्षिक; सुन्दर।

मनोरमता–आकर्षण; सुन्दरता; खूबसूरती; माया।

मनोराग–मन में उत्पन्न होनेवाला रोग या वृत्ति, मानसिक भावना, प्रवृत्ति, विचार आदि।

मनोराज्य–कल्पना से खड़ा किया हुआ सुन्दर सुखद स्वपन।

मनोरोग–मानसिक रोग।

मनोरोगी–मानसिक रोगी।

मनोलीला–ऐसी कल्पित बात या विचार जो केवल मन में उठा हो; पर जिसका कोई वास्तविक आधार या अस्तित्व न हो।

मनोवांछित–इच्छित; चाहा हुआ।

मनोविकार–मन में उठनेवाले भाव जैसे क्रोध, दया, प्रेम इत्यादि; मानसिक खराबी।

मनोविकृति–मानिसक विचलन; मन की अस्थिरता।

मनोविज्ञान–वह शास्त्र जिसमें चित्त की वृत्तियों का विवेचन होता है।

मनोविनोद–मनोविनोद; मनोरंजन; आनन्द; विनोद।

मनोविलास–मन बहलाव।

मनोविश्लेषण–इस बात की जाँच कि मनुष्य का मन किन अवस्थाओं में किस प्रकार कार्य करता है।

मनोवृत्ति–भले या बुरे कामों की ओर प्रवृत्त होने के विचार से मन की स्थिति।

मनोवेग–मनोवृत्ति; वह अवस्था जब मन कभी एक बात की ओर तथा कभी दूसरी बात की ओर प्रवृत्त होता है।

मनोवैज्ञानिक–मनोविज्ञान का पंडित।

मनोव्यथा–मानसिक पीड़ा।

मनोव्यापार–मन के क्रिया कलाप; विचार; धारणा।

मनोहर–मन को आकर्षित करनेवाला।

मनोहरता–सुन्दरता; आकर्षक।

मनोहारी–मनोहर।

मनौअल–रूठे हुए को मनाने की क्रिया या भाव।

मनौती–प्रदान करने का संकल्प (ईश्वर के प्रति)।

मन्न्त–मनौती।

मन्वंतर–इकहत्तर चतुर्युगियों का काल जो ब्रह्मा के एक दिन का चौदहवाँ भाग माना गया है।

मम–मेरा; अपना।

ममता–जनकीय प्रेम; मोह; स्नेह।

ममत्व–ममता।

ममी–रक्षित मृत शरीर; माता; माँ।

ममेरा–माता से संबंधित।

मयंक–चन्द्रमा।

मय–एक प्रत्यय जो तद्रूप विकार और प्रचुरता का बोधक है जैसे आनन्द**मय**, दुख**मय**, जल**मय**, राम**मय** इत्यादि।

मयस्सर–प्राप्त; सुलभ।

मयूख–किरण; रश्मि; दीप्ति; चमक।

मयूर–मोर।

मयूरी–मादा मयूर; मोरनी।
मरक–व्यापक रोग।
मरकज़–केन्द्र।
मरकज़ी–केन्द्रीय।
मरकटहा–दुबला; पतला; क्षीण।
मरकत–बहुत ही दुबला पतला और क्षीण।
मरकहा–आक्रमण के लिए प्रवृत्त (सामान्यत: सीगों से)
मरखना–मारने के लिए तत्पर (जानवर)।
मरघट–शमशान घाट।
मरज़–रोग; बिमारी।
मरज़ी–इच्छा; स्वीकृति; कृपा।
मरण–मृत्यु; मौत; शरीर से प्राणवायु निकल जाना।
मरणांतक–मरण पर्यंत।
मरणासन्न–जो मरने के बहुत समीप हो।
मरणोत्तर–किसी की मृत्यु के उपरांत का; किसी के मरने के बाद होनेवाला।
मरतबा–पद; ओहदा। बार; दफा।
मरतबान–जार; अमृतबान।
मरता–मृत्यु के किनारे पर; मरता हुआ; मृत्यु के करीब।
मरदना–मसलना; मलना; गूँथना।
मरदानगी–पौरुष; वीरता; शूरता; साहस; हिम्मत।
मरदाना–पुरुष संबंधी; वीर।
मरदानापन–पौरुषता; शूरवीरता।
मरदूद–अपराधी; घृणा के योग्य।
मरन–मरण।
मरना–शरीर से प्राण वायु निकलना; बलिदान करना (स्वयं का); मरने का सा कष्ट उठाना।
मरना जीना–जन्म तथा मृत्यु; संसार में आगमन तथा गति।
मरनी–मृत्यु; मौत।
मरनी-करनी–अन्तेष्टिक्रिया; किसी की मृत्यु के पश्चात निर्वाह किये गये कार्य।
मर-भुक्खा–भूख से मरा हुआ; भूखों मरना; भुक्खड़; खाऊ।
मरमर–एक प्रकार का चिकना तथा चमकीला पत्थर जैसे संगमरमर।
मरमरा–कुरकुरा।
मरम्मत–दुरस्ती; बिगड़े हुए को ठीक करने का कार्य।
मरम्मत कराई–मरम्मत करने का कार्य; मरम्मत करने की मज़दूरी।
मरम्मत तलब–मरम्मत की जरूरत।
मरम्मती–(वस्तु) जिसे दुरस्ती की जरूरत है।
मरसिया–शोकगीत।
मरहम–मलहम; घाव पर लगाने का लेप।
मरहमपट्टी–घाव इत्यादि पर दवा लगाकर पट्टी बाँधने का कार्य।
मरहला–विकट समस्या।
मरहूम–मृत; स्वर्गवासी।
मराठा–महाराष्ट्र का अथवा इससे संबंधित। महाराष्ट्र का निवासी।
मराठी–महाराष्ट्र की भाषा।
मरातिब–मकान का खंड।
मराल–हंस।
मरिच–मिर्च।
मरियम–मैरी; ईसा मसीह की माता।
मरियल–दुर्बल; पतला; क्षीण; जीर्ण; अशक्त।

मरी–किसी संक्रामक रोग से कुछ दिनों तक लोगों के मरने का चलनेवाला क्रम।

मरीचिका–मशगतृष्णा।

मरीचिमाली–सूर्य।

मरीची–सूर्य।

मरीज़–रोगी; रोग से ग्रसित।

मरु–मरूभूमि; उसर भूमि; बंजर जमीन।

मरुद्यान–नखलिस्तान; रेगिस्तान।

मरुद्वीप–मरुस्थल में स्थित छोटा सजल उपजाऊ स्थल।

मरुस्थल–मरुभूमि; रेगिस्तान।

मरोड़–घुमाव; ऐंठन।

मरोड़ना–ऐंठना; बल डालना; घुमाव देना।

मरोड़ी–घमौरी।

मर्कट–बंदर; वानर।

मर्ज़–बीमारी; रोग।

मर्ज़ी–इच्छा; मनोरथ; अभिलाषा; आकंशा।

मर्तबान–रंग चढ़ाया हुआ मिट्टी का पात्र जिसमें आचार, घी, तेल इत्यादि रखा जाता है।

मर्त्य–प्राण घातक। मनुष्य; शरीर।

मर्त्यता–मरण; मृत्यु; नाश।

मर्त्यलोक–मृत्यु का संसार।

मर्द–पुरुष; नर।

मर्दन–मसलना; कुचलना; रौदना।

मर्दानगी–पुरुषत्व; बहादुरी।

मर्दाना–मरदाना।

मर्दित–मर्दन।

मर्दुमशुमारी–जनगणना; किसी स्थान के निवासियों की गणना या गिनती करना।

मर्म–सार; तत्त्व; सारभूत; अर्थ; रहस्य; भेद; मर्मस्थल।

मर्मज्ञ–किसी बात का मर्म; रहस्य या तत्व जाननेवाला; तत्त्वज्ञ।

मर्मप्रहार–मर्मस्थल पर प्रहार।

मर्मभेदी–हृदय में चुभनेवाला; हार्दिक कष्ट पहुँचानेवाला।

मर्मर–एक प्रकार का चिकना पत्थर; पत्तों आदि का मरमर शब्द।

मर्मवेदना–गहरी शारीरिक अथवा मानसिक वेदना।

मर्मव्यथा–मर्मस्थलों में पीड़ा।

मर्मस्थल–शरीर के वे कोमल अंग जिन पर चोट लगने से बहुत अधिक पीड़ा होती है और मनुष्य मर भी सकता है जैसे हृदय, अंडकोश आदि।

मर्मस्पर्शी–हृदय को स्पर्श करनेवाला।

मर्मांतक–मर्मभेदी; दिल को छूनेवाला।

मर्माहत–मर्म पर आघात।

मर्मी–तत्त्वज्ञ; किसी का रहस्य जानने वाला।

मर्यादा–सीमा; हद; किनारा; प्रतिष्ठा; धर्म।

मर्यादापूर्ण–सीमा में रहनेवाला।

मर्यादित–जिसकी सीमा या हद निश्चित हो; जो अपनी सीमा के अंदर हो।

मर्हूम–स्वर्गवासी; मृत।

मलंग–लापरवाह व्यक्ति।

मल–गंदगी; मैल; बेकार तत्त्व; मलोत्सर्ग।

मलत्याग–गंदगी त्यागने का भाव।

मलद्वार–गुदा; वह इंद्रिय जिससे शरीर के भीतर का मल निकलता है।

मलना–घिसना; माँजना; मालिश करना।

मलबा–गिरी हुई इमारत की ईटें, पत्थर इत्यादि या उनका ढेर; टूटे हुए जहाज़ का शेष भाग।

मलमल–एक प्रकार का महीन कपड़ा।

मलमास–प्रति तीसरे वर्ष पड़नेवाला वह बढ़ा हुआ या अधिक चांद्र मास जो दो संक्रांतियों के बीच में पड़ता है।

मलमूत्र–मल मूत्र आदि पदार्थ।

मलय–दक्षिण भारत स्थित मैसूर के दक्षिण और ट्रावणकोर के पूर्व का प्रदेश जो सफेद चंदन के वृक्षों के लिए प्रसिद्ध है।

मलयज–चंदन।

मलयालम–दक्षिण भारत में स्थित केरल का धर्म; केरल राज्य की भाषा।

मलयाली–मलयालम से संबंधित।

मलवाना–मलना। मलने का कार्य दूसरे से करवाना।

मलहम–मरहम; चोट अथवा घाव इत्यादि पर लगानेवाला लेप।

मलहम पट्टी–चोट पर लगायी गई दवाई तथा पट्टी।

मलाई–देर तक गर्म किए हुए दूध के ऊपर जमा हुआ सार भाग।

मलाट–एक प्रकार का मोटा घटिया आवरण चढ़ानेवाला कागज़।

मलामत–निन्दा।

मलाया–दक्षिण पूर्व एशिया में स्थित एक पठार।

मलाल–दुख; रंज; संताप; पछतावा; पश्चाताप।

मलावरोध–वह रोग जिसमें पेट में मल रुका रहता है और जल्दी बाहर नहीं निकलता; कब्जियत।

मलाशय–बड़ी आँत का अंतिम छोर जो गुदा द्वार से जुड़ा होता है।

मलिक–राजा; सरदार।

मलिका–रानी।

मलिन–गंदा; मैला; गंदगी; म्लान; उदासीन।

मलिनता–गंदगी; मैलापन।

मलीदा–चूरमा; घी से भरपूर आटे से तैयार मिष्ठान।

मलेरिया–एक प्रकार का ज्वर जो विषैले मच्छरों के काटने से उत्पन्न होता है।

मल्ल–पहलवान।

मल्लभूमि–कुश्ती लड़ने का अखाड़ा।

मल्लयुद्ध–कुश्ती।

मल्लविद्या–कुश्ती की कला।

मल्लशाला–मल्लभूमि।

मल्लाह–माँझी।

मल्लाही–नाव का भाड़ा।

मल्लिका–एक प्रकार की बेला।

मल्हार–वर्षा ऋतु में गाया जानेवाला एक प्रकार का राग।

मवक्किल–ग्राहक।

मवाद–पीब।

मवेशी–चौपाया।

मवेशीख़ाना–पशुशाला।

मशक–चमड़े का बना हुआ वह थैला जिसमें मिश्ती पानी भरकर लाते हैं; परवाल। मच्छर।

मशक़्क़त–परिश्रम; मेहनत।

मशक़्क़ती–मेहनती।

मशग़ूल–व्यस्त; क्रियाशील; कार्यरत।

मशरिक़–पूर्व।

मशरिक़ी–पूर्वी।

मशविरा–सलाह; परामर्श।

मशहूर–प्रसिद्ध; विख्यात।

मशहूरी–ख्याति; प्रसिद्धी।

मशान–शमशान।

मशाल–डंडे में चीथड़े लपेटकर बनाई हुए जलाने की बहुत मोटी बत्ती; प्रकाश स्तंभ।

मशालची–जलती हुई मशाल हाथ में लेकर चलनेवाला।

मशीन–पेचों और पुरजों से बना हुआ वह यंत्र जिससे काम जल्दी होता हो; कल; यंत्र।

मशीनगन–वह मशीन या यंत्र जो बंदूक की तरह पर बहुत जल्दी जल्दी गोलियाँ दागता है।

मशीनमैन–मशीन चलाने वाला।

मशीनरी–मशीन के कल पुर्जे; कल पुर्जो की बनावट।

मश्क़–अभ्यास।

मस–होठ के छोर पर हल्के बाल; मूँछे निकलने का प्रारम्भ।

मसक–मच्छर; मशक।

मसकना–खिसकना (कपड़े का)।

मसकाना–फाड़ना; चीरना; अलग करना; तोड़ना।

मसख़रा–दिल्लगीबाज; परिहास करने वाला।

मसख़रापन–परिहास करने का भाव।

मसख़री–हँसी; दिल्लगी; मजाक; परिहास।

मसजिद–मुसलमानों का एकत्र होकर सामूहिक रूप से नमाज़ पढ़ने का भवन।

मसनद–बड़ा गोल तकिया; गावतकिया।

मसनूई–कृत्रिम; झूठ।

मसरफ़–उद्देश्य; अभिप्राय; प्रयोजन।

मसरूफ़–व्यस्त; कार्यरत।

मसल–कहावत; लोकोक्ति।

मसलन–मिसाल के तौर पर; उदाहरणार्थ; जैसे।

मसलना–अत्यधिक जोर से दबाना।

मसला–समस्या; जटिल और विचारणीय विषय।

मसहरी–बड़ा बिस्तर; मच्छरदानी।

मसा–मस्सा।

मसान–शमशान; शव जलाने का स्थान।

मसाना–मूत्राशय।

मसाला–छौंकनी; कुछ आवश्यक; साधारण सामग्री; उपकरण।

मसालेदार–जिसमें मसाला मिला या पड़ा हो; उत्तेजक अथवा मनोरंजक।

मसि–स्याही; रोशनाई।

मसिजीवी–लेखक।

मसीह–ईसाईयों के धर्मगुरु हजरत ईसा।

मसीहा–रक्षक; देवता।

मसूड़ा–मुँह के अंदर का वह अंग जिसमें दाँत उगे होते हैं।

मसूर–एक दाल का नाम।

मसूरिका–शीलता; चेचक (रोग)।

मसोसना–किसी मनोवोग को रोकना; जब्त करना; कुढ़ना।

मसौदा–प्रालेख; लेख का पूर्व रूप जिसमें काट छाँट और सुधार किया जाने को हो।

मस्जिद–मसजिद; मुसलमानों का एक स्थान पर एकत्र होकर नमाज़ अदा करने का स्थान।

मस्त–लापरवाह; लिप्त; मतवाला।

मस्तक–माथा; सिर; चोटी।

मस्तमौला–मनमौजी; जो बिना सोचे समझे काम करता हो।

मस्ताना–मस्त; मस्तों का सा; जिसे कोई चिन्ता न हो; मस्तमौला; मनमौजी।

मस्तिष्क–मगज; दिमाग़; बुद्धि।

मस्ती–मस्त होने की क्रिया या भाव; आनन्द; मतवालापन।

मस्तूल–बड़ी नावों के बीच का वह लट्ठा जिसमें पाल बँधते हैं।

मस्सा–मसा।

महँगा–मूल्यवान; बेशकीमती; ऊँची कीमत का।

महँगाई–वह स्थिति जब वस्तुएँ अपेक्षाकृत महँगी हो गई हो।

महँगाई भत्ता–महँगाई के कारण मिलने वाला भत्ता।

महँगी–महँगाई होने का भाव।

महंत–साधु समाज का प्रधान; मठाधीश।

महंती–महंत का भाव या पद।

महक–गंध; बास।

महकदार–सुगंधित; खुशबुदार।

महकमा–विभाग।

महकीला–महकनेवाला।

महज़–केवल; सिर्फ।

महत; महत् महान; श्रेष्ठ; उत्कृष्ट।

महताब–चन्द्रमा।

महताबी–नली के आकार की वह आतिशबाजी जिससे केवल रोशनी होती है।

महतारी–माँ; माता।

महतो–प्रमुख।

महत्तम–सबसे बड़ा; महानत्तम।

महत्तर–किसी से बड़ा या अच्छा।

महत्ता–महत्ता; महत्त्व।

महत्त्व–अहमियत; गौरव; महान का भाव।

महत्त्वपूर्ण–प्रभावशाली; आवश्यक।

महत्त्वकांक्षा–उच्चाकांक्षा; अभिलाषा।

महत्त्वकांक्षी–अभिलाषी।

महनीय–महान; पूजनीय; आदरणीय।

महफ़िल–सभा; जलसा; नाच गाने का स्थान या जलसा।

महफ़ूज़–सुरक्षित।

महबूब–प्रेमपात्र; प्रिय।

महबूबा–प्रेमपात्र (स्त्री)।

महरा–नौकर जो घर के दैनिक कार्य करता है।

महरूम–वंचित।

महर्षि–बहुत बड़ा या श्रेष्ठ ऋषि।

महल–राजमहल; हवेली; भवन।

महला–महल का खंड।

महल्ला–मुहल्ला।

महसूल–भाड़ा; किराया।

महसूस–जिसका ज्ञान या अनुभव हो; अनुभूत।

महा–सर्वश्रेष्ठ; सबसे बड़ा; बहुत बड़ा।

महाकवि–कवियों के बीच महान कवि।

महाकाय–विशाल; बड़ा।

महाकाल–नष्ट करनेवाला; महादेव।

महाकाली–दूर्गा देवी; नाश करने के रूप में।

महाकाव्य–वह काव्यग्रंथ जिसमें प्राय सभी रसों; ऋतुओं और प्राकृतिक दृश्यों आदि का वर्णन हो।

महाजन–उच्च या श्रेष्ठ महान व्यक्ति; रुपये पैसे का लेन देन करनेवाला; ऋण देनेवाला।

महाजनी–महाजन के कार्य से संबंधित; हिसाब किताब का कार्य करनेवाला।

महाजाल–बड़ा जाल; बड़ा फंदा।

महात्मा–बहुत श्रेष्ठ; उच्च विचारोंवाला और सदाचारी पुरुष; साधु या महापुरुष।

महादेव–भगवान श्रीशिव।

महादेवी–देवी पार्वती; भगवान श्रीशिव की पत्नी।

महाद्वीप–बड़ा द्वीप; महादेश।

महाद्वीपीय–महाद्वीप संबंधी।

महाधिवक्ता–श्रेष्ठ अधिवक्ता।

महान; महान्–बड़ा; श्रेष्ठ; प्रतिष्ठित; ऊँचा।

महानगर–किसी प्रदेश का प्रमुख नगर।

महानगरीय–महानगर संबंधी।

महानिद्रा–मृत्यु।

महानुभाव–बड़ा और आदरणीय व्यक्ति; सुविख्यात।

महान्यायवादी–सरकार का प्रमुख उच्च कानूनी सलाहकार।

महापराध–बड़ा अपराध।

महापातक–महान पाप; अति दुष्ट कृत्य।

महापातकी–महापापी; जघन्य अपराधी।

महापात्र–महाब्राह्मण।

महापाप–बड़ा पाप।

महापापी–बड़ा पापी।

महापुरुष–श्रेष्ठ पुरुष; उच्चपदाधिकारी।

महाप्रयाण–जीवन के सफर का अंत।

महाप्राण–उदार आत्मा।

महाबली–बलवान; अत्यंत शूरवीर; वीर; सहासी।

महाबाहु–वीर; सहासी।

महाब्राह्मण–ब्राह्मण जो दाह संस्कार संबंधी कार्य का निर्वाह करता है।

महाभाग–भाग्यवान; प्रसन्न।

महाभाष्य–महान भाषण।

महामंडल–बड़ा विभाजन।

महामंत्र–सफलता का बड़ा रहस्य; बीजमंत्र।

महामंत्री–किसी राज्य का वह मंत्री जो और सब मंत्रियों में प्रधान होता है; प्रधानमंत्री।

महामना–महानुभाव; बहुत उच्च और उदार मनवाला।

महामहिम–जिसकी महिमा बहुत अधिक हो; बहुत बड़ी महिमावाला।

महामात्य–प्रधानमंत्री।

महामाया–सर्वोच्च मोह अथवा माया।

महामारी–संक्रामक रोग जिसमें बहुत से लोग एक साथ या जल्दी मरें जैसे प्लेग, हैजा आदि।

महामुनि–महान पंडित।

महायुद्ध–वह बड़ा युद्ध जिसमें बहुत से बड़े बड़े देश या राष्ट्र सम्मिलित हों।

महारत–प्रशिक्षण अथवा अभ्यास से अर्जित निपुणता।

महारथी–श्रेष्ठ योद्धा।

महाराज–राजा; भोजन बनानेवाला।

महाराज्ञी–महारानी।

महाराणा–भारत के कुछ प्रदेशों के राजाओं की उपाधि।

महारानी–राजा की पत्नी; स्त्री राजा; रानी।

महाराष्ट्र–दक्षिण भारत का एक प्रसिद्ध प्रदेश।

महाराष्ट्रीय–महाराष्ट्र से संबंधित।

महारोग–असाध्य तथा भयंकर रोग।

महार्घ–महँगा; बहुत अधिक मूल्य का।

महार्णव–श्रेष्ठ महासागर।

महाल–मुहल्ला; टोला।

महालेखापाल–श्रेष्ठ लेखाकार।

महावत–हाथी चलाने या हाँकनेवाला।

महावात–तूफान; बंवडर।

महाविपत्ति–महान संकट।

महावीर–बहुत बड़ा बहादुर; हनुमान जी।

महाशक्ति–अत्यंत शक्तिशाली राष्ट्; देवी दुर्गा; सर्वशक्ति।

महाशय–महान या उच्च आशय और विचारों वाला व्यक्ति; महानुभाव; सज्जन।

महासभा–राजनीतिक संघ।

महासभाई–महासभा। महासभा का सदस्य।

महासागर–सबसे बड़ा सागर।

महि–पृथ्वी।

महिधर–पर्वत पहाड़।

महीन–पतला; झीना; बारीक; नुकीला।

महीप–राजा।

महीपति–राजा।

महीपाल–सम्राट।

महोत्सव–बड़ा उत्सव।

महोदय–बड़े आदमियों के लिए एक आदर सूचक संबोधन।

महोदया–स्त्रियों को सम्बोधित करने का आदरसूचक संबोधन।

महोपध्याय–महान पंडित।

महौषधि–सभी बिमारियों के लिए औषधि; सर्व रोगघ्न औषधि।

माँ–माँ; माता।

माँग–माँगने की क्रिया या भाव; सिर पर के बालों को कंघी से विभक्त करने पर उनके बीच में बनी हुई रेखा।

माँग-जली–विधवा।

मांगलिक–मंगल करनेवाला; शुभ लक्षणवाला।

माँझा–वह मसाला जो पतंग की डोर पर उसे कड़ा और मज़बूत करने के लिए लगाया जाता है।

माँझी–मल्लाह; केवट।

माँड़–भात पकानेवाला पानी।

मांडलिक–किसी मंडल या प्रांत का शासक।

माँड़ा–आँख का एक रोग जिसमें पुतली पर झिल्ली पड़ जाती है।

मांत्रिक–मंत्र। मंत्र का या मंत्र से संबंधित।

माँद–बिल; गुफा।

माँदगी–थकावट; बीमारी।

माँदा–रोगी; बीमार।

मांस–गोश्त।

मांसपेशी–शरीर के अंदर का मांसल भाग; पट्ठा।

मांसभक्षी–मांस का भक्षण करनेवाला (व्यक्ति या जानवर)।

मांसल–मांस से भरा हुआ; मोटा ताजा; पुष्ट।

मांसाहारी–मांस खानेवाला (व्यक्ति); दूसरे जीवों का मांस खाकर निर्वाह करनेवाला (जानवर)।

माई–माता; माँ; बड़ी बूढ़ी औरत।

माई–बाप माँ बाप सब कुछ।

माखन–मक्खन।

मागध–मगध।

मागधी–मगध।

माघ–हिन्दी पांचांग का ग्यारहवाँ महीना।

माघी–माघ।

माचिस–आग जलाने का एक उपाय।

माछ–मछली।

माजरा–विवरण; वृत्तांत; हाल; घटना।

माज़ी–भूतकाल।

माजून–औषध के रूप में बनी कोई मीठी चटनी।

माटी–मिट्टी।

माठा–मट्ठा; छाछ।

माणिक–मानिक।

मात–पराजय; हार।

मातदिल–शीतोष्ण; न बहुत गरम न बहुत ठंडा।

मातबर–विश्वास योग्य; विश्वसनीय; भरोसे लायक।

मातबरी–विश्वसनीयता; विश्वास की योग्यता।

मातम–किसी के शोक में होनेवाला रोना पीटना।

मातहत–अधीन काम करनेवाला; आश्रित।

मातहती–अधीनता; परवशता।

माता–माता; जन्म देनेवाली स्त्री; शीतला या चेचक नामक रोग।

मातामह–माता का पिता।

मातामही–माता की माँ।

मातुल–मामा; माता का भाई।

मातृ–माता; माँ।

मातृक–माता संबंधी।

मातृका–माता; जननी; धाय।

मातृतंत्र–वह शासन प्रणाली जिसमें सत्ता माता से पुत्री को प्राप्त होती है।

मातृत्व–माता होने का भाव।

मातृभाषा–वह भाषा जो बालक बचपन में माता के पास रहकर बोलता सीखता हो; मादरी जबान।

मातृभूमि–वह भूमि या देश जिसमें किसी का जन्म हुआ हो; जन्मस्थल।

मातृहत्या–अपनी माता की हत्या करना; माँ को मार डालना।

मात्र–केवल; सिर्फ; भर।

मात्रा–गणना; खुराक; संकेत; चिह्न; नाप की इकाई।

मात्रात्मक–परिणाम संबंधी।

मात्रिक–माता संबंधी।

मात्सर्य–ईर्ष्या; डाह।

मात्स्य–मछली के सदृश।

माथा–मस्तक; ललाट; सिर का ऊपरी और सामनेवाला भाग।

माथा-पच्ची–ऐसा काम जिसमें मस्तिष्क की बहुत अधिक शक्ति व्यय हो; सिरपच्ची।

मादक–नशीला; नशा लानेवाला।

मादरी–माता संबंधी।

मादा–स्त्री जाति का भाव।

माद्दा–मूल तत्व; अवयव; सामर्थ्य; स्वाभाविक सक्षमता; पीव; मवाद।

माधव–श्रीकृष्ण का विशेष नाम।

माधवी–सुगंधित फूलोंवाली एक लता।

माधुरी–मिठास; सुन्दरता।

माधुर्य–मिठास; मधुर का भाव; सुन्दरता।

माध्य–मध्यक; बीच का।

माध्यम–मध्य का; बीच का।

माध्यमिक–मध्यवर्ती; बीच की स्थिति।

मान–आदर; सत्कार; प्रतिष्ठा; इज्जत; रूठना।

मानचित्र–नक्शा; चार्ट; वह ख़ाका जिस पर किसी क्षेत्र का प्रतिचित्र बना हो।

मानचित्रण–मानचित्र बनाना।

मानचित्रावली–मानचित्रों की पस्तक।

मानज–दिमाग़ से संबंधित।

मानता–मनौती।

मानदंड–कसौटी; प्रमाण मानक।

मानद–मान या प्रतिष्ठा देने या बढ़ाने वाला।

मानना–सहमत होना; राजी होना; स्वी. कार करना; मंजूर करना; प्रतिग्रहण करना।

माननीय–सम्मान के योग्य;. आदरणीय; जिसका मनन करना उचित हो।

मानने योग्य–स्वीकार्य; ग्राह्यता।

मानभंग–अपमान; बदनामी; अनादर; असम्मान।

मानमंदिर–वेधशाला; कोपभवन।

मानव–मनुष्य जाति। आदमी; मानव।

मानवता–मनुष्य होने की अवस्था, गुण या भाव; संसार के समस्त मनुष्यों का समूह या समाज; मनुष्यत्व; आदमियत।

मानवप्रेम–मानव समाज के प्रति उपकार की भावना।

मानव-भूगोल–मानव शरीर रचना का भूगोल।

मानवशास्त्र–मनुष्यों की उत्पत्ति, विकास, विभेद आदि का विवेचन करनेवाला शास्त्र।

मानवाधिकार–मानव के अधिकार।

मानवीय–मानव संबंधी।

मानवोचित–मानव के विचार में उचित।

मानस–मन; दिमाग़।

मानसरोवर–हिमालय स्थित तिब्बत की एक प्रसिद्ध और परम पवित्र मानी जानेवाली बड़ी झील।

मानसिक–बौद्धिक; मन संबंधी।

मानसी–मन से उत्पन्न। शांत अराधना।

मानसून–वर्षाकालिक पवन।

मानस्वर–प्रमुख स्वर (अक्षर)।

मानहानि–अपमान; बेइज्जती।

मानाभिषेक–प्रतिष्ठापन समारोह।

मानार्थ–सम्मान प्रदर्शित करने के लिए किया जानेवाला।

मानिंद–समान; तुल्य।

मानिक–लाल या चुन्नी नामक रत्न।

मानिनी–रुठनेवाली स्त्री।

मानी–अभिमानी। अर्थ; अभिप्राय।
मानुषिक–मनुष्य का।
मानुषी–मानव संबंधी।
माने–अर्थ; मतलब।
मानोपाधि–सम्मान की पदवी।
मान्य–प्रतिष्ठित; आदरणीय; सम्मानीय; स्वीकार योग्य।
मान्यता–स्वीकृति; प्रमाणित; मत; मानी हुई बात।
माप–मापने की क्रिया या भाव।
मापक–वह जिससे कुछ नापा जाए; वह जो नापता हो।
मापन–मापने या नापने की क्रिया या भाव।
मापना–किसी वस्तु के विस्तार, घनत्व आदि का मान या परिणाम निकालना; नापना।
मापनी–नापने का साधन।
माफ़–क्षमा किया हुआ; क्षमित।
माफ़िक़–अनुकूल; अनुसार; मुताबिक।
माफ़िया–अपराधशील वृत्तिवाले लोगों का संघटन।
माफ़ी–क्षमा; वह भूमि जिसका कर या लगान सरकार या राज्य ने माफ़ कर दिया हो।
मामला–अभियोग; व्यापार; काम; विषय।
मामा–माता का भाई।
मामी–मामा की पत्नी।
मामूली–सामान्य; साधारण।
मायका–पीहर; स्त्री के माता पिता का घर।
माया–भगवान की लीला; भ्रम; धन; सम्पत्ति।
मायामय–मायावी; माया से पूर्ण।
मायावाद–माया का सिद्धान्त।
मायावादी–मायाजाल में विश्वास रखने वाला।
मायाविनी–मायावी।
मायावी–भ्रमिक; मायाजाल; माया, जादू आदि से संबंध रखनेवाला। जादूगर।
मायूस–निराश; खिन्न; उदास।
मायूसी–निराशा; नैराश्य; खिन्नता; उदासी।
मार–पीटाई; मारने या पीटने की क्रिया या भाव; निशाना; लक्ष्य।
मारक–विषहर; विषहन।
मारका–निशान; चिह्न।
मारकीन–मोटा कोरा कपड़ा।
मारकेश–किसी की जन्मकुंडली में ग्रहों का वह योग जो उसके लिए घातक माना जाता है।
मारजार–बिल्ली।
मारण–मार डालना; प्राण लेना।
मारना–पीटना; प्रहार करना; प्राण लेना; आघात करना; झपटना।
मारा–चोट खाये हुए; पराजित; पीड़ा देना; जिस पर मार पड़ी हो।
मारुत–हवा; वायु।
मारू–युद्ध के समय बजाया और गाया जानेवाला एक राग।
मारे; के–की वजह से।
मार्केट–बाजरा; हाट; क्रय विक्रय स्थान।
मार्ग–रास्ता; पथ; सड़क।

मार्गच्युत–मार्ग से भटका हुआ; बुरे मार्ग पर जानेवालना।

मार्गदर्शक–मार्ग दिखलानेवाला।

मार्गदर्शन–मार्ग दिखाने का कार्य।

मार्गरक्षक–अनुचर।

मार्गव्यय–यात्रा खर्च।

मार्गशीर्ष–हिन्दी पांचांग के अनुसार नौंवा महीना।

मार्गी–पथिक; यात्री।

मार्च–अंग्रेजी पांचांग के अनुसार तीसरा महीना।

मार्जन–साफ करना; शुद्ध करना; पवित्र करना; गलती ठीक करना।

मार्जनी–झाड़ू।

मार्जित–साफ/शुद्ध/पवित्र किया हुआ।

मार्तंड–सूर्य।

मार्फ़िया–अफ़ीम का सत्त्व।

मार्मिकता–मर्मभेदी।

मार्शल–सेना संबंधी फौजी। सेना का प्रधान अधिकारी।

माल–मूल्यवान सम्पत्ति; व्यापारी सामान; सामग्री; बिक्री का सामान; पदार्थ।

मालकिन–घर की स्त्री।

माल-गाड़ी–वह रेलगाड़ी जो केवल माल ढोती हो।

मालगुज़ार–वह जो सरकार को माल गुजारी देता है; जमींदार।

मालगोदाम–(रेलवे) गोदाम।

माल-घर–गोदाम।

मालटा–मालटा (द्वीप); एक प्रकार का खट्टा फल।

माल-टाल–मूल्यवान संपत्ति; नकद धन।

मालती–एक प्रसिद्ध घनी लता जिस पर सुन्दर तथा सुगंधित फूल उगते हैं।

मालदह–आम की एक खास किस्म।

मालदार–धनवान; सम्पन्न; धनी।

मालपुआ–मीठा पकवान जो पूरी की तरह घी में पकता है।

माल बाबू–लेखाकार।

माल मता–पूँजी; सम्पत्ति; धन।

माल मस्त–धन से सम्पन्न।

मालवा मध्य प्रदेश का एक क्षेत्र।

माल सूची–सम्पत्ति की सूचि।

माला–हार; सूत में गोलकार पिरोए हुए फूल या मनके आदि।

मालामाल–धनवान; दौलतमंद; अत्यधिक धनी; अति समृद्ध।

मालिक–स्वामी; अधिपति; प्रबंधक।

मालिका–मालकिन।

मालिकी–मिलकियत।

मालिन–स्त्री मालिन; माली की पत्नी; फूल बेंचनेवाली स्त्री; दूसरी पत्नी (विधुर की)।

मालिन्य–मलिनता; मनोमालिन्य।

मालियत–उपयोगिता; मूल्य; ऐश्वर्य; सम्पन्नता।

मालिश–मर्दन; मलने की क्रिया या भाव।

माली–माल या धन से संबंध रखनेवाला; आर्थिक। बागवान।

मालूम–जाना हुआ; विदित।

मालूमात–जानकारी; ज्ञान।

माशा–भारतीय नापने का तौल जो एक तौले के 1/12 हिस्से के बराबर होता है; लगभग 1 ग्राम।

माष–माश।

मास–महीना; माह।

मासांत–महीने का अंत या समाप्ति।

मासानुमासिक–मासिक।

मासिक–मास संबंधी; महीने का; हर महीने में एक बार।

मासूम–नादान; निष्कपट।

मास्य–एक महीना का; एक महीने पुराना।

माह–महीना; मास।

माहवार–माह में एक बार; प्रतिमास; हर महीने का; मासिक।

माहवारी–मासिक; प्रत्येक माह एक बार होनवाला।

माहात्म्य–महिमा; महत्त्व; आदर; मान।

माहिर–निपुण; दक्ष; कुशल; प्रवीण; चतुर।

माहिरी–माहिर होने का भाव; निपुणता; दक्षता; कुशलता; प्रवीणता; चतुराई; समझदारी।

माहुर–विष; जहर।

माहेश्वर–महेश्वर; महान श्रीभगवान।

माहेश्वरी–देवी श्रीदुर्गा।

मिचकना–आँख झपकाना।

मिचकी–मिचली।

मिचना–बंद करना; आँखों का बंद होना।

मिचलाना–कै आने को होना; मिचली आना।

मिचली–मतली; जी मिचलाने की क्रिया।

मिचोली–आँख मिचोली।

मिचौनी–मिचोली।

मिज़ाज–स्वभाव; प्रकृति; तासीर; मन की अवस्था; तबीयत।

मिज़ाजी–अभिमानी; वृथाभिमानी; अहंकारी।

मिटना–अंकित चिह्न आदि नष्ट होना; न रह जाना; ध्वस्त होना।

मिटाना–नष्ट या खराब करना; ध्वस्त करना।

मिट्टी–वह भुरभुरा पदार्थ जो पृथ्वी के ऊपरी तल पर प्राय: सब जगह पाया जाता है।

मिट्ठु–तोता; मीठा बोलनेवाला व्यक्ति।

मिठबोला–मीठा बोलनेवाला।

मिठलोना–थोड़ा नमकीन।

मिठाई–विशेष प्रकार से बनी हुई खाने की मीठी चीज।

मिठास–मीठा होने का भाव।

मितभाषी–अल्पभाषी; कम बोलनेवाला।

मितव्यय–कमखर्ची; कम खर्च करना; किफ़ायत।

मितव्ययिता–थोड़ा या कम खर्च करने का भाव।

मितव्ययी–थोड़ा या कम खर्च करने वाला।

मिताई–मित्रता।

मिताक्षर–संक्षिप्त; अल्प।

मिताहार–थोड़ी मात्रा में किया जानेवाला भोजन।

मिताहारी–थोड़ा भोजन करनेवाला; कम खानेवाला।

मिति–परिमाण; मान; समय; अवधि; सीमा।

मिती–चांद्र मास की तिथि जो प्रत्येक पक्ष में 1 से 15 तक होती है।

मित्र–दोस्त; सखा; शुभचिंतक।

मित्रता–दोस्ती; मित्र होने का भाव या धर्म।

मित्रतापूर्ण–दोस्ताना; मित्रभाववाला।

मित्रभाव–याराना; दोस्ती; मित्रता।

मित्रराष्ट्र–जिन राष्ट्रों से संबंध मधुर हैं।

मिथुन–जेमिनी (राशि का चिह्न); समागम; मेल; जोड़ा (वर तथा वधु का)।

मिथ्या–झूठ; असत्य; बनावटी।

मिथ्याचार–कपटपूर्ण व्यवहार।

मिथ्याभिमान–झूठा अहंकार; वृथाभिमान।

मिथ्यावादी–झूठा; झूठ बोलनेवाला।

मिनकना–बहुत ही दबकर या धीरे से कुछ बोलना।

मिनमिन–उच्चारण; लगभग; अश्रव्य।

मिन्नत–अनुनयन; प्रार्थना; विनती।

मियाँ–मुसलमान में किसी को संबोधित करने का शब्द; स्वामी; मालिक; पति; खसम।

मियाँ मिट्ठू–मधुर भाषी; मीठी बातें करनेवाला।

मियाद–अवधि।

मियादी–निश्चित अवधिवाला; अवधि संबंधी।

मियान–तलवार अथवा बर्छी आदि रखने का आवरण।

मियाना–मझोले आकार का; एक प्रकार की खुली पालकी।

मियानी–दो मुख्य खंड के मध्य छोटा खंड; पायजामें का चौब गला।

मिर्गी–अपस्मार रोग; एक रोग जिसमें रोगी अचानक बेसुध होकर गिर पड़ता है।

मिर्च–एक प्रकार की तीखे स्वादवाली फली जो व्यंजनों में मसाले के रूप में पड़ती है।

मिर्जई–एक भारतीय जैकेट।

मिर्ज़ा–मुगलों के बीच की एक पदवी।

मिल–अनाज, गल्ले या दाने आदि को पीसने की चक्की; रुई ओटने, सूत कातने और कपड़ा बुनने आदि का कारखाना।

मिलकर–एक साथ; साथ साथ।

मिलन–मिलाप; संगठन; भेंट; मिलने की क्रिया या भाव।

मिलनसार–सामाजिक; संगम प्रिय; सबसे अच्छी तरह मिलने जुलनेवाला।

मिलनसारी–मिलनसारी होने का भाव; सज्जनता; सामाजिक व्यवहार।

मिलना–मुलाकात करना; भेंट करना; मिश्रित होना; प्राप्त होना; हस्तगत होना।

मिलनी–विवाह की एक रस्म जिसमें कन्या पक्ष के लोग वरपक्ष के लोगों से गले मिलकर उन्हें कुछ धन देते हैं।

मिलनेवाला–परिचित; जान पहचानवाला।

मिलवाना–मिलवाने का कार्य करना।

मिलान–मिलने की क्रिया या भाव; तुलना; मुकाबला।

मिलान-कर्ता–मिलान करनेवाला।

मिलाना–मिश्रित करना; जोड़ना।

मिलाप–समागम; विरोध की शान्ति।

मिलावट–मिलाए जाने का कार्य; मिश्रण; वह चीज जो मिलाई जाए।

मिलावटी–मिश्रित।

मिली-भगत–कपट समझौता।

मिल्कियत–मालिक या स्वामी होने का अधिकार या भाव।

मिल्लत–दोस्ती; मिलाप; मिलनसारी; मेल मिलाप।

मिशन–विशिष्ट कार्य; धर्म प्रचारकों का समूह।

मिश्र–संयुक्त। ब्राह्मणों की एक उपजाति।

मिश्रक–मिश्रण करनेवाला व्यक्ति अथवा उपकरण; मिश्रण करने या मिलानेवाला व्यक्ति।

मिश्रण–मिलावट; वह तरल औषध जो कई औषधियों के मेल से बना हो।

मिश्रित–संयुक्त; मिलावट; एक में मिले हुए।

मिष्ट–मीठा; मधुर।

मिष्टभाषी–मधुर भाषी; मीठा बोलने वाला।

मिष्टान्न–मिठाई।

मिस–छल; बहाना। बिना ब्याही; कुमारी।

मिसरा–कविता (उर्दू फारसी) का कोई चरण या पद।

मिसरी–साफ करके जमाई हुई दानेदार या रवेंदार चीनी।

मिसरोटी–गुँथे हुए आटे की रोटी।

मिसल–मिसिल।

मिसाल–उदाहरण; उपमा।

मिसिल–किसी विषय या मुकदमे से संबंध रखनेवाले सब कागज पत्रों की नत्थी।

मिस्की–महीन अवाज़; धीमे स्वर में गाना; गुनगुनाना (संगीत)।

मिस्तरी–कारीगर; शिल्पी; मिस्त्री; राजगीर।

मिस्त्री–मिस्त्र देश का।

मिस्सा–कई तरह की दालें आदि एक में पीसकर बनाया हुआ आटा।

मिस्सी–एक प्रकार का प्रसिद्ध मंजन जो स्त्रियाँ दाँतों में लगाती है।

मिस्सी रोटी–मिश्रित आटे से तैयार रोटी।

मींजना–हाथ से मलना।

मींडना–मसलना; माँडना।

मीचना–बन्द करना; झपकना (जैसे- आँखें)।

मीजा–मिज़ाज़ की अनुरूपता।

मीज़ान–योग; जोड़।

मीठा–मधुर; स्वादिष्ट; जिसमें चीनी या शहद का स्वाद हो।

मीत–मित्र; दोस्त; प्रेमी।

मीन–मछली; राशि चक्र में बारहवाँ चिह्न।

मीन-मेख–दोष; त्रुटि; गलती; नुक्ताचीनी; दोष; विवेचन।

मीना–रंग बिरंगा काँच; शराब रखने का कंटर; मूल्यवान मानक (नीले रंग का); मीनाकारी।

मीनाकार–मीनाकारी करनेवाला कारीगर।

मीनाकारी–सोने या चाँदी पर होनेवाला मीना।

मीनाक्षी–मछली के आकार की आकर्षक निगाहोंवाली स्त्री।

मीनार–बुर्ज; बहुत ऊँचा और सजा हुआ बढ़िया बाजार।

मीमांसक–भाष्यकार; व्याख्याकार।

मीमांसा–व्याख्या; भाषान्तर; विवरण; पंडितोवत टिप्पणी।

मीमांसित—विचारपूर्वक मीमांसा किया हुआ।

मीमांस्य—जिसकी मीमांसा करनी हो।

मीर—सरदार; नेता; प्रमुख; वह जो प्रतियोगिता का काम सबसे पहले करे।

मीर मुंशी—मुख्य लेखाकार।

मील—गज की दूरी की एक नाप।

मीलन—बंद करने का कार्य; मूँदना।

मीलित—बंद किया हुआ; मूँदा हुआ।

मीलों—अत्यधिक दूरी पर।

मीसना—किसी से बोलचाल न करने वाला।

मुँगरा—काठ का बड़ा हथौड़ा।

मुँगौरी—मूँग की बनी हुई गोल बड़ी।

मुंड—सिर; खोपड़ी।

मुंडन—सिर के बाल साफ करने का कार्य; एक संस्कार जिसमें बालक का सिर मूँड़ा जाता है।

मुँडना—मूँडा जाना; लूटा या ठगा जाना।

मुंडमाल—सिर की हड्डियों की माला।

मुंडविहीन—बिना सिर का।

मुंडा—वह जिसके सिर के बाल न हों या मुँड़े हुए हो। प्रेमी; लड़का; बालक।

मुँड़ाई—मूँडने या मुँड़ाने की क्रिया; मूँडने की मज़दूरी।

मुँडाना—मुँडन कराना।

मुंडिका—छोटा सिर/ खोपड़ी।

मुंडित—जिसका मुंडन हुआ हो।

मुंडी—वह स्त्री जिसका सिर मूँड़ा गया हो।

मुँडेर—खेत की सीमा पर बँधी हुई मेड़।

मुँडेरा—प्राचीर।

मुँदना—बंद होना; छिपना; समाप्ति होना।

मुँदरी—अँगूठी।

मुंशियाना—मुंशी को दिया गया पारिश्रमिक।

मुंशी—मुंशी; लेखाकार।

मुंशीगिरी—मुंशी। मुँशी का कार्य।

मुंसिफ—निचली अदालत का पीठासीन अधिकारी।

मुंसिफ़ी—मुंसिफ़। मुंसिफ़ का कार्य या नौकरी।

मुँह—मुख; चेहरा; किसी वस्तु का अग्रभाग अथवा बर्तन का द्वार।

मुँह चढ़ा—मुँह लगा।

मुँह चोर—शर्मीला; जो औरों के सामने जाने में हिचकता हो।

मुँह चोरी—लज्जा।

मुँह छिपाऊ—लज्जालु; विनीत।

मुँह छुआई—झूठा प्रस्ताव

मुँह जबानी—मौखिक।

मुँह जला—भारतीय अपशब्द का एक रूप; अभियोज्य; घृणित अभिशप्त।

मुँह जोर—बकवादी; मुँह फट; बहुत अधिक बोलनेवाला; अभद्र।

मुँह झौंसा—भारत में प्रचलित एक अपशब्द; अभियोज्य।

मुँह दर मुँह—आमने सामने।

मुँह दिखाई—वधू का मुँह देखने पर दिया जानेवाला उपहार।

मुँह देखनी—विवाह के पश्चात की एक भारतीय प्रथा जिसमें दुल्हन का मुँह देखा जाता है

मुँह देखा—केवल सामना होने पर संकोचवश होनेवाला।

मुँह फट–अनुचित या कटु बातें कहने में संकोच न करनेवाला।

मुँह बंद–बंद; जो खुला न हो।

मुँह बोला–जो वास्तव में न होने पर भी मुँह से कहकर बनाया हुआ।

मुँह भराई–रिश्वत; शांत करने के लिए दी हुई वस्तु; रिश्वत देने का कार्य।

मुँह माँगा–मुँह से माँगा हुआ; मनोनुकूल।

मुँहाँमुँह–किनारे तक भर हुआ; आमने सामने।

मुँहाँसा–मुँह पर के वे दाने जो युवावस्था में निकलते हैं।

मुअत्तल–अस्थायी रूप से पद से हटाया हुआ।

मुअत्तली–निलम्बन (सेवा से)।

मुअन्नस–जनाना; स्त्री जाति का।

मुआ–मृत।

मुआफ़िक–अनुकूल।

मुआयना–निरीक्षण।

मुआवज़ा–हानि के बदले में मिलनेवाला धन; प्रतिकार।

मुक़त्ता–ठीक तरह से सुव्यवस्थित।

मुक़दमा–लेन देन आदि से संबंध रखने वाला वह विवाद जो न्यायालय के सामने किसी पक्ष की ओर से विचार के लिए रखा जाए; अभियोग; दावा।

मुक़द्दम–प्राचीन; पुराना; प्रधान; प्रमुख।

मुक़द्दमा–मुक़दमा।

मुक़द्दर–नियति; भाग्य; तकदीर।

मुकद्दस–पावन; पवित्र; धार्मिक; धर्मपरायण।

मुकना–नष्ट होना; समाप्ति पर आना; खत्म होना।

मुकम्मल–पूरा किया हुआ; पूर्ण।

मुकरना–कोई बात कहकर उससे इंकार करना या पीछे हटना; नटना।

मुकरी–छोटी कविता के रूप में पहेली।

मुक़र्रर–नियुक्त; निश्चित।

मुकलावा–गौना।

मुक़ाबला–तुलना; मुठभेड़; सामना।

मुक़ाम–ठहराव; विश्राम स्थल; जगह; भूमि।

मुकियाना–आराम देने के लिए हल्के से थपथपाना; मुक्के से पीटना या मारना।

मुकुंद–भगवान श्रीविष्णु।

मुकुट–किरीटिका; अवतंस; देवताओं तथा राजाओं आदि के सिर पर रहने वाला एक प्रसिद्ध शिरो भूषण।

मुकुर–शीशा; दर्पण।

मुकुल–कली।

मुकुलित–जिसमें कलियाँ निकली हो; कुछ खिली हुई कली।

मुक्का–घूँसा; बाँधी हुई मुट्ठी से प्रहार।

मुक्का मुक्की–आघातों का आदान प्रदान।

मुक्की–हथेली का हल्का प्रहार।

मुक्केबाज़–मुक्कों की लड़ाई करनेवाला।

मुक्कैश–बादला।

मुक्त–बंधनरहित; स्वच्छंद; जिसे मुक्ति मिल गई हो; जो अभियोग आदि चलने पर छोड़ दिया गया हो; स्वतंत्र; बंधन से छूट हुआ।

मुक्तक–प्राय: चार चरणों की किसी विषय पर लिखी हुई स्वत: सम्पूर्ण रचना।

मुक्तकेश–बिना काढ़े बाल।
मुक्तचेता–जिसने मुक्ति अथवा मोक्ष का रहस्य प्राप्त कर लिया हो।
मुक्तछंद–भावशून्य कविता।
मुक्तद्वार–खुला द्वार।
मुक्तवसन–नंगा; नग्न।
मुक्ता–मोती।
मुक्तावली–मोती की माला।
मुक्ति–छुटकारा; मोक्ष; बंधन आदि से छूटने की अवस्था या भाव।
मुक्तिधाम–वह स्थान जो मुक्ति की ओर अग्रसर करता है।
मुक्तिपथ–मुक्ति की राह।
मुक्तिपत्र–मुक्ति का आज्ञा पत्र।
मुख–मुँह; चेहरा; खुला हुआ।
मुखकमल–कमल के समान खिला चेहरा; सुन्दर मुखड़ा।
मुखकांति–मुख की चमक।
मुखचित्र–किसी पुस्तक के मुखपृष्ठ पर या बिल्कुल आरंभ में दिया गया चित्र।
मुखड़ा–चेहरा।
मुख़तार–अभिकर्ता; एक प्रकार का कानूनी सलाहकार और कार्यकर्ता।
मुख़तारी–मुख़तार का काम; पेशा या भाव।
मुखद्वार–द्वार पथ; तोरण।
मुख़बिर–गुप्त खबर देनेवाला; जासूर; भेदिया।
मुखमंडल–मुख; चेहरा।
मुखर–बहुत बोलनेवाला; अप्रिय या कटु बोलनेवाला।
मुखरता–बहुत बोलने का भाव।
मुखरित–शब्दों या ध्वनियों से युक्त; बोलता हुआ।
मुखसुख–उच्चारण की रीति में दक्षता।
मुखाकृति–आकृति; ढंग; छवि (मुख की)।
मुख़ातिब–किसी की ओर ध्यान देना।
मुखापेक्षी–दूसरों की तरफ सहायता के लिए देखना; दूसरों पर आश्रित।
मुखारविंद–सुन्दर/ आकर्षक चेहरा।
मुखारी–चेहरे की बनावट; मुखाकृति।
मुख़ालिफ़त–विरोध।
मुखिया–नेता; सरदार; अगुआ।
मुखौटा–चेहरा; झूठा चेहरा; धातु आदि का बना मुख आकार का खंड।
मुख़्लतिफ़–अलग; विपरीत।
मुख़्तसर–संक्षिप्त।
मुख्य–प्रमुख; प्रधान; मुख्य; श्रेष्ठ; उत्तम।
मुख्यतः–मुख्य रूप से; खास तौर पर।
मुख्यतया–मुख्यतः।
मुख्यता–मुख्य होने का भाव।
मुख्यार्थ–सूचना; निर्देश।
मुख्यालय–प्रमुख कार्यालय।
मुगदर–वह भारी मुँगरी का जोड़ा जिसका उपयोग व्यायाम के लिए होता है; जोड़ी।
मुग़ल–मंगोल देश का निवासी।
मुग़लई–मुगलों की तरह का।
मुग़लिया–मुग़लों का काल।
मुग़ालता–मोह; भ्रम; माया।
मुग्ध–मोहित; आसक्त; जिसे मोह या भ्रम हुआ हो।

मुग्धता—माया; मोह; गूढ़ता।

मुचल्का—वह पत्र जिसके द्वारा कोई अनुचित काम न करने का नियत तिथि पर न्यायालय में उपस्थित होने की प्रतिज्ञा हो और प्रतिज्ञा पूरी न करने पर कुछ अर्थदंड देना पड़े।

मुच्छल—गलमुच्छेदार।

मुछंदर—बड़ी बड़ी मूँछोंवाला।

मुछकटा—बिना मूँछोंवाला।

मुछमुंडा—मूँछ साफ किये हुए।

मुजरा—वेश्या का बैठकर गाना।

मुजरिम—अभियुक्त; जिसपर जुर्म लगा हो।

मुझ—'मैं' का वह रूप जो कुछ कारकों में विभक्ति या परसर्ग लगने से पहले होता है जैसे-मुझको, मझसे।

मुझे—मुझको।

मुटका—मोटा (व्यक्ति)।

मुटमरद—घमंडी; अभिमानी।

मुटमरदी—भारीपन के कारण प्रकट भाव।

मुटाई—स्थूलता; मोटापन; पुष्टि।

मुटाना—मोटा होना; मोटापा बढ़ाना।

मुटापा—स्थूलता; मोटापन।

मुटासा—अभिमानी (धन तथा समृद्धि के कारण)।

मुटियाना—मोटा होना; अहंकारी बनना।

मुट्ठा—दस्ता; बंडल; खर्रा।

मुट्ठी—हाथ की उँगलियों को मोड़कर हथेली पर दबाने से बननेवाली मुद्रा या रूप।

मुठभेड़—टक्कर; भिंडत; भेंट; सामना।

मुठिया—बेंट; दस्ता।

मुठियाना—मुट्ठी के हल्के प्रहार से मालिश करना; किसी की गिरफ्त में आना।

मुड़कना—मुरकना; ऐंठना; टेढ़ा होना।

मुड़िया—जिसका सिर मुँड़ा गया हो।

मुतबन्ना—दत्तक (पुत्र)।

मुतलक़—बिल्कुल; निपट; निरा।

मुतवल्ली—बालक या विधवा और उसकी सम्पत्ति, हित आदि की रक्षा और देखरेख करनेवाला व्यक्ति।

मुतवातिर—लगातार; निरन्तर।

मुतसद्दी—मुंशी; मुनीम; प्रबंधकर्त्ता।

मुताबिक—अनुसार।

मुतालबा—उधारी।

मुतास—पेशाब का दबाव।

मुत्तफ़िक़—समझौता अथवा सहमति के साथ।

मुत्तला—सूचना; घोषणा।

मुदर्रिस—स्कूल का अध्यापक।

मुदर्रिसी—अध्यापन।

मुदा—अभिप्राय।

मुदाख़लत—हस्तक्षेप; दख़ल।

मुदित—प्रसन्न; खुश; आनन्दित।

मुद्गर—प्राचीनकाल का एक प्रकार का अस्त्र।

मुद्दआ—मुद्दा।

मुद्दई—दावा दायर करने या अभियोग उपस्थित करनेवाला; वादी; दुश्मन; शत्रु।

मुद्दत—अवधि; बहुत दिन; अधिक समय।

मुद्दती—निश्चित समय का; पुराना।

मुद्दा–अभिप्राय; आशय; मतलब; प्रविष्टि।
मुद्दालेह–बचानेवाला; अभियोगी।
मुद्र–चिह्न (छपाई का)।
मुद्रक–छापनेवाला।
मुद्रण–एक वस्तु पर बने हुए अंक या चिह्न रंगों आदि की सहायता से दूसरी वस्तु पर अंकित करना या उतारना।
मुद्रणालय–छपाई का कारखाना।
मुद्रलिख–टंकण करनेवाला।
मुद्रा–किसी के नाम की छाप, मोहर, रुपए पैसे आदि; सिक्का; चालढ़ाल।
मुद्रा बाज़ार–धन का बाज़ार।
मुद्रास्फीति–किसी देश में काग़जी मुद्रा या नोटों आदि का अपेक्षाकृत बहुत अधिक प्रचलन होना अथवा कृत्रिम रूप से मुद्रा का मूल्य बहुत घट और वस्तुओं का मूल्य बहुत बढ़ जाता है।
मुद्रिका–अँगूठी; मोहर।
मुद्रित–जिसका मुद्रण हुआ हो; छपा हुआ।
मुनक्क़ा–सूखा अंगूर।
मुनादी–एलान; ढिढोंरा; ढोल आदि पीटकर की जानेवाली घोषणा।
मुनाफ़ा–लाभ; नफ़ा; फ़ायदा।
मुनाफ़ाखोर–अधिक लाभ उठाना।
मुनासिब–उचित; वाजिब।
मुनि–संन्यासी; साधु।
मुनियाँ–लाल रंग की छोटी चिड़िया; छोटी लड़की।
मुनींद्र–प्रमुख मुनी।
मुनीम–आय व्यय का हिसाब लिखने वाला; लिपिक।
मुनीश–मुनियों में श्रेष्ठ; बहुत बड़ा मुनि।
मुनीश्वर–मुनियों में सबसे श्रेष्ठ।
मुन्ना–प्यारा बच्चा।
मुफ़लिस–निर्धन; दरिद्र; कंगाल।
मुफ़ीद–लाभदायक; उपयोगी; हितकर।
मुफ़्त–जिससे प्राप्त करने में कुछ धन न लगे या व्यय न हो।
मुफ़्तखोर–बिना परिश्रम किए मुफ़्त का माल खानेवाला।
मुफ़्ती–धर्मशास्त्री; न्याय करनेवाला।
मुबारक–शुभ; मंगलकारी।
मुबारकबाद–बधाई।
मुबालग़ा–अतिशयोक्ति; अत्युक्ति।
मुबाहिसा–विचार विमर्श; चर्चा।
मुमकिन–संभव।
मुमताज़–चुना हुआ; छाँटा हुआ।
मुमानियत–मनाही; प्रतिबंधता।
मुमुक्षा–मुक्ति की अभिलाषा।
मुमुक्ष–मुक्ति की कामना या इच्छा करनेवाला।
मुमूर्षा–मरने की इच्छा।
मुमूर्षु–जो मरने के समीप हो (व्यक्ति)।
मुरंडा–सूखा हुआ; बहुत दुबला तथा पतला। भुने हुए गेहूँ से तैयार मिठाई।
मुरकी–कान में पहनने की एक प्रकार की बाली; संगीत में किसी स्वर को बहुत कोमलता और सुन्दरतापूर्वक घुमाते हुए दूसरे स्वर पर ले जाने की क्रिया।
मुरग़ा–मुर्गा।
मुरग़ाबी–मुर्गाबी।
मुरग़ी–मुर्गी।

मुरझाना–कुम्हलाना।
मुरदनी–मृत; बिना जीवन का; अंतेष्टि क्रिया संबंधी।
मुरदा–मरा हुआ; मृत। मृत शरीर।
मुरब्बा–समकोण चतुर्भुज। मीठा आचार।
मुरमुरा–एक प्रकार का भुना हुआ चावल या ज्वार जो अंदर से पोला होता है।
मुरमुराना–खटपट की ध्वनि के साथ टूटना; चूरचूर होकर गिरना।
मुरलिका–मुरली।
मुरली–बाँसुरी; वंशी।
मुरव्वत–ध्यान; सुशीलता; पक्षपात; प्रबंध।
मुराद–इच्छा; मन की कामना या अभिलाषा; चाह।
मुरारी–भगवान श्रीकृष्ण।
मुरीद–अनुयायी; चेला; भक्त।
मुरौअत–मुरव्वत।
मुर्ग़–मुर्गा।
मुर्दनी–मुरदनी।
मुलमुलाना–झपकाना।
मुलम्मा–परत; तह; आवरण।
मुलम्मासाज़–मुलमची।
मुलाक़ात–भेंट; मिलन; परिचय; जान पहिचान।
मुलाक़ाती–वह जिससे जान पहचान हो; परीचित; मुलाकात करने के लिए आनेवाला।
मुलाज़मत–नौकरी; सेवा।
मुलाज़िम–सेवक; नौकर।
मुलायम–मृदु; सौम्य नाजुक; वह जो सहज में दबाया या अधीन किया जा सके।
मुलायमियत–मृदुलता; नाजुकता; सौम्यता।
मुलाहिज़ा–विचार विमर्श; विचार (दूसरों के प्रति)।
मुलेठी–घुँघची की जड़ जो दवा के काम आती है।
मुल्क–देश; प्रांत; प्रदेश।
मुल्की–देश का; मुल्क संबंधी।
मुल्ज़िम–अभियोगी; अभियुक्त।
मुल्तवी–आगे के लिए टाला हुआ।
मुल्ला–मौलवी।
मुश्क–गंध; बू; भुजा; बाँह।
मुश्किल–कठिन; दुष्कर; दुर्बाध्य। कठिनाई; बाधा।
मुश्की–कस्तूरी के रंग का।
मुश्त–मुट्ठी।
मुष्टि–मुट्ठी; मुक्का; घूँसा।
मुष्टि प्रहार–घूँसे की सख्त की मार।
मुसम्मात–स्त्री; औरत।
मुसम्माती–औरत से संबंधित।
मुसम्मी–संतरे की एक किस्म।
मुसलमान–मुहम्मद साहब के लिए चलाए हुए सम्प्रदाय का अनुयायी।
मुसलमानी–मुसलमान का।
मुसिलम–मुस्लिम।
मुसल्लम–पूरा; अखंड; सम्पूर्ण; पूर्ण; समूचा।
मुसल्ला–वह दरी या चटाई जिस पर मुसलमान लोग बैठकर नमाज़ पढ़ते हैं।
मुसाफ़िर–यात्री; पथिक।
मुसाफ़िरख़ाना–यात्रियों के ठहरने का स्थान; यात्रीगृह; विश्रामालय।
मुसाफ़िरी–यात्रा।

मुसाहबी–गहरी चापलूसी; चाटूक्ति।
मुसाहिब–मंत्री; अति अनुरोधी; चापलूस।
मुसीबत–कठिनाई; बाधा; कष्ट; दुर्भाग्य; विपत्ति; आपत्ति; अभाग्य; तकलीफ़; संकट; आफत।
मुसीबतज़दा–आपत्तियों का मारा हुआ।
मुस्कराना–बहुत ही मंद रूप से या धीरे से हँसना।
मुस्कान–मुस्कराहट।
मुस्टंडा–मोटा ताजा; हृष्ट पुष्ट।
मुस्टंडापन–असभ्य व्यवहार।
मुस्तैद–तत्पर; सन्नद्ध; अच्छी तरह और पूरा काम करनेवाला।
मुस्तैदी–चौकसी; जागरण संबंधी।
मुस्लिम–मुसलमान।
मुहकमा–विभाग।
मुहताज–दीन; दरिद्र; तुच्छ; कम; थोड़ा।
मुहब्बत–प्रीति; स्नेह; प्रेम; लगन।
मुहब्बती–प्यारा; स्नेही।
मुहम्मद–प्रशंसित। पैगम्बर मौहम्मद।
मुहम्मदी–मौहम्मद से संबंधित। मुसल. मान।
मुहर–भारतीय सोने का सिक्का; ठप्पा; मुहर।
मुहरबंद–मुहरबंद।
मुहर्रम–इमान हुसैन की सहादत का दिन; वह दिन जब इमाम हुसैन शहीद हुए थे; मुसलमानों का त्यौहार।
मुर्हरमी–मनहूस; शोकयुक्त; बहुत निराशाजनक।
मुहर्रिर–मुंशी; लेखाकार।
मुहर्रिरी–मुंशी का कार्य।
मुहलत–कार्य पूर्ण करने के लिए दिया गया समय; अवकाश; कार्य से अनुपस्थित रहने की अनुमति।
मुहल्ला–स्थान; प्रदेश।
मुहल्लेदार–पड़ोसी; एक ही मुहल्ले में रहने वाला।
मुहल्लेदारी–मुहल्ले में रहने का भाव।
मुहाना–नदीमुख।
मुहाल–कठिन; दुष्कर; मुश्किल।
मुहावरा–वह अर्थ जो शब्दों के प्रत्यक्ष या शाब्दिक अर्थ से भिन्न और विलक्षण हो।
मुहासा–मुँहाँसा।
मुहिम–अभियान; फौज़ की चढ़ाई; विकट या बड़ा काम।
मुहूर्त–ज्योतिष के अनुसार निकाला हुआ वह समय जब कोई शुभ काम किया जाए।
मूँग–एक प्रसिद् अन्न जिसकी दाल बनती है; एक प्रकार की सेम।
मूँगफली–एक प्रकार का स्वादिष्ट भोज्य जो प्रायः सर्दियों में खाया जाता है।
मूँगा–एक प्रकार के समुद्री कीड़ों की लाल ठठरी जिसकी गिनती रत्नों में होती है।
मूँगिया–मूँग। मूँग के रंग का (हरा रंग)।
मूँछ–ऊपरी होंठ पर के बाल जो केवल पुरुषों के होते हैं।
मूँज–एक प्रकार का तृण।
मूँड़–सिर; माथा।
मूँड़ी–मूँड़।

मूँदना–बंद करना; ढाँकना; छिपाना; मुँह आदि पर कुछ रखकर उसे बंद कर देना।

मूआ–मृत।

मूक–गूँगा; जो चुप हो; जो बोलता न हो; शांत।

मूज़ी–निर्दयी; अन्यायी; नीच; दर्पहीन; अत्यधिक लालची।

मूठ–मुठिया; दस्ता; काला जादू।

मूड–मनोदशा।

मूढ़–मूर्ख; बेवकूफ; बुद्धु।

मूढ़ता–मूर्खता; बेवकूफी।

मूत–मूत्र; पेशाब।

मूतना–पेशाब करना; मूत्र निकालना।

मूत्र–पेशाब; मूत।

मूत्रालय–पेशाबखाना।

मूत्राशय–नाभि के नीचे का वह भीतरी भाग जिसमें मूत्र संचित रहता है।

मूर्ख–निर्बुद्धी; जड़; बेवकूफ; बुद्धिहीन।

मूर्खता–जड़ता; बुद्धिहीनता; बेवकूफी।

मूर्त–ठोस; जिसका कोई प्रत्यक्ष रूप या आकार हो; साकार।

मूर्तता–कठोरता; ठोसता।

मूर्ति–चित्र; तसवीर; प्रतिमा।

मूर्द्धा; मूर्धा–मस्तिष्क का प्रधान भाग।

मूल–उत्पत्ति से संबंधित; असल चीज; पुराना; प्राचीन; आधारभूत; मौलिक।

मूलतः–मौलिक; बुनियाद; मूल रूप से।

मूलतत्त्व–बुनियादी तत्त्व।

मूलधन–वह असल धन जो किसी के पास हो या लाभ आदि के लिए व्यापार में लगाए जाए; मूल पूँजी।

मूलभूत–किसी वस्तु के मूल या तत्व से संबंध रखनेवाला; असल।

मूलमंत्र–मूल विचार।

मूल स्थान–पूर्वजों का निवासस्थान; प्रधान स्थान।

मूली–प्रसिद्ध पौधे की जड़ जो मीठी और चरपरी होती है।

मूलीय–जड़ तथा मूल से संबंधित।

मूल्य–दाम; कीमत; भाव; मानदंड; सिद्धान्त।

मूल्यवान–कीमती; बहुमूल्य; अनमोल।

मूषक–चूहा।

मूषिका–चूहिया।

मूस–चूहा; मूषक।

मूसदानी–चूहा फाँसने का पिंजड़ा अथवा जाल

मूसना–किसी का धन छीन या चुरा कर ले जाना; लूटना; ठगना।

मूसल–धान कूटने का लंबा मोटा डंडा।

मूसलचंद–हट्टा कट्टा पर निकम्मा पुरुष।

मूसलधार–मूसल के समान मोटी धार के रूप में होनेवाली वर्षा।

मूसला–वह मोटी और सीधी जड़ जिसमें इधर उधर शाखाएँ नहीं होती।

मूसली–छोटा मूसल।

मूसा–चूहा।

मूसाई–मूसा का अनुयायी; यहूदी जाति का मनुष्य।

मृग–हिरन।

मृगचर्म–हिरन की खाल।

मृगछाला–हिरन की खाल।

मृगछौना–हिरनी का बच्चा।

मृगजल–मृगतृष्णा।

मृगतृष्णा–मृग मरीचिका; ऐसी इच्छा जो पूरी नहीं हो सकती।

मृगदाव–हिरन का उद्याण।

मृगनयनी–हिरन जैसी आँखोंवाला; आकर्षिक करनेवाली आँखोंवाला।

मृग मरीचिका–मृगतृष्णा।

मृगया–पक्षियों तथा जंगली जानवरों का पीछा कर शिकार करना; आखेट।

मृगलोचनी–मृगनयनी।

मृगी–हिरनी।

मृणाल–कमल का डंठल।

मृण्पात्र–मिट्टी के पात्र।

मृण्मूर्ति–मिट्टी की मूर्ति।

मृत–मरा हुआ; जिसे मरे हुए कुछ समय हुआ हो।

मृतक–मृत व्यक्ति।

मृतक-कर्म–अंत्येष्टि; मरे हुए व्यक्ति की सद्गति के लिए किया जानेवाला कृत्य।

मृतजात–मरे बच्चे का जन्म।

मृतप्राय–जो मरता न हो; पर मरे हुए के समान हो; बेदम।

मृत-संजीवनी–संजीवनी; एक पौराणिक जड़ी जो जीवन को मृत्यु से दूर रखती है।

मृत्तिका–मिट्टी।

मृत्युंजय–वह जिसने मृत्यु को जीत लिया हो; भगवान श्रीशिव।

मृत्यु–मौत; मरना; शरीर से प्राण निकलना।

मृत्युकर–वह कर जो राज्य की ओर से ऐसे व्यक्ति के मरने पर जो घर और सम्पत्ति का मालिक हो; उसके उत्तराधिकारियों से लिया जाता है।

मृदुल–कोमल; नरम; नाजुक; सुकुमार; मधुर; सौम्य।

में–अंदर; भीतर; पास; से संबद्ध; मध्य; स्वामित्व दर्शानेवाला। अधिकरण कारक का चिह्न जो शब्द के अंत में लगकर उसके अंदर होने अथवा आधार या अवस्थान का सूचक होता है जैसे-घर में।

मेंगनी–बकरी, भेड़, चूहे आदि की विष्ठा।

मेंड–दो खेतों की सीमा की सूचक मिट्टी की ऊँची रेखा या बाँध।

मेंडक–एक छोटा प्रसिद्ध बरसाती जल स्थलचारी जन्तु जो प्रायः वर्षा ऋतु में तालाबों, कुओं आदि में दिखाई पड़ता है।

मेंबर–सदस्य।

मेंबरी–सदस्यता।

मेंमें–भेड़ या बकरी की आवाज़।

मेंह–वर्षा; बरसात।

मेकप–प्रसाधक/उबटन इत्यादि प्रयोग करने का कार्य; श्रृंगार/सज्जा।

मेख–सबसे छोटा नाखून।

मेखल–करधनी।

मेखला–कमरबंद; पेटी।

मेगज़ीन–साप्ताहिक अथवा मासिक पत्रिका।

मेघ–बादल।

मेघदूत–कालिदास की प्रसिद्ध संस्कृत कविता जिसमें बादलों को प्रेमी का संदेशवाहक कहा गया है।

मेघनाद–बादल की गरज।

मेघाच्छन्न–मेघों या बादलों से भरा या छाया हुआ (आकाश)।

मेघाच्छादित–बादलों से भरा हुआ आकाश।

मेघालय–भारत के पूर्व में स्थित एक राज्य।

मेज़–लिखने पढ़ने आदि के लिए बनी ऊँची चौकी।

मेज़बान–मेहमान का स्वागत तथा सत्कार करनेवाला; मेहमानदार; मेहामानों का परिचय करवानेवाला; प्रस्तुतकर्ता।

मेज़बानी–मेहमानों का स्वागत तथा सत्कार करने का कार्य; मेजबान का धर्म या भाव।

मेजर–प्रधान (सेना)।

मेट–मजदूरों का सरदार।

मेट्रन–निरीक्षिका।

मेडिकल–चिकित्सा संबंधी।

मेढ़ा–भेड़ की तरह का पर उससे कुछ बड़ा एक प्रकार का चौपाया।

मेढ़ी–मेढ़ी; तीन लड़ियों में गूँथी हुई चोटी।

मेथी–एक छोटा पौधा जिसकी पत्तियों का साग बनता है।

मेद–चरबी (शरीर के अंदर)।

मेदा–पेट; पक्वाश्य।

मेदिनी–पृथ्वी।

मेधा–ज्ञान; बुद्धि।

मेधावी–बुद्मान; विद्वान; स्याना; चतुर।

मेनू–सूची।

मेम–स्त्री; औरत; (ताश में) रानी।

मेमना–भेड़ का बच्चा।

मेम साहब–भद्र महिला।

मेमार–मकान बनानेवाला कारीगर; राज।

मेमोरियल–स्मारक; यादगार।

मेयर–नगरपति; महापौर; निगमाध्यक्ष।

मेरा–'मैं' के संबंधकारक का एक रूप।

मेरा-तेरा–अपना पराया।

मेरी–अहंभाव।

मेरु–एक प्रौराणिक पहाड़।

मेरुदंड–रीढ़।

मेरुदंडीय–मेरुदंड से संबंधित।

मेरु-रज्जु–सुषुम्ना।

मेल-मिलने की क्रिया या भाव; अनुरूपता; आपस में एक समान होना।

मेल गाड़ी–डाक ले जानेवाली रेलगाड़ी।

मेल जोल–मेल मिलाप; घनिष्टता।

मेलना–मिश्रित करना; मिलाना।

मेल-मिलाप–एकता; सामंजस्य; विरह के पश्चात फिर से दोस्ती करना।

मेल-मुलाकात–सामाजिक बंधुता; दोस्ताना संबंध।

मेला–उत्सव; त्योहार आदि के समय होनेवाला बहुत से लोगों का जमावड़ा; भीड़।

मेला-ठेला–आनन्दित जनसमूह; भीड़-भाड़वाला समूह।

मेवा–सुखाए हुए बढ़िया फल जैसे किशमिश; बादाम आदि।

मेवाड़–राजस्थान (भारत) में स्थित एक प्रदेश।

मेवाड़ी–मेवाड़ से संबंधित। मेवाड़ी का निवासी।

मेष–भेड़; बारह राशियों में से पहली राशि।

मेस–सह भोजन।

मेहँदिया–मेहंदी के रंग का।

मेहँदी–एक झाड़ी जिसकी पत्तियाँ पीसकर स्त्रियाँ हथेली तथा तलवे रँगने के लिए लगाती हैं।

मेह–प्रमेह।

मेहतर–भंगी; सफाई कर्मचारी।

मेहतरानी–मेहतर।

मेहनत–परिश्रम; उद्यम।

मेहनती–परिश्रमी।

मेहना–ताना; कटाक्ष।

मेहमान–अतिथि।

मेहमानदार–मेहमानों के साथ उदारता से पेश आनेवाला। मेजबान

मेहमानदारी–मेज़बानी।

मेहमानी–मेहमान बनकर रहना।

मेहर–प्रेम; करूणा; कृपा; दया; उपकार।

मेहरबान–कृपालु; दयालु; उदार; दयावान।

मेहरा–घर के कार्य करनेवाला नौकर जैसे पानी भरना, बरतन साफ करना इत्यादि।

मेहराब–द्वार आदि के ऊपर की अर्द्ध-मंडलाकार रचना।

मेहरारू–औरत; पत्नी।

मेहरी–दासी; नौकरानी।

मैं–अहम् भाव।

मैंगनीज़–एक रसायनिक तत्व।

मै–शराब।

मैख़ाना–शराब की दुकान।

मैच–प्रतिस्पर्धात्मक खेल।

मैच बंधन–मैच तय करना।

मैत्री–मित्रता; दोस्ती; याराना; एकजुटता।

मैथिली–मिथिला जनपद की भाषा (उत्तर बिहार का एक प्रदेश)।

मैथुन–स्त्री के साथ पुरुष का समागम; संभोग।

मैदा–बहुत महीन आटा।

मैदान–लंबा चौड़ा खाली स्थान; सपाट भूमि।

मैदानी–मैदान का; मैदान से संबंधित।

मैना–काले रंग की एक प्रसिद्ध भारतीय चिड़िया जो बहुत मधुर बोलती है।

मैनाक–हिमालय की एक चोटी का नाम।

मैयत–मौत; मृत्यु।

मैया–माता; माँ।

मैल–धूल; गंदगी; ईर्ष्या; द्वेष; असंतोष।

मैलख़ोरा–मैल को छिपानेवाला।

गैला–जिस पर मैल जमी हो; धूलयुक्त; गंदगी; मलिन; अस्वच्छ; दूषित। मल मूत्र आदि पदार्थ।

मैला कुचैला–बहुत मैला; गंदा।

मैलापन–अशुद्धता; मलिनता।

मोक्ष–बंधन से मुक्त; छुटकारा; जीव का जन्म और मरण के बंधन से छूट जाना; मुक्ति।

मोखा–छेद; जहाज की छत का ढकनेदार छेद; दीवार के मुख पर बना हुआ छोटा छेद।

मोच–शरीर के किसी अंग के जोड़ का कुछ इधर उधर हट जाना।

मोचन–विमोचन; बंधन आदि खोलकर मुक्त करना; दूर करना; हटाना।

मोचना–मुक्त करना या कराना; स्वतंत्र करना।

मोची–जूते आदि बनानेवाला कारीगर।

मोज़ा–जुर्राब; पैरों में पहनने का पायजामा।

मोट–ढेर; राशि; चमड़े का बड़ा थैला जिससे खेत सींचते हैं।

मोटा–स्थूल शरीरवाला; साधारण या घटिया।

मोटाई–स्थूलता; मोटापन; मोटा होने का भाव।

मोटाना–मोटा होना; स्थूल होना; घमंडी होना।

मोटापन–स्थूलता।

मोटापा–स्थूलता; मोटाई; शरीर का मोटापन।

मोठ–मूँग की तरह का एक मोटा अन्न।

मोड़–घुमाव; झुकाव।

मोड़ना–किसी को मुड़ने में प्रवृत्त करना।

मोतिया–मोती के रंग का, एक प्रकार का बेला।

मोतियाबंद–आँख का वह रोग जिसमें पुतली के आगे गोल झिल्ली पड़ जाती है।

मोती–समुद्री सीपी से निकलनेवाला एक प्रसिद्ध बहुमूल्य रत्न।

मोती चूर–छोटी मीठी बूँदि का लड्डू।

मोती झरा–छोटी शीतला का रोग।

मोद–आनन्द; हर्ष; प्रसन्नता; सुख।

मोदक–लड्डू।

मोदी–व्यापारी; बनिया।

मोम–लाह।

मोमजामा–वह कपड़ा जिसपर मोम का रोगन चढ़ा हो।

मोमबत्ती–मोम आदि की बत्ती जो प्रकाश के लिए जलाई जाती है।

मोमिन–मुसलमान; मुस्लिम जुलाहा वर्ग।

मोमिया–मसाला लगाकर सुरक्षित किया हुआ मृतक शरीर।

मोमियाई–एक प्रकार का काला मरहम।

मोमी–मोम का बना हुआ।

मोयन–गूँथे हुए आटे में डाला जानेवाला घी या तेल।

मोर–एक अत्यंत सुन्दर प्रसिद्ध नाचने वाला बड़ा पक्षी।

मोर चंद्रिका–मोरपंख पर की चंद्राकार बूटी।

मोरचा–लोहे पर लगनेवाला वह काला अंश; जो वायु और नमी के प्रभाव से उत्पन्न होता है; जंग; युद्ध; कार्य का एक निश्चित स्थान।

मोरचेबंदी–शत्रु पर आक्रमण करने या अपनी रक्षा करने के लिए मोरचा बनाने का कार्य।

मोरछल–मोर के परों से बना हुआ चँवर।

मोरनी–मोर पक्षी की मादा।

मोरपंख–मोर का पंख।

मोरपंखी–मोर के पंख के रंग के सदृश।

मोरम–एक प्रकार का लाल बालू या रेत जो सड़कों आदि पर बिछाते हैं।

मोरमुकुट–मोर के पंखों का बना हुआ मुकुट।

मोरी–गंदा पानी बहने की नाली।

मोल–दाम; मूल्य।

मोह–माया; इन्द्रजाल; भ्रम; स्नेह; अनुराग।

मोहक–मनोहर; आर्कषक; मोह उत्पन्न करने वाला; मोहित करने या लुभाने वाला।

मोहग्रस्त–मोह में पड़ा हुआ; मोहित।

मोहन–अत्यधिक रमणीय; आनन्दकर; ललचाने वाला।

मोहना–मोहित होना; रीझना।

मोहनिद्रा–मोह के कारण होनेवाला अज्ञान।

मोहभंग–जादू टोने के प्रभाव से छुटकारा; मायाजाल से मुक्ति।

मोहनी–वशीकरण का मंत्र; मोहित करनेवाली शक्ति या माया।

मोहर–मुहर।

मोहरी–पाजामे का वह भाग जिसमें टाँगें रहती हैं।

मोहलत–फुरसत; अवकाश; छुट्टी; अवधि।

मोहित–आसक्त; लुब्ध; मुग्ध; लुभाया हुआ; मोह या भ्रम में पड़ा हुआ।

मोहिनी–मोहनेवाली।

मोही–मोह या प्रेम करनेवाला; मोह में पड़ा हुआ।

मौक़ा–अवसर; समय; किसी घटना के घटित होने का स्थान।

मौक्तिक–मोतियों का।

मौखिक–मुँह से कही बात।

मौखिकी–जबानी (परीक्षा)।

मौज–लहर; तरंग; मन की उमंग।

मौज पानी–आसान जिन्दगी।

मौज मज़ा–अति आनन्द; उत्सव।

मौज़ा–गाँव।

मौजी–तरंगी; सदा प्रसन्न रहने और सुखभोग करनेवाला; मनमौजी।

मौजूँ–उचित; अनुरूप; अनुकूल; सुगम; निर्दिष्ट।

मौजूद–उपस्थित; विद्यमान।

मौजूदगी–उपस्थिति; विद्य मानता।

मौत–मरण; मृत्यु; मरने का समय; जीवन का अंत करनेवाली शक्ति।

मौन–चुप रहना; चुप्पी।

मौनव्रत–चुप रहने का व्रत।

मौर–मुकुट; शिरोमणि; शिरोभूषण; विवाह के समय वर को पहनाया जानेवाला एक प्रकार का आवरण; आम का बौर।

मौरूसी–पैतृक।

मौलवी–मुसलमान धर्मशास्त्र का आचार्य।

मौलसिरी–वह बड़ा सदाबहार पेड़ जिसमें छोटे सुगंधित फूल लगते हैं।

मौला–स्वामी; भगवान।

मौलाना–महान मुस्लिम विद्वान।

मौलिक–मूल; बुनियादी; आधारभूत।

मौलिकता–मौलिक होने की अवस्था या भाव।

मौसम–ऋतु; उचित काल।

मौसमी–ऋतु संबंधी।

मौसा–माता की बहन (मौसी) का पति।

मौसी–माता की बहन।

मौसेरा–मौसा के संबंध में।

म्याऊँ–बिल्ली की बोली।
म्यान–वह खाना जिसमें तलवार, कटार आदि के फल रहते हैं।
म्यानी–मियानी।
म्लान–मैला; दुर्बल; कुम्हलाया हुआ; मलिन।
म्लानता–म्लान होने का भाव; मलिनता; दुर्बलता।
मलेच्छ–गन्दा; मलिन; हिन्दुओं की दृष्टि से वे जातियाँ जिनमें वर्णाश्रम धैर्य न हो; मूर्तिपूजक।
म्लेच्छमुख–ताँबा।
म्हा–मुझे।
म्हारा–हमारा।

य

य–हिन्दी वर्णमाला का छब बीसवाँ अक्षर।
यंत्र–वह उपकरण जो कोई विशेष कार्य करने या कोई वस्तु बनाने के लिए हो; कल।
यंत्रकार–मशीन का निर्माण करनेवाला।
यंत्रचालित–मशीन द्वारा संचालित।
यंत्रज्ञ–कारीगर; शिल्पकार।
यंत्रणा–कष्ट; तकलीफ; दर्द; पीड़ा।
यंत्र-मंत्र–काला जादू; जादू टोना।
यंत्र-युग–मशीनी युग; आधुनिक युग जिसमें अधिकतर कार्य यंत्रों द्वारा सम्पादित होते हैं।
यंत्र-रचना–कल पुर्जों की बनावट।
यंत्रवत्–यंत्र की तरह। यंत्र संबंधी।
यंत्र-विद्या–मशीन या यंत्र बनाने, सुधारने तथा संचालन करने की विद्या।
यंत्र-सज्जित–यंत्रों से सज्जित।
यंत्रालय–वह स्थान जहाँ मशीन हों; छापाखाना।
यंत्रिका–छोटी मशीन; ताला।
यंत्रीकरण–यंत्रों से सज्जित करना; यंत्र लगाना; यंत्रों द्वारा काम करना।
यकायक–अचानक; सहसा।
यक़ीन–विश्वास; एतबार; आशा; निश्चय।
यक़ीनन–निस्संदेह; निश्चय ही।
यकृत–जिगर; पेट में दाहिने ओर की वह थैली जिसकी क्रिया से भोजन पचता है।
यक्ष–एक प्रकार का पौराणिक देवता।
यक्ष्मा–क्षय नामक रोग।
यजमान–यज्ञ करनेवाला; यष्टा; मेजबान।
यजुर्वेद–चार वेदों में से तीसरा वेद।
यजुर्वेदी–यजुर्वेद का ज्ञानी/पंडित; यजुर्वेद का अनुचर।
यज्ञ–एक प्रसिद्ध धार्मिक कृत्य जिसमें हवन आदि होते थे।
यज्ञोपवीत–हिन्दुओं द्वारा धारण किया हुआ पवित्र धागा; जनेऊ।
यति–साधु; योगी; संन्यासी; रुकावट; बाधा।
यतीम–मातृ पितृहीन बालक; अनाथ।
यतीमख़ाना–अनाथालय।
यतीमी–यतीम का।
यत्किंचित्–बहुत थोड़ा; कम मात्रा में।

यत्न–कोशिश; परिश्रम; उद्यम; जुगत; युक्ति; जतन।
यत्नपूर्वक–प्रयत्नपूर्वक; कोशिश।
यत्नशील–उद्योगी; परिश्रमी; मेहनती।
यत्नशीलता–कोशिश करने की क्रिया या भाव।
यत्र-तत्र–जहाँ तहाँ; जगह जगह; इधर उधर।
यथांश–किसी के लिए निश्चित किया हुआ हिस्सा जो उसे दिया जाए या उससे लिया जाए।
यथा–जिस प्रकार; उस तरह।
यथाकथित–जैसा कहा हुआ; पूर्वकथित।
यथाक्रम–क्रमानुसार; सूची अनुसार।
यथाज्ञा–आज्ञा के अनुसार।
यथातथ्य–ज्यों का त्यों; जैसा हो, ठीक उसी के अनुसार या वैसा ही।
यथानिमय–नियम के अनुसार।
यथापूर्व–जैसा पहले था; ज्यों का त्यों।
यथापूर्व स्थिति–पहले जैसी स्थिति।
यथामूल्य–पहले जैसा मूल्य।
यथायोग्य–मुनासिब; उपयुक्त; जैसा उचित हो वैसा।
यथार्थ–सत्य; उचित; ठीक; जैसा है वैसा। सत्यता।
यथार्थतः–सचमुच; वास्तव में; यथार्थ में।
यथार्थता–सच्चाई; यथार्थता; सुस्पष्टता।
यथार्थवाद–किसी पदार्थ के वास्तविक रूप का सिद्धान्त।
यथावकाश–अवकाश के अनुसार।
यथावत्–जैसा था; वैसा ही; पहले जैसा।
यथाशक्ति–जहाँ तक संभव हो; भरकस; जहाँ तक हो सके।
यथाशीघ्र–जितनी जल्दी हो सके।
यथासंभव–जितनी जल्द संभव हो सके; सभी संभावनाओं में।
यथासमय–नियमित समय में।
यथासाध्य–यथाशक्ति।
यथास्थान–उचित स्थान पर।
यथास्थिति–स्थिति के अनुसार; वर्तमान स्थिति को बनाए रखना।
यथेष्ट–पर्याप्त; काफी; उचित; योग्य।
यथेष्टता–पर्याप्त रूप में।
यथोचित–सही; ठीक; उचित; मुनासिब; वैध।
यदा–जब; जहाँ; जिस समय।
यदा-कदा–कभी कभी।
यदि–अगर; जो।
यद्यपि–यदि ऐसा है ही; अगरचे; गो कि।
यम–यमराज; मृत्यु का देवता।
यमक–अनेक अर्थों के शब्दों का प्रयोग।
यमज–एक साथ जनमे हुए दो बच्चों का जोड़ा; जुड़वाँ बच्चे।
यमदूत–यम का दूत।
यमपुरी–नरक संबंधी संसार।
यमलोक–यमराज का लोक जहाँ मरने पर लोग जाते हैं; यमपुरी।
यमुना–भारत की प्रसिद्ध नदी (यमुना)।
यवन–मुसलमान; यूनान देश का निवासी।
यवनिका–रंगशाला का परदा।
यश–कीर्ति; नेकनामी; सुख्याति; बड़ाई; प्रशंसा।
यशगान–गुणवर्णन; स्तुति।

यशस्वी–माना हुआ; गौरवपूर्ण; जिसे यश मिला हो; प्रसिद्ध; कीर्तिशाली।

यशोगाथा–तेजस्वी कृतियों की गाथा।

यशोगान–गुणवर्णन; स्तुति।

यष्टि–छड़ी; डंडी।

यह–एक सर्वनाम; जिसका प्रयोग वक्ता और श्रोता के अतिरिक्त निकटवर्ती सभी संज्ञाओं या बातों के लिए होता है।

यहाँ–इस स्थान पर; इस जगह।

यहाँ; के–उसके स्थान पर।

यहाँवाले–स्थानिक लोग।

यहीं–इसी स्थान पर; इसी जगह।

यही–निश्चित रूप से यह।

यांत्रिक–यंत्र संबंधी।

यांत्रिकता–यंत्रों का।

या–अथवा वा; यदि यह न हो।

याचक–भिखमँगा; भिखारी; निवेदक; याचना करने या माँगने वाला।

याचना–प्रार्थनात्मक; माँगना; निवेदन; कुछ पाने के लिए प्रार्थना करने की क्रिया या भाव।

याचिका–वह पत्र जिसमें किसी से कुछ प्रार्थना की गई हो; प्रार्थना-पत्र।

याजक–यष्टा; यज्ञ करनेवाला।

यातना–कष्ट; पीड़ा।

यातायात–आवागमन; परिवहन; एक स्थान से दूसरे स्थान की ओर आने जाने की क्रिया या साधन।

यात्रा–सफर; एक स्थान से दूसरे स्थान तक जाने की क्रिया।

यात्री–मुसाफिर; भ्रमणकारी; यात्रा करनेवाला।

याद–स्मरण; स्मृति।

यादगार–स्मरणार्थक चिह्न।

याददाश्त–स्मरण शक्ति।

यादृच्छिक–स्वेच्छाचारी; एकाएक उत्पन्न।

यान–गाड़ी; सवारी साधन।

यानी–अर्थात।

यापन–बिताना; व्यतीत करना।

यामिनी–रात; रात्रि।

याम्तोत्तर–देशान्तर।

यायावर–संन्यासी।

यार–मित्र; दोस्त; साथी; प्रेमी।

याराना–दोस्ताना।

यारी–दोस्ती।

यावज्जीवन–जीवन भर; जन्म भर।

यावत्–समस्त; सब। जहाँ तक।

युक्त–संयुक्त; सम्मिलित; साथ में लगा हुआ।

युक्ति–उपाय; तरकीब; ढब; कौशल; चातुरी; तर्क; दलील; योग; मिलन।

युक्तियुक्त–विचार से ठीक; तर्क संगत।

युक्तिसंगत–यथार्थ।

युक्तिसंगतता–यर्थाथता।

युग–काल; अवधि; समय; जमाना।

युगपत्–एक ही समय में घटित होने वाला।

युगपुरुष–अपने समय का वह बहुत बड़ा आदमी जिसकी बराबरी का उस युग में और कोई न हुआ हो।

युगयुगांतर–युगों से लेकर अगले युग तक।

युगल–युग्म; जोड़ा।

युगांतर–नवीन युग।

युगांतरकारी–युग निर्माण।

युगीय–युग का।

युग्म–जोड़ा; युगल; द्वंद्व; युग।

युति–योग; मिलाना।

युद्ध–लड़ाई; संग्राम; रण।

युद्धक–युद्ध संबंधी।

युद्धक्षेत्र–लड़ाई का मैदान।

युद्धघोष–युद्ध की घोषणा।

युद्धनीति–युद्ध की चतुराई/कौशल।

युद्धपोत–लड़ाई का समुद्री जहाज।

युद्धबंदी–युद्ध के समय बंदी बनाए गए विपक्षी सैनिक।

युद्धभूमि–वह भूमि जहाँ युद्ध हुआ हो।

युद्धमंत्री–राज्य का वह मंत्री जिसके जिम्मे युद्ध का विभाग हो।

युद्धरत–लड़ाका; यौद्धा।

युद्धविराम–युद्ध की समाप्ति।

युद्धस्थगन–युद्ध में ठहराव।

युद्धकांक्षी–युद्ध में लगा हुआ।

युद्धाभ्यास–युद्ध का अभ्यास।

युयुत्सा–युद्ध करने की इच्छा; शत्रुता; दुश्मनी।

युयुत्सु–युद्ध करने या लड़ने की इच्छा रखने वाला।

युवक–जवान; युवा; 16 से 25 वर्ष तक की अवस्था का पुरुष।

युवती–जवान स्त्री।

युवराज–राजा का वह सबसे बड़ा लड़का जो राज्य का उत्तराधिकारी हो।

युवा–युवक; जवान।

युवावस्था–वह अवस्था जब कोई युवा होता है; जवानी।

यूँ–यों।

यूथ–संघ; समुदाय।

यूनानी–यूनान देश का निवासी; यूनान देश का।

ये–वे; 'यह' का बहु।

येन केन प्रकारेण–जैसे तैसे; किसी तरह से।

यों–इस प्रकार; इस तरह; ऐसे।

योग–जोड़; योगफल; मिलाना; संयोग; चिंतन की प्रक्रिया; भारतीय दर्शन शास्त्र के 6 विद्यालयों में से एक; ज्योतिष में कुछ विशिष्ट काल या अवसर।

योगक्षेम–स्वास्थ्य का आनन्द या सुख।

योगदान–हिस्सेदारी; भागदान; भागीदारी; किसी कार्य में सहायक होना।

योगफल–दो या अधिक संख्याओं का जोड़; जोड़ का परिणाम।

योगबल–योग द्वारा अर्जित बल।

योगशास्त्र–पतंजलि ऋषि का दर्शन जिसमें चित्त को एकाग्र और ईश्वर में लीन करने का विधान है।

योगात्मक–जोड़नेवाला।

योगाभ्यास–योगशास्त्र के अनुसार योग का साधन।

योगासन–योग करने की स्थिति।

योगिनी–योगी की स्त्री; स्त्री योगी।

योगिराज–ऊँचे ओहदे का योगी।

योगी–आत्मज्ञानी; योग का साधन या अभ्यास करनेवाला।

योग्य–प्रवीण; काबिल; उपयुक्त; समर्थ।

योग्यता–समर्थता; योग्यता; कुशलता; प्रवीणता।

योग्यतापूर्वक–कुशलतापूर्वक; प्रवीणतापूर्वक।

योजक–मिलाने या जोड़नेवाला। व्याकरण में उन शब्दों का वर्ग जो शब्दों, पदों, उपवाक्यों तथा वाक्यों को जोड़ते हैं।

योजक चिह्न–वह चिह्न जो शब्दों या शब्दखंडों के बीच में प्रयुक्त होता है।

योजन–मिलाना; संयोग; दूरी की एक माप लगभग 13 किलोमीटर।

योजना–इरादा; तरीका; उपाय; युक्ति; प्रयोग; कोई कार्य या उद्देश्य सिद्ध करने का उपाय।

योजनाबद्ध–जिसके बारे में योजना बना रखी हो।

योजिका–वह चिह्न जो शब्दों या शब्दखंडों के बीच में प्रयुक्त होता है।

योजित–योजना के अनुसार।

योद्धा–सैनिक; युद्ध में लड़नेवाला सिपाही; लड़ाई में लड़नेवाला; लड़ाकु; योद्धा।

योनि–भग; स्त्रियों की जननेन्द्रिय; उत्पत्ति स्थान; उद्गम।

यौगिक–किसी के साथ मिला; लगा या सटा हुआ।

यौन–काम संबंधी; लैंगिक।

यौनता–लिंग भेद।

यौनतृप्ति–मैथुन संतोष।

यौनधर्म–यौन संबंधी कार्य सम्पादन।

यौन–भावना–मैथुन की उत्तेजना।

यौनमत्त–कामातुर।

यौनमत्ता–कामुकता।

यौन मनोविज्ञान–यौन संबंधी मनोविज्ञान।

यौन विकृति–यौन संबंधी दोष।

यौन विज्ञान–वह विज्ञान जिसमें यौन संबंधी जानकारियाँ होती है।

यौनाकर्षण–कामुक आकर्षण।

यौनाचार–यौन संबंधी अनुग्रह।

यौनाचारी–यौनसंबंध के लिए अनुग्रह करने वाला।

यौनिकी–यौन संबंधी विज्ञान।

यौवन–जवानी; जोबन।

यौवनकाल–जवानी का समय; बाल्यावस्था से वृद्धावस्था के बीच की अवस्था।

यौवनारंभ–जवानी की शुरुआत; तरुण अवस्था; जवानी का प्रथम चरण।

यौवनावस्था–वह अवस्था जब जवानी आती है।

र

र–हिन्दी वर्णमाला का सत्ताइसवाँ व्यंजन वर्ण।

रंक–दरिद्र; कंजूस।

रंग–वह पदार्थ जिससे कोई वस्तु रंगी जाती है।

रंगक्षेत्र–मंच।

रंग-ढंग–चाल ढाल; लक्षण।

रंगत–रंग; दशा; वर्ण; अवस्था; अर्थछटा।

रँगना–किसी चीज को घुले हुए रंग में डाल या डुबाकर रंगीन करना या उस पर रंग चढ़ाना।

रंग-बिरंगा–अनेक रंगों का; तरह तरह के रंगों का।

रंगभूमि–नाट्यशाला।
रंगभेद–रंग/वर्ण का फर्क।
रंगमंच–मंच; रंगभूमि; नाट्यशाला।
रंगमंचीय–नाटकीय आकार का; रंगमंच से संबंधित।
रंगमंडप–रंगभूमि; नाट्यशाला; वह स्थान जिस पर कलाकार अभिनय करते हैं।
रंगमहल–नाट्यशाला।
रंग-रँगीला–भोग विलास का प्रेमी; विलासी।
रंगरली–अति आनन्द लेनेवाला।
रंगरूट–नौसिखुआ; किसी कार्य अथवा पद पर पहले पहल आकर लगा हुआ व्यक्ति; सेना या पुलिस में भर्ती नया सिपाही।
रंग-रूप–त्वचा का रंग तथा दिखावट (विशेष रूप से चेहरा का)।
रंगरेज–कपड़े रँगनें का व्यवसाय करने वाला।
रंगरेली–रंगरली।
रंग-रोग़न–रंग तथा रोगन।
रँगवाना–रँगना; रँगने का कार्य किसी से करवाना।
रंगशाला–मंच; रंगभूमि।
रंगसाज़–रंग चढ़ानेवाला।
रंगसाज़ी–चित्र विद्या।
रँगाई–रंगने की क्रिया या भाव; रंगनें के कार्य के बदले मिलनेवाला पारिश्रमिक।
रंगारंग–अनेक रंगों का; तरह तरह का।
रंगीन–रंगा हुआ; रंगदार; विलासप्रिय।
रंगीनी–रंग से भरा हुआ।
रँगीला–रंगीन; आनन्दचित्त; खिलाड़ी; हँसमुख; रसिक।
रँगीलापन–रंगीनी; विलासिता; रसिकता।
रंगोली–भोज, उत्सवादि के समय फर्श इत्यादि पर रंग से बनाया गया चित्र।
रँगौधी–एक प्रकार का आँख का रोग जिसमें रंग स्पष्ट नहीं दिखाई पड़ते।
रंज–दुख; खेद; शोक।
रंजक–रंगनें का कोई पदार्थ।
रंजन–रंगनें की क्रिया या भाव; चित्त को प्रसन्न करने की क्रिया।
रंजित–रंगा हुआ।
रंजिश–किसी के प्रति मन में होनेवाली अप्रसन्नता; मनमुटाव।
रंजीदा–दुखित; उदास; अप्रसन्न; जिसे रंज हो।
रँडापा–राँड होने का भाव।
रंडी–वेश्या; विधवा।
रंडीबाज़–वेश्यागमन करनेवाला।
रंडीबाज़ी–वेश्यागमन की आदत।
रँडुआ–वह जिसकी पत्नी मर गई हो।
रँडुआपन–रँडुआ होने का भाव।
रँदना–रंदे से छीलकर लकड़ी चिकनी और साफ करना।
रंदा–लकड़ी छीलकर चिकनी और साफ करने का औजार।
रंधन–पकाना।
रंध्र–छेद; छिद्र।
रंभा–एक स्वर्गीय अप्सरा; वेश्या; रंडी।
रँभाना–गरजना (गाय, भैंस इत्यादि का)।
रइयत–शासनाधीन; खेतिहर।
रई–चूर्ण करनेवाली छड़ी; मथनी।
रईस–अमीर; धनी; बड़ा आदमी। कुलीन/धनी व्यक्ति।

रईसज़ादा–किसी रईस का वंशज।
रईसी–रईस होने की अवस्था या भाव; अमीरी; कुलीनता।
रक़बा–क्षेत्रफल।
रक़म–धन की राशि; सम्पत्ति; सम्पदा; गहना; जेवर; आभूषण।
रकाब–सवारी के घोड़े की काठी या जीन में लटकनेवाला पावदान।
रकाबी–तश्तरी; प्लेट।
रक्त–खून; शरीर की नसों में बहनेवाला तरल पदार्थ। खून के रंग का।
रक्त कणिका–खून की कणिका।
रक्त क्षीणता–शरीर में रक्त की कमी का रोग।
रक्तचाप–एक प्रकार का रोग जिसमें रक्त का वेग या चाप साधारण से अधिक घट या बढ़ जाता है।
रक्तदाता–खून दान करनेवाला।
रक्तदान–खून का दान।
रक्तपात–मारकाट; खून ख़राबा; हत्या; संहार।
रक्तपायी–खून पीनेवाला।
रक्तपिपासु–खून का प्यासा।
रक्तरंजित–रक्त से रंगा हुआ; खून से लथपथ।
रक्तवर्ण–खूनी लाल।
रक्तस्राव–शरीर के किसी अंग के कट-फट जाने के कारण उसमें से रक्त या खून बहना।
रक्ताभ–गुलाबी लाल; हल्का लाल रंग लिए हुए।
रक्तिम–रक्ताभ।
रक्षक–बचानेवाला; संरक्षक; उद्धारक; पहरेदार।
रक्षण–रक्षा करना; पालन पोषण।
रक्षा–बचाव; सुरक्षा।
रक्षा कवच–शस्त्रों से बचाव करनेवाला बाहरी आवरण।
रक्षात्मक–रक्षा की स्थिति; रक्षक।
रक्षाबंधन–(श्रावण) श्रावण शुक्ला पूर्णिमा को होनेवाला एक हिन्दू त्यौहार जिसमें बहन भाई की कलाई पर राखी बाँधती है तथा भाई जीवन भर बहन की रक्षा करने की प्रतिज्ञा लेता है।
रक्षार्थ; के–रक्षा के लिए।
रक्षित–जिसकी रक्षा की गई हो।
रक्ष्य–रक्षा या रखवाली करनेवाला; पहरेदार।
रखना–स्थित करना; टिकाना; धरना; सौंपना; नियुक्त करना; रेहन करना।
रखनी–रखैली।
रख-रखाव–पालन पोषण; भरण पोषण।
रखवाना–स्थित/नियुक्त/रखवाली का कार्य करना।
रखवाला–रक्षक; रक्षा या रखवाली करनेवाला; पहरेदार।
रखवाली–रक्षा या देख भाल करने की क्रिया या भाव; पहरेदारी।
रखाना–रखवाली या रक्षा करना।
रखेल–रखेली।
रखेली–उपपत्नी के रूप में रखी हुई स्त्री; रक्षिता।
रग–शरीर की नस।
रगड़–घिसाव; रगड़ने की क्रिया या भाव।

रगड़ना–घर्षण करना; घिसना; पीसना।

रगड़वाना–दूसरे को रगड़ने में प्रवृत्त करना।

रगड़ा–रगड़ने की क्रिया या भाव।

रग पट्ठा–शरीर के अंदर की रगें और माँसपेशियाँ।

रग रेशा–किसी पत्ती का रेशा; शरीर के अंदर के विभिन्न अंग।

रगेदना–खदेड़ना।

रघुकुल–रघु। राजा रघु का वंश।

रघुनंदन–रघु। राजा रघु के पड़पोते श्रीरामचन्द्र।

रघुनायक/रघुपति–रघुनंदन; श्रीराम।

रघुवंश–रघुकुल।

रचना–निर्माण; बनाव।

रचनात्मक–किसी देश या समाज की उन्नति और सम्पन्नता में सहायक होनेवाला।

रचनाधर्मिता–रचना या निर्माण से संबंध रखने वाला अथवा उसमें सहायक हो।

रचनाधर्मी–जिसका व्यवहार रचनात्मक हो।

रचयिता–लेखक; रचना करनेवाला।

रचित–रचा या बनाया हुआ; निर्मित।

रज–धूल; गर्द; स्त्रियों की जननेन्द्रिय से प्रति मास तीन चार दिन तक निकलने वाला रक्त।

रजत–चाँदी।

रजत जयंती–किसी व्यक्ति, संस्था आदि या किसी महत्त्वपूर्ण कार्य के जन्म या आरंभ होने के 25 वर्ष पूरे होने पर मनाई जानेवाली जयंती।

रजतपट–वह परदा जिसपर सिनेमा के चित्र दिखाए जाते हैं।

रजतमान–चाँदी मानक।

रजनी–रात।

रजनीकर–चाँद।

रजनीचर–रात में घूमनेवाला; राक्षस।

रजनीपति–चन्द्रमा।

रजनीश–चाँद।

रजवाड़ा–भारत में स्थित रियासत।

रजस्वला–जिस स्त्री का रज निकल रहा हो; ऋतुमती।

रज़ा–इच्छा; मरजी; अनुमति; आज्ञा।

रज़ाई–एक प्रकार का रूईदार ओढ़न।

रज़ाकार–स्वयंसेवक।

रज़ामंद–सहमत।

रज़ामंदी–स्वीकार किया हुआ; स्वीकार पत्र।

रजोगुण–प्रकृति के तीन गुणों में से एक जो मन को चंचल और उसमें काम, क्रोध, लोभ, द्वेष आदि विकार उत्पन्न करनेवाला माना गया है।

रजोधर्म–स्त्रियों का मासिक धर्म या रजप्रवाह।

रजोनिवृति–स्त्रियों का मासिक धर्म रुकना।

रज्जु–रस्सी; कड़ी; डोरी।

रटंत–रटने की क्रिया या भाव।

रटंत विद्या–पढ़ने की वह प्रक्रिया जिसमें पाठ को समझने की बजाय रटा जाता है।

रट–कोई शब्द या बात बार बार कहने की क्रिया या भाव।

रटन–रटंत; कथन बार बार कहना।

रटना–कोई बात या शब्द बार बार करना; कंठस्थ करने के लिए बार बार कहना या पढ़ना।

रड़क–परेशान करनेवाली अनुभूति (किसी बाहरी कारण से)।

रड़कन–रड़क।

रड़कना–परेशान करने वाला दर्द पैदा करना।

रण–युद्ध; लड़ाई।

रणकौशल–युद्ध की कुशलता; शत्रु को ठगने का उपाय।

रणक्षेत्र–वह स्थान जहाँ युद्ध हुआ हो।

रणचंडी–युद्ध की देवी देवी दुर्गा।

रणछोड़–भगवान श्रीकृष्ण।

रणधीर–युद्ध में धैर्यपूर्वक लड़नेवाला।

रणस्थल–युद्ध भूमि।

रणांगण–युद्ध क्षेत्र; रणभूमि।

रत–लिप्त; कार्यरत; व्यस्त; आत्मसात; अनुरक्त; आसक्त।

रतजगा–उत्सव; पर्व अथवा किसी धार्मिक कृत्य के लिए रात भर जागने की क्रिया या भाव।

रतनारा–लाल सुरखी लिए हुए; लाल।

रतनारी–लालिमा लिये हुए आँखें।

रति–विवाह संबंधी प्रेम; स्नेह; प्रीति; सहवास; संभोग; मैथुन; अनुराग।

रतिक्रिया–संभोग/सहवास/मैथुन क्रिया।

रतिभाव–प्यार के भाव; अनुराग।

रतिशास्त्र–संभोग क्रिया से संबंधित विज्ञान।

रतौंध–एक रोग जिसमें रात के समय दिखाई नहीं पड़ता।

रतौंधी–जिसे रतौंध रोग हो।

रत्ती–एक भारतीय मापक जो लगभग 1.2 मिलीग्राम के बराबर होता है।

रत्न–मणि; नगीना; जवाहर।

रत्नकार–सुनार।

रत्नाकर–समुद्र।

रथ–दो या चार पहियों की एक प्रकार की पुरानी सवाड़ी गाड़ी।

रथवान–सारथी।

रथवाह–रथ हाँकनेवाला।

रथी–रथ पर चढ़कर चलनेवाला।

रथ्या–राजमार्ग; पक्की सड़क।

रद–दाँत; दंत।

रदक्षत–संभोग के समय अंगों पर दाँतों के गढ़ने का चिह्न।

रद्द–बदला हुआ; परिवर्तित; खराब या निकम्मा ठहराया हुआ।

रद्दा–हाथ द्वारा घिसने का प्रहार; परत; तह।

रद्दी–तुच्छ/न्यून लक्षणवाला; बेकार।

रद्दोबदल–परिवर्तन; हेर फेर; बदलाव।

रन–दौड़ (क्रिकेट)।

रनिवास–अन्त:पुर; रानियों के रहने का स्थान।

रपट–किसी घटना की वह सूचना जो थाने में लिखाई या किसी अधिकारी को दी जाती है।

रपटना–फिसलना। तेजी से चलना।

रपटीला–फिसलन।

रफ़–खुरदरा।

रफ़्ता-रफ़्ता–क्रम से; धीरे से।

रफ़ल–ऊनी चादर।

रफ़ा–दूर किया हुआ।

रफ़ा-दफ़ा–व्यवस्थित तथा समाप्त किया हुआ; जिसे छोड़ दिया गया हो।

रफ़ू–फटे या कटे कपड़े के छेद में बुनावट की तरह के तागे भरकर उसे बंद करना।

रफ़ूगर–रफ़ू करनेवाला।

रफ़ूगरी–रफ़ू के कारीगर का कार्य।

रफ़ू चक्कर–गायब; चम्पत; भाग जाना।

रफ़्तार–गति; चाल; वेग।

रब–परमेश्वर; ईश्वर; भगवान।

रबड़–वट की जाति के वृक्ष से निकले दुध को सुखाकर बनाया गया एक प्रसिद्ध लचीला पदार्थ।

रबड़ी–गाढ़ा और लच्छेदार किया हुआ दुध जिसमें चीनी मिलाई जाती है।

रबी–वसंत ऋतु में काटी जानेवाली फसल।

रब्त-ज़ब्त–आपस में मिला हुआ; मेल मिलाप।

रमक–सुगंध; स्वाद।

रमचेरा–नौकर; अनुचर; दास।

रमज़ान–मुस्लिम पांचाग के अनुसार नौंवा महीना।

रमण–रसिक गतिविधि; प्रेम क्रीड़ा; मैथुन; सहवास; विलास क्रीड़ा।

रमणी–(प्यारी) जवान स्त्री।

रमणीक–सुन्दर; आकर्षक; रमणीय।

रमणीकता–रमणीक।

रमणीय–मनोहर तथा आनन्दी; सुन्दर; प्यारा; आकर्षित करनेवाला।

रमणीयता–रमणीय होने का भाव।

रमता–घुमक्कड़; जो बराबर घूमता फिरता रहता हो।

रमता-जोगी–घूमने फिरनेवाला योगी; घुमक्कड़ योगी

रमना–व्याप्त होना; लीन होना; अनुरक्त होना।

रमल–पासा फेंककर शुभाशुभ फल या भविष्य जानने और बतलाने की विद्‌या।

रमा–धन की देवी; लक्ष्मी।

रम्मी–ताश के पत्तों का एक खेल जिसमें खिलाड़ी पत्तों को एक निर्धारित क्रम में लगाता है; विचित्र।

रम्य–रमणीय; आकर्षक।

रलना–मिश्रित होना जैसे बच्चे का भीड़ में मिलना।

रव–आवाज; शब्द; गुँजार; शोर; हुल्लड़।

रवन्ना–वह कागज जिस पर भेजे हुए माल का ब्योरा लिखा होता है; वह पत्र जिससे किसी रास्ते से जाने का अधिकार मिलता है।

रवाँ–उचित; सही; प्रचलित।

रवा–कण; दाना।

रवानगी–प्रस्थान।

रवाना–प्रस्थित; भेजा हुआ।

रवानी–बहाव; बिना रुकावट का।

रवि–सूर्य।

रवि उच्च–किसी ग्रह का सूर्य से सबसे दूर का स्थान।

रवि नीच–ग्रह की कक्षा पर का वह बिन्दू जहाँ से वह सूर्य के निकटतम होता है।

रविमार्ग–वह मार्ग जिस पर पृथ्वी घूमती है।

रविवार–हफ्ते का पहिला दिन।

रविवारीय; रविवासरीय–रविवार से संबंधित।

रविश–क्यारियों के बीच का छोटा मार्ग; गति; चाल।

रवेदार–दानेदार।

रवैया–कुछ करने का ढंग; तरीका; चाल चलन।

रशियन–रूसी।

रश्मि–किरण।

रस–फल या वनस्पति को दबाने पर निकलने वाला पदार्थ; स्वत्त्व; निकला हुआ सार; स्वाद; मौज; उमंग; आनन्द।

रसगुल्ला–छेना से बनी एक प्रकार की भारतीय मिठाई।

रसज्ञ–रस को जाननेवाला।

रसद–भोजन सामग्री जुटाना; आवश्यक पदार्थ।

रसदार–रस से भरपूर।

रसदारु–पौधे के रस से युक्त; लकड़ी।

रसना–जीभ; जिह्वा।

रसभंग–आनन्द में विघ्न।

रसभरा–रस से पूर्ण; रसदार।

रसभरी–एक प्रकार का फल।

रसमय–रस से भरा।

रसशास्त्र–रसायन शास्त्र।

रससिद्ध–औषोधिक सत्त्व तैयार करने में निपुण।

रसहीन–सत्त्वहीन।

रसा–माँस, तरकारी इत्यादि का पानीवाला अंश; शोरबा; रस।

रसाई–पहुँच।

रसातल–पुराण के अनुसार पृथ्वी के नीचे के सात लोकों में से छठा लोक।

रसात्मक–रस से भरा हुआ; जो आनन्द दे रहा हो।

रसाभास–रस।

रसायन–वह शास्त्र जिसमें पदार्थों के तत्त्वों तथा भिन्न भिन्न दशाओं में उनमें होनेवाले विकारों का विवेचन होता है।

रसायनज्ञ–वह जो रसायनशास्त्र का ज्ञाता हो।

रसायनशाला–रसायन शास्त्र की प्रयोगशाला।

रसायनशास्त्र–रसायन संबंधी विज्ञान।

रसायनशास्त्री–रसायन शास्त्र का ज्ञाता; रसायन शास्त्र का ज्ञानी।

रसाल–आम।

रसास्वादन–रस का आनन्द लेना; स्वादिष्ट।

रसिक–कविता, नाटक इत्यादि से आनन्द प्राप्त करना; विनोदी व्यक्ति।

रसिकता–कविता, नाटक आदि से प्राप्त आनन्द।

रसिया–ललित कला की चेतना रखने वाला; रसिक; एक प्रकार का गाना जो फागुन में ब्रज में गाया जाता है।

रसीद–किसी वस्तु के प्राप्त होने या पहुँचने के प्रमाण के रूप में लिखा हुआ पत्र।

रसीदी टिकट–सरकारी मालगुजारी की मुहर।

रसीला–जिसमें रस हो; रसदार; स्वादिष्ट।

रसूम–रस्म।

रसूल–दैवी दूत; भविष्यवक्ता।

रसेदार–रस से भरपूर।

रसोइया–बावर्ची; रसोई।

रसोई–भोजन पकाना; पाकशाला; पकाने की विधि।

रसोई-घर–पाकशाला; भोजन पकाने की जगह।

रसौली–गाँठ; गिलटी।

रस्म–आचार; रीति; प्रचलित नियम।

रस्म रिवाज़–रीति रिवाज़।

रस्मी–रस्म या प्रथा से संबंध रखनेवाला।

रस्सा–डोरी; सन आदि को बटकर बनाई हुए लंबी चीज।

रस्साकशी–एक खेल जिसमें दो पक्ष एक रस्सी को अपनी तरफ खींचकर अपने बल का प्रदर्शन करते हैं।

रस्सी–रुई, सन आदि को बटकर बनाई हुए बाँधने के काम की लंबी चीज; डोरी।

रहन–गिरवी; रहने का ढंग।

रहन-सहन–जीवन बिताने और काम करने का ढंग।

रहट–फारसी पहिया (कुँए से पानी निकालने के उपयोग में लाया जाता है)।

रहना–जीना; ठहरना; रुकना; स्थित होना; थमना।

रहम–सहानुभूति; दया; करुणा।

रहमदिल–दयालु; उदार; दयावान; जिसके दिल या मन में रहम या दया हो।

रहस्य–गुप्त भेद; छिपी हुई बात; भेद; गूढ़ तत्त्व।

रहस्यपूर्ण–गुप्त; गूढ़ार्थ; गहन।

रहस्य-भरा–गुप्त; गहन।

रहस्यमय–गहन।

रहस्यवाद–वह धार्मिक वृत्ति जिसमें मनुष्य प्रत्यक्ष रूप से ईश्वर के साथ संबंध स्थापित करने का प्रयत्न करता है।

रहस्यात्मक–गुप्त रूप से।

रहस्योद्घाटन–रहस्य प्रकट करना।

रहा-सहा–बचा कुचा; अवशिष्ट।

रहित–बिना; बगैर; कमी; किसी वस्तु आदि से खाली या हीन।

रहीम–कृपालु; दयालु। भगवान; परमेश्वर।

राँगा–सीसे के रंग की एक प्रसिद्ध मुलायम धातु।

राँड–विधवा।

राँधना–भोजन पकाना।

राई–एक प्रकार की छोटी सरसों।

राका–पूरे चाँद की रात; पूर्णिमा की रात।

राकेश–चाँद।

राक्षस–दैत्य; असुर; क्रूर और पापी व्यक्ति।

राक्षसी–राक्षस संबंधी; राक्षस का; राक्षसों की तरह जघन्य।

राख–भस्म; किसी वस्तु के बिल्कुल जल जाने पर उसका बचा हुआ अंश।

राखदान–राख रखने का पात्र।

राखी–एक प्रकार का पवित्र धागा जो बहन द्वारा भाई की कलाई पर बाँधा जाता है जो अपनी बहन की उम्र भर रक्षा करने का वचन देता है।

राग–लय; ताल; मोह।

रागदारी—भारतीय संगीतशास्त्र के नियमों के अनुसार राग रागनियाँ या पक्के गाने गाना।

रागरंग—उत्सव; आनन्द।

रागिनी—एक प्रकार का संगीत।

रागी—अनुरागी; प्रेमी।

राछ—कारीगरों (जुलाहों) का एक औजार।

राज—राज्य; शासन; राजा द्वारा शासित; राज्य; पूरा अधिकार; प्रभुत्व।

राजकन्या—राजकुमारी।

राजकर्ता—राजकर्म में कुशल।

राजकाज—राज्य का कार्य।

राजकीय—राजा या राज्य से संबंधित; राज्य द्वारा संचालित।

राजकुमार—राजा का पुत्र।

राजकुमारी—राजा की पुत्री।

राजकुल—राजकीय परिवार।

राजकोष—राजकीय ख़जाना।

राजगद्दी—राजसिंहासन; राज्यभिषेक।

राजगीर—मकान बनानेवाला कारीगर।

राजगीरी राजगीर का कार्य।

राजगृह—राजा का महल।

राजचिह्न—राजकीय स्तंभ।

राजतंत्र—वह शासन प्रणाली जिसमें राज्य का सारा प्रबंध केवल राजा के हाथ में हो और जिसके प्रबंध करने में प्रजा या उसके प्रतिनिधियों को कोई स्थान न हो।

राजतंत्रवादी—राज़तंत्र में विश्वास रखने वाला।

राजतिलक—राज्याभिषेक।

राजत्व—राजा का पद; भाव या काम।

राजदंड—वह दंड जो राजा के पास उसके राजत्व के सूचक चिह्न के रूप में रहता है; राजा की आज्ञा से दी जानेवाली सजा।

राजदूत—वह दूत जो किसी राज्य की ओर से दूसरे राज्य में भेजा या नियुक्त किया जाता है।

राजदूतावास—दूत का स्थान; दूत का दफ़्तर।

राजद्रोह—राजा या राज्य के प्रति द्रोह।

राजद्रोही—राजद्रोह करनेवाला।

राजधानी—किसी देश या राज्य का वह प्रधान नगर जहाँ से उसका शासन होता है और जहाँ उसके प्रमुख अधिकारी रहते तथा कार्यालय होते हैं।

राजनय—राजनीतिक कौशल; कूटनीति।

राजनयिक—कूटनीतिज्ञ। राजनीति कुशल।

राजनीति—राज्य शासन पद्धति।

राजनीतिक—प्रजा संबंधी।

राजनीतिकरण—राजनीति के कार्य के सदृश।

राजनीतिज्ञ—राजकर्म में कुशल।

राजनीति शास्त्र—शासन संबंधी विज्ञान।

राजनेता—राष्ट्रीय नेता।

राजनैतिक—राजनीतिक।

राजपत्र—सरकारी समाचार पत्र; शासन पत्र।

राजपत्रित—प्रकाशित पत्र।

राजपथ—प्रधान सड़क।

राजपद—सरकारी ओहदा।

राज-पाट—राजसिंहासन।

राज पुरुष–सरकारी अधिकारी।
राजपूत–क्षत्रियों के कुछ विशिष्ट वंशों की सूचक संज्ञा।
राजपूताना–राजपूतों की जन्मभूमि; राजस्थान का पूराना नाम।
राजप्रासाद–राजमहल।
राजभक्त–वह जो अपने राजा या राज्य के प्रति भक्ति और निष्ठा रखता हो। निष्ठावान।
राजभवन–सरकारी घर; राजा का महल।
राजभाषा–किसी देश मे प्रचलित वह भाषा जिसका उपयोग प्राय: सभी राजकीय कार्यों और न्यायालयों आदि में होता हो।
राजमद–सत्ता में रहने का अहंकार।
राजमहल–राजा के रहने का महल; राजप्रसाद।
राजमहिषी–रानी।
राजमार्ग–चौड़ी सड़क।
राजयक्ष्मा–क्षय रोग।
राजयोग–फलित ज्योतिष में ग्रहों का एक योग जिसके अनुसार मनुष्य राजा होता है या राजा का सा सुख भोगता है।
राजरोग–बहुत बड़ा और असाध्य रोग।
राजर्षि–राजवंश से उत्पन्न ऋषि।
राजलक्ष्मी–राजसी महानता की देवी; महालक्ष्मी।
राजवंश–राजा का कुल; वंश या परिवार।
राजवंशीय–राजवंश से संबंधित।
राजविद्रोह–बलवा; विद्रोह।
राजविप्लव–राजविद्रोह; अराजकता।
राजवृत्ति–गुप्त धनकोष।
राजवैद्य–राजा का चिकित्सक।
राज-व्यवस्था–राज्यशासनविधि।
राजशाही–राजकीय; राजा सदृश; वैभवयुक्त।
राजश्री–राजकीय महत्त्व।
राजसत्ता–राजा की सत्ता; प्रभुत्व।
राजसभा–राजा का दरबार; राजाओं की सभा।
राज-सिंहासन–राजा के बैठने का सिंहासन; राजगद्दी।
राजसी–राजाओं के योग्य या राजाओं का सा।
राजस्थान उत्तर प्रदेश के पश्चिम और पूर्वी पंजाब के दक्षिण का वह प्रदेश जो पहले राजपूताना कहलाता था।
राजस्थानी राजस्थान से संबंधित।
राजस्व–कर, शुल्क आदि के रूप में राजा या राज्य को होनेवाली आय।
राजा–किसी देश या जाति का प्रधान शासक या स्वामी।
राजाज्ञा–राजा या राज्य की आज्ञा।
राजाधिराज–बहुत बड़ा राजा; राजाओं का राजा; सम्राट।
राज़ी–सहमत; प्रसन्न; खुश।
राज़ी-खुशी–सही सलामत; कुशलमंगल।
राज़ीनामा–वह लेख जिसे प्रमाण और निश्चय के रूप में मानकर दो विरोधी पक्ष आपस में मेल करते हैं।
राजीव–कमल; हाथी।
राजेन्द्र–राजा।
राज्ञी–रानी।

राज्य–एक केन्द्रीय सत्ता द्वारा शासित प्रदेश।

राज्यकाल–शासन; शासन समय।

राज्यक्षेत्र–राष्ट्र; प्रदेश।

राज्यतंत्र–देश या राज्य के शासन, व्यवस्था, संघटन आदि की प्रणाली, ढंग या प्रकार जैसे हिन्दू राजतंत्र, पाश्चात्य राजतंत्र।

राज्य-परिषद–राज्य की विचार सभा।

राज्यपाल–भारतीय संघ के किसी राज्य का प्रधान शासक।

राज्यविप्लव–राजद्रोह; प्रजाक्षोभ।

राजव्यवस्था–राजशासनविधि; व्यवस्थित समाज।

राज्यसंघ–अनेक ऐसे स्वतंत्र प्राय राज्यों का वह संघ या समूह जो बहूधा किसी एक राष्ट्र के अंग और कुछ बातों में एक प्रबल केन्द्र के अधीन रहता है।

राज्यसभा–संसद का वह सदन जिसमें राज्यों तथा विशेष हितों के प्रतिनिधि बैठते हैं।

राज्याभिषिक्त–राजसिंहासन पर बिढ़ाया हुआ।

राज्यभिषेक–किसी राजा का पहले पहल राजसिंहासन पर बैठकर राज्य का अधिकार प्राप्त करना।

राज्यारोहण राजसिंहासन के पद की प्राप्ति।

राड़–कलह; विवाद; झगड़ा; उपद्रव; दंगा।

राणा–नेपाल का राजा; राजसी परिवार का सदस्य।

रात–रात्रि; निशा; सूर्योस्त से सूर्योदय तक का समय।

रात की रानी–एक प्रकार का पौधा जो रात को खिलता है।

रातिब–किसी चौपाये का एक दिन का भोजन।

रात्रि–रात; निशा।

रात्रिकालीन–रात का समय।

रात्रिचर–भूत; पिशाच; रात्रि में कार्य करनेवाले।

राधा–राधिका; भगवान श्रीकृष्ण की प्रिय।

राधिका–राधा।

रानी–राजा की स्त्री; स्वामिनी; मालकिन।

राब खाँड़; गुड़।

राबिश–निर्माण गारा का बेकार पदार्थ।

राम–सिद्ध राजा श्रीराम; रामायण के महापात्र।

राम कहानी–एक जीवन की उपकथा।

रामदाना–एक प्रकार का साबूदाना।

रामनवमी–चैत्र; चैत्र सुदी नवमी; जो रामचन्द्रजी की जन्मतिथि है।

रामबाण–अचूक; अमोघ।

राम भरोसे–भगवान की कृपा पर।

रामरज–एक प्रकार की पीली मिट्टी।

रामरस–नमक।

रामराज्य–ऐसा काल्पनिक और आदर्श राज्य जो सब लोगों के लिए अत्यंत सुखदायक हो और जिसमें किसी को किसी बात का कष्ट न हो।

राम-राम–शुभकामना; विदाई; विदाई सूचक संबोधन।

रामलीला–रामायण के चरित्रों का मंचन।

रामसखा–राम के पुराने मित्र (निषाद या सुग्रीव)।

रामायण रामायण (हिन्दु महाकाव्य) जिसमें राम के चरित्रों का वर्णन किया गया है।

रामायणी–रामायण का ज्ञाता; रामायण विषय का पंडित।

राय–सलाह; मत; सम्मति; मशविरा।

रायज–प्रचलित; व्यवहारिक।

रायता–दही तथा सब्जियों से तैयार नमकीन पदार्थ।

रायबहादुर–अंग्रेजी शासन के दौरान एक उपाधि।

रायल–एक निश्चित माप का कागज (25 × 20 इंच)।

रायसाहब–अंग्रेजी शासन के दौरान एक उपाधि।

रार–झगड़ा; विवाद; कलह; लड़ाई।

राल[1]–छूना।

राल[2] लाल

राव–राजा; राजसी परिवार का एक सदस्य।

रावटी–छोटा तंबू।

रावत–छोटा राजा; सेनापति; यौद्धा।

रावण–लंका का प्रसिद्ध राक्षस राजा जिसे रामचन्द्र ने मारा था।

रावल–राजपूतों में कुछ राजाओं की उपाधि।

राशन–खाने पीने आदि के लिए मिलने वाली सामग्री।

राशि–मात्रा; ढेर; राशि चिह्न।

राशिनाम–बच्चे के जन्म के तुरन्त बाद उसके सितारों की स्थिति के अनुसार उसे दिया जानेवाला नाम।

राष्ट्र–राज्य; देश।

राष्ट्रकवि–राष्ट्रीय कवि।

राष्ट्रगान–राष्ट्रीय गान (जन गण मण)।

राष्ट्रगीत–राष्ट्रीय गीत (वन्देमातरम)।

राष्ट्रचिह्न–राष्ट्रीय चिह्न (अशोक चक्र)।

राष्ट्रध्वज–राष्ट्रीय झंडा (तिरंगा)।

राष्ट्रपति–किसी आधुनिक प्रजातंत्री राष्ट्र द्वारा चुना हुआ उसका सर्वप्रधान शाक।

राष्ट्र-परिषद–किसी राष्ट्र के मुख्य मुख्य लोगों या प्रतिनिधियों की सभा।

राष्ट्रभाषा–किसी देश या राष्ट्र में प्रचलित वह प्रधान भाषा जिसका व्यवहार उस देश या राष्ट्र के रहनेवाले अन्य भाषा भाषी भी सार्वजनिक कामों में करते हैं।

राष्ट्रमंडल–किसी देश की सम्पूर्ण प्रजा।

राष्ट्रवाद–वह सिद्धान्त जिसमें अपने राष्ट्र के हितों को सबसे अधिक प्रधानता दी जाती है।

राष्ट्रवादी–वह जो अपने राष्ट्र या देश की एकता, महत्ता और कल्याण का पक्षपाती हो।

राष्ट्रव्यापी–पूरे राष्ट्र में व्याप्त।

राष्ट्रसंघ–संसार के कुछ प्रमुख राष्ट्रों का एक संघ जिसका उद्देश्य संसार में शांति बनाए रखना है।

राष्ट्रिक–राष्ट्रीय।

राष्ट्रिकता–राष्ट्रीयता।

राष्ट्रीकरण–राष्ट्र बनाने का कार्य।
राष्ट्रीकृत–जो राष्ट्र बन चुका हो।
राष्ट्रीय–देशीय; जातिय।
राष्ट्रीयकरण–राष्ट्रीकरण।
राष्ट्रीयता–किसी राष्ट्र के विशेष गुण; अपने देश या राष्ट्र के प्रति उत्कट प्रेम।
रास–अनुकूल; उचित; ठीक; वाजिब।
रासधारी–मंच पर भगवान श्रीकृष्ण की लीलाओं का मंचन करनेवाला।
रास मंडली–रास। रास मंचन करनेवालों का दल।
रास लीला–भगवान श्रीकृष्ण की लीलाओं का मंचन।
रासायनिक–रसायन तत्त्वों से संबंधित।
रासो–किसी राजा का जीवन चरित्र जो पद्य में लिखा होता है।
रास्त–सीधा; सरल; ठीक; उचित; वाजिब; अनुकूल।
रास्ता–मार्ग; राह; सड़क; गमन की क्रिया।
रास्ता-चलता–पथिक; यात्री; बटोही।
रास्ती–सहन शीलता; तसल्ली।
राह–रास्ता; मार्ग; पथ।
राह-ख़र्च–यात्रा के दौरान होनेवाला खर्च।
राहगीर–पथिक; यात्री; बटोही।
राह-चलता–राहगीर; पथिक।
राहज़न–दिन दहाड़े डाका डालनेवाला ठग।
राहज़नी–प्रधान सड़क पर हुई डैकेती।
राहत–आराम; सुख; आनन्द; चैन।
राह-रस्म–सामाजिक मेल जोल।
राही–पैदल यात्रा पर जानेवाला; यात्री।
राहु–एक पौराणिक दैत्य जिसने चाँद तथा सूर्य को निगल लिया था; विनाशक (कुछ या कोई)।
राहु-केतु–नित्य कष्टकारी दुश्मन।
रिंच–पेंच खोलने का औजार।
रिंद–धार्मिक बंधनों को व्यर्थ समझने या न माननेवाला; स्वेच्छाचारी तथा स्वच्छंद पुरुष।
रिंदा–दुष्ट; उपद्रवी; दुरात्मा; नीच; अधम।
रिआयत–छूट; क्षमा; अनुग्रह; कृपा; विश्राम।
रिआयती–छूट प्राप्त।
रिआया–अधीनस्थ; प्रजा।
रिकशा–एक प्रकार की हलकी सवारी जिसे आदमी खींचते या चलाते हैं।
रिक्त खाली; बेकार; कोरा।
रिक्तता–निःसत्त्व; शून्य स्थान; शून्यता।
रिक्ति–रिक्तता।
रिक्थ–उत्तरदान।
रिक्शा–आदमियों द्वारा खींची जानेवाली दो पहियों की फिटिंग गाड़ी।
रिक्शेवाला–रिक्शा खींचनेवाला।
रिज़क–नित्य के निर्वाह के लिए भोजन आदि; जीविका; रोजी।
रिज़र्व–आरक्षित।
रिझाना–किसी को अपने पर प्रसन्न या मोहित कर लेना।
रिझाव–रीझने की क्रिया या भाव।
रिड़कना–मथना; चिरकाल से बीमारी से पीड़ित।

रिपु–शत्रु; बैरी; दुश्मन।

रिपुघ्न–शत्रु का विनाशक; श्रीगणेश; राजा दशरथ का सबसे छोटा पुत्र का नाम।

रिपुता–शत्रुता; दुश्मनी।

रिम–बीस दस्ते काग़ज की गड्डी; पहिये की धार; पहिये की हाल।

रिमझिम–वर्षा की छोटी छोटी बूँदें गिरना; फूहार।

रियाज़–अभ्यास; उद्‌यम।

रियासत–राज्य; अमलदारी; देशी राज्य; अमीरी; रईसी; वैभव; ऐश्वर्य।

रियासती–रियासत; रियासत से संबंधित; वैभव; ऐश्वर्य।

रिरियाना–ठुनकना; नीचता से आग्रह/विनय / प्रार्थना करना।

रिवाज–प्रथा; रस्म।

रिश्वत–घूस।

रिश्वतख़ोर–रिश्वत लेने या खानेवाला; घूसखोर।

रिश्वतख़ोरी–रिश्वत लेना या देना।

रिश्ता–संबंध; बन्धुता।

रिश्तेदार–संबंधी; बन्धु; बान्धव।

रिश्तेदारी–नातेदारी; बन्धुता।

रिस–क्रोध; गुस्सा; रोष।

रिसना–स्राव/मंद मंद वर्षा।

रिसाना–दूसरे को क्रुद्ध करना।

रिसाला–छोटा सैन्यदल; पुस्तकाकार प्रकाशित होनेवाला सामयिक पत्र।

रिहर्सल पूर्वाभिनय।

रिहा–मुक्त; बंधनमुक्त; छूटा हुआ।

रिहाइश–निवासस्थान; घर।

रिहाइशी–निवास संबंधी।

रिहाई–मुक्ति; छुटकारा।

रीं-रीं–रोने बिलखने की ध्वनि।

रीछ–भालू।

रीझ–अहंकारी हित।

रीझना–किसी के रूप, गुण आदि के कारण उस पर प्रसन्न, अनुरक्त या मोहित होना।

रीठा–एक जंगली वृक्ष के फल जो कपड़े धोने के काम में आते हैं।

रीढ़–कमर में स्थित हड्डी।

रीढ़दार–रीढ़वाला।

रीढ़हीन–बिना रीढ़ का; बिना पराक्रम का।

रीता–खाली; रिक्त।

रीतापन–खालीपन; रिक्तता।

रीति–रिवाज; नियम; प्रकार; ढंग; पद्‌धति; कोई काम करने का ढंग या प्रकार; कोई काम करने का नियम ढंग।

रीति-रिवाज–आचार व्यवहार तथा ढंग।

रीतिक–नियमानुसार।

रीम–500 कागजों का जत्था।

रील–चर्खी; घिरनी (धागे़ इत्यादि की)।

रुंड–मुर्ति का धड़।

रुँधना–रुकना या घिरना; उलझना।

रुआँ–फुज्जी रूप में उड़ना; शरीर पर स्थित नर्म बाल।

रुआब–रोब; धाक।

रुई–कपास का फूल जिससे सूत बनता है।

रुईदार–जिसमें रुई भरी हो।

रुकना–अवरोध करना; थामना; ठहरना; टिकना।

रुकवाना–रुकने के लिए प्रवृत्त करना।

रुकाव–रुकावट।

रुकावट–रोकने या रोके जाने की क्रिया या भाव; रोक; अड़चन; बाधा; विघ्न।

रुकावटी–रुकावट। जो रुकावट डालने या रोकने के लिए हो।

रुक़्क़ा–पत्र; चिट्ठी।

रुक्ष शुष्क; खुरदुरा; नीरस; रुखा (बाल)।

रुख़–अवस्था; झुकाव; चेहरा; आकृति; शतरंज के खेल का खिलाड़ी।

रुख़सत–छुट्टी; अवकाश; विदा या रवाना होने की अनुमति।

रुख़सती–विदाई।

रुखाई–रुखा होने का भाव; रुक्षता; रुखापन; शुष्कता; खुश्की।

रुखानी–बढ़इयों का एक औजार जिससे घाट बनाते हैं।

रुग्न–जिसे कोई रोग हुआ हो; रोगी; बीमार।

रुचि–इच्छा; प्रवृत्ति; चाह; स्वाद; आनन्द।

रुचिकर–अच्छा लगनेवाला; रुचि उत्पन्न करने वाला; भूख बढ़ानेवाला।

रुचिकारक रुचिकर।

रुचिर–मनोहर; सुन्दर; रमणीय; आकर्षक; सुन्दर; सुहाना।

रुझान–रुचि; प्रवृत्ति; झुकाव; पंसद।

रुतबा–पदवी; ओहदा; पद।

रुतबेवाला–ऊँचा अधिकारिक पद अथवा स्थिति।

रुदन–मातम; विलाप; रुलाई; रोते हुए।

रुद्ध–अवरोध; बाधा।

रुद्र–विकराल; भयानक; त्रासदायक; डरावना; भयंकर; भगवान शिव।

रुद्रता–भयंकरता; विकरालता।

रुद्राक्ष–एक वृक्ष का बीज जिसका उपयोग माला बनाने में किया जाता है तथा इसे शिव भक्त धारण करते हैं।

रुद्राणी–देवी पार्वती।

रुधिर–रक्त; खून।

रुधिरस्राव–खून बहना; रक्त वाहिनियों से रुधिर का स्राव।

रुनझुन–नूपुर आदि के बजने का शब्द; झनकार।

रुनाई–लाली; सुरखी; अरुणता।

रुपएवाला–अधिक धनवाला; धनी; धनवान।

रुपया दौलत; धन; सम्पत्ति।

रुपया-पैसा–धन; सम्पदा।

रुपल्ली–रुपया।

रुपहला–चाँदी के रंग का।

रुबाई–चतुष्पद छंद।

रुलाई–रोने की क्रिया या भाव; रोना; रोने की प्रवृत्ति।

रुलाना–दूसरे को रोने में प्रवृत्त करना।

रुष्ट–अप्रसन्न; क्रुद्ध; नाराज़; जिससे रोष हुआ हो।

रुष्टता–अप्रसन्नता; क्रूद्धता; झल्लाहट।

रुसवाई–बदनामी; अपमान; अपयश।

रुसूख़–सामाजिक व्यवहार।

रुस्तम–फारस का एक प्रसिद्ध प्राचीन पहलवान; बहुत बड़ा वीर।

रुस्तम-ए-हिंद–भारत का पराक्रमी पुरुष।

रूई–रुई; कपास।

रूक्ष–रुक्ष।

रूखा–नीरस; खुरदुरा; शुष्क; जो चिकना न हो।

रूखापन–खुरदरापन; नीरसता; शुष्कता।

रूठना–अप्रसन्न होकर उदासीन; चुप या अलग हो जाना।

रूढ़–प्रथा संबंधी; परम्परागत; प्रचलित; परम्परा के अनुसार।

रूढ़ार्थ–परम्परागत अभिप्राय।

रूढ़ि–परम्परा; रिवाज़।

रूढ़िगत–परम्परागत; रिवाज़ी।

रूढ़िग्रस्त–परिवर्तन का विरोधी; नियम के बदलने का विरोध करनेवाला।

रूढ़िवाद–अनुदारवाद; परम्परागतता।

रूढ़िवादी–लकीर का फ़कीर।

रूप–लावण्य; सद्गुण; बाहरी आकृति; आकार; बनावट।

रूपक–प्रतिकृति; वह काव्य जिसका अभिनय किया जाए; मूर्ति; केवल दिखलाने के लिए बनाया हुआ रूप; बनावटी मुद्रा या आचरण।

रूपगर्वित–रूप का गर्व या अभिमान।

रूप-तालिका–रूपावली।

रूप-रेखा–वह चित्र जो केवल रेखाओं के रूप में हो; आकृति; सार; ख़ाका।

रूपवंत–मनोहर; सुन्दर; शानदार; आकर्षक।

रूपवती सुन्दर आकृतिवाली स्त्री; किशोरी; सुन्दरी।

रूपवान सुन्दर; आकर्षक; खूबसूरत।

रूप-विज्ञान–शब्दों का आकार अध्ययन करने की विद्या।

रूप-सज्जा–श्रृंगार का सामान; आनन्दित करने की क्रिया।

रूप-साधन–व्याकरण में भिन्न भिन्न कारकों, लिंगों, वचनों आदि में किसी शब्द के होनेवाले अलग अलग रूप या उनके वे रूप बनाने की प्रक्रिया।

रूपसी–सुन्दरी; सुन्दर स्त्री।

रूपांतर–आरोहण; अनुकूलन; अनुयोजन।

रूपांतरकार–अनुकूल ढालनेवाला।

रूपांतरण–एक रूप से दूसरे रूप में आना या लाया जाना; रूप बदलना या बदला जाना।

रूपा–घटिया चाँदी।

रूपायन–रूप प्रदान करना।

रूपायित–कार्यरूप में परिणत किया हुआ।

रूपी–आकार तथा रूप को दर्शानेवाला।

रूबरू–सम्मुख; सामने।

रूमाल–हाथ मुँह पोंछने के लिए कपड़े का चौकोर टुकड़ा।

रूमाली–बच्चों की जाँघिया; गुप्त आवरण।

रू-रिआयत–छूट; अनुदान; उदारता; दयालुता; प्रयोजना।

रूल–सीधी लकीर खींचने की पट्टी; शासन; नियम।

रूलदार–शासित।

रूलर–सीधी लकीर खींचने की पट्टी; पैमाना।

रूसी–रूस देश का निवासी। रूस देश की भाषा; सिर के चमड़े के ऊपर की वह पतली झिल्ली जो बहुत छोटे टुकड़ों के रूप में फट या कटकर निकलती है।

रूह–आत्मा; जीव; सार; सत्त।

रेंकना–बहुत भद्दे ढंग से गाना या बोलना; गधे का बोलना।

रेंगना–धीरे धीरे और जमीन से रगड़ खाते हुए चलना।

रेंट–नाक का कफ़; नासीय अलग करना।

रेंड–एक पौधा जिसके बीजों से तेल निकलता है।

रेख–लकीर; रेखा; चिह्न; निशान।

रेखांकन–चित्र की रूपरेखा बनाने के लिए रेखाएँ अंकित करना।

रेखांकित–रेखांकन किया हुआ।

रेखा–लकीर।

रेखाकार–रेखा संबंधी। ख़ाका तैयार करनेवाला।

रेखाकृति–रेखा रूपी नक्शा; ख़ाका; ढाँचा।

रेखागणित–ज्यामिति; गणित का वह विभाग जिसमें रेखाओं; कोणों; चापों का विवेचन या हिसाब होता है।

रेखाचित्र–ओरख; ख़ाका; ढाँचा; आकृति।

रेखा-चित्रण–चित्र बनाना।

रेखिका–लिखावट का चिह्न।

रेखित–अंकित किया हुआ; रेखांकित; खींचा हुआ।

रेखीय–रेखा संबंधी।

रेगमाल–एक प्रकार का कागज़ जिसके ऊपर रेत जमाई हुई होती है और जिससे रगड़कर धातुएँ या लकड़ियाँ साफ की जाती है।

रेगिस्तान–मरुस्थल।

रेगिस्तानी–रेगिस्तान का या रेगिस्तान के सदृश; बालू से भरा हुआ।

रेचक–दस्त लगानेवाली।

रेचन–पेट साफ करने के लिए दस्त लाना; जुलाब।

रेज़गारी–एकन्नी; दुअन्नी; चवन्नी और छोटे सिक्के।

रेज़गी–रेज़गारी।

रेट–दर; मूल्य; भाव।

रेढ़–विनाश; बर्बादी; नाश; पतन।

रेणु–रेत; बालू; मिट्टी।

रेणुका–मिट्टी; बालू; परशुराम (रामायण का एक पात्र) की माँ।

रेत–मिट्टी; बालू।

रेतना–रेती से रगड़कर काटना या ऊपरी अंश कम करना।

रेता–रेत।

रेती–एक प्रसिद्ध औजार जिसे किसी धातु पर रगड़ने से धातु के महीन कण कटकर गिरते हैं।

रेतीला–बालूवाला; जिसमें या जहाँ रेत हो।

रेफ़–'र' धर्म; सर्प। किसी अक्षर के ऊपर आनेवाला हलन्त रकार।

रेल–रेलगाड़ी; लोहे की पटरियों पर चलनेवाली गाड़ी।

रेलगाड़ी–रेल।

रेलपथ–रेल मार्ग।

रेल-पेल–भारी भीड़; भरमार; बहुत अधिकता; प्रचुरता; बहुतायत।

रेल-मंत्री–रेल मंत्रालय का मंत्री।

रेल-मार्ग–लोहे का वह मार्ग जिस पर रेलगाड़ी दौड़ती है।

रेलवे–रेल का महकमा या विभाग; रेलगाड़ी की सड़क।

रेला–जनसमूह का जोरों से आगे बढ़ना; भीड़; समूह।

रेलिंग–बेड़े बल में बनी हुई वह इमारती बनावट जो एक सिरे पर किसी को गिरने से रोकने के लिए होती है।

रेवड़–भेड़ बकरियों का झुण्ड।

रेवड़ी–छोटी टिकियों के रूप में तिल और चीनी की बनी हुई मिठाई।

रेशम–एक प्रकार के कीड़े से तैयार किए महीन चमकीले और दृढ़ तंतु जिनसे रेशमी कपड़े बनते हैं।

रेशमी–रेशम का बना हुआ; रेशम संबंधी।

रेशा–महीन सूत के रूप में वह तत्त्व जो पशुओं या पेड़ पौधों आदि की भीतरी बनावट में दिखाई देता है; तंतु।

रेशेदार–रेशे का बना हुआ; रेशेवाला।

रेस्टोराँ–भोजनालय; होटल; जलपानगृह।

रेह–खाद मिली हुई वह मिट्टी जो ऊसरी मैदान में पाई जाती है।

रेहन–धरोहर; गिरवी; बंधक।

रेहनेदार–गिरवी रखनेवाला।

रेहननामा–वह पत्र जिस पर रेहन की शर्तें लिखी जाती हैं।

रैन–रात्रि; रात।

रैन-बसेरा–रात में आश्रय लेने का स्थान।

रैयत–प्रजा; रियाआ।

रोंगटा–रोंआँ; शरीर पर स्थित मुलायम बाल।

रोंआँ–शरीर पर के बहुत छोटे तथा पतले बाल; रोम।

रोआसा–आँसुओं के साथ रोता हुआ।

रोएँदार–बालोंवाला।

रोक–मनाही; निषेध; प्रतिबंध; विवाह संबंधी सगाई; अवरोध; रूकावट।

रोक-टोक–अत्यधिक पाबंदी; बहिष्कार।

रोकड़–नगद रुपया पैसा; जमा धन; पूँजी।

रोकड़-बही–वह बही जिस पर प्रतिदिन की आय और व्यय लिखा जाता है।

रोकड़-बाक़ी–बाकी बचा धन।

रोकड़िया–वह व्यक्ति जिसके पास रोकड़ और आमदनी खर्च का हिसाब रहता है।

रोक-थाम–किसी अनुचित या दूषित कार्य को रोकने के लिए किया जाने वाला प्रयत्न।

रोकना–किसी को आगे बढ़ने न देना; गति, प्रवाह आदि में बाधा डालना; क़हीं जाने या कोई काम करने से मना क़रना; चली आती हुई प्रथा बंद करना; कोई भार लेकर बीच में बाधक होना।

रोग–व्याधि; मर्ज; बीमारी; शरीर को अस्वस्थ रखनेवाली शारीरिक प्रक्रिया।

रोगग्रस्त–रोग से पीड़ित।

रोग़न–वह चिकना लेप जो कोई वस्तु चमकाने के लिए उस पर लगाया जाता है।

रोग़नदार–जिस पर रोग़न लगा हो।

रोगनाशक–रोग निवारक औषधी; बीमारी से बचानेवाला।

रोग़नी–तेल अथवा घी से लेपा हुआ।

रोगशय्या–वह शय्या जिस पर रोगी पड़ा रहता है।

रोगाणु–बीमारी के किटाणु; जीवाणु।

रोगिनी–रोगी।

रोगी–अस्वस्थ; त्रस्त; मरीज़।

रोगी-कक्ष–वह कक्ष जिसमें रोगी रहता है।

रोचक–मनोरंजक; रुचिकर; मनोहर।

रोचकता–मनोरंजन; मनोहरता।

रोज़–दिन; दिवस। प्रतिदिन।

रोज़गार–व्यापार; व्यवसाय; कारोबार; तिजारत।

रोज़गारी–व्यापारी; व्यवसायी; कारोबारी।

रोज़नामचा–दिनचर्या लेख या विवरण; दैनिकी; दैनन्दिनी।

रोज़मर्रा–प्रतिदिन; रोजाना।

रोज़ा–मुस्लिम धर्मशास्त्र की विधि से रखा जानेवाला उपवास।

रोज़ाना–प्रतिदिन; हर रोज।

रोज़ी–जीविका।

रोज़ी-रोटी–जीविका का साधन।

रोटी–चपाती; गुँदे हुए आटे की आँच पर सेंकी या पकाई हुई लोई की टिकिया; आहार।

रोड़ी–छोटा कंकड़।

रोदन–रोना; विलाप करना।

रोध–रोक; रुकावट; अवरोध।

रोना–किसी के कष्ट या विपत्ति का करुणापूर्ण वर्णन।

रोना कलपना–रुलाई करना; विलाप करना।

रोना धोना–रोना कलपना।

रोना पीटना–रोना तथा जोर से चिल्लाना।

रोनी सूरत–वह जो आदतन किसी वस्तु के लिए अपना दु:ख दर्शाता है।

रोपक–रोपनेवाला।

रोपण–कहीं से लाकर लगाना या स्थापित करना; बैठाना; जमाना।

रोपना–जमाना; बैठाना; स्थित करना; ठहराना; बीज डालना; बोना; फैलाना; रोकना।

रोपनी–धान आदि के पौधों को क्यारी से उखाड़कर खेत में लगाने का काम।

रोपाई–रोंपनें का कार्य अथवा कार्यवाही।

रोपित–जिसे रोप दिया गया हो; संलग्नित।

रोब–प्रभाव; असर; सादर भय।

रोब-दाब–सादर भय।

रोबदार–अत्यधिक प्रभाववाला।

रोबीला–जिसका रोब हो।

रोम–शरीर पर के मुलायम बाल; रोंआँ; लोम।

रोमहर्षक–भीषण; विकराल; भयानक।

रोमांच–संवेदन; उत्तेजना की अनुभूति; स्फूरण; सनसनी।

रोमांचक–रोमांच उत्पन्न करनेवाला।

रोमांचित–उत्तेजित्त।

रोमानी–प्रणय संबंधी।

रोमाला–रोमावली।

रोमावली–पेट के बीचोबीच नाभि से ऊपर की रोओं की पंक्ति।

रोयाँ–रोआँ।

रोर–कोलाहल; शोरगुल; उपद्रव; उत्पात; हलचल।

रोरी–रोली।

रोल–भूमिका; पार्ट।

रोलना–उँगलियों से मंथन करना; अर्जित करना।

रोलर–सड़क कूटने की मशीन।

रोली–हल्दी तथा जम्बीर के चूर्ण का मिश्रण जो मांगलिक अवसरों पर प्रयुक्त होता है।

रोशन–जलता हुआ; प्रदीप्त; चमकदार।

रोशनदान–दीवार के ऊपरी भाग से प्रकाश आने का छेद; झरोखा।

रोशनाई–स्याही।

रोशनी–उजाला; प्रकाश।

रोष–क्रोध; गुस्सा; रुष्टता।

रोहण–ऊपर की ओर जाना; पहाड़ चढ़ना।

रोहू–एक प्रकार की मछली।

रौंदना–पैरों से कुचल या दबाकर नष्ट भ्रष्ट करना; मर्दित करना।

रौ–वेग; तेजी; आवेगी मिज़ाज।

रौज़ा–वह क़ब्र जिसपर इमारत बनी हो; समाधि।

रौद्र–भयानक; भयंकर; डरावना; दारुण।

रौनक़–चमक दमक; दीप्ति; प्रफुल्लता; शोभा; चहल पहल।

रौरव–भयानक; दारुण; डरावना; विकराल।

रौला–कोलाहल; होहुल्लड़; घबराहट; शोरगुल।

ल

ल–हिन्दी वर्णमाला का अट्ठाईसवाँ व्यंजन वर्ण।

लंक–ढेर; पुंज।

लंका–लंका द्वीप।

लंकिनी–चुड़ैल; जादूगरनी; बुरी आत्मा।

लंकेश–रावण; लंका का राजा।

लंग–लँगड़ापन; लँगड़ाहट।

लंगड़–लँगड़ा। लंगर।

लँगड़ा–जिसका एक पैर बेकाम हो या टूट गया हो। एक प्रकार का बनारसी बढ़िया आम।

लँगड़ाना–भचक कर चलना।।

लँगड़ापन–लँगड़ा होने का भाव।

लँगड़ा-बुखार–लँगड़ा ज्वर।

लँगड़ा-लूला–अपंग (मनुष्य)।

लंगर–लोहे का वह बहुत बड़ा काँटा जिसे नदी या समुद्र में गिरा देने पर नाव या जहाज एक ही स्थान पर ठहरे रहते हैं; एक धागा जिसके एक सिरे पर वजन बँधा रहता है (खिलौना); वह स्थान जहाँ से लोगों को विशेषतः गरीबों का मुफ्त भोजन मिलता है।

लंगूर–एक प्रकार का भारतीय बड़ा बंदर जिसका मुँह काला तथा पूँछ बहुत लंबी रहती है।

लँगोट–कमर पर बाँधने का वह पहनावा जिससे केवल उपस्थ और नितम्ब ढके रहते हैं।

लँगोटा–कमर पर बाँधने का एक प्रकार का भारतीय वस्त्र।

लँगोटिया–कमर पर बाँधनेवाले वस्त्र से संबंधित। बाल अवस्था का मित्र; करीबी दोस्त।

लँगोटी–लँगोट। छोटा लँगोट।

लँगोटेबंद–ब्रह्मचारी।

लंघन–लाँघने की क्रिया या भाव; उपवास; अनहार; फाका।

लंघनीय–लाँधने योग्य; पार करने योग्य।

लंच–दोपहर का भोजन।

लंठ–अशिष्ट; गँवार; फूहड़; मूर्ख; निर्बुद्धी।

लंठई–अशिष्टता; मूर्खता।

लंड–लिंग; शिश्न।

लंतरानी–खाली डींग; शेखीमारी; डीगें मारने वाला।

लंप–तेल से जलनेवाला दीपक या चिराग।

लंपट–व्यसनी; दुराचारी; कामुक; व्यभिचारी; अनैतिक।

लंपटता–दुराचारिता; कामुकता; व्यभिचार।

लंब–किसी रेखा पर सीधी और खड़ी गिरनेवाली रेखा।

लंबतड़ंग–असामान्य रूप से लंबा।

लंबन–लम्बाई; विस्तारित।

लंबरदार–प्रमुख; प्रधान; जमींदारी व्यवस्था के दिनों में का नंबरदार।

लंबा–जो एक दिशा में दूर तक सीधा चला गया हो; बड़ा; असाधारण लम्बाई का; विस्तारित।

लंबाई–लंबा होने का भाव या अवस्था; लंबापन।

लंबान–लंबाई।

लंबायमान–बहुत लंबा; लेटा हुआ।

लंबित–स्थगित किया हुआ; लंबा किया हुआ; कुछ समय तक रोका या टाला हुआ।

लंबू–पतला और हड्डीवाला; मरीयल; दुर्बल।

लंबोतरा–कुछ लंबा; जो अपेक्षाकृत कुछ लंबा हो।

लंबोदर–मोटा प्यारा। श्रीगणेश।

लकड़–लक्कड़।

लकड़-फोड़ा–कठफोड़वा।

लकड़बग्घा–भेड़िए की जाति का एक पशु।

लकड़हारा–जंगल से लकड़ी काटकर बेचने वाला।

लकड़ाना–कठोर होना; ठोस होना; लकड़ी बन जाना।

लकड़ी–काठ; ईंधन; छड़ी या लाठी।

लक़ब–पदवी; मान या प्रतिष्ठा सूचक; जोड़ा हुआ पदार्थ।

लक़लक़–दुबला पतला व्यक्ति। लंबी गर्दन का पक्षी (सारस)।

लक़वा–एक वात रोग जिसमें कोई अंग सुन्न और बेकार हो जाता है।

लकीर–रेखा; वह सीधी आकृति जो एक सीध में दूर तक चली गई हो; प्राचीन परम्परा या मर्यादा।

लकुटी–लाठी; छड़ी।

लक्कड़–लकड़ी का लट्ठा।

लक्का–पंखे जैसी पूँछ का कबूतर।

लक्ष–एक लाख; सौ हजार; लक्ष्य; उद्देश्य; मन्तव्य।

लक्षण–रोग के चिह्न; वह विशेषता जिसके आधार पर कोई चीज पहचानी जाए।

लक्षण-विज्ञान–रोगों के लक्षणों को जानने की विद्या।

लक्षण-विज्ञानी–रोगों के लक्षणों को जानने की विद्या का ज्ञानी।

लक्षणा–अलंकार जिसमें किसी पदार्थ के लिए उनका नाम या गुण ही कहा जाता है; शब्द का अलंकारिक रूप।

लक्षणात्मक–लक्षण संबंधी; अलंकारिक।

लक्षित–निर्दिष्ट; बतलाया हुआ; लक्षणा शक्ति के द्वारा समझ में आनेवाला; देखा हुआ।

लक्षितार्थ–वह अर्थ जो शब्द की लक्षणा शक्ति से निकलता है; लक्ष्यार्थ।

लक्ष्मण–श्रीराम का छोटा भाई।

लक्ष्मण-रेखा–दुर्जय/भयंकर आड़ अथवा सीमा।

लक्ष्मी–धन की देवी।

लक्ष्मीकांत–भगवान श्रीविष्णु।

लक्ष्मीनारायण–भगवान श्रीविष्णु।

लक्ष्मीपति–भगवान श्रीविष्णु।

लक्ष्य–उद्देश्य; मन्तव्य; पहुँच।

लक्ष्यपूर्ति–उद्देश्य/लक्ष्य की सिद्धी।

लक्ष्यबिंदु–निशाने लगाने का गोल बिन्दु।

लक्ष्यवेध–लक्ष्य भेदना।

लक्ष्यसिद्धि–उद्देश्य प्राप्ति।

लक्ष्यार्थ–किसी शब्द या वाक्य का उसके साधारण अर्थ से भिन्न; वह अर्थ जो उसकी लक्षणा शक्ति से निकलता है।

लखना–नजर रखना; निगरानी करना; देखना।

लखपति–लाखों का स्वामी।

लख़लखा–एक प्रकार का सुगंधित मिश्रण जिससे बेहोशी दूर होती है।

लखेरा–लाख से तैयार चूड़ियाँ आदि बनानेवाला।

लखोखा–अनेक लाख; लाखों।

लखौरी–पुरानी चाल की पतली छोटी ईंट।

लगन–कार्य के प्रति ध्यान; तत्परता; निश्चल; निरन्तर उद्योग; अनुराम; आसक्ति; स्वाद; आनन्द।

लगना–मिलना; सटना; जुड़ना; जड़ा या मथा जाना; सम्मिलित होना; मिलना; संबंध या रिश्ते में कुछ होना; कार्य आदि में रत होना; किसी कार्य में अपना मन तथा आत्मा लगाना; आघात या चोट पहुँचाना; जान/दीख पड़ना; महसूस होना; पैदा होना (फल, फूल इत्यादि); कोई प्रस्ताव ग्रहण करना।

लगभग–प्राय:; करीब़ी; निकट।

लगवाना–लगाना। लगाने का कार्य करवाना।

लगाई-बुझाई–लड़ाई के लिए उकसाना।

लगातार–निरन्तर; नित्य; सतत्; बिना अवरोध; बराबर।

लगान–खेती बारी की भूमि पर लगने वाला कर।

लगाना–सटाना; किसी वस्तु के तल से दूसरी वस्तु का तल मिलना; जुड़ना; सम्मिलित करना; वृक्ष आदि रोपना; जमाना; चुनना; आघात करना; चोट पहुँचाना; काम में लाना।

लगाम–रास; घोड़े के मुँह में लगाया जानेवाला वह ढाँचा जिसके दोनों ओर रस्से या चमड़े के तस्में बँधे रहते हैं।

लगा-लगी–अनुराग; आसक्ति; गहरा लगाव; प्रतिस्पर्धा; प्रतियोगिता।

लगाव–अनुराग; आसक्ति; घनिष्टता; संयोजन; संलग्नता।

लगावट–लगाव।

लगी–कलह; झगड़ा; अनुराग; आसक्त।

लगी–बदी–लड़ाई के नियम।

लग्गत–लागत; वह धनराशि जो व्यापार; सम्पत्ति आदि में पूँजी के रूप में लगी हो।

लग्गा–शहतीर; डंडा; एक डंडे का टुकड़ा जो कई कार्य हल करता है जैसे नाव चलाना, पेड़ से फल तोड़ना इत्यादि कार्य का आरम्भ।

लग्गी–मछली पकड़ने की छड़ी।

लग्गू–अनुयायी की तरह पीछा/अनुसरण करने वाला।

लग्न–सटा/लगा हुआ। शुभ कार्य का मुहुर्त।

लघिमा–छोटापन; अपूर्णता; लघुता; संक्षिप्तता।

लघु–छोटा; हल्का; कनिष्ठ; निस्तार।

लघुतम– सबसे छोटा।

लघुता–छोटापन; अपकृष्टता।

लघुत्व–लघुता।

लघुरूप–छोटा रूप; छोटे आकार का।

लघुशंका–पेशाब करने की क्रिया या उसका वेग।

लचक–लचकने की क्रिया या भाव; लचन; झुकाव; लचकने का गुण (मनुष्य, कानून इत्यादि का)।

लचकदार–मुलायम; झुकने को तैयार।

लचकना–पीछे को हटाना; भार पड़ने पर बीच से दबना या झुकना; लचना।

लचना–झुकना; किसी के आकार में झुकाव आना।

लचर–कमजोर; दुर्बल; ढीला।

लचीला–मुलायम; नमनीयता।

लच्छा–फंदा; अण्टा; धागे के आकार का एक खाद्य पदार्थ।

लच्छेदार–आकर्षक/मनोहर (बातचीत)।

लजाना–लज्जित या शर्मिन्दा होना या करना।

लजालू–विनीत; लज्जालु।

लज़ीज़–सुस्वादु; स्वादिष्ट।

लजीला–लज्जाशील।

लजीलापन–लज्जापन।

लज्जा–विनीत; मर्यादा; नम्रता; संकोच; शर्म; प्रतिष्ठा।

लज्जाजनक–लज्जा से भरपूर।

लज्जालु–विनीत; शर्मीला; संकोची।

लज्जावंती–लाजवंती।

लज्जावान–संकोची; मर्यादित।

लज्जाशील–जिसे स्वभावत: जल्दी लज्जा आती हो।

लज्जाहीन–निर्लज्ज; बेशर्म; धृष्ट।

लज्जित–जिसे लज्जा हुई हो; शरमाया हुआ।

लट–उलझे हुए बाल।

लटक–अंगों की कोमल; लचीली और मनोहर चेष्टा; अंग भंगी; लटकने की क्रिया या भाव।

लटकन–लटकता हुआ; झुलनेवाली वस्तु; गले में पहनने का एक गहना; एक प्रकार का फूल या उसका बीज जिनसे सुगंधित वसंती या गेरुआ रंग निकलता है।

लटकना–टाँगना; लहराना; झुकाना; ऐंठना; मोड़ना; रहस्य में रहना।

लटका–युक्ति; उपाय; सार्थक नुस्खा; संकेत; कत्रिमता; चोंचलेबाजी।

लटकाना–टाँगना; इंतजार करवाना; टालना; असमंजस में रखना; भूलना।

लटकौआ–जिसे लटकाया जा सकता है।

लटना–दुबला और अशक्त होना।

लटपटा–लड़खड़ाता हुआ; ढीला ढाला (वस्त्र); अस्त व्यस्त; असक्त; जो बहुत दुबला पतला हो; अस्पष्ट और क्रमविरुद्ध (कथन)।

लटपटाना–विचलित होना; लड़खड़ाना; चलते हुए डगमगाना।

लट्टू–एक प्रकार का गोल खिलौना जो जमीन पर फेंककर नचाया जाता है; शीशे का वह गोला जिसमें बिजली का प्रकाश होता है।

लट्ठ–बड़ी लाठी; सोंटा; बड़ा डंडा।

लट्ठबाज़–लाठी। लाठी चलाने या उससे लड़नेवाला; लठैत।

लट्ठबाज़ी–लाठी।

लट्ठमलट्ठा–लाठियों के साथ लड़ाई।

लट्ठमार–अशिष्ट; असभ्य।

लट्ठा–5 क्युबिट की माप की छड़ी; एक प्रकार का कपड़ा (मारकीन); लकड़ी का कुन्दा; लट्ठों का बेड़ा।

लठैत–लाठी। लाठी लेकर चलनेवाला।

लड़–माला; श्रेणी; रस्सी; डोरी।

लड़कपन–बाल्यवास्था; नासमझी।

लड़क बुद्धि–बालाकों के समान बुद्धि।

लड़का–बालक; पुत्र; बेटा।

लड़का-बाला–संतान; औलाद।

लड़की–कन्या; बालिका।

लड़कीवाला–वधू पक्ष का सदस्य; जिसके पास कन्या हो।

लड़केवाला–वर पक्ष का सदस्य; जिसके पास पुत्र हो।

लड़खड़ाना–अच्छी तरह चल या खड़े न रह सकने के कारण इधर उधर झुकना या गिरना; डगमगाना; एकाएक गिरना।

लड़खड़ाहट–एकाएक गिरने की अवस्था।

लड़ना–झगड़ा करना; भिड़ना। लड़ने की क्रिया या भाव।

लड़ना-झगड़ना–विवाद करना।

लड़ना-भिड़ना–कलह करना।

लड़ाई–झगड़ा; शत्रु से लड़ना; युद्ध; संघर्ष; जंग; टकराव; विवाद; कलह।

लड़ाई-झगड़ा–विवाद; कलह।

लड़ाईबंदी–दोनों पक्षों के आपसी समझौते से चली हुए लड़ाई या युद्ध बंद होना; युद्धविराम।

लड़ाका–लड़ाकू; लड़नेवाला।

लड़ाकू–विवादी; युद्धप्रिय व्यक्ति। लड़ने का तत्पर; युद्धप्रिय; लड़नेवाला।

लड़ाना–लड़ने को प्रेरित करना।

लड़ी–माला; जंजीर; श्रेणी।

लड़ैत–लड़नेवाला; यौद्धा।

लड़ैता–लाड़ला।

लड्डू–एक प्रसिद्ध गोल आकार की मिठाई; शून्य।

लत–प्रकृति; बुरी आदत; कामाचार।

लतख़ोर–प्रायः लात खाने या दुर्दशा भोगनेवाला; कमीना; नीच।

लतख़ोरा–पैर पोंछने का बिछावन; पायँदाज। लतख़ोर।

लतर–लता।

लता–बेल; जमीन पर फैलने या किसी आधार पर चढ़नेवाला कोमल पतला पौधा।

लताड़–भद्दी गाली गलौच; झिड़कन; भर्त्सना; निन्दा; अपमान; तिरस्कार।

लताड़ना–दर्द से आराम के लिए पैरों से रौंदना अथवा अंग दबाना; अपमान/तिरस्कार/झिड़कन करना।

लतियल–लात मारने की आदत में; लात मारने के योग्य।

लतियाना–पैरों से आघात करना; लातें मारना; पैरों से दबाना।

लतीफ़ा–चुटकुला; ठिठोली; विनोद वाक्य।

लत्ता–फटा पुराना कपड़ा या उसका चीथड़ा।

लत्ती–लात। लती व्यक्ति; व्यसनी व्यक्ति।

लथपथ–भीगा हुआ; तर; सना हुआ।

लथाड़–झिड़कन; लताड़।

लथाड़ना–लताड़ना।

लथेड़ना–धूल मिट्टी लगाकर मैला या गंदा करना; जमीन पर पटककर घसीटना; तंग करना।

लदन–लदाव; बोझ; भारण।

लदना–बोझ से लदा हुआ; सख़्त सज़ा मिलना; लदा हुआ (फलों से)।

लदवाना–लादने का कार्य किसी से करवाना।

लदाई–लादने की क्रिया; लादने के कार्य के बदले मिलनेवाला पारिश्रमिक/मज़दूरी।

लदाऊ–(जानवर) बोझ उठाने के लिए; (जानवर) वजन के लिए।

लदान–लादने की क्रिया; लदाव; बोझ।

लदा-फँदा–अतिभारित; अधिक भार डाला हुआ।

लदाव–बोझ; नौभार माल।

लद्दू–वह जानवर जिस पर बोझ लादा जाए।

लद्धड़–धीमा; सुस्त; आलसी।

लद्धड़पन–धीमापन; आलस्य।

लनतरानी–लंतरानी।

लप–लचक; लोच।

लपक–लचीला होने का भाव या गुण।

लपकना–तेजी से आगे बढ़ना।

लपका–ठग; छोटा चोर।

लपझप–अस्थिर; अदृढ़; अनोखा तथा अद्भुत।

लपट–अग्नि की ज्वाला; ज्वाला; धधक।

लपटीला–लिपट जानेवाला।

लपना–झुकना; दबना।

लपलपाना–बार बार झुकना।।

लपलपाहट–लपलपाना। लपलपाने की क्रिया या भाव।

लपसी–हलुआ एक प्रकार का पतला हलुआ; चिपचिपे गाढ़े पिंडों का समूह।

लपेट–तह; लपेटने की क्रिया या भाव; ऐंठन; उलझाव; अस्पष्टता।

लपेटन–जिससे तह किया जाय; जिससे लपेटा जाय; आवरण; लपेटने का आवरण।

लपेटना–घुमाते हुए चारों ओर लगाना; उलझाना।

लपेटवाँ–जिसे लपेटा/ऐंठा/मोड़ा जा सके।

लपेटा–तह; ऐंठ।

लप्पड़–पूरी हथेली का थप्पड़।

लफ़ंगा–आवारा; बदमाश; धूर्त; घुमक्कड़।

लफ़्ज़–शब्द।

लफ़्ज़ी–शब्द से संबंधित; शाब्दिक।

लफ़्फ़ाज़–शब्दाडम्बरी; निरर्थक शब्दों का प्रयोग करने का अभ्यस्त।

लफ़्फ़ाज़ी–लफ़्फ़ाज़। शब्दाडंबर करने वाला।

लब–ओष्ठ; होंठ।

लबनी–मिट्टी का पात्र जिसमें ताड़ के वृक्ष से ताड़ी इकट्ठी की जाती है।

लबाड़–लबाड़िया।

लबाड़िया–बेवजह बोलनेवाला।

लबादा–ऊपर पहनने का आवरण; ढीला चोंगा; गाउन; लबादा।

लबाब–निष्कर्ष; सारांश।

लबालब–ऊपर या किनारे तक भरा हुआ; छलकता हुआ।

लबेद–वह जो धार्मिक पुस्तकों द्वारा अनुमोदित न हो; निरर्थक बात चीत।

लब्ध–मिला हुआ; प्राप्त।

लब्धप्रतिष्ठ–प्रतिष्ठित; जिसने किसी कार्य में अच्छी प्रतिष्ठा प्राप्त की हो।

लब्धि–प्राप्ति; लाभ; भाग करने पर निकलने वाला फल (गणित)।

लभ्य–जो मिल सके; उचित; मुनासिब।

लमतड़ंग–बहुत लंबा और ऊँचा।

लमहा–क्षण; पल।

लय–गीत गाने का विशेष और सुन्दर ढंग; धुन। मग्न; विलय; संयोजन; मिलना।

लयन–संयोजन होने की क्रिया या भाव।

ललक–उत्कट इच्छा; आकांक्षा; तीव्र इच्छा।

ललकना–बहुत अधिक लालसा करना; ललचाना; उमंग या जोश में आना।

ललकार–चुनौती; ललकारने की क्रिया या भाव।

ललकारना–चुनौती देना; आक्रमण करने के लिए चिल्लाकर बुलाना या कहना।

ललचना–लोभित/ मोहित करना।

ललचाना–लालच देना; प्रलोभन देना; लुभाना।

ललचौहाँ–कुछ लाल।

ललन–प्यारा बच्चा।

ललना–सुन्दर स्त्री।

ललमुँहाँ–लाल मुँहवाला। बन्दर; वानर।

लला–प्यारा और दुलारा लड़का।

ललाई–लालपन; चेहरे की लाली (रंगत)।

ललाट–मस्तक; माथा।

ललाम–रमणीय; श्रेष्ठ; उत्तम।

ललित–सुन्दर; मनोहर; प्रिय; प्यारा; अंगभंगी।

ललिता–भारतीय संगीत का मुधर सुर।

लली–प्यारी लड़की।

ललौहाँ–लालपन।

लल्ला–बालक को संबोधित करने के लिए स्नेहमयी शब्द।

लल्लो–जीभ; जबान।

लल्लो-चप्पो–चिकनी चुपड़ी खुशामद की बातें।

लवंग–लौंग।

लवंग-लता–लवंग की बेल; एक प्रकार की भारतीय मिठाई।

लव–बहुत छोटा; नन्हा; अल्प।

लवण–नमक।

लवणता–खारापन; नमकीन।

लवणित–नमकीन।

लवना–फसल पैदा करना।

लवलासी–संबंध स्थापित करने की चाह; प्रेम की लगावट।

लवलीन–डुबा हुआ; तन्मय; तल्लीन; मग्न।

लवलेश–लेशमात्र; बिन्दुमान।

लवा–तीतर की जाति का एक पक्षी; भुना हुआ चावल।

लवाज़्मा–आवश्यक सामग्री; बड़े आदमियों के साथ रहनेवाले लोग और साज सामान।

लवारा–गौ का बच्चा।

लवेरी–दुधारू गाय।

लशकर–फौज; सेना की छावनी; नौकर चाकर, मजदूरों आदि का वर्ग या समूह।

लशकरी–लशकर संबंधी; लशकर का। फौजी।

लस–वह गुण या तत्त्व जिससे कोई चीज किसी से चिपकती है।

लसदार–चिपचिपा; स्निग्ध; गीला तथा लेसदार।

लसना–चिपकाना; सटाना जैसे लिफाफे पर टिकट।

लसलसा–चिपकनेवाला; चिपचिपा।

लसलसाना–चिपचिपा होना; लस से युक्त होना।

लसलसाहट–चिपचिपाहट; लस युक्त।

लसी–प्रलोभन; आकर्षण।

लसीला–चिपचिपा; स्निग्ध; गीला तथा लेसदार।

लसीलापन–चिपचिपापन; स्निग्धता; गीलापन।

लसोड़ा–छोटा पेड़ जिसमें बेर के समान गोल फल औषधों में प्रयुक्त होते हैं।

लस्टम-पस्टम–किसी तरह से; जैसे तैसे; शुद्धि का अभाव।

लस्त–थका हुआ; शिथिल; कमजोर।

लस्त-पस्त–बिल्कुल शिथिल; परिश्रान्त।

लस्सी–छाछ; मठा; लसी।

लहँगा–भारत की स्त्रियों का एक घेरदार लम्बा पहनावा।

लहँड़ा–जनसमूह; मनुष्य अथवा जानवरों का समूह।

लहँदी–पश्चिमी पंजाब में बोलचाल की भाषा।

लहक–चमक; शोभा।

लहकना–चमकना; सुलगना।

लहकारना–उत्तेजित करना; कुत्ते को किसी पर आक्रमण करने के लिए उत्तेजित करना।

लहजा–बातचीत का व्यवहार; स्वर विन्यास; बोलने का ढंग।

लहनदार–जो किसी से अपना प्राप्य धन या दिया हुआ ऋण लेने का अधिकारी हो।

लहना–उधार दिया हुआ या बाकी रुपया जो मिलने को हो।

लहमा–लमहा; क्षण।

लहर–उमंग; मौज; तरंग।

लहरदार–तरंगमय; लहराता हुआ।

लहर-बहर–मौज मस्ती; खुशी; आनन्द; समृद्धता; खुशहाली।

लहरा–लहर; तरंग; मौज; आनन्द।

लहराना–तरंगमय होना।

लहरिएदार–तरंगमय; लहराता हुआ।

लहरिया–लहर की तरह टेढ़ी लकीरों की श्रेणी।

लहरी–मनमौजी; तरंगी; धुनी। तरंगित।

लहलहाना–हरी पत्तियों से युक्त या हरा भरा होना; प्रफुल्लित या प्रसन्न होना।

लहसुन–एक पौधा जिसकी जड़ मसाले के काम में आती है।

लहसुनिया–एक प्रकार का बहुमूल्य रत्न।

लहालोट–हँसी में लोटता हुआ; बहुत मोहित।

लहू–रक्त; खून।

लहू-लुहान–लहू में नहाया हुआ।

लाँग–धोती का वह भाग जो पीछे खोंसा जाता है; काछ।

लाँघना–ऊपर से कूदना; छँलाग लगाना; इस पार से उस पार जाना।

लांछन–दाग; धब्बा; चिह्न; निशान; दोष; ऐब।

लाइट–रोशनी; प्रकाश।

लाइन–पंक्ति; कतार; रेखा; लकीर; छावनी आदि में घरों की वह पंक्ति जिसमें सिपाही रहते हैं; रेल की सड़क; व्यवसाय।

लाइनदार–जो कतार में हो।

लाइब्रेरियन–पुस्तकालय का अध्यक्ष।

लाइब्रेरी–पुस्तकालय; ग्रंथागार; वाचनालय।

लाइलाज–असाध्य; जिस रोग की दवा न हो सके।

लाइसेंस–भुना हुआ चावल।

लाउडस्पीकर–ध्वनिविस्तारक यंत्र; जिस यंत्र के द्वारा ध्वनि तेज हो जाती है।

लाकेट–ताबीज।

लाक्षणिक–लक्षण संबंधी; जिससे लक्षण प्रकट हो; लक्षण के रूप में होनेवाला (काम)।

लाक्षा–लाख; लाह।

लाक्षागृह–लाख का घर जिसे दुर्योधन ने पांडवों को जला डालने के लिए बनवाया था।

लाख–सौ हजार; बहुत अधिक। लाह।

लाखा–लाख से बनाया हुआ एक प्रकार का रंग।

लाखी–लाख के रंग का; लाख का बना हुआ।

लाग–सम्पर्क; संबंध; सूक्ष्म उपकरण।

लाग-डाट–शत्रुता; वैर; दुश्मनी; प्रतियोगिता।

लागत–लगत; किसी चीज की तैयारी या बनाने में होने या लगनेवाला व्यय।

लाग-लपेट–छुपा अर्थ; उलझन।

लागू–जो कहीं लगाया जा सकता हो या लगाया जाने को हो; बारम्बार चक्कर लगाने में अभ्यस्त।

लाघव–लघुता; छोटापन; कमी; न्यूनता।

लाचार–विवश; बेचारा; मज़बूर; असमर्थ।

लाचारी–विवशता; मज़बूरी; असमर्थता।

लाज–लज्जा; शर्म; मान सम्मान; प्रतिष्ठा।

लाजवंत–संकोची; शर्मीला; लज्जालु।

लाजवंती–शर्मीली; संकोची स्त्री।

लाजवाब–बेजोड़; अनुपम; असमान; अनुपम; अद्‌वितीय; अनोखा; अवाक्; अनुत्तर।

लाज़िम–अनिवार्य; बाध्यकारी; आवश्यक।

लाट–ऊँची इमारत; शिखर।

लाटरी–वह योजना जिसमें लागों को उनके भाग्य के अनुसार धन बाँटा या कोई बहुमूल्य चीज दी जाती है।

लाठी–बड़ा डंडा अथवा छड़ी।

लाठी-चार्ज–भीड़ आदि हटाने के लिए पुलिस आदि का लोगों पर लाठियाँ चलाना।

लाड़–(अत्यधिक) दुलार; प्रेमपूर्ण व्यवहार।

लाड़ला–प्यारा; दुलारा।

लात–पैर; पाँव।

लातीनी–प्राचीन रोम की भाषा।

लाद–पेट; उदर; आँत।

लादना–किसी पर बहुत सी चीजें रखना; दबाव में कार्य करना; बल।

लाद-फाँद–बाँधना तथा लादना।

लादी–पशु का वजन; बोझ; वजन।

लान–घास का मैदान।

लानत–तिरस्कार; धिक्कार; गाली।

लानत-मलाम्त–धिक्कारना; झिड़की।

लाना–कहीं से कुछ लेकर आना।

लापता–लुप्त; गायब; जिसका पता न लगे।

लापरवाह–असावधान; बेफिक्र; बेखबर।

लापरवाही–असावधानी; बेफिक्री; बेखबरी।

लाभ–प्राप्ति; अर्जन; मुनाफा; नफा; फायदा।

लाभकर–लाभ दायक; लाभकारी।

लाभकारक–लाभकर।

लाभदायक–लाभकारी; फल देने वाला; उपयोगी; कल्याणकारक।

लाभप्रद–लाभदायक।

लाभांश–किसी व्यापार से होनेवाला आर्थिक लाभ का वह अंश जो सब हिस्सेदारों को उनके हिस्से के अनुसार मिलता है।

लाभालाभ–लाभ और हानि।

लाम–सेना; फौज; मोर्चा।

लामबंदी–युद्‌ध कार्य में प्रवृत्तिकरण।

लामा–तिब्बत के बौद्‌धों का धर्माचार्य।

लायक़–समर्थ्यवान; समर्थ; उपयुक्त; मुनासिब; उचित; सुयोग्य; ठीक; वाजिब; गुणवान।

लायक़ियत–काब़लियत; सामर्थ्य।

लायक़ी–काब़लियत।

लार–मुँह से निकलनेवाली पतली रसदार लसदार थूक; लासा।

लार-गद्‌दी–ग्रास; कौर।

लारी–मोटर ट्रक।

लाल–रक्त वर्ण का।

लालच–लोभ; प्रलोभन।

लालची–लोभी; प्रलोभी।

लालटेन–प्रकाश का वह आधार जिसमें तेल और बत्ती होती है और जिसके चारों ओर गोल शीशा लगा होता है।

लालन–दुलार या लाड़ करना।
लाल पगड़ी–नगर रक्षक।
लाल परी–मद्य; शराब।
लाल फीता–सरकारी दफ़्तरों के कानूनों; कायदों का कड़ा पाबन्द; फेरवट की बातचीत।
लाल बुझक्कड़–गाँव को भोला भाला (व्यक्ति)।
लाल मिर्च–सूखी लाल मिर्च।
लालसा–उत्कंठा; आकंक्षा; तीव्र अभिलाषा।
लाल सागर–सागर का नाम।
लाल सुर्ख़–बहुत लाल।
लालायित–उत्सुक; इच्छुक; उद्विग्न।
लालित्य–आकर्षण; सुन्दरता; प्रफुल्लता; कृपा।
लालिमा–'लाल' होने का भाव; लाली।
लाली–लाल होने का भाव; लालपन; चमक; प्रतिष्ठा; इज्जत।
लाले–अभाव; न्यूनता; कमी; अपर्याप्तता।
लावण्य–आकर्षण; सुन्दरता; पवित्रता।
लावनी–एक प्रकार का लोकगीत जो प्राय: चंग पर गाया जाता है।
लाव लश्कर–सेना; और उसके साथ रहनेवाले लोग तथा सामग्री।
लावा–भुने हुए धान; खील; लाई; ज्वालामुखी फटने पर निकलनेवाला पदार्थ।
लावारिस–(व्यक्ति) जिसका कोई वारिस या उत्तराधिकारी न हो; (वस्तु) जिसका कोई मालिक न हो।
लावारिसी–लावारिस होने की अवस्था या भाव।
लाश–मृत शरीर; शव; लोथ।
लासा–कोई लसदार चीज; वह लसदार पदार्थ जो बहेलिए चिड़ियाँ फँसाने के लिए उनके पैरों में लगाने के उद्देश्य से बनाते हैं; ललचाने का पदार्थ; प्रलोभन देना।
लासानी–बेजोड़; अनुपम; अद्वितीय; अनोखा।
लास्य– शृंगार आदि कोमल रसों का उद्दीपन करनेवाला कोमल और स्त्रियों का सा नृत्य।
लाही–बीज का कीड़ा; भुना चावल।
लिंग–प्राणियों के शरीर में होनेवाले स्त्री या पुरुष के चिह्नों के आधार पर किया जानेवाला स्त्री जाति और पुरुष जाति का विभाग; पुरुष का जननेन्द्रीय।
लिंग-पूजा–लिंग की अराधना।
लिंग-शरीर–स्वर्गिक शरीर।
लिंगायत–भगवान शिव के भक्त; हाथ में सोना/चाँदी का शिवलिंग धारण करनेवाले का सहायक/अनुचर।
लिंगेंद्रिय–पुरुष की मूत्रेन्द्रिय।
लिंगोपासना–लिंग की उपासना/आरधना।
लिंटर–खिड़की या दरवाजे का ऊपरी पत्थर।
लिए; के–परसर्ग/विभक्ति सम्प्रदान कारक का चिह्न जो किसी क्रिया का होना सूचित करता है; जैसे उसके लिए पानी लाओ।
लिक्खाड़–बहुत बड़ा लेखक (व्यंग्य)।
लिखत–लेख; रचना; पुस्तक; दस्तावेज़।

लिखत पढ़त–(लिखित) दस्तावेज़; प्रलेख।
लिखना–रचना करना; लिपिबद्ध करना।
लिखना पढ़ना–लिखना तथा पढ़ना।
लिखवाई–लिखने का कार्य करवाना अथवा लिखने का पारिश्रमिक।
लिखवाना–लिखने का काम दूसरे से कराना।
लिखा–जो लिखित रूप में हो; रचित।
लिखाई–लिखने का कार्य; भाव; ढंग तथा पारिश्रमिक।
लिखाई पढ़ाई–तालीम; शिक्षा; अध्ययन।
लिखा पढ़ा–शैक्षिक; पंडित; पढ़ा लिखा।
लिखा पढ़ी–लिखने और पढ़ने का काम; पत्रों का आना और उनके उत्तर जाना।
लिखावट–लिखने की क्रिया; भाव या ढंग; लेख शैली।
लिखित–लिखा हुआ; अंकित; जो लेख या लेख्य के रूप में हो।
लिटर–तरल पदार्थों को नापने की इकाई।
लिटाना–लेटना।
लिट्टी–आग पर सेंककर पकाई हुई गोल और मोटी रोटी।
लिथड़ना–लिपा या पुता होना।
लिपटना–सटना; संलग्न होना; तल्लीन होना; आलिंगन होना।
लिपटाना–लिपटना। लिपटने का कार्य करवाना।
लिपना–पुताई होना; लीपा जाना।
लिपवाना–लीपना। लीपने का कार्य करवाना।
लिपाई–लीपने का कार्य और लीपने के कार्य के बदले मिलनेवाला पारिश्रमिक।
लिपाई पुताई–लिपाई तथा सफेदी होना।
लिपा पुता–जिसकी लिपाई तथा सफेदी हो चुकी हो।
लिपि–हाथ की लिखावट; वर्णमाला के अक्षर लिखने की कोई विशिष्ट प्रणाली।
लिपिक–लेखाकार; लेखक।
लिपिकार–लेखक; प्रतिलिपि या लेख की नकल करनेवाला लेखक; लिपिक करनेवाला।
लिपिबद्ध–लिपि के रूप में लाया गया; लिखा हुआ; लिखित।
लिपि-विज्ञान–लिपि संबंधित विज्ञान।
लिपिशास्त्र–लिपि संबंधित शास्त्र।
लिप्त–करीबी संयुक्त; उलझा हुआ; सम्मिलित; तल्लीन; लीन; संगठित।
लिप्तता–उलझाव; झँझट में फँसना।
लिप्यंतरण–लिप्त होने का भाव।
लिप्सा–लोभ; लालसा; उत्कंठा; पाने की इच्छा।
लिप्सु–लालची; लोभी।
लिफ़ाफ़ा–पत्रावरण; बाहरी आवरण।
लिफ़ाफ़िया–अस्थायी; न टिकने योग्य।
लिफ़्ट–ऊपर उठाने या नीचे करने का झूला।
लिबड़ना–कीचड़ आदि में लथपथ होना या करना।
लिबलिबा–स्पर्श में काफ़ी मुलायम।
लिबलिबी–बन्दूक का घोड़ा।
लिबास–पोषाक; परिधान; वर्दी।
लियाक़त–योग्यता; सामर्थ्य।
लिया-बेची–खरीदना या बेचना।
लिवाना–बुलवाना।

लिसलिसा—चिपचिपा।

लिसलिसापन—चिपचिपापन।

लिसोड़ा—मझोले आकार का एक वृक्ष।

लिस्ट—सूचि; तालिका।

लिहाज़—ध्यान; विचारवान; आदर; मान सम्मान; बर्ताव में आदरपूर्ण ध्यान; नम्रता।

लिहाज़ा—इसलिए; अत:; फलत:; और फिर।

लिहाड़ा—खराब तथा तैयार (व्यक्ति); तुच्छ; नीच प्रकृति का और बेहूदा या वाहियात बातें बकनेवाला।

लिहाड़ी—उपहास करना; मज़ाक का विषय; उपहास का पात्र।

लिहाफ़—ओढ़ने का एक प्रकार का रुईदार कपड़ा; रजाई।

लीक—लकीर; रेखा; चक्र मार्ग (पहिए का)।

लीख—एक प्रकार की छोटी सफेद जूँ।

लीग—गठबंधन (संस्थान); दूरी का नाप लगभग 5 किलोमीटर के सदृश।

लीचड़—सुस्त; आलसी; निकम्मा; घटिया (रुपयों के मामले में); नीच; कृपण; लोभी।

लीचड़पन—लीचड़। लीचड़ होने की अवस्था या भाव।

लीची—सदाबहार वृक्ष तथा उसका खाने में मीठा फल।

लीडर—नेता।

लीडरी—नेतागिरी।

लीन—समाया हुआ; तल्लीन; तन्मय; मग्न; डुबा हुआ।

लीपना—पोतना; पलस्तर करना इत्यादि।

लीपना-पोतना—प्लास्तर/लीपना करना तथा सफेदी करना।

लीपा-पोती—दीवार आदि लीपने और पोतने का कार्य; दोष अथवा भूल आदि छिपाने के लिए ऊपर से की जानेवाली या दिखौआ कार्रवाई; सफेदी।

लीलना—निगलना।

लीला—अवतारों या देवताओं के चरित्र का अभिनय; केवल मनोरंजन के लिए किया जानेवाला काम या व्यापार; प्रेम विनोद; प्रेम का खिलवाड़।

लीलापुरुष—भगवान श्रीकृष्ण जो प्रेम विनोद इत्यादि में मग्न रहते थे।

लीलाप्रिय—भगवान श्रीकृष्ण जिन्हें विनादी प्रदर्शन बहुत प्रिय था।

लीवर—उत्तोलक दंड (किसी यंत्र का)।

लुंगी—कमर पर लपेटने का एक प्रकार का बड़ा अँगोछा; तहमद।

लुंचन—चुटकी से बाल उखाड़ना; नोचना (बाल इत्यादि); उत्पाटन।

लुंज—लँगड़। लूला; बिना हाथ पैर का।

लुंजपुंज—शारीरिक दृष्टि से पूर्णत: असमर्थ।

लुंठन—लुढ़कना; गिरना।

लुंठित—जो जमीन पर गिरा या लुढ़का हुआ हो।

लुंड—मनुष्य या पशु का धड़; बिना हाथ, पैर तथा सिर का मृत शरीर।

लुंड-मुंड—जिसके सिर, हाथ, पैर आदि अंग कट गए हो; लुढ़कता हुआ।

लुंडा—जिसकी दुम न हो (मेमना, पक्षी आदि)।

लुंडी—धागे का गोला।

लुआठा—एक तरफ से जलता हुआ लम्बी लकड़ी का टुकड़ा; अंगार।

लुआब—चिपचिपा गूदा।

लुआबदार—लसलसा; चिपचिपा।

लुक—चमकीला रोगन; आग की लपट; लौ; ज्वाला।

लुकना—अपने का दिखने से बचाना; छुपना; भूमिगत होना।

लुकना-छिपना—गायब होना; छिपना।

लुक़मा—निवाला; कौर; खंड।

लुक़मान—पौराणिक कथाओं के अनुसार अरेबियन चिकित्सक।

लुका-छिपी—एक बच्चों का खेल जिसमें सब बच्चें छिप जाते हैं तथा एक बच्चा उन सभी बच्चों को ढूंढ़ने का प्रयत्न करता है।

लुकाट—एक प्रकार का वृक्ष या उसका फल।

लुकाना—छिपाना; गुप्त रखना; रहस्य बनाए रखना।

लुकाना-छिपाना—देखने समझने से दूर रखना / छिपाना।

लुकाव-छिपाव—छिपाने का कार्य।

लुगदी—गूदा; मज्जा।

लुगाई—स्त्री; पत्नी; रखी हुई स्त्री; रखैल।

लुगाईबाज़—स्त्रियों का पीछा करनेवाला।

लुच्चा—पापी; दुष्ट (मनुष्य); दुरात्मा; नीच; अधम; धूत; दुर्जन।

लुच्चापन—दुष्टता; नीचता; धूर्तता।

लुच्ची—मैदे की बनी एक प्रकार की बहुत पतली और बड़ी पूड़ी।

लुटना—लूटा जाना; लूटखसोट होना।

लुटाना—उड़ा देना; अपव्यय करना; अपरिमित व्यय करना; अंधाधुंध तरीके से व्यय करना।

लुटिया—लोटा। लोटे का संकुचित रूप।

लुटेरा—डाकू; चोर; लूटनेवाला।

लुटेरापन—डकैती; चोरी।

लुढ़कना—चक्कर खाते हुए नीच की ओर गिरना; मरना; औंधा होना; नीचे ढह जाना।

लुढ़काना—लुढ़कने का कार्य करवाना।

लुतरा—भेद बतानेवाला; चुगलख़ोर।

लुतरापन—चुगलख़ोरी की आदत।

लुत्फ़—आनन्द; सुख; भोग विलास; आमोद प्रमोद।

लुनना—खेत की पकी फसल काटना।

लुप्त—ओझल; अदृश्य; अन्तर्ध्यान; विलुप्त; अस्पष्ट; उपेक्षण।

लुप्ताकार—'अ' ऽ रामोऽवाच। वर्णमाला का वह चिह्न जो आधे 'अ' का सूचक होता है और विशिष्ट नियमों के अनुसार पदों के बीच में लिखा जाता है (ऽ)।

लुब्बे-लुबाब—सार; तत्त्व; सारांक्ष; निष्कर्ष; तात्पर्य।

लुभाना—मोहित करना; रीझाना; लुब्ध करना; आकर्षित करना।

लुभावना—सुन्दर; दर्शनीय; आर्कषक।

लुहार—अयस्कार; लोहार।

लुहारी—लोहार की कला अथवा कार्य।

लू—गरम और तेज हवा।

लूका—आग की लपट; लौं; आँच; जलती हुई लकड़ी; उल्का।

लूट—डाका; छीनना; डकैती।

लूट-खसोट–लोगों को लूटने तथा उनका माल छीनने का कार्य।

लूटना–किसी से जबरदस्ती या उसे डरा धमकाकर उसका धन ले लेना; ठगना; छीनना; अनुचित रूप से किसी का सामान लेना।

लूट-पाट–लोगों को लूटने की क्रिया या भाव।

लूट-मार–लोगों के साथ मार पीट कर उनका धन छीनने की क्रिया या भाव।

लूता–मकड़ी।

लूम–करघा।

लूला–जिसका हाथ कटा हुआ हो; ठुंडा।

लूलू–मूर्ख; बेवकूफ।

लेंस–चश्मे या दूरबीन का शीशा।

लेंहड़ा–पशुओं का झुण्ड।

लेई–गाढ़ा उबाला हुआ मैदा जो कागज़ आदि चिपकाने के काम में आता है।

लेई-पूँजी–सारी सम्पत्ति; सर्वस्व।

लेकिन–परन्तु; तथापि; फिर भी।

लेक्चर–किसी विषय पर व्याख्यान उपदेश।

लेक्चरबाज़ी–उपदेश देने की आदत।

लेख–लिखावट; लिखाई; लिपि; किसी विषय पर लिखकर प्रकट किया हुआ विचार।

लेखक–लिपिकार; ग्रंथकार; लिपिक; ग्रंथ लिखनेवाला।

लेखन–लिखने का कार्य; लेखक का व्यवसाय।

लेखन सामग्री–लिखने की सामग्री जैसे कागज, कलम, स्याही आदि।

लेखनी–विशेष रूप से स्याही के साथ लिखने का यंत्र; कलम।

लेखपाल–लिखित वर्णन रखनेवाला; पटवारी।

लेखबद्ध–लिखाई के रूप में।

लेखमाला–लेखों की शृंखला।

लेखा–हिसाब किताब; गणना।

लेखा जोखा–हिसाब किताब की गणना।

लेखा परीक्षक–वह जो किसी के आय व्यय के लेखों की जाँच पड़ताल करता हो।

लेखा परीक्षण–हिसाब की जाँच पड़ताल।

लेखा बही–वह बही जिसमें आय व्यय आदि का हिसाब लिखा जाता है।

लेखिका–लिखनेवाली स्त्री; पुस्तक रचने या बनानेवाली स्त्री।

लेख्य–लिखा जाने योग्य। लिखित दस्तावेज़।

लेट–देर से आनेवाला।

लेटना–पीठ के बल भूमि पर ठहरना; जमीन पर फैलना।

ले-दे–देना तथा लेना।

लेनदार–ऋणदाता; जिसका कुछ धन या पावना बाकी हो।

लेन-देन–आदान प्रदान; लेने और देने का सामाजिक व्यवहार; रुपए उधार देने या लेने का व्यवहार।

लेना–ग्रहण या प्राप्त करना; स्वीकार करना; माँग करना; पाना।

लेना-देना–लेन देन; संबंध।

लेप–पीड़ा के स्थान पर मलने की औषधि; आवरण; परत; पलस्तर; उबटन।

लेपन—पीड़ा के स्थान पर लगाया गया औषधि का लेप; उबटन लगाना।

लेपना—लेप लगाना।

लेफ़्टिनेंट—अवर सैनिक अधिकारी; सेना का एक उच्च अधिकारी।

लेबिल—नाम, पता आदि का विवरण; लिखा हुआ प्रेष्य सामग्रियों के ऊपर चिपकाया जानेवाला कागज़ का टुकड़ा।

लेमनचूस—नींबू पानी।

लेमनेड—नींबू का मीठा शर्बत; शिकंजी।

लेवा—जिसने प्राप्त किया हो; ग्रहण करनेवाला।

लेवाल—लेवा; खरीदनेवाला।

लेश—थोड़ा अंश; तिनका; थोड़ी मात्रा।

लेस—लेसने की क्रिया या भाव; लासा; चिपचिपा।

लेसदार—चिपकाने का पदार्थ; चिपचिपा; चिपकाने वाला।

लेह—चाटकर खाई जानेवाली चीज; चटनी।

लैंगिक—स्त्री या पुरुष जाति संबंधी।

लैला—लैला मजनूँ की प्रेमगाथा की अभिनेत्री।

लैस—पूर्ण रूप से सजा सँवरा।

लोंदा—गुंथा हुआ आटा।

लो—इस शब्द का प्रयोग श्रोता का ध्यान अपनी ओर आकृष्ट करने के लिए होता है जैसे **लो** अब यह देखा! **लो** क्या अचंभा है! ये **लो**! इत्यादि।

लोई—गुंथा आटे का गोला; मोटी ऊन की शाल अथवा चादर।

लोक—संसार; जगत; लोग।

लोककंटक—ऐसी बात जिसने जनसाधारण को कष्ट पहुँचे।

लोककथा—जनसाधारण विशेषत: ग्राम्य लोगों में प्रचलित गाथाएँ या कहानियाँ।

लोकगीत—गाँव या देहातों में गाए जाने वाले जनसाधारण के वे गीत जो परम्परागत रूप से किसी जनसमाज में प्रचलित रहते हैं।

लोकतंत्र—वह शासन प्रणाली जिसमें प्रमुख सत्ता लोक या जनता अथवा उसके चुने हुए प्रतिनिधियों या अधिकारियों के हाथ में होती है।

लोकतंत्री—लोकतांत्रिक।

लोकतांत्रिक—लोकतंत्र संबंधी; लोकतंत्र का; जनवादी।

लोकना—पकड़ना/थामना (गिरती गेंद, फल इत्यादि को)।

लोकनाट्य—ग्राम में होनेवाला नाटक।

लोकनिंदा—प्रचलित निन्दा।

लोकनीति—जनसाधारण नीति।

लोकनृत्य—गाँवों; देहातों में नाचे जाने वाले नाच।

लोकप्रिय—प्रचलित; जिससे सब लोग प्रेम करते हों।

लोकप्रियता—ख्याति; प्रसिद्धी।

लोकरंजन—जनसाधारण का मनोरंजन।

लोक-लज्जा—सामाजिक अभिमत का सम्मान।

लोकवादी—सामाजिक भावना अथवा आचरण।

लोकसंग्रह—जनसमूह की अस्थिरता; लोगों को अपनी ओर मिलाना या अपने पक्ष में करना।

लोकसभा–साधारण जनता के चुने हुए प्रतिनिधियों की सभा; भारतीय संविधान का निचला सदन।

लोकसेवा–जनसाधारण के लिए किए जानेवाले कार्य।

लोकहित–सार्वजनिक रुचि।

लोकाचार–जनता में प्रचलित व्यवहार; लोक व्यवहार।

लोकापमान–जनता की निन्दा।

लोकापवाद–लोगों में होनेवाली बदनामी; लोकनिंदा।

लोकोक्ति–कहावत; मिसाल; लोक में प्रचलित कोई वाक्य।

लोकोत्तर–अलौकिक; असंसारी; ऐसा अद्भुद जैसा इस संसार में न होता हो।

लोकोपकार–मानव समाज के प्रति उपकार की भावना।

लोकोपकारी–परोपकारी; दयाशील। परोपकार करनेवाला; दयावान।

लोकोपचार–सामाजिक औपचारिकता।

लोकोपयोगी–सर्वप्रिय; लोकप्रिय; सर्व-साधारण के लिए लाभदायक।

लोग–सामान्य जन; जनता; जनसाधारण; प्रजा; जनसमूह; आम जन।

लोग-बाग–साधारण अथवा सामान्य लोग; जनसाधारण।

लोच–लचक; लचीलापन; कोमलता।

लोचदार–लचीला; मुलायम।

लोचन–आँख; नयन; चक्षु।

लोट–लोटने की क्रिया या भाव।

लोटन–एक प्रकार का कबूतर जो जमीन पर लुढ़का देने से लौटने लगता है।

लोट-पोट–लेटने या आराम करने की क्रिया या भाव।

लोटा–पानी रखने का भारतीय धातु का एक प्रसिद्ध गोल पात्र।

लोथ–शव; लाश; मृत शरीर।

लोथड़ा–माँस का कटा हुआ टुकड़ा; माँसपिंड।

लोन–नमक।

लोना–नमकीन; नमक का।

लोप–गायब होना; अंतर्धान; लुप्त; व्याकरण में वह नियम जिसके अनुसार शब्द साधन में कोई वर्ण निकाल या छोड़ देते हैं।

लोफ़र–आवारा; बदमाश; घुमक्कड़।

लोबान–एक प्रकार का सुगन्धित गोंद जो जलाने और दवा के काम में आता है।

लोबिया–एक प्रकार की मटर।

लोभ–लालच; लिप्सा।

लोभी–लालची; जिसे बहुत लोभ हो।

लोभीपन–लालचपन; धन का लालच।

लोम–शरीर पर स्थित कोमल बाल; रोआँ।

लोमड़ी–गीदड़ की तरह का एक प्रसिद्ध जंगली छोटी पशु।

लोमनाशक–बाल उड़ानेवाला।

लोमहर्षक–भयानक; भंयकर; डरावना; जिसे देखकर रोएँ खड़े हो जाएँ।

लोरी–वह गीत जो स्त्रियाँ बच्चों को सुलाने के लिए गाती हैं।

लोलक–झुमका। झूलनेवाली वस्तु या व्यक्ति।

लोलित–कंपित।

लोलुप–लालसापूर्ण; लोभी; लालची।

लोलुपता–लालचीपन।

लोहाँगी–वह बाँस जिसके सिरे पर मोटा लोहा जड़ा रहता है।

लोहा–काले रंग की एक प्रसिद्ध धातु जिससे बर्तन, हथियार, यंत्र आदि बनते हैं।

लोहार–लोहे की चीजें बनानेवाली एक प्रसिद्ध जाति।

लोहारी–लोहार का काम।

लोहित–लाल; गहरा लाल रंग।

लोहू–लहू; रक्त; खून।

लौंग–एक झाड़ की कली जो सुखाकर मसाले और दवा के काम लाई जाती है; नाक या कान में पहनने का एक गहना।

लौंडा–बालक; लड़का।

लौंडापन–लड़के की तरह का।

लौंडिया–लड़की; बालिका; कन्या।

लौंडी–दासी; नौकरानी; सेविका।

लौंडेबाज़–लड़कों में रुचि रखनेवाला।

लौंडेबाज़ी–गुदा मैथुन; अप्रकातिक मैथुन।

लौंद–मलमास; अधिमास।

लौ–आग की ज्वाला; चमक; प्रेम; चाह; उपासना।

लौआ–लौकी; कद्दू।

लौकिक–सांसारिक; व्यवहारिक; इस संसार से संबंध रखनेवाला।

लौकिकता–सांसारिकता।

लौकी–लौकी; कद्दू।

लौट–वापिस; लौटने की क्रिया।

लौटना–वापस आना; पलटना; पीछे की ओर घूमना; कहीं जाकर वहाँ से आना।

लौट-पौट–मुड़कर आने की क्रिया।

लौट-फेर–परस्पर बदलना; उलट फेर।

लौटाना–वापिस करना।

लौह–लोहा।

लौहचूर्ण–लोहे का चूर्ण।

लौहपुरुष–लोहे के समान मज़बूत पुरुष।

लौहयुग–संस्कृति के इतिहास में वह युग जब अस्त्र शस्त्र, औजार आदि लोहे के ही बनते थे।

ल्याना–देखो 'लाना'।

ल्यारी–भेड़िया।

ल्वारि–देखो 'लू', ग्रीष्म ऋतु की गरम हवा।

व

व हिन्दी वर्णमाला का उनत्तीसवाँ व्यंजन वर्ण।

वंग–बंगाल प्रदेश।

वंगदेश–बंगाल राष्ट्र।

वंगभंग–भारत की आज़ादी में बंगाल का विभाजन।

वंगीय–वंग देश का अथवा वंग देश से संबंध रखनेवाला; बंगाल का।

वंचक–मक्कार; ढोंगी; कपटी; बेईमान; धोखेबाज़; चालबाज़; ठगनेवाला; चोर; छली।

वंचकता–मक्कारी; बेईमानी; धोखेबाज़ी; चालबाज़ी; छलता।

वंचन–धोखा; छल; ठगी; छीनने/वंचित से करने का कार्य।

वंचित–जिसे ठगा गया है; महरूम; जिसके साथ बेईमानी की गयी है।

वंटक–वितरक।

वंटन–वितरण; बँटवारा।

वंदन–नमन; स्तुति; अभिवादन; प्रणाम; शरीर पर बनाए हुए तिलक आदि चिह्न।

वंदनवार–हरी पत्तियों की माला (जिसे मांगलिक कार्यों के समय टाँगा जाता है)।

वंदना–अभिवादन; अराधना; प्रणाम।

वंदनीय–वंदना के योग्य; पूजनीय; पूज्य; अराध्य।

वंदी–कैद में रखा हुआ; कैदी; बंदी।

वंदीगृह–कारागार; कैदख़ाना।

वंद्य–वंदनीय।

वंध्य–ऊसर; अनुपजाऊ; निष्फल।

वंध्या–बाँझ; वह स्त्री या गाय जिसके बच्चा न होता हो।

संतान उत्पत्ति के अयोग्य।

वंश–संतति; परिवार; खानदान; बाँस; सन्तान; गोत्र।

वंशगत–पैतृक; पुरखों का।

वंशचरित–परिवार का इतिहास।

वंशज–किसी के वंश में उत्पन्न; संतान; औलाद; किसी वंश का सबसे अल्पव्यस्क सदस्य।

वंशतालिका–आनुवांशिक सूचि।

वंशधर–वंशज; संतान; औलाद।

वंशनाश–किसी परिवार का उजाड़/नाश।

वंश-परम्परा–किसी वंश की बराबर चलती रहनेवाली परम्परा या क्रम।

वंशवाद–वंश संबंधी नियम।

वंशवृक्ष–किसी वंश के मूल पुरुष से लेकर उसके परवर्ती विकास और उसके वंश में होनेवाले सब लोगों के स्थान आदि को प्रायः वृक्ष और उसकी शाखाओं के रूप में अंकित किया जाना।

वंशवृद्धि–परिवार की वृद्धि (बढ़ती)।

वंशानुक्रम–किसी वंश में बराबर चलता रहनेवाला क्रम या परम्परा।

वंशावली–किसी वंश के लोगों की कालक्रम से बनी हुई सूची।

वंशी–बाँसुरी; मुरली।

वंश्य–वंश का या वंश से संबंधित।

वक–बगुला (पक्षी)।

वकवृत्ति–मिथ्या चरित्र; पाखंड।

वकालत–कानूनी अभ्यास (प्रयोग); वकील का कार्य या पेशा; कानूनी बहस।

वकालतनामा–वह अधिकारपत्र जिसके द्वारा कोई किसी वकील को अपनी ओर से न्यायालय में मुकदमा लड़ने के लिए नियत करता है।

वकील–वह जिसने वकालत की परीक्षा पास की हो और जो अदालतों में किसी की ओर से बहस करे।

वक़्त–समय; काल; अवसर; मौका।

वक्तव्य–बयान; कथन; वर्णन; विवरण; बात।

वक्ता–बोलनेवाला; भाषण करनेवाला; कथा कहनेवाला।

वक्तृता–भाषण; व्याख्यान; व्याख्यान देने की विधि; भाषण देने की योग्यता।

वक़्फ़–धर्मार्थ दान की हुई सम्पत्ति; किसी के लिए कोई चीज छोड़ देना।

वक्र–घुमा हुआ; झुका हुआ; तिरछा; मुड़ा हुआ; कुटिल टेड़ा; ढाल की बायीं ओर का।

वक्रता–घुमाव; झुकाव; तिरछापन; मुड़ाव; कुटिलता।

वक्री–मुड़ा हुआ; झुका हुआ; पतित व्यक्ति।

वक्रोक्ति–स्मरण करनें योग्य उपहास; परिहास; उच्चारण; अप्रत्यक्ष सूचना; घुमावदार बात; फेरवट की बातचीत।

वक्ष–सीना (स्त्री अथवा पुरुष का); छाती।

वक्षस्थल–वक्ष; छाती।

वग़ैरह–इत्यादि; आदि।

वचन–मनुष्य के मुँह से निकलनेवाले सार्थक शब्द; वाणि; उच्चारण; वादा; व्याकरण में वह विधान जिसके द्वारा शब्द के रूप से एक या अनेक का बोध होता है।

वचनबद्ध–जिसने वचन दिया हो; वचन से बँधा हुआ।

वचनभंग–वादा तोड़ना; दिये गये वचन के खिलाफ़ जाना।

वज़न–जिस वस्तु को तोला जाय उसका परिणाम; तौल; भार; बोझ; महत्त्व; अहमियत; प्रभाव; असर।

वज़नदार–महत्त्वपूर्ण; प्रभावशाली; प्रभावी; वज़नी।

वज़नी–भारी; प्रभावशाली।

वजह–कारण; हेतु।

वज़ारत–मंत्रिमंडल; मंत्रालय।

वज़ीफ़ा–विद्वानों, छात्रों आदि को दी जानेवाली आर्थिक सहायता; वृत्ति।

वज़ीर–मंत्री।

वज़ीर-ए-आज़म–राज्य का प्रधानमंत्री।

वज़ीर-ए-आला–मुख्यमंत्री।

वज़ीरी–वजीर का पद या कार्यकाल।

वज़ू–मुसलमानों में नमाज़ पढ़ने से पहले हाथ पैर और मुँह धोना।

वज्र–इन्द्र का प्रधान शस्त्र; अभेद्य; मज़बूत या विकट।

वज्रदंत–मूषक; चूहा; सूअर।

वज्रपात–बहुत भयानक घटना; बिजली की कड़क।

वज्रयान–प्राचीन बौद्धों का एक विद्यालय जहाँ यंत्र, मंत्र तथा तंत्र प्रयोगों की शिक्षा दी जाती है।

वज्रहृदय–मज़बूत दिलवाला; साहसी।

वज्राघात–बिजली का आघात; आवेश युक्त आघात; आपत्ति; विपत्ति।

वट–बरगद (पेड़)।

वटवृक्ष–बरगद का पेड़।

वटिका–छोटी गोली या टिकिया।

वटी–औषधि की छोटी टिकिया।

वटु–क्वाँरा; बालक।

वणिक–व्यापारी; वैश्य; सौदागर।

वणिज–सौदागर; दुकानदार।

वतन–जन्मभूमि; वह स्थान जहाँ किसी का जन्म हुआ हो।

वतनी–किसी के देश से संबंधित।

वत्स–प्यारा बच्चा; बालक; लड़का।
वत्सर–वर्ष; साल।
वत्सल–बच्चों तथा छोटों से अत्यंत स्नेह रखनेवाला; संतान के प्रेम से भरा हुआ।
वत्सलता–अनुराग; स्नेह; लगाव; माता पिता का प्यार।
वदन–मुख; मुँह।
वदान्य–दानी; दाता; उदार; अत्यंत दानशील।
वदान्यता–दयाशीलता; करूणा।
वदि–पक्ष; (कृष्णपक्ष; शुक्ल पक्ष) पखवाड़ा।
वध–मारण; हत्या; संहार; कत्ल।
वधस्थल–हत्या/कत्ल/संहार का स्थान।
वधालय–बूचड़खाना।
वधिक–फाँसी देनेवाला; हत्यारा; बहेलिया; शिकारी।
वधू–पत्नी; भार्या।
वध्य–मौत के योग्य या मौत का अधिकारी।
वन–जंगल; वह स्थान जहाँ जंगली जानवर निवास करते हैं।
वनगमन–वन में जाकर निवास करने के लिए रवानग़ी।
वनचर–वन में घूमने या रहनेवाला।
वनज–वन (जंगल या पानी) में उत्पन्न होने वाला पदार्थ।
वनदस्यु–जंगली लुटेरा।
वनदेवी–वन की देवी।
वनपाल–जंगल में रहनेवाला; जंगल का अधिकारी।
वनमहोत्सव–स्वतंत्र भारत में सरकार की ओर से चलाया हुआ वन और वृक्ष आदि लगाने का कार्यक्रम।
वनमानुष–चिम्पांजी।
वनमाला–जंगली फूलों की माला।
वनमाली–वनमाला धारण करनेवाला; भगवान श्रीकृष्ण।
वनराज–जंगल का राजा; शेर।
वनरोपण–किसी बड़े भूभाग में वन तैयार करने के उद्‌देश्य से बहुत से वृक्ष लगाना।
वनवास–वन या जंगल में रहना; बस्ती छोड़कर जंगल में रहने का विधान या दंड।
वनस्थली–पेड़ों से ढकी भूमि; सुन्दर जंगली स्थान; वनभूमि।
वनस्पति–साग सब्जी; पेड़ पौधे।
वनस्पतिज्ञ–वनस्पतियों का विशेषज्ञ।
वनस्पति-विज्ञान–वह शास्त्र जिसमें पेड़, पौधों की जातियाँ, अंगों आदि का विवेचन होता है।
वनिता–आकर्षक स्त्री।
वन्य–जंगली; वन से उत्पन्न होनेवाला।
वन्य-जीवन–जंगल में निर्वाह करने का कृत्य।
वपन–बीज बोना।
वफ़ा–निष्ठा; आस्था; स्वामिभक्ति; भरोसा।
वफ़ादार–निष्ठावान; विश्वासपात्र; स्वामिभक्त; भरोसे का।
वफ़ादारी–वफ़ादार होने का भाव; स्वामिभक्ति; विशवासपात्रता।
वबा–व्यापक रोग।
वबाल–बोझ; भार; आफत; झंझट।

वमन–कै करना; उलटी करना; वमन या कै किया हुआ तरल पदार्थ।
वमन-प्रवृत्ति–उबकाई; मचली।
वयः संधि–तरुण अवस्था; बाल्यावस्था और युवावस्था के बीच का समय।
वय–उम्र; अवस्था।
वयस–उम्र; बीता हुआ जीवनकाल।
वयसीमा–आयु सीमा।
वयस्क–बालिग; पूरी अवस्था को पहुँचा हुआ; उमर या अवस्थावाला।
वयोवृद्ध–आयु का; आदरणीय; पुज्य; अधिक उम्र के कारण आदर योग्य।
वरंच–परन्तु; लेकिन।
वर–दुल्हा; नवविवाहित व्यक्ति।
वरक़–धातु का पतला पत्तर।
वरज़िश–शारीरिक व्यायाम।
वरण–चयन; चुनाव; पसंद।
वरणीय–चयन के योग्य; पसंद के लिए उचित।
वरद–वरदाता; वर देनेवाला।
वरदी–वर्दी; पोशाक।
वरन–बल्कि।
वरना–चुनना। अन्यथा; दूसरे प्रकार से।
वरपक्ष–दूल्हे से संबंधित व्यक्तियों का समूह जो विवाह के समय उपस्थित होते हैं।
वरांगना–रूपवती; आकर्षक स्त्री।
वरासत–विरासत; उत्तराधिकार; वारिस होने का भाव; उत्तराधिकार से मिला हुआ धन अथवा समपत्ति।
वराह–जंगली सुअर; भगवान श्रीविष्णु का एक देहधारण/अवतार।
वरिष्ठ–श्रेष्ठ; बड़ा; पद में बड़ा; उच्च कोटि का।
वरिष्ठता–उच्चता; वरिष्ठ होने की अवस्था या भाव।
वरीय–उत्तम; श्रेष्ठ।
वरीयता–प्राथमिकता; अधिक आदर।
वरुण–सौर जगत का सबसे दूरस्थ ग्रह; एक वैदिक देवता जो जल का अधिपति माना गया है।
वर्ग–श्रेणी; कोटि; क्रम; शृंखला; प्रकार; जाति; वह चौकोर क्षेत्र जिसकी लंबाई चौड़ाई और चारों कोण बराबर हों (रेखागणित); दो समान अंकों या संख्याओं का घात या गुणनफल (बीजगणित)।
वर्गकरण–द्वितीय घात लगाना (बीजगणित)।
वर्ग-पहेली–वर्गाकार आकृति जिसमें संकेतों के अनुसार वर्ण भरे जाते हैं।
वर्गभेद–श्रेणी अलगाव; कुल संबंधी भेदभाव।
वर्गमूल–किसी वर्ण का वह अंक जिसे उसी अंक से गुणा करने पर वही वर्गांक आता है।
वर्गवादिता–सहभागिता; साझेदारी।
वर्गवादी–हिमायती; समर्थक।
वर्ग-संघर्ष–श्रेणी या जातिय लड़ाई झगड़ा।
वर्गहीन–बिना सामाजिक जाति का।
वर्गांकित–वर्गों में बँटा हुआ।
वर्गाकार–वर्ग के आकार का।
वर्गात्मक–चार भुजाओं का; चतुर्भुज क्षेत्र।

वर्गित–जिसे वर्ग का आकार दिया हो।

वर्गीकरण–श्रेणी विभाजन।

वर्गीकृत–वर्गों, समूहों अथवा खंडों में बँटा हुआ।

वर्गीय–श्रेणी, समूह इत्यादि से संबंधित; वर्ग/वर्गों से संबंधित।

वर्जन–रोक; विरोध; प्रतिरोध; निषेध; मनाही; त्यागना।

वर्जित–रोक; निषिद्ध (कानून अथवा रीति द्वारा); अस्वीकार; नामंजूर; जिसके संबंध में मनाही हुई हो।

वर्ण–रंग; श्रेणी; संतति; वर्ग; जाति; अक्षर (वर्णमाला)।

वर्णक्रम–वर्णों के अनुसार होनेवाला।

वर्णन–व्याख्या; निरूपण; वर्णित; घटना; विवरण।

वर्णनकर्त्ता–कथा वाचक; वर्णन करनेवाला।

वर्णनातीत–जिसका वर्णन न हो सके; वर्णन के बाहर।

वर्णनात्मक–विवरणात्मक।

वर्णनीय–वर्णन करने योग्य; वर्ण्य।

वर्णभेद–वर्ण/रंग की दृष्टि से होनेवाला भेदभाव या ऊँच नीच का विचार।

वर्णमाला–किसी लिपि के सब अक्षरों की क्रम से सूची।

वर्ण-विचार–व्याकरण का वह अंग जिसमें वर्णों या अक्षरों के स्वरूप; भेद; उच्चारण प्रयोग आदि का विवेचन या विचार होता है; शिक्षा।

वर्ण-विपर्यय–निरुक्त के अनुसार शब्दों के वर्णों का बोलचाल के कारण कुछ आगे पीछे हो जाना।

वर्ण-व्यवस्था–हिन्दु सामाजिक जीवन की चार जाति (ब्राह्मण, वैश्य, क्षत्रीय तथा शूद्र)।

वर्णसंकर–दोगला; वह जो दो विभिन्न जातियों के यौन संबंध से उत्पन्न हुआ हो।

वर्णहीन–बिना वर्ण का।

वर्णांध–जिसे रंगों का ज्ञान न होता हो।

वर्णांधता–नेत्रों का एक प्रकार का रोग जिसमें मनुष्य को रंगों की पहचान नहीं रह जाती।

वर्णागम–किसी शब्द में अक्षर का समागम।

वर्णानुक्रमणिका–वर्णमाला के क्रम से शब्दकोष।

वर्णाश्रम–हिन्दु समाज अथवा जीवन का चार भागों में बँटवारा अर्थात् ब्रह्मचर्य, गृस्थाश्रम, वानप्रस्थ तथा संन्यास।

वर्णित–जिसका वर्णन हुआ हो; कहा हुआ।

वर्ण्य–वर्णन के योग्य; जिसका वर्णन हो रहा हो।

वर्तन–सामाजिक बरताव; व्यवहार।

वर्तनी–वर्ण विन्यास।

वर्तमान–विद्यमान; प्रस्तुत; जीविका; मौजूद; जो इस समय घट रहा हो या चल रहा हो।

वर्ति–बत्ती।

वर्ती–स्थित रहनेवाला।

वर्तुल–वृत्ताकार; गोल।

वर्दी–पोशाक; पहनाव; परिधान।

वर्दीधारी–पोशाक में मनुष्य।

वर्धन–वृद्धि; बढ़त; विकास।
वर्धनशील–बढ़ता हुआ; विकासशील।
वर्धमान–बढ़ता हुआ; बढ़ानेवाला।
वर्धित–बढ़ता हुआ; बढ़ानेवाला।
वर्ष–साल; बारह महीनों का समूह; बरस।
वर्षक–वर्षा करनेवाला; (कोई चीज) बरसने वाला।
वर्षगाँठ–जन्मगाँठ।
वर्षफल–किसी व्यक्ति के वर्ष भर के ग्रहों के शुभाशुभ फलों का विवरण (फलित ज्योतिष)।
वर्षा–बरसात; वृष्टि।
वर्षा-ऋतु–वर्षा का मौसम।
वर्षानुवर्षी–बराबर एक के बाद एक करके हर वर्ष होनेवाला।
वर्षामापक–वर्षा का जल मापने का यंत्र।
वर्षित–जो ऊपर से फेंका हुआ हो।
वर्षीय–आयु का; वर्ष का।
वलन–लपेटा हुआ।
वलय–मंडल; घेरा।
वलयाकार–गोलाकार।
वलित–वर्णित।
वल्कल–वृक्ष की छाल।
वल्द–औरस पुत्र।
वल्दियत–वालिद या पिता होने का भाव; पितृत्व।
वल्लभ–प्यारा; प्रियतम।
वल्लरी–लता; बेल।
वश–अधिकार; काबू; शक्ति या अधि. कार की सीमा।
वशवर्ती–किसी के वश या अधिकार में रहनेवाला; अधीन।
वशीकरण–मंत्र तंत्र के द्वारा किसी को वश में करना; मोहित करना; माया; जादू।
वशीकृत–वशीभूत; मंत्रमुग्ध।
वशीभूत–नियंत्रण में लाना; हराया हुआ; वश में किया या आया हुआ; मंत्र द्वारा काबू में किया हुआ।
वश्य–वश में आने योग्य; आज्ञाकारी; प्रबंध करने योग्य।
वश्यता–अधीनता; नम्रता।
वसंत–बहार का मौसम।
वसंतपंचमी–(माघ) माघ महीने के चन्द्रमास का पाँचवाँ दिन जिसे त्यौहार की तरह मनाया जाता है।
वसंती–वसन्त ऋतु संबंधी; हल्का पीला।
वसंतोत्सव–एक उत्सव जो वसंत पंचमी के दूसरे दिन होता था।
वसन–वस्त्र; कपड़ा।
वसा–चरबी।
वसीय–चर्बीदार।
वसीयत–इच्छापत्र; यह कहना या लिखना कि हमारे मरने पर हमारी संपत्ति का विभाग या प्रबंध इस तरह हो।
वसुंधरा–पृथ्वी; धरती।
वसुधा–पृथ्वी।
वसूल–इकट्ठा किया हुआ; उगाहा हुआ।
वसूली–संग्रह; उगाही; समाहरण; दूसरों से अपना धन या वस्तु लेने की क्रिया या भाव।
वस्ति–पेड़ू; मूत्राश्य।
वस्तु–पदार्थ; चीज; कथावस्तु; व्यवसाय के लिए सामग्री।
वस्तुगत–बाह्य पदार्थ।

वस्तु जगत्–वास्तविक दुनिया।
वस्तुतः–सचमुच; वास्तव में; यथार्थ में।
वस्तुनिष्ठ–वस्तु या पदार्थ से संबंध रखनेवाला।
वस्तुनिष्ठा–कर्म विषयता।
वस्तुवादी–बाह्य पदार्थ।
वस्तु विनियम–माल हेर फेर करना (बदलना)।
वस्तु स्थिति–सच्चाई; वास्तविक स्थिति या परिस्थिति।
वस्त्र–कपड़ा; पोशाक।
वस्त्रागार–कपड़े की दुकान।
वह–वक्ता और श्रोता के अतिरिक्त किसी तीसरे मनुष्य या दूर के पदार्थ का संकेत करनेवाला सर्वनाम या परोक्ष वस्तुओं का सूचक शब्द।
वहन–उठाना; ढुलाई।
वहनीय–ढोकर ले जाने योग्य।
वहम–मन में होनेवाली मिथ्या धारणा; भ्रम; धोखा; झूठी शंका या संदेह; अंधविश्वास।
वहमी–वहमयुक्त; अंधविश्वासी; संशय करने वाला।
वहशत–पागलपन; उन्माद; सनक; अशिष्टता; अशिष्ट कार्य।
वहशियाना–जंगली; वन्य।
वहशी–जंगली; क्रूर (व्यक्ति)।
वहशीपन–क्रूरता; जंगलीपन; वहशी होने का भाव।
वहाँ–उस स्थान में; उस जगज।
वहीं–उसी स्थान पर; ठीक वहाँ; उसी जगह।
वही–वह ही जिसका उल्लेख हुआ हो।
वाँ–सातवाँ
वांछनीय–चाहने योग्य।
वांछनीयता–इच्छा।
वांछा–इच्छा; चाह; अभिलाषा।
वांछित–चाहा हुआ।
वा–या; अथवा।
वाक़ई–सचमुच; यथार्थ में; वस्तुतः; प्रमाणिक रूप से कथन।
वाक़फ़ीयत–परिचय; जान पहचान।
वाक़ा–घटना; वृत्तान्त; कथन।
वाक़िफ़–परिचित; निपुण।
वाक्–वाणी; वाक्य।
वाक्चतुर–बातचीत में निपुण; कुशल; वाक्पटु।
वाक्छल–कपटी बातचीत; धोखा देने के लिए की गयी वार्तालाप; वाक् चपलता; मिथ्या हेतूवाद।
वाक्पटु–बोलने की कला में निपुण; बात करने में चतुर।
वाक्पटुता–भाषा का प्रभावशाली तरीके से प्रयोग करने की कला; बोलने की कला।
वाक्य–क्रम में लगा हुआ वह सार्थक शब्द समूह जिसके द्वारा किसी पर अपना अभिप्राय प्रकट किया जाता है (व्याकरण)।
वाक्यांश–पूरे वाक्य का कोई खंड।
वाक्या–घटना; विवरण।
वाग्जाल–बातों का ऐसा आडंम्बर जिसमें अर्थ या तथ्य बहुत कम हो।
वाग्दत्त–जिसे दूसरे को देने का वचन दिया जा चुका हो।

वाग्दत्ता–(कन्या) जिसके विवाह की बात किसी के साथ पक्की की जा चुकी हो।

वाग्दान–सगाई; वचनबद्धता।

वाग्मिता–भाषण देने की कला।

वाग्मी–भाषण देनेवाला; भाषणकर्ता।

वाग्युद्ध–बातों की लड़ाई।

वाग्विदग्ध–वाक्चतुर।

वाग्विलास–आपसे में प्रेम और सुख की बातें करना।

वाग्विलासी–शब्दाडम्बर के साथ बोलने वाला।

वाङ्मय–साहित्य।

वाचक–वर्णनकर्त्ता। कथा**वाचक।**

वाचन–पढ़ने का कार्य।

वाचनालय–वह स्थान जहाँ पढ़ने के लिए पुस्तकें आदि रखी रहती हैं।

वाचस्पति–बहुत बड़ा विद्वान।

वाचाल–बहुत बोलनेवाला; बकवादी; बातें करने में चतुर; वाक्पटु।

वाचालता–बहुत बोलने का भाव; वाक्पटुता; अधिक वाचाल होने का भाव।

वाच्य–व्याकरण में क्रिया से संबंध रखनेवाला वह तत्त्व जिससे यह कहा जाता है कि जो कुछ कहा गया है।

वाच्यार्थ–विशुद्ध शब्दार्थ; शब्दों के नियत अर्थ से प्रकट होनेवाला आशय।

वाजिब–उचित; सही; ठीक; खरा; योग्य; यथार्थ।

वाजी–घोड़ा।

वाटिका–छोटा बगीचा।

वाणिज्य–व्यापार; व्यवसाय।

वाणी–आवाज़; बोली; बोलने की शैली; भाषा।

वात–शरीर में की वह वायु जिसके बिगड़ने से अनेक रोग होते हैं; वायु; हवा।

वातचक्र–तूफान; चक्रवात।

वातज–वात। वात या वायु से उत्पन्न।

वातानुकूलन–हवा का अनुकूलन।

वातानुकूलित–अनुकूलित हवा।

वातायन–वायु का संचालन करने तथा मलिन वायु हटाने का साधन।

वातावरण–आकाश का वायुमंडल; पर्यावरण; वह हवा जिसने पृथ्वी को चारों ओर से घेर रखा है।

वातुल–बातूनी; व्यर्थ की बाते करने वाला; बकवादी।

वात्या–आँधी; बवंडर।

वात्सल्य–माता पिता का संतान पर होनेवाला प्रेम।

वात्सल्यपूर्ण–स्नेहमय।

वाद–तत्वज्ञों द्वारा निश्चित सिद्धान्त; न्यायालय में उपस्थित किया हुआ अभियोग; मुकदमा; बहस।

वादक–वाद्य बजानेवाला।

वादन–वाद्य पर बजनेवाला।

वाद प्रतिवाद–तर्क वितर्क; वाद विवाद; बहसबाज़ी।

वाद विवाद–विचार विमर्श; प्रतिवाद; बहस करना।

वाद विषय–जिस विषय पर बहस हो।

वादा–वचन; इकरार।

वादा ख़िलाफ़ी–वचन तोड़ना; अपनी कही बात से मुकर जाना।

वादी–फ़रियादी; अभियोगी।

वाद्य–बाजा; वह उपकरण जिससे संगीत के स्वर निकलते या ताल दिए जाते हैं।

वाद्यवृंद–अनेक प्रकार के बाजों का एक साथ मिलकर बजना।

वाद्यसंगीत–बाजों से होनेवाला संगीत; साज- संगीत।

वान–भाग्यवान।

वानप्रस्थ–(हिन्दु विधान के अनुसार) मानव के जीवन का तीसरा आश्रम।

वानर–बंदर; कपि।

वानस्पतिक–वनस्पति संबंधी; वनस्पति का; वनस्पति से निकला हुआ।

वानस्पत्य–वनस्पतियों के तत्त्वों और उनकी वृद्धि, पोषण आदि से संबंध रखनेवाला शास्त्र या विद्या।

वापन–बीज बोना।

वापस–लौटकर फिर अपने स्थान पर आया हुआ (व्यक्ति); मालिक को फेरा या लौटाया हुआ (पदार्थ)।

वापसी–लौटाने की क्रिया या भाव; लौटाया या फेरा हुआ।

वापिका–वापी; छोटा जलाश्य।

वापी–बावली।

वाम–बायाँ; दाहिना या उलटा।

वामन–ठिगना व्यक्ति; बौना; भगवान श्रीविष्णु का अवतार।

वामपक्ष–उलटी तरफ; बाँयी तरफ।

वामपक्षी–वामपंथ संबंधी; उलटी तरफ से संबंधित; वामपक्ष का पक्षधर।

वाममार्ग–एक हिन्दु तांत्रित मत; वामपंथ।

वाममार्गी–वाममार्ग। वह जो वाममार्ग का अनुयायी हो या उससे संबंधित हो।

वामा–औरत; स्त्री।

वामावर्त–बाईं ओर घूमा हुआ।

वायदा–वचन; इकरार।

वायन–माँगलिक अवसरों पर संबंधियों को दी जानेवाली मिठाईयों का उपहार।

वायलिन–सारंगी; बेला।

वायव–आकाशी।

वायवीय–वायु द्वारा संचालित।

वायस–काक; कौआ।

वायु–हवा।

वायु दाब–वायु का दबाव।

वायु पंप–हवा पैदा करने का यंत्र।

वायु परिवर्तन–जलवायु में परिवर्तन/ बदलाव।

वायुबल–वायु संबंधी सेना।

वायु भार–वायु मंडलीय दबाव।

वायुमार्ग–वह निश्चित हवाई मार्ग जिस पर से हवाई जहाज़ गुजरते हैं।

वायुयान–हवाई जहाज; हवा में उड़ने वाला यान।

वायु सेना–वह सेना जो वायुयानों पर लड़ती है।

वायु सेवा–वायुयान के द्वारा होनेवाले सार्वजनिक काम या सेवा।

वायु स्नान–हवाई स्नान।

वायुहीन–हवा का अभाव/हवा शून्य।

वारंट–हुक्मनामा; अधिपत्र।

वारंवार–बारम्बार; निरन्तर; लगातार; नित्य।

वारंवारता–बारम्बारता; निरन्तरता; नित्यता।

वार–सप्ताह का कोई दिन; चोट; आघात; आक्रमण; हमला।

वारण–निषेध; मनाही; रुकावट।

वारदात–दुर्घटना; आपत्ति; घटना।

वारना–निछावर करना (किसी पर)।

वारनिश–कोई चीज चमकाने के लिए उस पर लगाया जानेवाला एक पदार्थ।

वार-पार–यह पार या वह पार; इस सिरे से उस सिरे तक।

वारांगना–वेश्या; रंडी।

वाराणसी–बनारस का पवित्र शहर; काशी नगर।

वाराणसेय–काशी नगर का या उससे संबंधित।

वारा-न्यारा–किसी विवाद का पूरी तरह से इधर या उधर होने का निश्चय या निपटारा।

वाराह–जंगली सुअर।

वारि–जल; पानी।

वारिज–शंख कमल।

वारिद–बादल; मेघ।

वारिधर–मेघ।

वारिधि–समुद्र।

वारिस–उत्तराधिकारी।

वारुणी–मदिरा; शराब।

वार्ड–अस्पताल आदि का एक भाग।

वार्डन–वार्ड का संरक्षक या अध्यक्ष।

वार्ता–बातचीत; संवाद; व्यवहार।

वार्ताकार–सभापति; बोलनेवाला।

वार्तालाप–बातचीत करना; बातचीत (सामन्य रूप से रमणीय)।

वार्धक्य–वृद्धावस्था; बुढ़ापे के कारण कमज़ोरी।

वार्षिक–साले में एक बार होनेवाला; प्रतिवर्ष होनेवाला।

वार्षिकी–प्रतिवर्ष दी जानेवाली वृत्ति या अनुदान।

वार्षिकोत्सव–वर्ष में एक बार होनेवाला उत्सव।

वाला–कर्तव्य, स्वामित्व, संबंध आदि का सूचक प्रत्यय जैसे पाने**वाला**, खाने**वाला**, **घरवाला** इत्यादि।

वाली–वाला।

वावैला–कोलाहल; हल्ला; शोर।

वाष्प–भाप।

वासंतिक–वसंत वेसंत से संबंधित; वसंत ऋतु।

वासंती–वसंत से संबंधित।

वास–निवास; रहना; घर; मकान; गंध; महक; बू।

वासना–तीव्र अभिलाषा; उत्कट इच्छा; कामुक प्यार अथवा इच्छा।

वासस्थान–आवास; निवास।

वासित–सुगंध से युक्त या सुगंधित किया हुआ।

वासी–बसनेवाला; रहनेवाला।

वासुकि–एक प्राचीन भगवान का नाम; एक नागराज का नाम।

वासुदेव–भगवान श्रीकृष्ण; वासुदेव का पुत्र; पीपल का वृक्ष।

वास्कट–कुरती; फतुही।

वास्तव–असली; यथार्थ।

वास्तविक–असली; यथार्थ; वस्तुत::; सत्यता।

वास्तविकता–असलियत; सच्चाई; यथार्थता।

वास्ता–व्यवहार संबंध; व्यापारिक सौदा।

वास्तु–इमारत; मकान।

वास्तु-कला–वास्तु या मकान आदि बनाने की कला; स्थापत्य कला।

वास्तुकार–वास्तुरचना करनेवाला; रचियता।

वास्ते, के–के लिए; के निमित्त; के हेतु; के कारण।

वाह–उत्तम; बहुत कृत्य; क्या खूब!

वाहक–बोझ ढोनेवाला; प्रबंधक।

वाहन–ढोनेवाला साधन; सवारी।

वाहनिक–बोझा खींचनेवाले पशु का पालन पोषण करनेवाला।

वाहवाही–प्रशंसा; स्तुति; जय जयकार।

वाहिका–नाड़ी; नस।

वाहिनी–सेना का एक खंड।

वाहियात–बेकार; अश्लील (बातचीत); बेकार (वस्तु); अवांछनीय (मनुष्य); अनर्थक।

वाही-तबाही–निराधार; असंगत; बेहूदा।

वाह्य–सहज में ले जाने योग्य; बाहरी; ऊपरी।

वाह्लीक–भारत के उत्तर पूर्व में स्थित एक प्राचीन देश।

विंदु–बिन्दु; बूँद।

विंध्य–मध्य भारत में फैली हुई एक प्रसिद्ध पर्वतमाला।

विंध्यवासिनी–विंध्याचल।

वि–अलगाव; विरोध; तीव्रता आदि दर्शाने वाला उपसर्ग जैसे **वि**योग; **वि**षम; **वि**कराल।

विकच–गंजा; खोपड़ी पर बिना बालों का।

विकट–भयंकर; भयानक; खौफनाक; विकट; दु:सह।

विकराल–विशाल; विकट।

विकरालता–विशालता; विकटता।

विकर्ण–वह रेखा जो किसी चतुर्भुज के तिरछे बाल में पड़नेवाले आमने सामने के बिन्दुओं को मिलाती और उस चतुर्भुज को दो त्रिभुजों में विभक्त करती है; कर्ण (बीजगणित)।

विकर्णत:–कर्ण संबंधित।

विकर्षण–पीछे हटानेवाली शक्ति; द्वेष।

विकल–अशांत बेचैन; व्याकुल; विह्वल; जिसके मन में शांति न हो।

विकलता–बेचैनी; व्याकुलता।

विकलांग–खंडित अंगवाला; जिसका कोई अंग टूटा हो; बेकाम।

विकल्प–एक से अधिक विषय में से अपने लिए चुनने का अधिकार; वैकल्पिक।

विकसना–विकसित होना; उभरना; विकास होना; फलना फूलना।

विकसित–जिसका विकास हुआ हो; विकास को प्राप्त होनेवाला; खिला हुआ।

विकार–बिगाड़; खराबी (दोष के कारण); विचलन (स्वाभाविक स्थिति से); आरोहण।

विकारी–परिवर्तनशील; बदलने योग्य; अस्थिर।

विकास–परिवर्धन; उत्पत्ति; बढ़ोत्तरी।

विकासमान–विकासशील।

विकासवाद—आधुनिक वैज्ञानिकों का एक प्रसिद्ध सिद्धान्त जिसके अनुसार आरंभ में पृथ्वी पर एक ही मूल तत्त्व था जिससे सब वृक्ष, जीव जन्तु इत्यादि निकले, फैले और बढ़े हैं।

विकासवादी—क्रम विकास संबंधी। क्रम विकास के सिद्धान्त पर विश्वास करनेवाला।

विकासशील—निरन्तर विकास की ओर अग्रसर।

विकासशीलता—जिसका विकास हो रहा हो।

विकासोन्मुख—विकासशील।

विकिट—गिल्ली (क्रिकेट)।

विकिरण—बहुत सी किरणों का एक केन्द्र में इकट्ठा किया जाना या होना।

विकिरणशील—जो किरणें क्रियाशील हो।

विकिरणशीलता—किरणों की क्रियाशीलता।

विकीर्ण—बिखरा हुआ; छितरा हुआ; विसरित हुआ।

विकृत—बिगड़ी आकृतिवाला; बिगड़े रूपवाला; बदला हुआ; बिगड़ा हुआ।

विकृति—विरूपता; कुरूपता; असाधारणतया।

विकृष्ट—फेंका हुआ; भगाया हुआ; खींचा हुआ।

विकेंद्रण—एक केन्द्र से हटाकर भिन्न भिन्न अंगों में बाँटना।

विकेंद्रित—जिसका विकेन्द्रीकरण हो चुका हो।

विकेंद्रीकरण—विकेंद्रित करने का कार्य; केन्द्र से हटाकर आस पास के भिन्न भिन्न अंगों में बाँटना।

विकेश—गंजा।

विक्रम—पराक्रम; वीरता; बहादुरी; शक्ति; ताकत; बल।

विक्रमी—वीर; साहसी; बहादुर; शक्तिमान; ताकतवर; बलवान।

विक्रय—बिक्री; बेचना; मूल्य लेकर कोई वस्तु किसी को देना।

विक्रय-कला—माल बेचने का कौशल; ग्राहकों के हाथ में माल बेचने की कला या हुनर।

विक्रय-केन्द्र—वह स्थान जहाँ समान बेचा खरीदा जाता है।

विक्रयी—विक्रेता।

विक्रांत—शूर; वीर; बहादुर; ताकतवर; बलवान।

विक्रेता—बेचनेवाला; विक्रयी; वह जिसने किसी के हाथ कोई वस्तु बेची हो।

विक्रेय—जो बेचा जाने को हो; बिकाऊ।

विक्रेयता—बेचने की योग्यता।

विक्षत—चोट खाया हुआ; जिसे क्षत लगा हो; घायल।

विक्षिप्त—बावला; पागल; मूर्ख।

विक्षिप्तता—पागलपन; मूर्खता; बावलापन।

विक्षुब्ध—अशांत; उत्तेजित्त; बेचैन; व्याकुल; व्यग्र; दंगाख़ोर।

विक्षेप—आंकलन (गणित); विस्थापन।

विक्षोभ—उत्तेजना; गड़बड़ी; दंगा फसाद।

विक्षोभित—विक्षुब्ध; अशांत; बेचैन; व्याकुल।

विखंड–टूटना; खंडों में विभाजित।
विखंडन–भंग हुआ; टूटना।
विखंडित–खंडित; टूटा हुआ; खंड में विभाजित।
विख्यात–प्रसिद्ध; विशिष्ट; जिसकी बहुत ख्याति या प्रसिद्धि हो।
विख्याति–प्रसिद्धी; कीर्ति; यश; ख्याति।
विख्यापन–विज्ञापन; सार्वजनिक सूचना।
विख्यापित–ख्याति प्राप्त।
विगत–पुराना; पूर्व; पहले का।
विगलन–गलना; द्रवण।
विगलित–गलित; गला हुआ; द्रवित।
विगुण–अच्छाई की कमी; बेकार।
विग्रह–खंड खंड करना; पृथक करना; दुर या अलग करना; देवता आदि की मूर्ति।
विग्रही–लड़ाका; विवादी; लड़ने को तत्पर।
विघटन–गलन; विखंडन; विच्छेदन।
विघटनकारी–विघटन करनेवाला।
विघटनशील–विघटन योग्य।
विघटित–जिसका विघटन हो चुका हो; जो खंड खंड हो चुका हो; जो घुल चुका हो।
विघ्न–रुकावट; बाधा; अड़चन; अवरोधन; अवरोध; अडंगा; हस्तक्षेप; दख़ल।
विघ्नकारी–अवरोधी; रुकावटी; बाधा डालने वाला।
विघ्ननाशक–बाधा, रुकावट इत्यादि को दूर करनेवाला।
विघ्नात्मक–विघ्नकारी।
विचक्षण–तीक्ष्ण बुद्धिवाला; मेधावी; कुशल; दूरदर्शी; प्रवीण।
विचक्षणता–कुशलता; प्रवीणता; दुरदर्शीता।
विचरण–चलना; घूमना फिरना; भेद (गणित)।
विचलन–व्यतिक्रम।
विचलित–अस्थिर; चंचल; अव्यवस्थित; अशांत।
विचार–भावना; धारणा; राय; इरादा; ख्याल; परवाह; अवलोकन; अभिप्राय; प्रयोजन।
विचारक–विचार करनेवाला; सिद्धान्त विज्ञानी; दार्शनिक; तत्त्वज्ञानी।
विचार-गोष्ठी–विचारों के आदान प्रदान के लिए आयोजित सभा।
विचारणा–चिंतन; अवलोकन; विचार।
विचारणीय–विचार करने योग्य; जिस पर कुछ विचार करना आवश्यक या उचित हो; चिन्तन योग्य।
विचारधारा–सिद्धान्त संबंधी विज्ञान।
विचारना–विचारणीय; विचार करने योग्य।
विचारपति–पारखी; विशेषज्ञ; जज।
विचारपूर्ण–विचार से भरपूर; विचारशील; विचारमग्न; अच्छी तरह सोचा समझा हुआ।
विचारपूर्वक–विचारमग्नता से।
विचारमग्न–सोच विचार में तल्लीन; ध्यानमग्न।
विचारवान–विचारशील; विचारपूर्ण; संयमी; शांत।
विचार विनिमय–विचारों का आदान प्रदान।

विचार विमर्श–वितर्क; विवेचन; परामर्श।

विचार शक्ति–विचार करने की शक्ति; विवेक; बुद्‌धि; ज्ञान।

विचारशील–जिसमें अच्छी तरह विचार करने की शक्ति हो; विचारवान; ध्यान में लीन।

विचारशीलता–विवेकता।

विचार स्वातंत्र्य–वह स्वतंत्रता जिसमें मनुष्य हर तरह की बातें सोच सकता और उनके संबंध में अपने विचार प्रगट कर सकता है।

विचारहीन–सोच समझ की कमी; बेवकूफ।

विचाराधीन–विचार विमर्श के तहत।

विचारित–जिस पर विचार हुआ हो; विचार किया हुआ; निश्चित।

विचारोत्तेजक–विचारों को उत्तेजित करनेवाला।

विचारोत्पादक–विचारों से उत्पादन होनेवाला।

विचार्य–विचारणीय; विचार करने योग्य।

विचित्र–अद्‌भुत; विलक्षण; तरंगी; हास्यजनक।

विचित्रता–विलक्षणता; अनोखापन; विचित्र या विलक्षण या अद्‌भुत होने की अवस्था या भाव।

विच्छिन्न–टूटा हुआ; विभक्त; अलग; काट या छेदकर अलग किया हुआ।

विच्छेद–टूट; भंग; भंजन; अलगाव; विछोह; वियोग; विसर्जन; विरह; बीच से क्रम टूटना।

विच्छेदन–वियोग; अलगाव।

विच्छेद्‌य–अलगाने योग्य; तोड़ने योग्य।

विच्युत–अपने स्थान आदि से गिरा हुआ; च्युत।

विछोह–अपने प्यारों से बिछड़ा हुआ।

विजन–अकेला; बिना साथी का; केवल एक। निर्जन स्थान; अकेलापन; एकान्तवास।

विजनता–अकेलापन; एकाकीपन; एकान्तवासी।

विजन्मा–जारज़ संतान; दोगली संतति।

विजयंत–इंद्र का विशेष नाम।

विजय–जीत; खेल, प्रतियोगिता, लड़ाई इत्यादि में प्राप्त सफलता; जय।

विजय दशमी–एक प्रकार का भारतीय त्यौहार।

विजय पताका–जीत का झंडा।

विजय यात्रा–जीत का अभियान; विजय की खुशी की यात्रा।

विजय लक्ष्मी–विजय की अधिष्ठात्री और विजय प्राप्त करानेवाली देवी।

विजय स्तंभ–जीत का चिह्न।

विजया–देवी दुर्गा की एक उपाधि; भाँग। अश्विन माह के चन्द्रमास का दसवाँ दिन; इस दिन राम की रावण पर विजय प्राप्ति के उपलक्ष्य में त्यौहार मनाया जाता है; विजयादशमी।

विजया दशमी–रावण पर राम की विजय का त्यौहार; दशहरा।

विजयास्त्र–विजय की खुशी का अस्त्र; लाभकारी कार्यवाही; तुरुप का पत्ता।

विजयी–जीतनेवाला; विजेता।

विजयोत्सव–विजयादशमी का उत्सव; जीत; विजय।

विजयोपहार–विजय चिह्न; विजय स्मारक।

विजातीय–दूसरी जाति का।

विजित–जीता हुआ; जो जीत लिया गया हो।

विजेता–किसी खेल, प्रतियोगिता, युद्ध इत्यादि का विजयी; जीतनेवाला; जिसने विजय प्राप्त की हो।

विजेय–जीते जाने योग्य।

विज्ञ–जाननेवाला; जानकार; बुद्मिान; विद्वान।

विज्ञप्त–जिसके संबंध में विज्ञापन हुआ हो; जतलाया या बतलाया हुआ।

विज्ञप्ति–अधिकारिक रूप से प्रकाशित की हुई कोई सूचना; सरकारी विज्ञप्ति; छुटकारा।

विज्ञान–ज्ञान शास्त्र; जानकारी; सिद्धान्तों आदि का वह विवेचन जो एक स्वतंत्र शास्त्र के रूप में हो; जैसे भौतिक, राजनीति विज्ञान।

विज्ञानी–विज्ञानवेत्ता; आत्मा तथा भगवान संबंधित विषयों का ज्ञानी।

विज्ञापक–विज्ञापनकर्त्ता।

विज्ञापन–सार्वजनिक सूचना।

विज्ञापित–जिसका या जिसके संबंध में विज्ञापन हुआ हो; जिसकी सूचना दी गई हो।

विज्ञेय–जानने योग्य; पहचानने योग्य।

विटप–वृक्ष; पेड़।

विटामिन–प्राय: खाद्य पदार्थों में पाया जाने वाला एक प्रकार का पोषक तत्त्व।

विडंबना–नकल; हँसी; उपहार; दम्भ।

विडाल–बिल्ली।

वितंडा–बेतुका आक्षेप; झंझट; टंटा; बखेड़ा।

वितंडावाद–अनावश्यक विवाद/झगड़ा।

वितत–विस्तृत; फैला हुआ।

वितति–विस्तार; फैलाव।

वितरक–बाँटनेवाला; तैयार चीजें ग्राहकों या थोक व्यापारियों को देनेवाला।

वितरण–बँटवारा; वर्गीकरण।

वितरणात्मक–बाँटने योग्य।

वितर्क–किसी महान कथन या तर्क को ठीक न मानकर उसके विरुद्ध दिया जानेवाला कोई तर्क।

वितान–बड़ा तम्बू या खेमा; छत्र; विस्तार; फैलाव।

वितृष्णा–इच्छाओं से मुक्ति; पीछे हटाने वाली शक्ति।

वित्त–धन; संपत्ति; व्यय की व्यवस्था; आर्थिक प्रबंध।

वित्ताधिकारी–वित्त संबंधी अधिकारी।

वित्तीय–वित्त संबंधी; वित्त का; वित्त की व्यवस्था के विचार से चलने या होनेवाला।

विद्–ज्ञानी; पंडित।

विदग्ध–तपा हुआ; चतुर; निपुण; चालाक; दक्ष; होशियार।

विदग्धता–दक्ष/चतुर होने की अवस्था या भाव।

विदा–प्रस्थान; विछोह; जाने की अनुमति।

विदाई–विदा होने की क्रिया या भाव; प्रस्थान के समय शुभ कामना प्रकट करने के लिए लोगों का एकत्र होना; भेजना।

विदित–जाना हुआ; ज्ञात।

विदीर्ण–फाड़ा हुआ; फटा हुआ; चीरा हुआ; पृथक।

विदुषी–विद्वान स्त्री।

विदूषक–हंसोड़; मसखरा; दिल्लगीबाज़; अपने वेश, चेष्टा, बातचीत आदि से दूसरों को हँसानेवाला।

विदेश–परदेश; अपने देश के सिवा दूसरा देश।

विदेशी–परदेशी; विदेश का निवासी। दूसरे देश या देशों से संबंध रखनेवाला।

विदेहता–विदेह। विदेह होने की अवस्था या गुण।

विद्ध–बेधा या छेदा हुआ।

विद्यमान–उपस्थित; मौजूद; सजीव।

विद्यमानता–उपस्थिति; अस्तित्व।

विद्या–अनुभव के आधार पर ज्ञान; गुण।

विद्यादान–ज्ञान से अवगत कराना; शिक्षण।

विद्यापीठ–महाविद्यालय; शिक्षा का बड़ा केन्द्र।

विद्यामंदिर–पढ़ाई का मंदिर।

विद्यार्थी–छात्र; विद्या पढ़नेवाला।

विद्यालय–पाठशाला; स्कूल; वह जगह जहाँ विद्या पढ़ाई जाती हो।

विद्याव्यसन–ज्ञान की उत्कंठा।

विद्याव्यसनी–ज्ञान के पीछे विक्षिप्त।

विद्युत–रोशनी; बिजली।

विद्युतीकरण–विद्युत प्रतिष्ठान करना; बिजली लगाना।

विद्रुम–पेड़; वृक्ष।

विद्रुप–विकृत; बिगड़ा हुआ; भद्दा; कुरुप। खिल्ली उड़ाना।

विद्रोह–द्वेष; बलवा; बगावत।

विद्रोही–विद्रोह करनेवाला; बागी; बलवा करनेवाला; द्वेष करनेवाला।

विद्वज्जन–बुद्धिजीवी; विद्वान लोगों की सभा।

विद्वत्ता–पांडित्य; ज्ञान।

विद्वत्तापूर्ण–पंडित के समान; ज्ञानी।

विद्वान–ज्ञानी; पंडित।

विद्वेष–शत्रुता; द्वेष; अति घृणा; ईर्ष्या; डाह; विरोधपूर्ण भावना।

विद्वेषी–द्रोही; तीखा; बैरी; विरोधी।

विध–ब्रह्मा; रचियता।

विधना–विश्व का विधान करनेवाली शक्ति; होनी।

विधर्म–पराये/दूसरे का धर्म।

विधर्मी–पराए या दूसरे धर्म का अनुयायी; पाखंडी; नास्तिक।

विधवा–राँड; वह स्त्री जिसका पति मर चुका हो।

विधवापन–विधवा होने का भाव या अवस्था।

विधवाश्रम–वह स्थान जहाँ विधवाओं के पालन पोषण और शिक्षा का प्रबंध होता है।

विधा–प्रकार; भेद; प्रणाली।

विधाता–रचियता; परमेश्वर; ईश्वर।

विधान—शासन क्रम; कानून निर्माण।

विधायक—विधान करनेवाला।

विधायन—कानून निर्माण; विधान बनाना; अधिनियम अथवा निर्देश आदि बनाना।

विधायिका—विधानसभा; कानून बनाने की सभा।

विधारणा—अविचारपूर्ण निर्णय; अन्यायपूर्ण धारणा।

विधारित—जिसके मन में अविचारपूर्ण अथवा अन्यायपूर्ण धारणा बनी हुई हो।

विधि—ढंग; तरीका; प्रणाली; रीति; प्रकार; शैली; पद्धति; व्यवस्था; कानून विधान।

विधिक—कानूनी; जो विधि के विचार से ठीक हो।

विधिकता—औचित्य; विधि विधान आदि के विचार से बिल्कुल ठीक होने की दशा या भाव।

विधिज्ञ—कानून जाननेवाला; वकील; बैरिस्टर; विधि का ज्ञाता।

विधितः—विधि या कानून के अनुसार; विधि या कानून की दृष्टि से ठीक या मान्य रूप में।

विधिपूर्वक—प्रणाली/कानून व्यवस्था के अनुसार।

विधिभंग—कानून का नियम भंग।

विधिमान्य—कानूनी रूप से स्वीकृत; वैध।

विधिवक्ता—वकील।

विधिवत्—विधिसंगत; नियम के अनुसार; कानूनी रूप से; यथायोग्य; उचित रूप से।

विधि-विधान—नियम तथा व्यवस्था।

विधिविहित—कानून के नियमानुसार।

विधिवेत्ता—कानून के ज्ञाता; कानून में प्रवीण।

विधि-व्यवस्था—कानून तथा व्यवस्था।

विधिशास्त्र—किसी देश या राष्ट्र की सामान्य विधियों और प्रविधियों की समष्टि; धर्मशास्त्र।

विधिशास्त्री—कानून शास्त्र में प्रवीण।

विधिसंगत—विधि की दृष्टि से उपयुक्त; कानून के साथ सुव्यवस्थित।

विधिसम्मत—विधि जिसका अनुमोदन करता हो; जिसे कानून का सहारा हो।

विधिहीन—जो विधि के अनुसार न हो।

विधुर—रंडुआ; वह पुरुष जिसकी पत्नी मर गयी हो।

विधेय—जिसका विधान होने को हो। व्याकरण में वह शब्द या वाक्य जिसके द्वारा किसी के संबंध में कुछ कहा जाता है।

विधेयक—कानून का मसौदा।

विध्वंस—नाश; बरबादी; ध्वंस; विनाश; उजाड़।

विध्वंसक—भंजक; विनाशक। नष्ट करनेवाला।

विध्वस्त—नष्ट किया हुआ; बर्बाद।

विनत—झुका हुआ; नम्र; लज्जावान।

विनति—झुकने का कृत्य; नम्रता; सुशीलता; प्रार्थना; विनती।

विनती—प्रार्थना।

विनम्र—विनीत; नम्र; साधारण।

विनम्रता—नम्रता; विनय; शिष्टाचार।

विनम्रतापूर्ण–विनम्रता से पूर्ण; मर्यादित; अवमानित।

विनम्रतापूर्वक–विनय से; नम्रता से; नम्रता के साथ; विनयपूर्वक।

विनय–नम्रता; प्रार्थना।

विनयपूर्वक–नम्रतापूर्वक।

विनयशील–विनीत; नम्र; साधारण।

विनयशीलता–मर्यादित; नम्रता।

विनयी–सभ्य; शिष्ट; विनम्र।

विनश्वर–नाश के योग्य; संहार योग्य; विध्वंसनीय; नश्वर; अनित्य।

विनष्ट–नष्ट; ध्वस्त; बिगड़ा हुआ; पतित।

विनायक–भगवान श्रीगणेश।

विनाश–चारों तरफ नाश; बिगाड़; खराबी।

विनाशक–विनाश्कारी।

विनाशकारी–विध्वंसक; भंजक; नाश करने वाला; घातक।

विनाशी–विनाशक।

विनिधान–बाँट; बँटवारा।

विनिमय–आदान प्रदान; अदला बदली; माल बदलना।

विनिमेय–विनिमय योग्य।

विनिमेयता–विनिमयात्मक।

विनियंत्रण–नियंत्रण का हटाया या दूर किया जाना।

विनियंत्रित–सरकारी नियंत्रण हटाया हुआ।

विनियम–नियम; व्यवस्था।

विनियोग–उपयोजन; लागत; धन लगाने का कार्य।

विनिवेश–धन न लगाने का कार्य।

विनिश्चय–निर्णय; फैसला।

विनिश्चायक–विनिश्चय या निर्णय करनेवाला।

विनिश्चित–निश्चित; निर्णीत।

विनिषिद्ध–गैरकानूनी ढंग से देश से बाहर भेजने या देश के अन्दर मँगाए जानेवाली वस्तु।

विनीत–शिष्ट; नम्र; प्रार्थना; विनयी; सुशील।

विनीतता–शिष्टता; नम्रता; सुशीलता।

विनोद–मनोविनोद; मनबहलाव; मनोरंजन।

विनोदपूर्ण–हास्यात्मक; उल्लासपूर्ण।

विनोदप्रिय–विनोदपूर्ण; परिहासिक; विनोदी।

विनोदवृत्ति–विनोदपूर्ण स्वभाव/प्रकृति।

विनोदशील–विनोदपूर्ण; हास्यात्मक।

विनोदशीलता–हास्यात्मकता; विनोदपूर्णता; परिहासिकता।

विनोदी–परिहासिक; हास्यात्मक; प्राय: परिहास करनेवाला।

विनयस्त–स्थापित; क्रम में; बैठाया हुआ।

विन्यास–स्थापन; रखना; यथास्थान या ठीक क्रम में लगाना; जड़ना।

विपक्ष–दूसरा या विरोधी पक्ष; प्रतिपक्षी; प्रतिद्वंद्वी; विरोधी दल।

विपक्षी–विरोधी; प्रतिपक्षी; प्रतिद्वंद्वी; विरुद्ध पक्ष का व्यक्ति।

विपण–हाट; दुकान; बाजार।

विपणन–क्रय विक्रय का कार्य।

विपण्य–क्रय विक्रय के योग्य।

विपण्यता–क्रय विक्रय करने की योग्यता।

विपत्ति–कठिनाई; मुश्किल; विपदा; दुर्भाग्य; संकट; दुख; अनर्थ।

विपथ–गलत राह।

विपथगामी–बुरी राह पर चलनेवाला; कुमार्गी।

विपथन–मार्गच्युता।

विपद्–मुश्किल; आफ़त।

विपदा–विपत्ति।

विपन्न–दुखी; आर्त; पीड़ित।

विपन्नावस्था–चिन्ता/व्यथा/ पीड़ा की अवस्था।

विपरीत–प्रतिकूल; उलटा; विरुद्ध; खिलाफ।

विपरीतता–प्रतिकूलता; विरोध; विमुखता।

विपर्ण–बिना पत्तियों का।

विपर्यय–स्थानान्तर; उलटाव; इधर उधर या आगे पीछे होना; उलट पुलट।

विपर्यस्त–अव्यवस्थित; जिसका विपर्यय हुआ हो।

विपर्याय–किसी शब्द का ठीक विरोधी या विपरीत अर्थ या भाव।

विपर्यास–उलटाव; परस्पर बदलना।

विपल–एक पल का साठवाँ भाग।

विपाक–पकना; परिपक्व होना; पूरी अवस्था में पहुँचना।

विपिन–जंगल।

विपुत्र–बेऔलाद; निस्संतान; संतानरहित।

विपुल–प्रचुर; बहुल; भरपूर; बहुत बड़ा; विस्तृत; बहुतायत; विशाल।

विपुलता–प्रचुरता; बहुलता; भरपूरता; विस्तृतता; विशालता।

विप्र–ब्राह्मण।

विप्रलंभ–वियोग (प्रेमियों का); विरह; अलगाव।

विप्लव–बगावत; उपद्रव; विद्रोह; अशांति; बलवा; हलचल; उथल पुथल; विपत्ति; आफत।

विप्लवकारी–बगावत करनेवाला; विद्रोही; उपद्रवी।

विप्लवी–**विफल**–फलहीन; व्यर्थ; बेकार; तुच्छ; असफल; निरर्थक।

विफलता–असफलता; कार्य का न होना; 'विफल' होने की दशा या भाव।

विबुद्ध–विद्वान (व्यक्ति); बुद्धिमान।

विबोधन–जागना।

विभक्त–विभाजित; खंडित; अलग अलग।

विभक्ति–अलगाव; विभाजन; पृथक्करण; बँटवारा; अलग अलग हिस्सा।

विभव–धन; संपत्ति; ऐश्वर्य; अधिकता; बहुतायत।

विभा–दीप्ति; चमक; प्रकाश; रोशनी; किरण।

विभाकर–सूर्य।

विभाग–विभाजन; बँटवारा; मंडल; भाग।

विभागीय–मंडल से संबंधित।

विभाजक–बाँटनेवाला; विभाग या टुकड़े करने वाला।

विभाजन–बँटवारा; पृथक्करण; विभाग करना; अलगाव।

विभाजित–विभक्त; पृथक; अलग अलग; जिसका विभाजन हुआ हो।

विभाज्य–विभाग करने योग्य; जिसका विभाजन हो सके।

विभाव–भाव/आवेग आदि को प्रोत्साहित करनेवाला।

विभावना–कल्पना; ख्याल; अंदाज; अनुमान।

विभावरी–रात; रात्रि।

विभाषा–बोली; क्षेत्रीय भाषा।

विभिन्न–अनेक प्रकार के; विविध; जुदा; भिन्न; बिल्कुल अलग; पृथक।

विभिन्नता–विविधता; विभिन्नता; प्रकार; भेद।

विभीषण–रावण का छोटा भाई जिसे कुछ लोगों ने देशद्रोही कहा था।

विभीषिका–त्रास; भय; दहशत; आतंक; हौआ।

विभु–सर्वव्यापी; विश्वव्यापी; चारों तरफ व्याप्त; सर्वशक्तिमान; त्रिकालदर्शी; महान; सदा बना रहनेवाला; नित्य।

विभुता–विश्वव्यापकता; अनन्त शक्ति।

विभूति–(पवित्र) राख; महानता; उच्चता; महान व्यक्तित्व; श्रेष्ठ व्यक्ति; महापुरुष; गुणवान मनुष्य।

विभूषण–गहना; भूषण; अलंकरण; सजावट; सज्जा।

विभूषित–अलंकरित; सुशोभित; सुसज्जित।

विभेद–प्रतिशाखा; अंतर; फर्क; अनेक भेद; कई प्रकार।

विभेदक–छेदनेवाला; तोड़नेवाला।

विभेदक चिह्न–वर्गीकरण चिह्न; भेदभाव का चिह्न।

विभेदकारी–भेद करनेवाला; मतभेद उत्पन्न करनेवाला।

विभेदन–तोड़ना; छेदना।

विभेद्य–बेधने योग्य; पृथक करने योग्य।

विभो–हे प्रभु!

विभोर–आनन्द से पूर्ण; मस्त; मग्न; लीन; विकल।

विभ्रंश–बरबादी; नाश; ध्वंस; संहार; विनाश।

विभ्रम–धोखा; भ्रांति; संदेह; संशय; असमंजस; उलझन; समस्या; व्यामोह।

विभ्रमित–भ्रमित।

विभ्रांत–घबराया हुआ; चकराया हुआ; उलझा हुआ।

विभ्रांति–व्यग्रता; परेशानी; आकुलता; मतिभ्रम।

विमंडित–अलंकृत; सुशोभित; सजाया हुआ।

विमत–मतभेद; विरोध; विरुद्ध या विपक्ष में दिया जानेवाला मत। विरोधी अवलोकन; असहमत राय या मत।

विमति–विरोध; मतभेद।

विमर्दन–पीसना।

विमर्दित–पिसा हुआ।

विमर्श–विचार; प्रयोजना; ध्यान; उद्देश्य; वाद विवाद।

विमल–स्वच्छ; निर्मल; पवित्र; शुद्ध; स्वच्छ; बेदाग; निर्दोष; बिना कलंक का।

विमलता–स्वच्छता; निर्मलता; पवित्रता; शुद्धता; स्वच्छता।

विमा–माप; आयाम।

विमाता–सौतेली माता।

विमातीय–सौतेला मातृवत्।

विमान–वायुयान; हवाई जहाज़; आकाश मार्ग में चलनेवाला रथ; उड़नखटोला।

विमानक्षेत्र–विमान से संबंधित क्षेत्र।

विमानचालक–वह जो विमान या हवाईजहाज़ चलाता हो।

विमानचालन–वायुयान चलाने की विद्या।

विमानपत्तन–वह स्थान जहाँ से विमान उड़ते तथा उतरते हैं।

विमान परिचारिका–वायुयान में सवार लोगों का सत्कार करनेवाली स्त्री।

विमानवाहक–वायुयान।

विमिश्रित–विभिन्न गुणवाले तत्त्वों से बना हुआ मिश्रण।

विमीय–विस्तार या माप संबंधी।

विमुक्त–स्वतंत्र; स्वच्छंद; बंधन से छुटा हुआ; मुक्त।

विमुक्ति–मुक्त करना; छुटकारा देना; स्वतंत्रता; मुक्ति; बंधनमुक्ति; मोक्ष; छूट।

विमुख–उदासीन; विरुद्ध; जिसने किसी से मुँह मोड़ लिया हो।

विमुखता–विमुख; उदासीनता; विरुद्धता।

विमुग्ध–उन्मत्त; अतिप्रेम; आकर्षिक; सम्मोहित।

विमुग्धकारी–मनमोहक; आकर्षक।

विमोचन–छुटकारा; मुक्ति; मोक्ष; दासत्व से मुक्ति।

विमोचित–मुक्त; बंधन से छुटा हुआ; मोक्ष।

वियुक्त–अलग; रहित।

वियुक्ति–अलगाव; वियोग; विछोह।

वियोग–अलगाव; अलग होना; विरह; विछोह; घटाया या कम किया जाना (गणित)।

वियोगजन्य–अलगाव से उत्पन्न।

वियोग शृंगार–साहित्य में शृंगार रस का वह विभाग जिसमें प्रेमियों के पारस्परिक वियोग या विरह का वर्णन होता है।

वियोगांत–जिसका अंत या पर्यवासन दुखपूर्ण हो।

वियोगात्मक–अलग होनेवाला; विभाजन संबंधी।

वियोगिनी–वियोगी।

वियोगी–विरही; प्रेमिका से अलगाव।

वियोजक–पृथक या अलग करनेवाला। नीचे फैलाना (गणित)।

वियोजन–अलगाव; विछोह; वियोग; घटाने की क्रिया।

वियोजिका–योजक चिह्न; अलगाव दर्शानेवाला चिह्न।

वियोजित–अलगाया हुआ; घटाया हुआ।

वियोज्य–अलग करने योग्य; जिसमें से कुछ घटाया जा सके (गणित)।

विरंचि–ब्रह्मा का विशेष नाम।

विरंजक–धोकर साफ करना।

विरंजन–धोकर साफ करना।

विरंजित–धोकर साफ किया हुआ।

विरक्त–विमुख; विरत; उदासीन; अप्रसन्न।

विरक्ति–अलगाव; उपेक्षा; द्वेष।

विरचना–रचना या निर्माण करना; बनाना; सजाना।

विरचित–रचित; लिखा हुआ; पैदा किया हुआ।

विरत–निवृत्त; विरक्त; वैरागी।

विरति–विरत होने की क्रिया या भाव।

विरल–दुर्लभ; कम; थोड़ा; निर्जन।

विरस–बेस्वाद; नि:स्वाद; फीका।

विरसता–बेस्वादता; नि:स्वादता; फीकापन।

विरह–वियोग; विछोह; अलगाव; किसी से अलग या रहित होने का भाव।

विरहाग्नि–विरह की अग्नि/पीड़ा/दु:ख।

विरहानल–विरहाग्नि।

विरहिणी–विरही।

विरही–वियोगी; प्रियजनों से बिछुड़ा हुआ।

विराग–रुचि या इच्छा का अभाव; वैराग्य।

विरागी–जिसने वैराग्य लिया हो।

विराजना–बैठना; विद्यमान होना।

विराजमान–आसन ग्रहण किया हुआ (आदर का); उपस्थित।

विराजित–किसी की उपस्थित से सुशोभन।

विराट–बहुत बड़ा; विशाल।

विराम–रोकने की क्रिया अथवा कृत्य; रोकना; आराम करना; कार्य की अवधियों के बीच का अवकाश; मध्यावकाश; अंतराल; व्यवधान; पूर्णविराम।

विराम चिह्न–वह विशिष्ट चिह्न जो कई प्रकार के विराम का सूचक होता है।

विराम संधि–वह संधि जो अंतिम या पक्की संधि होने से पहले उसकी शर्तें तय करने के लिए होती है।

विरमावस्था–आराम करने की अवस्था।

विरासत–पैतृक संपत्ति; बपौती; उत्तराधिकार।

विरुद–सराहना; स्तुति; प्रंशसा; गुणवर्धन; गुणगान।

विरुदावली–प्रशंसाओं की झड़ी; लंबे समय तक स्तुति।

विरुद्ध–खिलाफ; विपरीत; प्रतिकूल; उलटा।

विरुद्ध; के–के विपरीत; के मुकाबले में; के सामने।

विरूप–कुरुप; विकृत; शोभाहीन; बदसूरत; भद्दा।

विरूपण–रूप भ्रष्ट या बिगाड़ना; विरूपता।

विरूपता–रूप के बिगड़े होने का भाव।

विरूपित–जो विरूप किया गया हो; जिसका विरूपण हुआ हो।

विरूपी–कुरुप; बिगड़ा हुआ।

विरेचक–रेचक (दस्त लगानेवाली)।

विरेचन–दस्त लगानेवाली दवा; जुलाब।

विरेचित–जो शुद्ध हो चुका हो।

विरोध–प्रतिरोध; बाधा; प्रतिकूलता; एतराज; वैर; शत्रुता।

विरोधात्मक–विरोधमूलक; विरोधी।

विरोधाभास–दो बातों में दिखाई देनेवाला विरोध; साहित्य में एक अलंकार जिसमें पारस्परिक विरोध का कुछ आभास सा मिलता है।

विरोधी–प्रतिकूल; विपरीत; वैरी। प्रतिद्वंद्वी; प्रतिपक्षी; विपक्षी; शत्रु।

विलंब–देर; टाल; अतिकाल; साधारण से अधिक समय।

विलंबन–टालना; देर करना; टालने की क्रिया।

विलंबित–जिसमें देर हुई हो; लटकाया हुआ।

विलक्षण–अनोखा; असाधारण; असामान्य; अद्‌भुत; अपूर्व; विचित्र; बेजोड़।

विलक्षणता–असाधारणता; असामान्यता; अनोखापन; विचित्रता;

विलग–अलग।

विलगाव–अलगाव; दूरी; पृथक्करण; विछोह; वियोग।

विलय–लय या लीन होना; मिलावट; मेल; एक हो जाना।

विलाप–रुलाई; मातम।

विलायत–ब्रिटेन; कोई भी यूरोपियन देश।

विलायती–इंग्लैंड का; युरोपियन; परदेशी; बाहरी।

विलायतीपन–अंग्रेज; परदेशी होने का भाव।

विलास–दौलतमंद/समृद्‌ध तथा आरामदायक जीवन का भोग तथा आनन्द; हर्ष; मनोविनोद; प्रसन्न करने वाली क्रिया; सुखभोग।

विलास प्रिय–सुख साधन तथा विलास की सामग्री का अत्यधिक अनुरागी; विलासी व्यक्ति।

विलासमय–विलासी; विलास में डूबा हुआ।

विलासिता–विलासी जीवन का आसक्त।

विलासी–सुखभोग में रहनेवाला पुरुष; कामुक; विनोदप्रिय।

विलिप्त–लिप्त।

विलीन–लुप्त; मिला हुआ; मग्न; अदृश्य; छिपा हुआ; मिला या घुला हुआ।

विलुप्त–गायब; ओझल; अदृश्य; अंतर्ध्यान; अधिक समय से बेकार।

विलेख–कानूनी दस्तावेज़; पट्टा।

विलेप–लेप; मरहम।

विलेपन–लेप करने की क्रिया; अंगराग।

विलेय–किसी द्रव में घुलने या घुलाने योग्य; घुलनशील।

विलेयता–घुलनशीलता।

विलेयशील–घुलनशील।

विलोकन–देखने की क्रिया।

विलोकना–देखना।

विलोकनीय–देखने योग्य।

विलोकित–देखा हुआ।

विलोचन–बिना आँखें।

विलोड़न–मथने की क्रिया; अध्ययन के तहत।

विलोड़ित–मथा हुआ; पूरा अध्ययन किया हुआ।

विलोप–समाप्ति; नष्ट; अंतर्धान; अदृश्य।

विलोपन–लुप्त करना; गायब करना; भंग या समाप्त करना (**कुछ समय** के लिए)।

विलोपित–लुप्त; गायब; अदृश्य; अंतर्धान।

विलोम–उलटा; विपरीत; प्रतीप; प्रतिकूल।

विलोमता–प्रतिकूलता।

विलोमित–प्रतिकूलित।

विल्व–जंगली सेब का पेड़ तथा उसका फल।

विल्व-पत्र–जंगली सेब के पेड़ की पत्ती।

विवक्षा–उलझन; निहित अर्थ।

विवक्षित–समाविष्ट।

विवर–छिद्र; छेद; बिल; दरार।

विवरण–वृतांत; व्याख्या; हिसाब; ब्यौरा; वर्णन; स्पष्टीकरण।

विवरणिका–सूचना अथवा विवरण आदि लिखने की पुस्तिका।

विवरणी–जवाब (आयकर इत्यादि का)।

विवर्ण–बदरंग; कान्तिहीन; तेजहीन; फीका।

विवर्त–गोल।

विवर्तन–चक्कर लगाना; घूमना।

विवश–असहाय; निस्सहाय; लाचार; असमर्थ।

विवशता–असहायता; लाचारी; असमर्थता।

विवस्त्र–नंगा; नग्न।

विवाचक–पंच।

विवाचन–पंचायत से झगड़े का निर्णय।

विवाद–झगड़ा; कलह; प्रतिवाद; मुक़दमा।

विवादग्रस्त–विवादास्पद; कलह में पड़ा हुआ।

विवादात्मक–विवादास्पद; विवाद या झगड़ा योग्य।

विवादास्पद–जिसके विषय में विवाद हो; विवादयुक्त; जिसके संबंध में कोई विवाद चल रहा हो।

विवादित–जिस मत पर विवाद हो।

विवादी–विवादास्पद; विवाद या झगड़ा करने वाला।

विवाद्य–अनिश्चित; सन्देहयुक्त।

विवाह–शादी; परिणय बंधन।

विवाह योग्य–जो विवाह के योग्य हो।

विवाह विच्छेद–तलाक; पति और पत्नी का वैवाहित संबंध तोड़ना या न रखना।

विवाहित–ब्याहा हुआ; जिसका विवाह हो चुका हो।

विवाहोत्सव–शादी का उत्सव।

विविक्त–किसी से अलग या पृथक किया हुआ।

विविक्ति–अलगाव।

विविध–अनेक प्रकार के; भांति भांति के; अनेक; नाना प्रकार के।

विविधता–अनेक प्रकार की बातों से युक्त होने की स्थिति।

विवृत–खुला हुआ; फैला हुआ; विस्तृत।

विवृति–भाषान्तर; स्पष्टीकरण; व्याख्या।

विवेक–भली बुरी बातें सोचने समझने की शक्ति या ज्ञान; बुद्धि।

विवेकाधीन–जो किसी के विवेक या भले बुरे के ज्ञान पर आश्रित हो।

विवेकी–चतुर; ज्ञानी; विवेकशील; बुद्धिमान; भले बुरे का ज्ञान रखनेवाला।

विवेचक–प्रभेद किया हुआ। गुण दोष निरूपक; अंतर (गणित)।

विवेचन–भेदभाव; फर्क; विचार विमर्श; समीक्षात्मक मूल्यांकन।

विवेचना–विस्तृत विवरण।

विवेचनीय–मीमांसा करने योग्य; चर्चा के योग्य; विवाद के योग्य।

विवेचित–विवेचन किया हुआ।

विवेच्य–विवेचनीय।

विशद–विस्तृत; लम्बा चौड़ा।

विशाख–बिना शाखावाला।

विशारद–पंडित; कुशाग्र; कुशल।

विशाल–भव्य; शानदार; बहुत बड़ा; विस्तृत; लंबा चौड़ा; वृहद।

विशालता–भव्यता; विस्तृत होने का भाव; वृहदता।

विशिष्ट–असामान्य; खास; विलक्षण; प्रसिद्ध; अद्भुत; असाधारण; प्रधान।

विशिष्टता–विशेषता; विशेष योग्यता; विचित्रता; निरालापन।

विशुद्ध–निर्मल; पवित्र; स्वच्छ; अमिश्रित; असली; स्वाभाविक; शुद्ध।

विशुद्धता–विशुद्ध होने की दशा या भाव।

विशुद्धि–शोधन; पवित्रता; निर्मलता।

विशुद्धीकरण–शुद्ध करने की क्रिया।

विशूचिका–हैजा; विषुचिका।

विश्रृंखल–जिसमें क्रम या श्रृंखला न हो; फैला हुआ।

विशेष–खास; विशिष्ट; अनोखा; असामान्य; असाधारण।

विशेषक–विलक्षण; विचित्र; अनोखा; विशिष्ट गुण।

विशेषज्ञ–किसी व्यवसाय या शास्त्र के मुख्य अंग में प्रवीण व्यक्ति।

विशेषज्ञता–विशिष्टीकरण।

विशेषण–गुणवाचक शब्द; वह जिससे किसी प्रकार की विशेषता सूचित हो; वह विकारी शब्द जो संज्ञा की विशेषता बतलाता है।

विशेषतः–प्रधानतः; प्रमुखतः।

विशेषता–खूबी; खासियत; विलक्षणता; विशिष्टता।

विशेषता-रहित–गुण तथा लक्षण रहित।

विशेषांक–किसी (अख़बार, मैगज़ीन इत्यादि) का विशेष संस्करण।

विशेषाधिकार–प्राधिकार; वह अधिकार जो कुछ विशिष्ट अवस्थाओं में किसी को विशेष रूप से प्राप्त हो।

विशेषाधिकारी–जिसे विशेष अधिकार प्राप्त हो; विशेष अधिकारी।

विशेषित–किसी उपाधि के योग्य।

विशेषीकरण–विशिष्टीकरण।

विशेषीकृत–विशिष्ट करना; विशेषज्ञ बनना।

विशेष्य–जो विशोषित हो; वह संज्ञा जिसकी विशेषता कोई विशेषण सूचित करता हो।

विश्रांत–ठहरा हुआ; रुका हुआ; थका हुआ; जो विश्राम करता हो।

विश्रांति–विश्राम; आराम; थकावट; विराम।

विश्रांति काल–अवकाश; आराम का समय।

विश्राम–आराम; चैन; विराम; शिथिलता।

विश्राम कक्ष–अभ्यागतों के बैठने का कक्ष; पड़े रहने का स्थान।

विश्रामालय–एकान्तप्रिय कमरा।

विश्रुत–प्रसिद्ध; विख्यात; नामी।

विश्रुति–यश; कीर्ति; ख्याति; प्रसिद्धी।

विश्लिष्ट–विकसित; प्रकट; जिसका विश्लेषण हुआ हो।

विश्लेषण–किसी पदार्थ के संयोजक द्रव्यों के सब अंगों तथा तथ्यों की परीक्षा आदि के लिए अलग अलग करना।

विश्लेषणात्मक–विश्लेषण संबंधी।

विश्लेषित–जिसका विश्लेषण हुआ हो।

विश्वंभर–ईश्वर; प्रभु; भगवान।

विश्व–संसार; दुनिया; सारा ब्रह्मांड।

विश्वक–विश्वव्यापी; सार्वभौमिक।

विश्वकर्मा–ईश्वर; ब्रह्मा; ब्रह्मांड का रचियता।

विश्वकोश–वह ग्रंथ जिसमें सभी विषयों या किसी विषय के सभी अंगों का विस्तार से वर्णन हो।

विश्वजनीन–सार्वभौमिक।

विश्वजनीनता–सर्वव्यापकता; विश्व व्यापकता।

विश्वनाथ–भगवान श्रीशिव।

विश्व प्रसिद्ध–जो विश्व भर में प्रसिद्ध हो।

विश्वविजय–संसार पर विजय/जीत।

विश्वविजयी–संसार का विजेता।

विश्वविद्यालय–बहुत बड़ा विद्यालय जिसमें अनेक प्रकार की विद्याओं की उच्च कोटि की शिक्षा देनेवाले अनेक महा विद्यालय हों।

विश्वव्यापी–सारे विश्व में व्याप्त; फैला हुआ।

विश्वसन–विश्वास के योग्य; विश्वसनीय।

विश्वसनीय–विश्वस्त; विश्वास योग्य; भरोसे का।

विश्वसनीयता–विश्वस्तता।

विश्वसुन्दरी–विश्व की सबसे सुन्दर युवती को चुनने की प्रतियोगिता में विजयी युवती।

विश्वस्त–विश्वास योग्य; प्रमाणित।

विश्वस्तता–विश्वास का भाव।

विश्वात्मा–ईश्वर; भगवान; परमेश्वर।

विश्वास–श्रद्धा; भरोसा; एतबार; निष्ठा; आस्था।

विश्वासघात–कपट; धोखा; छल।

विश्वासघाती–कपटी; धोखेबाज; छली।

विश्वासपात्र–जिस पर विश्वास किया जा सके; विश्वास योग्य; विश्वसनीय (व्यक्ति)।

विश्वासी–विश्वास करनेवाला; विश्वस्त; विश्वासपात्र; विश्वसनीय; भरोसे का; विश्वास योग्य।

विश्वेश्वर–भगवान; ब्रह्मांड का स्वामी।

विष–जहर; वह वस्तु जिसके खाने या शरीर में पहुँचने से प्राणी मर जाता है।

विषघ्न–विषहर; विष का असर खत्म करनेवाला।

विषण्ण–खिन्न; उद्विग्न; उदासीन; वैमनस्य।

विषण्णता–खिन्नता; उद्विग्नता; उदासीनता; वैमनस्यता।

विषद–जहरीला।

विषधर–साँप (जहरीला)।

विषनाशक–वह तत्त्व जो विष का नाश करता है।

विषम–जो समान या बराबर न हो; असमान; असमतल; ऊबड़ खाबड़; 'सम' का उलटा; कठिन; मुश्किल; प्रतिकूल; खिलाफ।

विषमता–असमानता; असमतलता; भिन्नता; प्रतिकूलता; खिलाफत।

विषय–वह जिसके बारे में कुछ कहा या विचार किया जाए; मजमून।

विषयक–संबंधी; किसी विषय से संबंध रखने वाला।
विषयरत–शारीरिक सुखों के आनन्द में डुबा हुआ; विलासी; विषयी; ऐयाश।
विषयलोलुप–विषयी; भोगी; विलासी; ऐयाश।
विषय वस्तु–लेख; ग्रंथ आदि जिनका विवेचन किया जाय।
विषय वासना–इन्द्रिय सुख।
विषय सुख–शारीरिक सुख।
विषय सूची–विषय की तालिका।
विषयांतर–परिवर्तन; बदलाव।
विषयानुक्रमणिका–विषयों को क्रमानुसार लिखना।
विषयासक्त–सांसारिक भोग विलास में आसक्त; विलासी; विषयी; ऐयाश।
विषयासक्ति–भोग विलास की ओर होने वाली बहुत अधिक प्रवृत्ति; विलासिता; ऐयाशी।
विषयी–विलासी; कामी; विषयी; ऐयाश; भोगविलास में आसक्त होनेवाला।
विष विज्ञान–वह विज्ञान जिसके तहत् इस बात का विवेचन किया जाता है कि अनेक प्रकार के विष किस प्रकार कार्य करते हैं तथा उनका प्रभाव किस प्रकार दूर किया जाता है।
विषहर–जहर खत्म करनेवाला।
विषहीन–जो जहरीला न हो।
विषाक्त–जहरीला; विषयुक्त।
विषाक्तता–जहरीलापन; विषयुक्तता।
विषाण–सींग (जानवर का); दाँत (सुअर इत्यादि का)।
विषाणु–रोग उत्पन्न करनेवाला कीटाणु।
विषाद–निराश; खिन्न; उदासीनता; दुःखी; संताप; व्यथा; वैमनस्य; शोक।
विषादजनक–उदासीनता/खिन्नता उत्पन्न करने वाला।
विषादपूर्ण–उदासीनता से पूर्ण; खिन्नता।
विषादमय–उदासीन; दुखी।
विषादयुक्त–आशाहीन दिखनेवाला; आशा छोड़े हुए।
विषुव–वह समय जब सूर्य के विषुवत् रेखा पर पहुँचने से दिन तथा रात दोनों बराबर होते हैं।
विषुवत्–भूमध्य रेखा संबंधी।
विषुवत्–वृत्त–भूमध्य रेखा।
विषूचिका–हैजा।
विषैला–जहरीला; विषयुक्त।
विषैलापन–जहरीलापन; विषयुक्तता।
विष्ठा–मल; मैला; गुह।
विष्णु–भगवान श्रीविष्णु; पालनहार; पालन करनेवाले; संसार का पालनेहारी।
विसंक्रमण–संक्रामक दोष से शुद्‌धि।
विसंगत–परस्पर विरोधी; असम्बद्‌ध; बेमेल; विरुद्‌ध; प्रतिकूल।
विसंगति–असंगति; अन्नुरूपता; असंबद्‌धता; असंगतता; असंलग्नता।
विसंघटित–बेमेल / विरुद्‌ध / प्रतिकूल होना।
विसदृश–भिन्न; अलग।
विसम्मत–मतभेद।
विसम्मति–विरोध की सूचक राय।
विसरण–फैलाव; विस्तार।
विसरणशील–विस्तारित।

विसर्ग–देवनागरी में एक चिह्न जो किसी वर्ण के आगे लगाया जाता है; इसका उच्चारण प्राय: अघोष 'ह' के समान होता है।

विसर्जन–परित्याग; छोड़ना; विदा करना; रवाना करना।

विसर्जित–फेंका हुआ; रखा हुआ।

विसर्पण–बहाना।

विस्तरण–विस्तार करने या बढ़ाने की क्रिया या भाव।

विस्तार–प्रसार; व्याप्ति; विपुलता; वृद्धि; फैलाव।

विस्तारक–विस्तृत; व्यापक।

विस्तारपूर्वक–विवरण सहित; विस्तृत रूप में; विस्तार से।

विस्तारवाद–अपने देश अथवा राष्ट्र का विस्तार करने का सिद्धान्त।

विस्तारवादी–विस्तारवाद के सिद्धान्त में विश्वास रखनेवाला।

विस्तारित–विस्तृत।

विस्तार्य–जिसका विस्तार किया जा सके; विस्तार योग्य

विस्तीर्ण–विस्तृत।

विस्तृत–विस्तृत; व्यापक; चौड़ा; अधिक जगहवाला; लंबा चौड़ा; विस्तारवाला; चारों तरफ फैला हुआ।

विस्तृति–विस्तार; फैलाव।

विस्थापन–अपने स्थान से हटाने का कार्य; किसी को अपने स्थान पर स्थापित न रहने देना।

विस्थापित–जो अपने स्थान से हटा दिया गया हो। हटाया गया व्यक्ति।

विस्थिति–किसी कार्य या क्रम में उत्पन्न होनेवाली वह विकट स्थिति जिससे कोई बहुत बड़ा उलट फेर हो सकता हो।

विस्फारण–फैलाना; खोलना।

विस्फारित–फैलाया हुआ; फाड़ा हुआ; अच्छी तरह से खोला हुआ।

विस्फीति–नोट का मूल्य कम करना।

विस्फोट–धमाका; गोला बारूद आदि के फटने से होनेवाला शब्द।

विस्फोटक–धमाके के साथ फटनेवाला पदार्थ। पटाखा।

विस्मय–आश्चर्य; अचम्भा; अचरज; कौतुक।

विस्मयकारक–विस्मयकारी।

विस्यमकारी–आश्चर्य का कारक; अद्भुत; आश्चर्ययुक्त; विलक्षण।

विस्मयजनक–विस्मयकारी।

विस्मयाकुल–विस्मय से व्याकुल; चकित।

विस्मरण–भूल जाना; विस्मृति।

विस्मरणशील–भूल जानेवाला; भुलक्कड़।

विस्मरणशीलता–विस्मृति; स्मृति लोप।

विस्मित–जिसे विस्मय या आश्चर्य हुआ हो; चकित।

विस्मृत–भूला हुआ; स्मरण शक्ति से निकला हुआ।

विस्मृति–स्मृति लोप।

विस्वर–बेसुरी आवाज; प्रतिकूल संकेत।

विस्वरता–बेसुरापन; विरोध।

विहंग–पक्षी; चिड़िया।

विहंगम–चिड़िया।

विहग–खग; पक्षी।

विहसन–हँसी; खिलखिलाहट।

विहसित–जिस पर हँसा जाए।

विहाग–भारतीय शास्त्रीय संगीत।

विहान–प्रात:काल; सवेरा।

विहार–मनोविनोद के लिए घुमना; मौज मस्ती; दिलबहलाव; बौद्ध भिक्षुओं के रहने का मठ।

विहार स्थली–मनोविनाद आश्रय।

विहारी–मनोविनोद के लिए घुमनेवाला।

विहित–जिसका विधान हुआ या किया गया हो; जिसे विधान या कानून का रूप दिया गया हो।

विहीन–त्यागा हुआ; बिना; रहित।

विह्वल–व्याकुल; विकल; बेचैन।

वीचि–पानी की लहर; तरंग।

वीचिमाली–समुद्र।

वीची–वीचि।

वीणा–एक प्रसिद्ध बाजा; बीन।

वीणापाणि–सरस्वती का नाम।

वीतराग–वीतरागी।

वीतरागी–जिसने सांसारिक सुखों को बिल्कुल छोड़ दिया हो।

वीथी–मार्ग; रास्ता; पथ।

वीभत्स–बीभत्स; चकित।

वीर–शूरवीर; साहसी; बहादुर; बलवान।

वीरगति–युद्धक्षेत्र में वीरतापूर्वक लड़कर मरने पर प्राप्त होनेवाली गति।

वीरगाथा–किसी वीर की वीरता का शब्दों में वर्णन।

वीरचक्र–सैनिकों को वीरतापूर्ण कार्य करने पर दिया जानेवाला एक प्रकार का चक्र या पदक।

वीरता–पराक्रम; साहस; शूरता; शूरत्व।

वीरतापूर्ण–साहसी; शूरवीर; पराक्रमयुक्त।

वीरतापूर्वक–वीरता से; बहादुरी से।

वीरपूजा–वीरों का आदर सम्मान करना और उनके प्रति श्रद्धा भक्ति प्रकट करना।

वीरप्रसू–वीर की माता।

वीर विहीन–बहादुर के वियोग में पड़ा हुआ।

वीरांगना–साहसी स्त्री; नायिका।

वीरान–सुनसान; निर्जन; उजाड़; जनशून्य।

वीराना–सुनसान/ उजाड़ स्थान।

वीरासन–वीरतासूचक बैठने का एक प्रकार का आसन या मुद्रा।

वीरेंद्र–वीरों का वीर; परमवीर।

वीरोचित–साहसी बनना।

वीर्य–शुक्र।

वीर्यपात–वीर्य का स्खलन।

वीर्यवत्ता–सन्तान उत्पन्न करने की शक्ति।

वीर्यवान्–पौरुषेय; प्रबल; बलवान।

वुज़ू–नमाज़ से पहले हाथ, पाँव, मुँह आदि धोने का मुस्लिम रिवाज़।

वुजूद–जीवन; अस्तित्व।

वृंत–पेड़ का तना; डण्ठल।

वृंद–सभा; समुदाय; जनसमूह; जनसमूदाय; जमावड़ा।

वृंदगान–गानेवालों की मंडली।

वृंदवादन–समूह/मंडली द्वारा बजाया हुआ।

वृंदावन विहारी–भगवान श्रीकृष्ण; वृंदावन में घूमनेवाला।

वृक्क–गुर्दा।

वृक्ष–पेड़; दरख्त।

वृक्ष पंक्ति–पेड़ों की कतार।

वृक्षरोपण–वृक्षों को बोना।

वृक्षवासी–वृक्ष पर वास करनेवाला; वृक्ष संबंधी।

वृक्षहीन–बिना पेड़ का।

वृक्ष्य–वृक्ष का अथवा वृक्ष से संबंधित।

वृत्त–गोला; वृतांत; हाल; हिसाब किताब।

वृतखंड–वृत का वह हिस्सा जो दो अर्धव्यासों के बीच हो।

वृतचित्र–प्रमाण विषयक चलचित्र।

वृत्तांत–वर्णन; व्याख्या; कथा; विवरण।

वृत्ताकार–जिसका आकार वृत्त जैसा हो।

वृत्ति–जीविका; रोजी; पेशा; मिजाज; सोचने का ढंग।

वृत्ति–कर–व्यवसाय कर।

वृत्तीय–वृत संबंधी; व्यवसाय; व्यापार।

वृथा–बेकार; निरर्थक; व्यर्थ रूप से।

वृद्ध–बूढ़ा; अधेड़; बूढ़ा व्यक्ति।

वृद्धा–बूढ़ी स्त्री।

वृद्धावस्था–बुढ़ापा।

वृद्धि–बढ़ती; अधिकता; बढ़ने की क्रिया; स्मृद्धि।

वृश्चिक–बिच्छु।

वृष–साँड़; गौ का नर।

वृषभ–बैल या साँड़; राशिचक्र में दूसरी राशि का चिह्न।

वृष्टि–वर्षा; बारिश।

वृष्टिकाल–वर्षा ऋतु।

वृष्टिपात–वर्षा की झड़ी।

वृहस्पति–बृहस्पति।

वेंकटेश–भगवान श्रीविष्णु।

वे–'वह' का बहु।

वेग–प्रवाह; बहाव; शीघ्रता।

वेगपूर्ण–गतियुक्त; तेजी।

वेगपूर्वक–बिना विलम्ब के; तीव्र; शीघ्र।

वेगमापी–गति मापने का यंत्र।

वेगवती–वेगवान वेगवान का स्त्रीलिंग।

वेगवान–शीघ्रगामी; तेज चलनेवाला।

वेणी–स्त्रियों के सिर के बालों की गूँथी हुई चोटी।

वेणु–बाँसुरी।

वेतन–तनख़्वाह; पारिश्रमिक; महीना।

वेतनभोगी–जो तनख्वाह पाता हो; वृत्ति पानेवाला।

वेतनमान–अवस्था; पद आदि के विचार से वेतनवृद्धि की तालिका।

वेतन-वृद्धि–वेतन में होनेवाली वृद्धि।

वेताल–बेताल।

वेत्ता–जाननेवाला; ज्ञाता।

वेद–हिन्दुओं के सर्वप्रधान तथा सर्वमान्य धार्मिक ग्रंथ। (संख्या में चार अर्थात ऋग्वेद, यजुर्वेद, सामवेद तथा अथर्ववेद)।

वेदकर्ता–वेदों का रचनाकार।

वेदज्ञ–जिसे वेदों का पूर्णतः ज्ञान हो; वेदों का ज्ञानी।

वेदना–यंत्रणा; संताप; दुःख; पीड़ा; यातना; उत्पीड़न।

वेदनाहर–वेदना, संताप इत्यादि दूर करनेवाला।

वेदपाठ–वेदों का सस्वर पाठ।

वेदपाठी–वेदपाठ करनेवाला; वेदपाठ का अनुवादक।

वेदमंत्र–वेदों की भजन स्तूति।
वेदवाक्य–ऐसी प्रमाणित बात जिसमें तर्क की जगह न हो; निर्विवाद सत्य।
वेदव्यास–प्राचीन अनुभवी व्यक्ति जिन्होनें वेदों की क्रमबद्धता की थी।
वेदसम्मत–वेदों द्वारा प्रमाणित/ अनुमोदित।
वेदांग–वेदों की छह अंग शिक्षा में से एक।
वेदांत–वेदों का उच्चतम/अंतिम भाग (उपनिषद् और आरण्यक आदि)।
वेदांती–वेदांत। वेदों का ज्ञाता।
वेदिका–छोटी वेदी।
वेदी–वेदी (वेदों द्वारा अनुमोदित)।
वेदोक्त–वेदों द्वारा नियोजित।
वेध–वेधन।
वेधक–वेध करनेवाला; बेधनेवाला; छेदनेवाला।
वेधन–छेदने का कार्य; छेद करने की क्रिया; अवलोकन; निरिक्षण।
वेधनीय–बेधने योग्य; छेदने योग्य।
वेधशाला–वह स्थान जहाँ से वैज्ञानिक यत्रों द्वारा ग्रहों; नक्षत्रों और तारों का वेध करते है।
वेधित–छेदा हुआ; छिद्रित।
वेधी–बेधनेवाला; छेदनेवाला।
वेला–काल; समय; क्षण; पल।
वेश–पोशाक; लिबास; परिधान; वेष भूषा; वस्त्र सज्जा; पहनावा।
वेशधारी–जो पहनावे में हो।
वेशभूषा–परिधान; पहनने के कपड़े और ढंग।
वेश्या–धन के लिए संभोग करनेवाली स्त्री; रंडी।
वेश्यागमन–वेश्यावृत्ति
वेश्यागामी–वेश्या के यहाँ गमन करने वाला।
वेश्यालय–चकला; वह घर जिसमें वेश्याएँ रहकर पेशा करती हैं।
वेश्यावृत्ति–वेश्या बनकर अर्थात् धन लेकर परपुरुषों से संभोग करना।
वेष–वेश।
वेषभूषा–वेशभूषा।
वेष्टन–घेरना या लपेटना; कोई चीज लपेटने का कपड़ा; बेठन।
वेष्ठित–घेरा हुआ; लपेटा हुआ।
वैकल्पिक–ऐच्छिक; एवजी।
वैकुंठ–विष्णु का निवासस्थान या लोक; स्वर्ग।
वैकुंठ लोक–स्वर्ग; परलोक।
वैचारिक–विचार संबंधी; न्याय विभाग या व्यवहार दर्शन से संबंध रखनेवाला।
वैचारिकी–सिद्धान्त विज्ञान।
वैचित्र्य–विचित्रता।
वैजयंती–विजय चिह्न/स्मारक।
वैज्ञानिक–विज्ञान संबंधी खोज या विज्ञान के क्षेत्र में कार्य करनेवाला; विज्ञानवेत्ता।
वैज्ञानिकता–वैज्ञानिक प्रस्ताव/ अवस्था।
वैटिकन–रोम के ईसाईयों का चर्च।
वैतनिक–वृत्ति पानेवाला; वेतनभोगी; वेतन पर काम करने या वेतन पानेवाला।
वैतरणिक–विभाजक; वितरक।
वैतरणी–इस लोक से परलोक के मध्य बहनेवाली एक कल्पित पौराणिक नदी।
वैताल–बुरी आत्मा; शैतान।
वैतालिक–मायावी; जादूगर।

वैतालीय–वेताल से संबंधित।

वैदर्भ–विदर्भ।

वैदिक–वेद संबंधी; वेद या वेदों का।

वैदुष्य–विद्वता; पांडित्य।

वैदूर्य–बहुमूल्य पत्थर; लहसुनिया (रत्न)।

वैदेशिक–विदेशी; विदेश का; विदेश संबंधी; विदेश से संबंध रखनेवाला।

वैदेही–विदेह; विदेह की पुत्री; सीता; जानकी।

वैद्य–वैद्यकशास्त्र के अनुसार रोगियों की चिकित्सा करनेवाला चिकित्सक।

वैदयक–आयुर्वेद।

वैद्यराज–सबसे बड़ा वैद्य।

वैध–कानून द्वारा स्वीकृत; जो विधि के अनुसार हो; नियम के अनुसार।

वैधता–न्यायपूर्वक; यथार्थता।

वैधर्मिक–धर्म विरोधी; धर्महीन।

वैधव्य–विधवा होने की अवस्था या भाव; रँड़ापा।

वैधानिक–विधान या संघटन के नियमों से संबंध रखनेवाला; संविधानिक।

वैफल्य–विफलता।

वैभव–ऐश्वर्य; महिमा; तेज; विभव; धन संपत्ति।

वैभवशाली–महान; श्रेष्ठ; मालदार; अमीर।

वैभागिक–विभागीय।

वैभाषिक–विभाषा संबंधी; विभाषा का।

वैभिन्नय–विभिन्नता।

वैमत्य–विस्वरता; असंगति।

वैमनस्य–शत्रुता; अति घृणा; डाह।

वैमात्र–सौतेला; विमाता से उत्पन्न।

वैमानिक–विमान चालक; हवाई जहाज चलाने वाला।

वैमानिकी–वैमानिक कला अथवा विज्ञान।

वैयक्तिक–व्यक्तिगत; निजी; आत्मीय; अपना।

वैयक्तिकता–व्यक्ति की प्रकृति तथा चरित्र।

वैयाकरण–व्याकरण शास्त्र में निपुण; व्याकरण का पंडित।

वैर–शत्रुता; दुश्मनी।

वैरागी–वह जिसे वैराग्य हुआ हो; विरक्त; एक प्रकार का वैष्णव साधु; एकान्तवासी; संन्यासी।

वैराग्य–सांसारिक कार्यों और सुखभोगों अथवा किसी विशेष बात से होनेवाली विरक्ति।

वैराग्य भाव–वैराग्य का मनोभाव।

वैरी–दुश्मन; शत्रु।

वैवाहिक–विवाह संबंधी।

वैशाख–हिन्दू पांचांग का दूसरा महीना।

वैशाखनंदन–गधा।

वैशिष्ट्य–विशिष्टता।

वैशेषिक–भारतीय दर्शनशास्त्र के छह दर्शनों में से एक।

वैश्य–भारतीय आर्यों के चार वर्णों में से तीसरा वर्ण, जिसका मुख्य कार्य व्यवसाय / वाणिज्य है।

वैश्वानर–परमेश्वर; सर्वशक्मिान; ज्वाला; अग्नि।

वैषम्य–विषमता।

वैष्णव–भगवान विष्णु का उपासक या भक्त; हिन्दुओं के बीच एक कट्टरपंथी पंथ।

वैसा–उस तरह का; इस तरह; वे सब।

वैसे–उस तरह।

वोट–चुनाव में किसी उम्मीदवार के पक्ष में दी जानेवाली राय या मत।

वोट बैंक–किसी दल के प्रबल मतदाता जो उसी दल के हक में ही मत डालें।

वोटर–मतदाता।

वोल्ट–बिजली की शक्ति की नाप की ईकाई।

व्यंग्य–ताना; बोली; चुटकी; किसी को चिढ़ाते; दुःखी करने; नीचा दिखाने आदि के लिए कही जानेवाली बात।

व्यंग्य चित्र–हास्य चित्र; किसी व्यक्ति या घटना का वह चित्र जो व्यंग्यपूर्वक उसका उपहास करने के लिए बना हो।

व्यंग्यात्मक–ताने की तरह का; ताने की तरह की टिप्पणी।

व्यंग्यार्थ–किसी शब्द या वाक्य का उसके साधारण अर्थ से भिन्न; वह अर्थ जो उसकी व्यंजन शक्ति से निकलता है।

व्यंग्योक्ति–ताने की तरह की टिप्पणी।

व्यंजक–व्यक्त; प्रकट या सूचित करने वाला। आकृति (गणित)।

व्यंजन–वह वर्ण जो बिना स्वर की सहायता के न बोला जा सके; पका हुआ भोजन; व्यक्त या प्रकट करने अथवा होने की क्रिया या भाव।

व्यंजन गुच्छ–व्यंजन का समूह।

व्यंजना–शब्द की वह 5शक्ति जिससे वाच्यार्थ और लक्ष्यार्थ के सिवा ध्वनि के रूप में कुछ विशेष अर्थ निकलता है।

व्यंजित–प्रकट।

व्यक्त–स्पष्ट; जाहिर; सुस्पष्ट; दिखाना।

व्यक्ति–मनुष्य जाति; जाति या समूह में से कोई एक।

व्यक्तिक–वैयक्तिक।

व्यक्तिगत–वैयक्तिक; किसी व्यक्ति से संबंध रखनेवाला; एक व्यक्ति का।

व्यक्तित्व–किसी व्यक्ति के गुण; पृथकत्व।

व्यक्तिनिष्ठ–कर्ता का।

व्यक्तिवाचक संज्ञा व्यक्तिवाद–स्वयं का गर्व; आत्माभिमान।

व्यक्तिवादी–आत्माभिमानी।

व्यक्तिकरण–व्यक्ति को अलग पहचान देना।

व्यग्र–बेचैन; अशांत; क्षुब्ध; व्याकुल; हक्का बक्का; उलझा हुआ; घबराया हुआ; हैरान।

व्यग्रता–बेचैनी; अशांता; क्षुब्धता; व्याकुलता।

व्यजन–हाथों का पंखा; पंखा करने का कार्य।

व्यतिक्रम–क्रमभंग; उलट फेर; बाधा; विघ्न।

व्यतिक्रमण–व्यतिक्रम।

व्यतिरेक–अभाव; भेद; अंतर; खंडन; विरोध।

व्यतिरेकी–जो किसी पदार्थ में व्यतिरेक उत्पन्न करता हो।

व्यतीत–बीता हुआ; गत।

व्यत्यय–आज्ञा का प्रत्यवर्तन; उलटाव।

व्यथा–पीड़ा; वेदना; कष्ट; दुख; क्लेश।

व्यथित–पीड़ित; दुखित।

व्यभिचार–बदचलनी; दुश्चरित्रता; अनाचार; छिनाला।

व्यभिचारिणी–जारिणी; छिनाल; कामुक स्त्री।

व्यभिचारी–परस्त्रीगामी; दुश्चरित्र; संचारी (भाव)।

व्यभिचारी भाव–अल्पकालिक भाव।

व्यय–ख़र्च की रकम; लागत; खर्चा।

व्ययसाध्य–महँगा; बहुमूल्य; बड़ी लागत का; ऊँची कीमत का।

व्यर्थ–निरर्थक; बेकार; निराधार; तुच्छ; निःसार। दिखावे में अर्थहीन; अनावश्यक; फालतु।

व्यर्थता–निष्फलता; तुच्छता; निरर्थकता; असारता।

व्यवकलन–घटाने की क्रिया (गणित)।

व्यवकलित–घटाया हुआ (गणित)।

व्यवच्छिन्न–अलग किया हुआ।

व्यवच्छेद–अलगाव; विछोह; वियोग।

व्यवच्छेदन–अंग विच्छेद।

व्यवधान–ओट; परदा; रुकावट; बाधा; हस्तक्षेप; रोक।

व्यवसाय–पेशा; धंधा; जीविका; वृत्ति; रोजगार; व्यापार; काम धंधा।

व्यवसायिक–व्यावसायिक।

व्यवसायी–व्यापारी; सौदागर; व्यवसायी; वितरक।

व्यवस्था–ठीक रखने का कार्य; प्रबंधन; संचालन; उपाय; फैसला; इंतजाम; प्रबंध।

व्यवस्थापक–प्रबंधकर्ता; व्यवस्था करने वाला।

व्यवस्थापन–आयोजन; प्रबंधन।

व्यस्थापिका–कानून बनाने की सभा।

व्यवस्था स्थापन–कानून/व्यवस्था की स्थापना।

व्यवस्थित–नियमित; नियंत्रित; संचालित; संभाला हुआ; तरीके से किया हुआ।

व्यवस्थिति–व्यवस्था; प्रणाली; विधि।

व्यवहार–आचरण; चालढाल; लेनदेन; बरताव।

व्यवहार कुशल–अभ्यासिक; दुनियादार; संसारज्ञानी; चतुर; निपुण।

व्यवहार कुशलता–चतुराई; निपुणता।

व्यवहार चतुर–व्यवहारिक संदर्भ में महत्त्व देनेवाला।

व्यवहारतः–व्यवहार की दृष्टि से; उपयोग के विचार से अथवा व्यवहार के रूप में।

व्यवहार बुद्‌ध–व्यवहार करने की चतुराई।

व्यवहार्य–जिसे क्रियात्मक रूप दिया जा सके; साध्य; संभव।

व्यवहार्यता–सम्भावना; साध्यता।

व्यवहृत–काम में लाया हुआ; जिसका व्यवहार या प्रयोग होता या हुआ हो।

व्यष्टि–स्वतंत्र और पृथक अंश या सदस्य।

व्यष्टिवाद–वह सिद्धान्त जिसमें व्यष्टि की स्वतंत्र सत्ता और अधिकार माना जाता है।

व्यष्टिवादी–व्यष्टिवादी सबंधी; वह जो व्यष्टिवाद का अनुयायी हो।

व्यसन–लत; बुरी आदत; शौक।

व्यसनी–आदी होना; जिसे लत लगी हो।

व्यस्त–क्रियाशील; कार्यरत; कार्य में निमग्न।

व्याकरण–वह शास्त्र जिसमें किसी भाषा के शब्दों के प्रकारों और प्रयोग के नियमों आदि का निरूपण होता है; व्याकरण की पुस्तक।

व्याकरण सम्मत–व्याकरण के सिद्धान्त के अनुकूल; व्याकरण संबंधी।

व्याकरणिक–व्याकरण संबंधी; व्याकरण का।

व्याकुल–विक्षुब्ध; अशांत; बेचैन; क्षुब्ध; व्यग्र; बेचैन।

व्याकुलता–अशांति; बेचैनी; व्यग्रता।

व्याख्या–स्पष्टीकरण; विस्तार; विस्तृत विवरण; टिप्पणी; भाष्य।

व्याख्याकार–टीकाकार; भाष्याकर; व्याख्या करनेवाला।

व्याख्यात्मक–जिसकी व्याख्या की जाए।

व्याख्यान–भाषण; वक्तृता; व्याख्या या वर्णन करने का काम।

व्याख्येय–व्याख्या योग्य।

व्याघात–आघात; प्रहार; चोट; विघ्न; बाधा; रुकावट।

व्याघ्र–बाध; शेर।

व्याघ्रचर्म–बाघ की खाल।

व्याघ्रमुखी–बाघ के मुख का।

व्याज–छल; बहाना; कपट; ब्याज।

व्याजनिंदा–किसी बहाने या ढंग से की जानेवाली वह निंदा जो साधारणत: देखने में निंदा न जान पड़े; आडंबरपूर्ण बुराई।

व्याजस्तुति–कुछ खास ढंग से की जाने वाली वह स्तुति जो साधारणत: देखने में स्तुति न जान पड़े; आडम्बपूर्ण स्तुति।

व्याजोक्ति–आडम्बरपूर्ण कथन या बयान।

व्याध–शिकारी; बहेलिया।

व्याधि–अस्वस्थता; रोग; बीमारी; विकार युक्त।

व्याधिनाशक–रोग विनाशक।

व्याधि मंदिर–बीमारी का निवास मनुष्य का शरीर।

व्याधिहर–रोग विनाशक।

व्यापक–सर्वव्यापी; चारों ओर फैला हुआ; भरा या छाया हुआ; घेरने या ढकनेवाला।

व्यापकता–स्र्वव्यापकता; प्रसार; विस्तार।

व्यापना–में फैल जाना; किसी चीज के अंदर व्याप्त होना या फैलना।

व्यापार–व्यवसाय; चीजें खरीदकर बेचने का काम; रोजगार।

व्यापार कर–व्यापार पर लगनेवाला कर।

व्यापार चक्र–व्यापार का पहिया।

व्यापार चिह्न–वह विशेष चिह्न जो व्यापारी अपने माल पर; उसे दूसरे व्यापारियों के माल से पृथक सूचित करने के लिए अंकित करते हैं।

व्यापार बुद्‌ध–व्यापार कौशल/चातुरी।
व्यापार संध–व्यापारियों का मंडल जो व्यापरियों के अधिकार के लिए लड़ता है।
व्यापारिक–व्यापार संबंधी; रोजगार का।
व्यापारी–व्यवसाय; व्यापार या रोजगार करने वाला; रोजगारी।
व्यापित–व्यापत।
व्यापी–व्याप्त होने या चारों ओर फैलने वाला।
व्याप्त–फैला या छाया हुआ; किसी वस्तु या स्थान के अंगों या भागों में भरा।
व्याप्ति–व्याप्त होने की अवस्था; क्रिया या भाव।
व्याप्य–सर्वव्यापी।
व्यामोह–प्रेमोन्माद; माया; दिमागी भ्रम; आकुलता।
व्यामोहित–मोहित; भ्रमित।
व्यायाम–शारीरिक कसरत; बल बढ़ाने के उद्‌देश्य से किया जानेवाला श्रम।
व्यायामशाला–अखाड़ा; जहाँ व्यायाम किया जाय।
व्यायामिक–व्यायाम संबंधी।
व्यायामी–कसरत करनेवाला।
व्याल–साँप।
व्यावसायिक–पेशेवर; व्यापार संबंधी।
व्यावहारिक–अभ्यासिक; वास्तविक; व्यवहार या बरताव संबंधी; क्रियात्मक।
व्यावहारिकता–व्यावहारिक होने की अवस्था या भाव।
व्यास–किसी वृत्त के गोल क्षेत्र के बीचोंबीच होती हुई गई सीधी रेखा; प्राचीन भारतीय लेखक जिसे पुराणों के रचियता कहा जाता है; पंजाब में बहने वाली एक नदी; कथावाचक; वह जो पुराणों की कथाएँ सुनाता हो।
व्यासपीठ–धर्मोपदेश करने का आसन।
व्यासीय–व्यास संबंधी।
व्युत्क्रम–उलट फेर होना।
व्युत्क्रमण–उलटाव; अदल बदल।
व्युत्पत्ति–शुरुआत; उत्पत्ति; उद्‌गम।
व्युत्पत्तिक–प्राप्त वस्तु; व्युत्पत्ति संबंधी।
व्युत्पन्न–जिसकी किसी से व्युत्पत्ति हुई हो।
व्युत्पन्नमति–चतुर; दक्ष; निपुण; स्याना।
व्युत्पादन–व्युत्पत्ति संबंधी।
व्यूह–युद्‌ध में सैनिकों आदि या सेना की स्थापना का विशेष प्रकार; निर्माण; रचना।
व्यूहबद्‌ध–व्यूह रचना से संबंधित।
व्योम–आकाश; आसमान।
व्योमगंगा–असंख्य तारों की चमकती हुई पंक्ति; आकाशगंगा।
व्योमचारी–जो आकाश में विचरण करता हो।
व्योमविहारी–व्योमचारी।
व्रजन–घूमना; चलना; गमन।
व्रण–घाव; फोड़ा।
व्रत–उपवास; भोजन न करना।
व्रती–वह जिसने व्रत धारण किया हो।
व्रीड़ा–लज्जा; लाज, शर्म।
व्रीहि–चावल; एक प्रकार का धान।

श–हिन्दी वर्णमाला का तीसवाँ व्यंजन वर्ण; इसका उच्चारण स्थान तालु है।

शंकनीय–संदिग्ध; अनिश्चित; शंका करने योग्य।

शंकर–भगवान श्रीशिव।

शंका–संशय; सन्देह; द्विविधा; भय; शक; खटका; वाद विवाद से उत्पन्न विरोध।

शंकालु–अविश्वासी प्रकृतिवाला; शंका करने वाला; शंका में डूबा हुआ।

शंकाशील–सन्देहशील प्रकृतिवाला।

शंका समाधान–संदेह अथवा शंका का समाधान।

शंकित–शंकापूर्ण; सन्देहशील; अविश्वासी; भयभीत।

शंकु–नोकदार आकृति; कील।

शंख–एक प्रकार का बड़ा घोंघा जिसका कोष बहुत पवित्र माना जाता है, जो देवताओं की आराधना के समय बजाया जाता है।

शंखध्वनि–शंख से निकलनेवाली ध्वनि।

शंखिनी–हिन्दु कामशास्त्र के आधार पर स्त्रियों की एक श्रेणी।

शंबु–घोंघा; सीप।

शंभु–भगवान श्रीशिव।

शऊर–शिष्टाचार; आचार; व्यवहार; बुद्धिमानी; धूर्तता।

शक–शंका; संदेह; अनिश्चितता; प्रथम ई.पू. में भारत में घुसपैठ करनेवाली प्राचीन अनार्य शाक प्रजाति।

शकट–बैलगाड़ी; छकड़ा।

शकर–शक्कर।

शकरकंदी–एक प्रकार का प्रसिद्ध कंद।

शकल–शक्ल।

शक संवत्–78 ई. में राजा शैलवाहन द्वारा प्रस्तावित काल।

शकाब्द–शक संवत्।

शकुंत–पक्षी; चिड़िया।

शकुन–पक्षी; खग; सगुन; शुभ मुहूर्त; शुभ या अशुभ लक्षण।

शकुन विचार–शगुन ज्ञान।

शकुनी–भविष्यवक्ता; शकुनज्ञ।

शक्कर–चीनी; खांड।

शक्की–अविश्वासी प्रकृतिवाला; सच्ची बातों पर भी शक करनेवाला; अनवस्थित।

शक्की मिज़ाज–शक्की।

शक्ति–सामर्थ्य; ताकत; बल; शारीरिक बल; ऊर्जा; बल की देवी।

शक्तिपात–उपदेशक द्वारा अपने शिष्य में शक्ति की स्थापना करने का कार्य।

शक्ति पूजक–शक्ति की देवी के उपासक।

शक्ति पूजा–शक्ति की देवी की आराधना।

शक्तिमत्ता–बल; ताकत; पराक्रम; शक्तिमान होने का भाव।

शक्तिमान–बलवान; बलिष्ठ; ताकतवर।

शक्तिवर्धक–शक्ति में वृद्धि करनेवाला; पुष्टिकर; बलकारक।

शक्तिशाली–बलवान; ताकतवर; बलिष्ठ; शक्ति से भरपूर।

शक्ति संतुलन–शक्तियों का समान विभाजन या वर्गीकरण।

शक्तिसंपन्न–ताकत/बल/उर्जा से भरपूर।

शक्तिहीन–बलहीन; शक्ति की कमी; कमज़ोर।

शक्य–संभव; होने योग्य; साध्य।

शक्यता–संभावना; शक्य होने की क्रिया या भाव।

शक्ल–मुख; आकृत्ति; आकार; मुखड़ा; रूप; दिखावट; नमूना।

शक्ल सूरत–दिखावट।

शख़्स–मनुष्य; जन; व्यक्ति।

शख़्सियत–व्यक्तित्व।

शग़ल–व्यापार; मनोविनोद; काम धंधा।

शगुन–यादगार का प्रतीक मांगलिक अनुष्ठान; कन्या पक्ष द्‌वारा सगाई के अवसर पर दिये जानेवाला यादगार चिह्न।

शगुनिया–शकुन का विचार करनेवाला; साधारण ज्योतिषी।

शगूफ़ा–कली; फूल; झगड़ा बंद करने के सुविचारित उच्चारण।

शचि–इन्द्र की पत्नी का नाम।

शजरा–वंशवृक्ष; पटवारी का बनाया हुआ खेत का नक्शा।

शटर–लोहे का दरवाजा जो खुलने पर इकट्‌ठा हो जाता है।

शठ–धूर्त; चालाक; लुच्चा; बदमाश; दुष्ट; पाजी; निर्लज्ज।

शठता–धूर्तता; चालाकी; लुच्चापन; बदमाशी; दुष्टता; पाजीपन; निर्लज्जता।

शत–सौ की संख्या।

शतक–एक सौं; सैंकड़ा; एक पारी में बल्लेबाज़ द्‌वारा बनाया गयी सौ दौड़ें।

शतदल–कमल।

शतपति–वह जिसकी आयु सौ वर्ष की हो।

शतपद–गोजर; कनखजूरा।

शतरंज–एक प्रकार का प्रसिद्‌ध खेल जो बत्तीस गोटियों से खेला जाता है।

शतरंजी–शतरंज खेल का तख़्ता; शतरंज खेल के रूप की दरी या मोटा बिछावन।

शतवार्षिकी–सतवर्षीय समारोह।

शतशः–सैकड़ों प्रकार से।

शताब्दी–शती; सौ वर्ष; शतक।

शतायु–सौ वर्ष की आयुवाला।

शती–सौ वर्षों की अवधि; शतक; शताब्दी।

शत्रु–बैरी; दुश्मन; रिपु; प्रतिपक्षी।

शत्रुता–दुश्मनी; वैमनस्य; बैर।

शत्रुतापूर्ण–विरोधी; बैरी; विपरीत।

शनाख़्त–पहचान।

शनि–सौर जगत के विद्‌यमान नौं ग्रहों में से सातवाँ ग्रह; शनिवार।

शनिवार–शुक्रवार के बाद और रविवार के पहले का वार या दिन।

शनिश्चर–शनिवार।

शनैः शनैः–धीरे; आहिस्ता।

शपथ–कसम; सौगंध; प्रतिक्षा; दृढ़तापूर्वक कथन।

शपथ ग्रहण–किसी पद को ग्रहण करते समय ली जानेवाली शपथ।

शपथ पत्र–वह पत्र जो किसी बात की सत्यता प्राख्यापित करने के समय शपथपूर्वक लिखकर न्यायालय में उपस्थित किया जाता है।

शपथपूर्वक–दृढ़ता पूर्वक।

शफ़तालू–एक प्रकार का आड़ू; अमृत; मधु।

शबनम–तुषार; ओस।

शब्द–अक्षर।

शब्दकार–अक्षर बनानेवाला।

शब्दकोश–वह कोश जिसमें बहुत से शब्द किसी क्रम से अर्थ सहित दिये हों।

शब्दक्रम–शब्दों का क्रम।

शब्दगत–शब्दों से संबंधित।

शब्दचयन–शब्दों को इकट्ठा अथवा छाँटने का कार्य; भाव प्रकट करने के लिए चुने गये अक्षर।

शब्दचित्र–शब्दों में किसी विषय को ऐसी स्पष्ट चर्चा जो देखने में उसके चित्र के समान जान पड़े।

शब्दजाल–शब्दाडंबर; फेरवट की बातचीत।

शब्दब्रह्म–शब्द रूपी ईश्वर।

शब्दभेद–व्याकरण में शब्दों का वह विशेष प्रकार जिसके अनुसार यह निश्चय होता है कि अमुक शब्द का क्या भेद है।

शब्दवेधी बाण–ध्वनि का पीछा कर आक्रमण करनेवाला बाण।

शब्दशः–किसी के कहे या लिखे हुए विचारों आदि के प्रत्येक शब्द के अनुसार या अनुकरण पर।

शब्दशक्ति–शब्द की वह शक्ति जिसके द्वारा उसमे कोई अर्थ निकलता है।

शब्दसंग्रह–शब्दों का संग्रह।

शब्दसूची–शब्दों की सूची।

शब्दसौष्ठव–शब्दों की पवित्रता/सौन्दर्य।

शब्दहीन–गूँगा; बोलने के लिए शब्द न मिलना।

शब्दाडंबर–साधारण बात को कहने के लिए बड़े बड़े शब्दों और जटिल वाक्यों का प्रयोग।

शब्दातीत–वर्णन; व्याख्या।

शब्दानुवाद–शब्दानुसार अनुवाद।

शब्दानुशासन–व्याकरणीय अनुशासन।

शब्दान्वय–पदभंजन; पदच्छेद; वाक्य में आए हुए किसी शब्द का शब्दभेद।

शब्दार्थ–किसी शब्द का साधारण अर्थ; माने।

शब्दालंकार–काव्य में वह अलंकार जिसमें प्रयुक्त होनेवाले शब्द से ही चमत्कार उत्पन्न हो।

शब्दावली–विशिष्ट व्यवस्था में शब्दों की सूची; किसी वाक्य; कथन या रचना में प्रयुक्त शब्दों का प्रकार या क्रम।

शम–शांति; मोक्ष; अंतःकरण तथा इंद्रियों को वश में रखना।

शमन–दोष, विकार, उपद्रव आदि दबाने का कार्य; शांति; दमन।

शमशीर–तलवार; खड्ग।

शमा–जलती मोमबत्ती।

शमादान–वह आधार जिसमें मोमबत्ती रखकर जलाई जाती है।

शमित–क्षीण; बुझाया हुआ; शान्त किया हुआ।

शयन–निद्रा लेना; सोना; लेटना; शय्या पर पड़ा या लेटा हुआ।

शयन कक्ष–शयनगृह; शयनागर; निद्रा करने का कक्ष।

शयनागार–सोने का कमरा या घर; शयनगृह।

शयनिका–सोने के लिए पटरी।

शय्या–बिछौना; बिस्तर; सोने के लिए खाट अथवा पलंग; चिकित्सालय आदि में वह पलंग जिसपर रोगी रहते हैं।

शय्याग्रस्त–बिछौना/बिस्तर पर लेटा हुआ।

शय्याव्रण–रोगियों की पीठ में होनेवाला घाव जो बहुत दिनों तक बिस्तर पर पड़े रहने से हो जाता है।

शर–तीर; बाण।

शरच्चंद–शरद्काल का चन्द्रमा।

शरच्चंद्रिका–शरद्काल के चन्द्रमा की चाँदनी।

शरज्जोत्स्ना–शरच्चंद्रिका।

शरण–आश्रय; रक्षा; बचाव की जगह।

शरणस्थल–वह स्थान जहाँ शरण ली जाए।

शरणागत–वह जो शरण में आया हो; शरणार्थी।

शरणागति–शरण का प्रवेश (रास्ता)।

शरणार्थिन–शरणार्थी का स्त्रीलिंग।

शरणार्थी–वह जो कही शरण पाना चाहता है; शरणागत।

शरणालय–वह स्थान जहाँ शरण ली जाए।

शरण्य–शरण में आनेवाले की रक्षा करनेवाला।

शरत–ऋतु जो आश्विन और कार्तिक में होती है।

शरत्काल–शरद् ऋतु।

शरद–शरत।

शरदऋतु–शरतकाल।

शरबत–मधुर पेय पदार्थ।

शरबती–शरबत के रंग का; हल्का लाल रंग।

शरम–लज्जा; हया; शर्म।

शरमाना–शर्माना; लजाना; लज्जित होना।

शरमाशरमी–शर्म से बाहर। लज्जा; विनय; संकोच से।

शरमिंदगी–लज्जित होने का भाव।

शरमिंदा–लज्जित।

शरमीला–लज्जालु; जिसे जल्दी शर्म आती हो; लजीला।

शरमीलापन–शरमीला होने की अवस्था या भाव।

शरशय्या–बाणों की बनी हुई शय्या।

शरह–दर; भाव।

शराकत–हिस्सेदारी; सहकारिता; साझा।

शरापना–शाप देना; कोसना।

शराफ़त–सज्जनता; शिष्टता; कुलीनता; तेजस्विता।

शराब–मदिरा; मद्य; एक प्रसिद् तरल मादक पदार्थ।

शराब कबाब–शराब तथा माँस।

शराबख़ाना–मद्यशाला; शराब बेचने का स्थान।

शराबख़ोर–अत्यधिक मदिरा पान करने वाला।

शराबी–वह जो प्राय: शराब पीता हो; मद्यप।

शराबी कबाबी–शराब तथा माँस का नित्य सेवन करनेवाला।

शराबोर–बिल्कुल भीगा हुआ; लथपथ; तरबतर।

शरारत–अनिष्ट; पाजीपन; दुष्टता।

शरारत-भरा–दुष्टता से भरपूर।

शरारती–शरारत करनेवाला; समस्या खड़ी करने वाला।

शरारतीपन–शरारत करने की क्रिया या भाव।

शरीक–शामिल; सम्मिलित; काम में साथ देनेवाला। हिस्सेदार; रिश्तेदार।

शरीफ़–सज्जन; शिष्ट; कुलीन।

शरीफ़ा–मझोले आकार के एक प्रसिद्ध वृक्ष का फल; सीताफल।

शरीर–पाजी; नटखट। देह; तन; काया; शरीर।

शरीरत्याग–मौत; मृत्यु।

शरीरधारी–जिसने शरीर धारण किया हो।

शरीररक्षक–अंगरक्षक।

शरीरविज्ञान–वह विज्ञान जिसमें शरीर के अंगों की बनावट और उसके कार्यों का विवेचन होता है।

शरीरवैज्ञानी–शरीरविज्ञान का ज्ञाता।

शरीरवैज्ञानिक–शरीरविज्ञान से संबंधित।

शरीरांत–मृत्यु; मौत।

शरीरी–भौतिक; प्राकृतिक; शरीरधारी; देहधारी; कायिक; दैहिक।

शर्करा–शक्कर; चीनी; खांड।

शर्त–दाँव; बाज़ी।

शर्तिया–निश्यचपूर्वक; निश्चित रूप से; नि:सन्देह; सचमुच; दृढ़ता से।

शर्म–लज्जा; हाय; शरम।

शर्मनाक–लज्जापूर्ण; अपमानजनक।

शर्मिंदगी–अपमान; पराभव; शर्मिंदा होने का भाव।

शर्मिंदा–लज्जित।

शर्मीला–लज्जालु; विनीत; लज्जावान।

शर्मीलापन–लज्जा; नम्रता।

शलक–साही का काँटा।

शलग़म–गाजर की तरह का एक प्रसिद्ध कंद।

शलजम–शलग़म।

शलभ–टिड्डी; फतिंगा।

शलाका–सलाई; सीख; बाण; तीर।

शल्य–अस्थि; हड्डी; साँग नामक अस्त्र; वे उपकरण जिससे फोड़ें या रुग्न अंग चीरे फाड़े जाते हैं।

शल्यकर्म–शल्य चिकित्सा; चीरने फाड़ने की विद्या या काम।

शल्यकार–शल्य चिकित्सक; जो शल्यकर्म का अच्छा ज्ञाता हो।

शल्यक्रिया–चीरने फाड़ने की विद्या या काम।

शल्यचिकित्सा–चीर फाड़ कर की गयी चिकित्सा; शल्यकर्म।

शव–मृत शरीर; लाश।

शवच्छेदन–शव का छेदन।

शवदाह–दाह क्रिया।

शव परीक्षा–किसी व्यक्ति के मृत शरीर या लाश की वह जाँच जो उसकी मृत्यु का कारण जाँचने के लिए होती है।

शव पेटी–वह पेटी जिसमें शव को रखकर गाड़ा जाता है।

शवशाला–वह स्थान जहाँ शव सुरक्षित रखे जाते हैं।

शवसंस्कार–(अंतिम) अन्त्येष्टि संस्कार।

शशक–खरगोश।

शशांक–चन्द्रमा।
शशि–चाँद।
शस्त्र–हथियार; कार्य सिद्ध करने का ढंग या उपाय।
शस्त्रजीवी–शस्त्रकाल में माहिर यौद्धा।
शस्त्रधारी–हथियारबंद; यौद्धा।
शस्त्रविद्या–हथियार चालने की विद्या; शस्त्रविज्ञान।
शस्त्रसज्जित–हथियारों से लैस।
शस्त्रागार–शस्त्रशाला; सिलहखाना।
शस्त्राभ्यास–शस्त्र विद्या।
शस्त्रास्त्र–शस्त्र और अस्त्र जिनसे युद्ध में आक्रमण और आत्मरक्षा की जाती है।
शहंशाह–राजाओं का राजा; सम्राट।
शहंशाही–किसी शहंशाह से संबंधित; राजसी; राजकीय। शहंशाह होने का भाव; शहंशाह का शासन/अधिकार/ राज्य।
शह–शतरंज के खेल में बादशाह पर लगी घात; बढ़ा चढ़ा; श्रेष्ठतर; बढ़ावा; प्रोत्साहन।
शहज़ादा–राजकुमार; शहंशाह का पुत्र।
शहज़ादी–राजकुमारी; शहंशाह की पुत्री।
शहतीर–लकड़ी का बड़ा तथा लंबा लट्ठा; धरन।
शहतूत–मझोले आकार का एक पेड़ जिस पर लगा फल मीठा होता है।
शहद–मधु; मधुमक्खियों द्वारा फूलों से एकत्रित किया गया एक पदार्थ।
शहनाई–फूँक कर बजाया जानेवाला एक भारतीय प्रसिद्ध बाजा।
शहबाला–विवाह के समय दूल्हे के साथ जानेवाला छोटा बालक।
शहर–नगर; पुर।
शहरी–शहर संबंधी; शहर का; नागर।
शहसवार–घुड़सवार; घोड़े पर सवार व्यक्ति।
शहसवारी–घुड़सवारी; घोड़े की सवारी।
शहादत–सबूत; गवाही; साक्षी; प्रणाम; शहीद की मृत्यु; कुर्बानी; आत्म बलिदान।
शहाना–शाही; राजसी; ऐश्वर्यपूर्ण।
शहीद–धार्मिक श्रद्धा अथवा विश्वास के कारण अपने प्राणों का त्याग करनेवाला; आत्म बलिदान करनेवाला; कुबार्नी देनेवाला।
शांत–सौम्य; निश्चल; स्थिर; निर्वात; चुप; नि:शब्द; मौन; निर्विघ्न।
शांतचित्त–शांत प्रकृतिवाला; शांत स्वभाव का।
शांति–स्तब्धता; निश्चलता; सन्नाटा; खामोशी; नीरवता; चुप्पी; मन की वह अवस्था जिसमें कोई विकार नहीं होता; चित्त की स्वस्थता।
शांतिकुंज–शांति का कुंज (कुटी)।
शांतिदायक–शांति प्रदान करनेवाला।
शांतिपूर्ण–निष्कण्टक।
शांतिपूर्वक–शांति से।
शांति प्रक्रिया–शांति स्थापित करने का कार्य।
शांतिप्रद–शांतिदायक।
शांतिप्रिय–शांति पसंद करनेवाला; शान्त रहनेवाला; निष्कण्टक।

शांतिभंग–कोई ऐसा उपद्रव जिससे जनसाधारण के सुख और शांति में बाधा होती हो।

शांतिमय–शांत; सौम्य।

शांतिवार्ता–वह वार्ता जिसमें शांति स्थापित करने संबंधित वार्तालाप की जाय।

शांति संधि–दो पक्षों के मध्य की वह संधि जिसके द्‌वारा शांति स्थापित होती है।

शांति सेना–शांति बहाल करनेवाली सेना।

शाक–(पत्तोंवाली) भाजी; तरकारी।

शाकाहार–वनस्पति जन्य पदार्थों और अन्न का भोजन।

शाकाहारी–वनस्पति जन्य पदार्थों का सेवन करनेवाला; वनस्पति खाकर जीनेवाला (जानवर)।

शाकीय–शाकाहार अथवा जड़ी बूटी संबंधी।

शाक्त–शक्ति की देवी का उपासक।

शाख़–वृक्ष की डाली; किसी व्यवसाय की शाखा; किसी बड़े ढाँचे का एक खंड; प्रशाखा।

शाखा–वृक्षों आदि के तने से इधर उधर निकले हुए अंग; टहनी; डाल; किसी विषय या सिद्‌धान्त के संबंध में एक ही तरह के विचार रखनेवाले लोगों का वर्ग।

शागिर्द–शिष्य; चेला।

शागिर्दी–विद्‌यार्थी की अवस्था या इसका समय; चेलापन।

शातिर–बहुत बुरा; नीच; दुष्ट।

शादी–विवाह; बयाह।

शान–ठाठ बाट; तड़क भड़क; भव्यता; वैभव; प्रतिष्ठा; विशालता; दर्प।

शानदार–शोभायमान; वैभवशाली; महान; श्रेष्ठ।

शानबान–ऐश्वर्य; महत्त्व।

शाप–किसी के अनिष्ट की कामना से कहा गया शब्द; धिक्कार; भर्त्सना।

शापग्रस्त–जिसे शाप मिला हो; पतित।

शाबाश–वाह वाह; धन्य हो; एक प्रशंसासूचक शब्द; साधुवाद।

शाबाशी–प्रशंसा/स्तुति (बढ़ावा देने के लिए)।

शाब्दिक–शब्द संबंधी; मूलार्थक।

शाम–साँझ; संध्या।

शामत–दुर्भाग्य।

शाम सबेरे–निकट भविष्य में; कदाचित; लगभग सभी समय।

शामियाना–एक प्रकार का बड़ा तंबू या खेमा।

शामिल–सम्मिलित; संयुक्त।

शायक–बाण; तीर।

शायद–कदाचित; संयोग से।

शायर–कवि (उर्दू भाषा का)।

शायराना–कविता संबधी; कवि जैसा।

शायरी–कविताएँ रचना; काव्य; कविता (उर्दू की)।

शायिका–रेलगाड़ी में निंद्रा के लिए पटरी।

शायी–लम्बा पड़ा हुआ; लम्बवत्।

शारद–शरद् ऋतु संबंधी।

शारदा–सरस्वती देवी; ज्ञान की देवी।

शारदीय–शरद्काल का।

शारीर–शरीर संबंधी।

शारीरिक–शरीरवाला; शरीरधारी; शरीर से युक्त।

शार्क–समुद्र की मछली।

शार्दूल–बाघ; सिंह।

शाल–दुशाला; एक प्रसिद्ध वृक्ष।

शाला–घर; निवास जैसे गोशाला; धर्मशाला।

शालिनी–शाली।

शाली–प्रत्यय जो शब्दों के अंत में लगकर स्वामित्व, संबंध आदि का सूचक होता है जैसे भाग्य**शाली**; ऐश्वर्य**शाली**।

शालीन–विनीत; नम्र; लज्जाशील; दक्ष; चतुर।

शालीनता–विनीत व्यवहार; नम्रता; दक्षता; लज्जाशीलता; चतुराई।

शावक–पशु या पक्षी का बच्चा।

शाश्वत–स्थायी; नित्य जो सदा बना रहे; अनन्त; चिरस्थायी।

शाश्वतता–नित्यता; सतत्ता; अनन्तता।

शासक–शासन करनेवाला; वह जो शासन करता हो; हाकिम।

शासकीय–अधिकार संबंधी; सरकारी; राजकीय।

शासन–अधिकार; सरकार; हुकूमत; आज्ञा; आदेश; हुक्म; दंड; सजा।

शासन-तंत्र–सरकार की पद्धति; सरकार; राजतंत्र।

शासन निकाय–शासन संबंधी समुदाय।

शासन प्रणाली/व्यवस्था–सरकार की पद्धति।

शासन-सूत्र–सरकारी शक्ति।

शासनिक–शासन संबंधी; शासन का; शासन विभाग का।

शासित–जिसपर किसी का शासन या राज्य हो; जो किसी प्रकार के शासन या नियंत्रण में रहता हो।

शास्ति–अनुमोदन; सजा; दंड; दंड या हरजाने आदि के रूप में लिया जाने वाला धन या कार्य।

शास्त्र–ज्ञान की शाखा; कोई भी धार्मिक पुस्तक या लेख।

शास्त्रज्ञ–वह जिसे शास्त्रों का अच्छा ज्ञान हो; शास्त्रवेत्ता।

शास्त्र विज्ञान–शास्त्र की रीति।

शास्त्रार्थ–शास्त्र पर विवाद।

शास्त्री–शास्त्रों का ज्ञाता; धर्मशास्त्र का ज्ञाता।

शास्त्रीय–शास्त्र संबंधी; शास्त्र का; शास्त्रीय ज्ञान से संबंध रखनेवाला।

शास्त्रोक्त–शास्त्रों में कहा गया या बतलाया हुआ।

शाहंशाह–शहंशाह।

शाह–महाराज; बादशाह; शासक।

शाहख़र्च–अतिव्ययी; मुक्तहस्त; लुटाऊ।

शाहख़र्ची–अतिव्यय।

शाहज़ादा–बादशाह का लड़का; महाराजकुमार।

शाहज़ादी–महाराजकुमारी; बादशाही की लड़की।

शाह जी–मुस्लिम फ़कीर; हिन्दु व्यापारी आदि को संबोधित करने का सम्मानसूचक शब्द।

शाहाना–राजकीय; राजा सदृश।

शाही–राजकीय; राजसी; ऐश्वर्यपूर्ण।

शिकंजा–दबाने; कसने आदि का यंत्र।

शिकन–तह का निशान; सिलवट; सिकुड़न।

शिकमी–किसी के अंतर्गत रहनेवाला।

शिकवा–शिकायत; असंतोष; (मधुर) अभियोग।

शिकस्त–हार; पराजय।

शिकस्ता–फटेहाल; जर्जर; टूटा हुआ।

शिकस्ताहाल–हारा हुआ; मॉफी माँगने की अवस्था में।

शिकायत–चुगली; निंदा; उलाहना; क्षति; कष्ट; पीड़ा।

शिकायती–शिकायत से संबंधित।

शिकार–पीड़ित व्यक्ति; बुरी अवस्था में पहुँचा हुआ; आखेट।

शिकारा–सुखकर नाव (जो कश्मीर में मिलती हैं)।

शिकारी–शिकार करनेवाला।

शिक्षक–पढ़ानेवाला; अध्यापक; गुरु।

शिक्षण–तालीम; शिक्षा।

शिक्षणीय–पाठनीय; सीखने योग्य।

शिक्षा–तालीम; पढ़ाने या सिखाने की क्रिया; उपदेश; नसीहत; परामर्श; सलाह।

शिक्षा–दीक्षा–शिक्षा तथा दीक्षा।

शिक्षा पद्धति/प्रणाली–शिक्षा प्रदान करने की व्यवस्था।

शिक्षा परिषद–वह सरकारी विभाग जो देश में शिक्षा का प्रबंध करता है।

शिक्षाप्रद–ज्ञानात्मक; जिससे किसी प्रकार की शिक्षा मिलती हो।

शिक्षा मंत्रालय–शिक्षा संबंधी मंत्रीमंडल।

शिक्षा मंत्री–शिक्षा संबंधी सरकारी विभाग का अध्यक्ष।

शिक्षार्थी–विद्यार्थी; शिष्य; अध्ययन करनेवाला; शिक्षा ग्रहण करनेवाला।

शिक्षालय–विद्यालय; शिक्षणालय; ज्ञान प्राप्त करने का केन्द्र।

शिक्षा विधि–पढ़ाने का तरीका।

शिक्षा विभाग–वह सरकारी विभाग जो देश में शिक्षा का प्रबंध करता हो।

शिक्षाशास्त्र–वह शास्त्र जिसमें इस बात का विवेचन होता है कि विद्यार्थियों को किस प्रकार विद्या सिखलाई जानी चाहिए।

शिक्षाशास्त्री–शिक्षाशास्त्र का ज्ञानी।

शिक्षाशास्त्रीय–शिक्षाशास्त्र के अनुसार।

शिक्षित–पढ़ा लिखा; जिसने शिक्षा प्राप्त की हो।

शिक्षु–प्रशिक्षु; विद्या प्राप्त करता हुआ शिष्य।

शिक्षुता–शिक्षार्थी का प्रशिक्षण काल।

शिखंडी–इन्द्रियलोलुप यौद्धा; स्त्रैण व्यक्ति।

शिखर–सिरा; चोटी; पहाड़ की चोटी; मंदिर के ऊपर का नुकीला भाग; गुबंद।

शिखा–मस्तक पर बालों का गुच्छा; चोटी; चुटिया; दीपक की लौ; मोर का मुकुट; कंगूरा; नोक (मस्तक)।

शिखी–मोर।

शिथिल–ढीला; कड़ा या कठोर न होना; झूलता या लटका हुआ।

शिथिलता–शिथिल होने का भाव।

शिथिलित–जो कसा न हो; थका हुआ।
शिथिलीकरण–शिथिल होने का कार्य।
शिद्दत–कठोरता; तीव्रता; अत्यन्तता।
शिनाख़्त–पहचान।
शिफ्ट–पारी।
शिर–सिर।
शिरकत–सम्मिलत होने का भाव; हिस्सेदारी; साझा।
शिरस्त्राण–सुरक्षा के लिए सिर पर पहना जानेवाला लोहे का टोप।
शिरस्थ–सबसे ऊपर; विशिष्ट।
शिरा–शरीर में रक्त की छोटी नस; धमनी।
शिरावरोध–वाहिनियों में रुधिर का जमाव।
शिरोधार्य–आदरपूर्वक ग्रहण करने के योग्य।
शिरोमणि–सिर पर पहनने का रत्न; सर्वश्रेष्ठ व्यक्ति।
शिरोरेखा–अक्षर के ऊपर खींची रेखा (जैसे देवनागरी लिपि में होता है); ऊपरी डंडा।
शिरोविंदु–चोटी; शिखर; नागरी वर्ण के ऊपर खींची रेखा के ऊपर लगा बिन्दु।
शिला–पत्थर; पत्थर या पटिया का चौड़ा टुकड़ा।
शिलान्यास–भवन आदि बनाने से पहले उसकी नींव पर पत्थर रखा जाना।
शिलालेख–पत्थर पर खुदा हुआ कोई प्राचीन लेख।
शिलाविज्ञान–वह शास्त्र जिसमें शिल्पों या हाथ की कारिगरियों का विवेचन होता है।
शिल्प–हाथ से विशिष्ट चीजें बनाकर तैयार करने की कला; दस्तकारी।
शिल्पकला–कारीगरी।
शिल्पकार–हाथ से विशिष्ट चीजें तैयार करनेवाला व्यक्ति; शिल्प का काम करनेवाला कारीगर।
शिल्पकौशल–शिल्प का कार्य करने का कौशल।
शिल्पज्ञ–शिल्पी; कारीगर।
शिल्पविद्या–शिल्प की कारीगरी।
शिल्पशाला–शिल्प सिखाने का विद्यालय।
शिल्पी–शिल्प का काम करनेवाला कारीगर।
शिव–भगवान श्रीशिवशंकर; हिन्दुओं के तीन प्रमुख देवताओं में से एक; भगवान; परमेश्वर; विनाशक; संहारक।
शिवरात्रि–तीन प्रमुख देवताओं में से एक भगवान श्रीशिव को समर्पित हिन्दुओं का त्यौहार।
शिवलिंग–शिव या महादेव की पिंडी जिसकी पूजा होती है।
शिवालय–भगवान श्रीशिव को समर्पित मंदिर।
शिवाला–शिवालय।
शिविका–पालकी; डोली।
शिविर–पड़ाव; डेरा; खेमा।
शिविरार्थी–डेरे से जुड़नेवाला; खेमें में रहनेवाला।
शिशिर–सर्दियों का आखिरी आधा हिस्सा (ठंड से भरा हिस्सा)।
शिशु–छोटा बच्चा।
शिशुगृह–बच्चों का घर।

शिशुघात–बालहत्या; शिशुवध।
शिशुता–बचपन; बाल्यावस्था; लड़कपन।
शिशु–बलि–बच्चें की बलि।
शिशुशाला–बच्चों का कमरा; धायघर।
शिशु–हत्या–शिशुवध; शिशुघात।
शिश्न–पुरुष का लिंग या जननेंद्रिय।
शिष्ट–सभ्य आदमी; भला आदमी; अच्छे स्वभाव/व्यवहार या आचरणवाला।
शिष्टता–भलमनसत; सभ्यता; उत्तमता; श्रेष्ठता।
शिष्टतापूर्वक–विनीत भाव से; शिष्टा. चार से।
शिष्टमंडल–प्रतिनिधिमंडल; कुछ शिष्ट लोगों का वह दल जो किसी विशिष्ट कार्य के लिए कहीं भेजा जाता है।
शिष्टाचार–उत्तम व्यवहार; दिखावटी और ऊपरी सभ्य व्यवहार; सभ्य या शिष्ट आचरण; नम्रता; भलमनसी।
शिष्टाचारी–वह जो सभ्य तथा उत्तम व्यवहार का अनुपालन करता है।
शिष्य–चेला; शार्गिद; अधीन रहकर अध्ययन करनेवाला।
शिष्यता–चेलापन; शागीर्दी।
शीघ्र–झट; तुरत। फुर्तीला; उत्साही; वेगयुक्त; वेगवान्।
शीघ्रगामी–जल्दी या तेज चलनेवाली; द्रुतगामी।
शीघ्रता–तीव्रता; जल्दी; फुर्ती।
शीघ्रतापूर्वक–झटपट; शीघ्रता से; जल्दी से; फुर्ती से।
शीघ्रपात–तीव्र स्खलित होना (मैथुन में)।
शीत–जाड़ा; सर्दी; ठंडा; शीतल।
शीतक–शीत उत्पन्न करने या ठंडक बनानेवाला।
शीत कटिबंध–पृथ्वी के वे दो विभाग जो भूमध्य रेखा के उत्तर और दक्षिण में पड़ते हैं और जिनमें बहुत सर्दी होती है।
शीतकाल–सर्दी का मौसम।
शीतकालीन–शरद ऋतु संबंधी; सर्दी का।
शीततरंग–शीत लहरी।
शीतयुद्ध–उदासीन युद्ध।
शीतल–ठंडा; सर्द।
शीतलता–ठंडक; ठंडापन।
शीतल पाटी–सूखी घास का आसन।
शीत लहरी–वह ठंडी तरंग जिससे दो चार दिनों के लिए सरदी बढ़ जाती है।
शीतला–चेचक रोग; इस रोग की अधिष्ठात्री देवी।
शीतागार–एक वातानुकूलित भंडारघर।
शीतोष्ण–ठंडा; हल्का।
शीतोष्णता–ठंडापन; हल्कापन।
शीत्कार–(अत्यधिक ठंड के कारण) सिसकारने की आवाज; सीत्कार।
शीरा–चीनी या गुड़ पकाकर बनाया हुआ गाढ़ा रस; चाशनी।
शीर्ष–चोटी; शिखर; पराकाष्ठा; ऊँचाई; किसी चीज का सबसे ऊँचा या ऊपरी भाग।
शीर्षक–किसी लेख का विषय सूचक शब्द; नामलेख।
शीर्षविंदु–सिर के ऊपर या ऊँचाई में सबसे ऊपर का स्थान।
शीर्षस्थ–सबसे उच्चतम स्थान; पद या दर्जे में सबसे ऊपर।

शीर्षस्थान–उच्चतम पद।

शील–स्वभाव की प्रवृत्ति; मिजाज; चाल ढाल; आचरण; प्रवृत्ति।

शीलभंग–मर्यादा का बलात्कार; दुष्कर्म।

शीलवती–आदरपूर्वक साध्वी (स्त्री)।

शीलवान–सुशील; लज्जवान।

शीश–सिर; शीर्ष।

शीशम–एक बड़ा पेड़ जिसकी लकड़ी इमारत और सजावटी सामान बनाने के काम में आती है।

शीशमहल–वह मकान या कमरा जिसकी दीवारों में बहुत से शीशे लगे हों।

शीशा–काँच; दर्पण; आईना।

शीशी–छोटी काँच की बोतल।

शुंड–सूँड (हाथी की)।

शुक–तोता।

शुकनासिका–तोते जैसी नाकवाली स्त्री।

शुक्ति–सीपी।

शुक्र–पुरुष का वीर्य; सौर जगत का एक प्रसिद्ध ग्रह; शुक्रवार; धन्यवाद।

शुक्रगुज़ार–कृतज्ञ; उपकारी।

शुक्रवार–बृहस्पतिवार के बाद और शनिवार के पहले का दिन।

शुक्राणु–वीर्य।

शुक्राना–कृतज्ञता प्रदर्शित करने के लिए धन देना।

शुक्राशय–अण्डाशय।

शुक्रिया–धन्यवाद।

शुक्ल–सफेद; उजला।

शुचि–शुद्ध; पवित्र; स्वच्छ; साफ; निर्दोष।

शुचिता–स्वच्छता; शुद्धता; पवित्रता।

शुतरमुर्ग़–एक बहुत बड़ा पक्षी जिसकी गर्दन ऊँट की तरह लम्बी होती है तथा वह उड़ नहीं सकता है।

शुदा–'हो चुका' को सम्बोधित करने वाला प्रत्यय। जैसे शादी**शुदा**।

शुदि–सुदी।

शुद्ध–साफ; पवित्र; स्वच्छ; ठीक; सही; खालिस; जिसमें से लागत, व्यय आदि निकाले जा चुके हों।

शुद्धता–पवित्रता; निर्मलता; यथार्थता।

शुद्धतावाद–भाषा शुद्धता।

शुद्धतावादी–भाषा की शुद्धता पर अधिक ध्यान देनेवाला।

शुद्धात्मा–पवित्र/साफ हृदयवाला।

शुद्धि–शुद्ध होने का कार्य या भाव; सफाई; स्वच्छता।

शुद्धिपत्र–पुस्तक के अंत का वह पत्र जिसमें यह बतलाया जाता है कि इसमें कहाँ और क्या क्या अशुद्धियाँ हैं तथा उनका शुद्ध रूप क्या है।

शुद्धीकरण–शुद्ध करने की क्रिया या भाव; शुद्धि।

शुभंकर–जंतर; ताबीज; कोई मंगल सूचक चिह्न।

शुभ–मंगलप्रद; भला; कल्याणकारी।

शुभचिंतक–हितैषी; शुभेच्छु; कल्याण चाहने वाला; किसी की भलाई की बातें सोचनेवाला।

शुभाकांक्षी–शुभ/भला चाहनेवाला; शुभेच्छु।

शुभागमन–सुखद आगमन।

शुभाशीष–सुखद आर्शीवाद।

शुभाशुभ–शुभ तथा अशुभ; मांगलिक तथा अमांगलिक।

शुभ्र–सफेद; श्वेत; उजला।

शुभ्रता–कांति; चमक।

शुमार–गिनती; गणना; हिसाब; लेखा।

शुरुआत–प्रारम्भ; आरम्भ।

शुरुआती–आरम्भिक; प्राथमिक।

शुरू–उद्‌गम; आरम्भ; प्रारम्भ; उत्पत्ति।

शुल्क–कोई कार्य करने के बदले में लिया जानेवाला धन; किराया; भाड़ा; विक्रय आदि की वस्तुओं पर राज्य की ओर से लगनेवाला एक विशेष प्रकार का कर।

शुश्रूषा–सेवा; टहल; रोगी की परिचर्या।

शुष्क–सुखा; आर्द्र।

शूक–सूअर के कड़े बाल।

शूकर–सूअर नाम जंतु।

शूटिंग–चलती तस्वीर का फिल्मांकन।

शूद्र–हिन्दुओं के चार वर्णों में से चौथा तथा अंतिम वर्ण का मनुष्य।

शून्य–खाली; विहीन; रहित; रिक्त; अभाव। बिन्दू; जीरो; कमी; किसी बल्लेबाज़ के द्‌वारा कोई रन न बनना।

शून्यक–शून्य स्थान।

शून्यता–खालीपन; विहीनता; रिक्तता।

शून्यभाव–विचारशून्य अवलोकन।

शून्यवाद–शून्य होने का भाव; शून्यता।

शून्यवादी–शून्यवाद संबंधी।

शूर–वीर; बहादुर; सूरमा; यौद्‌धा।

शूरता–वीरता; बहादुरी।

शूरवीर–वीर और यौद्‌धा व्यक्ति; सूरमा।

शूल–काँटा; त्रिशुल; प्रबल पीड़ा; दर्द।

शूलना–शूल या काँटे की तरह गड़ना; दु:ख देना।

शृंखला–बहुत सी कड़ियों का समूह; जंजीर; साँकल; सिकड़ी; सिलसिला; क्रम।

शृंखलाबद्‌ध–शृंखला में सजा हुआ।

शृंखलित–क्रमबद्‌ध; जंजीर की तरह व्यवस्थित।

शृंग–चोटी; पर्वत का शिखर; सींग; कँगूरा।

शृंगार–सजाने की क्रिया या भाव; सजावट; अलंकरण।

शृंगार रस–भारतीय कविता के नौं रसों में सबसे महत्त्वपूर्ण रस जो प्यार तथा मौहब्बत को दर्शाता है।

शृंगारिक–प्रेम उत्पन्न करनेवाला; कामी; रसिक; कामुक।

शृंगारिकता–कामुकता; रसिकता।

शृंगारी–शृंगार से संबंधित; प्रेम संबंधी; प्रेमोत्पादक।

शृंगी–सींगवाला।

शृगाल–गीदड़।

शेख़–मुसलमानों के चार वर्गों में से पहला और श्रेष्ठ वर्ग।

शेख़ीख़ोर–शेख़ीबाज।

शेख़ीबाज़–घमंडी; वृथाभिमानी; अहंकारी; बहुत शेखी या डींग हाँकनेवाला।

शेख़ीबाज़ी–अहंकारिता।

शेड–फैलाव; बिखराव; छाया; शरण।

शेफाली–निर्गुण्डी या नीले सिधुआर का पौधा।

शेयर–अंश; भाग; हिस्सा।

शेर–व्याघ्र; नाहर; बिल्ली जाति का बहुत बड़ा और भयंकर हिंसक पशु; उर्दू कविता की पंक्तियाँ।

शेर-ए-कश्मीर–कश्मीर का बहादुर व्यक्ति।

शेर-ए-पंजाब–पंजाब का बहादुर व्यक्ति।

शेरदिल–साहसी; बहादुर; भयरहित।

शेरपा–एक प्रकार की बह्ादुर प्रजाति।

शेरबच्चा–निर्भय; निडर; भयरहित व्यक्ति।

शेरबबर–शेर (नर); सिंह।

शेरमर्द–बलिष्ट व्यक्ति।

शेरवानी–एक प्रकार का लंबा पहनावा।

शेष–बाकी; बची हुई वस्तु; घटाने से बची हुई संख्या या रकम।

शेषनाग–हिन्दु पौराणिक कथाओं के अनुसार हजारों सिरोंवाला साँप जिसनें अपने सिर पर पृथ्वी को सहारा दे रखा है।

शेषशायी–शेषनाग। शेषनाग के ऊपर विश्राम करते भगवान श्रीविष्णु।

शेषांश–बाकी बचा हुआ अंश; अंतिम अंश।

शै–वस्तु।

शैक्षणिक–विद्‌योपार्जन या विश्व विद्‌यालय संबंधी।

शैक्षिक–शिक्षा संबंधी।

शैतान–उपद्रवी; नटखट; पाजी। पिशाच; दैत्य।

शैतानी–पैशाचिक; शैतान जैसा; उपद्रवी; क्षतिकारी। नटखटपन; दुष्टता।

शैथिल्य–शिथिलता; ढीलापन; आलस्य; विश्राम।

शैल–पर्वत; पहाड़।

शैलराज–पर्वतराज; हिमालय पर्वत।

शैली–रीति; ढंग; प्रथा; रिवाज; प्रणाली; तर्ज; ढब;।

शैलीकार–वह जिसका अलग ढंग होता है; शैली पर जोर देनेवाला लेखक।

शैलीबद्‌ध–शैली से भरपूर।

शैलेंद्र–हिमालय पर्वत।

शैव–भगवान श्रीशिव से संबंधित। भगवान श्रीशिव के अनुयायी या भक्त।

शैवाल–कीचड़; दलदल।

शैशव–बाल्यावस्था; बचपन; शिशु संबंधी।

शोक–दु:ख; वियोग; कष्ट; गम।

शोकगीत–शोक दर्शानेवाला गीत।

शोकग्रस्त–पीड़ित; वियोगी; दुखित।

शोकमग्न–गमगीन; पीड़ित।

शोकमय–दु:खी; उदास; विलापी; शोकाकुल।

शोकविह्वल–शोक से व्याकुल।

शोकसंतप्त–पीड़ित; दु:खी।

शोकसंदेश–शोक का संदेश।

शोकसभा–शोक प्रकट करने के लिए आयोजित सभा।

शोकाकुल–शोक के कारण व्याकुल; वियोगी।

शोकातुर–शोक से व्याकुल; शोकान्वित; विलापी।

शोख़–ढीठ; घमंडी; मगरूर; अभद्र; असभ्य; आक्रामक; क्षतिकर।

शोख़ी–ढीठता; मगरूरी; असभ्यता।
शोच–सोच।
शोचनीय–बहुत हीन या बुरा; जिसकी दशा देखकर दुःख या चिंता हो।
शोचनीयता–शोचनीय अवस्था होने का भाव।
शोच्य–शोचनीय।
शोणित–खून; रक्त; लहू।
शोथ–सूजन; अंग में फूलाव।
शोध–जाँच; परीक्षा; खोज; वापसी; चुकता।
शोधक–शुद्ध करनेवाला; निर्मल करने वाला; मैल निकालनेवाला; ढूँढ़ने या पता लगानेवाला।
शोध-क्षमता–सब ऋण चुकाने की क्षमता।
शोधन–दुरुस्ती; शुद्धि; संशोधन; शुद्धता; शुद्धिकरण; शुद्ध या साफ करना।
शोधना–शुद्ध/साफ/स्वच्छ करना।
शोधनीय–शुद्ध करने योग्य।
शोभन–सुन्दर; सुहाना; मनोहर; उत्तम।
शोभनीय–शोभन।
शोभा–दीप्ति; चमक; कांति; सुन्दरता; छटा; सजावट।
शोभान्वित–शोभायुक्त; प्रकाशयुक्त।
शोभामय–चमकीला; वैभवशाली; आकर्षक; मनोहर; सुन्दर।
शोभायमान–सुन्दर; सुशोभित; प्रभावपूर्ण; मनोहर; आकर्षक।
शोभित–दीप्तिमान; अलंकृत; सुशोभित; सुन्दर; शोभा बढ़ानेवाला।
शोर–कोलाहल; बहुत से लोगों की एक साथ मिली हुई जोरों की अवाज़।
शोरबा–रस; जूस; रसा।
शोरा–मिट्टी से निकलनेवाली एक प्रसिद्ध क्षार।
शोला–जलती हुई आग की लपट; लौ; अग्निशिखा।
शोशा–निकली हुई नोक; उत्तेजित्त करनेवाले विषय।
शोषक–दूसरों का धन हरण करनेवाला; शोषण करने या सोखनेवाला; नुकसान पहुँचानेवाला।
शोषण–सोखना; सुखाना; नाश करना; नुकसान पहुँचाना।
शोषणीय–शोषण करने योग्य।
शोषित–जिसका शोषण किया गया हो; जो सोखा गया हो।
शोहदा–व्यभिचारी; लम्पट; लुच्चा; बदमाश; आवारा।
शोहदापन–व्यभिचारिता; लम्पटता; लुच्चापन; बदमाशी।
शोहरत–प्रसिद्धी; ख्याति; मशहूर होने की अवस्था।
शौक़–व्यसन; चस्का।
शौक़िया–शौक़ के कारण; मन बहलाने के लिए।
शौक़ीन–अत्याधुनिक प्रकार का; नई चाल का; छैला; सदा बना ठना रहने वाला; शौक़ करनेवाला।
शौक़ीनी–तरह तरह के शौक़ करने की अवस्था या भाव; छैलापन।
शौच–मलत्याग; पाखाने या टट्टी जाना; प्राकृतिक शुद्धी; शोधन।
शौचकर्म–मलोत्सर्ग का कार्य; शुद्धि/शोधन का कृत्य।

शौचालय–शौच करने तथा हाथ मुँह धोने का स्थान।

शौर्य–शूरता; वीरता; बहादुरी; शूर का भाव।

शौहर–पति; खसम।

श्मशान–मसान; मरघट; वह स्थान जहाँ मुरदे जलाए जाते हैं।

श्यान–स्निग्ध; चिपचिपा।

श्यानता–स्निग्धता।

श्याम–काला तथा नीला मिला हुआ रंग। भगवान श्रीकृष्ण।

श्यामता–कालापन; साँवलापन; श्याम वर्ण या काले होने का भाव।

श्यामपट्ट–विद्यालय के दर्जे का काला पट्ट।

श्यामल–श्याम या कृष्ण वर्ण का; साँवला।

श्यामलता–कालापन।

श्यामला–श्यामवर्णा स्त्री; भूरे बालों वाली स्त्री।

श्यामसुन्दर–भगवान श्रीकृष्ण।

श्रद्धांजलि–उपासना; अँजुली में फूल आदि भरकर श्रद्धापूर्वक किसी बड़े को अर्पित करना या देवता को चढ़ाना।

श्रद्धा–सम्मान; इज्जत; आस्था; विश्वास; आदरभाव।

श्रद्धापूर्वक–श्रद्धा / आदर / सत्कार/ इज्जत / आस्था के साथ।

श्रद्धालु–भक्तिभाव से ओत प्रोत; आदर प्रकट करनेवाला; विश्वासपात्र।

श्रद्धालुता–निष्ठा; उपासना; सम्मान; इज्जत; श्रद्धा।

श्रद्धावान–श्रद्धायुक्त; जिसके मन में श्रद्धा हो।

श्रद्धास्पद–जिसके प्रति श्रद्धा करना उचित हो; श्रद्धेय।

श्रद्धेय–श्रद्धास्पद; श्रद्धा के योग्य।

श्रम–ऐसा काम जिसे करते करते शरीर में शिथिलता आने लगे; मेहनत।

श्रमकण–अधिक प्ररिश्रम के कारण शरीर से निकलने वाली पसीने की बूँदें।

श्रमजीवी–श्रम या मजदूरी करके पेट पालने वाला।

श्रमण–बौद्ध भिक्षु/भिक्षुक।

श्रमदान–श्रम में सहभागिता (किसी धमार्थ कार्य के लिए)।

श्रमपूर्ण–श्रम से पूर्ण।

श्रमबिन्दु–श्रमकण।

श्रम मंत्रालय–राज्य का वह विभाग जो श्रमजीवियों के सुख तथा कल्याण की व्यवस्था करता है।

श्रम विधि–मज़दूरों के हक के लिए बना कानून।

श्रम विभाग–मज़दूरों के सुख तथा कल्याण की व्यवस्था करनेवाला विभाग।

श्रम विभाजन–श्रम का विभाजन/बँटवारा।

श्रमशील–मेहनती; परिश्रमी; तत्परता।

श्रम समस्या–श्रम संबंधी समस्या।

श्रमसाध्य–परिश्रमी; उद्योगी; अति उत्साही।

श्रमसाध्यता–उत्साह।

श्रमिक–मजदूर; शारीरिक श्रम करने वाला।

श्रवण–सुनने का कार्य; कर्ण; कान; वह इंद्रिय जिससे शब्द का ज्ञान होता है।

श्रवणीय–जो सुना जा सके; श्रव्य; जो सुनना प्रिय जान पड़े; सुनने योग्य।

श्रवणेंद्रिय–वह इंद्रिय जिससे शब्द का ज्ञान होता है; कर्ण; कान।

श्रव्य–जो सुना जा सके; सुनने योग्य; श्रवणीय।

श्रव्यता–सुनने की अवस्था या भाव।

श्रांत–थका हुआ।

श्रांति–परिश्रम; मेहनत।

श्रांतिकर–थकानेवाला।

श्रावण–हिन्दु पांचाग के अनुसार पाँचवा महीना (बरासात का महीना)।

श्रावणी–(श्रावण). सावन मास की पूर्णमासी के दिन मनाया जानेवाला त्यौहार जो 'रक्षाबंधन' का दिन है।

श्री–सम्पत्ति; धन; दौलत; ऐश्वर्य; छटा; शोभा।

श्रीगणेश–प्रथम प्रयत्न; आरम्भ (किसी कार्य का); शुरुआत; कोई कार्य शुरू करने का मांगलिक रूप।

श्रीमंत–सफल; सौभाग्यशाली; कुलीन; धनी।

श्रीमन–श्रीमान।

श्रीमान–किसी को संबोधित करने का एक आदरसूचक शब्द जो नाम से पहले विशेषण के रूप में लगाया जाता है; श्रीयुत।

श्रीयुत–श्रीमान।

श्रीहीन–रंग/चमक/शोभा की अभावता; श्री से रहित; शोभाहीन।

श्रीहीनता–श्रीहीन होने की अवस्था या भाव।

श्रुत–सुना हुआ; कानों द्वारा ग्रहण किया हुआ।

श्रुति–वह जो सुना जा सके; ध्वनि; आवाज; जनप्रवाद; एक प्रकार का अनुप्रास।

श्रेणी–दरजा; स्तर; पद; क्रम; शृंखला; पंक्ति; पाँति; क्रम।

श्रेय–किसी कार्य को पूर्ण करने के बदले में मिलनेवाला यश।

श्रेष्ठ–सर्वोत्तम; मुख्य; प्रधान।

श्रेष्ठतम–सबसे श्रेष्ठ; सबसे प्रमुख; औरों की अपेक्षा सबसे अच्छा।

श्रेष्ठता–प्रमुखता; विशिष्टता; प्रधानता।

श्रोता–सुननेवाला।

श्लाघनीय–सराहनीय; प्रशंसनीय; उत्कृष्ट; स्तूति के योग्य।

श्लाघा–प्रशंसा; तारीफ; चापलूसी।

श्लाघ्य–प्रशंसनीय; सराहनीय; स्तूति के योग्य।

श्लिष्ट–संगठित; एक में मिला या जुड़ा हुआ।

श्लिष्टता–संगठित होने की अवस्था या भाव।

श्लीपद–फीलपाँव नामक रोग।

श्लील–उत्तम; बढ़िया; शुभ।

श्लेष–अनेक अर्थों के शब्द का प्रयोग; दोहरा अर्थ; शब्द क्रीड़ा।

श्लेषात्मक–श्लेष होने योग्य।

श्लेष्मा–बलगम; कफ़; नजला; जुकाम; इन्द्रिय का मल।

श्लोक–संस्कृत का कोई पद्य; अनुष्टुप छंद।

श्वसन–श्वास लेने का कृत्य; साँस लेने की क्रिया।

श्वसुर–पत्नी का पिता।

श्वान–कुत्ता।

श्वास–साँस; दमा।

श्वास नली–साँस की नली।

श्वास प्रश्वास–साँस खींचना तथा छोड़ना।

श्वासरोध–साँस का अवरोध।

श्वेत–सफेद।

श्वेतकुष्ठ–एक प्रकार का कुष्ठ रोग।

श्वेतपत्र–सफेद कागज़ पर छपा हुआ किसी विषय से संबंध रखनेवाला अधिकारिक वक्तव्य।

श्वेत श्याम–सफेद काला।

श्वेतसार–माँड; कलफ।

श्वेतांबर–सफेद वस्त्र; जैनियों के एक सम्प्रदाय का नाम।

ष

ष–नागरी वर्णमाला के व्यंजन वर्णों में इक्तीसवाँ वर्ण। इसका उच्चारण स्थान मूर्धा है। इसका उच्चारण 'श' के समान भी होता और 'ख' के समान भी।

षंड–सांड; वृषभ; बधिया किया हुआ बैल।

षकार–ष अक्षर 'ष' तथा इसकी ध्वनि।

षकारांत–ष।

षट्–छह; छह की गिनती।

षट्ऋतु–वर्ष की छह ऋतु (ग्रीष्म, वर्षा, शरत, हेमंत, शिशिर, तथा वसंत)।

षट्कोण–छह कोणोंवाला।

षट्चक्र–हठयोग। हठयोग के अनुसार कुंडलिनी के ऊपर के छह चक्र मूलाधार, स्वाधिष्ठान, मणिपूरक, अनाहत, विशुद्ध तथा आज्ञा।

षटरस–छह प्रकार के रस (मीठा, नमकीन, कड़ुवा, तीता, कसैला तथा खट्टा)।

षड्यंत्र–साजिश; कपट प्रबंध; कूट प्रबंध; भीतरी चाल।

षड्यंत्रकारी–षड्यंत्र करनेवाला; राजद्रोही।

षडानन–भगवान श्रीगणेश।

षण्मासिक–छह महीनेवाला।

षष्टि–साठ; ६०.

षष्टिपूर्ति–उम्र के 60 वर्ष पूरे करना।

षष्ठी–जन्म से छठा दिन; छठी; संबंध. कारक (व्याकरण)।

षोडश–सोलह की संख्या; १६.

षोडशी–सोलह वर्ष की सुन्दर युवती; सोलहवाँ।

स

स–नागरी वर्णमाला के व्यंजन वर्णों में बत्तीसवाँ वर्ण।

संकट–विपत्ति; आफ़त; दुष्ट; कष्ट।

संकटकाल–संकट का समय।

संकटकालीन–संकट से संबधित।

संकटपूर्ण–संकट से पूर्ण; विपदाग्रस्त; व्यथित; दुखद; हानिकारक; संकटमय।
संकटमय–संकटपूर्ण।
संकटापन्न–संकट में; मुसिबत में।
संकटावस्था–संकट में होने की अवस्था।
संकर–मिश्रित; मिला जुला; दोगला।
संकरज–दो भिन्न जातियों के नर मादा से उत्पन्न जन्तु।
संकरण–दो विभिन्न जातियों के नर मादा में प्रजनन।
संकरता–दोगलापन; दो भिन्न भिन्न वर्गों के संयोग से उत्पन्न होने की दशा या भाव।
सँकरा–तंग; संकीर्ण; पतला और कम चौड़ा।
संकलन–संग्रह; जमा; जोड़।
संकलकर्ता–संकलन करनेवाला।
संकलित–इकट्ठा किया हुआ; संगृहीत; चुना हुआ।
संकल्प–दृढ निश्चय; प्रतिज्ञा; पक्का इरादा।
संकल्पना–धारणा; कल्पना।
संकल्पवाची–मन की भावना संबंधी।
संकल्प-विकल्प–संकल्प में दृढ़ता होना।
संकल्पित–निश्चित।
संकाय–विभाग (शैक्षणिक संस्थान में)।
संकायाध्यक्ष–विभाग का अध्यक्ष।
संकीर्ण–सँकरा; कम चौड़ा; सकुंचित; तंग।
संकीर्णता–सँकरता; कम चौड़ा होना; तंग होना।
संकीर्तन–कीर्तन; धार्मिक गायन (भक्ति भाव से ओत प्रोत गाने)।
संकुचित–सिकुड़ा हुआ; तंग; भरा हुआ; जिसे संकोच हो; संकीर्ण।
संकुल–संकीर्ण; समूह; झुंड; भीड़ भरा।
संकुलता–भीड़भाड़; अधिक संकुलन।
संकेंद्रण–चित्त की एकाग्रता।
संकेंद्रित–एकाग्रचित्त।
संकेत–इशारा; इंगित; सूचक।
संकेतक–दिखानेवाला; सूचक; सूचित करने वाला।
संकेतन–इशारा करना; संकेत देना; दिखाना; अंकन पद्धति; निशानी; चिह्न।
संकेत-लिपि–अक्षरों के छोटे और संक्षिप्त संकेत चिह्न बनाकर तैयार की हुई लेख प्रणाली।
संकेतित–जिसके संबंध में संकेत किया जाए।
संकोच–संक्षेपण; लज्जा; शर्म; हिचक।
संकोचवश–शर्म / लज्जा / हिचक के कारण।
संकोचशील–संकोची।
संकोची–शर्मीला; लज्जालु; हिचकिचाता हुआ।
संक्रमण–एक अवस्था से दूसरी अवस्था गें पहुँचना; संसर्ग दोष।
संक्रमणकाल–वह समय जब कोई वस्तु पहले रूप से बदलकर दूसरे रूप में आ रही हो।
संक्रमणशील–परिवर्तनशील; परिवर्तन का।
संक्रांति–परिवर्तन; सूर्य का एक राशि से निकलकर दूसरी राशि में प्रवेश करना (हिन्दुओं का पर्व)।
संक्रामक–दूसरों को रोग से प्रभावित करनेवाला।

संक्रिया–क्रिया; कार्य।

संक्रियात्मक–क्रियात्मक।

संक्षिप्त–थोड़ा; छोटा; लघु; कम; अल्प; छोटा किया हुआ; खुलासा।

संक्षिप्तता–लघुत्ता; अल्पकालीनता; संक्षेपण।

संक्षप्ति–बेचैन; व्यग्र; व्याकुल; अशांत।

संक्षेप–छोटा रूप; कम किया हुआ स्वरूप; थोड़े में कोई बात कहना।

संक्षेपण–संक्षिप्त रूप प्रस्तुत करना; संक्षिप्त शब्द; संक्षिप्त लेख।

संक्षोभ–बेचैनी; व्याकुलता; अशांति।

संखिया–एक प्रसिद्ध उपधातु जो बहुत उत्कट विष है।

संख्यांक–अंक; संख्या।

संख्यांकन–गणना करना; गिनती करना।

संख्यांकित–जिसकी गणना की जा चुकी हो।

संख्या–गिनती; तादाद; किसी वस्तु का परिमाण बतानेवाला अंक।

संख्यात्मक–संख्या सूचक।

संख्यावाचक–संख्या संबंधी।

संग–साथ में जानेवाली वस्तु; दल; टोली; मिलन; सोहबत; पत्थर।

संगठन–संघटन; प्रबंध व्यवस्था।

संगठनात्मक–संठगन के योग्य।

संगठित–जो संगठन में हो।

संगणक–कम्प्यूटर; गणना एवं लेखा करने की मशीन।

संगणन–गणना किया हुआ।

संगत–प्रासंगित; अनुरूप; एक सा।

संगति–अनुरूपता; मिलने की क्रिया; मेल; मिलाप; संग; साथ; संबंध; संगत होने की क्रिया या भाव।

संगतिया–साथी।

संगदिल–निष्ठुर; क्रूर; दयाशून्य; कठोर हृदय वाला।

संगम–दो नदियों के मिलने का स्थान; मिलाप; मिलने का स्थान; योग; संसर्ग।

संगमन–संप्रवाह; एक साथ आना।

संगमरमर–एक प्रकार का बहुत चमकीला, मुलायम, बढ़िया सफेद पत्थर।

संगरोध–लोगों से मिलने जुलने पर लगी रोक।

संग-साथ–साथ में जानेवाली वस्तु; दल; टोली।

संगिनी–स्त्री साथी; भार्या; पत्नी।

संगी–(नर) साथी; मित्र; बंधु; दोस्त; संग अथवा साथ रहनेवाला।

संगीत–लय, ताल, स्वर आदि नियमों के साथ किसी पद्य का होनेवाला उच्चारण।

संगीतक–संगीतमय; संगीत संबंधी।

संगीतकार–संगीत का रचनाकार।

संगीतज्ञ–वह जो संगीत विद्या में निपुण हो; गवैया।

संगीत नाटिका–संगीतमय नाटिका; वह नाटक जो संगीत के साथ प्रस्तुत किया जाता है।

संगीत निदेशक–संगीत को निर्देशित करनेवाला।

संगीतमय–संगीत से भरपूर; संगीत संबंधी।

संगीतशास्त्री–वह व्यक्ति जो संगीत का विवेचन करता है।

संगीताचार्य–संगीत का आचार्य; संगीत सिखाने वाला।

संगीतात्मक–संगीतमय।

संगीतालय–वह घर जहाँ संगीत को वाद्य तथा अनेक रूपों में संभाल कर रखा जाता है।

संगीतिका–संगीत सभा।

संगीन–भारी; भीषण। विकट।

संगी साथी–दोस्त तथा साथी लोग।

संगृहीत–एकत्रित; इकट्ठा किया हुआ; संग्रह किया हुआ; ढेर लगाया हुआ।

संगोष्ठी–किसी विषय पर विचार विमर्श के लिए सभा; किसी विषय पर विचारार्थ सभा।

संग्रह–संचय; एकत्र करना; इकट्ठा करना; एक जगह इकट्ठी करके रखी हुई बहुत सी वस्तुएँ।

संग्रहकर्ता–इकट्ठा / संग्रह / संचय करनेवाला।

संग्रहण–संग्रह करने की कला/कृत्य।

संग्रहणशील–संग्रह करने में निमग्न।

संग्रहणशीलता–संग्रह करने की अवस्था या भाव।

संग्रहणी–एक रोग जिसमें पतले दस्त आते हैं; गले के दर्द का रोग।

संग्रहणीय–संग्रह करने योग्य; इकट्ठा करने योग्य।

संग्रहालय–अजायबघर; जहाँ अनेक प्रकार की बहुत सी वस्तुओं का संग्रह हो।

संग्राम–लड़ाई; युद्ध।

संग्राहक–संग्रह करनेवाला; संग्रहकर्ता।

संघ–समूह; समुदाय; संघटित समाज।

संघटक–तत्त्व; अवयव। घटक।

संघटन–बनावट; निर्माण; कृति; रचना; संयोजन; व्यवस्थापन; मेल; संयोग।

संघटनात्मक–संघटन से संबंधित।

संघबद्ध–एक संस्था में सम्मिलित।

संघ–भावना–किसी दल का मनोभाव।

संघर्ष–प्रयत्न; झगड़ा; टक्कर; मुठभेड़; कलह; प्रतिस्पर्धा; लड़ाई; युद्ध।

संघर्षमय–संघर्ष से भरपूर।

संघर्ष विराम–युद्ध रुकना।

संघर्षशील–संघर्ष करने में रत/लीन; संघर्ष की अवस्था या गुण।

संघर्षशीलता–संघर्ष करने की अवस्था या गुण।

संघर्षी–संघर्ष करनेवाला।

संघात–आघात; चोट; मार।

संघाराम–प्राचीन काल के वे मठ जिनमें बौद्ध साधु या भिक्षु रहते थे।

संघी–संघ का सदस्य।

संघीय–संघ का; संघ से संबंधित।

संचय–समूह; ढेर; एकत्र या संग्रह करना; जमा करना।

संचयन–संचय/संग्रह करने का कार्य।

संचयनशील–संचय/संग्रह करने में रत/लीन; संचय की अवस्था या गुण।

संचयनशीलता–संचय करने की अवस्था या गुण।

संचयी–संचय करनेवाला।

संचरण–गति; चाल; हरकत; हलचल; प्रसारण।

संचरणशील–संचरण करने में रत/लीन; संचरण की अवस्था या गुण।

संचरणशीलता–संचरण करने की अवस्था या गुण।

संचलन–चलन; गतिविधि; गतिशीलता।

संचार–गमन; चलना; फैलाव।

संचारण–प्रसारण; फैलाव।

संचार मंत्रालय–संचार से संबंधित मंत्रालय।

संचार मंत्री–संचार मंत्रालय का प्रमुख।

संचार माध्यम–संचार करने का माध्यम जैसे अख़बार, दूरदर्शन इत्यादि।

संचारी–प्रकाशित करने योग्य।

संचालक–परिचालाक; निर्देशक; चलाने या गति देनेवाला।

संचालकता–प्रवाह या संचालक शक्ति।

संचालन–गति; निर्देश।

संचालित–गतिमान; निर्देशित।

संचित–इकट्ठा या जमा किया हुआ; संचिका या नत्थी में लगाया हुआ।

संजीदगी–गंभीरता; स्थिरता; गंभीर भाव।

संजीदा–संयमी; शांत; गंभीर।

संजीवनी–जीवन देनेवाली।

संजीवनी शक्ति–जीवन देने की शक्ति।

संजोग–संयोग।

सँजोना–अच्छी रीति से रखना; अलंकृत करना; सजाना।

संज्ञक–नामवाला; नामक।

संज्ञा–नाम; व्याकरण में वह विकारी शब्द जो किसी वास्तविक या कल्पित वस्तु का बोधक होता है; चेतनाशक्ति।

संज्ञान–जानकारी।

संज्ञापन–जानकारी देने का कार्य; ज्ञापन; संप्रेक्षण।

संज्ञाशून्य–बेहोश; बेसुध।

संज्ञाहीन–बेहोशी।

संज्ञाहीनता–बेहोश होने का भाव।

सँझला–मँझले से छोटा (भाई); संध्या का; संध्या से संबंधित।

संड–साँड; बैल।

संड-मुसंड–हट्टा कट्टा; मोटा ताजा (सामान्य रूप से बेफ्रिक और स्वतंत्रता के कारण)।

सँड़सी–एक प्रकार का चिमटा या औजार।

संडा–हृष्ट पुष्ट; हट्टा कट्टा; चिन्तामुक्त व्यक्ति।

संडास–जमीन में गहरा गड्ढा खोदकर बनाया गया एक प्रकार का पाखाना।

संत–साधु प्रवृत्तिवाला व्यक्ति। साधु; संन्यासी; महात्मा; ईश्वरभक्त।

संत चरित–किसी संत की जीवनी।

संत चरित्र–संत का चरित्र/व्यवहार।

संतत–लगातार; निरंतर; बारबार; सदा; हमेशा।

संतति–संतान; औलाद; बाल बच्चे।

संतति निग्रह–बढ़ती आबादी को रोकने के लिए कृत्रिम उपायों से संतान न उत्पन्न करने का सिद्धान्त या प्रक्रिया।

संत पूजा–संत की अराधना।

संतप्त–दुखी; पीड़ित; परम दुखी; जिसके मन को बहुत दुख पहुँचा हो।

संतरण–अच्छी तरह तैरना या तैरकर पार करना।

संतरा–एक प्रकार का मीठा नींबू।

संतरी–पहरेदार; चौकीदार।

संत सुलभ–साधु प्रवृत्ति का।

संतान–संतति; औलाद; बाल बच्चे।

संताप–दुःख; क्लेश; तीव्र शारीरिक तथा मानसिक वेदना; यंत्रणा।

संतुलन–दो पक्षों का बल बराबर रखना या होना; आपेक्षित तौल या भार बराबर और ठीक करना या होना।

संतुलित–बराबर; एक समान; समतल; समता।

संतुष्ट–तृप्त; सब्र; जिसे संतोष हो गया हो; जी भर जाना।

संतुष्टीकरण–संतोष; तोष; किसी को संतुष्ट करने की क्रिया या भाव।

संतृप्त–इच्छाओं की पूर्ति से संतुष्ट; अच्छी तरह से संतुष्ट; परिपूर्ण।

संतृप्ति–पूरी तरह से भरा हुआ।

संतोष–सब्र; तृप्ति; जी भर जाना।

संतोषजनक–तृप्तिकर; जिसे संतोष हो।

संतोषद्रद–संतोषजनक।

संतोषी–वह जिसे संतोष हो।

संत्रस्त–डरा हुआ; भयभीत; घबराया हुआ; व्याकुल; आतंकित।

संत्रास–भय; डर; आतंक।

संदर्भ–प्रसंग; संबंध; उल्लेख; किसी वाक्य में आए हुए किसी शब्द का अर्थ निर्धारित करनेवाले अन्य शब्द।

संदर्भ ग्रंथ–वह पुस्तक जिसमें किसी दूसरी पुस्तक में आई हुई किसी गूढ़ बात का स्पष्टीकरण हो।

संदर्भ साहित्य–संबंधित साहित्य।

संदर्श–दृष्टिकोण।

संदर्शिका–सूचना दर्शक पुस्तिका।

संदल–चंदन (लकड़ी)।

संदिग्ध–संदेहपूर्ण; अनिश्चित; संदेहजनक; अस्पष्ट।

संदिग्धता–संदिग्ध होने की अवस्था या भाव; संशयात्मक स्थिति; संदेह की भावना।

संदूक़–बक्स; लकड़ी या धातु की चौकोर पेटी।

संदूक़चा–छोटा बक्स।

संदूक़ची–बहुत छोटा बक्स।

संदेश–समाचार; हाल; जानकारी; खबर।

संदेशवाहक–दूत; संदेश ले जानेवाला।

संदेशहर–हरकारा।

सँदेसा–संदेश।

संदेह–शक; शंका; संशय।

संदेहजनक–संदिग्ध; संदेहास्पद; अनिश्चित।

संदेहशील–संदेह की प्रकृतिवाला।

संदेहात्मक–संदिग्ध।

संदेहास्पद–संदिग्ध।

संधान–निशाना बैठाना; ढूँढ़ने या पता लगाने का काम।

संधि–संसर्ग (दो विभिन्न पदार्थों का); मेल; संयोग; दो चीजों का मिलना; दो स्वरों का संगठन (व्याकरण); समझौता; दरार; संगठन।

संधिपत्र–सुलहनामा; संधि का दस्तावेज।

संधिभंग–आपस की संधि या समझौता तोड़ना या टूटना।

संधि वार्ता–शांति के लिए सुलहनामा।

संधि विच्छेद–आपस की संधि या समझौता तोड़ना या टूटना; व्याकरण में किसी पद को संधि के स्थान से तोड़कर उसके शब्द अलग अलग करना।

संधि विराम–युद्धरत दो दलों के मध्य संधि जिसके अंतर्गत युद्ध पर विराम लगाया जाता है; युद्ध विराम।

संधिशोथ–जोड़ों की सूजन।

संध्या–शाम; सायंकाल; सायंकाल की उपासना; सांध्य प्रकाश।

संध्याकाल–शाम का समय; जब दिन का अन्त और रात का आरंभ होने को होता है।

संध्यालोक–सांध्य प्रकाश।

संध्यालोक–सायंकाल के समय की जानेवाली वंदना।

संध्योपासना–संध्याकाल में की जाने वाली उपासना।

संनिविष्टि–भीतर रखा हुआ; जुड़ा हुआ; मिला हुआ; घुसाया हुआ।

संनिवेश–जोड़ने/मिलाने/घुसाने का कार्य।

संन्यास–हिन्दुओं के चार आश्रमों में से चौथा तथा अंतिम; जिसमें परिवार, घर इत्यादि का त्याग कर दिया जाता है।

संन्यासिनी–संन्यासी की पत्नी।

संन्यासी–सन्यास। संन्यास आश्रम में रहनेवाला।

संपत्ति–धन दौलत; जायदाद; ऐश्वर्य; वैभव; अधिकृत क्षेत्र; प्राप्ति।

संपत्ति कर–वह कर जो किसी पर उसकी सम्पत्ति या जायदाद के विचार से लगाया जाता है।

संपत्तिवान–धनी; धनवान।

संपत्तिशाली–अति समृद्ध।

संपदा–धन; दौलत; ऐश्वर्य; वैभव।

संपन्न–समृद्धि से परिपूर्ण; सौभाग्यशाली; धनवान; दौलतमंद; पूर्ण; सम्पूर्ण; पूरी तरह से भरा हुआ।

संपन्नता–प्रचुरता; समृद्धता; विपुलता।

संपरीक्षण–सूक्ष्म परीक्षा; छानबीन।

संपर्क–संबंध; वास्ता; लगाव।

संपर्क अधिकारी–संबंधित अधिकारी।

संपर्क सूत्र–सम्पर्क की रेखा।

संपर्क स्थापन–संपर्क की स्थापना।

संपात–संगम; समागम।

संपातिक–अनुरूप।

संपाती–अनुरूप; जटायु के बड़े भ्राता का नाम।

संपादक–कार्य को पूरी तरह सम्पन्न या पूरा करनेवाला।

संपादकत्व–संपादन कार्य।

संपादक-मंडल–संपादन करनेवालों का मंडल।

संपादकीय–संपादक का; संपादक से संबंधित। सामयिक पत्रों में वह अंश जो स्वयं संपादक का लिखा हो।

संपादन–पुस्तक या सामयिक पत्र आदि को ठीक करके उसे प्रकाशित करवाना; काम पूरा और ठीक प्रकार से करना; पालना।

संपादिका–संपादक का स्त्रीलिंग।

संपादित–जिसका संपादन किया जा चुका हो; पूरा किया हुआ; पाला हुआ।

संपाद्य—जिसका संपादन करना हो या होना हो।

संपीड़न—दबाना।

संपीड़ित—दबाया हुआ।

संपुट—पात्र की खोखली जगह।

संपुटिका—कटोरी; प्याली।

संपुष्ट—सत्यापित; प्रमाणित।

संपुष्टि—प्रमाणीकरण।

संपूरक—कमी पूरी करनेवाला।

संपूर्ण—पूरा; सब; अखंड; समूचा; समग्र; अंतिम रूप।

संपूर्णतः—पूर्ण रूप से; सर्वथा।

संपूर्णतया, संपूर्णता—पूर्णावस्था; पूर्तीकरण।

सँपेरा—साँप पालनेवाला।

सँपोला—साँप का बहुत छोटा बच्चा।

संप्रति—इस समय; अभी।

संप्रदान—दान देने की क्रिया या भाव; व्याकरण में वह कारक जिसमें शब्द 'देना' क्रिया का लक्ष्य होता है; इसका चिह्न 'को' है।

संप्रदाय—समुदाय; कोई विशेष धार्मिक मत; किसी विषय या सिद्धान्त के संबंध में एक विचार रखनेवालों की शाखा (विद्यालय)।

संप्रदायवाद—किसी विशिष्ट समुदाय का पक्षपात करना; स्वायत्त शासन का सिद्धान्त।

संप्रदायवादी—स्वायत्त शासन के सिद्धान्त का अनुसरण करनेवाला।

संप्रभु—प्रधान; श्रेष्ठ।

संप्रभुता—प्रधानता; श्रेष्ठता।

संप्रेक्षक—प्रेषित करनेवाला; भेजनेवाला।

संप्रेषण—एक स्थान से दूसरे स्थान पर भेजना।

संप्रेषणीय—संचरणशील; भेजने योग्य।

संप्रेषित—जो भेजा जा चुका हो।

संप्रेष्य—जिसे भेजा जाना हो।

संबंध—मेल; नाता; लगाव; रिश्ता; बन्धुता; सम्पर्क; वास्ता; विवाह का निश्चय; सगाई।

संबंधवाचक—संबंध दर्शानेवाला; व्याकरण में वह कारक जिसमें एक शब्द का दूसरे शब्द के साथ संबंध कारक है।

संबंध विच्छेद—शादी का कानूनी विघटन; अलगाव; विलगन; रिश्ता टूटना; तलाक।

संबंधी—वह जिससे कुछ संबंध या नाता हो। रिश्तेदार।

संबद्ध—संबंधित; संबंधयुक्त; जिसके साथ संबंध लगा हो।

संबद्धता—रिश्ता; मेल; संबंधन; अनुराग; आसक्ति।

संबद्धीकरण—संबंधन।

संबल—प्रधान आश्रय; सहारा।

संबुद्ध—जिसे बोध या ज्ञान हो गया हो।

संबुद्धि—ज्ञानवर्धन; प्रबोधन; ज्ञान में वृद्धि; अधिक जानकारी।

संबोधन—पुकारना; व्याकरण में वह कारक जिससे शब्द का किसी को पुकारने या उससे कुछ कहने के लिए प्रयोग होता है।

संबोधित—संभार।

संभरक—संभरण करनेवाला।

संभरण–भरण पोषण आदि की व्यवस्था या सामग्री।

सँभलना–किसी आधार या सहारे पर रुका रहना; होशियार या सावधान होना; रोग से छूटकर स्वस्थता प्राप्त करना; चंगा होना; फिर से प्राप्त करना।

संभव–जो हो सकता हो; हो सकने योग्य; मुमकिन।

संभवतः–शायद; प्राय:; संभव या मुमकिन है कि।

सँभाल–देख रेख आदि का भार; रक्षा; हिफाजत।

सँभालना–पालन पोषण या देख रेख करना; रक्षा करना; बुरी दशा से बचाना।

सँभाला–मरने के पहले कुछ चेतना सी आना।

संभावना–हो सकना; मुमकिन होना; सम्भवता।

संभावनीय–आशाजनक।

संभावित–जिसकी संभावना हो; प्रत्याशित।

संभावी–प्राय: होनेवाला।

संभाव्य–प्रत्याशित।

संभाषण–कथोपकथन; बातचीत; वार्तालाप।

संभाषी–बोलनेवाला।

संभाष्य–बातचीत करने योग्य; जिससे बातचीत करना उचित या योग्य हो।

संभोग–रतिक्रिड़ा; मैथुन; सहवास; स्त्री के साथ होनेवाला समागम।

संभोगरत–मैथुन में लगा हुआ।

संभोगी–संभोग में लीन (नर); संभोग करने वाला।

संभोग्य–संभोग के लिए योग्य (मादा)।

संभोजन–एक साथ बैठकर भोजन करना।

संभ्रांत–भ्रम में पड़ा या घबराया हुआ; मान; व्याकुलता; गौरव।

संमुख के–के सम्मुख।

संयंत्र–स्थित मशीन के कल पुर्जे; प्लांट; कारखाना।

संयत–क्रमबद्ध; व्यवस्थित; नियंत्रित; वश में किया हुआ।

संयम–रोक; अवरोध; प्रतिबंध; नियंत्रण; अनुशासन।

संयमित–नियंत्रित; संयम के द्वारा रोका हुआ।

संयमी–नियंत्रित; अनुशासित; संयमपूर्वक रहने वाला; आत्मनिग्रही।

संयुक्त–जुड़ा; सटा या लगा हुआ; संबद्ध।

संयुक्त खाता–एक खाता जो दो व्यक्तियों का संयुक्त रूप से होता है।

संयुक्त राष्ट्र, संयुक्त वाक्य–एक वाक्य जिसमें दो या अधिक उपवाक्य होते हैं।

संयुक्त व्यंजन, संयुक्त सरकार–गठबंधन से बनी सरकार।

संयुत–जुड़ा या लगा हुआ; संयुक्त।

संयुति–योग; संसर्ग।

संयोग–इत्तफाक; आकस्मिक; सांयोगिक।

संयोगवशात्–संयोग के कारण।

संयोजक–जोड़ने या मिलानेवाला; व्याकरण में वह शब्द जो दो शब्दों या वाक्यों के बीच में उन्हें जोड़ने या मिलाने के लिए आता है।

संयोजन–मेल; जुड़ाव।

संयोजित–जुड़ा हुआ।

संयोज्य–जिसे जोड़ा जा सके; जिसका संयोजन हो सकता हो।

संरक्षक–प्रश्रयदाता; अभिभावक; सहायक; रक्षा करनेवाला।

संरक्षकता–संरक्षण करनेवाला।

संरक्षण–हिफाजत; रखवाली; निगरानी; देख रेख।

संरक्षरणवाद–देश में बने माल की इस प्रकार से रक्षा करना जिससे परेदश से आये माल से सस्ता पड़े।

संरक्षित–बचाकर रखा हुआ; संरक्षण में लिया हुआ।

संरक्षित राज्य–जिस राज्य को संरक्षण प्राप्त हो।

संरचना–बनावट; ढाँचा; आकार; संयोजन; रचना।

संरचनात्मक–रचना संबंधी; बनावट का।

संराधन–समझौता; सुलह।

संरेखन–पंक्ति बद्धता।

संरोध–नाकाबंदी।

संलग्न–सटा हुआ; जुड़ा हुआ; संबद्ध।

संवत्–वर्ष; साल; महाराज विक्रमादित्य के समय से प्रचलित मानी जानेवाली वर्ष गणना में का कोई वर्ष।

संवत्सर–संवत्

संवरण–चुनना; प्रसंद करना; विरोध; प्रतिबंध; दबाना।

सँवरना–बिगड़ी हुई चीज का फिर से सुधरना; बनना या ठीक होना।

सँवरिया–साँवला; भगवान श्रीकृष्ण।

संवर्ग–एक वस्तु का दूसरे में लीन होना।

संवर्धक–संवद्र्धन करनेवाला। बढ़ाकर दिखाने वाला।

संवर्धन–वृद्धि; बढ़ाव; विस्तार; पालना।

संवर्धनीय–विस्तार करने योग्य; बढ़ने योग्य।

संवर्धित–विस्तारित; बढ़ा हुआ; परिष्कृत किया हुआ।

संवहन–वहन करना; निर्वाह करना।

संवातन–हवा देने की क्रिया या साधन।

संवाद–समाचार; हाल; विवरण; वार्तालाप; बातचीत; खबर।

संवादक–समाचार विवरणदाता।

संवाददाता–वह जो समाचार या संवाद दे; खबर देनेवाला।

संवादशील–अभिव्यक्ति शील।

संवादहर–हरकारा; संदेश वाहक; संदेश ले जानेवाला।

संवादिता–पत्राचार; सूचना तथा विचार का आदान प्रदान; संचार।

संवादी–संवाद या बातचीत करनेवाला।

सँवारना–अलंकृत करना; सजाना; अच्छी अवस्था में लाना।

संवाहक–निर्देशक; बस या गाड़ी में सवारी नियंत्रक।

संवाहन–नियंत्रण करने का कार्य।

संवाही–विद्युत नियंत्रक (भौतिक विज्ञान)।

संवितरण–चुकौती; भुगतान।

संविदा–सौदा; ठेका।

संविधान–वह विधान या कानून जिसके अनुसार किसी राष्ट्र का संघटन; संचालन और व्यवस्था होती है।

संविधानवाद–वह सिद्‌धान्त जिसके अनुसार विधान या नियम ही सर्वप्रधान माना जाता हो।

संविधान सभा–संविधान में सुधार करने या बनानेवाली सभा।

संविधानिक–संविधान या संघटन के नियमों से संबंध रखनेवाला।

संविधि–संसद द्‌वारा पारित कानून; नियम।

संविधिक–कानून से स्थिर किया हुआ।

संविभाग–सरकारी कागज़।

संविहित–स्थापित।

संवीक्षक–जाँचनेवाला।

संवीक्षा–छानबीन; जाँच।

संवृत–ढका या छिपा हुआ।

संवृद्‌धि–वृद्‌धि; विकास; विस्तार।

संवेग–संवेदन; आवेग।

संवेदन–अनुभूति; चेतना।

संवेदनशील–संवेदी; कोमल हृदय।

संवेदनशीलता–संवदी होने का भाव।

संवदेनहारी–चेतनाशून्य करनेवाली।

संवदेना–शोक प्रकाश; किसी के कष्ट को देखकर मन में होनेवाला दु:ख; करूणा; दया।

संवेदनाहीन–बिना संवेदना का।

संवेदनीय–संवदेन से दृष्टिगोचर; संवेद्‌य; अनुभव करने योग्य।

संवेदिक–संवेदनात्मक।

संवेदित–संवेदन द्‌वारा ज्ञान करना।

संवेदी–समदु:खी (दयायुक्त)।

संवेद्‌य–अनुभव करने योग्य।

संवेष्टक–बाँधनेवाला।

संवेष्टन–बाँधना।

संवेष्टित–बाँधा हुआ।

संवैधानिक–कानूनी।

संवैधानिकता–संवैधानिक सिद्‌धान्तों का पालन।

संशय–शंका; अनिश्चितता; शुब्हा; आशंका; डर।

संशयवाद–धार्मिक अविश्वास; संदेह।

संशयवादी–नास्तिक; धर्मिक अविश्वास; संदेह।

संशयात्मक–संदिग्ध; अनिश्चित; संदेहास्पद।

संशयात्मकता–धार्मिक अविश्वास; सन्देह।

संशयालु–विश्वास न करनेवाला; शंका करने वाला।

संशयी–जो प्राय: संशय करता रहता हो; नास्तिक।

संशोधक–संशोधन करनेवाला; सुधारक; सुधारने वाला।

संशोधन–दुरुस्ती; बदलाव; ठीक करना; शुद्‌ध करना; सुधारना।

संशोधनवाद–संशोधन करने का कृत्य।

संशोधित–दुरूस्त किया हुआ; जिसका संशोधन हुआ हो; शुद्‌ध या ठीक किया हुआ।

संश्रय–मेल; संबंध; लगाव; मैत्री।

संश्रित–लगा या सटा हुआ।

संश्लिष्ट–संयोगीकृत; मिला; सटा या लगा हुआ; मिश्रित।

संश्लेषण–एक में मिलाना; लगाना या सटाना।

संश्लेषणीय–संश्लेषण करने योग्य।

संश्लेषित–संश्लिष्ट।

संसक्त–एकता लानेवाला; संयुक्त होने वाला।

संसक्ति–संयोग; लगाव; साथ सटे या लगे रहने का भाव।

संसद–राज्य के शासन संबधी कार्यों में सहायता देने तथा विधान बनाने के लिए प्रजा के प्रतिनिधियों की चुनी हुई सभा।

संसदीय–संसंद संबंधी; संसद की मर्यादा के अनुरूप।

संसर्ग–सम्पर्क; मण्डली (सभा परिषद)।

संसर्गज–मण्डली से बाहर उपजा; स्पर्श से फैलने वाला।

संसार–जगत्; दुनिया; इहलोक; मर्त्यलोक।

संसार चक्र–संसारी संबंधों का पहिया।

संसार बंधन–संसारी परतंत्रता।

संसार सागर–संसार रूपी सागर।

संसारी–दूनियावी; संसार से संबंधित। संसार के लोग।

संसृति–संसार; जगत्।

संसेचन–गर्भाधान।

संस्करण–पुस्तकों की एक बार की छपाई; आवृत्ति।

संस्कार–धार्मिक कृत्य; धार्मिक अनुष्ठान या प्रथा; (सांस्कृतिक) परम्परा जो हमारे बीच एक हिस्सा बन चुकी है; शिष्टता; शुद्ध; शोधन।

संस्कारहीन–अशालीन; असभ्य।

संस्कारित–अच्छे संस्कारोंवाला।

संस्कृत–शुद्ध किया हुआ; जिसका संस्कार हुआ हो; सँवारा हुआ; सुधारा या ठीक किया हुआ।

संस्कृति–सभ्यता; किसी व्यक्ति की जाति, राष्ट्र आदि की सभी बातें।

संस्तर–बिछावन; शय्या।

संस्तवन–प्रशंसा; स्तुति; गुणवर्णन।

संस्तुत–अनुमोदित; जिसके गुणा का वर्णन किया गया हो।

संस्तुति–गुण वर्णन।

संस्था–संघटित समाज या मंडल; काम करनेवाला कोई संघटित समाज या दल।

संस्थागत–संस्था संबंधी।

संस्थान–साहित्य, विज्ञान, कला आदि की उन्नति के लिए स्थापित समाज।

संस्थापक–संस्थापन करनेवाला।

संस्थापन–अच्छी तरह जमाकर बैठाना; लगाना या खड़ा करना; मंडली/संस्था आदि बनाना।

संस्थापना–प्रतिष्ठापन।

संस्थापित–स्थापित; प्रतिष्ठित; निर्मित।

संस्पर्श–सम्पर्क में होना; संसर्ग में होना।

संस्मरण–यादगारें; स्मरणीय घटनाएँ।

संहत–गठा हुआ; खूब मिला या सटा हुआ; कड़ा; सख्त।

संहति–घनता; दृढ़ता; इकट्ठा होने की क्रिया या भाव।

संहार–पूर्ण क्षय या विनाश; हत्याकांड।

संहारक–संहार या नाश करनेवाला; मार डालने वाला।

संहित–इकट्ठा किया हुआ; मिला/सटा या जुड़ा हुआ।

संहिता–व्यवस्था में नियमों, विधियों आदि का संग्रह; ग्रंथ पुस्तक; कानून की पुस्तक।

संहिताकरण–संहिताबद्धता।

संहिति–संचय; ढेर; अंबार।
स–सप्रेम–सदृश–समान
सइयाँ–प्रेमी; पति।
सईस–घोड़ों की सफाई तथा देखभाल करने वाला; अश्वपालक।
सईसी–अश्वपालक का कार्य।
सकंटक–काँटेदार।
सकता–स्तब्धता; भौचक्कापन।
सकना–कुछ करने के योग्य होना।
सकपकाना–घबराना; व्याकुल होना; चक्कर में आना।
सकपकाहट–घबराने की क्रिया या भाव।
सकरकंद–शकरकंद।
सकरकंदी–शकरकंदी।
सकरपारा–हीरे की आकृति की तरह की मिठाई।
सकरुण–दयालु; कृपालु; दयावान।
सकर्मक–व्याकरण में वह क्रिया जो कर्म से युक्त हो।
सकर्मकता–सर्कमक होने की क्रिया या भाव।
सकल–सर्वस्व; सब कुछ; समूचा; समग्र; पूर्ण; अखण्ड; सम्पूर्ण राशि; पूरा; समूचा।
सकाम–इच्छा द्वारा प्रवृत्त; आशयपूर्ण; प्रेरक; प्ररित; संकल्प या निश्चयवाला।
सकार–'स' अक्षर अथवा उसकी ध्वनि।
सकारना–मंजूर करना; स्वीकार करना।
सकारांत–अक्षर 'स' से समाप्त होने वाला (अक्षर)।
सकारात्मक–स्वीकृति या सहमति का सूचक; स्वीकारात्म्क; निःसन्देह।
सकारे–सवेरे; तड़के।
सकुचना–सकुचाना।
सकुचाना–संकोच करना; हिचकिचाना; लज्जित होना।
सकुचाहट–आकुलता; घबराहट; लज्जा; हिचकिचाहट।
सकुल–सगे संबंधियों के साथ।
सकोरा–मिट्टी का पीने का पात्र।
सक्क़ा–मशक में पानी भरकर लोगों के घर पहुँचानेवाला; मिश्ती।
सक्रिय–ऊर्जा से भरपूर; ऊर्जावान; क्रियाशील; गतिशील; कार्यरत।
सक्रियता–गतिशीलता; क्रियाशीलता।
सक्रियतापूर्वक–सक्रियता से।
सक्षम–समर्थ; सक्षम; योग्य।
सक्षमता–समर्थता; योग्यता।
सखरा–जो जल के संयोग से पका हो।
सखरी–जल में पका हुआ भोजन।
सखा–साथी; संगी; मित्र; दोस्त।
सखी–सहेली; सहचरी; संगिनी।
सखी भाव–भक्ति का वह प्रकार जिसमें भक्त पत्नी को इष्ट देवता मानकर उसकी उपासना और सेवा करता है।
सख़्त–कठोर; कड़ा; दृढ़; कटु; घोर; गंभीर; हठी; मुश्किल।
सख़्ती–सख़्त होने की अवस्था या गुण।
सख्य–सखा का भाव; मित्रता; दोस्ती।
सख्य भाव–मिलनसारी; दोस्ताना।
सगा–वास्तविक; सहोदर; एक ही माता से उत्पन्न।
सगापन–सगा या आत्मीय होने का भाव।
सगाई–कुड़माई; संबंध; नाता; रिश्ता।

सगुण–गुणों से युक्त परमात्मा का रूप; गुणों से युक्त/सम्पन्न।

सगुणोपासना–गुणों से युक्त परमात्मा की उपासना।

सगुन–शकुन; शगुन; किसी की खुशहाली का मांगलिक कार्य।

सगुनिया–शगुन बतानेवाला।

सगुनौती–शगुन विचारने की क्रिया या भाव।

सगोत्र–एक ही गोत्र के लोग।

सगोत्रता–बन्धुता; रिश्तेदार; एक ही गोत्र से होने की अवस्था या भाव।

सग्गड़–बोझ ढोने की एक प्रकार की बड़ी गाड़ी।

सघन–गहन; घनिष्ठ; घना; अविरल; ठोस; ठस।

सघनता–गहनता; घनिष्ठता; घनता; ठोसपन; ठसता; अविरलता।

सच–सत्य; वास्तविक; ठीक। सच्चाई।

सचमुच–वास्तव में; यथार्थ रूप मे; अवश्य; निश्चय।

सचराचर–संसार के चर और अचर सभी पदार्थ तथा प्राणी।

सचल–चलता हुआ; चलायमान; गतिशील; चलनशील।

सच-सच–पूर्णत: सत्य।

सचाई–सत्यता; सच्चापन; वास्तविकता; यथार्थता; सच का भाव।

सचान–बाज।

सचित्र–चित्र से युक्त; स्पष्ट।

सचिव–किसी विभाग या मंत्रालय का प्रधान प्रशासनिक अधिकारी।

सचिवालय–सचिव के कार्य करने का स्थान; सचिव के कार्यालय के अधिकारी।

सचेत–सावधान; होशियार; खबरदार; सचेतन।

सचेतन–सचेत; सावधान।

सचेतना–चैतन्यता।

सचेष्ट–सक्रिय; जिसमे चेष्टा हो; जो चेष्टा कर रहा हो।

सचेष्टता–सक्रियता; क्रियाशीलता।

सच्चरित्र–अच्छे चरित्र या चाल चलनवाला; सदाचारी।

सच्चचरित्रता–सच्चरित्र होने की अवस्था या गुण; सदाचारिता।

सच्चा–सत्यवादी; वास्तविक; यथार्थ; सच बोलनेवाला; निष्कपट।

सच्चाई–सचाई।

सच्चापन–सत्यता; सच्चाई।

सज–बनावट; सजावट; गढ़न; डौल।

सजग–सचेत; चौकन्ना; सावधान; होशियार; सर्तक।

सजगता–सर्तकता; सावधानी; होशियारी।

सज-धज–सजावट; बनाव सिंगार; अलंकरण।

सजना–सज्जा के साथ दृष्टिगोचर होना; सज्जित या अलंकृत होना।

सजना सवँरना–पूरी तरह अलंकृत होना।

सजनी–साजन सखी; सहेली।

सजल–जलपूर्ण; जलयुक्त; आँसुओं से भरा हुआ।

सज़ा–दंड; जुर्माना; पेनल्टी।

सज़ा-ए-मौत–प्राणलेवा सज़ा।

सजात–सजातीय।

सजाति–सजातीय।

सजातीय–एक ही जाति या वर्ण के; एकजातीय।

सजातीयता–एकजातीय होने की अवस्था या भाव; एकरूपीयता।

सजा-धजा–बना सँवरा; सजावटी।

सजाना–सुन्दर बनाना; अलंकृत करना; उचित स्थान पर अच्छे क्रम में रखना; अच्छी रीति से रखना (वस्तुओं को)।

सजाना-सँवारना–अलंकृत करना तथा सजाना।

सज़ायाफ़्ता–जिसे कैद की सजा मिल चुकी हो।

सजाव–सजावट।

सजावट–अलंकरण; सजे होने की क्रिया या भाव।

सजावटी–जिससे कोई बहुत सुन्दर दिखाई पड़े; विभुषित करने या सजाने योग्य।

सजीला–छैला; सुन्दर; आकर्षक।

सजीलापन–सजीला होने की अवस्था या गुण; छैलापन; आकर्षण; सुन्दरता।

सजीव–जिसमें जीवन या प्राण हों; जिसमें ओज या तेज हो।

सजीवता–उत्साह; प्रफुल्लता।

सज्जन–भला आदमी; शरीफ; शिष्ट व्यक्ति।

सज्जनता–शिष्टता; भलमनसत; सभ्यता।

सज्जनोचित–कुलीन पुरुषवत्।

सज्जा–अलंकरण; सजावट; सजाने का साधन; सजाने की क्रिया या भाव।

सज्जित–अलंकृत; सजा हुआ; वस्तुओं या साधनों से युक्त।

सज्जी–एक प्रसिद्ध क्षार जो चीजें धोने या साफ करने के काम में आता है।

सझिया–साझेदार।

सटकना–धीरे से या चुपचाप खिसक जाना।

सटना–चिपकना; एक दूसरे से मिलना।

सटपटाना–सिटपिटाना

सटाक–जोर से मारने पर 'सट' का शब्द निकलना।

सटीक–बिल्कुल ठीक; उचित; जिसमें मूल के सिवा टीका भी हो; व्याख्या सहित।

सटोरिया–सट्टेबाज।

सट्टा–खेला।

सट्टी–हाट; बाजार।

सट्टेबाज़–सट्टा खेलनेवाला।

सट्टेबाजी–सट्टा खेलने की आदत।

सठियाना–वृद्धावस्था के कारण दिमाग़ी कमजोरी आना; जराकालीन।

सठियाव–दिमाग़ी कमजोरी; मतिक्षीणता; बुढ़ापे के कारण कमजोरी।

सड़क–मार्ग; पथ।

सड़न–सड़ने की क्रिया या भाव; गलन।

सड़ना–अपघटन होना; विघटन होना।

सड़सठ–६७.

सड़सी–चिमटा; सँडसी।

सड़ा–बेकार; गला।

सड़ाना–दुर्गन्धयुक्त करना; गलाना।

सड़ायँध–दुर्गन्ध; बदबू; चीज सड़ने पर उसमें से आनेवाली महक; असहनीय बदबू।

सड़ासड़–सड़-सड़ शब्द के साथ; जल्दी जल्दी।

सड़ियल–सड़ा हुआ; गला हुआ; निकृष्ट; बेकार; रद्दी; खराब।

सत–प्रत्यय (अच्छा) जैसे **सत**कवि

सतगुना–सात बार अधिक।

सतगुरु–सदगुरु; अच्छा गुरु; परमात्मा।

सतजुग–सत्यजुग।

सतत–निरन्तर; लगातार; सदा; लगातार चलते रहनेवाला।

सतथ्य–सच्चाई के साथ; वास्तविक।

सतनजा–सात भिन्न प्रकार के अन्नों का मिश्रण।

सतमासा–सात महीनों का।

सतरंगा–सात रंगों का।

सतर–रेखा; पंक्ति; कतार; लकीर।

सतर्क–चौकन्ना; जागरूक; चौकस; सचेत; सावधान।

सतर्कता–सचेतता; चौकन्नापन; जागरूकता; चौकसी; सावधानी।

सतर्कतापूर्वक–सर्तकता से।

सतलड़ा–सात लड़ियोंवाला। सात लड़ों का हार।

सतवंती–अपने पति के प्रति वफ़ादर तथा अपने कत्तव्यों के प्रति ईमानदार (स्त्री); सती।

सतसई–किसी कवि के सात सौ पद्यों का संग्रह।

सतह–भूमि का ऊपरी भाग; ऊपरी परत।

सहतत्तर–७७.

सतही–सतह से संबंधित; बाह्य; ऊपरी।

सतहीपन–छिछलापन।

सताना–पीड़ित करना; कष्ट या दु:ख देने का कार्य।

सतालुई–हलका लाल; किरमिजी।

सतालू–सफतालू सब्जी।

सतावर–शतावरी (पादप वंश)।

सती–कुमारी; (पवित्र) स्त्री; अपने पति के प्रति ईमानदार; साध्वी; पतिव्रता।

सती प्रथा–एक प्रथा जिसमें पति के दाह संस्कार के समय उसकी जीवित पत्नी को उसके साथ जलाया जाता था।

सतीत्व–पवित्रता; सती होने का भाव; पति के प्रति वफ़ादारी।

सतीत्व भंग–पवित्रता की हानि।

सतीत्व हरण–पवित्रता का चरित्र हनन करना।

सती साध्वी–अपने पति के प्रति पूर्ण निष्ठावान।

सती सावित्री–पति के प्रति अत्यधिक रूप से विश्वास पात्र।

सतुआ–सत्तू।

सतोगुण–हिन्दु दर्शन शास्त्र के अनुसार जीवन की प्रथम तीन गुण जो शुद्धता तथा अच्छाई को प्रदर्शित करते हैं।

सतगुणी–सतगुण।–सत्वगुण से युक्त।

सत्–उपसर्ग जो सच्चाई; शुद्धता तथा पवित्रता को दर्शाता है।

सत्कर्म–अच्छा या शुभ कार्य।

सत्कार–आनेवाले व्यक्ति का आदर या सम्मान; खातिरदारी; सम्मान या सेवा।

सत्कार्य–उत्तम कार्य; अच्छा काम; सत्कर्म।

सत्कीर्ति–यश; कीर्ति; ख्याति; प्रसिद्धी।

सत्त–सार; मूल तत्त्व; रस; बल; ताकत।
सत्तर–७०.
सत्तांतरण–बल अथवा प्रभुत्व का स्थानान्तरण।
सत्ता–अस्तित्व; ताकत; बल; शक्ति; सामर्थ्य। ताश का वह पत्ता जिस पर सात बूटियाँ होती हैं।
सत्ताईस–२७.
सत्ताधारी–वह जिसके हाथ में सत्ता हो।
सत्तानबे–९७.
सत्तारूढ़–जो सत्ता प्राप्त किए हो।
सत्तावन–५७.
सत्ता संघर्ष–सत्ता के लिए संघर्ष/प्रयत्न।
सत्तासी–८७.
सत्तू–भुने हुए जौ, चने आदि का चूर्ण।
सत्त्व–सत्त।
सत्त्वगुण–सद्‌गुण।
सत्त्वहीन–सत्त्व की कमी।
सत्पथ–सच्चाई का मार्ग; उत्तम मार्ग।
सत्पात्र–योग्य श्रेष्ठ व्यक्ति।
सत्प्रयास–वास्तविक प्रयास।
सत्फल–श्रेष्ठफल।
सत्य–असली; यथार्थ; सही।
सत्यकाम–सदा उत्तम बातों की कामना करनेवाला।
सत्यतः–सचमुच; वास्तव में; सच्चाई से; असल में; वास्तव में; वस्तुतः।
सत्यता–सत्य का भाव; सच्चापन; सच्चाई।
सत्यदर्शी–सत्य से साक्षात्कार कराने. वाला।
सत्यनारायण–भगवान; सत्यव्रत।
सत्यनिष्ठ–सच के प्रति निष्ठावान।
सत्यनिष्ठा–सत्य के प्रति वफादारी; पवित्रता।
सत्यपरायण–सच्चाई के प्रति श्रद्‌धावान।
सत्यभाषी–भाषा में सत्य।
सत्यवादिता–शब्दों में सच्चाई का भाव।
सत्यवादी–सच बोलनेवाला।
सत्यशील–सत्यवादी व्यवहारवाला।
सत्यशीलता–सत्यता।
सत्यांकन–पुष्टीकरण।
सत्यांकित–पुष्टित।
सत्याग्रह–सत्य पर अडिग; किस सत्य या न्यायपूर्ण पक्ष की स्थापना के लिए शांतिपूर्वक हठ करना।
सत्याग्रही–जो सत्याग्रह करता हो।
सत्यानाश–सर्वनाश; ध्वंस; बरबादी।
सत्यानाशी–सत्यानाश या पूरी बरबादी करने वाला।
सत्यापक–सत्यापन करनेवाला।
सत्यापन–प्रमाणीकरण।
सत्यापित–प्रमाणित; जिसका सत्यापन हुआ हो।
सत्ययुग–भारतीय पुराणों के अनुसार पहला युग; स्वर्णयुग।
सत्र–कार्यकाल; वह नियम काल जिसमें कोई कार्य एक बार आरंभ होकर कुछ समय तक बराबर होता है।
सत्र न्यायालय–किसी जिले के जज का वह न्यायालय जिसमें कुछ विशिष्ट गुरुतर अपराधों पर विचार होता है।
सत्रह–१७.
सत्रांत–कार्यकाल की समाप्ति।

सत्रावसान–किसी सत्र अथवा अधिवेशन का कुछ समय तक बंद किया जाना; स्थगन।

सत्व–सत्त।

सत्वर–शीघ्र; जल्द; तीव्र; जल्दी।

सत्वरता–शीघ्रता; तीव्रता।

सत्संग–सज्जनों का साथ; धार्मिक मंडली।

सत्संगी–धार्मिक संघ या संस्था से संबंध रखने वाला; धार्मिक समाज में बराबर जानेवाला।

सत्समागम–भला तथा महान का संप्रवाह।

सद–अच्छा।

सदन–घर; मकान।

सदन त्याग–बाहर जाना; घर छोड़ना।

सदमा–किसी दुःखद घटना से मन का पहुँचा आघात या चोट।

सदय–जिसके मन में दया हो; दयालु।

सदयता–दयालु होने की अवस्था या गुण।

सदर–प्रमुख; प्रधान; मुख्य।

सदरी–बिना आस्तीन की एक प्रकार की कुरती।

सदस्य–भाग; घटक; किसी सभा या समाज में सम्मिलित व्यक्ति।

सदस्यता–सदस्य होने की अवस्था; भाव या पद।

सदस्यता शुल्क–सदस्य बनने के बदले में लिया गया शुल्क।

सदा–नित्य; हमेशा; सदैव; निरन्तर; सर्वदा; कभी भी। रोना; विशेष रूप से भिखारी का रोना।

सदाक़त–सत्यता।

सदाचरण–उत्तम आचरण; अच्छा चाल चलन।

सदाचार–अच्छा कृत्य; अच्छा आचरण।

सदाचारिणी–सदाचारी।

सदाचारिता–सदाचारण।

सदाचारी–नैतिक दृष्टि से अच्छे आचरणवाला मनुष्य।

सदापर्णी–सदा हरा रहनेवाला।

सदाबहार–सदा हरा रहनेवाला वृक्ष।

सदारत–अध्यक्ष होने का भाव; सभापतित्व।

सदावर्त–वह स्थान जहाँ गरीबों को नित्य भोजन मिलता हो; अन्नसत्र।

सदाशय–अच्छी नीयतवाला; भला मानस; सज्जन।

सदाशयता–सद्भाव; नेकनीयती; सत्यता।

सदिश–प्रभाव; असर (गणित)।

सदी–शती; शताब्दी।

सदुपदेश–उत्तम उपदेश; अच्छी शिक्षा।

सदुपयोग–सद् या अच्छा उपयोग; उत्तम प्रयोग।

सदृश–समान; अनुरूप; तुल्य; बराबर; एक जैसा; एक से; आंशिक; समरूप।

सदृशता–समानता; अनुरूपता; तुल्यता; बराबरी।

सदेह–भौतिक; शारीरिक।

सदैव–हमेशा; सदा; सर्वदा; नित्य।

सदोष–दोषी; त्रुटिपूर्ण; जिसमें दोष हो।

सदोषता–त्रुटिपूर्णता; दोषपूर्णता।

सद्–अच्छा; उत्तम।

सद्गति–अधिक अच्छी अवस्था; पापों से मुक्ति।

सद्गुण–अच्छा गुण; सदाचार।

सद्गुणी–अच्छे गुणों से युक्त।

सदगुरु–सम्माणीय गुरु; धर्मगुरु।

सद्भाव–अच्छा भाव या नीयत; प्रेम और हित का भाव।

सद्भावना–अच्छी और शुभ भावना; किसी के हित या सद्भाव की भावना।

सद्यः–इसी समय; अभी; आज के दिन।

सद्यःकृत–अभी किया हुआ।

सद्वृत्ति–उत्तम मिजाज; अच्छा व्यवहार; नेक चलन; सदाचारी।

सधना–काम पूरा होना; प्रयोजन सिद्धि के अनुकूल होना; अभ्यस्त होना; मँजना; निशाना ठीक होना।

सधन्यवाद–कृतज्ञता।

सधर्म–सधर्मी।

सधर्मी–समान धर्म रखनेवाला; किसी के समान गतिविधि रखनेवाला।

सधवा–वह जिसका पति जीवित हो (स्त्री); सुहागन।

सधाना–साधने का काम दूसरे से कराना।

सन–पटुआ; वेग से चलने या निकलने का शब्द; वर्ष; संवत्।

सनई–जूट की जाति का एक प्रकार का छोटा पौधा; पटुआ।

सनक–धुन; झक; मन की लहर; मनमौज; उन्माद; पागलपन; विकृत मस्तिष्क।

सनकना–पागल होना।

सनकी–विलक्षण; मनमौजी; पागल; विक्षिप्त। पागल व्यक्ति।

सनकीपन–पागलपन; विक्षिप्तता।

सनद–प्रभाववाले व्यक्ति से प्राप्त प्रमाण पत्र; दस्तावेज।

सनदयाफ़्ता–जिसके पास प्रमाण पत्र हो।

सनना–गीला होकर किसी में मिलना; लीन होना।

सनम–व्यक्ति जो बहुत प्यारा हो; प्रिय; मनभावन।

सनसन–हवा चलने का शब्द।

सनसनाना–सनसन शब्द करते हुए चलना या बहना।

सनसनाहट–सनसन शब्द होने की क्रिया या भाव।

सनसनी–झुनझुनी; स्तब्धता; उत्तेजना।

सनसनीखेज़–सनसनी पैदा करनेवाला; उत्तेजक।

सनसनीदार–सनसनीखेज़।

सनातन–स्थायी; अनादि; शाश्वत।

सनातम धर्म–परम्परागत धर्म जिसमें मूर्तिपूजन माननीय है।

सनातनी–अनादि; सनातन धर्म से संबंधित।

सनाथ–संरक्षक द्वारा प्रदान किया हुआ।

सनाय–एक पौधा जिसकी पत्तियों के सेवन से दस्त लग जाते है।

सनीचर–शनिग्रह; शनिवार।

सन्–ईसामसीह के जन्म के बाद का समय; साल; संवत्।

सन्न–स्तब्ध; जड़; संज्ञाशून्य; भौचक।

सन्नद्ध–तैयार; उद्यत; काम में पूरी तरह लगा हुआ।

सन्नद्धता–तैयार करने का भाव।

सन्नाटा–पूरा मौन; नीरवता; निर्जनता; एकांतता; भौचक्कापन; चुप्पी।

सन्निकट–समीप; पास; निकट।

सन्निकटता–समीपता; निकटता।

सन्निकर्ष–सघन निकटता।
सन्निपात–त्रिदोष; एक रोग जिसमें कफ; वात और पित्त तीनों बिगड़ जाते हैं।
सन्निविष्ट–घुसा हुआ; समाविष्ट।
सन्निवेश–अटना; समाना; जुटना।
सन्निहित–सम्मिलित; समाविष्ट; निहित।
सन्मान–सम्मान।
सन्मार्ग–सदाचार का पथ; न्याय संगत।
सन्मुख–सम्मुख।
सपक्ष–पक्षवाला; एक दल से संबंधित।
सपत्नी–सौत; सौतन।
सपत्नीक–पत्नी सहित।
सपना–स्वप्न; ख्याली पुलाव; नींद की अवस्था में दिखाई देनेवाला मानसिक दृश्य या घटना।
सपरदायी–नृतकी के साथ सारंगी तथा तबला बजानेवाला।
सपरना–काम का पूरा होना; निपटना; काम हो सकना।
सपरिकर–अनुचर/साज समान के साथ।
सपरिवार–परिवार सहित।
सपरिश्रम कारावास–कठोर/सख़्त सज़ा।
सपरेटा–मलाई हटाया हुआ बिना चिकनाई वाला दूध।
सपर्ण–पत्तियोंवाला।
सपाट–चपटा; समतल; चिकना।
सपाटा–तीव्र गति; दौड़।
सपुर्द–एक ही कुल के वे लोग जो एक ही पितरों को पिंड देते हों।
सपुर्द–सुपुर्द।
सपुर्दगी–सुपुर्दगी।
सपूत–अच्छा और योग्य पुत्र।
सपेरा–सँपेरा; साँप पालनेवाला।
सपोला–सँपोला; छोटा साँप।
सप्त–सात; ७।
सप्तक–एक ही तरह की सात वस्तुओं का समूह; संगीत में सातों स्वरों का समूह।
सप्तपदी–विवाह के समय वर और वधू का अग्नि की सात परिक्रमाएँ करना।
सप्तमी–चांद्रमास के किसी पक्ष की सातवीं तिथि।
सप्तमी विभक्ति–अधिकरण कारक की विभक्ति (व्याकरण)।
सप्तर्षि–सात ऋषियों का समूह या मंडल; सात तारे जो ध्रुव की परिक्रमा करते हैं।
सप्तलोक–सात दुनिया।
सप्तस्वर–संगीत के सात सुर।
सप्ताह–हफ्ता; सात दिनों का काल; सोमवार से रविवार तक के सात दिन।
सप्ताहांत–सप्ताह का अंतिम भाग; शनिवार का आधा और रविवार का पूरा दिन।
सप्रमाण–सबूत/साक्ष्य के साथ।
सफ़र–यात्रा; पर्यटन।
सफ़र ख़र्च–मार्ग व्यय।
सफ़रनामा–यात्रा का वर्णन/व्याख्या।
सफ़र मैना–सेना के वे सिपाही जो खाई खोदने; जंगल काटने या रास्ता साफ करने के लिए उसके आगे आगे चलते हैं।
सफ़री–यात्रा के अनुकूल।
सफल–कामयाब; सार्थक; जिसका कुछ फल या परिणाम हो; फलदायक।

सफलता–कामयाबी; परिपूर्णता।

सफलीभूत–कामयाब; जिसने सफलता प्राप्त कर ली हो।

सफ़ा–साफ; स्वच्छ। पुस्तक का पृष्ठ।

सफ़ाई–स्वच्छता; 'साफ' करने की क्रिया या भाव; स्पष्टीकरण; शुद्धीकरण; बचाव; रक्षा।

सफ़ाई पक्ष–बचाव पक्ष।

सफ़ाचट–एकदम साफ़; बिल्कुल साफ़ या चिकना।

सफ़ाया–पूरी सफाई; पूर्ण विनाश; कुछ भी बाकी न रह जाना।

सफ़ेद–उज्वला; श्वेत।

सफ़ेदा–जस्ते का चूर्ण; एक प्रकार का बढ़िया आम; एक प्रकार का बड़ा वृक्ष।

सफ़ेदी–श्वेतता; उजलापन; सफ़ेद होने का भाव; श्वेतक (अंडे की)।

सब–समस्त; पूरा; सारा; समग्र; संपूर्ण; कुल; जितने हों।

सबक़–पाठ; शिक्षा।

सब कुछ–प्रत्येक; हर एक।

सबब–कारण; वजह।

सबरी–मिट्टी की दीवार खोदने का एक औजार; साबर।

सबल–बलवान; ताकतवर।

सबलता–ताकत; सामर्थ्य।

सबूत–प्रमाण; साक्ष्य।

सबेरा–सवेरा।

सबेरे–प्रातःकाल का समय।

सब्ज़–हरा।

सब्ज़ी–हरी तरकारी; साग भाजी।

सब्ज़ी–मंडी–सब्ज़ी का बाज़ार।

सब्ज़ी वाला–सब्ज़ी बेचनेवाला; सब्ज़ी का व्यापारी।

सब्बल–लोहे का छड़ जो खोदने के काम आता है।

सब्र–धैर्य; धीरता।

सभा–परिषद; गोष्ठी; समिति।

सभागृह–वह स्थान जहाँ कोई सभा होती हो।

सभात्याग–सभा में से क्रोध के कारण यकायक चले जाना।

सभापति–सभा का प्रधान; नेता या मुखिया।

सभापतित्व–सभापति होने का भाव।

सभा भवन–वह भवन जहाँ सभा का आयोजन होता है।

सभा मंच–किसी मंडप का चबूतरा।

सभा मंडप–खेमा; दर्शक मंडप; शामियाना; वह स्थान जहाँ कोई सभा एकत्र होती है।

सभासद–किसी सभा का सदस्य; पार्षद।

सभी–सर्वस्व; सब कुछ। हर कोई; प्रत्येक।

सभ्य–शिष्ट; सज्जन; भला आदमी।

सभ्यता–शील; शराफ़त; भलमनसत; शील और सज्जन होने का भाव।

समंजन–समायोजन; लेन देन का हिसाब; काम ठीक ठाक करके बैठना।

समंजित–व्यवस्थित; समायोजित।

सम–बराबर; समतल; चौरस; जिसका तल बराबर हो।

समकक्ष–एक जैसा स्तर का; समान; तुल्य; सब बातों में किसी के बराबर होनेवाला; बराबरी का।

समकक्षता–बराबर होने की अवस्था।

समकारी–समकक्ष; समतुल्य; सदृश; बराबरी।

समकालिक–एक साथ होनेवाला; एक समय का।

समकालीन–समकालिक।

समकोण–जिसके आमने सामने के सभी कोण समान हो।

समकोणिक–जिसके चारों कोण बराबर हों।

समक्ष–सामने; सम्मुख।

समग्र–पूरा; सम्पूर्ण; अखण्ड; समूचा; समग्र।

समग्रता–सम्पूर्णता; अखण्डता।

समग्र युद्ध–सम्पूर्ण युद्ध।

समजातीय–एकजातीय; सजातीय; समजात; एक ही जाति का।

समजातीयता–एकरूपीयता; समजातता।

समझ–अक्ल; बुद्धि; चतुराई; ज्ञान।

समझदार–बुद्धिमान; अक्लमंद।

समझदारी–बुद्धिमानी; अक्लमंदी; समझदार होने का भाव।

समझना–बोध होना; समावेश करना; जानना; ध्यान देना; कोई बात अच्छी तरह विचार करके ध्यान में लाना। समझने का कार्य।

समझना-बूझना–किसी मामले को समझना।

समझ-बूझ–चालाकी; चतुराई।

समझाना–बोध कराना; सलाह देना; ऐसी बात करना जिससे कोई समझ जाए।

समझाना-बुझाना–अनुनय द्वारा किसी को समझाना।

समझौता–आपस का निबटारा; राजीनामा; अनुबंध; वचन पत्र।

समतल–समता; चिकना; चौरस। चौरस स्तर।

समतलन–समतल करना।

समता–बराबरी; तुल्यता; सम या समान होने का भाव।

समतुलन–तुल्यभारता; संतुलन।

समतुलित–संतुलित।

समतोलन–संतुलित करने का कार्य।

समत्व–समता।

समदर्शी–सबको एक सा समझनेवाला।

समदृष्टि–जो सबको समान दृष्टि से देखे।

समधिक–बहुत; अधिक।

समधिन–पुत्र अथवा पुत्री की सास।

समधियाना–पुत्र अथवा पुत्री के ससुर का घर; समधी का आवास।

समध्वनिक–एक ही रूप किन्तु भिन्न अर्थवाले शब्द।

समन–सम्मन; न्यायालय में हाजिर होने का परवाना।

समनाम–जिसका नाम किसी और के नाम के समान हो।

समन्वय–मिलान; मिलाप; विरोध का अभाव।

समन्वयकारी–मिलनसारी; मेल मिलापी।

समन्वयन–समन्वय का कार्य।

समन्वयी–मेल मिलाप से रहनेवाला।

समन्वित–जिसका समन्वय हुआ हो।

समबाहु–जिसकी भुजाएँ बराबर हों।

समबुद्धि–स्थिर चित्तवृत्ति वाला। चित्त या स्वाभाव की स्थिरता।

समभुज–जिसकी भुजाएँ बराबर हों।

सममित–एक सा; समान।

सममिति–सामंजस्य।

समय–काल; अवधि; मियाद; सवेरे संध्या या दिन रात के विचार से काल का कोई मान।

समय-कुसमय–अच्छे या शुभ दिन और बुरे दिन और बुरे या संकट के दिन।

समय-खाऊ–बेकार में समय खर्च करनेवाला।

समय-चक्र–घटनाओं का चक्र।

समयनिष्ठ–समय पर कार्य करनेवाला।

समयनिष्ठा–समय का पालन।

समयपालक–समय का पालन करने वाला।

समय-संकेत–समय का संकेत।

समय-सारणी–किसी व्यवस्था (विद्याल, रेलवे इत्यादि) में कार्यक्रम की समय तालिका।

समय-सीमा–समय की निर्धारित सीमा जिसके अंतर्गत कोई कार्य पूर्ण करना होता है।

समय-सेवी–अफ़सरों की इच्छानुसार दीनता से काम करने की क्रिया।

समयविहीन–कुसमय का।

समयांतर–समय का अवकाश।

समयानुसार–समय के अनुसार; समय पर।

समयावधि–समय की अवधि।

समयोचित्त–समय से; समयानुसार।

समयोपरि–कार्य के निर्धारित समय से अधिक समय।

समर–युद्ध; लड़ाई।

समरथ–समर्थ।

समर नीति–रणनीति।

समर पोत–युद्धपोत।

समर भूमि–लड़ाई का मैदान; युद्धक्षेत्र।

समरस–स्थिर चित्तवृत्तिवाला; अनुरूप।

समरसता–चित्त की स्थिरता; सुन्दर तथा शांत संबंध; अनुरूपता।

समरांगण–लड़ाई का मैदान; युद्धक्षेत्र।

समरूप–समान आकृति का (रेखागणित)।

समरूपता–रूप की समानता।

समरोचित–लड़ाई का उचित समय; युद्ध के उद्देश्य से उचित।

समर्थ–सक्षम; योग्य; निपुण।

समर्थक–समर्थन करनेवाला।

समर्थता–सक्षमता; योग्यता; निपुणता।

समर्थन–किसी कथन अथवा सुझाव इत्यादि को ठीक कहना; किसी मत का पोषण।

समर्थन मूल्य, समर्थनीय–समर्थन योग्य; सहारा देने योग्य।

समर्थित–जिसे समर्थन प्राप्त हो।

समर्पण–धर्मभाव से या श्रद्धापूर्वक अर्पित करना; अधीनता स्वीकार करना; आत्मसमर्पण।

समर्पित–जिसका समर्णण किया गया हो।

समवयस्क–समान अवस्था वाला; बराबर की उम्र वाला।

समवयस्कता–उम्र में समानता।

समवर्ण–एक रंग/वर्ण का।

समवर्णता–समवर्ण। एक रंग/वर्ण का होने की अवस्था या गुण।

समवर्तिता–संयुक्त कार्य; संलग्नता।

समवर्ती–एकीभूत; समकालिक; पास का।
समवाय–समूह; झुंड।
समवाय-संबंध–अविभाज्य संबंध।
समवेत–सामूहिक; एकत्र; इकट्ठा या जमा किया हुआ।
समवेत-गान–बहुत से लोगों द्वारा मिलकर गाया जानेवाला गाना।
समवेदना–हमदर्दी।
समशीतोष्ण–सम (न अधिक गर्म न अधिक ठंडा)।
समष्टि–संग्रह; पूर्ण योग; सम्पूर्णता।
समष्टिवाचक–एकीकृत।
समष्टिवाद–आधुनिक राजनीति में समाजवाद का विकसित और उग्र रूप।
समष्टिवादी–समष्टिवाद संबंधी; समष्टिवाद का सिद्धान्त माननेवाला।
समसामयिक–समकालिक; एक ही समय का।
समसामयिकता–समकालिकता।
समस्त–सब; कुल; सम्पूर्ण; समग्र; समूचा।
समस्थिति–चित्त या स्वभाव की स्थिरता; तुल्यता।
समस्या–कठिनाई; वह उलझनवाली विचारणीय बात जिसका निराकाण सहज में न हो सके।
समस्याकारी–समस्या खड़ी करनेवाला।
समांग–एकजातीय; समरूप।
समांगता–एकरूपता।
समांतर–जो एक सिरे से दूसरे सिरे तक बराबर समान अंतर पर रहें।
समांतरता–अनुरूपता।
समाई–समाने की क्रिया या भाव; शक्ति; सामर्थ्य; औकात; बिसात।
सभाकलन–एकीकरण (गणित)।
समागत–कहीं से आया हुआ।
समागम–आगमन; आना; मिलना; सभा; कुछ लोगों का किसी विशेष कार्य के लिए कहीं इकट्ठा होना।
समाघात–लड़ाई; समर; मारकाट।
समाचार–खबर; हाल; वृतांत; संवाद।
समाचार-एजेंट–समाचार लानेवाला कारिन्दा।
समाचार-दर्शन–समाचार का प्रदर्शन।
समाचारदाता–समाचार विवरणदाता।
समाचार-पत्र–अखबार; नियमित रूप से प्रकाशित होनेवाला वह पत्र जिसमें अनेक प्रकार के समाचार रहते हैं।
समाचार-फ़िल्म–समाचार की फिल्म।
समाचारवाचक–समाचार का विवरण सुनाने वाला।
समाचारिक–समाचार से संबंधित।
समाज–समूह; सभा; समुदाय; वर्ग; दल।
समाजवाद–वह सिद्धान्त जिसके अनुसार समाज के आर्थिक क्षेत्र में बहुत बढ़ी हुई विषमता दूर करके समता स्थापित की जानी चाहिए।
समाजवादी–समाजवाद संबंधी।
समाज-विरोधी–समाज के विरुद्ध।
समाजशास्त्र–वह शास्त्र जो मनुष्य के समाज और संस्कृति की उत्पत्ति, विकास आदि का विवेचन करता है।
समाजशास्त्री–समाजशास्त्र का ज्ञाता या पंडित।

समाजशास्त्रीय–समाजशास्त्र संबंधी।

समाजशील–मिलनसार; संमग प्रिय।

समाज-सुधार–समाज की बुराई दूर करना।

समाज-सेवक–समाज की सेवा करने वाला।

समाज-सेवा–समाज में व्याप्त लोगों की सेवा।

समाज-सेविका–समाज की सेवा करने वाली स्त्री।

समाज-सेवी–समाज की सेवा करने वाला।

समाजी–सामाजिक; समाज में रहनेवाला; सांसार्गिक।

समाजीकरण–सामाजिक रचना।

समादर–सम्मान; श्रद्धा; इज्जत; आदरभाव; लिहाज।

समादरणीय–आदर योग्य।

समादिष्ट–अधिकार में लिया हुआ; अधीन।

समादृत–जिसका खूब आदर हुआ हो; सम्मानित।

समादेश–आदेश या आज्ञा; याचिका।

समाधान–निराकरण (किसी समस्या का); तसल्ली; संदेह दूर करनेवाली बात या काम।

समाधि–गुप्त चिंतन; तन्मयता; मकबरा; कब्र।

समाधिमग्न–लोकोतर ज्ञान का अनुभवी।

समाधि-लेख–वह लेख जो किसी मृत व्यक्ति का संक्षिप्त परिचय कराने के लिए उसकी समाधि पर लिखा जाता है।

समाधि-शिला–समाधि पर लगा वह पत्थर जिस पर लेख लिखा होता है।

समाधिस्थ–समाधि की अवस्था में; जिसने समाधि ली या लगाई हो।

समान–सदृश; समकक्ष; तुल्य; बराबर; एक जैसी आकृति का; अनुरूप; एक से; अभिन्न।

समानता–सदृशता; समकक्षता; तुल्यता; बराबरी; अनुरूपता; अभिन्नता।

समानांतर–जो एक सिरे से दूसरे सिरे तक बराबर समान अंतर पर रहें।

समानांतरता–अनुरूपता।

समाना–अंदर करना; भरना; किसी वस्तु के अंदर पहुँचकर भर जाना।

समानाधिकरण–वाक्य में अपने किसी समानार्थी शब्द या पद का अर्थ स्पष्ट करने के लिए आनेवाला शब्द या पद (व्याकरण)।

समानार्थ–वे शब्द जिनका अर्थ एक हो; बराबर।

समानार्थक–समानार्थ।

समानार्थकता–अर्थ में समान; समानता।

समानुपात–दो या अधिक अनुपातों का संबंध।

समानुपातिक–तुल्य; अनुरूप।

समापन–कार्य समाप्त या पूरा करना; समाप्ति; पूर्तिकरण।

समापवर्तक–सामान्य भाज्य (गणित)।

समापवर्त्य–सामान्य समापवर्त्य (गणित)।

समाप्त–खत्म; अंतिम रूप; जो अंत तक पहुँचकर पूरा हो गया हो।

समाप्तप्राय–लगभग खत्म; मरणासन्न।

समाप्ति–निष्कर्ष; परिणाम; अन्त; अंतिम रूप देना।

समाप्य–जो समाप्त हो सकता है।

समायुक्त–व्यवस्थित; क्रम में रखा हुआ।

समायोजक–समायोजन करनेवाला।

समायोजन–ठीक ढंग से कोई चीज कहीं रखना।

समायोजित–व्यवस्थित।

समारंभ–अच्छी तरह आरम्भ या शुरू होना; प्रारम्भ; दीक्षा।

समारोह–उत्सव; अनुष्ठान; भारी आयोजन; आनन्दित घटना; कर्मकांड।

समार्थ–अर्थ में समान; एक जैसे अर्थवाला।

समार्थक–समान (शब्द)।

समालोचक–समीक्षक; गुण दोष बताने वाला।

समालोचन–समीक्षा करने का कार्य।

समालोचना–गुणों और दोषों की विवेचना; अच्छी तरह देखना भालना।

समावर्तन–शिक्षा पूर्ण करने के बाद गुरुकुल से वापिस आना।

समाविष्ट–सम्मिलित; संयुक्त; अंदर घुसा हुआ।

समावृत–ढँका हुआ; घेरा हुआ; जोड़ा हुआ।

समावेश–एक साथ या एक जगह होना; एक वस्तु का दूसरी वस्तु के अंतर्गत होना।

समाशोधन–भुगतान; साफ किया हुआ।

समास–दो शब्दों का मिलकर एक होना (व्याकरण)।

समास-बहुल–समास अक्षरों से परिपूर्ण।

समासीन–बैठा हुआ।

समाहरण–एक स्थान पर इकट्ठा करना।

समाहर्ता–इकट्ठा करनेवाला।

समाहार–उगाहना; वसूली; संग्रह; एकत्र करने की क्रिया; संचय।

समाहित–एक जगह इकट्ठा किया हुआ।

समिति–व्यक्तियों का दल जो किसी विशेष कार्य के लिए नियुक्त किये जाते हैं; सभा; समुदाय।

समिति-कक्ष–वह कक्षा जहाँ समिति की बैठक होती है।

समिधा–हवनकुंड में ईंधन की तरह प्रयोग में लाई जानेवाली लकड़ी।

समीकरण–समान या बराबर करने की क्रिया या भाव; किसी ज्ञात राशि से किसी अज्ञात राशि को जानना।

समीकार–समीकरण करनेवाला।

समीकृत–जिसका समीकरण हो चुका हो।

समीक्षक–वह जो समीक्षा करता हो; समालोचक।

समीक्षण–समीक्षा करने का कार्य।

समीक्षा–दुबारा देखने का कार्य; पुनर्विचार; आलोचना।

समीक्षाकार–समीक्षा करनेवाला।

समीक्ष्य–समीक्षा के योग्य; समीक्षा के अंतर्गत।

समीचीन–अनुकूल; योग्य; उचित।

समीचीनता–अनुकूलता; योग्यता।

समीप–करीब; निकट; पास; नजदीक।

समीपतम–बिल्कुल पास का।

समीपता–समीप में; निकटता।

समीपवर्ती–समीपस्थ; निकटवर्ती; समीप का; नजदीकी।

समीपस्थ–समीप ही; पासवाला।

समीपी–पास; निकट।

समीर–हवा; वायु।

समुंदर–समुद्र।

समुचित–अनुकूल; उचित; ठीक; जैसा चाहिए वैसा; उपयुक्त।

समुचितता–अनुकूलता; उपयुक्तता।

समुच्चय–इकट्ठा होना; समूह; राशि; संग्रह।

समुच्चबोधक–वह पद जो दो शब्दों, पदों आदि को आपस में जोड़ता या मिलाता हो (व्याकरण)।

समुच्चयार्थक–एकीकृत; एक जगह इकट्ठा किया हुआ।

समुज्जवल–विशेष रूप से उज्ज्वल और या प्रकाशवान।

समुज्जवलता–चमकीलापन।

समुदाय–सभा; समिति; मंडली; जाति; ढेर; झुंड; गिरोह।

समुद्यत–तुरन्त तैयार; तीव्र तैयार; उद्यत।

समुद्र–सागर; खारे पानी की विशाल राशि जो पृथ्वी के स्थल भाग को चारों ओर से घेरे हुए है।

समुद्र कंप–समुद्र का काँपना।

समुद्र तट–तट क्षेत्र; समुद्र का किनारा।

समुद्र तटीय–समुद्र तट से संबंधित।

समुद्र तल–समुद्र का धरातल।

समुद्र तली–समुद्र के तल की भूमि।

समुद्र देवता, समुद्र पत्तन–बन्दरगाह।

समुद्र यात्रा–समुद्री मार्ग से एक स्थान से दूसरे स्थान पर जाना।

समुद्र यात्री–समुद्री मार्ग पर यात्रा करनेवाला।

समुद्रवर्ती–तटीय; समुद्र के आस पास का।

समुद्र विज्ञान–समुद्र संबंधी विज्ञान।

समुद्रभिमुख–समुद्र तट की ओर।

समुद्री–समुद्र संबंधी; समुद्र का।

समुद्र गाय–एक प्रकार का समुद्री जीव।

समुद्र डाकू–समुद्र में जहाजों को लूटने वाला।

समुद्री ताक़त–मजबूत जलसेना।

समुद्री तार–समुद्री मार्ग से भेजा हुआ तार संदेश।

समुद्रीय–समुद्र संबंधी; समुद्र का।

समुन्नत–ऊँचा उठा हुआ; उन्नत विकसित।

समुपस्थित–दृष्टिगोचर; उपस्थित।

समुपस्थित–दृष्टिगोचर; उपस्थित।

समुपस्थिति–दिखावट; बाह्य आकार; उपस्थिति।

समूचा–अखंड; समग्र; पूरा; सब; सम्पूर्ण; समग्र; कुल; सारा।

समूल–सम्पूर्ण। जड़ से; मूल सहित।

समूह–झुंड; भीड़; जनसमूह; समुदाय; भीड़ भाड़; जत्था; मंडली।

समूहतः–समूह के रूप में; एक साथ।

समूहन–झुंड बनाना।

समूहवाचक–एकीकृत।

समृद्ध–सम्पन्न; धनवान; दौलतमंद।

समृद्धि–धन, ऐश्वर्य आदि की अधिकता।

समेकता–एकीकरण; एकत्रीकरण।
समेकन–विलयी करण; एकीकरण।
समेकनीय–घुलनशील।
समेकित–एक में मिलाया हुआ।
समेटना–इकट्ठा करना; संग्रह करना; लपेटना।
समेत–साथ; सहित।
समोना–एक में मिलाने का कार्य।
समोसा–एक प्रकार का त्रिकोणीय आकार का नमकीन पकवान।
सम्मत–मान्य; सहमत; जिसकी राय मिलती हो।
सम्मति–राय; सलाह; अनुज्ञा; विचार; मत।
सम्मन–न्यायालय का वह आज्ञा पत्र जिसमें किसी को न्यायालय में उपस्थित होने की आज्ञा दी जाती है।
सम्मान–मान; प्रतिष्ठा; इज्जत; आदर।
सम्मानीय–माननीय; आदरणीय; सम्मान के योग्य।
सम्मानपूर्ण–माननीय; पूज्य; आदरणीय।
सम्मानपूर्वक–प्रतिष्ठा सहित; इज्जत के साथ।
सम्मानसूचक–प्रतिष्ठा/आदर सूचक।
सम्मानार्थ–के सम्मान में।
सम्मानित–प्रतिष्ठित; जिसका सम्मान किया गया हो।
सम्मान्य–सम्मान के योग्य; जिसका सम्मान करना उचित हो।
सम्मित–एक सा (गणित); समान; सदृश।
सम्मिलन–मिलाप; मेल; आमना सामना।
सम्मिलित–मिश्रित; युक्त; जुड़ा हुआ; किसी से या किसी से मिला हुआ।
सम्मिश्र–संयुक्त (गणित); मिश्रित।
सम्मिश्रण–कई प्रकार की औषधियाँ एक में मिलाना; मिलने की क्रिया; मेल; मिलावट।
सम्मिश्रित–मिला हुआ; मिश्रित।
सम्मुख; के–के सामने; एक दूसरे को देखना; आमने सामने; उलटा (गणित)।
सम्मेय–एक आकार का; बराबर; तुल्य।
सम्मेलन–सभा; जमावड़ा; जमघट; किसी विशेष विषय पर विचार करने के लिए एकत्र होनेवाला समाज।
सम्मोह–माया; वहम; मंत्रमुग्ध।
सम्मोहक–मोहक; आकर्षक; आकृष्ट करने वाला।
सम्मोहन–मोहित करने या लुभाने की क्रिया या भाव; आकर्षण; माया।
सम्मोहनास्त्र–सम्मोहन करने का अस्त्र।
सम्मोहनी–वह जो सम्मोहित कर सके; सम्मोहन कारक।
सम्मोहित–जो सम्मोहन अवस्था में हो।
सम्यक–सम्पूर्ण; पूरा; सब; सब तरह से; पूर्ण; उचित।
सम्राज्ञी–सम्राट की पत्नी।
सम्राट–महाराजाधिराज; शहंशाह।
सम्हलना–सँभलना।
सयानपन–चतुराई; सयानापन।
सयाना–व्यस्क; बुद्धिमान; चतुर; चालाक; धूर्त।
सयानापन–'सयाना' होने का भाव; चतुराई; चालाकी।

सयापा—मरे हुए के लिए रूलाई का आलाप; विलाप।

सरंध्र—झरझरा; छिद्रपूर्ण।

सर—जीतनेवाला; विजयी। जीता हुआ।

सरकंडा—सरपत जाति का एक वनस्पति।

सरकना—थोड़ा सा स्थान परिवर्तन; रेंगना; खिसकना; घिसकना।

सरकस—पशुओं और कलाबाजों आदि का कौशल दिखानेवालों का दल या मंडली।

सरकार—देश पर शासन करनेवाली संस्था या सत्ता।

सरकारी—राजकीय; सरकार या राज्य का; सरकार से संबंधित; सरकार या मालिक का।

सरकारीकरण—सरकार द्वारा अधिकार करना।

सरख़त—पट्टा; दस्तावेज।

सरगना—सरदार; नेता; मुखिया।

सरगम—संगीत में सातों स्वरों का समूह।

सरगर्मी—जोश तथा उत्साह।

सरगी—प्रात:काल में व्रत शुरू करने से पहले लिया गया भोजन।

सरणी—रेखा; लकीर; कतार; पंक्ति; सूचि।

सरताज—सर्वोच्च; सबसे ऊँचा।

सरदार—प्रमुख; नेता; अगुआ; नायक; सिक्ख समुदाय का सदस्य।

सरदारी—सरदार का पद; काम या भाव।

सरना—पार पड़ा; पूरा होना।

सरनाम—प्रसिद्ध; मशूहर; विख्यात।

सरनामा—संबोधित करने का रूप (किसी पत्र में सबसे ऊपर); सिरनामा।

सरपंच—पंचों में प्रधान व्यक्ति; पंचायत का सभापति।

सरपट—तेज चाल। बहुत तेजी से।

सरपत—एक प्रकार का तृण या घास।

सरपरस्त—अभिभावक; संरक्षक।

सरपरस्ती—सरपरस्त होने का भाव; संरक्षणता; पालनकर्ता।

सरमाएदारी—पूँजीपति होने की अवस्था या भाव।

सरमाया—पूँजी; मूलधन; धन दौलत; संपत्ति।

सरमायेदार—पूँजीपति।

सरल—आसान; साधारण; सहज; सुगम; सीधा।

सरलता—सुगमता; सीधापन।

सरल-संगीत—सौम्य संगीत।

सरलीकरण—किसी कठिन विषय आदि को सरल करने की क्रिया या भाव।

सरलीकृत—जिसे सरल किया जा चुका हो।

सरस—रसीला; रसयुक्त; गीला; स्वादिष्ट; मधुर; मीठा; मनोहर; आकर्षक।

सरसठ—६७।

सरसता—सरस होने की अवस्था या गुण।

सरसना—हरा होना; पनपना; सुन्दर दिखना; शोभित होना; सोहाना।

सरसब्ज़—पूर्ण यौवन में होना; हरा भरा।

सरसर—साँपों आदि के जमीन पर रेंगने या वायु के चलने से उत्पन्न होनेवाला शब्द।

सरसराना—वायु, साँप इत्यादि के चलने से उत्पन्न होनेवाली ध्वनि निकालना।

सरसराहट–हवा, साँप इत्यादि के रेंगने से उत्पन्न शब्द।

सरसरी–अच्छी तरह ध्यान लगाकर नहीं; बल्कि जल्दी में; मौटे तौर पर।

सरसाम–सन्निपात नामक रोग।

सरसिज–कमल।

सरसिरुह–कमल।

सरसी–छोटा सरोवर या जलाशय; बावली।

सरसों–एक प्रसिद्ध पौधा जिसके बीजों से तेल निकलता है।

सरस्वती–विद्या और वाणी की अधिष्ठात्री।

सरहज–सलहज।

सरहद–सीमा; सीमा की चहारदीवारी।

सरहदबंदी–सीमांकन।

सरहदी–सरहद या सीमा संबंधी; सरहद या सीमा पर रहनेवाला।

सरापना–शाप देना।

सरापा–मुख से शिख तक का कपड़ा।

सराफ़–सर्राफ़; सुनार।

सराफ़ा–रुपये पैसे या सोना चाँदी के लेन देन का काम; सराफ़ों का बाजार।

सराफ़ी–सराफ़ का काम; सोना चाँदी या रुपये पैसे के लेन देन का व्यापार।

सराबोर–बिल्कुल भीगा हुआ; तर।

सराय–मुसाफिरखाना; धर्मशाला; यात्रियों के ठहरने की जगह।

सरासर–बिल्कुल; पूरा पूरा; सम्पूर्ण; समूचा; समग्र।

सराहना–प्रशंसा या बड़ाई करना; तारीफ करना।

सराहनीय–प्रशंसा के योग्य; प्रशंसनीय; अच्छा।

सरिता–धारा; नदी।

सरिया–लोहे की पतली छड़।

सरिश्ता–कार्यों अथवा कार्यालय का विभाग; महकमा; कार्यालय।

सरिस–समान; सदृश; बराबर; समतुल्य; एक सा।

सरीखा; के–एक जैसा; के समान।

सरीसृप–रेंगकर चलनेवाला जंतु।

सरीसृप विज्ञान–रेंगनेवाले जीवों से संबंधित विज्ञान।

सरूप–समान; सदृश; सुन्दर। स्वरूप; वेश।

सरूपता–समानता; सादृश्यता; समरूपता।

सरूर–हलका नशा।

सरेआम–सार्वजनिक।

सरे दरबार–खुलेआम।

सरे बाज़ार–सार्वजनिक ढंग से; खुले रूप से।

सरे शाम–सायंकाल की शुरुआत में।

सरेस–एक प्रसिद्ध लसदार वस्तु जो चमड़े, सींग आदि को उबालकर निकाली जाती है।

सरो–एक प्रकार का वृक्ष जो सीधे और सुन्दर आकार के लिए प्रसिद्ध है।

सरोकार–लगाव; वास्ता; आपस के व्यवहार का संबंध।

सरोज–कमल।

सरोतर–प्रारम्भ से अंत तक योग्य।

सरोद–सारंगी की तरह का एक भारतीय बाजा।

सरोरुह–कमल।

सरोवर–पोखर; तालाब।

सरोष–रोषपूर्वक; क्रोध अथवा आवेग से।
सरौता–एक प्रसिद्ध औजार जिससे सुपारी आदि काटते हैं।
सर्ग–अध्याय; समय की अवधि।
सर्जन–कोई वस्तु बनाकर तैयार करना; रचना; चीर फाड़ करनेवाला डॉक्टर।
सर्जनहार–रचियता; विधाता; सृष्टा।
सर्जनात्मक–रचनात्मक; पैदा करनेवाला।
सर्जरी–शल्य चिकित्सा।
सर्द–ठंडा; शीतल।
सर्दख़ाना–ठंडा कक्ष (तलघर में)।
सर्दा–रसदार फल का एक प्रकार।
सर्दी–सरदी; शीत; ठण्डक; जाड़ा।
सर्प–साँप।
सर्पण–रेंगना (साँप की तरह)।
सर्पदंत–साँप का विषैला दंत।
सर्पदंश–साँप का डंक; डंक मारने से बना घाव।
सर्पिणी–मादा साँप।
सर्पित–रेंगता हुआ; घिसटता हुआ।
सर्पिल–सर्प जैसा; साँप की चाल की तरह का टेढ़ा तिरछा। सर्पाकार।
सर्पी–रेंगना; खिसकना।
सर्फ़–खर्चा।
सर्फ़ा–व्यय; खर्च।
सर्राटा–तेज; तीव्र; शीघ्रगामी; शीघ्रता से; तेज गति।
सर्राफ़–सोना या चाँदी का व्यापारी।
सर्राफ़ा–सोना चाँदी की खरीद फरोख़्त करने का स्थान।
सर्व–समस्त; समग्र; सम्पूर्ण; कुल; पूरा; समूचा।
सर्वकाम–सब प्रकार की इच्छाएँ रखने वाला।
सर्वगत–चारों तरफ व्याप्त; सर्वव्यापी।
सर्वग्रास–सम्पूर्ण ग्रहण; वह ग्रहण जब अंधेरा हो जाता है।
सर्वग्रासी–पूरा निगला हुआ।
सर्वचारी–चारों तरफ घूमता हुआ।
सर्वजन–प्रत्येक व्यक्ति/मनुष्य।
सर्वजनीन–सबसे संबंधित; सार्वजनिक।
सर्वजित–सबको जीतनेवाला।
सर्वजीवी–जिसके पिता; दादा तथा परदादा सभी जीवित हों।
सर्वज्ञ–सभी बातें जाननेवाला।
सर्वज्ञता–सर्वज्ञ होने की अवस्था।
सर्वज्ञानी–सर्वज्ञ।
सर्वतः–चारों ओर; सब प्रकार से।
सर्वता–पूर्ण रूप से; सर्वथा।
सर्वतोभद्र–सब प्रकार से कल्याणकारी।
सर्वतोमुखी–जिसका या जिसके मुँह चारों ओर हो।
सर्वत्र–हर जगह; प्रत्येक स्थान पर; हर स्थिति में।
सर्वथा–सब प्रकार से; पूरी तरह से; बिल्कुल; पूरा।
सर्वदर्शी–विश्व में होने वाली सभी बातें देखने वाला।
सर्वदलीय–सभी दलों से संबंधित; सभी दल।
सर्वदा–हमेशा; सदा।
सर्वनाम–व्याकरण में वह शब्द जो संज्ञा की जगह आता है जैसे मैं, तुम, वह इत्यादि।

सर्वनाश–सब चीजों की पूरी बरबादी; पूर्ण विनाश।
सर्वनाशक–सर्वनाशी।
सर्वनाशी–सब कुछ नाश करने वाला; सर्वनाशक।
सर्वनियंता–सर्वोच्च नियंत्रक।
सर्वप्रयोज्य–सभी उद्देश्य से।
सर्वप्रिय–जो सबको प्रिय लगे; सबका प्यारा।
सर्वभक्षी–सब कुछ खा जानेवाला।
सर्वमंगला–दुर्गा देवी; लक्ष्मी देवी; हर प्रकार से मंगल या कल्याण करनेवाली।
सर्वमान्य–जो सबको मान्य हो।
सर्वव्यापक–सब पदार्थों में व्याप्त रहने वाला।
सर्वव्यापी–सर्वव्यापक।
सर्वशक्तिमान–जिसमें सब कुछ करने की शक्ति हो।
सर्वश्री–सामूहिक सूचक के रूप में लगाया गया आदरसूचक विशेषण।
सर्वश्रेष्ठ–सबसे उत्तम।
सर्वसंहार–सम्पूर्ण क्षय या विनाश।
सर्वसम्मत–जिससे उपस्थित या संबद्ध सभी लोग सहमत हों।
सर्वसम्मती–ऐसी स्थिति जिसमें उपस्थित या संबंद्ध सभी लोग सहमत हों।
सर्वसाधारण–आम लोग; जनता; सभी प्रकार के लोग।
सर्वस्व–जो कुछ पास में हो; वह सब; सारी सम्पत्ति या पूँजी।
सर्वस्वाहा–पूरी तरह ध्वस्त। पूर्ण विनाश।
सर्वस्वीकृत–जिसके पक्ष में सबकी सहमति हो।
सर्वहर–सब कुछ चुरानेवाला।
सर्वहारा–श्रमिक वर्ग का सदस्य; निम्नकोटि का।
सर्वहारा-वर्ग–निम्नकोटि का श्रमिक वर्ग।
सर्वहारी–सर्वहर।
सर्वहित–सबके हित में।
सर्वांग–सम्पूर्ण शरीर; सारा बदन।
सर्वांगपूर्ण–जो सभी प्रकार के अवयवों से युक्त हो; सभी तरह से भरा पूरा।
सर्वांगीण–सम्पूर्ण।
सर्वांतर्यामी–सब कुछ जाननेवाला (भगवान)।
सर्वात्मा–आत्मा के रूप में सभी में व्याप्त रहनेवाला।
सर्वाधिक–संख्या में सबसे अधिक; हर एक से अधिक।
सर्वाधिकार–सारे अधिकार; सबकुछ करने का अधिकार।
सर्वार्थ–पूर्ण प्रयोजन।
सर्वार्थ साधन–सभी प्रयोजन की पूर्ति।
सर्वेक्षक–सर्वेक्षण करनेवाला।
सर्वेक्षण–जाँच पड़ताल; निरीक्षण।
सर्वेश्वर–सबका स्वामी; ईश्वर।
सर्वे सर्वा–पूरा मालिक।
सर्वोच्च–सबसे ऊँचा; दर्जे में सबसे ऊँचा।
सर्वोत्तम–सबसे बढ़कर या अच्छा; सबसे उत्तम।
सर्वोदय–सभी की उन्नति।

सर्वोपकारी—सभी के लिए परोपकारी।

सर्वोपयोगी—सभी के लिए उपयोगी।

सर्वोपरि—सबसे ऊपर या बढ़कर होने वाला।

सलई—चीड़ का वृक्ष।

सलज्ज—जिसे लज्जा हो; लज्जाशील; शर्मीला।

सलना—भेदना; छेदना।

सलमा—चिकन के कार्य में प्रयोग होने वाला सोना तथा चाँदी का धागा।

सलसलाना—खुजलाहट महसूस करना।

सलसलाहट—खुजली की सनसनी।

सलहज—पत्नी के भाई की पत्नी।

सलाई—आँखों में सुरमा लगाने की नोकदार तथा पतली सलाई; दीयासलाई।

सलाख़—धातु का मोटा तथा लम्बा छड़।

सलाद—कच्चे मूल, पत्र आदि नींबू, सि. रका आदि के योग से तैयार किया जानेवाला एक खाद्य।

सलाम—अभिवादन करने का मुस्लिम रूप।

सलामत—जीवित; सकुशल; रक्षित; स्थित; कायम।

सलामती—तंदरूस्ती; स्वस्थता; जीवित रहने की अवस्था या भाव।

सलामी—अभिवादन; सैनिको आदि की सलाम करने की प्रणाली; पगड़ी।

सलाह—परामर्श; सम्मति; राय; मशविरा।

सलाहकार—परामर्शदाता; परामर्श या सलाह देनेवाला।

सलिल—जल; पानी।

सलीक़ा—शिष्टता; अच्छी आदत; योग. यता; हुनर।

सलीक़ेदार—शिष्ट; अच्छा तथा मिलनसार व्यवहार रखनेवाला।

सलीता—एक प्रकार का मजबूत तथा मोटा कपड़ा।

सलीपर—चप्पल (जोड़ा)।

सलीब—सूली।

सलीम—साधारण चित्तवाला।

सलीस—(भाषा) आसानी से समझने में आनेवाली; सरल तथा सुसंस्कृत (भाषा)।

सलूक—व्यवहार; आपसदारी का अच्छा बरताव या व्यवहार; भलाई; उपकार।

सलूका—स्त्रियों का एक प्रकार का आवरण।

सलोना—मनोहर; आकर्षक; नमकीन।

सलोनापन—सलोना होने की अवस्था या गुण।

सल्तनत—रियासत; आधिपत्य; साम्राज्य; शासन; राज्य।

सवर्ण—एक ही वर्ण का; समान वर्तनी का (अक्षर)।

सवर्णता—सवर्ण। सवर्ण होने की अवस्था या भाव।

सवर्ण हिन्दू—प्रथम तीन उच्च वर्णों से संबंध रखनेवाला हिन्दू।

सवा—जिसमें पूरे के सिवा चौथाई और लगा हो।

सवाई—सवा।

सवाक—ईश्वरीय भेंट में मिली बोलने की कला।

सवाब—(स्वर्ग से संबंधित) अच्छे कार्यों का फल; धार्मिक कार्य।

सवाया–पूरे से एक चौथाई अधिक; सवा गुना।

सवार–चढ़ा हुआ। चढ़नेवाला।

सवारी–सवार होने की क्रिया या अवस्था; यात्री; मुसाफिर; घुड़सवारों का जलूस।

सवाल–जानकारी प्राप्त करने के लिए प्रश्न; पूछने की क्रिया; चर्चा या वाद विवाद का विषय; समस्या।

सवाल-जवाब–उत्तर प्रत्युत्तर; तर्क विर्तक; वाद विवाद; बहस।

सवालिया–प्रश्नवाचक; प्रश्न पूछनेवाला।

सवाली–सवालिया।

सविता–सूर्य

सविनय–विनम्र; विनीत; सामान्य। विनम्रता से।

सविनय-अवज्ञा–राज्य या अधिकारी की अनुचित आज्ञा या कानून न मानकर उसकी अवज्ञा या उल्लंघन करना।

सविनय निवेदन–विनम्र निवेदन।

सविस्तर–विस्तारपूर्वक; विस्तार से।

सवेर–सबेरा; प्रातःकाल।

सवैया–सवा सेर का बाट।

सशंक–सशंकित।

सशंकित–संदेह के कारण भयभीत।

सशक्त–शक्तिशाली; बलवान; ताकतवर।

सशक्तता–सामर्थ्य; शारीरिक शक्ति।

सशक्तीकरण–शक्तिशाली बनने का कार्य।

सशपथ–कसम पर।

सशरीर–भौतिक; शारीरिक।

सशस्त्र–शस्त्रसहित;शस्त्रसेयुक्त;जिसके पास शस्त्र हो।

सशुल्क–शुल्क अदा करना।

सश्रम–थका मांदा; थका हुआ; कठोर; सख़्त।

ससीम–निश्चित; सीमित।

ससुर–स्त्री या पुरुष के विचार से उसके पति (या पत्नी) का पिता।

ससुरा–ससुर को संबोधित करने का तिरस्कार रूपी शब्द।

ससुराल–ससुर/सास का घर।

सस्ता–कम मूल्य का; साधारण; मामूली।

सस्ती–सस्ता सस्तापन वह समय जब सब चीजें सस्ती मिलती हों।

सस्नेह–प्यार/प्रेम के साथ; स्नेहमय आदर के साथ।

सस्मित–मुस्कराता या हँसता हुआ; होठों पर फैली मुस्कराहट के साथ।

सस्य–फसल; उपज।

सह–सहित; समेत; साथ।

सह-अपराधी–एक साथ अपराध करने वाला।

सह-अभिनेता–साथ में अभिनय करनेवाला

सह-अस्तित्व–साथ में अस्तित्व रखने वाला।

सहकर्मी–साथ मिलकर काम करनेवाला।

सहकार–औरों के साथ कार्य करने की वृत्ति; क्रिया या भाव।

सहकार समिति–वह समिति जो कुछ विशेष प्रकार के उपभोक्ता; व्यवसायी आदि आपस में मिलकर सबके हित के लिए बनाते हैं।

सहकारिता–समान उद्देश्य के लिए एक साथ मिलकर कार्य करना।

सहकारी–मिलकर काम करनेवाला।

सहगमन–किसी के साथ जाना या चलना; पति के शव के साथ पत्नी का जल मरना; सती होना।

सहगान–कई व्यक्तियों का एक साथ मिलकर गाना।

सहगामिनी–सहगमन करनेवाली स्त्री।

सहगामी–साथ चलेनवाला; साथ रहने वाला।

सहचर–संगी; साथी; साथ चलनेवाला।

सहचरी–पत्नी; सखी।

सहचार–साथ जाना; वैचारिक संबंधी।

सहचारिणी–सहचरी।

सहचारी–संगी साथी; सहचर।

सहज–आराम से आनेवाला।

सहज-ज्ञान–स्वाभाविक ज्ञान; अन्तर्ज्ञान।

सहजता–सहज होने की अवस्था; निश्चिन्तता।

सहजन्मा–एक माता से एक साथ जन्म लेनेवाला; जुड़वाँ; सहोदर।

सहज-बुद्धि–स्वाभाविक ज्ञान/समझ।

सहज-भाव–स्वाभाविक स्वभाव/प्रवृत्ति।

सहजवृत्ति–स्वाभाविक प्रवृत्ति।

सहजात–साथ साथ एक ही माता से जन्म लेने या उत्पन्न होनेवाला; सहोदर; जुड़वाँ।

सहजीवन–सह अस्तित्व।

सहता–सहने योग्य; सहनीय; वहन योग्य।

सहधर्मिणी–पत्नी; भार्या।

सहधर्मी–समान धर्मवाला; समान सामा. जिक गुणोंवाला।

सहन–घर के बीच का खुला भाग; आँगन या चौक; सहने की क्रिया या भाव।

सहन-शक्ति–सहन करने की शक्ति; सहन शीलता; सहनशक्ति।

सहनशील–सहने या बरदाश्त करने वाला; सहिष्णु।

सहनशीलता–सहनशील होने की अवस्था या गुण; सहिष्णुता।

सहना–झेलना; बरदाश्त करना; भार वहन करना।

सहनिदेशक–निर्देशक के कार्य में साथ देनेवाला।

सहनीय–जो सहन किया जा सके; सहन करने के योग्य।

सहपाठी–वह जो किसी के साथ पढ़ा हो; सहाध्यायी।

सहभागी–हिस्सेदार; व्यापार में समानता के भाव से सम्मिलित; किसी काम में किसी के साथ सम्मिलित होनेवाला।

सहभोज–बहुत से लोगों का एक साथ बैठकर भोजन करना।

सहभोजी–साथ भोजन करनेवाला।

सहमत–एकमत; राजी।

सहमति–सहमत होने की क्रिया या भाव; किसी के साथ एक मत होना।

सहमना–डरना; भयभीत होना।

सहमरण–एक साथ मरना।

सहयात्री–एक साथ यात्रा करनेवाले यात्री।

सहयोग–सहायता; बहुत से लोगों के साथ मिलकर कोई काम करने का भाव।

सहयोगी–साथी; सहकारी। किसी के साथ मिलकर उसी का या उसी तरह का काम करनेवाला।

सहयोजन उपस्थित सदस्यों में से एक को चुनने का कार्य।

सहयोजित–साथ में जोड़ा हुआ।

सहर–तड़का; सवेरा।

सहरगही–सरगी।

सहरा–जंगल।

सहराई–जंगली।

सहरी–एक प्रकार की मछली; प्रातः काल से पहले किया गया नाश्ता।

सहलाना–धीरे धीरे हाथ फेरना; मलना।

सहलेखक–उन दो लेखकों में से कोई एक जिन्होंने मिलकर कोई पुस्तक लिखी हो।

सहवर्ती–एक ही समय का; समकालिक।

सहवास–साथ रहना; मैथुन; स्त्रीसंभोग।

सहवासी–साथ रहनेवाला; पति।

सहशिक्षा–लड़के और लड़कियों का एक ही कक्षा में पढ़ना।

सहसंपादक–संपादक के कार्य में उसकी मदद करनेवाला।

सहसंबंध–परस्पर संबंध

सहसा–एकाएक; अचानक; अकस्मात्।

सहस्र–हजार।

सहस्रचरण–भगवान श्रीकृष्ण।

सहस्रदल–हजार पंखुड़ियोंवाला कमल।

सहस्राब्द–एक हजार वर्षों का समूह।

सहस्राब्दि–एक हजार वर्षों का समूह।

सहानुभूति–हमदर्दी; दूसरे का दुःख देखकर दुःखी होना।

सहाय–सहायक।

सहायक–सहकारी; कार्य की सिद्धी में योग देनेवाला; सहायता करनेवाला।

सहायक नदी–किसी बड़ी नदी में मिलने वाली छोटी नदी।

सहायता–मदद; सहायता; योगदान; सहारा।

सहारना–झेलना; सहना।

सहारा–आश्रय; आसरा; भरोसा; सहायता।

सहारे के–के सहारे के साथ।

सहालग–ब्याह शादी के दिन; लगन।

सहिजन–एक प्रकार का पेड़ जिसकी लम्बी फली तथा फूल तरकारी बनाने में प्रयोग होता है।

सहित; के–के साथ; के समेत।

सहिष्णु–सहनशील; बरदाश्त करनेवाला।

सही–उचित; शुद्ध; सत्य; दुरुस्त।

सही-सलामत–सकुशल; स्वस्थ; भला चंगा।

सही-सही–शुद्ध ढंग से।

सहूलियत–सुविधा; रम्यता।

सहृदय–दूसरों के सुख दुःख आदि समझनेवाला; दयालु; रसिक।

सहृदयता–दयालु भाव।

सहेजना–निरीक्षण करना; मिलान करना; गणन करना; सँभालना।

सहेली–स्त्री साथी; सखी।

सहोदर–सगा; एक ही माता के उदर या गर्भ से उत्पन्न। सगा भाई।

सह्य–सहने योग्य; बरदाश्त करने योग्य; सहनीय।

सह्यता–सहनशक्ति; सहिष्णुता।

साँई–परमेश्वर; स्वामी; पति; फकीरों की एक उपाधि; साईं।

साँकड़–सिक्कड़।

साँकल–दरवाजा बंद करने की कड़ी।

सांकेतिक–जो संकेत से संबंधित हो; जो संकेत के रूप में हो; इशारे का।

सांख्य–संख्या संबंधी।

सांख्ययोग–महर्षि कपिल द्वारा कृत हिन्दू दार्शनिक प्रणाली के छह विद्यालयों में से एक।

सांख्यिकी–किसी विषय की संख्याएँ आदि एकत्र करके उनके आधार पर कुछ सिद्धान्त करने का निष्कर्ष निकालने की विद्या।

सांख्यिकीय–सांख्यिकी संबंधी।

सांग–स्वाँग।

सांगोपांग–सम्पूर्ण; सब अंगों और उपांगों से युक्त।

सांघातिक–घातक; मृत्युकर; प्राणघातक।

साँच–सच्चा। सच्चाई।

साँचा–सच्चा। साँचे में ढला।

साँझ–सायंकाल; शाम।

साँझी–साझी।

साँट–शरीर पर कोड़े आदि की मार का दाग या निशान।

साँटा–कपड़ा लपेटकर बनाया गया कोड़ा।

साँठ-गाँठ–अपराध करने में भागीदारी; अपवित्र सहयोग; कपट प्रबंध।

साँठी–पूँजी।

साँड़–गौ का नर; बैल।

साँड़नी–ऊँटनी जो बहुत तेज चलती हो; कुब्बवाली ऊँटनी।

साँडनी-सवार–साँडनी पर सवार हरकारा; साँडनी पर सवारी करनेवाला।

सांत–जिसका अंत अवश्य होता हो; अंत युक्त।

सांत्वना–धीरज; ढांढस; तसल्ली।

सांध्यकाल–शाम का समय।

सांध्यगोष्ठी–शाम के समय होनेवाली सभा।

सांध्यवेला–संध्याकाल।

साँप–सर्प; भुजंग।

सांपत्तिक–संपत्ति से संबंध रखनेवाला; संपत्ति का।

साँपिन–मादा साँप।

साँपिया–साँप से मिलता जुलता भूरा रंग। भूरा रंग।

सांप्रतिक–जो इस समय हो या चल रहा हो।

सांप्रदायिक–किसी विशेष संप्रदाय से संबंध रखनेवाला।

सांप्रदायिकता–सांप्रदायिक होने का भाव।

साँबर–दक्षिण भारतीय मसालेदार शोरबा।

साँभर–राजस्थान में स्थित झील जिसके पानी से नमक बनता है; एक प्रकार का भारतीय हिरन।

सांवत्सरिक–संवत्सर। संवत्सर से संबंधित।

साँवला–कुछ कुछ काला; हल्के श्याम वर्ण का।

साँवलापन–'साँवला' होने का भाव; गुण या अवस्था; श्यामलता।

साँवलिया–प्रेमी (श्यामवर्णवाला)।

साँवाँ–एक प्रकार का घटिया चावल (कँगनी)।

सांश्लेशिक–कृत्रिम।

साँस–साँस; श्वास; दम; नाक या मुँह से हवा अंदर फेफड़ों तक खींचकर फिर उसे बाहर निकालने की क्रिया।

साँसत–कष्ट; पीड़ा; यातना (श्वास के अवरोध के कारण)।

सांसद–संसद का सदस्य।

सांसदिक–संसदीय।

साँसा–श्वास; साँस; जीवन; जिंदगी।

सांसारिक–लौकिक; ऐहिक; संसार का।

सांसारिकता–दुनियादारी।

सांस्कारिक–संस्कार। संस्कार से संबंधित।

सांस्कृतिक–संस्कृति से संबंध रखने वाला; संस्कृति संबंधी।

सांस्थानिक–संस्था संबंधी; संस्था का।

सा[1]–प्रत्यय जो समानता/ तुल्यता/ निश्चितता दर्शाता है।

सा[2]–संगीत में षड्ज स्वर का सूचक शब्द।

साइकिल–दो पहियोंवाली एक प्रसिद्ध गाड़ी; पैर गाड़ी।

साइत–पल; क्षण; समय; शुभ समय; मुहूर्त।

साइनबोर्ड–नामपट्ट।

साई–पेशगी; बयाना; बात पक्की होने पर दिया जानेवाला धन।

साईस–घोड़े की देखरेख करने वाला; घोड़े का रखवाला।

साईसी–साईस का कार्य या पद।

साएदार–छायादार।

साका–संवत्; युग; सन।

साकार–मूर्त; स्थूल; रूप या आकार वाला।

साकारता–साकार होने की अवस्था या भाव।

सकारोपासना–मूर्ति पूजा।

साकिन–निवासी; रहनेवाला।

साक़ी–शराब परोसनेवाला; प्यारा/इष्ट विशेष रूप से जो शराब परोसता है।

साक्ष–जिसका केन्द्र हो; आँखों से युक्त।

साक्षर–पढ़ने लिखने के काबिल; शिक्षित।

साक्षरता–साक्षर या पढ़े लिखे होने का भाव।

साक्षात–निर्जीव पदार्थों में चेतन धर्म का आरोपण करना। प्रत्यक्ष; सामने; सम्मुख; आमने सामने।

साक्षात्कार–आमने सामने होना; मुलाकात; भेंट।

साक्षात्कारी–साक्षात्कार से पूछनेवाला।

साक्षी–गवाह; साखी।

साक्षीकरण–हस्ताक्षर द्वारा या जबानी समर्थन; अनुप्रमाणन।

साक्ष्य–प्रमाण; गवाह; सबूत।

साक्ष्यांकन–साक्षीकरण।

साक्ष्यांकित–हस्ताक्षर या जबानी प्रमाणित।

साख–धाक; रौब; निष्ठा; आस्था; मान; कीर्ति; यश।

साखी–गवाह; पंच; साक्ष्य।

साखू–शाल या सखुआ नामक वृक्ष तथा उसकी लकड़ी।

साख्य–दोस्ती; मित्रता; याराना।

साग–तरकारी की तरह प्रयुक्त हरी पत्तियाँ।
साग-पात–शाक तथा सब्जी।
साग-भाजी–सब्जियाँ।
सागर–समुद्र।
साग़र–प्याला (शराब का)।
सागौन–शाल वृक्ष।
साज–सजे हुए होने की अवस्था; किसी चीज को अलंकृत करने की योग्य सामग्री।
साज़–वाद्य; बाजा।
साज सज्जा–सजावट; सजावट का सामान।
साज सामान–सामग्री; उपकरण; ठाठ बाट।
साजन–पति; प्रेमी।
साजात्य–एक ही जाति अथवा वर्ण से संबंधित होने की अवस्था अथवा भाव।
साज़िंदा–बाजा बजानेवाला विशेष रूप से किसी नृतक की संगत में।
साज़िश–षड्यंत्र; कपट प्रबंध।
साज़िशी–साज़िश से संबंधित।
साझा–सहभागिता; सहधिकार।
साझी–सामूहिक।
साझेदार–हिस्सेदार।
साझेदारी–हिस्सेदारी।
साटन–एक प्रकार का बढ़िया रेशमी कपड़ा।
साठ–६०.
साठ-गाँठ–अपराध करने में भागीदारी या सहायता; कपट समझौता।
साठा–साठ वर्ष का (व्यक्ति)।
साठी–एक प्रकार का धान जो 60 दिनों में पकता है।
साड़ी–भारतीय स्त्रियों के पहनने की चोड़े किनारे की धोती।
साढ़ी–मलाई
साढ़ू–पत्नी की बहन का पति।
साढ़े–एक शब्द जो पूरी संख्या के सूचक शब्द के साथ लगकर आधे से अधिक का सूचक होता है।
साढ़ेसाती–शनिग्रह की अशुभ दशा या अभाव जो साढ़े सात वर्ष; साढ़े सात महीने या साढ़े सात दिन तर रहता है।
सात–७.
सातत्य–निरन्तरता; निरन्तर होने की अवस्था; 'सतत्' का भाव।
सातपूती–सात पुत्रोंवाली (स्त्री)।
सात-फेरे–पवित्र अग्नि के चारों तरफ सात वैवाहिक चक्कर।
सात्विक–स्वच्छ; पवित्र तथा निर्मल; सच्चा; निष्कपट।
सात्विकता–शुद्धता तथा पवित्रता।
साथ–मेल; मित्रता; संगी; सहचार।
साथ; के–सहित; के साथ; के अलावा।
साथवाला–जो करीब हो; बराबरवाला। जो किसी के पास कोई।
साथ-साथ–साथ ही साथ; संयुक्त रूप से; एक साथ।
साथिन–महिला साथी।
साथी–संगी; सहचर; मित्र। एक समान समूह, टोली, संस्थान, देश इत्यादि।
सादगी–निष्कपटता; सादापन; सीधापन।
सादर–मान सम्मान के साथ; सम्मानपूर्वक।

सादा–साधारण बनावट का; सीधा; सरल।

सादा-काग़ज़–काग़ज़ का कोरा टुकड़ा; बिना रेखाओं का काग़ज़।

सादापन–सादगी।

सादी–शिकारी; घोड़ा।

सादृश्य–एकरूपता; बराबरी; तुल्यता; समानता; अतिदेश।

साद्यंत–सम्पूर्ण; पूरा; अखण्ड; समूचा; समग्र।

साध–अभिलाषा; उत्कंठा।

साधक–साधना करनेवाला; योगी; तपस्वी।

साधकता–साधक। साधक होने की अवस्था या गुण।

साधन–उपाय; युक्ति; पूरा या सिद्ध करने का कार्य; कार्य आरंभ करके पूरा करना।

साधना[1]–सिद्धि; उपासना; अराधना; दीर्घ प्रयत्न द्वारा कार्य पूर्ण करना; निशाना; लक्ष्य; अभ्यास।

साधना[2]–कोई कार्य सिद्ध करने की क्रिया या भाव; एकत्र करना; वश में करना।

साधनिक–साधन से संबंधित।

साधनीय–साधना करने लायक; जो साधा जा सके।

साधर्मिक–एक धर्म का; एक धर्म से संबंधित।

साधार–आधारयुक्त; जिसका कुछ आधार हो।

साधारण–सहज; प्रकृत; सामान्य; मामूली; हल्के दर्जे का।

साधारणतः–सामान्य रूप से; मामूली तौर पर; बहुधा; प्राय:; अक्सर।

साधारणता–साधारण होने की अवस्था या भाव।

साधारणीकरण–सामान्य अनुमान।

साधिका–साधक।

साधिकार–अधिकारपूर्वक; अधिकार के साथ।

साधित–साधा या सिद्ध किया हुआ; जिसका साधन हुआ हो।

साधु–पुण्यात्मा; पवित्र। ऋषि; मुनि; संत।

साधुता–सिद्धजनत्व; उदारता; कुलीनता; पवित्रता; धार्मिकता; सदाचारिता।

साधुवाद–प्रशंसा; स्तूति; गुणवर्धन।

साधुवृत्ति–साधु जैसा मिजाज/व्यवहार; साधु की तरह का जीवन।

साधू–वैरागी; संन्यासी; सिद्धजन।

साध्य–प्राप्त करने योग्य; करणीय; करने योग्य; जो हो सके।

साध्वी–पवित्रता या पवित्र आचरणवाली (स्त्री)।

सानंद–प्रसन्न; आनन्द; खुश।

सान–वह पत्थर जिसपर रगड़कर अस्त्रों की धार तेज की जाती है।

सानना–मिलाना; सम्मिलित करना; गूँथना; गीला करना; मिश्रित करना।

सानी–बराबरी का; सम। पानी में भिगाया हुआ गौ भैसों का चारा।

सानुज–अनुज या छोटे भाई के साथ।

सानुनय–शालीनता; विनम्रतापूर्वक।

सानुप्रास–अक्षर की पुनरावृत्ति के साथ।

सान्निध्य–समीपता; निकटता।

सान्निपातिक–सन्निपात। सन्निपात से संबंधित।

सापेक्ष–संबंधी; रिश्तेदार।

सापेक्षता–सापेक्ष होने की अवस्था या भाव।

सापेक्षतावाद–यह सिद्धान्त की मनुष्य को केवल संबंध का ज्ञान होता है।

सापेक्षवाद–व्यक्ति तथा समाज में आपसी निर्भरता के संबंध का सिद्धान्त।

सापेक्षतावाद–सापेक्षवाद के सिद्धान्त से संबंधित।

सापेक्षिक–सापेक्ष।

साप्ताहिक–प्रति सप्ताह होनेवाला; हफ्तेवार।

साफ़–स्वच्छ; निर्मल; शुद्ध; पवित्र; निर्दोष; स्पष्ट; उज्ज्वल; निष्कपट।

साफल्य–सफलता; कामयाबी।

साफ़ा–छोटी पगड़ी।

साबका–व्यापारिक लेन देन; सौदा।

साबित–प्रमाणित; सिद्ध; जिसका सबूत या प्रमाण मिल चुका हो।

साबुत–पूरा; समस्त; सब; जो खंडित न हुआ हो।

साबुन–एक प्रसिद्ध पदार्थ जिससे शरीर तथा कपड़े साफ किए जाते हैं।

साबुनदानी–साबुन रखने की पेटी।

साबूत–सम्पूर्ण; पूरा; अखण्ड।

साबूदाना–सागूदाना।

साभार–आभारी; कृतज्ञतापूर्वक।

साभिप्राय–उद्देश्य से; प्रयोजन से।

साभिमान–गर्व के साथ।

सामंजस्य–अनुकूलता;एकरसता;औचित्य; मेल।

सामंत–जमींदार या सरदार।

सामंतवाद–वह सिद्धान्त जिसके अंतर्गत सामन्तों, सरदारों तथा जमींदारों आदि को किसानों, खेतीबारी की जमीन आदि के संबंध में पूरे पूरे अधिकार होते हैं।

सामंतवादी–सामंतवाद संबधी। सामंतवाद का पक्षधर।

सामंतशाही–सामंतवाद।

सामंतिक–सामंतवाद का पक्षधर।

सामंती–सामंतिक।

सामग्री–आवश्यक वस्तुओं का संग्रह; आवश्यक सामान; साधन; उपकरण।

सामना–समक्ष या सामने होने की क्रिया या भाव; किसी वस्तु का सामने या आगेवाला भाग; सम्मुख आगमन।

सामने–सम्मुख; समक्ष; आगे।

सामने; के–के सामने; किसी की उपस्थिति में।

सामनेवाला–सामने का या सामने स्थित; अग्रीय। किसी का सामना करनेवाला; विपरीत दल।

सामयिक–वर्तमान समय का; वर्तमान मामले सें संबंधित; स्थानिक; प्रसांगिक।

सामयिकता–सामयिक। सामयिक होने की अवस्था या भाव।

सामरिक–युद्ध से संबंधित; सेना संबंधी।

सामर्थ्य–ताकत; बल; शक्ति; सक्षमता।

सामवायिक–समवाय। समवाय से संबंधित।

सामवेद–चार वेदों में से तीसरा वेद।

सामवेदिक–सामवेद। सामवेद से संबंधित।

सामाजिक–समाज का; समाज से संबंध रखने वाला।

सामाजिकता–सामाजिक संबंधों का निर्वाह।

सामाजीकरण–सामाजिक रचना।

सामान–सामग्री; उपक्रम; असबाब।

सामान–घर–सामान रखने का घर।

सामान्य–मामूली; सार्वजनिक; आम; मध्यक।

सामान्यतः–साधारण; सामान्य रूप से; साधारण रीति से।

सामान्यतया–प्रायः; बहुधा।

सामान्या–धन के लोभ से परपुरुष से संबंध रखनेवाली; वेश्या; रंडी।

सामान्यीकरण–सामान्य अनुमान।

सामिधेनी–ऊर्जा का उद्गम।

सामिष–माँसाहारी (भोजन)।

सामी–स्वामी।

सामीप्य–समीपता; करीब होने का भाव; निकटता।

सामुदायिक–समुदाय से संबधित; समुदाय का।

सामुदायिक केन्द्र–वह स्थान जहाँ किसी सामाजिक उद्देश्य से लोग एकत्र होते हैं।

सामुद्र–समुद्र का; समुद्र संबंधी; समुद्र से उत्पन्न।

सामुद्रिक–समुद्र संबंधी; सामुद्रिक विद्या; हस्तरेखा शास्त्र; हथेली देखकर शुभाशुभ फल बतलाने की विद्या।

सामूहिक–एकीकृत।

साम्य–समता; समानता; समग्रता; एकरूपता; 'समान' होने का भाव या दशा।

साम्यवाद–यह सिद्धान्त कि देश की राजनीतिक तथा आर्थिक गतिविधियों में सभी को भाग लेने का समान अवसर मिलना चाहिए।

साम्यवादी–साम्यवाद संबंधी; साम्यवादी का पक्षधर।

साम्यावस्था–वह अवस्था जिसमें परस्पर विरोधी शक्तियाँ इतनी हों कि एक दूसरी पर अपना अनिष्ट प्रभाव डालकर कोई गड़बड़ी न उत्पन्न कर सकें।

साम्राज्य–प्रभुत्व; आधिपत्य।

साम्राज्यवाद–साम्राज्य को बनाए रखने या बढ़ाते चलने का सिद्धान्त।

साम्राज्यवादी–साम्राज्य संबंधी। साम्राज्यवाद का अनुयायी और समर्थक।

सायं–सायंकाल से संबंधित।

सायंकाल–संध्या का समय; शाम।

सायक–संध्याकाल का; साँझ; संध्या समय।

सायक–बाण।

सायण–वेदों के प्रसिद्ध टीकाकार।

सायत–मांगलिक अथवा कल्याणकारी क्षण (विवाहोत्सव इत्यादि के लिए)।

सायबान–मकान के आगे की ओर छाया के लिए बनी छत जो प्रायः टीन की बनी होती है।

साया–छाया; परछाई; घाघरे की तरह का एक जनाना पहनावा।

सायुध–आयुध या शस्त्रों से युक्त; सशस्त्र; जिसके पास हथियार आदि हों।

सारंग–एक प्रकार का हिरन; बादल; हंस; शंख।

सारंगयिा–सारंगी। सारंगी बजानेवाला।

सारंगी–तार कमानी से रेतकर बजाए जाने वाला एक प्रकार का भारतीय वाद्य।

सार–सत्त; तत्त्व; अरक; रस; गुदा; मग्ज।

सारगर्भित–अर्थ सहित; गर्भवती; सारपूर्ण।

सारग्राहिता–सारग्राही। सारग्राही होने की अवस्था या भाव।

सारग्राही–वस्तुओं या विषयों का तत्त्व या सार ग्रहण करनेवाला।

सारजंट–कारपोरल से ऊपर का अराजपत्रित अधिकारी।

सारण–अतिसार रोग; शुद्धि।

सारणी–सूचि (क्रम के अनुसार व्यवस्थित)।

सारणीकार–सारणी का निर्माण करने वाला।

सारथी–रथ चलानेवाला।

सारना–पूरा या ठीक करना; सुन्दर बनाना; सजाना।

सारभाग–पदार्थ; मुख्य अंश या सार; किसी तथ्य का मुख्य अंश।

सारभूत–वास्तविक; आवश्यक।

सारल्य–सरलता।

सारवत्ता–पदार्थता; सत्त्वता; तत्त्व; सूत्रपूर्णता; सार।

सारवान–जिसमें सार या तत्त्व हो; सारयुक्त।

सारसंग्रह–वह संग्रह जिसमें सार रूप में विचार प्रकट किये गए हों।

सारस–हंस (पक्षी)।

सारस्वत–सरस्वती सरस्वती संबंधी; विद्वानों का।

सारांश–सब तत्त्वों आदि का मुख्य आशय; सार या निचोड़ संक्षेप।

सारा–समस्त; पूरा; सम्पूर्ण; समूचा; समग्र।

सारिका–मैना (पक्षी)।

सारिणी–तालिका; सारणी।

सारी–तालिका; जुआ खेलने का पासा।

सारूप्य–सादृश्यता; समरूपता; रूप की समानता।

सारोपा–सिर से पैर तक कपड़ों का समूह।

सार्थ–अर्थ सहित। सार्थ होने का भाव। व्यवसाय; साझे का व्यापार।

सार्थक–अर्थपूर्ण; अभिप्रायपूर्ण; फलदायक।

सार्थकता–अर्थपूर्ण / अभिप्रायपूर्ण / फलदायक होने की अवस्था।

सार्थवाह–वह व्यापारी जो अपना माल बेचने दूर तक जाता हो।

सार्व–सब से संबंधित; सार्वजनिक।

सार्वकालिक–सब कालों से संबंधित; सब कालों में होनेवाला; सब समयों का।

सार्वकालिकता–सार्वकालिक होने की अवस्था।

सार्वजनिक–सब लोगों से संबंध रखने वाला; सर्वसाधाण संबंधी।

सार्वजनीकरण–सार्वजनिक करने का कार्य।

सार्वजनीन–सार्वजनिक।

सार्वत्रिक–सब परिस्थितियों में हर जगह विद्यमान रहनेवाला; सार्वभौमिक।

सार्वदेशिक–सारे देश से संबंध रखने या सारे देश में होनेवाला।

सार्वदेशिकता–सार्वदेशिक सार्वदेशिक होने की अवस्था या भाव।

सार्वनामिक–सर्वनाम संबंधी।

सार्वभौम–सार्वभौमिक।

सार्वभौमिक–सर्वव्यापी; वह जिसका दृष्टिकोण इतना विस्तृत हो कि वह संसार के सब लोगों या देशों को एक सा समझता हो।

सार्विक–सर्व संबंधी; सर्वव्यापी; सार्वभौमिक; विश्व संबंधी।

साल–वर्ष; बरस; काल; एक प्रकार का पेड़ तथा इसकी लकड़ी।

सालगिरह–बरस गाँठ।

सालन–पक्की और मसालेदार तरकारी।

सालना–दु:ख पहुँचाना; छेद करना; मानसिक कष्ट या पीड़ा देना।

सालस–पंच; दो पक्षों के झगड़े निपटाने वाला।

सालसी–पंचायत।

साला–(प्रत्यय की तरह प्रयोग होने वाला); वार्षिक। पत्नी का भाई।

सालाना–हर साल या हर वर्ष होनेवाला; वार्षिक।

सालिम–पूरा; समूचा; सम्पूर्ण।

साली–पत्नी की बहन।

साव–साहू।

सावधान–सतर्क; सचेत।

सावधानता–सावधानी।

सावधानी–होशियारी; खबरदार होने का भाव।

सावधि–जिसमें कुछ अवधि हो; अवधियुक्त; मियादी; कालिक।

सावन–हिन्दू पांचाग का पहला माह; आषाढ़ के बाद और भाद्रपद के पहले का महीना; बरसात के मौसम का प्रमुख महिना; श्रावण।

सावन भादों–बरसात के मौसम के दो प्रमुख महीनें।

सावनी–सावन। सावन से संबंधित; सावन का।

सावरण–ढका हुआ; ढक कर तैयार किया हुआ।

सावर्ण्य–सवर्ण। सवर्ण होने की अवस्था या भाव।

सावित्री–सत्यवान् की पत्नी जिसने यम (मृत्यु का देवता) को जीता था।

साश्चर्य–आश्चर्य/ विस्मय के साथ।

साष्टांग–सिर; पैर; हृदय; आँख; जाँघ; वचन और मन इन आठों से भूमि पर लेटकर किया जानेवाला प्रणाम।

सास–स्त्री या पुरुष के विचार से उसके पति या पत्नी की माता।

साह–शाह।

साहचर्य–सहचरता; बंधुता।

साहब–प्रभु; स्वामी; मालिक; परमेश्वर; ईश्वर; सम्मानसूचक शब्द; महाशय।

साहबज़ादा–साहब का पुत्र /बेटा।

साहबज़ादी–साहब की पुत्री।

साहबी–कुलीन; ठाट बाटवाला; राजसी; आलीशान।

साहबीयत–साहबी।

साहस–हिम्मत; ताकत।

साहसिक–पराक्रमी; बहादुर; निर्भीक; निडर; साहसपूर्ण।

साहसी–हिम्मती; दिलेर; साहस रखने वाला।

साहा–शुभ लग्न विशेष रूप से विवाह संबंधी।

साहित्य–ग्रंथों, लेखों आदि का समूह या सम्मिलित राशि, जिसमें स्थायी, उच्च और गूढ़ विषयों का सुन्दर रूप से व्यवस्थित विवेचन हुआ हो।

साहित्यकार–वह जो ग्रंथ लिखकर साहित्य की रचना करता हो; लेखक।

साहित्यशास्त्र–अलंकार शास्त्र का विज्ञान।

साहित्यिक–साहित्य संबंधी; साहित्य का।

साहिल–किनारा; तट।

साहिली–किनारे का।

साही–एक जंगली जंतु जिसके शरीर पर लंबे काँटे होते हैं।

साहु–साहू (शाह)।

साहुल–डोरेदार लट्टू या यंत्र।

साहुल–सूत्र–साहुल का धागा।

साहू–धनवान व्यक्ति; बैंक का सझिया।

साहूकार–धनवान व्यक्ति; महाजन।

साहूकारा–महाजनी कारोबार; वह बाजार जहाँ ऐसा कारोबार होता हो।

साहूकारी–'साहू' का काम; भाव या पद।

साहेब–साहब।

सिंगार–श्रृंगार।

सिंगारदार–श्रृंगार की सामग्री रखने का छोटा संदूक।

सिंगारना–श्रृंगार करना।

सिंगारहाट–चकला; वेश्याओं के रहने का बाजार।

सिंगी–फूँककर बजाया जानेवाला सींग का बना एक बाजा।

सिंगौटी–बैल के सींग का गहना; सींग के सिरे पर लगा एक आभूषण।

सिंघाड़ा–पानी में पैदा होनेवाला एक प्रकार का खाद्य।

सिंघेला–शेर का बच्चा।

सिंचन–सिंचाई का काम; छिड़कने का कार्य।

सिंचना–जिसकी सिंचाई हो चुकी हो।

सिंचवाना–सिंचाई का कार्य किसी ओर से करवाना।

सिंचाई–सींचने या पानी छिड़कने का कार्य या भाव; सींचने के काम के बदले मिलने वाला पारिश्रमिक या मजदूरी।

सिंचित–सींचा हुआ; भीगा हुआ; गीला।

सिंदूर–एक प्रकार का लाल रंग का चूर्ण जिसे हिन्दू सुहागिनें माँग में भरती हैं।

सिंदूरदान–विवाह के समय वर का कन्या की माँग में सिंदूर भरना।

सिंदूरदानी–सिंदूर रखने का छोटा पात्र।

सिंदूरिया–सिंदूरी।

सिंदूरी–सिंदूर से संबंधित; सिंदूर के रंग का।

सिंध–सिंधु नदी; पश्चिमी भारत का एक प्रसिद्ध प्रदेश जो अब पाकिस्तान में चला गया है।

सिंधी–सिंध का या सिंध से संबंधित।
सिंधु–समुद्र; बड़ी नदी; सिंधु नदी; सिंध प्रदेश।
सिंधु धाटी–सिंधु घाटी (पंजाब)।
सिंधुज–सिंध में जन्म लेनेवाला।
सिंह–शेर; बबर; केशरी; राजपूतों; सिक्खों तथा अन्य क्षत्रिय जातियों की एक उपाधि।
सिंहकेसर–एक शेर का नाम।
सिंहद्वार–मुख्य बड़ा फाटक।
सिंहनाद–सिंह की दहाड़ या गरज; युद्ध में वीरों की ललकार।
सिंहनी–सिंह की मादा।
सिंहमुखी–शेर के सिर जैसा मुखभाग; मुख से चौड़ा तथा पीछे से पतला।
सिंह राशि–राशि चक्र का पाँचवा चिह्न।
सिंहल–श्रीलंका का प्राचीन नाम।
सिंहल द्वीप–श्रीलंका का द्वीप।
सिंहली–सिंहल। सिंहल का या सिंहल से संबंधित।
सिंहवत्–सिंह के सदृश।
सिंहवाहिनी–सिंह पर सवार देवी दुर्गा।
सिंहशावक–छोटा शेर।
सिंहस्थ–सिंह राशि में स्थित।
सिंहावलोकन–चारों तरफ देखना; चौकसी; पश्चावलोकन।
सिंहासन–राजा या देवता के बैठने की विशेष प्रकार की चौकी; राजाओं का श्रेष्ठ आसन।
सिंहोदरी–सिंह के समान पतली कमरवाली (स्त्री)।
सिकंदर–प्रसिद्ध युनानी बादशाह या विजेता।
सिकंदरा–रेलगाड़ी का निर्देश।
सिकटा–टूटे मिट्टी के पात्र का टुकड़ा।
सिकड़ी–करधनी; जंजीर; तागड़ी।
सिकता–बालू; रेत।
सिकतामय–रेतीला; रेत से भरपूर।
सिकली–धातु की वस्तुओं को माँजकर साफ करने की क्रिया।
सिकलीगर–सिकली धातुओं आदि को रगड़कर चमकानेवाला कारीगर।
सिकहर–छीका।
सिकुड़न–शिकन; सिलवट; झुर्री; सिकुड़ने के कारण पड़ा हुआ कुछ बल।
सिकुड़ना–शिकन पड़ना; संकुचित होना; सिमटना बल पड़ना।
सिकोड़ना–संकुचित करना; छोटा करना।
सिक्का–टंक; मुद्रा; मोहर; छाप; ठप्पा; टकसाल में ढला हुआ निर्दिष्ट मूल्य का धातु का टुकड़ा।
सिक्के–वास्तविक; निबल; बिना छूट/कटौती का।
सिक्केबंद–असली मुहरवाला; सच्चा।
सिक्ख–सिख।
सिक्त–सिंचित; भीगा हुआ।
सिक्तता–सिक्त होने की अवस्था या भाव।
सिक्ख सिक्ख धर्म का अनुयायी।
सिखाना–विद्या; कला आदि की शिक्षा या उपदेश देना।
सिखाना-पढ़ाना–शिक्षा देना।
सिखावन–परामर्श; सलाह।

सिगनल–संकेत।

सिगरेट–कागज में लपेटा हुआ तंबाकू का चूरा जिसका धुआँ पीते हैं।

सिगड़ी–चारकोल की बनी छोटी भट्टी जिससे शरीर को गर्म रखा जाता है।

सिगार–चुरुट।

सिजदा–प्रणाम; दंडवत्।

सिजल–अच्छे आकार में; सुव्यवस्थित; शोभनीय; उपयुक्त; मनोहर; सुन्दर; शालीन; अच्छे लक्षणवाला।

सिझना–आँच पर पका हुआ (सब्जी, दाल इत्यादि)।

सिझाना–आँच पर पकाना (सब्जी, दाल इत्यादि)।

सिटकिनी–किवाड़ बंद करने के लिए लोहे या पीतल का एक विशेष प्रकार का उपकरण।

सिटपिटाना–पूरी तरह से असमंजस या दुविधा में पड़ जाना।

सिट्टी–भूलना।

सिठनी–विवाह के समय गाई या दी जानेवाली गाली।

सिड़–सनक; झक; उन्माद; पागलपन।

सिड़-बिल्ला–अनाड़ी।

सिड़ी–पागल; सनकी। सनकी; पागल।

सिड़ीपन–सनकीपन।

सितंबर–नवाँ मास (ईसवीं सन का)।

सित–सफेद; श्वेत।

सितता–सफेदी।

सितता–जुल्म; अत्याचार; उत्पीड़न; दमन; निष्ठुरता; निर्दयता; क्रूरता।

सितम–जुल्म; उत्पीड़न; दमन; निष्ठुरता; निर्दयता; अत्याचार; क्रूरता।

सितमगर–दयाहीन;उत्पीड़क;अत्याचारी; निष्ठुर। तानाशाह।

सितली–दर्द आदि से निकलनेवाला पसीना।

सितार–तारों का बना एक प्रसिद्ध बाजा।

सितारवादक–सितार बजानेवाला।

सितारा–आकाश का तारा; नक्षत्र।

सितारिया–सितार नाम का बाजा बजाने वाला।

सितारेहिंद–भारत का सितारा (सम्मानसूचक पदवी)।

सिद्ध–निश्चित; प्रमाणित; स्थापित; भरा हुआ; प्राप्त किया हुआ।

सिद्धकाम–विजय की कामनाएँ रखना; पूर्ण किया हुआ उद्देश्य।

सिद्धपीठ–वह जगह जहाँ योग या आध्यात्मिक साधन सहज में सम्पन्न होता है।

सिद्धहस्त–निपुण; कुशल; दक्ष; चतुर।

सिद्धहस्तता–निपुणता; कुशलता; दक्षता; चतुराई।

सिद्धांजन–एक प्रकार का जादुई अंजन जिससे दिव्यदृष्टि की शक्ति प्राप्त होती है।

सिद्धांत–नियम; व्यवस्था; मत; विचार और तर्क द्वारा निश्चित किया हुआ मत।

सिद्धांततः–सिद्धान्त पर; सैद्धान्तिक रूप से।

सिद्धांतवाद–सिद्धान्तों के अनुसार आचरण।

सिद्धांतवादी–वह जो सिद्धांतों के अनुसार आचरण करता हो।

सिद्धांती–सिद्धांतवादी मनुष्य।

सिद्धा–सिद्ध।

सिद्धान्न–पका हुआ अन्न।

सिद्धार्थ–जिसका उद्देश्य पूर्ण हो चुका हो; पूर्ण कामना पानेवाला।

सिद्धासन–योग साधन का एक प्रकार का आसन; सिद्धपीठ।

सिद्धि–भारी करतूत; प्राप्ति; साधन; सफलता; विजय; काम पूरा या ठीक होना।

सिद्धेश्वर–सिद्ध मनुष्यों के बीच सबसे श्रेष्ठ; भगवान श्रीशिव।

सिधाई–सीधापन; भोलापन; सरलता।

सिधारना–प्रस्थान करना; चले जाना; मरना।

सिन–उम्र; आयु।

सिनकना–जोर से हवा निकालकर नाक का मल बाहर फेंकना।

सिनेमा–चलचित्र; फिल्म।

सिनेमाघर–वह स्थान जहाँ नियमित रूप से फिल्मों का प्रदर्शन होता है।

सिपाहियाना–सिपाही के समान; किसी राज्य का सैन्यदल।

सिपाही–पुलिस विभाग का एक छोटा कर्मचारी; पहरेदार; बहादुर।

सिप्पा–उपाय; युक्ति; जुगत; चाल; छल।

सिफ़त–विशेषता; विशेष गुण।

सिफ़र–शून्य; सुन्ना।

सिफ़ारिश–सुझाव; परामर्श; अनुशंसा; खुशामद।

सिफ़ारिशी–जिसमें सिफ़ारिश हो; खुशामदी।

सिमटना–बल या शिकन पड़ना; कार्य समाप्त होना; निपटना।

सियार–गीदड़।

सियासत–राजनीति।

सियासी–राजनीतिक।

सियाह–स्याह।

सिर–कपाल; खोपड़ी; शरीर में गरदन से आगे या ऊपर का भाग; शरीर का सबसे आगे या ऊपर का भाग।

सिर-कटा–जिसका सिर कटा हो।

सिरका–धूप में पकाकर खट्टा किया हुआ किसी फल का रस।

सिरकी–सरकंडे का बना छोटा छप्पर।

सिर-खपाऊ–मस्तिष्क को झझकोरने वाला।

सिरताज–मुकुट; शिरोमणि; सरदार।

सिर-दर्द–सिर में होनेवाली पीड़ा; चिंता।

सिरनामा–पत्रों आदि के ऊपर लिखा जानेवाला पता; प्राप्त करनेवाले का पता; किसी लेख का शुरू में लिखा गया शीर्षक।

सिर-पड़ा–जिसे पूरा करना बाकी हो।

सिर-फिरा–पागल; सनकी; झक्की।

सिर-मौर–सिरताज; शिरोमणी; सिर का मुकुट।

सिरहाना–किसी पलंग का वह सिरा जहाँ पर सिर रखा जाता है; तकिया।

सिरा–लंबी वस्तु की लंबाई में किसी ओर का अंत जैसे धागा, सड़क इत्यादि; अंत; छोर; शीर्ष।

सिरी–माँस के लिए काटा गया जानवर का सिर।

सिरोही–एक प्रकार की खड्ग; एक प्रकार का पक्षी।

सिर्फ़–केवल; मात्र; एकमात्र; संख्या में बहुत कम।

सिल–पीसने हेतु चपटा पत्थर।

सिलना–टाँकना/सीना।

सिलपट–लगातार प्रयोग से चपटा होना; चौरस; बराबर; चौपट।

सिल-बट्टा–पत्थर की मूसल तथा चपटा पत्थर।

सिलवट–सिकुड़न; झुर्री।

सिलवाई–सिलने/टाँकने का कार्य तथा इस कार्य के बदले मिलनेवाला पारिश्रमिक।

सिलवाना–सिलाई का कार्य करवाना (कपड़ा इत्यादि)।

सिलसिला–क्रम; श्रेणी; संबंध; निरन्तरता; पंक्ति; पुनरावृत्ति।

सिलसिलेवार–क्रमानुसार; तरतीब में।

सिला–सिल्ला।

सिलाई–सिलने का कार्य तथा पारिश्रमिक।

सिलाना–सिलवाना।

सिला-सिलाया–पहनने के लिए बनाया गया; बना बनाया (वस्त्र)।

सिलीपर–घर में पहनने का ढीला जूता या चप्पल; एक प्रकार का जूता; स्लीपर।

सिलेट–काले पत्थर की पतली पटरी जिस पर बच्चे लिखते हैं।

सिलेटी–स्लेट के रंग का।

सिल्क–रेशम।

सिल्ला–फसल कट जाने पर खेत में गिरे हुए अन्न के दाने।

सिल्ली–एक विशाल ठोस आयाताकार धातु; बर्फ इत्यादि का खंड; हथियार की धार तेज करने का पत्थर; पत्थर की पटिया।

सिवँई–सेवई।

सिवा–अतिरिक्त; अलावा; सिवाय।

सिसक–सिसकी।

सिसकन–सिसकी।

सिसकना–सुबक सुबक कर कहना।

सिसकारना–मुँह से सीटी का सा शब्द निकालना; सीत्कार करना।

सिसकारी–सिसकारने का शब्द; सीत्कार।

सिसकी–सीत्कार; सुबकना।

सिहरन–हल्की सी हलचल; कम्पन; कँपकँपी; स्फुरण; सनसनी।

सिहरना–ठंड; लज्जा अथवा भय के कारण काँपना; कँपकँपी होना।

सींक–घास आदि की पतली डंठल; तृण; छोटा सरकंडा।

सींक-सलाई–दुर्बल तथा पतला (व्यक्ति)।

सींका–छींका।

सींकिया–दुबला तथा पतला।

सींग–वे कठोर; लंबे और नुकीले अवयव जो खुरवाले पशुओं के सिर पर दोनों ओर निकलते हैं।

सींगड़ा–सींगवाला पशु।

सींगी–सींग से बना वाद्य।

सींचना–कृत्रिम उपायों से भूमि के लिए जल की आपूर्ति करना; सींचाई करना।

सी–सीत्कार।
सीकचा–सीखचा।
सीकाकाई–सब्जी धोने का एक पदार्थ।
सीख–सलाह; परामर्श; उपदेश; शिक्षा।
सीख़–बरमा; कबाब बनाने का सींकचा; नोकदार बड़ी लोहे की सलाई।
सीखचा–लोहे का छड़।
सीखना–शिक्षा पाना; ज्ञान प्राप्त करना।
सीखा-पढ़ा–अच्छी तरह सीखा हुआ; पढ़ा लिखा।
सीझना–उबालना।
सीट–बैठने का स्थान; डींग; शेखी।
सीटना–डीग मारना; शेखी बघारना; बहुत बढ़ चढ़कर बातें करना।
सीट-पटांग–शेखी; डींग।
सीटी–होंठ सिकोड़कर बाहर वायु फेंकने से निकला हुए महीन पर तेज शब्द।
सीठना–सिठनी।
सीठा–नीरस; फीका; स्वादहीन।
सीठापन–स्वादहीनता; नीरसता।
सीठी–रेशेदार अवशेष; कूड़ा करकट।
सीड़–नमी; आद्रता; गीलापन।
सीढ़ी–पैड़ी; निसेनी; ऊँचे स्थान पर चढ़ने का उपकरण या साधन।
सीढ़ीनुमा–सीढ़ी के आकार जैसा।
सीत–शीत।
सीता–भूमि जोतने पर हल की फाल से पड़ी हुई रेखा; जानकी; राम की पत्नी; भगवान का अवतार।
सीताफल–शरीफ़ा।
सीत्कार–सिसकार का शब्द; सिसकारी।
सीध–सीधापन; सीधी रेखा या दिशा।
सीधा–जो टेढ़ा न हो; सहज; आसान; साफ; सुगम।
सीधा-उलटा–सीधा तथा विपरीत (तरफ)।
सीधापन–भोलापन; सीधा होने का गुण।
सीधा-सादा–नादान; अनजान; भोला व्यक्ति।
सीधे–सामने की ओर; बिना बीच में रुके या मुड़े।
सीन–दृश्य।
सीनरी–प्राकृतिक दृश्य; नजारा।
सीना–टाँका लगाना।
सीनाज़ोरी–रोबीलापन; उद्धतता।
सीप–घोंघे का आवरण/ बाहरी ढाँचा।
सीपी–घोंघे का छोटा आवरण।
सीमांकन–सीमा को अंकित करने का कार्य।
सीमांकित–जिसका सीमांकन हो चुका हो।
सीमांत–वह स्थान जहाँ सीमा का अंत होता है; किनारा।
सीमा–किनारा; सरहद; हद; किसी प्रदेश या स्थान के चारों ओर के विस्तार की अंतिम रेखा या स्थान।
सीमा-चौकी–सीमा के अंतिम छोर पर स्थित चौकी।
सीमातिक्रमण–सीमा का उल्लंघन; चढ़ाई।
सीमाबद्ध–एक सीमा में बँधा हुआ।
सीमा-रेखा–दो देशों की सीमाओं को पृथक करनेवाली रेखा।
सीमाविहीन–बिना सीमा का।

सीमा-शुल्क–आयात पर लगा हुआ कर।

सीमित–सीमा के तहत्; संकुचित।

सीमेंट–वज्रचूर्ण; मटमैले रंग का एक मसाला जो इमारतों की जोड़ाई में काम आता है।

सीमोल्लंघन–सीमा का उल्लंघन; क्षेत्रीय सीमा का उल्लंघन।

सीयन–सिलाई की रेखा; सीवन।

सीर–वह जमीन जो जमींदार स्वयं अथवा किसी असामी के साझे में जोतता है।

सीरा–शीरा।

सील–भूमि की आद्रता; बंद; सील मछली।

सीलन–आद्रता; नमी।

सीलना–गीला होना; आद्र होना। मुहर लगाना।

सीलबंद–जिस पर मुहर लगा कर बंद कर दिया हो।

सीसा–हल्के काले रंग का एक मूल धातु।

सुँघनी–सूँघने के लिए बनाई हुई तम्बाकू के पत्तों की बुकनी।

सुँघाना–किसी को सूँघने के लिए प्रवृत्त करना।

सुंडा–वह कीड़ा जो सब्जियों को खराब करता है।

सुंदर–रूपवान; प्यारा; खूबसूरत; मनोहर; अच्छा।

सुंदरता–खूबसूरती; सौन्दर्य; सुन्दर होने की अवस्था या गुण।

सुंदरी–सुंदर या रूपवती स्त्री।

सुंबा–छेद करने का उपकरण।

सुंबी–सुंबा।

सु–अच्छाई; मांगलिक समय दर्शानेवाला उपसर्ग जैसे **सु**न्दरता; **सु**अवसर इत्यादि।

सुअर–शूकर; एक चौपाया।

सुअवसर–शुभ अवसर।

सुआ–बड़ी सूई।

सुई–लोहे का पतला उपकरण जिसके छेद में धागा पिरोकर कपड़ा सीते हैं; चिकित्सा क्षेत्र में नली के आकार का एक प्रसिद्ध छोटा उपकरण जिसकी सहायता से शरीर में तरल दवाएँ पहुँचाई जाती हैं; घड़ी का दिशा सूचक तार या काँटा।

सुईकारी–कपड़े पर सूई और डोरे की सहायता से बनाए हुए बेल बूटे आदि।

सुकंठ–जिसका स्वर मधुर हो।

सुकर–जो सहज में किया जा सके; सुगम; सहज।

सुकर्म–उत्तम या अच्छा काम; सत्कर्म।

सुकीर्ति–यश; कीर्ति; ख्याति।

सुकुमार–नाजुक; मुलायम; सौम्य; भला; सीधा।

सुकुमारता–कोमलता; मृदुलता; सौम्यता।

सुकुमारी–सुकुमार।

सुकुल–उत्तम कुल; कुलीन व्यक्ति।

सुकृति–अच्छा कार्य।

सुकृत्य–उत्तम कृति।

सुखंडी–बच्चों का शरीर सूखने का रोग; सूखा रोग।

सुख–खुशी; आनन्द; आराम; वह अनुकूल और प्रिय अनुभव जिसके सदा होते रहने की कामना हो; 'दुख' का विरुद्धार्थक।

सुखकर–सुख देनेवाला; आनन्द देने वाला; रमणीय।

सुखद–सुख या आनन्द देनेवाला; सुखदायी; रमणीय।

सुखदायक–सुखकर।

सुख-दुःख–खुशी तथा गम; आनन्द तथा दुख।

सुखपूर्वक–खुशी से; प्रसन्नता से।

सुखप्रद–सुखद।

सुखभोग–आनन्द।

सुखवाद–वह सिद्धान्त जिसके अनुसार आनन्द ही मनुष्य के सब कार्यों का अंतिम लक्ष्य माना जाता है।

सुखवादी–सुखवाद के नियमों का पालन करनेवाला।

सुख-शांति–शांति तथा आनन्द।

सुख-संपत्ति–आनन्द तथा सम्पन्नता।

सुख-सुभीता–खुशी तथा सम्पन्नता।

सुख-सुविधा–आनन्द तथा सहूलियत।

सुखांत–वह जिसका अंत सुखपूर्ण हो।

सुखाना–आर्द्रता दूर करना; धुप या आग की सहातया से गीलपन दूर करना।

सुखाभास–सुख भ्रांति।

सुखारा–सुखी।

सुखिया–सुखी।

सुखी–प्रसन्न; आनंदित।

सुख्यात–प्रख्यात; प्रसिद्ध।

सुख्याति–ख्याति; यश; कीर्ति; प्रसिद्धी।

सुगंध–खुशबू; महक; सुवास; अच्छी महक।

सुगंधि–सुगंध।

सुगंधित–खुशबुदार; सुगंधयुक्त।

सुगठित–अच्छी तरह बना हुआ; गठा हुआ; पूरा भरा हुआ।

सुगति–मरने के उपरांत होनेवाली गति; मोक्ष; परमगति; मुक्ति।

सुगबुगाहट–धीरे से बोलना; कानाफूसी करना।

सुगम–आसान; सहज; जो कठिन न हो; आसानी से प्राप्त; सुलभ; आसानी से पार करने योग्य।

सुगमता–आसानी; सहजता; सुलभता।

सुगमतापूर्वक–आसानी से; सहजता से; सरलता से।

सुगम्य–आसानी से प्रवेश के योग्य।

सुगृही–अच्छा निवास होना; सुन्दर तथा सुशील पत्नी होना।

सुग्गा–तोता।

सुग्राहिता–अति संवेदनशीलता।

सुग्राही–संवेदनशील।

सुग्रीव–सुन्दर ग्रीवा या गर्दनवाला।

सुघड़–सुडौल; सुन्दर; हाथ के काम करने में निपुण; कुशल।

सुघड़पन–निपुणता; प्रवीणता; योग्यता।

सुघड़ी–अच्छी या शुभ घड़ी; शुभ समय या साइत।

सुचारु–अत्यंत सुन्दर; आकर्षक।

सुचाल–अच्छी चाल; उत्तम आचरण।

सुचालाक–विद्युंत नियंत्रक; अच्छा चालक।

सुचि–सूई।
सुचित–सूचित; सूचना देने का भाव।
सुजन–सज्जन पुरुष; भला आदमी।
सुजनता–सज्जनता; सुशीलता; शिष्टता।
सुजनी–मोटे बिछावन का एक प्रकार।
सुजात–सुजाति।
सुजाति–ऊँची जाति का।
सुजान–बुद्धिमान; चतुर; होशियार; निपुण; कुशल।
सुजानता–बुदि्मानी; चतुराई; निपुणता; कुशलता।
सुझाखा–अच्छी दृष्टिवाला।
सुझाना–सुझाव देना; सलाह देना; सूचित करना; दिखाना।
सुझाव–सुझाने की क्रिया या भाव; सलाह; प्रस्ताव; सूचना।
सुड़कना–नाक के द्वारा तरल पदार्थ लेना; घूँट घूँट करके पीना।
सुडौल–सुरूप; सुन्दर डौल; आकार या बनावटवाला; सुन्दर।
सुडौलपन–सुडौल। सुडौल होने की अवस्था या भाव।
सुत–पुत्र।
सुतरां–अतः; इसलिए; और भी।
सुतली–सूत की बनी हुई डोरी; सन की डोरी।
सुतीक्ष्ण–बहुत नुकीला।
सुतीक्ष्णता–नुकीला होने की अवस्था या गुण।
सुथनी–लड़कियों तथा औरतों द्वारा धारण करनेवाला एक प्रकार का ढीला पाजामा।
सुथरा–स्वच्छ; साफ
सुथरापन–स्वच्छता।
सुदर्शन–देखने में सुन्दर; मनोरम।
सुदिन–अच्छा या शुभ समय।
सुदी–चांद्र मास का उजाला पक्ष।
सुदीर्घ–(बहुत) लंबा।
सुदूर–बहुत दूर।
सुदूरपूर्व–पूर्व दिशा में दूर।
सुदृढ़–बहुत मजबूत; पुष्ट; प्रबल; कठोर।
सुदृढ़ता–मजबूती; प्रबलता; कठोरता; पुष्टता।
सुदेश–अच्छा देश।
सुद्दा–सूखे हुए मल का अंश।
सुद्ध–शुद्ध।
सुध–सचेतता; चैतन्य; होश; स्मरण; स्मृति; याद; चेतना; पता।
सुध-बुध–होश हवास; चेतना।
सुधरना–ठीक होना; बिगड़ी हुई या सदोष वस्तु का अच्छे या ठीक रूप में आना।
सुधर्मा–सुधर्मी।
सुधर्मी–धार्मिक; सदाचारी; धर्मनिष्ठ।
सुधा–अमृत; ईश्वरीय पेय पदार्थ।
सुधाकर–चन्द्रमा।
सुधानिधि–चन्द्रमा; समुद्र।
सुधामय–अमृत से भरपूर।
सुधार–अच्छा बनाना; सुधारने की क्रिया; प्रगति।
सुधारक–संशोधक; सुधार लानेवाला।
सुधारना–ठीक करना; व्यवस्थित करना; बुराई दूर करना; सुधार लाना।

सुधारालय–वह कारागार जहाँ अपराधी बालक दंड भोगने और साथ ही नैतिक दृष्टि से सुधारे जाने के लिए भेजे जाते हैं।

सुधि–सचेतता; चैतन्य; बोध।

सुधी–अच्छी और तीव्र बुद्धि; बुद्धिमान; समझदार।

सुनगुन–वह भेद या पता जो इधर उधर से कोई बात सुनने से लगता हो।

सुनना–श्रवण करना; किसी की बात पर ध्यान देना; कही हुई बात या शब्द का कानों से ज्ञान प्राप्त करना।

सुनना-गुनना–सुनना तथा तुलना करना।

सुनम्य–लचीला; मुलायम।

सुनम्यता–लचीलापन।

सुनयन–सुन्दर आँखोंवाला।

सुनयना–सुन्दर आँखोंवाली (स्त्री)।

सुनवाई–सुनने की क्रिया या भाव; अभियोग आदि का विचार के लिए सुना जाना।

सुनवैया–सुननेवाला; विशेषकर ध्यान से सुनने वाला।

सुनसान–निर्जन; एकांत; सन्नाटा; जहाँ कोई न हो।

सुनहरा–सुनहला।

सुनहला–सोने के रंग का; हलका पीला; मंगलमय; बहुमूल्य; अनमोल; सुवर्णमय।

सुनाई–सुनने की काब्लियत अथवा सक्षमता; मुक़दमें की सुनवाई।

सुनाना–बताना।

सुनाम–कीर्ति; यश।

सुनार–सोने चाँदी के गहने आदि बनाने वाला कारीगर।

सुनारिन–स्त्री सुनार; सुनार की पत्नी।

सुनारी–सुनार का कार्य; सुनार की पत्नी; उत्तम स्त्री।

सुनावनी–किसी संबंधी की मृत्यु का आया हुआ समाचार।

सनिश्चय–दृढ़ अव धारणा।

सुनिश्चित–दृढ़ता से निर्धारित; निश्चित।

सुनीति–हितकर नीति।

सुन्न–स्पन्दनहीन; चेतना की कमी; चेतनाशून्य; निश्चेष्ट।

सुन्नत–लिंगेन्द्रिय के अगले भाग का चमड़ा काटने की कुछ धर्मों की रस्म; खता।

सुन्नती–जिसका सुन्नत हुआ हो।

सुन्ना–सिफर; जीरो।

सुन्नी–मुसलमानों के दो संप्रदायों में से एक।

सुपंथ–सही/उचित मार्ग।

सुपत्नी–अच्छी पत्नी।

सुपथ–सही/उचित मार्ग।

सुपथ्य–हितकर आहार (रोगी के लिए)।

सुपरीक्षित–अच्छी तरह जाँचा परखा।

सुपाच्य–आसानी से हजम होनेवाला।

सुपाच्यता–सुपाच्य होने की अवस्था या भाव।

सुपात्र–अच्छा पात्र।

सुपात्रता–सुपात्र। सुपात्र होने की अवस्था या भाव।

सुपारी–छोटे गोल फल जो काटकर पान के साथ खाए जाते हैं; मारने का ठेका।

सुपुत्र–अच्छा और योग्य पुत्र।
सुपुर्द–सौंपना।
सुपूत–अच्छा और योग्य पुत्र।
सुपूती–सुपूतवाली (स्त्री)।
सुप्त–सोया हुआ; निद्रित।
सुप्तावस्था–सोया हुआ होने का भाव; तंद्रावस्था।
सुप्ति–सोया रहने की अवस्था; निंद्रा।
सुप्रतिष्ठित–अच्छी प्रतिष्ठा या इज्जत।
सुप्रभात–अच्छी सुबह; अच्छे दिन का संदेश।
सुप्रभाव–इच्छित/आनन्दायक असर।
सुप्रसिद्ध–बहुत प्रसिद्ध; सुविख्यात।
सुप्रसिद्धी–यश; कीर्ति।
सुफल–लाभदायक; फलदायक; अच्छा परिणाम या फल।
सुबकना–सुबुकना।
सुबह–प्रातःकाल; सबेरा।
सुबह-शाम–प्रातःकाल तथा संध्याकाल।
सुबह-सवेरे–अति प्रातःकाल।
सुबाहु–पुष्ट भुजाओंवाला।
सुबुक–मुलायक; हलका।
सुबुकना–धीरे से सिसकना।
सुबुद्धि–अच्छी बुद्धिवाला।
सुबोध–जो सब लोग सहज से समझ सकें; अच्छी बुद्धिवाला।
सुबोधता–चतुराई; बुद्मिानी; निपुणता।
सुभग–प्यारा; सुन्दर; मनोहर; सुखद; लुभावना।
सुभगा–सुन्दर स्त्री; सौभाग्यवती स्त्री; सुन्दरी।
सुभाषिणी–मधुर स्वरवाली (स्त्री)।
सुभाषित–अच्छे ढंग से कहा हुआ; सुन्दरता से जाहिर किया हुआ।
सुभाषी–मीठा स्वर; बोलने की कला में माहिर।
सुभिक्ष–प्रचूरता का समय (जब अन्न आराम से उपलब्ध होगा); विपुलता तथा समृद्धता का समय।
सुभीता–सहूलियत; सुगमता; जब कठिनता या अड़चन न हो।
सुमंत्रित–अच्छे ढंग से समझाया हुआ।
सुम–खुर।
सुमति–विचार का सही तरीका; मैत्री; मेल; एकता।
सुमधुर–आनन्दायक मीठा; बहुत मीठा।
सुमन–अच्छे दिलवाला; नेक।
सुमरना–सुमिरना।
सुमिरना–बार बार नाम जपना (भगवान का); स्मरण करना।
सुमिरनी–जप करने की सत्ताइस दानों की छोटी माला।
सुमुखी–सुन्दर मुखवाली (स्त्री); प्यारा चेहरा; सुन्दर आकृति होना;
सुमेरु–कल्पित पर्वत (सोने का) जो पुराणों में सब पर्वतों का राजा माना जाता है।
सुयश–यश; कीर्ति।
सुयोग–अच्छा योग; सुअवसर।
सुयोग्य–बहुत योग्य या लायक।
सुरंग–अच्छे रंग का; अखरोट के रंग का। गुफा; बारूद का लंबा गड्ढा।
सुरंगबुहार–सुरंग की सफाई करनेवाला।
सुर–देवता; ऋषि; स्वर; धुन।

सुरकना–सुड़कना।

सुरक्षण–अच्छे ढंग से रक्षा करने का कार्य।

सुरक्षा–बचाव; हिफाजत; अच्छी तरह की जानेवाली रक्षा।

सुरक्षात्मक–रक्षा की स्थिति।

सुरक्षा-परिषद–रक्षा संबंधी परिषद।

सुरक्षा-बल–रक्षा करनेवाला दल।

सुरक्षित–जिसकी सुरक्षा की गयी हो।

सुरक्षोपाय–रक्षा करने का उपाय।

सुरख़ाब–चकवा (पक्षी)।

सरुख़ी–सुर्खी।

सुरगाय–कामधेनु।

सुरत–स्मरण शक्ति; याद्दाशत; यादगार।

सुरतंगिणी–आकाशगंगा।

सुरति–वह प्रेम जो काम वासना की तृप्ति से उत्पन्न होता है; रति।

सुरती–तम्बाकू की पत्तियों का छोटा रूप या चूरा।

सुरदार–सुरीला।

सुरपति–भगवान श्रीइन्द्र; देवताओं का राजा।

सुरपुर–देवताओं का निवास; इन्द्रपुरी।

सुरभि–सुगंध; खुशबु।

सुरभित–सुगंधित; खुशबुदार।

सुरमई–सुरमे के रंग का।

सुरमा–एक प्रसिद्ध नीला खनिज पदार्थ जिसका महीन चूर्ण आँखों में अंजन की तरह लगाते हैं।

सुरमेदानी–सुरमा रखने का एक विशेष छोटा पात्र।

सुरम्य–अत्यंत सुन्दर या मनोहर।

सुरराज–इन्द्र; देवताओं का प्रमुख।

सुरस–रसदार। उत्तम रस।

सुरसुराना–हल्की खुजली होना; कीड़ों/जानवरों आदि के रेंगने से निकलने वाली ध्वनि।

सुरसुराहट–सुरसुराना।

सुरसुरी–अनाज खानेवाली कीट; हलकी खुजली।

सुरही–16 कोड़ियों से खेला जानेवाला खेल।

सुरांगना–दैवीय किशोरी; देवांगना।

सुरा–शराब; मद्य।

सुराग़–कठिनाई का हल खोजने के लिए मिलनेवाला संकेत; टोह।

सुरागाय–एक प्रकार का जंगली पशु।

सुराज्य–अच्छा या सुखद राज्य या शासन।

सुराधिप–भगवान श्रीइन्द्र; देवताओं का प्रमुख।

सुरानीक–देवताओं की सेना।

सुरापात्र–मदीरा पीने का पात्र।

सुरापान–शराब का सेवन।

सुरापी–शराब पीनेवाला; शराबी।

सुरासव–दैवीय पेय।

सुरासार–फूल शराब।

सुरासुर–देवता तथा राक्षस।

सुराही–घड़ा; जल ठंडा रखने का लम्बी गर्दन का मिट्टी का पात्र।

सुराहीदार–सुराही सुराही के आकार का; लम्बी गर्दन का।

सुराहीनुमा–सुराहीदार।

सुरीला–बोलने, गाने आदि में मीठे स्वरवाला; सुस्वर।

सुरुचि–उत्तम रुचि।

सुरुचिकर–सुरुचिपूर्ण।

सुरुचिपूर्ण–उत्तम रुचि से पूर्ण; शोभनीय।

सुरेंद्र–भगवान श्रीइन्द्र; देवताओं के प्रमुख।

सुरेंद्रचाप–भगवान इन्द्र का धनुष; इन्द्रधनुष।

सुरेश–भगवान श्रीइन्द्र।

सुरेश्वर–भगवान श्रीइन्द्र।

सुरैत–रखेल; रखेली।

सुरैतिन–सुरैत।

सुर्ख़–लाल; रक्त वर्ण का; गहरा लाल रंग।

सुर्खरू–तेजस्वी; कांतिवान; जिसके मुँख पर लाली हो।

सुर्ख़ी–लाली; ईंट का चूना जो ईंट की दीवार बनाने में प्रयोग होता है; किसी समाचार पत्र की मुख्य रेखा।

सुलक्षण–अच्छे लक्षणोंवाला।

सुलक्षणा; सुलक्षणी–सुलक्षण।

सुलगना–दहकना; जलना; अधिक दु:ख या संताप से दु:खी होना।

सुलगाना–जलाना; दहकाना।

सुलझना–उलझन या जटिलता दूर होना या हटना।

सुलझाना–उलझन या जटिलता दूर करना।

सुलटा–सीधा; सही; सरल।

सुलतान–बादशाह; महाराज।

सुलतानी–सुलतान का या सुलतान से संबंधित।

सुलफ़ा–ध्रुमपान के लिए तम्बाकू की पत्तियों से तैयार एक मादक पदार्थ।

सुलफ़ेबाज़–ध्रुमपान का लती।

सुलफ़ेबाज़ी–ध्रुमपान की आदत।

सुलभ–सहजता से प्राप्त होने या मिलने वाला।

सुलभता–आराम से प्राप्त।

सुलह–आपसी समझौता; आपस का निबटारा।

सुलहनामा–वह पत्र जिस पर सुलह या मेल की शर्तें लिखी हों; संधि पत्र।

सुलह-सफ़ाई–फैसला तथा समझौता।

सुलाना–सोने के लिए प्रवृत करना; किसी को सुलाना।

सुलाभ–अधिक लाभ/फायदा।

सुलूक–सलूक।

सुलेश–सुन्दर लिखावट।

सुलोचना–सुन्दर आँखोंवाली (स्त्री)।

सुवर्ण–सुन्दर रंग का; सोने के रंग का; सुनहरा।

सुवास–सुगंध; खुशबु।

सुवासित–सुगंधित; खुशबुदार।

सुविख्यात–सुप्रसिद्ध; सुप्रख्यात।

सुविचार–अच्छा या उत्तम ख्याल।

सुविज्ञ–बहुत अच्छा ज्ञाता।

सुविज्ञता–विशेष ज्ञान; चातुर्यता।

सुविदित–प्रसिद्ध; विख्यात।

सुविधा–सहूलियत; छूट; अनुदान।

सुविधाजनक–जो सहज ढंग से हो जाये।

सुविधाजीवी–सुख से रहनेवाला।

सुविधानुसार–सहूलियत के अनुसार।

सुव्यवस्था–उत्तम व्यवस्था; अच्छा प्रबंध।

सुव्यस्थित–अच्छी तरह व्यवस्थित।

सुशिक्षित–जिसने अच्छी शिक्षा पाई हो।

सुशील–अच्छे आचरणवाला; अच्छे शील या स्वभाववाला; मिलनसार; विनीत; सभ्य।

सुशीलता–अच्छे आचरण के गुणवाला; शिष्टता।

सुशीला–सुशील।

सुशोभित–अच्छी तरह शोभित और सजता हुआ; अत्यंत शोभायमान।

सुश्री–स्त्रियों के लिए एक आदरसूचक शब्द।

सुश्रुत–प्रसिद्ध (वस्तु)।

सुषमा–प्राकृतिक सौन्दर्य।

सुषप्त–सोया हुआ; अच्छी तरह या गहरी नींद में सोया हुआ; तंद्रालु।

सुषुप्ति–झपकी; तन्द्रावस्था।

सुषुम्ना–शरीर में विद्यमान चौदह मुख्य तंत्रिकाओं में से एक।

सुष्ठु–शालीन; शिष्ट; सुन्दर; मनोहर।

सुसंगत–अच्छी संगत।

सुसंगति–अच्छे आदमियों की संगत; सत्संग।

सुसंहत–पूरा भरा हुआ।

सुसंहति–पूरा भरा हौंने का भाव।

सुसज्जित–अच्छी तरह सजाया हुआ।

सुसमय–अच्छा समय; अनुकूल समय; खुशहाली का समय।

सुसाध्य–सहज में हो सकनेवाला; सुगम।

सुस्त–आलसी; बेकार; निष्क्रिय; शिथिल; उदास; जिसमें उत्साह की कमी हो।

सुस्ताना–विश्राम करना; थकावट मिटाने के लिए आराम करना।

सुस्ती–आलस्य; बेकारी; निष्क्रियता; उदासी; शिथिलता; उदास होने का भाव।

सुस्थित–अच्छी तरह रखा हुआ।

सुस्थिति–अच्छी स्थिति।

सुस्थिर–अच्छी तरह स्थिर किया हुआ; नियमित; मजबूती से स्थिर; सतत् रहनेवाला।

सुस्थिरता–सुस्थिर। सुस्थिर होने की अवस्था या भाव।

सुस्पष्ट–साफ साफ; बिल्कुल स्पष्ट।

सुस्वादु–अधिक स्वादिष्ट; रुचिकर।

सुहाग–स्त्री की वह अवस्था जिसमें उसका पति जीवित हो; सधवा रहने की दशा।

सुहागवती–सुहागिन।

सुहागा–एक प्रकार का खनिज क्षार जो सोना गलाने और औषधों के काम में आता है।

सुहागिन–**वह** स्त्री जिसका पति जीवित हो; सधवा; सौभाग्यवती।

सुहाना–सुन्दर लगना; अच्छा या भला जान पड़ना।

सुहाल–एक स्वादिष्ट मैदा से बना हुआ नमकीन पकवान।

सुहावना–देखने में भला और सुन्दर जान पड़नेवाला; रमणीय; मनोहर; आनन्द देनेवाला; रिझानेवाला।

सुहावनापन–सुहावना होने की अवस्था या भाव।

सुहृद–बहुत प्यारा; शुद्ध हृदय से; प्रिय; स्नेही।

सुहृदय–अच्छे हृदयवाला।

सूँघना–गंध लेना; गंध का अनुभव करना।

सूँड–शुंड (हाथी की)।

सूँडी–सब्जियों में लगनेवाला तथा सब्जियाँ खानेवाला कीड़ा।

सूँस–एक प्रसिद्ध बड़ा जलजंतु; सूस।

सूअर–सुअर; शूकर।

सूअर-बियान–एक समय पर अनेक बच्चों को जन्म देना।

सूई–सुई।

सूकर–सुअर; शूकर।

सूकरी–मादा सुअर।

सूक्ति–उत्तम या सुन्दर उक्ति, पद, वाक्य आदि।

सूक्ष्म–अति लघु; बहुत छोटा; अतिसूक्ष्म।

सूक्ष्मदर्शी–बहुत ही सूक्ष्म या छोटी छोटी बातें तक सोच या समझ लेनेवाला।

सूक्ष्म-शरीर–आध्यात्मिक शरीर; वह कल्पित शरीर जो पाँच प्राणों; पाँच ज्ञानेन्द्रियों; पाँच सूक्ष्म भूतों; मन और बुद्धि के योग से बना हुआ होता है।

सूखना–शुष्क होना; जल न रहना या कम हो जाना।

सूखा–जिसमें आर्द्रता या नमी न हो या न रह गई हो; बिना उत्साह तथा चेतना वाला। जिसमें जल या उसका कोई अंश न हो या रह गया हो।

सूखी-खुजली, सूखी-खेती–बिना पानी की खेती।

सूखी तनख़्वाह–निश्चित आय (अतिरिक्त आय न हो)।

सूचक–बोधक; सूचना देनेवाला या कोई बात बतानेवाला।

सूचकांक–संकेत संख्या।

सूचन–सूचित करने का कार्य।

सूचना–जानकारी; समाचार; संज्ञापन; नोटिस।

सूचनापट्ट–वह पट्ट जिस पर सबकी जानकारी के लिए सूचनाएँ टाँगी जाती हैं।

सूचनाप्रद–सूचना देना (लाभकारी); बोधक।

सूचना प्रौद्योगिकी सूचनालय–वह केन्द्र जहाँ सभी सूचनाएँ एकत्रित होती हैं।

सूचनीय–प्रकाशित करने योग्य।

सूचिका–सूई।

सूचित–जिसकी सूचना दी गई हो; जताया हुआ; ज्ञापित।

सूची–सूई; तालिका; अनुक्रमणिका।

सूचीपत्र–वह पुस्तिका जिसपर क्रम से बहुत सी सूचियाँ या अनुक्रमणिकाएँ दी हों।

सूचीभेद्य–बहुत गहन।

सूच्य–सूचनीय।

सूजन–शोथ; सूजने की क्रिया या भाव।

सूजना–शोथ होना।

सूजा–एक प्रकार की लंबी पतली सीलने की सुई; तकुआ; सलाई।

सूज़ाक–मूत्रेन्द्रिय का एक रोग जिसमें उसके अंदर घाव हो जाता है।

सूजी–गेहूँ का एक विशेष प्रकार का दरदरा आटा।

सूझ–सूझने का भाव; परिज्ञान; समझदारी; अनुभूति; पैनी दृष्टि; अनोखी कल्पना।

सूझना–दिखाई देना; मन में आना; ध्यान में आना; ख्याल में आना।

सूझ-बूझ–दुरदर्शिता और बुद्धिमत्ता।

सूझ-बूझवाला–दूरदर्शी; बुद्धिमान।

सूट–कश।

सूटकेस–एक प्रकार की पेटी।

सूटा–खींचना।

सूत–रूई; धागा।

सूतक–घर में संतान होने या किसी के मरने पर परिवारवालों को लगनेवाला अशौच।

सूता–धागा।

सूतिका–वह स्त्री जिसे अभी हाल में बच्चा हुआ हो; जच्चा।

सूतिकागार–वह कमरा या घर जिसमें स्त्री बच्चा जनती है; प्रसवगृह।

सूती–सूत का बना हुआ।

सूत्र–विधि; नियम; सुराग; संकेत; स्रोत।

सूत्रकार–वह जिसने सूत्रों की रचना की हो।

सूत्रधार–मंच सचालक (प्राचीन संस्कृत नाटकों में)।

सूत्रधारिन–सूत्रधार।

सूत्रपात–किसी कार्य का प्रारम्भ होना या प्रारम्भ होने का पूरा आयोजन करना; नींव पड़ना।

सूत्री–सूत्र। सूत्र से संबंधित।

सूत्रीय–सूत्री।

सूथन–विशेष रूप से पंजाब में स्त्रियों द्वारा पहने जानेवाला एक प्रकार का पायजामा।

सूद–ब्याज (मूल धन पर)।

सूदख़ोर–हद से ज्यादा ब्याज पर धन उधार देनेवाला।

सूदख़ोरी–अत्यधिक ब्याज पर धन उधार देने का कार्य।

सूदन–विनाश करनेवाला; प्रिय; लाड़ला।

सूदी–ब्याज से संबंधित; (धन) ब्याज रूपी कमाया हुआ; (मूलधन) ब्याज उत्पन्न करने वाला।

सूना–निर्जन; सुनसान; एकांत।

सूनापन–सूना सूना होने की अवस्था या भाव; निर्जनता।

सूप–कण आदि फटकारने का हाथ से चलित उपकरण।

सूफ़ियाना–देखने में सादा होने पर भी बहुत सुन्दर; व्यवहारकुशल।

सूफ़ी–मुसलमानों के एक धार्मिक संप्रदाय जो अपने विचारों की उदारता के लिए प्रसिद्ध है।

सूफ़ी-संप्रदाय–मुसलमानों का एक धार्मिक संपद्राय का अनुयायी।

सूबा–प्रांत; राज्य; प्रदेश।

सूबेदार–किसी प्रांत का प्रधान अधिकारी; सेना विभाग में एक छोटा पद।

सूबेदारी–सूबेदार। सूबेदार का पद या काम।

सूम–लालची; कृपण; कंजूस; दरिद्र।

सूमड़ा–लोभी व्यक्ति।

सूमपन; सूमपना–कृपणता; कंजूसी।

सूमो–जापानी कुश्ती।

सूर–अंधा।

सूरज–सूर्य।

सूरज घड़ी–सूर्य की स्थिति से समय पता लगाने की घड़ी।

सूरजमुखी–पीले रंग के फूल का पौधा।

सूरत–रूप; आकृति; शक्ल; अवस्था; दशा; स्थिति; हालत।

सूरत शक्ल–शक्ल तथा आकृति।

सूरत हराम–कपटपूर्ण सूरत।

सूरन–हाथी का पैर; एक प्रसिद्‌ध कंद जिसकी तरकारी बनती है; जमीकंद।

सूरमा–ख्यातिप्राप्त योद्‌धा; वीर; बहादुर।

सूरमापन–वीरता; बहादुरी।

सूराख़–छेद; छिद्र; गड्ढा।

सूर्य–प्रभाकर; दिनकर; सूरज।

सूर्यग्रहण–पृथ्वी और सूर्य के बीच में चन्द्रमा के आ जाने और उसकी छाया पड़ने से होनेवाला सूर्य का ग्रहण।

सूर्यवंश–एक प्रसिद्‌ध प्राचीन भारतीय राजवंश; सूर्य से उत्पन्न वंश।

सूर्यवंशी–क्षत्रियों के सूर्यवंश का एक सदस्य।

सूर्यास्त–संध्या को सूर्य का छिपना या डूबना; संध्या का समय।

सूर्योदय–सूर्य का उदय होना या निकलना; प्रात:काल; सवेरा।

सूर्योपासना–सूर्य को ईश्वर का प्रतीक मानकर उसकी उपासना करना।

सूल–शूल।

सूली–प्राचीन काल में अपराधियों को प्राणदंड देने का एक तरीका।

सूहा–चमकदार लाल।

सृजन–सृष्टि की रचना करने की क्रिया।

सृजनहार–सृष्टिकर्ता; रचियता (संसार का)।

सृष्ट–बनाया हुआ; निर्मित; रचित।

सृष्टि–रच या बनाकर तैयार करने की क्रिया या भाव।

सृष्टिकर्ता–संसार की रचना करनेवाला।

सृष्टि विज्ञान–वह शास्त्र जिसमें सृष्टि की उत्पत्ति; बनावट और विकास का विवेचना होता है।

सेंक–सेंकने की क्रिया या भाव; ताप; गरमी।

सेंकना–सेंका करना; आग पर या उसके सामने रखकर साधारण गरमी पहुँचाना।

सेंकाई–गरम जल से सेंक।

सेंटा–सरकंडे का निचला सिरा (अक्सर कलम की तरह प्रयोग होता है)।

सेंतमेंत में–मुफ्त में; नि:शुल्क।

सेंद्रिय–जैव (जीव या जंतु)।

सेंध–चोरी करने के लिए घर की दीवार में किया गया छेद।

सेंधा नमक–एक प्रकार का खनिज नमक; सैंधव।

सेंधिया–सेंध लगाकर चोरी करनेवाला; चोर।

सेंसर–वह सरकारी अफसर जिसे पुस्तकें, समाचार पत्र आदि छपने या प्रकाशित होने, नाटक खेले जाने, चित्रपट दिखाए जाने या तार से कहीं समाचार भेजे जाने के पूर्व उन्हें देखने या जाँचने और रोकने का अधिकार होता है।

सेकंड–मिनट का साठवाँ हिस्सा।

सेक्रेटरी–सचिव।

सेचन–सींचना; पानी देना; छिड़काव।

सेचित–सींचा हुआ।

सेज–आरामदायक पलंग।

सेट–समूह; संग्रह।

सेठ–धनी व्यक्ति; धनवान।

सेठानी–सेठ। सेठ की पत्नी।

सेतु–पुल।

सेतुबंध–पुल या बाँध बनाने का काम।

सेना–फौज; पलटन; सिपाहियों का समूह।

सेनाधिकारी–सेना का अधिकारी।

सेनाधिपति–सेना का सबसे बड़ा अफसर।

सेनाध्यक्ष–सेना का प्रमुख अधिकारी।

सेनानायक–सेना का नायक।

सेनानी–आज्ञा देनेवाला अफसर।

सेनापति–सेना का प्रधान और सबसे बड़ा अधिकारी।

से पहले–पहले से; आगे; पूर्वकाल में।

सेब–एक प्रसिद्ध फल और उसका पेड़।

सेम–एक प्रकार की कली जिसकी तरकारी बनती है।

सेमई–सेवईं।

सेमल–रुई का पेड़।

सेर–सोलह छटाँक; चार पाव या अस्सी तोले की एक तौल।

सेरा–चारपाई में सिरहाने की ओर की सबसे छोटी पाटी या लकड़ी।

सेरी–प्रत्यय; सेर में वजन दर्शानेवाला।

सेल–कम दामों पर वस्तुओं की बिक्री।

सेलखड़ी–सेतखड़ी।

सेला–भुजिया चावल।

सेवईं–गूँथे हुए मैदे से बनाए हुए पतले लच्छे जो दूध या पानी में पकाकर खाए जाते हैं।

सेवक–नौकर; अनुचर; सेवा करनेवाला।

सेवकधर्म–सेवक। सेवक का कर्त्तव्य।

सेवकाई–सेवा करने की नौकरी।

सेवड़ा–नमकीन पकवान (गेहूँ के आटे से तैयार)।

सेवन–इस्तेमाल; उपयोग; व्यवहार; उपभोग।

सेवन विधि–इस्तेमाल करने का तरीका।

सेवा–नौकरी; परिचर्या; टहल।

सेवाकाल–उतना समय जिनमें किसी ने कोई सेवा या नौकरी की हो।

सेवा-टहल–सेवा तथा नौकरी।

सेवादार–धार्मिक सेवा करनेवाला (सिक्खों में)।

सेवाधर्म–दास का भाव; टहल करना; कृतव्य रूपी नौकरी।

सेवानिवृत्त–रोबा या कारोबार से अलग हो जाना।

सेवानिवृत्ति–अवकाशग्रहण।

सेवापंजी–वह पंजी जिसमें सेवकों की कुछ मुख्य बातें लिखी जाती हैं।

सेवाभाव–सेवा करने का भाव।

सेवावृत्ति–सेवा करने की वृत्ति।

सेवा-सुश्रूषा–सेवा टहल (रोगी की)।

सेविका–स्त्री नौकर; नौकरानी।

सेवित–जिसका सेवन किया गया हो (व्यक्ति); उपभोग किया हुआ (वस्तु)।

सेवी–सेवा करनेवाला।

सेव्य–जिसकी सेवा हो या की जाए; सेवन करने के योग्य;

सेहरा–दुल्हे का मुकुट; विवाह के समय वर को पहनाने का बड़ी मालाओं की पंक्ति या पुंज।

सेहराबंदी–दूल्हे के सिर पर सेहरा बाँधने का समारोह।

सेहरी–छोटी मछली का एक प्रकार।

सैंतालिस–४७.

सैंतीस–३७.

सैंधव–सिंध का या सिंध से संबंधित।

सैकड़ा–सौ; शत।

सैकड़े–सौ की इकाई में।

सैकड़ों–हजारों।

सैकत–सिकता सिकता से संबंधित; बालू के समान।

सैद्धांतिक–सिद्धान्त का या सिद्धांत संबंधी; सिद्धान्त के आधार पर आश्रित। सिद्धान्त का ज्ञाता।

सैनिक–सिपाही; सेना या फौज में रहकर लड़ने वाला।

सैनिकीकरण–लोगो को सैनिक बनाने और सैनिक सामग्री से सज्जित करने का काम।

सैनय–सेना संबंधी; फौज का।

सैन्यबल–युद्ध सामग्री; शस्त्रीकरण; सेना का बल।

सैन्यवाद–सैनिक प्रवृत्ति; युद्ध–प्रियता।

सैयाँ–पति; प्रेमी।

सैयाद–बहेलिया।

सैर–घूमने का कार्य; इधर उधर घूमना फिरना; आमोद प्रमोद की यात्रा; बाग बगीचे में कुछ मित्रों का होनेवाला खान पान।

सैर-सपाटा–मनोरंजन के लिए भ्रमण; मज़े के लिए घूमना।

सैल–सैर

सैला–लकड़ी का डंडा; खूँटा।

सैलानी–पर्यटक; मनोरंजन के लिए भ्रमण करनेवाला।

सैलानीपन–घूमने की आदत।

सैलाब–पानी की बाढ़।

सैलाबी–बाढ़ से संबंधित।

सैलून–बाल बनवाने का कमरा; नाई की दूकान; उच्च प्रतिष्ठित व्यक्ति के लिए विशिष्ट वाहन।

सोंटा–चलने पर सहारे के लिए पुष्ट लकड़ी।

सोंठ–सुखाया हुआ अदरक।

सोंधा–हल्की तथा मोहक खुशबु (विशेषत: जमीन से निकलनेवाली)।

सोंधापन–हल्की तथा सुहानी खुशबु।

सो–इसलिए; अत:।

सोआ–एक प्रकार का साग।

सोख़ना–चूसना/ अवचूषण करना।

सोख़्ता–स्याही सोखनेवाला खुरदुरा कागज।

सोग–शोक; मातम; विलाप।

सोगवारी–मातम काल।

सोच–ध्यान; विचार; चिन्ता; व्यग्रता; बेचैनी।

सोचना–विचार करना; समझना।

सोच-विचार–सोचने और समझने या विचार करने की क्रिया या भाव।

सोज–सूजन।

सोडा–सोडा (खाने या कपड़े धोने का)।

सोडावाटर–खारा पानी।

सोता–प्राकृतिक रूप से जल की छोटी धारा।

सोद्‌देश्य–उद्‌देश्यपूर्ण; प्रयोजनमूलक।

सोधना–शोधना।

सोनचिरैया–सोने के रंग के पंखवाली चिड़िया; सुनहरा हंस।

सोनल–सुनहरा; सुनहला।

सोना–स्वर्ण; एक प्रसिद्‌ध बहुमूल्य पीली धातु जिसके गहने आदि बनते हैं।

सोपाधि–सशर्त; शर्त के साथ।

सोपान–ऊपर चढ़ने की सीढ़ी; जीना।

सोपानित–जिसमें सोपान या सीढ़ियाँ बनी या लगी हों।

सोफ़ा–एक प्रकार का लंबा गद्‌दीदार आसन।

सोफ़ासेट–कुर्सियों के साथ लंबा गद्‌दीदार आसन।

सोफ़ियाना–सूफ़ियाना।

सोम–एक प्राचीन भारतीय लता; चन्द्रमा; पारस।

सोमरस–सोम सोमलता से तैयार एक प्राचीन पेय; पारस।

सोमवार–मंगलवार से पहले का वार।

सोमवारी–सोमवार से संबंधित; सोमवार को घटित होनेवाला।

सोलह–१६.

सोल्लास–उल्लासपूर्वक; आनन्द और उत्साह से।

सोहन–खूबसूरत; सुन्दर; स्वरूपवान।

सोहन-हलुआ–एक प्रकार का बढ़िया भारतीय हलुआ।

सोहना–सुन्दर।

सोहबत–संगत; संगम; समाज।

सौंदर्य–खूबसूरती; सुन्दरता।

सौंदर्यवाद–सौंदर्यशास्त्र के सिद्‌धान्त।

सौंदर्यवादी–सौंदर्यशास्त्र संबंधी।

सौंदर्यशास्त्र–सौंदर्यवाद।

सौंपना–सुपुर्द करना।

सौंफ–एक छोटा पौधा जिसके बीज दवा और मसाले के काम में आते हैं।

सौ–शत; गिनती में पचास का दूना।

सौकर्य–सुकर सुकर का भाव; सुविधा।

सौकुमार्य–सुकुमार सुकुमार होने की अवस्था या भाव; यौवन; जवानी।

सौख्य–सुखता; आराम; आनन्द।

सौगात–वह विशिष्ट उपहार जो किसी को देने के लिए बाहर से लाई जाए।

सौगाती–सौगात संबंधित।

सौजन्य–सुजन होने का भाव; सज्जनता; भलमनसत; शिष्टाचार; मिलनसारी; नम्रता।

सौत–दूसरी पत्नी; सपत्नी।

सौतिया–सौत से संबंधित।

सौतेला–सौत से उत्पन्न।

सौदा–लेन देन; व्यापार करना; खरीदने बेचने की बातचीत या व्यवहार; बातचीत करके लेन देन।

सौदाई–पागल (प्यार में)।

सौदागर–व्यापारी; दुकानदार; व्यवसायी।
सौदागरी–सौदागर का काम, पेशा, पद, व्यवहार आदि।
सौदामिनी–बिजली।
सौदा-सुल्फ़–सौदा।
सौदेबाज़–सौदेबाज़ी करनेवाला; मोल भाव करनेवाला।
सौदेबाज़ी–मोल भाव करने की क्रिया या भाव; घोड़े का क्रय विक्रय।
सौध–महल; हवेली; भवन; प्रासाद।
सौभागिनी–सुहागिन; सौभाग्यवती।
सौभाग्य–अच्छा भाग्य; खुशकिस्मती।
सौभाग्यवती–जिसका पति जीवित हो; सधवा; सुहागिन।
सौभाग्यशालिनी–अच्छे सौभाग्यवाली।
सौभाग्यशाली–खुशकिस्मत; अच्छी किस्मत वाला।
सौभाग्याकांक्षिणी–अच्छे सौभाग्य की आकांक्षा करनेवाली अविवाहित स्त्री।
सौम्य–रमणीय; स्थिर; शांतिप्रिय; शांत।
सौम्यता–रमणीयता; शांतिप्रियता।
सौर–सूर्य संबंधी; सूर्य का।
सौर जगत–सूर्य और उसकी परिक्रमा करनेवाले ग्रहों का समूह।
सौर दिवस–एक सूर्योदय से दूसरे सूर्योदय तक का समय।
सौरभ–सुगंध; मीठी खुशबु; आम।
सौर मंडल–सौर मंडलीय ग्रह लक्षण।
सौर मास–एक सौर संक्रांति से दूसरी सौर संक्रांति तक का महीना।
सौर वर्ष–एक मेष संक्रांति से दूसरी मेष संक्रांति तक का वर्ष।
सौराष्ट–गुजरात काठियावाड़ का प्राचीन नाम; पश्चिमी भारत का एक राष्ट्र।
सौरी–वह कोठरी जिसमें स्त्री बच्चा प्रसव करती है; सूतिकागार; जच्चाखाना।
सौवाँ–सौ की संख्या।
सौष्ठव–सुन्दरता; सौंदर्य।
सौहार्द–प्रिय तथा मैत्रीपूर्वक संबंध; मित्रता।
सौहार्दपूर्ण–प्रिय तथा दोस्ताना; स्नेहपूर्ण।
सौहार्दपूवक–स्नेहपूर्वक।
स्कंध–कंधा।
स्कूल–विद्यालय।
स्कूल–विद्यालय संबंधी।
स्क्रू–पेंच।
स्खलन–गिरना; उचित पथ से अतिक्रम; छोड़ना; उत्सर्जन।
स्खलित–स्लखन।
स्टांप–अंक पत्र।
स्टाफ़–कर्मचारी वर्ग।
स्टाल–दूकान बनाने का स्थान।
स्टीम–भाप।
स्टीमर–भाप के जोर से चलनेवाला छोटा समुद्री जहाज।
स्टूल–लकड़ी का बैठने अथवा समान रखने का साधन।
स्टेज–मंच।
स्टेट–दशा; अवस्था।
स्टोर–दुकान।
स्टोरी–मकान का खंड; मंजिल।
स्टोव–चूल्हा।
स्तंभ–खम्भा।
स्तंभन–वीर्य को स्खलित होने से रोकना।

स्तंभन शक्ति–अवरोधन की शक्ति।

स्तंभित–निस्तब्ध; सुन्न; चकित।

स्तन–छाती; थन।

स्तनधारी–अपने बच्चों को दूध पिलाने वाला प्राणी; स्तनपायी।

स्तनपान–स्तन से मुँह लगाकर उसमें का दूध पीना।

स्तनपायी–वे जंतु जो अपनी माता का दूध पीते हैं।

स्तनी–स्तन का।

स्तन्य–स्तन से संबंधित।

स्तबक–फूलों का गुच्छा; गुलदस्ता।

स्तब्ध–मूर्छित; मौन; मूक; आवाक; भौचक्क।

स्तब्धता–मूर्छा; जड़ता; भौचक्का; शांत।

स्तर–मानदंड; शरीर की ऊँचाई; तह; परत।

स्तरण–स्तरीकरण।

स्तरी–सतह से संबंधित।

स्तुति–किसी के गुणों का वर्णन; प्रशंसा; बड़ाई।

स्तुत्य–स्तुति या प्रशंसा के योग्य; प्रशंसनीय।

स्तूप–ढेर; टीला; ढूह।

स्तोता–स्तूति करनेवाला; गुणगान करने वाला।

स्तोत्र–भजन स्तुति; देवता आदि का पद्यात्मक गुणगान।

स्त्रियोचित–स्त्री के लिए योग्य या उचित।

स्त्रियोपयोगी–स्त्री के लिए उपयोगी।

स्त्री–औरत; नारी; पत्नी; जोरू; 'नर' का उलटा।

स्त्रीत्व–स्त्री होने की अवस्था या गुण; औरतपन।

स्त्री धन–स्त्री को उसके मैके या ससुराल से मिला हुआ वह धन जिस पर उसका पूरा पूरा अधिकार होता है।

स्त्री धर्म–स्त्री का रजस्वला होना; मासिक धर्म।

स्त्री राज्य–स्त्रियों द्वारा शासन।

स्त्रीलिंग–व्याकरण में दो लिंगों में से एक जो स्त्री जाति का वाचक होती है।

स्त्रीसुलभ–वह जो स्त्री को आसानी से मिलजाता है।

स्त्रैण–जनाना; स्त्री संबंधी।

स्त्रैणता–जनानापन।

स्थगन–चलता काम कुछ समय के लिए रोक देना।

स्थगित–जो कुछ समय के लिए रोक दिया गया हो।

स्थल–स्थान; जगह; भूमि; जमीन।

स्थलचर–स्थल में रहने या विचरण करनेवाला; स्थलज।

स्थलचारी–स्थलचर।

स्थलज–स्थल में उत्पन्न होनेवाला।

स्थल मार्ग–भूमि का मार्ग।

स्थल युद्ध–स्थल या भूभाग पर होने वाला युद्ध; मैदान की लड़ाई।

स्थल सेना–पैदल सिपाही और घुड़सवार आदि; स्थल या जमीन पर लड़नेवाली फौज।

स्थली–जमीन; भूमि; स्थान; जगह।

स्थलीय–स्थल या भूमि से संबंध रखने वाला; स्थल का।

स्थविर–स्थिर; अचल; सतत; पूज्य।

स्थान–जगह; इलाका; ठिकाना।

स्थानांतर–तबादला।

स्थानांतरण–तबादला करने का कार्य; एक वस्तु को एक स्थान से हटाकर दूसरे स्थान पर पहुँचाना।

स्थानांतरित–जो अपने स्थान से हटाकर दूसरे स्थान पर रखा गया हो।

स्थानापत्ति–प्रतिस्थापन; पुनःस्थापन।

स्थानापन्न–किसी के न रहने पर उसके स्थान पर बैठने का कार्य।

स्थानिक–स्थानीय।

स्थानीय–स्थान संबंधी; उस स्थान का जिसकी चर्चा या उल्लेख हो।

स्थापक–स्थापना करनेवाला।

स्थापत्य–निर्माण करने की कला; इमारत के निर्माण का सिद्धान्त।

स्थापन–स्थापित करने का कार्य; प्रतिष्ठान।

स्थापना–स्थापित करना; प्रतिष्ठान करना।

स्थापना दिवस–स्थापना का दिवस; प्रतिष्ठान का दिन।

स्थापनीय–स्थापित करने योग्य।

स्थापित–जिसका स्थापन हुआ हो; प्रतिष्ठित।

स्थायित्व–'स्थायी' होने का भाव; स्थिरता; टिकाऊपन।

स्थायी–स्थिर; सतत रहनेवाला; टिकाऊ; सदा स्थिर रहनेवाला; नित्य।

स्थायीकरण–किसी वस्तु; कार्य या बात को स्थायी रूप देना।

स्थायी कोष–भविष्य के लिए बचाया हुआ कोष।

स्थायी समिति–वह समिति जो स्थायी रूप से बनी रहकर काम करने के लिए नियुक्त की गई हो।

स्थावर–अचल; स्थिर; अचल।

स्थित–एक स्थान पर ठहरा या टिका हुआ; आसीन।

स्थितप्रज्ञ–जिसकी विवेकबुद्धि स्थिर हो।

स्थितप्रज्ञता–स्थितप्रज्ञ।

स्थिति–अवस्था; दशा; परिस्थिति; अस्तित्व; हालत; किसी वस्तु का ढंग; किसी वस्तु के प्रति भाव भंगिमा।

स्थितिशील–स्थिर; गतिहीन; कट्टरपंथी।

स्थिर–निश्चल; स्थायी; शांत; एक ही स्थिति में रहनेवाला; गतिहीन; अडिग।

स्थिरता–स्थिर होने की अवस्था या भाव; टिकाऊपन।

स्थिरीकरण–स्थिर करने की क्रिया या भाव।

स्थूल–मोटा; चर्बीला।

स्थूलकाय–भारी भरकम; भारी शरीरवाला।

स्थूलता–मोटापन; मोटाई।

स्थूलबुद्धि–मोटी बुद्धिवाला; मंदबुद्धि।

स्थूलमति–मूर्ख; बुद्धु।

स्थैतिक–एक ही स्थिति में बना रहने वाला।

स्थैतिकी–स्थिति विज्ञान; भौतिक शास्त्र की एक शाखा।

स्नात–स्नान किया हुआ।

स्नातक–वह जिसने किसी विश्व विद्यालय से परीक्षा पारित की हो।

स्नातकोत्तर स्नान–नहाना।
स्नानगृह–स्नान करने का कमरा या कोठरी।
स्नानगार–स्नाने करने का कमरा।
स्नानोदक–नहाने का पानी।
स्नायविक–तंत्रिका संबंधी; शिरा या नाडी से संबंधित।
स्नायु–नस; नाड़ी; तंत्रिका।
स्नायु तंत्र–सारे शरीर में फैला हुआ बहुत सूक्ष्म नसों का जाल।
स्नेह–प्रेम; प्यार; मुहब्बत; चिकना पदार्थ।
स्नेहक–तेल; चिकनाई।
स्नेहन–चिकनापन।
स्नेहपाशा–प्यार का बंधन।
स्नेहमयी–स्नेह से पूण (स्त्री); प्रिय; प्यारा; सौम्य; उदार।
स्नेही–वह जिसके साथ स्नेह या प्रेम हो; प्यारा।
स्पंज–जल सोखनेवाला।
स्पंजी–स्पंज की तरह का।
स्पंदन–कंपन; धड़कन; फड़क।
स्पंदित–हिलता; काँपता या फड़कता हुआ।
स्पर्धा–प्रतियोगिता आदि में होनेवाली होड़।
स्पर्धी–प्रतिस्र्धी; स्पर्धा करनेवाला।
स्पर्श–छूना; त्वचा का वह गुण जिससे छूने का अनुभव होता है; व्याकरण के उच्चारण के चार प्रकार के आभ्यन्तर प्रयत्नों में से एक जिससे उच्चारण करते समय वागिन्द्रिय का द्वार बंद सा हो जाता है।
स्पर्शजन्य–स्पर्श से उत्पन्न; संक्रामक।
स्पर्शनीय–जिसे स्पर्श किया जा सके; प्रत्यक्ष।
स्पर्शनीयता–स्पर्श की अवस्था या भाव; प्रत्यक्षता।
स्पर्श रेखा–वह सरल रेखा जो किसी वृत्त को किसी एक बिन्दु पर स्पर्श करती हुई एक ओर से दूसरी ओर निकल जाती है।
स्पर्श बिन्दु–वह बिन्दु जहाँ दो वस्तु परस्पर स्पर्श करती है।
स्पर्श संघर्षी–स्पर्श के लिए संघर्ष करनेवाला।
स्पर्शी–स्पर्श करने या छूनेवाला।
स्पर्शेंद्रिय–स्पर्श करने की इन्द्रीय; काया।
स्पष्ट–साफ; स्फुट; प्रकट; शंका से मुक्त; दयालु; ईमानदार।
स्पष्टतः–साफ साफ; स्फुटता; स्पष्ट रूप से।
स्पष्टतया–स्पष्ट रूप से साफ साफ; प्रत्यक्ष रूप से।
स्पष्टता–स्पष्ट होने की अवस्था या भाव।
स्पष्टवादिता–कथन की स्पष्टता; मुँहफट।
स्पष्टीवादी–स्पष्ट बोलनेवाला; स्पष्टवक्ता; मुँहफट।
स्पष्टीकरण–समझने का लिए आसान करने का कार्य; सफाई; व्याख्या; विवृत्ति; कोई बात इस प्रकार स्पष्ट या साफ करना कि उसके संबंध में कोई भ्रम न रहे।

स्पष्टीकृत–जिसे स्पष्ट किया गया हो; व्याख्यित।

स्पिरित–अल्कोहल।

स्पीकर–प्रमुख।

स्पीड–चाल; वेग; रफ्तार।

स्पृश्य–स्पर्श करने योग्य।

स्पृहणीय–जिसकी स्पृहा या कामना करना उचित या योग्य हो; बहुत अच्छा।

स्पृहा–इच्छा; कामना।

स्पृही–अभिलाषा करनेवाला।

स्पृह्य–लालच के योग्य।

स्फटिक–एक प्रकार का सफेद पारदर्शी पत्थर।

स्फाटक–स्फटिक।

स्फीत–बढ़ा हुआ; फूला या उभरा हुआ।

स्फीति–वृद्धि; फैलाव; विस्तार।

स्फुट–मिश्रित; विकसित।

स्फुटन–खिलना या फूलना; फूटना।

स्फुटित–खिला हुआ; हँसता हुआ; फैला हुआ।

स्फुरण–कुछ कुछ हिलना; फड़कना।

स्फुरना–यकायक दिमाग में आना।

स्फुरित–चपलता; फुर्ती।

स्फुलिंग–चिंगारी।

स्फूर्ति–फड़कना; उत्साह; फुरती; तेजी।

स्फोट–विस्फोट; वेगपूर्वक बाहर निकलना; धमाका।

स्फोटक–विस्फोट करनेवाला; शीघ्र उड़नेवाला; धमाके से उड़ानेवाला; उबाल।

स्फोटकता–स्फोटक होने की अवस्था या भाव।

स्फोटन–विस्फोट; धमाके से उड़ना।

स्फोटवाद–विस्फोट का प्राचीन सिद्धान्त।

स्फोटित–जिसमें विस्फोट हो चुका हो।

स्मरण–किसी देखी; सुनी या बीती हुई बात का मन में ध्यान रहना या फिर से याद आना; स्मृति।

स्मरण शक्ति–वह मानसिक शक्ति जिससे बातें स्मरण या याद रहती हैं।

स्मरणीय–स्मरण करने योग्य; याद रखने योग्य।

स्मारक–यादगार; स्मारिका।

स्मारिका–यादगार के लिए दी हुई वस्तु।

स्मित–मुस्कराता हुआ।

स्मिति–मुस्कराहट; प्रसन्न मुद्रा।

स्मृत–याद में आया हुआ; जिसका स्मरण हो।

स्मृति–याद; वह ज्ञान जो स्मरण शक्ति के द्वारा प्राप्त होता है।

स्मृतिकार–स्मृति का लेखक।

स्मृति चित्र–वह चित्र जो किसी व्यक्ति की सामान्य स्मृति के आधार पर बनाया जाए।

स्मृति चिह्न–यादगार चिह्न; यादगार निशानी।

स्मृति पटल–दिमाग में स्मरण करने का स्थान।

स्मृति पत्र–वह पत्र जिसमें किसी विषय की मुख्य बातें स्मरण रखने के विचार से एकत्र की गई हों; किसी संस्था आदि के मुख्य नियमों आदि की पुस्तिका।

स्यंदन–रथ विशेषत: युद्ध का।

स्यात–कदाचित; शायद।

स्यापा–एकत्र होकर शोक करना; वह स्थिति जो दु:ख का कारण बने।

स्यामल–काला; भूरा।

स्यार–गीदड़।

स्याल–साला।

स्याह–कृष्ण वर्ण का; काला।

स्याही–कालापन; रोशनाई।

स्रवण–बहने की क्रिया या भाव; बहाव; प्रवाह।

स्रष्टा–रचियता; सृष्टि बनानेवाला; परमेश्वर।

स्राव–बह या रसकर निकलना।

स्रोत–उद्गम स्थान; मूल स्थान; पानी का झरना; सोता।

स्व–एक प्रत्यय जो कुछ शब्दों के अंत में लगकर ता, स्व आदि की भाँति भाववाचकता आदि का अर्थ देता है। अपना; निज का; खुद।

स्वकर्म–अपना काम।

स्वकीय–अपना; निज का।

स्वकीया–अपने पति के प्रति समर्पित विवाहिता।

स्वगत कथन–अपने आप बकना।

स्वचल–अपने आप चलनेवाला।

स्वचालक–अपने आप शुरू होनेवाला।

स्वचालित–स्वचल।

स्वच्छंद–अपनी इच्छा के अनुसार सब काम करनेवाला।

स्वच्छंदचारिणी–स्वच्छंद व्यवहारवाली स्त्री।

स्वच्छंदचारी–स्वतंत्र विचारोंवाला।

स्वच्छंदता–जैसा सोचा वैसा करना; आजादी; स्वतंत्रता।

स्वच्छ–साफ; निर्मल; साफ; उज्ज्वल; शुभ्र; शुद्ध; पवित्र।

स्वच्छता–स्वच्छ होने की क्रिया या भाव; निर्मलता; सफाई।

स्वजन–रिशेतदार; संबंधी; अपने परिवार के लोग।

स्वजनता–बंधुता; सगोत्रता।

स्वजातीय–अपनी ही जाति या वर्ग का।

स्वतंत्र–आजाद; स्वाधीन; जो किसी के दबाव के बिना स्वयं सबकुछ कर सकता हो।

स्वतंत्रता–आजादी; स्वातंत्र्य।

स्वत:–अपने आप; आपही; स्वयं; खुद।

स्वत: निर्मित–अपने आप बनाया हुआ; खुद निर्मित किया हुआ।

स्वत: सिद्ध–स्वयंसिद्ध; जिसे प्रमाण की जरूरत न हो।

स्वत्त्व–स्व का भाव; अपनापन; प्रभुत्व; अधिकार।

स्वत्त्वाधिकार–प्रभुत्व।

स्वत्त्वाधिकारी–मालिक; स्वामी।

स्वदेश–अपना देश; मातृभूमि।

स्वदेशभक्त–देशभक्त; अपने देश से प्रेम करनेवाला।

स्वदेशभक्ति–जन्मभूमि के प्रति प्रेम व कल्याण की भावना।

स्वदेशी–अपने देश का; अपने देश में बना हुआ।

स्वधर्म–अपना धर्म।

स्वधीत–पढ़ा हुआ; शिक्षित।

स्वन–आवाज; ध्वनि; शब्द; शोर।

स्वनाम धन्य–जो अपने नाम से ही धन्य या प्रसिद्ध हो; खुद उदारचित्त।

स्वनिक–मौखिक; स्वर सूचक।

स्वनित–ध्वनित; कहा हुआ।

स्वनिर्मित–खुद बनाया हुआ।

स्वप्न–सपना; सोते समय कुछ घटनाएँ आदि दिखाई देना।

स्वप्न दर्शन–सपना दिखना।

स्पप्नदर्शी–सपना देखनेवाला।

स्वप्नदोष–एक रोग जिसमें सोने की दशा में वीर्यपात हो जाता है; रात्रिचर का निकलना।

स्वप्नद्रष्टा–सपना देखनेवाला।

स्पप्नलोक–कल्पनालोक।

स्वप्निल–स्वप्न संबंधी; स्वप्न का।

स्वभाव–प्रकृति; मिज़ाज; व्यक्ति का मुख्य गुण।

स्वभावगत–स्वभाव से ही; प्राकृतिक रूप से।

स्वभावतः–स्वभाव से; प्रकृति के अनुसार; मिजाज से।

स्वयं–आप; खुद; आपसे; आप। अपने आप।

स्वयंतथ्य–स्वयं सिद्ध प्रमाण।

स्वयंपाकी–अपना भोजन खुद पकाने वाला; खुद बनाया हुआ भोजन करने वाला यानि कि जो दूसरों के द्वारा बनाया गया भोजन नहीं करता।

स्वयंप्रमाण–स्वयं सिद्ध किया हुआ; जिसे निरिक्षण की जरूरत नहीं होती।

स्वयंभू–आपने आप उत्पन्न होनेवाला।

स्वयंवर–प्राचीन भारत की एक प्रसिद्ध प्रथा जिसमें कन्या अपने लिए स्वयं ही वर चुन लेती थी।

स्वयंवरा–अपना वर स्वयं चुननेवाली कुमारी या स्त्री।

स्वयंसिद्ध–सर्वमान्य; जो आप ही ठीक और सिद्ध हो।

स्वयंसिद्धि–वह सर्वमान्य सिद्धान्त या तत्त्व जिसे सिद्ध या प्रमाणित करने की कोई आवश्यकता नहीं होती।

स्वयंसेवक–जरूरतमंदों की सहायता करनेवाला।

स्वर–ध्वनि; सुर; धुन; उच्चावचन।

स्वर यंत्र–कंठनली।

स्वर लिपि–संगीतमय स्वरांकन।

स्वर संधि–निकटवर्ती स्वरों की संधि।

स्वर साधन–स्वर तथा ताल का नित्य अभ्यास तथा प्रशिक्षण।

स्वरांत–स्वर पर समाप्त होनवाला (अक्षर)।

स्वरागम–स्वर का परिचय।

स्वराघात–लहजा।

स्वराजी–स्वराज आंदोलन का उपासक।

स्वराज्य–अपना राज्य; वह शासन प्रणाली जिसमें किसी देश के निवासी अपने देश का सब शासन और प्रबंध स्वयं और बिना किसी विदेशी शक्ति के दबाव में करते हों।

स्वराष्ट्र–अपना राष्ट्र।

स्वरित–वेदों में स्वरों का उच्चारण करने के तीन तरीकों में एक एक।

स्वरूप–आकृति; रूप; दिखावट; वेश; पहचान।

स्वर्ग–देवलोक; एक विशिष्ट स्थान जो आकाश में माना जाता है।

स्वर्गगमन–स्वर्ग को रवानगी।

स्वर्गधाम–स्वर्ग।

स्वर्गपुरी–स्वर्ग।

स्वर्गलोग–स्वर्ग।

स्वर्गवास–स्वर्ग के लिए रवाना; मृत्यु।

स्वर्गवासी–जो मर गया हो; मृत।

स्वर्गस्थ–जो स्वर्ग में हो या स्थित हो; स्वर्गवासी; मृत।

स्वर्गारोहण–स्वर्ग की ओर चढ़ना या जाना; मरना।

स्वर्गिक–स्वर्गीय।

स्वर्गीय–स्वर्ग संबंधी; र्स्वग का; स्वर्ग में रहने या होनेवाला; जो मर कर स्वर्ग चला गया हो; मृत।

स्वर्गोपाम–स्वर्ग संबंधी; आलौकिक।

स्वर्ण–सोना; बहुमूल्य धातु; सुवर्ण।

स्वर्णकार–सुनार; सोने चाँदी के गहने आदि बनानेवाला।

स्वर्णकारी–सुनार का व्यवसाय।

स्वर्णकाल–गौरवपूर्ण समय।

स्वर्णज–स्वर्ण का बना हुआ।

स्वर्ण जयंती–50 वर्ष पूरा करने पर होनेवाली जयंती।

स्वर्णमान–सोने का मानदंड।

स्वर्ण मुद्रा–सोने का सिक्का।

स्वर्ण युग–सबसे अच्छा और श्रेष्ठ युग या समय।

स्वर्ण वर्ण–स्वर्ण के रंग का।

स्वर्णाक्षर–स्वर्ण के अक्षर।

स्वर्णिम–स्वर्ण का।

स्वल्प–बहुत थोड़ा (मात्रा में)।

स्वल्पायु–जीवन की बहुत कम अवधिवाला।

स्वल्पाहार–भोजन की कम मात्रा।

स्वल्पहारी–बहुत कम आहार पर निर्वाह करनेवाला।

स्वशासन–अपने अधिक्षेत्र में शासन स्वयं करने का पूरा अधिकार; अपने सब कामों की व्यवस्था स्वयं करने का पूरा अधिकार।

स्वशासित–स्वयं के अधिकृत।

स्वसहायता–अपनी सहायता स्वयं।

स्वस्तिक–एक मंगल चिह्न 卐।

स्वस्तिमान–स्वयं मंगल।

स्वस्तिवाचन–एक धार्मिक कृत्य जिसमें कोई शुभ कार्य आरम्भ करते समय मांगलिक मंत्रों का पाठ होता है।

स्वस्थ–तंदुरुस्त; चंगा; नीरोग।

स्वस्थ चित्त–मानसिक रूप से स्वस्थ; शांतचित्त।

स्वहित–अपने हित से संबंधित।

स्वाँग–किसी के अनुरूप धारण किया जानेवाला बनावटी रूप; भेष; आडंबर।

स्वांत:सुखाय–अपनी खुद की खुशी के लिए।

स्वाँस–साँस दमा।

स्वाक्षर–अपने हाथ से लिखा हुआ छोटा लेख या हस्ताक्षर।

स्वाक्षरित–हस्ताक्षरित।

स्वागत–अभिनंदन; अभ्यर्थन।

स्वागतक–स्वागत करनेवाला।

स्वागत कक्ष–स्वागत करने का कमरा।

स्वागत गान–स्वागत करने के लिए गाया जानावाला गीत।

स्वातंत्र्य–स्वतंत्रता।

स्वाति–27 नक्षत्रों में से 15वाँ नक्षत्र; स्वाति नक्षत्र।

स्वाद–जायका; कुछ खाने या पीने से जीभ या मुँह को होनेवाला अनुभव।

स्वादिष्ट–जायकेदार; रोचक; सुस्वादु; भोजन विशेष; जिसका स्वाद अच्छा हो।

स्वाधिकार–स्वाधीनता; स्वतंत्रता; अपना अधिकार।

स्वाधीन–स्वतंत्र; आजाद; जो किसी के अधीन न हो।

स्वाधीनता–किसी दूसरे के अधीन नहीं बल्कि स्वयं अपने अधीन; स्वतंत्र होने की अवस्था या भाव; स्वतंत्रता; आजादी।

स्वाध्याय–स्वयं प्रपठन किया हुआ।

स्वाध्यायी–अध्ययनपरायण (स्वाध्यया द्वारा)।

स्वाभाविक–कुदरती; प्राकृतिक; नैसर्गिक; स्वभाव से या अपने आप होनेवाला; अकत्रिम।

स्वाभाविकता–स्वाभाविक होने की अवस्था या भाव।

स्वाभिमान–आत्मसम्मान; अपनी प्रतिष्ठा या गौरव का अभिमान।

स्वाभिमानी–आत्मसम्मानी; अपनी प्रतिष्ठा या गौरव के स्वाभिमान का ध्यान रखनेवाला।

स्वामित्व–'स्वामी' होने का भाव; मालिकपन।

स्वामिनी–मालकिन; घर की मालकिन; गृहिणी।

स्वामी–मालिक; घर का प्रधान व्यक्ति; पति; शौहर साधु; वैरागी; आदरणीय।

स्वायत्त–जिसपर अपना ही अधिकार हो; जो अपने अधीन हो।

स्वायत्तता–प्रजांतत्र राज्य।

स्वार्थ–अपना अर्थ या उद्देश्य; अपना मतलब; ऐसी बात जिसमें स्वयं अपना लाभ या हित हो; अपने लाभ की इच्छा।

स्वार्थ त्याग–आत्मबलिदान; किसी अच्छे काम के लिए अपने हित या लाभ का ध्यान छोड़ देना।

स्वार्थ परक–स्वार्थी; खुदगर्ज।

सवार्थ परता–स्वार्थ परायणता।

स्वार्थ परायण–स्वार्थी।

स्वार्थ परायणता–स्वार्थपरता; अपने लाभ की इच्छा।

स्वार्थ साधक–स्वार्थ सिद्ध करने वाला।

स्वार्थ साधन–स्वार्थ सिद्ध करना; अपना मतलब या काम निकालना।

स्वार्थांध–वह जो स्वार्थ के फेर में पड़कर अंधा हो रहा हो और भले बुरे का ध्यान न रखता हो।

स्वार्थी–मतलबी; खुदगर्ज; अपना मतलब निकालनेवाला।

स्वावलंबन–दूसरे के भरोसे न रहकर अपितू अपने ही भरोसे रहकर और अपने बल पर काम करना।

स्वावलंबी–अपने ही भरोसे या सहारे पर रहनेवाला।

स्वास्थ्य–आरोग्य; तंदुरुस्ती; स्वस्थ या नीरोग होने की दशा।

स्वास्थ्य रक्षा–स्वास्थय की रक्षा; खतरे से बचाव।

स्वास्थ्यकर–तंदुरुस्ती बढ़ानेवाला; पुष्टिकर; आरोग्यकर।

स्वास्थ्य मंत्रालय–स्वास्थ्य संबंधी मंत्रालय।

स्वास्थ्य मंत्री–स्वास्थ्य मंत्रालय का प्रधान अधिकारी।

स्वास्थ्य विज्ञान–वह विज्ञान या शास्त्र जिसमें शरीर को नीरोग और स्वस्थ बनाए रखने के नियमों और सिद्धान्तों का विवेचन हो।

स्वाहा–वह शब्द जिसका प्रयोग हवन की हवि देते समय होता है (अग्निदेव को)।

स्विच–बन्द या चालू करना।

स्वीकार–अपनाने या ग्रहण करने की क्रिया।

स्वीकारना–ग्रहण करना; कबूलना।

स्वीकारात्मक–जिसमें कोई बात स्वीकृत की गई हो अथवा उसकी पुष्टि की गई हो।

स्वीकारोक्ति–अभिस्वीकृति; मंजूरी; रजामंदी; स्वीकृति।

स्वीकार्य–स्वीकृत या ग्रहण करने या मानने के योग्य।

स्वीकृत–स्वीकार किया हुआ; ग्रहण किया हुआ; माना हुआ; प्रतिपन्न; मंजूर; मान्य।

स्वीकृति–सहमति होना; मंजूरी; रजामंदी।

स्वेच्छया–अपनी इच्छा से और बिना किसी के दबाव के।

स्वेच्छा–अपनी इच्छा।

स्वेच्छाचार–मनमाना आचरण; यथेच्छाचार।

स्वेच्छाचारिता–स्वेच्छाचार से कार्य करने की अवस्था या भाव।

स्वेच्छाचारी–स्वेच्छाचार या मनमाने ढंग से सब काम करनेवाला।

स्वेटर–बनियाइन या गंजी आदि की तरह का एक प्रकार का मोटा पहनावा जो कमीज आदि के ऊपर पहना जाता है।

स्वेद–पसीना।

स्वेदज–पसीने से उत्पन्न होनेवाला जीव जैसे जूँ आदि।

स्वेदन–शरीर में पसीना लाने का कार्य।

स्वेदित–जिसे पसीना आया हो।

स्वैच्छिक–अपनी इच्छा से संबंध रखनेवाला।

स्वैर–स्वेच्छाचारी; स्वतंत्र; मनमाना।

स्वैराचार–मनमाना कृत्य।

स्वैराचारिणी–स्वैराचारी।

स्वैराचारी–व्यभिचारी, लंपट; मनमाना काम करनेवाला।

ह

ह–हिन्दी वर्णमाला का तीसवाँ व्यंजन वर्ण; इसका उच्चारण स्थान तालु है।

हँकवा–हाँकनेवाला।

हँकवाना–हाँकने के लिए प्रवृत करना; डराकर भगाना (जानवर इत्यादि); ध्यान आकर्षित करने के लिए जोर से चिल्लाना।

हँकवैया–हाँकनेवाला (जानवर इत्यादि को)।

हँकुआ–हाँका; हाँका में हिस्सेदारी करनेवाला।

हंगामा–उपद्रव; उत्पात; शोरगुल; हल्ला।

हंगागी–उपद्रव मचानेवाला; उपद्रवी; उत्पात मचानेवाला।

हंटर–एक तरह का चाबुक जो लंबा होता है; कोड़ा।

हंडा–पानी भरकर रखने का धातु का बरतन (सामान्य रूप से ताँबे का)।

हँडिया–मिट्टी का छोटा हंडा; काँच का पात्र जिसमें मोमबत्ती जलाई जाती है।

हंडिया–भोजन पकाने हेतु मिट्टी का एक पात्र।

हंडी–हंडिया।

हंतव्य–मारने के योग्य।

हंता–हत्यारा; खूनी; वध या हत्या करनेवाला।

हंस–बत्तख की तरह का एक प्रसिद्ध जलपक्षी।

हंसगामिनी–जिस स्त्री को हंस जैसी शालीन चाल प्राप्त हो।

हँसना–प्रसन्नता प्रकट करने के लिए मनुष्य का मुँह खोलकर हा हा करना; हास करना।

हँसना-खेलना–हँसी मजाक करना; मौज मस्ती करना।

हँसना-बोलना–हँसी/आनन्द का आदान प्रदान करना।

हँसना-हँसाना–आनन्दी होना तथा चारों तरफ आनन्द का माहौल फैलाना।

हँसमुख–सदा हँसता रहनेवाला; विनोदशील; हास्यप्रिय; ठठोल; मसख़रा।

हँसली–हँसुली।

हंसवाहिनी–देवी सरस्वती; हंस की सवारी करनेवाली ज्ञान की देवी।

हँसाई–उपहास; खिल्ली; मज़ाक़।

हँसाना–किसी को हँसने के लिए प्रवृत करना।

हंसिनी–मादा हंस।

हँसिया–खेत की फसल, घास, तरकारी आदि काटने का एक औजार।

हँसी–परिहास; दिल्लगी; मज़ाक़; विनोदपूर्ण उक्ति; ठट्ठा; हास; हँसने की क्रिया या भाव।

हंसी–हंसिनी।

हँसी-खुशी–प्रसन्नता से। प्रसन्नतापूर्वक।

हँसी-खेल–मज़ाक़; ठट्ठा; आमोद प्रमोद तथा आनन्द; आसान काम; खेल जैसा।

हँसी-ठट्ठा–हँसी मज़ाक़।

हँसी-दिल्लगी हँसी तथा दिल्लगी।

हँसी-मज़ाक़ परिहास; ठट्ठा।

हँसीला हँसोड़।

हँसुआ–बड़ी हँसिया।

हँसुली–कंठ की हड्डी; गले में पहनने का आभूषण।

हँसोड़–दिल्लगी बाज़; मसखरा; ठठोल; सदा हँसी की बातें करनेवाला।

हक़–उचित; सही; वाजिब; मुनासिब; अधिकार; कर्तव्य; फर्ज।

हक़तलफ़ी–किसी के अधिकार का उल्लंघन।

हक़दार–अधिकारी; हक या अधिकार रखने वाला।

हकबकाना–घबरा जाना; हक्का बक्का हो जाना।

हक़-मालिकाना–मालिक का हक।

हक़-मौरूसी–पैतृक अधिकार।

हकला–हकलाकर बोलनेवाला।

हकलाना–बोलते समय बीच बीच में कोई शब्द बहुत रुक रुककर बोलना।

हकलापन –हकलाने की क्रिया या भाव।

हकलाहट–हकलापन।

हक़शफ़ा–पूर्वक्रय अधिकार।

हकार–ह अक्षर 'ह' अथवा उसकी ध्वनि।

हकारना–डराकर भगाना (चिड़ियों तथा जानवरों को)।

हकारांत–ह। 'ह' पर खत्म होनेवाला (अक्षर)।

हक़ीक़त–असलियत; सच्चा तथा वास्तविक वृतांत; तथ्य।

हक़ीक़ी–असली; सच्चा।

हकीम–युनानी रीति का अनुसरण कर चिकित्सा करनेवाला।

हकीमी–हकीम का पेशा या काम; युनानी चिकित्सा शास्त्र की कला या विज्ञान।

हक्का-बक्का भौचक्का; बहुत घबराया हुआ।

हगना–मलत्याग करना; झाड़ा या पखाना फिरना।

हगाना–मल त्याग कराना।

हगास–मल त्याग करने की इच्छा।

हचक–अस्थि संधि की पकड़ हिलना; संकोच (माँसपेशियों में); आघात।

हचकना अस्थि संधि की पकड़ टूटना।

हचका–हलका झटका या हिचकोला।

हचकोला–धचका; गाड़ी आदि चलने वाली चीजों के हिलने डुलने से लगनेवाला।

हज–मक्का की तीर्थयात्रा।

हज़म–पचा हुआ; जिसका पाचन हुआ हो; बेईमानी या अनुचित रीति से इस प्रकार लिया हुआ कि फिर दिया न जाए।

हज़रत–संबोधित करने का भक्तिपूर्ण रूप; महाशय।

हजामत–बाल काटने और दाढ़ी बनाने का काम।

हज़ार–दस सौ; सहस्त्र; बहुत अनेक।

हज़ारवाँ–हजार की संख्या होने की अवस्था या भाव।

हज़ारा–हजारों में होना।

हज़ारी–हजार का; हजार से संबंधित।

हज़ारों–कई हज़ार।

हज्जाम–नाई; हजामत बनानेवाला।

हटक–हटकने या मना करने की क्रिया।

हटकना–मना करना; रोकना।

हटना–खिसकना; सरकना; टलना; अपना स्थान छोड़कर इधर उधर होना।

हटरी–प्रकाश के लिए मंदिर रूपी खिलौना जो दीवाली के समय मिलता है।

हटवाना–हटाने के काम दूसरे से कराना।

हटाना–अलग या दूर करना; पहले के स्थान पर से किसी दूसरे स्थान पर करना या भेजना।

हटाना-बढ़ाना–इधर उधर गतिमान करना।

हटिया–बाज़ार; दूकान; हाट।

हटौती–शरीर का गठन।

हट्ट–बाज़ार; दूकान; हाट।

हट्टा-कट्टा–शारीरिक गठन से मज़बूत; प्रबल तथा मजबूत; तन्दुरुस्त; तगड़ा।

हट्टी–दूकान।

हठ–अनुचित जिद; अटल संकल्प; दृढ़प्रतिज्ञा; अटल संकल्प; अड़; दुराग्रह।

हठधर्म–सत्यासत्य का विवेक किये बिना किसी बात को सत्य मानकर उस पर डटे रहना।

हठधर्मी–निपट अड़ियल।

हठ-योग–योग के छः प्रकार में एक एक।

हठ-विद्या–हठयोग का विज्ञान।

हठात्–जबरदस्ती; हठपूर्वक; अचानक; सहसा।

हठी–हठ करनेवाला; जिद्दी।

हठीला–हठी; जिद्दी; लड़ाई में धीरतापूर्वक जमा रहनेवाला; स्थिरता से अडिग रहनेवाला।

हठीलापन–हठीला होने की अवस्था या भाव।

हड़कंप–हलचल; तहलका; कोहराम; विशाल उपद्रव।

हड़क–जलत्रासिक रोगी द्वारा पानी की तीव्र अभिलाषा; अप्रतिहत अभिलाषा; पागलपन लानेवाली इच्छा।

हड़कना–कोई वस्तु न मिलने पर बहुत व्याकुल होना; पागल होना (विशेषतः कुत्ते का)।

हड़काना–तंग करने के लिए किसी को किसी के पीछे लगाना; बहुत तरसाना।

हड़काव–हड़काने की अवस्था या भाव।

हड़ताल–दुःख; विरोध या असंतोष प्रकट करने के लिए सब कारोबार, दुकानें आदि बंद कर देना।

हड़ताली–श्रमिक जो हड़ताल पर है।

हड़पना–निगलना; मुँह में रखकर निगल जाना; अनुचित रूप से लेना; उड़ा लेना।

हड़प्पा–हड़पने की अवस्था या भाव; बड़ा टुकड़ा (भोजन का)।

हड़बड़–हड़बड़ी।

हड़बड़ाना–शीघ्रता के कारण घबराहट में अनुचित/अयोग्य कार्य करना; हड़बड़ी करना।

हड़बड़िया–जल्दी मचानेवाला; उतावला; जो आदतन जल्दी में कार्य करता हो; उतावला; अविवेकी।

हड़बड़ी–जल्दी; शीघ्रता; उतावली; जल्दी या उतावलेपन के कारण होने वाली घबराहट।

हड़हड़ाना–हड़ हड़ शब्द होना।

हड़हा–हड़ीला।

हड़ावल–हड्डियों की माला।

हड़ीला–जिसमें हड्डियों मात्र रह गई हों; दुबला पतला।

हड्डी–अस्थित; मनुष्यों तथा पशुओं आदि के शरीर के अंदर की प्रसिद्ध कड़ी।

हत–जो मार डाला गया हो; जिसका अस्तित्व मिट गया हो; मरा हुआ।

हतक–अपमान; निरादर; अप्रतिष्ठा; बदनामी; अनादर; असम्मान।

हतप्रभ–जिसका प्रभाव या श्री नष्ट हो गई हो; हक्का बक्का; किंकर्त्तव्यविमूढ़।

हतबुद्‌धि–जिसकी यह समझ में यह न आए कि क्या करना चाहिए; किंकर्तव्यविमूढ़; बुद्‌धिहीन; मूर्ख।

हतभाग्य–भाग्यहीन; अभागा; दुर्भाग्यशाली।

हतवीर्य–जिसकी वीरता/मर्दानगी नष्ट हो गयी हो।

हताश–निराश; आशाहीन; नाउम्मीद; मायूस; जिसकी आशा हत या नष्ट हो गई हो।

हताशा–आशा खो देना; निराश होना; निराशा।

हताहत–हत और आहत; मारे हुए और घायल।

हतोत्साह–जिसमें उत्साह न रह गया हो।

हत्था–दस्ता; मूठ; हाथ की छाप।

हत्थी–छोटा दस्ता।

हत्थे–के साथ (हाथ से)।

हत्या–खून; वध।

हत्यारा–खूनी; हत्या करने या मार डालनेवाला।

हत्यारिन–हत्या करनेवाली।

हथ–हाथ समस्त पदों के आरंभ में लगनेवाला हाथ का संक्षिप्त रूप।

हथ-उधार–बिना लिखित दस्तावेज के उधार।

हथकंडा–हाथ की चालाकी; युक्ति; दाँव पेंच।

हथकड़ी–लोहे की वह कड़ी जो कैदी के हाथ बाँधने के लिए उसे पहनाए जाते हैं।

हथकरघा–हाथ से चलाने का चरखा।

हथकल–हस्तचलित उपकरण/मशीन।

हथगोला–बारूद से भरा गोला जो हाथ से फेंकते हैं।

हथछुट–तुच्छ सी बात पर थप्पड़ मारने वाला।

हथनी–मादा हाथी।

हथफेर–हाथ फेरने की क्रिया; चालाकी से किसी का माल उड़ा लेना।

हथफेरी–हाथ फेरने की आदत।

हथबना–हाथ से बना हुआ।

हथबुना–हाथ का बुना/काता हुआ।

हथ-मिलाव–हाथ से मिलाया हुआ।

हथपलक–ठगनेवाला।

हथा–हत्था; हाथ।

हथिया-नक्षत्र–सितारों का दसवाँ नक्षत्र जो भारी वर्षा को सूचित करता है।

हथियाना–हड़पना; छीनना; कब्जा करना; धीरे से लेना।

हथियार–लड़ाई में प्रयुक्त वस्तु; शस्त्र (विशेषत: जुर्म का); उपकरण; औजार; ऐसी वस्तु जिससे विरोधी/दुश्मन पर जीत हासिल की जा सके।

हथियार-घर–शस्त्रशाला; वह स्थान जहाँ हथियार रखे जाए।

हथियारबंद सशस्त्र; जो हथियार लिए हो।

हथियारबंदी–(अपने को) हथियारों से सुसज्जित करना; शस्त्रीकरण।

हथेली–करतल; हाथ पर का कलाई के आगे का ऊपरी चौड़ा हिस्सा।

हथौड़ा–तोड़ने; पीटने तथा ठोंकने का एक प्रसिद्ध औजार।

हथौड़ी–छोटा हथौड़ा।

हद–सीमा; मर्यादा; सीमांत; मेड़; वह स्थान या परिणाम जहाँ तक कोई बात ठीक हो सकती हो।

हदबंदी–सीमांकन/सीमा तय करने का कार्य।

हदस–मन में उत्पन्न होनेवाला भय।

हदसना–मन में हदस या भय उत्पन्न होना; डरना।

हदीस–मुहम्मद के कर्मकलाप और वचनों का संग्रह जो कुरान में अनुक्त विषयों के लिए प्रमाण माना जाता है।

हनन–मार डालना; वध करना; आघात करना; मारना।

हनना–हनन करना; मारना; हत्या करना।

हननीय–मारने योग्य; वध करने योग्य।

हनु–दाढ़ की हड्डी; जबड़ा।

हनुमंत–हनुमान।

हनुमान–वानर रूपी भगवान जिन्होनें भगवान श्रीराम (रामायण) की सहायता की थी।

हफ़्ता–सप्ताह; सात दिन।

हफ़्तेवार–साप्ताहिक।

हफ़्तेवारी–हर हफ़्ते होनेवाला।

हबर-हबर–शीघ्रता से; तीव्रता से; तेजी से; उतावली से।

हब्बा-डब्बा–(बच्चों में) साँस में तकलीफ; फेफड़ो का शोध (सूजन)।

हब्शिन–मादा नीग्रो।

हब्शी–अफ्रीका या अमेरिका का काले शरीर का व्यक्ति; नीग्रो।

हम–'मैं' का बहुवचन।

हम-उम्र–एक सी उम्र का।

हमजोली–साथी; संगी; करीबी सहयोगी।

हमदम–बहुत घनिष्ठ मित्र; लंगोटिया यार।

हमदर्द–सहानुभूति रखनेवाला।

हमदर्दी–सहानुभूति; दया; अनुकम्पा।

हमनाम–एक सा नाम।

हमपेशा–एक से पेशे से संबंधित।

हमप्याला-हमनिवाला–साथ खाने पीने वाले; बचपन के साथी।

हमबिस्तर–एक बिस्तर पर मज़ा करने वाला; भार्या; साथी।

हमराह–साथ जानेवाला।

हमराही–साथ यात्रा करनेवाला।

हमल–गर्भावस्था; गर्भधारण।

हमला–आक्रमण; धावा; चढ़ाई।

हमलावर–आक्रमण/धावा/चढ़ाई करने वाला।

हमवतन–एक देश के वासी।

हमवार–समतल; चिकना।

हमशक्ल–एक जैसी शक्लवाला; आकृति में समानता।

हमसफ़र–साथ यात्रा करनेवाला।

हमसाया–समीप रहनेवाला; संगी साथी।

हमाम–स्नानगृह; गुसलखाना।

हमाम-दस्ता–ओखली तथा मूसल।

हमारा–'हम' का संबंधकारक रूप; स्वत:; हम लोगों का; अपना।

हमाहमी–स्वहितवाद; अहंकार।

हमीर-हठ–धुन का पक्का हठी।

हमें–'हम' का कर्म और संप्रदानकारक का रूप; हमको।

हमेल–सिक्कों से तैयार एक प्रकार का हार।

हमेव–आत्मप्रशंसा; आत्मश्लाघा; अहंकार।

हमेशा–सदा; सदैव।

हम्माम–चारों ओर से बंद वह कमरा जिसमें गरम पानी से नहाते हैं; स्नानागर; टोंटी लगा एक बड़ा पात्र जिसमें गर्म पानी रखा जाता है।

हय–घोड़ा।

हयशाला–अस्तबल; अश्वशाला; घुड़साल।

हया–लज्जा; मर्यादा।

हयादार–स्वभाव से लज्जालु; शर्मीला।

हर–प्रत्येक; सब; एक एक।

हरकत–हलचल; गतिविधि; हिलना डोलना; गति; क्रिया; चेष्ठा।

हरकारा–पत्र आदि पहुँचाने या ले जाने वाला; दूत; संदेश पहुँचानेवाला।

हरखना–प्रसन्न होना।

हरगिज़–कदापि; कभी।

हरज–क्षति; नुकसान; हानि; अड़चन; बाधा।

हरजा–क्षतिपूर्ति; घाटे का मुआवज़ा।

हरजाई–ऐसा दम्पत्ति जिसका किसी अन्य से अनुचित प्रेम संबंध हो; स्वच्छंद संभोगी दम्पत्ति।

हरण–लूटना; छीनना; अनुचित रूप से बलपूर्वक ले लेना।

हरताल–पीले रंग का एक खनिज पदार्थ जो दवा के काम में आता है।

हरना–चुरना; हरण करना; छीनना या ले लेना।

हरफ़–अक्षर; वर्ण।

हरबा–हथियार; अस्त्र।

हरबोंग–उपद्रव; बलवा; हुल्लड़; कोलाहल; उत्तेजना।

हरम–जनानखाना; अंत:पुर; रनिवास; किसी महल में स्त्रीयों के रहने का स्थान।

हरमज़दगी–नीचता; मक्कारी; धूर्तता; हरामज़ादे का काम।

हरहा–भेड़िया।

हरा–हरित; सब्ज; ताजा।

हराना–युद्ध, प्रतियोगिता आदि में पराजित करना; परास्त करना।

हरापन–हरे रंग का भाव।

हरा-भरा–जो हरे पेड़ पौधों से भरा हो; चमकीला तथा विकसित।

हराम–अनुचित रूप से प्राप्त किया हुआ; निषिद्ध; अनुचित; बुरा; दूषित।

हरामख़ोर–स्वयं कमाकर न खानेवाला; मुफ्त का माल खानेवाला; धन लेकर भी कार्य न करनेवाला।

हरामख़ोरी–अनुचित रूप से प्राप्त कमाई से जीविकोपार्जन करना।

हरामज़ादा–जारज; विजन्मा; दोगला; वर्णसंगर; अवैध संतान (अपशब्द की तरह प्रयुक्त)।

हरामी–अवैध; जारज; व्यभिचार मेल से उत्पन्न (अपशब्द भाषा)।

हरारत–गरमी; ताप; हल्का ज्वर; ज्वरांश।

हरावल–सेना में सबसे आगे चलने वाले सिपाहियों का दल।

हरि–भगवान श्रीविष्णु।

हरिआना–हरियाना।

हरिआली–हरियाली।

हरिजन ईश्वर का भक्त; पददलित या अस्पृश्य जातियों का सामूहिक नाम।

हरिण–हिरन।

हरिणी–मादा हिरन; हिरनी।

हरित–हरा; सब्ज।

हरिताभ–जिसमें हरे रंग की आभा हो; जो हरापन लिए हुए हो।

हरिद्रा–हल्दी।

हरिपद–भगवान श्रीविष्णु का निवास।

हरियावनी–हरियाना।

हरियाना–पेड़ पौधों का हरा होना; हरा भरा करना।

हरियाली–हरे पेड़ पौधों का समूह या विस्तार।

हरिस–हल का लट्ठा।

हरि-खाद–एक प्रकार की खाद जिसका रंग हरा होता है।

हरीरा–दूध में मेवे डालकर बनाया हुआ एक पेय पदार्थ।

हरे–हरि। हरि का संबोधन कारक।

हरेक–हर एक; प्रत्येक; हर कोई।

हर्ज–क्षति; नुकसान; हानि।

हर्जाना–हरजाने में कुछ दिया हुआ; मुआवजा; क्षतिपूर्ति।

हर्र–आँवला; हर्रा।

हर्रा–हर्र।

हर्ष–रोमांच; प्रसन्नता; आनन्द; खुशी।

हर्षकारक–आनन्दकारक; प्रफुल्लता देनेवाला।

हर्षध्वनि–आनन्द/हर्ष की ध्वनि; हर्षोल्लास।

हर्षातिरेक–हर्षोन्माद।

हर्षाश्रु–खुशी के आँसू।

हर्षित–प्रसन्न; खुश।

हर्षोन्माद–हर्ष के उन्माद में।

हलंत–जिसके अंत में हल् हो; जैसे कवचित्; कदाचित्।

हल्–व्यंजन का वह विशुद्ध रूप जिसके अंत में स्वर न लगा हो; जैसे 'समाट्' का ट्।

हल–जमीन जोतने का एक प्रसिद्ध उपकरण; समस्या का समाधान का निराकरण।

हलक़–गले की नली; कंठ।

हलका–कम वजन का; जो भारी न हो; जो अपने साधारण भार से घटकर हो; जो गहरा न हो (रंग); उथला; आसानी से बर्दाश्त होनेवाला; आराम से हज़्म होनेवाला; कम नशेवाला।

हलक़ा–वृत्त; मंडल; गोलाई; घेरा; परिधि; मंडली; गिरोह।

हलकान–हलाकान।

हलकापन–हलका होने की अवस्था या भाव।

हलका-फुलका–वजन में हलका; बिना सत्त्व का; मधुर; आनन्दित।

हलचल–खलबली; शोरगुल; घबराहट; विकलता।

हलदी–एक पौधे की जड़ जो मसाले और रँगाई के काम में आती है।

हलधर–हलवाहा; बलराम; भगवान श्रीकृष्ण के बड़े भ्राता।

हलफ़–शपथ।

हलफ़नामा–शपथपत्र; वह पत्र जिसमें शपथ लिखित रूप में हो।

हलफ़ी–शपथ में कहा हुआ।

हलरा–हिलोर; बच्चे का खिलाना।

हलराना–हिलोरना; हाथ पर लेकर इधर उधर हिलाना।

हलवा–स्वादिष्ट भारतीय खाद्य पदार्थ।

हलवाईन–हलवाई की स्त्री।

हलवाई–मिठाई, पूरी, नमकीन, पकवान आदि बनाने और बेचनेवाला।

हलवाहा–हल चलानेवाला।

हलाक–जो मार डाला गया हो; हत।

हलाकान–परेशान; हैरान; तंग।

हलाकानी–उत्पीड़न।

हलाकू–हत्यारा; हलाक करनेवाला।

हला-भला–कल्याण; मंगल; आराम; सुख।

हलायुध–बलराम; भगवान श्रीकृष्ण के बड़े भ्राता।

हलाल–वह पशु जिसका मांस खाने की मुसलमानी धर्मपुस्तक में आज्ञा हो।

हलालख़ोर–नेक कमाई पर निर्वाह करनेवाला; मेहतर; सफाई कर्मचारी।

हलालख़ोरी–नेक कमाई पर निर्वाह।

हलाहल–अत्यंत खतरनाक विष; उग्र विष।

हलीम–सुशील; शांत; सहनशील।

हलीमा–सहन शीलता; नम्रता।

हलुआ–हलवा।

हलूफ़ा विवाह से एक या दो दिन पहले रखा गया एक समारोह जिसमें दोनो पक्षों के लोगों को परस्पर परिचित कराया जाता है।

हल्का–हलका।

हल्ला–शोर; कोलाहल; शोरगुल; लड़ाई; युद्ध; धावा; आक्रमण।

हल्ला-गुल्ला–कोलाहल; शोरगुल; हलचल; उपद्रव; बलवा; हो हुल्लड़।

हवन–एक समारोह जिसमें अग्नि देवता को आहुतियाँ प्रदान की जाती हैं।

हवनकुंड–हवन। प्रिज्म के आकार का गहरा पात्र जिसे हवन के समय प्रयोग किया जाता है।

हवन-सामग्री–विशिष्ट वस्तुओं का समूह जिन्हें हवन के समय अग्नि देवता का समर्पित किया जाता है।

हवलदार–पुलिस या फौज का एक छोटा अफसर।

हवस–लालसा; वासना; चाह; तृष्णा; दिल का अरमान।

हवा–वायु; प्राय: सर्वत्र चलता रहनेवाला वह तत्त्व जो सारी पृथ्वी में व्याप्त है और जिसमें प्राणी साँस लेते हैं।

हवाई–हवा का; वायु संबंधी; हवा में चलने वाला।

हवाई-अड्डा–वह ग्थान जहाँ हवाई जहाज यात्रियों का उतारने चढ़ाने के लिए आकर ठहरते हैं।

हवाई-चक्की—हवा के जोर से चलने वाली आटे की चक्की; पवन चक्की।

हवाई-छतरी—हवाई जहाज या गुब्बारे पर से उतरने का छाता।

हवाई-जहाज़—वायुयान; हवा में उड़ने वाली सवारी।

हवाई-डाक—वायुयान द्वारा भेजी गयी डाक।

हवाई-यात्रा—हवाई जहाज द्वारा यात्रा।

हवाकश—वायु का संचालन करने तथा मलिन वायु हटाने का साधन।

हवादार—जिसमें हवा आने जाने के लिए मार्ग आदि हो।

हवादारी—हवा देने की क्रिया या व्यवस्था।

हवा-पानी—जलवायु; किसी स्थान की वायु, जल आदि की प्राकृतिक बातें।

हवा-बदल—जलवायु का बदलाव।

हवाबाज़—वह जो हवाई जहाज चलाता हो; उड़ाका।

हवा-महल—हवा में स्थित महल।

हवामार—हवा में मारनेवाला।

हवामार-तोप—हवा में मारनेवाला तोप।

हवाल—हाल; दशा; परिणाम; वृत्तांत।

हवाला—संदर्भ; निर्देश; प्रमाण का उल्लेख।

हवालात—कारागार; जेल; वह स्थान जहाँ अभियुक्त को पहरे में रखा जाता है।

हवालाती—हवालात संबंधी; हवालात में रखा हुआ।

हवाली-मवाली—सहभागी तथा सहचर; अंतरंग मित्र।

हवास—इन्द्रियों द्वारा ज्ञान।

हवि—आहुति देने की वस्तु।

हवेली—महल; आलीशान भवन; मंदिर।

हशीश—एक प्रकार का मादक पदार्थ।

हश्र—ईश्वरीय दंड का दिन; नियति; अंतिम परिणाम; परिणामस्वरूप असर।

हसरत—हार्दिक कामना; उत्कट इच्छा।

हसीन—सुन्दर; खूबसूरत; आकर्षक; मनोहर।

हसीना—खूबसूरत जवान लड़की।

हस्त—हाथ; सितारों का दसवाँ नक्षत्र।

हस्तकला—हस्तशिल्प।

हस्तकौशल—हाथ की कारीगरी।

हस्तक्रिया—हाथों से किया गया अभ्यास; हस्त मैथुन।

हस्तक्षेप—गतिरोध; दख़ल; विघ्न।

हस्तगत—हासिल; हाथ में आया या मिला हुआ; प्राप्त।

हस्तमैथुन—कामुक आनन्द के लिए हाथों से जननांगों को उत्तेजित्त करना।

हस्तरेखा—हाथ पर की वे रेखाएँ जिन्हें देखकर सामुद्रिक के अनुसार किसी के जीवन की मुख्य मुख्य प्रमुख घटनाओं का पता चलता है।

हस्तलाघव—हाथ की चालाकी; सफाई या फुरती।

हस्तलिखित—हाथ का लिखा हुआ।

हस्तलिपि—किसी के हाथ की लिखावट या लिपि।

हस्तलेख—हाथ की लिखावट।

हस्तशिल्प—दस्तकारी।

हस्तांतरण—एक के हाथ से दूसरे के हाथ में जाना या दिया जाना।

हस्तांतरणीय–जिसका हस्तांतरण हो सकता हो; संक्राम्य।

हस्तांतरणीयता–हस्तांतरण की क्रिया या भाव।

हस्तांतरित–जिसका हस्तांतरण हुआ हो।

हस्तांतरिती–वह जिसे किसी संपत्ति का अधिकार दिया या सौंपा गया हो।

हस्ताक्षर–दस्तखत।

हस्ताक्षरक–हस्ताक्षर करनेवाला मनुष्य।

हस्ताक्षरित–जिसपर हस्ताक्षर हुए हों।

हस्तामलक–वह चीज या बात जिसके सभी अंग सामने आते ही स्पष्ट या प्रकट हो जाते हो।

हस्तिनी–मादा हाथी; हथिनी; कामशास्त्र के अनुसार साहित्य में चार प्रकार की स्त्रियों में से सबसे निकृष्ट प्रकार की स्त्री।

हस्ती–हाथी; गज।
अस्तित्व; व्यक्तित्व।

हस्ते; के–किसी के द्वारा।

हाँ–स्वीकृति, समर्थन आदि का सूचक शब्द।

हाँक–पुकार; ललकार; हुँकार; जोर का शब्द।

हाँकना–जानवरों को चलाने के लिए आगे बढ़ाना या इधर उधर करना; आगे बढ़ाना।

हाँका–जँगली जानवरों का शिकार करने के लिए उन्हें चीखकर/हाँककर ऐसी जगह ले जाना जहाँ सहज से उनका शिकार हो सके।

हाँडी–देगची के आकार का मिट्टी का पात्र जिसे भोजन पकाने के लिए विशेष रूप से प्रयोग में लाया जाता है।

हाँफना–साँस फूलना।

हा–शोक, दुख, भय आदि का सूचक शब्द।

हाइफ़न–योजक चिह्न।

हाइफ़न–जिसमें योजन चिह्न लगा हो।

हाई–अत्यन्त/उत्कट अभिलाषा।

हाई कोर्ट–उच्च न्यायालय।

हाई–स्कूल–माध्यमिक (दसवीं कक्षा) शिक्षा देनेवाला विद्‌यालय।

हाकिम–शासन करनेवाला; शासक; अधिकारी।

हाकिमाना–अधिकारी सदृश।

हाकी–एक प्रकार का खेल।

हाजत–हिरासत; हवालात; आवश्यकता; जरूरत।

हाजती–हिरासत के तहत (व्यक्ति)।

हाज़मा–भोजन पचाने की क्रिया या शक्ति।

हाज़िर–उपस्थित; मौजूद।

हाज़िरजवाब–हर बात का तुरन्त और उपयुक्त उत्तर देनेवाला।

हाज़िरबाश–किसी की सेवा के लिए हमेशा तैयार।

हाज़िरबाशी–हाज़िरबाश।

हाज़िरी–उपस्थिति; मौजूदगी; हाजिर होने की क्रिया या भाव।

हाजी–वह जो हज कर आया हो; हज हो आए व्यक्ति के नाम साथ लगने वाली पदवी।

हाट–दुकान; नियत अवधि पर लगने वाला बाज़ार।

हाड़–हड्डी; अस्थि।

हाता–बरामदा; अहाता।

हातिम–उदारचित्त; उदार दिल का।

हाथ–हस्त; कंधे से पंजे तक का वह अंग जिससे चीजें पकड़ते और काम करते हैं।

हाथा–हल्दी इत्यादि से दिवारों पर लगाई जानेवाली पंजे की छाप।

हाथापाई–लड़ाई; भिडंत।

हाथी–गज; एक विशाल स्तनपायी चौपाया जिसकी सूँड होती है।

हाथीख़ाना–वह स्थान जहाँ पाले हुए हाथी रहते हों।

हाथी-दाँत–हाथी के मुँह के दोनों ओर बाहर निकले हुए दाँत।

हाथीवान–महावत।

हादसा–दुर्घटना; दुखांतक प्रसंग।

हानि–क्षति; नुकसान; घाटा।

हानिकर–हानिकारक; क्षतिपूर्ण; हानि करने वाला।

हाफ़िज़–शरण देनेवाला; संरक्षक; आश्रयदाता; वह धार्मिक मुसलमाल जिसे कुरान कंठस्थ हो।

हाफ़िज़ा–स्मरण शक्ति; याद्दाशत।

हामिला–गर्भवती।

हामी–'हाँ' करने की क्रिया या भाव; स्वीकृति। समर्थक; सहायक।

हाय शोक, दुख पीड़ा आदि का सूचक शब्द। पीड़ित दिल की चीख; न संतुष्ट होने योग्य भूख।

हाय-तोबा–कोलाहल; शोरगुल; हलचल; उपद्रव।

हार–पराजय; असफलता; खेल आदि में प्रतिद्वंद्वी से न जीत सकने की दशा या भाव। माला; कण्ठा।

हार-जीत–पराजय तथा विजय; विजय पराजय।

हारना–पराजित होना; विफल होना।

हारमोनियम–एक प्रकार का बाजा।

हारा–प्रत्यय जो कर्त्तव्य, स्वामित्व आदि का सूचक होता है।

हारिल–एक प्रकार की चिड़िया जो अपने चंगुल में तिनका या छोटी पतली लकड़ी लिए रहती है।

हार्दिक–हृदय संबंधी; हृदय का; हृदय से निकला हुआ।

हार्दिकता–सद्भाव; प्रेमभाव।

हाल–परिस्थिति; अवस्था; दशा; वृतांत; समाचार; इसी समय।

हाल-चाल–संबंधों की अवस्था।

हालत–दशा; अवस्था; स्थिति; परिस्थिति।

हालाँकि–यद्यपि; भले ही।

हाला–शराब; मद्य।

हाला-चाला–भूकंप।

हालात–परिस्थिति; दशा; अवस्था।

हाली–हलवाहा।

हाव-भाव–नाज नखरा (विशेष रूप से कामुक)।

हावी–धाक; रोब।

हाशिया–किनारा; सिरा; छोर; सीमा।

हास–हँसने की क्रिया या भाव; हँसी; दिल्लगी; ठठोली।

हास-परिहास–खिलखिलाहट तथा आमोद प्रमोद।

हासिल–प्राप्त; लब्ध; पाया या मिला हुआ।

हास्य–हँसी; दिल्लगी; मजाक; हँसने की क्रिया या भाव।

हास्यकर–हास्य करनेवाला; विनोदपूर्ण।

हास्य-व्यंग्य–हास्य के साथ व्यंग्योक्ति।

हास्यास्पद–बेतुका; फूहड़; बेढंगा; हास्यजनक।

हास्योत्पादक–विनोदपूर्ण; हँसानेवाला।

हाहंत–हे ईश्वर; यह क्यों हो गया।

हाहाकार–घबराहट के समय 'हाय हाय' की पुकार या चिल्लाहट।

हाहा-हूहू–आनन्दपूर्ण प्रफुल्लता।

हिंकरना–हिनहिनाना।

हिंडोला–काठ का बना ऊपर नीचे घुमाने वाला छोटा चौखटा; पालना; झूला।

हिंद–भारत; हिन्दुस्तान।

हिंदवी–हिन्दी का तिरस्कारपूर्ण नाम।

हिंदी–हिंद या हिंदुस्तान का; हिंदुस्तान की राष्ट्रीय भाषा।

हिंदुत्व–हिंदु होने का भाव।

हिंदुस्तान–भारतवर्ष।

हिंदुस्तानी–हिंदुस्तान का; हिंदुस्तान संबंधी।

हिंदु–भारतीय आर्यों के वर्तमान भारतीय वंशज।

हिंदुकुश–उत्तर भारत में स्थित पर्वत की श्रृंखला।

हिंदूपन–हिंदु होने का भाव।

हिंदोस्तान–हिंदुस्तान; भारत।

हिंदोस्तानी–भारतीय; हिंदुस्तानी।

हिंसक–उग्र (व्यक्ति); माँसाहारी (जानवर); धातक।

हिंसा–प्राणियों को मारने काटने और शारीरिक कष्ट देने की वृत्ति।

हिंसाचार–हिंसा का भाव।

हिंसात्मक–उग्र; जिसमें हिंसा हो; हिंसा से युक्त।

हिंस्त्र–हिंसा करनेवाला; निर्दयी।

हिकमत–यूनानी चिकित्सा व्यवस्था; बुद्धि; युक्ति; उपाय।

हिकमती–चालाक; बुद्धिमान।

हिचक–रुकावट; संदेह; संशय; कोई कार्य करने से पहले मन में होनेवाली हलकी रुकावट।

हिचकना–कोई काम करने से पहले आशंका, अनौचित्य, असमर्थता आदि का ध्यान करके कुछ रुकना; आगा पीछा करना।

हिचकिचाहट–हिचक।

हिचकी–शारीरिक व्यापार जिसमें पेट या कलेजे की वायु कुछ रुक रुककर गले के रास्ते निकलने का प्रयत्न करती है।

हिचर-मिचर–आगा पीछा; टालमटोल।

हिजड़ा–नपूंसक; बेकार/निष्फल आदमी।

हिजरी–मुसलमानी सन्।

हिज्जे–वर्तनी।

हित–कल्याण; मंगल; भलाई; उपकार; लाभ; फायदा; अनुराग।

हितकर–लाभदायक; मंगलकारक; फायदेमंद; कल्याणकारक।

हितकारक–हितकर।

हितकारी–हितकर।

हितचिंतर–भला चाहने वाला; शुभचिंतक; हितैषी।

हितचिंतन–किसी के उपकार या भलाई की बातें सोचना।
हिताहित–अच्छा तथा बुरा।
हितू–हितैषी।
हितेच्छु–हितैषी।
हितैषी–हित या भला चाहनेवाला; हितचिंतक।
हितोपदेश–भलाई का उपदेश पढ़ाना।
हिदायत–अधिसूचना; निर्देश।
हिनक–हिनहिनाहट।
हिनकना–हिनहिनाना।
हिनहिनाना–घोड़े का हिन हिन शब्द करना; हीसना।
हिनहिनाहट–घोड़े की बोली।
हिना–मेंहदी।
हिनाई–मेंहदी के रंग की तरह का।
हिफ़ाज़त–रक्षा; रखवाली।
हिम–पाला; तुषार; जाड़ा; शीत; ठंड।
हिमगिरी–हिमालय।
हिमनदी–बर्फ की नदी।
हिमपात–प्राकृत रूप से बर्फ गिरना।
हिममानव–हिम में रहनेवाला कल्पित मानव।
हिमयुग–बर्फ का युग।
हिमरेखा–बर्फ की रेखा।
हिमवर्षा–बर्फ की बारिश।
हिमशैल–बर्फ का टुकड़ा।
हिमश्वेत–बर्फ की तरह सफेद।
हिमांक–तापमापक यंत्र में वह अंक जिसमें कोई द्रव पदार्थ जमने लगता है।
हिमाक़त–मूर्खता; बेवकूफी।
हिमाचल–हिमालय।
हिमाच्छादित–बर्फ से ढका हुआ।
हिमाद्री–हिमालय।
हिमानी–बर्फ की नदी; बर्फ का ढेर जो पहाड़ पर से खिसकर नीचे आता है।
हिमायत–पक्षपात; सहारा; मदद्।
हिमायती–सहारा देनेवाला; सहायता करनेवाला।
हिमालय–भारत के उत्तर का और संसार के सब पर्वतों में बड़ा और ऊँचा प्रसिद्ध पर्वत।
हिमावृत–बर्फ से ढका हुआ।
हिमियानी–पेटी की तरह प्रयोग में आने वाली बुनी हुई थैली।
हिम्मत–साहस; पराक्रम; निर्भयता।
हिम्मती–साहसी; बहादुर; दुस्साहसिक।
हिय–हृदय
हियरा–हृदय
हिया–हृदय; मन; वक्षःस्थल।
हियाव–लज्जा; हिचक।
हिरण–हिरन; मृग।
हिरण्य–स्वर्ण; सोना।
हिरन–हिरण; मृग।
हिरनौटा–हिरन का बच्चा।
हिराना–हेरना।
हिरासत–बाध्यता; कानूनी कारावास।
हिरासती–हिरासत से संबंधित।
हिर्स–न भरने/पूर्ण होनेवाली अभिलाषा; प्रतिस्पर्धा या ईर्ष्या के कारण उत्कट इच्छा।
हिलकोरा–तरंग; लहर।
हिलगना–सटना; अटकना; फँसना; उलझना; परचना; लटकना।

हिलना–गतियुक्त होना; कंपित होना; लहराना; काँपना।

हिलना-मिलना–किसी के साथ मित्रवत् समय व्यतीत करना।

हिलाना–किसी वस्तु को गतिमान करना।

हिलाना-डुलाना–किसी वस्तु की स्थिति बदलना।

हिलोर–तरंग; लहर; झकोरा।

हिलोरना–इकट्ठा करना।

हिसाब–लेन देन; लेखा; गणित संबंधी प्रश्न; आय व्यय आदि का लिखा हुआ विवरण।

हिसाब-किताब–आय व्यय आदि का ब्योरा या लेखा।

हिसाबिया–गणना करना।

हिसाबी–हिसाब किताब से संबंधित।

हिस्सा–खंड; टुकड़ा; अंग; कोई अंश; अवयव।

हिस्सेदार–साझेदार; सहभागी; भागीदार।

हिस्सेदारी–साझेदारी; सहभागिता; हिस्सेदार होने की अवस्था या भाव।

हींग–अफगानिस्तान और फारस में होने वाला एक पौधा।

ही–एकमात्र; केवल; सिर्फ; कोई नहीं; वास्तविक; यथावत।

हीक–गंध; हलकी अप्रिय गंध या स्वाद।

हीन–अभाव ग्रस्त; नगण्य; निम्न कोटि या श्रेणी का; घटिया; कमी दर्शानेवाला प्रत्यय।

हीनता–निम्नता; अपकृष्टता; अपूर्णता।

हीनत्व–हीन भावना।

हीनभावना–मन में बैठी हुई यह भावना कि हम अमुक अथवा औरों की अपेक्षा हीन हैं।

हीया–हृदय।

हीर–किसी वस्तु के अंदर का भाव; धातु या वीर्य, जो शरीर का सार भाग है।

हीरक–हीरा नामक रत्न।

हीरक-जयंती–किसी व्यक्ति; संस्था की वह जयंती जो उसके जन्म या आरंभ होने के 60वें वर्ष में होती है।

हीरा–एक प्रसिद्ध बहुमूल्य रत्न जो अपनी चमक और कठोरता के लिए प्रसिद्ध है।

हीला–बहाना; कपट।

हीला-हवाला–झूठा बहाना।

हीलेबाज़–धोखेबाज़; धोखा देनेवाला।

ही-ही–दबी हँसी।

हुँ–स्वीकृति दर्शानेवाला शब्द।

हुंकार–गर्जन; गरज; ललकार।

हुंकारना–डराने के लिए जोर से शब्द करना; गरजना; ललकारना; गरजना।

हुँकारी–स्वीकृति या सहमति सूचित करने की क्रिया।

हुंडी–रुपये लेन देन का लिखित दस्तावेज।

हुआ–होना।

हुक–काँटा; फंदा।

हुकुम–आज्ञा; हुक्म।

हुकूमत–शासन; प्रभुत्व; अधिराज।

हुक़्क़ा–तंबाकू पीने के लिए विशेष प्रकार का उपकरण।

हुक़्क़ा-पानी–सामाजिक व्यवहार/संबंध; बिरादरी का बरताव।

हुक्काम–हाकिम।

हुक्म–आज्ञा; आदेश; राज्य या शासन द्वारा निकाली हुई आज्ञा।

हुक्मनामा–आज्ञा पत्र।

हुक्मबरदार–आज्ञाकारी नौकर।

हुक्मबरदारी–नमन; अभिवादन; झुककर सलाम करने की क्रिया; आज्ञाकारिता।

हुक्मी–आज्ञापालक; पराधीन; अचूक; हुक्म या आज्ञा के अनुसार काम करनेवाला।

हुजूम–भीड़; जमावड़ा; जनसमूह।

हुज़ूर–हजूर।

हुज़ूरी–चापलुसी।

हुज्जत–व्यर्थ का विवाद।

हुज्जती–बहुत या प्राय: हुज्जत करनेवाला।

हुड़क–विछोह (बच्चे से) के कारण कसक / मानसिक व्यथा।

हुड़कना–वियोग के कारण बहुत दुखी होना (विशेषत: छोटे बच्चे का)।

हुड़दंग–कोलाहल; उपद्रव; अशांति; खलबली; कंजड़वाड़ा; शोरगुल।

हुड़दंगी–विनोदी तथा चंचल।

हुताग्नि–यज्ञ की अग्नि।

हुतात्मा–महान उद्देश्य के लिए अपने आपको बलिदान करनेवाला।

हुताशन–अग्नि।

हुन–स्वर्ण का सिक्का।

हुनर–कला; कौशल; प्रवीणता।

हुनरमंद–निपुण; कुशल; हुनर जाननेवाला। कारीगर।

हुनरमंदी–कलाकारी; कारीगरी; हुनरमंद होने की अवस्था या भाव।

हुनरा–प्रशिक्षित; सिखाया हुआ (बंदर)।

हुमकना–ठुमकना; हुमचना।

हुमसना–आनन्द के साथ नाचना।

हुमा–एक कल्पित पक्षी जिसकी छाया जिस पर पड़ जाए; वह राजा हो जाता है।

हुमेल–सोने के सिक्कों से गूँथकर बनाई हुई माला।

हुलसना–खुशी/आनन्द की उत्तेजना उमड़ना; आनंदित या प्रसन्न होना।

हुलास–आनन्द; उल्लास; उत्साह। . सुँघनी; नस्य

हुलिया–भौतिक रूप; आकृति; शक्ल; रूप।

हुल्लड़–कोलाहल; हो हल्ला; उपद्रव; उत्पात; शोरगुल; हलचल।

हुश–चुप करना।

हुस्न–खूबसूरती; सुन्दरता; लावण्य; मनोहरता; सौंदर्य।

हुस्नपरस्त–सुन्दरता का पुजारी/उपासक।

हुस्नपरस्ती–सुन्दरता की पूजा/उपासना।

हूँ–'होना' क्रिया का वर्तमान कालिक उत्तम पुरुष एकवचन रूप। स्वीकृति शब्द; हाँ।

हूँक–गाय का विलाप (विछोह के कारण)।

हूँकना–हूँक।

हूँठा–साढ़े तीन का पहाड़ा।

हूँस–ईर्ष्या; डाह; कोसना; फटकार।

हूँसना–दृष्टि लगाना; ईर्ष्या से जलना; फटकारना; कोसना।

हूँ-हाँ–स्वीकृति का भाव।

हूक–हृदय की वेदना; दर्द; पीड़ा।

हूबहू–एकदम एक जैसा; ज्यों का त्यों; जैसा हो; ठीक वैसा ही; किसी के बिल्कुल अनुरूप या समान।

हूर–अप्सरा; परी; दैवी सुन्दरता; प्यारी किशोरी।

हूरना–मुक्का मारना; कलाई से मारना।

हूल–जोर से घुसाना; भोंकना।

हूलना–जोर से धँसाने या घुसाने का कार्य।

हूश–गँवार; उजड्ड।

हूशपन–उजड्डपन; गँवारपन।

हृतकंप–हृदय की धड़कन।

हृतंत्री–हृदय के आकार का एक वाद्य।

हृदयंगम–अच्छी तरह हृदय या समझ में आया हुआ।

हृदय–दिल; कलेजा; छाती के अंदर बाईं ओर का एक अवयव जिसके द्वारा शुद्ध रक्त शरीर की नलियों में पहुँचता है।

हृदयग्राही–मन को आकृष्ट करनेवाला।

हृदय वल्लभ–हृदय का प्यारा।

हृदयवान–दिलवाला।

हृदयविदारक–मन को बहुत अधिक कष्ट पहुँचानेवाला।

हृदयवेधी–दिल बेधनेवाला।

हृदयस्पर्शी–मन को छूनेवाला; भावात्मक।

हृदयी–हृदय से संबंधित; हृदय का।

हृदयेश–किसी के दिल का स्वामी; बहुत प्यारा।

हृदयेश्वरी–दिल की रानी; प्यारी।

हृदयरोग–हृदय में होनेवाला रोग जैसे कलेजे की धड़कन।

हृष्ट-पुष्ट–हट्टा कट्टा; बलवान; पुष्ट।

हें-हें–दीनतापूर्वक हँसने या गिड़गिड़ाने का शब्द।

हे–संबोधन का सूचक शब्द।

हेकड़–प्रबल; प्रचंड; अक्खड़; उद्धत।

हेकड़ी–हेकड़ या अक्खड़ होने का भाव; उद्धतता।

हेच–तुच्छ; हीन; निम्न।

हेठी–अपमान; अप्रतिष्ठा विशेषरूप से दूसरों से तुलना करने पर।

हेडमास्टर–प्रमुख अध्यापक।

हेडमास्टरी–प्रमुख अध्यापक होने की अवस्था या भाव।

हेतु–उद्देश्य; प्रयोजन; अभिप्राय।

हेत्वाभास–भ्रांति; भ्रम।

हेमंत–मार्गशीर्ष पौष अगहन पूस की ऋतु।

हेमंती–हेमंत ऋतु से संबंधित।

हेम–स्वर्ण।

हेय–तुच्छ; बुरा; खराब; बेकार; त्याज्य।

हेरना–ढूढ़ना; परखना; देखना।

हेर-फेर–वस्तुओं की अदल बदल; घुमाव फिराव; उलट पलट; कुछ बेचना और कुछ खरीदना।

हेरा-फेरी–हेर फेर; अदल बदल; इधर उधर होना या करना; बार बार आना जाना।

हेल-मेल–मेल जोल।

हेली-मेली–पुराना मित्र; मेलजोल रखने वाला; साथी।

हेस-नेस–अंतिम स्थित में आना।

हैं–'होना' क्रिया के वर्तमान रूप 'ह' का बहुवचन।

हैंडबैग–हाथ से पकड़कर रखने का थैला।

हैंडिल–मुठिया; हत्था; दस्ता।

है–'होना' क्रिया का वर्तमान कालिक एक वचन रूप।

हैगा–है।

हैज़ा–घातक और संक्रामक रोग जिसमें के होती और दस्त आते हैं; विशूचिका।

हैट–टोपी; टोप।

हैरत–आश्चर्य; कौतुक; अचम्भा।

हैरान–चकित तथा भौचक्क; परेशान।

हैरानी–आकुलता; व्यग्रता; झंझट।

हैवान–पशु; जानवर।

हैवानियत–पशु प्रकृत्ति; अशिष्टता; निर्दयता।

हैसियत–बिसात; वित्त; सामर्थ्य; शक्ति।

होंठ–ओंठ।

होटल–भोजनालय; सराय।

होठ–होंठ।

होड़–प्रतियोगिता; स्पर्धा।

होड़ा-होड़ी–प्रतिस्पर्धा।

होतव्य–होनहार; पहले से निश्चित; जो अवश्य होना ही हो।

होतव्यता–भाग्य; तकदीर।

होता–हवन करने या यज्ञ में आहुति देने वाला; पवित्र अग्नि में आहुति देनेवाला।

होता-सोता–करीबी मित्र; लंगोटिया मित्र।

होतृ–होता।

होते-हुए–यात्रा करते हुए पार करना।

होनहार–जो अवश्य होना ही हो; भावी; अच्छे लक्षणोंवाला; उदीयमान।

होना–कार्य या घटना का प्रत्यक्ष रूप में सामने आना; व्यवहार या परिणाम के रूप में सामने आना; पूर्ण करना।

होनी–होने की क्रिया या भाव; भाग्य; तकदीर।

होनेवाला–भविष्य।

होम–यज्ञ; हवन।

होमियोपैथ–होमियोपैथी चिकित्सक।

होमियोपैथिक–होमियोपैथ संबंधी।

होमियोपैथी–होमियोपैथिक चिकित्सा।

होरहा–चने का हरा पौधा।

होलिका–होली का त्यौहार; लकड़ी, घास फूस आदि का ढेर जो होली के दिन जलाया जाता है; राक्षसी का नाम; उत्सवाग्नि।

होलिका-दहन–होली जलाने का उत्सव।

होली–हिन्दुओं का एक मौज मस्ती का त्यौहार जब लोग एक दूसरे पर रंग तथा पानी डालते हैं।

होल्डर–पकड़नेवाला।

होल्डाल–सब पकड़ा हुआ।

होश–सुधबुध; चेतना; ज्ञान करानेवाली मानसिक शक्ति या वृत्ति; बोध।

होशियार–चतुर; चालाक; बुद्धिमान; सचेत; दक्ष; समझदार; सावधान।

होशियारी–चतुराई; सतर्कता; सावधानी; समझदारी।

होस्टल–छात्रावास।

हो-हल्ला–कोलाहल; अशांति; खलबली; उपद्रव; शोरगुल।

हौंस–हवस।

हौआ–बच्चों का डराने के लिए कल्पित भयानक प्राणी।

हौज़–पानी का छोटा कुंड।

हौदा–हाथी की पीठ पर कसा जानेवाला चौखटा जो बैठने के काम आता है।

हौल–भय आदि के कारण घबराहट।

हौलदिल–पूर्ण रूप से घबराया हुआ। घबराहट के कारण कँपन।

हौलदिली–संग यशब (पत्थर) का वह टुकड़ा जो गले में हृदय संबंधी रोग दूर करने के लिए पहना जाता है।

हौली–देशी शराब बिकने की जगह; मद्शाला।

हौले-हौले–आहिस्ते; धीरे; हल्के हाथ से; क्रम से।

हौवा–हौआ।

हौसला–हिम्मत; पराक्रम; साहस; वीरता; अभिलाषा।

ह्रस्व–थोड़ा; छोटा; नाटा।

ह्रास–न्यून; कमी; अभाव; नाश।

ह्रासमान–घटता हुआ; न्यून होता हुआ; गलता हुआ।

ह्रासोन्मुख–न्यूनता; कमी; नाश।

ह्वेल–समुद्र की सबसे बड़ी स्तनपायी मछली।

❑❑